U0935999

天津区县年鉴

（2014版）

天津市人民政府　主办

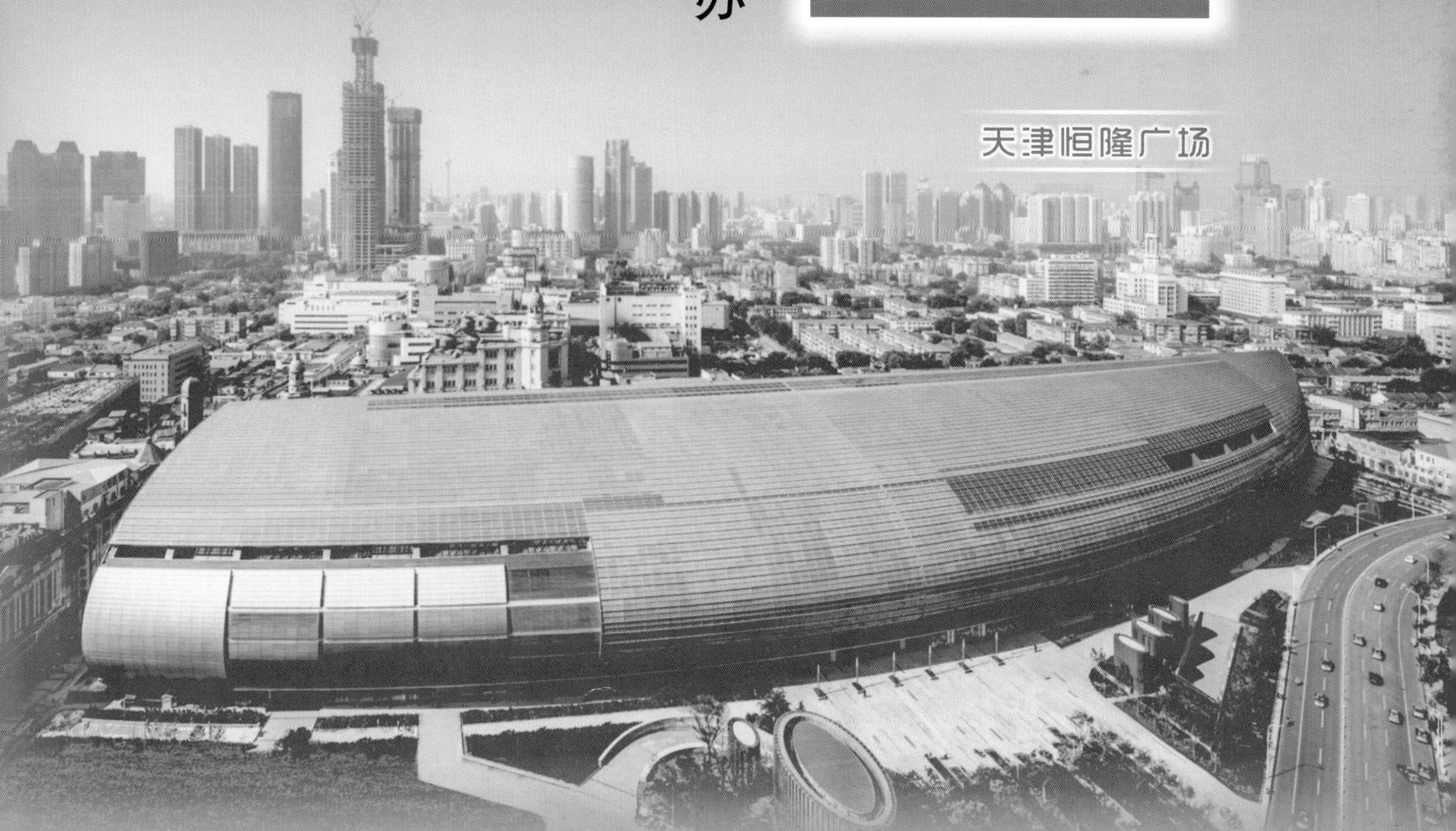

天津市地方志编修委员会办公室编纂

图书在版编目(CIP)数据

天津区县年鉴:2014版 / 天津市人民政府主办;天津市地方志编修委员会办公室编纂. -- 天津 : 天津社会科学院出版社, 2014.10
ISBN 978-7-5563-0082-2

Ⅰ. ①天… Ⅱ. ①天… ②天… Ⅲ. ①天津市-2014-年鉴 Ⅳ. ①Z522.1

中国版本图书馆CIP数据核字(2014)第242431号

编　　纂: 天津市地方志编修委员会办公室
责任编辑: 唐 旗　高 潮
地　　址: 天津市和平区大沽路138号金融广场大厦A座10层
邮　　编: 300040
电话/传真: (022)23031912　(022)23031920

出版发行: 天津社会科学院出版社有限公司
出 版 人: 钟会兵
地　　址: 天津市南开区迎水道7号
邮　　编: 300191
电话/传真: (022)23366354　(022)23075303
电子信箱: www.tass-tj.org.cn
印　　刷: 天津市银博印刷集团有限公司
彩照设计制作: 天津圣元文化交流有限公司

开　　本: 889×1194毫米 1/16
印　　张: 31
字　　数: 970千字
版　　次: 2014年10月第1版　2014年10月第1次印刷
印　　数: 1~3000册
定　　价: 320.00元

版权所有　翻印必究

天津市市域地图
图例
市政府
地级市政府
区、县政府
管委会
乡、镇、街
铁路
高速铁路
轻轨
高速公路及出入口
在建高速公路
国道
省道
快速路
在建快速路
主要道路
次要道路
河流及池塘
旅游景点
沼泽、盐田
省、直辖市界
区、县界
比例尺：1:810000
蓟县
宝坻区
宁河县
武清区
北辰区
东丽区
西青区
津南区
静海县
滨海新区
市政府
渤海湾
于桥水库
北大港水库
河北省
北京市

天津市中心城区地图
图 例
市、区人民政府
镇、街道办事处
高速编号及出入口
环线道路
一级街区
二级街区
立交桥
一般街道
铁路及车站
高速铁路
地铁及车站
在建地铁及车站
轻轨及车站
河流及池塘
医院、学校
图书馆、展览馆
纪念馆、博物馆
区 界
比例尺: 1:129000

天津市滨海新区地图
武清区
宝坻区
宁河县
河北省
北辰区
东丽区
中心城区
西青区
津南区
静海县
滨海新区
渤海湾
河北省
图例
市、区、县政府驻地
管委会驻地
乡、镇、街政府驻地
农场
行政村、自然村
铁路及车站
高速铁路
津滨轻轨
高速公路
在建高速公路
国道及国道号
省、市级道路
快速路
在建快速路
主要道路
次要道路
乡村路
主要堤
河流及池塘
省、直辖市界
区、县界
比例尺：1：556000

2013年10月28日，中国地方志指导小组常务副组长朱佳木到津调研地方志工作。图为在与天津市地志办处级以上干部座谈时发表讲话

2013年10月28日，朱佳木同志在市地志办主任苏长伟陪同下参观天津市地方志馆

2014年2月19日，市地志办召开党的群众路线教育实践活动总结大会，苏长伟主任做总结报告。左为市委第七督导组组长王以鸿

市地志办党的群众路线教育实践活动总结大会会场

2014年2月26日，天津市区县年鉴工作会议在和平区召开，市地志办主任苏长伟讲话

2013年7月5日，市地志办干部职工参观中共天津历史纪念馆，接受革命传统教育

2013年10月10日在市妇联召开《天津市志·妇女组织志》蓝本评审会

2013年11月5日在市质监局召开《天津市志·质量技术监督志》蓝本评审会。图为市地志办主任苏长伟发言

2013年11月12日，天津开发区（南港工业区）第二轮修志研讨会在武清区举行，市地志办主任苏长伟参加

2014年4月15日，市地志办主任苏长伟（左二）带领区县志指导处同志到红桥区调研，红桥区委副书记高树彬（左三）参加调研活动

2014年7月2日至3日，第二十四次全国城市年鉴研讨会在哈尔滨举行，市地志办主任苏长伟参加

2014年7月13日至14日，安徽省地志办副主任刘成典（左二）一行到津考察地方志工作。图为考察天津市地方志馆

2014年8月28日至29日，海南省地志办副主任陈波（右三）一行到津考察地方志工作。市地志办主任苏长伟（左三）等同志与海南省同仁座谈

2014年7月31日至8月1日，天津市区县地志办工作交流和志鉴培训会议在滨海新区召开。中国地方志指导小组办公室联络处处长张英聘应邀授课

滨海新区人民政府

2013年，滨海新区实现地区生产总值8020.4亿元，增长17.5%；财政一般预算收入达到878亿元，增长20%；固定资产投资5030亿元，增长13%；万元生产总值能耗下降4.1%。

产业结构进一步优化。以实体经济为主导，大力推进高端制造业、现代服务业和现代农业协调发展，经济发展的质量效益和水平不断提高。大项目好项目加速聚集。阿尔斯通等130个投资1亿元以上项目竣工；华泰汽车等208个项目开工；大众变速箱等360个项目按期推进。科技创新水平大幅提升。新增科技型中小企业3583家、小巨人175家，累计分别达到14636家和715家。科技进步对经济增长的贡献率达到61%。服务业加快发展，90座商务楼宇投入使用，总部企业达到245家；旅游业蓬勃发展，全年接待游客1750万人次，实现旅游收入115亿元。确立六大文化产业发展重点，吸引28家千万元以上科技文化企业落户。新增现代设施农业4393亩，新建无公害农产品基地51个，建成放心菜基地3410亩。

功能区支撑作用日益增强。围绕"一城双港、三片四区"的空间布局，推动各功能区优势互补，协调发展，产业集中度大幅提升。天津开发区工业总产值连续5年跨越千亿元台阶，东区加快推进产业升级，西区完成整体开发，南港工业区一批项目竣工投产。保税区生产总值突破1200亿元，空港商务园建成运营。滨海高新区核心区生产总值达到830亿元，渤龙湖总部基地基本建成，未来科技城基础设施加快建设。东疆保税港区新注册企业超过600家，同比增长38.8%，外贸进出口额达到118亿美元，同比增长121%。天津中新生态城起步区8平方公里基本建成，成为全国首个绿色发展示范区，国家动漫园、3D影视园等产业园区进展顺利。临港经济区累计造陆120平方公里，双向10万吨级航道竣工通航。中心商务区7栋商务楼宇建成使用，铁狮门金融广场、罗斯洛克金融中心等一批楼宇加快推进。

综合配套改革稳步推进。行政领域。管理体制改革取得重大突破，启动实施新一轮管理体制改革，撤销塘沽、汉沽、大港工委和管委会，调整优化各街镇和功能区，初步建立了"行政区统领、功能区支撑、街镇整合提升"的管理架构。审批制度改革稳步推进，累计承接4批269项市级审批权限和职能事权，申请要件大幅精简。经济领域。累计建立股权、碳排放、金融资产等10个创新型交易市场，股权投资企业及其管理机构数量全国领先。成为全国非上市公司场外交易市场首批扩容试点区。继续在船舶登记、国际航运税收、离岸金融、租赁业务和商业保理等方面先行先试。融资租赁业务总量占全国1/4。社会领域。深化城乡一体化改革，推进城乡就业、社会保障、公共服务等二元并轨。全面实施医疗

美丽滨海

一洲鼎鲜冷链项目一期投产、二期开工仪式

2013年于家堡论坛年会

重组计划，推行大医院整合社区医疗服务中心，构建了新型医疗服务模式。建立了多层次住房保障体系，以订单生产、阳光交易等方式与企业和群众直接对接。创新流动人口管理模式，累计已有近7000名优秀外来建设者落户新区。成为全国构建和谐劳动关系综合试验区。

城市载体功能有效提升。大力推进基础设施建设，新建续建重点项目86项，竣工42项，完成投资750亿元。综合交通体系建设成效显著。“十字型”铁路骨架初步形成，“1环11射5横5纵”路网基本建成。启动实施“美丽滨海·一号工程”，开展“四清一绿”行动，努力改善群众生产生活环境。继续实施市容环境综合整治，整修道路21条、社区19个，新增和提升绿化512万平方米，新建改造公园6个。全力抓好主要污染物减排工作，全年共安排31个大气减排项目和28个水减排项目。

民计民生持续改善。优先发展教育，积极引进优质教育资源，新建、改扩建中小学、幼儿园15所。加快卫生资源调整，开工建设中新天津生态城医院等一批医疗设施，第五中心医院通过“三甲”评审。实施更加积极的就业政策，全年新增就业12万人，城镇登记失业率继续保持在3%。城市居民可支配收入同比增长12%。农村居民人均纯收入增长13%。城镇化工作有序推进，新开工示范小城镇项目90万平方米，竣工34万平方米。加强保障性住房建设，全年新开工1.5万套。社会保障覆盖面不断扩大，职工和居民社会保险覆盖率全市领先。启动建设4个老年养护院和托老所，建成11个老年日间照料服务中心。7个社区服务中心和53个社区服务站投入使用。

欢乐海魔方 引来八方客

建设天津北部经济中心——北辰区

桃花寺村还迁房

南仓新苑还迁房

北辰区是天津市环城四区之一，位于中心城区北部，北运河畔，总面积478.5平方公里，其中环内部分64平方公里。是资金、资本、项目涌入天津滨海新区的重要承载地，是京津冀协同发展的桥头堡和北大门。辖9镇5街，126个行政村，112个居委会，常住人口78.2万人，其中户籍人口37.9万。

2013年，实现地区生产总值722.4亿元，比上年增长22%；区级一般预算收入53.8亿元，增长23%；农村居民人均可支配收入17827元，增长15%；固定资产投资661.7亿元，增长25%；到位内资额383.5亿元，增长21.6%；外资到位9.2亿美元，增长10.2%。

项目开发建设成效显著。培养壮大招商队伍，先后赴北京、湖南、广州等地和德、法等国家开展招商活动，与欧盟驻中国代表处、台湾商业总会等26个投资机构建立合作关系，加强宣传推介，拓展招商渠道。成立驻京招商机构，举办5场大型招商说明会，签约首都项目50个，投资额258亿元。全区引进千万元以上项目225个，总投资额555亿元。

科技实力不断增强。科技型中小企业和小巨人企业累计分别达到3691家和270家；21家企业进入全市小巨人领军企业行列；国家级企业技术中心累计达到9家；市级企业技术中心累计达到54家。市级名牌产品和驰著名商标累计分别达到96个和176件，知识产权发展水平指数和综合实力指数全市排名第一。

楼宇经济快速发展。落实《加快发展楼宇经济实施意见》，兑现扶持资金411万元。新开工楼宇项目42.4万平方米，建成美材智慧谷一期、忆天泽总部等楼宇项目42.2万平

北运河双新上河城全图

“小巨人”企业专场对接会

开发区项目合作集中签约仪式

丰田 Toyota

LG电子

ABB

方米。全区运营楼宇达到66.4万平方米，入驻企业1078家，实现税收7.9亿元，增长24.2%。开发区商务中心列入全市第三批重点支持的亿元楼宇。

园区开发建设提质增速。北辰开发区晋升为国家级经济技术开发区，国家级新闻出版装备产业园正式获批。陆路港被确定为全市物流发展“一区三港”之一，陆交中心投入运营。三个市级示范园区引进亿元以上项目47个、总投资488.6亿元，累计签约项目226个、总投资932.6亿元。制定出台镇工业区改造提升和转型升级实施方案，加快推进宜兴埠、双街、北双、西堤头4个片区改造提升。

推进金融业创新发展。在全市率先引进民生银行科技支行，率先完成村镇银行增资扩股和股份改制，建成双街、天穆等4家支行和小微企业信贷中心。成立科技企业融资超市，帮助1260家企业落实贷款32.6亿元。开通融资微信服务平台，为企业融资提供定点、定时、定人、定制式服务。建设开发公司发行企业债券正式获批。

2013年，北辰区城市化进程进一步加快，群众生活水平进一步提高，保持了经济社会持续健康发展，迈出了北部经济中心建设的坚实一步。

夜幕下的北辰公园

“美丽北辰”征歌活动颁奖晚会

宝坻新城

美丽“新宝坻”双城“桥头堡”

京津中关村科技新城项目签约

2013年，宝坻区认真贯彻落实中央和市委、市政府的决策部署，紧密联系区情实际，坚持实施“一个发展战略”，围绕实现“两个率先”，抓实“三件大事”，强化“一个根本保障”，推动经济社会发展迈上新台阶。全年实现地区生产总值475亿元，同比增长22%；公共财政预算收入41.4亿元，增长25%；全社会固定资产投资528亿元，增长30%。

一个发展战略：按照习近平总书记关于“谱写新时期社会主义现代化双城记，积极推进京津冀区域发展合作”的指示精神，以及市委、市政府部署要求，把宝坻放到区域经济的大背景中去审视，充分发挥区位、空间、生态等比较优势，积极深度参与区域分工，着力打造京津同城发展桥头堡、京津冀一体化先行区，建设美丽宝坻。

两个率先：到2015年，力争地区生产总值比2010年增长两倍以上，农民人均可支配收入比2010年翻一番，成为全国率先全面建成小康社会的地区之一；到2020年，力争地区生产总值和农民人均可支配收入比2015年再翻一番，把宝坻建设成为综合实力强、生态环境优、城乡面貌美、生活质量高的现代化城市，成为全国率先基本实现现代化的地区之一。

三件大事：第一件事，强产业，全力招商引资上项目。实际到位内资、利用外资同比分别增长16.3%、12.3%。借重首都资源实现新突破，与中关村签署了战略合作框架协议，共同开发建设京津中关村科技新城，规划了京津新城现代服务业集聚区。共对接首都方面项目216个，其中签约和在建117个，计划总投资403.6亿元。前九批重大项目累计完成投资530.1亿元，其中2013年完成76.5亿元。

京津中关村科技新城规划效果图

天津路通电动汽车有限公司

天津东皋膜技术有限公司

第二件事，惠民生，让群众安居乐业有保障。实施了一批公路交通、公用配套等重点工程，宝坻新城、京津新城建设有序推进，各类产业园区功能形象同步提升，区域综合承载能力进一步增强。实施了新一轮“10项民心工程”，全年新增就业1.9万人；城乡居民人均可支配收入同比分别增长12.9%和15%；城乡居民基本养老和医疗保险参保人数分别达到14.3万人和52.4万人，全年用于民生领域的投入同比增长34.1%，民计民生进一步改善。

第三件事，促和谐，确保安全稳定不出事。严格落实矛盾纠纷排查化解、社会稳定风险评估等机制，全面推行农村基层协商民主制度，最大限度地预防和减少不稳定因素。切实发挥“一村一站一助理”工作模式在维护社会稳定方面的作用。扎实开展安全隐患排查整治等活动，积极推进平安宝坻、法治宝坻建设，在全市社会公众安全感满意度调查中继续排名第一。

一个根本保障：以转作风为抓手，切实加强党员干部队伍建设，不断强化组织保障。与全市第一批单位同步开展群众路线教育实践活动，制定实施了《关于改进工作作风、密切联系群众的实施意见》等系列规定，务实开展“促惠上”和党员干部直接联系服务困难群众活动。深入实施“强基创先”工程，着力加强服务型基层党组织建设。严格问责问效，激励广大党员干部勇于负责、刻苦干练，在全区上下进一步营造形成了创新谋事、务实干事、齐心成事的良好氛围。

融入京津冀合作大势 推动宁河科学发展

第四届七里海湿地河蟹节开幕式暨招商引资推介会

芦台一中校庆

宁河县是天津的东大门，行政管辖面积1031平方公里，辖14个乡镇、282个行政村，有耕地60万亩，人口42万。

2013年，宁河县在市委、市政府的正确领导下，积极融入京津冀协同发展大局，着力实施“聚焦、融入、服务”战略，着力加强与北京市的交流合作，着力实施“六大战略”，坚持规划引领、坚持项目带动、坚持载体支撑、坚持环境营造、坚持民生为本、坚持党建保障，经济社会实现又好又快发展。全年完成地区生产总值407.7亿元，同比增长16.1%；财政总收入90.32亿元，其中地方一般预算收入28.2亿元，分别增长50.1%和40.1%；全社会固定资产投资477.56亿元，增长30.6%；农民人均可支配收入14904元，增长13.7%。

2014年，宁河县将认真贯彻落实习近平总书记提出的“七个着力”工作要求，牢牢把握京津冀协同发展的重大历史机遇，自觉把全县发展放在京津冀合作大局中去谋划，主动借势、借脑、借力，推动宁河产业提升、城镇化提速，打造区域协同发展的“增长极”。

京津合作园区效果图

未来科技城效果图

天津市发展和改革委员会

2013年，市发展改革委按照市委、市政府统一部署，与各区县、各部门、各单位密切配合，开拓创新、攻坚克难、扎实工作，卓有成效地开展工作，较好发挥了职能作用，为全市发展做出了应有贡献。

（一）把握大势，调研服务，促进经济平稳发展

进一步加强经济运行监测预测预警，向市委、市政府报送专报、快速分析、旬报、调研课题等500多篇，向国务院研究室、市委、市人大、市政府汇报经济形势和工作思路16次。完成“十二五”规划纲要中期评估，制定出台城市定位指标体系及实施方案，开展了年度实施情况监测评价。组织各区县编制完成经济发展三年计划，开展区县绩效管理考评。牵头组织开展全市“促发展、惠民生、上水平”活动，选调4451名机关干部，组成673个服务工作组，深入7700多个帮扶对象开展帮扶，共协调解决问题7390个。

（二）突出重点，优化环境，推动项目建设投产

全社会固定资产投资规模历史性地突破1万亿元。新推出170项大项目好项目，累计达1610项，年内建成投产260项。按季度推出两批、249项储备项目，总投资1464亿元。加强项目储备库建设，入库项目投资规模保持在2万亿元左右。向金融机构推介重点项目265项；推动与国开行签署战略合作备忘录。争取中央预算内资金13.3亿元，14家企业获准发行企业债券245.5亿元。进一步向滨海新区下放项目核准权限，取消合并审批事项4项、转变管理方式3项、向区县下放3项。推出33个面向民间资本招商项目。出台重大建设项目社会稳定风险评估暂行办法，组织清理政府性楼堂馆所并起草管理规定。研究编制了投资项目“负面清单”。

（三）加强引导，提升质量，推进经济转型升级

超前谋划国家战略性新兴产业集聚区试点工作，12个重点项目列入国家专项，4支基金列入国家参股新兴产业创投基金计划。推出16项重大高新技术产业化项目，确定与空客二期合作转产新机型，推动华大基因生物技术在津产业化。组织实施国家重点产业振兴和技术改造项目311项，建成7个国家级新型工业化产业示范基地。大力推进南港工业区建设，中石化商业原油储备库等项目投产，中俄东方炼油等前期工作取得实质进展。全国首个863产业化促进中心启动运行，新增各类创新平台60多家，引进、聚集国家级院所产业化基地、科研机构21家，未来科技城建设扎实推进。制定实施“两区两园”规划和建设方案，出台物流业发展政策措施，支持服务业综合改革试点加大创新力度。

（四）综合施策，标本兼治，加快建设美丽天津

参与制定《美丽天津建设纲要》，编制实施重污染天气电力行业应急保障预案，研究起草建立生态补偿机制的指导意见。出台碳排放权交易试点工作实施方案和管理暂行办法，天津碳排放权交易所开市。出台绿色供应链管理试点实施方案并组织落实。开展区县控制温室气体排放目标责任评价考核，推动建立区县低碳发展考核评价体系。积极协调中石油等企业多渠道增加天然气供应，推动蒙西煤制气外输等能源合作项目，中海油LNG顺利供气，临港工业区IGCC示范电站建成投产，全市光伏、风电装机总量分别达33兆瓦、228.5兆瓦。制定实施热电联产供热设置调峰锅炉及联网方案。完成车用汽油品质升级为国Ⅳ标准工作。审批加气站20座，新增燃气汽车5500辆。组织各部门、区县编制循环经济发展实施计划，启动开发区国家循环化改造示范试点园区建设，北疆电厂列为国家首批海水淡化产业发展试点，北疆

2013年全市促发展惠民生上水平活动动员会暨新一批重大项目建设推动会

市发改委召开党的群众路线教育实践活动动员大会

首届中国（天津）国际创意产业博览会在津举办

天津渤化石化有限公司丙烷脱氢年产60万吨丙烯项目

电厂二期通过国家核准，子牙产业区获准开展中日韩循环经济示范基地建设前期工作。支持中新生态城等5个园区开展低碳示范建设。

（五）深化改革，扩大开放，不断创新体制机制

改革方面。编制完成第三个综合配套改革三年行动计划实施方案。出台社会信用体系建设工作方案及配套文件。新出台3项股权投资基金规范管理制度。推动成立国内首家天使投资协会，完成我国首个“众投”项目融资。创投之家一对一全流程服务科技型中小企业取得新进展。渤海商品交易所获准开展商品国际贸易和跨境人民币结算业务。启动天然气调价，调整非居民供热价格，落实环保电价政策，完成全国收费动态监管系统试点任务。提出水务改革思路。全面实施基层医疗卫生机构绩效工资制度改革，出台区县公立医院改革试点指导意见和政府投入政策实施意见，开展基层医疗服务模式改革。出台居住证管理暂行办法和配套文件、实施细则。示范镇“三改一化”试点稳妥推进。

开放方面。出台鼓励外商投资产业指导目录实施细则等文件，建立境外投资审批绿色通道机制取得积极进展。北辰开发区、子牙产业区升级为国家级开发区。推动我市与京冀晋宁蒙签署合作框架协议，制定京津“双城记”重点合作方案，参与编制首都经济圈规划，与河北省共同实施引滦水源保护工程。

（六）完善政策，强化保障，切实改善民计民生

拟订深化收入分配制度改革实施意见报市政府。加强对企业单位从业人员劳动报酬总额的考核。编制我市首部基本公共服务体系规划。完成20所幼儿园新建改扩建任务，首批120所义务教育学校现代化标准建设验收达标，继续支持海河教育园区二期加快建设。胸科医院等一批卫生项目完工。积极推动国家海洋博物馆、健康产业园建设。加强粮食应急、储备管理。落实价补联动机制，提高农村困难群众物价补助标准，发放物价补助1.5亿元，受益群众388万人次。会同有关部门取消、停收和降低12项行政事业性收费，减轻社会负担9000多万元。加大价格检查和反价格垄断执法力度，实施经济制裁1800多万元。协调推进机场二期扩建及配套工程；天津港30万吨级深水航道二期、国际邮轮母港二期工程基本建成，一批港口、航道、铁路、公路、地铁项目建设进展顺利。天津港货物吞吐量突破5亿吨、机场旅客吞吐量突破1000万人次、地铁客运量超过2.4亿人次。启动西于庄等5个旧城区、棚户区改造项目，支持市政公用设施加快建设。推进南水北调市内配套工程建设。北辰区西堤头等7个镇开展示范小城镇试点建设，全年新建农民住宅1000万平方米，竣工600万平方米，完成6个镇的生态镇创建和7个镇的绿化提升改造任务。继续实施农村安全饮水工程。

武清区东蒲洼街示范小城镇建设试点、“三改一化”改革试点项目

陈塘庄热电厂煤改气搬迁主体工程厂房

天津市城乡建设和交通委员会

梅江会展和梅江周边

西站周边道路

2013年，在市委、市政府领导下，城建系统深入开展党的群众路线教育实践活动，全面落实"促惠上"各项工作要求，紧紧围绕重点工程建设、服务保障民生和规范行业发展，抓前期、促进度、保安全、强管理，各项工作保持了良好的发展势头。

建设规模再创历史新高 全年完成市政交通和房地产开发投资约3100亿元，占全市投资总量的30%。新开工房屋建筑4960万平方米，全市建设工地5970个，高峰期从业人员近100万人。

重点工程建设进展顺利 地下直径线、津秦客运专线竣工通车，滨海国际机场T2航站楼和机场交通中心主体工程完工，天津港30万吨级航道、LNG码头等工程竣工，地铁5、6号线70座场站全部开工建设，100条城市道路和海河春意桥完工，道路通行能力进一步提升。

开发结构实现调整优化 健全多层次开发供应体系，加大保障房、示范小城镇和普通商品房建设比重。完成全年650万平方米保障房建设任务，启动农村特困家庭危房改造，按照规划新建住宅配建文化活动站、幼儿园、公厕等公共服务设施。

节能减排持续推进 启动绿色建筑发展规划行动方案，中新天津生态城、新梅江居住区规模化绿色建筑达到629万平方米。全面推广住宅四步节能设计，太阳能、浅层地能等可再生能源，应用面积达到1891万平方米，完成420万平方米公共建筑节能改造和600万平方米居住建筑综合节能改造。

建筑市场秩序得到规范 强化标前、标中、标后全过程管理，建立全市统一的网络监管平台。强化信用体系建设，完善区县信用子系统，实现了建设管理数据共享。积极推进建筑企业转型升级，全市完成建筑业总产值3600亿元，实现增加值650亿元，同比增长12%。

质量安全工作稳定受控 严格风险源管理，强化大型施工机械管理，加强对钢筋、混凝土等17种入场建材监督抽测，推广创精品研究成果，文化中心大剧院、滨海文化商务中心等15项工程荣获鲁班奖和国优奖。

为民服务有了新的提高 认真开展党的群众路线教育实践活动，边学边查边改，在改进"12319"热线服务、治理施工扰民、规范行政执法等方面取得实际效果。"促惠上"着力帮助企业和项目协调解决各类问题3000多项。深化窗口规范化建设和标准化服务，强化内控监督与考核，市建交委连续8年获市政府行政效能考评第一。

文化中心

天津市国家税务局

市委常委、常务副市长崔津渡在市国税局调研

市国税局党组书记、局长程安亭和班子其他成员深入企业开展调研，为企业排忧解难

2013年，天津市国税局在市委、市政府领导下，扎实开展党的群众路线教育实践活动，进一步改进工作作风，强化服务职能，积极开拓进取，全面落实“促惠上”要求，为深入推进依法行政，维护社会公平竞争，创造良好的经济发展环境，发挥了积极作用。

一、税收收入再创新高。2013年，天津市国税系统进一步加强税源管理，落实15项堵漏增收措施，依法组织税收收入，全年实现各项税收收入1647.8亿元，比上年增加194亿元，增长13.4%。收入规模在全国36个省市位列第11位，税收增幅位列第4位。

二、纳税服务体系日趋完善。为全面优化纳税服务，减少纳税人的办税时间，在全市国税系统办税服务厅积极开展标准化建设，同时全面推行“一窗式”管理、“一站式”服务，“一次性”告知和“同城通办”，即“三一一同”服务模式，拓展网上办税功能，增加自助办税设施，简化办税流程，清理减少要求纳税人报送的报表资料，全方位方便纳税人。

三、新一轮征管改革初见成效。坚持“以风险管理为导向，以专业化管理为基础，以重点税源管理为着力点，以信息化为支撑”的改革思路，市局于2013年10月启动新一轮的税收征管改革试点工作，初步建立了职责清晰、分工明确、协作到位、运行顺畅的征管工作机制，建立了市、区两级风险分析监控中心，开发应用了风控管理系统，集中筛查分析异常企业，有的放矢地组织评估和稽查。同时，修订全系统的岗位职责和征管流程，压缩审批环节51个，缩减税收管理员调查事项9项，取消审批事项14项，减少了办税环节，进一步提高了办税效率，为实现提高税法遵从度，提高纳税人满意度，降低税收流失率，降低

开展业务知识竞赛，提升干部队伍业务素质

征纳成本，即“两提高、两降低”的目标奠定了基础。

四、营改增试点工作稳步推进。全系统积极开展营改增政策的内外部宣传培训，深入搞好政策解读，确保营改增试点的平稳推进。在前期交通运输业、现代服务业等行业试点工作顺利推进的基础上，8月1日，全市广播影视制作、播映和发行企业正式纳入营改增试点范围。营改增试点纳税人全年实现应税销售额2084.20亿元，缴纳改征增值税50.9亿元。使试点企业税收负担降低25.05亿元，使营改增政策支持引导现代服务业发展的效应得到充分体现。

启动新一轮税收征管改革，为实现“两提高、两降低”的目标奠定基础

五、税收法制促进经济发展。深入贯彻“十二五”时期税务系统推进依法行政工作规划。修订了《税务行政违法行为处罚标准规定》，坚持严格税务行政审批项目管理，全面做好规范性文件合法性审核，严格落实重大税务案件审理制度。认真组织开展执法检查和执法监察，积极宣传落实营改增、小微企业免税等结构性减税政策，全年减免各税63亿元，办理出口退（免）税176.81亿元。围绕促进滨海新区开发开放、助推东疆保税港区发展、电子商务等开展税收政策专项调研，主动服务地方经济发展。

六、以整风精神推动队伍建设。认真开展党的群众路线教育实践活动。领导班子成员深入基层广泛征求干部群众和纳税人意见，带头聚焦“四风”对照检查突出问题，认真开展批评和自我批评。针对查找、梳理的突出问题，提出了24项整改措施，在服务纳税人、服务基层等方面积极推进整改工作。深入推进党风廉政建设，认真贯彻党的十八大提出的建设廉洁政府的要求，加大控权、管事、育人力度。认真执行中央八项规定和国务院“约法三章”，加强审核把关，严格“三公”经费、会议费、培训费管理，严禁超标准发放津贴补贴和实物。落实党风廉政建设责任制，抓好监督考核。梳理规范制度203项，强化教育、严格管理，在加强政风行风建设上取得新的成效。全面规范税收执法和服务行为，在 2013年全市政风行风评议中位列第三。

深入开展党的群众路线教育实践活动，让为民务实清廉的主题在税务系统深深扎根

天津市工商行政管理局

2013年，全市工商系统紧紧围绕天津经济社会发展战略，不断向服务经济社会发展的深度和广度进军，各个条线精神饱满、务实创新、成绩显著，主要有十大工作亮点：

工商登记制度改革准备就绪 成立专门领导小组起草《天津市改革工商登记制度方案》及配套文件，为启动改革打下坚实基础。2013年，全市实有各类市场主体突破50万户，注册资本总额突破3万亿元。

首届全国民企贸易投资洽谈会圆满成功 洽谈全国知名企业83家，落地大项目82个，签约投资额1575.6亿元，带动了全市民营企业注册量和注册资本的提升，全年新注册超亿元民营企业232户，新增民营企业集团37个。

食品安全监管工作双向加力 制发天津市流通环节食品安全管理示范店建设实施方案，认定372家区县级示范店，超额完成市政府确定的建设目标。集中曝光38家企业39个批次质量严重不合格食品。妥善处置“六和”问题肉鸡、假冒鱼翅、防控H7N9禽流感等多起突发事件，圆满完成第六届东亚运动会食品安全保障任务。

服务新农村建设形成品牌 以市政府名义在宁河县召开全市服务农村经济发展现场会，全面推广“七有工程”建设经验。制定出台《天津市家庭农场登记办法》，新登记家庭农场35户；大力扶持农民专业合作社发展，全年新增2033户，同比增长264.3%；积极推动农产品商标和地理标志证明商标注册，总量达到4522件；推进城乡消费维权均等化，农村消费维权服务站达到3757家；组织开展季节性农资市场专项整治，查处案件49起，案值116.35万元。

2013年12月12日，天津市委副书记王东峰视察河北分局光复道工商所

实施商标广告战略作用彰显 全市新申请注册商标20733件，申报驰名商标27件，认定著名商标169件，商标国际注册356件。全市新增广告经营单位1773户，同比增长

市政府召开天津市实施商标战略三年总结暨推动科技型企业商标发展大会，副市长尹海林、国家工商总局副局长付双建出席大会

市工商局在宁河县召开全市工商系统服务农村经济发展“七有”工程现场会，副市长尹海林、王宏江出席会议

王海福局长到静海县困难村结对帮扶

12.4%；实现广告经营额178亿元，同比增长27.1%。滨海广告产业园被认定为国家级广告产业园区，获取国家支持资金1亿元，园区企业总产值突破16亿元。

执法办案质量再创新高 依法查办各类经济违法违规案件8251件，罚没款5538万元，同比增长32.1%和75.9%，行政复议维持率和行政诉讼胜诉率均达100%。取缔传销窝点1672个，移送司法机关人员62人。

消费维权效能不断提升 组织与全市31家行业协会、商会建立联席会议制度，与公安局110指挥中心建立部门联动机制，加强行业自治自律；在全市209家企业率先建立小额消费纠纷快速解决机制和无障碍退换货流程，加强12315中心标准化建设，加强行政调解，提高热线处理和督查促办能力，全年受理咨询投诉举报16万件，办结率96.05%，为消费者挽回经济损失2132万元，消费者回访满意率达到100%。

综合保障工作创新有为 编写了全国公开发行的《工商行政管理机关查处违法行为认定依据处罚依据及证据规范》，在全国率先制定《格式条款监督监测办法》，数据质量在全国工商系统名列前茅。召开全系统基层基础建设总结表彰大会，成立天津市工商行政管理档案馆，并举办“中国梦·红盾情”诗词创作歌咏大会。

群众路线教育实践活动善作善成 坚持开门搞活动，广泛征求意见建议，市局领导班子提出22项整改措施，出台24项规范制度。全系统文件简报数量下降31%，会议减少50%，公务招待费同比下降51.5%。在2013年度各区县政风行风评议中，所属15个工商分局和滨海新区局全部名列第一。

完成市委市政府交办任务优质高效 圆满完成全市158619辆新车、16259辆二手车的备案登记任务，检查各类加油站点831户，检查销售“机动三轮车”经营者1313户次，有83户经营者停止销售。

2013年，市工商系统得到市领导和总局领导肯定性批示61件，各区县党政领导批示430件。市级以上新闻媒体共刊播反映天津工商工作报道3513篇，在市委市政府和总局重要刊物上发表理论和调研文章53篇，7项调研成果荣获国家省部级以上奖项。市工商局连续6年获得市政府对外开放服务奖，连续4年被评为依法行政工作先进单位。

全国民企贸易投资洽谈会暨招商项目集中签约仪式

出席“中国梦·红盾情”诗词歌咏大会的领导与全体演员合影

前进中的天津经济技术开发区

天津开发区垦荒犁

天津经济技术开发区，英文缩写为TEDA，音译为“泰达”，于1984年12月6日经国务院批准建立，是中国首批国家级开发区之一。泰达，在中国传统文化中具有安泰、通达之意，为全球华人喜爱的吉祥名字。中国改革开放的总设计师邓小平同志在1986年8月视察天津开发区时，亲笔题词“开发区大有希望”，成为激励天津开发区人奋勇拼搏的动力。这方地如其名的热土，现已包括东区、西区、中区、南港工业区、现代产业区、逸仙科学工业园、微电子工业区、泰达慧谷、南部新兴产业区以及泰达北塘总部区等10个区域，总体规划面积408平方公里。天津开发区主要经济指标在全国国家级开发区中连续16年保持领先。

天津经济技术开发区定位于滨海新区先进制造和研发转化基地，现代服务业的聚集区，努力吸引、容纳各种先进经济要素和经济实体，致力于构建一个体制机制保障有力、经济要素聚集活跃、实体经济特色鲜明、创新创业活力强劲、品牌效应价值凸显、发展后劲持续提升的高端产业领航区、改革开放先行区、自主创新示范区、和谐社会首善区，成为国际化、现代化、生态化的先进产业与新型城市综合体。

天津经济技术开发区坚持转变经济发展方式，推动产业结构调整和优化升级，打造高质化、高端化、高新化的产业结构，九大主导产业成为区域经济发展的重要支撑，包括电子信息、汽车、生物医药、食品饮料、装备制造、航天、新能源新材料、石油化工、现代服务业等。

2013年，天津经济技术开发区主要经济指标平稳较快增长，区域综合实力不断提升，全区生产总值实现2502亿元，工业总产值连续5年跨越千亿台阶，首次突破8000亿元，实现8053亿元，出口实现224亿美元，财政收入跃上500亿元大关，达到547亿元。发展质量进一步提高，经济结构逐步优化，经济社会实现持续健康发展，质量效益同步提升，继续保持国家级开发区领头羊地位。

截至目前，天津经济技术开发区累计引进外资项目5325个，实际使用外资427亿美元，其中投资总额在1000万

High起来

足球友谊赛

美元以上的项目1195个。89个《财富》500强跨国公司投资了230个项目。累计内资企业注册8694个，注册资本达3022亿元。已拥有289家亿元级企业，17家百亿级企业，3家五百亿级企业，1个千亿级企业集团。天津开发区的手机、汽车、液晶显示器、电子元器件、平板电视、数码相机和摄像机、方便食品和饮料等产品产量在全国占有重要地位。

天津开发区下一阶段将继续深入贯彻党的十八大、十八届三中全会精神，按照市委市政府和滨海新区的决策部署，紧紧围绕“新”这篇大文章，继续完善和实施“二二二三四”发展战略，科学确定奋斗目标，着力构建高端产业高地、和谐宜居高地和生态文明高地，着力聚焦大项目好项目、科技小巨人和楼宇经济，着力推动各区域统筹联动发展，着力促进改革创新、企业服务和精细化管理，着力加强党建工作，解放思想、深化改革、奋勇拼搏，实现开发区新时期更好更快发展，为天津市大发展和滨海新区开发开放，做出更大贡献。

泰达国际会展中心

天津开发区新貌

滨海新区中心商务区

滨海新区互比互看活动

与美国茱莉亚学院签约

中心商务区是滨海新区七大经济功能区之一，横跨海河下游两岸，地处滨海新区的核心地带。2013年12月19日，滨海新区调整部分街镇行政区划，将调整后的塘沽街和大沽街纳入中心商务区开发建设范围，区域面积增至46平方公里。

中心商务区2007年开始筹建，2010年12月，经市委、市政府批准，成立滨海新区中心商务区管委会并建立党组，成为滨海新区的派出机构。中心商务区发展定位为滨海新区的商务商业和行政文化中心、中国的金融创新基地、世界一流的中心商务区。规划形成国际金融、现代商务、高端商业、中介服务、科技研发、河海文化和生态居住功能，为金融创新、国际航运和物流、现代制造和研发转化提供全方位的服务。中心商务区规划建设进度为“两年开发启动、三年全面建设、五年初具规模、十年基本建成”，力争用15到20年的时间实现整体规划和功能定位目标。

中心商务区规划布局为“一河两岸六区”，即以海河为轴线，沿河两岸开发为重点，规划建设于家堡金融区、响螺湾商务区、天碱及解放路地区、大沽地区、新港地区、蓝鲸岛及大沽炮台区等六片区域。

响螺湾商务区 规划面积1.59平方公里，建筑面积567万平方米。功能定位为外省市、央企驻滨海新区的办事机构、集团总部和研发中心的聚集区。

于家堡金融区 规划面积3.86平方公里。将建设成为具备

中心商务区规划效果图

现代化设施和国际化服务功能，国际一流、全国领先、功能完善、服务健全的金融改革和创新基地。

天碱及解放路地区 规划面积3.83平方公里，布局大型商业设施、酒店及部分高档公寓写字楼，功能定位为打造滨海新区最具活力的商贸商业中心。

大沽地区 规划面积13.7平方公里，将依托海河秀美的自然景观和北洋水师大沽船坞、潮音寺等历史文化资源，建成宜居生态、现代化的居住区和旅游目的地。

新港地区 规划面积6.6平方公里，将建设成为滨海新区行政中心所在地和生活配套区。

蓝鲸岛和大沽炮台区 规划面积3.77平方公里，将建设成为滨海新区的生态岛屿和天然氧吧，打造出环境优美、人与自然和谐共存的城市生态新空间。

2013年完成生产总值96.2亿元，增长26.9%；固定资产投资212.1亿元，增长15.4%；财政收入20.7亿元，增长25.6%；内联引资106.5亿元，增长21.7%；实际利用外资1.7亿美元，增长29.2%；外贸进出口完成4065.7万美元，增长87.1%。

——建设进度不断加快

截至2013年底，累计开工1060万平方米，其中商务楼宇807万平方米，住宅公建253万平方米，完成投资558.8亿元，竣工227万平方米，在建833万平方米。

——招商引资不断强化

截至2013年底，累计注册企业2442家，注册资本金1626.17亿元。其中，新增注册企业302家，注册资本金55.67亿元。

——金融创新不断推进

截至2013年底，累计注册金融类企业479家，全市

响螺湾彩带岛

50%的交易所、33%的保理企业、12%的私募基金、8%的持牌机构入区注册。

——区域环境不断完善

对天津大道、迎宾大道等迎宾路线进行了专项市容环境清整。先后组织52次拆除违章建筑专项行动。有效治理了运输撒漏、乱停乱放、乱摆乱卖和黑出租等问题，基本杜绝了乱摆乱卖现象。治理了河南里市场、万顺道市场、华安楼市场等处占道经营。

——管理服务不断提升

依法行政能力进一步加强，全年办理各类审批、服务事项4737件，实现“零延误”“零投诉”，申请人满意率达100%。努力完善资金“借用管还”机制，加快健全融资、财务、国有资产监督和审计等相关管理制度。成立中心商务区人才服务中心，为驻区企业提供人力资源和劳动保障服务。加强安全施工监督管理，确保无重大安全事故发生，严控拖欠农民工工资。加强对非法集资案件侦办力度和对股权投资基金监督，做好信访接访工作，确保区域和谐稳定。

响螺湾商务区楼宇

天津临港经济区

与工信部国际经济技术合作中心签署合作框架协议

临港经济区位于海河、独流减河入海口之间滩涂浅海区，是通过围海造陆而形成的港口工业一体化的新兴经济区，规划总面积200平方公里，用海面积230平方公里。是滨海新区重要功能区，也是国家循环经济示范区和国家新型工业化产业示范基地，定位于建设“中国北方以装备制造为主导的生态型临港经济区”。

临港经济区拥有海、陆、空立体交通网络。海运方面，不仅北依世界第五大港天津港，自己还具备大沽沙、高沙岭、独流减河三条航道，将建设300余个万吨级以上码头，实现入港物流无缝对接。陆运方面，京津塘、津晋、海滨大道等九条高速公路纵横交错，贯通临港，区内三横五纵骨干路网已经形成，入区铁路正式通车。空运方面，距我国重要的干线机场和北方航空货运中心天津滨海国际机场仅38公里。

截至2013年底，临港经济区自身累计完成固定资产投资1200余亿元，围海造陆130平方公里，建成双向10万吨级大沽沙航道并对外开放、万吨级以上码头泊位20个，2013年港口吞吐量达2210万吨；建成道路121.2公里，220千伏变电站2座、110千伏变电站3座；吸引投资近2800亿元。2010年以来，工业产值连续三年翻番。

区域规划 按照市政府批复的分区规划，2013年，临港经济区共确定控制性详细规划、城市设计规划、专项规划等规划项目10项。其中《临港经济区南部区域（一期）控制性详细规划》上报新区审批，南部区域120平方公里《区域建设用海总体规划》上报国家海洋局审查。组织编制产业发展战略规划和现代物流业发展规划，修改完善装备制造业发展规划、现代服务业发展规划。

产业发展 按照市委市政府要求，临港经济区重点发展实体经济，已形成装备制造、粮油食品、口岸物流、现代化工等四大支柱产业。

围海造陆 2013年，临港经济区新增固化土地7平方公

与塘沽管委会签署教育合作共建协议

中国工商银行临港经济区支行成立仪式

利达粮油科技（天津）有限公司临港生产基地项目开工仪式

安信物流有限公司临港项目签约仪式

里。截至2013年底，共建设外坝80公里，内坝130公里，围合海域140平方公里；吹填泥沙5.36亿立方米，造陆130平方公里；固化处理土地77平方公里，其中50平方公里达到“七通一平”。

港区建设 2013年，双向10万吨级大沽沙航道正式通航；10号、11号通用泊位正式对外开放，港区吞吐能力进一步提高至4000万吨；北防波堤建成并通过交工验收，东防波堤建成并办理交工验收；2、3号粮油码头及配套综合廊道建成，粮油物流中心开工建设；9、12、14、18号4个码头泊位继续建设。

招商引资 2013年，普罗旺斯、联东U谷、北大荒商贸、利达面粉等55个项目签约，总投资额824亿元；益同创鑫、仁泽物流、鑫正海工等30个项目开工，总投资额233亿元；斯瑞特、千红石化、福迪、戴乐普、通用电气等40个项目投产运营，总投资额225亿元。截至2013年底，招商引资项目累计达到257个，总投资2800余亿元。已落地项目中，有12个是世界500强企业投资建设的；有12个是中国500强企业投资建设的；百亿元以上项目有7个；单项产品世界第一的有6家。

服务企业 2013年，结合全市开展“促发展、惠民生、上水平”活动，临港经济区管委会组成8个服务工作组对口帮扶企业，协调解决市场、融资等方面的实际问题80余个。构建项目审批“快速通道”，环评审批时限由30-60工作日压缩至7个工作日。全年共办理各种审批管理事项420个；完成招投标及合同备案217项；新增注册企业100家；完成商标注册86件；完成外商投资企业联合年检28家。

组织建设 开展党的群众路线教育实践活动，落实中央八项规定，加强和改进作风，密切党群干群关系。加强基层组织建设，调整充实了综合党委组成人员，成立了中际企业党委、粮交所党支部、入区企业联合党支部，临港经济区党员总人数达400余人。加强干部队伍建设，引进2名处级干部，调整充实了国有公司班子成员，出台管委会所属国有企业领导人员管理暂行规定，加强了雇员招聘和管理工作。完善临港经济区人才服务平台，开通临港人才信息网，引进各类管理人才和专业技术人才400余人。1人入选天津市千人计划，1人入选天津市“131”创新型人才。

天津新港船舶重工建造18万载重吨法国“LEOPOLDLD”号散货船命名仪式

天津滨海高新技术产业开发区

滨海科技园综合服务中心

天津滨海高新技术产业开发区（简称天津高新区）成立于1988年，1991年被国务院批准为首批国家级高新技术产业开发区，也是首批国家创新型科技园区。核心区包括华苑科技园、未来科技城南区（渤龙湖科技园）、未来科技城北区（宁河科技园）、塘沽海洋科技园。

建区20多年来，天津高新区始终坚持依靠科技发展经济，主要经济指标持续保持30%以上的增长速度。截至2013年，核心区和辐射区聚集企业超万家，实现总收入9039亿元，是1991年的1800多倍；实现生产总值1533亿元，占全市的10.7%；完成工业总产值3269亿元，占全市的12.4%；有效专利数12020件，占全市比重达到30%，其中发明专利占40%以上。万人发明专利拥有量居国家高新区首位，知识创造与孕育创新能力位居前三。专利申请和授权数量、国家高新技术企业数量、高新技术产业产

华苑科技园全景图

渤龙湖航拍图

值、研发机构数量、技术市场交易额等指标始终位居全市第一位。

经过20多年的发展，天津高新区依托天津的优势和特色，以产业升级和创新驱动为重点，以新一代信息技术、新能源、高端装备制造等为代表的战略性新兴产业集群发展取得重大突破，在全市乃至全国的战略性新兴产业发展中发挥了重要的引领作用，成为天津高新技术企业云集、创新创业环境优良、科技型中小企业快速成长的创新高地和京津联动发展的主要平台。

高新区企业

天津保税区

卡特彼勒（天津）有限公司

空中客车（天津）总装有限公司

一、基本情况

天津保税区是天津滨海新区的重要经济功能区，包括天津港保税区、天津空港经济区两个区域，总面积73平方公里，背靠京津冀，服务“三北”地区广阔腹地。其中，天津港保税区是我国华北、西北唯一的、北方规模最大的保税区，面积5平方公里，区内设有保税物流园区，具有国际贸易、国际物流、临港加工和展示展销四大功能。天津空港经济区毗邻天津市区、距滨海国际机场3公里，是以航空产业为特色的综合经济新区。作为国家级开放经济区，建区23年来，天津保税区始终保持健康快速发展，地区生产总值年均增幅超过30%，成为具有海港、空港双重优势，综合优势明显、最具活力的经济区域之一。2013年生产总值达到1225亿元，工业总产值完成1670亿元，财政收入201亿元。累计注册企业近万家。

二、聚焦招商引资，高端产业加速聚集

天津保税区始终把招商引资作为区域发展的生命线，举全区之力聚焦招商、服务招商，高端产业加速聚集。截至目前，注册企业近万家，世界500强投资项目超过160个，形成航空航天、装备制造、电子信息、生物医药、总部经济等高端产业集群，高端产业产值超过全区40%。以中国民航科技

空港商务园A区

产业化基地为载体，以空中客车、中航直升机为龙头，庞巴迪、古德里奇、罗克韦尔柯林斯、联合技术航空部件、卓达宇航、PPG、泰雷兹、左迪雅戈、西飞机翼、海特等50多家国内外知名航空企业落户，航空产业迅速成长为天津的优势产业。美国CSC、沃尔沃IT、大唐电信、华旗资讯、威盛电子、科大迅飞等龙头项目聚集，使通讯信息产业能级迅速提升。展讯通信、东软、中兴、软通动力、中科院工业生物所、华大基因、瑞普生物、和泽生物、百若克、生化制药、中恩营养品等一大批国内领先，具有世界水准的科技企业入区发展，软件、研发设计等知识密集型产业年增加值超过30亿元。美国卡特彼勒、GE医疗、豪士卡、麦格纳、久益环球，法国阿尔斯通、道达尔，瑞典利乐，瑞士百超，芬兰伊宁，柳工、新疆特变电工、天汽模等30多家骨干企业落户，装备制造的研发实力和技术含量不断提升。依托空港经济区的区位优势和良好环境，搭建发展平台，总部经济发展取得明显成效，聚集了中航直升机、中铁十三局、大众中国、神州租车、中金再生资源、中节能投资、中远控股、中冶天工、鞍钢、宝钢、华硕、SM等60多家企业的区域和中国总部。庞大欧力士、民生金融租赁、渤海租赁、央视未来电视、康捷空、百合网、书生电子、优胜教育等一批金融、文化产业项目落户，新兴金融业年增加值超过40亿元。

神州租车短租门店

三、实施发展新战略，打造生态宜居新城区

天津保税区认真贯彻落实科学发展观，全面实施现代化新城区和科技园、工业园、物流园“一城三园”的区域规划，城市雏形基本形成。现代化城区占地14.3平方公里，包括商务区、商业区、生活区；研发科技园占地11.5平方公里，包括软件园、电信园、生物谷、光电谷；高新工业园占地37平方公里，重点发展健康产业、装备制造、航空航天、大众消费品、新能源新材料；现代物流园占地4.5平方公里，依托空港保税区、空港国际物流区和滨海国际机场，发展空港物流。

目前，生活配套设施日趋完善，空港国际医院、空港学校、滨海第一中学、双语幼儿园、文化中心、体育中心、空港湖滨社区服务中心、住宅、星级酒店、高尔夫球场等为投资者和群众提供高品质的生活环境。

四、未来发展目标

保税区将围绕建设持续增长的经济大区和科学发展的模范新区两大目标，以改革、创新、转变为突出特色，进一步优化发展环境，做大经济总量，做强优势产业，深化功能拓展，加快建设经济充满活力、城市面貌靓丽、社会人文和谐、文化氛围浓郁、生态环境宜居、民主法制健全的开放区域，为滨海新区开发开放和全市发展做出更大贡献。

空港商务园B区

天津东疆保税港区

2012年12月19日，东疆保税港区管委会与大唐集团资本控股有限公司签署合作协议，大唐融资租赁有限公司正式揭牌成立

2013年12月6日，北京首都农业集团与东疆保税港区签署战略合作协议

天津东疆保税港区位于滨海新区东部，坐落于天津港区内，是中国探索国际自由贸易港区建设的先行区，北方国际航运中心和物流中心的核心功能区，也是国务院批准设立的功能最全、面积最大、政策最优惠、开放度最高的保税港区。2013年，东疆保税港区在基础设施建设、经济社会发展、功能创新和口岸管理创新等方面实现了快速发展。

一、开发建设成就斐然 投资环境日臻完善

2013年实施建设项目60多项，完成投资50.2亿元。东疆北防波堤主体工程、邮轮码头二期、海关查验中心、二期联检中心工程完工并投入使用。高银红酒、浩物停车库、京海物流基地等物流项目主体竣工；万科、瞰海轩等一批住宅项目施工加快，约12.2万平方米住宅即将具备入住条件。商业项目在建建筑面积约18.9万平方米。

二、招商引资成效显著 优质项目竞相落户

2013年共注册企业648家，同比增长45.9%，再创历史新高。企业总注册资本263.58亿元人民币。其中，注册资本超亿元企业45家，占总数的32.1%，为东疆历史最高。中海油、华电、中煤、中国城建等央企和天津物产、渤海钢铁等大型国企落户东疆；振华物流、华图供应链、泛亚供应链等知名物流企业顺利进驻；宏泰国际租赁、大唐租赁、海华国际租赁等超亿元租赁项目落户，宏泰保理、蓝辰保理、渤海保理等超亿元商业保理项目入区经营。

三、外贸进出口额跻身天津前列 国际商品交易市场建设提速

区内企业完成外贸进出口额119.5亿美元，在天津市排名位居前列。其中，出口12.4亿美元，同比增长69.4%，进口

东疆保税港区保税物流仓库

2013年3月2日，国内第一单空客A380融资租赁引进业务在东疆完成，飞机顺利在滨海国际机场通关

浩物奔驰物流园项目

107.1亿美元，同比增长132.6%。车辆、飞机等高价值进出口商品实现进出口额96.3亿美元，同比增长157%。2013年，东疆保税港区注册市场类企业53户，注册资本金5.2亿元人民币，市场平台公司已涵盖汽车、房车、快消品、大宗商品等贸易板块。东疆进口商品直营中心在北京、天津铺开。

四、主导产业集聚效应持续扩大 租赁产业发展继续领跑全国

2013年注册的648家企业中，航运、物流、租赁、贸易及市场类企业占东疆已注册企业的76.9%，东疆已成为租赁类企业和汽车等商品进出口贸易企业落户的首选之地。全年注册融资租赁公司207家，累计达559家（其中单机公司375家,单船公司97家，内外资租赁公司78家），注册资本累计达134亿元人民币，行业年税收贡献达7.3亿元。东疆企业全年完成154架飞机的租赁业务，全年形成租赁资产增加80亿美元，同比增长180%，占中国以租赁形式引进飞机业务的90%。全年完成49艘船舶、9台发动机、2个海工装备的租赁业务，形成租赁资产约达22亿美元。

五、科学创新政府管理模式 提升区域综合管理水平

在“十二五”发展规划纲要基础上，科学编制完成天津东疆保税港区2013-2017年经济发展、社会发展规划方案。形成多领域综合任务分解表督查模式，获得滨海新区授予的督察督办优秀单位称号。统计基础工作继续完善，加强区内法制环境建设，广泛宣传安全生产相关法律法规，加大合法用工等劳动相关法律法规宣传力度，区域综合管理水平显著提高。

六、驻区单位助推东疆发展 口岸大通关亮点纷呈

东疆海关积极参与现代化海关监管查验示范区建设，东疆检验检疫局着力推进“进口商品质量安全示范区”和国际卫生海港创建。东疆海事局推动《天津东疆国际船舶登记制度创新试点方案》和《天津市游艇管理办法》出台。东疆边检站认真贯彻落实便民措施，不断完善“团体旅客散客式验放”模式。外汇管理局塘沽中心支局积极推动东疆外资资本金意愿结汇政策试点建设，已帮助7家企业办理9笔意愿结汇业务，意愿结汇额4769.96万美元。

七、抢抓新时期发展机遇 加快推进区域转型升级

未来，天津东疆保税港区将率先落实投资和服务贸易便利化综合改革创新区政策，加快落实《国务院关于天津北方国际航运中心核心功能区建设方案的批复》各项试点，努力提高投资和服务贸易便利化水平，加快自由贸易试验区建设，围绕北方国际航运中心和物流中心建设，继续全力打造北方国际商品进口基地、高端航运物流业基地、国家租赁业创新基地，培育国际航运融资中心。

东疆保税港区已建成15个各类商品交易市场

2013年12月10日，东疆保税港区进口商品(北京)直营中心正式揭牌，这是东疆在外省市设立的首个直营中心

天津港（集团）有限公司

天津国际邮轮母港

大型集装箱船舶靠泊天津港

天津港处于京津城市带和环渤海经济圈的交汇点上，是首都北京的海上门户、我国北方重要的对外贸易口岸，是连接东北亚与中西亚的纽带。天津港陆域面积132平方公里，主要由北疆港区、南疆港区、东疆港区、临港经济区南部区域、大港港区东部区域等组成。其中，北疆港区以集装箱和件杂货作业为主；南疆港区以干散货和液体散货作业为主；东疆港区以集装箱码头装卸及国际航运、国际物流、国际贸易和离岸金融等现代服务业为主，其东部区域正在完善城市配套功能；临港经济区南部区域以装备制造、新能源及医药、粮油轻工等五大版块为主要发展方向；大港港区东部区域是以煤炭、矿石等大宗散货为主的新港区。

作为中国北方最大的综合性港口、世界等级最高的人工深水港，天津港拥有各类泊位总数160个，其中万吨级以上泊位103个；目前主航道水深已达-22.0米，30万吨级船舶可乘潮进出港。特别是天津港复式航道试通航以来，航道通航能力在双向通航基础上实现再次升级。2013年，天津港货物吞吐量突破5亿吨，世界排名第四位;集装箱吞吐量突破1300万标准箱，世界排名第十位。

天津港服务功能完善，是我国唯一拥有三条亚欧大陆桥过境通道的港口；已经建成的天津国际贸易与航运服务中心

天津港鸟瞰图

繁忙的天津港集装箱作业码头

天津港汽车物流

是全国目前最大的“一站式”航运服务中心之一；成功实施“三个一”通关模式，口岸通关环境不断优化。天津港对外联系广泛，同世界上180多个国家和地区的500多个港口有贸易往来，每月航班500余班，直达世界各地港口。天津港对内辐射力强，腹地面积近500万平方公里，占全国总面积的52%。全港70%左右的货物吞吐量和50%以上的口岸进出口货值来自天津以外的各省区。截至2013年底，天津港已在内陆腹地设立5个区域营销中心、23个“无水港”和物流园区，进一步完善覆盖内陆腹地的物流网络体系。

作为天津港的主体，天津港（集团）有限公司目前资产总额达到1140亿元，旗下拥有二级公司70余家，包括上海和香港两家上市公司，连续12年入选中国500强企业，2013年居第399位。“十二五”期间，天津港（集团）有限公司将积极抢抓京津“双城记”、打造丝绸之路经济带和综合改革创新区的机遇，紧紧围绕打造千亿级企业集团这一战略目标，以提高发展质量和效益为中心，牢牢把握转型升级这一根本途径，牢牢把握深化改革这一活力源泉，牢牢把握创新驱动这一强大引擎，努力推动天津港更高质量、更好水平发展，充分激活港口的产业聚集效应、结构优化效应和腹地经济引擎效应，向世界一流企业迈出更加坚实的步伐，为天津市、滨海新区乃至区域经济发展做出新的更大的贡献。

天津东疆港区东部综合配套服务区

天津子牙循环经济产业区

铜条加工设备

报废汽车拆解处理设备

废旧家电拆解处理线

天津子牙循环经济产业区（以下简称园区）是国务院批准的目前全国第一家也是唯一一家以循环经济为主导产业的国家级经济技术开发区，是我国北方最大的循环经济园区。先后被国家发改委、财政部、教育部、工信部、环保部等部委批准为国家循环经济试点园区、国家“城市矿产”示范基地、国家新型工业化产业示范基地、国家级废旧电子信息产品回收拆解处理示范基地、国家进口废物“圈区管理”园区、中国国际青少年活动中心（天津）和国家循环经济教育示范基地等。初步创建了“循环、生态、智慧、便捷、宜居”的循环经济“子牙模式”，入选国家发改委循环经济典型模式案例。

党和国家领导人张德江、刘云山、张高丽等相继莅临园区视察指导工作，对园区循环经济发展高度评价和充分肯定。2011年9月，习近平同志莅临园区调研时指出，这里已成为目前我国北方最大的再生资源专业化园区，完全符合发展低碳、绿色、循环经济的理念，前景广阔，大有可为，值

园区科研服务大厦

园区林下经济带

园区小城镇

得充分肯定。

园区总体规划面积135平方公里，目前开发建设面积为50平方公里，分为工业区、林下经济区、科研居住区，构成了“三区联动”、循环互补的经济社会发展格局。

工业区21平方公里。以“厂在林下、林在厂中”为核心理念，重点发展废旧机电产品、废弃电器电子产品、报废汽车、废旧橡塑、精深加工再制造、节能环保新能源六大产业。区内各种配套设施完善，建有大型公用工程岛，统一建设集污水处理、中水回用、雨水收集、废弃物处理等为一体的综合节能环保系统，实现产业发展中的“自消化”“零排放”。同时建有无水港和保税仓库，为园区企业进出口业务提供便捷的绿色通道。目前入园企业247家，年拆解加工各类再生资源产品150万吨，成为天津及环渤海地区的“城市矿山”基地，形成以子牙园区静脉产业反哺和促进滨海新区动脉产业的循环经济发展格局。

林下经济区20平方公里。重点发展林下种植、林下养殖、生态旅游、文化教育等产业项目，形成农业生态链条，打造农业循环经济示范区。并建有国际化的青少年循环经济理念教育培训基地，为可持续发展培养新型人才。

科研居住区9平方公里。建有科技研发区、商务住宅区、综合服务区等，是全区的经济文化中心。2020年，规划常住人口达到8万人。居住区沿黑龙港河两岸，伴水而居，并配有地源热泵和太阳能等“节能、环保”设施，形成生态宜居的绿色建筑群。

园区深入贯彻党的十八大报告精神，推进生态文明、美丽中国建设，以战略性新兴产业为指导，坚持走新型工业化、农业现代化、信息化和新型城镇化深度融合、互动发展之路，全面推进“城市矿山”“城市油田”“城市森林”建设，打造国家循环经济示范区。

天津子牙循环经济产业区总体规划（2008--2020年）

中国武清开发区

中国武清开发区于1991年12月28日设立，是经国务院批准的国家级经济技术开发区和国家级高新技术产业园区，规划面积50平方公里，目前，一期、二期15平方公里已建成，三期15平方公里基本建成，四期规划20平方公里，其中起步区5平方公里招商在建。

建区以来，共吸引投资1200亿元（外资近80亿美元），引入50个国家和地区的企业1400余家，其中世界500强企业27家，国内外行业龙头企业100余家。各项主要经济指标年增长率一直保持在25%左右，累计实现地区生产总值1397亿元，税收459亿元，解决就业13万余人。高端制造业以环保、节能、低碳为特色，形成电子信息、机械制造、生物医药、汽车及零部件、新材料、新能源六大主导产业；现代服务业以总部楼宇和科技研发为主，形成文化创意、动漫游戏、服务外包、金融、研发孵化、商贸物流、总部结算、娱乐休闲等产业聚集效应。建区以来，开发区已成为武清区对外开放的窗口，经济发展的主发动机，带动产业升级的龙头和安置就业的重要基地。

开发区地处京津之间，区位优势得天独厚，距北京市区71公里，天津市区25公里，首都国际机场90公里，规划首都第二机场45公里，天津滨海国际机场35公里，天津港71公里。

自然生态环境良好，开发区东临大运河，北有龙凤新河，西有龙凤河故道，中间镶嵌着美丽的天鹅湖。区内绿化率达40%以上。

服务环境优质高效，开发区管委会始终秉承“服务他人就是发展自己”理念，坚持服务立身、服务致胜，对开发区实行“封闭式”管理，设有开发区行政服务中心、海关、检验检疫局和保税物流区，为企业提供“一站式”办公、“一条龙”服务，金融、法律、财务等商务服务机构齐全。

配套功能设施完善，基础功能设施达到“十一通一平”，建有天津市首家为开发区提供发电、供热、供冷、工业蒸汽和生活热水综合性解决方案的燃气分布式能源站，建有大型商务写字楼、星级酒店、温泉公寓、高级会馆、廉租公寓、双语国际学校、连锁超市、主题乐园、奥特莱斯购物小镇等。

华电分布式能源站

行政服务中心

在建天狮国际大学

佛罗伦萨小镇·京津名品奥特莱斯

凯旋王国

武清开发区重点投资区域

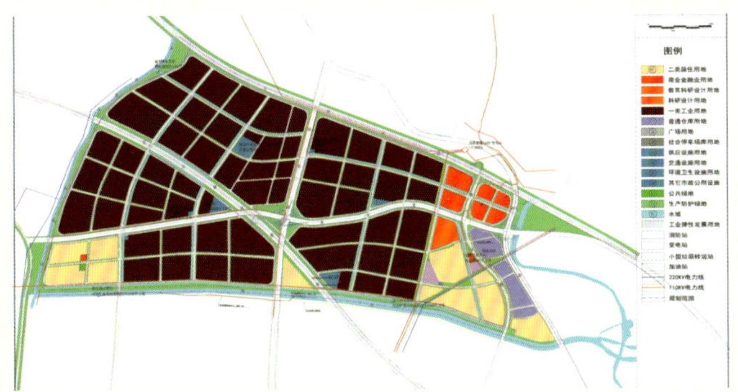

（一）开发区四期

规划面积：20平方公里

发展定位：主要发展战略性新兴产业、先进制造业和现代服务业，建成现代高端产业综合发展基地。

（二）欧盟产业园

规划面积：位于开发区四期，规划面积9.5平方公里，其中一期5平方公里已完成基础设施建设，二期4.5平方公里招商在建。

发展定位：专为欧盟企业打造的发展平台载体，以生物医药、先进制造业、新材料为主导产业，建成具有绿色生态特点的欧盟产业聚集发展基地。园内为欧盟企业量身定制建设占地150亩，建筑面积20万平方米的绿色环保节能标准厂房。产业园全部建成后，将引进欧盟项目100个以上。

（三）创业总部基地

规划面积：1.26平方公里，总建筑面积120万平方米。

发展定位：主要发展文化创意、服务外包、金融商务、研发孵化等现代服务业和总部楼宇经济，提升武清开发区功能环境，促进武清开发区的产业结构调整升级。

（四）京津高校（武清）科技创新园

规划面积：占地161亩，建筑面积11.5万平方米。

发展定位：项目立足加强与京津高校和科研机构的产学研用合作，建设高新项目研发平台、高端产业孵化平台、传统产业升级助推平台、国家级重大研究课题创新成果转化平台和高层次人才集聚平台。

（五）文化创意产业园

规划面积：3平方公里

发展定位：将建成以运河文化、民俗文化、生态旅游为禀赋，以现代科技为载体，以新型产业为引领，融合文化和经济的科技文化型产业园区。

（六）京津高村科技创新园

规划面积：3.11平方公里

发展定位：主导产业为生物医药、新材料新能源、电子信息和总部经济。建设"集约聚核、产业高端、管理现代、宜居宜业"的"国际化、特色化、新锐化"科技创新园区，成为承接首都功能的先行示范区。

强势崛起的天津静海国际商贸物流园

天津市市长黄兴国视察园区

天津静海国际商贸物流园，是2002年经静海县人民政府批准由静海镇人民政府兴建的现代物流园区。园区控制面积40平方公里，规划面积18平方公里，起步区3.6平方公里，2009年被天津市政府批准为市级区县示范园区。

得天独厚的区位和交通优势。天津静海国际商贸物流园位于天津市静海县静海新城北部，紧邻静海县的几个核心发展区域：东侧为静海经济开发区，南部紧邻静海新城。园区距天津市区20公里、天津港75公里、天津滨海国际机场43公里、距北京120公里。紧邻的京沪、京福高速公路、京沪高速铁路、津沧高速公路和104国道，是北上津京、南下江浙的必经要道，园区方圆5公里内有6个高速出入口，且县城北环快速路贯穿全区。独有的区位和交通优势使园区人流、物流、信息流、资金流高度聚集，园区已完全具备率先接纳京津两地经济发展辐射的领先优势。

完善的配套环境。区内基础设施已达到供水、供电、供气、排水、排污、道路、通讯、广电、供热（含生产用气、生活供热）、场地平整在内的“十通一平”标准。园区建有110千伏安变电站及日处理能力5000吨的污水处理厂，并规划建设连接市区的轻轨、公交站等。2013年，园区获天津市海关批准建设“无水港”，同时，引进出入境检验检疫局和海关驻区办公，为园区项目进出口贸易搭建了重要平台。

良好的周边环境。园区与县城新城仅一路之隔，新城区是静海政治、经济、文化中心。新城建设具备现代化水准，能够为客户提供舒适便捷的居住环境及生活服务。新城内建有高质量、高标准的模范学校、模范幼儿园及教学质量一流的市级重点中学“静海第一中学”，能够提供良好的教育环境。

优越的服务环境。园区实行封闭式管理，建立了“一站式办照、无干扰经营、家长式服务”的服务体系。对落地项目实施“一个项目、一名领导、一套班子、一抓到底”的工作机制，确保项目快速推进，以最优的服务为项目方解决后

天津静海国际商贸物流园

义乌北方（天津）国际商贸城规划图

红星美凯龙

天津市利达粮油物流中心

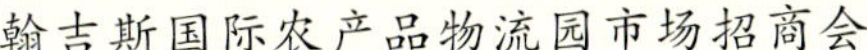
翰吉斯国际农产品物流园市场招商会

新金朝阳电动车城规划展厅

顾之忧。

园区发展目标：园区产业定位为重点发展轻工产品、绿色农产品加工贸易和现代服务业等产业。发展目标为依托独有的区位优势，对接滨海新区，联动中心城区，辐射京津冀及东北亚，引进世界先进管理模式，依托多个物流航母基地建设，将园区打造成带动县域经济发展实现转型升级的重要引擎及前沿阵地。园区建成后，将成为集商品批发、物流配送、电子商务、五星级酒店、包装加工、生活居住为一体的大型现代商贸物流基地，将带动货运代理、远程代购、交通包租、联合售票、联合运输、第三方物流等相关产业发展。随着园区的高标准规划与建设，一大批绿色低碳、附加值高、带动能力强、成长性好的国内外知名大品牌项目云集于此，总投资达到350多亿元。

翰吉斯国际农产品物流园：总投资150亿元，规划占地5000亩，重点打造以农产品批发交易为核心，集加工配送、仓储物流、电子结算、拍卖、电子商务、金融担保、种子研发、品牌培育、标准化推广等于一体的农产品流通产业园区。项目运营后，预计年交易额近1500亿元人民币，各类税收总额超过15亿元，直接解决就业岗位10万人，间接带动就业人口50万人。

义乌北方（天津）国际商贸城：总占地面积3000亩，总建筑面积近300万平方米，总投资约95亿元，主营珠宝玉器、礼品、日用百货、办公用品、箱包、汽车饰品、服装、家居用品等。建成以后，将成为华北地区范围内功能最优化、品牌最丰富、管理理念最先进的集产品展销、批发零售、电子商务、物流配送、商务办公、品牌文化展示、餐饮消费、休闲娱乐等为一体的复合型专业市场，实现南北特色商品的完美交融。运营后年营业额达1200亿元，年实现税收近12亿元，可解决就业3万-5万人。

红星美凯龙家居广场项目：项目总投资42亿元，占地面积388亩，总建筑规划面积50万平方米。项目是融合家居建材、精品展示、商场购物、商务办公、餐饮居住、休闲娱乐等多项功能于一体的一站式国际购物及家居采购中心，并延续红星美凯龙“市场化经营、商场化管理”的成熟运营模式。

新金朝阳电动车城项目：总投资40亿元，规划用地面积834亩，建筑面积约80万平方米，拟建电动自行车、自行车整车及零配件商铺2000多间、以及配套设施等。建成后，将成为中国电动自行车、自行车行业最大的整车及零配件集散中心。

天津利达粮油二期工程项目：总投资5.56亿元，建筑面积9万平方米。主要建设粮油期货交割大厦、行政配套区、六条米面加工生产线和成品库。目前，项目正紧张施工中，预计年底前完成主体建设。

天津市公安局和平分局

区委常委、公安和平分局局长曹学建慰问困难群众

2013年，在市局、和平区委、区政府的领导下，公安和平分局以党的十八届三中全会、全国和市“两会”、东亚运动会等重要会议、重大活动安保为重点，着力维护区域政治稳定，全力开展区域治安整治，严厉打击多发性侵财犯罪，有力服务区域经济社会发展，各项公安保卫工作和队伍建设都取得了明显进步。

落实第一责任，全力维护社会政治稳定。始终保持清醒头脑，牢固树立底线思维，认真开展矛盾纠纷排查化解工作，充分发挥职能作用，全力维护区域政治稳定。切实加强反恐防范工作，抽调精干警力组成分局应急处突反恐处置队伍并先后开展了多次反恐处置演练。组织专门力量对全区反恐目标单位开展督导检查，督促整改隐患问题百余处。

保持严打态势，建立完善便衣巡控机制。下力气侦破后果严重、社会影响恶劣的重大刑事案件，年内命案全部侦破，还破获本区命案积案1起、外省市命案2起。针对全区侵财案件情况，成立专职便衣巡控队伍，全区社会面侵财案件上升势头得到有效遏制。严厉打击影响区域经济秩序的经济犯罪，为国家、集体和个人挽回经济损失近2亿元。

开展整治行动，有效净化社会治安环境。切实做好大型活动安保，确保万无一失；将全区涉危涉爆经营单位全部纳入日常管理，对重点单位进行重点监管，严防发生危险品失

新建成的分局指挥中心

深入社区开展安全防范宣传

深入学校开展法制宣传

控问题；抽调精干警力成立“诚基经贸中心治安民警办公室”，进一步加大治安乱点部位的整治力度。

切实加强防范，不断提高安防工作水平。在重点社区建立24个巡控岗点，切实减少社区内部发案。利用旧楼改造的有利时机，确定67个可以进行视频监控改造的小区并完成工程设计。年内，通过技防网提供案件线索近百条，协助破获各类案件60多起，抓获犯罪嫌疑人65名。

严格规范执法，认真组织开展执法培训。针对法律法规调整情况，组织开展有针对性的执法培训，着力提升分局民警的法律素养和执法水平。继续加大执法监督检查力度，组织开展多次专项执法检查，及时处理发现的执法瑕疵问题，确保执法质量。

加强队伍建设，不断提高战斗力凝聚力。广泛征求各方面意见和建议，制定加强分局领导班子建设的十条整改措施；组织好科所队长竞争上岗工作，进一步增强基层领导班子实力；深入开展“立警为公、执法为民”和“为何从警、如何做警、为谁用警”大讨论活动；举办8期“公安大讲堂”培训，在“每周一课”中增加“工作经验介绍”内容，有效提高了广大民警业务能力和执法水平；积极培养选树不同层次的先进典型，魏训伟被市局荣记个人一等功，五个专案组被市局通令嘉奖；加强后勤保障，顺利完成新指挥中心大楼搬迁；原址新建的解放路治安所正式投入使用。

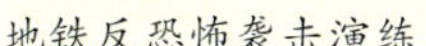
地铁反恐怖袭击演练

防火逃生演练

天津市公安局河西分局

河西分局召开向群众报告工作会议

2013年，公安河西分局在区委、区政府和市局的正确领导下，紧密结合全区社会治安状况，坚持以重点工作立项带动全局发展，以四色预警机制提升打防管控水平，通过创新社会管理、优化警务模式、强化科学管理，有力推动了公安工作发展，为河西区“三区建设”提供了坚强保障。

坚持情报先导，把握工作主动，全面提高维护社会稳定能力。以敏感事件、敏感节点和市委市政府门前周边及文化中心安全保卫工作为重点，提早预警、提早防范，跟进措施。积极开展矛盾纠纷排查化解，密切关注企业改制、城市拆迁、民生热点等问题，及时发现、主动配合有关部门，妥善化解医患纠纷等一批热点问题，切实将矛盾纠纷解决在萌芽。

主动出击，突出打击重点，始终保持严打高压态势。紧紧依托四色预警机制，以精确打击为目标，不断提升打击效能，形成打击合力。年内发生的命案全部告破。建立多警合成作战机制，坚持敏感复杂案件领导上一线，紧盯“小案”不放松，不断增强毒品犯罪、经济犯罪打击力度。实现重大案件“同步上案，捆绑作战”。把打击锋芒多指向群众反映强烈的扒窃、随窃、入室盗窃、电信诈骗等“小案”上来。加强缉毒专业队伍建设，坚持长线经营、重点突破，及时攻克一大批毒品犯罪案件。坚持破案、追逃、缴款、防范并举，进一步规范市场经济秩序，破获经济案件，为国家、企业、个人挽回经济损失10486万余元。

坚持常抓不懈，实施综合措施，积极营造良好社会治安环境。紧紧围绕动态社会治安特点，突出重点，紧盯热点，切实强化社会治安管控。建立主动型警务机制，强化技防网建设，大力开展平安医院建设，加大场所整治力度，连续开展了扫黄扫赌无声风暴、春季行动、严厉打击涉黄涉赌违法

国际禁毒日宣传活动

平安医院座谈会

东海派出所副所长杨书红被评为第八届全国“人民满意的公务员”

东亚运动会安保工作

犯罪活动等专项行动，有效净化了社会环境，深化了平安社区建设。

紧密围绕“平安东亚运动会”的工作目标，精心做好组织发动，夯实安保基础工作。全面加强场馆安保，强化社会面整体防控，采取领导包保责任制，将民警、校保卫干部和志愿者分成若干工作小组，形成分工明确、协作配合的工作格局。启动超常规巡控模式，采取车巡、步巡相结合方式，确保全天候无盲区，圆满完成第六届东亚运动会安保任务。

坚持从严治警，增强宗旨意识，大力改进队伍纪律作风。以贯彻落实中央“八项规定”为抓手，拓思路、上实招、抓效果，有效提升了公安队伍的凝聚力、创造力和战斗力。加强思想政治教育，积极选树培养先进典型，全面深化队伍建设，扎实转变工作作风。认真贯彻落实公安部党委“十项规定”及市局正风肃纪“五个严禁”，相继制定“三下两进一报告”工作体系，出台公务用车规范、公务用餐标准以及转变文风会风具体措施。年内，领导干部下基层达2300余人次，社区民警走访群众，组织开展向群众报告工作，群众对公安工作满意率达到98.4%，在区纪委组织的民主评议政风行风日常工作考评中，分局取得了满分的好成绩。

文化中心反恐演练

天津市公安局河东分局

分局召开2012年表彰暨2013年工作动员部署大会

2013年，公安河东分局在河东区委、区政府和市公安局党委的坚强领导下，认真学习贯彻“十八大”精神，牢固树立大局意识、政治意识和责任意识，以建设“美丽天津”、提升社会服务管理水平为抓手，不断推进分局整体业务素质和综合战斗力的提高，努力为河东区经济繁荣发展创造持续稳定的政治和社会治安环境。

把握维稳工作环节，全力维护区域社会稳定。按照已构建的多功能维稳体系，把握发现、化解、稳控、处置四个工作环节，始终将情报信息作为强化维稳工作的重要支撑和保证，广泛收集掌握各类情报信息，做到提前预警，超前控制。加强网上巡控，努力维护网上社会稳定。坚持把信访工作作为“送上门来的群众工作”来抓，深入落实“四级群众来访接待日”制度，着力在源头预防上下功夫，积极探索合情、合理、合法化解公安信访案件的新途径，推动公安信访工作步入良性发展轨道。

不断提升打防能力，保持全区社会治安秩序持续稳定。坚持“打防结合、预防为主”的方针，以严密“警防网、民防网、技防网”为核心，全面落实治安防控工作，进一步加强治安防控体系建设；结合河东区治安形势和发案实际，以多发性侵财犯罪为重点，全力破案攻坚，严打影响恶劣的重大侵财案件，使人民群众安全感得到增强，全年接受群众报案量同比下降13.1%，其中抢劫、抢夺犯罪警情同比分别下降52%和36%。

大力净化社会环境，全力以赴做好东亚运安保工作。加大对公共、娱乐、服务场所的监管力度，定期组织开展“三禁”专项治理活动和“扫黄打非”专项行动，严厉查禁“黄

分局举行科所队长竞聘上岗竞聘答辩会

分局举行千名民警连社区活动启动仪式

赌娼”、制贩假证、街头涂鸦等违法犯罪活动，遏制社会丑恶现象。针对分局所担负的东亚运安保任务，抽调34名现职领导分兵把口，专门承担赛场安保工作；严密方案、预案，细化工作措施，通过12天连续奋战，先后出动警力1100余人次，圆满完成跆拳道、空手道105场比赛的安全保卫任务，确保参赛人员的绝对安全，实现了“大事不出、小事也不出”的工作目标。

分局领导在常州道界内世纪华联超市举办消防安全宣传活动

努力维护市场经济秩序，有力保障区域经济发展。与有关职能部门加强联系、密切配合，严厉打击金融诈骗、侵犯知识产权、制售伪劣商品以及假发票、假货币、传销等违法犯罪活动。围绕地铁2、5号线等重点工程项目及中储装饰城、鲁山道小二楼拆迁片，专门抽调精干警力，全程介入，主动预警，密切配合区有关部门加强推动和实施保护性施工，确保重点工程、拆迁工作顺利进行。同时，分局打黑专业队提早介入，严打拆迁、重点工程建设中出现的黑恶势力犯罪。认真组织开展“加快开放型经济发展服务月”活动，积极走访重点单位、重点工程、纳税大户企业，征求意见、建议并努力改进自身工作，帮助解决实际问题。

加强服务群众工作，进一步提高队伍联系群众、服务群众的能力和水平。坚持落实四级走访群众制度，积极帮助解决群众反映的问题和实际困难，在走访群众中找差距、定措施、强工作，努力达到群众满意。想群众所想、急群众所急，进一步完善了“窗口”单位服务群众举措。结合区域公安工作特点，针对河东区现有人口和社区数量，以及分局在岗警力实际，整体谋划设计、科学合理布局、构建运行流程，组织开展了“千名民警连社区”活动，受到市委、市局、区委各级领导的充分肯定和各界群众的热烈拥护。

把牢队伍政治方向，努力打造文明坚强的战斗集体。坚持“以党建促队建”的工作思路，不断提高广大民警的政治觉悟和思想水平，切实筑牢民警队伍的思想根基。积极践行群众路线教育活动，切实转变执法理念、端正执法态度、密切警民关系。充分发挥先进典型在队伍中的示范引领作用，组织开展“岗位能手”评选活动，从8个不同工作岗位评选出100余名岗位能手，全年有5个集体获得集体二等功，获个人一等功、二等功各1人，富民路派出所、河东看守所分别被授予“天津市模范公安基层单位”、“天津市优秀公安基层单位”荣誉称号，分局维稳办副主任郭卫庆被授予“天津市特级优秀人民警察”荣誉称号。

分局对辖区酒店进行消防安全检查

在河东万达商业广场举办安全燃放烟花爆竹宣传活动

天津市公安局东丽分局

市公安局副局长张亮到东丽分局检查工作

东丽区见义勇为协会理事会成员座谈会

2013年，公安东丽分局将学习贯彻党的十八大和十八届三中全会精神贯穿全年工作始终，落实中央八项规定和市委、市公安局各项纪律条令，改进工作作风，维护地区稳定，服务经济发展。年内，破获刑事案件2124起，打处违法犯罪人员1131人，查处治安案件9288起，治安处罚1279人次，在市公安局年度绩效考核中综合成绩名列18个分局第一，并取得东丽区党群机关和司法战线绩效考核第一名。

社会稳定工作 继续围绕重点领域、问题和群体加强信息收集、动态预警和现场处置，配合区、街化解矛盾纠纷1500余件，处置敏感紧急警情139起。出动警力9100余人次，完成全国“两会”、第六届东亚运动会和党的十八届三中全会安保任务。落实“四级接待群众来访日”制度，现场解答群众咨询391人次，解答率65.5%；最终办结330件次，办结率95.2%。

服务经济发展 加大对涉企、涉众、涉及民生领域经济犯罪打击力度，破获经济犯罪案件380起，挽回经济损失8000万余元，侦破公安部督办靖海等人生产销售不符合卫生标准食品案、票面金额1.2亿元特大非法制售假发票案等重大案件。配合区政府成功查处“和鑫鼎”股权投资有限公司涉嫌非法吸收公众存款案，抓获闫富军等6名主要犯罪嫌疑人，冻结银行账户22个、资金102万余元，迫使部分“网头”退返非法所得286万元。在150家二级内保单位开展“大走访、大调研、大服务”专项活动，联合创建“平安医院”等6套“平安建设”子系统。

法治东丽建设暨东丽区法制宣传教育工作会议

严打违法犯罪 加强案件梳理串并和大要案件攻坚，侦破东丽区最大贩运毒品案件、公安部督办拐卖儿童案件等年内50余起重大案件，并侦破全市十年间最后一起抢劫金店积案。继续开展打击多发性侵财犯罪专项行动，破获“两抢”案件103起、“两盗”案件410起，全区“两抢”警情比上年下降55.6%。成功打掉一个跨京、冀、鲁、津四省市特大盗窃机动车团伙，追回被盗车辆12辆，涉案金额400万余元。7月12日，市公安局在东丽区张贵庄街东丽广场召开“打盗抢保民安”集中发还被盗车辆大会，将被盗车辆全部予以发还。

第六十八期香港警务交流团成员到华明家园昊园警务站参观

安全隐患排查 在全区767家企事业单位开展“百日三防（防盗抢、防火灾、防治安灾害事故）安全大检查”，发现安全隐患964处，整改比例90%以上。落实金店专项治理工作，确保区内16家金店人防、物防、技防和安全制度达到市公安局验收标准。联合区消防支队组织开展“除火患、保平安”等专项治理行动，累计检查1.9万余次，建档消防单位1.2万余家，发现、整改隐患7000余处，责令“三停”单位9家，查封19家。

执法规范化建设 继续推进执法规范化建设，细化6类、18项标准检查验收全年案件，在市公安局执法检查中排名18个分局第一。军粮城派出所被公安部评为“全国公安机关执法示范单位”，法制办民警李超被评为全国公安机关成绩突出法制员。开展取保候审突出问题集中专项督察，完善《办理取保候审强制措施工作规定》等12项工作制度，做到案件、人员、保证金“三清”。全年移送起诉1085人，未出现重大执法过错。

队伍作风建设 贯彻落实市公安局“正风肃纪五个严禁、服务社会八项机制”，修改《财经管理规定》，严格公车管理和公务接待。丰富民警教育养成模式，与海南省琼中县公安局互派2批40人次开展警务交流合作。新华社《内参选编》以《天津东丽公安坚持群众路线促回族聚集区和谐》为题刊发文章，肯定金桥派出所构建平安回族社区的尝试，中共中央政治局委员、市委书记孙春兰等领导专门作出批示。组织27人代表天津市参加“2013澳门国际龙舟邀请赛”，获得500米直道竞速丙组第四名。全年8个党支部、78名党员被组织评优，22个集体、194名个人立功、受奖或评优。其中，金钟派出所被团中央授予全国青年文明号。

东丽分局2013年“迎春杯”乒乓球比赛在东丽体育馆火热举行

东丽广场110宣传

天津市公安局西青分局

国务委员、公安部部长郭声琨到西青区检查指导工作

刘玉山政委陪同香港警务交流团参观李七庄派出所

2013年，在西青区委、区政府和市公安局的领导下，西青分局深入学习贯彻党的十八大精神，立足“促发展、惠民生、上水平”的工作大局，坚持人民至上理念，忠实履行职责，全力维护稳定，创新公安管理，倾力服务发展，立足平安创建，严密治安防控，改进群众工作，提升执法水平，加强队伍管理，强化后勤保障，圆满完成了各项公安保卫任务。2013年8月，国务委员、公安部部长郭声琨到西青区视察时，对西青分局的工作给予了充分肯定。

围绕大局，全力维护稳定。始终将维稳作为服务全区经济社会发展的首要任务，围绕对敌斗争、反邪教斗争和预防处置群体性事件等重点，大力开展基层基础调研，及时排查、化解不稳定因素，坚决打击聚众扰乱社会秩序人员。2013年，分局相继妥善化解处置群体性事件127起。认真做好全国“两会”、十八届三中全会等敏感节点的维稳工作，坚持主要负责同志亲自包案，累计化解信访案件225起。主动掌握邪教组织活动新形势，严厉打击“法轮功”等邪教活动，有力维护了全区社会大局稳定。

服务中心，护航全区发展。主动作为，敢于担当。以地铁2、3号线施工、津保高铁建设、南运河改造以及小城镇建设等重点工程、重大项目和重要活动为重点，全年累计出动警力13837人次，警车1795辆次，全力确保重点工程项目进展，为美丽西青建设保驾护航。先后破获王稳庄镇5起污染环境案件，并抓获5名相关责任人，有力震慑了违规经营破坏环境的犯罪行为。依法打击经济犯罪，共破获各类经济犯罪案

分局与微电子工业区举行警企合作签字仪式

西青分局与海南省临高县公安局就加强素质强警交流合作签署协议

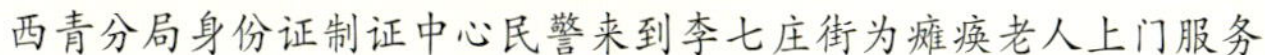

西青分局身份证制证中心民警来到李七庄街为瘫痪老人上门服务

西青分局多角度推行民意警务，组织民警在街头发放《征求群众意见书》，向群众征求意见建议

件545起，为企业和群众挽回经济损失6468万余元。

重拳出击，严打刑事犯罪。以打击多发性侵财犯罪专项行动为重点，不断加强对影响群众安全感案件的打击侦破力度。先后破获韩国企业系列被盗案、外环线系列拦路抢劫案以及系列盗窃高档别墅案等一批有影响的市局督办案件，在市局开展的打击侵财犯罪行动中成绩名列前茅。严打刑事犯罪，成功打掉公安部督办的切吉伟坡等7名四川彝族人系列爬阳台入室盗窃案、两起部督“打孔盗油”案件，命案破案率和绑架案件破案率均达100%。以“个、十、百、千、万”为目标，扎实推进全区技防网建设，积极动员群众参与治安管控，荣获全国见义勇为城市奖。

专项整治，强化治安管理。严格落实对重点行业和场所的动态管理，切实加大对传销、卖淫嫖娼、赌博、制假贩假等治安难点和热点问题的专项整治，全力净化社会治安环境。配合区有关部门，以杨柳青地区为重点，对传销窝点和人员实施日常性治理、集中式清理和精确式打击，基本清除了杨柳青地区的传销活动，市局专门在西青区召开现场会推广西青分局工作经验。加大对外地游商非法占道经营的治理，彻底根治了外环线贩卖管制刀具游商。

加强监督，提高执法水平。认真组织开展取保候审专项督查，代表市局在公安部检查中取得优异成绩。加强执法场所安全管理，初步完成基层单位“四区”改造工作，建成分局综合办案区。组织376人参加公安部组织的民警中级执法资格考试，提高队伍执法水平和素质。着力强化对各类案件事实、证据、程序、定性等方面的把关，确保执法工作的客观、公正，减少执法瑕疵，切实保证执法办案质量。2013年，呈请逮捕批准率达到96.4%，移送起诉合格率达到100%。

强化管理，打造过硬队伍。2013年初，组织开展科级领导干部竞争上岗，提拔了一大批优秀青年民警。以提高破案率、降低投诉率和减少瑕疵率为目标，认真开展“立警为公、执法为民”教育活动。深入开展党的群众路线教育实践活动，加强对庸懒散奢等不良风气的专项整治，分局“960111”投诉和110警情短信回访不满意率均明显下降。围绕“德、能、勤、绩、律”五个方面，在全市率先实行民警个人绩效考核工作。在窗口单位设置电子触摸屏，研发运行了《西青分局警用装备管理系统》，队伍正规化建设扎实推进。2013年，巡警支队梁智勇荣立个人一等功，治安支队周庆杰被授予“津门女卫士”称号。西青分局先后被中央电视台、新华社、人民公安报、天津日报等中央及我市主流媒体报道205次。

东亚运动会安保

天津市公安局津南分局

利剑行动表彰暨秋季治安专项部署会

2013年，公安津南分局在区委、区政府和市局领导下，先后开展各类一系列严打整治专项行动，共破获刑事案件1694起，打处犯罪嫌疑人976人；查破各类治安案件9469起，处罚违法人员1097人。连续六年保持民警违法违纪“零目标”，确保了队伍纯洁稳定。在2013年市局绩效考核中，分局取得第三名的佳绩，圆满完成了各项公安保卫工作，9个集体、13名个人先后受到公安部、市委、市公安局等上级部门表彰奖励，得到各级领导和人民群众的高度赞扬。

维稳工作成果显著 围绕津南建设发展，提前预警，内线侦查，妥善处置了津南新城业主围堵社区、葛沽镇西关村、韩资企业珍熙公司等一批有影响的群体性事件。深化“大调解”工作体系，化解矛盾纠纷63件，处置群体性事件21起。年内，受理群众信访问题310件，与去年同比下降8.82%，办结率93.55%，实现了源头控访。圆满完成党的十八届三中全会，全国、市、区“两会”的安保工作。成立第六届东亚运动会安保工作领导小组，累计投入警力1000余人次，圆满完成CBA联赛天津主场赛事19场。全年完成警卫任务25次，累计出动警力1500人次，实现警卫事故零指标。

打击刑事犯罪 先后开展夏季治安、命案侦破、打黑除恶、清网追逃、打击两抢两盗、禁毒人民战争等一系列专项行动。破获刑事案件1694起，打处犯罪嫌疑人976人。其中，破获刘东团伙聚众斗殴枪击致人死亡案件、陶胜平团伙飞车抢夺系列案件等八类案件279起；命案5起全破，命案破案率100%；打掉恶势力犯罪团伙10个，判决团伙成员48人；追回各类逃犯513人。此外，破获涉拐案件12起，打处犯罪嫌疑人14人，解救妇女、儿童17人，采集来历不明儿童血样标本28份，提升了群众安全感。

打击经济犯罪 相继开展打击侵犯知识产权和制售伪劣商品、打传销反欺诈促和谐、打击整治发票违法犯罪等一系列专项行动。先后破获王叶霞销售假药案、徐慧英非法经营案两起案值巨大、影响严重、涉及全国陕豫鲁苏赣桂6省区13市的重大案件，一举打掉团伙39个、抓获嫌疑人49人，收缴假烟5万盒、假药100余种、制假药设备17台，受到公安部表扬。年内，共破获经济案件527起，移送起诉23人，挽回经济损失1000万余元，维护了津南市场经济秩序。

“津南区元宵灯会”安保工作

葛沽花会安全保卫工作

海河教育园东亚运动会安保

分局老干部活动中心揭牌

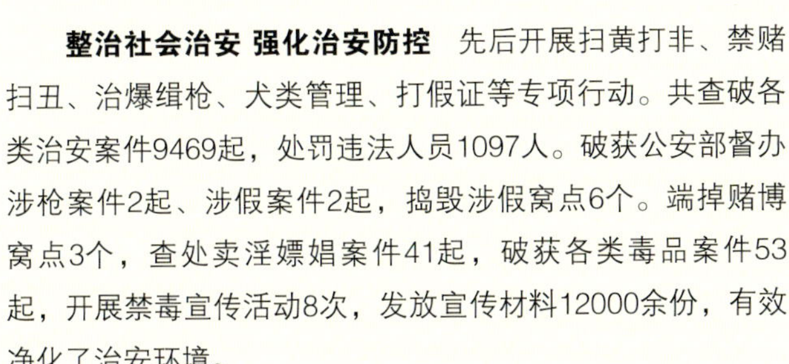

整治社会治安 强化治安防控 先后开展扫黄打非、禁赌扫丑、治爆缉枪、犬类管理、打假证等专项行动。共查破各类治安案件9469起，处罚违法人员1097人。破获公安部督办涉枪案件2起、涉假案件2起，捣毁涉假窝点6个。端掉赌博窝点3个，查处卖淫嫖娼案件41起，破获各类毒品案件53起，开展禁毒宣传活动8次，发放宣传材料12000余份，有效净化了治安环境。

加快公共安全防控中心建设。年内，12个派出所界内已建成分中心，联入防控中心，实现了防控中心接处警与“110”接处警均执行“四有四必”标准。整合“汽车、摩托车、自行车、警犬”四种机动力量，深化“指巡四位一体化”，织密巡控网络。强化三张网建设，整合社会企事业单位联网264处，完成社会面监控点位录入5580个，圆满完成“技防网”年度建设任务。

创新服务管理 深化“三访三评”、“四个四级”和经济发展服务月活动，走访企业120余家次，召开各类座谈会130场次，征求意见建议40余条；为企事业单位妥善解决户口难题113件。深入建筑工程工地开展排查调处工作，将一批劳资纠纷矛盾隐患化解在萌芽状态。创新流动人口服务管理，改进户口管理，推进农村地区“三改一化”，提前完成居民身份证指纹信息采集、传输、制作以及应用系统试点运行建设。深化“牵手”关爱活动，对全区96名服刑人员未成年子女进行帮扶。强化网络管控，深化“安园护校”专项行动，清理黑网吧161家；对全区旅馆业安装非经营性上网服务活动审计设备10家。

强化队伍管理 深入开展保持党的纯洁性、人民警察核心价值观等教育活动，推出一批在全市有影响的先进典型，进一步发挥了示范效应。强化干部队伍建设，完成科级领导竞争上岗工作；深化执法规范化建设，开展全局执法资格等级考试。强化党风廉政建设，加强纪律作风建设，以落实中央“八项规定”、公安部“五个严禁”、市局服务社会“八个机制”和“五个严禁”为重点，深入开展中层领导干部任期经济责任审计和专项业务审计。建立《公务接待和出差考察以及会议培训等专项科目支出管理细则》，规范资金使用，有效防止铺张浪费等不廉洁问题发生；开展取保候审突出问题专项督察工作，使公安执法权得到全面规范和有效制约；连续六年保持民警违法违纪“零目标”，确保了队伍纯洁稳定，为完成公安工作提供了坚强保证。

在津沽休闲园组织开展综合治理宣传活动

组织开展反劫狱演练

天津市武清区林业局

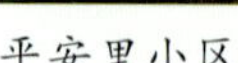
平安里小区

泉旺路绿化

武清区林业局积极实施大绿工程，加大造林绿化投入，加快造林绿化步伐，努力扩大森林面积。截至2013年底，全区总计林地面积77.9万亩，各种林木株数总计3799.33万株，林木总蓄积量488.76万立方米，林果业总产值4.02亿元,林木绿化率达到33%，居全市平原区县前列，京津绿肺功能更加凸显，为京津冀生态环境联防联控做出积极贡献。预计到“十二五”末，我区将形成点线结合、城乡一体的生态大绿格局，林木绿化率达到37%以上，成为京津冀协同发展中的一颗绿色明珠。

2013-2014年，区林业局着重围绕第三届中国绿博会展园周边绿化建设工程、环城生态林工程、京津风沙源治理工程、村庄绿化美化工程、道路林网绿化工程、大黄堡湿地生态林建设工程、城镇绿化工程七项内容展开绿化工作，全区绿化造林总面积6.6万亩，植树370万株。

绿博园建设 第三届中国绿化博览会将于2015年8月在天津市武清区举办，目前绿博会各项筹备工作进展顺利，绿博园主展馆建设完毕。已完成绿博园湖区周边大绿背景的绿化面积7570亩、服务设施建筑17000平方米，湖区内的水、路、电等基础设施基本建成。

环城生态林绿化工程 工程涉及东蒲洼、黄庄、徐官屯、下朱庄四个街道，规划造林30000亩，植树168万株。目前，造林绿化任务已全部完成，为城市打造了良好的生态屏障。

绿博园总体鸟瞰

104国道武清段

苗圃

京津风沙源治理工程绿化 在区23个镇街完成造林绿化12000亩，植树67万株。

村庄绿化美化工程 规划完成371个村庄绿化美化工作，造林绿化10938亩。截至目前，绿化美化任务已全部完成，很好改善了居民的生活环境。

道路林网绿化工程 完成崔廊路、津武路、崔大路、宝武路、武宁路绿化工程以及京津塘高速公路整改提升工程，造林绿化3210亩。

大黄堡湿地生态林绿化 在大黄堡湿地自然保护区内营造生态景观林，绿化造林1400亩。

城镇绿化工程 工程涉及到下朱庄街，按照示范镇的标准进行绿化美化，工程规划造林面积963亩，植树5.4万株。目前，造林绿化任务已全部完成。

湿地水韵——碧水荷香

绿博园主展馆

绿博园主入口景观

天津市静海县林业局

城区道路绿化

争光渠穿城段

近年来，静海县林业局按照“扩大总量、调优结构、提升水平”的总体要求，以生态建设、产业发展、资源管理为抓手，积极推进“绿色通道、绿色河道、绿色林网、绿色村庄、绿色园区、绿色城区”的“六绿”工程和经济林建设，大力发展林下经济和苗木产业。完成了30余项造林绿化重点工程。高标准完成了京沪、津沧、唐津、荣乌高速公路绿化带、县级以上公路等路网绿化工程，实施了环城绿化带、京沪高铁绿化带、新104国道龙海果树带建设。打造了天津林海循环经济示范区、天津子牙循环经济产业区两个绿色园区。子牙园区完成了宽2公里，面积20平方公里的工业核心区与生活区绿化隔离带建设。林海园区规划面积近100平方公里，核心区10平方公里，林地面积发展到12万亩，森林覆盖率达到80%。六年来，新增造林面积59.9万亩，造林总量超过前50年的总和。全县有林面积达到95.5万亩，全县森林覆盖率由六年前的16.8%提高到目前的45%，跨入全国绿化先进县行列。目前，全县适宜绿化的高速路、主要干道、河、渠、大地、村庄得到绿化，生态环境明显改善，林业生态体系和林业产业体系正在建立，林业生态效益、景观效益、经济效益以及社会效益日益突出，林业实现了持续、快速、健康发展。

2013年，全县完成造林绿化面积8.08万亩，分别占县下达任务的101%、占市下达任务的224%。

1. 京沪高铁两侧枣树带。北起独流减河，南至唐官屯镇马场减河，全长40公里。项目区涉及静海开发区、杨成庄乡、大丰堆镇、大邱庄镇、西翟庄镇和唐官屯镇1个单位、5个乡镇，工程范围为沿高铁两侧各规划200-1000米宽的枣树林带，种植枣树（冬枣、马牙枣、金丝新四号等品种）造林11902亩，96.1万株。

2. 龙海果树带二期工程。龙海果树带位于新104国道两侧，2013年二期工程建设任务涉及唐官屯、陈官屯、双塘、

高速公路绿化

林下食用菌

绿色通道

梨园

桃园

南运河

静海、梁头、独流共6个乡镇，49个村，完成梨、苹果、桃等果树种植12723亩、105.6万株。

3. 绿色通道工程。完成团泊大道、蔡中路、中青路、205国道、新良徐路等路段植树3285亩、24.3万株。

4. 绿色河道工程。完成港团河、生产河、西翟庄排干、崔庄子排干等一级以下河道绿化植树2175亩、12万株。

5. 绿色林网工程。18个乡镇完成植树40783亩、224.3万株。

6. 绿色园区工程。林海园区、团泊镇天房农业园、静海镇北环工业园、大邱庄镇农业园区和工业园区、示范园区等，完成植树3070亩、16.9万株。

7. 绿色村庄工程。规划建设8个村庄内绿化和环村林建设，完成植树240亩、1.3万株。

8. 经济林建设。除龙海果树带及京沪高铁枣产业带工程以外，完成其他经济林面积5822亩、植树48.3万株。

9. 林下经济得到较快发展。静海生态绿化已经初具规模，为增加农民收入，解决生态林建设中农民收益周期长的问题，静海县林业局充分利用森林资源加快发展林下经济，为农民增收致富开辟了新途径。现已形成“林菌”“林禽”“林药”林下经营模式，并形成一定规模。目前，全县共发展林下经济53578亩，年创产值2亿元，经济效益4443.3万元。2013年被国家林业局授予国家林下经济示范基地称号。

林海循环经济示范区

天津市蓟县林业局

津蓟高速公路绿化

于桥水库护岸林

2013-2014年，蓟县林业局围绕打造京津绿色生态屏障、促进县域经济发展的总体目标，在生态林业、民生林业方面取得显著成果。截至2013年底，全县有林地面积114.2万亩，林木绿化率50.5%，位居全市各区县之首。其中，山区有林地面积81.4万亩，林木覆盖率高达74%，位居全国山区县前列。天蓝、地绿、水更清，美丽山城扑面来，京津“后花园”更加美丽。

蓟县“美丽天津·一号工程”绿化美化行动初战告捷

2013年9月15日，蓟县启动蓟县“美丽天津·一号工程”绿化美化行动，在于桥水库22米高程线以下造柳树混交林5万亩，22米高程线以上栽植水土保持作用强的金银花、核桃8.3万亩；沿水库周边汇水明面山造林1万亩。整个工程面积14.3万亩，林木绿化率将再提高7个百分点，达到55.8%。到2013年12月，水库周边22点以下完成植树2.9万亩，145万株。水库周边22点以上栽植果树3.5万亩，其中栽植金银花1.6万亩，核桃1.8万亩，蓝莓0.1万亩，对于保护于

天津九龙山国家森林公园

于桥水库白庄子湿地

蓟平高速公路山区段绿化

美丽乡村

山区绿化

森林防火专业队

桥水库水源、促进周边农民增收，具有重要意义。

京津风沙源治理一期工程竣工，二期工程启动

京津风沙源治理一期工程投资16188万元，其中林业项目投资9600多万元，完成治理总面积73.14万亩。2013年3月，京津风沙源治理二期工程启动，工程总投资23837.5万元，总体规划营造林44.2万亩，其中封山育林30万亩，人工造林14.2万亩，现有林管护14.1万亩。当年完成封育面积3万亩。

蓟县森林防火建设规划结题验收

2011-2013年实施的“蓟县森林防火建设规划”通过结题验收。完成投资7306.95万元，建成“四位一体”预警监测系统，组建230多人的防火专业队，割打防火隔离带50万米，建设防火道路497公里。到2013年，实现连续第二十三个无重大森林火灾年目标。

生态文化异彩纷呈

按照国家五位一体的建设布局，大力传承生态文明。蓟县2013-2014年生态文化异彩纷呈。蓟县林业局主办的《美丽蓟县——蓟县林业发展历程暨成就展》大型展览落成，《蓟县志·林业志》《蓟州生态之旅》等一批图书出版发行。

京津风沙源治理工程

适应新形势 站在新起点 实现新跨越

诞生于改革潮头的大港街

2013年，滨海新区全面启动新一轮行政管理体制改革，撤销了塘沽、汉沽、大港三个工委和管委会，将27个街镇整合为19个，撤销原迎宾街和胜利街，整合成立了大港街。一年来，在原大港工委、管委会的正确领导下，在辖区各企事业单位的大力支持下，原迎宾街和胜利街工委、办事处带领广大党员、干部和群众团结拼搏、埋头苦干，经济社会各项事业健康发展，圆满完成了各项工作任务和历史使命。街道先后荣获全国五好关工委、天津市文体活动示范单位、天津市先进社区党组织、天津市优秀志愿者团队等市级荣誉称号12个，获得滨海新区街道信息工作先进单位、示范妇女之家等区级荣誉称号16个。

中共天津市委常委、滨海新区区委书记袁桐利（右二）到大港街兴德里社区调研

经济实力得到显著提升 坚持以发展为第一要务，把扩大招商引资、发展楼宇经济、培植科技型中小企业、加强财税征管作为经济工作的重点，强化责任，狠抓落实，有力推动了街域经济健康快速发展。2013年，两个街道完成财政收入4750万元，增长36%；招商引资2.48亿元，增长24%；完成科技型中小企业注册54家，通过认定25家，各项主要经济指标均超额完成任务。

民计民生持续有效改善 加快建设高标准社区服务配套设施，三春里、振业里、福苑里三处社区服务站先后完成竣工验收；多渠道挖掘就业岗位，全年共安置就业5600人；严格低保审批程序，加强低保动态管理，累计发放低保金399.35万元；高度关注社区弱势群体，积极落实帮扶措施，全年帮扶社区各类困难人员1812人，发放各种救助款项300.9万元；巩固扩大社区半边天家园、七彩小屋、快乐营地等活动阵地建设成果，推动妇女儿童事业健康协调发展；上下协调，部门联动，全面推进市容环境整治工作，累计清理脏乱点位4900余个，补种绿植49.8万株，社区环境有了明显改善。

大港街领导参加各社区互比互看活动

文化事业不断丰富繁荣 成功举办第五届金秋文化艺术节、第二届广场排舞大赛、社会组织联合会两周年系列演出，社区文化活动异彩纷呈；不断强化社会主义核心价值体系教育，全年累计开展邻里节、全民读书、志愿服务等各项素质教育活动125次，受众达8.6万人；积极开展文明楼门创建工作，33个社区共新建文明楼门660个；文明城区创建深入推

进，在街道及社区开设道德讲堂36所，流动道德讲堂1所，开展道德教育活动95次，形成了“创文明城区、做文明市民”的热潮。

安全稳定取得明显成效 全力维护社会和谐稳定，继续加大隐患排查和矛盾化解工作力度，全年累计化解矛盾纠纷342件，化解成功率100%。严格落实包保责任制，实现街居干部包片包户100%覆盖。积极推行网格化管理，努力做好重点人疏导管控，全年未发生进市、进京非访现象。继续完善“人防、物防、技防”体系建设，提高社区防范能力和居民防范意识。狠抓安全生产监管，深化专项治理，强化责任落实，突出宣传教育，实现全年安全生产事故为零目标。

天津电台身边好人走进直播间现场采访道德模范、全国双拥模范赵燕（右一）以及受赵燕关怀帮助过的部队官兵代表

党的建设实现新的加强 深入开展党的群众路线教育实践活动，使党员干部的宗旨意识进一步增强，工作作风进一步转变。推行党组织向社区网格、社会组织、居民楼栋、非公组织“四延伸”，实现了党的基层组织全覆盖。积极搭建党员服务平台，以“亮身份、明职责、做承诺”为主题开展挂牌示范行动，参与党员达4000人，受益群众5.9万人。建立党风廉政墙，印发党风廉政手册，积极推进廉政文化进社区、进楼院、进企业、进家庭，营造了风清气正，廉洁务实的良好氛围。

2014年是大港街的华诞之年。站在新的起点、面对新的征程，大港街人正以昂扬的斗志、饱满的热情，深入贯彻党的十八届三中全会和中央经济工作会议精神，认真落实市委十届四次全会精神，按照新区第二次党代会和二届二次全会部署，树立守土有责、团结奋斗、包揽把持的理念，把促进发展、维护稳定、造福百姓作为重要职责，紧紧围绕建设美丽大港目标，在“强经济，保稳定，惠民生，抓特色，带队伍”上下功夫，本着“勤政廉政、安全稳定、创新发展”的总思路，抢抓机遇、迎接挑战、乘势而上、争先进位，努力开创全街经济社会发展新局面。

滨海新区大港街居民丰富多彩的文化活动

滨海新区汉沽街道办事处

汉沽街中阳里社区共建理事会成立

纪念建党92周年暨“七一”表彰大会

2013年12月，滨海新区行政管理体制改革，原汉沽街与原大田镇整合成立新的汉沽街道办事处。

汉沽街道位于滨海新区东北部，东接杨家泊镇，西邻蓟运河，南接寨上街，北与宁河县接壤，京山铁路、唐津高速公路、112国道、芦汉公路、津汉改线纵贯全境，蓟运河11公里流经区域内。地热资源储量相当于2270万吨标准煤。街域面积95平方公里，耕地面积7964亩，辖10个行政村，9个居委会，人口32655户76312人。

2014年街主要经济发展预期目标是：生产总值31亿元、工业总产值35亿元、固定资产投资26亿元、财政收入2.7亿元，分别增长26%；实际利用内资2亿元；商品销售总额19.9亿元；社会消费品零售总额3.4亿元；城市居民人均可支配收入、农民人均纯收入分别增长15%。

2013年8月30日，大田示范小城镇开工奠基仪式

经济快速增长。2013年，汉沽街主要经济指标稳步增长。国内生产总值完成 34500万元，工农业总产值完成119747万元，固定资产投入45800万元；财政收入3307万元；协税护税600.6万元。招商选资力度不断加大，招入企业56家，招商选资完成71550万元，完成30家科技型中小企业和1家科技小巨人企业认定工作，完成开发4项，技改6项；设施农业累计2700亩，无公害蔬菜种植面积3030亩，完成设施农业大棚建设384.4亩；旅游观光服务业稳步发展，其中小马杓村的发展最具代表性。“雾抬寺”特色文化复建项目签订协议，《雾抬寺史

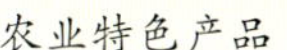
农业特色产品

特色草莓采摘

话》一书出版。2013年8月30日举行大田示范镇奠基仪式，开始还迁房桩基工程建设。

加强基础设施建设。蓟运河堤防洪墙、大田泵站改建工程顺利完工，群众安全度过汛期；津秦客运专线输电线路9座塔基顺利完工；唐津高速路拓宽北半幅完工通车；南疆—唐山成品油管道工程，大田、下坞村境内铺设完工3公里，大王、小马段两个点位进场施工；中石化原油泵站配套电源线工程途经该镇约4公里，完工1.8公里。完成后坨里社区环境整治，改造汉源里、沽祥里楼上水管线4500米，为中阳里、东滨里两社区安装暖气428户。恢复辖区井篦、井盖40个。

不断改善民生。为低保户、残疾人等弱势群体发放救助金720余万元。安置就业岗位1167人。农村医疗保险实现全覆盖，大田敬老院获评市“三星级敬老院”。学前教育实现全覆盖。完成计生工作各项目标任务。

加强社会管理。以创建“平安汉沽”为载体开展“综治信访月”活动，制定《汉沽街流动人口管理实施方案》，创新实践“三四五”工作法，为创建“美丽汉沽”和实现“依法治街”营造良好的法治氛围和法制环境；构建覆盖全街的安全生产监管网络，开展十次安全生产大检查，保证正常生产，创造安定、和谐、稳定的社会环境。抓好信访维稳工作，全年受理信访案件32件，涉访人数69人。

提升村居党建水平。抓政治思想建设。结合党员三年(2012-2014年)教育培训活动实施方案，开展党员“背靠背、面对面”活动。抓基层党组织建设。开展“三级联创”活动，加强基层领导班子和干部队伍建设。党员发展推行民推党选。完成辖区人大换届选举，8名代表当选。

搞好精神文明建设。成立130人的大田农民文化艺术团，举办农民文化艺术作品展和消夏演出；举办滨海新区第三届艺术节汉沽街专场等文艺演出5场、消夏纳凉晚会30场；播放公益电影27场次；举办汉沽街第三届“邻里节”。街关工委被评为天津市和全国“五好关工委”先进集体。

2013年7月10日，滨海新区第三届社区文化艺术节汉沽街文艺汇演

大邱庄

大邱庄夜景

大邱庄建村于明朝永乐二年，公元1404年。1993年11月18日撤村建镇。全镇共辖26个村街，总面积123.4平方公里，总人口11万。大邱庄地处渤海之滨，背靠京津，南接冀鲁，置身当今中国最具发展潜力的第三增长极——环渤海经济圈，是团泊新城的重要组成部分，天津西部发展带上的重要节点。距北京120公里、天津市区22公里，滨海新区40公里，天津港60公里，津沧、荣乌、长深高速公路和京沪高铁穿境而过，“六纵五横”的交通网络，贯通了大邱庄发展腾飞的“快车道”。

工业是大邱庄的支柱产业，占全镇经济总量的85%，主要是黑色金属压延及加工业。全镇2600多家工贸企业和3000万吨的年钢材加工能力，使大邱庄成为全国“钢管产业集群名镇”。钢材产量占天津市的三分之一，其中焊管加工能力近千万吨，占全国产量的四分之一，是全国最大的焊管加工基地。目前，全镇拥有中国500强企业1家，驰名商标、著名商标、市级名牌产品20余个。各类产品远销美洲、非洲、南亚、西亚等30多个国家和地区。

近年来，按照县委“构筑大邱庄跨越发展高地，重振大邱庄雄风，再造大邱庄辉煌”的要求，全镇上下紧紧把握“高标准、迈大步、创一流”的工作基调，坚持“统筹安排、整体推进、重点突破、再上水平”的基本思路，重点推进“三区”联动建设，全面打造“生态、智慧、文明、富裕”的大邱庄。

2013年，全镇实现生产总值130亿元，营业收入1050亿元，固定资产投入72.3亿元，税收完成11.2亿元，人均收入突破2万元。

支柱产业——工业

科教兴镇

打造智慧都市农业

大邱庄人在创造财富的同时，也尽情享受着改革发展的成果。文化、教育、餐饮、娱乐等设施一应俱全，水清、路畅、田绿的优美环境彰显着大邱庄人富足殷实的生活；扶贫、助残、兴学三大基金，有力保障了人民生活无忧；养老、医疗等制度的完善，推进了社会文明程度日益提升。一个经济发展、社会和谐、人际和睦的大邱庄正在茁壮成长。大邱庄先后被评为全国乡镇工业示范小区、全国文明村镇、中国十大特色名镇、全国绿色低碳重点小城镇建设试点镇等。

目前，大邱庄镇党委、政府正在科学发展观的统领下，按照市委、市政府和县委、县政府的部署要求，坚持党的领导，坚持改革开放，坚持转型发展，积极推进新型工业化、农村城镇化、农业现代化，全力实施农业产业区、工业示范区、农民居住区的“三区联动”战略，努力打造“生态、智慧、文明、富裕”的大邱庄。

幸福的大邱庄人

城镇化建设日新月异

天津市西青区精武镇

世界精武大会

农民艺术节

这里是著名爱国武术家霍元甲的故乡，岁月磨砺、潮水激荡，让历史的光华在这里交汇；这里是一片充满生机的沃土，一个地域特色鲜明、产业布局合理、文化底蕴深厚、生态环境优美的现代化新城展现在人们面前。

贯通三地　黄金枢纽

精武镇位于天津市西南部，地处京津冀黄金分割点，面积57平方公里。镇内津涞公路、赛达大道、津文公路、团泊快速多条主干道路纵横交错，京沪高铁、津晋高速、地铁3号线、6号线等重要交通脉络穿越镇区，地理位置优越。

距天大、南大15公里
距海泰高新区 6 公里
距天津东站 27 公里
距天津滨海国际机场35公里
距华苑产业园区10公里
精武镇
距团泊新城 29公里

精武镇区位图

依托得天独厚的区位优势，精武镇坚持产城融合发展，西青学府工业园区、镇中心居住区、“精武门·中华武林园”文化旅游区、“三区九园一中心”现代农业产业园区，四区联动、强势推进。

绿色秀美　生态宜居

作为“全国环境优美乡镇”，精武镇按照城市化的标准，着力打造了文化大道、民兴路、民兴北路景观大道；相继建成休闲公园、体育主题公园等多处公园绿地；西青郊野公园以林为体，以水为韵，自然湿地，天然氧吧。

文脉昌盛　承载发展

精武镇将尚武文化一脉传承，建设了“精武门·中华武林园”文化旅游区，形成集文化交流、旅游观光、休闲娱乐、爱国主义教育为一体的文化产业高地，成为精武文化品牌。

“爱国 修身 正义 助人”的霍元甲精神已经积淀为民族的品格，升华为民族精神的气节。“崇德 尚武 实干 自强”的城镇精神彰显了精武人迎难而上、赶超跨越的气魄和胆识。

西青郊野公园

卓尔商贸城奠基

卓尔电商城

学府商务大厦

大冢制药车间

科技高地 人才金港

精武镇毗邻天津海泰科技园区、华苑高科技产业园区、天津中国117大厦和天津市第三高教区，5000多家高新技术企业集聚发展，11所高等院校合理布局，20余万高校师生群英荟萃，构建起强大的科技人才优势。

独有的科技平台、有力的智力支持、蓬勃的新兴产业、优质的教育环境，承载着精武未来的希望和梦想。

投资沃土 创业乐园

按照高新化、高质化、高端化的产业发展定位，西青学府工业园打造着令人瞩目的千亿产业园区，进驻世界500强和中国500强在内的企业64家，卓尔天津电商城、正威国际、德国大陆集团、中海外投资、新华投资等企业和项目先后在这里落户；国家信息安全产业基地被国家科技部认定为火炬计划特色产业基地；津版传媒人文科技园、物联网产业园、慧谷科技园等"园中园"经济助推特色产业集群；中国大冢制药有限公司、新宇彩板有限公司销售收入超百亿元，税收过亿元，成为行业领军型企业。

沧海桑田，历史不灭，文化永传。时光流转之中，精武镇与历史和现代碰撞，与大地相依，完成了一次次华丽的蜕变，铸就了一幅幅壮美的图景。一个魅力无限的精武，正汇华"武"的灵气，提升"文"的内涵，彰显"绿"的气息，改善"居"的环境，加快"商"的发展，励精图治、奋勇争先，创造新的辉煌！

精武镇示范镇居住区

西青区张家窝镇

镇领导入户访谈

丰富多彩的群众文化活动

张家窝镇位于天津市西南部，紧邻天津高新技术产业园区和天津市第三高教区，距市中心区5公里，镇域面积44.5平方公里，下辖16个村、常住人口11万人。作为天津市发展规划中的交通枢纽型新城，京沪高铁南站坐落该镇，南站周边5000亩商务区正在规划，逐步打造天津市高档综合商务区。京沪、京沧、津晋高速公路，京福、津静、津涞公路穿境而过，地铁3号线已经开通，规划中的8号线和Z1线直通天津市区，交通十分便利，区位优势非常明显。

作为天津市第二批宅基地换房试点镇，从2009年开始，该镇提出“统筹三区发展，打造一流城镇”的发展目标，全面启动三区建设，目前已取得阶段性成果。农民居住社区总投资87亿元，建筑面积207万平方米，覆盖全镇16个村，3.2万人口。截至目前，已完成投资86.7亿元，建成200万平方米，全镇16个村全部实现还迁，225公顷复垦任务全部完成。农业产业园区总投资8亿元，规划面积5000亩。截至目前，已完成投资7.5亿元，建成农业设施面积90万平方米，初

统筹三区发展
打造一流城镇

滨河休闲公园亲水平台

现代化的企业车间

天安数码城

步建成花卉、食用菌、有机果蔬、名特枣、园林园艺五大特色基地，成为天津市现代农业示范园区之一。2013年，农业产业园区实现销售收入5.5亿元，解决了千余名农民就业增收。全部建成后，可实现年销售收入10亿元，安置1500余名农民就业。示范工业园区被市政府列为全市31个工业示范园区，规划面积9.08平方公里。截至目前，已引进企业130余家，其中包括总投资300亿元的天安数码城、深福保、际华新能源、红星美凯龙等重大项目。仅这几个大项目全部投产后，可实现年产值500亿元，税收48亿元。同时，该镇加大民计民生投入，每年投入不少于3亿元，目前，已先后建成1所敬老院、2所小学、4所幼儿园和6个社区服务中心；还有滨河休闲公园、社会管理综合服务中心、医疗服务中心和社会事务服务中心，配套功能不断完善，农民不出镇区就能享受到“煤水电气”一站式服务。

2014年，全镇预计实现地区生产总值68.7亿元，税收13.25亿元，固定资产投资97.5亿元，内资到位额64亿元，外资到位额4625万美元，农民人均可支配收入达到23428元。

社会治理综合预警中心

蝴蝶兰种植园

天津高铁南站

滨海新区杨家泊镇

杨家泊镇水产工厂化循环水养殖工艺技术和养殖规模评审验收会

高庄飞镲队表演

杨家泊镇，位于滨海新区东北部，东临河北省丰南市，南与寨上街相邻，西接宁河县，北与唐山市汉沽管理区接壤。辖区面积60.17平方公里，其中耕地面积1355.3公顷。辖区居民5524户，总人口17235人，下辖13个自然村。

2013年，圆满完成全年各项目标任务。按属地统计，全镇生产总值6.67亿元，规模以上工业总产值13.5亿元，固定资产投资6.4亿元，公共财政收入936万元，农民人均纯收入16775元。

规划编制工作 利用新区街镇整合良机，编制调整镇域总体规划、基本农田整理实施方案、水产聚集区总体规划、调整镇工业集聚区用地规模、“渔家乐”“农家乐”休闲旅游项目发展规划。同时，各村级单位也编制完成村级产业规划。

特色农业建设 全镇工厂化养殖企业达到53家，工厂化养殖面积累计55.2万平方米，海水养殖产品产值42804万元，超额完成“提升、改造与应用工厂化循环水技术工艺”14.4 万平方米，成立镇级层面的水产聚集区管理委员会，在全市率先建立“水产养殖疾病远程会诊系统”，海水工厂化养殖产业技术创新战略联盟被市科委批准为市级层面与级别的科技联盟， 11家工厂化养殖企业申请并通过ISO9001质量标准管理体系认证；国家级良种场、循环水等项目均通过专家验收;养殖企业完成创新型和实用型科技专利申请40项。建成日光温室、钢骨架冷棚和钢骨架保暖大棚等设施农业1392.9亩。

二、三产业 9家企业进入项目用地审批手续，基本形成在谈项目、在审项目、在建项目与在储项目相结合的良性循环态势。完成开发项目6个，技术改造项目5个。认定科技型中小企业31家，申报科技小巨人企业2家。确定了沿滨唐路两侧重点发展“农家乐”休闲旅游项目，沿芦堂路两侧重点发展“渔家乐”休闲旅游项目的总体工作思路。组建了开发

港航管桩

陆强农家院

高庄小学新操场

杨家泊的工厂化养殖业

杨家泊镇水产养殖主要品种

科技园外景

旅游办公室。全年启动建设农家院、渔家院项目3家。积极推进桃园村美丽乡村试点创建工作，整体打造旅游村——“世外桃园”。

招商引资工作 由镇政府牵头联系并聘请10名首都招商顾问，借重首都资源，拓宽招商渠道。成功举办了浙商推介会。全年新引进外来注册企业24家，结转汇总在谈、在建项目28个。

美丽乡村建设 生态环境保护不断加强，基础设施建设加快推进。试点推进东庄坨、桃园村“清洁村庄”行动。建成桃园村美丽乡村平安广场，2个生态文明示范村创建项目通过验收。

发展社会事业 教育教学环境不断改善。兴建了镇文体活动中心。高庄村秧歌队、飞镲队等申报成为市级文化志愿服务分队，同时获得免费开放公共文化服务品牌项目奖。全年医保累计报销120万元。实现就业950人。发放低保、优抚、大病救助金312万余元。镇内企业新建工会19家，创建A级劳动关系和谐企业11家，维护了职工权益。

安全创建工作 突出抓好矛盾纠纷排查、信访稳控两项重点工作，信访事项按期办结率达100%。市级安全社区创建工作各子项目有序推进，预计2014年完成创建工作。镇政府被新区人民政府评为平安创建先进集体。

镇级工业聚集区规划及产业

俊安（中国）投资有限公司

俊安三大核心板块：贸易、资源、地产

俊安集团1992年在香港注册成立，1994年进入天津，是一家集资源开发、全球贸易、地产投资、现代服务于一体的多元化经营、全球化发展的现代大型国际企业集团。旗下企业遍布国内外主要经济区域，在新加坡、香港、南非、澳大利亚等地拥有或参与多家上市公司，员工总数12000多人，营业收入超千亿元。

俊安（中国）投资有限公司作为香港俊安集团中国大陆总部，于2010年10月在天津市滨海新区成立。2013年，作为大陆总部的“俊安广场”项目顺利封顶，标志着俊安集团以中国为背景，以天津为中心，面向全球布局和发展的战略正式形成。截至2013年末，注册资本达5亿美元，在开发区百强企业排名中连续多年名列前四，多次荣获开发区“社会责任贡献奖”。

全球化贸易走在行业前列，在国内外市场产生重要影响力。2013年进出口业务量超5000万吨，铁矿、煤炭进口双双突破2000万吨，焦炭出口市场份额保持全国第一。

海外投资取得重大突破，全球发展脚步加速。2013年，集团与天津物产集团、河北钢铁集团、中非发展基金联手成功收购南非PMC公司（约翰内斯堡交易所上市）；与中国五矿集团合作投资成功参与俄罗斯IRC（香港上市），并获亚洲矿业交易大奖；与中冶合作在澳洲开发鹦鹉岛铁矿项目等。同时，集团独立开发非洲锰矿项目，作为天津市“走出去”发展战略，在泰国TGN300万吨/年焦电联合项目二期工程进展顺利，打出了天津名片。

国内矿业、地产投资开发稳步发展。集团积极收购国内大型煤矿、铁矿、焦化企业，开发和投资国外矿山项目，拥有山西、辽宁、河北、内蒙古、湖南等省区多处煤矿、铁矿、钒矿及多家焦炭生产基地。在地产投资方面，逐步形成以天津、北京、深圳、辽宁、广东等城市和区域为中心的国内布局，以及香港、新加坡、澳大利亚为重点的海外布局，以北京国际中心、天津858城市广场、鼎铉工业园区、长春华联古玩城等为代表的各个地产项目运行良好。

高起点、大手笔进军文化产业和新领域。继与中国国家画院合作成立国展美术中心后，又与凤凰卫视联手进军艺术品市场；在国台办推动下，与中石油、台玻集团共同成立海峡能源公司，进军石油领域；与内蒙古乌兰察布市建立战略合作伙伴关系，成立综合物流园，致力于成为北方煤炭资源吸纳加工和入津平台。

俊安总部大楼

天津城市职业学院

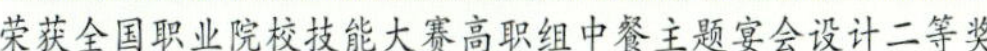
荣获全国职业院校技能大赛高职组中餐主题宴会设计二等奖

网球场馆

教学楼一角

天津城市职业学院是天津市河北区政府主办的普通高等职业学校，前身为天津市河北区职工大学，2004年转制为天津城市职业学院。学院以多功能、社区性为办学特色，确立了“立足河北区、面向全市、服务全国、特色发展”的办学定位，形成了以高职教育为主体，以继续教育和社区教育为两翼的办学格局，构建起了中、高职教育相互衔接，全日制教育与继续教育相互融通，学历教育与社会培训相互补充，职业教育与社区教育相互协调的办学体系，在天津市高职院校中独树一帜。

目前，学院高职共设置21个专业，形成以重点专业和特色专业为龙头，相关专业为支撑的社区服务类、财经商贸类、自动化技术类、信息技术类4个专业组群。高职在校生近5000人。拥有“会计”和“计算机信息管理”2个中央财政支持重点建设专业和“社区管理与服务”等5个天津市财政支持重点建设专业、“酒店管理”等2个天津市国际化标准建设专业。拥有“社区管理与服务”“现代物流”“酒店管理”3个中央财政重点支持建设的实训基地和天津市财政重点支持的自动控制技术实训基地。

学院以“修德励学、强能笃行”为校训，以“塑城市学院学子形象”“校园文化节”“社团展示周”“大学生创业园”等为平台，着力提升学生职业素养。高职学生在历届“挑战杯”天津市大学生课外学术科技作品竞赛中成绩优异，名列天津市高职学院前列。学院先后荣获全国成人高等教育先进单位、天津市职业教育先进单位、天津市师德建设先进单位、天津市普通高等学校学生先进集体等多项荣誉称号，被教育部专家组誉为“天津职业教育三大亮点之一”。

学院外观

天津科技大学

天津科技大学1958年建校，前身为天津轻工业学院，是我国第一批建立的4所轻工类本科院校之一。2002年独立更名为天津科技大学，是天津市重点建设的以工为主，工、理、文、经、管、法、艺等学科协调发展的多科性大学。是国务院首批具有硕士学位授予权、第二批具有博士学位授予权、第一批有条件接受外国留学生的高校，是为军队培养后备军官的签约高校。

学校现有河西、泰达、塘沽3个校区，总占地面积133.87万平方米，总建筑面积69.49万平方米，固定资产总值11.52亿元，馆藏书刊228.32万册，教学、科研设备总值4.7亿元，现有本、硕、博全日制在校生23000余人。学校现有17个学院，59个专业。建有“轻工技术与工程”“食品科学与工程”2个一级学科博士学位授权点，博士学位授权专业17个，建有2个博士后科研流动站、1个博士后科研工作站；建有一级学科硕士学位授权点13个，二级学科硕士学位授权专业74个；学校建有“发酵工程”国家级重点学科、7个天津市重点学科和3个天津市“重中之重”学科。建有1个国家工程实验室、2个教育部重点实验室和1个教育部工程研究中

心，2个共建国家工程实验室，4个天津市重点实验室和1个天津市普通高校人文社会科学重点研究基地。

学校拥有一支结构合理、学术过硬、锐意创新的师资队伍。现有教职工2189人，其中专任教师1469人，博士生、硕士生导师382人，学校拥有国家“千人计划”1人，教育部“长江学者”2人，国家自然科学基金“杰出青年”资助人选1人、国家教学名师1人，国家“特支计划”领军人才2人，国家“百千万人才工程”第一层次人选2人，教育部“新世纪优秀人才支持计划”入选者9人，天津市“千人计划（含青年）”7人，天津市特聘教授（含讲座）16人。

学校科研成果丰硕。2012年获国家科技进步二等奖1项，2013年获国家技术发明二等奖1项、科技进步二等奖1项、国际科学技术合作奖1项。产学研合作不断深入，先后与江西、海南、云南、内蒙古等8个省、自治区建立了合作关系，与滨海新区280家企业建立合作关系，服务全国经济社会的辐射力和影响力明显增强。

学校在五十余年的办学历程中，突出“坚持拓展轻工特色，精心培育行业中坚，矢志服务国计民生”的办学特色，立足轻工、服务社会，立足天津、面向全国，为社会输送了10万余名优秀毕业生，得到社会的广泛认可，先后获得全国五一劳动奖状、全国文明单位等荣誉称号。

为实现科学发展，学校认真谋划、做好顶层设计，内容包括“十二五”教育事业发展规划、中长期教育事业发展规划、学科建设发展规划、校园建设发展规划和强校计划，明确了学校的定位和战略目标及步骤。作为天津市高等教育布局调整的重要组成部分，学校正在积极推进向滨海新区整体迁移，各项事业的发展都在围绕落实“顶层设计”目标任务和整体战略东迁积极推进。

中国民航大学
Civil Aviation University of China

2011年9月，中国民航大学举行60周年校庆，时任国务院副总理张德江出席并发表重要讲话

国家民航局局长李家祥（左2）出席中国民航大学中欧航空工程师学院首届学生毕业典礼

1951年9月25日，军委民航局第二民用航空学校在天津宣告成立。这所由毛泽东主席任命校长、周恩来总理选定校址的学校，奠定了中国民航大学的第一块基石。

今天的中国民航大学，已发展成为我国唯一一所民航学科专业门类齐全、将航空宇航科学技术与交通运输工程两大学科群交叉融合的高等学府。学校隶属中国民用航空局，校本部坐落在天津市东丽区,在辽宁朝阳、新疆石河子设有飞行训练基地，在校学生24000多人，被誉为中国民航人才的摇篮、科学技术研究的中心、国际文化交流的窗口。

学校现有硕士授权一级学科13个，二级学科49个；拥有工商管理硕士(MBA)、法律硕士、翻译硕士办学资质，7个工程硕士专业学位授权领域和1个国际合作办学硕士项目。设有28个本科专业、6个高职专业，本科专业中飞行器动力工程、交通运输、飞行技术等3个专业为国家级特色专业点，飞行器制造工程、通信工程、飞行技术等3个专业为国家级综合改革试点专业。

学校为教育部CDIO改革试点单位和“卓越工程师教育培养计划”实施高校。中欧航空工程师学院是我国航空业首次引进法国“精英工程师学院”教育模式，已被纳入国家卓越工程师教育培养计划，获得法国工程师学衔委员会的最高等级认证，同时获得欧洲科学与工程硕士认证，为法国工程师学衔申请史上第一家首次申请即获得最高等级认证的的办学机构。

学校现有训练飞机60架、实习飞机21架，各种类型飞机

中国民航大学校园一角

学校开发的发动机深度维修技术获国际认证并在民航维修企业中应用

中国民航大学机务维修工程虚拟仿真实验教学中心被教育部批准为国家级虚拟仿真实验教学中心

发动机47台，工程技术训练中心、空管实验教学中心为国家级实验教学示范中心，与北京飞机维修工程有限公司（Ameco）联合共建国家级工程实践教育中心，机务维修工程虚拟仿真实验教学中心为国家级虚拟仿真实验教学中心。学校建有多个国际、国内授权培训、考试机构，承担民航机务、空管、飞行、机场、运输、乘务等各种岗位资格培训，为中国民航提供国际水准的各类技术和管理培训。

学校现有省部级科研基地（重点实验室）14个，近年来承担了包括国家科技支撑计划重点项目、863计划（重大、重点项目）、973计划、国家自然科学基金、国家软科学等多项国家级科研项目，科技成果获国家科技进步二等奖2项、省部级科技成果奖96项。中国民航大学科技园拥有全国民航唯一的国家级科技企业孵化器，产学研一体化卓有成效。

学校与国际民航组织、国际航空运输协会、欧盟工业委员会、美国联邦航空局等民航组织和机构；与波音公司、空客公司、赛峰集团、罗罗公司等知名航空制造企业；与美联航、巴西航空、联邦快递等航空运输企业；与法国航空航天大学校集团、美国普渡大学等国外航空院校建立了广泛而深入的交流与合作关系。

建校63年来，中国民航大学已为民航和社会培养各类人才8万余人，孕育出的一代代莘莘学子占中国民航职工总人数的七分之一、工程技术和管理人才的三分之一

天津市新华中学

庆"七一"表彰大会

第二期名师骨干教师结业合影

天津市新华中学，始建于1914年，原名圣功女学校。现系天津市教委直属重点中学，天津市首批示范高中校，中华百年校、中国百强中学，2014年将迎来百年华诞。

新华中学现有教职员工323人，其中，博士2人，硕士116人；现有特级教师10人，副高级职称131人。学校有初高中共57个教学班，学生2226人，图书馆藏书达101804册。

2013年学校获得国家级荣誉2项、市级荣誉9项，朱兆林、陶扬、马丽莉老师入选"国培计划"专家组，何晓柱、冯振利老师入围天津市第三期未来教育家奠基工程，胡泊、王红娟老师等6人进入市双优杯决赛。

新华学子各类成绩骄人，中高考成绩优异，学业水平考试各科A率均超90%，高考一本上线率94%以上。学科奥赛成绩突出，2013年度30余人次获一等奖，8人入选天津代表队，获国家级竞赛奖牌2金4银2铜，董宇阳同学在第45届国际化学奥林匹克大赛中，以理论和总分双第一的成绩荣获金牌。全国中小学艺术展演中，获得舞蹈和课本剧两个一等奖；校田径队在河西区中小学田径运动会上，夺取总分第二十四冠。

圣功馆（校史馆）开馆

【顺利通过高中现代化达标检查】10月16日至17日，新华中学顺利通过天津市高中现代化标准建设评估验收。专家组认为新华中学教师队伍建设的经验值得推介，依法办学、自主管理、民主监督、社会参与的现代学校制度具推介价值。

专家组认为新华中学"大气做人，精致做事"的理念内涵丰富，且已形成"养正育才，发展

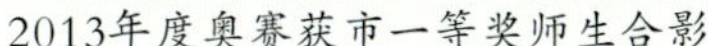

2013年度奥赛获市一等奖师生合影

国际化学奥赛金牌获得者董宇阳

优长”的办学特色，利于满足学生个性化、多样化发展的需求；课程改革成绩显著，以“促学”为核心的“知问——导学——反思”教学联动模式符合课程改革新理念，符合学生的认知发展规律。现代学校制度逐步形成，级部管理制度，高效低耗且激发了干部教师的工作热情。

【全面实施 “养正育才 发展优长”特色高中建设】该项目已通过市教委审批立项，其目标是培养德智体美全面发展，且具一定特长的学生。“养正育才”，是注重共性的全面发展教育；“发展优长”是满足学生个性发展的需要，为学生学有专长提供最大的可能性。

【全力推进高效教学改革】学校推进以“促学”为核心的“知问—导学—反思”教学联动模式，以学习中的问题为主线，区分共性与个性问题，解决于课前、课上与课后各环节。教师既要帮助学生解决问题，还要指导学生提高自主学习的能力，实现教与学的高效优质。

【大力推进制度立校工程】学校编订下发了《民主管理手册》《教师手册》《学生手册》，涵盖学校各个工作层面。《民主管理手册》包含17项民主管理制度，使民主管理有章可循；《教师手册》包含常规要求和培养制度，使教师队伍建设有保障；《学生手册》包含系列规范要求，指导学生科学规划人生，目前“制度立校”观念也已深入人心。

【着力打造国际化学校】5月，我校与美国马里兰州名校麦克多诺学校正式建立友好学校关系。2014年，我校先后接待8个海外访问团138名师生，也派出102名师生访问英、法、韩等国。在法国驻华使馆与天津法语联盟鼎立支持下，我校先后成功举办第一届全国中学法语教学研讨会和第二届法语文化周。

【稳步推进百年校庆工作】2014年，新华中学将迎来百年华诞，学校建设校史馆，编纂《新华中学校史》，撰写《新华百年赋》，与今晚报社合作新华中学百年征文，并拟召开新华文化研讨会，德育特色展示，高效教学展示活动。

学校深入开展纪念百年校庆系列学生活动，力求回顾百年沧桑，总结文化传统，传承办学思想，更希望借此契机探究学校文化内涵，弘扬办学特色，再创百年辉煌。

2013年度竞赛获奖学生教师合影

动静相宜的大课间活动

天津中医药大学第一附属医院

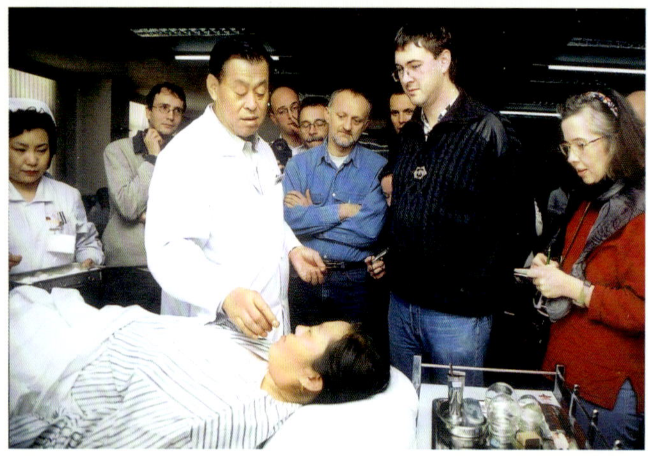

石学敏院士为德国医生讲学

张伯礼院士传授临证经验

天津中医药大学第一附属医院始建于1954年，是天津市开设最早建设规模最大的中医医疗机构。是三级甲等医院、全国百佳医院、国家中医临床研究基地和全国中医文化建设示范单位、天津市中医医学中心。拥有教育部重点学科2个，国家卫生和计划生育委员会临床重点专科4个，国家中医药管理局重点学科10个、重点专科13个，天津市“重中之重”学科2个。作为全国针灸临床研究中心在全国建立36个分中心。

医院占地234亩，建筑面积24万平方米，分南、北两个院区。北院区（鞍山西道院区）1990年底投入使用，设置病床1300张，2013年门诊量达267万人次，在天津市各医院中门诊量排名第一。南院区2014年8月投入使用，医院南北两院区共设置病床2600张。

2014年六一儿童节医院与天津电视台共同举办“关爱儿童健康、预防常见疾病”大型义诊活动

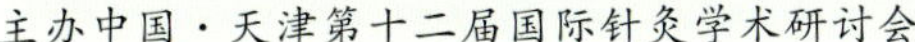
主办中国·天津第十二届国际针灸学术研讨会

外籍患者在医院康复治疗

医院现有职工2092人，其中高级技术职称443人，拥有中国工程院院士2名，国医大师2名。国家卫生部有突出贡献中青年专家5人，天津市政府授衔专家5人，全国名中医11人，天津市名中医12人，天津市中青年名医11人，享受政府特殊津贴专家12人，博士生导师22人，硕士生导师170人。

医院以发挥针灸优势、突出中医特色并拥有现代医学优势学科为发展思路，突出五专优势，形成一大批中医药特色鲜明、中医诊疗优势突出的特色专科和特色专病。设有针灸部、心血管科、儿科、推拿科、肿瘤科、急症部、药剂部、检验科、功能检查科、放射科等临床技术科室43个，开设特色诊疗技术项目609项，中医药使用率达到85.2%。医院致力于高层次中医药人才的培养和引进，先后启动“名医师带徒”和“名医讲堂”项目，着力打造“名医”工程。并以“科教兴院、院兴科技”为发展战略，高起点、多学科协作，着力打造高水平的研究平台。近五年，获得包括“973计划”、国家科技支撑计划、国家自然基金等各级各类项目539项；获各级科技奖励40项；出版论著33部，发表科技期刊论文3053篇。针灸部“针刺治疗脑病研究”团队和心血管科“中医药防治心血管疾病研究”团队为教育部创新团队。

医院一直坚持医教研、涉外、产业三足鼎立的办院模式。先后与德国、法国、韩国、俄罗斯、瑞士等40余个国家建立长期医疗、科研合作关系，肩负着阿曼皇室的医疗保健任务，连续举办12届国际针灸暨中医临床学术会议，每届均有国内外专家学者500余人参加，对推动中医药国际化进程起到了卓越的作用。医院的石天药业产业集团，顺利通过国家GMP标准认证，开发生产商品药丹芪偏瘫胶囊及200余种院内中药制剂广泛应用于临床，取得良好疗效。

未来，医院将打造以“中国针灸中心”为核心、以“中风病基地”“冠心病基地”为重点，以四大诊疗中心即：中西医结合儿科诊疗中心、中西医结合肿瘤诊疗中心、中西医结合骨伤诊疗中心和中西医结合肾病诊疗中心为特色的医疗新格局。达到一流的医疗水平、一流的专家队伍、一流的研究平台、一流的诊疗设备、一流的文化环境、一流的服务管理“六个一流”的目标，力争成为国内一流、北方最大的以针灸为特色的现代化中医医学中心，更好地为广大人民群众服务。

医院职工文化生活

积极开展敷贴治疗

天津市胸科医院

全新的住院病房护士站

检验科自动化采血系统

天津市胸科医院自1947年建立至今已走过近70年历程。追忆半个多世纪的发展，胸科医院在党的领导下，在市委、市政府、市卫生局的关心下，经历了蹒跚学步、快速成长、蓬勃发展、科学转型和医院布局调整等重大历史节点，从最初的结核病防治院发展成为本市唯一以治疗心胸疾患为特色的大型三级甲等专科医院。

医院为国家卫生和计划生育委员会授权的心血管介入诊疗技术基地，是天津市医科大学胸科临床学院，并设有天津市心血管病研究所、呼吸病研究所、市心血管放射介入基地、分子心脏病中心、CCU质控中心及先心病介入治疗质控中心；医院多项科研成果填补我市乃至全国心胸外科领域的空白，如亚洲第一例肺癌切除术及本市第一例冠脉搭桥术。

医院胸外科为国家临床重点专科，心内科、心外科、心血管病研究所为本市心血管病重点学科，呼吸与危重症科设有本市唯一呼吸重症病房，其病床数居全国前列。全院享受国务院特殊津贴专家4名，天津市授衔专家1名，博硕士研究生导师23名，131各层次人才10人。医院医疗设备先进，高端CT机、大型血管造影机、呼吸机、各种监护设备、高能双光子医用直线加速器（LA）等总价值近4亿元。

2014年1月，医院从位于和平区西安道的旧址迁至津南

天津市胸科医院新址门诊正门

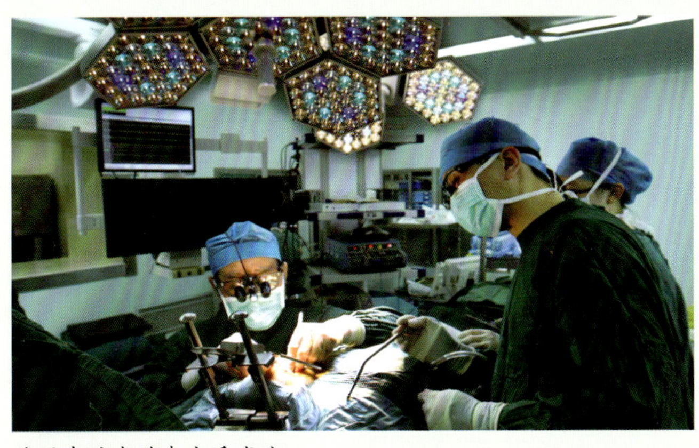
使用中的先进杂交手术室

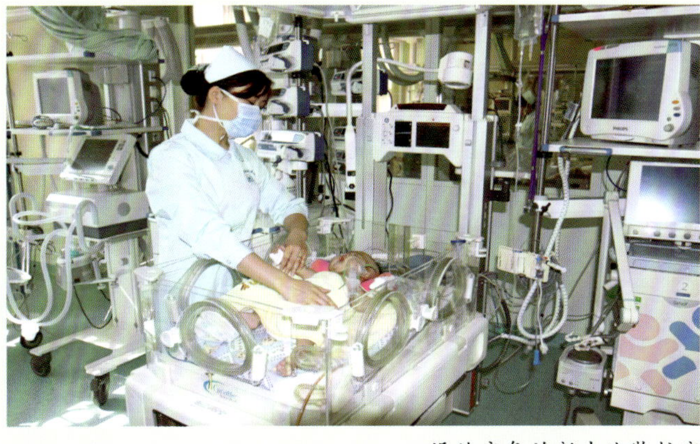
设施完备的新生儿监护室

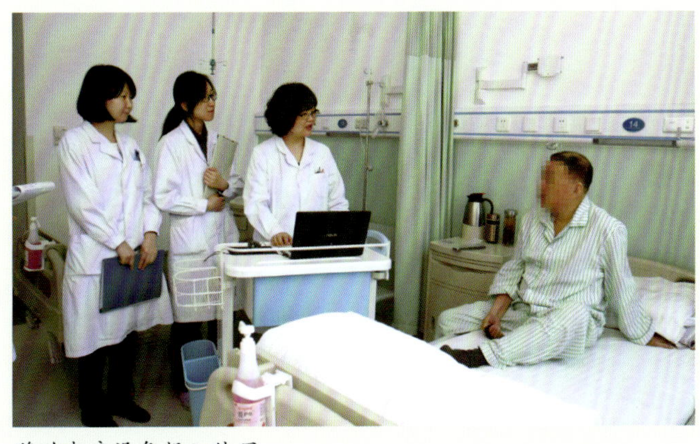
移动查房设备投入使用

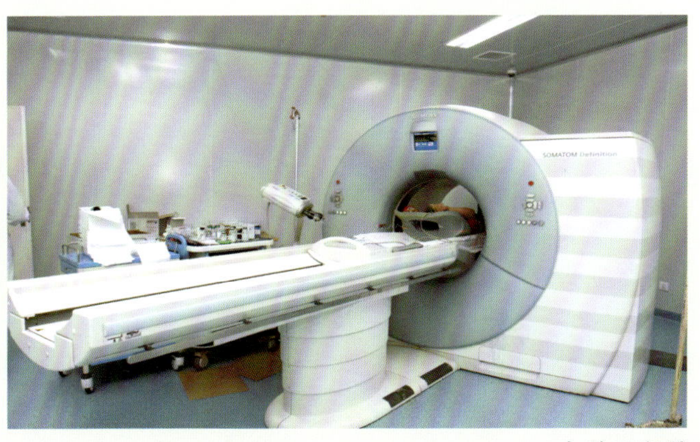
大型CT仪器

区台儿庄南路261号。新院占地137.25亩，建筑面积12.1万平方米，设床位1080张，设置30余个临床医技科室，新增内分泌科，同时，放疗科、核医学科等也在筹建中，旨在为患者就医提供更加完备的诊疗体系。新院区整体设计以绿色、环保、节能、人性化和数字化理念为指导，以为患者提供更加方便、快捷、安全和温馨的服务为目标。

胸科医院新址的竣工将几代“胸科人”的梦想化为现实，“新胸科”也将继续遵循并坚守“以人为本”的办院宗旨和“以病人为中心”的服务理念，秉承“知识、勤奋、创新、服务”的医院精神，努力提高职工素质，提高服务质量，以优美舒适的环境，先进高端的医疗设备，精益求精的医疗技术，仁慈爱心的精神，打造专家认可，同行认可，群众拥戴的名医，名科，名院，迎接全市人民的验收，以崭新的姿态打造城市的新名片，为医改助力、为百姓谋福、为建设美丽天津做出更大贡献！

新胸科医院学术报告厅

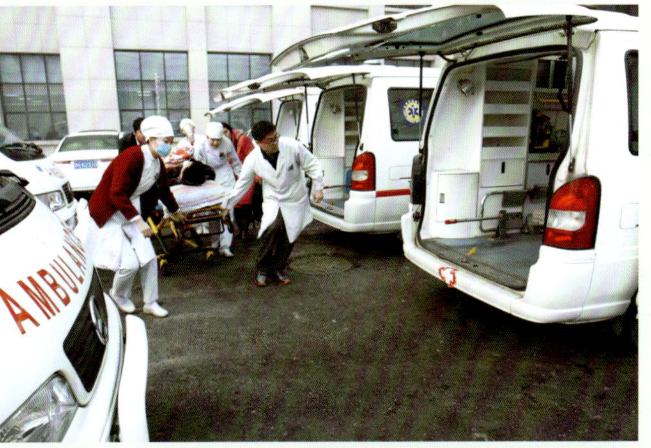

搬迁过程中转移患者至医院新址

天津市泰达医院

天津医科大学泰达临床学院签约

院长进行质量查房

天津市泰达医院位于天津滨海新区，2007年扩建，总投资额8.3亿元，全院建筑面积78000平方米，设病床510张，是集医疗、教学、科研、预防保健、康复为一体的市级三级医院。

医院现有卫生专业技术人员800余人，是国家自然科学基金依托单位，拥有人社部批准的博士后科研工作站。快速聚集有竞争实力的专家团队，29名年薪制专家，均来自医科大学附属医院、三级甲等医院等，成为医院快速发展的中坚力量。

医院拥有国际一线品牌高端3.0MRI、双C臂DSA 、DR 、ECT、两部手术导航系统、CT、高端 B超、体外碎石机、流式细胞仪、骨密度仪、关节镜、高压氧等总价值达3亿元的国际先进医疗设备，为临床诊断提供科学保障。

医院在医疗卫生体制改革中，以先行先试的改革创新精神率先启动改革，建立医院法人治理结构，实现管办分离；创新管理体制和运行机制，提高医疗资源配置效率；创新专业技术人员管理和分配制度，调动医护人员的积极性。在天津市乃至全国，走出了公立医院改革的新路子 。

医院坚持质量第一、服务第一、病人第一的原则,确立以病人为中心的服务理念。引进先进理念，强化精细管理，规范医护行为。借鉴国外先进管理经验,改变传统的急诊接诊模式，全面实施医生主动接诊病人的新型管理模式，实现了急诊就医模式的创新。急诊患者和复合伤患者及复杂疑难患者同在一个区域进行综合会诊、综合治疗，大大提高了救治的及时性和有效性，充分体现了以病人为中心的服务理念。

医院实施“科技立院、人才强院”战略，科技兴院，学科建设形成特色。医院在硬实力上狠下功夫，始终瞄准医学技术发展前沿，打造学科特色鲜明、医疗技术领先、具有国

泰达医院夜景

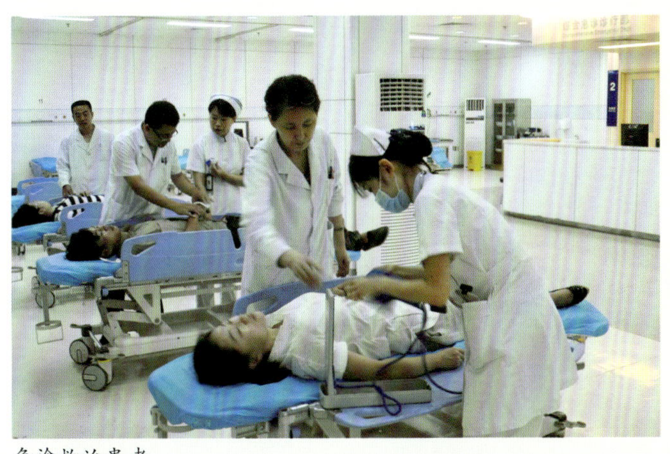
急诊救治患者

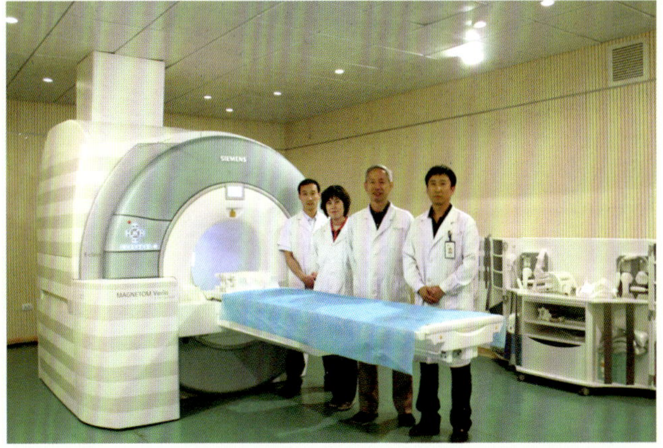
滨海新区首台3.0T大孔径核磁

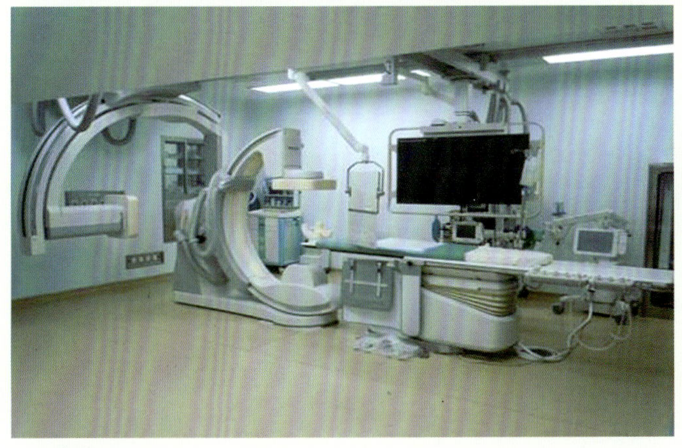
双C臂导航DSA

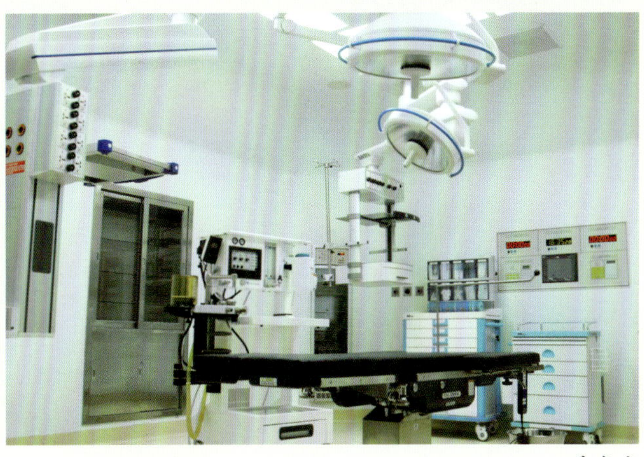
手术室

际水准的精品学科。重症医学科、骨科、耳鼻喉科被评为滨海新区重点学科。神经科、急诊急救、断指断肢再植、脊柱及关节外科、运动创伤和普通外科等以其强大的技术优势、人才优势在行业内形成专业特色和品牌效应，与60余家工矿企业开通急救绿色通道，确保救治及时高效，降低滨海新区企业工伤死亡率，保障新区企业安全生产。医院通过建立丰富立体的医疗体系，满足新区本地居民、外来务工人员、外籍人士多样化的医疗需求，并辐射至滨海新区周边地区，实现了医院医疗资源利用最大化。解决群众看病难、看病贵问题，泰达医院作为公立医院发挥了主导作用。

泰达医院作为一所现代化新型医院，将医院文化底蕴和内涵建设作为立院之本。赋予医务人员“开拓者”的历史责任感；营造和谐、包容、奋进、图强的医院文化；构建平等、尊重、真诚、信任的新型医患关系；塑造“温馨、阳光、科学、诚信”的医院形象。

泰达医院各学科专家联合义诊服务百姓健康

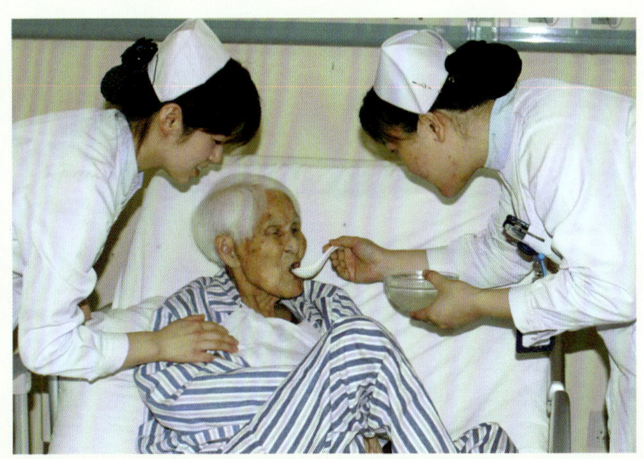
护士贴心服务照顾百岁老年患者

天津华兴医院

天津华兴医院与北京大学医学部远程医疗中心合作

党员义诊

天津华兴医院为滨海地区大港一所集医疗、预防、保健、急救于一体的二级综合医院，始建于1971年6月，院址在湖南省临湘县路口铺，1974年搬迁到天津。2004年9月由中国石化集团第四建设职工医院改制为民办非企业单位。1995年被评为国家级爱婴医院，1997年被评为首批文明服务达标医院，天津市高等医学专科院校临床教学合作基地，天津市“5A”级民办非企业单位，是天津市首批城镇职工医疗保险定点医院、工伤保险定点医院（天津市唯一一家治疗血吸虫病定点医院）、城镇职工生育保险定点医院、城镇居民医疗保险定点医院、天津市大港区公务员医疗补助定点医院、大港区农村合作医疗定点医院、中国人寿保险公司定点医院。

医院占地2.5万平方米，建筑面积2.05万平方米，设病床180张。医院现有员工340人，正式员工268人，其中医学专业技术人员246人，高级职称22人、中级职称62人，医院设有19个临床、医技科室，5个病区，2个重点专科（内科内分泌及妇产科）。临床科室有：内科、外科、妇产科、儿科、血液透析室、眼科、耳鼻喉科、口腔科、急诊科、中医科、中医康复科、麻醉科；医技科室有：检验科、病理科、放射科、功能检查科、输血科、药剂科、营养科，同时设有健康体检中心、职业病体检中心、两个社区卫生服务站，在大港生活区设有4个门诊部。

华兴医院

护理操作培训

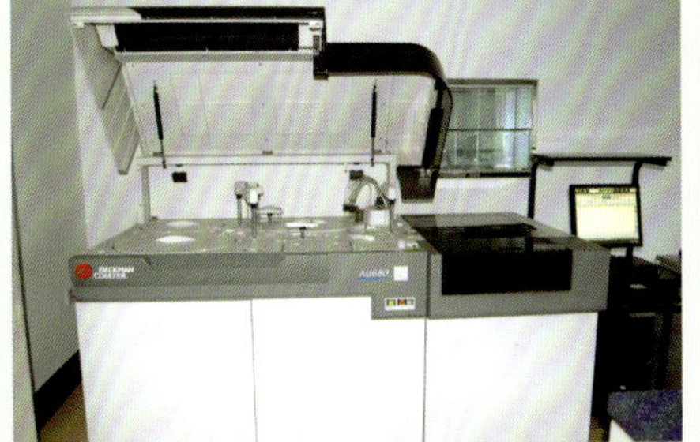

奥林巴斯全自动生化分析仪

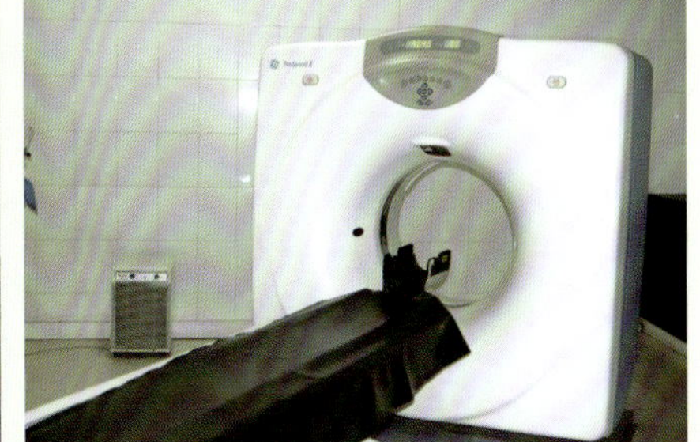

双螺旋CT

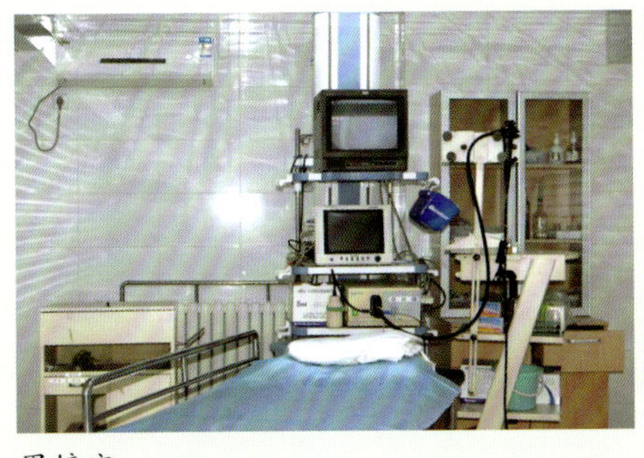

胃镜室

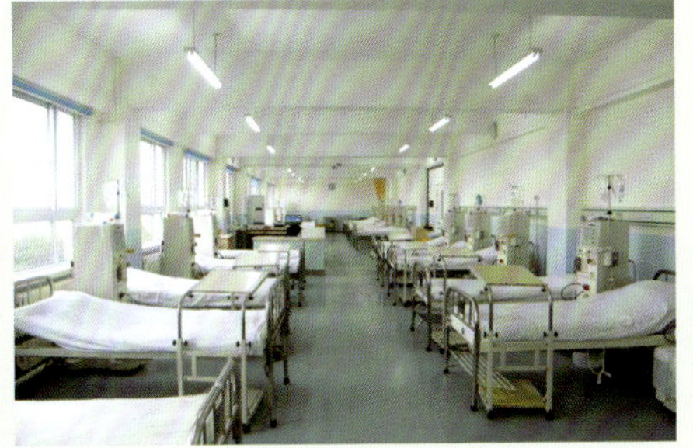

血液透析室

中医康复科训练室

医院拥有美国双螺旋全身CT、德国西门子DR及CR计算机X线成像系统、国产C型臂X光机；德国西门子 Magnetom Essenza 1.5T 全身磁共振成像系统；德国SEQUOIA512彩超仪、美国GE公司V730四维成像彩超仪、便携式彩超仪、彩色经颅多普勒诊断仪；体外冲击碎石机；美国生产的全自动生化分析仪、日本奥林巴斯全自动生化分析仪、多项目自动血球计数仪、血气分析仪、血凝仪、血细胞分析仪、多功能金标监测仪；日本奥林巴斯电子胃镜、电子结肠镜、支气管镜、腹腔镜、关节镜、宫腔镜、阴道镜、高频电刀等微创内镜系列；德国费森尤斯血液透析机；非接触眼压计、超声乳化仪等大中型医疗设备。

医院始终瞄准医学技术发展前沿，逐步形成了自己的技术优势和专业特色。其中内科在糖尿病、上消化道出血、心肌梗死的静脉溶栓治疗方面有较深的造诣；外科利用电视腹腔镜行胆囊切除术，成功率达100%；妇产科对病理产科疾病（妊高症、妊娠合并糖尿病、围产期高危病症）的治疗在地方享有盛名；中医科在治疗皮肤病、面神经麻痹方面有独特的治疗手段；血液透析已形成以常规透析为基础，各种最新血液净化技术快速发展的格局；骨科专业开展四肢关节损伤内固定术、颈腰椎间盘摘除术、椎弓根钉内固定术等，另外美式脊柱矫正术、激光臭氧介入（微创）治疗颈腰椎疾病、激光治疗静脉曲张的微创手术治疗方面走在大港前列。内科内分泌及妇产科为重点专科。2014年成立了中医康复科，良好的就医环境、先进的康复设备、完备的治疗体系，确保了广大患者通过训练，科学的改善和恢复运动功能，提高日常生活能力和回归社会活动的能力。

医院一贯坚持以病人为中心，重视医德医风建设，建立内、外部约束监督机制，对病人实行“不以物充药、不乱收费、不收红包、不吃请受礼、不推诿病人”等五项承诺。

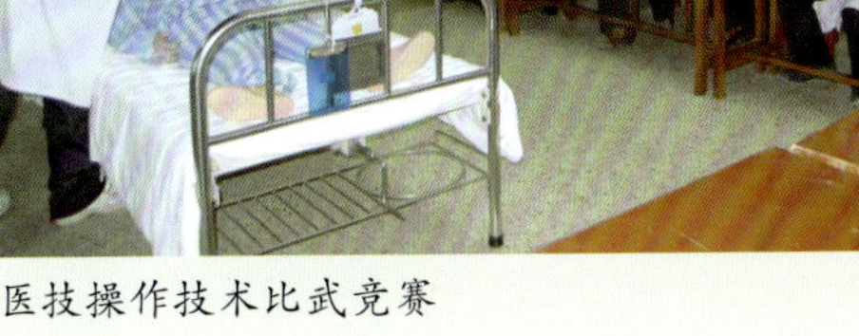

医技操作技术比武竞赛

庆“五一”职工拔河比赛

恒隆广场·天津

恒隆在中国

恒隆集团有限公司(010.HK)成立于1960年，是香港最具资历的上市公司之一，在物业发展市场拥有逾50年经验。集团通过附属公司恒隆地产有限公司(101.HK)，在内地主要城市建造、持有及管理世界级商业综合项目，是重视质量的顶级地产发展商，一直秉持企业管理的最高标准，被视为香港营运最佳的公司之一，在香港和内地倍受尊崇。拥有多元化的物业发展，旗下业务组合涵盖不同范畴，包括商铺、办公楼、住宅等，物业均位于城市黄金地段。

集团1992年率先进军上海，建造了两个地标式项目——恒隆广场及港汇恒隆广场。凭借上海两个项目的成功经验，内地足迹已遍布上海、沈阳、济南、无锡、天津、大连、昆明、武汉等多座城市，旗下内地项目均以“恒隆广场”命名。“恒隆广场”已成为内地家喻户晓的品牌，是汇聚世界顶尖时尚产品及高消费品牌的代名词。

2005年，恒隆地产结缘天津。作为中国近代商业发展的代表城市之一，天津历来是中国北方首屈一指的经济重镇。随着环渤海经济圈的发展，天津日益展现了北方经济中心的地位，成为环渤海经济圈的领军城市。恒隆正是随着这一时代的发展，快速进军天津这一商家必争之地。

恒隆广场·天津

恒隆广场·天津（Riverside 66）坐落于津门两大商业“金街”和平路与滨江道的黄金交汇地，毗邻海河沿线商务区，商业建筑面积超过15.3万平方米。地铁3号线距项目仅100米，与周边数十条公交线路交织成快速交通网络。相距不远的天津火车站是京津城际高速的端点，来自北京的消费群体可于一小时内抵达观光。项目南北两侧分别为和平路与兴安路，北侧同时接邻天津母亲河“海河”。南侧的和平路是天津消费者最具熟知度的金街，它见证了天津近代商业的发展历程，劝业场、百货大楼等标志性项目成为天津商业发展的时代印记，也成为天津独具特色的商业旅游景点，吸纳了大批观光客群。北侧新兴的海河CBD商区是城市的未来，周边高端写字楼、高端住宅、酒店项目林立，为恒隆广场提供稳定的高质量客群。由南到北，恒隆广场·天津连接了城市的文脉与商脉，贯通了城市的传统与未来，必将成为这一黄金商圈内最耀眼的新星。

灵动的流线造型与巨大通透的玻璃天花凸显了项目的品质感与设计感，在繁华的核心商区营造出一个阳光满溢、舒适清新的现代化休闲空间。东南角的百年历史遗迹“浙江兴业银行“已规划为恒隆广场的一部分，实现了传统典雅的欧

式建筑与现代化购物中心的完美融合。恒隆广场一向以精准的商业定位著称，在天津，恒隆广场更是创意打造了完美组合的室内步行街，为津门市场带来近400个国内外知名时尚潮流品牌，为天津消费者提供享受与世界同步的购物、休闲、生活、美食等综合体验的场所。轻奢时尚、高端休闲、特色餐饮等完美组合吸引城市主流时尚、商务客群、家庭生活客群，不仅满足区域现有的消费者的需求，更是游客来到这个城市的必选目的地。

此外，恒隆以其强大的品牌集合力，吸引了诸多首次进入天津市场或以全新面貌和经营概念出现的特色品牌，为消费者缔造全新的购物感受。

恒隆广场·天津，一个混杂着东方韵致与西式浪漫，小资情调和洋派生活的新兴聚集地，有趣而富于变化；一个极具舞台感购物体验、最潮多元文化的枢纽，创建起与自然、社会亲密对话的空间，崭新而有生命力；一个由世界级品牌搭建起的绚丽舞台，在接轨天津国际向度的同时，其高端审美也为上行社会提供着可资效仿的全新消费指标。

恒隆广场·天津，在其左观历史右览未来的城市坐标点积聚着新的城市自豪感。恒隆广场·天津的到来，必将升级和平路商圈旧有的商业模式，提高商圈级次，带动整体区域发展，恒隆广场·天津将点燃和平路新的生命，为钟爱这里的人们重拾那一份久远的繁华记忆。

打破天津核心商业区没有大型购物中心的传统格局

改善和平路商圈的商业面貌，升级商圈，带动和平路发展

提升海河景观带及和平路商业景观区的环境，塑造新的景观地标

满足周边新兴CBD区域的高端时尚群体需求，提升区域价值

为社会提供数千个就业机会

中国石化销售有限公司华北分公司

天津市常务副市长崔津渡调研管网布局及运营情况

中国石化销售有限公司华北分公司始建于1950年3月，隶属于商业部。1985年1月，成建制划归中国石化总公司。公司是中国石化销售事业部的派出机构，是销售大区公司之一。

公司总部位于天津市高新技术产业园区，执行中石化股份有限公司油品销售事业部的经营决策和指令，主要担负“资源组织、物流优化、储运管理、统一结算、市场监管”职能，负责北京、天津、河北、河南、山西、山东、黑龙江、吉林、辽宁成品油资源组织和调运，并对华北区内重要储运设施实行统一管理。公司多次被天津市政府命名为“优秀企业”、“双向服务先进单位”和“天津市‘十五’立功先进单位”，连续8年列“天津企业百强”之首。

2013年，面对复杂严峻的市场形势，公司在新一届领导班子带领下，开拓思路，创新经营，内抓精细管理，外抓品牌形象，成品油区域物流中心职能进一步彰显。强化资源配置，充分发挥3000多公里华北成品油管网的优势，优化资源调节方式，成品油供应遍及24个省市，为优化物流运行和保障市场资源充足供应发挥了积极作用。公司始终致力于安全环保，坚持绿色低碳发展战略，加强企业安全文化建设。强化质量管理，通过完善ISO9000质量管理体系，确保企业经营运行安全。强化基础管理，企业档案管理达到天津市3A水平；积极推进信息化建设，经营管理、生产运行和信息基础设施三个信息平台建设不断完善，现代化管理水平进一步提升。在党的群众路线教育实践活动的促进下，工作作风进一步转变，干群关系进一步密切，营造了和谐的企业氛围。

公司新一届领导班子

机关办公楼

警企联合巡护输油管道

丰富多彩的员工文体活动

公司下属天津悦泰石化科技有限公司和金皇房地产有限公司两家企业，是天津市知名企业。悦泰公司是研发、生产、销售汽车养护系列产品的科工贸一体化的国家高新技术企业，具有自主研发、试验评定、品质控制、物流配送、产品销售和售后服务等完善的现代企业管理体系。通过了ISO9001:2008质量管理体系、ISO14001:2004环境管理体系和GB/T28001:2001职业健康安全管理体系认证。自主研发生产的“海龙”牌汽柴油清净剂、燃油宝和柴油车尾气处理液等产品的质量均达到国内领先、国际先进水平，销往全国32个省市自治区及香港、澳门特别行政区，深受广大用户的支持和喜爱，在绿色低碳环保方面做出了突出贡献，荣获“最具社会责任奖”和“环保合作伙伴奖”、“绿色环保企业奖”等国家省部级绿色环保大奖。

金皇大厦

金皇房地产有限公司建设经营的金皇大厦，总高188米，是集写字楼、酒店、公寓、餐饮、娱乐为一体的商务型综合大厦，是天津市的地标性建筑。其下属的金皇大酒店和金泽大酒店分别位于南京路两端，是天津高端酒店业的一对姐妹花。承接了北京奥运会、女足世界杯、环渤海市长会议、达沃斯论坛和天津市等十六届人民代表大会等诸多重要接待任务，先进的硬件设备和优质的服务获得客人的一致好评和赞誉，在天津酒店业打响了“金”字招牌。

现代化的输油场站

中国建设银行股份有限公司天津市分行

商务部领导考察小企业部信贷工厂

与天津物产集团合作签字仪式

中国建设银行股份有限公司天津市分行成立60年来，始终认真执行国家经济金融政策，积极服务地方经济发展，形成了独具特色的品牌形象，在中长期信贷、住房金融、工程造价咨询、投资银行等业务领域具有市场领先地位。截至2013年末，全行资产总额达到2313.6亿元，全口径存款达到2250亿元，各项贷款余额达到1960亿元，业务规模、资产质量和经营效益在同业中居于前列。

建行天津市分行大楼夜景

近年来，建行天津分行全力支持城市基础设施建设和支柱产业发展，积极为城市路网、轨道交通、港口建设等领域的重大项目提供信贷资金支持，为优质企业客户提供包括信贷支持在内的组合金融服务。大力支持美丽天津建设，制定专业化金融服务方案，将对160个建设项目提供资金支持，预计融资总额2000亿元。作为大型国有商业银行，积极践行社会责任，以“民本通达”综合服务方案为主线，不断加大对教育、卫生、文化、社保等领域的金融服务力度，自主研发的“医健通”诊疗系统、校园一卡通系统等形成独特应用优势。积极扶持楼宇经济、“科技小巨人”等专业化程度高、科技含量高、创新能力强、资产负债率较低、有较强发展后劲的成长型小企业发展。大力支持“三农”和小城镇建设，已对东丽区金钟街、津南区八里台镇、西青区张家窝镇等14个小城镇建设项目实施贷款投放80余亿元。创新性提出《天津市保障性住房金融服务方案》并得到市政府认可，牵头为市保障住房建设投资公司组建200亿元银团贷款，并独家承办市公积金委托保障房项目贷款，产生良好社会效益。

建行天津分行始终坚持“以客户为中心、以市场为导向”的经营理念，借助国家给予滨海新区在金融改革和创新方面可以先行先试的政策优势，深入开展以产品整合、特色产品研发为主的创新工作，陆续推出信贷资产转让、融资租赁、保险直投、固定资产融资支持、网络信贷等创新型业务。充分利用短期融资券、中期票据等各种投、融资工具满足广大客户不断增长的多元化金融需求，债券承销、理财产品发售等方面在区域内具备领先优势。在本地市场率先搭建起电子商务交易平台，“e商贸通”“善融商务”品牌影响力

和平支行员工在“平凡的璀璨”员工故事会现场

与天津市第一中心医院合作研发“医达通”系统

参加第七届中国企业国际融资洽谈会

和市场竞争力不断提升。深入推进滨海新区优先发展战略，大力加强与天津中新生态城、天津排放权交易所、天津股权交易所、贵金属交易所等在创新业务方面的合作，积极为滨海新区开发开放提供全方位金融支持。

目前，建行天津分行拥有覆盖市内各行政区域的近300个分支机构，形成了包括私人银行/财富中心、旗舰理财中心、理财中心、普通网点、自助银行在内的五级客户服务渠道体系。各基层机构注意从细节做起，不断加强网点硬件设施和服务标准化建设，提升从业人员综合服务能力，使广大市民能够享受到更加方便快捷的金融服务。分布在市内六区和滨海新区的全流程个贷中心为广大市民提供住房贷款一站式服务，提取住房公积金余额提前冲还贷款、住房公积金通存通兑、并户转移等多项新服务，使房贷客户满意度显著提升。随着互联网金融的快速发展，不断提高网上银行和移动支付领域开发建设水平，逐步形成包括企业网银、个人网银和手机银行、电话银行、短信银行、微信银行等在内的全系列电子交易体系，业务交易模式正在向物理网点和电子渠道并重的格局转变。

随着天津市经济社会的快速发展和滨海新区开发开放的深入推进，建行天津分行面临着前所未有的重大发展机遇。全行正在按照股份制商业银行的全新要求，紧紧围绕天津市“十二五”规划的实施工作，不断开拓创新，锐意进取，进一步创新业务产品和服务手段，努力为广大客户提供更加全面周到的金融服务，为天津地区经济社会发展作出更大贡献，朝着“成为天津地区企业形象佳、盈利能力强、员工素质高银行”的愿景目标坚定前行。

天津电视台都市报道采访王顶堤支行张莉拦截诈骗现场，图为客户赠予锦旗

建行冠名演出活动现场，“建行之春——《多彩的旋律》中央民族歌舞团音乐会”

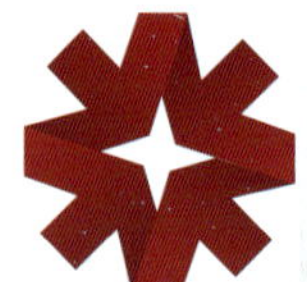

天津新金融投资有限责任公司
Tianjin Innovative Finance Investment Co.,Ltd.

天津新金融投资有限责任公司是于家堡金融区的城市运营商，承担于家堡金融区的整体规划、开发建设、招商引资和经营管理工作。新金融公司经天津市政府同意，由天津滨海新区中心商务区投资集团有限公司、天津市财政投资管理中心、天津城市基础设施建设投资集团有限公司和天津海河下游开发有限公司共同出资于2008年9月设立。2013年末，公司注册资本60亿元，总资产419亿元。新金融公司秉承“和谐、激情、创新、奉献”的企业精神，坚持科学管理，依法运营，将发展成为治理完善、主业清晰、资本充裕和持续发展的现代企业。

于家堡金融区开发建设

作为天津滨海新区金融改革创新的基地，于家堡金融区位于天津滨海新区中心商务区的核心地段，规划建设用地3.86平方公里，规划建设120栋楼宇，总建筑面积950万平方米，地下空间400万平方米，由天津新金融投资有限责任公司统筹开发建设。于家堡金融区重点发展市场会展、现代金融、传统金融、教育培训、商业商住等功能，将建设成为具备现代化设施和国际化服务功能，全国领先、国际一流、功能完善、服务健全的金融改革创新基地。区域建设采用总体规划、分区建设的形式，计划用十年左右时间分四期基本完成整体区域的开发建设。规划中的京津城际高速铁路于家堡站开通后，45分钟就可通达北京，区位的优势已经使于家堡成为环渤海地区最具发展潜力的金融经济区域之一。

于家堡金融区规划理念先行，在充分借鉴世界各金融中心经验的基础上，通过国际招标，遴选了一批国际知名企业进行统一的规划设计，遵循绿色建筑、低碳城市的发展理念，聘请高资质的顾问团队，对城市规划和建筑设计进行了全面优化。以美国LEED、国内三星、二星等绿色建筑标准为指导，全力打造低碳智慧的绿色生态城市。于家堡金融区的绿色生态规划，将为亚洲乃至世界范围城市可持续发展建设树立新的标准，将达到同等规模开发项目从未达到的环保设计水平。截至2013年底，起步区重点建设的15栋楼宇中，已有华夏人寿、农商银行等11栋楼宇主体结构封顶，其余按进度推进，能源中心、南北车库、地下车行系统、管网共同沟，地下商业街等基础设施建设同步开展。

金融改革创新基地建设

于家堡金融区自2009年全面开展招商引资以来，先后吸引了包括洛克菲勒财团、罗斯柴尔德财团、铁狮门集团、林肯中心、茱莉亚音乐学院、托马斯·李基金、法国苏伊士集团以及华夏人寿、农商银行、天津银行、宝龙集团等众多国内外著名机构的入驻和战略合作。经过五年多的不懈努力，于家堡金融区已基本形成以金融企业为主体，以金融监管机构和金融行业协会为依托的金融主业发展格局。2013年，继续加强招商引资力度，坚持依托政府引导，借重首都资源，充分发挥招商团队的专业服务，拓展招商渠道，先后完成瑞贸通商业保理公司等16家保理公司入区落户，完成中国金融租赁公司、邦银金融租赁公司、天津商品交易服务管理集团等3家大型金融机构入区。针对商业招商，成立了专业的资产运营管理公司，统筹于家堡商业物业的业态规划、招商推广、运营管理等工作,成立了于家堡商业联合会，积极宣传推介于家堡品牌形象。同时，成功举办第三届于家堡论坛年会和于家堡金融大讲堂、首届于家堡滨海国际微电影节，积极参展第二十届津洽会和第七届融洽会，进一步扩大了区域的影响力和知名度，并通过《新金融观察报》平台，打造区域话语权。截至2013年底，区内累计注册企业近550家，注册资金近900亿元，初步呈现了传统金融、要素市场、股权基

于家堡金融区建设现场

第三届于家堡论坛年会

滨海国际微电影节

金、融资租赁竞相繁荣的金融区产业格局。

低碳智慧城市建设

于家堡金融区在开发建设的全过程中，始终践行低碳绿色发展的理念，自2010年6月被确定为首例APEC低碳示范城镇以来，在国家各部委和APEC的支持下，已完成可持续发展导则、指标体系、关键技术及商业模式研究等重大课题。参与天津绿色供应链试点，筹建APEC绿色供应链合作平台和东北亚绿色金融中心，带动绿色产业、绿色贸易和绿色金融聚集发展。专门成立了新金融低碳研究院和绿色供应链服务中心，为低碳研究提供了平台支持。同时，积极开展智慧城市规划，打造智慧城市运营平台，以感知技术和物联网理念对城市设施、公共安全、低碳交通、智慧楼宇、低碳能源进行管理，实施物联网示范工程，大力推进三网融合、电子商务，打造智慧城市产业链，全面提升城市整体服务水平和管理能力，建设集“低碳、感知、体验”于一体的全球首个低碳感知金融示范区。

第三届于家堡论坛年会举行

2013年6月6日，第三届于家堡论坛年会在梅江会展中心举行。作为融洽会的重头戏之一，年会主题定位“国际化都市与人的城镇化”，伦敦市副市长爱德华·李斯特应邀作主题演讲。本届论坛年会受到天津市领导高度重视。天津市委常委、常务副市长崔津渡莅临并致欢迎辞。出席嘉宾在市政规划与政策、中国城镇体系规划等相关领域均有不凡成就。伦敦副市长兼市长办公室主任爱德华·李斯特爵士；中国城市规划设计研究院副院长、中国国际城市化发展战略研究委员会委员王凯；原建设部总工程师、中国国际城市化发展战略研究委员会主任金德钧等专家学者共聚一堂。此次会议为各国政要、业内领袖和专家学者提供了一个高层次沟通规划的交流平台，促进国际社会交流与合作，进一步增强了区域文化软实力和影响力，推动了于家堡品牌建设和经济发展。

滨海国际微电影节永久落户于家堡

2013年7月6日首届于家堡·滨海国际微电影节在滨海国际会议中心举行颁奖典礼。此次微电影节由共青团天津市滨海新区委员会、天津市滨海新区青年联合会、天津新金融投资有限责任公司共同主办，天津德道投资咨询有限公司承办。作为于家堡布局文化娱乐产业的重要举措，于家堡金融区与微电影节组委会正式签订战略合作伙伴关系协议，微电影节将永久落户于家堡，致力于打造滨海新区特色文化产业。

首届微电影节围绕“微影文化、创新滨海”活动主题，开展了微电影大赛、微公益展播、文化产业招商、文化交流等一系列活动。共征集到影片535部，微剧本135部，最终评选出50个入围奖、六项单项奖和一项优胜大奖以及最高奖“笔牧夫”金像奖。第二届于家堡滨海国际微电影节于2013年9月正式开幕。

于家堡金融区鸟瞰图

中国移动通信集团天津有限公司

中国移动通信集团天津有限公司（简称“中国移动天津公司”）是中国移动有限公司的全资子公司。中国移动有限公司于2000年4月20日成立，注册资本3000亿元人民币，资产规模超过万亿元人民币，基站总数超过130万个，客户总数近8亿户，是全球网络规模、客户规模最大的移动通信运营商。2013年，中国移动位居《财富》杂志“世界500强”第71位，并连续六年入选道·琼斯可持续发展指数。同时，中国移动积极投身社会公益事业，连续五年荣获慈善领域最高政府奖“中华慈善奖”。

中国移动天津公司于2000年改制重组，并同时在香港和美国上市，成功进入国际资本市场。确立了向世界一流移动通信企业迈进的奋斗目标。

中国移动天津公司拥有雄厚的移动通信建设和维护技术力量，经过十几年的探索和努力，公司以惊人的建设速度成就了天津地区最大的移动通信网络，已通达全市各个角落，网络质量位居全国前列。

中国移动天津公司主要经营移动话音、数据、IP电话和多媒体业务，并具有计算机互联网国际联网单位经营权和国际出入口局业务经营权。除提供基本话音业务外，还提供多种增值业务以及全方位的信息化服务，并于2013年全新发布了商业主品牌“和”。多年来一直坚持“质量是通信企业的生命线”和“客户为根，服务为本”的理念，不断提升质量，改善服务，客户满意度保持行业领先，百万客户申诉率连续多年全行业最低。

中国移动天津公司努力向用户呈现高品质的网络环境。在优质的网络环境下，客户可享受网上营业厅、掌上营业厅、短信营业厅等电子渠道业务办理的便捷性，实现足不出户缴存话费的业务办理方式，同时充分体验来自中国移动的贴心服务。公司还根据集团客户在管理、技术和服务等方面的需求，为其量身定制涵盖政府、金融、教育、电力、交通物流等多领域的个性化整体解决方案，为推动地方行业信息化发展做出了卓越贡献。

中国移动天津公司以“做世界一流企业，实现从优秀到卓越的新跨越”战略为指引，努力实现企业经营与社会责任的高度统一，致力于实现企业在经济、社会与环境方面的全面、协调、可持续发展，为相关方不断创造丰富价值，实现和谐发展。

南马路营业厅

便捷服务

积极履行社会责任

网络维护

网络指挥调度中心

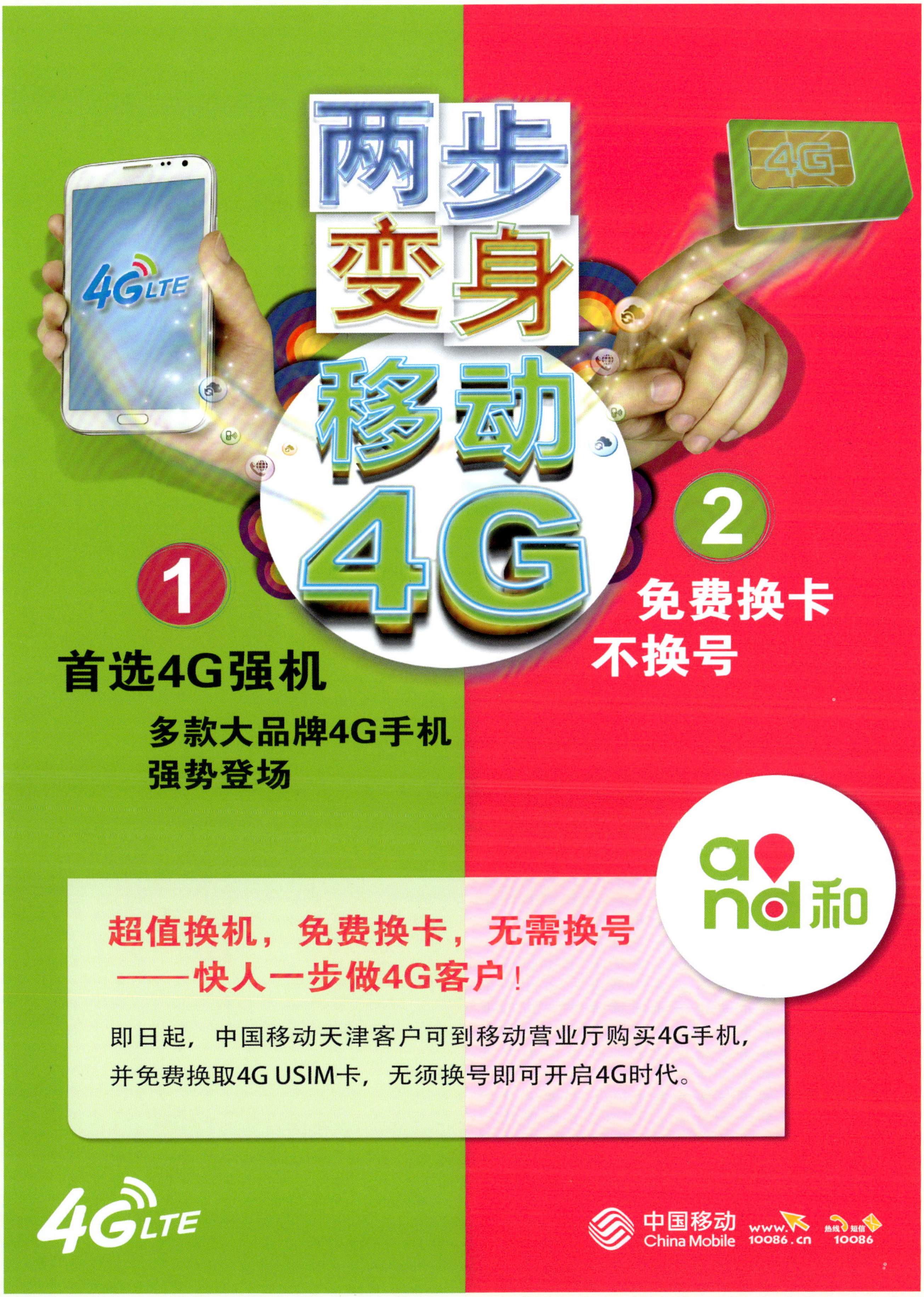
两步变身
移动4G
4G LTE
1
首选4G强机
多款大品牌4G手机
强势登场
2
免费换卡
不换号
and和
超值换机，免费换卡，无需换号
——快人一步做4G客户！
即日起，中国移动天津客户可到移动营业厅购买4G手机，
并免费换取4G USIM卡，无须换号即可开启4G时代。
4G LTE
中国移动 China Mobile
www.10086.cn
热线 短信 10086

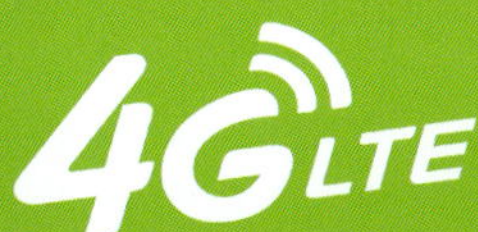

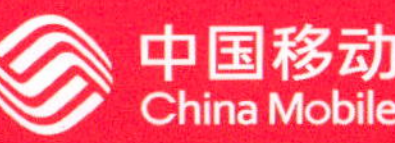

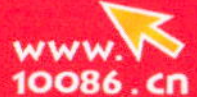

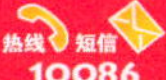

中国联合网络通信有限公司天津市分公司

2013年，天津联通紧盯“创新发展模式”和“加快管理提升”两条主线，坚持以机制改革激发内生活力，以转型创新驱动高效运营，牢牢把握“宽带中国，智慧天津”的发展机遇，积极履行中央企业社会责任，在基础网络设施建设、配套设备技术演进、应用产品内容丰富、行风建设服务改善，以及网络信息安全维护和重大事项通信保障等方面做了大量的工作，取得了行之有效的成果，网络结构不断优化，服务水平不断提高，获得了市委市政府相关领导、主管部门，以及广大用户的支持和认可。

网络能力实现提升 2013年，天津联通以建设移动3G和光纤宽带两张精品网络为核心，投资近13.5亿元，用于提升网络能力，完善网络品质。全年重点针对全市主要楼宇、交通干线、一二类院校、行政村，以及地铁沿线和用户投诉热点区域投入资源，建设3G基站699个，总数达到4588个，并完成DC-HSPA+功能开通，全网无线接入速率峰值可达到42Mbps。助力智慧城市建设，增设51万线FTTH端口资源，涉及建设、改造小区865个，光缆实现293万FTTH用户接入能力，城区用户覆盖率达81%。组织实施了第三次光纤宽带

创新发展模式 加快管理提升

实现规模效益发展新突破

网速免费提升工作，30余万用户得到普惠，宽带上网速率得到跨越提升。通过共同努力，圆满完成十八届三中全会、东亚运动会等重大事件的通信保障任务。

服务感知持续改善 结合行风建设要求，天津联通不断创新服务，完善面向客户感知的大服务体系。一年来，分公司从健全服务机制着手，强化服务压力传导，推动公司从面向内部管理到面向客户感知的服务意识转变。加快完善微服务体系，通过建设微信、手机营业厅、自助终端等新型服务平台，差异化满足互联网时代的服务需求。紧盯窗口服务，开展服务提升工程，推进营业厅从传统服务型向销售体验型转变，客户服务感知和口碑影响力明显提升。

技术应用不断创新 一年来，天津联通以光纤宽带提速为契机，创新技术应用，打造“以客厅为核心的家庭多媒体互动娱乐平台”，率先在IPTV平台上实现与OTT融合，推出地方特色OTT互联网电视业务“沃TV”，实现以液晶显示器为展现终端，提供IPTV直播和海量互联网节目高清点播服务。同时，公司积极发挥强大的网络平台和综合组网经验优势，针对基础通信、数据交互、管道传输等客户需求，探索研发基于大颗粒、大数据存储的移固融合应用和IT、CT集成应用等信息化产品，为加快推动实现“美丽天津”的战略规划目标做出企业应有贡献。

天津滨海国际机场

天津机场效果图

天津滨海国际机场（以下简称“天津机场”）始建于1939年，是新中国民航发展史的最有力见证者。改革开放以来，天津机场历经企业化改制，特别是在加入首都机场集团公司后，机场步入发展的快车道。从2002年到2013年，经过11年的发展，年旅客吞吐量跻身千万量级机场，奠定了向规模发展转型的坚实基础。

2014年8月28日，天津机场二期扩建工程顺利投入使用，天津机场已具备年约5000万旅客流量的保障能力，而随着物流园区的推进，也将具备年100万吨货运保障能力。这将使旅客出行环境更加舒适、运行保障流程更加便捷、各类服务功能更加完善、空地运输网络更加通达，从而进一步刺激天津航空客货需求的快速增长。预计2014年天津机场旅客吞吐量可实现1200万人次。北京新机场建设期间，天津机场将充分承接首都机场航空客运需求溢出因素，预计到2020年旅客吞吐量有望达到3000万人次。

未来几年将是天津机场发展的重要机遇期。天津机场的

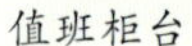
值班柜台

候机大厅

出港大厅

“天津记忆”展示中心

停机坪

T2航站楼

发展战略既抓住了京津联动发展、京津冀协同发展带来的机遇，也承担起了为首都机场分流、分忧，助力京津冀协同发展的重大责任。天津机场将搭乘“国家战略”的快车，凭借天然的区位优势，以安全为基础，以发展为要务，以改革为动力，以效益为中心，以2号航站楼投用为契机，优化运行模式和经营模式，提升运行效率和经济效益，进一步促进天津空铁联运、空陆联运向京冀地区的拓展延伸，提升天津空港交通枢纽功能和地位，努力将天津机场建设成为“中国北方国际航空物流中心、大型门户枢纽机场”，为推动京津双城联动发展、京津冀协同发展做出新的更大的贡献。

天津机场夜景

天津物产集团有限公司

集团办公大楼

集团无锡钱桥金属制品交易中心

天津物产集团有限公司（原天津市物资集团总公司）是天津市最大的国有生产资料流通企业，于1993年底由天津市物资管理局转制组建，2012年集团完成公司制改制，正式更名为天津物产集团有限公司。

集团注册资本24.6亿元，总资产1545亿元，拥有企业340家，全球雇员达到18000余人。集团经营领域涵盖大宗商品贸易、现代物流、地产开发、金融服务等。其中大宗商品贸易主要包括金属（黑色金属、有色金属）、能源（煤炭、焦炭、燃料油）、矿产（铁矿、有色矿、煤矿）、化工、汽车机电五大板块，是国家商务部全国重点培育的流通领域20家大企业集团之一。集团经营区域覆盖全国，并在美国、德国、日本、新加坡、菲律宾、香港等国家和地区建立了18家境外分支机构。

多年来，在市委、市政府的正确领导和国资两委的大力支持下，集团发挥生产性服务业的优势，紧紧抓住滨海新区开发开放的历史性机遇，坚持转变经济发展方式，积极调整

集团大宗电商平台

集团油品罐装设备

集团经营的黑色金属产品

优化经营结构，不断转变营销模式，实现了规模、质量、效益的均衡发展。2009年集团实现千亿目标。2012年集团成功跻身财富世界500强，成为天津市第一家世界500强企业。

站在世界500强企业的新平台上，集团着力推进发展战略升级和管理升级，加快向全产业链集成服务商转变。2013年，集团完成销售收入3379亿元；实现利润21.14亿元；完成进出口贸易额163.5亿美元；经营各类物资总量17039万吨。根据中国物流与采购联合会全国重点生产资料流通行业排名统计，集团主要经济指标均居行业前列。

在2014年世界500强企业排名中，集团名列第185位，比2013年前进158位，是2014年世界500强排名提升最快的企业；在全球贸易行业类企业中排名第8位；在中国上榜的100家企业中排名第33位。

面对新形势、新挑战，集团今后一段时期的工作重点将放在把企业做强做优，打造具有核心竞争力的世界级企业上来。按照世界级企业的标准和内涵，认真解决好发展进程中的“六个关系”—18项重点工作，在“转方式、调结构、强执行、严管控”上下功夫，为天津经济社会发展做出更大贡献。

集团煤炭运输专列

集团自有运输船舶

集团矿石加工基地

利用小资本撬动大产业 成就大发展

天津中环电子信息集团有限公司

中环股份公司挂牌上市

天津七一二通信广播有限公司被授予“国家认定企业技术中心”称号

天津中环电子信息集团有限公司（简称：中环集团）是由原天津市电子仪表工业管理局历经两次企业化改制于2002年成立的，由天津市人民政府授权从事资本运营与产业经营的国有大型企业集团。到2013年，集团拥有国有及国有控股企业148家（上市公司2家），合资企业53家，员工6万余人。

中环集团始终坚持开放带动战略。用小资本撬动大产业，成就大发展，先后与三星、西门子、雅马哈、爱普生、SUNPOWER等众多公司合资合作，建立了一批具有竞争优势的合资企业。在2013年中国企业500强排名中，其名列第90位，中国制造业企业500强名列第32位。

吉瓦高效光伏中心项目签约仪式

一、借助开放搞活促进产业规模发展

中环集团之所以能够快速发展，得益于一批合资企业的强劲拉动。到目前，集团合资企业已形成年产1亿部手机、1000万台平板显示器、500万台彩电等电子产品的生产基地。

合资合作开放搞活，用小资本吸引了多家主流企业的产品落户天津，在竞争中不断取得有效社会回报，促进产业良性发展。通过盘活已有固定资产和少量的现金共计5亿美元的参股投资方式，换来了外资20亿美元现金的投入，拉动产业近几年来以30%左右的速度增长，为集团自身以及天津市电子信息产业的转型升级、快速发展、规模发展、产业链聚集注入了急需的资本、技术、人才的血液，并且在收回投资成本的同时为中环集团带来了稳定的投资回报。

二、借助资本市场促进优势产业快速发展

中环集团始终坚持振兴国有骨干企业战略。凭借着对市场的敏锐洞察、合理的战略规划和多年来技术与实力的积累，形成了以专用通信、半导体材料及器件、智能化仪表与控制、基础电子（电缆及印刷电路板）、系统集成五大产业为重点的具有集聚优势的产业群，以硅单晶太阳能电池为主的新能源产业、以LED绿色照明为主的新光源产业和以北斗卫星导航系统、射频识别等为主的新一代信息技术产业，已加速发展，初具规模。其中电子器件用半导体区熔单晶硅片产量位居国内第一。

除了把开放带动作为激活国企活力的动力源外，中环集团还积极投身资本市场，旗下的“中环股份”通过在资本市场融资，投资新产品新技术，实现了以小搏大。“中环股份”2007年成功登陆深圳证券交易所中小企业板，成为天津第一家在中小板上市的企业。

中环股份上市以来，基于对未来社会的发展是以绿色低碳、节能环保、环境友好为基本背景的认识，把企业产业定位为战略新兴产业，致力于新能源产业和半导体节能产业。2009年中环股份上市以来，基于对未来社会的发展是以绿色低碳、节能环保、环境友好为基本背景的认识，把企业产业定位为战略新兴产业，致力于新能源产业和半导体节能产业。从2009年开始，中环股份先后投资43亿元，在内蒙古成立了从事太阳能硅材料的研发和生产的"内蒙古中环光伏材料有限公司"。2012年中环股份与美国SunPower公司携手内蒙古电力集团在呼和浩特市建设"吉瓦高效光伏中心"项目，开发建设超过7.5GW光伏电站综合项目，辐射全国并共同开发全球市场。

三、借助科技创新促进新中环建设

中环集团在以小资本撬动大产业过程中，始终以市场为导向，不断加强和完善自主创新体系建设。

十年来，中环集团立足于产业发展及产业结构调整的技术需求，大力开展产学研合作，与清华大学、国防科技大学、天津大学及中国科学院等20余家国内知名高等院校和科研院所建立了产学研合作关系，组织实施合作项目30多项，在北斗卫星导航、物联网技术、信息安全、新型半导体材料和LED照明等方面取得显著成果。

依靠科技创新促进集团产业结构进一步优化，以重大科技项目为载体，通过自主研发和引进、消化、吸收、再创新，取得了一批科技含量高、竞争优势明显的产品和技术。环欧半导体材料技术有限公司在消化单晶制备技术的基础上，完成国家重大科技项目区熔硅单晶片产业化技术与国产设备研制，打破跨国公司技术垄断，处于国内领先水平；通广集团有限公司和广播器材有限公司突破了北斗导航技术，为企业开辟了新的市场发展空间，抢得了先机；中环天仪股份有限公司研发的电动执行器项目获得天津市科技进步一等奖。

科技进步取得可喜成绩。到2013年，中环集团拥有国家级技术中心3家，市级技术中心19家，拥有一个院士工作站，一个博士后工作站和七个企业分站，形成了国家级、市级、企业级多层次并存的研发平台。到2013年，集团拥有有效专利1345件，位居天津市直属企业集团第一位；荣获天津市专利金奖1项，优秀奖1项；集团整体科技进步综合评价和科技产出指数连续多年位居天津市直属企业集团前列。

面向未来，中环集团将继续秉承“科技成就梦想，品质铸就价值”的核心理念，发扬“尚德、敏行、笃实、创新”的企业精神，抢抓滨海新区开发开放的历史机遇，扎实推进活力中环、绿色中环、科技中环、和谐中环、责任中环的新中环建设，努力成为国内领先、国际知名的高端电子信息产品制造商与系统集成服务商。

三星手机生产车间

天士力控股集团
TASLY HOLDING GROUP

中药现代化国际化第一品牌
大健康领航品牌

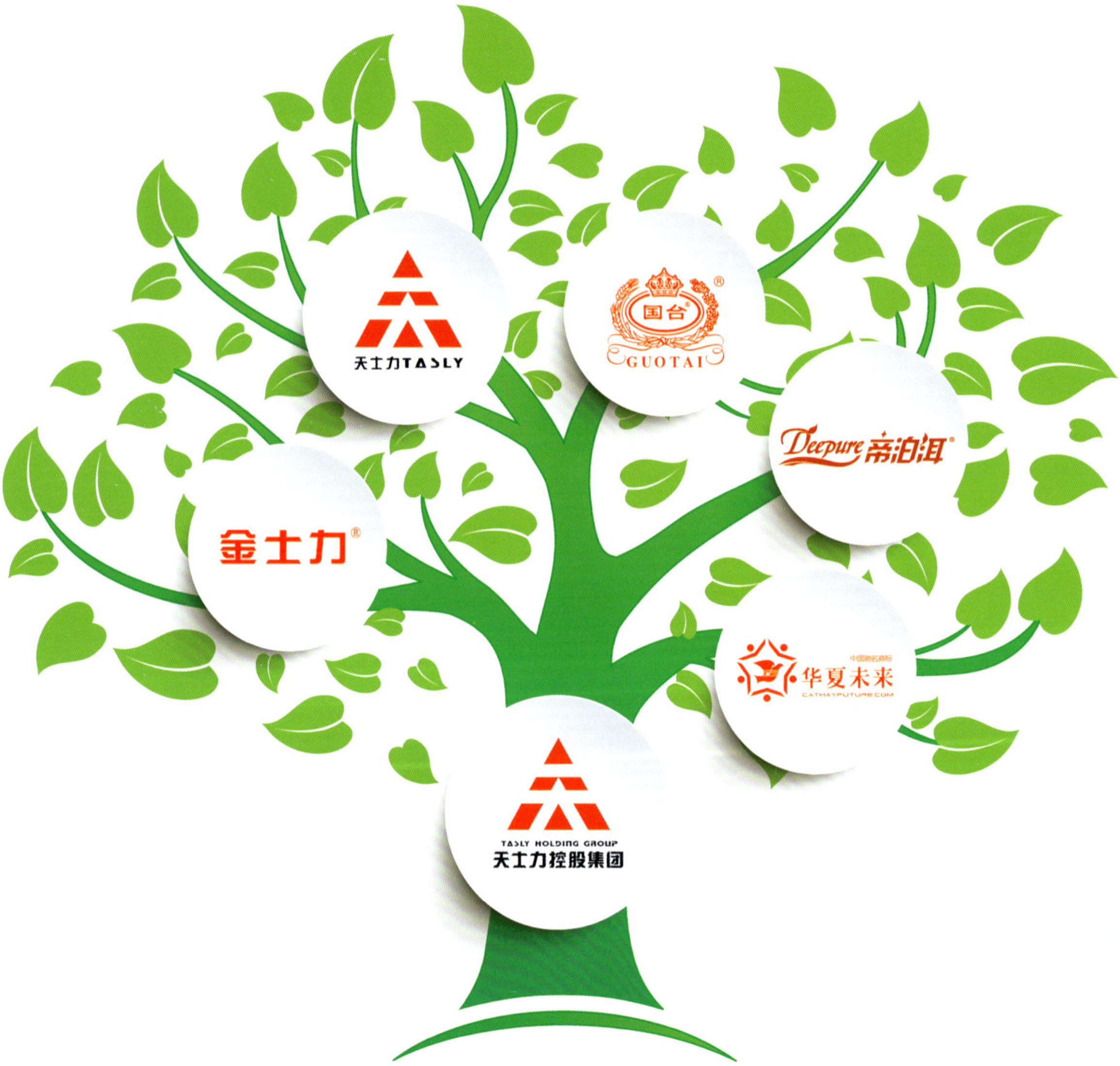

天士力TASLY
国台 GUOTAI
Deepure 帝泊洱
金士力
华夏未来 CATHAYFUTURE.COM
TASLY HOLDING GROUP 天士力控股集团

天士力大健康 TASLY GREAT HEALTH 客户服务中心 Customer Service Center
www.tasly.com 800-818-9818 400-618-9818

天士力大健康官方微信
微信搜索"taslydajiankang"
或扫描二维码

天士力控股集团创建于1994年，是以大健康产业为主线，以生物医药产业为核心，以健康产业和医疗康复、健康养生、健康管理为两翼的高科技国际化企业集团。

集团成立以来，始终秉承“追求天人合一，提高生命质量”的企业理念和“创造健康，人人共享”的企业使命，坚持打造中药现代化、国际化第一品牌，打造大健康产业领先品牌，不断推进大健康产业持续快速发展。2013资产总额262亿元，销售额240亿元，实现利税36亿元。

天士力集团积极倡导、推动和实践大健康五大体系的建设，即：树立大健康理念体系、普及大健康教育体系、创新大健康技术体系、发展大健康产业体系、完善大健康服务体系，围绕让人们“生得优、活得长、病得晚、走得安”的人生期望目标，全力打造“五个一”工程，即：做好一盒药、一瓶水、一杯茶、一樽酒、规划设计一套健康管理方案，努力成为大健康产品的创造者、大健康管理方案的设计者、大健康文化的践行者。

天士力生物医药产业立足科技创新、管理创新，形成了医药产业产品研发体系、技术研发体系、先进制造体系、营销服务体系，开发培育了复方丹参滴丸、养血清脑颗粒、芪参益气滴丸、益气复脉等系列现代中药，替莫唑胺、右佐匹克隆片等特色化学药，注射用生物一类新药普佑克等医药产品集群。其中最具代表性的现代中药复方丹参滴丸于2010年顺利完成了FDA（美国食品和药品管理局）Ⅱ期临床试验，目前正在全球开展Ⅲ期临床试验，并取得阶段性成果。

借助于生物医药领域的技术优势，紧紧抓住关系到健康生活的核心要素，天士力以科技创新为先导，以优势资源开发为基础，逐渐向健康产业扩展，为大健康行业发展注入了新的活力。目前已形成以“国台”为品牌的现代白酒产供销体系，并积极探索健康葡萄酒产业发展；形成以“帝泊洱”为品牌的生物普洱茶、健康饮用水产品系列；保健品、功能食品的产业群也不断完善；稳步发展以湖南湘雅博爱康复医院为启航的医疗康复、健康养生与健康管理。

2013年，集团与河北省保定市、安国市政府联手共同建设安国数字化现代中药都，打造中药材自动化、信息化、标准化、个性化的中药材交易平台，促进中药材产业结构升级调整、业务模式组合创新。

2014年，天士力和华夏未来强强合作，进一步构筑教育产业的新型、快速发展模式，打造从婴幼儿到青少年全成长阶段的教育及健康管理平台。通过儿童健康管理、儿童教育、儿童健康产品、儿童健康医疗及健康餐饮等全方位的相关产业带动，将双方的品牌覆盖全国，进一步提高国际美誉度，成为国际健康教育的领航者。

面向未来，天士力控股集团将继续发展壮大“一个核心带两翼”的大健康产业格局，为实现“创造健康，人人共享”的目标，锐意创新，科学发展。

博迈科海洋工程股份有限公司

市长黄兴国视察博迈科海洋工程股份有限公司

博迈科海洋工程股份有限公司成立于1996年，位于天津滨海新区，距北京约150公里，是一家专注于国际市场的专业模块EPC服务公司，致力于以海洋油气工程、液化天然气工厂和矿业为主的各类模块的设计和集成建造，为国际高端能源和矿业客户提供服务，是国际化的EPC公司。超过90%的公司业务来自国际客户。其优良的安全管理，质量管理，准时交付和出色的业绩在业界一直享有良好的声誉。

我们的客户有ExxonMobil、ConocoPhillips、Petrobras、Shell、Apache、Chevron、MODEC、Technip、BHP Billiton、Bechtel、中海油、中石油。

公司提供的产品服务于：中国，中东，北美，欧洲，非洲，南美，新加坡，澳大利亚…公司期望和世界各地的朋友们合作，也期待为世界各地的客户提供优质的EPC服务。

公司的施工技术与质量控制能够满足国际高端客户各种项目的要求，有能力按照API, ANSI, ASME, AWS 等世界石油通用标准进行高质量的建造与施工。公司拥有完善的质量管理体系，由挪威船级社（DNV）权威认证，并颁发了ISO9001 质量体系认证证书。公司根据ISO14001和OHSAS18001建立了完整的健康，安全，环保体系，由挪威船级社（DNV）认证。这些质量和安全管理体系每年均由挪威船级社（DNV）审查通过，并在接受严格的审查之后，为国际知名客户广泛接受，赢得客户的广泛赞誉和认同。

公司拥有充足的资源，有能力同时执行多个项目。有能力提供电气模块、生活模块、化学注入模块和各种橇块从详细设计开始的EPC服务；有能力提供其它海洋工程、液化天然气工厂和矿业所需要的模块产品从加工设计开始的EPC服务。公司直接拥有30万平方米的建造场地资源，包含优良的400米深水码头岸线，能实现单件15000吨级重量的模块建造。公司作为码头、场地及其所有设备设施的直接拥有者，以有效的资源确保了对项目的强大执行能力。

经过十几年国际和国内项目执行经验的累积，公司的采办部门建立了完善的材料管理和跟踪体系，拥有丰富的国内和国际采办资源，与执行国内和国际采办任务的经验丰富的团队，对于国际客户指定的供应商有着长期的友好的合作，

产品展示

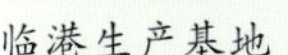
临港生产基地

临港生产基地

生活模块

矿业模块

有能力根据项目的需要从国内和国际市场以优良的质量、准时的交货和有竞争力的价格采办所需的物料和服务，并娴熟地处理相关的海关进出口事务，为国际项目的执行提供有力的支持。

公司拥有一支经验丰富、国际化的优秀项目执行团队，由国内和国际的优秀人才组成，带来中国、挪威、加拿大、美国、英国、新加坡、澳大利亚、马来西亚等地的管理经验，通过执行众多的国际和国内工程项目，已建立完整的、符合国际标准的项目管理体系，能自如地以国际语言与国际知名设计公司，如KBR, Fluor, Technip，WorleyParsons等共同工作，以国际标准为国际客户提供满意的项目管理专业化服务，为国内外客户所普遍认同。

公司的团队成员来自中国的大江南北，来自世界各地，精英汇集；以我们专业化的服务为客户创造价值是企业宗旨；精诚合作不断满足和超越客户的期望是我们的服务目标；持续改进，我们仍然在努力。

油气处理上部模块

天津泰达投资控股有限公司

泰达金融广场

天津泰达投资控股有限公司（简称“泰达控股”）成立于 1984年12月。2013年，主营业务收入830亿元，总资产2190亿元（不含金融类资产），主要经营领域为区域开发与房地产、公用事业、制造业、金融和现代服务业，拥有泰达集团、泰达建设等18家全资公司，天津钢管、滨海快速等21家控股公司和泰达发展、长江证券等25家参股公司，其中泰达股份、津滨发展、滨海能源、泰达物流、滨海投资、四环药业等6家为上市公司。

在区域开发与房地产领域，承担了经济技术开发区、中新天津生态城、临港工业区和核心城区等区域以及地铁9号线、梅江会展中心、津秦客运专线滨海站、中塘示范镇等重大项目的建设。旗下有泰达集团、泰达建设等多家房地产企业，综合实力居天津首位。在埃及合作建设的苏伊士经贸区起步区已全部建成，入驻企业达55家。

在公用事业领域，承担着天津滨海新区、开发区水电气热等能源供应、公共交通和市政道桥等基础设施的建设和运营，天津开发区已成为外商投资回报率最高的地区；构建了以垃圾发电、污水处理和再生水利用等为核心的循环经济体系；在滨海新区清洁能源天然气利用和生态宜居城市绿化建设等方面发挥了重要作用。

在制造业领域，控股的天津钢管集团，作为国内规模最大的石油套管生产基地，钢管产量保持世界第一。

泰达MSD项目外景

航母焰火节

滨海快速（地铁9号线）开通运行

苏伊士经贸合作区

滨海站

梅江会展一期

在金融领域，构建了以渤海银行、泰达国际、北方信托为主体的金融发展平台，为天津市金融业发展做出了积极努力。

在现代服务业领域，形成以梅江会展中心和滨海会展中心为代表的会展业，2008、2010、2012三届夏季达沃斯论坛、国际矿业大会、台湾名品展和全国旅游产业博览会等成功举办；以泰达万丽酒店、泰达国际会馆、滨海假日酒店和泰达中心酒店等为代表的酒店业；以滨海航母为代表的旅游业；以泰达物流为代表的物流服务业；以泰达足球为代表的体育文化业等。

公司依托在天津开发区30年的建设管理和服务保障经验，以滨海新区开发开放为契机，在天津市、滨海新区重点项目和天津开发区统筹发展中，充分发挥区域开发优势，成就泰达品牌，成为卓越企业，赢得社会尊重。

泰达中塘示范项目鸟瞰图

天津泰达集团有限公司

泰达天海国际

天津泰达集团有限公司（以下简称泰达集团）创建于1994年，是经天津市委、市政府批准，隶属于天津泰达投资控股有限公司的综合性国有企业集团，集团注册资本22亿元。多年来，泰达集团坚持以服务滨海新区和开发区为己任，确立了区域开发和房地产以及现代服务业两大主业，旗下拥有1家上市公司及36家全资、控股和参股企业，资产规模410亿元。2013年，集团合并收入129亿元，比上年翻了近一番，首次超过百亿元。利润增幅超过1.7倍，净资产收益率增幅近1倍。

经过不断的探索和发展，集团呈现以下几个特点。一是，泰达集团是一家伴随滨海新区和开发区一路走来的大型国有企业。集团的前身开发区工业投资公司等公司成立于1985年，几乎是和开发区同步成立的区属企业，为开发区的招商引资、区域发展和促进区域繁荣一直发挥着重要作用。

泰达城·河与海

滨海会展中心

二是，泰达集团全身心投入滨海新区开发开放和京津冀协同发展的建设，为提升滨海新区投资环境，建设“美丽天津”作出了贡献。2013年，集团继续以滨海新区为主战场，再建新功。泰达时尚广场购物中心主体封顶，招商比例近70%，即将成为滨海新区又一新的商业中心。北塘总部基地、泰达时尚旺角、泰达“河与海”、汉沽汉郡、南港80万立方油库等一批重点工程项目稳步推进。三是，注重企业经济发展方式的转变。集团集中优势资源聚焦两大主业，做大做强，同时削枝强干，加大资产整合力度。四是，致力于品牌文化建设。泰达集团将区域品牌和企业品牌紧密结合，努力打造颇具影响力的泰达品牌系列集群。集团以“诚信、专业、唯实、人本、创新”为企业精神，以“弘扬泰达精神，服务区域发展”为企业使命，以“成就一流企业，共享发展成果，创造美好生活”为企业愿景，并通过企业的产品和服务为泰达品牌增辉。五是，注重提升党建工作科学化水平，党的建设坚强有力。集团党委紧紧围绕企业经营管理工作实际，深入贯彻党的十八大精神和开展党的群众路线教育实践活动，充分发挥国有企业党的政治优势，并将其内化为企业核心竞争力的有机组成部分。泰达集团党委“8441”党建工作创新的经验材料曾在市委《对策研究》和中央党校《学习时报》刊登，开展党的群众路线教育实践活动的做法也在《天津日报》《今晚报》以及天津市委和滨海新区区委《党的群众路线教育实践活动简报》上刊载，为企业的科学发展提供了有力保障。

泰达时尚广场

天津泰达市政公司

公司办公楼

东海路雨水泵站

天津泰达市政公司是天津泰达投资控股公司直属的专业公司，担负着滨海新区六大功能区（含开发区东区、西区、南港工业区、南部新兴产业区、北塘经济区、滨海旅游区）市政设施建设、市政设施养护、管理、排水运行和防汛防潮等任务，属公益事业型企业。

自1988年4月成立以来，完成了开发区绝大部分区域的道路及排水工程，工程建设合格率为100%。共建成各类大中型雨、污水泵站25座，污水处理厂1座，防潮闸口2座，桥梁（含改、扩建）8座；累计完成投资67.05亿元。雨水排放能力278.955立方米/秒，污水排放能力24.578立方米/秒；养管道路328条，长度551.884千米，面积1066.515万平方米；养管桥梁72座，面积57.12万平方米；雨、污水管道养护长度1171.883千米。基本形成区域路网骨架的超前配套，设施拥有及养护量居天津市各行政区之首。

拥有众多专业技术人员和管理人员的泰达市政公司，在激烈的市场竞争中，始终遵循以人为本，科学治司的原则，鼓励并大胆启用年轻的骨干力量，不仅使公司的业务不断拓展，充满了活力和朝气，还促使管理水平和服务质量跃上一个新台阶。

公司曾获得英国劳氏认证公司颁发的“UKAS”认证证书，成为国内市政管理行业率先荣获ISO9002质量体系认证的企业，并通过环境、职业健康安全管理体系和安全生产标

京山桥

排水调度中心

巡查车辆

养修设备

南部新兴产业区雨水管道施工

准化体系认证。连续多年被上级主管部门评为A级企业，并被中国社会调查所天津分所评为“社会公认满意单位”。由泰达市政公司负责建设的洞庭路“创业纪念碑”、滨海大桥、第五大街跨京山铁路桥、第九大街跨京山铁路桥、东海路雨水终点泵站等项目分别获评市优工程。开发区污水处理厂工程荣获国家优质工程银奖，京山桥改建工程荣获国家市政金奖，冬旭路跨京津塘高速公路桥工程荣获天津市建筑工程结构海河杯。为完善区域投资环境，吸引外商投资做出了应有的贡献。

公司理念：团结、奉献、求实、创新。

公司目标：认真履行服务承诺，以精良的养护维修水平和优质服务，向社会提供优良、安全的公共产品，达到公众满意。

南海路沥青面层铺筑

蘆台春 天津泰达酒业有限公司

办公大楼

芦台春新品品鉴会

天津泰达酒业有限公司前身为宁河县酒厂，始建于康熙初年的“德和酒店”，距今已有三百年的历史。公司坐落于天津市宁河县芦台镇地肥水美的蓟运河畔，占地10万平方米，曾荣获中国食品行业最佳经济效益型先进企业称号。2003年，公司加盟天津泰达集团，通过资产重组变更为天津泰达酒业有限公司。

公司现有员工320名，其中国家级白酒评委1人，市级白酒评委4人，一级品酒师6人，高级酿酒师38人，高级工程师8人，技术力量雄厚。

公司拥有6000亩绿色高粱种植基地、8000平方米纯粮固态生态酿造车间、12000平方米自然恒温恒湿窖藏库、12000平方米白酒灌装生产车间。具有年产白酒1万吨、贮酒1.5万吨的能力，是一家集产品研发、酿造、生产、销售和自营出口权资质为一体的综合型酒类生产企业。

公司主要产品有芦台春、芦台液、天尊和德和等系列白酒，其中芦台春系列白酒是天津名牌、津门老字号，在华北同行业界享有较高的知名度。为更好保护“芦台春酒”的地域文化特色，2011年芦台春酒被国家质检总局批准为“中华人民共和国地理标志保护产品”。酱香型芦台春白酒是绿色

厂区门口

万平米地下恒温恒湿原酒窖藏库

三百年岁月积淀，三百年陈香封坛
百年德和，浮华洗尽，本色醇香，酒体大器

食品，它的酿造方法是“国家发明专利”，芦台春酒传统酿造技艺是“市级非物质文化遗产”。

公司在天津率先通过HACCP食品安全管理体系认证。芦台春检测中心是国家认可的第六家酒类实验室，通行全世界85个国家和地区，拥有守合同重信用单位、食品安全示范企业、中华老字号传承创新先进单位等各项荣誉70多项。

第四酿造生产车间

灌装车间

包装车间

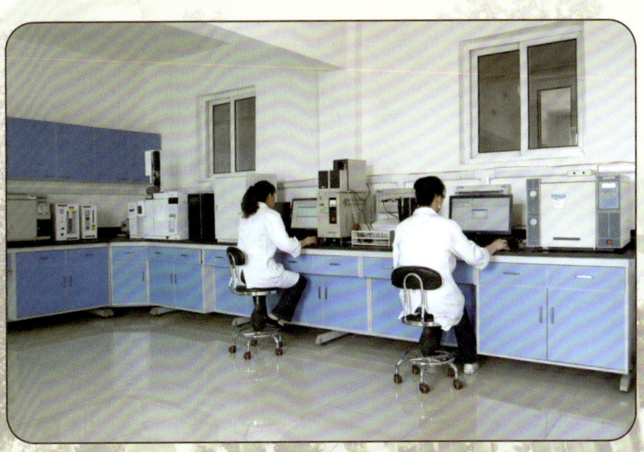
国家认可的实验室检测中心

东达房地产开发有限公司

东达房地产开发有限公司董事长、总经理 牛世清

东达房地产开发有限公司组建于1992年，主营房地产开发和商品房销售、房屋置换、房屋拆迁安置等。公司始终坚持科学的“六负责”企业精神（对历史、对未来、对环境、对现实、对子孙、对政府负责），主动承担了人口稠密、基础设施落后的大直沽地区的危改任务。共拆迁居民11000余户，拆除23万余平方米。其中，投资7500余万元拓宽大直沽五号路、八纬北路，投资6500余万元兴建荐福观音寺，投资发掘天妃宫遗址，促成市政府投资 3000余万元兴建了元明清天妃宫遗址博物馆，为有效保护大直沽历史文化、造福一方百姓做出突出贡献。

东达公司积极开展多种经营，现公司旗下已经拥有东达供热有限公司、神州物业有限公司、有机食品种养殖基地、北洋兴海餐饮会所、文化传媒公司、商贸公司等产业，成为拥有固定资产过亿元的集团公司。东达公司经过20年的发展，已经开发建设了8个商品房住宅项目，1个商业项目，总建设规模100多万平方米，其中区重点商业服务项目华联东达国际广场占地2.89万平方米，总建筑面积约11.4万平方米，主体工程竣工。该项目位于大直沽核心区域，毗邻国家3A级旅游景点荐福观音寺和元明清天妃宫遗址博物馆。东达公司致力于将华联东达国际广场打造成为津沽文化旅游商城，以及中国北方珠宝艺术集散中心。商城定位于集住宅、停车、商业、娱乐、文化旅游、酒店式公寓、办公为一体的大型综合性建筑，目前该项目正在招商。

神州花园占地约17.35万平方米，规划总建筑面积33.2万平方米，已建成16.2万平方米，曾荣获由联合国环境和规划署颁发的中国国际花园社区奖、由中国住宅产业博览会组委会颁发的神州花园中国住宅十大名盘奖等。神州花园二期约17万平方米即将开工建设，项目定位于拥有智能管理的新型现代化社区，一键可实现就医、餐饮、安全报警等服务。神州花园用别具匠心的设计将大直沽的悠久历史和现代建筑完美的结合，以流畅的建筑线条展现直沽风韵人情，神州花园必将成为天津住宅小区中极具独特气质的人文社区。

荐福观音寺　　元明清天妃宫遗址博物馆

华联东达国际购物中心

一个高度组织化，汇集当代丰富城市生活内容的有利于投资者、经营者、消费者各方利益的“城市综合体”与“文化复合体”。

定位(A级)

定位——是项目的根。华联东达国际购物中心的定位主要基于如下考虑：为大直沽文化而生。崇尚历史文化底蕴与城市文明的结合而建立了华联东达国际购物中心。它负载着深厚的历史文化内涵与新的历史时期有机地融合，成为直沽文化建设的典范。华联东达国际将成为天津的生活中心、消费中心、体验中心、文化中心、交流中心。

规划

规划——是项目的干。华联东达国际购物中心的规划主要体现在如下方面：(1)整个项目总体的构成丰富了市场的需求。(2)规划反映了当地消费中心与区域消费中心的多重特征。(3)整个项目自然通达。使消费者、旅游者、体验者、朝圣者能充分感受到项目的丰富神奇、踏实与便捷。

设计

设计——是项目的叶。华联东达国际的设计主要体现“叶”的繁茂与美丽两方面。是核心商业集百货、餐饮、娱乐、休闲购物、酒店公寓、影院、动漫、超市、民俗等城市综合体。丰富性主要体现在内容、功能、形式、材料的丰富与色彩的丰富。把自然、文化、宗教、艺术、经济、社会心理行为等设计合成一体。

运营

运营——是项目的生命。华联东达国际采用高度组织化的运营模式。（1）明确规划出主题商城与主题街区；（2）确定自持物业与销售物业比例与区域；（3）将销售物业分为回租物业与合同物业（回租物业指开发商回租已售出商铺若干年。合同物业指购买商铺者同开发商签订经营范畴的买卖合同，以确保商业物业的高组织性）；（4）开发商联手华联的专业招商，运营管理团队负责项目的运营，以确保投资者消费者获得最理想的经济收益与消费体验。

华联东达国际购物中心

迈达科技（430220）

天津迈达医学科技股份有限公司

公司办公区域

副市长任学锋来公司视察，指导工作

由天津市医药集团有限公司、中国医学科学院生物医学工程研究所和部分科技骨干(自然人)为股东，于2004年创建的天津迈达医学科技股份有限公司，坐落于天津滨海高新区华苑鑫茂科技园，注册资本4000万元。公司产品分为眼科设备和非眼科设备两大类。眼科设备包括眼科超声诊断与治疗设备、眼科激光治疗设备、眼科视光设备；非眼科设备为泌尿、皮肤及耳鼻喉科设备等。公司的眼科超声诊断与治疗技术达到国际同类产品先进水平，产品拥有全部自主知识产权，国内临床占有份额达70%，替代了国外同类进口产品，填补了国内空白。目前，产品推广至全国6000多家医院使用，其中，近3000家为二、三甲级医院，并出口到60多个国家和地区。

公司所在建筑

眼科超声诊断仪生产车间

眼科超声生物显微镜生产车间

迈达研发中心拥有由博士、硕士近30人组成的专职研发队伍，每年通过中国医学科学院生物医学工程研究所，北京协和医学院统招研究生(有博士生导师3人)；依托公司成立的天津市眼科医学设备技术工程中心是企业创新的主体。中心以企业为核心，以市场为导向，注重医工产学研结合。该团队从国家“九五”科技攻关开始至“十二五”科技支撑计划，一直承担国家和省、部级科研课题的研发，并通过成果产业化取得重大的社会效益和经济效益，确保了公司持续发展。公司拥有专利和软件著作权30余项；自主创新产品证书14项；2008年经国家发改委批准，“眼科超声影像诊断设备与治疗系统”项目列入国家生物医学工程高技术产业化示范工程；2010和2011年公司被天津滨海高新技术产业开发区授予“小巨人”成长企业和“十一五”优秀科技企业；2013年6月24日经中国证券监督管理委员会核准（证监许可[2013]805号），公司股票在全国中小企业股份转让系统公开转让，并将公司纳入非上市公众公司监管。

公司在新三板上市挂牌敲钟仪式

天津市双口生活垃圾卫生填埋场

天津市双口生活垃圾卫生填埋场是天津市1999年利用世界银行贷款，按照国际上垃圾卫生填埋标准建成的。坐落在北辰区双口镇西。总占地面积60万平方米，总库容850多万立方米，是大型垃圾卫生填埋场。场内按功能分为：垃圾卫生填埋区、垃圾渗沥液处理区、设备维修区、晒土场及办公区等区域。垃圾填埋作业区底部铺设有HDPE膜防渗层，阻断垃圾渗沥液污染地下水，防渗层上铺设了渗沥液收集管和沼气收集管。

天津市双口生活垃圾卫生填埋场隶属天津市生活垃圾处理中心。于2001年正式投产运营，主要接纳天津市红桥区、和平区、南开区、河北区、河东区、北辰区、西青区等地的生活垃圾，目前日处理垃圾量1500万—2000万吨，大约是天津市日产垃圾量的三分之一。

填埋场的垃圾填埋作业除执行国家建设部《城市生活垃圾卫生填埋技术规范》和《天津市生活垃圾卫生填埋运行管理技术规程》外，还采取了更进一步的消除污染控制措施。进场垃圾经过检查、地磅计量后送至垃圾填埋作业区，按单元倾卸，用推土机推平，经压实机压实后及时覆土掩盖。整个单元填满后，还要铺设HDPE膜进行中间覆盖。在作业单元周围布有高架除臭喷洒系统，24小时全天喷洒除臭液除臭。垃圾作业过程产生的渗沥液通过在作业单元底部开挖的盲沟及时收集排至渗沥液储藏池，避免产生污染。在垃圾填埋作业过程中还要进行消毒作业。除此之外，每天还要科学、合理地进行除蝇灭蚊作业、洒水除尘作业。在填埋区下风处还要设置防飞网，防止垃圾填埋作业中轻质塑料袋飞出场外。垃圾填埋堆体中产生的渗沥液经收集后到渗滤液处理

办公区

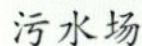

污水场

填埋气发电

场处理。

为进一步控制污染，满足新标准要求，改善周边环境，在上级主管部门的关心支持下，近几年我场进行了一系列提升改造工程。主要有：

一、渗沥液处理场提升改造工程项目：提升改造后的渗沥液处理出水达到中华人民共和国《生活垃圾填埋场污染控制标准》，水污染排放质量浓度限值表2的要求。

二、填埋气体发电项目：该项目使污染空气的垃圾填埋气体变废为宝，目前月发电量1413440度。

三、围埝及封场作业项目：填埋区十米以下围埝及封场作业完工，阻断了渗沥液及填埋气横向迁移。同时，外围栽种植被，保护了环境也美化了环境。

四、垃圾填埋区铺设HDPE膜项目：垃圾填埋区铺设HDPE膜工程竣工。防止雨水下渗生成渗沥液，也防止了填埋气向大气中扩散，污染环境。同时，使可回收发电的填埋气体增多，变废为宝，增加清洁能源供应量。

天津市双口生活垃圾卫生填埋场是天津市主力垃圾处理场。除了每天处理天津市三分之一垃圾外，还承担了我市特殊情况急、难、险、重的垃圾处理任务。如："非典"时期等特殊情况下的垃圾处理任务。垃圾日处理量最高达3000多吨，为我市环卫事业做出了贡献。今后，我场将继续努力，为垃圾处理事业的发展积累经验，为美化天津贡献我们的力量。

填埋区

填埋区围埝

天津市园林花卉管理中心

中心主任李玉军

领导调研

天津市园林花卉管理中心成立于1981年，是集花卉生产、绿化施工、园林科研、综合服务于一体的园林综合单位。

园林花卉管理中心下属单位有：天津市园林花圃、天津市园林花卉示范中心、天津市园林花卉经营服务中心、天津市园林绿化研究所、天津市园林建设总公司、天津市园林综合服务站、天津市市容园林职工盘山疗养院。

园林花卉管理中心现有土地面积42.06万平方米，各类温室设施9.84万平方米。具有年产高档精品盆花50万盆、月季60万盆、宿根花卉200万盆（株）、草花230万盆（株）、种苗120万株的生产能力。1999年昆明世博会，为天津夺取71块奖牌，被建设部评为先进单位。

园林建设总公司拥有园林绿化施工企业一级资质，承建的大沽南路绿化景观提升改造工程、玛歌庄园景观工程、水上公园提升改造工程、津南区汉港公路绿化工程、军事交通学院“严复园”工程、燃气大厦景观绿化工程、武清开发区绿化景观工程、津南区北石林基础设施配套工程等分别荣获天津市优质工程一、二等奖。2006年中国沈阳世界园艺博览会上承建的天津园——“翰海津门”荣膺博览会最高奖。

园林绿化研究所是我市唯一的园林绿化专业科研机构，研究内容涵盖生态、树木、花卉、植保、土肥等方面，园林植物病虫害防治、无公害生物防治技术推广、滨海地区盐碱地绿化、草坪建坪技术等居国内领先水平，发挥了科技对行业的引领作用。

园林花卉经营服务中心承担了我市的重要会议、重大活动、宾馆饭店的花卉租摆业务，包括夏季达沃斯论坛、亚欧

花卉生产

立体花坛

园林科研

财长会议等重要会议，天交会、融洽会、津洽会、春节联欢晚会等重要活动，宾水道、友谊路等城区主干道路，泰达国际酒店、金皇大厦等宾馆饭店，阳光100、云鼎花园等住宅小区的花卉租摆业务。

多年来，园林花卉管理中心在上级的关心指导下，在历届领导班子打下的良好基础上，团结带领全体干部职工，以邓小平理论、“三个代表”重要思想、科学发展观为指导，按照“安全生产万无一失、国有资产保值增值、职工收入稳步提高、领导干部清正廉洁”的总要求，以市场为导向，以科技为动力，以扩大产业规模、优化品种结构、提升产品质量为重点，坚持“以人为本、创业为任、科技为先、兴花为志”的理念，稳中求进、稳中求优，求真务实、锐意进取，保持了经济年均15%以上、职工收入年均10%以上的增长，实现了园林花卉管理中心的科学发展。

插花大赛

企业文化

绿化工程

编 辑 说 明

一、《天津区县年鉴》(以下简称《年鉴》),是天津市人民政府主办、天津市地方志编修委员会办公室组织编辑的综合性年刊。2000年创刊,逐年出版,公开发行,本卷为第15部。

二、《年鉴》以马列主义、毛泽东思想、邓小平理论、“三个代表”重要思想和科学发展观为指导,深入贯彻落实党的十八大和市第十次党代会精神,坚持实事求是原则,坚持辩证唯物主义和历史唯物主义观点,忠实记载天津市各区县经济社会年度发展状况。

三、《年鉴》记述的时限,以2013年的事物为主,考虑到事物的完整性和年鉴的时效性,对一些事物的记述,适当做了上溯或下延,特别是特辑,收录了2014年本卷出版前发表的文章。

四、《年鉴》的篇目为“特载”“特辑”“专文”“天津概况”“中心城区”“环城四区”“远郊区县”“滨海新区”“人物”“统计资料”“附录”“索引”。各区县分篇中的下设栏目依次为概述、区级领导名单、年度最有影响的事和街道乡镇。重点反映区县经济社会发展的特点、亮点和民计民生的新举措、新变化。

五、《年鉴》中的统计资料,由天津市统计局提供。“中心城区”“环城四区”“远郊区县”“滨海新区”篇目中各区县经济社会发展数据,因统计口径、统计方法和统计时间不同,尚存在差异。

六、《年鉴》编纂工作得到各区县地方志办公室和有关单位、部门的大力支持,在此一并深表谢忱。由于编纂者水平有限,书中难免存在疏漏和失误,敬请广大读者批评指正。

编 者

2014年9月

《天津区县年鉴》编辑委员会

主 任 委 员 黄兴国

副主任委员 段春华　李亚力　孙文魁　高玉葆

委　　　员 (按姓氏笔画为序)

王志强　石季壮　刘志强　刘道刚　李森阳　张泉芬
张炳江　张锐钢　苑广睿　尚斌义　高　艳　高学忠
曹殿卿　韩凤敏　景　悦　薛　辉

秘　书　长 苏长伟

《天津区县年鉴》特邀编委

(按姓氏笔画为序)

于大端　于金广　马　融　马幼林　王　硕　王长虹　王玉柱
王延群　王远波　王国良　王国学　王海福　王家奎　韦海波
牛士琦　牛世清　勾树松　孔向日　白　韧　冯志江　闫希军
刘玉山　刘东海　许红星　李　波　李　彦　李玉军　李明海
李树起　李继奇　杨广才　吴桐水　张旭光　张志强　张丽丽
张秉军　张宝山　张爱国　张鸿林　陆　芸　陈启宗　尚　春
郑伟铭　赵年伏　赵国明　贾凤山　倪祥玉　徐立祥　高启生
高德高　郭志刚　曹金秋　曹学建　阎　江　阎　欣　彭万成
韩　英　程安亭　窦华港　蔡穗榕　冀国强　魏建军

《天津区县年鉴》编辑人员

主　　编　苏长伟

执行主编　邹积浩　唐　旗

责任编辑　唐　旗　刘　新

分篇编辑　孙建良　邵相英　李　军　傅常欣　李　康　朱英华
杜景钟　李　琳　沈芝菁　张选军　李易平　石玉蓉
沙　娜　任金标　谢　彦　温　鹏　李淑健　吴俊侠
谷大丽　王富盛　陈淑香　李仁会　田　阳　霍贵兴
刘秋香　庄倩倩　董凤巢　梁　倩　杨宏起　方广英
张　境　刘　春　郝连用　张春凤　董　颖　王敬模
袁守云　王　卉　蔺胜寒　王　芳　王莉莉　张继文
刘建国　简　勇　于秀臣　马士春　张　琳　翟　怡
赵林杉　周宏武

英文编辑　韦　恬

索引编制　韦　恬　唐丽华

目　　录

特　　载

特　　辑

专　　文

天津概况

中心城区

和平区

河北区

环城四区

远郊区县

武清区

宁河县

静海县

滨海新区

人 物

统计资料

附 录

重要文件

为民服务热线

中心城区

环城四区

远郊区县

滨海新区

天津市部分医院一览表

天津市学校名录

索　　引

Main Contents

Center District

Four Districts around the City

Outer Suburbs

Binhai New Area

Characters

Statistical Information

Appendix

Index

·天津区县年鉴·

特　　载

习近平在天津考察

中共中央总书记、国家主席、中央军委主席习近平5月14日至15日在天津考察时强调，当前我国经济运行总体良好，各项事业健康发展。要正确判断形势，按照党的十八大精神和中央关于今年工作的各项部署，增强信心，综合施策，扎实工作，稳中求进推动经济持续健康发展，持续努力保障和改善民生，在全面建成小康社会的征程上不断迈出坚实步伐。

14日一早，习近平从北京乘坐城际列车前往天津，在中共中央政治局委员、市委书记孙春兰和市长黄兴国陪同下，开始考察调研。

习近平十分关心夏粮形势。在列车上，他就向随行的农业部门负责人了解全国夏粮生产情况。到武清站一下列车，他直接来到南蔡村镇丁家鄠村的小麦大田，仔细察看小麦长势，向农民询问田间管理和预产情况，叮嘱当地干部加强农技服务，搞好田间管理，努力争取夏粮丰收。他强调，一个国家只有立足粮食基本自给，才能掌握粮食安全主动权，进而才能掌握经济社会发展这个大局。他希望天津加快发展现代都市型农业，努力提高粮食自给能力，为确保国家粮食安全多作贡献。

随后，习近平来到滨海新区，得知这里的经济总量已经占到天津经济总量一半以上，十分高兴。他指出，要以滨海新区为龙头，积极调整优化产业结构，加快转变经济发展方式，推动产业集成集约集群发展。同时，要加快发展服务业，形成与现代化大都市地位相适应的服务经济体系。习近平强调，保持我国经济社会发展良好势头，实现"两个一百年"奋斗目标，都需要进一步深化改革，下大气力解决体制机制弊端。天津要充分利用滨海新区平台，先行先试重大改革措施，努力为全国改革发展积累经验。

习近平来到位于滨海新区的天津国际生物医药联合研究院，观看了该院自主研发产品展示，察看了分析测试中心、药物筛选中心等，详细了解国家创新药重大专项课题研发情况。看到这里集聚了一批高水平的海外归国创业人员，习近平充分肯定他们为祖国科技事业和人民健康所作出的努力。他指出，科技创新是提高社会生产力和综合国力的战略支撑，必须摆在发展全局的核心位置。我们要充分发挥科技资源丰富、科技人才众多的优势，建设科技创新高地，不断提高原始创新、集成创新和引进消化吸收再创新能力，促进科技和经济深度融合。

中新天津生态城是中国、新加坡两国在生态城市建设领域的重大合作项目。习近平来到这里，听取了生态城规划建设情况介绍，察看了规划实景沙盘和建设展板，并考察了生态城智能电网综合示范服务中心。习近平对生态城建设取得的成绩表示肯定。他指出，生态城要兼顾好先进性、高端化和能复制、可推广两个方面，在体现人与人、人与经济活动、人与环境和谐共存等方面作出有说服力的回答，为建设资源节约型、环境友好型社会提供示范。

保障和改善民生，是习近平调研的重要内容。他来到人力资源发展促进中心，了解中心提供的就业服务项目，并同正在现场的招聘人员和应聘大学生亲切交谈，详细询问有关情况。他还前往天津职业技能公共实训中心，了解职业技能培训情况，并同高校毕业生、失业人员、农村富余劳动力等代表座谈。习近平强调，保障和改善民生是一项长期工作，没有终点站，只有连续不断的新起点，要实现经济发展和民生改善良性循环。在听取了座谈会上各位代表的发言后，习近平指出，就业是民生之本，解决就业问题根本要靠发展。要切实做好以高校毕业生为重点的青年就业工作，加强城镇困难人员、退役军人、农村转移劳动力就业工作，搞好职业技能培训、完善就业服务体系，缓解结构性失业问题。他勉励当代大学生志存高远、脚踏实地，转变择业观念，坚持从实际出发，勇于到基层一线和艰苦地方去，把人生的路一步步走稳走实，善于在平凡的岗位上创造不平凡的业绩。他要求有关部门加大对高校毕业生自主创业支持力度，对就业困难毕业生进行帮扶，增强学生就业创业和职业转换能力。

调研期间，习近平听取了天津市委和市政府工作汇报，对天津近年来的工作给予充分肯定。他强调，加强和改善党的领导，是实现经济社会持续健康发展的根本保障。各级党委要改进领导经济工作的方式方法，善于为经济工作把握方向、谋划全局、提出战略、制定政策、推动立法、营造环境；要坚持从大局出发、从党和人民利益出发、从党性原则出发进行决策，努力提高决策能力和水平；要充分发挥党的政治优势，全面做细、做实、做好群众工作，充分激发人民群众的积极性、主动性、创造性。

中共中央政治局委员、中央政策研究室主任王沪宁，中共中央政治局委员、中央书记处书记、中央办公厅主任栗战书，中央财经领导小组办公室主任、国家发改委副主任刘鹤，人力资源和社会保障部部长尹蔚民，农业部部长韩长赋，中央办公厅副主任丁薛祥随同来津。市人大常委会主任肖怀远，市政协主席何立峰，市委副书记王东峰，市委常委，天津警备区司令员，市人大常委会党组副书记，副市长，市政协党组副书记，市政协有关副主席，市政府秘书长及有关方面负责同志出席汇报会。

（转自 2013 年 5 月 16 日《天津日报》）

李克强在天津考察

元旦前夕，中共中央政治局常委、国务院总理李克强在中共中央政治局委员、市委书记孙春兰，市委副书记、市长黄兴国陪同下，来到天津考察调研民生改善与改革发展情况，看望慰问群众。

津京互联创业中心是提供多种创业服务的孵化平台。许多年轻人集聚这里交流创意、寻找商机。李克强专程前来看望青年创业者，了解产品研发应用情况，多次询问他们对创业环境的感受。李克强说，青年是创新创业的“生力军”，“双创”的人越多，社会就越有活力，也能带动更多就业。你们既为生活而工作，也为工作而生活，在创新创业中享受快乐、追逐梦想，虽然现在只有一张办公桌，但小企业可以有大未来。创新创业既要有激情，也要靠改革来支撑，要着力破除不合理的体制机制障碍，使“双创”的“土壤”更有营养、空间越来越广。

天津西于庄棚户区，房屋绝大部分建于上世纪五十年代，居住着很多低保特困家庭。沿着坑坑洼洼的狭窄过道，李克强一连走进五户居民家中，仔细察看居住情况，询问雨天是否进水、冬天怎么取暖。闻讯而来的群众挤满了路口，李克强向大家问好拜年，他说，你们的住房困难和改善意愿，我们都记住了，政府和大家一起努力，一定尽快让你们搬进新房。李克强对随行的同志说，棚户区是全国大中城市普遍存在的问题，棚改是改善民生的“托底”工程，群众对此翘首以盼。多年来，天津棚改工作取得了很大成绩，下一步还要继续努力。改善民生就是要特别注意做好棚改等保基本、兜底线、雪中送炭的事，政府要有硬措施。不仅要增加各级财政投入，还要创新方式，加大金融支持力度，鼓励民间资本参与，持续打好一场场“攻坚战”，保证质量、分配、管理等环节都靠得住，使更多困难群众早日圆上安居梦。

改革工商登记制度是新一届政府转职能的重要举措。李克强来到大营门工商所，同办事群众交流，对工商所简化手续、取消收费、完善监管的做法表示肯定。李克强说，现在群众多元化的需求很大，我们深化行政体制改革、简政放权，把该由市场决定的权力放给市场，可以大大激发市场主体增加供给的活力。同时，政府有效实施监管，也有利于创造公平竞争的市场秩序。李克强特别叮嘱随行的地方同志，要加强综合执法，瞪起“火眼金睛”，抓好食品安全监管这件天大的事，保障消费者合法权益。

今年国务院出台了多项金融改革措施，落实情况怎么样，李克强十分关心。他听取了工银金融租赁公司的汇报，鼓励他们围绕实体经济需要，创新金融服务，支持中国装备“走出去”。在工商银行柜台，李克强询问企业存款、贷款利率等情况，勉励银行多为企业特别是能带动就业的小微企业做好服务。他说，今年，面对复杂严峻形势，我们创新宏观调控方式，使经济运行处于合理区间，货币政策主要指标符合预期目标。明年通过全面深化改革、进一步扩大开放，我们有条件继续保持经济平稳运行和金融市场总体稳定。要坚持实施稳健的货币政策，保持适度流动性，实现货币信贷和社会融资规模合理增长，保持物价总水平基本稳定。坚定推进金融体制改革，进一步完善金融市场体系，不断增强服务实体经济和支持产业转型升级的能力。

李克强听取了天津工作汇报，充分肯定天津改革发展取得的成就，希望天津作为中国北方最重要的港口城市，在新一轮改革开放中争当领军者、排头兵，积极探索促进投资和服务贸易便利化综合改革试验，培育发展新优势。

国务委员兼国务院秘书长杨晶，全国政协副主席、科技部部长万钢，全国政协副主席、人民银行行长周小川，国务院副秘书长肖捷，住房城乡建设部部长姜伟新，工商总局局长张茅，中央编办主任张纪南，总理办公室主任石刚陪同考察。市人大常委会主任肖怀远，市政协主席何立峰，市委副书记王东峰，市委常委，副市长出席汇报会。

（转自2013年12月30日《天津日报》）

·天津区县年鉴·

特　　辑

在市委十届四次全会上的讲话（摘要）

孙春兰

这次全会的主要任务是，深入贯彻落实党的十八届三中全会和中央经济工作会议、中央城镇化工作会议、中央农村工作会议精神和习近平总书记一系列重要讲话精神，总结今年工作，部署明年任务，审议通过《中共天津市委关于贯彻落实〈中共中央关于全面深化改革若干重大问题的决定〉的意见》。

下面，我受市委常委会委托，讲五个问题。

一、关于今年的主要工作

市委十届二次全会以来，市委常委会认真贯彻中央决策部署，团结带领全市广大党员干部群众，坚持稳中求进、稳中求优，经济社会发展取得明显成绩，各项工作取得新进展，实现良好开局。

今年以来，习近平总书记等中央领导同志来天津考察指导工作，对我们提出了新的更高要求。习近平总书记要求我们着力提高发展质量和效益、着力保障和改善民生、着力加强和改善党的领导，加快打造美丽天津，谱写新时期社会主义现代化"双城记"。李克强总理要求我们继续巩固稳中向好、稳中提质的良好势头，在新一轮改革开放中争当领军者、排头兵，切实保障改善民生。这些都充分体现了党中央、国务院对天津工作的高度重视和大力支持，为天津发展进一步指明了方向。

一年来，常委会重点抓了五件大事：一是深入学习领会党的十八大、十八届二中、三中全会和习近平总书记一系列重要讲话特别是来津考察时的重要讲话精神，增强贯彻落实的自觉性和坚定性。二是坚决贯彻中央八项规定，制定具体实施办法。三是精心组织开好市"两会"，顺利完成人大、政府、政协换届任务。四是召开市委十届三次全会，加快建设美丽天津。五是借重用好首都资源，打造新时期社会主义现代化"双城记"。

常委会具体抓了以下几方面工作：

1.坚持用习近平总书记一系列重要讲话精神统一思想和行动。市委理论学习中心组进行了12次集体学习，先后举办了15期局级领导干部专题培训班和7期研讨班，加深对重大理论和实践问题的理解，坚定中国特色社会主义道路自信、理论自信、制度自信。市委宣讲团到基层宣讲6万多场次，深入开展"中国梦"宣传教育。认真落实习近平总书记对天津工作"三个着力"的重要指示，加快建设美丽天津。

2.推动经济持续健康发展。调整优化产业结构，粮食生产连续十年丰收，优势支柱产业占规模以上工业比重达到89.6%，服务业比重达到48%。坚持创新驱动，新增科技型中小企业1.53万家、小巨人企业557家。深入开展"促发展、惠民生、上水平"活动，新推出170项高水平重大项目。进一步推进滨海新区开发开放，完善管理体制，减少层级，理顺关系，整合提升街镇和功能区，加大在财税、金融、规划、土地等方面支持力度。预计全市生产总值增长12.5%以上，地方一般预算收入增长18%，全社会固定资产投资增长14%，社会消费品零售总额增长13.5%，外贸进出口增长10%，实际直接利用外资增长12%，万元GDP能耗下降4%。预计新区生产总值增长17.5%。天津港货物吞吐量超过5亿吨，集装箱超过1300万标准箱。

3.全面深化改革扩大开放。市级领导同志就深化改革集中开展调研，市委制定了全面提高对外开放水平的决定。市级审批事项由495项减少到382项，调整重组5个企业集团，完成53户企业公司制股份制改革，出台27条支持民营经济政策，争取设立东疆自贸试验区工作取得重要进展。推进金融改革创新，我市成为继北京、上海之后拥有金融全牌照的城市之一。实施"营改增"试点，5.3万户试点企业减负面达96%。调整了市与区县分税制财政体制。积极打造京津发展"双城记"，规划京津合作示范区、京津新城现代服务业集聚区等一批合作平台，与国家部委、科研院所签订近百个战略协议，引进投资项目823个。

4.不断提高民生保障水平。财政总支出的75%以上用于民生领域。如期完成20项民心工程。城镇登记失业率稳定在3.6%以内，城乡居民人均可支配收入分别增长10%和13%，最低工资标准、企业退休人员养老金分别增加190元、205元，新建保障性住房8万套，改造城中村156万平方米，启动西于庄地区危陋房屋改造，完成了市区480个旧楼区的提升改造。大力发展教育、卫生、文化、体育各项社会事业，2人当选全国道德模范，8人获提名奖，成功举办第六届东亚运动会。加强社区建设，提高工作人员待遇。强化安全生产和食品药品监管，保持了社会和谐稳定。

5.加大生态环境保护力度。实施"美丽天津·一号工程"，开展"四清一绿"行动，严格水源、耕地、湿地保护，城镇污水集中处理率达到90%，城镇生活垃圾无害化处理率达到95%以上。实行小客车总量调控和机动车限行交通管理，采取12项措施，强化大气污染治理。优先发展公共交通，地铁2号线投入运营，津秦客运专线开通，滨海国际机场旅客吞吐量突破1000万人次。

6.大力加强党的建设。圆满完成市人大、政府、政协和滨海新区领导班子换届工作。第一批教育实践活动取得重要成果，基本达到了"照镜子、正衣冠、洗洗澡、治治病"的要求。严格落实中央八项规定，制定了加强作风建设31项制度，初步整改"四风"方面问题1469个，清退639辆公务车，清理腾退办公用房8.7万平方米，文件、会议数量同比分别下降12.3%和25%，市级公务接待费下降25%以上。抽调3836名干部帮扶1344个村、联系服务500个社区。开展16个区县互看互比互学工作检查活动，在市综合部门实行绩效管理。严格执行干部退休制度和工资管理制度，到龄市管干部全部办理了免职或退休手续。加强基层党组织建设，做到党的组织和党的工作全覆盖。完善提升"八个板块"反腐倡廉建设，加大巡视工作力度，不断健全惩防体系。

一年来，市委常委会高度重视并切实加强自身建设，坚持正确的政治方向，坚持严格的党内生活，坚持以经济建设为中心，坚持总揽全局、协调各方，坚持贯彻民主集中制，坚持廉洁自律，不断提高思想政治水平和领导能力。

在肯定成绩的同时，必须清醒地看到存在的差距和不足，主要是：产业结构不尽合理，民营经济发展不够；体制机制尚不完善，全面深化改革任务艰巨；资源环境约束强化，节能减排压力较大；群众收入还不够高，部分群众生活比较困难；不正之风不同程度存在，腐败现象时有发生。我们要采取有效措施，切实解决存在的问题。

2014年是全面深化改革的第一年，是加快建设美丽天津的关键一年。做好明年全市工作总体要求是：全面贯彻落实党的十八大和十八届二中、三中全会精神，深入学习贯彻习近平总书记一系列重要讲话精神，认真落实中央经济工作会议、中央城镇化工作会议部署，坚持稳中求进工作总基调，把改革创新贯穿于经济社会发展各个领域各个环节，以提高发展质量和效益为中心，加大转方式调结构力度，进一步扩大开放，切实保障和改善民生，大力加强社会主义经济、政治、文化、社会、生态文明建设，提高党的建设科学化水平，开创美丽天津建设新局面。概括起来就是二十个字：改革统领，创新驱动，转型调整，改善民生，党建保证。

二、关于全面深化改革

全面深化改革，必须吃透中央《决定》精神，在重大理论和实践问题上深化认识。第一，完善和发展中国特色社会主义制度、推进国家治理体系和治理能力现代化，是全面深化改革的总目标。实现国家长治久安，说到底还是要靠制度，靠制度的执行力。我们要构建起系统完备、科学规范、运行有效的制度体系，建设高素质干部队伍，善于运用制度和法律进行治理，提高科学执政、民主执政、依法执政水平。第二，经济体制改革是全面深化改革的重点。经济建设是党的中心工作。抓住了这个重点，就抓住了主轴、主攻方向，从而牵引和带动其他领域改革，发挥牵一发而动全身的作用。第三，处理好政府和市场关系是全面深化改革的核心问题。发挥市场在资源配置中的决定性作用，关键是一个"放"字，必须加快政府职能转变，既要主动放掉该放的权，又要积极管好该管的事，做到简政放权和加强监管齐推进、相协调，努力实现资源配置效率最优化和效益最大化。

《中共天津市委关于贯彻落实〈中共中央关于全面深化改革若干重大问题的决定〉的意见》，提出了我市全面深化改革的总体要求、主要目标和重点任务。现在，改革到了新的重要关头，进入了攻坚期和深水区。要高举改革的旗帜，视野更宽一些，境界更高一些，坚决冲破思想观念的束缚，坚决突破利益固化的藩篱，坚决打破条条框框的限制，敢于啃硬骨头，敢于涉险滩，敢于自我革命，打好全面深化改革这场攻坚战。

明年必须在重点领域和关键环节的改革上取得突破性进展。要重点抓好以下几项改革：

1.大力推进投资与服务贸易便利化综合改革和创新。建立贸易自由、投资便利、金融服务完善、高端产业聚集、法制运行规范、监管透明高效、辐射带动效应明显的综合改革创新区，核心是要实现投资与服务贸易的便利化。要积极借鉴上海经验，充分体现天津特色，加快投资、贸易、金融、监管等领域制度创新，营造国际化、法制化营商环境，实行统一的市场准入制度，在制定负面清单的基础上，各类市场主体可依法平等进入清单以外的领域。要进一步创新租赁产品，拓宽融资渠道，实现租赁方式的多样化和专业化，加强金融机构、大企业和进出口公司的横向联合，带动制造业发展，形成大物流产业。

2.深入推进行政体制改革。以市场倒逼推动行政审批制度改革，市级审批事项再减少 10%。推进部门内部审、管职能分离，力争市级审批事项全部进入中心办理，实现“一站式”服务。探索实行投资项目负面清单管理。全面推行“立等可取”、“一审一核”和限期办理等审批模式。改革简化商事登记制度，实行先照后证和注册资本认缴制，允许“一照多址”、“一址多照”，建立异常企业名录和市场信用信息公示制度。统筹推进党政群机构改革，完成新一轮市级政府机构改革，启动区县政府机构改革，加快事业单位分类改革。

3.积极发展混合所有制经济。深化国有企业改革。准确界定不同国企功能，鼓励各类资本参与国企改制重组。加快非公有制经济发展。坚决废除各种不合理规定和隐性壁垒，切实降低准入门槛和创业成本，选择一批基础设施、社会事业等领域项目优先开放，鼓励发展非公经济控股的混合所有制企业。

4.深化财税金融土地体制改革。加强政府性债务管理，防控债务风险，完善“借用管还”机制。做好铁路、邮政行业“营改增”试点，确保企业减负受益。健全政府全口径预算体系，建立经费开支全过程动态监控机制。鼓励设立民营金融机构，支持发展村镇银行，积极稳妥开展商业保理、互联网金融、应收账款抵押贷款等创新业务，规范发展金融要素市场。创新农村土地流转制度，加快集体土地所有权登记发证，推进农村土地承包经营权、林权、农业设施所有权确权试点，健全“三权”抵押融资制度。探索农村集体经营性建设用地出让、租赁、入股，实行与国有土地同等入市、同权同价。

5.深化文化体制改革。启动第二批非时政类报刊出版单位转企改制，鼓励民间资本参与公益性文化产品供给与服务，推动报业、广播电视、出版、演艺等领域资源整合，提高文化产业规模化、集约化、专业化水平。

6.深化社会体制改革。推行九年一贯对口招生，完善优质高中招生指标分配制度，加快职业教育产教结合、校企合作，推动高校特色内涵发展，试行政府购买民办教育服务政策。全面推动公立医院改革，启动取消药品加成试点和居民就医“一卡通”服务，鼓励支持社会资本创办医疗机构，提高医疗保险标准、报销比例和限额，试行按病种、按人头付费制度。改进社会治理方式，加快实施政社分开，完善社区组织机构和网格化服务管理机制，完善统一权威的食品药品安全监管机构，实行安全生产重大隐患治理逐级挂牌督办和整改评价制度，深化司法体制改革，建设平安天津法治天津。

7.深化生态文明体制改革。强化节能减排考核，严格问责制。推进资源性产品价格改革，提高排污收费标准，开展排污权交易和碳交易。划定生态红线，抓紧落实主体功能区规划，研究提出生态补偿机制和差别化考评机制。

三、关于明年经济工作

习近平总书记强调，转方式调结构是我们发展历程必须迈过的坎。我国经济已经到了必须依靠转方式调结构才能持续健康发展的新阶段。要实现有质量、有效益、可持续的发展，根本途径是加快转变经济发展方式，关键是深化经济结构战略性调整。现在是转方式调结构的紧要时期，也是最关键时期，宁可速度慢一点也要调整快一点。正是基于这样的考虑，我们对 2014 年生产总值的增长率作了适当下调，为转型调整留出空间、创造条件。要以转方式调结构的主动，赢得发展和竞争上的主动，全面提高发展质量和效益。

做好明年的经济工作，要着重抓好以下六项重点任务。

1.深入推进产业结构调整。调整产业结构的主攻方向是：调高调优三次产业，主动融入国际化和全球价值链，提高农业综合效益，提高制造业核心竞争力，提高服务业比重和水平，化解产能过剩，推动产业集成集约集群发展，实现产业发展高端化和产业体系现代化。要大力发展现代都市型农业，坚持工业反哺农业、城市支持农村和多予少取放活方针，不断加大强农惠农富农政策力度。要坚持农村基本经营制度，加快构建立体式复合型现代农业经营体系，发展壮大农村集体经济。抓好农产品质量，确保广大人民群众“舌尖上的安全”。要加快提升设施农业规模和水平，加强农业技术研发和推广，加快推进农业现代化。要做大做强先进制造业，实施航空航天、节能与循环经济、重型装备制造、汽车产业、物联网云计算、石油化工等十大产业链构建工程，发展壮大国家新型工业化产业示范基地。研究制定促进企业转型升级的政策措施，实施万企转型升级行动计划，加快培育名牌拳头产品和百亿、千亿级“大巨人”企业集团。要加快发展现代服务业，充分利用我市实体经济的优势，实施“接二连三”战略，推进生产性服务业和先进制造业融合发展；创新商业模式，发展新型业态，实行个性化、定制化的商业服务；注重品牌培育和标准制定，打造现代服务业集聚区，建设一批区级中心商贸区、都市产业园、现代物流园，培育和引进具有影响力的企业集团；整合天津历史人文资源，大力挖掘民俗文化、洋楼文化、工业文化的丰富内涵,增强旅游业的吸引力和综合效益。要严格落实国家产业政策,坚决淘汰落后产能、化解过剩产能。

2.加快实施创新驱动发展战略。天津拥有比较雄厚的产业基础,在科技、教育、人才方面具有比较优势,完全应该也有能力实现从跟随创新向并行创新再向引领创新转变,从要素驱动向创新驱动转变。要完善创新体制机制,大力引进和集聚研发机构,建设公开透明高效的创新资源共享平台,健全高校科研院所技术转移机制,促进创新成果加快转化为现实生产力。要培育创新主体,建设由科技领军企业牵头、高校科研院所参与的产业创新联盟,支持企业建立工程技术中心、重点实验室等研发机构,进一步落实好科技小巨人发展行动计划。要发展科技金融,创新融资担保和抵押质押方式,开发新型金融产品,发展产业投资基金、创业风险投资基金,支持科技企业上市融资。要聚集创新人才,落实引进人才的各项政策,面向海内外大力引进高层次创新型人才,推行股权激励制度,使发明者、创新者能够合理分享创新收益。

3.着力释放有效需求。要充分发挥消费的基础性作用,在增强消费能力的同时,优化消费环境,稳定消费预期,进一步引进国内外知名电商企业,培育新的消费增长点,不断释放城乡居民消费潜力。要充分发挥投资的关键作用,优化投资结构,加大基础设施、先进制造业、现代服务业、生态环境和民生领域等方面的投入,推动民间资本进入更多领域,注重提高投资强度,提高商务楼宇的入驻率,提高土地投入产出率。要充分发挥出口的支撑作用,引进一批大型贸易企业,培育更多民营及中小外贸主体,完善贸易服务,加快企业“走出去”步伐,提高出口产品创新要素比重。

4.充分发挥滨海新区龙头带动作用。滨海新区要按照示范和引领的要求,在先转先调、先行先试上迈出更大步伐。要加快功能区开发建设,突出优势产业,壮大支柱产业,培育新兴产业,聚集更多龙头项目、核心项目、关联项目。要加快发展港口经济,健全集疏运体系,完善物流配送、临港工业、信息服务、金融贸易等功能,充分激活港口的产业集聚效应、结构优化效应和腹地经济引擎效应。要加快发展区县经济,中心城区要走高端化、内涵式、服务型的发展路子,通过思路创新和工作创新,拓展发展空间;郊区县要突出地域特点,利用好土地等资源优势,培育壮大主导产业,尽快增强综合实力,形成一批财政收入超百亿、生产总值超千亿的强区强县。

5.积极推进生态环境建设。环境问题既是重大的发展问题,也是重大的民生问题。要加强源头治理,进一步优化能源结构,抓好重点行业节能减排,提高清洁能源利用水平,努力从根本上扭转环境质量恶化趋势。要抓循环经济发展,进一步完善泰达、子牙、临港、北疆、华明等循环经济发展模式,推进生产、流通、消费各环节循环发展,建立健全系统的回收网络和回收规范,提高资源回收利用水平。要加大城市管理立法、执法工作力度,加快制定《天津市绿化条例》和永久性划定保护绿地、湿地、林地的决定,深化市容环境综合整治,深入实施清新空气、清水河道、清洁村庄、清洁社区和绿化美化“四清一绿”行动,多种树、种大树,加快建立纵横贯通、点线面有机衔接的“绿道”网络和绿化组团。要大力发展公共交通,提高公交分担率,加快建设步行、自行车“慢道”,为群众出行创造良好条件。要加强“生态文明、美丽天津”宣传教育,增强全民节约意识、环保意识、生态意识,倡导低碳、绿色的生活方式,共同建设天蓝、地绿、水清的美好家园。

6.切实做好保障和改善民生工作。要按照守住底线、突出重点、完善制度、引导舆论的思路,多做托底兜底的工作,多做雪中送炭的事情,切实保障基本民生,推进20项民心工程取得更大实效。要实施更加积极的就业政策,搭建创业支持平台,实施百万技能人才培训计划,引导广大劳动者特别是青年大学生创业创造,在税收、股权转让、引进资金方面提供更加便利化的服务。要千方百计增加群众收入,完善增加城乡居民收入政策体系,继续提高最低工资标准,提高企业退休人员养老金,提高城乡低保、重点优抚对象、特困救助、农村五保供养等补助标准和老年人生活补贴,多渠道开发农民收入来源,努力实现城乡居民收入增长与经济发展基本同步。要加大保障性住房建设力度,明年新建保障房6万套,基本完成城中村和中心城区成片旧楼区改造,加快西于庄危陋房屋改造,进一步改善群众居住环境和生活条件。要加强社区医院建设,创新养老服务模式,推行农村困难老人居家养老服务政府补贴试点。加强食品药品安全监管,落实安全生产责任制,坚决防止重特大安全事故。

四、关于推进新型城镇化

新型城镇化是以人为核心的城镇化,必须坚持以人为本,把促进有能力在城镇稳定就业和生活的常住人口有序实现市民化作为首要任务,推动基本公共服务均等化。新型城镇化是更加注重质量的城镇化,必须推动中国特色新型工业化、信息化、城镇化、农业现代化同步发展,促进城镇发展与产业支撑、就业转移和人口集聚相统一。新型城镇化是结构布局科学合理的城镇化,必须把城市群作为主体形态,控制开发强度,坚持文化传承,促进生产空间集约高效、生活空间宜居适度、生态空间山清水秀。新型城镇化是市场主导、政府引导的城镇化,必须建立多元可持续的资金保障机制，带动社会各个层面的力量共同推进。

天津作为一个特大城市，推进新型城镇化建设，标准要更高一些，城乡差距要更小一些，实现城乡一体化发展要更快一些。

1.大力培育发展城市群。城市群是人口大国城镇化的重要空间载体。从世界城市发展史看，发展城市群是发达国家城市化的成功经验。要在京津之间规划建设一批高水平的城镇，探索组团式发展，宜大则大，宜中则中，宜小则小，推动京津两地基础设施相联相通、产业发展互补互促、资源要素对接对流、公共服务共建共享、生态环境联防联控，做好京津"双城记"这篇大文章。要优化中心城区、滨海新区、外围新城、示范镇、一般镇、中心村的城市布局和形态，实现合理分工、功能互补、协同发展，疏散中心城区的功能、产业、人口，有效缓解中心城区的压力。要加大统筹城乡一体化发展力度，加快破除城乡二元结构，促进公共财政向农村倾斜、公共设施向农村延伸、公共服务向农村覆盖。要进一步加强交通、水电、通讯、商贸等公共服务设施建设，推动教育、医疗、文化等优质资源向小城镇扩散，形成便捷的生活服务圈，增强城镇的吸引力和集聚力。要严格控制开发边界，守住耕地红线，搞好"增减挂钩"和"占补平衡"，防止"摊大饼"式的盲目扩张。

2.促进产城融合发展。产业是城镇化的龙头。各城镇要依托资源禀赋、产业基础、地理和交通条件，以示范工业园区和农业产业园区为载体，创优发展环境，建设一批高水平项目，搞好产品配套，使产业园、商贸区成为吸引人口集聚、带动农村富余劳动力就业的平台，实现农民就地、就近转移就业，把农业转移人口吸附在当地。

3.稳步提高户籍人口城镇化水平。我市常住人口城镇化率已经接近83%，但是户籍人口的城镇化率只有62%左右。推进常住人口市民化，必须充分考虑我市作为一个特大城市的人口现状，着眼于优化人口结构、提升总体素质，深化户籍制度改革，完善居住证制度和积分入户政策，优先解决来津时间长、就业能力强、适应产业转型升级和市场竞争环境的人，重点吸引年轻、有文化的高技能人才和企业家、科研人员等高端人才，提高高校毕业生、技工、职业技术院校毕业生等常住人口的城镇落户率。要推进本地农业转移人口市民化，充分尊重他们的自主选择权，决不能搞强拆强建，让农民"被进城"、"被上楼"。要稳步推进城镇基本公共服务常住人口全覆盖，健全全民一视同仁的社会保障制度，解决好住房、教育、医疗、养老等现实问题，打破福利待遇的"玻璃门"，真正使农民变为市民。要引导新市民增强文明意识，不断提高素质，适应并融入城市生活。

4.推进美丽城镇建设。要把生态文明理念融入城镇化各方面和全过程，尊重自然、顺应自然，发展绿色建筑、绿色交通、绿色产业，提高资源能源利用率，尽可能减少对自然的干扰和损害，慎砍树、不填湖、少拆房，注重保留村镇原始风貌，让居民望得见山水、记得住乡愁。文化是城市的灵魂，要注重文化传承创新，保护和挖掘我市丰富的历史文化资源，延续城市历史文脉，充分体现历史记忆和地域特点，防止千城一面、万楼一貌。

五、关于加强党的建设

全面深化改革，做好明年工作，必须加强和改善党的领导。各级党委要坚决贯彻中央和市委的决策部署，坚持党要管党、从严治党，全面提高党的建设科学化水平，为完成各项目标任务提供坚强保证。

1. 深入学习习近平总书记一系列重要讲话精神，进一步加强思想政治建设。各级党组织要把学习贯彻习近平总书记一系列重要讲话精神作为长期的政治任务，采取有力措施，推动学习贯彻向广度和深度发展。各级领导干部要以高度的思想自觉，带头学习，率先垂范，做到真学、真懂、真信、真用。要牢牢把握讲话贯穿的坚定信仰追求、历史担当意识、真挚为民情怀、务实思想作风和科学思想方法，坚持理论联系实际，更好地解决实际问题、推动改革发展实践。要在全社会积极培育和践行社会主义核心价值观，注重宣传教育、示范引领、实践养成相统一，使社会主义核心价值观融入党员干部群众生产生活和精神世界。

2.扎实开展群众路线教育实践活动，进一步巩固作风建设成果。我市第一批教育实践活动即将结束，要动真碰硬抓整改，特别要搞好专项整治，建立务实管用的长效机制，确保整改效果让群众感受得到、让大多数人满意，做到善始善终、善作善成、务求实效。要扎实做好第二批教育实践活动准备工作，坚持开门搞活动，更加注重发挥群众积极性，更加强化问题导向，更加注重严格要求，更加注重衔接带动，更加注重分类指导，确保活动质量。要严格执行《党政机关厉行节约反对浪费条例》等规定和我市的各项措施，进一步精简会议和文件简报，严控"三公"经费开支，巩固清车清房清卡成果，狠刹公款吃喝、公款旅游等奢靡之风。要深化正风肃纪，重点加大对窗口单位和服务行业不良风气的整治力度。元旦、春节期间，要严格落实中央规定，严禁公款购买赠送年货节礼等违纪违法行为，各级领导干部要带头勤俭节约、移风易俗，过一个风清气正的节日。

3.加强领导班子和基层党组织建设，进一步提高干部队伍素质。各级领导班子要肩负起推进改革的重任，抓住经济工作这个中心,谋大事、议大事、抓大事,把中央和市委的决策部署落到实处。各级领导干部要加强学习和实践,着力提高思想政治能力、动员组织能力、驾驭复杂矛盾能力。要健全党内民主生活制度,增强领导班子整体合力。要坚持正确用人导向,深化干部人事制度改革,加大干部交流力度,提高竞争性选拔干部工作质量,加强和改进年轻干部培养工作,努力做到选贤任能、用当其时,知人善任、人尽其才。要重视基层基础工作,推动帮扶困难村和联系社区工作深入扎实开展。要加强基层党组织建设,严格党员日常教育管理,完善农村基层组织体系,推行街道大工委制和社区大党委,选好基层组织带头人,充分发挥基层党组织服务发展、服务民生、服务群众、服务党员的作用。

4.大力推进党风廉政建设和反腐败工作,进一步营造清正廉洁的良好氛围。要坚持标本兼治、综合治理、惩防并举、注重预防的方针,严格落实党风廉政建设责任制,扎实推进惩治和预防腐败体系建设。要严明党的纪律,强化廉政教育,加大对权力运行的制约和监督,把权力关进制度的笼子里。要保持惩治腐败高压态势,坚决查处领导干部违纪违法案件,强化贪污腐败惩戒机制,增强惩治的威慑力。各级领导干部要自觉遵守廉政准则,带头做到严以律己,管好亲属和身边工作人员,耐得住寂寞、经得起诱惑,做到为民务实清廉。

新的一年即将开始,机遇和挑战并存。让我们紧密团结在以习近平同志为总书记的党中央周围,解放思想,改革创新,真抓实干,为加快建设美丽天津、实现中央对天津的定位而努力奋斗!

(摘自2013年12月31日《天津日报》)

政府工作报告

——2014年1月18日在天津市第十六届人民代表大会第二次会议上

天津市市长　黄兴国

各位代表：

现在，我代表市人民政府，向大会作政府工作报告，请予审议，并请市政协委员和其他列席人员提出意见。

一、2013年工作回顾

2013年，是本届政府履职的第一年。在党中央、国务院和市委领导下，我们全面贯彻落实党的十八大和十八届二中、三中全会精神，高举中国特色社会主义伟大旗帜，以邓小平理论、“三个代表”重要思想、科学发展观为指导，深入贯彻落实习近平总书记一系列重要讲话和对天津工作的重要指示，坚决贯彻国家宏观调控政策措施，紧紧围绕加快建设美丽天津、实现城市定位，开拓创新，接力奋斗，圆满完成了市十六届人大一次会议确定的年度目标任务。

过去一年，国内外经济形势复杂多变，我们坚持稳中求进、稳中求优，以提高发展的质量效益为中心，创新驱动、转型发展，深化改革、扩大开放，主要经济社会指标实现了平稳较快增长。预计全市生产总值14370亿元，增长12.5%；地方财政收入2078亿元，增长18.1%；全社会固定资产投资超过1万亿元，增长14.1%；社会消费品零售总额增长14%；外贸进出口增长11.2%；实际利用外资增长12.1%；利用内资增长20%。城镇登记失业率稳定在3.6%以内；居民消费价格涨幅3.1%；城乡居民收入分别增长10.2%、13.5%。万元生产总值能耗下降4%，主要污染物排放量均下降2%，节能减排完成年度任务。

2013年，主要做了以下工作：

（一）加快转变经济发展方式，经济结构调整取得新进展。坚定不移加快调整经济结构，推动产业优化升级，发展的质量效益不断提升。

先进制造业进一步壮大。全市工业总产值达到2.7万亿元。150项重大工业项目建成投产，优势支柱产业占全市工业比重超过90%。航空航天、新一代信息技术、生物医药等战略性新兴产业迅速壮大。规模超千亿集团达到5家，产业聚集效应进一步显现。智慧天津建设全面启动，全社会信息化水平进一步提高。

自主创新能力明显提升。电动汽车、3D打印等重大科技示范工程加快推进，研发出碳纳米膜、食品安全快速检测设备等一批国际领先的技术和产品。建成全国首家863产业化促进中心、国家肿瘤诊疗中心、国家锂离子动力电池研究中心等创新平台。实施新一轮科技小巨人发展计划，新增科技型中小企业1.5万家、小巨人企业600家，培育出一批领军企业和“杀手锏”产品。国家专利审查协作天津中心启动建设，全市专利拥有量达到7万件。全社会研发经费支出占生产总值比重提高到2.8%，综合科技进步水平位居全国前列。

服务业快速发展。增加值占全市经济比重提高到48.1%。金融业规模扩大，存贷款余额均突破2万亿元。商贸流通业发展步伐加快，商品销售总额达到3.2万亿元，电子商务迅速发展，民园广场等项目主体完工，一批大型商业综合体建成开业。旅游业发展势头强劲，接待境内外游客人数和旅游收入快速增长。总部经济、会展经济、中介咨询、服务外包、文化创意、科技服务等新兴服务业取得新进展。

（二）高水平推进滨海新区发展，改革开放实现重要突破。继续举全市之力，加快推进滨海新区开发开放，不断深化综合配套改革，经济社会发展的动力活力明显增强。

滨海新区发展迈出新步伐。出台了促进新区发展的10项措施，加大财税、金融、规划、土地等方面支持力度。新区生产总值增长17.5%。功能区建设继续加快，东疆港区第二港岛工程启动，国际邮轮码头二期建成；中新生态城开发建设全面推进，五年形成宜居社区目标如期实现；

中心商务区招商引资力度不断加大，一批商务楼宇投入使用；开发区、空港经济区、滨海高新区、临港经济区建设成效显著。年产25万辆长城汽车二期、阿尔斯通全球研发中心等重点项目竣工，大众汽车变速箱等项目加快推进。基础设施建设取得重要进展。天津港30万吨级航道二期等重点工程竣工，货物吞吐量突破5亿吨，集装箱超过1300万标准箱。滨海国际机场二期航站楼主体完工，旅客吞吐量突破1000万人次。于家堡铁路中心站、京津城际延伸线、津汉快速等项目加快建设。

综合配套改革实现新突破。实施滨海新区管理体制改革，建立了"行政区统领，功能区、街镇整合提升"的管理架构。金融改革创新不断深化，融资租赁、商业保理等新型业态集聚发展，股权投资基金、创新型交易市场规范发展，意愿结汇试点取得成效，创立了国内首只互联网货币基金。设立和改制11家村镇银行，实现了涉农区县全覆盖。继续强化政府性投融资平台管理，风险防范水平不断提升。完成分税制改革，建立了全市统一的财政体制。"营改增"试点取得明显成效。涉外经济体制改革扎实推进，东疆保税港区加快向自由贸易港区转型，国际船舶登记制度落地实施，口岸通关效率明显提高。国企改革取得新成效，调整重组了渤海钢铁、能源投资、津融投资等5家企业集团，放开搞活退出一批企业。积极鼓励非公经济发展，制定出台支持民营经济发展的政策意见。土地、科技、环保、社会管理等领域改革不断深化。

对外开放掀起新热潮。出台了全面提高对外开放水平的决定。实际利用外资168亿美元，引进内资3120亿元。外贸出口结构进一步优化，中小企业出口快速增长，新兴市场比重提高，服务贸易较快发展。进口贸易创新示范区加快建设，大宗商品进口集散功能明显增强。外贸进出口额达到1285亿美元，口岸进出口总值超过2100亿美元。加快企业"走出去"步伐，境外投资增长20%。成功举办中美省州长论坛、矿业大会等大型国际会议。国际友城关系得到巩固发展。区域合作进一步加强，与北京、河北、内蒙古等省市区签订合作协议，借重用好首都资源，着力提升23个内陆无水港运营效益，服务区域发展的能力不断增强。扎实做好对口支援工作，援疆、援藏、援青、援助甘肃等工作取得明显成效。

（三）深入推进新型城镇化，区县经济实力继续增强。加快实施城乡一体化发展战略，大力推动示范工业园区、农业产业园区、农村居住社区"三区"联动发展，着力培育一批强区强县强镇。

新型城镇化进程明显加快。以宅基地换房建设示范小城镇试点工作扎实推进，新开工建设农民住房1000万平方米，竣工600万平方米，累计55万农民迁入新居。"三改一化"改革进展顺利，更多农民成为"四金"农民，实现了安居乐业有保障。农村基础设施和环境面貌进一步改善。全市城镇化率达到82%。

农村工业化和农业现代化水平明显提高。31个示范工业园区拓展区建设加快，投资强度和产出效益进一步提高。都市型农业发展迈出新步伐，现代农业示范园区带动能力不断增强，高水平建设农业物联网综合应用平台，设施农业提升工程和农业科技创新工程全面完成。更新改造一批农田水利设施，粮食生产连续十年丰收。农业标准化体系逐步完善，农产品质量安全管理不断加强。农民专业合作社达到4650家，90%以上的农户进入产业化体系。

中心城区服务功能明显增强。五大道、五大院等重点区域文化品位和载体功能不断提升。棉三、绿荫里、六纬路南站等区域开发项目顺利推进，建成一批总部聚集区、特色街区、创意产业园区。楼宇经济蓬勃发展，全市亿元楼宇达到120座。都市型经济加快发展，繁荣繁华程度不断提高。

（四）全面加强规划建设管理，生态环境质量不断提升。以科学规划引领建设发展，着力提升城市载体功能，着力提高精细化管理水平，着力改善群众生产生活环境，全面启动"美丽天津·一号工程"，生态宜居城市建设取得重要进展。

规划引导作用明显增强。编制了63项重点规划。完成国家会展中心、中心城区北部地区等一批重点区域总体规划和专项规划。注重突出城市特色，提升重点地区城市设计，历史风貌建筑保护进一步加强。

基础设施建设加快推进。津秦客运专线竣工通车，天津铁路枢纽地位进一步提升，曹庄动车所投入使用，西南环线、南港铁路开工建设。京秦高速公路等工程快速推进，国道112线东段延长线具备通车条件。地铁2号线全线通车，机场延伸线盾构贯通，3号线南站配套工程试运营，5、6号线建设顺利推进。一批城市道路和桥梁改造完工，水电气热等设施进一步完善。独流减河治理工程全部完工。

生态环境保护不断加强。启动实施清新空气、清水河道、清洁村庄、清洁社区和绿化美化"四清一绿"行动。改造燃煤供热锅炉32座，淘汰黄标车7万辆，完成陈塘庄热电厂煤改气搬迁工程建设。综合治理河道22条，建成污水处理厂6座，津沽污水处理厂试运行。于桥水库水质保护全面加强。新增造林18.8万亩，新建改造绿地1600万平方米，西青郊野公园一期建成。

城市管理取得新成效。深入推进市容环境综合整治，提升改造道路107条，整修建筑3200栋，建设改造公园

44个。集中开展违法建设、机动车脏污、结合部脏乱等专项治理,城市管理中一些突出问题得到初步解决。加大交通秩序整治力度,实行小客车总量调控管理。推进网格化、数字化和分级分类管理,城市精细化管理不断加强,城乡环境面貌有新的提升。

(五)积极发展各项社会事业,人民群众生活持续改善。把保障和改善民生作为头等大事,精心实施20项民心工程,财政支出75%以上用于民生领域,公共服务体系不断健全。

教育现代化水平明显提高。实施学前教育提升计划,完成一批幼儿园建设任务。推进新一轮义务教育学校现代化标准建设,120所学校验收达标。国家职业教育改革创新示范区建设不断加快,海河教育园区二期工程进展顺利,南开大学、天津大学新校区全面开工。高校学科建设成效明显,新增博士学位授予院校2所,协同创新中心加快建设。

医疗卫生服务能力不断增强。卫生资源调整步伐加快,胸科医院、天津医院、中医一附院新建工程完工,第二儿童医院主体建成,一批社会办医机构投入运营。区县公立医院改革稳步推进。免费向全市居民提供76项基本公共卫生服务。疾病防控、卫生监督保障工作扎实开展。中医"国医堂"实现基层医疗机构全覆盖。实施妇女儿童健康促进计划。人口和家庭公共服务不断深化,低生育水平保持稳定。

文化体育事业蓬勃发展。市文化中心服务功能进一步提升,成为文化艺术的展示中心、市民休闲娱乐的"城市客厅"。公共电子阅览室、城市书吧、农家书屋等文化惠民工程扎实推进。文艺创作精品不断涌现,一批优秀剧目获全国大奖。文化产业加快发展,国家3D影视创意园、北方印刷基地等建设进展顺利。哲学社会科学、新闻出版、广播影视、文物保护、图书档案等事业全面发展。精神文明建设继续加强,市民素质和社会文明程度不断提高。成功举办第六届东亚运动会,我市体育健儿在第十二届全运会上取得好成绩,全民健身运动广泛开展。妇女儿童、老龄、残疾人、社会福利、慈善等事业取得新进步。

就业规模持续扩大。多渠道开发就业岗位,新增就业48万人。促进创业带动就业,实施百万技能人才培训计划,开发职业技能培训包420个。出台大学生就业帮扶政策,应届高校毕业生就业率保持较高水平。各类困难群体就业安置率达到86%以上,"零就业"家庭动态为零。

群众收入继续增加。城乡居民收入保持两位数增长。实施19项增加群众收入政策,提高最低工资标准,实行福利待遇与社会平均工资联动调整,推进企业工资集体协商,实施农民收入倍增计划,城乡低保、优抚对象抚恤、农村五保供养、特困救助标准都有新提高。

社会保障水平不断提升。继续提高企业退休人员养老金和城乡居民基础养老金,养老保险参保人数持续增加。提高城乡居民基本医疗保险筹资标准。统筹城乡居民生育保险,待遇水平由800元提高到2500元。

群众生活质量进一步改善。新建保障性住房8万套,新增住房补贴1万户。完成480个旧楼区综合提升改造,110万群众受益。出台加强社区建设意见和社区物业管理办法,增加社区居委会工作经费,提高社区工作者待遇,将物业管理纳入社区管理。实施中心城区成片危陋房屋和农村危房改造,扎实推进城中村改造。继续实施放心食品、放心药品系列工程。新建菜市场和社区连锁菜店102个。调整公交线路72条,更新环保公交车2000部。新建老年日间照料中心103个、老年配餐服务设施264个,新增养老机构床位7800张,2万多名困难老人享受政府购买服务。

(六)扎实推进作风建设,政府服务效能进一步提高。按照为民务实清廉的要求,加快转变政府职能,切实改进工作作风,着力提高行政效能,努力建设法治政府、责任政府、服务政府和廉洁政府。

深入开展党的群众路线教育实践活动,严格落实中央"八项规定",认真查找解决"四风"方面存在的突出问题,扎实开展"促发展、惠民生、上水平"活动,精心组织帮扶困难村、联系社区工作,作风建设取得了实实在在的效果。认真执行市人大及其常委会决定,及时听取人大代表、政协委员的意见和建议,各类建议、提案全部办复。提请市人大常委会审议地方性法规草案9件,制定政府规章7件,修改完善了市政府工作规则。市级审批事项由495项减少到382项,新设企业实现三天办结"四证一章"。积极推行政务公开,坚持重大事项公示和听证制度。加强绩效管理,强化政府督查,重大决策和重点工作得到有效落实。加强行政监察和审计工作,推进联网实时审计监督,实行"制度加科技"预防腐败新机制。完善应急管理体系,应对各类突发事件的能力进一步提高。重视信访、仲裁、人民调解、行政复议等工作,依法妥善化解社会矛盾。创新社会治理,安全生产形势保持稳定,"六五"普法有效开展,平安天津、法治天津建设稳步推进。支持工会、共青团、妇联等人民团体开展工作。民族、宗教、侨务、港澳、对台和海外联谊工作取得新成绩。国防教育和国防后备力量建设不断加强,军政军民团结的局面更加巩固。

各位代表,经过一年的努力奋斗,美丽天津建设扎实推进,向着实现城市定位目标迈出了坚实步伐。成绩来之不易,这是党中央、国务院和市委正确领导的结果,是市人大、市政协和社会各界监督支持、共同努力的结果,是全市人民万众一心、奋力拼搏的结果。在这里，我代表市人民政府，向全市各族人民，向各位人大代表、政协委员，向各民主党派、工商联、人民团体和社会各界人士，向中央各部门、兄弟省市区、人民解放军和武警驻津部队，向所有关心支持天津发展的港澳同胞、台湾同胞、海外侨胞、国际友人，表示诚挚的感谢！

我们也清醒地看到，经济社会发展中还存在不少矛盾和问题，政府工作还有不小差距。主要是：综合实力还不够强，经济发展的结构性问题还比较突出，服务业比重偏低，自主创新能力不强；发展活力不足，国有资本能量没有得到充分释放，民营经济发展相对滞后；资源环境约束日趋强化，节能减排任务艰巨，空气、水质、土壤等污染问题还比较严重；一些体制机制障碍仍然存在，重要领域和关键环节改革需要加大力度；群众生活水平不够高，一些特殊群体生活还比较困难；基层基础工作还有薄弱环节，城市管理、社会管理还有不少问题；政府自身建设需要进一步加强，有的部门及其工作人员群众观念淡薄，服务意识不强，办事效率不高，形式主义、官僚主义、享乐主义、奢靡之风不同程度存在，腐败现象时有发生。对于这些问题，我们一定高度重视，采取有力措施，切实加以解决。

二、2014 年工作目标和主要任务

2014 年，是贯彻落实党的十八大和十八届三中全会精神的重要一年，也是完成“十二五”规划的关键一年。市委十届三次、四次全会确定了建设美丽天津的战略任务，对进一步深化改革作出全面部署，明确了未来发展的奋斗目标，承载着全市人民的热切期盼。我们一定始终保持奋发有为的精神状态，以更大的勇气、智慧和魄力，坚定不移地推进改革扩大开放，不断在发展进程中破除体制机制障碍，不断在激烈竞争中抢占先机，不断在实现城市定位的奋斗中攻坚克难，用心把握、实干苦干，努力推动各项工作跨上新高度、迈上新台阶、再上新水平。

2014 年政府工作总体要求是：全面贯彻落实党的十八大和十八届二中、三中全会精神，深入学习贯彻习近平总书记一系列重要讲话精神，认真落实中央经济工作会议、中央城镇化工作会议部署，按照市委十届三次、四次全会要求，坚持稳中求进工作总基调，把改革创新贯穿于经济社会发展各个领域各个环节，以提高发展质量和效益为中心，加大转方式调结构力度，进一步扩大开放，切实保障和改善民生，大力加强社会主义经济、政治、文化、社会、生态文明建设，开创美丽天津建设新局面。

2014 年全市经济和社会发展主要预期目标是：生产总值增长 11%，地方财政收入增长 12%，全社会固定资产投资增长 15%，社会消费品零售总额增长 12%，外贸进出口增长 10%，城镇登记失业率控制在 3.8%以内，城乡居民收入分别增长 10%、12%，居民消费价格涨幅控制在 3.5%左右。万元生产总值能耗下降 3.5%，完成节能减排目标任务。

2014 年工作，重点围绕三个方面展开：

(一)全面加快美丽天津建设

建设美丽天津，是实现更高水平发展的必然选择，是各项工作全面上水平的重要抓手。以调整经济结构、防治环境污染、保护自然生态和提升城市功能为重点，积极推动绿色发展、循环发展、低碳发展，全面提高经济效益、社会效益、生态效益，努力实现人与自然和谐相处、经济与社会协调可持续发展。

第一，着力优化产业结构，加快经济转型升级。继续狠抓大项目小巨人楼宇经济发展，提升科技创新能力，发挥滨海新区制造研发转化基地带动作用，进一步提高产业发展水平。

加快发展先进制造业。继续推进重大工业项目建设，工业总产值达到 3 万亿元。实施绿色能源、重型装备等十大产业链构建工程。培育高端装备制造、新一代信息技术等战略性新兴产业。促进工业化与信息化深度融合，建设国家级信息安全产业基地。强化节能减排，继续实施十大节能工程，提高清洁能源使用比重，大力发展资源循环利用、水处理、电动汽车等环保产业，发挥重大节能环保技术应用示范作用，扩大海水淡化利用总量，积极推进新能源汽车推广应用示范城市建设，加快建设子牙国家循环经济产业园。坚决淘汰落后产能，化解过剩产能，启动实施万企转型升级行动计划，促进结构优化、效益提升、就业增加、资源节约和环境改善。

加快发展现代服务业。做大做强金融机构，拓宽融资渠道，不断加大金融对实体经济的支持力度。打造现代物流基地，着力构建大物流体系。大力发展商贸服务业，明显提升商业服务质量，建成恒隆广场、和记黄埔等一批大型商业综合体，构建新型农村消费网络体系。促进文商旅融合，启动国家海洋博物馆工程，建设中国邮轮旅游实验区。推进国家会展中心建设，举办夏季达沃斯论坛等大型会展活动。加快发展楼宇经济，全市亿元楼宇达到 150 个。积极发展电子商务、创意产业、信息消费、服务外包、总部经济、健康服务等新兴服务业。

加快发展现代都市型农业。优化农业结构，积极发展生态农业、休闲农业，发挥现代农业产业园区示范作用，改造提升 5 万亩设施农业和 32 个养殖园区，大力培育优势种业，推广应用一批农业科技成果。提升发展农民专业合作社和农业龙头企业，培育家庭农场等新型农业经营

主体,不断完善农业社会化服务和产业化经营体系。提高农产品质量安全水平,扩大无公害、绿色种养殖基地规模。加强农田水利基础设施建设,严格保护耕地,稳定粮食生产。

加快提升科技创新水平。深化部市、院市合作,建设未来科技城,争创国家自主创新示范区。高水平实施10个重大科技专项和科技示范工程,组织100项关键技术攻关,研发转化一批国内外领先的科技成果。建设中德生物科技园等重大创新平台,新增一批国家级重点实验室、工程中心、企业技术中心和高水平孵化转化载体。深入实施科技小巨人发展三年行动计划,新发展科技型中小企业1万家、培育小巨人企业500家。加强知识产权的创造、运用、保护和管理,落实引进人才政策,集聚创新人才。

第二,着力强化污染防治,加快提高环境质量。全面实施"美丽天津·一号工程",以前所未有的高度重视生态环境,以前所未有的力度推进生态保护工程,以前所未有的铁腕依法治理环境违法行为,努力创造天长蓝、地长绿、水长清的美好环境。

大力实施"四清一绿"行动。以控煤、控车、控尘、控污为重点,实施清新空气行动,治理火电污染,削减燃煤总量,加强煤质管理,改燃供热锅炉36座,淘汰黄标车8万辆。以控源截污、提高污水处理能力为重点,实施清水河道行动,综合治理河道14条,新建扩建污水处理厂23座,城镇污水集中处理率超过90%。以加强农村垃圾、污水处理和绿化为重点,实施清洁村庄行动,建立长效管护机制。以加强社区物业管理为重点,实施清洁社区行动,实现社区居委会、社区物业管理、中心城区旧楼区提升改造全覆盖。以推进"一环两河七园"绿化工程为重点,实施绿化美化行动,加快建设外环线绿化带、独流减河、永定新河和东丽、官港郊野公园等绿化工程,植树造林26.5万亩。坚决依法治理环境违法行为,坚决查处超标排放黑烟、偷排黑水、倾倒黑渣企业,坚决消除"三黑"隐患,重拳出击,铁腕治污,通过持续努力,还人民群众一片碧水蓝天。

大力推进生态保护和修复。划定生态用地保护红线。继续推进七里海、大黄堡、北大港、团泊洼等湿地修复,加强蓟县山地生态保护,实施于桥水库封闭管理,进一步加强水源保护。发挥中新生态城示范引领作用,创建首个国家绿色发展示范区。

第三,着力加强规划建设管理,加快提升城市品质。优化空间布局,完善载体功能,美化市容环境,突出城市特色,不断提高规划建设管理水平。

继续完善城市规划体系。编制市域空间管制区规划和生态系统规划,深化一批重点地区城市设计。完成侯台、南淀、柳林和动物园、植物园、城市绿道规划,完善城市轨道交通规划,加强社区规划工作。强化规划管理,依法维护规划的权威性和严肃性。

继续推进高水平基础设施建设。建成天津港东疆北防波堤、集装箱中心站,开工建设神华煤码头二期等工程,港口货物吞吐量达到5.3亿吨,集装箱吞吐量达到1400万标准箱。滨海国际机场二期航站楼和地下交通中心投入使用。建成京津城际延伸线、于家堡铁路中心站,开工建设京津城际机场引入线,推进津保铁路、进港三线、西南环线等工程。建成塘承二期、滨海新区西外环一期、津港二期等高速公路。地铁2号线机场延伸线试运营,加快建设5、6号线和1号线延伸工程,启动建设4号、10号线。继续完善路网体系和水电气热等管网设施,南水北调中线工程通水。

继续加强城市精细化管理。综合整治30条主干道路,提升完善151条道路沿线环境。新建改造绿地1900万平方米,提升立体绿化水平。加强市容环境卫生、户外广告、城市照明、标识标牌等管理。完善分级分类管理模式,全面提高管理质量和效率。

(二)全面深化改革扩大开放

改革开放是发展的活力源泉,是向更高水平迈进的强大动力。充分发挥滨海新区带动作用,打好全面深化改革攻坚战,构筑开放型经济发展新高地,在新一轮改革开放中争当领军者、排头兵。

第一,着力推进重点改革,进一步增强发展活力。继续发挥先行先试优势,启动实施滨海新区综合配套改革第三个三年行动计划,着力破除制约发展的体制机制障碍。

加快推进政府职能转变和机构改革。处理好政府和市场的关系,发挥市场在资源配置中的决定性作用,更好发挥政府作用。按照统一、精简、效能原则,积极稳妥推进大部门制改革。加快事业单位分类改革,推进有条件单位转为企业或社会组织。继续减少、下放行政审批事项,完善行政审批服务体系。积极推进便民服务、综合执法、公共资源交易平台建设。根据部门职能定位,推行权力清单制度,建立诚信体系,加强事中事后监管。

加快深化国有企业改革。以市场化为导向,以"三个一批"为重点,加快调整布局结构,大力发展混合所有制经济。完成5个重组整合项目,放开搞活一批优势企业,退出一批劣势企业和低效资产。支持企业上市融资,提高国有资产证券化水平。完善国有资本投资运营主体,健全国资监管体制。

加快发展民营经济。全面放开竞争性领域,降低准入门槛和创业成本,消除各种隐性壁垒,创造更加公平的市场环境、政策环境和社会环境。支持民营企业参与国企改制重组,加大金融、财税政策支持力度,推进工商登记制度改革,不断激发社会经济活力和创造力。

加快金融改革创新。大力发展融资租赁,扩大租赁品种和业务范围,建设服务全国的租赁资产交易平台,努力创建国家租赁业创新示范区。规范发展创新型交易市场,推动市场服务多元化和业务创新,促进各类资源合理配置、有效流转。扩大跨境人民币结算业务,继续推进资本项目外汇管理改革、意愿结汇等试点工作。积极发展消费金融、离岸金融、商业保理等创新型业务。加快发展民营金融机构。进一步加强地方金融监管,健全政府性债务"借用管还"机制,防范化解金融和债务风险。

加快完善城乡一体化体制机制。深入推进新型城镇化,扩大"三改一化"改革试点,完善支持集体经济发展政策,打造更多"四金"农民。启动新一批示范小城镇建设试点,提高"三区"联动发展水平。开展农村土地承包经营权等确权和抵押融资试点工作,完善农村产权制度。推广村镇银行本土化、民营化、专业化发展模式,提高服务水平。统筹城乡基础设施建设和社区建设,推进城乡基本公共服务均等化。

加快推动社会领域改革。深化教育综合改革,推进学区制和九年一贯对口招生,启动中高考改革工作,加快建设国家职业教育改革创新示范区。积极推进区县公立医院改革,鼓励社会资本办医。深化户籍制度改革,实施居住证制度,创新流动人口和特殊人群管理服务。继续深化文化、就业、收入、社保等方面改革。

第二,着力扩大对外开放,进一步提高开放型经济水平。实行更加积极主动的开放战略,创新开放模式,拓展开放领域,集成开放优势,面向全球组织资源要素,整合海关特殊监管区域,探索建设自由贸易试验区,构建对外开放新优势。

努力提升招商引资质量水平。坚持引资引技引智相结合,围绕"高新、集群、链条",积极实施招商引资行动计划,吸引外企、央企、民企聚焦,鼓励跨国公司设立地区总部、研发中心、采购中心、结算中心。优化利用内外资结构,引导资金投向优势支柱产业、战略性新兴产业、现代服务业和节能环保等领域。加快推进金融、教育、文化、医疗、旅游等领域有序开放。全年实际利用外资增长12%,引进内资增长15%。

努力转变外贸发展方式。促进加工贸易转型升级,进一步优化出口产品结构,巩固传统市场,开拓新兴市场,引进国内外大型贸易企业,培育更多中小型外贸主体。加强出口基地建设,培育自主出口品牌。大力发展服务贸易,加快服务外包示范城市建设。积极发展跨境电子商务。推进进口贸易创新示范区建设,增强进口服务辐射功能。

努力加快"走出去"步伐。鼓励企业到境外投资设厂,建立生产基地、原材料基地和营销网络。支持有条件的企业抱团"走出去",联手开拓市场。推进境外投资备案制。完善境外突发事件应急机制。对外直接投资增长15%。进一步深化与港澳地区的务实合作。打造台湾商品北方集散中心。巩固发展国际友城关系,密切与华侨华人联系,吸引国际组织在津设立机构。

第三,着力促进京津冀协同发展,进一步加强区域经济合作。加快谱写新时期社会主义现代化京津"双城记",深化区域合作,促进资源要素自由流动,实现优势互补、互利共赢。

推动京津冀务实合作。借重用好首都资源,承接北京部分功能。推进铁路、公路、港口等交通基础设施对接,加快未来科技城京津合作示范区建设,吸引高端资源要素聚集。加强生态环境保护合作,开展大气污染治理联防联控。建立社会公共服务协同管理机制,促进社会信息资源共享。

推动环渤海地区交流合作。落实与山西、内蒙古等省区合作协议,重点加强电力、优质动力煤、天然气等清洁能源领域的战略合作。提升口岸服务水平,完善大通关体系,发挥港口优势,优化无水港布局,推进港口、保税功能向腹地延伸。支持有实力的企业到中西部设立分支机构和生产基地,推进产业梯度转移。扎实做好对口帮扶工作。

(三)全面促进群众生活改善

促进社会公平正义、增进人民福祉是改革发展的出发点和落脚点。带着感情和责任做好民生工作,提高基本公共服务均等化水平,让发展成果更多更公平惠及全市人民。

第一,着力发展社会事业,不断完善社会公共服务。统筹经济社会协调发展,优化资源布局,加大投入力度,积极发展教育、卫生、文化、体育等社会事业,更好地满足人民群众需求。

下力量办好人民满意的教育。继续实施学前教育提升计划,新建、改造幼儿园150所。推进新一轮义务教育学校现代化标准建设,完成260所学校达标验收。推进普通高中现代化标准建设,完成30所高中达标验收,新建改扩建农村高中10所。做好进城务工人员随迁子女教育工作。加快海河教育园区二期工程建设,3所高职院校迁入开学,高水平办好全国职业院校技能大赛。实施高校创新能力提升计划,新增一批协同创新中心。加快南开大学、天津大学、中医药大学、体育学院和开放大学等新校区建设,推进科技大学向滨海新区整体迁移。培养高素质师资队伍,提高师德水平和业务能力。

下力量提升医疗卫生服务水平。加快卫生资源调整,完成第二儿童医院、环湖医院新建工程,加快中医二附院、第一中心医院、第三中心医院等项目建设进度,推进区县公共卫生医疗机构标准化建设。完善国家基本药物制度,建立基层医疗卫生机构运行新机制。完善公共卫生服务项目,提高疾病预防控制和卫生监督执法能力。大力发展中医药事业。启动实施"单独两孩"政策,做好失独家庭帮扶工作。

下力量推动文化体育事业繁荣发展。进一步完善市文化中心服务功能,打造公共文化服务品牌。推进公共电子阅览室、文化信息资源共享等文化惠民工程。完成中国大戏院、红旗剧院等工程。推出一批群众喜闻乐见的文艺精品。培育践行社会主义核心价值观,深入开展中国梦主题教育实践活动,广泛开展"共建美丽天津、共享美好生活"等精神文明创建活动,鼓励开展社会公益活动,提高市民文明素质和社会文明程度。培育壮大文化市场,加快国家3D影视创意园等项目建设,支持发展特色文化产业项目。做好哲学社会科学、新闻出版、广播影视、文物保护、图书档案、科普等工作。广泛开展全民健身运动,全面启动第十三届全运会筹备工作。大力发展妇女儿童、老龄、残疾人、慈善等事业。

第二,着力保障改善民生,不断提高群众生活水平。继续实施20项民心工程,将更多财力向民生领域倾斜,集中力量为群众办更多的好事实事。

促进更高质量的就业。完善创业扶持政策,搞好创业支持平台建设。重点帮扶以高校毕业生为主体的青年就业,大力促进农村转移劳动力、城镇困难人员、退役军人就业,妥善做好企业兼并重组中职工安置工作。继续实施百万技能人才培训计划,加快开发职业技能培训包,提升公共就业服务水平。全年新增就业48万人。

实现居民收入持续增长。完善增加城乡居民收入政策体系,继续提高最低工资标准,扩大工资指导线范围。健全职工工资正常增长机制,依法推进企业工资集体协商,促进劳动报酬增长和劳动生产率提高同步。继续提高企业退休人员养老金。建立健全保基本、可持续的社会救助制度,继续提高城乡低保、重点优抚对象、特困救助、农村五保供养等补助标准和老年人生活补贴。多渠道开辟农民收入来源。

建立更加公平的社会保障制度。推进全民参保,扩大基本养老保险覆盖面,参保总数达到650万人。提高基本医疗保险水平,城乡居民医疗保险补助标准由人均420元增加到520元,住院报销比例统一提高5个百分点,住院和门诊起付标准统一调整为500元,居民住院最高支付限额增加到18万元。基本医疗保险参保率保持在95%以上。今年,还要为全市160万儿童发放健康卡,为60岁以上老年人免费进行一次体检。

创造更好的群众生活条件。建成保障性住房7.5万套,新开工6万套,新增租房补贴1万户。改造西于庄等成片危陋房屋20万平方米,全面完成城中村和农村危房改造任务。新建一批菜市场,推进放心食品系列工程和放心药厂、药店、药房建设,构建食品药品安全保障体系。多渠道兴办养老服务机构,新建社区老年日间照料服务中心80个,新增养老机构床位6000张,开展农村困难老年人护理试点工作。完善价补联动机制。

营造更加便捷的出行环境。大力发展公共交通,新增公交车2000辆,新开优化公交线路45条,加快公交场站、充电站、加气站建设,推动公交向郊区县延伸。加快地铁建设进度,提升运营服务能力和水平。规范出租车管理,进行公共自行车服务系统试点。新建一批停车场、过街设施,增加居民小区停车泊位,加强停车秩序管理。继续加大交通拥堵治理力度,加快智能交通系统建设,实施机动车限行管理,开展机动三轮车专项治理,重点整治学校、医院、车站、商场周边和主干道路交通秩序,加强和改进道路交通管理执法。治理交通拥堵,关乎民生需求,关乎城市形象。我们要以最大的决心,动员全社会参与,综合施策,标本兼治,为市民提供一个高效、便捷、安全、文明的交通环境。

第三,着力创新社会治理,不断巩固和谐稳定局面。坚持社会管理重心下移,加强社区居委会和农村基层组织建设,推进社区网格化管理,提高社会管理能力。建立健全重大决策社会稳定风险评估机制,畅通和规范群众诉求表达、利益协调、权益保障渠道。深入排查各类社会隐患,有效化解矛盾纠纷。强化生产、施工、消防、交通等安全监管,坚决防止重特大安全事故发生。加强互联网信息管理。完善社会治安防控、防灾减灾救灾体系,提高应对突发事件能力,推进平安天津、法治天津建设,让社会充满活力,更加和谐有序。

各位代表,完成今年各项发展任务,政府肩负重要责任。我们一定以高度的责任感、使命感,加快转变政府职能,切实改进工作作风,恪尽职守,开拓进取,努力建设人民满意的政府。扎实开展党的群众路线教育实践活动,巩固作风建设成果。强化公共服务职能,创造良好发展环境,维护社会公平正义。深入推进依法行政,积极配合市人大及其常委会做好地方立法工作,严格依照法定权限和法定程序行使职权,规范行政执法行为,加强行政执法监督。认真执行市人大及其常委会的决定，自觉接受市人大的法律监督、工作监督和市政协的民主监督，切实做好建议提案办理工作，虚心听取各民主党派、工商联、无党派人士和人民团体的意见。坚持科学民主决策，扩大政务公开，保障市民的知情权、参与权、监督权。落实廉政建设责任制，坚持用"制度加科技"办法管权管事管人。严格执行厉行节约反对浪费条例，严控"三公"经费。做好信访、仲裁、人民调解、行政调解和行政复议等工作。强化绩效管理，加大督查力度，严格执行行政问责制，确保各项工作落实。搞好第三次经济普查。继续做好帮扶困难村、联系社区工作。加强基层民主政治建设。支持工会、共青团、妇联等人民团体更好地开展工作。认真落实党的民族、宗教和侨务政策。做好新时期港澳和对台工作。深入开展双拥共建活动，积极支持国防和军队建设，推动军民融合深度发展。

各位代表，建设美丽天津的光荣使命鼓舞我们砥砺奋进，全市人民的信任期盼鞭策我们勇往直前。让我们紧密团结在以习近平同志为总书记的党中央周围，在市委领导下，紧紧依靠全市人民，齐心协力、拼搏进取，为加快实现城市定位，为实现中华民族伟大复兴的中国梦而努力奋斗！

（摘自 2014 年 1 月 26 日《天津日报》）

·天津区县年鉴·

专　　文

中共天津市委关于深入贯彻落实习近平总书记在津考察重要讲话精神加快建设美丽天津的决定

(2013年8月2日中国共产党天津市第十届委员会第三次全体会议通过)

为深入贯彻落实党的十八大精神和习近平总书记一系列重要讲话及在津考察时的重要讲话，加快建设美丽天津，实现中央对天津的定位，现作出如下决定。

一、深刻认识加快建设美丽天津的重大意义

5月14日至15日，习近平总书记来津考察并发表重要讲话，要求我们着力提高发展质量和效益、着力保障和改善民生、着力加强和改善党的领导，加快打造美丽天津。总书记的重要指示，高屋建瓴，思想深刻，是做好当前和今后一个时期全市工作的重要指针。我们要深刻认识加快建设美丽天津的重要性、必要性，切实增强责任感、紧迫感，认真抓好贯彻落实。

*建设美丽天津是贯彻落实中央决策部署的重大举措。*党的十八大明确提出了中国特色社会主义事业五位一体的总体布局，要求大力推进生态文明建设，努力建设美丽中国，实现中华民族永续发展。这是实现中华民族伟大复兴的中国梦的重要内容。建设美丽天津是建设美丽中国的要求，我们有责任肩负起这一光荣的使命。

*建设美丽天津是主动顺应世界发展新趋势的必然要求。*当今世界，实现可持续发展已成为国际社会的普遍共识，绿色循环低碳发展已成为新的潮流，环境保护已成为参与国际竞争与博弈的新焦点。我们必须认清发展大势，跟上时代步伐，正确处理经济社会发展与保护生态环境的关系，积极抢占未来发展的制高点。

*建设美丽天津是推动天津发展迈上新台阶的战略抉择。*天津发展已经站在新的起点上，进入向更高水平迈进的新阶段。我们要自觉将生态文明融入现代化建设全过程之中，促进人与自然、经济与环境、人与社会和谐共生，实现发展经济、改善民生、保护生态共赢，努力走出一条代价小、效益好、排放低、可持续的发展新路。

*建设美丽天津是全市人民过上更好生活的迫切愿望。*良好的生态环境是最公平的公共产品，是最普惠的民生福祉。广大群众既希望安居乐业有保障，也希望更健康更长寿更幸福。喝上干净水、呼吸上新鲜空气、吃上放心食品、享受优美环境，已成为人民群众最关心最直接最现实的利益问题。我们要团结全市人民努力奋斗，把天津建设得更美丽，让广大人民群众共建共享发展成果。

二、准确把握加快建设美丽天津的总体要求、奋斗目标和重点任务

建设美丽天津，就是把中央精神与天津实际紧密结合起来，把生态文明建设放在突出地位，融入经济建设、政治建设、文化建设、社会建设各方面和全过程，加快建设资源节约型、环境友好型社会，形成节约资源和保护环境的空间格局、产业结构、生产方式、生活方式，实现经济发达、政治民主、文化繁荣、社会和谐、生态良好、人民幸福。

建设美丽天津，要全面贯彻落实党的十八大精神，高举中国特色社会主义伟大旗帜，以邓小平理论、“三个代表”重要思想、科学发展观为指导，深入贯彻落实习近平总书记一系列重要讲话和对天津工作的重要指示，以科学发展为主题，以加快转变经济发展方式为主线，以提高人民生活质量为根本目的，以调整产业结构、防治污染、保护生态为主要内容，以提高市民素质、弘扬城市文化、提升城市品质为重要支撑，以加强法治和创新体制机制

为有力保障，解放思想、改革创新，优化结构、效益优先，民生为本、绿色发展，努力把天津建设成为人与自然和谐相处、经济与社会协调可持续发展的美丽家园。

经过全市人民不懈奋斗，到2016年，全市生产总值超过2万亿元，地方财政收入突破3000亿元，服务业比重超过50%，全社会研发经费支出占生产总值比重达到3%以上，万元生产总值能耗比“十一五”末下降20%，PM2.5年均值下降20%，林木绿化率达到25%，实现居民收入增长和经济发展同步、劳动报酬增长和劳动生产率提高同步，人均预期寿命达到81.5岁，经济效益、社会效益、生态效益全面提高，美丽天津建设取得重大进展。到2020年，把天津建设成为经济更繁荣、社会更文明、科教更发达、设施更完善、环境更优美的国际港口城市、北方经济中心和生态城市。

建设美丽天津，任务繁重而艰巨。综合分析，我们完全有基础、有条件、有优势实现上述目标要求。当前和今后一个时期，要着力抓好以下重点任务：

*加快转变经济发展方式，推进绿色循环低碳发展。*坚持稳中求进、稳中有为、稳中提质，进一步把推动发展的着力点转到提高质量和效益上来，加快转方式、调结构、促转型，打造天津经济升级版。围绕大项目小巨人楼宇经济，推动优势支柱产业向产业链高端延伸、名牌拳头产品向配套服务拓展，提高产业能级和集中度，推动产业集成集约集群发展。加快发展实体经济，大力发展先进制造业，大力发展节能环保、新能源、海洋经济等战略性新兴产业，大力提升传统产业，构筑现代产业体系。坚决淘汰落后产能、化解过剩产能，坚决不上高耗能高污染项目。加快发展服务业，坚持生产性服务业和生活性服务业并重、现代服务业和传统服务业并举，提高服务业的比重和水平，形成与现代化大都市地位相适应的服务经济体系。加快发展现代都市型农业，增强农业综合生产能力，培育新型农业经营主体，促进农业增效、农民增收。加快发展民营经济，加大中小微企业等的政策扶持和服务力度，进一步激发企业活力。加快调整能源结构，实施重点节能工程，加大减排力度，严格控制污染，发展循环经济。加快实施创新驱动发展战略，更加注重协同创新，构建产学研用紧密结合的技术创新体系，打通科技和经济转移转化通道，发展科技型中小企业，努力建设创新型城市。

*加强城乡和区域统筹，促进错位多元协同发展。*推进滨海新区开发开放，构筑高端产业、体制机制、整体功能、生态环境新优势，发展实体经济、服务经济、港口经济，加快东疆保税港区、中心商务区等功能区建设，做到产业高端化、环境生态化、管理高效化、发展可持续，更好发挥引擎作用。推动中心城区走内涵式、高端化、创新型发展路子，促进郊区县示范工业园区、农业产业园区、农村居住社区联动发展，发展飞地经济，培育更多强区强县。坚持集约智能绿色低碳新型城镇化道路，以推进人的城镇化为核心，全面提高城镇化质量。借重用好首都资源，深化京津冀和环渤海区域交流合作，实现优势互补、共赢发展，共同谱写新时期社会主义现代化的“双城记”。

*强化自然生态系统和环境保护，建设天蓝地绿水净良好环境。*牢固树立绿水青山就是金山银山的发展理念，发挥中新天津生态城示范引领作用，以解决损害群众健康突出环境问题为重点，滚动实施生态市建设行动计划，继续实施清水工程、净化工程、绿化工程、重点生态环境治理工程。加强饮用水源地保护，搞好水资源循环利用，推进非常规水开发利用，综合治理海河等重点河道，建设生态水源工程和河流生态廊道。以防治PM2.5污染为重点，加强与周边省市联防联控，促进环境空气质量明显改善。大力植树造林，多种树，种大树，建设绿道、绿带、绿化组团和郊野公园。综合治理土壤污染和重金属污染。强化生活垃圾分类收集和无害化、资源化处理。加强海洋、湿地、森林及沿海滩涂、入海河口等保护修复，搞好生态功能区、自然保护区建设管理。推进美丽乡村、美丽社区等建设，开展清洁家园行动。健全防灾减灾体系，提高灾害防御能力。

*提高规划建设管理水平，科学布局生产生活生态空间。*坚持布局合理、快捷高效、便民利民导向，注重整体局部细节协调，突出城市品位特色，强化生态宜居功能，合理控制城市规模和开发强度，优化城乡空间结构。

实施主体功能区战略，划定并严守生态红线，确立城市开发利用的资源消耗上限、环境质量底线。完善现代综合交通体系，加强港口集疏运体系建设，增强机场客货运吞吐能力，优先发展公共交通，加快建设高速铁路、高速公路、快速路和轨道交通，建设慢行交通系统，提高绿色交通出行比例。加强水电气热等市政公用设施建设，加快地下管网改造。提升综合信息化水平，打造智慧城市。加强既有建筑节能改造，发展绿色建筑。深化市容环境综合整治，加强交通运输秩序和环境管理，提高城市管理智能化、精细化、常态化水平。

*加强生态文明制度建设，强化法制政策措施保障。*把资源消耗、环境保护、生态效益纳入经济社会发展评价体系，建立体现美丽天津要求的目标体系、考核办法、奖惩机制。实行最严格的耕地保护制度、水资源管理制度、环境保护制度，健全资源有偿使用制度和生态补偿制度，深化资源性产品价格改革和环境税费改革，积极推进

碳排放权交易、排污权交易和绿色供应链管理试点。制定完善资源环境经济政策，逐步提高生态环保财政投入比例，推动建立多元化投融资机制。加强生态文明法制建设，修订完善有关地方性法规、政府规章和配套制度。强化生态环境监管，建立完善生态环境保护责任追究制度和环境损害赔偿制度，严格执行项目审批生态环境保护一票否决制。

*提升市民素质和城市文明程度，营造节约环保生态社会风尚。*坚持以德育人、以教启智、以文化人，提高城乡居民的思想道德素质、科学文化素养和身心健康水平。深化中国梦主题教育实践活动，践行社会主义核心价值观，弘扬天津精神，深入推进提升市民素质行动计划，开展共建美丽天津、共享美好生活创建活动，倡导人人争做文明市民。完善覆盖城乡的公共文化服务体系，持续推进文化惠民工程，建设学习型城市。普及科学知识，倡导文明新风，推进移风易俗。弘扬尊重自然、顺应自然、保护自然的理念，倡导合理适度消费、绿色低碳消费，营造自觉保护生态环境的良好风气，养成健康文明的生活方式和行为习惯。

*保障和改善民生，实现共同参与共同建设共同享有。*把保障和改善民生作为发展经济的重要导向，按照守住底线、突出重点、完善制度、引导舆论的思路，尽力而为，量力而行，扎实推进民心工程，多办打基础、利长远、惠民生的好事实事。完善就业创业扶持政策，做好高校毕业生等重点人群和困难群体就业工作。鼓励和支持全民创业，引导群众创业致富。深化收入分配制度改革，办好有利于群众直接增收的民生项目，不断增加城乡居民收入。健全社会保障体系，提高保障水平。开展结对帮扶，保障困难群众基本生活。加快保障性住房建设，推进危陋房屋、旧楼区和城中村改造。发展教育、卫生、文化、体育等事业。完善社会化养老服务体系，发展老龄服务事业和产业。深化法治天津建设，推进科学立法、严格执法、公正司法、全民守法进程。加强和创新社会管理，提升公共服务水平。搞好社区服务设施和居民活动场所建设。深入推进平安天津建设，着力解决影响社会和谐稳定的突出问题。加强食品药品安全监管。强化安全生产。

三、切实加强对美丽天津建设的组织领导

*充分发挥党委的领导核心作用。*各级党委要把加快建设美丽天津作为重大任务，切实摆上重要位置，加强对重大问题的研究和决策，充分发挥总揽全局、协调各方的作用。各级政府要发挥主导作用，明确目标，分解任务，确定时限，落实责任，认真组织实施。各级人大、政协要充分履行职能，更好发挥作用。加强督促检查，强化绩效考核，确保落到实处。

*切实改进工作作风。*深入开展以为民务实清廉为主要内容的党的群众路线教育实践活动，牢固树立宗旨意识，强化群众观点，增进群众感情，坚决反对形式主义、官僚主义、享乐主义和奢靡之风，做到改进作风、联系群众常态化长效化。发扬优良传统，创新工作手段，下基层、接地气、摸实情、解难题，全面做细做实做好群众工作。勇于负责，敢于担当，发扬钉钉子精神，以踏石留印、抓铁有痕的劲头，求真务实，真抓实干，推动各项工作取得实效。

*加强领导班子和干部队伍建设。*把思想政治建设放在第一位，增强理想信念的坚定性。善于观大势、想大局、谋大事，提高战略思维、创新思维、辩证思维、底线思维能力，改进领导工作方式方法，提高决策能力和水平。认真贯彻民主集中制，确保各级党组织的活力和党的团结统一。坚持正确用人导向，提高选人用人公信度，及时发现、合理使用好干部。树立强烈的人才意识，统筹推进各类人才队伍建设，实施重大人才工程，建立高素质人才队伍。严明党的纪律特别是政治纪律，全面推进惩治和预防腐败体系建设，把权力关进制度的笼子。

*扎实推进体制机制创新。*进一步解放思想、更新观念，以新思维看待新实践，以新思路谋划新举措，以新办法破解新难题。把握全面深化改革的内在规律和重大关系，坚持问题导向，加强调查研究，抓住关系全局的重大问题，选准改革的突破口和着力点，充分发挥滨海新区先行先试的重要作用，聚合改革的正能量，不失时机深化重要领域改革，不断创新体制、完善机制、健全制度，充分释放改革的红利，进一步解放和发展社会生产力，进一步激发和凝聚社会创造力。

*形成同心推进强大合力。*创新基层党建工作，扩大组织覆盖和工作覆盖，加强基层服务型党组织建设，充分发挥基层党组织的战斗堡垒作用和共产党员的先锋模范作用。巩固和壮大最广泛的爱国统一战线，动员广大统一战线成员献计出力。工会、共青团、妇联等人民团体要组织广大职工群众，积极为建设美丽天津作贡献。广泛开展双拥共建活动，巩固发展新型军政军民关系，更好发挥津门子弟兵作用。加强宣传教育，搞好舆论引导，努力营造良好氛围。动员全社会力量，广泛凝聚民心民智民力，不断开创各项工作新局面。

建设美丽天津，关系百姓福祉，关乎天津未来。全市上下要紧密团结在以习近平同志为总书记的党中央周围，凝心聚力，接力奋斗，不断开拓生产发展生活富裕生态良好的文明发展道路，共同描绘天津发展的秀丽画卷。

（摘自 2013 年 8 月 5 日《天津日报》）

中共天津市委 天津市人民政府

美丽天津建设纲要

民生亮点

■绿化工程 建成7个郊野公园，改造提升外环线绿化带，建设天津动物园、植物园，规划建设西营门至柳林25公里绿色生态走廊

■净化工程 继续实施供热改燃并网工程，中心城区、滨海新区核心区基本实现供热无燃煤化。2015年前全面供应国Ⅴ车用汽、柴油，实施国Ⅴ机动车排放标准，推广使用燃料乙醇汽油，全部淘汰"黄标车"

■路网建设 实现中心城区与滨海新区核心区之间高速铁路公交化，启动建设蓟港市域快速铁路工程。建成京秦、塘承二期、唐廊一期、蓟汕联络线、滨石、津港二期等高速公路工程，改造京津塘、津沧、津保高速公路。建成地铁5、6号线及1、2、3号延伸线

■公用设施 实现南水北调中线通水，推进供水旧管网改造，建设海水淡化输送工程，提高城市供水能力。完善城市排水系统，排水管网覆盖率提高到90%，基本解决中心城区积水问题

■交通环境 应对日益严重的交通拥堵趋势，适时考虑采取限购、限行等办法，控制机动车数量过快增长，加强停车库、停车楼建设，减少和规范道路停车

为深入贯彻落实党的十八大精神和习近平总书记在天津考察时提出的重要要求，把生态文明建设贯穿于经济社会发展全过程，努力建设美丽天津，加快建成国际港口城市、北方经济中心和生态城市，根据《中共天津市委关于深入贯彻落实习近平总书记在津考察重要讲话精神加快建设美丽天津的决定》，特制定本纲要。

一、全面把握建设美丽天津的总体要求

1.深刻认识重大意义。党的十八大把生态文明建设纳入中国特色社会主义事业五位一体总体布局。习近平总书记在天津考察工作时明确要求，要重视生态文明建设，加快打造美丽天津，为我市发展指明了方向。建设美丽天津，是贯彻落实中央决策部署的重大举措，是主动顺应世界发展新趋势的必然要求，是推动天津发展迈上新台阶的战略抉择，是全市人民过上更好生活的迫切愿望。多年来，特别是市第九次党代会以来，我市高度重视生态文明建设，加快转变经济发展方式，不断加大生态环境保护和治理力度，生态城市建设迈出坚实步伐。但也应看到，资源环境约束日趋强化，一些突出的环境问题尚未根本解决，人民群众改善生产生活环境的愿望更加迫切。全市上下必须进一步增强忧患意识、责任意识、大局意识，把中央精神与天津实际紧密结合起来，把生态文明建设放在突出地位，融入经济建设、政治建设、文化建设、社会建设各方面和全过程，加快建设资源节约型、环境友好型社会，形成节约资源和保护环境的空间格局、产业结构、生产方式、生活方式，扎实推进美丽天津建设，实现经济发达、政治民主、文化繁荣、社会和谐、生态良好、人民幸福，具体体现在科学发展之美、自然生态之美、人居环境之美、人文行为之美、生活幸福之美。

2.全面把握总体要求。全面贯彻落实党的十八大精神，高举中国特色社会主义伟大旗帜，以邓小平理论、"三个代表"重要思想、科学发展观为指导，深入贯彻落实习近平总书记一系列重要讲话和对天津工作的重要指示，以科学发展为主题，以加快转变经济发展方式为主线，以提高人民生活质量为根本目的，以调整产业结构、防治污染、保护生态为主要内容，以提高市民素质、弘扬城市文化、提升城市品质为重要支撑，以加强法治和创新体制机制为有力保障，解放思想、改革创新，优化结构、效益优先，民生为本、绿色发展，努力把天津建设成为人与自然和谐相处、经济与社会协调可持续发展的美丽家园。

3.明确未来发展目标。经过全市人民不懈奋斗，到2016年，全市生产总值超过2万亿元，地方财政收入突破3000亿元，服务业比重超过50%，全社会研发经费支出占生产总值比重达到3%以上，万元生产总值能耗比"十一五"末下降20%，PM2.5年均值下降20%，林木绿化

率达到25%，实现居民收入增长和经济发展同步、劳动报酬增长和劳动生产率提高同步，人均预期寿命达到81.5岁，经济效益、社会效益、生态效益全面提高，美丽天津建设取得重大进展。到2020年，把天津建设成为经济更繁荣、社会更文明、科教更发达、设施更完善、环境更优美的国际港口城市、北方经济中心和生态城市。

二、加快推进科技创新和产业转型

4.加快科技创新步伐。促进科技和经济深度融合，以科技创新引领产业转型升级，提高科技含量，降低资源消耗，减轻环境压力，为美丽天津建设提供科技支撑。继续深化部市、院市合作，高水平建设自主创新产业化重大项目，建成一批重大创新平台。健全以企业为主体、市场为导向、产学研用相结合的技术创新体系，促进科技成果向现实生产力转化。深入实施科技小巨人发展三年行动计划，加快建设未来科技城，培养和聚集大批优秀人才。综合科技进步水平保持全国前列。

5.促进三次产业转型升级。以绿色循环低碳为目标，构建高端化高质化高新化产业结构，夯实美丽天津建设的物质基础。加快发展绿色优质安全的现代都市型农业。高标准建设设施农业、生态农业、观光农业，完善社会化服务和产业化经营体系，提高农业科技水平、产出效益和农民收入。加快建设具有国际竞争力的先进制造业基地。继续实施大项目好项目建设，坚决不上高耗能高污染项目，化解和淘汰过剩产能、落后产能，大力发展优势支柱产业，培育壮大战略性新兴产业，改造提升传统产业，加快发展低碳环保产业，建成国家级航空航天、装备制造、电子信息、石油化工、生物医药、新能源新材料产业基地和节能环保等一批新型工业化产业示范基地。加快形成与现代化大都市地位相适应的服务经济体系。坚持生产性服务业和生活性服务业并重、现代服务业和传统服务业并举，推动先进制造业和生产性服务业融合发展，明显提升服务业能级，大力发展民营经济，增强发展活力，提高服务业在经济总量中的比重。

促进城乡和区域统筹发展，滨海新区继续发挥龙头带动作用，推动产业发展和功能提升，加快建成北方对外开放门户、高水平现代制造业和研发转化基地、北方国际航运中心和国际物流中心、宜居生态型新城区；中心城区加快城市主中心和两个副中心建设，促进高端化都市经济集聚发展；郊区县大力实施“三区”联动发展战略，培育更多强区强县强镇，在统筹城乡发展上走在全国前列。深化京津冀和环渤海区域交流合作，借重用好首都资源，谱写新时期社会主义现代化的“双城记”。

6.全面推进节能减排。强化节能减排目标责任，确保实现“十二五”节能减排约束性目标。继续实施10项重大节能工程，推广新技术、新设备、新模式，抓好重点园区、行业、企业节能。强化污染物排放总量和源头控制，加大结构、工程、管理减排力度。推进国家低碳城市试点建设，优化能源结构，控制煤炭消费总量，提高外购电比例，扩大使用天然气、地热等清洁能源，搞好碳排放权交易试点，积极开展主要污染物市场交易和建筑能效市场交易。大力发展循环经济，加快建设国家循环经济示范试点城市，全面推广泰达、子牙、北疆、临港、华明等循环经济模式，构建覆盖全社会的资源循环利用体系，建成子牙国家“城市矿产”示范基地，建设一批工业、农业循环经济示范区，以化工、冶金、电子、建材等行业为重点，培育一批循环经济试点企业，打造20条特色突出的循环经济产业链，继续完善以城市社区和乡镇为基础的再生资源回收利用体系和垃圾分类回收制度。全面推进资源节约集约利用，提高资源利用效率和效益。合理配置土地资源，落实土地利用规划，对低效建设用地实施二次开发，整合乡镇工业小区，提高土地集约利用水平。推动节水型城市建设，落实最严格的水资源管理制度，促进企业节水、农业节水和城市生活节水，扩大再生水、雨洪水、淡化海水利用量。到2016年，完成国家下达的主要污染物总量控制任务，一次能源消费中煤炭比例降至50%以下，全市再生水利用率达到30%，万元工业增加值取水量控制在11立方米以下。

三、不断加大生态环境保护力度

7.继续实施清水工程。综合治理河道，加快推进河道清淤、水系联通、堤岸改造等工程，全市河流水系实现水清岸绿。加强河道管理，全面推行“河长制”，河流跨界断面水质达标率达到80%，建立完善的水环境质量监测评价体系。新建、扩建和改造一批污水处理厂，完善配套管网设施，全面实施雨污分流。高标准整治海河中游两岸生态环境。加强引滦、引黄、引江沿线水质保护，加大于桥水库等水源地污染治理力度，保障市民饮水安全。严格控制地下水资源开采，防治地下水污染。到2016年，城镇污水集中处理率达到95%。

8.继续实施绿化工程。开展大规模植树造林，加大公路、铁路、河岸绿化带和农田林网建设力度。进一步拓展城市绿化空间，搞好道路、桥梁、公园、社区的绿化美化，推广立体绿化，建成区成片裸露地面实现植被全覆盖。加快实施重点绿化工程，建成7个郊野公园，改造提升外环线绿化带，建设天津动物园、植物园，规划建设西营门至柳林25公里绿色生态走廊。选择适宜本地生长的树种、花卉和草木，提高育种、养护水平和成活率。到2016年，新增造林70万亩，建成区绿化覆盖率提高到38%。

9.继续实施净化工程。以防治 PM2.5 污染为重点，明显改善环境空气质量。继续实施供热改燃并网工程，中心城区、滨海新区核心区基本实现供热无燃煤化。加大机动车污染防治力度，发展新型清洁能源汽车，2015 年前全面供应国 V 车用汽、柴油，实施国 V 机动车排放标准，推广使用燃料乙醇汽油，全部淘汰“黄标车”。加强施工工地、拆迁工地、渣土运输监管，防治各类扬尘污染。积极开展京津冀大气污染联防联控，建立协调机制，实施空气重污染日应急方案。

10.实施重点生态环境治理工程。推进 8 个环境治理重点工程，完成陈塘庄热电厂煤改气搬迁工程、纪庄子污水处理厂迁建工程、铬渣治理工程，启动天津化工厂、大沽化工厂、天津港散货物流中心、荣程钢铁厂、蓝星化工有限公司搬迁工程。加大生态修复力度，划定生态红线，严格保护重点生态功能区，搞好大黄堡、七里海、团泊洼、北大港等湿地及沿海滩涂、入海河口的生态保护和修复。加强北部山区矿山地质环境保护和治理，开展基本农田保护区、菜篮子基地、重点污灌区、典型工矿企业废弃地等土壤污染治理与生态修复试点。加强海洋生态环境保护，陆海统筹、河海统筹，实施污染物排海总量控制制度，积极开展受损岸线和人工化岸线的修复工作。到 2016 年，受保护地区占全市国土面积比例达到 17%以上。

11.积极推进美丽乡村建设。进一步完善农村基础设施配套，实施农村道路联网、农民饮水安全、农村电气化等工程，加快建设垃圾处理、污水治理、卫生改厕等环保设施项目，实现道路硬化、路灯亮化、坑塘净化、环境美化。推进农村环境连线成片综合整治，有效控制农业面源污染，建立健全卫生保洁、设施养护等长效管理机制。全面实施农村绿化美化，在村庄周围、道路河岸、房前屋后广植树木，形成绿化格局。大力普及沼气池。保护特色文化村落，加强生态文明知识普及教育，引导农民追求科学、健康、文明、低碳的生产生活方式。继续搞好示范小城镇建设，严格按照规划导则实施，带动美丽乡村建设。到 2016 年，建成美丽乡镇 40 个、美丽村庄 600 个。

12.发挥中新生态城示范作用。全面推进生态城开发，加快建设“全国绿色发展示范区”，在建成 8 平方公里起步区基础上，到 2016 年，完成 30 平方公里基础设施建设，基本建成中部片区和生态岛片区，启动建设北部和东北部片区，初步形成绿色产业体系和生态宜居社区。将生态城建设模式、指标体系全面在滨海新区复制，加快在全市推广，在美丽天津建设中发挥示范引领作用。

四、高水平实施城市基础设施建设

13.加快建设现代综合交通体系。以“两港四路”为重点，大力推进交通基础设施建设。进一步提升天津港能级，建成深水航道、高等级专业码头等工程，推进南港港区、国际邮轮码头二期建设，加强完善集疏运体系，到 2016 年，货物吞吐量达到 6 亿吨、集装箱吞吐量 2000 万标准箱。加快建设滨海国际机场二期扩建工程和地下交通中心工程，建成北方大型门户机场，到 2016 年，旅客吞吐量突破 1500 万人次、货邮吞吐量超过 50 万吨。建成京津城际延伸线、京津城际机场引入线、于家堡铁路中心站、铁路地下直径线、津秦客运专线、津保铁路、大北环铁路、西南环线、南港铁路、进港三线等铁路工程，实现中心城区与滨海新区核心区之间高速铁路公交化，启动建设蓟港市域快速铁路工程。建成京秦、塘承二期、唐廊一期、蓟汕联络线、滨石、津港二期等高速公路工程，改造京津塘、津沧、津保高速公路。建成地铁 5、6 号线及 1、2、3 号延伸线，到 2016 年，累计通车里程达到 230 公里，基本形成中心城区环放式地铁线网。加快外环线改造等城市快速路工程建设，形成完善的快速路网体系，提升改造一批干线公路，提高道路养管水平。

14.全面提升市政公用设施水平。继续完善城乡水、电、气、热等设施，提高保障能力。实现南水北调中线通水，推进供水旧管网改造，建设海水淡化输送工程，提高城市供水能力。完善城市排水系统，排水管网覆盖率提高到 90%，基本解决中心城区积水问题。积极发展燃气、风力、太阳能等清洁能源发电，改造提升城市电网，建设智能电网。推进燃气高压管网铺设工程，新建一批气源储备设施。继续实施供热配套管网建设，开展建筑节能改造，推广计量供热。加强市政公用设施的养护和管理，确保各类设施运行良好。

15.努力打造“智慧城市”。大力推进信息化建设，全面提升城市综合信息化水平。加快光纤宽带网络、新型无线城域网建设，推进广播电视网络的数字化、双向化改造，实现电信网、广播电视网和互联网“三网融合”。加快发展物联网，推广云计算、云感知、云存储等技术，建设智慧社区、智慧管网、智慧交通、智慧安防等一批智慧城市示范试点工程，实现智慧技术高度集成、智慧产业高端发展、智慧服务高效便民。大力推动电子政务网络及政府门户网站建设，整合各类资源，扩大信息共享，实现高效利用，完善医疗卫生、社会保障、城市安全等社会信息服务体系。建设城市信息安全保障体系。

五、进一步提高城市精细化管理水平

16.用科学规划引领建设和管理。充分发挥规划对城市建设管理的引导控制作用，促进资源节约集约利用，科学统筹城乡功能布局、生态环境和基础设施建设，深化细化城市设计,优化城市空间形态,塑造鲜明城市特色。坚持先规划后建设、先设计后施工、先地下后地上的原则,严格监察执法和考核监督,杜绝未批先建、私建滥建,增强规划的权威性和严肃性。

17.加强交通运输秩序和环境管理。加大机场、港口、车站等交通站点地区综合整治力度,整治站区广告,搞好卫生保洁,整顿运营秩序。加强机动车辆管理,规范公交车、出租车运营,推行标准化服务,治理违法上路机动三轮四轮车,出台城市车辆保洁规定。倡导文明出行,治理超载超速、乱停车、闯信号灯和乱穿马路等交通违法行为。应对日益严重的交通拥堵趋势,适时考虑采取限购、限行等办法,控制机动车数量过快增长。加强停车库、停车楼建设,减少和规范道路停车。鼓励绿色出行,优先发展公共交通,提高公交分担率,建设快速公交系统,到2016年,新增公交车4000辆,优化公交线路164条,实现城乡公交全覆盖。建立城市自行车租赁服务网络系统。加快建设智能交通综合信息集成平台。重点整治高速公路两侧广告。

18.进一步创新社区管理服务。健全社区党组织、居委会、业主委员会、物业公司协调工作机制,推广社区、社会组织、社工联动管理模式。大力推进社区综合服务设施建设,提升社区服务功能。继续实施便民商业进社区、便利服务进家庭、菜市场建设进街道"三进"工程。加快推进社区管理信息平台建设,实行社区事务网格化管理。加强小区物业管理,重点治理乱搭乱盖、乱圈乱占、乱贴小广告、乱扔乱倒垃圾等行为。加强流动人员管理,落实社区治安防控体系。加强和创新社会管理,深入推进平安天津建设。深化法治天津建设。到2016年,建成500个美丽社区。

19.持续开展市容环境综合整治。巩固提升综合整治成果,重点围绕完善提升公共设施功能开展周期性修复,围绕解决城市管理中的突出问题开展专项整治。深入落实《天津市城市管理规定》,制定实施细则,继续完善"两级政府、三级管理、四级网络"的城市管理体系。强化网格化管理,提升城市精细化管理水平,实现管理和监督全覆盖,做到每寸土地有人管、每个设施都管好、每个细节管到位。到2016年,城镇生活垃圾无害化处理率超过98%。

六、努力提升市民文明素质和生活质量

20.加强社会主义核心价值体系建设。深入开展"中国梦"主题教育实践活动,加强理想信念教育,大力弘扬民族精神、时代精神,践行"爱国诚信、务实创新、开放包容"天津精神。加强思想道德建设,坚持用社会主义荣辱观引领社会风尚,增强市民家园意识、文明意识、社会责任意识、法制意识,扎实推进社会公德、职业道德、家庭美德、个人品德建设,营造知荣辱、讲正气、作奉献、促和谐的良好社会风气。

21.大力实施市民素质提升工程。全面实施提升市民素质行动计划,争创更多文明城区、文明村镇、文明单位。倡导移风易俗,破除陈规陋习,反对封建迷信,做好科普工作,抵制不文明行为和不良生活习俗。构建家庭、学校、社会紧密结合的教育体系,从娃娃抓起,养成崇尚文明、遵纪守法习惯。建立健全社会诚信体系,大力推进政务诚信、商务诚信、社会诚信和司法公信建设。实施文化惠民工程,推进公共图书馆、美术馆、博物馆、电子阅览室、社区文化中心等公共文化设施和农村电影放映服务网络建设。开展全民阅读活动,实现数字农家书屋全覆盖。广泛开展全民健身运动,提升市民身体素质。

22.持续实施20项民心工程。千方百计促进就业,加强职业技能培训,优先重视高校毕业生就业,做好困难群体、农村转移劳动力、退役军人就业工作,城镇登记失业率控制在4%以内。着力提高群众收入水平,认真落实增加收入的政策措施,不断提高最低工资标准,实施农民收入倍增计划,城乡居民收入保持两位数增长。进一步完善社会保障体系,扩大城乡居民基本养老保险和基本医疗保险覆盖面,提升保障水平。继续做好住房保障工作,加快保障性住房建设,到2016年,城镇家庭住房保障覆盖面达到35%以上。全面完成中心城区旧楼区居住功能综合提升改造工程和"城中村"改造工程,积极推进市区危陋房屋拆迁改造。加快放心食品系列工程建设,完善食品安全保障体系。积极发展养老事业和老龄产业。加快发展教育、卫生等各项社会事业,不断提高公共服务水平,使发展成果更多更公平地惠及全体人民。

七、切实加强体制机制保障和法制保障

23.强化组织领导和目标考核。各级党委、政府要把美丽天津建设放在突出位置,健全组织领导体系,加强统筹协调、系统设计、督促检查,确保目标任务落到实处。各级人大、政协要充分履行职能,共同促进美丽天津建设。各地区、各部门、各单位要密切配合,相互协作,形成整体工作合力。建立健全体现生态文明要求的目标体系、考核制度、奖惩机制,实行领导干部任期资源消耗、环境保护、生态效益责任制,重大生态责任事故一票否决。

24.健全地方法规和政策体系。制定修订有关资源节约利用、减少污染排放、大气和水污染防治、促进绿色消费、实行生态补偿等方面的地方性法规规章。强化环境监管,加大环境损害处罚力度,提高环境监测能力,健全生态安全应急处置体系。积极构建多元化投入机制,综合运

用规划、土地、财税、价格等调控手段,鼓励和引导各类资本投资生态环保产业。逐步提高环境保护支出占一般财政预算支出的比例,建立生态系列创建“以奖代补”财政激励机制。积极推进资源性产品价格改革和环保收费改革,完善生态补偿机制和生态环保产业扶持政策。

25.营造全社会生态文明氛围。加大“生态文明、美丽天津”宣传教育力度,深入开展共建美丽天津、共享美好生活活动,增强全民生态意识、节约意识、环保意识,大力倡导节约、绿色消费方式和生活习惯,开展美丽区县、美丽街镇、美丽社区、美丽乡村、美丽校园、美丽工厂、美丽军营等创建活动,培育生态文化,强化社会责任,积极开展环保公益活动,营造爱护生态环境的良好风气,形成崇尚生态文明、共建美丽天津的社会氛围。

(摘自 2013 年 8 月 6 日《天津日报》)

天津概况

基 本 情 况

天津,中国四大直辖市之一,也是中国北方最大的开放城市和工商业城市。天津简称“津”,意为天子经过的渡口,也称“津沽”“津门”。

天津地区在商周时期即有人类居住,但作为城市则形成较晚。隋朝大运河的开通,使位于运河北部、兼有河海运输之便的天津地位日渐重要,运河与“五河尾闾”(今海河)在市区三岔河口交汇,天津便以“三会海口”名于史册。唐朝中叶以后,天津成为南方粮、绸北运的水陆码头。金贞祐二年(1214)设直沽寨,直沽是天津城市发展中有史料记载的最早名称。元延祐三年(1316)“改直沽为海津镇”,是军事重镇和漕粮转运中心。

明建文二年(1400),燕王朱棣率兵经海津镇渡河南下,称帝后即将海津镇改名“天津”。永乐初年(1404~1406)先后设天津卫、天津左卫、天津右卫,并建筑城池。清顺治九年(1652)三卫合一,归并于天津卫。雍正三年(1725)改卫为州。雍正九年(1731)升州为府,辖6县1州,成为畿辅首邑。从明朝永乐二年(1404)正式设卫至今,天津建城已有600多年历史。

1860年,天津被辟为通商口岸后,西方列强纷纷在天津设立租界,天津成为中国北方开放的前沿和近代中国洋务运动的基地。军事近代化以及铁路、电报、电话、邮政、采矿、近代教育、司法等方面建设,均开全国之先河。天津成为当时中国第二大工商业城市和北方最大的金融商贸中心。

清光绪二十八年(1902)直隶总督衙门迁津。1912年中华民国成立,天津改为县,属直隶省。1913年直隶省省会设于天津。1928年6月,天津改为特别市,此为设市之始。同年7月,直隶改称河北,省会仍设天津,10月省会迁北平。1930年6月,天津改为直辖市。同年10月,河北省会再迁天津,遂改为省辖市。1935年6月,河北省会迁保定,天津又改为直辖市。1945年8月15日日本投降后,天津仍为直辖市。1949年1月15日天津解放,划为华北人民政府直辖市。同年10月1日中华人民共和国成立,天津被定为中央直辖市。1958年2月11日,天津改为河北省省辖市;同年4月18日,河北省省会由保定迁到天津。1966年5月河北省省会再迁保定。1967年1月2日,天津恢复为直辖市至今。

1949年中华人民共和国成立后,天津作为直辖市,社会面貌发生了天翻地覆的变化。1978年中国实行改革开放后,天津作为首批对外开放的沿海港口城市,经济社会发展取得辉煌成就,人民生活水平实现从温饱到小康的跨越,津沽大地焕发出无限生机和活力。

自然环境与资源

地理位置 天津市位于北纬38°34'~40°15',东经116°43'~118°04'之间,处于国际时区的东八区。地处中国华北平原东北部,海河流域下游。北起蓟县黄崖关附近,南至滨海新区大港翟庄子沧浪渠,南北长189公里;东起滨海新区汉沽洒金坨以东陡河西干渠,西至静海县子牙河王进庄以西滩德干渠,东西宽117公里。东临渤海,与山东、辽东二半岛相望;北依燕山,与河北省、北京市相邻。是海河五大支流南运河、子牙河、大清河、永定河、北运河的汇合处和入海口,素有“九河下梢”“河海要冲”之称。天津市疆域周长约1290公里,其中海岸线长153公里,陆界长1137公里。市域总面积11916.9平方公里,海域面积3000余平方公里。

天津市地处太平洋西岸环渤海经济圈的中心,背靠中国华北、东北、西北地区,面向东北亚,不仅毗邻首都,还是华北、西北广大地区的出海口,是亚欧大陆桥中国境内距离最短的东部起点。北距北京120公里,是拱卫京畿的要地和门户。

地势 天津绝大部分为平原,少部分是山地和丘陵。地貌特征:其一北高南低,西北高东南低。从蓟县北部山区到塘沽、汉沽、大港的滨海,呈簸箕形向海河干流和渤海方向倾斜。最高点为蓟县与河北省兴隆县交界处的九山顶,海拔1085.5米。最低处是塘沽大沽口,海拔为零。其二山区面积小,平原辽阔。山地、丘陵海拔高度小,相对高度大。平原既低且平。其三河流纵横,坑、塘、洼、淀星罗棋布。其四古海岸遗迹(俗称贝壳堤)明显存在,成为滨海平原的奇观,为中国其他滨海地区所罕见。天津的地貌类型有山地、丘陵、平原、洼地、海岸带、滩涂等。丘陵分布在燕山南侧,介于山地与洪积、冲积倾斜平原之间,面积

228.7 平方公里；平原分布在燕山至渤海之间，面积约占全市土地面积的 95.5%，绝大部分在海拔 20 米以下，其中 2/3 地区为低于 4 米的洼地；冲积平原分布在燕山山前洪积冲积平原以南，滨海平原以西的广大地区。地势低平，海拔均在 10 米以下，地面坡度为 1/5000~1/10000，受河流交叉沉积影响，地面有小规模缓岗和碟形洼地交错起伏，河流泛区分布有沙丘、沙地；海积冲积平原分布在宁河、潘庄、北仓、杨柳青一线以南，南运河以东，汉沽、塘沽、甜水井一线以西，是全新世以来海洋和河流交互作用地区，地貌低平，多湿地，海拔高度 3~5 米，地面坡度 1/5000 左右，有贝壳堤和古泻湖、洼淀；海积平原位于海积、冲积平原以东和海啸所达上界（蔡家堡至驴驹河一线）之间的狭长地带，海拔 1~3 米。地面坡度小于 1/10000，现仍受海水影响，多盐滩、沼泽和低湿地，表面组成物质以盐质黏土为主。海岸带和滩涂位于特大高潮线以下地区。海岸物质粒径小于 0.05 毫米的占 50%以上，属于泥质海带。有龟裂带（也称湿地）、潮间浅滩及水下岸坡等。

水文　天津地处海河流域下游，河网密布，洼淀众多。历史上天津的水量比较丰富。海河上游支流众多，长度在 10 公里以上的河流 300 多条。这些大小河流汇集成中游的永定河、北运河、大清河、子牙河和南运河五大河流。这五大河流的尾闾即是海河，统称海河水系，为天津市工农业生产和人民生活的水源河道。此外，天津还有自成水系的蓟运河。

气候　天津地处北温带半干旱半湿润季风气候区，四季分明。冬季受蒙古冷高压控制，盛行西北风，天气寒冷干燥；夏季受西北太平洋副热带高压西侧影响，多偏南风，且高温高湿，雨热同季；春季干旱多风，冷暖多变；秋季天高云淡，风和日丽。天津主要为大陆性气候特征，但受渤海影响，有时也显现出海洋性气候特征，海陆风现象比较明显。全年平均气温在 11.4℃~12.9℃之间，1 月最冷，月平均气温在-5.4℃~3.0℃之间；7 月最热，月平均气温在 25.9℃~26.7℃之间。年平均降水量为 566 毫米，全年 85%左右的降水量集中在夏秋季。年平均日照时数在 2471~2769 小时之间。年平均风速为 2.3 米/秒。年平均水分蒸发量为 163~1912 毫米，最大蒸发量 2673.3 毫米。

自然资源

（一）矿产资源：天津市已探明的矿产资源主要有金属矿、非金属矿和燃料矿 20 多种。金属矿和非金属矿主要分布在蓟县北部山区，燃料矿主要埋藏在天津平原地下的渤海大陆架。金属矿主要有锰硼石、锰、金、钨、钼、铜、铝、锌、铁等，其中锰、硼不仅为国内首次发现，也为世界所罕见；非金属矿主要有水泥石灰岩、重晶石、迭层石、大理石、天然油石、紫砂陶土、麦饭石等。燃料矿产主要有石油、天然气和煤成气等。其中优势矿种为石油、天然气、地热、水泥灰岩、紫砂陶土。

石油、天然气。天津平原及渤海海域蕴藏着丰富的石油和天然气资源。已探明的石油地质储量 40 亿吨，油田面积 100 多平方公里；天然气（含伴生气）地质储量 1500 多亿立方米。煤田面积 80 多平方公里。

地热。天津地区地热资源属于非火山沉积盆地中、低温热水型地热。地热资源丰富，主要分布在宝坻断层以南约 9638 平方公里的范围内。根据地质构造和地势场分析，分为新生界热储层和基岩热储层两大类。依据在温梯度 3.5℃/100 米的等值线为底界在天津地区划分出 10 个地热异常区，探明面积 2434 平方公里，水温在 30℃~90℃。已探明的中低温地热资源总量及开发利用程度居全国前列。

水泥灰岩。水泥灰岩是天津市非金属矿产中的优势矿种，已探明工业储量的矿产地有 5 个，矿体赋存于中元古界蓟县系铁岭组石灰岩层中，含氧化钙 48%~50.7%。已探明工业储量的 5 个矿产地是东营房、转山、铁岭、老虎顶和渔山，探明储量 1.8 亿吨。

紫砂陶土。天津市蓟县紫砂陶土矿赋存于中上元古界二个层位，即串岭沟组和洪水庄组的伊利石页岩。其中串岭沟组伊利页岩分布在下营镇，全长 12 公里，宽 2 公里，出露面积 24 平方公里，露天储量 7 亿吨。二个层位的伊利石岩是一个大型黏土矿床，是紫砂陶器的优质矿物原料。

（二）土地资源：全市土地总面积 11916.9 平方公里。其中，农用地面积 7097.7 平方公里（耕地面积 4407.5 平方公里），占全市土地面积的 59.56%；建设用地面积 3946.1 平方公里，占全市土地面积的 33.11%；未利用地 873.1 平方公里，占 7.33%。全市的土地，除北部蓟县的山地、丘陵外，其余地区都是在深厚沉积物上发育的土壤，在海河下游的滨海地区，有待开发的荒地、滩涂 1214 平方公里，可作为建设和生态用地。

（三）海洋资源：天津海岸线位于渤海西部海域，南起歧口，北至涧河口，长达 153 公里。所辖海域面积约 3000 平方公里。天津海洋资源可分为海洋自然资源和海洋空间资源两大类。海洋自然资源包括滩涂、海洋生物、海水、海洋油气及海洋能等；海洋空间资源包括海洋水运资源、海港、海岸带及滨海旅游资源等。

滩涂资源。天津滩涂十分发育，宽度在3000~7300米之间，海拔高度0~3.5米，坡降0.4%~1.4%。滩涂面积约370平方公里，大部分尚未充分开发利用。

海洋生物资源。在渤海湾西部海域水中、海底及潮间浅滩生活着较为丰富的海洋生物。按其生活方式和生活区域可分为浮游生物、游泳生物(鱼类)、底栖生物和潮间带生物四大类。据调查,渤海湾西部浮游生物162种，其中浮游植物98种,主要种类是硅藻、甲藻和绿藻，多分布在近岸；浮游动物64种,包括浮游幼虫类、桡虫类、箭虫类和其他浮游动物。渤海湾西部水域有鱼类56种,分别隶属13目,主要种类有鳓鱼、黄鲫、山黄鱼、白姑鱼、银鱼等。底栖动物181种,隶属11个门类。最重要的优势种为角板虫、绒毛细足、日本棘刺蛇尾等,作为经济种的有对虾和三疣梭子蟹。另外天津沿海潮间带生物96种,其中软体动物27种、多毛类25种、甲壳类23种、鱼类13种、腔肠动物3种、棘皮动物2种、腕足动物和纽虫动物各1种。

海水资源。天津海域海水成盐质量高,氯化钠含量95%~96%。天津自古以来就是著名盐产地，长芦盐场是目前中国最大的盐场。天津原盐85%是工业用盐，是盐化工的主要原料。海水资源除发展制盐业之外，还可以直接用作工业冷却水及海水淡化等。

海洋油气资源。渤海油气区油气资源非常丰富，是中国海上石油勘探与开发最早的海域。目前,已发现45个含油构造。

旅游资源 天津是首批中国优秀旅游城市。旅游资源丰富,景观种类齐全。既有盘山清幽的自然景色,又有八仙山山高林密、保留着山林野趣的自然特色，还有记载古老地质历史的巨厚的中上元古界地层，以及海退后在滨海平原留下的贝壳堤和湿地景观。天津作为历史文化名城,还具有丰富多彩、独具特色的人文景观。1860年天津开埠后,英、法、美、德、日、俄、意、比、奥九国在天津设立租界，随之一些官僚、军阀、买办在租界内设公馆、别墅,陆续建成各种结构和形式的大楼建筑和花园洋房800多幢。在中国近现代史上有许多重大的历史事件与天津有着密切的关系，一些近现代的革命人物也在天津留有革命业绩。天津早年因漕运兴旺而发祥，各方商贾云集，逐渐形成天津独特的地方民俗文化景观。天津有A级及以上景区94个,国家工农业旅游示范点14个,全国红色旅游经典景区5个。天津传统的风味食品多种多样,“津门三绝”(狗不理包子、十八街麻花、耳朵眼炸糕)深受国内外宾客喜爱。

行政建制

行政区划 天津市辖13个区、3个县，有115个街道办事处、1448个居民委员会，有123个镇、6个乡和3782个村民委员会。市辖区包括和平区、河北区、河东区、河西区、南开区、红桥区6个中心城区,以及滨海新区、东丽区、西青区、津南区、北辰区、武清区和宝坻区;市辖县有蓟县、宁河县、静海县。

政府机构 市人民政府是天津市最高行政机关，设工作部门45个，其中办公厅和组成部门25个，即:市发展和改革委员会、市经济和信息化委员会、市商务委员会、市教育委员会、市科学技术委员会、市民族事务委员会、市公安局、市国家安全局、市监察局、市民政局、市司法局、市财政局、市人力资源和社会保障局、市规划局、市国土资源和房屋管理局、市城乡建设和交通委员会、市环境保护局、市市容和园林管理委员会、市农村工作委员会、市水务局、市文化广播影视局、市卫生局、市人口和计划生育委员会、市审计局、市外事办公室;特设机构1个：市国有资产监督管理委员会;直属机构19个,即:市工商行政管理局、市统计局、市质量技术监督局、市旅游局、市新闻出版局、市体育局、市海洋局、市安全生产监督管理局、市机关事务管理局、市交通运输和港口管理局、市知识产权局、市政府法制办公室、市政府研究室、市信访办公室、市侨务办公室、市合作交流办公室、市人民防空办公室、市金融服务办公室、市口岸服务办公室；部门管理机构6个，即:市公务员局、市外国专家局、市粮食局、市监狱管理局、市劳教局、市食品药品监督管理局。

天津市地方志编修委员会办公室是具有行政职能的事业单位,是全市地方志工作的主管部门，负责全市地方志编修的组织推动、督促检查、审核验收等工作。

天津市共有法人单位190099个,其中企业单位170599个,机关事业单位8131个。

人口状况

天津市常住人口1472.21万人,其中,外来人口440.91万人,占常住人口的29.95%。全市户籍人口1003.97万人,其中农业人口371.74万人、非农业人口632.23万人。全市城镇化率80.5%。人口出生率8.28‰,死亡率6.00‰,自然增长率2.28‰。天津市共有49个少数民族,少数民族总人口30.38万人。

天津市常住人口中，具有大专以上程度的226.16万人；具有高中(含中专)程度的267.23万人;具有初中程度的493.60万人；具有小学程度的 220.58 万人。从业人员 847.46 万人，其中，城镇从业人员 663.88 万人，农村从业人员 183.58 万人。

经济发展

全市生产总值 14370.16 亿元。其中第一产业增加值 188.45 亿元，第二产业增加值 7276.68 亿元，第三产业增加值 6905.03 亿元。三次产业结构为 1.3:50.6:48.1。全市地方财政收入 2078.30 亿元，其中税收收入 1309.91 亿元，占地方财政收入的 63.03%。全市财政支出 2506.25 亿元。全社会固定资产投资 10121.20 亿元。

农业 全市农业总产值 412.36 亿元。其中，种植业产值 217.16 亿元，林业产值 3.09 亿元，畜牧业产值 108.63 亿元，渔业产值 73.20 亿元。粮食总产量 174.71 万吨。农村示范工业园区、农业产业园区、农村居住社区统筹联动发展。31 个区县示范园区基础设施建设基本完成，建成 31 个现代农业示范园区、182 个养殖示范园区。43 个示范小城镇加快建设，55 万农民迁入新居。实施“三化一改”试点，探索城乡统筹新途径。农民专业合作社 5136 家，进入产业化体系的农户 90%。

工业 全市工业总产值 27169.14 亿元，比上年增长 13.0%。工业增加值 6678.60 亿元，增长 12.8%。规模以上工业总产值 26400.37 亿元，增长 13.1%。航空航天、石油化工、装备制造、电子信息、生物医药、新能源新材料、轻纺工业、国防科技八大优势产业完成工业总产值 23578.60 亿元，增长 12.7%，占规模以上工业的 89.3%。新能源、新材料、新一代信息技术等战略性新兴产业迅速发展，航空航天、装备制造、石油化工等产业聚集区形成规模，高新技术产业产值 8136.02 亿元，增长16.5%，占规模以上工业的 30.8%，比上年提高 0.6 个百分点。

服务业 全市服务业增加值 6905.03 亿元，占全市经济 48%。其中，交通运输、仓储及邮政业增加值 725.05 亿元，批发和零售业增加值 1902.52 亿元，住宿和餐饮业增加值 241.34 亿元，金融业增加值 1202.04 亿元，房地产业增加值 519.37 亿元。商品销售总额 31932.26 亿元。旅游业长足发展，旅游外汇收入 25.91 亿美元，旅游支出 53.56 亿元。全市有星级宾馆 106 家，旅行社 390 家，其中有出境资质的 36 家。

社会事业

科技 天津综合科技水平位居全国第三位。化学、化工、精密仪器、干细胞、膜材料与分离技术等一批学科和技术领域保持全国领先水平，在基因组学、蛋白组学、纳米材料和干细胞等国际前沿领域取得一大批具有国际重大影响的研究成果。全市 15 项科技成果获得国家科学技术奖。完成市级科技成果 2385 项，其中，基础理论成果 171 项，应用技术成果 2190 项，软科学成果 24 项。签订技术合同 15817 项，合同成交额 300.68 亿元。全社会研发经费支出占生产总值的 2.8%。科技型中小企业 4.92 万家。国家数字出版基地云计算中心投入运营。全市有国家级重点实验室 9 个，国家部委级重点实验室 45 个，国家级工程（技术）研究中心 35 个，国家级科技产业化基地 26 个，国家级企业技术开发中心 39 家，市级企业技术开发中心 410 家。全市专利申请量 41500 件，专利授权 20003 件。全市每万人口发明专利拥有量 9 件，居全国第三位。拥有两院院士 37 人。新建博士后工作站 26 个，总数 180 个。高级以上技术工人 36.7 万人。

教育 坚持教育优先发展，促进教育均衡发展，实施学前教育三年行动计划，认真抓好学前教育，加快义务教育学校现代化标准建设，着力实施职业教育，加快海河教育园区建设，推进高等教育改革发展。全市有各级各类学校 1523 所，其中，普通高校 55 所，中等职业教育学校 112 所，普通中学 518 所，小学 838 所，在校生总数 164.68 万人。学前三年入园率 94%，义务教育巩固率 99%，高中阶段毛入学率 95%。全市新增劳动力平均受教育年限 14.81 年。教育综合实力和整体水平位居全国前列。

文化体育 切实加强社会主义核心价值体系建设，提炼总结“爱国诚信、务实创新、开放包容”的天津精神。“同在一方热土，共建美好家园”活动深入开展。建成市文化中心、音乐厅、电影艺术中心等一批重要文化设施。全市拥有公共博物馆、纪念馆 75 个，公共图书馆 31 个，市级公共图书馆总面积 12 万平方米，居全国第一位，人均拥有公共图书馆藏书 0.94 册，居全国第二位。全市有艺术表演团体 43 个，培育形成了“和平杯”中国京剧票友邀请赛，“天穆杯”全国小品展演等国家级群众文化品牌活动。推出一批艺术水准高、社会反响大的精品力作，打造了以电视剧《解放》《辛亥革命》为代表的重大题材文艺创作品牌。全市广播节目 22 套，市级电视节目 36 套。有线电视用户 284.5 万户，其中数字电视用户 244.5 万户。文化惠民工程扎实推进，全市行政村农家书屋、村文化室和免费数字电影放映实现全覆盖。文化产业快速发展。有国家级文化产业园 8 个，市级文化产业园区和示范基地 50 个。深化文化体制改革，在全国率先实行报业宣传经营两分开和广播电视制播分离。竞技体育、群众体育和体育产业全面发展。建成一批体育公园、户外运动营地等大型体育场所，全民健身活动丰富多彩。获得第九届大运会、第六届东亚运动会和第十三届全运会承办权。成功举办第九届大运会、第六届东亚运动会，天津市运动员在第十二届全运会上获得20枚金牌，位列金牌榜第九位。

卫生 高度重视并抓好医疗卫生健康工作，大力推进公共卫生和医疗卫生建设。统筹城乡医疗卫生资源均衡布局，新建改扩建一批市级和区县级医院。全市有各类卫生机构4696个，其中，医院、卫生院482个，社区卫生服务中心108个，卫生防疫机构24个，妇幼保健机构23个。卫生机构床位5.77万张，其中，医院、卫生院5.31万张，社区卫生服务中心3141张。平均每千人医院床位3.92张。卫生技术人员8.10万人，其中，执业医师及执业助理医师3.21万人，注册护士2.97万人。全市婴儿死亡率5.1‰，孕产妇死亡率6.8/10万，人口平均预期寿命81.46岁。深化医疗卫生体制改革，完善基本药物制，公办基层医疗机构实行基本药物零差率销售。城乡居民免费享受18项基本公共卫生服务。基层医疗服务能力、疾病预防控制能力、卫生应急处置能力进一步增强。

对外开放

天津大力发展外向型经济，不断提高利用外资和对外贸易水平。外商及港澳台商投资企业在天津经济中占有重要地位。全市批准外商及港澳台商投资企业22878家，合同外资额1371.15亿美元，实际直接利用外资额800.94亿美元。新批外商投资企业564家，合同外资额207.33亿美元，实际直接利用外资168.29亿美元。全市规模以上外商及港澳台商工业产值8541.66亿元，占全市规模以上工业的41.0%；出口308.68亿美元，占全市出口总额的69.4%。引进国内招商项目4305个，实际利用内资2600.67亿元。全市外贸进出口总额超过千亿美元，达到1285.28亿美元。其中，出口490.25亿美元，进口795.03亿美元。一般贸易出口206.39亿美元。机电产品出口341.78亿美元，高新技术产品出口192.89亿美元，分别占全市出口的69.7%和39.3%。

城市建设

城市总体规划 2006年7月27日，国务院印发《国务院关于天津市城市总体规划的批复》，明确天津城市性质为：环渤海地区经济中心，逐步建设成为国际港口城市、北方经济中心和生态城市。2009年8月制定《天津市空间发展战略规划》，提出实施“双城双港、相向拓展、一轴两带、南北生态”的总体战略。“双城”，指中心城区和滨海新区核心区，是天津城市功能的核心载体；“双港”，指天津港的北港区和南港区，是城市发展的核心战略资源，是天津发展的独特优势。“相向拓展”，是指“双城”及“双港”相向发展，是城市发展的主导方向。“一轴”，指依次连接武清区、中心城区、海河中游地区和滨海新区核心区的“京滨综合发展轴”；“两带”，指贯穿宁河县和滨海新区的“东部滨海发展带”和贯穿蓟县、宝坻区、中心城区、西青区和静海县的“西部城镇发展带”。“南生态”，指以“京滨综合发展轴”以南的“团泊洼水库——北大港水库”湿地生态环境建设和保护区为核心构建的南部生态体系；“北生态”，指以“京滨综合发展轴”以北的蓟县山地生态环境建设和保护区、“七里海——大黄堡洼”湿地生态环境建设和保护区为核心构建的北部生态体系。依据这一总体战略，进一步明确了滨海新区、中心城区和各区县的功能定位和发展方向，统筹三个层面联动协调发展，调整完善空间结构和发展策略，优化要素资源配置，形成多点支撑、多元发展、多极增长的市域空间格局。

生态城市建设 坚持高起点规划、高水平建设、高效能管理，不断加快城市基础设施建设，天津生态城市建设成效显现。建成京津城际高铁、京沪高铁、蓟港铁路和京津二线等一批高速公路，改扩建天津站、天津西站等大型交通枢纽。建成天津港30万吨航道、天津机场二期等重要交通基础设施。新建改造一批城市道路桥梁，地铁1、2、3、9号线建成运营，5、6号线启动。全市公路通车里程15163公里，其中高速公路1103公里，港口吞吐量4.5亿吨，集装箱吞吐量1159万标准箱，机场旅客吞吐量755.4万人。人均拥有道路面积16平方米。城市整体功能进一步提升。全面实施生态建设三年行动计划，大面积植树造林，规划治理城区河道，改造污水处理厂，饮用水源水质达标率保持100%，污水集中处理率87.5%，生活垃圾无害化处理率93%，全市林木覆盖率21.8%，建成区绿化面积33%，全市空气质量二级及以上天数320天。从2008年起，连续四年奋战900天，市容环境综合整治取得重大成果，综合整修道路928条5370公里，桥梁128座，管线入地100公里。新建提升改造绿地1.5亿平方米，新建改造公园149个，植树造林110万亩。整治居民社区943个，对1940万平方米老住宅进行节能改造，完成海河沿线及重点地区50多公里灯光设施建设。天津城乡面貌发生历史性变化。

人民生活

坚持以人为本，着力改善民计民生，连续实施20项民心工程，涉及生活、就业、就医、收入等各个方面。实施积极的就业政策，扩大就业规模，城镇登记失业率控制在3.6%左右，实现零就业家庭动态为零，劳动合同签订90%以上。制定提高群众收入的政策措施，颁布工资指导线，推进工资集体协商，提高最低工资标准，增加企业退休人员养老金。城市居民人均可支配收入32658元，农村居民人均可支配收入15405元。城市低保标准提高到520元，最低工资标准提高到1310元。全市城镇低保标准每人每月480元，农村低保标准每人每月280元。城市居民恩格尔系数为36.7%，农村居民恩格尔系数为35.3%。在全国率先建立统筹城乡居民的基本养老保障和基本医疗保险制度，参保人员看病就医全部实行即时联网结算。建立完善社会救助和保障标准与物价上涨挂钩联动机制。通过实施廉租房、公共租赁房、经济适用房、限价商品房、向中低收入住房困难家庭发放租房补贴等措施，改善中低收入居民住房条件。城市居民人均住宅建筑面积32.77平方米，农村居民人均住房面积30.22平方米。全市燃气、自来水覆盖率100%。中心城区集中供热超过97.0%。65岁以上老年人免费乘坐公交车。群众生活质量进一步改善。

滨海新区

天津是国务院批准的首批沿海开放城市之一。1984年建立经济技术开发区，1991年5月建立天津港保税区，实施管理体制改革后的天津港建设规模加大，服务功能越来越强。1994年3月，市十二届人大二次会议审议通过政府工作报告，提出"用10年左右时间，基本建成滨海新区"。天津滨海新区包括塘沽区、汉沽区、大港区三个行政区和天津经济技术开发区、天津港保税区、天津港区以及东丽区、津南区的部分区域，规划面积2270平方公里。1994年，成立天津市滨海新区领导小组；1995年，成立天津市滨海新区办公室；2000年9月，成立天津市委滨海新区工委和天津市滨海新区管委会。2005年4月，国务院总理温家宝带领国务院15个部委负责人到天津考察，指出加快天津滨海新区开发开放是环渤海区域及全国发展战略布局中重要的一步棋。2006年，国务院颁发《关于推进天津滨海新区开发开放有关问题的意见》，天津滨海新区开发开放纳入全国整体发展战略布局。2009年11月，国务院批复同意天津市调整部分行政区划，撤销天津市塘沽区、汉沽区、大港区，设立天津市滨海新区。年底到转年初，新一届区委、区政府宣告成立。

天津滨海新区位于中国环渤海地区的中心位置，是继深圳经济特区、上海浦东新区之后中国新的经济增长极。新区的功能定位是：依托京津冀、服务环渤海、辐射"三北"、面向东北亚，努力建设成为中国北方对外开放的门户、高水平的现代制造业和研发转化基地、北方国际航运中心和国际物流中心，逐步成为经济繁荣、社会和谐、环境优美的宜居生态型新城区。

落实国家发展战略，天津滨海新区实施"一核双港、九区支撑、龙头带动"的发展策略。"一核"，指滨海新区商务商业核心区，由于家堡金融商务区、响螺湾商务区、开发区商务及生活区、解放路和天碱商业区、蓝鲸岛生态区等组成。重点发展金融服务、现代商务、高端商业，建设成为滨海新区的标志区和国际化门户枢纽。"双港"，指天津港的北港区和南港区。"九区支撑"，指通过滨海新区中心商务区、临空产业区等九个功能区的产业布局调整、空间整合，打造航空航天、石油化工、装备制造、电子信息、生物制药、新能源新材料、轻工纺织、国防科技八大支柱产业，形成产业特色突出、要素高度集聚的功能区，成为高端化、高质化、高新化的产业发展载体，支撑新区发展，发挥对区域的产业引导、技术扩散、功能辐射作用。滨海新区中心商务区主要发展金融、贸易、商务、航运服务产业；临空产业区主要发展临空产业、航空制造产业；滨海高新区主要发展航天产业、生物、新能源等新兴产业；先进制造业产业区主要发展海洋产业、汽车、电子信息产业；中新生态城主要发展生态环保产业；海滨旅游区主要发展主题公园、游艇等休闲旅游产业；海港物流区主要发展港口物流、航运服务产业；临港工业区主要发展重型装备制造产业及研发、物流等现代服务业；南港工业区主要发展石化、冶金、装备制造产业。"龙头带动"，指通过加快"一核双港九区"的开发建设，提升综合服务功能，营造一流发展环境，率先推进综合配套改革、率先提高对外开放水平、率先转变经济发展方式、率先增强自主创新能力，当好改革开放的排头兵，凸显滨海新区作为新的经济增长极的龙头带动作用，在加快天津发展，促进环渤海地区经济振兴，推动全国区域协调发展中发挥更大作用。

注：文中所涉数据未标年份的，均为2013年数字。

2013 年天津百件大事

1. 东疆保税港区获批国家进口贸易促进创新示范区

1 月 7 日，东疆保税港区在全国外贸转型升级基地与贸易平台经验交流会上获得商务部授牌，成为国家进口贸易促进创新示范区。该示范区获批，标志着东疆保税港区在推进进出口贸易平衡发展，尤其是扩大进口贸易方面有了重大突破，为东疆保税港区加快完善进口贸易发展环境提供了有力支撑。

2. 天津开发区成为“十五冠王”

1 月 10 日，商务部对外公布 2011 年度国家级经济技术开发区综合发展水平评价结果，在参评的 90 个国家级开发区中，天津开发区的综合发展水平总指数排名第一，这是天津开发区自商务部开展此项评比以来连续获得的“十五连冠”。在此次评价中，天津开发区以 727.6 分位居第一，比排名第二位的苏州工业园和第三位的广州开发区分别超出 18.2 分和 80 分。天津开发区 “经济发展”指标和“体制创新”指标保持第一，在最为重要的“经济发展”指标中，天津开发区生产总值、工业总产值、实际使用外资等权重指标继续保持第一。

3. 20 项民心工程圆满完成

1 月 16 日，天津市 2013 年 20 项民心工程动员部署会在天津礼堂召开。市委书记孙春兰出席并讲话。市委副书记、市长黄兴国作部署。20 项民心工程共 61 个子项，主要包括：市区危陋房屋改造和旧居住区提升改造；保障房建设；增加群众收入；扩大就业和加强职业技能培训；完善城乡社会保障；增强社区综合服务功能；完善养老服务；提高妇女儿童健康水平；关爱残疾人生活；继续推进食品安全系列工程建设；改善生态环境；方便市民出行；发展教育事业；加强公共医疗服务；丰富群众科学文化生活；增加市民健身场所；继续开展市容环境综合整治；改造水气热管网；完善市区排涝设施；加强村镇设施建设。至年底全部完成。财政民生领域支出占 75%以上。实施 19 项增加群众收入措施，提高了企业最低工资、养老金和社会救助标准，养老保险覆盖范围超过 627 万人，累计向低收入群众发放价格补贴 1.5 亿元，受益群众 388 万人次，新增养老机构床位 7800 张，新建老年日间照料服务中心 103 个，开工保障性住房 8 万套，完成了市区 480 个旧楼区综合提升改造，32.4 万户、110 万群众受益，启动农村危房改造工程，4600 余户困难群众彻底改善居住条件。启动学前教育提升计划，完成 20 所幼儿园新建改扩建工程，推进新一轮义务教育学校现代化标准建设，120 所学校完成达标。海河教育园区二期工程加快建设，市政道路和配套管网建设全面展开，成功举办第六届全国职业院校技能大赛。加快医疗卫生资源调整，胸科医院迁建、天津医院改扩建等 5 个医疗项目竣工，第二儿童医院新建、环湖医院迁址新建等项目进展顺利。低生育水平保持稳定，人口出生率 8.3‰。提前完成为 7.2 万人开展免费孕前优生健康检查项目的年度目标任务。持续推进文化惠民工程。天津数字广播电视大厦二期等重点文化项目进展顺利，创作《寻路》等一批精品力作。开展了食品安全专项整治和安全生产大检查，安全生产形势保持基本稳定。

4. 华泰汽车集团总部及产业基地落户天津

1 月 18 日，华泰汽车集团总部及产业基地项目合作协议签约仪式在迎宾馆举行。市委副书记、市长黄兴国，市委副书记何立峰会见华泰汽车集团董事长张秀根并出席签约仪式。根据协议，华泰汽车集团将在天津建设汽车总部和研发生产基地，共同打造具有国际竞争力的中高端自主知识产权汽车品牌。项目初步规划在津建设出口整车生产基地和研发销售物流基地。

5. 专利审查协作天津中心项目签约

1 月 22 日，天津市与国家知识产权局共建国家知识产权局专利局专利审查协作天津中心项目签约仪式在迎宾馆举行。市委副书记、市长黄兴国会见国家知识产权局局长田力普并共同签署合作框架协议。根据协议，项目选址东丽区华明工业园区，占地约 8 公顷，全面建成后将年审查发明专利申请约 11 万件。

6. 政协天津市十三届一次会议

1 月 25 日至 28 日，政协天津市十三届一次会议在天津礼堂大剧场举行。大会通过政协天津市十三届一次会议政治决议，政协天津市十三届一次会议关于常委会工作报告的决议，政协天津市十三届一次会议提案审查委员会关于政协天津市十三届一次会议提案审查情况的报告。选举产生政协天津市第十三届委员会主席、副主席、秘书长、常务委员。何立峰当选为主席，李文喜、王治平、田惠光、陈永川、武长顺、高玉葆、沈中阳、魏大鹏、黎昌晋当选为副主席，李金亮当选为秘书长。144人当选为常务委员。

7. 天津市十六届人大一次会议

1月26日至31日，天津市十六届人大一次会议在天津礼堂举行。市长黄兴国代表市人民政府作《政府工作报告》。会议通过天津市十六届人大一次会议关于政府工作报告的决议、关于天津市2012年国民经济和社会发展计划执行情况与2013年国民经济和社会发展计划的决议、关于天津市2012年预算执行情况及2013年预算的决议、关于天津市人大常委会工作报告的决议、关于天津市高级人民法院工作报告的决议、关于天津市人民检察院工作报告的决议。选举产生天津市第十六届人大常委会主任、副主任、秘书长和委员；天津市市长、副市长；天津市高级人民法院院长、天津市人民检察院检察长和天津市的第十二届全国人大代表。肖怀远当选为市人大常委会主任，苟利军、张俊芳、李亚力、王宝弟、李泉山、张俊滨当选为副主任，杨福刚为秘书长；于景文等49人为委员。黄兴国当选天津市市长，崔津渡、熊建平、任学锋、尹海林、曹小红、王宏江、宗国英、何树山为天津市副市长。选举李少平为天津市高级人民法院院长；选举天津市人民检察院检察长，报经最高人民检察院检察长提请全国人大常委会批准。选举天津市的第十二届全国人大代表，依法定程序，报全国人大常委会代表资格审查委员会审查，全国人大常委会确认。

8. 天津市启动妇女儿童健康促进计划(2013~2020年)

1月29日，天津市正式下发《天津市妇女儿童健康促进计划(2013~2020年)》，以继续控制孕产妇、婴儿死亡率，控制和减少出生缺陷，解决妇女儿童健康突出问题。促进计划的工作内容由原先的12项惠民项目增加到20项，年受益人次预计330万。通过实施计划，将使天津市孕产妇死亡率控制在10/10万以下，婴儿死亡率控制在6‰以下，5岁以下儿童死亡率控制在7‰以下，出生缺陷发生率控制在1.2%以下，剖宫产率控制在40%以下。妇女儿童常见病、多发病得到有效控制，妇女儿童健康水平处于全国前列。

9. 天津市率先试行商业保理业支持政策

1月30日，天津市举行商业保理业试点政策发布会，在全国率先试行商业保理业相关政策，充分发挥国际保理在促进商贸流通发展中的重要作用，争取将商业保理业发展成为商贸流通业的又一重要产业。发布会后，通用电气保理公司举行开业仪式。该公司成为天津市颁布支持保理业发展试点管理办法后在津注册的第一家商业保理公司。预计到2015年，公司的业务规模达到10亿美元。保理是一项集贸易融资、商业资信调查、应收账款管理以及信用风险担保为一体的综合性金融服务，解决了赊销中出口商面临的资金占用和信用风险问题，有效促进了商贸流通的发展。它在世界范围内已是一项比较成熟的业务，但在中国仍处于发展初期。天津成为中国最早登记注册成立商业保理公司的城市，第一家内资保理公司和外资保理公司，以及第一批国际保理商协会中国会员均出自天津。

10. 促发展惠民生上水平活动暨新一批重大项目建设

2月17日，天津市召开“促发展、惠民生、上水平”活动动员会暨新一批重大项目建设推动会。市委书记孙春兰出席并讲话。市委副书记、市长黄兴国作部署。市委、市政府决定，2013年继续组织机关干部下基层服务，在全市深入开展“促惠上”活动。集中推出新一批重大项目170项，总投资2213.9亿元。“促惠上”活动协调解决了一批难题。全市4400多名机关干部组成673个服务工作组，深入7746家企业、项目和基层单位开展帮扶，共解决影响企业发展、项目建设、基层稳定等各类急难问题7390个，解决率92.6%；24小时开门服务电话受理解答各类问题15.97万个，问题解决率99.5%；8个区县政府和29个市级部门的政务微博开通；促进经济发展的8条措施28项具体政策全部得到落实。新推出170项大项目好项目，1610项重大项目当年竣工260项，累计竣工1200余项，完成投资2100亿元。

11. 张德江在天津调研

2月21日至22日，中共中央政治局常委、国务院副总理张德江在天津专题调研中小企业。先后到天津信息技术、环保、金融、新能源等10多家中小企业进行调研，询问企业生产经营情况和面临的困难、问题。21日晚，主持召开中小企业座谈会，听取中小企业家们的意见。市委书记孙春兰，市委副书记、市长黄兴国参加座谈会并陪同调研。工业和信息化部部长苗圩、国务院副秘书长肖亚庆、财政部部长助理刘红薇随同。

12. 进一步加快推进滨海新区开发开放动员大会召开

2月25日，天津市进一步加快推进滨海新区开发开放动员大会在滨海国际会议中心召开。市委书记孙春兰出席并讲话，市委副书记、市长黄兴国作部署。天津市出台十条措施，继续举全市之力高水平推进滨海新区开发开放，加快建设北方对外开放门户、高水平现代制造业和研发转化基地、北方国际航运中心和国际物流中心、宜居生态型新城区。主要内容有：加快东疆保税港区建设，支持向自由贸易港区转型；加快于家堡金融区开发，支持新区建设国家金融改革创新基地；以滨海高新区为基础，支持新区创建国家自主创新示范区；优化完善土地利用规划,支持新区进一步拓展发展空间;加大财政扶持力度,支持新区建立统一的财政管理体制;建立交通发展资金,支持完善"双城"间便捷高效交通体系;优化公共服务资源配置,支持新区加快发展社会事业;落实"新区的事新区办"工作机制,支持新区行使市级经济管理权限;修订《天津滨海新区条例》,支持新区进一步完善行政管理体制;加强领导班子建设,支持新区建设高素质干部队伍。

13. 天津市住房保障再扩面

自 2013 年 3 月 1 日起,天津市将进一步扩大住房保障政策覆盖范围,放宽"三种补贴"(廉租住房实物配租补贴、廉租住房租房补贴、经济租赁房租房补贴)收入准入条件,扩大限价商品房申请范围,使更多中低收入住房困难家庭受益。将廉租住房实物配租补贴中,重残和双残家庭收入准入条件,由上年家庭人均月收入低于 800 元(含)放宽到上年家庭人均月收入低于 960 元(含);将廉租住房租房补贴申请家庭收入准入条件,由上年家庭人均月收入低于 1060 元调整为上年家庭人均月收入低于 1160 元;将经济租赁房租房补贴收入准入条件,由上年家庭人均月收入低于 2000 元放宽到上年家庭人均月收入低于 2200 元;将具有武清区、宝坻区、静海县、宁河县和蓟县非农业户籍,申请时在市内六区、环城四区工作并在市内六区、环城四区连续缴纳社会保险 1 年以上,且符合天津市限价商品住房申请条件的人员,纳入限价商品住房申请范围。

14.《天津市人体器官捐献条例》实施

3 月 1 日,《天津市人体器官捐献条例》正式实施。该地方性法规于 2012 年 12 月 24 日市十五届人大常委会第三十七次会议通过。《条例》包括 6 章 31 条内容。是中国首部专门针对公民身故后人体器官捐献的地方性法规。条例对器官捐献的原则和组织机构做了明确规定,畅通了器官捐献者的捐献途径。还针对过去器官捐献过程中存在的问题作出规范。同时明确了对捐献者的权益保障,规定民政部门应该免除捐献者的丧葬费用,并为丧葬事宜提供便利,市红十字会向丧葬者家属颁发荣誉证书,并组织缅怀悼念活动,对家庭经济困难的捐献者亲属给予必要的关怀和帮助。

15. 市容环境综合整治任务圆满完成

3 月 1 日,天津市市容环境综合整治动员会在天津礼堂举行。市委书记孙春兰讲话。市委副书记、市长黄兴国作部署。天津市从四个方面开展市容环境综合整治,整治工程从 3 月初启动,7 月底完成,9 月底全面完成各项整治任务和检查验收。提升改造道路 107 条,整修建筑 3200 栋,建设改造公园 44 个,新建提升城市绿地面积 1600 万平方米,西青郊野公园一期基本建成,东丽等郊野公园加快建设。市容环境综合整治专项行动成效明显,制定重污染天气应急预案,加强污染防治和雾霾天气治理,推进油品质量升级,提前供应国 IV 标准汽油。生态市建设初见成效,166 项重点工程全部完工,基本建成 6 座污水处理厂,陈塘庄热电厂煤改气搬迁工程一套机组基本建成,配套供热管网工程全面完工,全市完成 32 座供热锅炉改燃并网工程,淘汰 140 万吨炼铁、229 万吨水泥落后产能和 7 万辆黄标车。

16. 天津市实施 12 项重点工作改善空气质量

3 月 1 日,市政府召开第 3 次常务会议,针对近期反复出现的雾霾天气,就加大大气污染治理力度、进一步改善空气质量进行部署。会议决定,将继续实施清水工程、绿化工程、净化工程,开展 12 项重点工作,即:加大火电机组污染防治力度;加大供热"煤改燃"力度;加大黄标车治理力度;加大扬尘污染治理力度;加大重点项目改造提升力度;加大循环经济发展力度;加大清水工程实施力度;加大郊野公园建设力度;加大湿地生态修复力度;加大车用燃油标准提升力度;加大环境信息公开力度;加大媒体宣传力度。

17. 国内首单空客 A380 融资租赁在津交付

3 月 2 日,一架全球最大的民用航空器——空客 A380 客机降落在天津滨海国际机场。这是工银金融租赁有限公司通过天津东疆保税港区完成的中国国内第一单空客 A380 融资租赁引进业务,实现了中国飞机租赁产业里程碑式新突破。该架客机的承租人为中国南方航空股份有限公司。A380 作为已投入运营的世界最大、最先进的民用飞机,以其首单租赁业务的顺利完成为标志,飞机租赁公司借助天津东疆保税港区平台实现的租赁标的物机型更加齐全,租赁资产更加庞大,租赁业务模式更加丰富。"工银租赁"在东疆共设立单机公司 11 家,作为出租方累计完成 22 架飞机的租赁业务,累计租赁资产 12.46 亿美元,"南方航空"作为承租方在东疆完成 25 单飞机租赁业务。

18. 北辰经济开发区晋升国家级经济技术开发区

3 月 22 日,国务院办公厅复函天津市人民政府:国务院批准同意天津北辰经济开发区升级为国家级经济技术开发区,定名为北辰经济技术开发区,实行国家级经济技术开发区的政策。北辰经济开发区 2012 年实现地区生产总值 210 亿元、销售收入 1260 亿元、创汇 25 亿美元。20 年来,共引进 26 个国家和地区的 450 家中外企业落户,其中包括世界 500 强企业 23 家,累计实现投资总额 900 亿元,创汇 159.33 亿美元,纳税总额 286.84 亿元,解决就业 7.2 万人。形成装备制造、生物医药、汽车配件、食品饮料、新型建材、橡胶制品、现代物流和新型能源八大产业集群,构建起高端装备制造、新能源新材料和原始创新三大基地。

19. 京津签署加强经济与社会发展合作协议

3月23日,《北京市天津市关于加强经济与社会发展合作协议》签约仪式在迎宾馆举行。中共中央政治局委员、市委书记孙春兰会见中共中央政治局委员、北京市委书记郭金龙并共同出席签约仪式,市委副书记、市长黄兴国与北京市委副书记、市长王安顺签约。根据协议,京津两市将从区域规划编制、交通基础设施建设、产业、科教、港口物流、人才、文化旅游会展、金融、环境保护和建立合作机制十个方面加强合作,实现双方互利共赢发展。

20. 天津市科学技术奖励大会

3月26日,天津市科学技术奖励大会在天津礼堂举行。市委书记孙春兰出席并讲话。市委副书记、市长黄兴国主持会议。2012年度,天津市共有16项科技成果获得国家科学技术奖,236项科技成果获得天津市科学技术奖。市领导为获奖代表颁发获奖证书。市有关方面负责人,部分在津两院院士、科技专家和获奖代表近400人参加会议。

21. 刘云山在天津调研

3月28日下午至29日,中共中央政治局常委、中央书记处书记刘云山在天津调研。深入企业、村镇、社区和文化单位,了解经济社会发展情况,走访慰问困难群众和基层老党员,就贯彻落实党的十八大和全国两会精神,推进改革发展和基层党建工作,与干部群众面对面交流。还专门召开基层干部群众座谈会,听取对改进工作作风、开展群众路线教育实践活动的意见建议。市委书记孙春兰,市委副书记、市长黄兴国参加座谈并陪同调研。中央政策研究室常务副主任何毅亭,中组部副部长王秦丰等随同。

22. 天津市出台增加城市居民可支配收入措施

4月1日,中共天津市委常委会通过2013年增加城市居民可支配收入的工作措施,主要涉及六个方面,实现城市居民可支配收入比上年增长10%的目标。包括:扩大就业规模,实现充分就业,确保全年新增就业48万人;提升职工技能,提高工资水平,全年培训50万人次;多措并举促进企业职工增收,争取工资总额增长13%以上;提高待遇水平,完善社会保障制度;继续做好困难群体帮扶解困;完善机关事业单位收入分配制度。

23. 天津市召开对外开放工作会议

4月8日,天津市对外开放工作会议在天津礼堂召开,会议表彰2012年度全市对外开放工作先进单位,总结和部署全市对外开放工作。市委书记孙春兰出席并讲话。市委副书记、市长黄兴国作总结部署。会上,市领导为获奖代表颁发奖牌。市有关方面负责人,各开发区、31个示范工业园区、部分外资企业、外省市驻津机构及外地驻津商会负责人,对外开放工作先进单位代表等约400人参加会议。

24. 第二届中美省州长论坛在北京、天津举行

4月15日至16日,第二届中美省州长论坛分别在北京、天津举行。15日,黄兴国在北京参加论坛相关活动,与美国艾奥瓦州州长特里·布兰斯塔德和威斯康星州州长斯科特·沃克举行一对一会谈。全国友协会长李小林、河北省省长张庆伟、黑龙江省代省长陆昊、福建省省长苏树林、广西壮族自治区代主席陈武,美国艾奥瓦州州长特里·布兰斯塔德、威斯康星州州长斯科特·沃克、美国国务院全球地方政府间事务特别代表瑞塔·路易斯15日晚抵津。中共中央政治局委员、市委书记孙春兰,市委副书记、市长黄兴国在迎宾馆会见出席论坛嘉宾。4月16日上午,第二届中美省州长论坛在天津宾馆举行。市长黄兴国出席,在"中美相互投资挑战及机遇"和"环境治理现状及对策"两个议题的讨论中发言。李小林和特里·布兰斯塔德共同主持。张庆伟、陆昊、苏树林、陈武和斯科特·沃克、瑞塔·路易斯等参加讨论。中国国际贸易学会副会长李永、美国驻华使馆公使衔参赞汉斯考姆·史密斯、环保部政研中心主任夏光、威斯康星州水资源协会总裁兼首席执行官迪恩·阿姆豪斯等分别发言。

25. 王东峰同志任天津市委副书记,何立峰同志不再担任天津市委副书记职务

4月19日,经中共中央批准:王东峰同志任天津市委委员、常委、副书记;何立峰同志不再担任天津市委副书记、常委职务。

26. 萨马兰奇纪念馆首展仪式举行

4月21日,"胡安·安东尼奥·萨马兰奇传奇一生——萨马兰奇纪念馆首展"仪式,在位于静海县天津健康产业园内的萨马兰奇纪念馆举行。中共中央政治局委员、市委书记孙春兰在迎宾馆会见出席仪式来宾。国际奥委会主席雅克·罗格,国家体育总局局长刘鹏,市委副书记、市长黄兴国等出席仪式并致辞。国际奥委会执委、国际拳联主席、萨马兰奇纪念馆创办人吴经国,国际奥委会执委胡安·安东尼奥·小萨马兰奇也分别致辞。仪式上,罗格、刘鹏、黄兴国、吴经国共同为萨马兰奇铜像揭幕,罗格向萨马兰奇纪念馆赠送礼品。萨马兰奇纪念馆总建筑面积1.9万平方米,包括2个主体建筑、3个下沉式院落、200余个景观建筑及环绕四周的奥林匹克雕塑公园和其他功能空间。纪念馆藏有萨马兰奇先生个人收藏及私人用品16000余件,记录了萨马兰奇先生的人生旅程和奥运历程,以及他与中国的深厚情感。

27. 天津市防治 H7N9 禽流感方案出台

4 月 24 日,《天津市人感染 H7N9 禽流感中医药防治方案(2013 年第一版)》正式出台,该方案提供了从预防到治疗人感染 H7N9 禽流感的多个中医药方。该预防方案内容包含预防和中医辨证治疗两部分。预防部分建议市民应避免接触活禽,特别是病死禽畜,就医时应戴口罩,食用禽肉蛋时要充分煮熟;面对疫情不必恐慌,正确认识疾病与疫情,调畅情志,保持良好的心态;平时起居要注意早睡早起,适量运动,勤洗手,居室常通风;饮食要适时、适量、适温,少食用刺激性强的食物。辨证治疗方案列出了针对 H7N9 预防治疗方面的基本中药方药和常用中成药,使用预防药物或治疗药物都应在医师指导下用药。

28. 天津市庆祝“五一”国际劳动节大会

4 月 28 日,天津市庆祝“五一”国际劳动节大会在天津礼堂举行。市委书记孙春兰出席并讲话。市领导黄兴国、肖怀远、何立峰、王东峰出席。2013 年,天津市徐文华等 35 名职工荣获全国“五一”劳动奖章,天津国投津能发电有限公司等 11 个单位荣获全国“五一”劳动奖状,天津市燃气集团输配分公司高压维抢中心等 46 个集体荣获全国“工人先锋号”称号,149 个单位和 1501 名个人分获市级“五一”劳动奖状、奖章。会上,市领导为获奖代表颁奖。会前,市领导接见天津市荣获全国“五一”劳动奖章、奖状和全国“工人先锋号”代表。

29. 2013 中国·天津投资贸易洽谈会暨 PECC 国际贸易投资博览会

5 月 10 日至 14 日,2013 中国·天津投资贸易洽谈会暨 PECC 国际贸易投资博览会在梅江会展中心举行。中共中央政治局委员、市委书记孙春兰,全国人大常委会原副委员长、中国太平洋经济合作全国委员会名誉会长成思危,PECC 轮值主席唐纳德·坎贝尔,市人大常委会主任肖怀远,市政协主席何立峰,市委副书记王东峰出席开幕式。市委副书记、市长黄兴国宣布开幕。开幕式前,孙春兰会见与会嘉宾。展会的主题是:扩大经贸合作,实现共赢发展。展会期间,有来自 20 个国家和地区、26 个省区市的 70 多个团组、近 9000 家企业、5.5 万名客商参展参会。共签约 54 个外资项目,签约额 51.67 亿美元;签约内资 1509 亿元,比上届增长 19.3%;商品贸易额 10.4 亿元,比上届增长 10%。160 名博士、700 名高级人才达成工作意向。

30. 鲍迎祥同志为武警天津市总队司令员

5 月 13 日,武警天津市总队召开宣布任职命令大会。武警部队副司令员戴洪生中将代表武警部队党委宣布国务院、中央军委命令,批准武警天津市总队司令员刘长余同志退休,任命鲍迎祥同志为武警天津市总队司令员。市委常委、常务副市长崔津渡出席大会并讲话。武警天津市总队原司令员刘长余、新任司令员鲍迎祥、政委王献华出席大会。

31. 习近平在天津考察

5 月 14 日至 15 日,中共中央总书记、国家主席、中央军委主席习近平在天津考察。在中共中央政治局委员、市委书记孙春兰和市长黄兴国陪同下,到武清区南蔡村镇丁家酆村,察看小麦长势,向农民询问田间管理和预产情况。随后到滨海新区天津国际生物医药联合研究院,观看该院自主研发产品展示,察看分析测试中心、药物筛选中心等,详细了解国家创新药重大专项课题研发情况。到中新天津生态城听取生态城规划建设情况介绍,察看规划实景沙盘和建设展板,并考察生态城智能电网综合示范服务中心。到人力资源发展促进中心,了解中心提供的就业服务项目,同现场的招聘人员和应聘大学生亲切交谈,详细询问有关情况。还前往天津职业技能公共实训中心,了解职业技能培训情况,同高校毕业生、失业人员、农村富余劳动力等代表座谈。调研期间,听取天津市委市政府工作汇报,对天津近年来的工作给予充分肯定。中共中央政治局委员、中央政策研究室主任王沪宁,中共中央政治局委员、中央书记处书记、中央办公厅主任栗战书,中央财经领导小组办公室主任、国家发改委副主任刘鹤,人力资源和社会保障部部长尹蔚民,农业部部长韩长赋,中央办公厅副主任丁薛祥随同来津。市人大常委会主任肖怀远,市政协主席何立峰,市委副书记王东峰出席汇报会。

32. 天津市党政代表团赴河北省学习考察

5 月 19 日至 21 日,以市委书记孙春兰为团长,市委副书记、市长黄兴国,市人大常委会主任肖怀远,市政协主席何立峰为副团长的天津市党政代表团赴河北省学习考察。河北省委书记周本顺,省委副书记、省长张庆伟陪同考察。省委副书记赵勇,省政协主席付志方出席座谈会。20 日下午,两省市在石家庄市召开座谈会,就深化合作进行交流。座谈会后,黄兴国和张庆伟代表津冀两省市政府,签署《天津市河北省深化经济与社会发展合作框架协议》。根据协议,天津市与河北省将在推进区域一体化进程、完善交通网络体系、深化港口物流合作、提高水资源保障能力、推动产业转移升级、加强科技研发合作、加强农副产品对接、加快旅游会展融合、拓宽金融合作领域、建立合作协调机制十个方面,进一步深化合作,互利共赢。在冀期间,天津代表团先后来到唐山、保定、石家庄三市,考察曹妃甸区置业大厦、首钢京唐钢铁联合公司、启新 1889 文化创意产业园、唐津运河文化产业聚集区、白沟新城和道国际商贸城、河北晨阳工贸集团公司、石家庄市正定新区、华北制药河北华民药业公司等。

33. 天津市党政代表团赴山西省学习考察

5月21日至23日，以市委书记孙春兰为团长，市委副书记、市长黄兴国，市人大常委会主任肖怀远，市政协主席何立峰为副团长的天津市党政代表团赴山西省学习考察。山西省委书记、省人大常委会主任袁纯清，省委副书记、省长李小鹏陪同考察。省委副书记金道铭出席座谈会。21日下午，两省市在太原召开工作交流座谈会。座谈会后，黄兴国和李小鹏代表两省市政府，签署《天津市山西省进一步加强经济与社会发展合作框架协议》，根据协议，双方将在完善区域交通运输网络、深化港口口岸合作、推进物流一体化建设、加大能源合作力度、深入产业互补合作、加强科教人才合作、加快会展旅游融合、加强农副产品对接、拓宽金融合作领域、建立合作长效机制十个方面加强优势互补、实现共赢发展。签约仪式上，两省市工信、科技、教育、旅游等部门也分别签署合作协议。在晋期间，天津代表团先后考察太原市罗克佳华工业公司、太原钢铁集团公司、太原重型机械集团公司、中国(太原)煤炭交易中心，汾阳市中国汾酒城，平遥县平遥古城，清徐县山西水塔老陈醋股份公司。

34. 孙春兰会见乌拉圭总统何塞·穆希卡一行

5月26日，中共中央政治局委员、市委书记孙春兰在迎宾馆会见乌拉圭总统何塞·穆希卡一行。乌拉圭外交部长路易斯·阿尔马格罗，交通和公共工程部长恩里克·平塔多，工业、能源和矿业部长罗伯托·克雷伊梅尔曼一同来津。市委副书记、市长黄兴国参加会见。在津期间，何塞·穆希卡一行参观考察市规划展览馆、南仓火车站、东疆保税港区、新港船厂等。

35. 天津城建学院更名天津城建大学

5月27日，教育部向天津市人民政府致函，同意天津城市建设学院更名为天津城建大学。天津城建大学是天津市唯一一所以城建类学科为特色的普通高等学校。始建于1978年，前身是天津大学建筑分校，1987年更名为天津城市建设学院，2013年更名为天津城建大学。学校以“发展城市科学，培养建设人才”为己任，立足天津、面向全国，服务城镇化和城市现代化进程，已发展成为一所拥有以工、理、管为主要学科，工、理、管、艺、文等多学科协调发展的多科性大学。建校35年来，为国家培养了35000余名毕业生，为天津和中国城市建设作出了贡献。毕业生就业率在95%左右，居天津市高校前列。更名后，天津城建大学将深化内涵，创新发展，继续加强师资队伍建设、学科专业建设和教学基础设施建设，努力提高教育教学质量、科研水平和办学效益，围绕服务加快转变经济发展方式这条主线，重点培养服务区域经济社会发展所需要的复合型、应用型工程人才，建设优势突出、特色鲜明的高水平城建大学。

36. 天津低碳园林捧国际大奖

5月30日，天津市园林规划设计院设计建设的低碳创意花园荣获2013年美国芝加哥最佳设计奖。这是继2011年北京奥林匹克森林公园第一次获此奖项后，中国再次摘得桂冠。2012年，市园林规划设计院在天津逸仙科学工业园设计建设了中国首个低碳创意花园，这个集科研、展示、实践于一体，具有可研究、可循环、可示范特点的综合性创新实践基地，在大绿与生态上做文章，重点研究绿色低碳园林，为全面推进低碳园林景观设计建设树立了引领行业发展的标杆。美国芝加哥最佳设计奖奖项是世界上最古老、最重要的专业奖项之一，由欧洲建筑艺术设计和城市规划研究中心与芝加哥建筑与设计博物馆共同组织。

37. 天津市首次摸清水利家底

5月31日，市政府正式发布《天津市第一次水利普查公报》。历时3年的水利普查，全面查清天津市河湖基本情况、水资源开发利用和保护现状、经济社会发展对水资源的需求、水利行业能力建设等情况，首次摸清全市水利“家底”，形成迄今为止最全面细致、系统权威的基础水利信息体系，为经济社会发展提供有效的数据支撑。根据国务院规定，2010年至2012年，开展第一次全国水利普查。2010年5月，天津市水利普查全面启动，全市5400余名普查人员，深入16个区县、266个乡镇(街道)、5390个居民(村民)委员会，对8个国家规定项目和3个天津市自选项目进行普查，共清查对象27万个，普查对象45万个，填写普查表6万多张，形成11项成果。普查显示，截至2011年底，全市共有流域面积50平方公里及以上河流192条、总长3913公里，4级以上堤防2160.7公里，水库28座、总库容26.79亿立方米，水闸3108座，泵站3266座，河湖取水口1996个，水土保持面积784.9平方公里。

38. 全市工作检查活动总结会召开

5月31日至6月9日，市委、市政府集中9天半时间，开展全市互看互比互学工作检查，实地察看涉及产业发展、城乡建设、生态环境、民生保障等方面的74个项目，检验了各区县的建设项目和发展成果，展示了全市干部群众解放思想、坚持发展、稳中求进、接力奋斗的良好精神状态。6月9日，全市工作检查活动总结会在天津礼堂召开。市委书记孙春兰，市委副书记、市长黄兴国，市人大常委会主任肖怀远，市政协主席何立峰出席会议并讲话，市委副书记王东峰主持。16个部门的负责人作汇报发言。

39. 23 人当选第三届天津市道德模范

6月5日，第三届天津市道德模范评选活动，历时4个月，经过基层推荐、媒体公示、集中宣传、市民投票等程序，在50名候选人中，栗岩奇等23人当选第三届天津市道德模范，王平等27人获得第三届天津市道德模范提名奖。根据全国道德模范评选要求，经评委会评议，市文明委批准，李刚、栗岩奇、刘春慧、孔凡成、李辉忠、王辅成、张文华、张燕、刘伟、张淑珍10人被推荐为天津市第四届全国道德模范候选人。

40. 第七届中国企业国际融资洽谈会在津举行

6月6日至8日，第七届中国企业国际融资洽谈会——科技国际融资洽谈会，在天津梅江会展中心举行。中共中央政治局委员、市委书记孙春兰，全国政协副主席、全国工商联主席王钦敏，美国企业成长协会总部主席查克·莫顿出席开幕式。市委副书记、市长黄兴国宣布开幕。融洽会以“推进科技金融结合、激发民间资本活力、服务经济社会发展”为主题，同期首次举办中国国际租赁产业博览会。其间，组织资本对接、路演推介、产品及成果展示、论坛、合作交流等五大板块特色活动，举办各种论坛、签约、发布、揭牌、推介会、路演活动90余场。参会企业、机构共计2893家，参会人数8000余人，参会机构涉及30多个国家和地区。为广大中小微企业尤其是小微科技创新型企业、科技“小巨人”达成初步意向融资额356亿元，比上年增长120亿元。

41. 公安部为“5·20”案工作组记集体一等功，授予刘聪二级英雄模范称号

6月12日，公安部发布命令，给天津市公安局处置“5·20”案件工作组记集体一等功；授予刘聪同志全国公安系统二级英雄模范称号。命令指出，2013年5月20日10时许，天津市滨海新区高新产业园中心地带发生一起犯罪嫌疑人欲实施爆炸的重大恶性案件。案发后，市公安局迅速抽调精干警力组成工作组，领导同志靠前指挥，多警联动，快速反应，全力以赴开展案件处置工作。经过4个小时艰苦奋战，成功将犯罪嫌疑人制服，当场收缴汽油34桶、液化气3罐，避免了严重后果发生，为维护社会治安稳定，保护人民群众生命财产安全作出突出贡献。命令指出，公安河西分局刑侦支队支队长刘聪从警30年来，牢记并努力实践全心全意为人民服务宗旨，忠实履行打击犯罪、保护人民的神圣职责，每逢急难险重任务总是冲锋在前，多次冒着生命危险抓捕犯罪嫌疑人，带领民警屡破大案要案，为严厉打击刑事犯罪活动、维护社会稳定作出突出贡献。由于超负荷工作，积劳成疾，2012年5月刘聪被确诊患脑部恶性胶质瘤，在手术住院治疗一个月后，毅然重返岗位，全身心投入各项工作。2012年12月刘聪病情恶化，经送医院抢救，至今仍处于昏迷状态。

42. 黄兴国率政府代表团出访韩国美国加拿大

6月12日至20日，应韩国仁川市政府、美国费城市政府、科恩集团和加拿大庞巴迪集团邀请，市长黄兴国率市政府代表团访问上述三国。12日在仁川市访问。出席两市结好20周年纪念活动，考察城市基础设施规划建设情况。中午，在仁川市政府会见该市市长宋永吉，就密切两市友城关系深入交谈。会见结束后，黄兴国与宋永吉共同签署两市缔结友城关系20周年宣言书。下午，代表团考察仁川自由经济区的智能城市规划馆、韩中文化馆。12日至16日，代表团在美国旧金山、芝加哥、费城、华盛顿访问。13日下午，黄兴国在芝加哥分别会见该市市长伊曼纽尔和前市长戴利。14日晚，在芝加哥会见凯悦集团主席普利兹克。15日中午，在费城会见该市市长纳特。16日下午，在华盛顿会见科恩集团主席威廉·科恩，并与安泰集团、安利公司、波音公司、美国进步中心、美中贸易全国委员会等企业和组织的30多位知名企业家、学者沟通交流。在发表演讲时，全面介绍天津经济社会发展特别是滨海新区开发开放情况。在美期间，代表团积极推动一批合作项目加快实施，一些项目当场确定选址、开工进度等具体安排。代表团还重点考察旧金山、芝加哥、费城、华盛顿的基础设施建设和公共服务设施建设情况。17日至20日，代表团在加拿大访问。17日中午，代表团在蒙特利尔访问庞巴迪集团总部，黄兴国与集团全球客服总裁艾瑞克·马迪尔就开展合作深入交谈。会谈结束后，代表团参观该集团产品展示中心和生产车间。19日中午，代表团在多伦多访问麦格纳集团总部，黄兴国与集团首席执行官唐·沃克就深化合作交换意见。会谈结束后，代表团察看该集团生产的电动汽车产品。19日上午，黄兴国在多伦多会见利纳马集团首席运营官吉姆·贾雷尔一行。在加期间，代表团详细考察蒙特利尔、多伦多的城市规划建设情况。在蒙特利尔，重点考察“地下城”和城市自行车租用服务设施。在多伦多，重点考察安大略湖畔商业区和多伦多大学等城市文化、教育、公共服务设施。

43. 党的群众路线教育实践活动

6月18日，党的群众路线教育实践活动工作会议在北京召开，中共中央总书记、国家主席、中央军委主席习近平出席会议并发表重要讲话，对全党开展教育实践活动进行部署。6月20日，市委召开常委扩大会议，传达学习党的群众路线教育实践活动工作会议精神。市委书记孙春兰主持会议并讲话。会议讨论并原则通过《中共天津市委关于深入开展党的群众路线教育实践活动的实施意见》和《天津市第一批深入开展党的群众路线教育实践活动实施方案》。6月27日，市委党的群众路线教育实践活动领导小组召开第一次会议。领导小组组长、市委书记孙春兰主持并讲话。领导小组副组长肖怀远、王东峰、臧献甫、尹德明、成其圣和领导小组成员出席会议。会议研究了教育实践活动有关事项，听取党的群众路线教育实践活动专题调研和征求意见工作情况汇报，对下一步工作做了部署。7月3日，天津市党的群众路线教育实践活动动员会在天津礼堂召开。市委书记孙春兰主持会议并讲话。中央第一督导组组长王金山出席会议并讲话。市委副书记、市长黄兴国，市人大常委会主任肖怀远，市政协主席何立峰，市委副书记王东峰，中央第一督导组副组长董君舒出席会议。孙春兰强调，开展教育实践活动，要注重把握六个方面。一是注重把握“照镜子、正衣冠、洗洗澡、治治病”的总要求。二是注重强化群众观点教育。三是注重聚焦解决“四风”问题。四是注重开展批评和自我批评。五是注重发挥领导带头作用。六是注重加强制度建设。7月5日，天津市党的群众路线教育实践活动报告会在天津大礼堂举行。中共中央文献研究室主任冷溶作了题为《群众路线是党的生命线》的报告。7月10日，市委召开常委会议通过进一步改进作风的若干规定。孙春兰主持，黄兴国、肖怀远、何立峰、王东峰出席。会议研究通过《关于在全市党政机关开展自行清退违规借用、调用、换用、占用公务用车活动的通知》《关于在全市开展会员卡自行清退活动的通知》《关于进一步减少会议和规范学习培训的通知》《关于进一步做好市领导同志外事工作的实施意见》。7月24日，市委召开常委会议研究教育实践活动有关事项。听取并讨论全市教育实践活动市委征求意见情况和解决突出问题的建议，研究通过《关于调整完善市对区县分税制财政体制的决定》、《关于市区县、企事业单位开展联系群众结对帮扶困难村和社区工作的实施意见》、《关于认真查摆问题、开展正风肃纪工作的实施意见》、市委常委会专题民主生活会方案。8月14日，市委召开常委会传达学习习近平总书记在河北省调研指导党的群众路线教育实践活动时的讲话。孙春兰主持会议并讲话。9月27日，市委召开常委会议，传达学习习近平总书记在河北省参加省委常委班子党的群众路线教育实践活动专题民主生活会时的重要讲话。孙春兰主持。10月11日至12日，市委常委会召开教育实践活动专题民主生活会。

44. 全国职业院校技能大赛

6月24日，2013年全国职业院校技能大赛高职组“工业机械手与智能视觉系统”比赛开赛，标志着2013年大赛天津主赛区赛项全面开赛。25日至27日，来自全国37个省、自治区、直辖市和计划单列市的4000余名选手齐聚天津，同台竞技。天津市作为主赛场，举办34项比赛，其中21个比赛项目在海河教育园区举办。天津市派出269名技能高手，参加82个比赛项目，是历届全国职业院校技能大赛中派出参赛选手人数最多、参加项目最多的一年。大赛吸引近万名学生参赛，还有52个国家和地区的500名选手参加比赛和技能展示活动。大赛设置14个专业大类100个比赛项目，除天津主赛场外，另设河北、山西、吉林、江苏、浙江等14个赛区。28日，大赛闭幕式在海河教育园体育馆举行。中共中央政治局委员、国务院副总理刘延东出席并讲话。中共中央政治局委员、市委书记孙春兰，全国政协副主席、国家民委主任王正伟，全国政协原副主席、中华职业教育社理事长张榕明，市委副书记、市长黄兴国出席闭幕式。教育部副部长鲁昕主持闭幕式。闭幕式上，获奖选手和企业代表作发言。

45. 2013国际生物经济大会在津开幕

6月25日，2013国际生物经济大会在天津滨海国际会议中心开幕。全国政协副主席、致公党中央主席、科技部部长万钢，全国人大常委会原副委员长、中国工程院院士桑国卫，市委副书记、市长黄兴国，加拿大研究理事会副主席若曼·罗姆斯基共同启幕。科技部副部长王伟中主持开幕式。开幕式结束后，与会嘉宾参观2013国际生物经济大会展馆，考察天津国际生物医药联合研究院。当天上午，大会举行主题报告会，国内外生物医药领域著名专家作大会报告。大会主题是“创新驱动，跨越发展”，设有6个学术分会，邀请近100位国内外的知名专家、学者、投资者和企业家作演讲。展览设生物医药、医疗器械、健康产业等多个展区，10多个国家近300家企业集中展示国际最新技术产品和科研成果。

46. 刘延东在津考察

6月27日至28日，中共中央政治局委员、国务院副总理刘延东在津视察全国职业院校技能大赛成果展、获奖选手招聘会和全国职业院校技术技能作品展洽会，观看民族地区职业院校学生才艺比赛展演、全国职业院校技能大赛飞机发动机检测与维修表演赛，考察天津市妇女儿童保健中心、南开区华苑街社区卫生服务中心、天津市天堰医教科技发展有限公司、富通(天津)超导技术应用有限公司等。

47. 第六届津台投资合作洽谈会暨2013天津·台湾名品博览会

7月4日至8日，第六届津台投资合作洽谈会暨2013天津·台湾名品博览会在津举行。7月4日，投洽会在天津迎宾馆开幕。中共中央政治局委员、市委书记孙春兰会见中国国民党荣誉主席吴伯雄等台湾嘉宾并出席开幕式。吴伯雄，中央台办主任、国务院台办主任张志军，市委副书记、市长黄兴国致辞。投洽会期间，举行四个合作对接会和一对一采购洽谈会，举办天津首个台商工业园揭牌、重点台商项目奠基揭牌等活动。6000余家采购商到会采购,“一对一采购洽谈”近千场次。投洽会首次组织双向投资合作对接会,签署合作协议9个,12个项目初步达成意向。7月5日,名品博览会开幕式在梅江会展中心举行。吴伯雄,海峡两岸关系协会会长陈德铭出席。黄兴国宣布开幕。博览会展览面积6万平方米,设2000多个展位,4万余种产品,800多家台湾企业参展。其间,签订台商投资项目21个,签约投资总额55.36亿元人民币。达成意向采购额超过37亿元人民币,天津及北京、山东、河北等10多个省市参观采购人数45.3万人。

48. 全国最大二手车立体展厅在津运营

7月6日,全国最大的二手车立体展厅——天津空港二手车交易市场正式运营,将打造成中国北方地区最大最专业的汽车展厅,实现新车、二手车交易一站式服务。空港二手车交易市场拥有二手车经营区6万平方米,可容纳2500余辆汽车展示;二手车展示厅3.7万余平方米、可容纳1800辆汽车展示,是国内最大的二手车室内展场,二手车资源占有率将达到全市90%以上。建成后,空港二手车交易市场可为企事业单位、团体以及个人的二手车交易进行免费评估、二手车置换、寄售等个性化服务。同时还提供新车及二手车按揭、代办车辆过户转籍、上牌、保险等业务。

49. 彭帅首夺大满贯

在7月7日凌晨结束的2013年温布尔登网球锦标赛女双决赛中,“海峡组合”彭帅/谢淑薇以7:6(1)、6:1力克2013年澳网亚军巴蒂/德拉奎尔,职业生涯首度捧起温网大满贯世界冠军奖杯。这是时隔七年(2006年郑洁/晏紫澳网、温网)后,中国女子网球运动员再度夺得大满贯世界冠军,也是中国网球收获的第五座大满贯奖杯。彭帅为天津几代网球人圆梦,实现天津网球的历史性新突破。

50. 中国·天津华侨华人创业发展洽谈会

7月11日至12日,第五届中国·天津华侨华人创业发展洽谈会在津举行。市委副书记、市长黄兴国在迎宾馆会见来宾。国务院侨办主任裘援平、副市长任学锋出席开幕式并致辞。洽谈会期间,举行滨海新区政策报告会、项目对接会、天津市欢迎会和参观考察等活动。30个国家和地区的260多名海外侨商、华侨华人高层次人才、华侨高科技企业以及部分海外华文媒体代表参会。在12日举行的项目对接会上,步长集团房地产、瑞华(集团)有限公司电动汽车公交线路、华邦自行车智能控制系统有限公司城市公共自行车智能控制系统、加拿大能源资源开发公司新材料保鲜容器等46个项目分别与滨海新区及相关功能区达成初步合作意向,意向总投资额67.6亿元人民币。

51. 市残联第六次代表大会

7月23日,天津市残联第六次代表大会在天津礼堂召开。市委书记孙春兰出席会议并讲话。市领导黄兴国、肖怀远、何立峰、王东峰出席。中国残联专职副主席吕世明代表中国残联致辞。市委常委、市委政法委书记散襄军主持。副市长曹小红致开幕词。市残联党组书记、第五届执行理事会理事长赵洪莉作工作报告。会议通过关于第五届主席团工作报告的决议和聘请名誉主席、名誉副主席的决议,选举产生第六届主席团、执行理事会、各专门协会领导成员,审议通过出席中国残联第六次代表大会代表名单和中国残联第六届主席团委员候选人建议名单。散襄军当选市残联第六届主席团名誉主席,曹小红当选市残联第六届主席团主席,赵洪莉当选市残联第六届执行理事会理事长。

52. 天津市出台中国首部促进商业发展综合性地方法规

7月23日,《天津市促进商业发展若干规定》经市十六届人大常委会第三次会议通过,这是中国首部促进商业发展的综合性地方法规,将于2013年9月1日起施行。《规定》以优化商业发展环境、完善政府公共服务职能为出发点,总结天津市实践经验加以制定,共计35条。对政府在保障居民生活必备的商业服务职责作了具体规定,还确立市场运行监测、重要商品储备和生活必需商品应急供应机制。同时明确了商业的空间布局,避免大型商业设施的重复建设和盲目建设,保障市民享有基本的商业服务。还从市场主体、商业业态和保障措施三个方面作了具体规定。

53. 中共天津市委十届三次全会

8月1日至2日,中共天津市委十届三次全会在天津礼堂召开。市委书记孙春兰主持会议并讲话。市委副书记、市长黄兴国就《中共天津市委关于深入贯彻落实习近平总书记在津考察重要讲话精神加快建设美丽天津的决定(讨论稿)》和《美丽天津建设纲要(讨论稿)》作说明。市人大常委会主任肖怀远,市政协主席何立峰,市委副书记王东峰,市委委员、市委候补委员出席。中央第一督导组组长王金山参加会议。全会审议通过《中共天津市委关于深入贯彻落实习近平总书记在津考察重要讲话精神加快建设美丽天津的决定》《中国共产党天津市第十届委员会第三次全体会议决议》。市有关方面负责人列席会议。

54. 天津市妇女第十三次代表大会

8月8日至10日,天津市妇女第十三次代表大会在天津礼堂召开。市委书记孙春兰出席开幕式并讲话。全国妇联党组书记、副主席、书记处第一书记宋秀岩讲话。市领导黄兴国、肖怀远、何立峰、王东峰出席。大会审议通过天津市妇联第十二届执委会工作报告，选举产生市妇联第十三届执委会，通过《关于天津市妇联第十二届执委会工作报告的决议》和《天津市妇女代表大会代表联系制度》。10日上午，市妇联第十三届执委会举行第一次全体会议，选举产生新一届执委会常务委员，主席、副主席、兼职副主席。戴蕴当选天津市妇联主席，张红、程树梅、周路、闫英霞、梁春早当选市妇联副主席，黄晓云、蔡志萍、陈钟林当选兼职副主席。市妇联十三届执委会常委会由21名委员组成。

55. 黄兴国率天津市代表团在宁夏回族自治区学习考察

8月16日至17日，市委副书记、市长黄兴国率天津市代表团在宁夏回族自治区学习考察，两市区签署经济与社会发展合作框架协议。16日下午，宁夏回族自治区党委书记、人大常委会主任李建华，自治区党委副书记、自治区主席刘慧，自治区政协主席齐同生在银川会见天津市代表团一行并共同出席签约仪式。会见后，黄兴国和刘慧代表两市区政府，签署《天津市宁夏回族自治区经济与社会发展合作框架协议》。根据协议，双方将在完善交通运输网络、推进产业优势互补、深化口岸物流合作、拓宽金融合作领域、加快会展旅游融合、加大科教人才合作力度、加强农副产品对接、建立合作协调机制八个方面加强合作。两市区有关方面还分别签署7个项目合作协议，涉及物流、能源、化工、人力资源开发等。在宁夏期间，代表团考察银川阅海湾中央商务区、银川城市规划展示馆、宁夏小巨人机床有限公司、惠农陆路港口岸、中色(宁夏)东方集团有限公司等。

56. 郭声琨在天津调研

8月17日至18日，国务委员、公安部部长郭声琨在津调研。听取市公安局工作汇报，出席市公安局“为民务实清廉”先进事迹报告会，深入西青区辛口镇水高庄村社区警务室、中北镇社会事务服务中心、公安西青分局李七庄派出所和市公安局110报警服务大厅调研，亲切慰问基层公安民警，进村入户体察民情，并召开座谈会，就深入开展党的群众路线教育实践活动、进一步加强和改进公安工作听取意见建议。公安部党委委员、政治部主任夏崇源随同来津。市领导散襄军、王宏江陪同调研并出席座谈会。

57. 黄兴国率天津市代表团在内蒙古自治区学习考察

8月17日至19日，市委副书记、市长黄兴国率天津市代表团在内蒙古自治区学习考察，两市区召开座谈会，共同签署深化经济与社会发展合作协议。内蒙古自治区党委书记、人大常委会主任王君在呼和浩特会见天津市代表团一行。自治区党委副书记、自治区主席巴特尔出席座谈会并签署协议。座谈会结束后，黄兴国和巴特尔代表两市区政府，签署《天津市内蒙古自治区深化经济与社会发展合作协议》。根据协议，双方将进一步完善交通运输网络，加大清洁能源合作力度，深化口岸物流合作，促进优势产业互补对接，加强绿色农副产品产销合作，加快旅游合作发展，拓宽金融合作领域，推进教育人才合作。其中，内蒙古将发挥清洁能源输出基地优势，加大对天津电力、天然气等能源的输出力度，力争2017年实现向天津送气120亿立方米，送电300万千瓦，保障天津经济发展和民生需求。天津将继续支持天津市航空、能源、化工、物流、商贸等企业在内蒙古发展，两地合作开展煤矿、煤制天然气、煤制油和输气管道等项目的投资建设。

58.《辛亥革命》独揽第29届中国电视剧“飞天奖”特别奖

8月20日，国家新闻出版广电总局中国电视艺术委员会在京公布第29届中国电视剧“飞天奖”部分获奖名单，由中共天津市委宣传部、天津广播电视台联合出品的大型史诗电视连续剧《辛亥革命》获得长篇电视剧特别奖。“飞天奖”是中国电视剧政府奖，代表了当代中国电视剧创作的最高水平。此届“飞天奖”共有42部作品入围，分获一、二、三等奖，《辛亥革命》独得特别奖。

59. 孙春兰会见肯尼亚总统乌胡鲁·肯雅塔

8月21日，中共中央政治局委员、市委书记孙春兰在迎宾馆会见肯尼亚总统乌胡鲁·肯雅塔一行。在津期间，肯雅塔一行参观考察保税区管委会投资服务中心大厅、应大股份有限公司、天津港博览馆、五洲国际集装箱码头、嘉里粮油(天津)有限公司等。总统夫人玛格丽特·肯雅塔，肯尼亚外交部长阿明娜·穆罕默德、交通与基础设施部长迈克尔·卡马乌、工业化与企业发展部长阿丹·穆罕默德、能源与石油部长戴维斯·奇尔奇尔、矿业部长纳吉布·巴拉拉、信息通讯与技术部长费雷德·马蒂安吉等一同来津。中国驻肯尼亚大使刘光源，市领导段春华、任学锋、高玉葆等参加会见。

60. 湖北省党政代表团访津

8月21日至22日，湖北省党政代表团来津考察，两省市22日召开合作交流座谈会并签署战略合作框架协议。市委书记孙春兰主持座谈会并讲话。湖北省委书记、省人大常委会主任李鸿忠讲话。市委副书记、市长黄兴国，湖北省委副书记、省长王国生分别介绍情况并共同签约。市委副书记王东峰，湖北省委副书记张昌尔出席。根据协议，天津市与湖北省在水资源管理及环保技术、先进制造业、现代农业、会展旅游、经贸交流、人力资源、文化教育科技、金融八个方面开展合作，促进两地经济社会共同发展。在津期间，代表团参观考察空客A320天津总装公司、新一代运载火箭产业化基地、华明示范镇等。

61. 市委常委会议研究部署出台五项举措建设美丽社区

8月24日，市委召开常委会议，听取进一步加强社区工作意见的汇报。市委书记孙春兰主持。市领导黄兴国、肖怀远、何立峰、王东峰出席。会议研究部署出台五项举措，建设美丽社区。一要加强组织领导，把社区建设纳入目标管理和年度目标考核的重要内容，与创建美丽社区和服务群众联系社区工作结合起来。二要加强居委会建设，重点抓好城乡接合部居住区、新建居住区和“三改一化”地区的社区居委会建立工作，确保居民一入住就有居委会或居委会筹备组提供服务管理。三要强化服务管理，配备专职社区工作者，实施网格化管理服务，大力推进政府购买服务，把社区物业管理纳入社区管理。四要加快社区基础设施建设，确保所有社区都有完备的办公服务设施，为居民提供优质服务，让居民有地方办事、有场地活动。五要加强社区工作队伍建设，逐步提高待遇水平，打通个人成长进步渠道，建立职业化社区工作者队伍。

62. 天津地铁2号线全线贯通

自8月28日起，天津市地铁2号线全线贯通运营，建国道站同期开放。意味着天津市中心城区轨道交通的骨架基本形成，中心城区轨道交通总里程数达到78.5公里。地铁2号线，西起西青区曹庄，东至东丽区空港经济区。全长22.6公里，设车站19座，与1号线在西南角站换乘，与3、9号线在天津站站换乘。

63. 天津市代表团在新疆和田地区考察

8月28日至9月2日，市人大常委会主任肖怀远率天津市代表团赴天津市对口支援的新疆和田地区，检查推动援疆项目，看望慰问援疆干部，出席在乌鲁木齐举行的第三届中国——亚欧博览会。中共中央政治局委员、新疆维吾尔自治区党委书记张春贤，全国人大常委会副委员长、自治区人大常委会主任艾力更·依明巴海，在乌鲁木齐会见天津代表团一行。28日，代表团赶往天津援疆工作前方指挥部，看望天津市援疆干部，听取援疆工作汇报，与大家座谈交流。市委、市政府斥资500多万元，向和田地区东三县捐赠三组流动舞台车、道具车和供演职人员乘坐的客车。29日，在策勒县天津小区前广场举行捐赠仪式。肖怀远一行驱车数百公里，先后考察天津策勒食用菌科技示范园区、天津策勒实验中学、策勒天津小区、恰哈玛村安居富民项目；于田县天津中心农贸市场、天津工业园区、和田尧柏特种水泥有限公司；民丰县若克雅乡阿其玛村红枣滴灌项目、北辰设施农业示范基地、阿克墩牧民搬迁村、棚户区改造项目，与和田地区及策勒县、于田县、民丰县各方面负责人座谈，研究解决实际问题。8月30日下午，由天津援建的和田地区天津高级中学举行交接仪式。该项目投资约2.3亿元、建筑面积4.5万平方米、学生规模达到3000人。

64. 天津运动员十二届全运会创佳绩

8月31日至9月12日，第十二届全运会在辽宁省沈阳市举行。天津选手夺得20枚金牌、14枚银牌和11枚铜牌，位列奖牌榜第九位。在全运会闭幕式会旗交接仪式上，作为第十三届全运会承办地代表，天津市市长黄兴国从国家体育总局局长刘鹏手中接过全运会会旗。

65. 天津仁川缔结友城关系20周年，黄兴国会见韩国仁川市市长宋永吉

2013年是天津市与韩国仁川市缔结友好城市关系20周年。9月2日下午，市长黄兴国在迎宾馆会见来津访问的仁川市市长宋永吉和议长李成万一行，就进一步深化友城关系，加强交流合作进行友好交谈。在津期间，代表团出席仁川书法家作品展开幕式，“纪念天津·仁川缔结友城20周年文艺演出”等系列活动，并考察天津奥林匹克中心跳水馆、天津市大学生体育馆、文化中心、子牙循环经济产业区、萨马兰奇纪念馆、健康产业园和意式风情区等。

66. 第二届中国天津国际直升机博览会

9月5日至8日，第二届中国天津国际直升机博览会在滨海新区举行。市委书记孙春兰5日中午会见出席活动来宾。市委副书记、市长黄兴国，中航工业集团公司董事长林左鸣，总参陆航部部长袁继昌共同启幕。国家安监总局副局长杨元元，国家旅游局局长邵琪伟出席开幕式。博览会以“走近直升机”为主题，近300家国际、国内直升机产业与配套企业参展，全球12家民营直升机巨头齐聚一堂，总参陆航风雷飞行表演队、中航工业集团公司等单位携最新机型和特级飞行员共奉上6场高难度表演；在100多场有关产品推广、洽谈合作的专题活动中，多家直升机巨头累计销售直升机超过100架。展会期间，来自全球30多个国家和地区的专业观众突破8000人，普通观众达4万人。

67. 2013中国旅游产业博览会在津举办

9月5日至8日，2013中国旅游产业博览会在梅江会展中心举办。市委书记孙春兰，市委副书记、市长黄兴国4日晚会见国家旅游局局长邵琪伟一行。5日下午举办国际旅游装备产业发展高峰论坛。来自10多个国家和地区、国内30多个省区市的旅游部门及400多家旅游装备制造和营销企业参展参会。博览会期间，参观者近20万人次，参加业务洽谈人数3.8万人次；签订采购房车、游艇、木屋、旅游设施及旅游商品等合同220项，交易和意向协议额达32.5亿元。

68. 王岐山在天津调研

9月6日,中共中央政治局常委、中央纪委书记王岐山到天津市,就深入落实八项规定精神、纠正享乐主义和奢靡之风进行调研。深入社区考察党风民风建设工作,到南市食品街了解节礼销售情况,听取天津市落实中央八项规定精神工作汇报,与冯骥才等专家学者和基层干部代表就党风民风建设进行座谈。市委书记孙春兰,市委副书记、市长黄兴国陪同调研。中央纪委副书记、监察部部长黄树贤,中央纪委常委、秘书长崔少鹏随同。市领导王东峰、臧献甫、段春华等参加座谈或陪同调研。

69. 黄兴国率团出席 2013 夏季达沃斯论坛

9月11日,2013年夏季达沃斯论坛在大连开幕。市长黄兴国率代表团抵达大连出席相关活动。副市长任学锋、天津全球成长型企业协会名誉会长何荣林出席相关活动。11日下午,黄兴国率代表团成员出席在大连国际会议中心举办的论坛开幕全会,聆听李克强总理精彩演讲。10日下午,黄兴国与天津企业家代表共同参加李克强与国际知名大企业负责人座谈会。11日中午,黄兴国与世界经济论坛主席施瓦布见面,就做好2014年论坛各项筹备工作深入交谈。当晚,天津代表团在大连万达希尔顿酒店举行"天津之夜"主题活动,黄兴国与施瓦布、国家发改委副主任张晓强分别致辞,辽宁省政协主席夏德仁、工业和信息化部副部长苏波等出席,任学锋主持。主题活动中,嘉宾们观看介绍天津发展的宣传短片,欣赏民间传统手工艺展示,领略天津浓厚的历史文化底蕴和充满生机活力的现代气息。11日上午,辽宁省委书记、省人大常委会主任王珉,省长陈政高会见代表团一行,就加强两省市交流合作深入交换意见。辽宁省委常委、大连市委书记唐军,市长李万才参加会见。10日至11日,黄兴国分别会见比利时副首相亚历山大·德克罗,美国大洛杉矶郡郡长迈克尔·安东诺维奇,印尼力宝集团董事长李文正,中国广发银行股份有限公司董事长利明献,首创集团总经理刘晓光,大连软件园副总裁叶鸣等,就加强各领域务实合作达成共识。在大连期间,黄兴国还与天津参会企业代表座谈。

70. 2013 中国国际新闻出版技术装备博览会在津举办

9月12日至15日,2013中国国际新闻出版技术装备博览会在梅江会展中心举办。市委副书记、市长黄兴国13日下午会见国家新闻出版广电总局党组书记、副局长蒋建国。国家新闻出版广电总局副局长邬书林,市人大常委会副主任苟利军、副市长曹小红等参加相关活动。博览会汇聚460多家国内外新闻出版知名企业和单位参展,展出内容涉及新闻出版全产业链的各个环节,提供新技术、新成果、新的运营模式及相关解决方案。展会期间还举办2013中国国际新闻出版技术装备商界领袖圆桌会议、经贸洽谈、项目对接、信息发布、技术讲座和现场演示等主题活动。

71. 天津市出台《实施方案》对区县党委、政府进行绩效考评

9月16日,市委、市政府制定《天津市区县绩效考评工作实施方案》《天津市市级政府部门绩效考评工作实施方案》《天津市市级党委部门和有关群众团体绩效考评工作实施方案》和《天津市绩效管理察访核验实施办法》,在全市推进绩效管理工作,进一步提升各级党政机关及工作部门的执行力,全力推进美丽天津建设。《天津市区县绩效考评工作实施方案》包括:考评范围、考评内容、绩效考评、考评结果生成、考评结果的运用、组织领导和工作要求六方面。

72. 天津市与国家开发银行开展战略合作

9月16日,市政府与国家开发银行加快推进美丽天津建设战略合作备忘录和美丽天津建设系统性融资规划合作协议签约仪式在迎宾馆举行。市委书记孙春兰会见国家开发银行董事长胡怀邦一行。市委副书记、市长黄兴国参加会见、出席签约仪式。签约仪式前,双方举行高层联席会议。根据协议,双方将以规划合作、投融资合作、投融资主体建设为载体,以创新融资服务体制机制为突破口,在生态环保、改善民生、产业转型升级、重大基础设施建设等领域开展合作,提升美丽天津建设的质量和内涵。

73. 深化滨海新区管理体制改革动员大会

9月26日,天津市召开深化滨海新区管理体制改革动员大会。市委副书记王东峰出席并讲话。市委常委、市委组织部部长尹德明宣布市委、市政府关于深化滨海新区管理体制改革有关问题的批复和市委关于滨海新区领导干部调整任免的决定。市委常委、滨海新区区委书记袁桐利主持会议。副市长、滨海新区区长宗国英代表滨海新区作表态发言。滨海新区区级领导班子成员及新区所属各单位主要负责人参加大会。会议结合新区实际,提出《深化滨海新区管理体制改革总体方案》。依据《方案》,此次改革总的架构是:行政区统领,功能区支撑,街镇整合提升。即新区作为行政区,全面履行地方党委、政府职能,统一领导经济功能区和街镇两类辖区。塘沽、汉沽、大港工委、管委会建制撤销;按照"大街镇"发展思路科学划分街镇辖区,将现有27个街镇分步整合提升;根据区域位置、经济基础、产业结构、发展空间等情况,对12个功能区归并整合。

74. 第三届海外天津人联谊大会

9月26日至27日,第三届海外天津人联谊大会在

津举行，来自 25 个国家和地区 53 个海外天津人社团和各界代表人士 120 余人与会。市委书记孙春兰，市委副书记、市长黄兴国在开幕式前会见出席大会嘉宾。市委常委、市委统战部部长刘长喜在开幕式上致辞，副市长任学锋作主旨报告，市侨联主席张元龙主持。会议期间，召开“同心携手共建美丽天津”大会、“海外天津人社团建设与发展”研讨会。会议通过海外天津人共建美丽天津行动宣言。

75. 孔凡成李辉忠当选全国道德模范，刘春慧等 8 人获提名奖

9 月 27 日，第四届全国道德模范评选揭晓。天津市桂发祥麻花饮食集团有限公司党委书记、董事长李辉忠当选全国诚实守信模范。中国铁建十八局集团隧道公司项目经理孔凡成当选全国敬业奉献模范。刘春慧、栗岩奇、张燕、张文华、王辅成、李刚、刘伟、张淑珍荣获全国道德模范提名奖。

76. 黄兴国会见阿富汗总统卡尔扎伊

9 月 28 日中午，市长黄兴国在迎宾馆会见阿富汗总统哈米德·卡尔扎伊一行。在津期间，卡尔扎伊一行考察市规划展览馆和文化中心等。阿富汗总统国家安全事务顾问兰金·达德法尔·斯潘塔、矿业和石油部长瓦希杜拉·沙赫拉尼、总统办公厅主任阿卜杜尔·库拉姆、总统国际事务部长穆罕默德·叶海亚·马鲁菲、外交部副部长艾尔沙德·艾哈迈迪、驻华大使穆罕默德·卡比尔·法拉希等一同来津。中国驻阿富汗大使邓锡军，副市长任学锋，副市长、市政府秘书长孙文魁及市有关方面负责人参加会见。

77. 第十二届天津国际车展

10 月 1 日至 6 日，第十二届天津国际汽车贸易展览会在梅江会展中心举行。车展汇聚国内外百余家企业近 70 个汽车品牌，涉及进口、合资、自主品牌的 800 余辆展车齐聚车展。六天展期共计 36 万余人次观展，现场售车 4200 部，交易额 7.5 亿元，意向购车 16528 部，合同交易额 39 亿元。阿斯顿·马丁、保时捷、宝马、奥迪、DS、别克、广汽三菱、广汽传祺、东风风行等品牌在展会期间完成津城首秀上市活动。此届展会在展台效果、展会规模、参展品牌数量、新车上市数量及媒体关注度等各方面均创历史最好水平。

78. 第六届东亚运动会在津举行

11 月 6 日至 15 日，主题为和平、友谊、和谐、发展的第六届东亚运动会在天津举行。来自东亚 9 个国家和地区的 7000 余位来宾、2600 名体育健儿参赛。比赛设 24 个大项、254 个小项。中共中央政治局委员、国务院副总理刘延东出席开幕式并宣布开幕。中共中央政治局委员、市委书记孙春兰，市人大常委会主任肖怀远，市政协主席何立峰，国务院副秘书长江小涓，国家体育总局副局长杨树安、冯建中，市委副书记王东峰出席。东亚运动会联合会主席、国家体育总局局长刘鹏，第六届东亚运动会组委会主席、市长黄兴国致辞。第六届东亚运动会组委会副主席、市委常委、市委教育工委书记朱丽萍主持开幕式。10 月 15 日闭幕。孙春兰出席闭幕式并宣布闭幕。第六届东亚运动会创造了比赛设项最多、参赛运动员数量最多的纪录。中国代表团选派 516 名运动员参赛，是中国参加东亚运动会运动员人数最多的一次，共获金牌 134 枚，银牌 79 枚，铜牌 51 枚，奖牌总数 264 枚，位居金牌榜和奖牌榜首位。第六届东亚运动会是天津首次承办的大型国际性综合体育赛事。

79. 天津市召开“美丽天津·一号工程”建设动员部署会议

10 月 17 日，天津市在天津礼堂召开“美丽天津·一号工程”建设动员部署会议。市委、市政府决定实施清新空气、清水河道、清洁村庄、清洁社区、绿化美化“四清一绿”行动，下大力量解决环境污染方面突出问题，明显改善全市生态环境和群众生产生活条件，建设美丽天津。市委书记孙春兰作出批示，市委副书记、市长黄兴国出席并讲话，市委副书记王东峰主持会议。副市长尹海林传达中共中央政治局常委、国务院总理李克强和中共中央政治局常委、国务院副总理张高丽的重要指示精神。会上，16 个区县、22 个部门党政负责人向市政府递交目标责任书。市环保局、市水务局、市民政局、市农委，“美丽天津·一号工程” 指挥部舆论宣传监督组和环保案件侦察组作发言。

80. 全国民营企业贸易投资洽谈会在津举办

10 月 19 日，全国民营企业贸易投资洽谈会在滨海新区举办。市委副书记王东峰、国家工商总局副局长孙鸿志出席开幕式并致辞。中国个体劳动者协会会长钟攸平，市委常委、市委统战部部长刘长喜，副市长宗国英，市政协副主席黎昌晋出席开幕式。副市长王宏江主持。全国 15 个省区市的 70 余家国内 500 强企业代表，20 余个异地商会、行业商会以及市有关部门负责人参加会议。天津市民营经济发展领导小组办公室、滨海新区政府、上海复星高科技(集团)有限公司负责人分别发言。洽谈会期间，有 80 多家企业、项目形成协议投资额 1475.6 亿元，涉及装备制造、房产开发、食品加工制造、电子信息、新能源新材料、生物医药、农副产品物流、动漫影视文化等产业。

81. 黄兴国率市政府代表团出访新加坡

10 月 21 日至 24 日，市长黄兴国率市政府代表团访问新加坡。市委常委、滨海新区区委书记袁桐利及市有关方面负责人随同出访。22 日上午，中新天津生态城联合协调理事会举行第六次会议。国务院副总理、理事会中方主席张高丽,新加坡副总理、理事会新方主席张志贤共同主持并讲话。黄兴国、国家住房和城乡建设部部长姜伟新、新加坡国家发展部部长许文远分别发言。会议审议通过分别由袁桐利和新加坡贸易及工业部兼国家发展部高级政务部长李奕贤所作的中新天津生态城工作报告和未来五年发展愿景报告。23 日上午,新加坡——天津经济贸易理事会举行第六次会议,听取理事会 2012~2013 年度工作总结和 2013~2014 年度工作计划报告,新加坡珑旋科技公司、市建交委、滨海新区中心商务区管委会作发言,双方企业和单位就增资扩股、科研合作、教育培训、仓储物流等项目签署 12 项合作协议。理事会津方主席黄兴国会见理事会新方主席许文远并发表主旨讲话。在新期间,代表团考察新加坡滨海湾花园、盛港漂浮湿地和城乡三号线地铁站施工现场扬尘防控等,了解新加坡在生态环境建设、水资源净化和循环利用、大气污染综合防治等方面的成功做法。黄兴国还考察榜鹅绿馨苑小区、盛港安谷社区俱乐部和碧山益康养生中心,询问公共住房申请使用、老年人养老生活等情况,并与新加坡有关方面就加强保障房建设、社区管理和养老医疗服务等领域合作深入交流。代表团考察新加坡国际港务集团,与港务、海关等有关负责人座谈,就投资贸易便利化、海关快速通关等问题进行探讨。黄兴国还出席由新加坡贸工部企发局举办的企业恳谈会,与新加坡吉宝集团、宜康医疗保健集团、仁恒集团、叶水福集团等知名企业会谈,就加强经贸投资合作深入交换意见。

82. 市委召开专题会议研究部署大气污染防治工作

10 月 27 日,市委召开专题会议,研究部署大气污染防治工作。市委书记孙春兰主持并讲话。市领导黄兴国、肖怀远、王东峰出席。会议部署大气污染防治工作,主要包括控尘、控煤、控车、控污、控新建项目五个方面。通过综合治理,到 2017 年全市空气质量明显好转,重污染天气大幅度减少,优良天数逐年提高,PM2.5 年均浓度比 2012 年下降 25%。会议明确 2013 年冬 2014 年春大气污染防治的 10 项措施。

83. 2013 中国国际矿业大会

11 月 3 日至 5 日,2013 中国国际矿业大会在梅江会展中心举行。中共中央政治局委员、市委书记孙春兰出席开幕式。国土资源部部长姜大明,市委副书记、市长黄兴国,澳大利亚工业部部长伊恩·麦克法兰,加拿大驻华大使赵朴,智利驻华大使路易斯·施密特致辞。国土资源部副部长徐德明主持开幕式。大会的主题是:机遇、挑战、发展。大会期间举办主题论坛、国外矿业部长论坛、企业发展高层论坛 3 场主论坛,40 多场专题论坛和项目推介会。50 多个国家(地区)的 7000 多名代表参加大会。

84. 孙春兰率中共代表团访问新加坡印度尼西亚马来西亚

11 月 18 日至 27 日,应新加坡政府、印度尼西亚民主党、马来西亚马来民族统一机构邀请,中共中央政治局委员、市委书记孙春兰率中共代表团,对上述三国进行友好访问。中联部副部长周力,市领导段春华、任学锋及有关方面负责人陪同出访。18 日至 20 日访问新加坡。20 日,孙春兰在新加坡总统府会见新加坡总理李显龙。还分别会见新加坡副总理兼内政部长及安全统筹部长张志贤、荣誉国务资政吴作栋、总理署部长林瑞生。参观考察新加坡国际港务集团、裕廊集团、淡马锡集团、新加坡贪污调查局、盛港民众俱乐部、绿馨苑组屋、滨海城市展览馆、金沙商业街等,了解新加坡经济发展、城市规划、港口建设、国有资产管理、废气废水废物处理、社区治理、公共住屋建设、廉政肃贪等领域情况。21 日至 24 日,中共代表团访问印度尼西亚。21 日,孙春兰会见印尼副总统布迪约诺。还分别会见印尼民主斗争党总主席梅加瓦蒂,印尼专业集团党总主席巴克利,民主党执行主席、政府中小企业和合作社部长哈桑,就加强中印尼互利合作和党际交往进行交谈。21 日,在印尼中华总商会看望印尼知名华商和华社负责人代表。参观考察印尼国家博物馆、中小企业产品展览中心等。25 日至 27 日,中共代表团访问马来西亚。25 日,孙春兰在吉隆坡马议会大厦会见马来西亚总理、马来民族统一机构(巫统)主席纳吉布。会见巫统秘书长、联邦直辖区部长阿德南。27 日,会见马总理中国事务特使、马中商务理事会主席黄家定,看望马华商、华社代表。代表团参观考察皇家雪兰莪锡器厂、伊斯兰博物馆、IOI 集团等。

85. 国家发改委正式批复同意首家大数据工程实验室天津开建

11 月 20 日,国家发改委正式批复同意,国家超级计算天津中心建设“面向新兴产业的大数据处理技术研发与应用”国家地方联合工程实验室。这是国家发改委在大数据领域批准的第一家工程实验室。国家超算天津中心依托中国首台千万亿次超级计算机“天河一号”建设。“天河一号”已构建起石油勘探数据处理、动漫与影视特效渲染、生物医药数据处理、高端装备制造设计与仿真、地理信息处理五大应用基础平台,为 300 多家企业提供服务。在获得国家发改委批准后,国家超算天津中心将通过该联合工程实验室的建设,重点围绕“天河一号”超级计算机应用支撑平台,开展大数据领域关键技术和大数据与高性能计算融合技术等攻关。特别是利用大数据、大数据与高性能计算融合技术的关键技术研发成果,针对与天津及周边区域重点支柱及新兴产业密切相关的油气勘探、生物信息、环境、新能源等领域，构建产业应用平台，促进重大科技成果应用与产业化，成为应用研究成果向工程技术转化的有效渠道、产业技术自主创新的重要源头和提升企业创新能力的支撑平台。

86. 庞巴迪宇航集团在华首家公务机维修中心落户天津

11 月 22 日，加拿大庞巴迪宇航集团与天津港保税区合作框架协议签约仪式在迎宾馆举行。市长黄兴国会见庞巴迪宇航集团服务总裁艾瑞克·马迪尔一行，并共同出席签约仪式。根据协议，庞巴迪宇航集团与保税区合资成立公务机维修公司，在空港经济区内建设庞巴迪宇航集团在华首家公务机维修中心，计划引入里尔、挑战者、环球快车全系列公务机维修业务。项目计划用地 4 万平方米，并同时建设联通机场第二跑道的联络道。

87. 津秦高铁开通

12 月 1 日，天津至秦皇岛高速铁路开通运营，天津至秦皇岛的最快时间由将近两个半小时压缩至 1 小时 11 分。津秦高铁 2008 年 11 月 8 日开工建设，2013 年 8 月进行联调联试，11 月初开始运行试验。运营里程 287 公里，设计时速 350 公里，初期运营时速 300 公里。随着津秦高铁开通，天津市至东北方向将同期新开 5 对“G”字头高铁列车，使得天津市至东北方向主要城市的运行时间节省 1 个小时左右。目前，天津西站共有开往上海、宁波、杭州、青岛等方向的 8 趟高铁列车。津秦高铁开通后，北上南下的市民可在天津西站实现高铁列车的“无缝”换乘，天津西站也将“升级”为高铁枢纽站。同日，为津秦高铁动车组进行列车维修等配套服务的津保铁路曹庄动车运用所也开通投用，进一步完善了天津市铁路枢纽功能。

88. 天津志愿者平台开通

12 月 5 日，由市文明办、北方网、天津文明网共同建设的天津志愿者平台正式开通。该平台为天津市广大志愿者、志愿服务团队和志愿服务基地提供了交流展示平台，实现志愿者、服务对象和活动项目的有效对接。同时，广大市民还可以通过平台搜寻报名参加志愿服务活动奉献爱心。

89. 天津文化中心大剧院获 2013 年度鲁班奖

12 月 5 日，2012~2013 年度国家建设工程鲁班奖在北京颁奖，由天津三建公司承建的天津文化中心大剧院工程夺得 2013 年度国家建设工程鲁班奖。天津文化中心于 2012 年建成投入使用，成为天津市地标性建筑群，被誉为“城市客厅”。天津大剧院是文化中心的核心建筑，总建筑面积约 10 万平方米，定位为综合性多功能艺术创作与演出机构，由歌剧厅、音乐厅、小剧场和多功能厅组成，剧院共有 3600 个座位。继 2012 年生态城国家动漫产业示范园动漫大厦工程夺得鲁班奖之后，天津三建公司凭借文化中心大剧院工程再次夺得大奖，创下连续 9 年、共计荣获 16 次鲁班奖的骄人成绩。

90. 天津市召开民营经济发展工作会议

12 月 6 日，天津市民营经济发展工作会议在天津礼堂召开。市委书记孙春兰出席并讲话。中央统战部副部长、全国工商联党组书记、常务副主席全哲洙，市委副书记、市长黄兴国讲话。市人大常委会主任肖怀远，市政协主席何立峰出席。市委副书记王东峰主持。会上，市领导为优秀民营企业、民营经济发展工作先进单位代表颁奖。市有关方面负责人，部分民营企业和行业协会代表等约 300 人参加会议。会议出台《关于进一步加快民营经济发展的意见》，坚持权利平等、机会平等、规则平等，坚决废除不合理规定，消除各种隐性壁垒，为民营经济发展创造更加公平的市场环境、政策环境、社会环境。

91. 天津市出台《关于发展公共交通优化出行环境的措施》

12 月 16 日，天津市出台《关于发展公共交通优化出行环境的措施》，进一步推进公共交通优先发展，积极创建“公交都市”，优化群众出行环境，打造生态宜居城市，建设美丽天津。2014 年，试点建设公共自行车服务网点 300 个，投入自行车 6500 辆；2016 年，全面启动公共自行车服务网点建设。2014 年起，开展对机动三轮车集中治理，取缔非法上路、非法运营、非法占路的“机动三轮车”，规范残疾人专用代步车、快递配送车和专项作业车辆。至 2016 年，公共交通日客运量由 2012 年底 550 万人次提高到 850 万人次，公共交通占机动化出行比例达到 60% 以上；万人公交车拥有率 14.6 标台，达到全国领先水平；再建设 30 处公交场站，公交首末站达到 144 处，基本满足运营调度需要；新增路外公共停车场不少于 20 处。同时，因地制宜建设立体化公共停车设施。

92. 天津港实现“双向四车道”

12 月 25 日，天津港复式航道试通航，这是中国第一条人工开挖的可通航 30 万吨级大型油轮的复式航道。这一复式航道是在天津港原有主航道基础上两侧各增设一条浅水航道，使得天津港主航道由“双向两车道”升级为“双进双出”的“双向四车道”，实现了高等级大型船舶和小型船舶分流。也成为中国港口首个通过管理和技术创新提高人工航道通过效率和安全水平的先例。复式航道通航后，小型船舶可从两侧航道进出港，中间航道则可满足 30 万吨级原油船舶和国际上最先进的集装箱船等高等级大型船舶的进出港需求，将有效缓解天津港船舶大型化和多样化趋势对原有航道通行能力提出的更高要求。该复式航道将于2014年1月1日起开通使用。

93. 天津市第二条深水航道试通航

12月25日，作为天津市第二条深水航道，临港10万吨级大沽沙航道通航的软硬件设施通过专项核查，与之相应的通航标准也制定完成。该航道实现试通航，将有效缓解天津港主航道的运行压力和船舶滞港现象。2010年，临港在5万吨级航道的基础上，对大沽沙航道进行疏浚，开始建设10万吨级深水航道。该航道设计底宽375米、底标高-14.5米，两岸规划岸线约40公里，吞吐能力达1亿吨以上。大沽口港区的船舶交通管理系统(VTS)已建成，大沽沙航道将具备24小时作业条件。

94. 天津市碳排放权交易正式启动

12月26日，天津市碳排放权交易正式启动。市委副书记、市长黄兴国在迎宾馆会见国家发改委副主任解振华一行。启动仪式上，8家企业签订碳配额交易协议，分别以每吨28元出售碳配额指标。当天，天津市碳排放权交易市场共完成协议交易5笔，成交量4.5万吨，交易额125万元。2011年10月，天津市被国家发改委确定为首批7个区域碳排放权交易试点市场之一。交易市场制定碳排放总量控制目标，并以发放碳排放配额的形式将总量控制目标分解到各类碳排放主体，利用市场化手段和金融创新方式，实现社会节能减排效率最大化、总成本最小化。天津市已将钢铁、化工、电力热力、石化、油气开采等5个行业2009年以来年排放二氧化碳2万吨以上的114家企业或单位纳入初期试点范围，并完成碳排放配额初始发放，发布《天津市碳排放交易管理暂行办法》指导并规范交易活动。

95. 天津市居住证制度实施细则出台

12月27日，市政府发布与《天津市居住证管理暂行办法》相配套的四项实施细则，进一步细化申领天津市居住证和积分入户的办理条件、具体流程。从2014年1月1日起，非天津市户籍常住人口居住证开始申办发放，凡符合条件的居住证持有人，通过积分方式可以申办天津市常住户口。2013年9月市政府出台《天津市居住证管理暂行办法》，决定从2014年1月1日至2015年12月31日，试行非天津市户籍常住人口居住证管理办法，取消现行暂住证。为贯彻落实《暂行办法》，市发改委会同市公安局、市人力社保局、市教委等部门制定《天津市居住证办理实施细则(试行)》《天津市居住证积分管理实施细则（试行)》《天津市居住证积分入户管理实施细则（试行)》和《天津市居住证持有人随迁子女在本市接受教育实施细则(试行)》。

96. 中共天津市委十届四次全会

12月28日至29日，中共天津市委十届四次全会在天津礼堂举行。市委书记孙春兰主持会议并讲话。市委副书记、市长黄兴国就《中共天津市委关于贯彻落实〈中共中央关于全面深化改革若干重大问题的决定〉的意见(讨论稿)》作说明。市人大常委会主任肖怀远，市政协主席何立峰，市委副书记王东峰，市委委员、市委候补委员出席。全会审议通过《中共天津市委关于贯彻落实〈中共中央关于全面深化改革若干重大问题的决定〉的意见》和《中国共产党天津市第十届委员会第四次全体会议决议》。

97. 李克强在天津考察

12月29日，中共中央政治局常委、国务院总理李克强在中共中央政治局委员、市委书记孙春兰，市委副书记、市长黄兴国陪同下，到天津考察调研民生改善与改革发展情况，看望慰问群众。到津京互联创业中心看望青年创业者，了解产品研发应用情况。到天津西于庄棚户区走进五户居民家中，仔细察看居住情况。到大营门工商所，同办事群众交流，对工商所简化手续、取消收费、完善监管的做法表示肯定。听取工银金融租赁公司汇报，在工商银行柜台询问企业存款、贷款利率等情况。听取天津工作汇报，充分肯定天津改革发展取得的成就。国务委员兼国务院秘书长杨晶，全国政协副主席、科技部部长万钢，全国政协副主席、人民银行行长周小川，国务院副秘书长肖捷，住房城乡建设部部长姜伟新，工商总局局长张茅，中央编办主任张纪南，总理办公室主任石刚陪同考察。市人大常委会主任肖怀远，市政协主席何立峰，市委副书记王东峰等出席汇报会。

98. 天津港货物吞吐量突破5亿吨

截至12月29日18:00，天津港2013年货物吞吐量突破5亿吨、集装箱吞吐量突破1300万标准箱，成为中国北方第一个5亿吨港口，自2001年货物吞吐量突破1亿吨以来，天津港保持每三年跨越一个亿吨台阶的稳定健康增长态势。

99. 西于庄棚户区改造正式启动

12月30日，西于庄棚户区改造定向安置房项目——和苑西(一期)工程正式开工，标志着红桥区西于庄棚户区改造拉开序幕。该项目规划用地面积约82万平方米，建成后可解决近9000户中低收入家庭住房问题，满足近3万人居住需求。

（唐　旗　刘　新）

·天津区县年鉴·

中 心 城 区

和 平 区

概 述

和平区位于天津市区中部，海河干流西岸，地处北纬39°08′，东经117°12′，一般海拔高度2.8~4.5米。行政区域呈不规则四边形，东西最宽处3.72公里，南北最长处4.20公里。北、东濒临海河，南以津河、马场道与河西区相邻，西以南门外大街和卫津路与南开区接壤。辖区历史悠久，工商业发达，文化积淀深厚，地域特色鲜明，是天津政治、商贸、文化、金融和信息中心。2013年，区域面积9.98平方公里，辖劝业场、体育馆、南市、小白楼、新兴、南营门6个街道。有62个社区居委会。全区户籍人口402356人，常住人口231946人。除汉族外，有回、满、蒙古、朝鲜等30多个少数民族。

2013年，在市委、市政府和区委的领导下，在区人大、区政协的监督支持下，和平区贯彻落实党的十八大精神，按照“促发展、惠民生、上水平”的要求，把握稳中求进的总基调，强化机遇意识、忧患意识、实干意识和宗旨意识，锐意进取，真抓实干，圆满完成区十六届人大三次会议确定的目标任务，经济社会保持又好又快发展势头。

经济发展迈上新台阶，主要指标快速增长。坚持抓项目、调结构、扩总量、提质量，以总部经济和楼宇经济为重点，以财政增收为核心，全力推动“四高”(高质金融、高端商务、高档商业、高新科技)产业加快聚集，经济持续健康发展。实现地区生产总值690亿元，比上年增长12%，其中考核口径增加值320亿元，增长15%；完成区级财政收入61.1亿元，增长26.8%；固定资产投资达到128亿元，增长11%。完成节能降耗指标。

招商引资成效明显。实现内、外资到位额125亿元和6.2亿美元，均增长13%。借重用好首都资源，组织策划主题招商活动，招大引强，选商选资。引进国内外500强汇丰银行天津分行、印度国家银行天津分行等一批优质企业，发展后劲和可持续发展能力进一步增强。

商旅市场繁荣活跃。丽思·卡尔顿酒店开业，先农商旅区一期投入运营。引进一批国际知名品牌和旗舰店。老字号创新发展。举办天津国际啤酒节等系列商旅活动，凝聚人气，拉动消费。海信广场等3座高端卖场年销售额超10亿元。实现社会消费品零售总额375亿元。深入开展“服务质量培训年”活动，提升商业服务质量的做法向全市推广。

楼宇经济走在前列。商务楼宇达108座400万平方米。首批市亿元楼宇创建任务圆满完成。嘉兰铭轩项目、城建大厦等转化为商务载体。命名表彰首批星级商务楼宇，楼宇管理标准化、规范化建设进一步加强。19座楼宇税收超亿元，楼宇经济对区级财政贡献率超过60%。商务楼宇面积、全口径税收、亿元楼宇和市重点扶持楼宇数量均位居全市前列。

科技产业快速发展。启动实施新一轮科技小巨人三年发展行动计划。和畅园科技载体竣工，创新大厦二期入驻率超过80%。“智慧和平”投入运营。建成科技金融服务中心，帮助中小企业融资3000多万元。科技小巨人企业达到28家，2100家科技型中小企业通过市认定备案，保持中心城区前列。

投资环境不断优化。以“促惠上”活动为载体，举办系列特色活动，深入企业和项目办实事解难题。开展加快开放型经济发展服务月活动，全力推进行政审批大提速。在全国首创的中介免费全程领办服务模式，获得天津市第四届行政管理创新奖。被评为天津市民营经济发展工作先进单位。

重点项目加快建设。华胜村地块完成拆迁，广西路地块摘牌，大沽路沿线项目加快整理。津湾广场二期、现代城等项目快速推进，恒隆广场、民园广场主体完工。全年开工面积501万平方米、竣工122万平方米。

基础设施不断完善。食品街停车场竣工。基本完成高层二次供水改造。新增供热面积27.9万平方米、燃气用户1500户。提升改造71片139万平方米旧楼小区，同步实施二步节能保温改造，物业管理经验做法向全市推广。率先建成国家防震减灾示范区。

管理水平持续提升。完成市容环境综合整治任务，整修道路33条，新建、提升改造绿地12.5万平方米。加强PM2.5监测，空气质量达标率居全市前列。坚持整治与管理并重，着力落实科学化、数字化、精细化长效管理机制，城市管理综合考评保持全市前列。通过国家卫生区复审。

社会保障扎实有效。新增就业岗位6.4万个，零就业家庭动态安置为零，城镇登记失业率控制在3.0%以内。社会保险覆盖面不断扩大。提高保障标准，扩大救助范围，累计支出资金2.1亿元，困难群众生活得到有效保障。

社区建设创新发展。启动美丽社区建设。提升改造一批社区综合服务设施和为老服务设施。全面推行社区网格化管理。享受政府买单上门服务的老人超过6000名，老年助餐覆盖率达到100%。率先开展金融服务进社区，完成芷江路等5个菜市场提升改造，新增一批连锁超市和电子菜店。和谐社区建设“三大支点”进一步深化，被评为全国社区志愿服务示范城区。成为全市唯一获得全国社区管理和服务创新实验区申报资格区县。

教育优势巩固扩大。建成南市幼儿园，第五幼儿园主体完工，第十一中学等4所学校完成提升改造。首批新一轮义务教育现代化建设达标学校全部通过验收。深化“两名工程”。加强学校特色建设，促进教育内涵发展，“增效减负”的经验做法成为全市典型。

卫生计生稳步推进。区妇儿保健中心和区疾病防控中心投入使用，提升改造社区卫生服务机构21个。扩大“家庭病床”覆盖面，累计服务1万余人次。4个社区卫生中心成为全国示范社区卫生服务中心。符合政策生育率达100%。

文体事业蓬勃发展。实施文化惠民工程。举办“和平杯”京剧小票友邀请赛、首届北方五省区市曲艺票友邀请赛等群众文化活动。广泛开展全民健身运动。获得第一批国家公共文化服务体系示范区称号。圆满完成全国城市文明程度指数测评。

社会保持和谐稳定。落实维稳责任制，深化领导包案和接访工作，加强应急处置，及时解决群众反映的问题。公安110指挥中心完成搬迁，区社区矫正中心和安置帮教基地投入使用。强化安全生产、建筑施工、食品安全、道路交通、消防等监督检查。扎实推进“平安和平”建设，连续三次荣获“长安杯”。

政府自身建设得到加强。全面完成街道机构改革。深入开展“争做人民满意公务员”活动，公务员整体素质进一步提高。自觉接受区人大及其常委会的法律监督和工作监督，接受区政协的民主监督，广泛听取各民主党派、工商联、无党派人士和人民团体的意见。认真办理人大代表建议和政协委员提案，办复率和满意率均达100%。加强反腐倡廉建设，推进政务公开，强化政务督查、效能监察，率先实施联网实时审计试点，节约型服务型政府建设取得新成效。推动“六五”普法和“法治和平”建设，依法行政考核连续4年被确定为优秀等次。民族、宗教、侨务、外事、对台、人防、档案、保密、残疾人、妇女儿童、应急处置、国防动员和双拥共建等工作取得新进展。

（邵相英　李　军）

和平区区级领导名单

中共和平区委领导名单

书　记：李金亮（2月调离）　薛新立（2月任职）

副书记：张盛如（10月调离）　李海军

常　委：李金亮（2月调离）　薛新立（2月任职）　张盛如（10月调离）　李海军　石季壮　曹学建　路艳青（女）　李　凤（女）　卫克武　陶东宁　赵春意　马桂平（女）

和平区人大常委会领导名单

主　任：冯绍宽

副主任:马洁泉　庞学光　王　毅　陈秋华　王晓琳(女)

和平区政府领导名单

区　长:张盛如(10 月调离)

副区长:石季壮(11 月主持工作)　路艳青(女)　何　鹏(满族)　姚增顺　张宁宁　孟冬梅(女)

区长助理(副区长级):曹大伟(9 月退休)　赵昔涛　李　轩(7 月任职,挂职)

政协和平区委员会领导名单

主　席:潘庆元

副主席:李联国　陈永林　胡广元　高平武　张素华(女,兼)　汤　欣(兼)　刘朝霞(女,兼)　马成喜(兼)

(区委组织部提供)

招商引资　2013 年,和平区加强与市金融监管部门和金融企业联系,加快"金融和平"建设步伐,发挥金融支撑和平经济发展的重要作用。截至年底,全区有 676 家金融类企业,全市 90%以上外资金融机构选择在和平落户。区合作交流办围绕"金融和平"功能定位,以总部经济为重点,以扩大经济总量和增加财政收入为核心,结合产业定位、新竣载体和重点项目建设,大力引进地区总部、上市公司、财务公司、结算中心,培育壮大六大支柱产业。着力引进国内 500 强企业、世界 500 强企业和民营企业 500 强,重点引进区域总部、采购中心、销售中心、结算中心、财务中心,出色完成招商引资指标任务。全年,国内招商引资到位额 125 亿元,比上年增长 13%;直接利用外资到位额 6.2 亿美元,增长 13%,为区域经济又好又快发展做出积极贡献,为提升区域经济发展后劲奠定坚实基础。坚持按照产业定位,全力推进六大支柱产业发展,通过多方搜集企业投资信息,对引资项目的投资强度、产出效益、税收贡献进行细化研究,筛选、确定投资额度大、带动辐射作用强、发展前景好的重大项目作为招商引资工作重点,实行"一对一""点对点"式招商,招商引资的针对性和实效性大为增强,努力做到"大招商、招大商、招好商",新增项目的质量和水平全面提升。全年有 6 个 500 强项目落户和即将落户。其中,津燃华润燃气有限公司、印度国家银行天津分行、香港汇丰银行天津分行、华为数据技术服务部已落户;全球第二大人力资源机构任仕达集团已租房;美国大都会人寿保险完成办公地点选择。截至年底,全区 500 强企业达 92 家。5 月,和平区招商大会期间共签约 29 个项目,分为金融、商业、楼宇经济、科技、土地项目和商业地产、先农大院历史文化街区、民园、总部等 8 个板块,总投资协议额 230 亿元。全年举办各类北京招商活动 8 场,参会企业达 124 家,走访企业 129 家,聘请招商顾问 15 人,区领导走访企业 10 次,签约项目 54 个,投资协议额约 40 亿元。

(刘少毅)

5月 8 日,和平区 2013 年招商大会签约仪式

(区合作交流办供稿)

楼宇经济　2013 年,和平区有商务楼宇 108 座,建筑面积约 402 万平方米。全部商务楼宇税收总额首次突破 100 亿元,达到 105.5 亿元,比上年增长 38.8%。有 1 座楼宇税收超 10 亿元,4 座楼宇税收超 5 亿元,14 座楼宇税收超 1 亿元,全区超亿元楼宇总量达 19 座。商务楼宇数量、面积、税收和亿元楼宇数量均位居全市前列。楼宇经济对区财政贡献率超过 60%,为区域经济发展提供强有力支撑。全区列入市政府重点扶持商务楼宇数量累计 27 座,继续位列全市第一。首批列入重点

扶持项目的10座商务楼宇均提前三个月完成创建目标任务。区楼宇办做好楼宇申报扶持资金审核和专项资金发放工作，有效促进亿元楼宇项目改造升级，最大程度发挥了财政资金的支持引导作用。年内，和平区在全市率先启动创建星级商务楼宇活动，命名表彰首批星级商务楼宇，天津环贸商务中心、津汇广场、君隆广场、天津环球金融中心、国际大厦5座楼宇获得“五星级商务楼宇”荣誉称号，和平创新大厦、麦购国际大厦、信达广场3座楼宇获得“四星级商务楼宇”荣誉称号，同方蓝海国际获得“三星级商务楼宇”荣誉称号。区政府为获得星级商务楼宇的企业授牌，并从财政资金中拨出专款对经营管理单位进行奖励。星级楼宇还可享受政府在技术合作、人才引进招聘、企业年检、登记、招商引资、品牌培育等方面给予的优先扶持。创建星级商务楼宇作为新时期和平区楼宇经济管理的一次有益探索，得到市、区领导充分认可，受到楼宇经营管理单位广泛好评，经验在全市进行推广，逐步向品牌化发展。区楼宇办围绕六大支柱产业，依托天津投资贸易洽谈会（“津洽会”）、招商大会等市、区招商平台及各级、各类媒体广泛宣传，赴北京开展“借重首都资源，楼宇招商推介”等活动，积极推介区域内重点商务楼宇资源。全年，和平区商务楼宇新增注册企业596家，增长45.7%；新增注册资金约13.8亿元。天津三商投资管理有限公司、天津市中宇万通科技有限公司、华安财保资产管理有限责任公司等一批知名企业入驻商务楼宇。

（徐　杰　刘河娟）

2013年5月10日至14日，和平区展团参展第20届“津洽会”

（摄影：何　成）

城市建设　2013年，和平区建设指标确定为开工500万平方米，竣工100万平方米，其中结转2012年项目44项，建筑面积416.11万平方米。截至年底，新开工项目13个，建筑规模85.07万平方米，全年在建项目达501.18万平方米；竣工项目18个，建筑面积122.24万平方米。全面完成年初计划。重点项目建设。大沽路沿线项目正在推进22、23、25、38号地土地整理工作。在建项目按计划推进。恒隆广场主体封顶，外檐施工；现代城主体施工；民园体育场竣工。西开教堂项目及解放北路、中心公园及赤峰道等地区项目进行方案深化。提升人民生活水平，着力解决供热、供水、供气等群众最为关心的问题。新增供热面积27.85万平方米；新增燃气用户1500户；完成全部高层二次供水改造项目42处。改善投资环境，做好提高城市载体功能的基础设施建设。民园停车场、食品街停车场竣工；长春道青年宫35千伏变电站土建施工，福安大街35千伏变电站完成土建施工，准备设备安装。推进低洼积水片排水管网改造。完成1处排水井施工，计划2014年与市海办配合更换排水管道。全年，完成施工招标44项，监理招标42项。合同审核并备案95件；总建设招标规模4911294平方米，工程造价230029万元。完成和畅园、地税局、拉萨道养老院等地区共计25.6万平方米供热新建任务；对赤峰道23号、解放路241~247号、

2013年10月21日建设中的民园体育场

（摄影：何　成）

马场道 88 号、五爱里等多片老旧住宅,530 户居民进行供热补建工作,共计 2.25 万平方米。

(杨　松)

财政体制改革　2013 年，和平区财政一般预算收入 611428 万元,比上年增长 26.81%。财政一般预算支出 594531 万元,增长 25.93%。主要支出项目：教育支出 198117 万元;科学技术支出 15101 万元;文化体育与传媒支出 10164 万元；社会保障和就业支出 37867 万元；医疗卫生支出 39952 万元；节能环保支出 1263 万元；城乡社区事务支出 79819 万元。做好财政体制改革工作。年内,天津市调整和完善分税制财政体制，将市级大企业税收调整为市与区县共享收入，实行全市统一的分税制财政体制，推进建立公平竞争的体制政策环境。区财税各部门根据政策精神,精心组织,精细测算,坚持算大账、算发展账、算长远账，最大限度确保和平区整体利益不受损害。不断强化收入征管。面对税收政策调整、实体经济经营状况未出现明显好转和土地出让减少等不利因素影响，财税部门加强财源税源建设,强化税收征管与稽查,健全重点税源动态监控体系，加大纳税辅导，千方百计组织税收收入入库，逐步改善区整体财政收入结构，税收增幅偏低，占比下降的态势。加强对非税收入征缴,保证全区财政收入增长。推进税源管理工作。做好《关于鼓励引企增税工作的暂行办法》及其实施细则的落实工作,全年引进企业 216 家，实现留区税收 421 万元。全年挽留企业 41 户，涉及留区税收 2462 万元。推进全区部门预算编制工作，调整优化财政支出结构,保障各项重点支出需要。大力压缩一般性、消耗性支出,严格控制政府性楼堂馆所建设，确保财政供养人员和“三公”经费只减不增,切实降低行政运行成本,推进节约型政府建设，不断增强预算的约束力与严肃性。集中财力保证民心工程顺利开展。全年投入 6 亿元,完成 9 片 4 万平方米旧楼供热补建工程,提升改造 71 片旧楼小区、整修道路 33 条,新建提升绿地 12.5 万平方米，推进二步节能及二次供水改造,民园广场主体完工,全区整体宜居环境进一步提升。坚持突出重点,加大民生领域投入，努力提升保障水平。南市幼儿园、区妇儿保健中心和区疾病防控中心投入使用，完成第十一中学等 4 所学校、21 个社区卫生服务机构和 5 个菜市场的提升改造。落实殡葬、低保、特困人员及各类优抚对象补助政策，推进托老所、日间照料服务中心建设,提高特困群体保障水平。推进公立医院改革,落实补助政策,支持医疗卫生机构综合改革，基层医疗卫生机构发挥基本医疗和公共卫生服务的功能得到提升。

(宋国雁)

文化旅游　2013 年，和平区高标准完成示范区创建工作，顺利通过国家文化部和财政部检查验收,成为第一批国家公共文化服务体系示范区。挖掘文化资源,打造“近代中国看天津,近代天津看和平”文化旅游品牌，加快文化旅游经济在和平区聚集。音乐作品《巧手神功泥人张》获群星奖。1 月至 3 月,举办第 26 届“和平之春”社区文化艺术节。其间,举办“老百姓的笑声”庆元旦曲艺专场演出,红红火火过大年,文化广场天天演,“百锅万人品元宵”群众庆元宵大联欢,“和平杯”第二届老美华“二月二龙抬头”民俗文化展演等活动，丰富百姓节日文化生活。5 月 19 日,由和平区人民政府、天津市旅游局、天津市交通集团、天津人民广播电台联合举办的 5·19 中国旅游日暨百万市民游津城——海河文化游活动在津湾广场举行。和平区副区长何鹏、市旅游局副局长史恩惠等出席活动。活动特别增加具有海河码头文化特征的花会表演、传统相声、古彩戏法、摔跤等 10 余项“非遗”文化项目。活动中,天津籍作家张永强、郭子杰、周醉天等在津湾广场举办《这是天津味儿》《千秋功过袁世凯》等新书签名售书会。第七届“枫叶杯”全国青少年儿童书画大赛由中国书画协会、全国城区少年宫工作研究会等单位共同主办,区少年儿童图书馆、中国书画协会曙光美术馆等单位承办,以“中国

2013年 8 月 12 日,第四届“和平杯”中国京剧小票友邀请赛颁奖晚会

(摄影:何　成)

2013年4月4日，五大道安装GPS导览器方便游人

（摄影：何 成）

梦·我的梦”和“爱我中华、画我河山、画我家乡、画我新人”为主题。活动从4月开始至7月中旬结束，全国31个省市自治区和中国香港、澳门、台湾以及海外地区15.3万人参赛。7月21日，颁奖大会在天津儿童福利院举行。9月至11月，和平区举办首届“和平杯”华北五省区市曲艺票友邀请赛。赛事由天津市文化广播影视局、天津市文联、和平区人民政府联合主办，北京市、河北省、山西省、内蒙古自治区、天津市曲艺家协会、天津市曲艺团、群艺馆、和平区文化和旅游局等单位承办，中国曲协北方鼓曲艺术委员会、中华曲苑、和平区南市街道办事处、和平文化宫等协办。11月14日至16日在“中华曲苑”（和平区清和大街与南市大街交口）举行决赛，评出首届十佳名票。天津市委宣传部副部长赵鸿友、中国曲艺家协会分党组书记董耀鹏、和平区委书记薛新立等出席颁奖典礼和汇报演出。11月26日，和平区文化进大墙活动在天津市长泰监狱举行。和平区副区长何鹏出席，著名表演艺术家、国家一级演员李启厚，著名相声表演艺术家佟有为，天津美协漫画专业委员会副会长段纪夫、左川等参加活动。活动借全国读书漫画大赛和读书硬笔大赛的优秀作品在监狱内展出之机，成立天津市和平区图书馆长泰监狱图书分馆，向监狱赠送《全国读书漫画大赛优秀作品集》。

（张国华）

科学技术 2013年，和平区科技型中小企业从2010年的不足400家发展到2100家；科技小巨人企业从2010年的3家发展到28家。年内，鞍山道科技金融大厦、拉萨道电子商务大厦装修改造完毕，对外招商运营，半年时间入驻率均超30%。和平创新大厦二期选商选资，入驻率超80%，多次接待市领导以及兄弟省市领导参观考察。2月，中共中央政治局常委、国务院副总理张德江专门到和平区创新大厦二期调研画国人动漫设计等公司。2013年，区科委加强科技招商工作，利用借助首都资源工作契机，引进海量科技等30余家企业落户；与上海美国商会接洽，成功引进银橙电子、天衍数据等科技公司；与区环卫局合作，引进深圳瑞赛尔环保科技公司。重点项目的引进，为发展科技小巨人奠定坚实基础。区科委不断创新服务模式，在市科委支持下成立和平区科技金融服务中心，与民生银行、建设银行合作，通过贷款贴息、担保费补贴等政策手段，帮助科技企业解决贷款融资3000多万元，推荐一家企业申请天津新三板上市。年内，和平区“智慧和平”项目向纵深推进。区科委在完成一期项目基础上，继续研发城市管理、经济分析、社会管理、应急指挥、公共服务五大功能模块，集成嵌入市区多个业务应用系统，形成和平区统一的智能综合管理指挥平台，初步实现阶段性建设

2013年7月18日，天津首家3D打印体验店落户和平区

（摄影：李胜利）

目标。6月4日,在全市区县互比互查工作中,该项目得到市委书记孙春兰好评。互查活动后,智慧和平指挥中心累计接待外省市、兄弟区县及区内各类学访考察50余批1000余人次,充分展现和平区高效服务、科学管理的良好形象。区科委举办以“节约能源资源、保护生态环境、保障安全健康、促进创新创造”为主题的第二十七届科技活动周。其中,以“科学普及和健康社区行活动”和“人人为环保、环保为人人”为主题的两大活动深受社区居民欢迎。科技周期间,发放科普宣传资料6.2万份;举办科普讲座110场,听众1.4万人次;组织科技培训188次,受训1.1万人次;举办科普知识竞赛780场次,活动覆盖全区所有街道、社区及企事业单位。年内,区科委组织开展以“保护生态环境,建设美丽天津”为主题的2013年“全国科普日”活动,其间展出内容新颖、图文并茂、涉及身边科技、环保、能源的各类展板280块;举办科普讲座、报告会48场;科技咨询活动60场次;知识竞赛38场次。组织开展“百名专家进社区”活动,63个社区组织“百名专家进社区活动”134场,其中科技咨询48次。

(王　媛)

素质教育　2013年,和平区有公办中学13所、小学16所、各类型幼儿园22所,民办中学5所、小学4所,特殊教育学校1所,职校1所,成人学校大专、中专、进修学校、和平区教育研究与服务中心、青少年宫、考试中心、信息中心各1所。在岗教职员工5181人;在校学生5万余人。教育事业健康发展。义务教育完成率、巩固率、合格率和高中阶段入学率均达100%,残疾儿童义务教育入学率100%。以实现人的全面发展为目标,构建开放型德育体系。通过创建特色未成年人教育活动营地,成立和平区生态教育基地等,开展“我的中国梦”、“建设美丽天津”科普日、科技节等20多项活动,加强未成年人思想道德建设和心理健康教育。1月,举办“金蛇迎春 津娃纳福”中小学生灯笼、剪纸制作大赛,全区200余名教师学生参加。2月,第四届全国中小学文艺展演,获一等奖1个,二等奖4个。4月3日,区教育局参加教育部召开的中小学“中国梦”主题教育活动座谈会并作题为《教育梦助推中国梦》交流发言。4所中小学获得天津市中小学德育工作先进学校荣誉称号。11所中小学被市教委命名为中小学行为规范示范校。在天津市第十三届交通安全征文活动中,和平区获得一等奖4个、二等奖20个,三等奖106个。3所学校被评为天津市交通安全教育示范校。西康路小学小交警代表和平区参加天津市第五届少年交警会操表演活动获二等奖。在天津市青少年小发明设计大赛中,和平

2013年5月19日,和平区教育系统第二十七届科技活动周暨和平区青少年科技节开幕式

(区教育局供稿)

2013年5月21日,“我的中国梦”中华经典诵读大赛

(区教育局供稿)

区4名中小学生荣获一等奖、3名科技辅导员被命名为“金牌辅导员”、4名科技辅导员被命名为“优秀辅导员”、5个单位荣获“优秀组织奖”。4月，2013年初中毕业生升学体育考试统一测试，满分率为25%，9所学校满分率超过30%。在天津市中小学田径运动会上，获团体总分第五名，获金牌20枚，达二级运动员20人次。5月，天津市学校文艺展演，获得一等奖21个，二等奖25个，三等奖19个。3月至9月，举办区级学校艺术展演舞蹈节、器乐节、合唱节、戏剧节专场展示，全区4000余名学生展示艺术才华。4月，组织小学艺术特长生考核认定，1000余名学生参加，915人通过考核。10月，天津市学生合唱节合唱团专场比赛，获一等奖1个、二等奖3个。11月，第二十中学、昆明路小学被评为2007—2012全国亿万学生阳光体育冬季长跑活动优秀学校；5所学校被评为天津市中小学阳光体育运动先进学校。11月，教育部调研组到万全小学、第二南开中学进行学校健康教育工作专题调研。11月，465名初三、高三学生报名参加市中学艺术特长生考核认定，334人考核通过，通过率71.8%。12月，天津市中小学体育教师教学技能比赛获团体一等奖、民族民间传统体育展示一等奖和优秀组织奖，中学3人、小学2人获个人一等奖。2名教师代表天津市参加在湖北武汉举行的全国体育教师教学技能比赛，获团体二等奖、个人二等奖。12月，举办中学生“行动起来，向‘零艾滋’迈进”绘画竞赛活动，征集优秀作品91幅，评出一等奖17幅。

（韩立军　黄少辉）

2013年4月18日，和平区义务教育阶段学校增效减负工作推动会

（摄影：何　成）

高效教学　2013年，和平区关注分层教学，推广高效教学经验，科学合理安排学生作业量，对800名中学生进行作业情况调查，并抽查部分学科的作业量及教师批改作业情况，针对每一所学校学生的作业情况形成反馈报告，针对问题提出指导意见，督促学校做好落实。组织开展公办初中学校小班化教学跟踪调研，突出研究小班化教学中学生的个性培养、分层教学、分类指导的有效措施，并总结智力与非智力因素在学生学业和个性发展方面的影响。开展校本课程展评活动，指导学校课程开发与实施系列化、规范化、科学化。推进“增效减负”工作。4月18日，和平区召开义务教育阶段学校增效减负工作推动会，出台《关于进一步规范办学行为、减轻义务教育阶段中小学过重课业负担的意见》，开展小学生课业负担现状问卷调查。从问卷调查情况看，各小学从规范办学行为，减轻学生过重的课业负担上已初显成效。对各校执行国家课程计划情况全面调研，建立课程计划落实跟踪档案，确保国家课程计划的严肃性。完善教育教学质量和学生综合素质评价机制，建立学生学业成长分析系统，将教育相关主题融入网络平台，达到因材施教，增效减负目标。深入中学听课1034节，并逐一进行课后反馈，及时提出整改意见。

（白　玫　陈志红）

社区卫生服务　2013年，和平区继续开展23项公共卫生服务，拓展和深化基本公共卫生服务内容，扩大服务人群，增加服务内容，建立健康档案186008份，建档率65.38%，管理60岁以上老年人32417人，高血压管理19074人，糖尿病管理6720人，脑卒中管理1352人，残疾人社区管理1183人，精神残疾管理1155人。创建国家社区卫生服务示范中心工作。推荐南市街、南营门街、劝业场街社区卫生服务中心参加国家级示范中心评审，8月3日，国家示范中心评审专家组对南市街CHS进行评审，小白楼街社区卫生服务中心接受国家级示范中心复核。和平区小白楼街、南市街、南营门街、劝业场街CHS中心等4个社区卫生服务中心获得国家级示范社区卫生服务中心称号。和平区获得示范中心创建优秀组织奖。推行家庭医生责任制，丰富服务内涵。在继续向全区18000余户签约居民提供原有服务基础上，开展“家庭病床”服务，对有服务需求的签约居民提供上门诊疗服务，对有服务需求而未签约的居民进行签约并提供上门服务，并将其纳入签约家庭管理。规范入户诊疗流程，制定《进一步推动家庭责任医生工作的若干意见》。按照市卫生局要求，在签约居民中

2013年12月13日,和平区妇女儿童保健中心提升改造后投入使用
(摄影:何　成)

筛选出4200余人作为重点人群开展“健康评估走进门”“健康管家在身边”“送医送药到家中”服务。现有团队32支,医务人员229人。为重点人群开展入户服务10847人次,提供健康评估7230人次,健康随访34648人次,送医送药822人次,重点人群累计受益83319人次;为全区签约居民提供优惠便民服务:免费B超检查9462人,免费中医适宜技术服务6322人,免费“健康家园”自助体检服务13430人次,开展“家庭病床”入户诊疗13577人次。与区流动办、区民政协联合,为外来务工人员、困难老人提供免费体检服务。体检外来务工人员422人,困难老人856人。组织开展“健康知识送百姓”公益活动。根据《市卫生局关于印发“践行党的群众路线 健康知识进社区送百姓”主题公益活动实施方案的通知》精神,制定《天津市和平区卫生局“践行党的群众路线 健康知识进社区送百姓”主题公益活动实施方案》。区卫生局组织6场市级专家讲座,每中心各组织4场社区讲座。组织居民开展“健康知识百题”竞赛,社区健康知识宣讲员评优推选等多项活动。

(孔祥泉　张明春)

市容环境卫生整治　2013年,和平区被全国爱卫会确定为国家卫生区复审城区之一。2月,区爱卫办制定完成迎接国家卫生区复审工作方案。成立由区委书记、区长任组长的区迎复审工作领导小组和由区长任总指挥的指挥部,下设迎复审办公室。按照领导挂帅、项目承包、责任捆绑、属地管理、整体推进的原则,分别建立区级领导按工作分工牵头负责的9个项目承包指挥部;各职能部门按承包的项目负责达标的14个责任指挥部和6个属地责任分包指挥部,实行6位区级领导包街推动工作。区指挥部多次召开动员部署会、工作推动会,组织专项检查,各项目责任指挥部和属地责任分包指挥部认真履职尽责,16位区级领导每周对承包项目进行3~4次巡查,实现对复审项目高标准落实、高效率推进。召开各类会议40余次,形成会议纪要6期,发工作简报33期,发问题督查通报107期,发现和解决各类问题8881个。各级领导经常深入一线检查推动。对项目达标的进展实行即时更新,逐项销号。还采取录像督查、跟踪督查和效能监察等多种形式,有力推动问题整改和项目达标,顺利通过全国爱卫办复审。3月4日至25日,组织6个街道办事处等12个单位,每天对居民区、胡同里巷、工地、存车场处的环境卫生进行清理,并在3月和4月组织开展5次环境卫生集中清理日活动。从6月开始至9月底,每周六开展环境卫生集中清理日活动,共组织13次。12月10日至16日,组织各街和区房管局开展清理居民区堆物和渣土活动。全区出动2.7万余人次,车辆1300余台,清理废弃机动车100余台、非机动车2000余台,清理渣土垃圾1000余吨。清除堆物和卫生死角4300余个,清整绿地10万延米,清除居民区小广告7万余处,规范垃圾箱桶1900余个。加快城市道路建设。对30条道路沿线462栋建筑立面实施综合整修,改造修建道路77条;新建排水管道8公里,养护疏通排水管道636公里,改造小区积水片25片;完善建筑施工实墙围挡和冲水设施。完善配套环卫设施。改扩建垃圾转运站6座,新建改建公厕26座,全区54座公厕全部达到二类以上标准;全区道路清扫、机扫和高压水冲率分别达到100%、63%和45%;全面推行三级机动快速保洁捡脏、垃圾袋装密闭直运,垃圾清运率、处置率达到100%,粪便无害化处理率均达90%以上。更新道路果皮箱2439个,沿街单位“门前三包”签约率达100%,尽责率90%以上。提升旧楼居住功能。完成176片旧楼小区居住功能提升改造工程,新建改建一批便民服务设施,建成精品示范小区18个,落实准物业管理,改善群众生活环境。按照市市容委工作要求,和平区承担7条道路和民园周边地区的综合整修。整修楼房279栋42万平方米,制作安装遮阳罩498个,整理爬墙线1.31万延米。

提升卫津路与鞍山道口、南市模范小学等4个节点绿化21564平方米,新建垂直绿化5600延米。治理楼道小广告863栋楼3335个栋门42万平方米。持续开展各类专项治理活动,实现对报刊亭、布标幔帐、非法喷涂、修车点、早点摊、小张贴、门脸牌匾、夜景灯光、马路烧烤、运输撒漏等精细化的管理效果。清理整治物资回收站点6处,清理收缴无主、废旧机动车118辆、废旧三轮车86辆、废旧自行车2473辆。专项治理乱贴乱画和涂鸦小广告等现象,治理道路小广告3.6万处。新建绿地2万平方米;提升绿地10.2万平方米;立体绿化建设、爬藤植物栽植3000延米;节日景点布置3处;藤架规范8处;完成全区128万平方米街景和小区绿地以及8个区属公园广场的养护管理工作。完成区各项重点保障工作,在重点道路沿线栽植行道树1200余株,绿篱及宿根花卉6.1万余株,更换草坪2万平方米、树篦子4000余套、白护栏4500延米。

(李俊魁)

2013年,和平区旧楼区提升改造——庆有西里更换采光窗

(摄影:孟安润)

2013年,和平区旧楼区提升改造小区——世昌里全景

(摄影:孟安润)

人力资源和社会保障工作

2013年,和平区围绕区域经济社会发展,盯住全区服务业集聚高地等重点经济支撑点,把新一轮大项目、好项目作为拉动就业的重要载体,加强联系,提前介入,摸清用工需求,深化扶持政策,落实就业实名制数据实时监测制度,全区新增就业岗位40536个,完成市政府下达任务的101.3%。全区新增就业中,单位从业占比94.6%;第三产业占92.7%;大专以上学历占比42.6%,就业结构进一步优化。从加强失业预警监控入手,严格执行困难企业重点监控和企业裁员预测等制度,进一步健全区、街和社区三级"网上空岗登记、网上就业备案"工作机制。城镇登记失业率控制在3%,低于全市控制指标。在全市率先设计、开发社区就业管理信息系统,通过局域网实现全区以现居住家庭为单位的信息互联和信息共享,真正做到人员底子清、择业意向清、个人技能清、家庭情况清、岗位要求清,提高了帮扶的针对性和有效性。坚持跟踪随访、定期调查、盯人帮扶、动态管理,做到"尽早发现,即时帮扶,不漏一人"。全区累计登记社会失业人员4200人,通过各种渠道安置3754人,安置率89.38%。累计认定十类就业困难人员2551人,实现安置2531人,单亲、零就业家庭保持动态安置为零;累计发放失业保险金798万元;新增灵活就业人员2129人,累计享受1.07万人(其中领取75%标准的5835人),享受补贴资金5137万元。区属53个公益性公司、89户服务型商贸、劳服企业共安置就业困难人员1225人,完成目标的123%,累计拨付岗位补贴4251万元,保险补贴4788万元。发挥区创业服务中心和小额担保贷款基金作用,为创业者提供资金保

2013年6月27日,和平区庆祝中国共产党成立92周年暨“双百”表彰大会

(摄影:何 成)

障。先后组织创业培训34个班次890人,培训合格849人,完成目标的170%,564人参加创业测评,为下岗失业人员创办企业打下基础。根据社会需求,积极争取增加培训资质,在原有专业基础上开辟新的专业,电工、计算机维修、维修电工、客房服务员、餐厅服务员、营养配餐员等,不断扩大培训规模。举办各类人员培训班90个班次,8个专业,培训4604人,完成目标的115.1%。利用“津和就业直通车”举办主题为“民营企业招聘周”“大中专技毕业生就业”“和平区残疾人就业”“退伍军人就业”等23场次专场招聘会,累计20639人次进场,完成目标的103.2%,进场单位916家,提供就业岗位14803个,招聘成功率达21%。劳资代理企业2184户、累计存档44365人;劳务派遣共计36户、派遣员工1518人。贯彻实施《社会保险法》,扩大城镇职工和城乡居民参保范围。截至年底,全区城镇职工养老保险参保32.97万人,完成计划的100.03%;城镇职工医疗保险参保37.98万人,完成计划的100.55%;失业保险参保29.61万人,完成计划的103.03%;工伤保险参保34.06万人,完成计划的102.46%;生育保险参保32.12万人,完成计划的102.68%。全区享受老年人生活补助费4378人;累计办理居民参加养老保险1291人;累计为281名达到60岁的城居老年人办理城镇居民退休手续。全区城镇居民医疗保险参保达8.5万人。审核企业职工退休11194人,其中正常退休9681人,病退304人,特岗1138人,其他71人。工伤认定889例,工伤鉴定627例。退休人员医疗保险缴费年限核定1.12万人;累计追缴失业保险金欠费54.94万元。

(赵丽娜)

劝业场街道

劝业场街道位于和平区西北部,东至营口道,西临多伦道接南门外大街,南抵南京路,北起张自忠路、和平路。2013年,辖区面积约1.78平方公里,辖12个社区居委会,户籍人口79601人,常住人口33930人。

2013年,招商引资3220万元,招企引税注册资金3220万元。

做好“两节”保障与救助工作。“两节”救助低保户828户,解困卡户103户,边缘户1092户;市、区慈善协会救助困难家庭40户;社会单位“一助一”救助50户;街扶贫基金救助16户;区委、区政府为1755户发放节日救助金。春秋两季为185户困难家庭实施助学,为321户大重病家庭实施救助,为831户困难群众实施冬令救助。为73户家庭办理低保,为15户办理解困卡,撤销低保96户,解困卡16户。全街有低保户840户1428人,解困卡户97户202人。

落实住房保障政策。为182户办理经济租赁房租房补贴,为95户

2013年5月24日,劝业场街道宁夏路社区举办“笔墨情深翰意浓 同心共筑中国梦”主题笔会活动

(劝业场街道供稿)

办理廉租房租房补贴，为182户办理限价商品房，为42户办理公租房，为8户办理实物配租补贴，对251户进行财产核查，对266户进行年审复核。

社区规范化管理。做好社区网格化建设，将社区内人、事、物纳入社区网格。上半年将30721户87254人纳入网格管理，将3472名弱势群体和6279名特殊群体作为重点关注对象。改造社区基础设施。新津社区基础设施提升改造工程竣工，改造后面积1000余平方米。蒙古路综合活动室整体改造工程基本完成。

美丽社区创建。实施十大工程和十大服务体系建设，利用3年时间力争12个社区达到美丽社区标准。组织社区创建全国和谐社区建设示范单位。组织社区创建天津市社区组织建设创新示范社区。组织社区工作人员参加和平区“双十佳”评选活动。组织社区工作人员参加岗位比武技能竞赛活动。

劳动保障工作。登记失业人员19511人，安置19148人，安置率98.14%。组织208人创业培训，为辖区用工单位录入空岗备案登记156人次。新增失业人员270人，按时办理失业登记。发放失业救济金2311人次。办理2014年城居医保征缴2475人；受理参加城居医保急诊留观产生药费187人123.77万元。

认定十种困难人员，新增认定475人，为他们办理保险补贴。为享受社保补贴人员2804人办理年检。认定人员中，特困家庭325人得到妥善安置。为3200人换发新社保卡。为没有工作的60岁以上居民办理生活补贴。对辖区城乡老年人补助日常管理的有917人；为13名老年人办理补助申报；为9名城乡居民办理退休申办手续；为3名自主创业失业人员办理小额贷款审批手续。

召开两次大型招聘会，设岗254个，进场1197人，达成意向108人，成功64人。为82名原“五七工、家属工”办理养老保险及退休手续。为7名因病去世的“五七工”退休人员办理丧葬手续。承办14名糖尿病门特病人送药入户工作。

做好数字化城管平台管理工作，保洁队组建专属保障分队。方便居民冬季储煤，为居民更换、配置储煤箱700个。禽流感流行期间，对辖区家禽家畜全方位清理，清理、宰杀40余只。做好爱卫工作，病媒防治投放杀鼠剂、蟑螂饵剂、蚂蚁药等，鼠、蚊、蝇、蟑螂等得到有效控制，达到国家规定标准。

提高残疾人生活质量。对637户残疾人走访慰问，送去米、面、油等物品。为25户困难残疾人家庭安装呼叫器。为20名困难肢体残疾人发放轮椅。为35名听力残疾人配戴助听器。为54名视力残疾人配戴助视器。为22户残疾人家庭实施大重病救助。为102户低保、特困户办理居家托养服务。为425户低保、特困户办理残疾人救助金。组织14名残疾人妇科查体。为7名视力残疾人做免费白内障手术。为20名视力残疾人发放盲杖。为在学残疾学生、残疾人在学子女发放助学金，其中残疾儿童1名，小学生14名，初中生19名，高中生15名，大学生34名。

（王志霞）

体育馆街道

体育馆街道位于和平区南部，北起南京路，西北至营口道，西至贵州路，西南至西康路，东南至马场道。2013年，辖区面积1.78平方公里，设12个社区居委会，居民2万余户7万余人，其中户籍人口10628户35516人。

2013年，招商引资3060万元，招企引税注册资金77750万元。完成招商10家企业2800余万元，引企增税19家企业6700余万元。7月，国务院副秘书长、中央联席会议办公室主任、国家信访局局长舒晓琴到街综治信访中心检查指导工作。

春节期间，发放低保特困人员春节一次性补助331户573人5.84万元；发放饺子费332户576人5.76万元；发放低保特困取暖补贴327户12.36万元；发放低保特困人员一次性补贴331户572人17.16万元；发放原工商业者取暖补贴27户27人9180元；发放边缘户救助资金503户1034人24.25万元；发放市慈善慰问金20户7200元，米、面、油20套；发放区慈善慰问金20户1.2万元；发放储备物资米、面、油300套；发放区委、区政府慰问金883户35.32万元，确保困难群众度过春节。

迎接国家卫生区复审检查，街道联合综合执法、工商、公安、交管等部门，对五岔路口、广西路、西安道、长沙路等重点道路秩序及乱摆乱卖集中治理。对岳阳道沿线小院经营、院内乱堆放等小区菜摊不间断治理，取缔小摊点85处次，暂扣各类经营用具100余件。规范菜市场管理，配合体育馆工商所，公安派出所，消防和综合执法大队成立市场管理办公室，取缔市场里空外卖、乱摆乱卖现象，规范餐饮管理，保持市容面貌。治理五岔路口周边环境，“顽症”得到有效解决。提高道路清扫保洁和垃圾清运工作效率，所有道路实行全天候清扫保洁，道路卫生始终达到标准，生活垃圾清运和处理率均达100%。

落实区复审工作指挥部要求，街城管科联合体育馆派出所、交管和平支队、区综合执法局等单位清理辖区内废旧自行车。重点对湖南路和城基中心拉网式清整，清理辖区废旧非机动车182辆，废旧机动车4辆；配合民园地区综合治理办公室,清理非法经营异形自行车、营运三轮车。清扣三轮车35辆、异形自行车3辆、宣传教育22户。8月,清整12个社区点位130余处,清理城基中心、长沙路五叉路口,泰来里,岳阳道等重点部位50余处,出动1630余人次、1200余车次,清理垃圾、工程渣土150余吨。确保各项市容环境符合卫生城区复审标准。

全街文化团队30余支,广泛开展群众性文化活动。全年举办各类文艺演出活动100余场,观众累计1万人次。街建有一个约300平方米的综合性文化活动站,配备图书2000册,引进扫码设备实现全部图书数字化管理,简化借阅操作流程。所有社区都建有综合性文化活动室,电脑、电视、投影仪等设备一应俱全,公共文化服务硬件设施提升。

为98人办理困难群体认定,享受灵活就业社会保险补贴;办理2013年城乡居民新生儿医疗保险60人;为20人办理居民医疗保险报销药费申报,约合药费25万元。为775人办理社会保障卡。办理就失业证42人次。办理新增申领失业金53人。为19名原"五七工"办理退休手续补漏工作。完成灵活就业年检工作,1208人通过年检。

旧楼提升改造工作,对社区主任及有关人员进行培训。组织干部、社区主任利用双休日进行春季卫生清整活动,对12个社区居民楼道堆物彻底清理。清理卫生死角60余处,清运渣土垃圾16余吨,清理各类违法广告张贴物120处,喷涂物230余处,拆除户外广告牌匾12块。

(刘卫平　高津蕾)

南市街道

南市街道地处和平区西北角、海河西南侧。东面以海河为界与河北区相望,西面和北面分别以南门外大街、南马路为界与南开区毗连,南面以多伦道为界与劝业场街道对接。福安大街贯穿街域东西。2013年,辖区面积1.217平方公里,辖8个社区居委会,户籍人口23790户61151人。

2013年,招商引资2878.2万元,招企引税注册资金5593万元。

深化社区网格化管理,将社区内人、事、物等方面的管理和服务纳入区"智慧民政"网络平台。针对物业小区矛盾激增带来的影响,召开物业管理工作会议暨业主委员会主任培训会,发挥社区党委、居委会、业委会、物业公司的职能和纽带作用,实现促进社区和谐目标。至年底,全街物业小区19个,准物业小区11个,基本达到物业管理全覆盖。

优化公共文化服务体系。发挥南市会馆、楼门文化展览馆、红楼梦研究会馆、南市地区文化艺术交流协会、南市图书馆五大载体作用,搭建公共文化服务网络。依托南市会馆在民俗节日举办联谊活动及"我们的节日"等群众性文化活动。发挥南市文化交流协会与南市艺术团各个团队作用,带动辖区82支文化团队蓬勃发展,多次参加区各部门举办的文艺演出活动。以科学知识提升居民素质。举办"科学发展在我身边"大型咨询服务活动;组织开展"节能减排、低碳生活"科普展牌巡回展和科普成果照片展。

发挥楼栋党支部引领作用,挖掘楼门文化资源,扩大特色楼门覆盖面。至年底,各社区特色楼门共计354个,占楼门总数80%,带动居民群众投身社区建设。在南市各项事务中,楼门文化成为文明建设一大品牌。结合创建特色楼门十周年,先后举办"传播和谐文化,建设美丽社区"启动仪式、南市变迁图片展、社区社会组织作品展,"我眼中的楼门文化"征文比赛等6个系列庆祝活动;各社区开展"邻里节"活动,提升楼门文化的知晓度、居民的参与度和幸福感。

2013年12月18日,南市楼门文化十周年活动

(摄影:何　成)

圆满完成迎接国家卫生区复审工作。先后组织开展13次社区环境卫生集中清整活动;结合旧楼区提升改造工作,对社区破旧存车处进行改造,清理无主渣土及旧楼改造遗留渣土158车,清理破旧自行车258辆、三轮车30辆,处理家禽39只,更换小煤屋48个,清理卫生死

角307处，清除172个楼门小广告13060平方米;加大便民市场综合整治力度,制定建物街非法占道经营专项治理方案，杜绝市场外溢现象;针对食品街4个天井存在堆物问题,开展5次集中清理及地面水洗活动,清理堆物杂物20余车;对辖区137户“五小”经营户情况逐户分析、治理,对存在的难点问题统一协调解决。

丰富未成年人寒假生活，加强未成年人思想道德建设。组织未成年人开展社会实践活动，举办手工制作、棋类比赛、假期安全教育讲座、慰问白血病患儿等主题实践活动40次,550余人次参与,让未成年人在实践中增长见识。探索未成年人教育活动形式，深入开展具有时代特色的教育实践活动，成功衔接课堂教育和社区教育，促进青少年全面发展。

南市是民族曲艺文化发祥地。天津首届“南市杯”曲艺大赛,于2013年9月22日至30日在南市会馆展开初赛、决赛和展演。大赛参赛节目92个,报名152人次,其中,最小的参赛演员只有6岁，最年长的84岁，还有一位从北京赶来的德籍曲艺爱好者。参赛曲种包括京东大鼓、京韵大鼓、梅花大鼓、西河大鼓、天津时调、单弦、快板等多种形式。最终评出最佳表演奖（十大名票）、优秀表演奖、新苗奖、荣誉奖、集体节目奖等奖项。

全国第三次经济普查，街道选派64人担任指导员和普查员,召开会议9次。建立普查组织机构,制定普查实施方案,落实普查所需经费,做好物资准备和后勤保障工作。至12月31日，核实并录入单位1124家,个体户2747家。走访率100%。

年内，街道先后获得全国社区志愿服务示范街道、天津市工会法律援助维权服务示范单位等荣誉称号。

（张树菊　李卫琦　刘　震）

小白楼街道

小白楼街道位于和平区东北部,海河西岸。东面、北面分别与河东区、河北区隔河相望,南面与劝业场街道、体育馆街道相邻,东南面与河西区相接。2013年,辖区面积2.27平方公里,设9个社区居委会,人口11398户30982人。街域是市人大、市政协、和平区委、区政府所在地。

2013年，招商引资4525.5万元，招企引税注册资金实际留区19.32万元。组建走访企业服务小组,街领导对界内48家企业分片包责、入户走访,了解企业经营和市场拓展情况,为企业协调解决难题6件。

完成国家卫生区复审工作。对市容环境实行网格化管理，基本形成“网中有格,格中定人,人负其责,专群结合,各方联动,无缝衔接”的长效管理机制。对辖区环境卫生大规模集中整治,对四川路、长春道菜市场周边综合治理，市场周边环境彻底改善。对原法国兵营院落平整,对明源里、安善里、保善里、杨福荫路等小区拉网式排查。组织公安、工商、综合执法、卫生监督等单位对1902地区、哈尔滨道地区、原法国兵营等点位集中攻坚，多次受到区领导和居民好评。加强城市管理考评工作，处置数字化平台案卷率100%，城市管理考核位列7个参评单位总评成绩第一位。全年重点线路保障任务200余次，其中一级保障近40次,未出现任何纰漏。完成泰安道、达文里、解放路、树德里和开封道5个社区的7个小区、30幢楼房、92个楼门、1519户旧楼提升改造工程。配合有关部门完成供电一户一表、“三管一灶”、二步节能门窗更换、物业用房改建新建、上下水管道改造、供暖单户循环改造的统计上报工作。

全面完成创建国家公共文化服务体系示范区承担任务，以文化展演、科普、健康教育为阵地,以全民健身活动为载体，以社区社会组织为依托,以打造“白楼之声”“白楼之韵”“白楼之彩”“白楼之魄”四个特色文化版块为入手点，开展系列群众文化活动,丰富群众文化生活。组织社区开展以十八大报告、我的中国梦、十八届三中全会为主题的座谈、宣讲、文艺节目表演等50余次活动,5000多人次受益。

成立第三次经济普查领导小组,各社区分别成立普查小组,对驻街单位“地毯式”走访,走访驻街企事业单位2381户,个体户2673家。

2013年10月24日，小白楼街道承办和平区第七届社区社会组织节暨小白楼街第十三届社区社会组织节

（小白楼街道供稿）

在“三经普”清查期间，代表天津市接受国家统计局党组书记、局长马建堂带队的检查组的调研指导，检查组对小白楼街普查工作开展情况和取得的成绩给予充分肯定。

成功举办和平区第七届“和谐和平、魅力家园”社区社会组织作品展暨小白楼街道第十三届社区社会组织节。展示宣传社区社会组织在社区建设中的成果，有节目展演和约1万件手工制品参加展示，吸引千余居民观看。社区居民用自编自导的作品传递幸福，构筑美丽天津风景线。小白楼街社区社会组织节已连续举办13年，为社区社会组织展示、交流、学习搭建平台。现有社区社会组织223个，按照功能分为社区服务类、文化体育类、维护权益类，参与人数约1万人，打造数支以“都市风雷”为代表的精品团队，逐步形成以社区社会组织为支点的社区建设新模式，在政府和社会之间发挥桥梁纽带作用，得到国家民政部领导肯定，在全国进行推广。

年内，街道被国家民政部授予全国社区社会组织示范街道和全国社区志愿服务示范街道称号。开封道、崇仁里、泰安道3个社区被推荐为市级美丽社区建设示范社区。街道团工委被评为天津市优秀青年志愿服务集体。

（田绍洁　郭嘉伟）

2013年5月16日，新兴街道社区网格化培训

（新兴街道供稿）

新兴街道

新兴街道位于和平区西南部。东以贵州路经西康路至马场道与体育馆街道毗邻；西倚卫津河，从卫津路与电台道交汇处至八里台立交桥与南开区接壤；南沿津河至马场道与河西区相邻；北沿电台道经气象台路至营口道和贵州路交汇处，与南营门街道为邻。2013年，辖区面积1.77平方公里。设11个社区居委会。人口25749户62488人。

因新兴路而得名，同时取其“创新兴旺发达”之意。该街是全国第一个社区服务志愿者协会诞生地。先后获得全国社区睦邻文化建设工程示范街道、全国计划生育依法行政示范街道、全国“五好”关工委、天津市第四届人民满意公务员集体、天津市平安志愿者先进集体等国家、市、区级荣誉34项。

2013年，引进企业5家，引资5201万元。引企增税21家，注册资金2448.8万元。

针对辖区下岗失业人员现状，制定就业安置计划，搞好帮扶服务。十类就业困难群体认定申报、审批申办515人；救济金发放1407人次，失业人员灵活就业补贴260人，采集就业信息1468条，开发就业岗位1199个，安置394人。全年办理城乡居民基本医疗保险1661人，登记城乡老年人生活补贴569人。为41名原“五七工”人员补办养老保险。办理社保卡1713人，临时卡1369人，补卡516人。用人单位参加社会保险890户22017人。组织服务中心干部、社区协管员学习掌握新的惠民政策，实现辖区就业多元发展，确保就业率97%以上，失业率控制在3%以内。

宣传志愿服务精神，壮大志愿服务队伍。年内，街道已注册志愿者个人11850人，录入志愿服务时间1142021小时。完善志愿者队伍建设系统录入工作，录入志愿者个人8241人，录入数在全区名列前茅。开展社区志愿服务活动。针对社区老年人，开展每月一次的敬老助老服务日活动，和平区“相约九九”爱老、助老志愿服务日活动，爱心助空巢志愿者结对帮扶等活动。结合文明城区建设和美丽天津建设，发挥社区公共文明督导队作用，倡导文明新风，维护环境整洁，坚持每月的文明礼让日活动，组织志愿者开展文明指路、文明祭扫、低碳环保宣传、社区环境清整等活动。开展为农民工和农民工子女送关爱志愿服务活动，开展关爱农民工和慰问保洁队员活动。根据不同人群需求，开展各类医疗、保健讲座活动，举办法律、法规等大型咨询服务，最大限度满足广大群众的精神文化需求。

做好旧楼区居住功能综合提升改造工作。旧楼区改造工程涉及6个社区，13片小区，4733户居民。街道召开民心工程部署会，协调职能部门、施工队，解决“三管一灶”、更换窗户、安装楼门防盗门、粉刷楼道等，解决居民实际困难。按照上级安排,对社区内废弃自行车、机动车统计清理,清理各种车辆233辆,其中汽车22辆,自行车211辆。环境卫生清理,加大检查、督促、协助力度,清理运输工程土和杂物1275车次3438吨。爱卫工作,投鼠药1296千克、粘鼠板600张、鼠盒1400个,通过爱卫检查。夏季灭蚊蝇消杀工作,发放粘蝇条900张、灭蟑饵剂1760包,灭蚊铒剂1650包,粘蟑板690张,粘鼠板600张。

顺利完成国家公共文化服务体系示范区创建验收工作。在社区配合下,完成2011年至2013年30余卷创建档案整理;建成街级图书室,并实现全区范围内通借通还;街级及社区电子阅览室建设完成,实现上网功能,并免费对外开放。在公共文化服务体系示范区创建工作检查验收阶段,暗访问卷调查工作在新兴北里、永丰里、土山花园、金泉里社区开展,完成有效问卷82份。

先后举办新兴街“和平之春”联欢会、新兴街枫叶合唱团成立十周年汇报演出、第七届读书节、第二十七届纳凉晚会等系列活动,满足社区群众多元文化需求。

(张　林)

2013年2月10日,南营门街道在胜利公园举办新春文艺演出活动

(摄影:何　成)

南营门街道

南营门街道位于和平区西南部。东以营口道为界,与体育馆街道连接;西至卫津路,与南开区万兴街道为邻;南至电台道,与新兴街道接壤;北临南京路,与劝业场街道相连。2013年,辖区面积1.25平方公里,设10个社区居委会,户籍人口20898户58043人。

界内有25条街道,驻街单位400多个。天津医科大学总医院、天主教西开教堂、国际商场、天津中心、经联中心、第五十五中学、和平区中心小学、区人大、区法院、区技术监督局、地税和平分局、工商和平分局等单位坐落域内。

2013年,招商引资3750万元,招企引税注册资金860万元。

1月,街道文化中心投入使用。1月29日,举办南营门街文化中心启动仪式暨第二十六届“和平之春”开幕式专场演出;2月4日,举办街社区原创小品专场演出;2月22日,与区政协联合举办臧秀云委员慰问困难老人联谊活动;3月14日,与区妇联、区文化和旅游局共同举办两地文化交流活动,湖北民族歌舞团和街文化团队共同演出;3月27日,举办第二十六届“和平之春”闭幕式,已故著名音乐家王莘的夫人王惠芬和儿子王斌参加演出。8月13日,举办南营门地区第三届文化艺术节、第二十七届“和平纳凉”晚会开幕式暨道德模范故事汇专场演出;8月20日,与天津市文庙博物馆共同举办“国学文化进社区”启动仪式,同时举办为期3天的国学文化展览。

3月,根据区委、区政府部署,街道办事处确定对9个社区、22个小区进行旧楼区综合提升改造。成立街旧楼综合提升改造指挥部。制定工作实施方案,对全街旧改小区环境基础设施调查登记,召开街环境卫生清理推动会。至10月底,完成旧楼区提升改造任务。新安装小区信报箱484组、安装维修小区大门12处、改造物业岗亭21处、翻建自行车车棚14处3585平方米;更换居民燃气灶具连接管6083户;改造自来水管35个楼门;改造楼内下水管道315个楼门766串;更换楼道灯电表345块,智能电表178块。多次组织大规模集中清整活动,出动车辆207台次,动用人员2049人次,清理脏乱点位206处,卫生死角15处,小区楼门259个,清理楼内外堆物、杂物、工程渣土228.38吨。通过改造,5863户受益,天津电视台“都市频道”和区有线电视多次对南营门街旧楼改造进行采访报道。

街道老年人协会开展老年文化、慰问困难老人等活动。全街99支文化团队,利用节假日开展小品专场演出、“老年法”知识问答、“和平之春”书画讲座、饮食卫生和医疗保健讲座、“唱美夕阳”演唱会等活动。清明节前后,各社区老年协会组织老年人“踏青一日游”活动。老年节期间,街老年协会组织“活力和平美好夕阳”南营门街老年综艺专场演出。街老年协会、志愿者协会开展“关爱空巢老人结对帮扶”活动,春节期间看望慰问空巢老人262人，结对107人，送去慰问款物合计137479元。春节前泰康家政服务员为老年人做卫生260户、理发680人、修脚590人，发放挂历吊钱福字600户。除夕夜，各社区老年协会与居委会主任一起为空巢孤寡老人包饺子，陪老人过节。9月25日，老年协会开展“喜迎九九重阳节、尊老敬老办实事”活动，组织驻街单位重庆道美发厅员工、社区老党员以及泰康家政公司服务人员开展理发、修脚、维修小家电、测量血压、老年维权等项活动，受到老年人欢迎。11月召开南营门街孝亲敬老事迹报告会，弘扬孝亲敬老传统美德。年内，街老年协会、老年学校还与河北省唐县贫困山区西唐梅村、百合贾庄子村贫困家庭结为帮扶对子，老年学员和部分社区老年人，募集200余件棉衣，寄往唐县山区贫困家庭。

（吕津农　王华庆）

河 北 区

概 述

河北区是天津市中心城区之一,位于市区东北部,因地处海河和原金钟河以北而得名。境域地理坐标为北纬 39°08′,东经 117°10′。东部与东丽区接壤;西部以海河、北运河为界,与和平、南开、红桥三区隔河相望;南部与河东区毗连;北部与北辰区相邻。2013 年,区域面积 29.62 平方公里。辖望海楼、光复道、王串场、宁园、新开河、鸿顺里、建昌道、江都路、月牙河、铁东路 10 个街道办事处,110 个社区居委会,户籍人口 240764 户 621499 人。除汉族外,还有回、满、蒙古等 26 个少数民族。

河北区交通资源优越。铁路天津站、天津北站坐落该区,天泰路周边 3.22 平方公里区域被纳入天津西站城市副中心建设规划,仅地铁 2、3、5、6 号线即在该区设有 18 个站点,200 多条道路与 30 多座桥梁纵横交错,构成四通八达的交通路网。水域资源充裕。海河、新开河、北运河、子牙河、月牙河等河流或环绕该区,或穿区而过。土地资源丰富。拥有约 350 公顷的土地存量,开发前景广阔。文化资源独特。保存了诸多革命遗址、历史遗迹、名人故居,拥有极具异域风情的意国风貌建筑群——意式风情区(3A 级景区)和汉族地区佛教全国重点寺院之一——大悲禅院(4A 级景区)。20 世纪初叶,该区曾是天津政治、经济、文化中心。近年来,该区坚持发展沿河、地铁、高档楼宇"三个经济"、实施开发带动、产业升级、环境保障、政策吸引、和谐共建"五大战略",经济社会实现又好又快发展,踏上了建设美丽河北的征途。

2013 年,河北区立足"打好三个攻坚战,实现五个新突破",深入开展"促发展、惠民生、上水平"活动,加快推进美丽河北建设,全区经济社会继续保持良好发展态势。实现地区生产总值 195.95 亿元,比上年增长 12.5%;区级财政收入 37.34 亿元,增长 24.02%;城市居民人均可支配收入增长 10.5%。

产业升级获得新进展。高端服务业聚集区建设初见成效。制定并实施意式商务区高端服务业聚集区三年行动计划,累计引进企业 245 家,实现税收 1.6 亿元。楼宇经济规模壮大。着力打造前三批 16 座亿元楼宇,第一批 10 座亿元楼宇全部实现税收目标。商务楼宇累计入驻企业 3304 家,实现税收 17 亿元,同比增长 29%。产业园区效益提高。加快园区重点项目建设,北宁文化创意中心等园区建设招商成果明显。建成园区公共服务平台,制定园区产业发展总体规划和相关扶持政策。11 个产业园区入驻企业达到 1100 家,实现税收 3 亿元,同比增长 21%。科技支撑力度加大。新增科技型中小企业 404 家,新增小巨人企业 5 家,实现技术合同成交额 16 亿元,科技成果登记 103 项,新认定国家级高新技术企业 9 家,获批国家级立项 3 项、市级立项 30 项。金融产业迅速发展。渤海商品交易所交易规模不断扩大,交易品种达到 71 个,成交量达到 10 亿吨,成交金额超过 5 万亿元,成为全国首个跨境贸易人民币结算试点。积极引进重点金融项目,中国人寿财险天津分公司等 6 家金融机构开业运营。推进文化旅游业进一步发展。完成曹禺故居国家 3A 级景区创建工作,海河假日酒店被评为五星级旅游饭店。举办大悲院经纬天地文化旅游节等节庆活动,全年引入旅游机构 15 家,旅游人数突破 1000 万人次,旅游收入达到 6.6 亿元。招商引资步伐加快。利用"津洽会"和区招商周等平台,签约大项目 25 个,总投资额 256.4 亿元。深入开展借重首都资源活动，吸引中铁总公司天津货运中心等一批实力企业落户。实现国内招商引资到位额112亿元，直接利用外资到位额2.14亿美元。加大经济运行分析力度，对接财税体制改革任务，推进第三次经济普查工作。

开发建设实现新突破。以沿河开发和地铁上盖项目为重点，全力打好土地整理、项目建设攻坚战，推进重点地区开发建设。深化“新开河两岸城市设计整合方案”，确定北宁起步区等6个地铁上盖项目的规划策划方案，完善旺海国际、诺德中心、中铁建国际城1C等地块重点项目规划。完成有关基础设施建设、教育布局调整和保障性住房等项目规划，并配合有关部门搞好涉及河北区的全市性专项规划。落实市领导关于新开河综合开发专题调研的要求，加快土地整理出让步伐，北运河一期、律纬路东、北宁起步区地块顺利出让，北运河二期、聚氨酯、白庙等多个地块基本具备出让条件。全年完成房屋征收面积5.48万平方米。按照“三个一批”的项目建设格局，推出第八批27个重点项目。旺海国际、诺德中心等项目实现开工，聚源商业广场、北宁湾环宇城等19个项目达到预定进度，津源大厦等11个项目实现竣工。全年开工面积500万平方米、竣工面积130万平方米。地铁5、6号线河北区段14个站点建设实现全线开工。八马路等11条道路和丹江东路等3个泵站建设列入全市改造计划，八马路等重点地区综合改造顺利进行，其中增光道等4条道路改造完成。

发展环境发生新变化。落实“美丽天津·一号工程”任务，开展清新空气等专项行动，拆除17台360蒸吨燃煤锅炉，完成5个供热站燃煤锅炉拆改燃气减排工程，淘汰有关企业挥发性有机物排放工艺，万元地区生产总值(GDP)能耗保持中心城区前列。全面完成市下达的节能减排指标任务。整修志成道等8条道路，新建盛和体育主题公园、思源生态公园和南普公园(二期)，新辟八马路等10处大型绿地，新建、提升绿化面积14.7万平方米，提升京津城际铁路两侧、海河沿线(河北区段)以及意式风情区、大悲院、中山路3个重点区域的环境。规范菜市场6个，新建公厕2座。快速路、主干道路机扫率分别达到100%和40%。制定服务措施140余条，帮助基层解决问题692件。建成的区中小企业公共服务中心获“中国中小企业创新服务先进机构”奖。推进安全生产责任落实、动态监管、技术支撑“三个体系”建设，开展“安全生产年”等活动，完善信访维稳风险评估等工作机制。完成50个小区监控视频安装，刑事案件、“两抢”案件发案率同比分别下降28.5%和8.6%。创建的市级安静居住小区达到28个。建立江都路街拥军优属综合服务中心，实施金家窑清真寺等宗教场所修缮，完成区伊斯兰教协会换届。

社会事业取得新成效。大力发展教育事业。加快教育资源布局调整，启动搪瓷厂和玻璃器皿厂学校规划建设，完成5个新建项目和6个调整提升项目，仁恒二期幼儿园、春和景明小学、七十八中投入使用；通过全国义务教育学校发展基本均衡区评估验收，完成12所全市首批义务教育学校现代化标准建设和5所全市首批高中学校现代化标准建设评估验收工作，启动学前教育提升计划；推进教育教学改革，全面落实素质教育，加大骨干教师培养力度，8名教师被确定为天津市“未来教育家奠基工程”第三期学员。加快发展卫生事业。公共卫生医疗服务中心主体竣工，完成铁东路街社区卫生服务中心选址，创建宁园街国家级示范社区卫生服务中心；落实家庭医生责任制，开展二级医疗机构高级医师下社区活动，推进中医药进社区工作，启动妇女儿童健康促进计划，促进社区公共卫生服务项目均等化；开展食品药品安全专项整治活动，推进“放心餐馆”创建工程；统筹解决人口问题，提高人口计生管理服务水平，符合政策生育率达到99.47%。繁荣发展文化事业。启动第二轮修志工作；完成望海楼教堂一期主体、大悲院西院旧址建筑修缮；开展群众性文化活动，举办天津市第五届社区文化艺术节，新建水明里等5个社区书吧。推进体育等工作。推进“一场两馆”的选址规划工作，实施第四游泳池改建项目，新建一批健身路径，更新一批健身器材，举办一系列体育竞赛和群众性体育活动；丹江里社区获评全国科普示范社区，区档案馆新馆建设进展顺利，红十字会救护培训等工作扎实开展。

民生工作迈出新步伐。扎实开展改善人民生活十项工作。实现新增就业4.3万人的工作目标，登记失业率控制在3.8%以内。职业培训8956人，创建和谐企业82家。劳动合同备案累计32224人次，同比增加6862人次。签订工资集体协商4121户，涉及职工6.7万人，同比增加1.5万人。社会参保人数计划完成率达到100%。帮助安置十类困难人员5608人，零就业家庭和单亲家庭30日安置动态为零。实施“家庭改变计划”，救助困难家庭97户，资助困难学生1400名，筹集善款401万元救助低保边缘户、孤老户等困难人群，新增残疾人就业264人。发放残疾人救助金6150人1016万元，办理残疾人基本医保、养老保险缴费补贴124.5万元。完成91个小区406.7万平方米的旧楼区综合提升改造工程，1867户居民住房条件得到改善，隆达新苑等保障性住房建设竣工，新增供热面积50万平方米。加快美丽社区建设，创建20家市级美丽社区，物业管理覆盖率达到50%。开展街道社区工作互比互学活动，推出40个街道社区工作亮点。新建、提升和改造2个街级服务中心和8个社区服务站，社区办公服务用房平均面积达到340平方米。整合社区养老院、家教公司等资源，建设虚拟养老院试点居家养老呼叫系统并投入运营。新建6个日间照料中心、1个示范性配餐中心和6个社区食堂。中山里等3个社区被评为“全国暖心工程社区服务站”。

(傅常欣)

河北区区级领导名单

中共河北区委领导名单

书　记：孙宝华

副书记：苑广睿　姚建军

常　委：孙宝华　苑广睿　姚建军　杜　翔(11月调离)　连　洁(女)　李耀进　沈志勇　李承毅　徐生建　田勤耘　李　春

河北区人大常委会领导名单

主　任：张俊英(女)

副主任：郑永盛　王秀文(女，回族)　于连会　王　立　贾凤鸣

河北区政府领导名单

区　长：苑广睿

常务副区长：杜　翔(11月调离)

副区长：李承毅　周　路(女，9月调离)　周承光　李志琦　刘冬云(女)

政协河北区委员会领导名单

主　席：崔志勇

副主席：赵玉良(满族)　郑全喜　张景云　李根生　马丽娣(女)　刘艳明(兼)　刘文伟(兼)　王海英(女，兼)

(区委组织部提供)

三个攻坚战　2013年，河北区开展“打好土地整理、项目建设、产业招商三个攻坚战”活动，推动区域经济发展。成立三个攻坚战总指挥部，下设4个分指挥部，负责组织领导和协调工作。土地整理由区城投公司牵头，建立“在拆地块抓进度、问题地块抓协调、成熟地块抓前期”工作机制。8月5日，北运河一期地块由天津城铁港铁建设有限公司(港铁集团与市地铁资源公司联合成立的项目公司)摘牌。截至10月18日，北宁起步区和八马路·律东2宗地块实现土地挂牌，连同北运河一期地块总建筑面积约84万平方米，完成土地契税3544万元，占全年任务的14.8%，非税收入4.198亿元，占全年任务的89.3%。11月6日，北宁起步区地块由天津市房地产信托集团有限公司摘牌。该地块成交价格为人民币32.45亿元，预计实现留区土地契税约9735.9万元。地块出让面积10.03万平方米，规划总建筑面积41.5万平方米。项目建设由区建委牵头，建立“调研服务、项目会商、信息反馈”工作机制。全年开工面积500万平方米，竣工面积130万平方米。产业招商由区合作交流办牵头，起草《河北区产业招商工作方案》，推进全区招商引资。引入首个地区型总部保险机构中国人寿财产保险股份有限公司天津市分公司。该分公司落户亿元楼宇意式商务区内，截至8月30日，实现税收501万元。1~9月，新注册民营企业累计达到998家，注册资本金达24.12亿元。截至10月底，楼宇税收完成6412万元，超额完成任务。截至12月13日，完成招商引资

2.76 亿元，完成任务的 276.14%。

（朱英华）

落实美丽天津·一号工程 2013 年，河北区委、区政府向天津市委、市政府递交《美丽天津一号工程目标责任书》，包括清新空气、清洁社区等专项行动内容。全区开展清洁空气行动，加强环境影响评价审批，加大环境监管能力建设，投入 300 万元用于环保监测站标准化建设并制定实施重污染天气应急预案。开展扬尘污染治理行动，加大环卫经费预算比例，投入 1000 万元用于更新、添置环卫道路清扫设备，提高道路机扫水洗率并研究制定《河北区关于加强治理扬尘的措施》，将扬尘治理工作纳入行政执法人员个人目标责任制管理。开展清洁社区行动，做好已改造旧楼区物业接管，探索社区物业长效管理机制。开展燃煤污染控制行动，完成 17 台供热锅炉煤改燃工程。开展工业污染治理行动，关停天津纺织机械有限责任公司挥发性有机物排放工艺，主要污染物减排任务提前完成，万元地区生产总值（GDP）能耗保持中心城区前列。高标准完成市容环境综合整治“8391”工程，整修昆纬路等 8 条道路，新建思源公园等 3 个公园，建成八马路等 10 块绿地，提升京津城际铁路两侧环境。实施“三区一线”项目，提升意式风情区、大悲院、中山路 3 个重点区域和海河沿线环境。以控尘、控煤、控污、控新建项目为重点，对国控点 3 公里半径扬尘源、燃煤源、工业源、燃烧面源等实施地毯式摸排。梳理 8 大类 99 个污染源点位，绘制河北区国控点 3 公里半径污染源分布示意图。

（李　康）

2013 年 9 月 13 日，区委书记孙宝华（左一）就推动美丽河北建设工作召开街道现场推动会

（区新闻中心供稿）

上水平活动初步经验 2009~2012 年，河北区以发展经济为攻坚点、调整经济结构为着力点、保障和改善民生为落脚点，连续开展“上水平”活动，实现地区生产总值由 100.54 亿元增长到 165.18 亿元，区级财政收入由 13.43 亿元增长到 30.11 亿元，城市居民人均可支配收入由 2.02 万元增长到 2.75 万元。2013 年，河北区总结出前四年“保渡上”“解促上”“调增上”“调惠上”的 5 条经验：一是强化组织领导是重要保证。区委、区政府实施包园区、包企业、包街道、包社区、包信访案件和重点项目促整理、促开工、促建设、促运营的“五包”“四促”工作制度；区人大开展“为调结构解难题，为惠民生办实事，为上水平出实力”的“三为”活动；区政协开展“服务委员帮企业、走进社区惠民生”主题活动。二是狠抓政策对接是关键环节。结合市政府扶持政策，组织全区各部门、各单位结合各自职能制定本单位的对接措施累计达 535 条。三是坚持团结协作是坚实基础。河北区推行街道信访综治调处中心“一门受理、五步调处”，强化基层维稳工作平台。鸿顺里街将为群众解决

2013年 11 月 18 日，区委书记孙宝华（右一）深入驻区企业开展实地调研

（区新闻中心供稿）

生活难题与维护地区稳定相结合，制定社区6项紧急预案。光复道街成功创建"国家级安全社区"。四是提升服务水平是有力支撑。成立三个层面的服务企业工作组：区级领导服务工作组，其中包括一个企业服务组(内设3个服务小组)，一个项目服务组和一个督查组；单独成立6个区级领导服务小组；30个职能部门服务工作组和街道服务工作组。通过现场办公、现场答复、沟通协调等形式，解决影响企业发展的税收、政策、经营、融资服务和申报项目五大类难题。五是搞好督促检查是重要手段。区委领导分别带队深入基层督查问效，掌握问题解决程度和服务单位的满意度，实施现场督查、督办；通过采取定期督查、随机抽查等方式，就各单位在服务活动中的行政效能、服务举措、作风纪律等实施效能督查。这些经验为2013年河北区开展"促惠上"活动提供了借鉴。

(朱英华)

"十二五"规划纲要中期评估 2013年，河北区对本区"十二五"规划纲要确定的发展指标和重点任务进展情况进行中期评估，总体执行情况好于预期。主要指标达到预期标准，有望提前完成"十二五"规划任务。产业结构调整取得进展。编制《意式商务区·高端服务业聚集区三年行动计划》，出台促进现代服务业及楼宇经济发展的财税优惠政策，加快金融业发展，增强科技型企业实力。截至2013年6月，科技型中小企业累计达到1537家，完成规划目标的128.4%，累计实现留区税收3.16亿元。培育产值过亿元"小巨人"企业24家，市级认定高新技术企业12家，全区民营集团公司达到12个，比2010年增长20%。开发建设取得突破。累计完成地铁5、6号线等14个地块的房屋征收工作，拆迁面积47.95万平方米，安置居民5384户。重点项目加快推进，城区环境水平优化。对海河沿线、京津城际铁路河北区段等重点地区及产业园区周边环境进行全面提升改造，打造了经纬艺术街区、新开河沿岸、北宁公园等市容亮点。社会事业取得进步。投入义务教育阶段学校现代化建设资金1.31亿元；义务教育六升七升学率达100%，在学巩固率达100%，义务教育完成率达100%。健全公共卫生服务体系，妇女儿童保健中心正式挂牌；孕产妇死亡率、婴儿死亡率、出生缺陷率均达到"十二五"要求指标；基本药品销售累计让利4973.36万元。推动文化事业发展。成功举办市第四届社区文化艺术节以及全民健身节、体育节等活动；建成10个公园书吧，建立5个幼儿园图书分馆和盲人阅览室，获得批准的市级"非遗"项目有4个，启动第二轮修志。保障改善民生工作成效显著。累计发放城市低保保障金3.32亿元，累计救助患大病群众和困难家庭学生6815人次、救助资金1466.25万元。做好保障性住房资格审核及补贴发放工作，有1.38万户中低收入家庭受益，帮助212户低保特困家庭改善居住环境；完成131个社区、1248幢居民楼的旧楼区居住功能综合提升改造任务，近10万户居民受益。

(朱英华)

2013年10月4日，天津市第五届社区文化艺术节闭幕式暨颁奖活动举行

(区新闻中心供稿)

海河经济发展带 河北区着力打造海河经济发展带借以发展沿河经济。海河经济发展带项目主要包括奥式商务区、悦榕庄酒店、嘉海一期、津源里、聚源商业广场等。奥式商务区由奥式一期、二期、建行大厦组成。奥式一期位于平安街、进步桥、海河东路，建筑面积1.3万平方米；二期位于建国道与民主道间，建筑面积3.3万平方米。建行大厦位于平安街68号，建筑面积4000平方米，由建行河北支行与河北区住房公积金管理中心合署办公。悦榕庄酒店2011年进驻白金湾，地上建筑面积5.7万平方米，地下建筑面积1.76万平方米，涵盖高级餐厅、雪茄吧、红酒吧、阅览室、室内恒温泳池、健身中心、世界顶级SPA、会所等。嘉海一期项目位于海河东路狮子林桥畔，总规划建筑面积34.26万平方米，预计总投资额37.5亿元，主要包括3栋高层主楼、多栋多层楼房和商业裙房，规划为高档商业服务、商业经营设施、写字楼及酒店式公寓。津源里项目位于金钢桥和狮子林桥之间，总建筑面积2.42万平方米，经营性公建1.93万平方米，总投资额

3.8 亿元。聚源商业广场位于五马路与海河东路交口，建筑面积 4.76 万平方米，全部为公建，总投资额 3.8 亿元，设地上 4 层、地下 2 层，定位为集餐饮、休闲、娱乐为一体的新一代零售、互动性消费综合体，设有影院、量贩式 KTV、主题餐厅、酒吧、零售商业等商业服务设施。2013 年，对海河沿线河北区段堤岸进行环境绿化提升，补齐景观灯，修复路面，墙壁石材、亲水平台栏杆，配齐休闲座椅、垃圾桶等公共设施，丰富植物种类。

（李　康）

2013 年 12 月 5 日，区委书记孙宝华（前排左二）深入社区亮点项目现场检查工作

（区新闻中心供稿）

旧楼区居住功能综合提升改造

2013 年，河北区旧楼区综合提升改造工程分三批陆续开工，按照“先规划后整治、先设计后施工、先样板后推广”的工作思路，建立区指挥部、房管站、施工队三级管理体系，狠抓工程质量。细化 5 大类 42 项整修内容，明确 133 项施工标准，在每个小区选取 1~2 个楼门作为样板，严把材料进场关、现场检查关、竣工验收关，实行内部管控、专业监理和群众监督的监管机制。小区现场设立工程进度表、施工联络图，向群众交底，并发放 4 万余册《宣传手册》。引入群众评判机制，落实信访与验收捆绑措施，聘任 119 名群众监督员，群众满意度达到 80%以上。完成赛园里等 91 个小区 404.7 万平方米旧楼区居住功能综合提升改造任务，受益居民 6.3 万户。

（李　康）

街道社区亮点项目　2013 年，围绕“一居一特色、一街多品牌、全面上水平”的工作思路，河北区继续组织开展街道系统亮点项目互查互看活动。12 月 3 日，开展以“共建美丽社区、共筑美丽河北”为主题的街道社区建设观摩活动，并召开专题座谈会，展示交流社区建设工作成果和经验。江都路街、月牙河街社区综合服务中心建设和光复道街探索“立体胡同”社区管理服务，推动社会服务管理创新项目；新建东天仙特色商业街、30S4021 型卧式干燥机项目、绿领湾汽车文化广场，引入天津市北京商会入驻意式中央商务区等街域经济特色项目；郝艳芳艺友评剧团、金蕾京剧社、星月合唱团、衡山里老年大学、水明里“社区书吧”等开展社会组织活动项目。围绕加快推进美丽社区、美丽河北建设，全年推出 40 个亮点项目，涵盖社区建设、物业管理、社会组织和街域经济 4 个方面，展示了街道社区工作新成果。

（李　康）

宏业达商业广场台湾名品城

坐落于中山北路 50 号，产权及经营单位为天津宏业达物业管理有限公司，建筑面积 7.5 万平方米，商务面积 1.04 万平方米，空置面积 2500 平方米。主营珠宝翡翠、金银饰品、木雕工艺品、生活用品、家具、台产茶、酒、食品、饮品、营养品等台湾名优商品，形成以批发交易为主、零售为辅的销售格局。2013 年初入驻企业 76 家，注册资金 41964 万元，超（含）1000 万元企业有 12 家。其中入驻台商 22 家（17 户注册完毕）、代理商 6 家。1 月底完成全税 83.1 万元、留区税收 27.8 万元。

（李　康）

电动燃油三四轮车综合治理

2013 年下半年，河北区开展电动燃油三、四轮车综合治理工作。成立由交管河北支队为总牵头的 7 个治理工作组，负责对辖区电动燃油三、四轮车的政策宣传、源头治理、就业安置、信访维稳、路面治理等工作。工商河北分局作为源头治理组的牵头单位，积极组织区质监局、区残联和区综合执法局，对辖区内从事电动燃油三、四轮车销售、维修网点进行逐户排查，核实其经营销售和维修资格、营业执照，并摸清底数、登记造册。截至年底，摸排销售电动燃油三、四轮车经营户 10 个，维修户 22 个，取缔无照经营户 1 个。交管河北支队作为综合治理总牵头单位，充分发挥推动落实和协调作用，建立联动协作机制，协调清理车辆临时停靠地点。联合区综合执法局、公安河北分局对金狮桥下地铁站、张兴庄地铁站和第七十八中学门前等3个聚焦点的电动燃油三、四轮车违法摆卖、停车揽客问题进行联合清理，共清理违法摆卖25个，暂扣车辆22辆。通过晨检和夜检等集中统一行动，在天泰路、南口路、满江道、靖江路、金钟河大街、桥园路、建昌道、建国道、五经路等三、四轮车主要通道和聚集点设置治理点位，形成拉网式治理。截至年底，查处电动燃油三、四轮车违法上路373辆次，移送拆解电动燃油三、四轮车256辆，行政拘留55人，处罚62人次，在全市起到示范作用。

（朱英华）

艳泉里社区学校 王串场街艳泉里社区学校始建于2010年。社区学校成立由街道领导牵头，社区主任、社区志愿者参加的社区教育领导小组，完善街道一把手负总责、分管领导亲自抓、相关科室具体抓、社区居委会与社区志愿者密切配合具体实施的管理机制。设立校务委员会，下设组织管理组、学习教务组、学习指导组，各负其责开展工作。校务委员会每年召开工作会议。建立健全《社区学校教学管理制度》《社区学校教师管理制度》《社区学校学籍管理制度》《社区学校财产管理制度》等规章制度。社区学校设有多功能室、阅览室、健身室，多功能室，配备课桌椅、黑板、电脑、音响、空调、投影仪等设施。聘请专家学者担任教师，至2013年，配备一支300多人组成的专兼职教师队伍，开设剪纸艺术、传统教育、健身舞蹈、心理健康、民间艺术、科普航模、书法绘画、手工编织、太极健身、微机及创业培训等11门课程，有固定学员598名，社区教育参与率达到50%。截至2013年8月，社区学校累计组织书法、剪纸、民乐、声乐、京剧、评剧、乒乓球、棋牌等文化体育类活动2265次，参与居民7.17万人次；举办健康、科普、卫生知识讲座等培训类活动57次，参与居民2713人次；举行各类室外团队活动750次，参与居民2.52万人次。社区学校选送的发艺和布艺作品获得天津市首届社区教育成果展一等奖，其中发艺被香港凤凰卫视和天津电视台联合制作成专题片。针对街域内失业、下岗人员较多的情况，每年培训失业下岗人员不下1000人次，培训内容包括营养配餐、家政服务（月嫂培训、居家养老培训）、中医刮痧等课程。累计培训失业下岗人员67期3302人次。已与街域内22家大型国有企业、667家非公有制企业、27家事业单位、1所大专院校和21所中小学及幼儿园开展共建活动，建立社区教育实践基地。该社区学校成为推进河北区社区文化建设的重要载体。

（朱英华）

新开河街道

新开河街道位于河北区西北部，因邻新开河而得名。东南侧至志成道和榆关道；东北侧邻京山铁路线；西侧由新开河闸起向北沿子牙河、北运河至勤俭桥与红桥区为界；西北侧以普济河道与北辰区为界。2013年，街域面积4.52平方公里，辖15个社区居委会、1个居委会筹备组，常住居民41793户113653人。街道办事处位于席厂下坡14号。

界内有“白庙”“育婴堂”等历史古迹和隆顺榕制药厂、天津电子线缆公司等10余家大型企业。

2013年，引进内资2.4亿元、外资50万美元，协税护税1448.2万元，楼宇税收7485万元。引进科技型中小企业25家。

市容环境综合整治。对席厂下坡、偏关北路、北运河等重点地区集中清整，完成6个旧楼区改造。对2个小区实行物业管理。提前完成1089栋“小广告”三年治理目标。

加大社会保障力度。新增就业1363人，再就业培训530人。新增养老保险511人，续交保险693人。认定十类困难群体457人。新增低保户、特困户152户267人。有低保户1931户3629人。发放低保金和特困救助金1681万元。走访困难家庭5245户，为群众解决困难1310件。

2013年8月1日，团区委组织青年志愿者为新开河街道东海花园社区青少年表演魔术

（区新闻中心供稿）

开展“博爱一日捐”募捐活动，募款5.05万元。为7户困难家庭改善居室环境。

深化计划生育工作。新增计生特扶对象36人，孕前优生筛查108对夫妇。办理计划生育服务证575本、独生子女证500本、二胎初审28户。

加强综治信访工作。受理群众来信来访24件，市长、区长电子邮件5件，为民服务热线50件。解决华泰园污水外溢、水运名苑小区路灯照明、地铁施工扰民等20件涉及群众生活问题。

强化安全生产监管。与300多家单位签订安全生产责任书。开展安全消防知识进万家活动，举办14期安全知识讲座。检查848个单位，发现事故隐患21处，督促整改19处。

推动社区创建工作。对宝祥园、福嘉园社区办公条件提升改造。成立社区社会组织服务中心和13个工作站。全街道有社区社会组织54个761人。与川鲁饭店共建社区食堂，为28户独居老人送餐。

社区精神文明建设。筹建宝祥园书吧，通过市级验收。举办第二届趣味运动会及残疾人运动会。在“中国梦·我的梦”诗歌朗诵创作大赛活动中，1人获市级三等奖，1组获区级二等奖。在区社区书画艺术家评选活动中，上报书画20幅，1人获一等奖，并获“区社区群众艺术家”称号；4人获二等奖，5人获三等奖，街道获优秀组织奖。

推动群众组织建设。组建349家基层工会，签订工资集体协商协议275家，创建和谐企业8家。完成街妇联换届选举。成立预防青少年犯罪工作专项组，在各社区设立预防青少年犯罪专员，新增3个联系青少年事务工作站。

（张　旭）

铁东路街道

铁东路街道位于河北区北部。东南侧由南口路与志成道交口起，沿志成道至规划路与北辰区交界；东北侧沿规划路与北辰区接壤；西北侧沿宜白路、榆关道至南口路；西南侧为南口路，与新开河街道为邻。2013年，街域面积4.16平方公里，辖10个社区居委会，常住居民24859户79793人。街道办事处位于华宜里58号。

界内有天津机车轨道有限公司、天津职业大学、天津外国语大学附中、第一医院等。

2013年，引进内资2.56亿元、外资50万美元，协税护税630.7万元，楼宇税收1094万元。引进科技型中小企业27家。

市容环境综合整治。对宜爽道、宜廉路专项治理，拆除违章棚亭65个、违法建筑4处。完成繁华里等5处旧楼区改造。拆除民宜里违法建筑48处。

加大社会保障力度。新增就业1400人。审批灵活就业社保补贴400人。为575人提供创业培训。办理居民养老保险127人。办理职工参保479人。新增申领失业保险201人。新增低保户79户129人，特困户39户95人，有低保户1638户3015人，特困户259户534人。为22人办理大病救助9.46万元。为716个困难家庭筹集慰问金9.03万元，慰问品805件。办理临时救助1004人次，发放一次性救助31.49万元。为10户困难家庭购置家用电器，装修房屋、累计救助2.1万元。办理房补109户、廉租房补贴34户、经济租赁房补贴75户、廉租房实物配租8户。

深化计划生育工作。发放独生子女费7.92万元；审批二胎指标37个。实施“家佳推进计划”。

加强综治信访工作。受理来信来访237人次，网上回复81件次，处理上级部门转来信件19件次，回复率100%。扩充平安志愿者队伍，人数达1350人。创建平安社区9个、平安楼栋1037个、平安门店127个。开展法律大讲堂社区行活动，组织法律讲座3场、法律咨询2次，参与500余人次。

强化安全生产监管。创建30家区级安全生产“星级”企业，安全生产达标企业3家。开展消防安全自

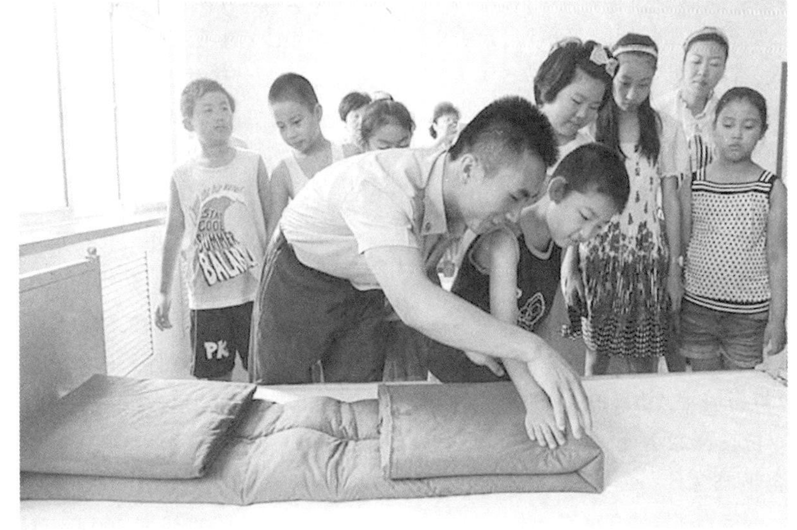

2013年7月29日，武警官兵教铁东路街道志成中里社区孩子们叠被子

（区新闻中心供稿）

查自纠活动,检查单位373家。

推动社区创建工作。完成志成中里社区办公用房整修。筹集20余万元建造爱贤里社区食堂,为30多户空巢老人送餐。组织社区居委会主任业务练兵,获全区"问不倒"竞赛季军。

推进群众组织建设。建立工会组织285个,签订工资协商协议285家,创建和谐企业5家。完成妇联组织换届。"半边天家园"举办法律、健康讲座和妇女劳动技能培训52次,受益2500多人次。

重视助残济困工作。完成第六次残疾人代表大会换届。为56名残疾人办理生活补贴。发放轮椅15部,为百名残疾人免费体检,135名残疾人享受居家托养服务,完成残疾人无障碍设施安装工作。

(李书敏 王 森)

光复道街道

2013年8月11日,副区长周承光(左一)为光复道街道社区社会组织服务中心揭牌

(光复道街道供稿)

光复道街道地处河北区最南端。东以京山铁路与河东区为界;西侧和南侧由狮子林桥至解放桥与南开区、和平区隔海河相望;北以狮子林大街与望海楼街道为界。2013年,街域面积1.95平方公里,辖7个社区居委会,常住居民26143户66489人,有7个少数民族227户591人。街道办事处位于胜利路娘娘庙前街25号。

驻区单位170余家,包括中远散货运输公司、审计署京津冀办事处、渤海商品交易所、市工商局、市国税局、市电力公司等。

2013年,引进内资2亿元、外资200万美元,协税护税660万元,楼宇税收5022万元。引进科技型中小企业25家。

市容环境综合整治。对33个自然小区进行清整,清理小广告1.2万条、涂鸦1200块,清运垃圾70余吨。对林古里、林容里、昌海里、致安里4个小区进行旧楼区改造。

加大社会保障力度。为243人举办创业、技能培训,就业安置850人。办理城镇居民医疗保险1430人。新增低保66户、特困27户、大病救助5户。停发低保69户。发放各种生活补贴1130.55万元。报销低保户医药费2.21万元,为276户低收入家庭办理租房补贴。向26名伤残军人补发抚恤金24万元,发放义务兵优待金11.3万元。为513名老年人发放副食补贴5万元。

深化计划生育工作。审批计生指标275人,其中政策内一胎238人、政策内二胎37人,计划生育率99.9%。发放独生子女证265个。为4000余名育龄妇女免费体检。

加强综治信访工作。接待来访56人次,处理来信6件、热线信访件4件。完成领导包案3件,配合有关部门解决信访事项3件。创建平安楼栋495个、平安社区7个、平安门店326个。

强化安全生产监管。与辖区单位签订安全生产责任书300份,组织检查2017次,督促整改安全隐患11处。

推动社区创建工作。建立街道、社区、志愿团队三级服务网络。打造"立体胡同便民服务圈",开展关爱帮扶、教育宣传、文明礼仪、环境保护、安全维护、健康医疗、社区文化7项志愿服务。组织16个物业公司和相关部门成立物业管理服务联合会,引导物业服务向非物业小区延伸。

开展群众文体工作。盛乐葫芦丝团多次参加市、区展示演出,劲松健身队获市广场舞大赛优秀表演奖。依托社区爱国主义教育基地开展青少年教育的探索与实验活动,获区社区教育实验项目优秀奖。

做好防震减灾工作。结合界内高层楼宇较多的特点,成立防震减灾领导小组,编制预案,组织演练,设置应急场所,建立志愿者应急救援队并开展培训。瑞海名苑社区获国家地震安全示范社区称号。

(王越颖)

江都路街道

江都路街道位于河北区东南部。东至泰兴路与河东区接壤,西到红星路与王串场街道相望,南至真理道与河东区分界，北到金钟河大街与建昌道街道相邻。2013年，街域面积1.95平方公里，辖7个社区居委会、40个自然小区，常住居民50438人，有汉、回、蒙古、壮、满等13个民族。街道办事处位于靖江路9号。

界内有铁路通信信号公司、河北省水电工程设计院、第三医院、公交一公司、城市职业学院、聋哑学校等单位200余个，商业网点100余个，社区服务单位15个。

2013年，引进内资1.01亿元、外资225万美元，协税护税788万元，楼宇税收1918万元。引进科技型中小企业25家。

开展市容环境综合整治。重点整治乱圈乱占、乱摆乱卖、乱建违章，16个旧楼区改造工程通过验收。加强灭鼠、灭蟑螂、灭蚊蝇投药工作，覆盖1224个楼栋。清除小广告万余张。推进市容环卫社区数字管理系统网格化管理。

加大社会保障力度。安置就业1215人。组织SYB创业培训245人、农民工培训321人。新批低保46户72人、特困50户108人。停发低保89户160人、特困59户113人。发放低收入租房补贴32户、经济租赁房补贴62户。核定公租房53户、限价商品房81户。发放低保租房补贴11户、实物配租8户，公有住房租金核减137户。

深化计划生育工作。新出生385人，其中政策内一胎367人、政策内二胎18人，计划生育率100%。开展"关爱流动人口，共建和谐新市民家庭"活动，实施"家佳推进计划"。开办孕检、节育避孕等专题讲座，普及生殖健康知识。

加强综治信访工作。受理群众来信来访102件次，办理上级部门交办案件12件，办结率100%。排查苗头隐患29起，化解率95%。开展法律咨询46次，受益1123人。总结推广如皋里"平安社区"创建经验，复核平安楼栋1215个，社区志愿者队伍扩充至960人。

强化安全生产监管。与260家单位签订安全生产责任书，开展安全生产检查，下达整改通知书4份，未发生人员和生产事故。

推动社区创建工作。社区服务中心于1月28日建成，接待居民5万余人次，提供办理事务、娱乐健身、学习交流、日常咨询等服务平台，接待台湾、新疆、西藏等代表团考察和新华社、天津日报等采访。如皋里社区接待公安部、国家地质局等调研组和重庆市、新疆和田地区等参观团。组织开展社区"群众艺术家"评选、"中国梦·我的梦"诗歌朗诵演讲大赛等群文活动。

提升统计工作水平。完成劳动力、居民出行等7项调查。第三次经济普查工作共登录单位689户，个体5229户。

街道供热站实施煤改燃工程，减少污染物排放，确保1.2万余户居民90万平方米按期供热。

（齐　莉）

月牙河街道

月牙河街道地处河北区东部，因界内有月牙河穿过而得名。东起排污河向北沿上江路至月牙河，与东丽区相邻；西从排污河转弯处向北沿排污河至金钟河大街与江都路街道相连；南由上江路起向西沿排污河至乌江路与河东区相望；北抵金钟河大街向东至电话赵沽里分局北侧与建昌道街道、东丽区接壤。2013年，街域面积1.77平方公里，辖13个社区居委会、40个自然小区。常住居民29988户84986人。街道办事处位于义江道36号。

界内有铁道部第三勘测设计分院、电话赵沽里分局等36个驻区单位，有中专1所、中学1所、小学3所、幼儿园3所、医院2所。

2013年，引进内资1.75亿元、外资50万美元，协税护税593万元，楼宇税收3709万元。引进科技型中小企业25家。

市容环境综合整治。发动群众700余人，出动机动车36台次，清理堆物堆料137处，清运垃圾渣土35

2013年8月29日，区委书记孙宝华（右二）察看月牙河街道综合服务中心建设情况

（月牙河街道供稿）

吨，拆除违章圈挡 122 处。对大江路、涪江道、南盘江道等占路市场清理,推行“以路代市”模式。对泉江里社区重点整治，清理生活建筑垃圾 28 车。

加大社会保障力度。新增就业 631 人。为 264 名十类就业困难人员办理特困认定。182 名失业人员实现灵活再就业。为 11 名“五七工”办理养老保险。为 25 名残疾人办理养老保险。为 69 名新生儿办理医保。向低保户 1068 户 1897 人、特困户 193 户 346 人发放暖气补贴 59.69 万元。为 367 名困难群众发放救济金 31.05 万元,发放元旦、春节过节款 82.53 万元。为 2295 户发放中央慰问金 183.60 万元。开展“红十字博爱送万家”扶贫助困活动,为困难家庭募集近 3 万元，对 3 户困难残疾人家庭进行救助。为 16 名低保残疾人办理救助金。为 15 名重残人发放轮椅。为 33 户患大病困难家庭发放大额医疗救助金 16 万元。为 40人进行丧失劳动能力鉴定。为 99 户 175 人新增低保、特困家庭办理医疗保险。

深化计划生育工作。办理一胎登记 545 人，上报再生育审批 27 例。办理独生子女证 409 件。为 119 名育龄妇女组织体检，计划生育率 100%。

加强综治信访工作。受理群众来信 4 件,来访 14 件,接待咨询 40 余人次。办理区政府热线反映问题 40余件,按期回复率 100%。组建街道、社区、楼栋门信息联络员三级网格化管理队伍。组建 78 人的志愿巡视队伍,设立 24 个执勤点、5 个重点点位,开展“护校安园”活动。利用平安报、平安俱乐部、平安微博、QQ 群等进行综治宣传。

强化安全生产监管。与各单位签订安全生产承诺书 500 余份。开展“餐饮场所燃气整治”“安全生产大检查”等专项行动。倡导广大居民文明祭扫,减少明火烧纸现象。

推动社区创建工作。通过微博、QQ 群等平台组织扩大社区志愿者队伍。

(代佳丽)

鸿顺里街道

鸿顺里街道位于河北区西南部,因界内有 1959 年时任国家主席刘少奇视察的鸿顺里人民公社而闻名。东南侧以中山路与望海楼街道为界，东北侧隔京山铁路与宁园街道相望，西南侧由金钢桥起向北沿海河至新开河闸与红桥区为邻;东北侧以新开河为界与新开河街道、铁东路街道相邻。2013 年,街域面积 2.58 平方公里，辖 11 个社区居委会,常住居民 27309 户 85612 人。街道办事处位于宇纬路 13 号。

界内有区法院、区检察院、区总工会、铁三院、大悲院、天津美术学院、二五四医院、假日酒店等。

2013 年，引进内资 1.87 亿元、外资 50 万美元，协税护税 615 万元,楼宇税收 547.8 万元。引进科技型中小企业 25 家。

市容环境综合整治。对月云公寓等小区进行清整，清理堆物堆料 1412 处、卫生死角 281 处、涂鸦小广告 2654 处,清运垃圾 486 吨。对 14 个小区实施旧楼区改造。出台《加强社区物业管理工作实施方案》,78 个小区实现基础物业管理全覆盖。

加大社会保障力度。安置 2218 人再就业,对 599 人进行就业、创业培训。实施保险扩面 222 人。为 1509 户 2469 人发放低保金 1379.47 万元,对 30 人实施大病救助。发放经济租赁房租房补贴 113 户，廉租房租房补贴 56 户,核查限价商品房收入 187 户。为 140 人办理残疾证,修建无障碍设施 2 户。

深化计划生育工作。为 1334 人发放独生子女费 3.94 万元。审批二胎 43 例,实施计生手术 18 例。新生婴儿 453 人,计划生育率 100%。为 1704 名育龄妇女查体。开展“健康大讲堂”活动,受益千余人。

加强综治信访工作。接待来访 130 余人次,办结率 95%。办理群众来信 3 封、市长电子邮件 6 件。开展平安社区、平安单位、平安校园创建

2013 年 12 月 31 日，鸿顺里街道律纬路社区居民与辖区共建单位一起庆祝春节

(鸿顺里街道供稿)

活动。加强反邪教宣传和对法轮功重点人员教育。开通街道法制宣教微博。

强化安全生产监管。对181家餐饮业使用燃气情况拉网式检查，检查住宅电梯137部，督促142件隐患进行整改，实现全年无事故。

推动社区创建工作。为26名居家老人提供送餐服务。11个社区开展民族和谐家园创建活动。开展"博爱一日捐"活动，募捐15.87万元。对5个社区31件体育器械进行维护。开展红十字救护、科技周、食品安全宣传等活动。

社区精神文明建设。开展"中国梦"系列活动，召开先进事迹报告会13次。推荐刘浩文、刘春惠当选天津市第三届道德模范。组建108人社区文明督导队。组织第二届社区"达人秀"擂台赛文化活动和书画展。利用宝兴里社区数字化教室，开展60余次教育活动。

新建工会148家，为359家企业完成工会经费税务代收162万元，签订工资集体协商协议145家。为16户困难单亲母亲发放救助款6400元。

政协鸿顺里街道工委于2013年4月成立。

（赵春胜）

望海楼街道

望海楼街道位于海河东岸，因界内有望海楼天主教堂而得名。街域自东由金钟河大街地道起，向北沿京山铁路至北站，与宁园街道为界；南由狮子林桥起，沿狮子林大街至金钟河大街地道，与光复道街道相邻；西由狮子林桥起，沿海河东岸至金钢桥，与红桥区相望；北从金钢桥起，沿中山路至北站，与鸿顺里街道相邻。2013年，街域面积2.25平方公里，辖11个社区居委会，常住人口81754人。街道办事处位于新大路62号。

2013年8月15日，望海楼街道组织社区孩子们参观剪纸作品

（望海楼街道供稿）

该街是区委、区政府机关所在地，界内有区建委、区新闻中心，中山公园等。

2013年，引进内资3.11亿元、外资76万美元，协税护税597万元，楼宇税收1153万元。引进科技型中小企业26家。

市容环境综合整治。对翔纬路等3条道路、望海北里等9个小区集中清整，清运堆物堆料31.5吨、垃圾渣土115吨，更换垃圾桶40个。出动车辆153台次，人员300人次，清整堆物堆料110余处、小广告2.1万余平方米。

加大社会保障力度。新增低保45户64人、特困26户166人。停发低保80户、特困25户58人。为117户低收入和特困家庭办理限价房和租房补贴。元旦、春节期间为1129户困难群众送去慰问品、慰问金共24.24万元。为29名困难群众解决医疗救助金16.73万元。为592名困难残疾人发放救助金8.93万元。在金狮家园新建无障碍设施150延米。为9名视力残疾人发放助视器，为15名重残人员发放轮椅。组织467人次参加创业培训。办理居民医保2766人，发放社保卡4335张。新增居民养老保险16人、老年人生活补贴8人。办理职工养老保险515人，"五七工"养老保险49人。失业人员登记252人。为306名失业人员办理失业救济金。认定困难家庭未就业601人，其中零就业家庭287人。办理灵活就业434人。

深化计划生育工作。通过人口学校、社区学校开展培训，普及避孕节育知识。免费发放避孕药具，为育龄妇女提供计划生育项目一站式服务，全年新出生564人，计划生育率99.16%。

加强综治信访工作。接待个人访300余人次、集体访6批50余人次，化解矛盾60件，办理信件11件。做好金庭里等3个小区物业公司撤出后垃圾清运和稳控工作。

强化安全生产监管。检查各类企业和点位198家（处），监督整改安全隐患8处。

推动社区创建工作。在11个社区开展"做群众满意的社区工作者""居民信息问不倒大赛""我当一周带班大主任"等活动。举办社区青年工作者征文演讲展示会。改建乾华园居委会，配齐设施，提升服务功能。对金田花园居委会办公房屋进行置换。

（曹润柱）

宁园街道

宁园街道位于河北区中部，因界内有著名公园宁园而得名。东北侧有育红路与建昌道街道交界；西侧傍京山铁路线，与望海楼、鸿顺里两个街道为邻；东南侧至金钟河大街，与王串场街道接壤；西北侧隔新开河与铁东路街道相望。2013年，街域面积2.36平方公里，辖6个居委会，居民12922户32619人，有回、蒙古、满等8个少数民族。街道办事处位于中纺前街32号。

界内有产业园区2个，大型宾馆5个，以及乐购超市、正达宾馆、第十四中学等。

2013年，引进内资1.08亿元、外资50万美元，协税护税593万元，楼宇税收1258.9万元。引进科技型中小企业25家。

市容环境综合整治。完成芳园里、润园里、汇园里、兴源公寓、赛园里、竞园里6个旧楼区改造，设立24小时门岗和保洁人员，物业管理走向规范化。解决润园里、道同里路面破损，珍园里围墙塌陷，秋园里下水管道跑冒，舒园里井盖丢失等问题。建立华新街临时市场，满足摊贩经营和居民购物需求。

加大社会保障力度。认定困难群体231人，创业培训108人，新增就业906人、灵活就业99人。新增领取失业保险金130人。办理集体企业职工参加城镇职工养老保险18人，居民养老保险11人，居民医保1577人，老年人补助3776人，社保卡2111张。发放救助金600.79万元、大病救助金17.84万元、临时救助金33.74万元。为681户低保特困户发放一次性补助130.15万元，为60户低保边缘户发放3万余元慰问品，为24户困难家庭发放市、区慈善救助款和慰问品总价值1.44万元。办理廉租房补贴21户，经济租赁房补贴29户，实物配租1户，限价房37户，公租房补贴22户。

深化计划生育工作。常住育龄妇女5938人，流动人口育龄妇女363人，新出生292人，计划生育率100%。

2013年7月22日，区委副书记、区长苑广睿（左一）深入宁园街道，考察旧楼区提升改造后的赛园里社区

（区新闻中心供稿）

加强综治信访工作。接待群众上访329件500余人次，同比下降6%，及时化解319件，化解率97%。召开群众座谈会，收集群众反映热点问题26个，解决21个。

强化安全生产监管。对530多个单位进行拉网式大检查，发现隐患128个，整改125个，全年未发生安全事故。

推动社区创建工作。对润园里社区办公服务设施进行改造，由50平方米增至500平方米。爱家社区被评为市级科普社区。

（王　军）

王串场街道

王串场街道位于河北区东南隅。东起红星路，西南抵京山铁路线；南至真理道，西北邻金钟河大街；西、南两侧与河东区相望。2013年，街域面积2.14平方公里，辖14个社区居委会，55个自然小区，常住人口31000户112000人。街道办事处位于一号路清水园小区。

界内有天津中医药大学二附院、河北职大、区疾病预防与控制中心、公安河北分局等单位。

2013年，引进内资2.23亿元、外资50万美元，协税护税762万元，楼宇税收3851万元。引进科技型中小企业28家。

市容环境综合整治。完成15个小区旧楼区改造工程。出动1650余人次，清整乱圈乱占425处，清理堆物堆料896处1320吨，更换破损垃圾桶276个，清除残标、涂鸦10万余处，拆除违法建筑9间。

加大社会保障力度。新增就业2600人。收缴居民养老保险569人379.34万元，居民医疗保险341人68.17万元。办理灵活就业保险补贴手续542人。组织800人参加创业

2013年9月1日，剪纸艺术家走进王串场街道溪波里社区

（王串场街道供稿）

培训。962人参加农民工技术培训。办理社会保障卡3534张，有低保户2023户3751人，发放低保金1938.9万元。有特困户565户1089人，发放特困救助金105.3万元。新增低保157户287人，停发189户356人。新增特困82户183人，停发100户181人。临时救助2000余人次，发放救助金79.6万元。发放“四助”资金16.3万元，救助158人次。大病救助4人，救助金12.8万元。报销低保户医药费3万元。

深化计划生育工作。新出生743人，其中常住人口一胎678人、二胎42人，流动人口一胎20人，二胎3人，计划生育率99.8%。开设QQ服务热线，在线解答问题。在区计生委统计知识大赛中获一等奖，在市计生委2013年度人口信息化岗位比赛中获三等奖。

加强综治信访工作。受理群众来信79件，同比增长75.6%。接待来访204人次，同比下降46.3%。与驻街单位、14个社区签订《综治领导责任书》79份。化解矛盾纠纷50起。发展平安天津志愿者350人。

强化安全生产监管。与53家企业签订安全生产责任书，对500余个单位进行安全生产检查，下达整改通知书5份，未发生安全事故。

提高居民文化素养。在社区学校开设民乐、声乐、剪纸、京剧、评剧、书法、乒乓球等培训班，1.2万人参加。在2013年市社区教育项目评选中，《社区学校管理体制与管理机制的探索》获三等奖。

推动群众组织建设。新建基层工会组织53家，建会率100%。签订工资集体协商协议406家。街道总工会被评为“全国模范职工之家”。

（闫长海）

建昌道街道

建昌道街道位于河北区东北部。东南侧以金钟河大街为界，与东丽区和月牙河街道相望；东北侧以外环线为界，与东丽区金钟街道毗邻；西南一侧以育红路为界，与宁园街道接壤；西北一侧以新开河为界，与铁东路街道及北辰区相邻。2013年，街域面积5.05平方公里，辖15个社区居委会。常住人口84467人。街道办事处位于小红星路52号。

界内有市戒毒所、区工商局、金三角酒店、天磁公司等企事业单位726家；有幼儿园3所、小学2所、中学2所、职专2所、大学1所、医院2家、菜市场4个。

2013年，引进内资1.04亿元、外资50万美元，协税护税600万元，楼宇税收500万元。引进科技型中小企业26家。

市容环境综合整治。对40个自然小区非法小广告、堆物堆料、违章圈占等集中清理。对8个自然小区的环境道路、路灯管网等提升改造，解决三和小区路灯不亮、原冰里小区雨后积水等问题。新建3200平方米的小红星路菜市场，解决周边占道、堵路、脏乱问题。

加大社会保障力度。新增就业2200人，办理养老保险1013人、医疗保险993人、失业保险991人、工伤保险464人。完成2.06万户人力资源信息调查。新增低保117户、特困48户，停发低保93户、特困44户，上调低保545户，下调243户。街道劳动保障服务中心获市人力社保系统优质服务窗口称号。探索劳动争议案件在街道完成调处新模式，全年接待劳动争议咨询、调解45起。

深化计划生育工作。为35岁以上高危孕妇建立档案，实现社区计生账、卡、册、微机数据“四个一致”。完成265个奖励扶助对象年审、30个新增特别奖励扶助对象审批、66名流动人口免费孕情检查。全年审批二胎43例。

加强综治信访工作。排查化解矛盾纠纷10件，受理区转来信件28件。采取领导包案、“街居组”联动、全程跟访等措施，有效化解地铁施工、道路整修及旧楼改造中施工单位扰民问题。

强化安全生产监管。联合消防、公安部门开展安全生产、彩钢房安全、“六小”单位、春节烟花爆竹摊位安全隐患排查活动。组织消防安全培训和演练。

推动社区创建工作。建成三和社区书吧，组建书画社、京剧团、舞蹈队等文体组织39个，计1678人。

组织开展“感动你我他”文艺演出、趣味运动会、健身舞与太极拳表演等活动。举办书画展、摄影展、文艺演出等30余场。创建中山里、建湖里、福桥里3个暖心工程社区服务站，启动建湖里社区配餐中心、福桥里老年人日间照料中心。新建春和景明、富水一方2个居委会，提升改造中山里、建湖里2个居委会，改善泗阳里、育红里等11个劳动保障工作站环境。社区居委会办公用房面积达5158平方米，平均每个居委会343平方米，列全区第一。成立全市首个街级社会救助服务中心，将低保、特困、临时救济等业务集中办理，“一站式”服务。该街道被评为全国社区服务先进街道，正申报国家级和谐街道。康桥里社区被评为市十佳文明社区；康桥里社区、三和社区正申报国家级和谐社区。

（徐　敬）

河　东　区

概　述

河东区是天津市中心城区，境域地理坐标为北纬39°04′7″~39°09′7″，东经117°11′7″~117°18′1″，是中心城区连接滨海新区的起始点，毗邻空港、海港，天津站交通枢纽坐落区内。隔海河与和平区、河西区相邻，向东与东丽区为伴，西、北与河北区相交。沿海河经济带8.28公里，天津中央商务区坐落其间。2013年，区域面积39.63平方公里(不包括天津天铁冶金集团有限公司街道)，辖大王庄、上杭路、东新、富民路、鲁山道、大直沽、常州道、中山门、向阳楼、春华、唐家口、二号桥、天津天铁冶金集团有限公司13个街道办事处。有社区居委会149个、居委会筹委会(筹备组、家委会)13个。户籍人口714949人（不包括天铁集团街道)。人口中汉族为主体，另有回、满等39个少数民族。

2013年，河东区全面贯彻党的十八大、十八届二中、三中全会和习近平总书记重要讲话精神，按照中央、市委、区委决策部署，开拓创新，真抓实干，完成全年目标任务，各项工作取得显著成绩。

调整产业结构，总体经济运行稳中有进。区属生产总值实现200亿元，比上年增长16%；区级财政收入38.2亿元，增长18.3%；固定资产投资111亿元，增长11%。新增注册企业866家，引进注册资金亿元以上企业16家、“500强”及优势企业18家。实际利用内资到位额203.8亿元、外资额1.2亿美元，分别增长16.4%和14.6%。社会消费品零售总额实现218亿元，增长12%。万元地区生产总值能耗下降4.1%。完成“十二五”规划中期评估工作，开展“促发展、惠民生、上水平”活动，推动区域经济社会平稳较快发展。

推动重点项目建设，提升发展质量。推动中信城市广场、棉三创意产业综合体、恒盛商业广场、军凯广场、富都营门口地块、荣宝华润地块、东亚新华李公楼地块等项目开工；推动天津万达中心、嘉里中心、渤海银行总部、中粮大道、红星国际广场百货MALL、缤纷盛世购物广场等项目加快建设进度；推动帝旺凯悦酒店、振业城中央、金地广场商业项目、雍华府商业项目等竣工运营。经贸洽谈招商系列活动签约29个项目，签约总额248亿元。

推进土地资源整合，释放发展

2013年4月初，天津万达中心项目封顶

（摄影：刘泽瑞）

潜能。推动土地整理净地结片和资源整合工作,全年整理土地123.2公顷,抓好土地出让招商工作。壁板厂、轧钢五厂、奥的斯、棉三、娄庄子5个地块实现出让,出让面积55.6公顷。刘台地块、万辛庄二期地块净地结片。中储、建材仓库等地块推进控规调整等工作。

加快楼宇经济发展,增强聚集效应。落实《河东区楼宇经济园区认定及管理办法》及相应奖励政策,全年发放重点楼宇专项资金9200万元,带动楼宇投入自有资金开展提升改造、招商引资等活动。完善楼宇经济服务体系,启动河东区楼宇金融服务平台,法律、金融、行政、科技4个服务平台健康运转。完成11座亿元楼宇培育任务,全区40座商务楼宇实现三级税收26.8亿元,比上年增长39.36%。

优化金融产业结构,稳步转换发展重心。金融业持续健康发展,百汇小贷开业运营,旭日阔展小贷获批筹建,亚联财小贷开设河东分公司。渤海商品交易所在区内设立全国第一家"直营部"。10亿元津镕产业结构调整基金实质性运作,1亿元光大金控投资中心和5亿元海航集团租赁产业基金获批筹建。新金融业态——汇通融资租赁公司获批设立,注册资金1.18亿元;培育瑞灵石油、尚食电子商务上市,实现"新三板"上市零的突破。安泰保险代理公司设立河东分公司。广发银行、滨海农商行开设河东支行,与浦发银行、工商银行、人保财险开展战略合作,在税收和贷款方面获得支持。

推进科技企业发展,产业转型成效显著。全年新发展科技型中小企业413家,完成计划的207%;新发展小巨人企业5家;5家企业通过国家级高新技术企业认定。帅领科技园完成亿元税收目标。先之轻工科技园改扩建工程竣工,东宁产业园项目建设稳步推进。科技创新水平持续提高,41个项目获得无偿资助和贴息1100余万元,6人入选"天津市新型企业家培养工程";河东区通过科技进步考核和全国科普示范城区中期考核验收,全区专利申请和授权量保持全市先进水平。

2013年11月28日,天津远洋未来广场试营业

(摄影:刘泽瑞)

加强商业载体建设,繁荣商务商贸。天津万达文华酒店投入运营。远洋未来广场、河东金街、一商茶叶城河东新店建成开业;东海商厦优化招商方案,考察筛选引进优质企业。举办河东区餐饮企业发展论坛、端午商贸文化节、啤酒节等商务商贸活动,提升商贸服务业知名度和社会影响力。新建鼎信菜市场开业运营,改造提升阳安里和汇贤里菜市场,在市内六区中率先完成任务。

加强城市建设管理,提升生态宜居水平。以"美丽河东·一号工程"为牵引,加大"三清一绿"治理力度。

强化基础设施建设,完善综合保障能力。完成倚虹中里等16个小区148.9万平方米供热计量及节能改造任务,全年新增供热面积65.15万平方米。全年节水40万吨。新建住宅小区甬路33272平方米。真理道、十一经路雨水泵站竣工投入使用。十经路、九经路断面改造实现通车。新建公建、配套和文化设施39处。

强化综合整治成果,改善市容环境面貌。整治提升顺达路等6条道路,完成建筑整修28.7万平方米。城际铁路沿线河东段建筑整修94栋、31.1万平方米。新建提升绿地5293平方米,更换卫国道和昆仑北路行道树木760株。建设4.2万平方米河东文化公园惠民项目,受益群众20万人。开展环境卫生清整、非法小广告和脏污废旧机动车专项治理工作。强化街容立面和夜景灯光管理。加快环卫设施建设步伐,提升环境卫生整体作业质量,全区主要道路全部实施机械化扫保。

强化生态城区建设,净化美化城区环境。做好主要污染物减排工作,天津第一机床总厂、来安里供热站、汇贤里供热站改燃并网结转项目分别削减二氧化硫75.88吨、氮氧化物84.625吨。落实供热锅炉改燃项目,削减煤炭消费0.4万吨。加大绿色社区、绿色学校和生态宜居小区创建力度,市级"绿色社区"达到11个。严把项目审批关,严防"两高一低"项目上马,从源头上构筑防止污染屏障。

强化旧楼提升改造,改善城区人居环境。全年完成401万平方米旧楼区提升改造任务,涉及工业大学、汇贤里、福东里等80个小区,近5.3万户居民受益。开展居民小区环境综合整治活动,拆除居民区新建违法建设296处7733平方米。对全区未启动危陋房片进行调查、补证和分析测算,并与市相关部门沟通,初步形成工作思路。

强化城区常态管理，强化科学管理水平。加大对重点地区、各级道路、居民社区和城乡结合部的环境治理和考核力度。制定并实施《河东区关于实施网格化城市管理的实施方案》和《河东区城市管理考核办法》。完善区级数字化中心、执法和环卫二级平台建设，实现市容环境视频监控资源共享。提升天津站地区管理水平，保持站区安全稳定、秩序井然。

改善民计民生，推进社会管理创新。稳步提升社会保障水平。全年实现新增就业4万人，登记失业率控制在3.6%以内。开展社会保障扩面工作。落实增收政策，最低工资标准由1310元调整为1500元。完成低保调标工作，支出低保资金2.1亿元。慰问救助困难群众、困难职工7126户，救助金额746万元。将临时救助纳入日常工作，为困难群众发放361万元临时救助金。为全区302户低保户免费安装暖气。新建社区食堂2个，完成2座社区居家养老服务中心建设。完成"全国阳光家园示范区"和"全国残疾人文化体育建设示范区"创建工作。

发展教卫文体事业。提升教育教学质量，深化素质教育改革。河东区通过教育部义务教育均衡发展达标验收，完成义务教育现代化建设年度任务。推进特色高中实验项目，高中现代化达标建设取得阶段性成果。接收红星国际等3所配套幼儿园，满足学前教育需求。强化疾病预防和控制及医疗质量管理，完善社区卫生服务管理机制，12个社区卫生服务中心共组建100个家庭责任医生团队，服务受益超过2万人，东新街道社区卫生服务中心被授予"全国示范社区卫生服务中心"称号。举办天津市第七届暨河东区第九届家庭文化艺术节，协办天津市首届欢乐家庭冰雪文化旅游节；开展"文化社区、文化楼门"试点活动，创建文化楼门40个，建设"城市书吧"11所。举办河东区第七届全民健身运动会，组队参加天津市第四届"体彩杯"全民健身运动会。承办第六届东亚运动会体育舞蹈比赛。区体育局、区青少年业余体校、河东体育健身园被国家体育总局授予2009~2012年度全国群众体育先进单位称号。

提高社区管理水平。创新社会治理，推广完善"居民自治、群众诉求、矛盾调解、邻里互助"四个机制建设，开展区级机关服务群众联系社区工作，开展美丽社区、和谐社区示范单位创建活动。完善社区工作人员任用选拔机制和职业化管理。推进社区物业管理纳入社会管理，完成物业管理覆盖227个小区。社区居委会和社区信息化建设实现全覆盖，社区居委会办公经费和社区工作人员待遇得到提高，全年完成12个社区居委会办公服务用房达标工作。

推进安全稳定工作。完善信访代理制，拓宽信访渠道，信访稳定工作和群众工作紧密结合，矛盾纠纷排查调处、领导干部接访下访得到落实，化解一批信访疑难问题。维护群众合法权益、及时反映社情民意、促进社会稳定。社会综合治理成效明显，社会治安状况保持全市较好地区之一。加强质量技术监督、食品药品监管和市场物价管理。开展"安全生产年"等活动，组织安全生产大检查和消防、交通安全专项行动，全区安全生产形势保持平稳态势，河东区荣获2013年安全生产月全国先进单位称号。

各项社会事业发展迅速。开展"中国梦"学习宣传活动，组织第二届"河东区五好楷模"评选活动，开拓志愿服务活动，提升市民文明素质。人民防空、防震减灾和国防后备力量建设加强。完成新一轮双拥模范城中期考评工作。第三次经济普查工作扎实开展。人口计生、妇女儿童、民族宗教、对台、侨务外事和档案、保密等工作取得新成绩。

（区政府办）

河东区区级领导名单

中共河东区委领导名单

书　记：王福山

副书记：刘道刚　杨文璁

常　委：王福山　刘道刚　杨文璁　刘　祺　毕宝泉　靳　昕（女）　姜德志　刘春波　李建军（任职至12月）　李明海（12月始任）　解　葆　张运频

河东区人大常委会领导名单

主　任：孙宏光

副主任：刘建国　王毅斋　韩馥香(女)　孙基刚　马连庆(回族)

河东区政府领导名单

区　长：刘道刚

常务副区长：刘　祺

副区长：毕宝泉　刘程彦　李连仲　赵　霞(女)　张庆岩

区长助理(副区长级)：卢卫东

政协河东区委员会领导名单

主　席：温继平

副主席：吴秀宏(女)　邓福来　张春跃　王占勤(女)　黄　伟　逯　鹰　王晓红(女)　王玉颖(女)

(区委组织部提供)

河东区委十届六次全会　2013年12月31日，中共天津市河东区委十届六次全体会议召开。全会贯彻落实中共十八届三中全会、中央经济工作会议和天津市委十届四次全会精神，审议通过《中共天津市河东区委2014年工作意见》《中国共产党天津市河东区第十届委员会第六次全体会议决议》。区委书记王福山，区委副书记、区长刘道刚，区人大常委会主任孙宏光，区政协主席温继平，区委副书记杨文璁出席会议。会议提出，要全面贯彻党的十八大、十八届二中、三中全会和习近平总书记重要讲话精神，落实市委十届二次、三次全会和区委十届五次全会决策部署，立足河东发展、百姓利益，坚持稳中求进、稳中求优，全面深化改革，开拓创新，真抓实干，使全区经济、政治、文化、社会、生态文明建设和党的建设取得新进展新成效。会议提出2014年全区经济社会发展主要预期目标，明确围绕改革发展推进重点领域改革创新，推进经济转型升级和土地整理出让，推进大项目小巨人楼宇经济，推进现代服务业和开放型经济发展，推进美丽河东建设，推进保障改善民生和创新社会治理工作。会议强调，要加强党的领导和党的建设，扎实开展群众路线教育实践活动，巩固、扩大作风建设成果，加强反腐倡廉建设，深化党的建设制度改革创新，形成齐心协力推进改革发展的强大合力。

(王存召　王　印)

2013年12月31日，中共天津市河东区委十届六次全体会议召开

(摄影：刘泽瑞)

贯彻落实中央八项规定　2013年12月24日，河东区召开落实中央“八项规定”精神专题谈话会，学习领会中央“八项规定”精神，结合区域实际抓好贯彻落实。区委书记王福山出席会议并讲话。区委常委、区纪检委书记刘春波通报年内全国各地和河东区党风政风建设基本情况。王福山要求：全区党员领导干部要牢固树立政治意识、大局意识和责任意识，解决“四风”方面存在的突出问题；各级党组织要履行党风廉政建设责任制，加强对党员干部的严格要求、严格教育、严格管理、严格监督；各级纪检监察组织要健全监管体系、明确监管职责、加大监管力度；党员干部要严格按照法律法规和规章制度办事，对党的事业负责、对个人成长进步负责、对家庭幸福负责。王福山指出，自2014年年初开始，全区开展第二批党的群众路线教育实践活动，要按照“照镜子、正衣冠、洗洗澡、治治病”的总要求，贯彻整风精神，紧扣作风建设，聚焦“四风”问题，即查即改、即知即改、善做善成，确保取得实效。

(王存召　王　印)

区楼宇经济管理办公室成立

为了适应区域经济发展需要、强化

对楼宇经济发展的集中统一领导、促进河东区楼宇经济更好更快发展，2013年8月，经区委、区政府研究，同意成立天津市河东区楼宇经济管理办公室。办公室为区政府派出机构，规格为正处级。区楼宇经济管理办公室成立后，主要负责研究拟定河东区楼宇经济发展规划、年度计划及相关政策并组织实施；负责整合区域楼宇资源，为招商引资提供载体，协助做好楼宇招商工作；为楼宇企业提供指导、协调和综合服务等工作。

（姚　君）

万达文华酒店投入运营　2013年9月25日，作为天津万达中心项目重要组成部分的万达文华酒店投入运营。酒店毗邻海河，位于大直沽地区原棉纺一厂，建筑面积4.8万平方米，共22层，高98米，2011年8月底开工，由万达集团投资兴建，是河东区首个超五星级酒店。酒店拥有297间客房、8个多功能厅、面积1400平方米的无柱大宴会厅，配备顶级会议活动设施和专业会议管家服务，建有品珍中餐厅和美食汇全日国际餐厅，可举办国际国内大型商务活动，带动天津市及河东区现代服务业高水平发展。

（魏永萍）

为个体民营企业搭建融资服务平台　2013年，河东区注重解决个体民营企业融资难问题。采取实地走访、电话联系、发放融资需求表等形式，了解企业在生产经营活动中资金短缺的状况。召开融资推介会，宣讲贷款政策，与工商银行、邮政储蓄银行、建设银行、中国银行、招商银行等金融机构联系，搭建金融机构与企业间的桥梁，建立沟通机制。年内，电话询问2520余家企业的融资需求，走访60余家有贷款需求的企业，召开1次大型融资推介会，为个体民营企业解决融资贷款7447万元，促进企业健康发展。

（田津洲）

开办道德讲堂　2013年，河东区开办“道德讲堂”，寻找道德模范，通过“身边人讲身边事、身边人讲自己事、身边事教身边人”，传播中华民族传统美德，提升群众思想道德修养和文明素质。8月28日，“道德讲堂”总堂启动揭牌并举办首场观摩活动。市文明办副主任唐海波，区委常委、区委宣传部部长、区文明委副主任姜德志，区人大常委会副主任、区文明委副主任王毅斋，区政协副主席、区文明委副主任张春跃出席活动，部分单位分管宣传工作的干部、部分社区教育辅导员代表和社区居民代表近100人参加。第三十二中学教师刘宏丽以“孝道”为主题，主持第一讲课程。讲堂分为自我反省、唱歌曲、诵经典、学模范、作承诺、送祝福6个环节。与会人员通过观看幻灯片《妈妈的等待》，欣赏富民路街道军旅社区老年合唱队演唱的歌曲《孝亲敬老歌》并与主持人共同诵读“促和谐三字经”，聆听中山门环卫队扫道工人李德丽和常州道街道常州里第二社区居民李秀英的孝亲敬老故事，接受道德教育。

（石晓钰）

河东区首家DNA公司落户帅领科技园　2013年，河东区借助首都资源开展引资引智活动，注重对接产品科技含量高、市场前景广阔、拥有自主知识产权的优质科技型企业，引进主要从事生物技术开发、咨询、转让服务的北京中正锐杰基因科技有限公司。引进过程中，区科委主要负责人牵头，安排专人做好公司落户的前置工作，倒排时间表，为企业提供便利条件；通过电话和发送邮件的方式与企业沟通联系，帮助解决企业名称核准、工商验资、联审材料递交等问题。10月15日，中正锐杰有限公司正式落户帅领科技园，成为河东区首家从事DNA技术的科技公司，填补域内新兴生物基因开发市场空白。年内，公司陆续开展基因技术检测服务等业务，并将研发团队、运营机构向河东区迁移。

（刘春立）

为视力残疾人解决上网难问题　2013年，河东区注重优化残疾人文化生活环境，为全区残疾人提供便利的文化服务。区残联与区图书馆联手合作，共同投资为图书馆盲人有声读物阅览室配备6台安装读屏软件的电脑，并于10月15日第三十个国际盲人日正式开放，为视力残疾人解决上网学习娱乐的难题，使其享受到正常的网络生活。开放日当天，邀请20余名视障人士到新改造提升的有声读物阅览室参加体验活动，视力残疾人可依靠阳光语音读屏软件，根据声音提示进行操作，收听网上信息。区图书馆在配备安装读屏软件电脑的基础上加强相应配套建设，购进教育、医学等方面的盲文图书300余册、光盘读物1000余种，并为有声读物阅览室、卫生间、电梯口修建盲道，方便视力残疾人进馆阅读。

（区图书馆）

为失独家庭开辟法律援助绿色通道　2013年，河东区延伸服务触角，帮扶困难群体，探索对计划生育“特扶”家庭实施司法救助的新途径，拓宽法律服务领域和法律援助覆盖面，为失独家庭开辟法律援助绿色通道，解决失独家庭生活难题，帮助摆脱心理阴影。区司法局改进服务方式，提高服务水平，在国家法律和政策规定的范围内提高司法行政工作的效率和质量，要求公证人员在办理业务时不急不躁，为失独家庭提供优质、高效、便捷的法律服务和法律保障。失独家庭成员请求发放抚恤金、救济金，请求给付赡养费、抚养费、扶养费时，没有委托代理人的，可以通过电话向区法律援助机构申请法律援助，区法律援助机构为其提供上门服务，维护合法权益。

（石　新）

制定《河东区清新空气行动方案》并推动实施　2013 年，河东区将清新空气行动作为“美丽河东·一号工程”的重要内容，提出“到 2017 年，环境空气质量明显改善，全区重污染天气大幅减少，优良天数逐年提高，细颗粒物 PM2.5 年均浓度比 2012 年下降 25%以上”的奋斗目标。制定《河东区清新空气行动方案》（以下简称《方案》）、《河东区重污染天气应急保障方案》，确定“明确职责、全区联动、取得实效、完成目标”的主要任务，制定包括控车、控尘、控煤、控污、控新增污染项目 5 个方面在内的 7 条 20 项措施。区环保局推动《方案》实施，以香山道和大直沽 2 个国控监测点为中心，对半径 1.5 公里和 3 公里范围内的各污染源点进行拉网式排查，对排查出的污染源进行登记建册和分类，“一图一册、一源一表”，标注具体位置、存在问题、违法主体、联系方式等，摸清污染源底数。年内，向天津市上报污染源点 87 个，其中“三堆”扬尘污染源 60 个、燃煤供热锅炉房 11 个、加油站 16 个，为全面治理大气污染奠定基础。

（黄维正）

河东文化公园　6 月，河东区 2013 年重要民生项目——河东文化公园面向群众开放。公园位于东南半环快速路与津塘路交口，北起月牙河北路，南至津塘路，毗邻格调竹境、中山门等社区，占地面积 4.2 万平方米。公园由原有绿地提升改造，是集学习实践、文化传承、文娱体验、休闲娱乐于一体的综合性文化主题公园，由河东区自行设计并施工建设改造。整个公园分为入口主景观区、儿童活动体验区、文化综合体验区、文化活动区、林下休闲区和休闲娱乐区、老年活动区等 8 个功能区，采用现代园林布局手法，打造竹影、树影和花影效果，突出自然和谐的生态造园主题，并搭建花架、亭廊，种植各类乔木、灌木、常绿、藤本植物及宿根花卉和应季花卉，呈现古朴宁静、清新高雅的景观效果。同时将园林景观与文化元素紧密结合，通过历史人物和民俗雕塑、“拦手门”地雕、地书等文化元素，展示河东区最具代表性的漕运文化、妈祖文化、庙祠文化、酒文化，展现历史变迁和文脉传承。公园设置各种文化体验区，配置体育健身器材，为周边 20 万群众参与文体休闲活动提供场所。

（张燕华　刘　博）

新建成的河东文化公园

（摄影：刘泽瑞）

大王庄街道

大王庄街道位于河东区西部，东北隔京山铁路依次与唐家口街道、春华街道为邻，西南隔海河与和平区、河西区相望，东南至十五经路与大直沽街道相连，西北至天津站与河北区接壤。2013年，辖区面积3.32平方公里，下设10个社区居委会、1个居委会筹委会，有物业小区20个、准物业小区18个。户籍人口23038户62603人。街道办事处坐落八纬路26号增1号。

街道地处全区政治、经济、文化中心区域。界内有中央直属单位5个、市属单位34个、区属单位45个、合资民营企业102家、银行8家，有大中小学6所、医院3所、托幼园2所、敬老院4所、各类商业网点405个。

2013年，招商引资到位额3.2亿元，完成计划的290.9%；新发展科技型中小企业27家。

开展“送温暖、献爱心”活动，推进扶贫助困工作。元旦、春节期间，救助困难户354户，发放救助金18万余元；临时救助112人，发放救助金6万余元。年内，新批低保户、特困户38户，对774户低保、特困户调标，按等级对部分残疾人实施分类救助；为92户居民办理经济租赁房补贴手续、为77户办理廉租房补贴手续、为45户办理限价商品房手续。开展助残活动，为137名残疾人办理养老保险，为101户残疾人提供托养服务，为112名残疾人免费体检，为46名精神残疾人免费发放1.3万余元药品，为残疾困难家庭子女发放助学金5.4万元。推进老龄工作，为104名老年人提供政府购买服务，为33人办理享受居家养老政府补贴服务手续，发放敬老卡723张，办理老年证833个。

实施积极的就业政策，多渠道增加就业岗位。全年采集岗位信息289条，创岗299个，安置就业2210人，完成任务的100.45%。认定十种困难人员278人，为332名失业人员办理从事灵活就业享受社保补贴手续，为112名失业人员办理退休手续。规范就业服务程序，为劳动者和用工单位提供“一站式”服务，全年举办专项招聘会8场。

抓好维稳信访工作，构筑街道、居委会、楼栋三级稳控网络。坚持处级领导和相关科室定期深入社区下访制度，做好信访接待工作，畅通群众诉求渠道，掌握社情民意，为居民排忧解难。坚持警防、技防、群防三结合，完善社区治安防控体系，确保辖区和谐稳定。

提升市容环境综合整治工作水平。完成9片居民区、57座楼旧楼区居住功能提升改造任务，改造面积29.21万平方米，受益群众4780户。定期开展环境卫生集中清整活动，消除脏乱死角。加大日常清扫、保洁力度，对11个社区的48片居民区实行拉扫分离，提高三、四级道路扫保质量。增强病媒生物防治能力，消灭疾病传染源，为居民营造整洁、优美的居住环境。

落实人口和计划生育目标管理责任制，严把生育指标审批关。做好计划生育特别扶助人员、失独家庭确认工作，确保国家人口和计划生育政策落实到基层。营造新型生育文化氛围，开展“生殖健康知识”讲座等活动，向居民宣讲政策、普及计生知识、发放药具药品。开展“幸福佳园(员)发展计划”、流动人口育龄妇女免费健康检查、免费孕优健康检查等活动，关爱扶助计生工作重点人群。

开展文体活动，丰富居民业余文化生活。组队参加天津市“体彩杯”全民健身运动会、河东区第七届全民健身运动会，在中国象棋、健身排舞、健美操、乒乓球等项目中取得前三名的成绩。加强社区教育管理机制和督导评估机制建设，修订完善社区教育制度；做好社区教育分校组织管理工作，优化课程设置。年内，街道社区教育课程《茶与健康》荣获第二届全国社区教育特色课程(通识课程)优秀奖。

2013年，街道及各社区荣获市级及以上先进集体4个、市级先进个人7名，区级先进集体15个、区级先进个人26名。

(朴劲松)

上杭路街道

上杭路街道办事处于2000年5月组建。街道地处河东区中部，辖域自京山铁路路基南下坡线与红星路中心线交汇点起，向北沿红星路中心线自然走向至成林道中心线折向东，沿成林道中心线自然走向至月牙河中心线折向南，沿月牙河中心线至成林道月牙河桥南侧桥栏向西至月牙河西岸上坡线折向南，沿月牙河西岸上坡自然走向至京山铁路路基南下坡线自然走向至红星路中心线止。2013年，辖区面积3.11平方公里，辖14个社区居委会、2个筹备组。户籍人口20909户52258人。街道办事处坐落成林道程林里54号楼旁。

世纪大道、津滨大道贯穿街境。河东万达广场、劝业·红星美凯龙广场、河东新闻中心、河东公园、平河装饰城、天津家具街、南方灯具城、华润万家超市、家乐福超市坐落界内。驻有铁路车辆段、全聚德饭店等特色企业。有中学2所，小学2所，幼儿园3所。

2013年，招商引资2.25亿元，完成计划的102.27%；引进企业39家。

建设美丽社区。完成程林里、万平里等7个社区旧楼区综合提升改造工作，清理堆物堆料、乱堆乱放、乱圈乱占、乱贴乱画90余次，出动车辆1000余台次、人员1500余人次清除垃圾渣土、废弃物3000余吨。年内，一次性通过全区验收，嘉华园社区、浩海小区被评为旧楼区改造精品社区。组织14个社区和39个企事业单位开展爱国卫生达标工作，集中投放鼠药1500公斤，发放毒饵盒1000个，辖区鼠密度由12.23%下降至1.12%，灭效率97.32%，达到国家规定标准。

推进和谐社区建设。加强就业参保服务。举办招聘会3场，发布就业信息105条，提供岗位188个，安置就业554人。为1544人办理城镇职工养老保险手续，为162人办理城乡居民养老保险手续，为1646人办理城乡居民医疗保险手续，办理医保卡1561张。做好贫困群众救助工作。通过助学、助困等形式，进行医疗救助、低保边缘户救助、特困户救助和民政一次性救助，受助家庭1000余户。关爱社区残疾人。开展扶残助残活动，走访、救助困难残疾人家庭450余户，为5名患重大疾病的残疾人申请办理大病救助，为视力、听力及肢体残疾人发放助听器、门铃、盲杖、轮椅，组织残疾人进行健康查体，街道欣怡工疗站为辖区智力残疾人提供学习、训练、康复场所。提升老年人日间照料工作水平。以街道日间照料服务中心为依托，为孤寡、独居、空巢老年人提供心理咨询、精神慰藉、康复训练、医疗保健等日间照料服务，为生活不能自理及半自理老年人提供上门服务。

维护社区安全稳定。落实信访维稳工作领导责任制，党政领导班子专题研究信访维稳工作36次，下访234次，批阅群众来信18件，做到件件有落实、事事有回音，全年化解矛盾纠纷148次。开展平安创建工作，增强居民防范意识，万平里社区被评为市级平安社区，来安里、金湾花园、懿德园、陆典庭院等14个社区被评为区级平安社区。

开展群众文体活动。组织社区文化艺术节、露天文艺演出、社区广场舞大赛、全民健身运动会、“缤纷夏日、七彩周末”文化进社区活动，丰富群众生活。芳水河畔社区举办第七届民间艺术节，展出葫芦、木版烫画、书法、风筝、面食、剪纸等近300件群众制作的民间艺术品。整合社区文化资源，成立文化活动站，并申报天津市一级文化活动站。提高计生服务工作水平。对300余户独生子女困难家庭进行走访、问需和帮扶；举办幸福家园创建活动；办理一、二胎生育服务证412件，发放独生子女证345件、独生子女费3万余元。

2013年3月8日，上杭路街道芳水河畔社区举办全民健身运动会
（摄影：刘泽瑞）

年内，街道被评为市级街乡镇统计工作优秀单位，芳水河畔日间照料站代表河东区通过国家级阳光家园试点单位审批。

（王　丽）

东新街道

东新街道位于河东区东北部，东以沙柳北路为界与东丽区相接，西至昆仑路与向阳楼街道相邻，南至成林道与东丽区交界，北起卫国道与鲁山道街道相连。2013年，辖区面积2.12平方公里，辖23个居民区，设15个社区居委会，户籍人口32834户86715人，是比较稠密的居民住宅区。街道办事处坐落天山路与盘山道交口。

2013年，招商引资到位额1.08亿元，完成计划的103.85%。引进科技型企业6家。

保障民计民生。通过慈善救助、“两节”救助、爱心助学、居家养老、扶残助残、医疗救助、丧葬补助、住房保障等形式，对困难群众进行专项救助和分类施保。每月为2547户低保户、109户二低保户发放低保金270余万元。元旦、春节期间，发放一次性补助555万元，报销取暖费126万元。对1140人进行临时救助，发放救助金45.6万元；为141人提供慈善救助，发放救助金67万元；发放物价补贴242万元；为118名老年人提供居家养老政府补贴服务；救助残疾人2342人、失业人员7363人。

2013 年 9 月 7 日，东新街道在桥园广场举行首届社区文化艺术节歌舞专场展演

（摄影：张文全）

改善市容环境。完成远翠西里等 9 个社区 169 栋楼 671 个楼门旧楼区居住功能综合提升改造任务。动员党员、群众、社区志愿者参加爱国卫生运动，加大对辖区内卫生死角、乱圈乱占、堆物堆料、残标、杂土、绿地的清整力度。做好消毒和灭鼠灭蟑工作，筹备病媒生物防治药品，组织保洁队员对辖区 300 余处病媒生物滋生地进行清理。

创新社会管理模式。确立综合管理、综合治理、综合服务三位一体的"大综治"工作格局，落实领导干部责任，加强部门联动，搞好排查整治，化解社会矛盾。将建设综治信访服务中心（站）作为工作重点，确保辖区安全稳定。年内，综治信访服务中心及各站接待群众来访、来电 1021 件 1533 人次。坚持周分析、月报告、季度小结、年总结的工作方法，做好社会治安重点地区排查整治工作。

提高社区教科文卫体及计划生育工作水平。开展社区分校流动课堂观摩课活动，申报《剪纸艺术》为全国社区教育特色课程，《社区家庭教育的实验研究》获得市级社区教育项目三等奖。规范社区学校办学模式，举办家庭教育大讲堂和青少年夏令营活动，完成河东区"百姓学习之星"评选申报工作。开展学习型社区创建活动，街道作为天津市创建学习型社区示范街道典型被推荐至教育部参加全国创建学习型社区示范街镇评选。举办科普周活动，组织"百名专家进社区"科普讲座。开展应急救护师培训，组织"5·8"世界红十字日宣传活动，建立食品药品安全监督站、点，开展健康教育讲座。协助建立远翠西里文化社区并向天津市申报参加"城市书吧"评选，举办街道首届社区文化艺术节，组织文体团队参加市、区举办的文化展演活动，承办天津市第四届暨河东区第七届全民健身运动会风筝比赛，成立自行车骑行队并参加天津市"团泊新城杯"环湖自行车赛。完善计生机制建设，开展计划生育社区志愿者送服务进楼入户系列活动；落实"阳光计生行动"和"幸福佳园（员）行动计划"，开展诚信计生工作；完成计划生育特别扶助家庭的年审、特扶费发放和独生子女父母资助增减变更审批工作；做好流动人员、特困母亲生殖健康查体工作；落实免费孕前优生健康检查项目；完成流动人口抽样调查、全员信息核查以及国家级生育意愿问卷调查工作。

（刘健军）

富民路街道

富民路街道位于河东区东南部，东北起中环线中山门立交桥至月牙河路与中山门街道相邻；东南起月牙河路至海河与东丽区接壤；西南起海河中心线至中环线光华桥与河西区相望；西北起中环线光华桥至中环线中山门立交桥与大直沽街道为界。2013 年，辖区面积 5.2 平方公里，辖 9 个社区居委会。户籍人口 15941 户 39915 人。街道办事处坐落富民路 65 号合汇大厦。

界内有主干道路 2 条，驻有 9 个团级以上部队单位，有学校 2 所。天津市总工会、天津第二工人文化宫坐落域内。

2013 年，招商引资到位额 1.49 亿元，完成计划的 106.64%；认定科技型企业 3 家。

优化社区环境。完成万明里和光华小区 2 片旧楼区改造工作，清除楼内外杂物 100 余处近 40 吨，清理违章圈占 23 处，清理杂草 1000 余平方米、小广告 1000 余张。对海河沿线滨河庭苑、滨河家园、滨河新苑 3 个社区进行卫生大清整，清理工程土、杂物和枯枝树叶 70 车，拆除乱圈乱占 18 处，提升海河沿线整体环境质量。年内，街道在"以奖代补"考核中成绩名列全区前茅。

保障和改善民生。举办专场招聘会 4 次，提供就业岗位 1600 余个。入户走访辖区内 100 余家企业，动态掌握企业生产经营状况及用工需求，开发就业岗位 218 个，创岗安置 1870 人。落实就业扶持政策，新增灵活就业人员 236 人，发放就失业金 911 人次 63 万余元。为 21 名"五七工"和 79 名新生儿办理参保手续，为 2000 余人办理城乡居民医疗参保手续，发放社保卡 2354 张。做好社会救助和帮困工作。为 532

名低保人员发放临时补助金17.58万元，为250人发放慈善救助金26.22万元；为35户居民办理廉租住房租房补贴手续，为2户办理廉租住房实物配租补贴手续，为64户办理经济租赁房租房补贴手续，为73户办理公有住房租金减免手续，完成48户居民购买限价商品房、33户居民申请公租房的收入核查工作。拓展社会化居家养老服务体系，为840名老年人提供居家养老服务，办理老年证518人次，发放敬老卡478人次。对辖区内1322名残疾人入户走访，为残疾人家庭子女申请助学金4.61万元，为9名残疾人学生申请助学金5400元，为3名残疾人发放大病救助金7000元，为136名残疾人办理养老保险手续，为115人申请重度护理服务补贴金3.45万元，为25名残疾人发放救助金3.3万元。

维护社区安全稳定。坚持领导包片制度、领导接访制度，实施回访制度。以举办社区"圆桌会议"方式，使居民代表与相关单位在平等状态下共商共议社区存在的问题，做到早发现、早报告、早处置，有效化解矛盾。加大预防青少年违法犯罪工作力度，做好对流动人口的法制教育，成立10个帮教小组，增强群众法律意识。健全完善社会治安防控体系，为军旅社区和富民东里社区安装监控探头，实现街域监控设施100%全覆盖目标。

做好社区教科文体工作。开展河东区第七届社区教育展示周暨2013年全民终身学习活动周活动；举办"爱天津"摄影展，收集居民参展照片80余张。举办科技周、环保讲座等活动，增强居民环境保护意识。组织社区群众参加天津市第四届全民健身运动会"团泊新城杯"自行车赛大众健身骑行活动。在滨河新苑社区举行"引吭高歌"艺术团募捐义演，募集善款4.74万元。组织军旅老年合唱团参加河东区道德规范行动启动仪式并演唱道德歌，受到区委宣传部、区社教办好评。

（李　玮）

鲁山道街道

鲁山道街道位于河东区东北端，北、东两面隔北塘排污河与东丽区相望，西隔月牙河与常州道街道相邻，南隔卫国道与东新街道接壤。2013年，街域面积1.07平方公里，辖8个社区居委会。户籍人口9325户23237人。街道办事处坐落丽苑小区云丽北道3号。

界内有中学1所、小学1所、幼儿园2所，农贸市场1处，法人和产业活动单位331个、个体户1545个。

2013年，招商引资到位额1亿元，创办科技型中小企业2家、引进3家、转型1家。

加强市容环境建设。出动人员160余人次、车辆80余台次，清除垃圾点位30余个，清运建筑垃圾、工业垃圾、废土等100余吨，清理社区生活垃圾80余吨。做好爱国卫生工作，投放鼠药1000余公斤。

维护辖区和谐稳定。加强平安志愿者队伍建设，形成社会矛盾联合调处、治安问题联合治理、反对邪教活动联合防范、社会矛盾齐抓共管、为民服务联合办事的工作机制。全年处理群众来信来电80余件，接待群众来访60余人次，解决问题57件。

改善民计民生。落实困难群体帮扶政策，为低保户601户1331人、特困户49户115人发放低保金814万元；临时救助184人，发放救助金54万元；慈善救助56户，发放救助金15万元。提升改造残疾人工疗站；建立面积为300平方米，包含工疗室、图书室、康复室、综合活动室在内的残疾人"阳光家园"。为232名老年人发放生活补助费，为415人办理老年证，为243人发放老年乘车卡。为137人办理城镇居民基本养老保险，为58人办理退休手续；申报城镇居民医疗、生育保险药费101笔42万元；为居民办理社会保障卡1332张、临时社保卡1799张，发放社保卡1679张；为183人发放副食补贴1.64万元。为407户居民办理廉租住房租房补贴手续，为1户办理廉租房实物配租手续，为11户办理经济租赁房租房补贴手续，完成197户居民购买限价商品房收入核定工作。为"4050"人员、军嫂、高校毕业生、残疾人举办、协办招聘会8场，提供岗位510个，374人达成就业意向；全年创岗安置816人。

发展社区文教、卫生、体育事业。与区文化馆在太阳城喜悦广场共同举办天津市第七届暨河东区第九届家庭文化艺术节联欢晚会，推进文明和谐社区建设。将社区青少年教育作为工作重点，建立未成年人信息档案，组织青年志愿者开展志愿活动，元旦、春节期间，慰问困难户147户，慰问残疾人家庭39户。结合"5·8"世界红十字日、"5·29"中国计生协会纪念日以及河东区第二十七届科技周主题，开展"宣传一条街"活动，发放科普、红十字及计划生育宣传品300余册，发放计生药具200余盒。制定《鲁山道街道落实免费孕前优生健康检查项目工作实施方案》，确保新婚人口免费孕前优生健康检查工作顺利实施。为社区安装、更新体育健身器材99件；承办河东区第七届全民健身运动会三人篮球比赛，组织59名社区群众参加全民健身运动会羽毛球、广场舞、跳棋等比赛。

加强基层党组织和党员干部队伍建设。注重对基层党支部、党员、入党积极分子的培养、教育和管理。

重新建立中心组学习制度、党小组学习制度。在机关、社区开展“中国梦,我的梦”系列宣传活动以及“解放思想、创新发展”大讨论活动。年内,街道关工委获得市级五好关工委荣誉称号。

（梁　爽）

大直沽街道

大直沽街道位于河东区西南部,东起东兴路中心线与京山铁路中心线相交处,由该处向南沿东兴路中心线至海河中心线相交,沿海河中心线向西至小十五经路中心线相交,向北沿小十五经路热电一厂东围墙、十五经路中心线、热电一厂铁路中心线至京山铁路中心线相交,沿京山铁路中心线向东至东兴路。2013 年,辖区面积 3.7 平方公里,下设 14 个社区居委会。户籍人口 30774 户 81590 人。街道办事处坐落大桥道文华里 1 号。

界内有中央所属单位 2 个,市属单位 188 个,区属单位 134 个,驻街委办局 9 个;有第三中心医院、大直沽医院、区妇幼保健中心等 4 个社区医院,5 个社区医疗站;有第八十二中学、财贸干部管理学院、立达职专等 15 所学校;有第五体育场健身娱乐中心、体育中心等文化体育场所。

街道因辖区为原天津市区最早聚落大直沽村而得名。1931 年属天津特别第四区。1945 年改属五区。1949 年天津解放后,成立大直沽人民街公所。1954 年改为大直沽街道办事处。1961 年 7 月改为大直沽街道人民公社。1963 年 2 月恢复街道办事处。1968 年 8 月建立大直沽街道革命委员会。1978 年撤销革委会,恢复街道办事处。

2013 年,招商引资到位额 1.1 亿元,完成计划的 105.77%;引进科技型中小企业 10 家。

以旧楼区提升改造工程为重点,改善居民生活环境。完成汇贤里万隆、安教小区,和进里第二、第三小区,田庄大街 28 号院,六号路 30 号院、34 号院 7 片小区旧楼区居住功能综合提升改造任务。

发挥基层帮扶和保障服务功能。举办公益性招聘会 14 场,发布就业信息 690 条,提供岗位 3390 个,就业安置 2230 人。为 423 户居民发放取暖补贴 24.5 万元。完成 2505 人低保调标工作,调标金额 50.35 万元。开展“博爱送百家”活动,慰问社区 25 户特困家庭,送去价值 4000 余元的米、面、油等生活用品。为 60 岁以上老年人办理优待证 1200 余人次,为 65 岁以上老年人办理乘车卡 540 余张,发放老年人政府服务补贴 103.77 万元。为 248 名残疾人办理残疾证,为 83 名肢体残疾人发放 2009~2012 年燃油、电动三轮补贴 2.16 万元。为居民提供住房保障政策咨询服务 2000 余人次,为 7 户居民办理廉租住房实物配租补贴手续,为 98 户申请办理廉租住房租房补贴,为 177 户申请办理经济租赁房租房补贴。

2013年 1 月 25 日,大直沽街道开展“博爱送百家”救助活动

（摄影:李兰林）

提高社区文体工作水平。和进里社区教育分校被评为河东区社区教育达标分校,依托分校开展 50 余次教育培训活动。开展“弘扬直沽地域文化、创建社区教育品牌”实验项目研究工作,年内,项目获得天津市社区教育实验项目三等奖。举办第二十七届河东区科技周以及科普月公开课大讲堂活动。开展科学文明家庭评选活动,文华里社区居民沙英奎家庭被评为市级科学文明家庭。开展家庭文化艺术节、消夏纳凉晚会等活动,满足群众精神文化需求。

规范计划生育依法行政行为。依法办理二孩审批手续 40 例,办理一孩生育服务证 622 件、二孩生育服务证 36 件,开具试管婴儿证明 18 例、流动人口婚育证明 71 例。发放独生子女光荣证 539 件,独生子女费 3.96 万元。年内,高危孕妇建档率以及辖区单位、居民避孕药具发放率均达 100%。

做好平安稳定工作。开展基层平安创建活动,创建平安社区、平安校园、平安家庭、平安单位、平安楼门;组织开展治安问题专项整治行动。元旦、春节期间,对 11 处烟花爆竹零售摊位进行安全检查。重大活动、会议期间,落实稳控措施,化解热点难点信访问题,加大治安巡逻、应急处置力度,确保辖区安定。

(房芳芳)

常州道街道

常州道街道位于河东区东北部,辖区西至红星路与春华街道相连;南至卫国道与向阳楼街道为邻;北面西侧以真理道为界,与河北区江都路街道接壤,东侧沿泰兴北路,自北向东和月牙河相形,与鲁山道街道临界。2013年,辖区面积3.66平方公里,辖10个社区居委会、3个筹备委员会。户籍人口16909户42630人,人口呈东疏西密型分布。街道办事处坐落常州道20号。

界内有高压供电公司、城东供电公司、铁道部电气化勘测设计院、市地热勘察设计院、常州医院、常氏骨科医院、常州道小学、益寿里小学等425个企事业单位。有军事单位5家,其中师级以上单位3家、团级2家。街域位于十一经路—卫国道经济发展带,西接天津站,东临空港,是中心城区融入滨海新区开发开放的前沿,是滨海新区生产要素转移和产业辐射的首要承接地。

2013年,引进企业13家,招商引资到位额1.26亿元。引进科技企业10家。

提升社会保障水平。安置失业人员516人,安置大中专毕业生11人、外来务工人员47人。对低保户、特困户、优抚对象进行救助,为369户保障家庭发放救助金246万余元。完成102户居民住房补贴审查以及134户居民购买限价房、申请公租房收入核查工作,减免75户低保户租金。为居民办理社保卡13244张,为50名“五七联”职工办理缴费、退休手续,为社区残疾人发放助残慰问金1.7万元。为112户114名老年人提供居家养老服务,为45名生活不能自理孤老人员提供政府购买服务,为65岁以上老年人发放免费乘车证,发放老年人副食补贴3.9万元。

提升街域环境质量。完成30栋楼127个门栋旧楼区综合提升改造任务,清除涂鸦、残标、小广告1.2万余处,清理工程垃圾1000余吨,拆除违章建筑200余间。年内,街道8个改造项目均一次性通过市、区检查验收。

深化平安社区创建工作。受理群众信访事项168件,比上年下降53%。加强平安天津建设,成立环卫工人巡逻队,与社区居委会牵头成立的志愿巡逻队共同排查治安隐患、调解矛盾纠纷,增强居民的安全感、提高满意度。加强信访代理制建设,解决乐东里1号楼、乐东南里1号楼因旧楼区改造升级造成的居民上访,盛世嘉园小区1400余户居民房产证发放以及泰兴公寓小区居民出行难等问题。

开展文化宣传、科普教育活动。依托党团队伍、服务窗口、社团群体、模范社区宣讲先进文化、开展科普教育,引导居民自觉抵制不健康的生活方式。利用社区图书馆、宣传板报、文体活动室等公共服务载体,开展心肺复苏培训、急救常识培训、老年人防诈骗讲座和地震应急避险等专项活动,提高居民对相关知识的了解程度。成立读书社、读书兴趣组以及舞蹈队、秧歌队、模特队等20余支社区文体队伍,丰富群众业余文化生活。坚持计生工作制度化、科学化、规范化发展。办理一孩生育服务证397件、二孩生育审批22件,网上录入新婚卡片384份,为辖区3700余名流动人口育龄妇女提供计生服务。

加强基层党组织建设。开展党员公开承诺、岗位示范、志愿者服务等活动,拓宽服务群众渠道,发挥基层党组织推动发展、凝聚人心、促进和谐的作用。

(肖玉茹)

中山门街道

中山门街道位于河东区东南部,东以月牙河为界,与二号桥街道相邻;西以中环线东兴路为界,与大直沽街道相连;南以津塘路为界,与富民路街道相接;北以京山铁路为界,与上杭路街道相交。2013年,街域面积2.38平方公里,下设15个社区居

2013年7月17日,中山门街道和睦北里社区暑期快乐营地开营

(摄影:刘泽瑞)

委会。户籍人口 31974 户 83806 人，是河东区人口密度较大的街道。街道办事处坐落中山门四号路平房 2 号。

界内有法人单位 175 个，其中中央驻津单位 1 家（水利部海河委员会）。有中学 2 所、小学 3 所、幼儿园 2 所、中等职业学校 1 所、医院 3 家、银行 8 家、超市 15 家。

2013 年，招商引资到位额 1.09 亿元，完成计划的 104.81%；实现地区增加值 5 亿元、协税额 21.35 万元。

做好社会保障工作。春节期间，对低保、特困、重点优抚对象和低收入困难户进行分类救助，为 89 户居民提供医疗救助，发放救助金 10.05 万元；为困难群众发放生活救助金 565.73 万元；为 66 户居民提供临时救助，发放救助金 5.62 万元；为 406 户边缘户和困难群众中非医疗困难家庭提供救助，发放救助金 19.08 万元。做好低保调标及低保户救助工作，向低保户 1975 户 4178 人，特困户 1472 户 352 人提供救助。走访残疾人家庭 2000 余户，发放救助金 367 万元；为 111 人办理残疾人证，为 24 人办理盲人免费乘车证。为 89 户老年人提供居家养老服务，发放政府补贴金 10.94 万元。开展“红十字博爱送百家”救助活动，为 30 户困难家庭送去价值 5000 余元的米、面、油及救助金，为困难群体募捐 3120 元。实施就业优先战略，多渠道开发就业岗位。组织招聘会 5 场，15 个劳动保障工作站采集岗位信息 425 条，提供岗位 360 余个，298 人登记求职。认定十类就业困难人员 947 人并安置上岗，为 781 名失业人员办理灵活就业保险补贴。年内，采集就业信息 2135 条，开发就业岗位 1650 个，安置下岗失业人员 2300 人。

改善社区环境。开展市容环境卫生清整月活动，组织机关干部、环卫所保洁人员、社区志愿者对中山门北里、友爱南里、丰乐里、团结北里 4 个社区集中清整，清除广告涂鸦 7000 余张、清运垃圾杂土 10 余吨。完成 7 个社区 72 幢楼 315 个楼门栋 56.26 万平方米旧楼区提升改造任务，清理杂物 420 车 1470 余吨。对中山门菜市场周边主次道路乱摆乱卖违章回潮现象集中整治，依法纠正和处罚占路摆卖行为 100 余起，清除窗贴及小广告 1100 余张，清理堆物堆料 50 余车次。

提升社区文化建设水平。开展书法绘画展览、剪报展览、京剧演唱会、体育运动会、文体团队表演、消夏纳凉晚会、消夏电影专场、太极拳表演、征文比赛演讲等活动，利用社区宣传栏宣传党建知识、科普知识、法律知识、社区服务知识，举办“龙年迎春闹元宵”民俗饮食文化展示活动、暑期青少年快乐营地活动、“粽叶飘香鱼水情、军民共建迎端午”联谊活动和庆祝建党 92 周年文艺演出，丰富群众文化生活。向国家社区教育委员会、天津市社区教育委员会申报社区教育实验项目《以社区教育节为载体建设幸福新社区》。参加河东区第七届全民健身运动会并取得较好成绩。推进幸福佳园（员）发展计划，打造街道人口文化园，设立健身读书室、心桥工作室和成长乐园早教室 3 个功能区，每周免费开展 1 次心理咨询辅导、每月免费开展 1 次家庭教育讲座和 1 次早教指导活动。

（李　媛）

向阳楼街道

向阳楼街道位于河东区东北部，东至月牙河，与东新街道临界；西至红星路，与唐家口街道相连；南至成林道，与上杭路街道为邻；北至卫国道，与常州道街道相接。2013 年，辖区面积 4.1 平方公里。辖 15 个社区居委会、1 个社区筹备组。实施物业管理居民小区 13 个、准物业管理小区 10 个。户籍人口 26009 户 64735 人。街道办事处坐落靖江路晨光 5 号楼旁。

界内有注册企业 307 家、经营单位 437 家、机关事业单位 49 家。天津送变电工程公司、军事交通学院、天津市行政许可服务中心、武警 8630 医院、物美大型综合超市坐落域内。

2013 年，招商引资到位额 1.2

中秋节期间，向阳楼街道晨阳里社区居委会干部与孤寡老人一起制作月饼

（摄影：刘泽瑞）

亿元,完成任务的115.38%;引进企业30家。

改善社区环境。完成前进里、滇池里、晨阳里、阳新里、阳安里、月华里等8片社区62座楼245个楼门栋旧楼区综合提升改造任务，清除杂土200余吨，拆除违章建筑1287处、棚亭598间,清理乱圈乱占1964处。协调物业公司解决帝旺小区墙皮脱落、小区外围透视墙倒塌问题。对16个社区进行6次集中消毒,投放杀虫剂40余箱、鼠药2吨,确保除“四害”不留死角,预防传染疾病发生,在市爱卫检查中得到市、区相关部门好评。

推进社会保障。救助困难群众，发放救助款75.2万元，其中慈善救助27.4万元、临时救助47.8万元。为64户居民提供低保救助,为8户提供特困救助；对380户进行低保特困家庭变更,注销135户。为6户居民办理廉租住房实物配租补贴手续,为59户办理廉租住房租房补贴手续,为54户办理经济租赁房租房补贴手续,完成75户居民购买限价商品房收入核查、77户申请公共租赁房收入核查工作。组织招聘会9场,创岗安置失业人员1450人。办理发放失业保障金手续2634人次，发放社保卡5648张。完成空巢老人家庭情况调查汇总工作，慰问社区孤寡老人,为60岁以上老年人办理老年证1085本,为享受政府补贴服务的老年人发放急救电话50部,为享受居家养老政府补贴服务的60户老年家庭兑现价值12.62万元的服务券。走访124户享受居家托养服务的重度残疾人家庭,为37名生活困难的精神残疾人免费送药上门,为17名贫困残疾人免费提供轮椅，为10名盲人发放盲杖，为120名重度残疾人办理补贴手续，为30户低保和二低保困难残疾人发放生活补贴，为100名18~59周岁无业和失业的重度残疾人办理养老保险补贴手续。

建设平安社区。制定《向阳楼街道2013年社会治安重点地区排查整治工作方案》,对社会矛盾和不稳定因素进行滚动式排查，组织社区每半月开展1次重点地区排查整治。组织各社区以“崇尚科学、破除愚昧、反对邪教”为主题开展综治宣传,营造舆论氛围。完成平安单位、平安社区复核上报工作,至年底,街道有平安单位3个、平安社区14个。举办普法、安全教育讲座22场，2810人次参加。做好春节、全国“两会”期间稳控工作,组织防范邪教宣传活动。年内,接待群众来信来访87人次,问题处理率超过90%。

开展群众性文化活动。组织“博爱助百家”“博爱一日捐”及支援四川雅安地震灾区募捐活动，募集善款15.62万元。举办第二十七届河东区科技周宣传教育活动，开展科学文明家庭评选、申报和表彰活动,举办“药品、保健食品安全宣传”“倡导绿色文明、响应低碳生活”等知识讲座30余场。以街道“阳光宝宝俱乐部”早教基地为平台,开展早教服务进社区活动;寒假期间,组织社区青少年参加“关爱青少年身心发展、实现文明向阳”主题宣传教育活动；“5·29”中国计划生育协会会员活动日期间,举办计生政策现场咨询、优生服务指导、妇女病防治、新生儿保健常识等知识讲座。举办“畅想我的中国梦”和“我的美丽中国、我的美好家园”征文活动,开展学习雷锋系列活动，组织社区群众参加“永安杯”第四届天津市中老年歌舞大赛。

年内，街道被市统计局评为2013年度街乡镇统计工作升级优秀单位，获得天津市人口信息化岗位练兵活动优秀街镇评比二等奖;阳安里社区关工委被评为市级五好关工委;1人被评为市级优秀共产党员,1人获得2013年度天津市优秀青年志愿者称号。

（张　卓）

春华街道

春华街道位于河东区西北部，毗邻天津站后广场,东起红星路,西至天津站后广场及京山铁路，南起华昌大街，北至新开路小树林地道及真理道。2013年，辖区面积3.03平方公里。辖11个社区居委会。户籍人口27627户67326人。街道办事处坐落新广路汇和家园小区旁。

2013年，招商引资到位额1.41亿元,引进科技型中小企业10家。

改善民计民生。召开14场职业招聘会，走访协调100余家用工单位,创岗安置失业人员2017人。落实困难群体救助政策，每月平均发放低保救助金228.11万元、特困救助金1.26万元；全年大病救助322人次,发放救助金83.83万元;一次性救助5100人次，发放救助金127.90万元;慈善救助234人次,发放救助金29.75万元；为25名残疾人发放一次性救助金1.25万元,为8名残疾人发放大病救助金1.85万元，为120名重度残疾人发放护理补贴，为171名残疾人提供居家托养服务；为681名老年人发放敬老卡,为1079名老年人发放副食补贴9.55万元,为1243名老年人办理老年证。年内,办理廉租房补贴手续95件、廉租房实物配租手续17件、经济租赁房补贴手续122件。

完成华光里、瑞金里旧楼区居住功能提升改造任务，对24栋楼123个楼门的楼道内堆物进行清理，清理堆物900余处100余吨。贯彻落实《天津市环境教育条例》,做好迎接东亚运动会国庆节市容环境大清整工作以及“美丽河东、清洁社区”工作。对各居民区建筑物和楼道内非法张贴的小广告进行专项治理，清理小广告24万余平方米、楼外残标3.5万余处。开展居民区卫生清洁整治工作，清理卫生死角78处、垃圾256车140余吨，提升社区卫生水平。

建立党政主要领导负总责，街道、派出所、居委会相互配合的稳控组织，完善矛盾排查和信息报送机制，开展全方位排查和领导干部接访下访活动，排除不稳定因素。落实社会管理综合治理责任制，与11个社区居委会签订社会管理综合治理目标责任书。加强社会治安防控体系建设，组织开展治安隐患排查，检查企业663家，发现隐患34处，并全部整改完毕。以津京快速铁路沿线为重点地段，每个社区成立30人的护路巡逻队，加强日常以及重点时期铁路沿线两侧的巡逻巡控。

推动科普卫生教育体育计生工作开展。在河东区危改广场召开第二十七届科技周开幕式，近10个文艺团体和部分居民参加活动；配合上级部门完成科普资源调查任务。配合广场医院做好50~60岁人群大肠癌筛查工作；举办地区医院进社区健康知识授课和家庭责任医生进社区六类人群分析活动，普及卫生救护知识；开展红十字博爱助残、博爱助孤活动，筹资5000元慰问20户困难居民。完成社区达标分校评选和社区教育国家级特色课程申报工作；开展科学文明家庭评选、“家庭艺术节”展演和社区教育成果展示周活动。组织社区居民参加全民健身运动会开幕式及各项比赛，在危改广场举办体育健身展示会活动。与11个社区居委会和62个驻街单位签订计划生育目标管理责任书、工作协议书和双向服务协议书，落实计划生育工作目标管理责任制；成立13个流动人口协会，开展流动人口计划生育维权宣传服务，将流动人口计划生育管理工作纳入常住人口管理，做到同管理、同服务、同宣传、同考核。

（姜巽萍）

唐家口街道

唐家口街道位于河东区中部，地域呈三角形，东北至红星路与上杭路街道、向阳楼街道相连，西北至华昌大街与春华街道接壤，西南隔京山铁路与大王庄街道、大直沽街道相望。2013年，辖区面积2.55平方公里，辖14个社区，设10个社区居委会、3个筹委会和1个家属委员会。户籍人口23112户62697人。街道办事处坐落唐家口花园路2号。

界内有新型小区18个；旧楼小区12个，其中旧楼改造小区9个。有企事业单位1126家。是河东区文化教育和产业工人居住较为集中地区。

2013年，招商引资到位额1.1亿元，完成计划的105.77%；引进企业13家；认定科技型中小企业12家。

推进就业再就业工作。依托13个劳动保障工作站，对辖区失业人员实施动态管理。举办招聘会25场，采集就业信息4132条，提供岗位6042个，177人达成就业意向。全年创岗安置2380人，完成任务的108%。新增失业登记率3.6%，零就业家庭动态安置为零。对405名十类困难人员进行补贴认定，其中灵活就业334人、公益岗位安置71人，享受补贴335人，补贴金额71.85万元。鼓励有创业能力的人员自主创业、自谋职业，对有就业愿望的失业人员实施盯人帮扶，承诺在24小时内提供适合的岗位实现就业。为54名灵活就业人员办理失业救济金一次性申领手续，申领金额34.56万元。年内，街道劳动保障服务中心被评为河东区“五一”劳动奖状先进集体。

做好社会保障工作。为2296人办理城乡居民医保参保手续，为1614人接续养老、医疗保险，发放社保卡4094张。对困难户、边缘户实施分类救助，为低保户1362户2731人发放低保金1710余万元，为特困（二低保）户59户146人发放低保金11.88万元。为336户居民申请大病医疗救助107.32万元，为1932户残疾、重病等生活困难家庭发放临时救助金53.25万元。为105户住房困难群众办理廉租房低收入补贴手

旧楼区居住功能提升改造后的唐家口街道工业大学社区

（摄影：刘泽瑞）

续,为97户办理经济租赁房租房补贴手续,为104户办理公房租金核减手续,为12户办理廉租房实物配租补贴手续,完成90户居民购买限价商品房收入核对工作。帮扶社区残疾人老年人。走访残疾群众410人次,发放慰问金5.05万元;为38名精神残疾人申请药费减免;为5户生活困难的残疾人申请大病救助1.75万元,为8户申请一次性救助8000元;为132名残疾学生、残疾家庭健全子女发放助学金8.55万元;为532户低保、二低保残疾人申请残疾人救助补贴;为26名老年人提供居家养老服务。

改善市容环境,打造宜居社区。做好爱国卫生工作,向100余个单位、13个居民区、2个集贸市场、1个建筑工地和铁路两侧统一投放灭鼠药,投药1500公斤,安放鼠盒712个,灭杀率超过98%。开展社区环境清整活动,对5个居民区140个楼门的30处圈占进行清整。完成工业大学、新开路355号、美景花园、唐家口六段二、金盾里5个小区48栋楼169个楼门旧楼区综合功能提升改造工作,受到市领导好评。

维护辖区安全稳定。完善矛盾化解机制,畅通群众诉求渠道,坚持领导下基层制度,构建以社区接待岗为核心、矛盾化解员为骨干、社区积极分子为补充的矛盾化解调解网,实现化解网络全覆盖目标。建立为民办事代理服务机制,运用特殊代理、一般代理及个案代理3种方式为社区老、弱、病、残户提供服务。开展平安社区创建活动,促进邻里和谐,保障社区安全。加大重点社区综合治理及稳控力度,增强群众安全感,确保节日及全国"两会"等重大活动期间社会稳定。

提升科技、文化、卫生工作水平。开展"科学文明家庭"推荐参评工作,上报推荐1户市级"科学文明家庭"、10户区级"科学文明家庭"。举办街道消夏纳凉晚会。开展为期1个月的世界献血者日宣传活动,对应急献血队成员进行培训;举办夏季生活常识和常见病防治系列讲座;完成育龄妇女统计工作,开展男性生育关怀活动,提供生殖健康服务。

(邢爱民)

二号桥街道

二号桥街道位于河东区东南部,东与东丽区接壤,西与中山门街道、富民路街道隔月牙河相望,南邻东丽区村庄可直达海河,北靠京山铁路。2013年,辖区面积5.39平方公里,设12个社区居委会、2个筹备组。户籍人口18618户47437人。街道办事处坐落津塘公路175号。

辖区有1条市级道路和14条区级公路,津滨轻轨沿津塘路贯穿街域。天津第一机床总厂、中国地震局第一监测中心、中国核工业集团理化工程研究院和中国机械工业集团天津电气传动设计研究所等坐落域内。辖区有帅超、帅明2家科技园区,天寅和银驼2家工业园区,有职业院校2所,中学2所,小学2所,幼儿园2所,敬老院6所,医院1家。

2013年,招商引资到位额2.7亿元,在全区街道系统排名第一;实现协税额12.7万元;引进科技型企业9家。

改善居民居住环境。完成4个小区21栋楼12.32万平方米旧楼区居住功能综合提升改造任务,清除垃圾废物近3000处200余车。深化社区环境卫生"以奖代补"考核机制,提高扫保质量,及时清理社区脏乱死角。

做好就业再就业工作。召开专场招聘会6场,提供岗位2000余个,近100人达成就业意向。加大困难失业人员扶持力度,认定就业困难人员448人,为395人办理社保补贴,公益性岗位安置53人。安置下岗失业人员2000人,为316人办理城乡居民养老保险手续,办理社会保障卡近3000张。

服务社区老年人残疾人。深化居家养老、日间照料工作,提升红旗巷居家养老服务中心及各社区服务站的服务功能。年内,居家养老服务中心接待3745人次用餐、800余人次参加活动,接待学访参观263人次。完成社区残协会员实名制试点工作,为残疾人会员提供个性化服务。开展残疾人"文化体育示范点"创建工作,投入资金加强软硬件建设,并举办特色文化体育活动。落实助残优惠政策,为残疾人发放救助金473人次。

加大困难群体帮扶力度。构建帮扶救助长效机制。元旦、春节期间,为198户生活困难群众提供医疗救助、临时救助,为1137户低保、特困户发放过节费及一次性救助金。为特扶家庭举办"精神焦虑、抑郁的防治"讲座,对贫困孤儿及特扶家庭残疾孩子进行慰问。

确保社区和谐稳定。做好矛盾纠纷排查化解工作。全年排查不稳定因素15件、矛盾纠纷276件,化解252件。完善安全生产管理机制,预防安全生产事故发生。春节期间,对街域内烟花爆竹经营企业及无主管企业集中检查。深化平安社区创建。对治安状况复杂地区排查,组织"平安天津志愿者"开展巡查和宣传活动;走访企业50余户,为企业解决相关治安问题。年内,在平安社区创建活动中,福天里社区被评为示范社区,福东里社区等12个社区被评为平安社区。

举办社区科普、教育和文化体育活动。河东区科技周期间,举办药品保健、食品安全、夏季传染病预防和低碳环保科普讲座。利用街道数字化平台推进数字化学习进程，以社区为基点，新招收学员600名。发挥社区宣传长廊、黑板报作用，加强形势政策宣传教育。组织社区居民参加“学习十八大会议精神”知识竞赛，举办书画展览、文艺表演、座谈参观等特色活动。推进社会公德、职业道德、家庭美德、个人品德教育宣传，开展“道德讲堂”、“感动二号桥、爱聚红雨伞”人物评选表彰等系列活动，激励社区居民学赶先进、创先争优。年内，3人获得河东区第二届“五好楷模”荣誉称号。组织驻街单位、学校及社区居民参加河东区第七届全民健身运动会，取得4个单项第一名。

年内，街道获得全国社区教育示范街道、全国社区服务先进街道、第一届全国“敬老文明号”3项国家级荣誉，获得天津市科普示范社区、天津市民族团结进步创建示范单位等9项市级荣誉，获得11项区级荣誉。

（马 亮）

天津天铁冶金集团有限公司街道

天津天铁冶金集团有限公司街道（简称天铁街道），地处太行山腹地河北省涉县境内，属于企业办街道，隶属天津市河东区人民政府。辖区东临玉林井、三合村，西靠更乐镇，南与更乐吕仙庙相接，北与井店镇和老爷庙村相连。2013年，街域面积6平方公里，设6个居民委员会，户籍人口12835户31690人。街道办事处位于河北省涉县。

辖区除公司机构外，还有银行、保险公司、工商分局、税务分局、公安分局、邮政局、电信公司、幼儿园、学校、医院等企事业单位。

天铁街道是在天铁各生活区基础上形成的，1990年2月，经天津市人民政府批准成立，其前身是始建于1973年1月的天铁后勤处居民工作科。街道成立初期，面对企业办社会无现成模式可以借鉴的情况，从摸清居民底数开始，边工作，边建制，先后设置寨坡山、神山、旁歧、黄花脑、玉林井、神黄6个居委会，2011年，撤销玉林井居委会，设立新家园居委会。按照《中华人民共和国城市居民委员会组织法》要求，形成塔式网络工作程序，民主选举居民组长和片长，组建治保、调解、计生、民政、卫生等居民工作机构。之后，又组建卫生保洁队、治安巡逻队，设立神山、旁歧、黄花脑文化站，形成完整的社区居民工作网络。

2013年，街道紧跟企业发展形势，创新社会管理服务，推动“幸福新天铁”建设。

加强民心工程建设。做好生活区居民楼房顶大修补漏以及居民楼防盗门、夜景灯、园林景观灯、开水器等日常维修工作，完成黄花脑广场基础建设及道路拓宽、神山小学过街天桥建设等14项社区发展项目，完成部分生活区和厂区道路维修，居民楼及办公区域电、水系统和公共设施综合维修等16项大中修工程。

推进绿化美化。强化职工绿化意识，全年组织义务植树活动100余次，植树29.77万棵。加大花木培育力度，自繁自育草花12万余株、菊花8000余株。完成黄花脑新建广场等新建和更新改造项目的配套绿化工作。提高绿地管养水平，加强对二级单位的技术指导服务。年内，新增绿地4.1万平方米，绿地率达35.21%，绿化覆盖率41.7%，集团公司被评为全国绿化模范单位。

提高商业餐饮服务水平。规范进货渠道，强化过程监管，实现“食品安全无事故”目标。定期开展市场调查，确保米面油肉蛋菜等生活用品保持地区最低价格。每季度开展职工满意度调查，职工对百货大楼、副食商场及各食堂平均满意度超过80%。经营系统销售收入、利润均超额完成任务。

提升环境质量。开展爱国卫生月活动和重大节日卫生检查考核工作，坚持每月对14个文明生产单位进行检查、评比；组织夏季蚊蝇消杀打药工作；坚持春夏秋三季每天对生活区、厂区道路进行卫生治理，洒水作业，消除扬尘。

保障民计民生。完成申办天津市限价商品房购买资格证的排序、通知及家庭收入审核工作，1872人报名，实际申办1048人。按照天津市有关部门要求，设立天铁司法所，调整街道及社区人民调解网络，开展社区矫正人员管理工作，建立规章制度和档案。年内，发放最低生活保障金、残疾人资助金等18.66万元，为符合条件的21名居民办理养老保险，为1名居民提高生活补助待遇，办理老年证195个，发放天津市老年免费乘车卡320张。

推进和谐社区建设。举办居民学校教育活动60次、2957人参加，开展校外辅导5018人次。调解居民纠纷161次，调解成功率99.3%。治理占道经营，为居民创造良好生活环境。组织居民参加集团公司春节广场花会演出。发挥文化娱乐设施作用，举办太极拳、老年门球、柔力球、乒乓球、象棋、围棋等比赛，丰富群众文化生活。

开展群众性主题教育实践活动，查找“四风”方面存在的问题，制定整改措施，密切干群关系，提高领导班子的整体执行力和工作效率。发挥党组织和党员的示范引领作用，成立6个居委会党支部，增强基层党组织凝聚力、战斗力。加强退休党员管理与服务，体现企业对退休党员的关爱。

（王海军）

河 西 区

概 述

河西区是天津市中心城区之一,位于市区东南部,因地处海河西岸而得名。境域地理坐标为北纬39°12′,东经117°22′,东临海河与河东区相望,西迄卫津南路、卫津河与南开区、西青区交界,南沿双林农场引水河与津南区毗邻,北抵徐州道、马场道、津河与和平区接壤。2013年,区域面积42平方公里。辖下瓦房、大营门、马场、天塔、友谊路、东海、尖山、陈塘庄、柳林、挂甲寺、桃园、越秀路、梅江13个街道办事处,共166个社区。全区户籍人口812550人。

2013年,河西区坚持“保住现量、整合存量、蓄积流量、引进新量、放大增量”的经济工作思路,围绕抓好大项目、小巨人和楼宇经济,引项目增后劲,提速度扩总量,调结构促升级,抓调度保运行,强服务优环境,调整优化产业结构,综合实力显著增强。实现区域生产总值665.18亿元,按可比价格计算,比上年增长9.8%;完成三级财政收入112.1亿元,区级收入56.9亿元,同比分别增长26.32%和26.68%;完成固定资产投资128.84亿元。服务业主导地位更加凸显,金融产业优势明显,楼宇经济势头强劲,楼宇创造的全口径税收达124亿元。区域服务业增加值占区域生产总值比重达89.5%,金融业占区域服务业比重接近70%。财政收入结构良好,税收占财政收入比重达91%。招商引资富有成效,借重用好首都资源,连续举办11届商务商贸节,国内招商引资实际到位额115亿元,同比增长15%;吸引外资实际到位额2.2亿美元,同比增长10%。民营经济蓬勃发展,全区民营企业1.27万家,个体工商户1.8万家,民营企业占企业总数85%以上。科技型中小企业发展到1843家,科技小巨人企业36家,科技企业孵化器11家。2家科技小巨人企业列入全市领军型重点培育企业,天津光电集团等7家企业成为河西区科技小巨人领军企业。

落实“美丽天津·一号工程”目标责任,完成2011~2013年生态城区建设行动计划。城市绿道1.1公里试验段建成。新建提升改造公园4个,新建改造绿地54.33万平方米,绿化覆盖率达39.54%,绿地率33.56%,人均公园绿地7.64平方米。完成46个居住小区、281万平方米既有建筑节能改造,惠及居民5万户。实现燃煤锅炉改燃并网23台,改造老旧供热管网42公里,3家污染排放企业、2家企业污染车间完成搬迁和关闭。万元生产总值(GDP)能耗降低率和主要污染物排放总量减排完成年度目标任务。房地产实现开工416万平方米,竣工103万平方米,天津国贸中心、富力中心、

天津市文化中心

(区政府办供稿)

国鑫大厦、棉二地块等项目主体竣工。完成旧楼区居住功能综合提升改造并纳入准物业管理小区81个381万平方米,6.8万户居民受益。改造高层建筑二次供水19处。曙光里市场、卫星里市场、珠江道市场完成清理。开展市容环境综合整治,整修16条道路沿线建筑立面、楼房381栋、平改坡46栋,实施4个重点地区、70条道路环境卫生集中治理活动。坚持门前三包、属地管理机制,扩大数字城管覆盖范围,实现监管数字化、常态化、精细化。新建改造道路14条,补建路灯94盏,新建养护疏通排水管道1105公里,维护掏挖各型井36.67万座次。推进环卫基础设施建设,新建改造垃圾转运站5座,维修粉刷公厕120余座,环卫机械化作业水平明显提高。市文化中心完成设施管理交接,健全完善长效化管理机制,全年接待游客1000万人次。

各类教育优质均衡协调发展,解决近4000名外来务工人员子女就学问题,义务教育巩固率保持100%。全面推进素质教育,承办2013年全国和谐德育年会,教学节、学子节、阳光体育展示、艺彩河西等系列品牌活动成效显著。实施教育部0~3岁婴幼儿早期教育试点工作。编制教育资源空间布局规划,海河中学示范高中改扩建一期竣工,梅江二期配套中学封顶,小学、幼儿园竣工,师大附小、名都小学启动建设,新建提升改造幼儿园和学校5所。

获得创建第二批国家公共文化服务体系示范区资格,各项创建工作全面启动。完善区、街道、社区文化设施服务功能,新建城市书吧25个、图书漂流基地2个。"西岸风"276项文化惠民系列活动蓬勃开展,成功举办第七届西岸图书节,首届西岸·马三立城市舞台戏剧展影响广泛。邻居节、互助节等睦邻文化活动精彩纷呈,群众文化社团达1500

2013年5月12日,河西区首届全民健身运动会在天津市第四十二中学开幕
(摄影:张 颖)

余个。加强对外文化交流,成功举办费城交响乐团走进河西专场演出、西岸相声会馆赴台湾交流活动。文物保护工作取得新进展,天津外国语大学原工商学院主楼成为河西区首家全国重点文物保护单位。举办首届全民健身运动会,"我运动、我健康、我快乐"的氛围更加浓厚。制定推动文化大发展大繁荣专项资金管理暂行办法,设立2亿元专项资金,扶持文化项目建设。与天津市文化产权交易所深化合作,搭建文化产业发展服务平台。依托天津日报报业集团、市广电集团等文化龙头企业优势,着力发展数字新媒体、影视动漫、演出、出版发行等重点文化产业。

以为民创建、创建惠民为宗旨,大力推进全国文明城区创建工作。深化道德领域突出问题专项教育和治理,道德讲堂建设深入推进,诚信体系建设不断完善,文明交通、文明餐桌、文明旅游、网络文明四大文明引导行动扎实开展。深化学雷锋志愿服务工作,志愿服务实现制度化和常态化。加强未成年人思想道德建设,各类主题教育实践活动丰富多彩。加大"中国梦"和"讲文明树新风"公益广告宣传力度,市民文明素质和城区文明程度不断提升。

深入推进社区卫生服务综合配套改革,继续实施国家基本药物制度和零差率销售,充实慢性病常用药品储备,基本药物价格比"十二五"初期平均下降50%以上。加强居民健康管理,电子健康档案建档率达65%以上。在2个区属医疗机构试点建设智能化药房。全面优化服务流程和预约诊疗,推进国医堂特色发展,优化家庭责任医生服务方式,开展城市医生百人团队进社区活动,社区医疗服务水平不断提高。启动提升改造社区卫生服务中心2个,完成提升改造社区卫生服务站2个。

多渠道开发就业岗位,全年新增就业4.8万人,城镇登记失业率控制在3.5%以内。妥善安置就业困难群体,保持零就业家庭动态为零。工资集体协商比例进一步提高,劳动关系和谐稳定。继续扩大社会保险覆盖面,社会保障体系不断完善。提高低保、特困救助标准,推进临时救助和医疗救助,大力发展慈善事业,举办首届爱心奉献月活动,社会救助水平持续提高。区残疾人综合服务中心、区老干部活动中心投入使用。

社区居委会管理实现全覆盖,26个社区达到全市美丽社区建设标准,新建提升改造社区综合服务设施5个。优化便民商业布局,创建市级早餐示范工程企业1家、早餐示范店2家、市级示范菜市场2家、环境整洁菜市场8家，建成连锁化社区菜店10家。公益性国办养老院启动建设，新建老年人日间照料服务中心3个、社区食堂2个。大力开展社区工作者分层分类培训，深化考核评价机制，服务群众的能力和水平进一步提高。鼓励支持居民参与社区管理，社区社会组织不断壮大。提高困难老人居家养老服务补贴标准，为1400余名老年人提供居家养老政府购买服务。河西区“建家、管家、当家、认家、爱家”社区建设经验受到国家民政部肯定。

智慧河西建设进展顺利，成功申报国家智慧城市试点城区，推动数字河西向智慧河西升级发展。新梅江智慧生态社区、社区服务网格化信息管理平台、智能化运营平台等信息化项目启动建设，建成防汛应急指挥平台。全面推进信息网络基础设施建设，新建视频点位300个，3G网络基本实现全覆盖，重点公共场所、商务楼宇基本实现无线局域网络覆盖。

（张选军）

河西区区级领导名单

中共河西区委领导名单

书　记：张　杰

副书记：彭　三（白族）　李　清

常　委：张　杰　彭　三（白族）　李　清　陈玉恒　苏　智　钟继发　刘小芃　赵年伏　王亚令　王　芸（女）　韩　琳

顾　问：杨书奎（10月退休）　史学群（4月退休）　王惠敏（10月退休）

河西区人大常委会领导名单

主　任：刘开基

副主任：滕仲喜　王秀琴（女）　姜德义　王　炜　边　海（兼）

河西区政府领导名单

区　长：彭　三（白族）

副区长：陈玉恒　王亚令　张忠汉　刘永刚　孙惠玲（女）　吴兴东

政协河西区委员会领导名单

主　席：李红梅（女）

副主席：康凤海　江　洺　李金水　刘国胜　王爱俭（女，兼）　武国维（兼）　王丽萍（女，兼）　缪　明（兼）

顾　问：魏　涛（4月退休）　李玉玫（女，10月退休）

（区委组织部提供）

爱心奉献月　2013年12月，河西区首届“爱心奉献月”活动正式启动。区委书记张杰、区长彭三、区人大常委会主任刘开基、区政协主席李红梅和区慈善协会会长王九鹏出席启动仪式。为进一步营造关心慈善、支持慈善、参与慈善的良好氛围，在区人大代表建议下，河西区将每年的12月定为“爱心奉献月”，广泛开展慈善宣传、社会募捐、帮扶解困等活动。启动仪式上，一段视频短片简要回顾了区慈善协会接收社会各界善款、开展“六助”等系列活动的整体情况。区民政局负责人就“爱心奉献月”活动安排进行部署。活动以“四日捐”、社会募捐、认捐活动为基础，团区委、区计生委、区妇联、区总工会、区红十字会、区残联、区民政局通力合作、联合行动，各街道负责组织开展形式多样的救助活动，切实解决困难家庭实际问题。“爱心奉献月”活动建议人、区人大代表许文俊，区政协委员联络室张爱民和陈塘庄街道党工委书记、慈善分会会长王玉倡议全区各界人士伸出援手,奉献爱心,扶危济困。张杰在讲话中对区慈善协会工作予以肯定,强调“爱心奉献月”活动是践行党的群众路线的具体体现,要最大限度地调动全社会力量参与到公益事业活动中来,在全区营造全心支持、参与慈善的良好氛围,为建设美丽河西作出更大贡献。启动仪式后,区领导和与会人员纷纷捐款,助力“爱心奉献月”顺利展开。

(傅遴文)

创建全国文明城区十大工程启动 2013年,是河西区创建全国文明城区的决战决胜之年。区委、区政府充分调动一切社会力量,全力打好“创文”攻坚战,启动创建全国文明城区十大工程,使各项创建工作达到或超过测评体系确定的标准和要求,取得决定性成果。启动行政效能提升工程,着力建设学习型、服务型、创新型机关,启动“双千帮扶,牵手幸福”党员干部送温暖等活动,深化行政审批制度,加强反腐倡廉教育。启动诚信体系建设行动工程,加快政府诚信体系建设,实行重大事项专家咨询制度、社会公示和听证制度,大力推进政务诚信、商务诚信、社会诚信、司法公信建设。启动民主法治推进行动工程,大力推进法治河西、平安河西建设。启动市民素质提升行动工程,全面推进“道德讲堂”建设,传递正能量,开展“美丽河西,有你有我”征文等系列精神文明创建活动。启动公共文化提升行动工程,深入实施“西岸风”文化惠民工程,举办“献给春的诗”——学雷锋诗歌朗诵会等文化活动。启动环境秩序优化行动工程,加强环境监管,加快生态景观建设,推进旧楼区居住功能综合提升改造。启动社会事业保障行动工程,坚持教育优先发展,健全社区卫生服务体系和基本公共卫生服务体系,建立促进就业长效机制。启动未成年人关爱行动工程,深入开展爱国主义、集体主义和社会主义教育,完善社区“快乐营地”建设,深入开展“学雷锋,做一个有道德的人”等主题教育系列活动。启动志愿服务全民行动工程,壮大志愿者队伍,推广志愿服务品牌项目经验,加强志愿服务阵地建设。启动文明创建深化行动工程,开展“讲文明,树新风,做最美河西人”主题活动,深入推进“文明餐桌”“文明交通”等行动。围绕“创文”十大工程,河西区陆续开展“感动365,讲述身边好人”等主题活动,成立河西区学雷锋志愿服务总队、大队和社区学雷锋志愿服务站,开展文明餐桌行动、“暖冬”行动、社区“城市书吧”等一大批品牌和创新项目,为“创文”工作增添活力和亮点。

(姜礼兴)

2013年8月29日,河西区举办道德讲堂讲座

(摄影:武　凯)

2013年3月4日,河西区举行学雷锋诗歌朗诵会

(摄影:张　颖)

构建经济社会发展首善之区 2013年6月6日,在全市工作检查活动中,市委书记孙春兰、市长黄兴国充分肯定河西区工作,并提出“建设经济社会发展首善之区,为美丽天津建设作出最大贡献”的新要求。市委、市政府对河西区提出建设首善之区新要求,为河西区全面建设发展提供了基本遵循,指明了前进方向,是河西区各项事业不断取得

胜利的重要法宝，是破解发展难题的关键一招，是实现转型升级的必由之路。为了加深对新要求的理解和认识，河西区组织党政代表团赴先进地区考察学习，成立建设首善之区领导小组，开展首善之区课题研究，形成“一三五”工作思路：“咬住一个目标”，即努力建设产业结构最优、社会发展最好、文明程度最高、城区环境最美、发展潜质最强的经济社会发展首善区；“加快三个发展”，即聚集发展、高端发展、特色发展；“打好五个攻坚战”，即经济翻番攻坚战、园区发展攻坚战、环境建设攻坚战、文化繁荣攻坚战、社会管理创新攻坚战。为此，河西区积极对接京津冀协同发展战略，提出要向千亿生产总值(GDP)、百亿财政收入进军，要建设与国际化大都市相适应的服务经济体系，做到生产性服务业与生活性服务业并重，现代服务业与传统服务业并举，生产性服务业与高端制造业高度融合，要继续挖掘潜力，发挥优势，错位发展，特色发展；河西区要建成全市经济社会首善之区，全面提升经济发展、社会事业、环境建设等一系列工作，为建设“美丽河西”作出贡献。

（张选军）

国家公共文化服务体系示范区创建 2013年8月，河西区获得第二批国家公共文化服务体系示范区创建资格，全面开展创建工作。通过实施扩大公益演出辐射面、开展文化志愿者服务、提升公共文化服务设施等十大工程，到2015年，力争建设成网络健全、结构合理、发展均衡、运行有序的国家公共文化服务体系示范区。河西区高度重视文化建设工作，从“十五”时期建设文化博览区、“十一五”时期建设文化大区到“十二五”时期建设多元文化城区，始终将文化工作作为全区发展的重大战略、重点工作。河西区文化资源丰富，10个市属文化院团、5个市属文化产业集团、12个演出场馆、9个会展设施聚集河西。近年来，河西区文化建设队伍不断壮大，精心打造的西岸文化特色品牌系列活动享誉津门，文化工作成为河西区的亮点、品牌和优势，被评为全国文化事业先进区，并荣获多项国家级、省部级荣誉称号，成为天津市乃至全国公共文化服务较好地区。国家公共文化服务体系示范区创建工作是文化部、财政部贯彻落实党的十七届六中全会精神、加快“十二五”期间文化改革发展、提升全国公共文化服务水平而实施的一项重大战略举措。河西区将通过实施十大工程，建设全覆盖优质高效的公共文化设施，健全公共文化服务供给体系，完善公共文化投入保障机制，加强公共文化服务队伍建设，创新公共文化服务和管理机制，为人民群众提供更好更多的文化服务，推动公共文化服务优质化，到2015年，力争建设成为国家公共文化服务体系示范区，使公共文化事业科学发展。

（刘革学）

河西区为老年人赠送血糖仪

（摄影：张　颖）

美丽社区建设 2013年，河西区制定《建设美丽社区实施方案》，将在2013年至2016年的三年间，通过健全完善基层党组织体系建设、全面提升社区服务水平、着力加强社区物业管理、扎实推进旧楼区设施改造，努力把社区建设成为功能完善、充满活力、作用明显、群众满意的基层群众性自治组织，力争三年创建50个美丽社区。在全面提升社区服务水平的过程中，河西区将着力推动社区办公服务设施达标。三年内社区综合性服务设施面积300平方米以上的社区要达到60%~80%，设施面积在1000平方米以上的社区达到10%。完善便民服务体系，下大力量排忧解难，推进社区“一站式”服务。加大社区商业服务体系建设，2016年前，在现有试点基础上，建成20个社区商业中心；新建2~3家菜市场，使全区标准化菜市场达到40家；依托傲绿农副产品集团等农产品生产基地企业，建成20家连锁化社区菜店；发展津工、华润等超市便利店200家，基本形成“一刻钟社区服务圈”等。在着力加强社区物业管理过程中，将实现社区物业管理全覆盖，即新建住宅小区和保障性住房小区全部实施物业管理，经过旧楼区改造的小区，全部纳入长效化准物业管理，实施

大沽路菜市场

（摄影：巴进元）

社区党组织、居委会、业委会、物业企业、派出所“五位一体”管理模式等。在扎实推进旧楼区设施改造过程中，河西区将努力实现成片旧楼区改造全覆盖，加大既有建筑节能、供水和电梯改造力度，同时推进住宅小区市政、消防设施和改燃并网工程改造等。

（张选军）

旧楼区综合提升改造 2013年，河西区把旧楼区居住功能综合提升改造工程作为惠及民生的一件大事来抓，列为20项民心工程之一，围绕建设美丽河西首善之区目标，积极开展各项工作。在历时8个月的时间里，整修81个旧楼区，涉及381万平方米、813幢楼、3222个门栋，约6.8万户居民的居住环境得到极大改善，并同步实施既有建筑节能改造281万平方米。其中，龙江里示范小区在全市工作联合检查中作为学访项目，受到市领导肯定，得到居民群众认可。全年旧楼区提升改造工程涉及市规定项目5大项、42个子项：全区修复旧楼屋面防水层56万平方米、外檐维修55万平方米、甬路硬铺装17.3万平方米。结合各小区实际情况，选择性地增加园林绿化、监控摄像头、粉刷外檐、高标准甬路铺装、规范停车位等自选项目。龙江里、风致里等7个小区进行甬路整体铺装，三义大厦、广田里等6个小区维修老旧电梯30部，粤江里、新城小区等18个小区安装视频监控系统68个。2012、2013年两年时间里，河西区旧楼区提升改造工程累计完成672万平方米，128个旧楼区得到提升改造，约42万居民直接受益。改造后的旧楼区，由盛泰物业等8家物业企业进行准物业服务管理，在2013年全市每月实施准物业管理考核中，河西区连续名列全市第一。

（周美晓）

美丽天津·一号工程启动 2013年11月4日，河西区召开“美丽天津·一号工程”建设动员部署会议，对清新空气、清水河道、清洁村庄、清洁社区和绿化美化的“四清一绿”行动进行部署，动员全区上下行动起来，为美丽天津建设作贡献。河西区结合区情，把实施清新空气行动和清洁社区行动列为“美丽天津·一号工程”的主要内容，提出清新空气行动工作目标：到2017年，河西区环境空气质量明显改善，重污染天气大幅减少，优良天数逐年提高，细颗粒物年均浓度比2012年下降25%以上；清洁社区行动工作目标：推动形成综合治理有效、基础设施健全、环境整洁优美、秩序井然有条、净化绿化美化的社区环境。在开展清新空气行动中，河西区将着力加强工业、扬尘污染治理，实施挥发性有机物综合治理，禁止施工现场搅拌混凝土，施工单位全部使用密闭运输车辆，加大机扫水洗推广力度，到2015年城区道路机扫水洗作业率达到70%。河西区将全面开展餐饮油烟污染治理，逐步建成餐饮服务经营场所全部安装高效油烟净化设施，取缔露天烧烤和马路餐桌，实现城区成片裸露地面植被全覆

提升改造后的东海街道龙江里社区

（摄影：李德奇）

盖。大力控制燃煤污染,至2014年底,推动完成天津陈塘热电有限公司4台火电机组搬迁改燃工程,完成河西厂区关停;2016年底前,78台采暖供热锅炉实施煤改燃或并网,2017年底前建成基本无燃煤区。加强环保监管能力建设,至2015年底,区环境监测、环境信息、环境监察执法能力达到国家标准化建设要求,公开排污单位环境影响评价、污染物排放、治污设备运行情况等信息,接受社会监督。在深入推进清洁社区行动中,河西区将推行社区居委会组织全覆盖,完成23个住宅区物业管理覆盖任务,实现社区居委会组织、社区物业管理、旧楼区改造全覆盖。

(肖　原)

人民公园

(摄影:张　颖)

产业结构调整优化　2013年,河西区抓好产业结构调整优化,实现区域生产总值665.18亿元,可比增长9.8%;区级财政收入56.9亿元,同比增长26.7%;固定资产投资128.8亿元,同比增长31.9%;国内招商引资实际到位额115亿元,同比增长15%;吸引外资实际到位额2.2亿美元,同比增长10%;居民人均可支配收入同比增长10.3%。区域服务业增加值实现595.2亿元,占区域生产总值比重达89.5%。新引进银行支行2家、小额贷款公司4家。由友谊商厦、银河国际购物中心、彩悦城和阳光新业购物广场等载体构成的高端商业聚集圈初步形成。重点扶持的100家中小微企业加速成长,全年新增民营企业1415家、总数达1.27万家;建成小企业创业基地8个。新发展科技型中小企业545家、总数达1843家;科技小巨人企业10家、总数达36家;科技企业孵化器2家、总数达11家。成立楼宇经济管理办公室,支持楼宇提高功能品质。全区商务楼宇总量达109座,总建筑面积296万平方米,入驻企业5746家,年纳税超亿元楼宇28座。加大对重点项目服务力度,天津国贸中心、富力中心、国鑫大厦、棉二海河大观等项目主体竣工。成功举办2013商务商贸节,参与"津洽会"等全市重大招商活动。借重用好首都资源,积极对接各类商会、协会,全年引进企业239家,其中500强优势企业10家,亿元以上项目14个。陈塘科技商务区新收购土地28公顷,完成土地收购任务90%以上。4、5、6号地块完成出让。

(付志刚)

招商引资　2013年,河西区开展"大招商、招大商、大服务、大提升"活动,创新招商机制,加大服务工作力度,深化行政审批制度改革工作,成功举办商务商贸节。全年完成国内招商引资实际到位额115亿元,同比增幅15%,亿元以上项目14个;吸引外资实际到位额2.2亿美元,同比增幅10%,提前完成全年招商引资任务。全区创新机制开展大招商,建立区领导包保落实工作责任制,区领导带队先后调研服务33个重点招商项目、21个重点开工在建项目、42个重点楼宇项目、12个拟引进的国内外500强企业和45位经济顾问、招商顾问,收集储备50余条投资信息,落实解决43个问题;建立产业招商机制,成立总部、金融、中介、商贸、科技和文化6个产业招商办公室,以现代服务业为主导,依据产业规划,各产业办建立联系网络,确定532家企业为重点服务联系企业;建立竞争招商机制,成立由26个部门组成的120人专业招商队伍,在全区形成专业、楼宇、园区、街道四支队伍竞争招商态势,形成"四轮驱动"的招商引资氛围。区领导带队走访,上门招商,分赴珠三角、长三角地区及在京的500强企业,先后与杭州西子控股等多家企业开展有针对性的项目对接活动;赴北京、深圳、上海等地参加"美丽天津2013城市招商会",在全区引进的239家企业中,万科地产等500强及优势企业有10家。成立借重首都资源促进区域发展工作领导小组,积极联系总部在北京的企业,推介项目。促成有洽谈意向企业30余家,中国交通建设股份有限公司、中国中钢集团公司等26家北京企业在河西区注册发展,投资实际到位额27.83亿元。

(刘东捷)

"智慧河西"优化营商环境 2013年，河西区着力优化国际化营商环境，不断加快转变政府职能，提升行政效能，扎实推进服务型政府建设。依托电子政务平台、智慧河西建设等工作的不断推进，进一步提升政府服务水平。深入开展"促发展、惠民生、上水平"活动，区领导带队深入企业调研，了解企业在生产经营中遇到的困难，协调解决发展难题267个；各单位、各部门规范行政审批事项，行政审批持续提速增效；全区为民服务网络日趋完善，协调解决群众遇到的各类难题。依托电子政务平台，政务公开质量稳步提升，政府工作制度进一步完善，科学民主决策水平不断提高。在创新民主评议政风行风工作中，各部门为民服务意识得到不断加强，通过深化电子监察试点工作，区政府的公信力和执行力显著增强。区智慧河西建设进展顺利，成功申报国家智慧城市试点城区，推动数字河西向智慧河西升级发展。新梅江智慧生态社区、社区服务网格化信息管理平台、智能化运营平台等信息化项目启动建设。全区信息网络基础设施建设稳步推进，新建视频点位300个，3G网络基本实现全覆盖，重点公共场所、商务楼宇基本实现无线局域网络覆盖。

（韩 爽）

下瓦房街道

下瓦房街道位于河西区东北部，海河西岸。东临海河与河东区隔河相望，东至台儿庄路，南界湘江道、津河，西至广东路，北迄绍兴道。2013年，街域面积1.701平方公里。设9个社区，居民19463户51718人。

2013年，招商引资2.6亿元，零散税征收177万元。

对海华里等4个旧楼区提升改造，跟进物业或准物业管理。组织开展"三清一整"、非法小广告专项治理和"大干50天"市容环境集中整治。清理居民区非法小广告5000余处，粉刷楼门172个，拆除私搭乱盖、违章圈占26处，清除卫生死角80余处，清理各类废弃物及工程杂土500余车1500余吨。

落实困难群体帮扶工作，发放各类救助金500余万元，救助困难群众1000余户。举办10场次帮扶助困招聘会，1166名失业人员实现再就业，为176人办理灵活就业社保补贴，为1357人次办理社会保障卡，为1500名参保人员办理相关手续。完善居家养老服务体系，为50名社区退养主任、空巢低保特困老人申请办理"居家养老"服务，为79位社区老人提供送餐服务。组织开展扶残助残活动，举办残疾人厨艺技能培训，向153户困难残疾人家庭发放救助物资。在区首届残疾人运动会上，街道荣获"体育道德风尚奖"。

坚持"创文工作日常化、日常工作创文化"，召开"微笑服务在行动"誓师大会，举办"微笑健步行"启动仪式和"慧眼看社区文明感动你"摄影展，在《新河西》刊发专版。

"科普进社区"活动中，富裕广场社区获全国"科普益民计划示范社区"称号。"我健康，我快乐"全民健身活动中，鸿达太极拳队荣获"四星级体育社团"称号。

有序开展人口计生工作，计生全员人口信息系统在市岗位练兵比武活动中取得第一名，富裕广场社区荣获国家人口和计划生育基层群众自治示范村居荣誉称号。为167户失独家庭办理"暖心计划"意外伤害保障，为161对计划内目标人群预约查体。

推动非公企业建会建制，建会企业达414家，净增143家。成立2个楼宇工会联合会。建制企业达403家，完成率97.3%（区下达目标为85%）。创建和谐企业51家，完成率63.8%（区下达目标为55%）。地税代征完成406家。

整合地区党建资源，实施街道"大工委"制和社区"大党委"制。推广《下瓦房街党建工作规范化手册》和《党员干部现代远程教育管理使用手册》。组织开展基层党组织服务项目典型案例征集活动，形成《下瓦房街党建工作典型案例汇编》。按照"一居一品、各具特色"思路，深化"五大岗十大员"活动载体，形成社区各自的党建工作品牌，建成独具特色的下瓦房地区党史文献馆。

（李 春）

大营门街道

大营门街道位于河西区东北部，东临海河，西至天津外国语大学，南至绍兴道，北至马场道、徐州道与和平区接壤。2013年，街域面积0.995平方公里。设7个社区，居民13250户34013人。

2013年，招商引资2.03亿元，零散税征收450万元。

全面完成三义大厦等10个小区提升改造。组织7次市容环境集中治理，对浦口东里等9个小区楼道内杂物和小广告彻底清理。运用数字化城市管理平台对社区卫生实时监控。

提高服务水平，帮扶困难群体，举办"晒本领，展风采"社工技能比武大赛。开展"爱心涌动大营门，真情传递千万家"携手慈善温情互暖启动仪式，募集善款39940元。完成低保、特困467户调标复审。安置就业1037人，超额完成任务的3.7%。

组织召开"请让我来帮助你"主题活动，组建爱心追踪队、社区好声音、四点半课堂等7支志愿服务队，制订“五个一”活动标准,天津电视台等主流媒体做报道。以“文化点亮中国梦”为主题,举办第九届文化节和第十一届读书文化月活动。在办好市民学校“精品班”活动中,“创建市民学校后备教师保障机制”创新试验项目荣获天津市三等奖、河西区一等奖,“踢踏舞班”在市舞蹈大赛中荣获一等奖。成立街道理论宣讲团,组织社区开展道德讲堂活动60场。

成立街道“大工委”和社区“大党委”,吸纳中钢集团等6家单位党组织负责人担任“大工委”兼职委员。推进党组织网格化管理与服务,制定《三队服务职责》等制度。组织小微企业员工、女职工200余人免费体检。为19名企业困难职工和外来务工人员子女提供9200元救助资金。为楼宇企业两名困难单亲母亲每人送去800元慰问金。街工会在企业建会60家,建制527家,完成年度任务。

完善街道、社区、楼栋三级网格化消防管理模式,排查单位382家、“六小”单位190个、餐饮企业72家,查处隐患39处,组织防火安全讲座14场。做好反邪教工作的组织监控和重点人员的教育转化。对刑释解教人员安置帮教。细化东亚运动会期间安保工作方案和处置突发事件工作预案,圆满完成维稳任务。

人大代表和政协委员坚持深入社区调研,听取选民意见,提出建设性意见23条,协调解决新立里、三义大厦小区路面修复,东莱里社区居委会办公用房修缮,宝德里健身园修复等问题17件。

(孟庆刚　葛伟强)

马场街道

马场街道位于河西区西南部,东至友谊路,西以卫津河与南开区为邻,南邻宾水道,北靠津河与和平区接壤。2013年,街域面积4.45平方公里。设11个社区,居民24711户54949人。

2013年,招商引资2.06亿元,小税种征收241万元。

综合提升改造劳卫里等4个小区14万平方米,推进准物业管理。清理工程渣土4000余吨、乱堆乱放1000余处、违法广告10万余处、社区生活垃圾近万吨。创建文静里等5个“治理无小广告示范社区”。实施市容环境网格化管理,规范操作流程,建立台账,建立考核奖惩机制。

对5000多名困难群众实施爱心救助、公益助残资金达72万余元。与空巢老人结帮扶对子,安装爱心门铃50对,举办健康社区行义诊30次。实施家庭幸福促进计划,开展0~3岁婴幼儿早期教育,深入走访44户社区流动人口困难家庭,为453户新婚(重组)家庭建立健康档案,定期跟踪随访服务,组织158对计划怀孕夫妇参加免费检查,走访全街35户失独家庭,对2户特困特扶家庭各发放2000元慰问金。

新增就业1115人,失业率控制在3.6%以下。落实再就业扶植政策,登记下岗失业人员2865人,累计提供服务2097人次。

推进社区民主自治,四方共建、一元基金会、爱心QQ群、相约星期五聊天室等社区特色活动形成品牌。坚持举办为民服务快车进社区活动,将质监、工商、卫生等部门纳入为民服务快车。成立学雷锋志愿服务队39支,吸纳志愿者8000名,开展“党员承诺”等志愿服务活动100余次。

开展文化大拜年活动,举办“蛇舞马场喜迎春、和谐社区百家宴”“蛇吐瑞气送百福”“和谐社区一家亲”等活动,开展第十一届居民节,以“美丽社区是我家,争做美丽马场人”为主题,对最美社区、最美卫士、最美家庭等十大类“百名美丽马场人”进行命名表彰。开展“健康万米行”活动,11个社区老年人万米行队伍进行展示,450名老年朋友参与健步走活动,5支健身团队进行舞蹈、健身操等表演。开展第二届居民读书节,与天津市新闻出版局共建,建立图书漂流基地和城市书吧,推动以“书韵飘香 幸福马场”为主题的书画笔会、“无处不读书”摄影展等“十个一”系列活动。

2013年8月7日,马场街道举办为民服务快车进社区活动

(摄影:苏　日)

推行“大工委”制，成立马场街道大工委，打造四方共建党建品牌，制定“三定三联”制度。各社区党委成立社区大党委，打造“一委一特色”，实现区域党建网格化管理。

（董志宏）

天塔街道

天塔街道位于河西区西南部，坐落于天津电视塔脚下，东北向起紫金山路，西至卫津南路，南到四化河。2013年，街域面积3.28平方公里。设16个社区，居民27303户79149人。

2013年，引进科技型中小企业10家，招商引资3.3亿元。零散税征收500万元。

规范社区环境卫生管理，做好紫金南里等15个旧楼区综合提升改造，6161户居民受益。清运堆物、工程渣土2500余吨，清理楼体立面、楼道内等点位广告涂鸦3000余处，楼道广告涂鸦40万平方米，清理卫生死角25处，清运落叶20000余袋。对全街15万平方米绿地、5000多株乔木和12个社区游园养护管理及时到位。

开展“两节”慰问活动，全街347户困难家庭慰问率100%。抓好低保、特困户日常动态管理，对低保户481户752人，特困户78户159人，临时困难户119人，及时做好补助发放、夏令、冬令救济、暖气费报销等各类救助工作。发挥慈善工作站和爱心超市作用，随时解决困难群体应急救助工作，慈善救助77人，发放救助金92550元。对2045户空巢老人、1207户残疾人家庭每月走访一次。组织100名残疾人免费查体，开展“登天塔俯瞰津城新变化”活动。坚持每月举办“献爱心招聘会”，进场单位317家，提供就业岗位4700个，累计参加3250人次，达成就业意向586人次。全年安置1080人再就业，落实失业人员档案管理、灵活就业、就业援助等劳动保障政策，全街零就业家庭动态为零。

举办第十五届邻居节活动，以“睦邻善行筑梦社区”为主题，以实现中国梦，建设美丽河西、首善之区为切入点，建立天塔街好邻居文化广场，拍摄微电影《我们都是好邻居》，评选80名“最美好邻居”，举办天塔街好邻居大家乐游园会和“文明天塔·美丽精彩”靓丽楼门、靓丽路径、靓丽小区摄影展。各社区围绕“梦的多彩”“梦的家园”“梦的使者”三大板块开展50余项主题活动。

天塔街道坚持每月举办一次招聘会，并为社区残疾人加开专场招聘会

（天塔街道供稿）

开展创建全国文明城区工作，对35项重点工作进行细化，目标分解，落实责任。开展道德讲堂102次，受益4000余人。举办“中国梦·我的梦”青少年暑期经典诵读大赛。16个社区分别成立“学雷锋志愿服务站”，招募志愿者6067人。每月18日各社区坚持举办“邻居日”和“关爱他人、关爱社会、关爱自然”主题活动。组织开展青年律师进社区志愿服务活动。

新建工会40家，涵盖数408家，发展会员3924人，签订工资集体协议375家，创建和谐企业19家。全年发展“两新”团组织10个，并建立1个楼宇团委。

全街16个社区全部推行“大党委”制，吸纳区域内机关、企事业单位、“两新”组织等党组织负责人进入社区党委班子。投资5万余元为11个社区配备党员干部远程教育设备。开展“两创建、两评选”（创建达标社区和示范社区，评选优秀党员志愿者和优秀党组织带头人）活动，推进社区党建工作“网格化”管理，打造党建示范社区2个，达标社区4个。

（王欣铎）

友谊路街道

友谊路街道位于河西区南部，东起尖山路，西至紫金山路，南到卫津河，北至宾水道、平江道。2013年，街域面积2.87平方公里。设15个社区，居民35103户97317人。该街是天津市委、市政府机关所在地。

2013年，招商引资3.21亿元，零散税征收340万元。

开展环境卫生集中清整，累计出动2000余人次，清理工程土200

余车600余吨，堆物400余车600余吨，各类堆物1200余处，粉刷楼道楼门492个，清理绿地43000平方米，清除各类小广告5000余条。

关爱困难群体，救助371户困难群众，发放救助款29万余元，为低保特困家庭600余户发放节日补助114万余元，医疗救助12人，合计7万余元。为困难残疾家庭学生发放助学金58440元。对22户困难单亲母亲给予资金救助7900元。为7名困难学童发放毛衣，为30名单亲母亲免费查体并办理安康保险。完成35户公共租赁房收入审核，106户限价房收入审核，为23户办理廉租房租房补贴，为50户办理经济租赁房租房补贴。为雅安地震灾区捐款119474元。街友谊家园再就业服务有限公司为197个困难家庭提供入户服务936次。以社区为单位举办"为困难失业人员创岗安置"小型招聘会，安置新增劳动力1096人、困难人员101人。

开展系列文化活动，召开第四批终身学习服务中心启动仪式和社区教育实验项目中期推动会，谊景村、西园南里社区被评为星级示范社区。在谊景村社区召开天津市"城市书吧"现场推动会，街道在全区文化擂台赛中荣获团体优秀奖，西园西里等8个社区获得科技益民计划示范社区称号。在创建全国文明城区工作中，举办"文明行为我遵守"社会公德宣传一条街启动仪式，制作35米长文明漫画墙。

"百日大排查"活动中，对辖区内92家餐饮企业使用燃气情况和52个"六小"单位、"三合一"场所进行安全检查，对23个存在隐患点位进行纠正督促整改。对珠宝店、银行、超市等13个市、区重点单位进行反恐督导检查。全面实现"巡逻队转社区、骑巡队转周边、警车转路面"的大巡控格局。

整合地区资源，建立共建共享机制，成立街道"大工委"。启动相约"双十"服务日活动。以谊景村和柳江里社区为试点，研发"友谊智慧党建——社区e站软件"，打造"智慧友谊，数字社区"服务平台。利用智慧党建社区E站三维地图功能，在全街开展网格化管理工作。以"网络在线聚慧友"和"企业文化金名片"为载体，强化"4s"服务理念，开展"十二进"服务，推进"三位一体"党建工作管理模式。

（索园丽）

东海街道

东海街道位于河西区东南城郊结合部，东起微山路，西至洞庭路，南迄涪水道，北抵珠江道。2013年，街域面积2.12平方公里。设15个社区，居民31385户87469人。

2013年，引进科技型中小企业12家，引资3.9亿元，零散税征收260万元。

提升社区品位，完成龙江里等9个小区165个楼座52.39万平方米综合提升改造。投入500多万元，建成1200平方米的龙江里居委会，对汉江里居委会内部功能重新整合。接管儒林园等4个城郊结合部小区，实现居委会管理全覆盖。在全市大学访活动中，龙江里受到市委书记孙春兰和16区县领导一致好评。开展市容环境整治，清理圈占堆物200处，工程杂土20吨，治理非法小广告涂鸦1000余处，清理家禽家畜20只。

注重民计民生，对辖区4966户低保、特困、边缘户、残疾人进行救助，发放款物1400余万元。为290户居民办理廉租房、经济租赁房租房补贴和限价商品房，对110户进行经济租赁房复审。借力三星集团、桂发祥集团为辖区困难家庭捐助1.5万元。救助困难学生、失独家庭、大病、重残家庭，捐助款物10万元。构建15分钟生活服务圈，引进"缘来一家"餐饮企业，开设龙江里、汉江里2个社区食堂，引进超市、理发、卫生保健等便民服务网点。建立600平方米的东海街健身中心，坚持公益性半市场化运行模式。为辖区35位空巢、独居老人安装爱心门铃。新增22人享受老年人生活补贴，为6077人次办理失业人员养老保险、失业金领取、社保卡等服务。举办公益性招聘12次，开发就业岗位4000个，安置失业人员1150人。组织266对育龄夫妇参加免费孕优检查。扩大家庭幸福指导室活动内容，提供青少年教育咨询12次、家庭心理咨询12次、医疗咨询14次。

开展文化活动，成立东海街道德宣讲团，举办道德讲堂80余场次，近3000人参加。完成龙江里等3个近260平方米的书吧硬件建设，配备书籍1万余册。与市歌舞剧院联手，举办迎国庆高雅艺术进社区活动。全年开展文体活动100余次，5000余人次参加。依托社区终身学习服务中心和市民学校等载体，联合博物馆、消防队、百名专家等进社区开展相关讲座20场，2000人次参加。

加强社会管理，全年排查调处各类矛盾纠纷258起。成立东海街流动人口服务站，对40余家周边单位流动人口登记。举办新市民趣味运动会等活动。对刑释解教人员提供就业信息33条。开展法律进社区活动，举办法律讲座50余次，提供法律帮助10余次。

夯实党建工作基础，街道班子成员、社区指导员和社区党组织成员深入社区走访慰问，解决难题27件，引进帮扶资金24万元。组建由1347名党员志愿者参加的10支服务队伍，开展各类服务2600余人次。成立东海街大工委，在12个社区全面推行社区大党委制，成立东海街社区党校。做好建会建制创和谐企业和工会经费税务代收工作，建会113个，建制98个。

（朱倩妮）

尖山街道

尖山街道位于河西区西南部，东起洪泽路，西至隆昌路、白云山路，南迄潭江道，北抵大沽南路。2013年，街域面积6.3平方公里。设21个社区，居民24322户65245人。

2013年，引进新建企业14家，招商引资3.3亿元，征缴零散税500万元。

开展市容环境集中治理，拆除违章，清除乱贴乱画，清理乱圈乱占44处，清理楼道堆物3000多处、杂土120余吨，绿地拣脏3万多平方米。对文才公寓等3个旧楼区提升改造，粉刷楼门398个平房473间。

举办“爱在尖山，温暖2013”慈善助困主题活动，救助各类困难群体1594户2108人，发放救助金92万元。在社区建立再就业信息网络，实现网上实名创岗安置1386人，完成创业培训计划135人。利用节假日开展药具宣传、关爱母亲等活动，免费为计划生育特扶家庭成员进行体检。

丰富文化生活，市民学校开设15个班7大类学科5个方面的特色课程，以百花越剧团、佳丽舞蹈队为代表的128支近3000人的社区业余文艺团队活跃在社区各个舞台。组织开展百名专家进校园、进社区等“四进”活动和“红十字博爱送万家”等系列活动，举办第六届老年人运动会和流动人口新春联谊会。

落实创建全国文明城区指标任务，制作公益广告宣传展牌，在名都新园、长达公寓等社区开设“道德讲堂”。组建学雷锋志愿者队伍，开展保护环境、文明交通、文明餐桌、东亚运动会志愿服务等活动。举办先进典型事迹演讲，开展“4点半课堂”和未成年人思想道德教育活动。

创建美丽社区，突出“街道引领，社区深化，企业参与，群众主唱”的工作思路，举办第三届和谐社区建设成果展示周暨“幸福家园，共建共享”美丽社区建设推进活动。加大对“重点人”稳控排查力度，实施信访接待领导带班制度。实施消防安全动态网格化管理，组建1000多人的消防志愿者队伍，举办消防安全知识讲座和12场消防演练。

组织开展“两创建两评选”和“党建三项示范工程”活动，创建党建精品小区和党建达标社区。举办为民模范先进党员事迹演讲会，制作党建网格化展牌，建立完善“大工委”格局。为20个社区、11个非公企业的千余名党员提供教育服务，对40余名困难党员进行帮扶解困，组织20余支党员志愿服务队。天津珠江投资(控股)集团有限公司党支部被评选为市级非公企业先进党组织。组织代表、委员活动日和各类为民服务活动，新增建会358家，发展会员2580人，建会率99.65%。街道团工委被评为区“五四”红旗团委，街道妇联开展“文明家庭”“平安家庭”和救助单亲母亲等系列创建活动。

（侯　蕊）

陈塘庄街道

陈塘庄街道位于河西区东南部，东起微山路、学苑路，西至洪泽路，南抵珠江道、泗水道，北傍海河。2013年，街域面积6.5平方公里。设12个社区，居民22986户61265人。

2013年，招商引资3.13亿元，零散税征收210万元。认定科技型企业10家，其中2家为小巨人企业，占全区的20%。

完成骊山里等6个自然小区旧楼区提升改造，对351个楼栋及外环境清理整治。探索长效化管理措施，统一建立社区环境违章、堆物、圈占等工作台账，出台《陈塘庄街社区市容环境管理联动机制暂行办法》。

开展“情暖万家”大型救助活动，发放各类救助款49.66万元，

2013年4月25日，中国关工委主任顾秀莲(右一)走访陈塘庄街道秀峰里社区

（摄影：李　鹏）

1627户困难家庭受益。举办“托起朝阳,成就梦想”捐资助学活动,区人大代表、汇源印刷有限公司董事长刘艳华捐助10万元善款，对34名低保、特困家庭大学生及研究生实施救助。与“政协委员进社区”活动相结合，邀请区政协委员走进社区，为居民群众开展健康保健讲座,为困难家庭和残疾人捐助轮椅车20辆、电风扇50台、助学款1万元。在全国助残日主题活动中，为百余名困难残疾人发放助听器等价值11.5万元的救助物品。住房保障工作,提前完成全年低保复审。创岗安置1126人,为118人办理城乡居民医疗保险报销支付，报销金额54.5万元。

以“五家”(建家、管家、当家、认家、爱家)为载体,打造“一居一品”特色社区。对陈塘庄居委会综合提升改造,改造后社区居委会面积150平方米。新建320平方米的双山新苑居委会,5月投入使用。全街300平方米以上居委会6个,达到50%。

启动学雷锋志愿服务活动;开展“中国梦·我的梦”系列主题教育活动;针对未成年人群体,以青少年道德讲堂、快乐驿站、阳光营地、开迪树角色体验等为载体，培育美德少年。创新开办“隔代家长教育学校”,得到中国关工委主任顾秀莲充分肯定，街道关工委被评为全国五好基层关工委先进集体。举办陈塘地区第十一届社区文化艺术节,开展“九大周”“创文百日季”等系列活动，打造6个社区心理咨询室、5个道德讲堂和2个城市书吧。街道创建市民学校班级与社团融合发展的管理模式，获天津市社区教育创新项目二等奖，河西区创新项目一等奖。秀峰里社区被评为河西区星级终身学习服务中心。

结合“六五”普法,在12个社区开展法制宣传活动。做好司法所达标创建工作，街司法所被评为市级达标司法所。

落实全国第三次经济普查前期摸底调查,登记、录入单位1198户、个体经营2634户,统计工作获天津市街乡镇统计工作达标优秀奖。

在街道、社区全面实施“大工委”制和“大党委”制,增补、聘用大工委、大党委兼职委员25人。做好楼宇党建和非公党建工作，天津宝丽金大酒店党支部被评为天津市非公经济组织先进党组织。新建工会134个,完成区下达指标的128.3%。

(岳惠民)

柳林街道

柳林街道位于河西区东南方向城郊结合部，东至双林引河与津南区接壤,西至学苑路、微山路,南至泗水道、新会道,北起海河。2013年,街域面积4.2平方公里。设13个社区,居民25682户68116人。

2013年，招商引资6000万元,零散税征收60万元。

完成东海里等5个旧楼区19.66万平方米居住功能综合提升改造,惠及居民3480余户。拆除违章圈占300余处，清运垃圾杂土80余吨,清理楼道内外堆物千余处,治理私养家禽家畜58起,清理楼道内外小广告15万平方米,向社区分发除“四害”药品400多公斤。推进社区网格化管理和专项整治活动,美化居民生活环境。东海里社区荣获天津市环境友好型社区称号。

对低保、特困、刑满释放人员、残疾人、老年人等弱势群体开展各类救助活动,发放各类救助款物400余万元,惠及1500余人。春节期间,街慈善协会募集善款（含物折款）5.06万元，为腾华里家庭失火居民于文启申请慈善救助款1万余元。为149人办理残疾人养老保险,为54名残疾人配备助视器、下肢矫形器等医疗器械，助残月为224名困难残疾人实施实物救助。开展“九九重阳,慈善助老”系列活动,为73名老年人办理居家养老免费送餐服务,为60岁以上低保特困老年人进行眼部免费检查，对3位百岁老人入户查体。办理无业人员殡葬补贴66人11万元。在全区率先完成低保特困档案的编码、装订和扫描录入工作,接受市民政局、档案局检查,被列为全市示范点，做法在全区推广，国家民政部领导在该街调研时给予高度评价。

开展“红十字博爱送万家”活动,为70户生活困难户发放慰问品2.1万元。为四川雅安地震灾区募集捐款8万余元。组织22名志愿者参加区造血干细胞血样采集及应急献血体检。实施“家庭幸福促进计划”,评出10个幸福家庭示范户和10名星级阳光志愿者。以人口和计划生育服务需求为导向，利用重大节假日、纪念日开展宣传服务教育活动10余场，组织463名育龄妇女到区生殖健康中心和社区医院进行妇科查体。

搭建就业服务平台,举办专场招聘会15场，拓宽下岗职工和在校大学生就业渠道，帮扶46名特困家庭应届毕业生,新增就业指标1037人。

围绕创建全国文明城区工作指标体系,结合“美丽河西、美丽社区”工作,在全街12个社区开展“一家一幸福,一楼一靓丽”创建活动,初步创建160个特色靓丽示范楼门。开设“道德讲堂”,在机关及社区建立道德讲堂13个,举办道德讲堂50余次,受益3000余人次。组织参与市、区道德模范评选活动,腾华里社区的高然，二疗社区的石景茹等5位居民入选“河西好人榜”;柳苑社区的刘萍被评为河西区第八届十大杰出青年。

协调公安、消防等部门，全面排查、清除各类消防安全隐患77处，督促整改落实。推进人防、物防、技防网建设，为8个社区申报安装S门及监控摄像等设备。

（王跃明）

挂甲寺街道

挂甲寺街道位于河西区中部偏东，东临海河、天津市第四棉纺厂西大道，西至隆昌路，南抵资水道、大沽南路，北迄津河末梢、湘江道。2013年，街域面积2.41平方公里。设15个社区，居民36172户79522人。

2013年，引进企业14家，引资额3.45亿元，零散税征收376万元。引进科技型企业10家，完成指标任务。

完成云广新里等6个旧楼区综合提升改造。新城小区大板楼节能改造工程作为2013年市节能改造最大单体项目，施工面积21万平方米。加强社区环境卫生常态化、长效化管理，发挥手持对讲机作用，形成日常巡视中“发现问题—处理问题—汇报处理结果”的管理机制。每月开展社区环境检查讲评，保证社区卫生常态化管理成效。

依托街慈善分会开展“扶残助困暖心”活动，春节期间对941户困难家庭帮扶救助，发放款物价值39万元。对2200余名残疾人和700余名低保特困家庭成员档案整理规范，设立专门档案室统一管理。落实劳动保障政策，实现就业5294人，就业率96%，协助98名大中专毕业生就业，为97名居民报销医药费68万余元，办理社保卡1205张。

投入24万元对社区进行改造，优化办公条件。落实社区“1+2+X”网格化管理模式，坚持网格管理员“一日一巡查”管理机制。

人口计生工作，把“关爱女孩行动”作为“婚育新风进万家”活动重要内容，在暑期开展“学历史爱科学赏艺术”文化中心参观活动、“关爱女孩放飞梦想”数字油画绘画展、“五彩青春年绚丽中国梦”青少年自护教育活动、“快乐暑假，乐活学习”讲座系列活动。街道被国家计生委命名为国家级依法行政示范街。

依托社区党校开展“中国梦，我的梦”主题宣讲活动。建立5个道德讲堂，建成美好里城市社区书吧。以“我们的节日”为主题，开展系列文化活动。搭建街政建设工作互动交流平台，建立挂甲寺街党员学习微型园地微信群，开办月刊报《社区新视野》，在新浪微博开通《挂甲寺街文明使者》微刊。举办第五届挂甲寺街民间民俗文化艺术节，活跃居民文化生活。街舞韵秀舞蹈队获天津市“南开杯”舞蹈大赛二等奖。

2013年2月28日，挂甲寺街道志愿者服务大家庭表彰大会暨志愿服务项目启动仪式

（摄影：王　琦）

把“志愿服务大家庭”作为街志愿服务特色品牌，确立社区志愿服务项目化运作模式。以“关爱他人、关爱社会、关爱自然”为主题，确立32个子项目，建成“社区—团队—职能科室—辖区单位”四位一体的社区志愿服务平台。

加强对社区和市场安全防范管理，安装技防摄像探头39个。强化消防安全，为解放南路213号等62个楼栋安装消防灭火器材，为五矿大厦内19家企业赠送灭火器等消防器材。

探索推进地区“大党建”模式，在辖区5座商贸楼宇建立党员服务站，5个驻街单位被聘为“大工委制”委员。在社区开展党员公开承诺践诺评诺活动，2000余名党员向党组织递交承诺书。收集整理七届70名党员岗位明星事迹，编印社区党建工作掠影《风正一帆悬》。加强“两新”组织团建工作，街团委获市级非公企业和社会组织团建工作优秀组织单位称号。

（孔含宁）

桃园街道

桃园街道位于河西区西北部，西北沿西康路、马场道与和平区交界，东至广东路，南到津河。2013年，街域面积1.09平方公里。设10个社区，居民15458户44248人。

2013年，引进科技型中小企业12家，招商引资3.2亿元，零散税征缴340万元。

完成江南公寓等7个旧楼区综

合提升改造,受益居民4340户。开展环境卫生清整活动,对三德里等17个无主产楼门彻底清理,对楼道内5100平方米墙面粉刷,对58个楼门彻底清理。在迎国庆、东亚运动会环境卫生集中清整活动中,清理楼道堆物、杂物4500余处,清理工程渣土3500吨,共计1300余车,清除广告15000余条,清扫绿地4000平方米。

开展“2013年迎新春情暖万家慈善助困”活动,为各类困难群体发放救助金及救助品72万余元。全年办理各类住房保障补贴及待遇270户,完成347户低保、58户特困户复审工作。与世界轮椅基金会联合举办救助活动,为残疾人发放轮椅23辆。为25名贫困精神病患者办理服药救助。组织50名残疾人参加“关爱生命共享和谐”千人健康查体活动。为12人发放辅助器,为18户安装坐便器,无障碍设施25处,发放残疾人救助金32万余元,残疾人助学金近4万元。开展“敬老文明号”创建活动,街老年协会、西楼北里老年协会、街合唱团、元兴新里社区老年日间照料站被评为区级“敬老文明号”。

举办街高校毕业生专场公益招聘会,街域35家单位提供135个就业岗位。与公益性公司签订就业联盟协议书,确保完成1000人新增就业指标。

开展以“创文明城区、建美丽桃园”为主题的第十三届安居节活动,街文艺社团及辖区各单位在开幕式上表演精彩文艺节目。街道办事处和天津市集邮公司合作设计并限量发行桃园地区第十三届安居节纪念首日封一枚。与中国银行广东路支行联合举办“书福迎春”笔会活动,各社区开展迎新春联欢会、戏曲专场、“金蛇狂舞闹元宵”等居民同乐活动。创建市民学校志愿者招募机制实验项目正式开启,新设剪纸、彩珠编制、柔力球、烹饪4个班级,在校总人数400余人。举办第三届“中国梦桃园情”老年人摄影书画作品展。以“共筑生态城区,建设美丽桃园”为主题开展首届环境教育宣传周活动。承办“倡导低碳生活共建美丽河西”低碳节能公益活动。罗兰花园社区被评为市级环境友好型社区。

坚持定期排查与化解调处相结合原则,排查调处各种矛盾纠纷81起。对街232部电梯年检情况调查摸底,督促4家单位及时年检。在第三次经济普查统计中,街道被评为天津市网上一套表工作先进单位。

(刘艳霞)

越秀路街道

越秀路街道位于河西区中部,东起隆昌路,西至友谊路,南起平江路,北至津河。2013年,街域面积3.69平方公里。设14个社区,居民25833户71096人。

2013年,招商引资3.5亿元,零散税征收600万元。

出资2万余元为城管科配备30余部对讲机,建立城管呼叫中继台。对恩德里社区和友谊公寓社区甬路全面翻新,对江门里、教师村等7个社区甬路修补维修。全年清运工程渣土320车1280吨,各种杂物、堆物150车300吨,小广告涂鸦百万余条。

办理低保593户,特困71户;住房保障受理、审核收入292户,办理经济租赁房补贴、廉租房补贴187户,限价房、公租房审核收入138户,复审71户。慈善救助募集善款41万元,受益754户;医疗救助、临时救济及夏、冬令救济293户22.55万元;发放助学金187人14.01万元;全年为13户家庭进行无障碍设施改造,为287户残疾家庭发放救助物资,为99户残疾人家庭办理居家助残托养。阳光家园日间照料中心运行良好,成为该街品牌项目。

举办年俗文化超市、消夏晚会、中秋画展等文化活动,举办第六届文化艺术节;开设“青少年道德讲堂”、4点半课堂等快乐营地系列活动,在教师村、港云里社区开展第五次国家卫生服务调查工作;对338名社区居民进行应急救护知识培训;家庭教育交流社、“避孕药具15分钟服务圈”等项目成效显著。

2013年2月5日,越秀路街道迎新春年俗文化超市开市

(摄影:王　华)

完成街道牵头7项、社区牵头18项创建全国文明城区档案资料整理工作；成立16个道德讲堂；组建“越秀好声音”宣讲团，成立街志愿服务大队、银河文化社团志愿服务队、市民学雷锋志愿服务队，组织开展“学雷锋，树新风”志愿服务活动；街报《越秀采风》发行11期。《人民日报》《天津日报》等媒体刊登信息100余篇，人民网、天津网等网络登载信息80余篇。畅通社区消防通道，在14个社区实施禁止占压消防通道道路划线工作。

推行街道“大工委”制，吸纳28个社区单位党组织负责人作为社区党委兼职委员，实施网格化管理，根据地域调整社区党支部，落实党建工作创新项目。组建社团、沿街商户党组织和亿元楼宇党员服务站，银河文化社团联合会党总支“三聚三促”工作法打造红色氧吧事迹向全市和全国推广，市委书记孙春兰在加强社区建设工作会议上给予充分肯定，市委组织部为银河文化社团联合会党总支赠送60寸彩色电视机。

（王　华）

梅江街道

梅江街道位于河西区西南部，东起五号堤路、白云山路，西至紫金山路，南至潭江道，北起郁江道。2013年，街域面积2.6平方公里。设8个社区。户籍人口5226户14529人，暂住人口2万余人。

2013年，招商引资3亿元，小税种协税870万元，引进和帮扶科技型中小企业10家。

市容环境清整。各社区开展环境清整58次，清整点位400余处，清理粉刷非法小广告700余处218平方米；各社区物业公司粉刷覆盖面积800余平方米。解决区容委卫生督办问题40余件，数字城管督办问题6件。组织25家单位和社区投放鼠药，购销鼠药35箱。

梅江居住区

（刘子寅供稿）

拓宽劳动保障渠道。将服务下沉到社区，失业人员不出家门即可享受各项优惠政策。劳动保障工作结合辖区居民实际情况，工作重点从安置再就业转变为失业人员及社区居民社保服务。全年安置就业52人，组织创业培训12人。为居民办理社保卡720人。征缴新生儿参保79人，征缴城镇职工养老、医疗保险157人。

惠民助民保障。开展“四日捐”活动，募集善款53459元。“废品变善款”“一元善款”等慈善项目，募集善款1175元。为四川雅安地震灾区募集善款181165元。在第二十三个全国助残日之际，为残疾人发放救助款1.02万元。开展春雨暖心活动，春节期间为5户特困家庭送去菌菇、杂粮、体检卡，为49户边缘户送去慰问品价值3.68万元。为独生子女死亡及伤残家庭免费加入暖心计划保险，计划生育困难家庭感受到社会的关心关爱。做好孕前优生检查工作，免费对50对夫妻进行检查。为低保特困家庭18户33人发放救助金13万余元。

深化节能减排。响应区政府建设节约型机关号召，制定街道节能灯照明制度、集中打印制度，提倡纸张二次利用。宣传空调、电脑、电热宝等常用电器科学使用方法，同比节能25%。

社区物业管理。针对梅江地区均为封闭式物业管理小区的特点，不断尝试解决业主、业委会、物业公司之间矛盾。探索新的社区管理机制。推行党支部、居委会、物业和业主委员会四方议事决策机制，协调并指导社区物业管理事务。

加强党建工作。召开梅江地区庆“七一”表彰大会暨“中国梦·梅江生态行”启动仪式，表彰建街以来百名先进集体和个人，号召团员青年加入“中国梦·梅江生态行”活动。成立梅江街“大工委”，8家单位党组织负责人作为兼职委员进入街道工委班子，制定《梅江街道“大工委”制工作方案》《梅江街道“大工委”议事制度》。抓好群团工作，累计建会216家，新增建会企业77家，实现梅江地区非公企业建会全覆盖。

（程云升）

南 开 区

概 述

南开区是天津市辖区之一，位于市区西南部，境域地理坐标为北纬 39°3′35″~39°8′3″，东经 117°6′8″~117°11′16″。东起海河与河北区相望，沿荣吉大街、兴安路、南马路至南门外大街、卫津路和卫津南路，分别与和平区、河西区接壤；西、南至密云路、芥园西道、陈塘庄铁路支线与西青区相连；北抵通北路、北马路，沿西马路至西关大街、津河、南运河与红桥区毗邻。南北长 9.2 公里，东西宽 5.6 公里，略呈倒三角形。2013 年，区域面积 40.636 平方公里(含华苑街道)，辖鼓楼、兴南、广开、长虹、向阳路、嘉陵道、万兴、学府、水上公园、王顶堤、体育中心、华苑 12 个街道办事处，其中华苑街道和向阳路街道的西横堤系非属地管理。有居民委员会 166 个。全区户籍人口 853714 人。除汉族外，有回族 7093 户 20612 人，满族 1733 户 7021 人，蒙古族 415 户 2192 人，朝鲜族 313 户 1226 人，以及壮、黎、土、土家、锡伯、俄罗斯等少数民族 277 户 2289 人。

境内著名的文化古迹有天后宫、玉皇阁、文庙、广东会馆、李纯祠堂，历史遗址有城隍庙、鼓楼、武庙、白骨塔、掩骨会等。天后宫俗称“娘娘宫”，建于元泰定三年(1326)，是天津市区最古老的建筑，素称“先有天后宫，后有天津城”，与福建莆田湄洲岛妈祖庙、台湾北港朝天宫合称中国“妈祖三大庙”。玉皇阁重建于明宣德二年(1427)，明清时代是登高之地，按照道教习俗，每逢农历正月初八进行“祭星”和九月初九举办“攒斗”的宗教活动。文庙建于明正统元年(1436)，是明清两代封建王朝祭祀孔子的庙宇，也是天津学宫所在，是天津地区现存最完整、规模最宏大的古建筑群。广东会馆建于清光绪三十三年(1907)，由四合院和戏楼组成，戏楼是中国目前保存最为完整的古戏楼。

南开区是天津民俗文化的发祥地，有闻名遐迩的天津工艺三绝。“泥人张”彩塑创造于 19 世纪中叶，其创作题材广泛，造型形神兼备，色彩简洁鲜明，富于装饰趣味，是中国北方泥塑艺术的代表。“魏记”风筝又称“风筝魏”，具有造型多变、彩绘逼真、飞行平稳、特技精湛和便于携带的五大独特艺术风格，其风筝制作技艺在天津可谓是一枝独秀，独领风骚，1914 年获巴拿马万国博览会金奖。玲珑剔透的“刻砖刘”建筑装饰砖雕，以立体和半立体透雕见长，在方砖上所刻山水、花卉、人物、鸟兽形象生动逼真，构思精巧，极具艺术欣赏价值。

2013 年，南开区完成地区生产总值 593.64 亿元(在地口径)，比上年增长 9.7%；区级财政收入 47.65 亿元，增长 25.1%；社会消费品零售额 330 亿元，增长 13.2%；固定资产投资 115.5 亿元，增长 20.9%；实际利用外资额 4500 万美元，增长 13.82%；外贸出口 7.07 亿美元，增长 0.22%；完成节能减排任务；科技进步监测水平位居全市第一。

制定《关于进一步深化服务业综合改革加快服务业发展的意见》。在全市率先运行服务业综合数据服务平台，创建企业数据中心。建成农垦博纳国际影城和体育之窗 1068 汽车文化传播基地。服务外包企业执行额 8716.42 万美元，增长 78.1%。传统服务业平稳增长，现代服务业增速较快，服务业企业留区税收比重达 86.8%。全区服务业增加值 538.57 亿元，增长 9.7%。借重首都资源，面向长三角、珠三角地区全方位招商，引进注册资金千万元以上企业 65 家，招商引资到位额 121 亿元。25 个城建项目总规模 240 万平方米，绿荫里等 10 个项目开工，天拖一期等4个地块出让，金融街等11个项目加快推进。25个服务业项目总投资55.5亿元，完成鼓楼商业街提升改造，红星美凯龙等8个项目开业，宝利广场等16个项目加紧招商。移动终端电子血压计等“杀手锏”产品进军国际市场。舟发集团投资的光伏发电总部项目落户南开。科技型中小企业3105家，其中“小巨人”企业45家，位居中心城区首位。全区亿元楼宇达到16座。

深化城市整体规划，完善水上公园西路和天拖地区城市设计，编制六马路等9个地块的策划方案。成立南开区土地整理中心，纳入国土资源部名录。提升改造富辛庄大街等10条道路，实施20片二次供水设施改造，完成10.3万平方米大板楼和103.7万平方米既有住宅节能改造。全区建设项目在建面积365万平方米，新开工98万平方米，竣工108万平方米。启动“美丽南开一号工程”。对空气环境质量动态监测，加大对工业污染、扬尘污染治理力度。关停3家挥发性有机物排放企业，完成10座锅炉房28台燃煤锅炉改燃工程，城区道路机扫水洗作业率49.4%。完成鼓楼地区和南丰路等7条道路综合整治；整修建筑22.7万平方米，新建提升绿化9.6万平方米。加强城市管理考核，制定鼓楼等3个重点地区和黄河道等29条道路精细化管理方案。实施社区居委会基础设施建设规划，新增11个达标社区居委会。新建景园里等3个社区居委会，实现居委会建设全覆盖。提升改造100片430万平方米旧楼区，受益居民7万余户。全区所有成片小区基本实现物业管理对接。

落实改善群众生活20件实事。制定教育资源布局调整三年规划，完成首批6所高中学校和新一轮18所义务教育学校现代化标准建设，提升改造8所幼儿园和1所职专。完成黄河医院二期主体工程和鼓楼街妇儿保健中心、国医堂建设。大型专家义诊咨询活动形成机制，家庭责任医生全面推广，社区卫生服务中心实现“一卡通”全覆盖，为60岁以上老年人免费体检。坚持以创业促就业，新增就业4.16万人。投资3000万元启动区养老中心建设。落实社会救助政策，发放各类救助金8000万元。全区7000余户中低收入家庭享受住房保障政策。实施文化惠民工程，推进“三馆”免费开放，新建19个“津城书吧”，开展“和谐南开艺术节”等系列活动。周邓纪念馆被评为国家4A级旅游景区，天津天后宫和李纯祠堂被评为国家级文物保护单位。建成2个国家级高水平体育后备人才基地。

（方　志）

南开区区级领导名单

中共南开区委领导名单

书　记：韩宏范

副书记：张丽丽（女，8月离职）　薛　辉（9月任职）　冯卫华

常　委：韩宏范　张丽丽（女，8月离职）　薛　辉（9月任职）　冯卫华　朱伟山　林　洁（女）　田金萍（女）　谷云彪　左　林　朱树江　李喜军　左　军

南开区人大常委会领导名单

主　任：王宝安

副主任：王维宁（女）　刘顺源　刘建农　李志新　马金然（女，兼）

南开区政府领导名单

区　长：张丽丽（女，8月离职）　薛　辉（9月任职）

副区长：朱伟山　谷云彪　刘凯华（女）　朱　峰　罗进飞（苗族）　陈友东

政协南开区委员会领导名单

主　席：郭建勋

副主席：段金英（女）　孙国珍（女）　吕强民　石　江　张社荣（兼）　李占通（兼）　孙昌隆（兼）　管怀明（女，兼）

（区委组织部提供）

深化服务业改革 2013年,南开区对照国家服务业综合试点改革方案,对试点工作情况开展全面自查,完成《南开区开展国家服务业综合改革试点工作中期评估报告》并报国家发展改革委。起草并以区委文件下发《关于进一步深化服务业综合改革加快服务业发展的意见》,总结阶段性成果,明确下一阶段重点任务,就优化空间布局、创新体制机制、完善政策体系、强化组织推动等方面提出要求,推动产学研政结合、土地整理、行政管理、财税机制、服务业统计等方面改革创新。完成《关于支持南开区国家服务业综合改革推动天拖和绿荫里两个重点项目建设的实施方案(讨论稿)》并报市发展改革委,就以重点项目为依托"先行先试"改革政策突破争取市政府支持。年末,全区服务业企业21969家,实现留区税收23.74亿元,占全区企业留区税收的86.8%。科技、创意、金融等现代服务业企业留区税收占全区企业留区税收的比重为49.7%,比传统服务业高12.5个百分点。商务、金融、科技等生产性服务业企业占全区企业留区税收的45.3%,比生活性服务业高6.1个百分点。

(刘 威)

借重首都资源 2013年4月3日,南开区召开借重首都资源促进南开发展推动会,就相关工作进行部署。成立由区主要领导和20余个职能部门组成的工作领导小组,将借重首都资源工作纳入南开区招商协税责任制考核体系。明确各部门职能分工,建立招商项目库、资源储备库、投资信息库、人员联络网,各项数据动态管理、资源共享。从首都经济组织、全国性商会、行业协会、跨国公司、高等院校、中介机构等处选聘招商顾问,并定期组织"走出去,请进来"招商活动。年内,区领导带队走访市政府驻北京办事处、海淀区政府对外联络服务中心、北京金融街控股公司、中关村科技园等机构,学习借鉴发展经验,加强合作交流。

(齐世伟 姜 琦)

发展楼宇经济 2013年,南开区开展楼宇经济调查摸底工作。经查,全区有商务楼宇86座,总建筑面积225万平方米。其中,已建成楼宇73座,总建筑面积171万平方米,空置面积45万平方米,空置率27%,空置1000平方米以上且空置率50%以上的楼宇14座。7月20日,召开南开区空置商务楼宇招商推动会,针对楼宇资源闲置情况,特别是空置1000平方米以上的指定楼宇,制定区级领导主抓,主管部门、相关责任部门和街道办事处逐个划分责任楼宇的工作机制,实施"一楼一管"专题招商。

(齐世伟 姜 琦)

服务业重点项目建设 2013年,南开区推动红星美凯龙、天佑城购物中心等9个服务业重点项目开工建设、开业经营,总规模45.4万平方米,投资26.32亿元。5月17日,由天津北方五金机电城有限公司投资,位于新南马路五金城二区大卖场的办公文化用品批发商城开业,成为企业办公用品"一站式"专业批发市场。8月31日,红星美凯龙南开店开业,总建筑面积近11万平方米,采用红星美凯龙第七代shopping mall模式,汇集家居、家装、建材、设计多种体验商业服务。9月1日,由广东佛奥集团投资建设的天佑城购物中心开业,建筑面积17万平方米,商业面积11.3万平方米,配备1000余个免费停车位,是集购物、餐饮、娱乐、休闲为一体的综合式家庭生活广场。完成鼓楼商业街提升改造,工程投资1800万元,用于修复路面、维护市政管网和景观绿地维护、统一更新牌匾、改造南街小吃店、立面整修粉刷。

(李 理)

扶持外向型企业发展 2013年,南开区商务委到爱普生、天泰服装、瑞丰针织等重点外贸出口企业走访调研,协调解决企业海关升级、资金收付、出口退税等困难,就支持企业开拓新兴市场、出口信保补贴、退税质押贷款贴息、海关商检等方面进行现场解答与业务指导。组织20余家企业参与全年进出口预测调查,分析出口增长潜力。对瑞丰针织、利和畜产等上年度出口增量较大的7

天佑城购物中心

(区地志办供稿)

家企业奖励资金10万元。对浙江阳光集团现场考察，完善新南马路五金城外贸出口聚集区建设方案，打造新南马路五金城内外贸一体化市场。全年审批设立外商投资企业13家，其中独资企业8家、合资企业5家。全区三资企业在统182家(科技园42家)，销售收入127亿元，利税8.1亿元，提供就业岗位29959个。外贸出口企业236家，其中国有企业19家、出口2.43亿美元，民营企业195家、出口2.20亿美元，外资企业22家、出口2.43亿美元。

(李 理)

服务外包 2013年，南开区制定《服务外包三年行动计划》，引导产业良性发展，坚持“走出去—引进来”战略，借重首都资源，与北京服务外包协会、贝塔斯曼集团对接，寻求合作机遇。筹划构建天津—北欧服务外包科技企业联盟，组织诺和诺德(天津)科技有限公司等骨干企业召开首次联席会议，听取意见整合资源，吸纳北欧信息技术、新能源、新技术及服务外包项目到南开发展，形成产业聚集。对纳入服务外包统计系统的31家企业进行运行监测，对录入困难的企业安排专员定时定期辅助登录，走访才惠思达商务信息咨询(天津)有限公司、天津市针织技术研究所等企业，宣传政策，介绍业务，引导企业纳入统计系统。至年底，全区服务外包企业34家，其中从事离岸服务外包业务企业6家、培训机构1家，实现服务外包执行额8716.42万美元，比上年增长78.1%。其中离岸执行额3710.71万美元，增长76.3%，居市内六区之首。

(李 理)

孵化器建设 2013年，南开区加强与驻区科研院所合作，推动中国医学科学院生物医学工程研究所南开医疗科技服务平台建设。1月25日，在金辉大厦孵化基地举办入驻企业政策宣讲会，就高新技术认定、劳动人事管理、企业融资服务等项内容进行交流，30余家企业负责人参加。9月，天津盛名投资集团有限公司投资建设的盛名孵化基地通过市科委孵化器资格认定。至年底，南开区有科技企业孵化基地21个，其中国家级孵化器1个、市级孵化器4个、通过市级孵化器资格认定5个。在孵企业1090户，区内企业928户(含科技园549户)，科技企业601户，就业人数10972人。

(孙琳琳)

中小企业发展 2013年5月11日，南开区企业与高校院所项目合作对接会召开。会上，经过对前期征集的34项企业需求信息和150余项专家信息进行面商，10家科技型中小企业与6所高校院所专家教授签订12个项目合作意向；高校专家现场推介项目4个，校企双方进行自由对接洽谈。鼓励、推荐区内企业参与国家及市级各类专项资金和项目认定申报工作。天津郁美净集团有限公司专利补助项目、天津科苑生产力促进有限责任公司创业服务项目申报并获批2013年国家中小企业发展专项资金；天津日拓汽车电装有限公司汽车线束及电子控制器、天津市天大精益科技有限公司高效凿岩钎具T型螺杆数控加工机床获天津市中小企业“专精特新”认定证书。6月，组织企业中层管理人员开展“与管理者谈执行力”主题培训，100余人参加。配合市中小企业局搭建天津市中小企业服务平台，为企业提供所需信息；建立南开区工业设计服务平台，通过整合南开区工业设计及相关服务产业链，实现产业创新及制造产业和科技企业的转型升级。

(孙琳琳)

科技南开建设 2013年，南开区确立科技创新重点项目100项。其中，“杀手锏”项目6项，“小巨人”培育项目15项，“协同创新”项目10项，“孵化器”项目5项，“专利实施”项目14项，“科技孵化”项目50项，实现产值23.51亿元。推进企业与青年博士服务团技术对接，建立科技人才联合培养基地4个，选派4名科技特派员到科技型中小企业解决问题，探索新的高科技人才与科技企业沟通交流方式，帮助驻区科技企业发展。举办以“DSP(数字信号处理)应用技术开发”为主题的青年博士服务团科技创新大赛。年末，经市科委认定科技型中小企业3105家(数量居全市区县第二)，其中科技小巨人企业45家，分别完成年度计划的103.5%和107.14%。推荐市级专利试点单位4家，区级专利试点单位9家。办理专利减缓手续195件。全年，区域申请专利7690件，其中发明专利3778件、实用新型专利3411件、外观设计专利501件。南开区被评为国家科技进步考核优秀组织单位，并被推荐为全国科技进步先进区，通过中国科协全国科普示范城区复验，科技进步监测综合评价指数75.41分，位居全市16个区县第一。

(史庭仙)

城市建设重点项目 2013年，南开区在施房地产项目32个，面积365万平方米，占年计划的122%。其中，新开工面积98万平方米，占年计划的122%；竣工面积108万平方米，占年计划的135%。加快南开区城市建设25个重点项目建设。至年底，9个在建项目中，南开综合服务中心竣工，融汇广场、柏悦花园项目部分主体封顶，尚澜苑二期、宁汇大厦项目进行基础施工，铭隆大厦项目基础进行开槽施工，五金城四期项目完成开槽施工，绿荫里项目进行支护桩和止水帷幕施工，汇科大厦项目修详规；3个即将开工项目中，万豪酒店项目论证接建事宜，老城厢2号地项目修详规已批复，黄河道二期项目等待方案批复；13个推动项目中，天拖一期、中德地块、天津手表厂、东南角地块已出让，总面积118.45万平方米，总金额135.42亿元，超过前三年出让土地面积和出让金额总和，在市内六区创下出让总面积、总价、单宗地总额、楼面地价4项最高纪录。

（朱　强　李朝辉）

推进物业管理全覆盖　2013年，南开区房管局起草《南开区加强2013年社区物业管理试点实施意见》，确定绮华里、盛达园、迎水西里、罗江东里等8个社区物业管理试点，制定《南开区物业管理全覆盖标准化实施方案》《关于进一步加强旧楼区提升改造后长效管理的意见》等文件，明确重点工作内容，规范管理标准，促进物业管理纳入社区管理，推动新区物业管理、旧楼区管理和居民自治三种管理模式，实现全区物业管理全覆盖。年末，全区实施物业管理项目508个，面积2980.84万平方米。其中，新区商品住宅小区183个，面积1539.61万平方米；新区保障性住房小区9个，面积61.39万平方米；旧区186个，面积844.44万平方米；新区非住宅项目130个，面积535.4万平方米。有物业服务企业139家，完成各项行政许可和备案事项74件次。

（闫　颖　文　彬）

美丽社区建设　2013年，南开区围绕美丽天津“四清一绿”总体要求，开展清洁社区活动。启动社区基础设施建设，实施社区居委会基础设施三年规划，通过旧楼区改造、整街建制、配套落实、自挖资源等途径，解决6个街道11个社区6000余平方米社区办公用房。按照“居民自治规范化、管理手段现代化、办事服务便捷化、人文环境宜居化、生活方式文明化、群众参与广泛化”的标准，启动“美丽社区”创建活动。经市美丽社区评审委员会审核，鼓楼街道天霖园、长虹街道盛达园、华苑街道长华里等12个社区被授予首批“天津市美丽社区”称号。

（范立旺）

重建后的王顶堤街道华宁北里小区物业用房

（王顶堤街道供稿）

第五届“和谐南开”艺术节　2013年9月27日，南开区第五届“和谐南开”艺术节开幕演出——“长江钢琴之声”社区金秋音乐会在区华苑街道日华里社区广场举行。此届艺术节创新形式，体现“艺术盛会、人民节日”理念，专业演员与业余演员相结合、大型展演与社区演出相结合、单项展示与综合展示相结合、动态演出和静态展示相结合、文化艺术展示和文化艺术普及相结合，文艺家以文化志愿者的身份，将文化艺术带到居民身边，融入百姓生活。艺术节历时50天，包括开幕式、闭

2013年9月27日，南开区第五届“和谐南开”艺术节开幕演出——“长江钢琴之声”社区金秋音乐会在区华苑街道日华里社区广场举行

（区文明办供稿）

幕式和“评韵飘香”戏剧专场、“热舞南开”广场舞专场、“鼓楼戏韵”戏曲专场、“欢声笑语”社区曲艺专场、“翰墨敷彩”书画交流等20项系列活动，集中展示南开区深厚的文化底蕴和丰硕的文化建设成果，创下时间最长、演出场次最多、艺术门类最全、艺术水准最高、演出规模最大、参与部门最多，受益群众最广的纪录。

（于春梅）

天越园创建文化康乐型特色社区

（鼓楼街道供稿）

鼓楼街道

鼓楼街道位于南开区东北部。辖域东起海河，西至西马路，南临荣吉大街、兴安路、南马路，北抵北马路、通北路。2013年，街域面积2.117平方公里，划分8个社区，老城厢社区工作站1个，户籍人口24016户54487人。除汉族外，有回族705户1811人，满族146户428人，蒙古族24户97人，朝鲜族23户65人，以及壮、苗、黎、布依等12个少数民族14户52人。

界内有鼓楼商业街、古文化街、天后宫、文庙、广东会馆、天津民俗博物馆等旅游景点。有天津市人民检察院第一分院、市第一中级人民法院、市消防局等市级单位，高级中学1所，小学1所，幼儿园2所，医院2所，公安派出所2个。新安购物广场、远东百货、乐天百货等商业服务企业亦坐落界内。

2013年，引进企业208家，资金到位额1.01亿元，其中市外资金2526万元。征收零散税源471万元，协税护税978万元。重点楼宇新增企业64家，资金到位额2820万元，其中市外资金500万元。亿元楼宇富力盈力大厦引进企业45家，本地注册率59%。新增科技型中小企业37家，已认定31家。

制定《鼓楼街特色社区创建方案》，以“一居一特色，一支一面旗”原则，整合辖区资源，天霖园社区突出生态宜居型特色风格，天越园社区突出文化康乐型特色风格，尚佳新苑社区突出和谐平安型特色风格，龙亭家园社区突出公共服务型特色风格，壹街区社区突出惟德修廉型特色风格，后现代广场社区突出康居乐园型特色风格，铜锣湾社区突出双拥共建型特色风格。以共享、共建、置换等形式，新增社区办公面积836平方米。7个社区办公用房面积300平方米以上，达到“五个一”文明社区创建标准，其中天霖园、天越园、尚佳新苑和龙亭家园4个社区办公用房超过400平方米，达到精品社区标准。

建立《救助对象月签制度》和《救助家庭中重病人员联系制度》。至年底，有低保户879户1510人、特困救助卡户19户46人。受理廉租住房补贴申请316户、实物配租补贴申请47户、经济租赁房租房补贴申请240户。办理残疾证123个，老年人优待证1100个，发放敬老卡860张。有已婚育龄妇女5067人，出生人口364人，其中政策外二孩3个，符合政策生育率99%。

作为南开区社区网格化管理实施试点街道，构建街道、社区、小区、楼栋、居民五级网络组织体系。建立“以块为主，条块结合”管理模式，结合社区人口、住宅小区、楼栋户数、辖区单位分布现状，将辖区合理划分为若干个网格，每个网格内有居民300余户1000人左右。将人户分离的15175户每户编入一个网格。由社区党组织书记、居委会主任担任网格长，1名专职社区工作者担任网格员，配备义务信息员、监督员，组成网格志愿服务队伍。实行居务公开制度，张贴居务公开栏和五级网络组织体系，建立日常工作手册。

联合天津师范大学心理与行为研究院、中科博爱心理医学研究院天津分院，在天越园社区设立“悦心室”，通过举办心理讲座、开通社区学院网站、开展热线咨询等形式宣传心理健康知识。

（韩　萌）

兴南街道

兴南街道位于南开区东部。辖域东起南门外大街，西至南开五马路、南丰路，南临长江道、南京路，北抵南马路。2013年，街域面积1.7平方公里，划分9个社区，户籍人口

2013 年 10 月 30 日，兴南街道举行"扮靓美好家园，建设魅力兴南"民族音乐专场演出

（兴南街道供稿）

17478户44831人。除汉族外，有回族504 户 1392 人、满族 81 户 264 人，以及蒙古、朝鲜、土家、白、黎、纳西、锡伯等 14 个少数民族 33 户 147 人。

界内有南开中学、南开医院、天津市中心妇产医院，区级重点中学 1 所，私立小学 2 所，幼儿园 2 所。天津市高级人民法院、周恩来青年时代在津革命活动纪念馆、今晚报社、中国石化天津石油分公司、天津百利机电控股有限公司、家乐福超市海光寺店、3522 工厂、清真东大寺坐落界内。

2013 年，协税护税 840.27 万元。招商引资 1000 万元以上大项目 2 个。发展科技型中小企业 29 家，完成工作目标的 193.33%。

至年底，有低保户 664 户 1167 人，特困救助户 63 户 143 人，低收入家庭 128 户。办理廉租住房补贴 57 户，经济租赁房补贴 78 户。新办残疾证 95 个，发放敬老卡 6199 张，老年证 4476 本。有已婚育龄妇女 4653 人，出生人口 305 人，符合政策生育率 100%。

对 7 个社区 76 栋楼 348 个楼门进行旧楼区居住功能综合提升改造。对 2012 年度 9 个"平安社区"、6 个"平安单位"复核，均审验合格。

举办"飞雪迎春"文艺汇演 9 场；开展庆祝建党 92 周年文艺庆祝活动；围绕"唱响中国梦、繁荣新南开"活动主题，在各社区开展"七彩夏日"消夏纳凉晚会；与区音乐家协会、南开中学共同承办"扮靓美好家园，建设魅力兴南"民族音乐专场演出。为雅安地震灾区募集捐款 8800 元。组织红十字会应急卫生救护培训，451 人取得救护培训证书。开展"抓住新机遇、把握新标准、实现新突破"大讨论活动，街道处级领导到社区开展集中宣讲 9 次。开展学雷锋、学焦裕禄志愿服务活动，9 个社区开通服务志愿博客，登记社区志愿者 86 人、社区救助者 16 人。源德里社区被评为区级文明创建先进集体。

（陆宪杰）

广开街道

广开街道位于南开区中北部。辖域东起西马路、南开五马路、南丰路，西至津河，南临长江道，北抵西关大街。2013 年，街域面积 1.7 平方公里，划分 13 个社区，户籍人口 29337 户 82018 人。除汉族外，有回族 798 户 2309 人、满族 117 户 589 人，以及壮、黎、土、蒙古等 24 个少数民族 50 户 479 人。

界内有大中专院校各 1 所、中学 2 所、小学 3 所、幼儿园 2 所、医院 3 所、公园 2 座、天主教堂 1 座，金融机构 26 家。武警天津市总队第三支队南开区巡逻中队、天津市消防总队南开支队五马路中队、规划分局、区检察院、公安南开分局户籍管理中心、区教育局、区卫生局、区房管局、区执法局坐落界内。

2013 年，发展科技型中小企业 24 家，招商引资到位额 1.5 亿元，征集零散税源 234.6 万元，认定科技型中小企业 18 家，引进天津国投君盛小额贷款有限公司投资。完成 1125 家企业调查。第三次经济普查核查辖区单位 860 个、个体 2456 个。与楼宇主办方签订《广开街与楼宇主办方双向服务协议》；与 31 家协税企业结成帮扶关系。

旧楼区居住功能综合提升改造，改造桦林园 5 栋 24 个楼门、瑞德里 3 栋 37 个楼门，受益居民 1592 户。开展"同在一方热土，共建美好家园"主题义务植树宣传活动，发放宣传材料 2000 余份。组织街道干部及社区居民捡拾白色垃圾，清除绿地堆物、垃圾 20 余吨。举行"低碳减排，绿色生活"环保课堂 16 场。创建市级卫生红旗单位 1 个、卫生先进单位 5 个。

至年底，有低保户 1787 户，救助卡户 103 户。办理经济租赁房补贴 226 户 70672 元，廉租房补贴 170 户 10.29 万元，实物配租 25 户，公共租赁房 31 户，限价商品房 205 户。开立居家养老服务管理中心基本账户。有育龄妇女 10777 人，出生人口 596 人，符合政策生育率 100%。

开展科技周活动，制作社区节能环保手抄报展牌 5 块，被市科协评为科技周先进组织者。开展“博爱助残”“博爱助孤”活动，对社区95户困难户发放慰问品39件。为四川雅安地区捐款5.43万元。对555人进行应急救护取证培训，对3311名社区居民宣传应急救护知识。为宝龙湾社区“津城书吧”配发5万元图书，为社区安装体育器械115件。在各社区开展冬季“四个一”活动(每天做一次操，每人一根跳绳，每天围社区跑一圈，每天坚持一小时户外活动)。

（张　雪）

长虹街道

长虹街道位于南开区北部偏西。辖域东、北至津河、南运河，西临咸阳路，南起长江道。2013年，街域面积2.635平方公里，划分13个社区，户籍人口22120户56842人。除汉族外，有回族667户1809人、满族103户305人、蒙古族17户79人，以及维吾尔、苗、壮、彝等10个少数民族19户57人。

界内有长虹生态园、黄河影剧院，有天津市电子信息职业技术学院，中等专业技术学校4所，中学4所，小学3所，幼儿园2所。有黄河医院、天津怡泰医院、汶水医院、咸阳医院、天津血液中心等医疗卫生单位；有企事业单位43家；合资、外资企业3家。中共南开区委、区人大、区政府、区政协坐落界内。

2013年，引进较大规模企业3家，招商协议额1.7亿元，到位额9000万元。协助重点楼宇引进科技型企业7家。申报科技型中小企业42家，获批31家。协税1216.45万元，零散税代征271.5万元。

完成翰园东里、潼关里、平陆东里、平陆西里、华安北里、进步里、宜川北里7个小区旧楼区居住功能综合提升改造。调查盛达园、水畔花园、水郡花园物业管理情况，提出整改意见；筹备成立水郡花园、水畔花园、临渭佳园业主委员会。指导14个完成旧楼改造自然小区选聘物业服务公司。成立长虹街居家养老服务管理中心，与万家餐饮服务有限公司合作，在芙蓉南里社区建立居家养老配餐服务中心，配餐服务实现全覆盖。在盛达园、建华里、翰园里开展社区食堂便民服务。

至年底，有低保户1845户，救助卡户58户，低收入350人。办理廉租住房补贴114户、经济租赁住房补贴93户，核查限价房165户、公共租赁住房32户、实物配租10户，年审经济租赁住房29户。出生人口363人，符合政策生育率100%。

组织“平安天津志愿者”开展巡防群控。开展“六五”普法工作，发放宣传材料1000余份。联合长虹派出所、司法所、消防南开支队、燃气所召开大型综治集中宣传活动，发放宣传材料500余份。开展“防火安全隐患大检查”行动，排查老旧居民区，联合城管、消防等部门清理杂物11吨。专项检查企业110余家，其中厂中厂6家，下发整改意见52条，走访大通大厦、蓝馨大厦、瀛寰大厦、力神大厦、虹畔大厦5次。

7月通过全国科普示范社区中期评估工作检查。建成长虹街道“津城书吧”，配备图书2100余册。组织社区文卫主任参加区体育局二级体育指导员培训，街柔力球队队长任淑琴被评为天津市十佳社会体育指导员。平陆东里社区党委被评为天津市先进社区党组织，盛达园社区被评为天津市2013年十佳文明社区之星。

（田洪军）

向阳路街道

向阳路街道位于南开区西北部。辖域东起咸阳路，西至芥园西道、陈塘庄铁路支线，南临长江道、密云一支路，北抵南运河。2013年，街域面积3.887平方公里，划分19个社区(含西横堤片3个)，户籍人口38283户101768人。除汉族外，有回族1041户2948人、满族127户442人、蒙古族36户136人、朝鲜族12户43人，以及苗、壮、土家、黎、达斡尔、锡伯等17个少数民族14户60人。

界内有中学1所，小学6所，幼儿园2所，国家重点职专1所。国家海洋技术中心、天津市针织运动衣厂、天津市津水自来水配套有限责

2013年6月27日，副市长尹海林(中)到向阳路街道昔阳里社区视察

（区社区办供稿）

任公司等大型企事业单位43家，新南马路五金城坐落界内。

2013年，引进企业32家，资金到位额5500万元，其中市外企业4家。协税606万元。走访企业1000余家，协助17家企业申报科技型中小企业。环兴科技园一期入驻企业30家，入驻率95%，工商注册率90%；二期入驻企业28家，入驻率90%。

至年底，有低保户1612户，救助卡户64户，低收入户402户，特困救助户163户。办理廉租住房补贴128户，经济租赁房住房补贴228户。

出生人口804人，符合政策生育率100%。开展优生优育健康知识讲座、知识竞赛、人口文化书画展、康乃馨健康大讲堂、出生缺陷预防等宣传教育活动，发放1000余套优生优育、婚育新风、生殖健康的宣传海报，受益群众800余人。3月，在昔阳里、大园新居两个社区建立计生"人口文化书屋"，投入图书490册。11月，在昔阳里社区配备6米计划生育宣传长廊。对1009名流动人口进行信息核查登记，对80名流动人口进行全国流动人口动态监测调查问卷。

对16个小区旧楼区居住功能综合提升改造，涉及111栋楼474个楼门。组建以社区干部和楼门长为骨干的平安天津志愿者队伍2053人，在重大节日和活动期间开展巡逻和防范宣传活动。开展防火、防盗、防诈骗、防毒、拒毒等大型宣传活动6次，消防安全知识讲座与消防实战演练观摩活动3次，对社区综治干部进行专业培训2次。对8家烟花爆竹销售点、41家殡葬和土产经营点、25个地下人防设施等重点对象、重点部位进行安全隐患排查，并发放安全提示单。编撰《社区综治工作手册》，对社区综治工作进行规范和细化。

向阳风筝表演队参加市第四届"体彩杯"全民健身运动会东丽湖风筝赛获团体第三名，街海河明星代表队和五金城健身队参加区第十八届全民健身运动会健身比赛获优秀表演奖。

（詹宝悦）

嘉陵道街道

嘉陵道街道位于南开区西部。辖域东起红旗路，西至陈塘庄铁路支线，南临天拖北道，北抵密云一支路、长江道。2013年，街域面积3.672平方公里，划分16个社区，户籍人口29519户78379人。除汉族外，有回族745户2067人，蒙古族31户143人，满族108户426人，以及土家、锡伯、纳西、朝鲜、瑶等18个少数民族30户156人。

界内有中学2所，小学5所，医院1所。区委党校、区民政局、区环保局、区环卫局、消防南开支队、公安南开分局经侦支队、交管南开支队坐落界内。

2013年，走访企业223家，帮扶企业150家。借重首都资源，吸引北京成熟企业入驻街域楼宇，提升企业入驻率、工商注册率和税收贡献率。招商引资到位额5500万元，其中市外资金1500万元。协税护税281万元。确认科技型中小企业18家，其中市外企业5家。

完成15个小区旧楼区居住功能提升改造工程并通过市级验收。开展"面对面交流""百分百走访""一对一服务"和"点对点帮扶"等活动。深化"双百工程"，200余家企事业单位与百余户困难家庭结对帮扶，募集善款11万元，其中90%以上企业连续三年参与帮扶活动。至年底，有低保户995户1765人、救助卡户86户。实施"银龄幸福"工程，为老送餐服务实现全覆盖。

开展"构建和谐南开、创建幸福嘉陵"宣传评比活动，评选文明社区6个、文明楼门40个、文明家庭20个、道德模范17名。举办消夏纳凉晚会15场。完善"书香街居"，泊江里社区建成"津城书吧"。组织低碳生活社区行、健康大讲堂、手拉手文艺比赛等系列社区文艺展演。推行文化养老理念，培育老年大学品牌课程，开办面塑班、工笔画班，多名学员被天津市民俗协会、南开文联、南开美协吸纳为会员。

（徐宴嫔）

2013年12月13日，市委常委、市委宣传部部长成其圣(前排右二)等市、区领导到嘉陵道街道市民社会事务服务中心视察

（嘉陵道街道供稿）

2013年12月11日，万兴街道举行"三项技能"总结表彰大会

（万兴街道供稿）

万兴街道

万兴街道位于南开区东部。辖域东起卫津路，西至红旗路，南临鞍山西道，北抵长江道、南京路。2013年，街域面积3.54平方公里，划分22个社区，户籍人口43228户118631人。除汉族外，有回族885户2651人、满族229户890人、朝鲜族34户120人、蒙古族40户269人，以及维吾尔、苗、土家、壮、锡伯等26个少数民族31户230人。

界内有天津轻工业设计院、天津药物研究院等10个科研单位，天津市人民检察院等17个行政事业单位，天津市中新药业股份有限公司等8个市属企业。大学4所，中学2所，中专4所，技校1所，小学5所，幼儿园4所，医院3家，大型超市2家。天津市儿童福利院分院、南开文化宫、科技宫和少年宫坐落界内。

2013年，走访企业37家。对街域3441户企业及200余户异地企业进行调查，开通服务热线。开展第三次经济普查初步调查工作，普查企业单位1999家，个体户5003家。征收零散税303万元。引进科技型中小企业26家。仲恺国际大厦、环球置地广场、1895天大创意大厦实现亿元税收。

旧楼区居住功能综合提升改造，改造16个自然小区130栋楼497楼门，建筑面积61万平方米。健全长效管理机制，协调物业公司接管改造后小区。

至年底，有低保户1151户2049人，救助卡户57户136人。有已婚育龄妇女13102人，出生人口905人，其中政策外生育1人，符合政策生育率99.9%。

开展“抓住新机遇、把握新标准、实现新突破”大讨论活动，组织街机关科级以上党员干部到22个社区开展形势政策宣讲活动25场，社区各级党组织书记、宣讲团成员宣讲15场，修订完善责任目标86条，制定保障工作措施127条。4月，“全民网上共写感动日记”博客举行开篇仪式，《今晚报》《天津日报·南开时讯》《每日新报》《老年时报》及人民网予以报道。举行“庆五一 唱响万兴”歌咏比赛，社区工作者及社区党员群众800人参加活动。举办“中国梦·万兴梦·我的梦”主题知识竞赛，23支代表队参赛，6支代表队进入决赛。7月，与街域8所中、小学校开展“共筑中国梦·道德实践学习宣传”活动。6月至12月，组织街道和社区工作人员开展“三项技能”（应知应会知识问答、公文写作、电脑操作）比武竞赛，评选先进组织单位4个，先进个人25名。

（王　凤）

学府街道

学府街道位于南开区中部偏东。辖域东起卫津路，西至红旗路，南临复康路，北抵鞍山西道。2013

2013年1月29日，天津大学与学府街道举行《改善天津大学新园村一期及六村高层小区物业管理项目》签字仪式

（学府街道供稿）

年,街域面积 4.7 平方公里,划分 14 个社区，户籍人口 21558 户 91000 人。除汉族外，有回族 381 户 1508 人、满族 219 户 1427 人、蒙古族 59 户 530 人、土家族 11 户 206 人,以及朝鲜、壮、维吾尔、苗、白等 36 个少数民族 72 户 969 人。

界内有航天科工集团 8358 所、国家海洋局天津海水淡化研究所等科研单位 18 个,有南开大学、天津大学两所著名高等学府,中学 2 所,小学 2 所,幼儿园 3 所,医疗单位 3 所,企事业单位 1944 家。天津科贸街、赛博数码城坐落界内。

2013 年,召开企业座谈会 10 余次。走访企业 592 家,协调解决企业困难。引进规模企业项目 4 家,名列全区第一。发展科技型中小企业 16 家。完成协税护税 1691.17 万元,零散税代征 208.06 万元。年初接管时代数码卖场税收征管工作，年末实现税收 15.6 万元,比上年增长 73%。

完成学湖里、航天北里、景湖里、照湖里、新园村社区环境整治工作和旧楼区居住功能综合提升改造工程。清理天津大学院士楼及市场周边乱摆乱卖。推动 4 家物业公司进驻老旧社区。协助天津大学推进老旧居民区社会化物业管理，创建南开老旧居民区物业管理示范小区，探索风湖里老旧居民区自治管理新模式。美湖里社区在全区数字考核评比中满分达标。提升改造街市民社会事务服务中心，设置休息椅、书写桌、饮水机、电子显示屏、语音排队叫号系统等服务设施，通过区星级大厅认定。街社会事务服务中心及各社区服务站形成一门式和一站式服务体系。

至年底，有低保户 278 户 477 人、救助卡户 14 户 35 人。有已婚育龄妇女 10279 人,出生人口 489 人,其中政策内一孩 466 人、政策内二孩 20 人,符合政策生育率 99.9%。

协调区市容园林委建设风湖花园群众文化阵地。5 月 21 日,参加第 27 届科技活动周开幕式，展出科普展牌 28 块,发放宣传材料 300 份。5 月 23 日,聘请学府医院专家在学湖里社区举办老年体质养生科普讲座，发放宣传手册和慰问品 100 余份。全年举办 5 场“飞雪迎春”联欢会、6 场社区消夏纳凉文艺晚会。申报天津市星级全民健身站点,5 支健身队被评为明星健身站点。开展“中国梦”宣传教育,举办宣讲文化活动 52 次。组织“建设美丽社区大家谈”“游津城 看变化”“快乐营地” 等文化娱乐教育活动。全街各类志愿者队伍 19 支 3700 余人，开展无偿便民、为民服务活动。

（刘　芳　田国红）

水上公园街道

水上公园街道位于南开区南部。辖域东起卫津南路、水上公园东路,西至红旗南路,南临苍穹道、宾水西道,北抵复康路。2013 年,街域面积 5.633 平方公里，划分 10 个社区，有 61 个自然小区，户籍人口 13050 户 40930 人。除汉族外,有回族 175 户 591 人、满族 89 户 476 人、蒙古族 33 户 178 人，以及苗、壮、白、土家、朝鲜、高山等 31 个少数民族 38 户 336 人。

界内有水上公园、周恩来邓颖超纪念馆、天津图书馆、天津网球馆、复康路游泳馆、天津跳水馆。驻有天津青年职业学院等大专院校 10 所,小学 2 所,医院 3 所。天津社会科学院、新华社天津分社、人民日报天津分社、八里台新文化广场、上谷商业街坐落界内。

2013 年,引进企业 7 家,注册资金到位额 3100 余万元,其中注册资本 1500 万元以上科技型企业 1 家。协税护税 631 万元，完成工作目标的 117%、冲刺目标的 112%。零散税收完成 440 万元。发展科技型中小企业 15 家。

制定《水上公园街道创建特色街区三年建设方案》《关于进一步加强社区工作的实施意见》和《水上公园街星级社区建设》，规划智慧社区、美丽社区建设蓝图。旧楼区居住功能综合提升改造，改造 6 个社区 8 个自然小区 31.85 万平方米,受益居民 3730 户。借助旧楼区改造,在观景里小区入口处新建观景里社区居委会办公用房 920 平方米。推进物业管理全覆盖,对 31 个自然小区实行商品住房小区市场化、专业化物业管理，建立物业情况动态管理台账;对 8 个提升改造小区,实行物业管理;监督、指导浩天天娇源小区、大安翠微园小区和福宏里小区进行业主委员会换届及物业公司选聘。

至年底，有低保户 120 户 202 人,特困户 7 户 15 人,低收入实物救助 31 户。办理廉租住房、住房补贴 15 户，限价商品房收入审核 31 户,公共租赁住房收入审核 5 户。有已婚育龄妇女 5675 人，出生人口 301 人,其中政策外二孩 2 人,符合政策生育率 99.34%。

10 个社区举办交谊舞会、“飞雪迎春”联欢会、汇操表演和纪念中国共产党成立 92 周年暨第二十四届“南开之夏” 系列文化活动等 31 场次。以“唱响中国梦,繁荣新南开”为主题开展硬笔书画展、绘画展、电影展播、军民联欢会、警民联欢会等文化活动。对 5 个社区 7 条体育路径勘察整修。“科普活动月”组织社区单位、社区居委会、社区居民和志愿者举办科技知识讲座 6 场。组织社区居委会举办健康知识讲座 20 余场。慢性病防治工作在全市表彰大会上做典型发言,获得先进单位称号。

（程东记）

王顶堤街道

王顶堤街道位于南开区西南部。辖域东起红旗路、红旗南路，西、南至津浦铁路陈塘庄支线，北抵天拖北道。2013年，街域面积5.016平方公里。划分23个社区，有62个自然小区，户籍居民41490户110183人。除汉族外，有回族791户2391人、满族221户751人、蒙古族51户199人、朝鲜族31户106人，以及苗、壮、瑶、高山等20个少数民族32户125人。

界内有大学3所，中学5所，小学5所，医院2家。有天津食品公司冷冻厂、天津勘察院、天津市泰通客运公司、天津评剧院等企事业单位。

2013年，发展科技型企业15家。协税护税961.3万元。构建街道、工商所、物业公司"三位一体"工作格局，上门服务赛德广场入驻企业，按时完成楼宇内企业登记统计、月报表等工作，动态掌握赛德广场出租率及入驻企业纳税情况，推介优质企业进入。

至年底，有低保户1026户、救助卡户51户、低收入困难家庭348户、临时困难户210户。有已婚育龄妇女17002人，全年出生1142人。为380人发放独生子女伤残死亡家庭特别扶助金。

完成15个小区旧楼区综合提升改造工程。抽调社区和企事业单位25名安全员开展重大节日安全检查工作，检查生产经营单位1228家、烟花炮竹经营点72次，对存在安全隐患的19家单位提出整改意见，均整改完毕。开展危险化学品单位专项安全检查，登记造册。开展无毒社区创建活动，建立吸毒人员档案，开展帮教工作。对凤园南里社区重点治理，治安发案数比上年下降3%。在23个社区建立流动人口电子数据库，登记出租房屋4556户13412人。制订《王顶堤街向市公安网录入流动人口信息时间表》，向市公安网输入流动人口信息2685人。组建"平安天津志愿者"队伍，招募志愿者2836人，800余人从事日常治安巡逻。

与区疾病预防控制中心联合举办南开区全球基金艾滋病项目流动人口干预工作启动会，23个社区悬挂宣传布标26幅，向流动人口发放艾滋病宣传手册。落实《南开区社区教育"十二五"规划》，开展"争做文明小公民"主题实践活动，各社区组织活动92次，收集征文199篇。组织"中国梦、我的梦"主题暑期活动60次，社区青少年制作手工简报202份，撰写征文96篇。在华宁南里社区教育指导服务中心开设"津城书吧"，图书存量增至3600册。举办"南开之夏"社区文艺展演；承办第五届"和谐南开"文化艺术节广场舞专场活动。向区文化局申请一级文化站。协助区体育局对23个社区体育路径进行调查登记，上报需要更新、维修健身器械11件。完成星级全民健身站点申报工作。

（邱仲明）

2013年3月18日，区委书记韩宏范（右二）到王顶堤街道调研整街建制情况

（王顶堤街道供稿）

体育中心街道

体育中心街道位于南开区南端。辖域东起卫津南路，西至水上公园东路、宾水西道，南临津浦铁路陈塘庄支线，北抵苍穹道。2013年，街域面积5.26平方公里，划分13个社区，户籍人口13078户34554人。除汉族外，有回族172户476人，满族116户432人，朝鲜族84户217人，以及蒙古、彝、壮、锡伯等24个少数民族47户230人。

界内有天津体育中心、奥林匹克体育场、南翠屏公园。有中学1所，小学1所，幼儿园4所，医院5所，科研、行政、企事业单位228个。公安部天津消防研究所、中国农业银行党校、解放军464医院、市民政局、市残联、市市容园林委、奥林匹克中心体育场、市老年活动中心、时代奥城商业广场坐落界内。

2013年，发展科技型企业18家，引进规模以上企业2家，规模以下企业23家，注册资金5324万元，其中市外资金3288万元。奥城商业广场4号楼入驻企业84家，注册资金7.8亿元，纳税总额1.1亿元；奥城商业广场 11 号楼入驻企业 7 户，注册资金 2.2 亿元，纳税总额 3.6 亿元；12 号楼入驻企业 17 户，注册资金 1.5 亿元，实现纳税额 1.4 亿元。完成协税 423.58 万元，零散税源代收个体工商户 539 户 266.38 万元。

对金福里、金研里、宁乐西里、金禧园、宁乐里 5 个居民区进行旧楼区居住功能综合提升改造，开展 30 次集中清整，配合施工队进场作业。聘请专业粉刷施工队对所有自然小区楼道内油印小广告及楼梯踏步统一粉刷。清拆津涞花园、金福南里、四六四医院宿舍等沿津涞公路迎宾线一侧居民护栏。对各社区持“城管通”人员进行专题培训演示。

至年底，有低保户 80 户 137 人、特困救助户 4 户 9 人。办理限价商品房收入核查 110 户，经济租赁住房补贴 7 户，廉租住房补贴 6 户。3 个社区开展老年人配餐服务。有已婚育龄妇女 8680 人，出生人口 445 人，其中政策内一孩 406 人、政策内二孩 39 人，符合政策生育率 100%。

制定《体育中心街关于进一步加强社区工作实施意见》《体育中心街创建特色街区 2013—2016 年建设方案》《社区建设五年规划》，推进社区建设。建立《居委会办公用房提升改造方案》，完善阳光 100 国际新城公共服务中心基础设施建设；协调招商钻石山配套用房 520 平方米，解决李七庄西里社区办公用房困难；协调筹建俊城浅水湾居委会前期准备工作。

（谭 睿）

华苑街道

华苑街道（系非属地管理）位于南开区西南部。辖域东起津浦铁路陈塘庄支线，西至外环线，南临宾水西道，北抵迎水道。2013 年，街域面积 1.68 平方公里，划分 11 个社区，辖 12 个全封闭式物业管理小区，户籍人口 15106 户 40091 人。除汉族外，有回族 229 户 659 人、蒙古族 55 户 176 人、满族 177 户 591 人、朝鲜族 58 户 172 人，以及土家、锡伯、哈萨克、白、瑶、仡佬、达斡尔等 21 个少数民族 37 户 117 人。

界内有物业公司 8 个，分别管理 11 个居民小区。有中学 2 所、小学 3 所、幼儿园 10 所、医院 1 家。公交汽车站 2 处，菜市场、大型超市各 2 个。鹤童老年福利院、公安南开分局刑侦支队坐落界内。

2013 年，引进企业 1 家，招商引资到位额 2000 万元。协税 428.4 万元。征收零散税 412 万元。发展科技型中小企业 18 家。

至年底，有低保户 75 户 126 人、救助卡户 2 户 5 人、低收入户 17 户，全年发放低保金 923016 元，救助金 4320 元。办理廉租住房补贴申请 5 户、限价房收入核定 64 户、经济租赁住房补贴 2 户、公共租赁住房 5 户、廉租住房实物配租 1 户。出生人口 460 人，其中政策外二孩 1 人，符合政策生育率 99.78%。

开展街道市民社会事务中心标准化体系建设，实现窗口建设、窗口管理、政务公开、服务行为和服务质量五个标准化。工作区域整洁，文件设施齐备，文件资料分类归档，公示内容准确完整；工作人员挂牌上岗，统一着装，业务解答“一口清”；实行首问负责制，不属于本窗口受理的，做到主动告知或引导至相关窗口；实行一次性告知，书面一次性告知申请人需要提供的全部材料；严格执行收费政策，自觉接受群众监督。

组织华苑街社区党建特色工作展示交流活动，采取幻灯片、图片讲解等方式进行展示，以社区管理、社区服务、社区文化、社区共建为载体，融入社区党建工作，形成特色品牌。其中，绮华里社区党委以“特色支部”新型社区管理模式为依托，通过各特色支部开展活动，发挥党支部和党员在社区服务、民主自治、楼门文化、和谐稳定、美化环境等方面先锋模范作用。

推出“一月一主题，每月有活动，共享文化资源”系列活动，11 个社区轮流参展，展出碧华里社区手工艺作品、久华里社区书画摄影作品、绮华里社区绘画作品、莹华里社区艺术作品等，展出“社区身边人”作品 700 件。开展科普宣传教育活动，莹华里社区举办航天科学知识讲座；日华里设立主题环保科技小课堂，创作完成科技手抄报 13 幅；碧华里社区与天津师范大学合作开展环保讲座；安华里、居华里、华苑新城等社区开展绿色环保进家庭进社区主题活动。

（贺 云）

红 桥 区

概 述

红桥区是天津市六个中心城区之一,位于天津市区西北部。境域地理坐标为北纬39°09′56″,东经117°08′45″。东与河北区为邻,西与北辰区、西青区接壤,南与南开区相连,北与北辰区交界,是天津早期城市聚落的发祥地之一,也是传统天津市区和近代天津市区的主要组成部分。区内跨河桥梁较多,有金钢桥、北洋桥、大红桥、新红桥等,区名即是根据境内古老的红桥而来。2013年,全区面积21.3平方公里。辖双环邨、咸阳北路、芥园、三条石、丁字沽、西沽、西于庄、邵公庄、大胡同、铃铛阁10个街道办事处。有129个居民委员会,户籍人口517971人,除汉族外,有31个少数民族,其中回族42293人。

2013年,红桥区紧紧围绕"建设城市副中心,构建和谐新红桥"主题,以提高发展质量和效益为中心,全面推进美丽天津和美丽红桥建设,着力稳增长、调结构、惠民生、促和谐,圆满完成区十六届人大三次会议确定的目标任务。实现地区生产总值(GDP)140.4亿元,比上年增长13%;区级财政收入18.2亿元,增长22.48%;固定资产投资90亿元,增长44.7%;居民人均可支配收入、新增就业、节能减排等各项指标均完成市下达的目标任务。

坚持稳中求进,综合经济实力迈上新台阶。坚持把招商引资作为经济发展的生命线,突出专业招商、以商招商、招商选商。充分借助西站城市副中心的功能定位优势,精心策划"百日招商"活动,举办"加快副中心建设与重点企业对接恳谈会"等一系列宣传推介活动,参加"津洽会"、美丽天津招商会等展示活动。组织各类招商活动32场次,接待企业考察团255批次;实现内联引资到位额122.68亿元,增长27.79%;实际利用外资2876万美元,增长91.5%,增幅位居全市首位。天津城建设计院和市融资担保公司等一批实力企业落户,新引进各类企业576家,注册资金1000万元以上的企业20家。楼宇经济不断提升,第一批10座亿元楼宇通过验收,第二批2座亿元楼宇加快打造,第三批4座亿元楼宇完成申报。楼宇累计新增入驻企业165家,税收实现翻倍增长。为科技型企业发展提供载体支撑。光荣道科技产业园载体建设和招商引资工作进展顺利。意库创意产业园成立全市首个"预孵化器"创业中心。绿建吉地产业园顺利开园。青年创业园被评为国家级科技企业孵化器。加大科技型企业帮扶和引进力度,新认定科技型中小企业162家,总数达971家,超额完成市下达指标。重点扶持28家科技含量高、发展潜力大的科技型企业,新培育科技"小巨人"3家。大胡同商贸区不断优化经营环境,积极拓展电子商务等新型业态,强化税收征管,实现税收1.7亿元。天津创意街和意库创意产业园被评为全市首批文化产业示范园区。平津战役纪念馆创建为国家4A级旅游景区。积极筹建大运河旅游文化广场。曾公祠重建、西沽文苑等工程全面竣工。发挥西沽公园文化载体聚集效应,组织各类文化活动69场次。

坚持城建带动,重点项目建设实现新突破。完成"十二五"规划中期评估调整工作。结合西于庄地区危陋房屋改造,调整完善城市副中心规划,确定和苑西地块安置策划方案。细化光荣道科技产业园、西站前广场等项目规划。调整红咸里等9个成熟地块的规划指标。全力推进45个重点项目建设,在施工程面积370万平方米,竣工80万平方米。天津台商总部基地、河庭花苑等10个项目开工建设。陆家嘴广场、宝能现代科技广场、泰达城童年河、金侨公园壹号等项目加快建设。红桥广场二期、海河华鼎等商贸项目主体竣工。宝能创业中心投入使用。南仓西道等3座泵站建成启用。西于庄地区危陋房屋改造纳入全市重点工程项目。配合市有关部门完成该地区房屋现状调查、土地平衡测算、项目核准批复等各项征收前的准备工作。全面启动南水北调西河泵站工程征收项目，计时期内搬迁率达90%以上。做好西河泵站二期、同义庄地区旧城改建征收准备工作。稳步推进铃铛阁等项目的拆迁进程。和苑新城等6个88.5万平方米定向安置房项目加快建设。双环碧春园二期实现入住。

坚持建管并重，城区环境面貌得到新改观。全面启动"美丽天津·一号工程"建设，加大环境整治力度,集中开展运输撒漏、露天烧烤等专项治理。完成72.8万平方米供热提升改造和燕宇新城等3个供热站改燃并网。完成20个社区、104万平方米旧楼区综合提升改造。集中组织环境卫生大清整活动，清整重点脏乱点位241处。开展违法建设专项治理，拆除违法建设488间8000平方米。依法治理唐家湾等8处非法聚集点。市容环境综合整治任务完成，集中对整修过的道路进行排查和周期性修复。重点对光荣道等7条道路进行综合整修，整修建筑131栋21.2万平方米。提升改造红勤道等7条支线里巷道路。新建提升绿化28万平方米。对南运河两岸景观进行重新规划和提升改造,扩建天子津渡遗址公园。推进落实市容环境网格化管理，完善区、街、居三级指挥协调监督体系,努力实现管理责任和考核监督的全覆盖。强化西站站区综合管理,做好承接津秦高铁和京津城际开通运营的保障工作,圆满完成春运等各项任务。

坚持统筹兼顾，各项社会事业再上新水平。完善教育资源布局提升规划，启动水木天成地区中学项目建设。南头窑配套小学及幼儿园主体封顶。泰达城等3个配套幼儿园投入使用。顺利通过教育部义务教育发展基本均衡区验收。15所学校达到新一轮义务教育学校现代化建设标准。3所学校完成普通高中现代化标准建设。10名校长、教师入选全市第三批"未来教育家奠基工程"。三条石社区卫生服务中心按照国家标准建成开诊,医院环境、医疗设备等硬件设施在全国同级别医疗机构中属一流水平。实施药品零差率销售，为患者减轻医药负担1832万元。有效落实18项社区公共卫生服务项目,建立健康档案38.2万册,为4.7万名老年人免费查体。启动妇女儿童健康促进计划,为3.4万名育龄妇女免费普查，重点传染病发病率低于全市中心城区平均水平。区文化中心项目主体封顶。区少儿图书馆被评为国家一级馆。天津西站原主楼、北洋大学旧址、谦祥益绸缎庄旧址晋升为全国重点文物保护单位。启动全国第一次可移动文物普查工作。"津城书吧"投入图书4.2万册。举办天津市老年文化艺术节等一系列文体活动，群众文化健身需求得到满足。落实扩大就业政策,累计实现新增就业3.48万人。提高社会救助标准，发放各类救助金2.88亿元。落实各类住房保障政策,新增受益家庭5030户。新建和改扩建6个日间照料站和15个老年食堂,新增养老床位400张。落实优抚政策,退役士兵全部得到安置。为3050名重度残疾人免费缴纳医疗保险。精心组织第二十届民族团结月活动，开展慰问少数民族群众等6项主题活动,努力为少数民族群众办实事、办好事。

坚持创新管理，和谐红桥建设取得新进展。以"六型社区"建设为载体，积极推进美丽社区建设。新建、改扩建10个社区居委会。完成4个居委会组建工作。市、区两级机关、企事业单位90名干部深入社区开展帮扶活动。完成46个旧楼改造小区物业管理覆盖工作。完成党的十八届三中全会、东亚运动会等重要会议和重大活动期间的信访维稳工作。深入开展"接地气、下基层、解难题、保稳定"专项活动,完善领导干部接访、包案制度,区领导接访35次,化解信访案件24件,其中化解历史积案8件。调处化解矛盾纠纷2430件,化解率达99%。社区矫正安置帮教率达100%。深入开展"消防安全大排查大整治""食品药品安全百日行动"等专项活动,突出抓好重点地区安全监管，及时排查整治各类隐患2845处,确保无重大公共安全事故发生。

（李淑芳）

红桥区区级领导名单

中共红桥区委领导名单

书　记:赵建国(任职至9月)　张泉芬(女,9月始任)

副书记:张泉芬(女,任职至9月)　蔡云鹏(9月始任)　高树彬

常　委:赵建国(任职至9月)　张泉芬(女)　蔡云鹏(9月始任)　高树彬　王　禹　宋　奇(女)　刘克建　刘广理　杜忠晓　吴　成　方立民　唐瑞生

红桥区人大常委会领导名单

主　任:姬俊英(女)

副主任:张学信　徐永有　刘连泉　陈淑芳(女)　刘玉明(兼)

顾　问:李金城(任职至10月)

红桥区政府领导名单

区　长:张泉芬(女,任职至10月)　蔡云鹏(10月始任)

副区长:王　禹　杜忠晓　华长虹(女)　马　政　穆　强(回族)　田　野

区长助理(副区长级):冯贺起

政协红桥区委员会领导名单

主　席:孙晓军

副主席:由明胜　马　平　刘国光(回族)　李　可　苑春鸣(兼)　赵树钢(兼)　韩恩山(兼)　李金胜(兼)

顾　问:黄禄衡　马速成(回族,任职至10月)

(区委组织部提供)

李克强调研　2013年12月27日,中共中央政治局常委、国务院总理李克强,在市委书记孙春兰、市长黄兴国及区委书记张泉芬、区长蔡云鹏等陪同下,到西于庄棚户区入户看望困难群众。沿着坑坑洼洼的狭窄过道,李克强一连走进五户居民家中,仔细察看居住情况,询问雨天是否进水、冬天怎么取暖。闻讯而来的群众挤满路口,李克强向大家问好拜年,他说,你们的住房困难和改善意愿,我们都记住了,政府和大家一起努力,一定尽快让你们搬进新房。李克强对随行的同志说,棚户区是全国大中城市普遍存在的问题,棚改是改善民生的"托底"工程,群众对此翘首以盼。改善民生就是要特别注意做好棚改等保基本、兜底线、雪中送炭的事,政府要有硬措施。不仅要增加各级财政投入,还要创新方式,加大金融支持力度,鼓励民间资本参与,持续打好一场场"攻坚战",保证质量、分配、管理等环节都靠得住,使更多困难群众早日圆上安居梦。

(区委宣传部)

西于庄地区危陋房屋改造工程启动　2013年,红桥区西于庄地区危陋房屋改造纳入全市重点工程项目。红桥区委、区政府将此工程作为一项重要的政治任务和头号民心工程,主动与市建交委、市规划局、市国土房管局、市住宅集团等有关部门和西青区搞好配合对接,全面启动该地区房屋征收的各项工作。完成该地区房屋现状调查、土地平衡测算、项目核准批复等各项征收前准备工作。通过现状调查摸底,涉及9651户、面积34.61万平方米。调查中发现,西于庄地区流动人口多、居住密度大、外地租户多,不少住家存在人户分离情况,加上不少住家白天没有人,核查人员利用下班后时间加班加点逐户走访,街道、居委会和户籍民警全力配合、全面核查,对房屋现状、居住人员户籍等情况进行登记核实。制定房屋征收补偿方案,依据核查数据,西于庄地区居住面积21平方米以下的住户占总户数的68%;其中,低保、特困、残疾、

丧失劳动能力等困难户占总户数的22%,如果沿用以往的货币或房屋补偿方式,居民安置仍然面临困难。经过前期细致的走访、摸底、核查,在市领导小组指导下,红桥区与市国土房管局、市建交委、市住宅集团对该地区房屋征收方案进行反复研究对接,不断调整完善补偿标准,形成统一的征收补偿方案。按照现行征收补偿条例执行,同时考虑到该地区困难群众多、居住条件差的现实情况,采取托底保障的安置政策,确保困难群众有房可居。年内,对西于庄地区危陋房屋进行大量现场踏勘和拍照,先后制作测算方案60余套、多媒体宣传介绍汇报材料30余套,调集近百人,组建西于庄危陋房屋改造征收第一分指挥部,做好4700户征收任务。7月6日,市委书记孙春兰、市长黄兴国深入西于庄地区,就危陋房屋改造进行调研;12月27日,中共中央政治局常委、国务院总理李克强来到西于庄棚户区入户看望困难群众,并作出重要指示:西于庄危陋房屋改造事关老百姓的切身利益,是改善民计民生的一项重要任务,2014年务必要让困难老百姓住进新房。区委书记张泉芬、区长蔡云鹏等区领导多次深入居民家中,了解群众住房情况,倾听居民愿望和需求,调研危陋房屋改造工作。

(谢　彦)

廉政文化集萃展　2013年9月3日,红桥区纪检委举办"廉心仁智"——古代廉政文化集萃展。市纪委副书记许焕通、宣教室主任张永新,平津战役纪念馆馆长王培军,区委常委、区纪委书记宋奇,区纪委委员、区直机关系统党员干部、各街道纪工委书记、纪检干部和公安分局、检察院、法院干警代表等110余人出席开幕式并参观首展。此次展览是"历史优秀廉政文化专题教育月"的重要活动之一,主体内容按照习近平总书记在中共中央政治局第五次集体学习时提出的,积极借鉴我国历史上优秀廉政文化,加强反腐倡廉教育的工作要求,分4个章节,即:思想内涵、廉政制度、陋政警示、清官楷模,集中反映历朝历代先贤智者的廉政思想,弘扬并传承古代廉政文化的内涵精髓,启迪思维,借鉴经验,用文化的无形力量指导思想和工作实际,倡导全区党员干部以饱满的精神状态为城市副中心建设保驾护航。展览历时4个月,通过集中展和巡展的宣传形式,有效发挥廉政文化润物细无声的积极作用,用展览中鲜活的例子教育引导广大党员干部结合正风肃纪专项工作,"照镜子、正衣冠、洗洗澡、治治病",以古人古训和正反典型为鉴,从自身做起,塌下心来学深吃透,静下神来自警自省,推动中央八项规定的贯彻落实,促进党员干部进一步筑牢思想根基,构建反腐倡廉长效机制,营造勤政为民务实清廉的良好氛围。全区3万余人观展。

2013年9月3日,区纪委在平津战役纪念馆举办"廉心仁智"——古代廉政文化集萃展

(摄影:马　慧　张　义)

(李　慧)

美丽红桥十大服务行动　2013年,红桥区总工会围绕全面加快城市副中心和美丽红桥建设,开展十大服务行动,即:职工素质提升、美丽红桥建功立业、群众性技术创新、实用性培训、三项重点指标落实、劳模创新带动、促进就业、济困救助、法律援助、文化服务行动。组织130名基层工会干部参加市总工会干部培训,对40多名新任社区书记、副书记,200多名街道、社区和直属企业工会主席进行业务培训。广泛开展"远学孔祥瑞、李刚,近学身边典型"争创活动;6万名职工参加"当好主力军、共筑中国梦"主题劳动竞赛,广泛开展"美丽红桥你我共建万名职工承诺践行"活动。32人和4个集体荣获2012年度天津市"五一"劳动奖章、奖状称号,110人和30个集体荣获区级"五一"劳动奖章、奖状称号;开展职工技能培训和岗位练兵,把"小革新、小发明、小改造、小设计、小建议"等群众性技术发明、技术创新活动作为常态化工作,努力造就与经济发展相适应的学习型、创新型职工队伍;培训职工近5000人、农民工1000人。对近500名下岗职工进行技能培训,提升再就业能力;新建工会组织298家,建会率93.04%,工资集体协商签订工

资协议2264家，签订率90.6%，和谐企业191家，和谐企业创建率72.9%，其中2A级和谐企业4家；重点打造10大劳模创新工作室，创建5个技能人才创新工作室，定期走访慰问退休劳模、组织劳模查体，为因病致困的全国劳模争取到专项帮扶资金和医疗帮扶金，健全劳模信息库，劳模学习考察疗养常态化，组织劳模代表赴北戴河、台湾、厦门和韩国等地疗养；组织78家用工单位参加“春风送岗位、服务惠民生”专场招聘会，现场求职咨询1500余人，达成就业意向500余人，帮助120名困难家庭应届大学毕业生就业，帮促就业、再就业3200人。济困救助服务行动，打造多点发力升级版。投入帮扶资金160余万元，“冬送温暖”慰问困难职工、困难孤老职工、困难劳模及农民工5587人次；“夏送凉爽”慰问一线及室外高温作业职工4300人。“金秋助学”资助85名困难职工子女就学；构建快捷维权新通道。构建劳动、司法、法院、信访等多部门联动机制，进一步完善劳动关系定期沟通制和劳动争议通报制，维权服务窗口向法院、社区、企业延伸，扩大诉前调解和各级劳动调解组织的覆盖面，组织“当好主力军，共筑中国梦”主题职工演讲比赛，举办“中国梦·劳动美”职工书画、摄影展，成立红桥区职工文化协会，承办天津市第九届职工乒乓球比赛。

（李淑芳）

美丽天津·一号工程 2013年，围绕“红桥区美丽天津一号工程”行动方案和《红桥区重污染天气应急保障实施方案》，确定10项重点工作。制定《天津市红桥区清新空气行动方案》《红桥区清新空气行动方案任务分解表》，明确清新空气行动各项工作任务目标、职责、时限和标准，监管单位与责任单位挂钩。针对采暖期环境污染的特点和重污染天气应急保障方案各项要求，多次组织实地调研，部署应对重污染天气和改善环境空气质量的措施。以子牙河为界分为南北两片，对建筑工地、拆迁工地、主干道路、垃圾堆场及燃煤企业和供热单位进行地毯式排查，排查出建筑施工工地17个、拆迁工地5个、粉状物料堆放点7个、燃煤锅炉使用单位10个，确定责任单位、责任人和检查频次。针对影响空气环境质量较大的PM2.5指标，确定以国控点两公里半径范围内的拆迁工地1个、主干道路2条、建筑工地3个、渣土堆物3个和燃煤企业4个为重点监管点位和扬尘污染防治的薄弱点，抓好工地扬尘治理，增加机扫范围，加大路面洒水频次，把空气污染程度降到最低。11月22日，出现重污染天气，启动应急预案对10个燃煤单位和各堆料场，按照检查台账，逐个连续巡查。对检查中发现的施工工地扬尘污染、道路扬尘污染等问题，按照职责分工，采取临时性停工、堆料喷淋苫盖等措施，对主干道路加强洒水压尘等措施，确保空气环境质量状态得到及时改善。

（李淑芳）

加强服务业引导 2013年，红桥区发展改革委推动服务业综合改革试点工作，编制服务业发展目标和工作措施。在市发展改革委、创意产业协会组织的第四批创意产业园区评审中，西沽创意产业园、天津青创园在50余个参评园区中脱颖而出，在5个被授牌创意产业园区中占据两席。推进“红桥区服务业数据平台”工作，夯实服务业统计数据基础。对商务委、科委、统计局、国地税等8个经济、职能部门可提供的6大行业46份报表进行梳理，制定“红桥区服务业综合信息平台”框架方案。按照《2011年国民经济行业分类》，对平台建设第三层面五大主导产业，即：现代商务、商贸、科技、创意、文化旅游行业分类界定。完成“平台”整体设计、历年经济数据和限上企业数据的录入、分析工作。编制“红桥区服务业项目载体和地块”招商手册。对服务业载体项目信息逐一核实，完成银泰大厦、宝能创业、宝能现代科技广场，海河华鼎项目、红桥广场等项目招商资料撰写工作。在市服务办召开“红桥区服务载体”小型推介会。通过市发展改革委为驻区企业争取服务业引导资金80万元。向市发展改革委争取“红桥

2013年1月5日，西沽创意产业园、天津青创园被评为天津市创意产业园区

（摄影：魏永强）

区服务数据平台”建设资金50万元，保障平台软件设计和前期运行。红桥区文化中心项目申请服务引导资金200万元。两次深入红桥区青创园为企业宣读政策，帮助企业完成“大学生见习基地”申报工作。

(魏永强　朱兰欣)

“百日招商”系列活动　2013年，红桥区交流办举办各类招商推介活动32场次。4月24日，区委、区政府主要领导带队南下深圳国投、宝能集团，详细介绍红桥区位优势、投资环境及发展现状，围绕其关注的项目开发建设、继续深化合作进行交流座谈。5月10日至14日，组织参展第二十届天津投资贸易洽谈会，包装推介西站南广场B地块、红咸里等19个、总建筑面积600余万平方米的房地产项目，宝能创业中心、银泰大厦等14个、总建筑面积近50万平方米的楼宇载体项目，为海河华鼎等4个楼宇设置固定点位进行宣传推介。接待中国五矿地产、万科地产等客商50余批次，近200人。参加市内外资重点项目集中签约仪式，与上海绿地集团就开发西站南广场项目签署合作协议。建行红桥支行、金侨置地等12家企业分别与银泰大厦、水游城商务楼宇、宝能创业中心、绿建吉地签署入驻协议。6月21日，组织召开“加快西站副中心建设——重点房地产企业对接恳谈会”，复地集团、保利地产等15家国内知名房地产企业参会。8月6日，组织举办“历史与传承——水西庄研讨会”，天津红楼梦学会会长赵建忠等多位文化界、历史学界、地产业专家及企业代表对水西庄复建给予充分肯定，对未来复建项目和红桥发展充满希望。参与市政府举办的“美丽天津·2013城市招商会”系列活动，全程参加三场招商会。其间，向京粤沪三地企业重点推介西站南广场B地块、红咸里地块、291地块、光荣道科技产业园等4个地块项目，奥克斯集团、星浩资本等实力企业达成较为深入的合作意向。

(陈景庆)

2013年5月13日，在第二十届天津投资贸易洽谈会上举行红桥区项目签约仪式

(摄影：陈景庆)

商务商贸建设　2013年，红桥区西沽文苑项目主体工程及外檐装修全部竣工，招商工作基本完成，实现局部开业。天津酒文化街各节点项目进展顺利，津酒集团业务综合楼、销售超市、客服中心进驻办公，酒品销售旗舰店正式投入使用，酒文轩、恩德厚两家餐饮企业经营情况良好，阿德勒酒店主体工程和外檐装修完成，正在对该项目进行规划等手续验收。芥园水厂公建项目完成前期策划，正在完善修改设计方案，加快推进施工建设。加强对重点企业麦德龙经济运行的监测和分析，密切与水游城招商团队的对接，帮助企业解决生产经营中的困难和问题，水游城全年实现销售收入2.6亿元，日均客流近2万人。及时调整虹桥新天地等重点企业业态，引进一批有实力有优势有特色的品牌入驻。推进欧亚达家居广场提升改造工程，改善购物环境，丰富业态种

2013年12月，西沽文苑项目主体工程竣工

(摄影：石一元)

类，引进迪卡依、中传影院、麦霸KTV40余家知名企业，成为集家居购物、娱乐、休闲、餐饮于一体的城市商业综合体。在做好第一、二批亿元楼宇工作同时，积极申报第三批亿元楼宇，已认定亿元楼宇总体规模达到16座45.2万平方米。提前做好项目储备，为申报第四批亿元楼宇做好准备。制定《红桥区商务楼宇管理服务规范》，明确楼宇经营单位职责、设施与设备要求、环境与卫生、安全与应急、服务与顾客关系等8个方面工作的服务内容和服务标准，组织有关部门对各亿元楼宇进行考核验收，有效提高楼宇物业管理服务水平。

（王亚辉）

科技创新服务基地建设 2013年6月18日，天津市绿色建筑与节能产业创新基地正式开园。该园区位于红桥区湘潭中路，一期占地面积10000平方米，建筑面积12000平方米，由原木箱一厂4幢旧工业厂房按照国家绿色建设二星标准设计和改造，被列入国家“十二五”重大科技工程示范基地和国家级专家服务基地。创新基地整合行业和市场资源，与中国科学院、中国建筑科学研究院、天津大学、天津科技大学、河北工业大学等科研机构和高校建立联合研发合作平台；以天津市地源节能设备有限公司为龙头，依托浙江地源能源集团，建立紧密型产业整体运作商业模式，逐步打造技术创新基地、高新技术企业孵化基地、产学研结合示范基地、创新创业人才和自主知识产权培育中心，构建以人才技术和产业联盟为核心的全新绿色节能产业平台。成功引进企业25家。是日，天津市专家服务基地在该园正式揭牌。国家环境保护部原副部长、清华大学教授、博士生导师程振华以该基地天津市特聘专家身份，主持召开绿建吉地绿色建筑研讨会。住房和城乡建设部建筑节能与科技司建筑节能处、中国建筑节能协会专业委员会、市中小企业局、市科委、市人力社保局、市发展改革委、市财政局基本建设处、市建委、红桥区等单位领导和清华大学、天津大学、天津科技大学、天津城建大学、天津大学设计研究规划总院、中国建筑科学研究院建筑设计院等相关单位的专家学者参加研讨会。12月26日，由天津意库文化传播公司与天津意库产业园区共同发起、建设、管理的预孵化平台——“中国星合伙人”正式启动。中国科协原党组书记、中国创意产业联盟主席高潮，中国民族贸易促进会会长刘延宁出席启动仪式并致辞。团市委副书记张炳柱等相关领导和各界人士200余人参加。中国星合伙人预孵化基地通过平台创新和模式创新有效解决青年创业难题，特别是大学生创业在经验、能力、资金、技术、团队等多方面的问题，实现由创业想法到开办企业的过渡。孵化功能包括商业计划书检验、能力改善、产品及服务研发、试营销、开办准备等内容，有效提高青年创业成功率。预孵化基地占用意库产业园A4约2400平方米，硬、软件设施与服务一应俱全，项目将为青年创业者提供“全托”服务、导师辅导、“大照套小照”、分包制等多项创新服务。

（陈　怡）

2013年12月26日，由天津意库文化传播公司与天津意库产业园区共同发起、建设、管理的预孵化平台——“中国星合伙人”启动仪式在意库产业园区举行

（摄影：陈云红）

疾病预防控制 2013年，红桥区乙类传染病报告发病率263.41/10万，比上年同期下降6.21%，继续保持发病率低于市内六区平均水平，无甲类传染病和重大疫情发生，报告率、及时率、审核建卡率均达100%。在全市率先实现二、三级医院传染病疫情电子报病和区属医院慢性病电子化报病，报病准确率全面提高。落实《天津市肠道门诊工作规范》，各医疗单位的肠道门诊规范运行，红桥医院成为全市首家达到标准化的肠道门诊。快速有效处置H7N9禽流感疑似病例，做到“早发现、早报告、早诊断、早隔离、早治疗”。启动“践行党的群众路线、健康知识进社区送百姓”大型公益活动，组织5场市级专家讲座和36场区级讲座，直接受益近3000人次。与天津中医药大学签订长期合作协

2013 年 7 月 9 日，天津中医药大学博(硕)士服务团进红桥活动启动仪式暨红桥区三条石街社区卫生服务中心新址开诊活动，在三条石街社区卫生服务中心举行

（摄影：王志俐）

议。天津中医药大学每年分期分批选派 40~60 名具有中医执医师资格证的在校博士、硕士研究生到社区卫生服务中心，以志愿者服务的方式，为百姓开展中医临床、康复、针灸、理疗、养生保健和健康知识普及等医疗服务。在 23 所小学、10 所中学开展“健康素养 66 条”进学校活动，覆盖率 100%，受益学生 2.3 万人。与建筑工地、机关、企业等单位共同开展“健康教育进企业、机关”活动。开展社区巡讲 80 余次，巡展活动 90 次，社区覆盖率达 95%以上，编辑出版《红桥健康教育报》四期 2.6 万份。开展以“知行合一，共享健康”为主题的健康教育系列活动。参加“社区慢病立方管理知识竞赛”，荣获天津城市决赛季军。

（谢　彦）

美丽社区创建　2013 年，红桥区民政局以美丽社区创建为重点，开展千人业务培训、百人专业培训、双十佳评比表彰“千百十工程”，评选出“十佳居委会主任”和“十佳民政工作者”。推出 10 个“六型示范社区”（“六型”即：服务型、平安型、法治型、数字型、文化型、生态型），作为创建美丽社区的样板。完成 8 个社区居委会办公用房新建、改扩建任务，建筑面积均在 300 平方米以上，社区硬件设施得到较大改善。成立区服务群众联系社区工作领导小组，印发《红桥区开展服务群众联系社区工作实施方案》，选派 56 名干部联系社区，市委常委、市委政法委书记散襄军给予充分肯定。制定《红桥区关于开展“六型社区”创建工作的指导意见》，建立健全社情民意信息收集、统筹服务资源，“一站式”服务和社区党员志愿服务 4 项机制，散襄军作重要批示。组织居委会四至范围电子地图培训会，绘制出全区社区居委会全覆盖图。

（谢　彦）

曾公祠复建　2006 年，按照天津市海河两岸综合开发规划，原曾公祠所在地三岔河口地区将建设体现津门运河文化和码头文化的思源广场和天津近代工业历史博物馆。因此，曾公祠被批准拆除而异地重建。2011 年 4 月启动复建，8 月开始施工。2013 年 5 月工程竣工。新建的曾公祠位于新三条石大街与子牙河南路的交口处，东临海河，紧靠“天津之眼”摩天轮，西侧是泰达万通上游国际楼盘，周边将以花园为主，地理位置优越，环境优美。新建的曾公祠结合原曾公祠布局方式，坐北朝南，整体布局由山门、正殿、东西朵殿、东西配殿组成，是一个四合院式相对独立的整体。总面积 1127.14 平方米，建筑面积 598.28 平方米。其中正殿及朵殿建筑面积 294 平方米，东西配殿各 117 平方米，山门 70.28 平方米。

（陈　怡）

双环邨街道

双环邨街道位于红桥区西北部，东靠北运河及丁双公路，西与北辰区刘家房子村相望，南与北辰区郭辛庄接壤，北与北辰区王庄相邻。2013 年，辖区面积 1.1 平方公里，设 7 个居委会，户籍居民 12105 户 31788 人。

2013 年，引进各类企业 25 家，其中科技型企业 5 家，实现留区税收 203.3 万元。

落实辖区网格化管理、数字化考核以及长效管理机制，完成佳园南里 5.2 万平方米，佳庆里 4.1 万平方米，旧楼区 24 栋楼居住功能提升改造，清理 117 个楼门楼道和楼间杂物。

做好就业服务工作，安置灵活就业 650 人，为 285 人办理就业困难认定。落实失业保险相关政策，为 1036 人次发放失业金 99.2 万元；为 800 余人办理灵活就业保险补贴年审，为 900 余人办理城镇居民医疗保险参保手续，为 108 人办理一次性医疗报销及多次报销 42.8 万元。为 1216 人办理医保卡换领社保卡手续，为 610 人发放社保临时卡。做好城乡居民基本养老保险参保工作，帮助 55 名居民按规定参保。为 368 人核发生活补贴 36.4 万元；为 50 人办理异地退休手续。

构建社会救助体系，社会救助金与物价补贴总支出 800 余万元，临时救助金 25 万元，“两节”期间发放各类补助金 182 万元、慰问品(米、面、油)360 份。做好低保特困审核工作，为 280 户困难居民提供临时性救助。为肢体残疾人免费发放轮椅 52 辆，组织免费查体 87 人次；办理租房补贴 102 件，限价房收入核实 101 件。

坚持领导干部大接访，建立街道和居委会联系网络制度和信访干部下社区制度。接待咨询 4227 人次，解决落实问题 461 件，进京接返上访人员 8 次。开展“控制出生人口缺陷宣传月”专题宣传 7 次，组织 74 对新婚夫妇参加免费孕前优生检查；加强全员人口网络信息化建设，完成独生子女、二胎审批、社会抚养费征收等工作。佳园北里社区被评为红桥区家佳示范典型社区。“感动双环”人物赵永华荣获“天津市道德模范提名奖”，获“天津市优秀志愿者”“红桥好人”等称号。

依托社区居家养老服务中心，以老养老，文化养老，娱乐养老，开设健身基地、娱乐室、阅览室、书画室、社区餐厅等。打造一个以社区医疗服务、健身康复、手工编织为主的居家养老服务中心（佳园东里社区），一个以家政服务、文体娱乐、琴棋书画为主的居家养老服务中心（浩达公寓社区），完善一个以营养健康、饮食配餐为主的居家养老服务中心(益春里社区)。

（杨 凌）

2013 年 6 月 27 日，双环邨街在佳宁里小学开展“凝心聚力同筑双环”庆“七一”活动

（摄影：李冶兴）

咸阳北路街道

咸阳北路街道位于红桥区西北部。东面与丁字沽街道相靠，西面与双环邨街道相依，南面与西于庄街道相连，北面分别与丁字沽街道和北运河相邻。2013 年，辖区面积 2.42 平方公里，设 20 个居委会，户籍居民 28182 户 76040 人。

2013 年，引进企业 19 家，注册资金 2160 万元，留区税收 236.7 万元。对辖区闲置资源和经营网点等商业载体实施动态管理，开展招商推介。建立查找问题、督促办理、定期协商工作机制，实施互动式服务，吸引新兴科技企业注册经营。

推行市容环境网格化管理，与辖区 20 个社区居委会、25 个社会单位、200 余家临街商户签订城市管理责任书 245 份，提高居民社区和支线道路的清扫保洁作业质量。出动 800 余人次，清整社区环境脏乱点位 1565 处，清运垃圾堆物 240 余吨。完成同心楼、绥中楼等 6 个小区、216 个楼门旧楼区居住功能综合提升改造，清理杂物 70 余车 200 余吨，拆除圈占 8 处，受益居民 4134 户 11300 余人。正东公寓、福源公寓，实行居委会牵头、居民自治式物业管理模式。

发放低保金、临时救助金等各类补助 1110 余万元。为 876 户家庭办理租房补贴、公租房收入核查等住房保障相关手续。为 518 名残疾人发放救助金 78 万元。启动专项资金慰问军烈属，为 28 名参战参试、退役士兵和优抚对象办理生活补贴，发放优待金、定期抚恤金等 54 万余元。

在红桥区率先实行消防网格化管理，形成“一网多级、一级多格、一格多点”模式，消除 12 起火灾隐患。对辖区无上口单位的 447 家“六小企业”开展安全生产隐患大排查，检查明火作业 140 家，查处整改火灾隐患 42 家。举办企业用工招聘会 21 场，在七○七所社区建成红桥区首个社区便民蔬菜超市，惠及周边 3000 余户居民。

建立社区预约服务机制和民情日志机制，公开社区工作手机号码，实行群众 24 小时预约办事。成立本溪和化工两个日间照料服务站。建立科技惠民服务网络，为群众提供网上购物、政务办理等多项服务内容。

为社区 68 名流动人口育龄妇女孕检查体。全年办理一孩生育服务证 258 份，二孩生育服务证 21

份，独生子女证 236 份，为 2854 人发放独生子女费 56770 元。举办“颂歌献给党，赞美新生活”庆七一社区文艺晚会和“贯彻十八大精神，共筑中国梦”书画联墨展。有 20 余支文体队伍活跃在社区，其中咸阳北路街道沽北书画社被特邀参加人民日报社画展。发放《开展党的群众路线教育实践活动调查问卷》171 份。召开宣讲团会议、党员群众座谈会 24 场，400 余人参加，征集意见建议 200 余条。

（阎　洁）

芥园街道

芥园街道位于红桥区南部。东起北门外大街，西至旧墙子河（津河）与南开区毗邻，南以芥园道为界与铃铛阁街道衔接，北临南运河与邵公庄街道隔岸相望。2013 年，辖区面积 1.64 平方公里，设 9 个居委会，居民 17616 户 40817 人，其中回、满等少数民族 1081 人。

该街历史上曾是清朝雍、乾时期著名园林水西庄故址。当时，水西庄驰名南北，蜚声一时，景致甚佳，颇具江南特色。乾隆皇帝南巡曾到此处游玩，正值芥花盛开，于是赐名“芥园”。现街道办事处亦袭用“芥园”名称。

芥园街道是少数民族群众聚居地区。界内坐落有天津市重点文物保护单位红桥清真大寺，有天津市第一所公立小学文昌宫小学，有天津泰科水务有限公司（其前身是有百年历史的芥园水厂），有现代化综合性医院天津中医药研究院。

2013 年，引进企业 20 家，注册资金 4305 万元，实现引税总额 158 万元，留区税收 133 万元。帮助认定科技型中小企业 5 家，引进 3 家法律事务所落户红桥；促成北京银行天津红桥支行落户。

成立河滨花苑（国际）社区建设推动工作小组，探索惠灵顿国际社区功能定位。建立居委会、物业公司、业委会“三位一体”管理模式，共同参与国际社区管理服务。制定《关于加强推动河滨花苑（国际）社区管理与服务的可行性工作方案》，完成《芥园街国际社区工作组第一阶段调研报告》。组建社区太极队、开展“除夕夜中外居民包饺子”“迎中秋中外家庭日”等活动，搭建中外居民文化交流平台。

做好未就业高校毕业生帮扶工作，发布用工信息 2400 余条，创造就业岗位 2000 个，其中为应届高校毕业生提供用工信息 300 余条，岗位 500 余个。协助区人力社保局，联合 53 家用工单位举办大型招聘会，提供就业岗位 500 余个，当场达成意向 370 人。参加城乡医疗保险 1240 人，落实养老保险与老年补贴待遇 2979 人。

2013 年 9 月 18 日，芥园街道联手区劳动局在水游城举办芥园街迎“双节”大型招聘会

（摄影：张瑞珍）

开展环境卫生集中清整活动，清理脏乱点位 30 余处，清理垃圾渣土 500 余吨。以数字化城市管理平台为依托，将街域划分成 7 个网格，加强巡查与违章建筑监控力度，处理违章建筑 6 处。对各社区环境卫生状况集中摄录、播放、讲评。查找问题点位，签发物业督办单 6 次，全部解决。对 8 个社区实施扩建工程，施工面积 1200 平方米。为芥园大堤社区 22 户居民解决八年之久的吃水难问题；为世春里社区装配百个爱心扶手，方便老弱残疾人群出入。

推进“智慧街区”项目建设，完成街道中心监控室及泉春里等 5 个社区监控安装、调试；完成项目公共服务平台子系统、OA 办公子系统、城市管理子系统的第一版研发。做好重要时期和节日的维稳工作，疏导化解各类矛盾纠纷 51 起，未发生重大事故。与公安部门对接，在行政服务大厅专设流动人口登记及暂住证办理窗口。

新建非公企业工会组织 9 个，新增会员 51 人，112 家私营企业全部实现建会，率先成为非公建会及工资协议签订全覆盖街道。1 人获评市级“五一”劳动奖章先进个人，2 人获评区级“五一”劳动奖章先进个人。

（杨　萍）

三条石街道

三条石街道地处子牙河和南运河交汇入海河的三角地带，东至引滦纪念碑（三岔河口），西至西站前街中心线，南至南运河北岸，北至子牙河南岸、津浦铁路线以南。2013

年，辖区面积1.47平方公里（含大胡同地区0.1平方公里）。设8个居委会，户籍居民17454户38935人，常住居民6611户19304人。

三条石历史博物馆、引滦入津纪念碑、天津市现代工业纪念馆坐落界内。清同治九年(1870)，直隶总督李鸿章的妻子在总督衙门的寓所去世。为出殡，李鸿章将“果子行窑洼”填平筑路，铺上三条通街的大青石，三条石街由此得名。三条石地区，水路、旱路交通方便，南运河曾是南北运输要道，车来船往为其经济发展提供了有利条件。得天独厚的地理环境和机械铸造业的发展，使三条石地区成为中国现代工贸的繁盛之地，素有“民族工业发祥地”“华北工业摇篮”的美誉。

2013年，引进企业12家，引进资金500余万元，实现留区税收310万元。12月，成立红桥区工商联(商会)三条石街道分会。

强化数字化城市管理考核，收到各类信息3000余件，处理率90%以上。开展集中清整活动，清理杂土堆物369吨，清理小广告3000平方米，绿地杂物9810平方米，绿地圈占11处300平方米，居民生活环境明显改善。提出“查出新违章建设不过夜”和“违章建筑零容忍”的工作目标，拆除违章建筑20间500平方米。发动义务督导队员1200余人次开展环境卫生清整活动。组织各类安全消防联合检查26次，签订消防安全责任书391份。

开发就业岗位2451个，提供再就业咨询、培训800余次，提供就业岗位信息服务2088条，安置失业、无业人员743人，其中：灵活就业249人，公益岗14人。城镇居民医疗保险参保1300人，城镇居民养老保险参保334人，办理社保卡1084个、临时卡423个，发放城乡老年人补助1.4万人次，为49人办理身份认定及城镇职工养老保险参保手续。

新批低保95户144人，新增低保金额56506元，新批特困36户69人，新增特困金额6192元。为13488户22246人次低保家庭发放低保金1015.88万元，为1556户次2832人次特困家庭发放特困金26.76万元，为14526户次24696人次发放物价补贴111.16万元。受理经济住房租房补贴150件，年审370件，廉租房补贴118件，限价房申请73件，公租房申请70件，实物配租补贴28件。

2013年1月15日，三条石街道北开花园社区书画社成立揭牌

（摄影：李申和）

计划生育特别扶助家庭确认151人。

签订工资集体协议企业24家，社区工会联合会涵盖企业38家，创建和谐企业5家，街道总工会被命名为天津市职工文体示范单位。成立三条石街道青年干部实践基地，以“聚民心、通民情”为主线，开展蓝色家园——营造文化氛围、橙色体育——引导体育健身风尚、绿色社区——宣传科普月主题活动，丰富群众文化生活，提高居民文化品位。北开花园社区成立书画社，举办第一届书画展。创建城市书吧，自编自导自演的情景小品《圆梦》荣获全市展演第三名。举办“感恩城市建设者，共享美好新家园”消夏纳凉和露天观影活动。

（安　璐）

丁字沽街道

丁字沽街道位于红桥区北部。东起光荣道与西沽街道相邻；东北靠北运河与北辰区、河北区隔河相望；西北至咸阳北路与咸阳北路街道相接；西南邻丁字沽一号路与咸阳北路街道接壤。2013年，辖区面积2.47平方公里，设17个居委会，户籍居民32271户89848人。

2013年，引进企业43家，招商引税698万元，留区税收238万元。收缴房屋租金60万元。

旧楼区改造惠民工程完成风尚公寓、光荣楼、曙光楼以及十三段部分小区，27幢90个楼门8.89万平方米，惠及1500户居民，其中风尚公寓是红桥区2013年唯一示范小区。对绿地内堆物、垃圾杂物及圈占围栏集中清整，清运各类杂物8000处380车260吨。

最低生活保障救助，发放低保金1593万元，惠及1870户3217人，特困救助发放助困金50余万元，惠及303户674人。以解决患重大疾病困难群众为重点，对困难家庭进行大病救助和临时救助，发放救助金15万元，救助335户583人。认定困难群体1200人；办理灵活就业保险补贴1000人；接待咨询2000余人次。为4名自谋职业人员提供小额担保贷款25万元；为2150人调整养老保险与老年补贴待遇，新增城乡老年人补贴12人，为90人办理死亡终止补贴；城乡养老保险参保残疾人员112人；新增参加城乡养老保险56人。城乡养老保险退休8人。领取丧葬费人员43人。城乡医疗保险支付345人次。

开展处级领导大接访、大约访活动，接访132人次，解决群众诉求106件；坚持重大信访案件现场办公制度，发挥综治信访服务中心（站）作用，接待群众3846人次，调解各类纠纷621件，发现并消除隐患61件，确保社区和谐稳定。

利用各类节假日有效开展流动人口宣传服务，为来津务工育龄妇女做好日常查验证，协助有需要的流动人口办理一孩生育服务证2例；为生活困难的流动人口育龄妇女办理计划生育保险2例；督促流出人员办理流动人口婚育证，建立信息档案34人次。顺利完成2013年度“特扶”对象申报。申报347人；落实政策，严把再生育审批关，审批成功22户；做好独生子女证办理和独生子女费发放工作，发放独子费30485元。

2013年5月8日，丁字沽街道第一届互助节开幕式在西沽公园举行

（摄影：焦丽娜）

社区文化活动丰富多彩，组织多场联欢联谊会。街道老年活动站成为开展为基层为困难群众写春联送福字新春大拜年活动点；三段社区老年协会举办正月十五闹元宵，猜灯谜社区文艺骨干联欢会，同庆元宵佳节；举办社区“民族、民俗、民间”艺术文体活动启动仪式，来自8个文体团队的艺术精品展示民族民俗民间艺术。丁字沽街2013年第十一届文体艺术节书画展，展出百余幅书法、绘画作品。

（田文明）

西沽街道

西沽街道位于红桥区中部，横贯区域东西。东以北运河为界，与河北区隔河相望；西至西横堤与西青区相邻；南以津浦铁路为界，与三条石街道、邵公庄街道相连；北面一部分以子牙河为界，与西于庄街道隔河相望，一部分以光荣道、新红路为界，与丁字沽街道、西于庄街道相依。2013年，辖区面积约4.77平方公里，占全区面积1/4，设26个居委会，户籍居民29466户72907人，有汉、回、满等多个民族。

2013年，引进企业25家，其中科技型中小企业5家，引资1680万元，引税265万元，比上年增长20%。建立西沽街商业联合分会。津沽公司实现理财收入46万元。

做好第三次全国经济普查工作，清查录入个体户2700余户，企业520户，完成1630栋民用建筑物节能减排调查。

对地域网格内社区和支线道路进行循环式清理，全面开展环境卫生大清整。治理楼门小广告、清除脏乱死角、治理装修渣土、治理家禽家畜，出动4000余人次，1500余车次，清除脏乱死角800余处、杂土堆物1200余吨，拆除私搭乱建28处600余平方米。拆除红卫桥西里24排西侧5户12间207平方米违章建筑。

主动与教职人员和信教群众沟通感情，为寺堂解决实际困难，帮助清真寺推行“以寺养寺”管理模式；组织两寺一堂开展扶贫助困活动，筹集乜帖和奉献款5万余元，帮助困难家庭20户。被命名为天津市民族团结创建示范单位。调整完善日常巡查工作网络和机制，构筑城管科、居委会、作业单位“三位一体”的城市管理巡查监督与作业保障网络。

做好各类困难家庭调标后收入认定工作。界内享受低保救助居民1374户2196人，累计发放低保金1051万元，物价补贴88万元；享受特困救助居民198户400人，发放特困金33万元，物价补贴16万元。开展“两节送温暖”活动，救助困难群众716户，2148人受益。为2610名残疾人办理残疾证，为240名特困残疾人办理补贴，为153户肢体残疾人提供家政服务。组织为雅安地震灾区捐款10.11万元。完成就业安置1500余人；发放失业救济金2619人次214万元。享受灵活就业社保补贴3016人，享受国家补贴1656万元。为240人办理城乡医疗保险报销99万元。“和谐西沽爱心永存”人大代表定点帮扶活动，捐款2万余元，救助困难学生8人，实地走访因病致困家庭8户；对单亲困难母亲、农民工子女、困难学童、特殊群体开展形式多样的帮扶活动，帮扶86户2.6万元。为303人发放计划生育特扶金87万元。

（李宏明）

西于庄街道

西于庄街道位于红桥区中部。东以桥口街、桥口南街、三兴里、纯德里为界，与西沽街道相邻；西以千里堤与北辰区接壤；南与西沽街道隔子牙河相望；北以光荣道、新红路与咸阳北路街道、丁字沽街道、西沽街道相连。2013年，辖区面积3.89平方公里。设14个居委会，居民25959户65170人，有汉、回、满等多个民族。

2013年，引进企业79家，注册资金3771.5万元，其中帮扶和引进科技型中小企业13家，引进注册资金100万元以上企业10家。完成留区税收200万元。

配合做好西于庄地区危陋房屋征收改造前期调研准备工作。加快推进西于庄地区危陋房屋改造，位居天津市20项“民心工程”之首，是红桥区改善民计民生的“头号工程”。7月6日，市委书记孙春兰、市长黄兴国深入西于庄地区，就危陋房屋改造进行调研；12月27日，中共中央政治局常委、国务院总理李克强来到西于庄棚户区入户看望困难群众，并作出重要指示：西于庄危陋房屋改造事关老百姓的切身利益，是改善民计民生的一项重要任务，2014年务必要让困难老百姓住进新房。12月20日，西于庄街就危陋房屋改造工作召开社区座谈会，就危陋房屋改造听取群众所思所盼，征询百姓意见。

旧楼区居住功能综合提升改造工程，涉及奋斗楼、萍乡楼、集平里、绮水苑、怡水苑、植物园6个小区，43幢楼房、251个门栋，29.51万平方米，4330户居民受益。救助社区困难家庭1386户，发放慰问品、慰问金10余万元。新增低保125户，完成对1806户困难家庭低保金调标补助发放工作，注销超标低保户243户。对303位大重病患者提供各类医疗救助41.85万元。为85户家庭办理廉租房租房补贴，为111户家庭办理经济租赁房租房补贴，为185户进行年度审核，办理公租房72户，限价房216户，实物配租3户。

2013年3月8日，西于庄街道在街会议室召开庆“三八”联欢会

（摄影：田 喆）

为社区老年人提供配餐服务4000余份/次，家政服务3258次，医疗服务261人次，每天安排一个以上业余表演团体在养老中心开展活动。完成城乡医保征缴2779人，支付医药费180人次78.6万元；办理灵活就业680人；城乡居民基本养老保险参保420人，办理病退50人，发放老年人生活补助费1105人；受理换发社保卡1693张，发放失业金2115人618.56万元；办理发放78个就业失业登记证；办理小额贷款8人50万元；再就业公司安置员工66人。

新建工会组织42个，发展会员800人，新创建7家A级和谐企业。走访慰问职工356人次，为职工解决实际问题34件。为失业、待业人员提供就业岗位200个，100余人就业。帮扶困难职工子女和困难农民工子女11人，发放助学金1.22万元。

（高振兴）

邵公庄街道

邵公庄街道位于红桥区西南部，东至西站前街与三条石街道为邻，西至西横堤与西青区接壤，南至南运河与芥园街道隔河相望，北靠津浦铁路。地势西高东低，南运河流经界内，中环线和西青道贯穿街境，西站高铁客运站和西站长途汽车客

2013 年 9 月 28 日，邵公庄街道在益鑫里社区开展“迎东亚会，社区美丽无污秽；庆国庆节，家园祥和齐整洁”大扫除活动

（摄影：张　瑞）

运站等交通枢纽坐落界内。2013 年，辖区面积 3.12 平方公里，设 17 个居委会，户籍居民 24117 户 58856 人。除汉族外，有回、满、维吾尔、朝鲜和蒙古等 9 个少数民族。

2013 年，引进企业 28 家，办理注册企业 2 家，注册资金 1.2 亿元。完成留区税收 335 万元。

完成环卫局地块拆迁 913 户，剩余 1 户；五十一中地块拆迁 86 户，剩余 56 户，两块拆迁片的剩余户全部完成司法程序。

就业服务采集信息 218 条，开发就业岗位 592 个，推荐 3800 人次，安置失业下岗人员 3350 人次；办理就失业证 127 人；为 283 名新增失业人员办理失业登记和失业保险金 16.97 万元；办理一次性支取失业金 50 人。为 2381 名符合城镇居民医疗保险的参保人员登记，整理城镇居民档案 350 册；为 232 人报销 86.46 万元城镇居民医疗保险药费清单。认定十种困难群体 789 人。新批享受城市最低生活保障 101 户 168 人 53604 元。变更低保对象 2053 户，保障金上调 29.8 万元。对 189 户重大病及特殊困难群体发放临时救助金 23.98 万元。为无丧葬补贴人员办理丧葬补贴 45 件 14.04 万元。为 22 名重点优抚对象发放春节一次性补助金及饺子费 3.30 万元，减免暖气费 1.72 万元；为低保及特困 1845 户 3196 人发放春节一次性补助金、饺子费及电费补贴 294.37 万元，减免暖气费 86.61 万元；受理廉租房租房补贴 88 户，经济租赁房租房补贴 83 户；办理限价房收入核查 177 人，办理公租房收入核查 73 人；申报廉租房实物配租 12 户；新享受公产房租金减免 158 户；慰问救助单亲困难母亲 6 人 2600 元；慰问困难儿童 5 人 1800 元；为全部单亲困难母亲免费上重大疾病保险，为 16 位单亲困难母亲免费体检。向市妇儿基金会申报困难妇女儿童 3 人，获得救助款 2500 元；1 名高考 600 分以上困难学子获得每年 5000 元的助学基金。

清整卫生死角 137 处，所有家禽基本治理完毕，社区无新建违章。洛川里旧楼提升改造涵盖 10 座楼 33 个楼门 600 余户居民，工程通过验收。开展第 24 个爱国卫生日宣传活动，发放宣传册 1000 余份，普及美国白蛾防治知识，组织各社区进行“挖蛹除蛾”活动，挖蛹 4 万余头。完成区城管委督办点位 7106 处，报送信息 65 份。

（张　钊）

大胡同街道

大胡同街道位于红桥区东南部，北马路东段北侧。东至三岔河口汇合处，隔河与河北区相毗邻，东南部临界南开区鼓楼街道，西接芥园街道，北靠南运河与三条石街道隔河相望。因界内有大胡同而得名。2013 年，辖区面积 0.5 平方公里。大胡同商贸区是天津市重要的小商品集散中心和商贸繁荣区，也是华北地区的小商品集散地，高峰时购物人数每天 30 万人次。2010 年投资 150 万元兴建覆盖商贸区各条道路的大胡同智能监控系统。实行现代化、区域化管理，形成集治安、消防数字化城管为一体的资源共享电子监控中心。

2013 年，实现全额税收 1.7 亿元，比上年增长 16.13%；留区税收 6530.24 万元，增长 7.62%。

以“春季消防安全百日战役”“夏季消防安全百日战役”和“中秋国庆”整治活动为契机，不定期开展安全检查和隐患整改活动。投巨资购置高科技检查设备热成像仪，对各市场消防安全隐患拉网式排查。联合检查组深入商户 1200 余家，发现各类消防安全隐患 327 处，更换灭火器 300 余具，更换电器线路、开关 260 个（处）。

按照“平安、繁荣、靓丽”要求，努力开创大胡同地区城市环境新面貌。抓好对“两条道路”（金钟桥大街、归贾路），“两个市场”（快餐一条街，新开大街、单街子商业街），“两条老街”（估衣街、锅店街）等重点道路和区域日常监管。从严治理各种占道摆卖、流动经营、乱停乱放等行为。规范整合物流，缓解因物流问题给地区交通秩序带来的巨大压力，保证道路畅通。结合重大节假日及各类保障任务，有针对性地开展对散发非法小广告、机动三轮车乱停乱放等专项治理活动。突出抓好“清扫保洁”和“爱国卫生”两条主线，不断强化商贸区外环境管理和督查。

落实《红桥区2013年反腐倡廉建设工作任务分工意见》，推动决策目标、执行责任、考核监督“三个体系”建设，签订廉政责任书、保证书24份，形成一级抓一级、层层抓落实的局面。跟踪服务联系企业60余次，帮助企业化困解难。

开展第四届“文明商户”评选表彰活动。与3·15活动有机结合，评选、表彰6户文明之星和29户文明商户。利用报纸、电视、电台、网络等多种形式对创建活动全方位宣传报道，营造诚信、文明、和谐、繁荣的商贸区环境。组织商贸区内相关执法部门参加万隆、都行、大胡同集团和眼镜城四大骨干企业亮点工作观摩和互评、互学座谈会。推荐万隆集团党委参加天津市非公经济组织纪念建党92周年评选表彰，被评为市级先进党组织，商户陈志刚被评为市级优秀党员，并在会上演讲。

（王　萍）

铃铛阁街道

铃铛阁街道位于红桥区南部。东至西马路，西至青年路、三元桥，与南开区毗邻，南至西关街、西营门外大街，北至芥园道。2013年，辖区面积1.1平方公里，设11个居委会，户籍人口18822户43610人。

界内有国家级历史文物保护单位吕祖堂和百年清真南大寺，形成铃铛阁街道历史悠久和丰厚的文化底蕴。以天津三宗宝之一的“铃铛阁”坐落界内而得名。

2013年，引进企业25家，其中注册资金1000万元以上2家。完成税收153万元，留区部分129万元。

街道办事处新办公大楼11月建成使用。结合机关机构改革，制定完善各项制度及办事流程100余项，实行公共服务标准化。完成新春花苑社区、睦华里社区及乐安里社区居委会办公条件改造提升。组建34人民兵高炮六连和40人的综合应急分队，超额完成征兵任务。开展第三次全国经济普查工作，核查法人单位319家，产业单位174户，个体经营1085户。

2013年11月新落成的铃铛阁街道办事处办公大楼

（摄影：云曙明）

开展平安建设活动，90%以上社区完成平安创建达标任务。做好信访和“公仆热线”，及时协调解决重点工程地铁6号线施工建设扰民、回民小区纠纷、长庚老年公寓停水停电等居民群众反映问题。做好短时期稳控工作，保障辖区稳定。强化消防安全隐患排查，对法轮功、吸毒人员进行帮教。“六五普法”和行政执法工作在年终迎检中获得佳绩。

市容环境网格化管理，形成环卫作业、执法、管理、考核“四位一体”管理体系。及时处理数字化平台整改件和政民零距离督办单。完成瑞兴里旧楼区居住功能综合提升改造，推进晓春里准物业化管理。

“找岗位、促就业；帮贷款、促创业”活动中，针对不同人群，举办4次专题招聘会，安置就业2000人。在就失业证发放、小额担保贷款申领、失业金发放、城乡养老、“五七工”养老保险金发放、医保卡办理、新生儿参保、困难人员认定、灵活就业补贴等方面有7613人受益。开展扶贫济困活动，加大对重点困难群众、优抚对象、残疾人、低保边缘户、低收入家庭、零就业家庭、单亲家庭、因重病重残致贫等特殊困难家庭的慰问、帮扶、救助，发放副食补贴80895元；发放低保、临时救助、暖气补贴等各类救济款1500万元，在低保救济、公租房和廉租住房、经济租赁房补贴申请、限价商品房核查、廉租住房实物配租等工作中，有2936户10348人受益。

完善清真寺各项管理制度，加强和谐宗教场所及民族团结和谐社区创建，帮助少数民族特困户和残疾人家庭解决实际困难。组织第二十届民族团结月活动，慰问清真两寺及宗教界人士、少数民族知名人士，资助特困少数民族群众及优秀特困学生。

（徐　斌）

·天津区县年鉴·

环城四区

东 丽 区

概 述

东丽区地处津滨发展主轴，东接滨海新区核心区，西连中心城区，是天津市中心城区和滨海新区的重要功能区。境域地理坐标为北纬39°00′~39°14′，东经117°13′~117°33′，东西长30公里，南北宽25公里。2013年，区域面积477.34平方公里，其中39平方公里位于中心城区，225平方公里属于滨海新区。辖张贵庄、丰年村、万新、无瑕、新立、金钟、华明、军粮城、金桥、东丽湖10个街道，有57个村委会，103个社区居委会，5个城市公司。总人口1069810人(含东丽经济开发区人口数)。其中，户籍人口355974人，暂住人口626081人，流动人口87755人。户籍人口中农业人口132841人，非农业人口223133人。区内居住汉、回、朝鲜、满、蒙古、壮42个民族，少数民族人口10256人。其中，回族7137人、满族1505人、蒙古族438人、朝鲜族547人、壮族121人、土家族130人，其他少数民族人口均在百人以下。

解放初期，归属宁河县管辖。1949年9月，分属天津县和宁河县管辖。1953年5月，划归天津市管辖，建立津东郊区。1955年5月，更名为东郊区。1958年10月，并入河东区。1962年2月，由河东区划出，恢复东郊区建制。1992年3月，更名为东丽区。

2013年，东丽区在市委、市政府和东丽区委正确领导下，全面贯彻党的十八大精神，继续落实区委、区政府“二三三五五”奋斗目标和工作思路，着力推进经济转型和城市转型，优化产业结构，加快城市化建设，发展各项社会事业，维护社会和谐稳定。全年，实现地区生产总值725.22亿元，比上年增长17.6%；区级一般预算收入78.61亿元，增长20.5%；固定资产投资655.07亿元，增长28.7%；实际利用内资482.98亿元，增长23.7%；实际利用外资7.42亿美元，增长12.0%；农村居民人均可支配收入18555元，增长13.3%。

项目建设扎实推进。阳光新业广场、大口径管材加工基地等22个项目投产运营，国家电网平高电气、中航航空服务保障基地等27个项目开工建设。天津欢乐谷开业运营，带动东丽湖地区开发建设和人气聚集。国家知识产权局专利审查协作天津中心、天津矿产资源交易中心、香江国际生态商务中心等55个项目签约落地，协议投资额408亿元。开工建设空港国际总部基地、东谷国际等33个载体项目，建筑面积150万平方米、竣工面积50万平方米。

产业结构进一步优化。实现工业总产值2100亿元，增长23%。新增规模以上企业33家，438家传统企业转型升级为科技型企业。完成技改投资90.6亿元，增长26.5%。万元生产总值能耗下降4.5%。新立商务商贸区、东丽湖科技服务中心区初具规模，产业聚集度不断提高。阿里巴巴产业带、唯美购等电子商务平台加快建设。金融业带动作用增强，增加值占第三产业比重超过20%。旅游接待470万人次，实现综合收入9.2亿元，分别增长54%和114%。服务业增加值完成277亿元，增长18%。天津滨海国际花卉、天津滨海傲绿等农业科技园区建设取得新进展。

科技创新资源加速聚集。借重首都资源，拓展科技招商渠道，设立北京、西安招商工作部，与中科招商集团、中国中小企业协会等10余家创新服务机构建立招商合作关系，引进北京航空材料研究院等研发机构33家、华航亿达等科技企业106家，发展产学研联合体及分支机构

53个，累计建成科技企业孵化器46家、生产力促进中心25家，其中国家级孵化器3家、生产力促进中心1家。推进企业技术创新，累计建立市级以上工程技术中心和企业技术中心36家，其中国家级2家。培育“杀手锏”产品30个。完成专利申请5945件，其中发明专利2106件。设立院士专家工作站5家、博士后科研工作站1家，引进高层次人才76人。科技金融大厦开业运营，科技金融服务平台帮助企业融资42.1亿元。全年，新发展科技型中小企业1294家，累计3669家；新增科技小巨人企业59家，累计171家。

改革创新步伐不断加快。强化街道对经济工作的领导，设立新立、万新、金钟、金桥4个经济园区管委会。推动国有企业向经营性实体转变，投入资金2.68亿元，成立华科金控等20家经营性企业。通过增资、收购、划转等方式壮大企业资产规模，为推进载体建设、提高融资能力、盘活闲置资源创造有利条件。东丽城投集团18亿元企业债、东丽湖能源科技公司1亿元私募债发行。华明村镇银行增资扩股，总额达10亿元。“三改一化”实现突破，两批72个试点村，49个村完成股份制改革，39个村完成户籍制度改革，52个村完成撤村。落实农村三年全面发展计划，村级集体经济健康发展。

新城区建设实现突破。还迁工程加快建设，示范镇和城中村改造，新开工面积106.5万平方米，竣工面积271.8万平方米。金钟示范镇、军粮城示范镇一期南区还迁，军粮城示范镇一期北区竣工，开工建设新立示范镇和军粮城示范镇二期。民和巷改造工程完成基础施工。实施旧楼区改造和居民楼屋面防水工程，完成小区改造17个、屋面防水施工142幢，受益居民2.4万户。完成拆迁面积85万平方米保障重点项目建设。示范镇和城中村改造项目，4万名村民迁入新居。基础设施加快建设。启动外环线调整线、蓟汕联络线建设，航新路、东金路建设，建成地铁6号线导行路。提升改造金钟路、津蓟高速联络线、汉港路等15条道路，徐庄子人行天桥投入使用。张贵庄轻轨站启动建设，高铁军粮城北站和站前广场投入运营。

环境建设力度加大。贯彻落实“美丽天津·一号工程”；“四清一绿”行动取得新进展。加强大气污染防治，完成3家企业6台机组脱硫脱硝治理，改燃并网5台供热燃煤锅炉，搬迁关停污染、危化企业7家。加强水环境治理，拆除规模畜牧企业3家，关停污染点源企业10家，治理西河、东河、东减河31.9公里，铺设截污管建成东丽湖污水处理厂，启动无瑕污水处理厂扩容改造工程。推进清洁村庄和清洁社区建设，建立农村生活垃圾收运处理体系，新增物业管理小区15个，建成美丽社区8个。加强绿化美化，造林540.95公顷，植树61.9万株。郊野公园一期完成建设面积112.55公顷。开展市容环境综合整治，新建提升绿化面积478万平方米。

社会事业和民计民生全面协调发展。以创建充分就业区为目标，举办万人职业技能大赛，组织招聘会100场，全年新增就业23761人，其中安置本区劳动力13787人。构建和谐劳动关系，建立就业监察保障三方联动机制，3785家企业、14.8万名职工签订工资集体协议。新增16个村1.73万人纳入征地养老保障，累计75个村10万人。城镇职工医疗保险参保14.1万人，26.2万人参加城乡居民医疗保险，分别增加5000人和1万人。发放低保及各类救助资金7500万元，救助困难群众22万人次。新建20个社区慈善工作站和3个慈善超市。10所国办幼儿园全部成为市一级园，规范民办学前教育服务点122个。完成10所义务教育学校和1所普通高中现代化达标工作。实施“健康东丽促进计划”，提升优化医疗卫生服务项目45个，启动实施疾病救助体系项目12项，项目累计服务76.7万人次。建立困难群众肾病透析医疗救助机制。东丽医院二期竣工，新建3所社区卫生服务站。全年无重大传染病和突发公共卫生事件发生。举办东丽区第十一届文化艺术节系列活动。“东丽杯”文学评奖活动成为全国公共文化服务体系示范项目。东丽区图书馆达到国家一级馆标准，建立村居文化室126个。引进微电影产业基地项目，扶持畅逸文化、佰笛乐器等重点文化企业加快发展。实施全民健身暖心服务计划，服务群众39.8万人次。承办第六届东亚运动会乒乓球比赛。建成东丽区体育中心，完成30个社区健身园建设。新增优化公交线路38条，实现城乡公交一体化。完成国家二级档案馆创建工作。

社会保持和谐稳定。深入开展诚信东丽、志愿服务等文明城区创建活动，“八大环境”(廉洁高效的政务环境、民主公正的法治环境、公平诚信的市场环境、健康向上的人文环境、有利于青少年健康成长的社会文化环境、舒适便利的生活环境、安全稳定的社会环境、可持续发展的生态环境）创建任务和指标完成率达90%。118个村居聘请法律顾问。自觉接受区人大和区政协监督，办理人大代表建议64件、政协委员提案88件，答复率、满意率均100%，办结率分别为87.5%和87.7%。深入开展平安城区创建活动，推进社会管理创新综合示范点建设，实施平安建设典型项目管理，77个项目取得显著成效，平安社区、平安校园等15项平安创建达标率达80%以上。强化警防、民防、技防建设，维护良好的社会秩序。推行网格化管理试点，形成“三社联动”社区特色品牌。社区经营网点备案管理不断完善。“智慧华明”项目启动建设。

（吴俊侠）

东丽区区级领导名单

中共东丽区委领导名单

书　记：尚德来

副书记：尚斌义　郑会营

常　委：尚德来　尚斌义　郑会营　戴东强（任职至4月）　苑树发　王连成　高秀定（任职至12月）　白凤祥（9月始任）　李子英（女）　么俊东　于大端　吴　苓（女）　赵玉旺（12月始任）

顾　问：秘长荣（女）

东丽区人大常委会领导名单

主　任：孙富霞（女）

副主任：余明斗　韩学森（5月去世）　陈文华　武广华（女）　赵金山（兼）

东丽区政府领导名单

区　长：尚斌义

常务副区长：戴东强（任职至10月）　王连成（10月始任）

副区长：王连成（任职至10月）　白凤祥（10月始任）　丁　梅（女）　张洪宝　刘克强　刘　峰

区长助理（副区长级）：王庆友（任职至9月）　龚振波

政协东丽区委员会领导名单

主　席：刘金钟

副主席：刘俊生　王晓敏（女）　王怀英（女）　张长河　田先钰　宋文喜（兼）　吴仁彪（兼）　高学刚（兼）

（区委组织部提供）

结对帮扶工作　2013年，东丽区扎实开展结对帮扶工作。在区会议中心召开东丽区开展结对帮扶村队和联系社区工作动员部署会。做好与4个市级驻村帮扶组的服务对接，建立全体区级领导干部联系点，统筹安排71个区直单位、442名干部与109个村、63个社区结成帮扶对子，指导街道中层以上干部包村包居、联片联户，形成市、区、街三级联动帮扶格局。组织12名市级帮扶干部岗前集中培训，分专题、分批次组织帮扶组深入市镇、园区和项目一线学习考察，提高履职针对性。编印《结对帮扶架构图》和《结对帮扶工作纪实手册》，建立目标承诺、典型选树等“八项制度”，建立动态台账和绩效档案，编发《联系服务基层

2013年8月21日，东丽区开展结对帮扶村队和联系社区工作动员部署会召开

（摄影：陈燕宇）

工作简报》18期，召开基层帮扶工作专题座谈会，跟踪问效帮扶实绩。各帮扶单位走访群众2200余户，慰问困难群众880余户，投入帮扶资金350余万元，解决问题165件，完成调研文章164篇。

（刘久寨）

基层服务型党组织建设 2013年，东丽区扎实推进基层服务型党组织建设。健全组织体系，成立区非公经济组织党工委，新建非公企业党支部9个、村改社区党组织1个，各领域基层党组织应建已建率和党的工作覆盖率均为100%。全年，发展新党员400名，定向选聘重点院校大学生村官13名，集中培训基层党员1100余人；完成95个基层党组织换届选举，选举产生党支部成员285人；把109个村班子纳入全区绩效考核，发放离职村干部退养补助414.5万元；开展“交通劝导岗”等党员志愿服务活动1213次，深化组工干部下基层活动37次，完成《城市化进程中农村集体经济转型发展路径研究》等3篇调研文章。健全责任机制，制定《关于建立基层党建工作联述联评联考制度的实施意见》，组织全区81个单位申报党建重点项目81项，以项目化管理强化基层党建责任制落实；对943个党支部实施分类定级，重点提升后进支部14个；在华明示范镇第二社区居委会召开东丽区服务型党组织建设现场观摩活动，以农村、社区、非公企业各1个先进典型的现场展示激励全区党组织创先争优。

（刘久寨）

2013年6月26日，东丽区服务型党组织建设现场观摩活动

（摄影：陈燕宇）

推进“志愿服务”活动常态化 2013年，东丽区文明办推动学雷锋志愿服务活动常态化。为外来务工人员子女捐赠助学金7000元；捐赠助学金34450元，资助贫困学生27名；为广西、黑龙江等地困难学生捐款17006元；为河北阜平旧营小学募集爱心物资47000余元。《今晚报》以《学雷锋爱心团队送温暖让娃们不再披着棉被上课》为题进行报道。举办志愿服务文化节，制定下发《东丽区关于举办第三届志愿服务文化节的实施方案》，开展志愿者大讲堂、志愿服务展示周、志愿服务暖冬行、志愿者感言、志愿服务评选表彰五项活动，为深化志愿服务提供文化氛围。《今日东丽》开设“志愿者感言”栏目，刊登25名志愿者的感言。编辑发行《义工专刊》1.2万份。推进“学雷锋，三关爱”志愿服务活动常态化，全区各学雷锋志愿服务站（队）坚持开展环境清整、维护交通、爱心帮扶、便民服务等41项志愿服务，5万余人次参加活动。东丽区学雷锋志愿服务总队帮扶本区空巢老人、贫困学生、农民工子女40户家庭，捐赠慰问金2万元；500人次参加保障东亚运动会顺利进行的文明交通劝导志愿服务活动；积极争做网络文明志愿者，及时发布好人微博3600条，传递正能量。投资10万元，对东丽公园内的学雷锋志

2013年10月5日，志愿者在文明交通志愿服务岗亭发放宣传单

（摄影：李金生）

愿服务联络站进行装修，购置安装电子显示屏、投影仪等硬件设施。充分利用文明交通志愿服务岗亭开展为行人指路，为环卫工人提供饮水等便民服务和文明出行、清洁家园、文明餐桌等宣传活动，1800余人次参加活动，发放宣传单1万余份，《今晚报》以《一座文明交通志愿服务岗亭，充满温情故事——“善”，再小也要》为题介绍主要事迹。东丽区学雷锋志愿服务指导中心、文明交通志愿服务岗亭、明强特殊教育学校、东丽区养老中心，首批挂牌天津市学雷锋志愿服务基地。

（刘久寨）

工业园区建设 2013年，东丽区重机工业园、华明工业园区、军粮城工业园区、海河高新区（东丽经济开发区）、航空产业区5个工业园区已获天津市规划局批准，总规划面积4585公顷，已开发面积3066公顷，基础设施累计投入近45亿元，吸引1630家企业（含注册型企业）入驻园区，解决就业40000余人，产业定位基本确定。全年完成销售收入500亿元，上缴税金25亿元，园区整合提升工作有序进行。海河高新区整合规划闲置地块，建设占地10公顷的国际医疗器械产业园和占地4.67公顷的现代印刷及包装产业园。华明高新区累计引进大项目18个、科技型企业530家、楼宇经济企业836家，总投资额超过400亿元。国家电网南瑞集团非晶合金项目、航天精工总部等12个项目开工建设。加快国家电网平高电气智能开关科技产业园、海能电力科技园、科创慧谷天津园区、海特高新研发中心等27个在建项目建设。促进泰利机械、卓辉电子、圣富源锂电池、包头稀土研究院等21个项目投产运营。航空产业区已征收集体土地1078.71公顷，占应征收集体土地面积的90.7%，8平方公里地块内民宅拆迁567户，完成97.4%。农建拆迁33.4万平方米，完成93.6%；基础设施建设重点点位公建拆迁工作顺利启动，已完成1.2万平方米。滨海重机工业园利用整合已摘牌的40.6公顷土地规划建设科技小巨人特色产业园，规划设计方案正在修改完善，先期吸引华研精粹、乾丰机电、中安总部、爱田汽车4个科技小巨人项目入驻。军粮城工业园区东金路以东、袁家河以西、津塘公路以南、津塘二线以北区域（0.92平方公里）提升改造城市设计方案通过市规划审议，启动东金路以东涉及整合拆迁企业的工作。

（沈忠营）

对外经济工作 2013年，东丽区商务委新批外资企业10家，增资企业5家，合同外资额完成1.37亿美元。完成全区308家外商投资企业年检，更新三资企业数据库。累计审批加工贸易合同600份、企业技术进出口合同25份，协助3家技术出口企业完成贴息申报工作。对资金未到位企业梳理汇总，催缴资金1.2亿美元。在外贸出口严重下滑形势下，制定“抗风险、保存量、求增量”工作措施。对全区外贸出口前50名企业走访调研，为9家企业及时解决融资、品牌培育、开拓市场等问题。对委托外地区进行代理出口的28家外贸出口企业开展政策宣讲活动。协调天津海关为中国一重集团天津重工有限公司等8家出口企业办理B类升A类资格。组织4家农产品出口基地企业参加泰国食品展，10家企业参加广交会，协助2家农产品企业完成示范基地评选，指导3家农产品龙头企业申报流动贴息贷款。指导14家企业投保中国出口信用保险，协助100家企业进驻电子商务平台，审批生产能力证明22家，加工贸易手册160册。支持30家企业利用“0+”跨境电子商务平台开展小额海外跨境零售业务。新增服务外包企业19家，累计39家，执行额完成3.2亿元（人民币），增长105%。国家电网呼叫中心项目列为全市重点服务业项目。国际服务贸易企业达106家，其中34家服务贸易企业被列为商务部重点企业。推动阿里巴巴与天安智慧港、北京爱派克斯跨境电子商务与航空商务区、北航科技园项目与海河高新区战略合作；引进项目17个，签约项目15个；协助东丽经济开发区、航空商务区、新立街、金钟街、东丽湖相关经济功能区、街域引进和推动10个项目签约或落地，引资4.2亿元。

（沈忠营）

公共交通体系建设 2013年，东丽区运管局按照《关于加快东丽区公共交通体系建设意见》要求，制定《东丽区2013年公共交通体系建设实施方案》《东丽区农村客运班线收购工作方案》《东丽区公交线路替代农村客运班线布设方案》，编制完成《东丽区公共交通规划》，并将规划内容面向全区进行15天公示，征求社会各界意见20余条。加快推进公共交通体系建设，东丽区政府与市公交集团签订战略合作协议，加强区域公共交通建设合作，发挥各自优势，打造便捷、科学、安全的公共交通，提升东丽区公共交通发展水平。公交路网建设方面，启动公交一体化建设，开展对区域内5家农村客运企业、8条客运班线、38部车辆收购工作，完成公交替代农村客运班线运营。新增692路、695路、690路、696路、118路、512路6条公交线路，66部公交车辆；优化调整663路、685路、660路、30路、656路、818路、819路、42路、806路、911路、872路、679路、860路、817

2013年11月22日，东丽区政府与市公交集团战略合作签约仪式

（摄影：郝　玥）

路20条公交线路；军粮城新市镇临时首末站、金钟新市镇首末站等公交场站开始动工建设；建成欢乐谷首末站、地铁2号线空港站公交首末站。

（沈忠营）

水利工程建设　2013年，东丽区水务局完成清水工程建设任务。治理河道31.93公里，铺设截污管道32.93公里。实施清水河道行动，组织全区污水口门调查、摸底、分析、上报等工作，编制《东丽区清水河道行动实施方案》，完成一、二级河道沿岸45个污水口门治理任务，通过市清水河道行动分指挥部验收。完成河道绿化工程建设，对东河、西河、西减河、新地河堤岸实施绿化，绿化面积29.14万平方米。完成南孙庄泵站更新改造工程，规模22立方米/秒，投资4340万元，汛期发挥作用。完成东河、务本河泵站出水口改造工程，投资190万元。完成海河左堤500米堤防应急治理工程，投资167万元。完成顾庄桥改造工程，投资98万元。完成务本河清淤工程，清淤河道12.7公里，争取市补助资金635万元。完成南水北调滨海新区供水二期工程征迁工作，涉及军粮城街道、新立街道16个行政村，全长15.88公里，征迁总面积5万平方米。启动金钟河治理工程，协助市水务局完成金钟河沿岸穿堤建筑物情况统计，弃泥场区的选择及环评、土地手续办理、初设审批等前期工作。

（沈忠营）

财政支出合理安排　2013年，东丽区财政局实现一般预算支出84.6亿元(基本支出25.8亿元，占总预算的30.5%；项目支出58.8亿元，占总预算的69.5%)，完成预算76亿元的111.3%，其中一般公共服务支出3.5亿元，完成预算的97.6%，比上年减少支出1730万元，减少4.7%；公共安全支出3.37亿元，完成预算的100.6%，减少支出2149万元，减少6%；教育支出14.7亿元，完成预算的118.7%，增加支出28572万元，增长24.1%；科学技术支出1.87亿元，完成预算的133.6%，增加支出6848万元，增长57.8%；文化体育与传媒支出9800万元，完成预算的103.6%，减少支出8334万元，减少46%；社会保障和就业支出5亿元，完成预算的110.9%，增加支出6378万元，增长14.7%；医疗卫生支出3.7亿元，完成预算的112%，增加支出190万元，增长0.5%；节能环保支出2400万元，完成预算的62.4%，减少支出1193万元，减少33%；城乡社区事务支出19.9亿元，完成预算的118.3%，增加支出7.11亿元，增长55.7%；农林水事务支出2.36亿元，完成预算的124.4%，增加支出5338万元，增长29.2%；交通运输支出3700万元，完成预算的82.6%，增加支出603万元，增长19.4%；资源勘探电力信息等事务支出14.4亿元，完成预算的118.3%，增加支出6.8亿元，增长89.2%；商业服务业等事务支出2100万元，完成预算的92.3%，减少支出134万元，减少6%；国土资源气象等事务支出1600万元，完成预算的83.4%，减少支出1162万元，减少42%；粮油物资管理事务支出744万元，完成预算的60.2%，减少支出402万元，减少35.1%；其他支出13.74亿元，完成预算的100%。

（王　楠）

大气污染防治　2013年，东丽区环保局加强大气污染综合防治，按照全市“美丽天津·一号工程”建设动员部署会议精神，全面启动清新空气行动计划，编制印发《东丽区清新空气行动实施方案》，将《清新空气行动目标责任书》中的7大类22项任务分解落实到责任单位并实施专项督查。督促天津钢铁集团有限公司等8家企业加装扬尘防护设施，建设防风抑尘网总面积达51.6万平方米。实施5台燃煤供热锅炉并网改燃工程，完成李明庄小区供热站拆迁并网天津国电津能热电有限公司、福山北里供热站拆迁并网天津军粮城发电有限公司。按照《天津市人民政府办公厅关于加强今冬大气污染防治工作的通知》要求,对詹滨西里、天津肉联厂、丽新供热站等26家燃煤供热单位进行除尘、脱硫设施专项检查,检验炉前煤质26次,确保供热设施达标排放。成立4个专项巡查组,对中心城区燃煤锅炉、工地、堆场等30个污染点源拉网式排查,建立东丽区中心城区大气污染源管理台账,落实具体责任单位,要求各工地、货场、堆场、料场采取围挡、苫盖、洒水等防尘措施。按照《东丽区2012—2020年大气污染治理措施》文件要求,与区建委、区市容园林委、区综合执法局、交警东丽支队、区公路局等部门开展大气污染联防联控工作,召开联席会议7次,加大对施工工地、砂石物料堆场、道路扬尘、废品收购点等50余家重点扬尘污染单位的执法巡查,出动执法人员246人次,纠正违规违法行为47次。

(王　楠)

“四清一绿”五项行动　2013年,东丽区落实“美丽天津·一号工程”,积极开展“四清一绿”五项行动。清新空气行动,完成2台发电机组脱硝工程,1台钢铁烧结机脱硫工程;完成3座锅炉房改燃并网,拆除燃煤锅炉7台;完成7家污染和危化企业关停、搬迁工作。津东水泥厂和东埑水泥厂通过市淘汰落后产能工作协调小组成员单位验收。清水河道行动,清除12个工业企业污染点源(其中关闭9家、停产3家)。治理规模化养殖场8家。完成38个排污口封堵、切改任务,铺设截污管道15.3千米。完成河道清淤治理11.8千米。完成河道绿化18.1万平方米。清洁村庄行动,集中清整村庄66个,动用机械849台班,出动人员4678人次,清理卫生死角和垃圾点位1071处,清整市场72个次,清理小广告1492平方米,清理河道沟渠142条次,清运垃圾杂物1887吨。建成清洁示范村庄15个。清洁社区行动,完成8个美丽社区创建工作。批建社区居委会21个并实现社区居委会全覆盖。实现15个小区社区物业管理覆盖(市指标1个,悦盛园)。旧楼区改造任务完成14个,全部通过检查验收并进行管理。绿化美化行动,完成植树造林34.13公顷。

(吴俊侠)

实施“双万工程”　2013年,东丽区人力资源和社会保障局全面实施“双万工程”(万人培训促就业、万人竞赛促提升),积极开发就业岗位,举办招聘专场,实现“五项新突破”(就业培训规模实现新突破,就业招聘效果实现新突破,服务平台建设实现新突破,职业培训功能实现新突破,职业大赛规模实现新突破)。全年,新增就业23761人,比上年增长8.2%。其中,安置全区劳动力13787人,增长15%。培训各类人员10599人,增长32%。组织招聘会100场,其中与空港经济区、泰达西区联合举办大型招聘会11场,进场2.6万人,达成就业意向1.25万人。30个行政村的60名村级劳动保障协管员转变为社区劳动保障协管员。建成东丽区人力资源综合信息平台,实现市场信息互联互通、资源共享、一点登陆、多点查询。新增12个培训项目,项目总数增加到45个。与区总工会等8个区属单位,空港经济区、泰达西区及100余家企业组织开展东丽区第三届职业技能竞赛,比赛工种由上年7项增加到23项;参赛人员由上年1500人增加到2万人。

(杨婷婷)

第六届东亚运动会乒乓球比赛　2013年,东丽区承办第六届东亚运动会乒乓球比赛,10月7日,比赛在东丽区体育中心举行。中国、朝鲜、中国香港、日本、韩国等8个国家和地区的300余名运动员、官员、裁判员及媒体记者参与,其中15家来自日本、韩国、中国香港、中国澳门和中国台湾的境外媒体和20家境内媒体50余名记者全程参与赛事宣传报道活动。6天赛期进行男子团

2013年10月9日,第六届东亚运动会乒乓球男子单打比赛

(摄影:陈同栓)

体、男子单打、男子双打、女子团体、女子单打、女子双打、混合双打7个项目105场比赛，中国乒乓球运动员夺得7枚金牌、7枚银牌和14枚铜牌。东丽区杨国一、杜凤瑞、孙敬民、付欢、赵静被人力资源和社会保障部、国家体育总局评为第六届东亚运动会先进个人。10月12日，完成第六届东亚运动会乒乓球比赛承办任务。

（杨婷婷）

2013年1月30日，东丽区地方志第二轮编修工作会议召开

（摄影：吴俊侠）

健康东丽促进计划 2013年，东丽区卫生局继续推进“31260”（实施3项工程、12个服务包、60个服务项目）健康促进计划和卫生服务能力提升计划，优化建立居民健康档案等项目45个，启动实施疾病救助体系等项目12个，完成老年人心理健康与临终关怀、居民就诊绿色通道等3个项目基础性工作，项目累计服务人群76.7万人次。继续开展《健康东丽促进计划（2012—2014年）》系列宣传活动，全年宣传、咨询、培训700余场次，受益6.8万人次。开展“为健康努力、向幸福进发”主题大型户外宣传活动，制作宣传展牌20块，发放宣传品8000余份、宣传单1万份、宣传图册1000册，通过项目介绍、专家咨询，展示医疗惠民政策、卫生民心工程效果和健康保健知识，营造良好健康促进氛围。第四季度，依据《健康东丽促进计划（2012—2014年）》工作安排，为65周岁以上东丽区户籍居民免费接种流感疫苗，接种适龄人群14699人次，有效降低老年人流感发病率。

（杨婷婷）

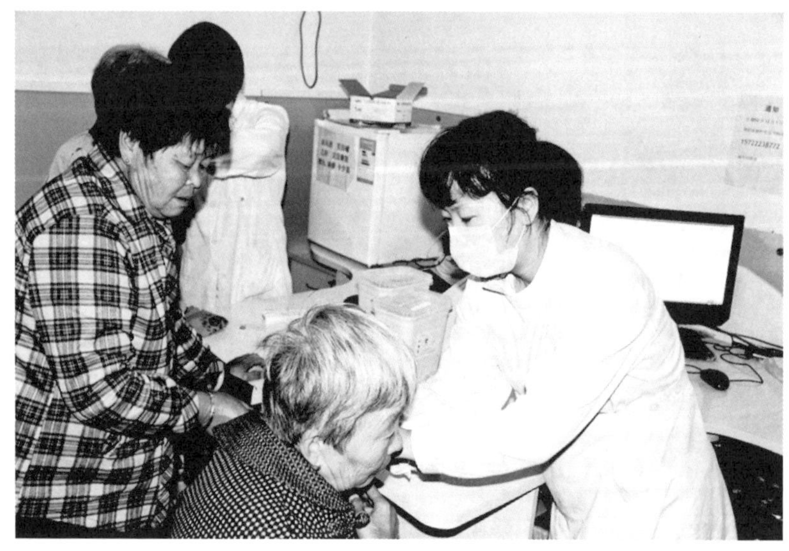

2013年10月16日，医务人员为65岁以上东丽户籍老年人免费接种流感疫苗

（摄影：张 斌）

地方志工作 2013年，东丽区地方志办公室完成《东丽年鉴（2013）》编辑出版工作。组织召开《东丽年鉴》编辑工作会议，部署《东丽年鉴（2013）》编辑工作，并以以会代训方式对109个单位撰稿人进行年鉴编辑知识培训。2013卷《东丽年鉴》设置23个篇目，110余个栏目，778个条目，310条大事记，配发书前照片和随文插图243幅，全书60万余字。年内，完成《天津区县年鉴》“东丽篇”编纂工作，上报13个栏目，100余个条目，3万余字。加大年鉴编辑工作宣传力度，编发简报5期。1月30日，召开东丽区地方志第二轮编修工作会议，部署第二轮编修工作，全区有122个单位参加。修订《东丽区志》篇目，拟定32篇。全年组织召开全区性修志培训会2次，集中培训8次，分部门汇报会6次，调研走访修编部门140余次，完成入志稿5篇。

（吴俊侠）

天津欢乐谷开业运营 2013年7月26日，由东丽区政府和华侨城集团共同主办，东丽区旅游局、东丽湖管委会、天津华侨城公司承办的“天津欢乐谷暨华侨城文化旅游节开启仪式”在天津欢乐谷演艺中心盛大举行，包括文艺演出、领导致辞、权杖交接、花车巡游、参观游园等活动环节，2000余人参加。天津欢乐谷坐落于东丽湖温泉度假旅游区，总占地面积35万平方米，总投资约27亿元，是华侨城集团投资建设的第六个欢乐谷，也是投资最大、科技含量最高的欢乐谷。项目由欢乐时光、维京海港、圣诞村、演艺中心、飞跃加勒比、海洋之心6大主题区组成，室内场馆面积10万余平方米，是中国室内场馆面积最大的四季欢乐主题公园，是国内运用最新智能技术建设的第一生态环保公园，开创国内首个穿越式互动游玩体验。公园内拥有水陆两栖、老少皆宜的游乐项目56项，主题餐厅9家，每日演出近90场，解决北方冬季旅游运营难题，创造全球首个高新技术打造的黑暗过山车与亚洲最高室内激流勇进组合、全球首个高达70米的圣诞塔与灵异古堡创新组合2项世界之最；亚洲首座穿越海底世界及室内外的水磁过山车、亚洲唯一的Elloco过山车2项亚洲之最；中国单轨最长、最高的木质过山车，国内最大的室内外近5000平方米的造浪池等8项全国之最，为游客带来极致欢乐体验。项目运营以来，始终保持安全、平稳、高效运转，全年举办国际魔术节、万圣欢乐节、圣诞新年音乐节等主题活动，接待游客94.4万人次，日最大接待量近2万人次。天津欢乐谷是天津华侨城项目文化旅游板块的核心项目。天津华侨城项目是华侨城集团与天津市委、市政府致力于建设世界级文化休闲旅游度假目的地，共同打造的又一创新力作，也是华侨城集团投资建设的第九个大型综合文化旅游项目，总占地面积204.6公顷，投资规模100亿余元，以文化创意、生态环保、休闲娱乐、旅游度假等元素为核心，由主题文化旅游、国际会议中心、创意产业园区、主题社区和体育公园五大板块组成，形成产业联动开发、文化内涵丰富、特色风格鲜明、配套设施先进、生态环境优美的世界级都市旅游休闲度假新胜地。

（高　岩）

天津欢乐谷外景

天津欢乐谷娱乐设施

（摄影：刘宪亮）

张贵庄街道

张贵庄街道位于东丽区西南部，东至外环线与丰年村街道相邻，西连河东区二号桥街道，南接新立街道崔家码头村，北靠京山铁路。距天津滨海国际机场5公里，距天津新港30公里，属东丽区中心城区。2013年，街域面积2.88平方公里，辖18个社区居委会。总人口55303人，其中户籍人口24818人，暂住人口19905人，寄宿人口10580人。驻街企业1600家。

2013年，完成三级财政收入4.37亿元，比上年增长18.3%；区级一般预算收入1.63亿元，增长13.9%。引进楼宇企业198家，总注册资金5.8亿元，楼宇企业纳税总额9600万元，增长20%。

城区改造。完成先锋里等9个社区和跃进南里等12个小区117幢旧楼房改造工程，维修基础设施35项，改造面积48.1万平方米，

7789户受益，并通过市指挥部验收，成为天津市旧楼区改造第一个全部完成并一次性通过验收的街道。完成三聚里、先锋里等社区服务性设施改造工程，新建居委会办公用房40平方米。完成福山路900平方米综合便民菜市场建设工程和华亭里50平方米厕所改造工程。

2013年10月9日，东丽区菜市场民心工程福山路菜市场试营业

（摄影：韩 宇）

市容环境整治。清理各类垃圾渣土82车72吨，清理乱堆乱放、乱摆乱买、乱吊乱挂等违法违章行为98处，清掏化粪井215车，铲除小广告5万余张，投放灭鼠药剂2吨，免疫信鸽2000余只。

安置就业863人，组织技能培训449人次；为331户低保特困户发放城镇低保金300万元，682人受益；为低保特困家庭报销药费6万元；为230户困难家庭发放补助款10万元；为28名考入大学专科以上困难家庭子女发放补助金8.4万元；为低保困难家庭报销药费6万余元；为2名孤儿发放救助金3.6万元；为2户困难家庭申请大病救助金3万元；为39名残疾人办理残疾证。

加强治安稳定工作。组织先锋里等18个社区开展反邪教警示教育500余次，发放反邪教警示教育材料1500份。为詹滨里社区安装摄像头12个。开展金融网点、金店“占领式”巡逻工作，对辖区内6个金融网点进行统一值守监管。排查调处各类纠纷80起，调解率100%，成功率98%。

开展安全防范工作。组织安全检查14次，排查、治理安全隐患71处，隐患整改39处；与区安监局等单位协调落实整改较重大隐患4处，下达整改通知书21份。开展交通安全防范责任制排查及消防安全自查自纠情况排查，排查安全隐患37处。

新发展党员3名，预备党员转正14名。开展参观走访等活动27次，679人次参加。落实工会工作，建会271家，签订工资集体协议271份；建立困难职工档案7份，为困难职工捐助帮扶款1.8万元。

（吴俊侠）

丰年村街道

丰年村街道位于东丽区西南部，地处城乡结合部。东至津塘公路四号桥，西接外环线，南至津塘二线，北到京山铁路线。域内交通便利，龙廷路、富安路、丰安路贯穿南北，津塘路、津塘二线横跨东西，轻轨新立站位于界内。距天津滨海国际机场7.2公里，距滨海新区泰达西区14.5公里，距天津空港经济开发区17公里。2013年，街域面积6.83平方公里，辖7个社区居委会。总人口20268人，其中户籍人口7558人，暂住人口4259人，寄宿人口8451人。驻街企业315家。

2013年，完成三级财政收入

2013年4月24日，丰年村街道在丰年广场举办春节招聘会

（摄影：何 扬）

2031万元,比上年增长23.4%;一般预算收入783万元,增长11.7%。注册型企业138家,科技型企业34家,注册资金4000万元,实现纳税2025万元。

环境整治工作。规范丰安路、晨宏道、霞宏道、富安路两侧广告牌匾944平方米,整修围墙2570米,铁艺护栏2450米,拆装护栏8316平方米,整治空调外机1535台,立面粉刷81440平方米,地面硬化18960平方米,总投资933.1万元。修缮丰年里、常熟里、丽新里、泰兴里4个社区87栋老旧楼房屋顶,5400户居民受益。投资309万元,改造丰年村市场,安装顶棚4500平方米,硬化地面3800平方米,地下管网改造400延米,粉刷市场内外墙2500平方米,修建水泥摊位120个,更换牌匾560延米,更换推拉门8个,卷帘门13个,新建大门2个,更换电表173块,安装落地式配电箱1个,更换照明灯16盏,安装监控摄像探头16处。

提升安置就业水平。举办招聘会4场,安置就业261人,技能培训198人次。发放低保特困金333.2万元,发放医疗救助、临时救助、春节补助、助学金、丧葬补贴240万元。发放优抚对象慰问补助金8.28万元;为雅安地震灾区募集善款5.81万元;为10户家庭申请廉租住房补贴;为8户家庭申请经济住房租赁补贴;为48户低收入家庭办理核减公房租金年审证明。开展计划生育集中宣传活动5次,举办知识讲座2次,符合政策生育率100%。

社会稳定工作。接待上访群众1300人次,反映问题380件,化解368件。组织980人次,开展不稳定因素排查活动6次,排查不稳定因素35件,实现进京到市零上访工作目标。加强街道民防网建设,设专职辅警队员45人,流动人口协管员10人,社区义务巡逻队员120人,平安天津志愿者244人。检查辖区商户140家;检查企业630户次,消除各类隐患29起。

精神文明建设。投资7.8万元,建设精神文明宣传栏39块,开展“诚信东丽”“六进社区”等主题志愿服务活动;举办道德讲堂84场,国学小讲堂14场,家庭教育大讲堂6场,3000人次受益。预备党员转正9名,确定入党积极分子5名。开展政策形势宣讲活动21场,宣传报道134篇次。企业建会85个。

(吴俊侠)

无瑕街道

无瑕街道位于东丽区东南部,东邻滨海新区胡家园街道,西靠军粮城街道,南隔海河与津南区葛沽镇相望,北依京山铁路,距东丽区中心城区17公里,地处滨海新区规划范围内。域内交通发达,津塘公路、津滨轻轨、津塘二线贯穿全街。2013年,街域面积21.86平方公里,辖15个村(已撤11个村),8个居民委员会。总人口98319人,其中户籍人口31782人,暂住人口60119人,寄宿人口6418人。

驻街企业903家。包括天津钢管股份有限公司、中国一重集团天津重工有限公司、天津钢铁有限公司和天津天铁炼焦化工有限公司等国有大型企业。

2013年,实现地区生产总值90.1亿元,比上年增长40.6%;三级财政收入10.5亿元,增长27%;街级财政收入2.8亿元,增长29.6%;固定资产投资39.7亿元,增长65.4%;工业技改投资16.63亿元,增长47.7%。排水管理处实现收入3300万元,增长20%。丽水集团实现收入1.8亿元,净利润3300万元,总产值278亿元,增长33.7%。

楼宇经济型企业303家,注册资本29.3亿元,完成纳税2.8亿元。招商大厦完成税收1.1亿元,实现1个亿元楼宇目标。认定科技型中小企业263家,科技小巨人企业24家。科技型企业孵化器1家,在孵企业32家,申请专利225件。

街道精整管项目、天钢高档金属制品、一重风能等12个项目实现标准生产经营,新增产值45亿元,新增税收1亿元。钢管精品研究线、钢管涂敷项目等10个商业流通项

2013年6月27日,无瑕街道与天津一冶建设工程有限公司签订合作框架协议

(摄影:刘宝睿)

目以及华研精粹等4个科技小巨人项目，计划投资总额20亿元以上，新增产值80亿元，税收4亿元以上。街道与天津一冶建设工程有限公司签订合作框架协议。

环境整治。投入9000万元对滨瑕里、华盛里、民惠里、博才里、聚贤里、钢霞里6个小区提升改造，完成雨污水管网切改1.6万延米，地面硬化铺装17万平方米，小区绿化1.8万平方米，安装路灯219套。完成钢管公司生活区7条主干道路灯改造及2846户居民燃气改造工程，完成3号路中水、污水管线铺设及南环路改造工程。

安置就业与救助。安置就业1400人，劳动力培训1370人。累计发放农村低保金46.81万元，64户127人受益；为1188人发放低保过节费205.37万元；为1486名70岁以上老年人发放生活补助304.89万元。为748名残疾人办理意外保险，发放低保残疾人补贴45.05万元；投入80万元对老姆庙重新修葺；为16周岁以下独生子女家庭6467人上安康保险13.07万元；为5924名育龄妇女查体，查体率85.74%。

党建工作。新建春霞里、秋霞里、华盛里3个社区党支部，全年新发展党员27名，预备党员转正60名。报送党建工作动态信息69篇，11篇被东丽党建网选用，20篇被天津手机党报东丽版选用。开展德育大讲堂活动240次，3200人受益。开展“六进乡村”共建活动8次。

（吴俊侠）

万新街道

2013年5月，万新街道雪山路提升改造绿化街景

（摄影：魏同靖）

万新街道位于天津市中心城区和滨海新区之间，紧邻河东区和河西区，距中心城区5公里。东与天津滨海国际机场相连，西邻河东万达广场，南靠海河，北邻卫国道。距滨海新区商务商业核心区40公里，距首都北京150公里。东南半环快速路、津滨大道、成林道、津塘公路贯穿辖区，城市交通便利，区位条件优越。2013年，街域面积27平方公里，辖12个村民委员会(全部被批准撤村)，25个社区居委会，5个城市公司。总人口159173人，其中户籍人口41085人，暂住人口74240人，寄宿人口43848人。

2013年，实现地区生产总值78.7亿元，比上年增长27.6%；固定资产投入91.07亿元，增长30.9%；三级财政收入35.25亿元，增长0.48%，一般预算收入1.93亿元，楼宇经济税收1.42亿元，工业总产值177亿元，外贸出口额6360万美元，实际利用外资3000万美元，利用内资14.36万元，工业技改投资6.35亿元。

新认定科技型中小企业83家，累计286家，新增科技小巨人企业9家，累计16家，发明专利申请量92件，有效专利77件，专利申请量累计完成300件，新增生产力促进中心1家、科技孵化器1家。引进自主创新创业团队1个、人才5人。

提升改造泰通公寓、欣园等6个旧楼区35.38万平方米，5254户居民受益。雪莲路第一、二标段拆迁完成交付施工。规划迭山路建设工程拆除公建5500平方米。完成快速路辅路建设工程增兴窑路段地上物拆迁。完成雪山路（程昆道—万山道）道路工程建设选址，北起程昆道、南至万山道，规划为城市次干路，全长450米，总用地面积1.5万平方米，道路设计方案正在编制。

环境综合整治，完成辖区45条道路和市、区督办的19个卫生点位，清理废品收购站36处，拆除违建棚亭1.7万平方米。出动1200余人次、车辆80台次，依法拆除6片旧楼区358户1.1万平方米。提升程昆道、警民路、雪山路等8条道路市容环境面貌，绿化面积2.75万平方米。

就业安置2504人，技能培训1205人。享受区农村退养补助197人、纳入征地养老保险85人、城镇养老保险117人、基本养老保险314人、提高养老保险待遇3015人、享受城乡老年补助2300人。全街低保户962户2065人、特困户116户277人，发放低保金、特困救助金917.5万元、供热补助52.37万元、医药费二次补助55万元。为70岁以上1605人发放高龄补助352.2万元，为98人发放丧葬补贴30.2万元，80岁以上719人享受免费手机服务终端。

建立社区联合党支部4个，新发展党员19人，转正34人。中心组集中学习24次，撰写调研报告15篇。开展党的“十八大”精神和“中国梦”等宣传教育及各类主题实践活动40场次。整建企业联合工会5个，覆盖企业242家，建制330家，A级和谐企业审批80家。成立19个妇女维权站。

（吴俊侠）

新立街道

新立街道位于东丽区中心位置，地处城乡结合部。东邻军粮城街道，西与万新街道接壤，南隔海河，北靠金桥街道。天津滨海国际机场、海河高新区坐落域内，滨海高速公路、津塘公路、津北公路、津塘二线、京山铁路、津滨轻轨贯穿全街，津秦高铁穿街而过。2013年，街域面积66.6平方公里，辖27个村（已撤5个村），3个居民委员会。总人口259636人，其中户籍人口91701人，暂住人口160164人，寄宿人口7771人。

驻街企业3019家。包括天津铁路信号有限公司、军粮城发电厂等国有企业。

2013年，实现地区生产总值110.52亿元，比上年增长28.8%；三级财政收入10.68亿元，增长20.1%；一般预算收入3.68亿元，增长24.7%；固定资产投入71.03亿元，增长62.9%；内联引资66.13亿元，增长12.1%；实际利用外资9200万美元，增长17.9%；招商引税2.65亿元，增长112%。

引进楼宇总部企业467家，注册资本46.1亿元。引进亿元以上项目3个，5000万元以上项目5个。引进楼宇总部企业累计500家，注册资本50亿元。完成引进10家5000万元以上项目任务。新增科技型中小企业177家，累计415家，新增科技小巨人企业10家，累计22家。引进科研院所2家。松江信息产业园项目一期工程10月开工，年底完成桩基工程。

完成清水工程涉及西河四合庄村、新兴村拆迁补偿工作。东河拆迁涉及卧河村16户，中营村28户。蓟汕高速联络线征用东大桥村、中营村、卧河村土地56.61公顷。完成住宅、公建、农用地上物拆迁10.8万平方米，其中民宅1万平方米、耕地3.67公顷，公建4.9万平方米，农建1.2万平方米。南水北调工程拆除公建、农建11.3万平方米。

安置就业。举办招聘会8场，就业安置2965人，培训各类人员1803人，创建充分就业社区（村）2家，巩固充分就业社区（村）25家，全街90%以上村级劳动保障工作站完成创建通过区人力社保局审核。建立以城乡低保、农村五保、大病救助、廉租房管理、救灾救济为主要内容的社会保障体系，保障辖区居民基本生活。发放无收入重点优抚对象抚恤金142.47万元。街道社区综合服务中心投入使用。

市容环境整治。清理垃圾80吨，清除违法小广告7000平方米。清理京山铁路沿线垃圾990吨。清整绿化民航大学南门东侧，绿化面积3000平方米。东盛园小区菜市场设置商贩摊位400个，为周边7000余居民提供服务。新立花园菜市场7月开工建设，11月竣工，设置商贩摊位200个。

党建工作。落实“结对帮扶”活动，组成27个帮扶工作组，协助市、区帮扶单位开展帮扶工作。走访群众180户，形成村情报告24份，收集意见建议145条，3个帮扶项目进行可行性研究。新发展党员28名，预备党员转正73名。开展集中学习教育活动35次。

（吴俊侠）

金钟街道

金钟街道位于东丽区西北部，地处城乡结合部。东、南两面与华明街道相连，西侧与河北区接壤，北隔新开河、金钟河与北辰区为邻。外环线、京津塘高速公路、津蓟高速公路、津宁高速公路、金钟路、津蓟联络线、跃进路、杨北公路贯穿全街。2013年，街域面积45.3平方公里，其中耕地面积12.46平方公里，辖9

绿化后的金钟新市镇金水公园

（摄影：王晶一）

个村。总人口 152525 人,其中户籍人口 39430 人，暂住人口 107856 人，寄宿人口 5239 人。驻街企业 3048 家。

2013 年，实现地区生产总值 90 亿元,比上年增长 29.16%。三级财政收入 6.07 亿元,增长 45.8%。区级一般预算收入 2.12 亿元,增长 49.2%。固定资产投资 86.83 亿元,增长 40.2%。楼宇经济税收 3.37 亿元，增长 84.1%。工业总产值 97 亿元,增长 3.3%。工业技改投资 5.35 亿元,增长 37.9%。

引进楼宇企业 674 家，总数 2240 家,实现楼宇经济税收 3.37 亿元。利用金钟科技园等平台引进科技型中小企业 191 家，培育天津三达铸造、金隅混凝土、宏福源商砼、亚平园林工程等 9 家科技小巨人企业。走访帮扶猪病检验检测中心、天津滨海德胜农业科技有限公司等 10 家科技型重点企业，帮助 5 家企业申报科技项目扶持资金。

区域建设。投资 750 万元,完成赵沽里、徐庄等点位围墙修砌 1500 米,清运保利社区等点位杂土、垃圾 5 万立方米,清整西大渠、月西河等水系 3 条,拆除违章建筑 5000 平方米，增加绿化面积 7000 平方米,在金钟新市镇种植各类花草 15000 棵。清整金钟广场乱摆乱卖现象,设立固定摊位 120 个，登记流动经营户 68 家。

安置就业与救助工作。安置就业 1842 人,培训 24 期 1341 人。累计发放农村低保 130 万元，城镇低保 272 万元;2477 人享受城乡居民养老保险;2822 人享受农村退养补助 57 万元;为 1919 名 60 岁以上老年人发放生活补助 15.7 万元；发放社保卡 853 张；为 26580 人投保城乡居民医疗保险，为 247 人次报销城乡居民基本医疗保险费 108.7 万元；发放优抚抚恤费 9.4 万元;为 1286 名残疾人办理意外伤害保险。为 7879 名育龄妇女免费查体,普查率 80%。

社会稳定工作。检查辖区内农工商企业 698 家，查出生产安全隐患 1065 处,限期整改 16 家。清理整治辖区内“黑网吧”10 家。走访居民 1500 户次，新登记出租房屋 1400 处,暂住人口 15000 人。接待来访群众 44 批次 54 人次，其中集体访 2 批次 12 人次,办结市、区转来信访案件 25 件。

党建工作。组织积极分子培训班 1 期,新发展党员 9 名,预备党员转正 24 名。组织党的“十八大精神”“中国梦”等形势政策巡回宣讲 3 次,900 多名党员参加学习。上报信息简报 350 篇，被市级以上媒体采用 30 篇，被区级媒体和部门采用 152 篇。组织开展“快乐营地”“道德讲堂”“学雷锋志愿服务”等精神文明活动 20 余次,600 余人次参加。

（吴俊侠）

华明街道

华明街道位于东丽区中北部，东邻滨海新区,西依万新街道,南与金桥街道、军粮城街道接壤,北连金钟街道及宁河县。天津空港经济区、东丽湖温泉度假旅游区、天津滨海国际机场坐落街域。2013 年,街域面积 156.2 平方公里,其中华明示范镇占地面积 561.8 公顷,华明工业园区用地面积 1000 公顷,华明设施农业园占地面积 141 公顷。辖 14 个村(已撤 4 个村),7 个社区居委会。总人口 108963 人，其中户籍人口 51792 人,暂住人口 55797 人,寄宿人口 1374 人。耕地面积 3033 公顷。驻街企业 1927 家。

2013 年,实现地区生产总值 83.1 亿元,比上年增长 30%;固定资产投入 129.4 亿元,增长 31%;三级财政收入 7.98 亿元,增长 20%;一般预算收入 3.06 亿元,增长 25%;内资到位额 68.9 亿元,增长 16%;外资到位额 1.2 亿美元，增长 20%；工业总产值 138 亿元，增长 13%；限额以上销售额 41.22 亿元,增长 174%;社会消费品零售总额 2.05 亿元,增长 280%;工业技改投资 6.1 亿元,增长 21%;外贸出口额 0.22 亿美元，增长 22%;楼宇经济税收 2.56 亿元,增长 15%;科技小巨人企业 26 家,增长 37%。

2013 年 3 月 12 日,区政协副主席、华明街道党委书记张长河(中)走访慰问困难群众

(摄影:李彦武)

完成赤欢路及新赤海路两侧迎检绿化腾迁工作，拆除建筑5.1万平方米，清运场内渣土3.5万平方米，腾清土地53.3公顷。违章建筑108处5.65万平方米，拆除98处5.23万平方米，恢复农用地1.32万平方米，恢复津芦公路和赤欢路两侧绿化带3.61万平方米，外环线两侧绿化带2970平方米。

华明示范镇管委会筹资5000万元，维修泽园、逸园等46个园区漏雨房屋，2000余户6000余人受益。实施地下管网提升改造260延米。物业清理地下室、楼道内杂物40余吨，修整园区内路面1万余平方米，更换垃圾桶1000个，维修破损车棚18处。

华明设施农业园区投资260万元，启动物联网项目。生产花卉700万盆，其中已销售150万盆，创收4000余万元；胡张庄葡萄产量240万公斤，农业园区草莓生产突破3万公斤。投入专项资金597万元，维修温室墙体2000平方米，更换屋顶油毡12161平方米。自筹资金500万元，翻修道路2.5千米，维修道路1.2千米，补栽行道树260株，栽种绿廊爬藤480延米，建设暗管排咸588延米。全年接待旅游1万余人次。

安置就业2400人，培训1550人。发放民政事业费516.8万元，为87名困难群众报销大额医药费281.1万元，为173名低保特困家庭成员报销医药费53.38万元。为143名优抚对象发放抚恤金187万元，为2463名老年人发放生活补助517万元。实行低保动态管理，审批低保29户，取消38户，农转非变更255户，城乡低保复查56户。举办残疾人培训2次60人，安置残疾人就业32人。

华明示范镇管委会排查企业394家，商铺247家，下达整改指令15份，责令停产停业7家，清理违规生产3家，责令限期改正15家。回复区长“公仆热线”10件、信访办转办件50件，受理群众信访720件。办结率98%，群众满意率95%。

新发展党员23名，预备党员转正46名，确定入党积极分子48名，办理63名党员组织关系转接。组织大学习4次、2400人参加。围绕为民、务实、清廉要求，包村领导、干部54人调研走访2次，征求群众意见建议62条，制定整改措施18条。成立非公党支部2个，发展非公组织党员9名。

（吴俊侠）

军粮城街道

军粮城街道位于东丽区东部，东邻滨海新区塘沽和无瑕街道，西与新立街道、金桥街道接壤，南邻海河，北靠东丽湖街道。境内交通发达，津北公路、杨北公路、津塘公路、京山铁路、京秦高速铁路、京津城际铁路延长线、津滨轻轨、京津塘高速公路、津滨高速公路横贯街域。街道大部分面积坐落滨海新区内，是滨海新区的重要组成部分。西北部是天津空港经济区、航空产业区，东侧是天津经济技术开发区西区、天津高新技术产业区，大推力火箭、长城汽车等大项目坐落街域。2013年，街域面积77.4平方公里，辖19个村（已撤7个村），12个社区居委会。总人口129986人，其中户籍人口52585人，暂住人口76830人，寄宿人口571人。驻街企业1263家。

2013年，实现地区生产总值64.8亿元，比上年增长26.6%；三级财政收入3.7亿元，增长21%；街级财政收入1.4亿元，增长41%。固定资产投资67.22亿元，增长38%；引进内资33.3亿元，增长15%；利用外资3000万美元，增长20%。楼宇经济税收1.63亿元。

引进楼宇企业120家，注册资本2.95亿元，累计楼宇企业268家，累计注册资本18.6亿元，全年纳税超百万元企业20余家。引进首钢集团天津结算中心、天津通建国际贸易有限公司、天津腾飞投资有限公司等10个重点项目。天津中震测量研究院有限公司落户园区，建立滨辅生产力促进中心和滨城科技企业孵化器，孵化器累计3家。企业专利申请量300件，其中发明专利100件，有效专利50件。

示范镇建设。完成军粮城示范镇一期第一批杨台、塘洼等8个村拆迁村民还迁工作，1882户5300余

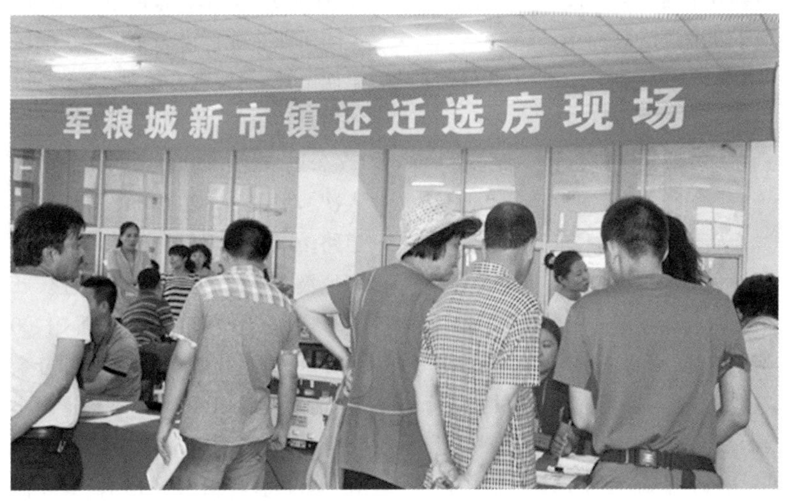

军粮城示范镇还迁选房现场

（摄影：姚建龙）

名村民选取住房2699套，入住军秀园、军丽园社区。11月1日至12月8日，杨台、塘洼、刘台新村、二村、三村、四村6个村，4900户15520余名村民选取住房6647套。社区安装绿地警示牌100个，挡车桩110个，自行车地笼348延米，公示栏2个，安装弱电室防护门5个。

安置就业与救助。举办招聘会5场，参加企业121家，提供岗位3500个，1050人与企业达成就业意向。技能培训25期，1183人参加。为104人办理生育补助，报销药费39.34万元。开展"阳光关爱"行动，捐款16920元，为28名困难学生发放助学金30800元。慰问单亲特困母亲68名，发放慰问金34000元。为352户726人发放最低生活保障金291万元。发放老年人生活补贴706万元，发放五保老人生活补助17.4万元，发放义务兵优待金118万元，发放退伍军人抚恤金138万元，为城乡低保、特困、五保家庭报销医疗费22万元，发放救助款180万元。

党建工作。开展党员集中教育培训7期，90人次。举办村级干部培训班5次。举办入党积极分子培训班，培养发展对象91人，新发展党员16名。完成和顺园、军粮城示范镇共6个居委会申报工作。建立科级干部廉政档案34卷。

(吴俊侠)

金桥街道

金桥街道位于东丽区中心地带，东与军粮城街道和新立街道接壤，西与天津滨海国际机场和新立街道毗连，南邻京山铁路，北邻天津空港经济区。空客A320项目坐落街域。2013年，街域面积20.06平方公里，辖13个村(已全部批准撤村)，1个社区居委会。总人口38584人，其中户籍人口13798人，暂住人口23917人，寄宿人口869人。回族人口2964人，占总人口7.68%。驻街企业289家。

2013年，实现地区生产总值27.5亿元，比上年增长28%；街级财政收入0.65亿元，增长1.6%；三级财政收入1.77亿元，增长4.4%；固定资产投入30.5亿元，增长25%；实际利用内资26亿元，增长18%；实际利用外资0.252亿元，增长20%；外贸出口额0.64亿元，下降16.4%；工业总产值41.5亿元，下降25.6%；工业技改投资5.1亿元，增长20%；楼宇税收8000万元，增长0.2%。

引进注册型企业138家，实现楼宇税收8000万元。新认定科技型中小企业54家、科技小巨人企业9家，签约"122"(从2012年初到2016年底，用5年时间实现引进100家市级以上科研院所及研发机构，培育1000家科技小巨人，发展10000家科技型中小企业)项目3个，引进科研院所1家，成立科技孵化器1家，建立生产力促进中心1个。完成2家街属国有公司改造，实现航空产业中心项目融资2500万元。街域6个经济重点项目全部按计划完成。

环境整治。配备保洁人员55人，环卫运行车辆3部，日常扫保面积31.7万平方米，日运垃圾15吨。关闭工业企业污染源1个(东丽区第四电镀厂)。综合治理10个二级河道排污口门，清理河道沟渠34条5.7公里。投资280万余元，出动150人次，动用机械20台班，清理村庄道路16条，清理卫生死角80处，清理垃圾226吨；更新垃圾池8座，新建2座，在建7座；粉刷墙面21700平方米。清运社区垃圾(杂物)700余吨，清理楼门103个，清理楼道内小广告6000平方米，清整卫生死角15处。栽植各种苗木5813株，绿化面积41673平方米。

安置就业和救助。开发公益性岗位50个，拓宽"4050"人员就业渠道。发放社会保障卡870张，临时卡159张。为49户低保户发放低保金47万元，116人受益；为169户困难家庭发放补助款31万元；为2名考入大学专科以上困难家庭子女发放补助金1.6万元；为8户困难家庭申请大病救助金234161元；发放老年人生活补助金180万余元。落实丧葬补贴77人，发放资金22.34万元；为21名优抚对象发放优待金29.8万元。

党建工作。组织"中国梦·金桥梦"等系列宣传。实施6个村管理体制改革工作；加强服务型党组织创建活动，为4个基层党支部制作创建服务型党组织宣传栏。新发展党员18名。街道党委帮扶工作经验、服务型党组织创建经验以及流芳台等2个村发展经验在区委组织部专刊、区《学习型》、《今日东丽》刊发(转发)。邀请区委党校教师就"中国梦"、党的十八大精神授课4次。

(吴俊侠)

东丽湖街道

东丽湖街道位于东丽区东北部，地处天津"双城双港"城市发展格局的中心地带。东至北塘河，西至蓟汕联络线，南至津汉快速路，北至京津高速公路。距天津市中心20公里，距天津滨海国际机场12公里，距天津港30公里；京津高速公路109公里处设有东丽湖出口。2013年，街域面积68.72平方公里，辖2个居民委员会。总人口15433人，其中户籍人口964人，暂住人口12872人，寄宿人口1597人。

2013年，实现地区生产总值21.4亿元，比上年增长34.6%；固定资产投入84亿元，增长45.9%；三级财政收入3.12亿元，增长20.6%；区级一般预算收入1.438亿元，增长

30.8%;利用外资2.016亿美元,增长19.86%;利用内资76亿元,增长17.9%;楼宇经济税收2.58亿元,增长121.8%。

科技工作。认定科技型中小企业37家,累计认定156家;完成专利申请量200件,发明专利申请量81件,新增有效专利12件;引进天津滨海国际花卉科技园区股份有限公司高层次自主创新创业团队和丁承君等5名高层次自主创新创业人才。

重点项目建设。完成建设项目17个,开工面积217.84万平方米,其中恒大世博中心等公建项目11个,开工面积140.24万平方米;东丽湖万科城等居住项目6个,开工面积77.6万平方米。天津欢乐谷、武警后勤学院等5个项目建成运营,竣工面积48.93万平方米。万科、华侨城、恒大等居住项目累计销售面积24万平方米,实现收入18.7亿元。

(吴俊侠)

西 青 区

概 述

西青区位于天津市西南部，境域地理坐标为北纬38°51′~39°51′、东经116°51′~117°20′，东与红桥区、南开区、河西区及津南区毗邻，东南与滨海新区大港相连，南靠独流减河与静海县隔河相望，西与武清区和河北省霸州市接壤，北依子牙河与北辰区交界。南北长48公里，东西宽11公里。2013年，全区总面积570.8平方公里，其中耕地面积13787.53公顷。辖李七庄、西营门2街和杨柳青、张家窝、中北、辛口、大寺、王稳庄、精武7镇，包括160个自然村(含11个城中村)、83个社区居委会（工作站）。总人口373583人，其中农业人口240870人、非农业人口132713人，有少数民族40个5296人。

2013年是西青区第十六届人民政府承前启后的关键一年。在市委、市政府和区委的领导下，在区人大和区政协的监督支持下，全面实施区委“一二三五三”的总体工作要求和基本工作思路，团结带领全区人民，锐意进取，求真务实，高质量完成了区十六届人大三次会议确定的年度目标任务，全区经济社会发展在较高平台上实现了新跃升。

全年实现地区生产总值755亿元，比上年增长22.1%；区级财政收入122.9亿元，增长20%，其中区级一般预算收入74亿元，增长18.2%；固定资产投资700亿元，增长31.9%；内资到位额525亿元，增长34.8%；外资到位额12.5亿美元，增长19%；农民人均可支配收入18948元，增长15.6%。主要经济指标继续位居全市区县前列，节能减排高标准完成市下达任务。

三大攻坚战顺利实施。完善招商政策，充实招商队伍，设立驻北京、上海、深圳招商机构，做到中介招商、以商招商、产业链招商多措并举，央企国企、外资外企、大型民企广泛对接。全年新引进项目517个，协议投资额2500亿元，是上年的3倍，其中投资超千万美元的外资项目8个，超亿元的内资项目126个，神户制钢、卓尔等13家世界和国内500强企业纷纷到区投资发展。生态环境攻坚战卓有成效。举全区之力建设美丽西青，实施“六大提升工程”，推进“美丽天津·一号工程”暨“四清一绿”专项行动。着力改善空气质量，强化排污、扬尘治理，完成一批锅炉改燃任务，全区削减二氧化硫531吨、氮氧化物147吨。着力恢复水系生态，新建污水管网163公里，清淤改造河道29条，对王稳庄镇水环境进行专项治理。着力提升镇容村貌，整修建筑396栋，整治道路18条，改造老旧楼区10个，创建清洁村庄35个、清洁社区26个，加快实施农田林网等八大绿化工程，建成开放西青郊野公园，提升改造外环线绿化带，全区完成造林1733.33公顷、植树550万株。着力依法铁腕治污，关停各类污染企业79家，立案查处环境违法单位154家。拆除违法建设6万平方米。人才强区攻坚战实现突破。开展“圆梦·西青”高层次人才创业西青行等招才引智活动，举办北京大学EMBA研修班等系列培训，与南开大学合作实施企业人才培养“千人圆梦”计划，新创建1个博士后工作站和6个博士后创新实践基地，对153名各类人才奖励资助2400余万元。全年引进培养创新创业人才312名、急需紧缺人才1674名，特别是引进培养国家和天津市“千人计划”专家6名，取得高端人才发展的新突破。

三次产业持续升级。农业效益持续提高。新建提升设施农业400公顷，新增放心菜基地533.33公顷，改造中低产田1800公顷，建成良种育苗中心8个，13个农业产业园区新投入资金2.8亿元，总产值增长29%。启动实施家庭农场和农产品直供直销试点工作。农业劳动生产率和土地产出率均提高10%以上。工业实力持续提升。工业总产值突破2000亿元大关，达到2040亿元。电子信息、汽车及零部件、生物医药三大主导产业占规模工业比重提高3.4个百分点，战略性新兴产业增速达到50%。新增规模以上企业70家，累计600家。力生制药有限公司整合落户西青，成为区内首家上市企业。全年新增名牌产品16个、著名商标32件，累计分别达到56个和110件。服务业发展持续提速。服务业实现增加值332.3亿元，增速达到25%，占全区经济总量的44%。深国投永旺购物中心等一批大型商业综合体建成运营，杨柳青巨龙古玩城等一批特色市场开张纳客，社会山温泉城等一批休闲度假设施投入使用，中北电商园等一批新兴业态聚集区蓬勃兴起。各类金融机构达到51家，金融超市开业运营。全年接待国内外游客突破1500万人次，新增国家4A级景区2个，水高庄园跻身全国十佳休闲农庄。

大项目小巨人楼宇经济快速发展。重点大项目梯次继起。新推出110个重点项目，新开工项目277个，投入资金530亿元。97个市级区县重大项目全部开工，新增投资152亿元，完成年度计划的146%；累计投入742亿元，占投资总额的87%。新竣工项目198个，宝峨大型机械生产基地等一批大项目好项目投产达效。科技"小巨人"异军突起。新增科技型中小企业1203家，完成市下达任务的150%，累计达到3511家。培育科技小巨人企业38家，累计259家。认定高新技术企业45家，总数超过120家。新开发市级科技成果140项，专利申请量超过4200件。天塑集团技术中心成为区内首家国家级企业技术中心。西青区在全市率先通过国家级知识产权试点城市验收，第三次获评国家科技进步先进区。楼宇等载体竞相奋起。商务楼宇加速扩容，15个运营楼宇新入驻企业200家，总数达到700家，新增市级亿元楼宇2个，累计5个。西青开发区加速扩区，编制五期20平方公里区域总体规划，完成六期起步区基础设施建设，建成赛达三菱普洛斯工业园。3个示范工业园区加速扩展，新增基础设施投入4亿元，投资强度和产出效益分别提高20%和30%以上。

提升城镇规划建设管理水平。开展综合交通发展战略规划研究，编制完成民计民生设施、消防、次干道竖向高程等专项规划和天津南站、子牙河、津港运河等重点地区城市设计。城镇化进程加快推进。6个示范小城镇新增投资63.7亿元，累计开工648万平方米、竣工447万平方米，有23个村6.1万人入住新居，全区城市化率达到87%。地铁3号线南延工程建成通车。网格化管理稳步推进。明确管理职责，建立工作程序，落实岗位责任，形成以网格化为载体，社会化服务为方向，基层组织建设、平安创建、服务民生为内容的网格化服务管理新模式。

各项社会事业全面进步。教育文化更加惠民。优先发展教育事业，对杨柳青二中等7所中小学进行改扩建，杨柳青一中和6所小学分别通过全市高中现代化达标和义务教育提升工程首批验收，成为全市第一批国家级义务教育发展基本均衡区。繁荣发展文化事业，举办春节系列展演、民族戏曲汇演、杨柳青年画衍生品创意设计大赛等活动，新建提升80支群文社团队伍，建立三级文化阵地长效管理机制，世界文化遗产国际专家组对大运河(西青段)进行验收。健康事业更加优化。建成区疾控中心、妇儿保健中心和计划生育服务中心，新建中北镇、张家窝镇社区卫生服务中心，完成公共卫生信息化建设一期工程，西青医院医疗服务水平得到新提升。启动实施妇女儿童健康促进计划。西青区荣获全国创建幸福家庭示范区和全国群众体育先进单位称号。群众生活更加改善。新增就业2.67万人，其中转移农村富余劳动力6510人，城镇登记失业率稳定在3.5%以内。健全工资协商和正常增长机制，启动实施农民收入倍增计划。实行农籍居民定点医疗机构住院补助政策，再次提高城乡低保、农村五保供养、优抚对象抚恤、居家养老服务补贴标准。新建16个社区综合服务中心和14个居委会(工作站)，将物业管理纳入社区管理。社会环境更加和谐。严厉打击传销等不法行为。圆满完成第六届东亚运动会等重大活动安保工作。认真落实领导干部接访下访制度，妥善解决一批信访积案。突发事件应急机制不断健全。西青区第三次捧得全国综治最高奖"长安杯"，并成为全市唯一获得全国见义勇为工作城市奖的区县。

政府自身建设进一步加强。自觉接受区人大和区政协监督，办理人大代表建议和政协委员提案90件，满意率100%。积极推进政务公开，主动公开政府信息729件，处理依申请公开34件，对29个政府部门的"三公"经费预算进行试点公开。开通政务微博，通过"公仆电话接待日""政民零距离"等平台办理群众诉求4000余件次。圆满完成"促发展、惠民生、上水平"活动，走访重点企业和项目单位230家，协调解决各类问题243个。提升审批服务网络，减少行政审批事项21项。制定《区人民政府工作规则》。强化经济责任审计，完善绩效考核制度。严格贯彻落实中央八项规定，坚持密切联系群众，加强政风行风建设，开展正风肃纪专项行动，对违规办公用房和公务用车进行全面清理，全区行政系统的工作作风得到明显改进。

（王富盛）

西青区区级领导名单

中共西青区委领导名单

书　记：周家彪

副书记：王学旺　杨茂荣

常　委：周家彪　王学旺　杨茂荣　杨令生　杨　震(10月免职)　杨　光　左建平　陈　川(12月免职)
　　　刘　红(女)　杨洪跃　兰　强　李东升(10月任职)　方殿立(12月任职)

西青区人大常委会领导名单

主　任：王宝仁

副主任：于之河　肖培芝(女)　勾树松　赵春跃　姜美武

西青区政府领导名单

区　长：王学旺

常务副区长：杨令生

副区长：杨洪跃　李治阳　刘启阁　高　艳(女)　王　强

区长助理(副区长级)：龙亚伟　杨祥林　刘金洪

政协西青区委员会领导名单

主　席：燕连玉

副主席：胡有刚(正局级非领导职务)　高向军　韩晓华(女)　郭宝印(不驻会)　史　津(不驻会)
　　　刘　强(不驻会)　万国普(不驻会)　张庆梅(女，不驻会)

党组副书记：杨　震(11月任职)

顾　问：周学九(11月退休)

（区委组织部提供）

政治建设　2013年，中共西青区委贯彻落实中共中央和中共天津市委一系列重大决策部署，团结带领全区广大党员干部群众，加快实施总体工作要求和基本工作思路，解放思想，干事创业，推动全区经济建设、政治建设、文化建设、社会建设、生态文明建设和党的建设不断发展，取得一系列新成绩。贯彻落实党的十八大和习近平总书记系列重要讲话精神，开展“解放思想、创新驱动、转型跨越、富民强区”大讨论活动，组织党政负责人赴闽、浙、沪三地学习考察，到其他兄弟区县现场观摩，开展经济社会发展亮点“互看互比互学”活动。围绕“转型发展、富民强区”的奋斗目标。对建设美丽西青作出总体部署，注重发挥区委领导核心的表率作用，带头落实中心组学习、重大事项集体决策、领导干部联系基层服务群众等制度；带头督导各街镇和有关单位抓好重点工作落实，深入基层一线，靠前指挥，靠前协调，靠前推动；带头落实中央“八项规定”，改进工作作风；带头执行廉洁从政的各项规定，主动接受组织、群众和社会监督，树立了为民务实清廉的良好形象。坚持民主集中制，召开专题民主生活会，提高了班子解决自身问题的能力。加强与区人大常委会、区政府、区政协领导班子的沟通交流，形成团结和谐、干事创业的良好氛围。

（李　刚）

“寻根大运河”采访活动　西青

区“寻根大运河”采访活动从2012年6月开始,历时近一年,先后对大运河北运河段、南运河段、鲁运河段和江南运河段进行采访考察活动,寻找到众多与西青区紧密相连的文化根脉。整个行程近3000公里,共走访30余座城市。先是聘请著名专家、学者罗哲文、路遥、李世瑜等作为活动的顾问。通过报刊、网络发表报道、札记、研究文章300余篇。一些新闻媒体进行跟踪采访、报道。新华网、香港《大公报》等对活动亦进行报道,使西青的历史文化得到有力宣传。这次“寻根大运河”采访活动,不仅抢救、发掘到一批珍贵的文化史料,也向沿线城市宣传推介了一个开放、活力的魅力西青。活动在运河沿岸各地产生一定影响,相当范围内树立了西青区高度重视文化事业的形象。在“寻根大运河”活动影响下,一些地方和单位开始组织类似活动。通过与各地学者们进行的学术交流,促进了对历史文化的发掘,扩大了西青区的文化影响力。同时也与运河沿岸一些市县建立文化交流的渠道,互通有无。如与河北沧州有关学者交流挖掘到关于杨柳青的古诗20首;与江苏淮安有关学者交流,初步达成共同拍摄与杨柳青历史相关的电视剧《杨鼎来》的意向;在江苏镇江获得著名作家庐山免费赠送电视连续剧《风雨西津渡》播放权、广告权等。

(李　刚)

京杭大运河西青段“申遗”通过国际专家验收

(区文广局供稿)

残疾人生活质量提升　2013年,西青区为1429名农村低保残疾人发放生活补贴121.7万元。为8550名残疾人上意外伤害保险25.65万元。为1684户低保残疾人家庭发放用电补贴50.52万元。为1727户低保残疾人家庭发放冬季取暖补贴172.7万元。“两节”期间走访慰问1649户困难残疾人家庭,送款物82.45万元。为1966名残疾人发放生活救助金208.25万元。举办四场残疾人专场招聘会,安排残疾人就业88名。举办18期残疾人技能培训班,培训残疾人672名。出资8万元对20户残疾人个体创业进行扶持。对新开办企业的3户残疾人个体工商户给予3万元的创业补助。组织15名残疾人参加全国就业指导员在线学习培训。投资43.7万元,更新残疾人计算机培训室设备并开发西青区残疾人就业和救助业务综合管理系统。出资22.54万元,定期为157名居家精神病患者免费巡诊送药,并为25名精神病住院患者给予住院补贴。每月免费为870名智力、精神和重度肢体、视力残疾人提供居家服务。免费为20名贫困白内障患者实施复明手术。免费发放残疾人辅助器具496件。为残疾人安装假肢、矫形器15例。投资27万元,建成12个社区(村)康复站,并配备康复器材。为580名残疾学生和享受低保残疾人家庭学生发放助学金74.22万元,为55名考上大学的残疾学生和低保残疾人家庭学生配发价值27.5万元的笔记本电脑。

(李　刚)

生态农业生产稳步发展　2013年,西青区建设546.6公顷放心菜工程。安装杀虫灯70台,防虫网、遮阳网各400万平方米,悬挂粘虫板4万张,集约化育苗150万株。各基地内种植蔬菜全部实现依标生产,100%实行田间档案记录。每个核心基地示范区配备1名质量安全监管员,集中配备检测仪器及配套设备。放心菜基地检测蔬菜样品3312个,合格率99.99%。引进试种西红柿、辣椒、黄瓜、甜瓜、油菜花等新品种202个;帮助农民保养、维修农机具41台(套),推广鸡舍空气电净化防病促生设备2台(套),卷帘机1340台,微耕机378台,拖拉机23台,大棚耕作机10台,投饵机112台,增氧机782台;继续完成测土配方施肥工作,涉及149个村,有8.68万户农民受益,配方肥施面积5333公顷,施用总量1000吨。在辛口镇水高庄和张家窝镇胡蝶兰基地落实旱作节水示范区1333公顷,启动包括滴灌设备推广应用、田间道路、沟渠加固防水、生物篱防护林建设等的旱作节水试验站建设。进一步提升测土配方地力评价查询系统网络平台建设，定期对13个查询网络平台进行检查及维护；举办各种农业技术培训活动，共培训农民4327人次。

（李 刚）

生态农业生产硕果喜人

（王稳庄镇供稿）

群众文化活动 2013年，西青区在春节期间开展送文化下乡、迎新春联欢会、电影公益放映周、民俗堂会、“万民同乐”元宵节大型灯展、秧歌花会展演、书画摄影作品展等主题鲜明、内容丰富的系列文化活动。央视《一年又一年》对杨柳青明清街民俗文化活动进行直播。举办30场文艺大舞台固定演出，以及民族戏曲公益演出，演出《韩玉娘》《珍珠衫》《打金枝》《辕门斩子》等优秀剧目，还举办文化大讲堂，普及健康、戏曲艺术等方面知识。流动演出深入村庄、企业、社区、医院、敬老院共演出10场。举办第五届歌手赛，全区各街镇、委局、学校的200名歌唱爱好者报名参赛。开展“2131”数字电影放映工作，为每个街镇分别补充更新一套数字电影流动放映设备，共放映电影1788场。加强和规范街镇文化站（文体中心）管理，张家窝镇、中北镇、李七庄街、大寺镇文体中心申报市级文化站。杨柳青文体中心被评为全国服务农民服务基层文化建设先进单位。新建文化书屋10家，为每个文化书屋配送2万元出版物。年内为农家书屋、文化书屋配送图书11万余册。新建群文社团队伍50支，重点扶持30支优秀群文社团队伍。为群文社团队伍有针对性地聘请天津市专业辅导老师，组织文艺辅导317期次。

（李 刚）

西青区农民在农家书屋阅读书籍

（区文广局供稿）

环境保护实效显著 2013年，西青区完成工业及生活化学需氧量、氨氮减排项目20个，二氧化硫、氮氧化物减排项目16个、农业减排项目13个。全区削减化学需氧量1661吨，削减氨氮247吨，削减二氧化硫531吨，削减氮氧化物147吨，圆满完成全年减排任务。推动在“天津市生态市三年行动计划”中的各项目标任务的落实，18项生态建设指标均达到标准要求。加快编制《西青区生态文明建设规划》，先后5次予以修改，已经申请环保部进行专家论证。审核企业危险废物转移申请159家。加强在线监测设施管理，完成国控3家、区控47家在线监测设备质控样比对，保证在线监测数据准确。推动38家高污染企业进行清洁生产审核，11家完成验收。完成水、气、声各点位各时期监测工作，每半年对水、气监测数据进行综合评价分析，形成分析报告。完成各类监测数据2.25万个，出具监测报告1355份。对空气质量实施24小时自动监测，发布环境空气质量周报52期，重点关注二级天数和PM2.5（可吸入细颗粒物）情况，针对空气质量变化情况，分析原因，提出建议，为领导决策提供有力支持。拓展监测内容,增开有机废气监测项目,使新设备形成监测能力。

(李　刚)

区环保局工作人员进行环保执法检查

(区环保局供稿)

就业工程深入实施　2013年,西青区充分借助春风行动、公益招聘、"24小时求职公寓"和外省市劳务输入基地等有效载体,千方百计稳定和扩大就业,切实加强企业用工服务,实现新增就业2.67万人,其中转移农村富余劳动力6510人,城镇登记失业率控制在3.5%以内,零就业家庭保持动态为零。继续加强与永旺、希乐城等12个重点项目对接,着力开发就业岗位;结合企业岗位需求和求职者就业要求,举办招聘会45场,入场企业累计1400家,提供岗位1.5万个,促进1.3万人实现就业。进一步落实就业见习、创业培训等市、区就业扶持政策,开展"就业援助百日行动",促进高校毕业生、困难群体1700人就地就近就业。针对企业季节性缺工现象,充分拓展"24小时求职公寓"就业服务功能,建立10家劳务输入基地和10家校企合作基地,进一步拓宽招工渠道,切实服务企业用工,先后为区内60家缺工企业送工1.2万人。同时,举办培训171期、培训各类人员8250人,培训就业率90%以上。组织企业职工开展拉丝工、包装工、注塑、有机合成等定向培训,举办培训班26期,培训1584人。举办手工编织、焊工、营养配餐员等职业技能培训,先后举办技能培训班26期,培训2240人。举办农村富余劳动力转移培训108期,培训3950人。

(李　刚)

市场管理　2013年,西青区开展市、区两级民心工程建设,共有3个项目,9个子项。杰盛里、龙居生活广场、曹庄欣苑和凯苑路菜市场4个菜市场被评为市级标准化菜市场。争取市级政策扶持资金92万元。放心早餐工程配送中心厂房装修改造完毕,购置馒头生产机、灶台等生产设备,增加中餐生产线,购置2辆早餐配送车,改造提升工作基本完成。煤炭企业年检初审完成40家;成品油经营企业年检完成56家,其中零售企业49家,批发企业4家,仓储企业3家;物回企业备案登记完成15家、典当年审完成2家、拍卖年检完成2家(迁出典当、拍卖企业各1家),国家级酒家酒店年检完成3家。加大食品安全工作力度。坚持现场检查和远程视频监管相结合,狠抓定点屠宰企业监管,现场检查140厂次,视频监管每天安排专人值班,严格把控生猪进厂检验、待宰静养等关键环节,促进企业制度化规范化生产。深入开展"两节""两会"安全检查、安全隐患排查、安全生产大检查、"地沟油"专项整治、液氨使用单位排查、消防安全大排查大整治、餐饮场所燃气安全专项治理等一系列检查活动。开展

区人力社保局为西青开发区举办劳务招聘会

(区人力社保局供稿)

区卫生监督所工作人员对超市空气质量进行快速检测

（区卫生局供稿）

食品安全专项整治百日大行动和“亮剑”行动。

（李　刚）

旅游事业蒸蒸日上　2013年，西青区借重首都旅游资源，为区内旅游企业搭建平台。组织“乘高铁·慢游西青——北京旅行社媒体看西青”“京津冀百家旅行社媒体看西青”等方面活动，与北京市、河北省11个地市县、15家旅行社签订合作协议，发掘周边2小时车程城市目标客户群以及利用网站、微博、微信、二维码开展营销互动。央视《寻宝》栏目组国庆节期间走进杨柳青镇录制播放专题节目，有效拓展西青区核心客源市场；积极参加旅交会、旅博会、津洽会、港澳促销会、台北旅展等方面活动，参与天津在央视的城市形象宣传、编印《美丽西青》宣传画册，进一步扩大重点客源市场。举办第十届杨柳青民俗文化旅游节、第五届西青金秋旅游节，配合举办第二届中国·杨柳青木版年画节，指导并协助基层策划举办第三届梨园迎春花卉节、第五届曹庄花卉旅游节等近30项特色活动。联合《今晚报》等宣传媒体共同举办杨柳青年画衍生品文化创意设计大赛，有效宣传杨柳青年画文化品牌。借助网站、微博等新兴媒体，升级西青旅游官网，加强西青旅游微博互动交流，借助西青区政务微博发布旅游信息，获得良好宣传效果。

（李　刚）

民计民生不断改善　2013年，西青区的低保标准由每人每月520元提高到600元。全区有城乡低保对象3032户6257人，发放低保金3445.9万元，发放物价补贴326.12万元。投入1599.1万元用于医疗、临时、教育等救助活动，救助困难群众9000人次以上。开展第二期低保对象“致富营”培训工作，50名农业低保户接受培训。区处级以上领导干部400人开展帮扶结对工作，并为驻西青解放军部队30名团级以上领导干部找到帮扶结对对象。年内相应增加五保户供养标准，集中供养标准1.19万元、分散供养标准8596元，医疗保险上到最高档；规范农村五保供养机构建设和管理，3所养老院达到天津市级标准。灾害救助水平和应急救助能力提高，发放冬夏令和春荒救灾粮8.9万公斤，投入资金65万元，救助灾民2100户5280人，在全市范围内率先形成冬夏令救济和防灾减灾宣传工作长效机制。深入推进农村房屋安居工程建设。开展“防灾减灾进社区”活动，在全国减灾示范社区中北镇假日风景社区组织居民观看宣传片，得到社区群众欢迎和好评。

（李　刚）

2013年9月21日，第二届杨柳青年画节开幕

（区旅游局供稿）

李七庄街道

李七庄街道地处西青区东部，东与河西区相邻，西与精武镇接壤，南与大寺镇搭界，北与南开区相连。有4个村处在市区境内，紧邻市奥体中心、天津第三高教区、西青经济技术开发区、华苑高新技术产业园区和梅江生态居住区。2013年，全街面积54平方公里，耕地面积476.93公顷。辖20个村，2个居委会。总户数11073户，总人口27249人，其中农业人口21433人。

辖域明代为静海县地。清雍正年间划属天津县。民国年间属天津县二区。新中国成立后，先后隶属津西郊区、西郊区。1958年，属南开区东风人民公社。1962年，划回西郊区。西郊区在境内设李七庄、梨园头人民公社，后两个公社合并为李七庄人民公社。1983年，改称李七庄乡。1997年，撤乡设街，称李七庄街至今。

2013年，实现地区生产总值53.81亿元，比上年增长23.6%；农民人均可支配收入21518元，增长16.3%。

实施梨园头都市型现代农业示范园改扩建项目。投资1600万元扩建两座智能温室交易厅，建筑面积4464平方米，园区年收入2100万元，年增收260万元。全年实现农业产值7424万元，牧业产值571万元，渔业产值2703万元，农林牧渔业总产值10698万元，实现增加值5600万元，增长1.8%。

实现工业总产值23.05亿元，完成计划的100.2%。其中，规模工业总产值12.05亿元，完成任务数的100.4%。申报认定科技型中小企业351家，新增科技型中小企业127家，完成目标的113.4%；新增市场主体748家，完成目标的132.2%。创建科技小巨人企业6家，高新技术企业3家，完成专利申报244件，科技载体平台4家，其中生产力促进中心3家、孵化器1家，全面完成年初区委下达的创建任务。

第三产业完成增加值47.3亿元，占生产总值的87.9%，增长25.8%。第三产业有工商注册企业651家，个体户1947家，提供就业岗位13708个。新兴的创意、金融、保理、现代物流等新型服务业态不断进驻高端楼宇，全街第三产业涵盖文化影视、网络技术、电子商务、新能源新材料等多个领域。

完成中兴道以北地块“一控规两导则”的编制和报批工作，完善中兴道以南地块规划。实施主干道路硬化美化工程，畅通环湖东路、梅江西路、瑞佳道，提升改造秀川路、津涞路、祥兴路3条主干道路，完成地铁5号线车场征地拆迁工作。完成于台、蔡台、程村3个村共40.3万平方米村民住宅楼建设。

为119户农困低保户发放各类民政保障物品及保障金150万元。全年发放优抚补助金47.5万元。落实老年退伍军人补贴制度。为60岁以上农村籍老年退伍军人63人发放补贴款4.2万元。提高五保对象供养补贴标准，每人每年由10350元提高到11904元。

全年安置就业岗位847人，完成区指标任务的121%。新参加城乡居民养老保险169人，新参保完成率107.64%。城乡医疗保险参保总人数21861人，覆盖全街人口80%。

（王富盛）

梨园花卉

（李七庄街道供稿）

西营门街道

西营门街道位于西青区东部，东与南开区、红桥区相邻，西与中北镇接壤，南与李七庄街道搭界，北隔子牙河与北辰区相望。2013年，街域面积17.96平方公里，耕地面积1851公顷。辖9个行政村，7个居委会（其中2个厂属居委会）。人口4123户9479人，其中农业人口5052人。

街域明代为静海县地。清雍正年间划属天津县。民国时期属天津县三区。新中国成立后，先后隶属津西郊区、西郊区。1958年，划归南开区东风、红旗人民公社。1962年，划回西郊区。西郊区在境内设赵庄子、王顶堤人民公社，后两个公社合并为西营门人民公社。1983年，改称西营门乡。1998年，撤乡设街，称西营门街道。

2013年，完成地区生产总值46

亿元,比上年增长23.66%;税收收入4.3亿元,增长19.98%;固定资产投入31.71亿元,增长50.41%;农民人均现金收入21749元,增长16%。

实现农业产值2006万元,农业增加值906万元,蔬菜产量540万公斤,牛奶产量252吨,禽蛋产量29.8吨。在畜牧业生产上,加强高致病性禽流感防治,按强制免疫程序对35000只鸡进行禽流感疫苗免疫,对170头猪进行O型口蹄疫、蓝耳、猪瘟疫苗免疫,免疫率100%。

新建工业项目1个,总投资2亿元,服务业项目4个,总投资78.64亿元,续建项目4个,总投资21.4亿元,拟建项目1个,总投资12亿元。规模以上工业总产值18亿元,增长5.23%,完成目标的100%。

累计签约项目75个,全部项目均完成注册。累计注册资金5.7亿元。其中,服务业项目48个,累计注册4.7亿元;工业项目27个,累计注册近1亿元。新建项目5个,其中有2个企业技改增资项目,天津市金润天太阳能科技有限公司和天津达仁堂京万红有限公司的技改增资项目,投资分别为3000万元和2500万元,均竣工投产。王顶堤红旗农贸冷库、泰和园西区基础设施、王顶堤食品医药城3个项目计划总投资54亿元,全年累计投资15.45亿元。

服务业实现增加值36.5亿元,占经济总量的80%,新增限上法人单位12家,大个体21家。深化工业调整,完成增加值9.4亿元,占经济总量的20%,全街拥有规模工业企业32家。第三产业营业收入188.3亿元,增长23.77%,完成目标的100.16%。

促进楼宇经济发展,加大招商引资力度,泰和大厦累计注册企业233家,注册资金18.94亿元。其中,亿元以上企业5家,累计注册资金9亿元;千万元以上企业29家,累计注册资金7.37亿元;五百万元以上企业17家,累计注册资金9866万元。

推进村民安居工程,小稍直口村平房改造一期工程完成,600余户村民顺利入住。怡和村10万平方米城中村改造项目全部完成。王顶堤村45万平方米村民住宅楼建设项目加紧实施,其中环外32万平方米全部封顶,环内13万平方米打桩完毕。

新增就业指标600人,其中农村劳动力转移350人。组织农村劳动力转移安置培训355人。健全完善社会保障机制,全年发放低保、特困、助学、优抚、五保、大病救助、临时救助、危房修缮等保障救助资金共计201.04万元。全街有11647人参加城乡居民医疗保险,参保率100%。

(王富盛)

王顶堤红旗农贸市场

(西营门街道供稿)

杨柳青镇

杨柳青镇位于西青区西北部,东与中北镇、杨柳青农场毗邻;西与河北省霸州市搭界;南与张家窝镇、辛口镇接壤;北与北辰区、武清区交界。2013年,镇域面积64平方公里,耕地面积2199.2公顷。辖25个行政村,25个居委会。人口33102户81168人。

辖域明代属顺天府武清县地,清代雍正年间设天津县,划属天津县。至民国年间不变,日伪统治时期亦然。新中国成立初期是河北省直辖镇。1954年改为静海县县辖镇。1958年,静海县在杨柳青设红色人民公社。1960年一度划入南开区。1962年,划属西郊区,后西郊区设杨柳青人民公社,称杨柳青镇。1983年,撤销人民公社体制,称杨柳青镇,迄今未变。

2013年,完成地区生产总值77.5亿元,比上年增长23%;固定资产投入77亿元;农民人均可支配收入19377元,比上年增加2815元。万元生产总值(GDP)能耗下降3%;实际利用外资额2160万美元,内资到位额78.1亿元。

完成2.5万平方米种猪标准化养殖示范基地建设并投入运营。完成杨柳青园艺科技博览园"杨柳青2000万株脱毒草莓种苗繁育项目"建设。投资700多万元改造提升73.33公顷东洼设施农业,投资5800万元新建设施蔬菜基地26.67公顷,建设新型二代节能温室200栋。加强农业园区的服务与指导,引进推广优新品种、新技术,以杨柳青园艺科技博览园育苗中心为基础,引进种植辣椒、西红柿、黄瓜、茄子四大类80多个蔬菜新品种。

做好工业园区配套建设改造提升工作。投入50余万元,完成浴杨道绿化改造和园区排水泵站改造工作。示范工业园及村级工业小区(二街、六街、十六街等)新引进的国致源科技、日丰伟业等30余家企业陆续建成投产并达效。先后认定乐邦生物科技、竑泰电机、维克沃德等一批科技含量高、市场前景好的优秀科技型企业。新认定科技型企业96家,总数达326家,培育科技小巨人企业18家。

启动镇中心区环境提升工程,完成3个入镇口和10个道路景观节点改造提升的规划设计。全面推进"四清一绿"专项行动,着力改善空气质量。严格控制污水排放,新建污水管网2300延米;完成莲花淀铁路排干、支渠2.5公里和大柳滩排干1.5公里河道清淤工程。组织党员干部群众开展万人义务集中清整活动,硬化路面4000多平方米。完成植树造林190.2公顷,植树95795株,新建苗圃72.67公顷,全镇农村林木绿化率达42.1%。

全年为青壮年富余劳动力提供用工信息1200条,292名失业人员实现再就业,提供用工岗位1950个。组织下岗失业人员技能培训,为2622人次发放失业金260多万元。落实城乡医疗保险和养老保险制度,为133人办理社保补贴,为537人办理农村居民一次性5000元的养老补贴。全面推行工资协商管理,全镇有141家企业签订工资集体协商协议。

举办第十一届杨柳青民俗文化旅游节以及2013中国·杨柳青木版年画节。年画节期间,开展央视《寻宝》栏目走进杨柳青、巨龙古玩城开城仪式等活动。全国各地的民间艺术家、专家学者、年画产地代表、年画传承人共同探讨年画艺术的传承与发展。在深圳揭晓的2013年华媒国际大奖颁奖典礼上,杨柳青镇以位居第七的优势入选"中国十大魅力乡镇"。

2013年9月29日,杨柳青巨龙古玩城开城庆祝活动

(杨柳青镇供稿)

(王富盛)

张家窝镇

张家窝镇位于天津市西南部,东与精武镇相连,西靠京沪铁路,南濒独流减河与静海县良王庄乡相望,北与工农联盟农牧场接壤。2013年,全镇面积44.5平方公里,耕地面积1478.87公顷。辖16个自然村(已全部拆除),6个居委会,人口13413户32460人。

辖域元明两代属静海县地。清雍正年间设天津县,境内所辖村庄分属天津、静海两县。民国年间分属天津县二区、静海县六区。新中国成立后,先后属静海县二区、津西郊区。1958年,静海县在境内设小甸子人民公社。1960年,曾一度划入南开区、和平区。1962年,划属西郊区。1963年,在境内设张家窝、古佛寺、小甸子人民公社,尔后3个公社合并为张家窝人民公社。1983年,改称张家窝乡。1994年,撤乡设镇,称张家窝镇。

2013年,实现地区生产总值55亿元,比上年增长38.3%;固定资产投资96.46亿元,增长31.4%;农民人均可支配收入20095元,增长19%。

以农业产业园区为载体,加快推动城郊型农业向都市型农业转变。投资1775万元,新建国家农业综合开发双孢菇、生态葡萄采摘园和淡水养殖基地3个项目,重点发展花卉、食用菌、灵芝等特色项目。其中,花卉生产区智能温室、节能温室全部投入生产,交易大厅出租运营;闽中食用菌一期全部投产,日产杏鲍菇30吨,双孢菇15吨;灵芝园每天接待游客500人次以上。园区累计投资7.5亿元,建成各类设施90万平方米,实现年销售收入5.5亿元。

以高新电子、楼宇经济、动漫产业等高新技术企业为方向,新引进项目43个,累计签约额285亿元。有20个项目基本建成,6个项目在建。加快推动科技型企业发展,新认定科技型中小企业126家、科技小巨人企业5家,帮助51家企业申请市、区两级相关补助1304万元,帮助9家企业申请贷款3440万元,促进企业快速发展。

示范镇建设总投资87亿元,建筑面积207万平方米。全年投入4.3亿元，还迁房竣工56.25万平方米。累计完成投资86.16亿元,建成180万平方米,15个村13160户村民实现整体还迁。加快土地出让,引进保利等多家国内知名开发商，出让土地11.9万平方米,出让金6.5亿元。

家贤里社区一角及滨河公园绿化成果

(张家窝镇供稿)

加快路网建设,全年开工枫雅道、枣林大道、晨曦路、知景道4条道路，总长10745米。

结合示范小城镇建设，以扩大总量、优化结构为导向,推动服务业向规模化、现代化、品牌化方向发展。发挥地域优势,整合土地资源,引进国储能源、北京光华设计瑰谷华北基地等多个楼宇项目，初步形成现代科技与服务集聚效应。加快推进天安数码城和深福保两个项目建设及招商,建成一期共30万平方米,引进企业近70家。坚持做大高端商业,提升区域发展档次。引进总投资130亿元的红星美凯龙商业综合项目。坚持做大文化旅游业,扩大区域知名度。社会山温泉文化创意旅游区加快建设，嘉佑温泉率先开放。做好食用菌休闲产业园营销宣传,产业园被评为国家3A级旅游景区,年接待游客近50万人次。

健全社会保障体系。加大农民养老保险补贴力度,对15个村的农民进行养老补贴,7310名适龄农民受益,全镇45岁以上农民养老保险覆盖率达95%以上。全年累计参加城乡居民养老保险1854人;城乡居民医保参保率99.97%；解决就业近千人;累计发放低保、五保、优抚、殡葬等各项补贴及救助款、慰问金342万元，救助950余人次；对全镇60岁以上农民实行老年意外险全额补贴,覆盖率100%。

(王富盛)

中北镇

中北镇位于西青区东北部,东邻西营门街道,西至杨柳青镇,南与工农联盟农牧场接壤，北靠津沪铁路。2013年,镇域面积39.75平方公里,耕地面积938.13公顷。辖23个自然村,18个社区工作站。人口18746户48244人。

镇域明代属静海县地。清雍正年间划属天津县。民国年间分属天津县二、三区。新中国成立后,先后隶属津西郊区、西郊区。1958年,南开区在境内设红旗人民公社。1962年划回西郊区，西郊区在境内设中北斜、大稍直口、李楼人民公社,后3个公社合并为中北斜人民公社。1983年改称中北斜乡。1997年撤乡设镇,称中北镇。

2013年，实现地区生产总值100.1亿元,突破百亿大关,比上年增长27.5%；税收16亿元，增长6.4%;固定资产投入155亿元,增长14%;万元生产总值(GDP)能耗0.31吨标准煤,下降3%;农村居民人均可支配收入21569元,增长16%。各项经济指标和重点工作继续走在全市街镇前列。

不断做强工业经济。完成地区生产总值57.8亿元,增长23.7%,规模以上工业总产值240亿元，增长23%。加快推动项目建设,锂电一期、有色一期等项目逐步发力；阀门项目与中阀科技集团合作，产品产量逐步增加；美亚与华泰合作项目顺利推进,一期工艺改造正在进行,新款车正式下线,年产3万辆以上。配套设施加快建设，中北人才金港培训基地、生产力促进中心、手游孵化器等建成投入使用；优化产业发展环境，新认定科技型中小企业169家,累计469家;新增科技小巨人企业4家,累计37家。新认定市级企业技术中心2家，区级企业技术中心5家,累计22家;新认定国家级高新技术企业2家，累计23家;新培育专利试点企业38家,申请专利348项。中北镇获批国家火炬计划特色产业基地。

服务业营业收入239亿元,增长25.8%；增加值42亿元，增长33.5%，占全镇经济总量的42%,同比增加1.9个百分点。按照“五街一河”总体发展规划,汽贸街、金融街、商贸街、不锈钢城、西青道物流“五条街”初步建成,南运河都市休憩商务区内永旺商业广场、希乐城少儿职业探索乐园等项目运营良好,卡丁车游乐项目正式运营,希乐城4A级景区通过专家组认定。

成功举办第五届“曹庄花卉旅游节”“台湾风情节”,以及各种精彩巡游活动,中北旅游品牌知名度和影响力不断提升。加大商贸项目建设力度,物美联京、丽都酒店、登瀛楼、汉庭快捷酒店等项目正式营业。汽贸街项目建设不断推进,一汽大众店对外营业,宝马5S店11月底开业,克莱斯勒店、福特店主体封顶。金融服务业快速发展,东方资产旗下股权投资基金、联人股权投资基金、安永投资、浙商证券等10家金融单位相继落户。

中北镇溪华苑托老所

(中北镇供稿)

镇劳动服务中心向社会各类用人单位推荐用工万余人次,录用5500余人次。召开公益性招聘会20次,入场企业1300余家次,求职应聘8000余人次,达成意向3700余人次。就业服务平台建设,形成定期大型招聘会,日常小型招聘、网络招聘、日常推荐等长项就业推荐工作,为求职人员营造多层次、多渠道的就业选择环境。

农村居民34596人,城乡居民医疗保险参保率100%。镇支付医疗补助人员2600余人次,支付医疗补助金276万余元。城乡报销及各种补贴达1693万元,医疗费用综合报销比例62.6%。城乡低保标准由每人每月520元调整为600元,有低保户195户468人,全年发放低保金244万元。

(王富盛)

辛口镇

辛口镇位于西青区西南部。东与张家窝镇接壤,西至河北省霸州市扬芬港乡,南与静海县良王庄乡以独流减河为界,北与天津市杨柳青镇前桑园村相连。2013年,镇域面积62平方公里,耕地面积3550.4公顷。辖18个自然村,人口13656户36612人,其中农业人口31907人。

辖域元明两代属静海县地。清代乾隆年间属静海县北路,同治年间静海县在境内划地练。民国年间属静海县四、五、六区。新中国成立后,先后属静海县三、十区。1958年属杨柳青人民公社。后曾一度划入南开区。1962年划属西郊区,在境内设当城、木厂人民公社,后两个公社合并为上辛口人民公社。1984年改称上辛口乡。1997年撤乡设镇,称辛口镇。

2013年,实现地区生产总值23.55亿元,比上年增长23.3%;税收收入1.48亿元,增长16.1%;固定资产投入10.41亿元,增长27.1%;农民人均可支配收入15108元,增长16%。

农业总投资2.35亿元,组织实施国家农业综合开发土地治理等20余个项目,新增设施农业面积40公顷,全镇设施农业覆盖率75%。农业科技深入推广,测土配方施肥和节水灌溉等新技术效益显著,沙窝萝卜无损探测技术逐步应用,组织区级农业专家与240户科技示范户进

玉佛禅寺志愿讲解队开展讲解服务

(辛口镇供稿)

行结对帮扶,全年培训农技人员500人次。全镇合作社达100家,入社农民突破1000户。投资4305万元高标准实施放心菜基地和设施提升工程项目，农产品安全源头管理不断加强。

加快推进工业区建设。投资4000万元对工业园区基础设施改造提升,新建标准厂房4万平方米,盘活闲置厂房近3万平方米。重大项目建设取得新突破，南通锻压设备北方基地项目一期厂房建设及海程橡塑汽车配件项目主体完工。招商引资效果明显,签约项目34个。全镇规模企业达31家，增加值率26%,比上年提高3.5个百分点。

服务业营业收入69亿元,服务业增加值12亿元、固定资产投入1.77亿元；新注册个体工商户129家,新增限上大个体18家,限上企业达57家；总投资1.5亿元的上辛口大型商业设施项目建设完成,并盘活镇有资产，收取各类租金76.4万元。

加快发展旅游业。水高庄园1万平方米室内温泉馆主体建设基本完成。组织水高庄园、玉佛禅寺参加“北京旅行社媒体看西青”和“京津冀旅行社媒体看西青”等推介活动，扩大知名度和影响力。镇主要景点接待游客近60万人次，综合收入3200万元,增长77.8%。

示范镇建设顺利实施。示范镇一期起步区10万平方米桩基工程完工。一期9个村和水高庄、第六埠2个中心村共计8187户45万余平方米拆迁准备工作有序进行。

组织举办各类招聘会、培训会，806人实现就业；为新增37名年满60岁老年人发放社保卡，及时办理补贴手续；为2047名农村居民办理失地农民与农村居民养老保险手续；为76名新生儿办理参保缴费登记，为181名患者进行全额垫付医疗费用审核报销工作。做好劳动保障监察工作。全年受理投诉举报案件18起,为工人追回工资36万余元。

（王富盛）

大寺镇

大寺镇位于天津市西南部,东与津南区毗邻,西与精武镇接壤,南与王稳庄镇相依,北靠外环线,与李七庄街道相邻。2013年,镇域面积86平方公里,耕地面积1286.1公顷,辖15个自然村,2个居委会,2个社区工作站。人口14552户38989人。

镇域明代为静海县地。清雍正年间划属天津县。民国年间属天津县二区、静海县六区。新中国成立后，先后隶属津西郊区、西郊区。1958年属南开区东风人民公社。1962年划回西郊区，西郊区在境内设芦北口、大任庄人民公社,后两个公社合并为大寺人民公社。1983年改称大寺乡。1995年撤乡设镇,称大寺镇。

2013年，完成地区生产总值82.6亿元,比上年增长23.3%;三级财政收入10.73亿元,增长27.13%,其中镇级财政收入3.77亿元，增长26.51%；固定资产投入96亿元,增长29.5%；农民人均可支配收入20189元,增长16%。

完成农业增加值7549万元,完成任务指标的101%。植树造林115.8公顷,完成区下达任务指标的110%;栽植乔灌木60.02万株,完成区下达任务指标的115%。农业固定资产投资8000万元。落实惠农政策，申请市、区两级补助资金1960万元。建立农业社会化服务体系,青凝侯蔬菜种植专业合作社、康益农蔬菜种植专业合作社被评为市级合作社。金三农农业科技开发有限公司及盛鑫源蔬菜种植有限公司被市政府认定为市级重点龙头企业。王庄子绿生园、金角设施农业园等园区办理绿色产品认证，市农委将大寺镇绿色农业示范园纳入蔬菜直营专销点，园区销售蔬菜直接与市民对接。

全镇集体、民营等各类工业企业361家,规模企业50家,超亿元企业14家,全年工业总产值169亿元，下降5.3%；营业收入166.7亿元,下降9.3%;实现利税23.4亿元,增加值38亿元。以销售收入为依据，焊接材料行业比重占规模企业的48.14%；钢铁制造业行业比重占规模企业的31.12%；生物医药行业

王庄子绿生园种苗生产车间

（大寺镇供稿）

比重占规模企业的4.76%;汽车零部件行业比重占规模企业的1.85%;其他行业比重占规模企业的14.13%。

第三产业形成以房地产开发、商贸流通、餐饮住宿、仓储物流、交通运输、金融服务为主的产业体系,规模企业达72家,个体经营户12133家,服务业占全镇经济总量的43%。全年完成营业收入354亿元,增长23.8%;固定资产投入47.5亿元,下降19%。

全镇在建远洋万和城等商品房小区3个,在建面积38.12万平方米。建成商品房小区20个(环内8个,环外12个),累计竣工小区面积250万平方米。“亿元楼”天物化轻大厦项目一期A座写字楼完成招商,年营业收入130亿元,税收1.1亿元。梅江中心大厦和皇冠假日酒店竣工,王庄子综合服务区总占地面积9公顷,总投资6亿元,酒店和人人乐超市开业,龙居生活广场等项目开业经营。新签约招商项目36个,协议投资额260亿元,新注册个体工商户620家,申报资金8350万元。

社会保障日趋完备。全年实现就业1403人,组织技能培训1110人次。全镇城乡居民基本医疗保险参保率100%,新增城乡居民养老保险参保287人。为895名农民工追讨工资1295.6万元,帮助33名高校毕业生找到工作岗位,依法取缔处理黑职介56家。申报老年日间照料中心3家,老年食堂1家,筹备申报设立残疾人康复中心2个。全年发放节日慰问、低保救济等共计576万元。

(王富盛)

王稳庄镇

王稳庄镇位于西青区东南部,东与津南区毗邻,西隔独流减河与静海县相望,南与滨海新区大港接壤,北延津淄公路与大寺镇相依。2013年,镇域面积116平方公里,耕地面积2444.73公顷,辖15个行政村。人口12819户37413人。

辖域明清两代属静海县地,民国年间属静海县二区。新中国成立后为静海县八区王稳庄乡,1958年属静海县团泊洼人民公社。后曾一度划入和平区。1962年划属西郊区,在境内设小孙庄、王稳庄人民公社,后两个公社合并为王稳庄人民公社。1983年改称王稳庄乡。1997年撤乡设镇,称王稳庄镇。

2013年,完成地区生产总值37.2亿元,比上年增长23.2%;税收收入3.34亿元,增长20.67%;农民人均可支配收入17513元,增长16.8%。

农作物播种面积2980公顷,蔬菜产量2155万公斤,产粮13600吨,瓜类7500吨,棉花1120吨。畜牧业生产,出栏生猪68190头,出栏肉鸡62万只。产蛋325万公斤、鲜奶165万公斤。水产品产量1400吨。

完成绿化469.87公顷,其中独流减河沿岸绿化143.87公顷,津港河和东排干沿岸共绿化100.67公顷。重点打造杨科庄等4个苗圃基地38.67公顷。

加快工业园区重点项目建设。打造以高精技术、高附加值、低耗能为主导的新型产业,改造提升金属制品等传统产业,形成行业领军项目集群。促进产业结构调整升级,园区外整合小五金产业资源,推动企业转型升级、技术改造,逐步淘汰落后产能,打造优势产业,为民营工业园区规模化发展打下产业基础,工业经济主导格局进一步巩固。

与西青开发区实现深层次战略合作,扩大园区影响力。引进中建钢构、轧一钢铁、三菱商社、神户制钢、中国外运等一批世界五百强和国内五百强企业入驻,累计引进企业125家,其中生产型企业61家,注册型公司64家。生产型企业中,已建成项目42个,投资总额约52.5亿元;在建项目8个,预计投资总额39.05亿元;已签约即将开工项目3个,预计投资总额1.3亿元;新签约项目8个,投资总额56亿元。园区招商引资呈现强劲态势。

餐饮、商贸及其他服务业980家,从业人员3211人。限额以上批发零售业销售额50.6亿元,全镇服务业稳步发展。

总投资50.67亿元,总计123万平方米的184栋住宅高层及26栋

王稳庄镇示范镇建设

(王稳庄镇供稿)

公建主体土建工程及精装修工程全面进入施工阶段。示范镇配套工程全面展开,总计10万多平方米的学校、幼儿园、社区服务中心、商业设施等配套设施相继完工。

全年安置就业962人,其中非农业20人,农业939人,十类就业困难人员3人。享受区养老补贴老年人3760人,发放养老补贴426.9万元。市养老补助3104人,发放245.9万元。做好城乡居民养老保险和城乡居民基本医疗工作。加强对富余劳动力转移培训工作,培训1150人。

(王富盛)

精武镇高光电子车间

(精武镇供稿)

精武镇

精武镇位于西青区中部,东与李七庄街道相连,东南与大寺镇接壤,西南临独流减河与静海县相望,西隔西大洼排水河与张家窝镇为邻,北与工农联盟农牧场、天津第三高教区搭界。2013年,镇域面积57.2平方公里,耕地面积1139.2公顷。辖18个行政村、2个居委会。人口9791户24387人。

辖域明代为静海县地。清雍正年间设天津县,境内所辖部分村庄划入天津县。民国年间分属天津县二区、静海县二区。新中国成立后,分属津西郊区、西郊区和静海县二区。原属静海县的村庄在1960年曾划入和平区。1962年划属西郊区,在境内设小卞庄、付村人民公社,后两个公社合并为付村人民公社。1983年改为付村乡。1986年称南河镇。2009年改称精武镇。

2013年,实现地区生产总值28.5亿元,比上年增长24%;全镇企业纳税5.44亿元,增长26.5%;固定资产投入66.2亿元,增长32.4%;农民人均可支配收入17479元,增长17.2%。

粮食产量850吨;蔬菜产量18049吨;棉花产量460吨;水产品产量3600吨;观赏鱼出池1000万尾;肉产品产量2500吨。农业增加值完成3300万元。

做好精武镇生态观光农业园区基础设施建设,打造现代农业发展新平台。完成道路建设范围内建筑物、大棚、低压线路、树木等障碍物拆迁清理,以及园区内主干路网路胎垫土工作,新建桥涵闸16座,实现园区主干道路与津文公路、团泊快速路连接,路胎长度6公里,动土方12万立方米。加大造林绿化力度,完成造林100公顷,植树23万株。

招商引资成效显著。签约正威国际等项目40个,协议总投资602.43亿元。在建重点项目11个,计划总投资201.5亿元。卓尔(天津)国际商品研发交易中心项目开工;总占地面积133.33公顷,总投资150亿元。慧谷科技园项目,占地35.67公顷,总投资20.1亿元,分三期建设。一期完成6万平方米厂房建设,4.5万平方米厂房出租,入驻企业20家。

学府工业园引进亿元以上项目5个,其中总投资200亿元项目1个。新增注册企业34家,注册资本14.5亿元,实收资本7.1亿元。启动园区拓展区建设项目,投入资金3.05亿元,完成基础设施建设2.03平方公里,修建道路14.3万平方米。整理并完成拓展区内5个地块共计75.6公顷土地征转工作。

第三产业提质加速。姚村1万平方米文博园商业街投入使用,年新增收入500万元。小南河村1.6万平方米商业建成,新增收入5760万元。完成宽河、大南河、牛坨子3个村4万平方米商业建设。

开展"精武精神"大讨论活动,确定以崇德、尚武、实干、自强为表述语的"精武精神"。加大武林园景区宣传营销力度。与北京、河北等多家旅行社加强合作,开辟多条旅游线路。举办"精武·雪花之夜啤酒节"和"精武·冰雪嘉年华"两项重大文化活动,吸引周边10万余人。

做好就业服务。全镇基本医疗保险参保19234人,参保率100%。累计审核城乡医疗保险全额垫付报销167人次,累计金额75万元。累计为21人发放区、镇两级大额医疗救助45万元。为287人办理城乡居民基本养老保险退休手续,全镇享受养老退休政策4162人。为马家寺等村226名村民办理失地农民养老保险退休手续,被征地农民每月至少可以领到1575元退休费。

(王富盛)

津 南 区

概 述

津南区位于天津市东南部，海河下游右岸。地处北纬38°50′02″~39°04′32″，东经117°14′32″~117°33′10″。东与滨海新区塘沽毗邻，西与河西区、西青区接壤，南与滨海新区大港相连，北与东丽区隔河相望。2013年，全区面积387.84平方公里，耕地面积13740.27公顷。辖咸水沽、小站、双港、八里台、双桥河、葛沽、北闸口、辛庄8个镇及长青办事处，有173个村民委员会、39个居民委员会。全区总人口(行政辖区内)419269人，其中农业人口282668人。区内居住汉、回、朝鲜、蒙古、满等41个民族。2010年4月28日，区机关借址八里台镇办公。

2013年，津南区围绕构建“东工、西商、南旅游、北高端、中园区”产业发展布局，大力实施“八六五”工程和新的“一三五”工程，加快推进城乡一体化建设。完成地区生产总值(在地口径)604.12亿元，比上年增长18.2%；三级财政收入167.21亿元，增长27.8%；全社会固定资产投资(在地口径)625.91亿元，增长26.4%；农村居民人均可支配收入17525元，增长13.5%。

工业经济平稳发展。全区工业企业完成工业总产值1369.48亿元。开发区和示范工业区扩域170.67公顷，新引进实体项目130家，投资130.9亿元。新增著名商标7件、天津市名牌产品5个，立林集团技术中心成为津南区首家通过认定的国家级企业技术中心。现代服务业加快发展，完成消费品零售额190.44亿元，增长30.1%；外贸出口14.59亿美元，增长9.9%。销售商品房475.92万平方米，销售额284.32亿元。米立方对外开放，各景区接待游客65万人次，旅游收入8000余万元。设施农业健康发展，21个设施农业项目总占地2000公顷，建设面积375.73万平方米，累计投资23.53亿元，休闲观光型现代都市农业初步形成规模经营和集群发展。

招商引资取得成效。吸引内资到位额422.86亿元，实际利用外资额5.34亿美元，引进天津国际设计城等6个投资10亿元以上和11个投资亿元以上项目，加大科技招商力度，华海清科等一批科技型项目落户运营。九批86个区县重大项目竣工68个，累计投资340亿元；279个区级重点项目竣工70个，累计投资850亿元。楼宇经济快速发展，在建楼宇23座，竣工4座。新引进企业1703家，全部企业实现税收24亿元；天津滨海(津南)创意中心、开发区青年创业园等“亿元楼”数量居全市第四位。

科技型中小企业加快发展。新认定科技型中小企业1287家，累计3157家；新增科技小巨人企业44家，累计139家。天津市高新技术成果转化中心津南分中心投入运营，福臻等4家企业申报“杀手锏”产品。年内，津南区被科技部评为全国科技进步先进区县。

示范镇和中心镇建设加快推进。已启动120个村整合拆迁工作，55个村完成拆迁清零工作，保证国家会展中心、海河教育园区二期等市重点项目建设。新开工建设还迁房271万平方米，竣工374万平方米，还迁2.1万户。

完成北环路二期拓宽改造、天嘉湖路三期及5条道路大修改造工程。新增提升绿化72万平方米，造林262公顷。完成3条骨干河道、43个入河排污口截污封堵、1条河道堤岸绿化建设；建成小站、北中塘国有泵站；实施大沽排水河应急度汛工程。建筑节能改造108万平方米，新兴、普明里、光明楼3座供热站实施煤改燃并网230万平方米。

提升城市管理水平。综合整治

大沽南路(津南段),完成咸水沽建成区街景立面提升、津歧路等6条主干道路夜景灯光建设,7个小区20余万平方米旧楼区提升改造。严格治理违法用地、违法建设、超载超限。积极稳妥推进"三改一化"工作,5个村启动撤村建居,12个村启动户籍改革,8个村基本完成清产核资。年内,津南区通过住建部审核成为国家首批智慧城市试点。

保障各类用地需求。报批建设用地411.6公顷,收储土地260.6公顷,出让土地323.1公顷,规划引领和用地保障作用有效发挥。投融资体系进一步完善,积极推进企业债、私募债等直接融资工作;完成政府债务审计工作,负债率、偿债率均在合理可控范围内,资金使用、规范管理等受到好评;完成村镇银行增资扩股工作,成为全国优秀村镇银行;协调驻区金融机构为中小微企业提供贷款55.6亿元;新批小额贷款公司5家,完成营信担保公司增资,稳步推进处置非法集资工作。

编制生态城区建设纲要,7个示范小城镇完成创建市级生态镇工作。无害化处理生活垃圾18万吨,179家餐饮企业签订餐厨废弃物集中收运协议。完成东亚运动会等病媒生物消杀保障工作。狠抓污染物减排,完成9项污染物减排重点工程,严厉打击环境违法犯罪,立案7起,关闭违法企业22家,生态环境建设取得进步。"促发展、惠民生、上水平"工作取得成效,18个区、镇服务工作组,帮扶企业和项目106个,解决各类问题350个,解决率99.2%;全区40个服务单位接听电话2.56万个,解决率96.7%。

教育整体实力不断增强。咸水沽一中等7所学校完成现代化达标验收;新建、扩建咸水沽三中等7所中小学及幼儿园。落实学前教育三年行动计划,入园率97%;中考平均分、高考上线率均超全市平均值,全国义务教育均衡发展督导评估全市第一。

健全医疗质量管理与控制体系,加强医疗机构监督。启动咸水沽医院、中医医院等设施改造建设工程,新建国医堂5所;创建市级慢性非传染病防治示范区。健全居民电子健康档案,提升妇幼保健水平。建成5个镇级、35个社区人口和家庭公共服务中心,4个镇级、11个社区婴幼儿早期发展指导中心。落实"家佳推进计划",保持稳定的低生育水平。

推进文化惠民工程。更新改造"两馆",新增8个基层图书室、27个社区书吧;举办第九届文化艺术界、元宵节灯展、群众文艺精品巡演等活动200余场次;葛沽宝辇出会、同善海下文武高跷、葛沽长乐老高跷申报国家第四批非物质文化遗产项目。竞技体育水平不断提高,获奖牌309枚,输送优秀运动员30名。举办群众体育活动32项,新建3个体育公园,镇级配建健身器材覆盖率100%。年内,津南区被评为全国群众体育工作先进区。

民心工程取得实效。推进"万人创业、十万人就业"计划,建设就业创业超市9家,落实"两贴一保"等帮扶政策,扶持创业3460人,新增就业1.93万人,转移农村富余劳动力1.1万人;组织1.27万人开展各类培训活动。努力扩大社会保障覆盖面,29.6万人参加城乡居民基本医疗保险,参保率100%。新建6个残疾人社区康复站,3所养老机构和3所社区老年人日间照料中心;老年大学、老年人健康服务中心投入使用。

社会管理不断加强。建成区、镇两级安全生产信息管理平台及应急指挥中心。全面落实安全生产责任制,深入排查整改隐患,消除1处重大涉氨隐患源。修订应急预案,提高应对突发公共事件能力。加强食品药品安全监管,创建国家级药品安全示范区。完善信访调处机制,强化定点接访、按类约访、听民声下访"三访合一"机制。做好第三次经济普查。

坚持民主法制建设。自觉接受区人大及其常委会的法律监督、工作监督和区政协的民主监督,全年办理人大代表建议67件、政协委员提案125件,办复率100%。积极支持民主党派、人民团体开展工作;坚持依法行政。年内,津南区被评为全国法治区县创建活动先进单位,获评1个全国民主法治示范村、5个天津市民主法治村、1个天津市民主法治社区。办好区长热线、政民零距离、8890家庭服务网络,开通政务微博,群众行使知情权、参与权、监督权渠道更加畅通。规范行政审批,调整合并审批17项、取消18项,承接下放审批18项。落实中央"八项规定",反对"四风",加强重点领域、重大项目行政监察和审计监督;开展政风行风评议,着力推进廉政风险防范,政府系统廉政建设全面加强。

(张天娟)

津南区区级领导名单

中共津南区委领导名单

书　记:李国文

副书记:赵仲华　刘　惠(女)

常　委:李国文　赵仲华　刘　惠(女)　祖大祥(7月调出)　张　明(12月免职)　窦双菊(女)　李学义　王黎明　袁英才　张　伟　尚　春　蒋晓林(12月任职)

津南区人大常委会领导名单

主　任:杨国法(女)

副主任:吴炳喜　刘万春　刘义民　刘凤禄　韩志秋

津南区政府领导名单

区　长:赵仲华

副区长:祖大祥(11月免职)　张　伟　李文海　吴爱民　葛汝凯　韩凤敏(女)

区长助理(副区长级):申利坤　郝树民

政协津南区委员会领导名单

主　席:刘宝忠

副主席:杨玉忠　刘恒志　龚伯生　孙宝顺　柴宝成(兼)　黄厚祥(兼)　孙奇涵(女,兼)　张荣华(女,兼)

(区委组织部提供)

首届职业技能与创业项目大赛　2013年，津南区为全区各级各类人群搭建学习和交流技艺技能平台，举办首届津南区职业技能大赛。大赛根据全区三产服务业的发展方向和传统制造业的实际需求，优先设置电焊工、养老护理员、餐厅服务员3个项目。200余人报名,最终18名选手分别取得各个单项比赛的一、二、三等奖。所有选手按照参赛成绩取得相应专业的《国家职业资格证书》,获奖选手获得资金奖励。举办“我的梦 创业梦”津南区“津南村镇银行杯”首届创业大赛。91个创业项目报名参赛,涵盖一、二、三产业,涉及农产品种植及加工业、机械加工制造业、商贸服务业、餐饮服务业、多媒体服务业、网络综合服务业等20余个行业,参赛人员包括失地农民、高校毕业生和残疾人。此次大赛,3家投资机构与6个创业项目达成合作意向,5家企业与创业项目建立上下游合作关系,7个创业项目得到恒生科技园扶持,8个项目得到津南村镇银行贷款支持。通过大赛，切实提高了创业者的技能水平和创业成功率，创业带动就业效果凸显。

(田　阳)

环境污染防治　2013年，津南区加大环境污染防治工作力度,从源头控制环境污染。全年对6个高污染、高耗能、低效益的化工、电镀项目实行环保否决。对违法排污实行零容忍,对29家“十五小”企业进行取缔关闭。结合清水河道行动,对纳入目标责任书的18家企业实行关闭,24家停产治理企业完成治理,1家畜禽养殖场治理完成并通过验收;结合清新空气行动,建立日常巡查和主要责任部门例会制度，完成14台供热燃煤锅炉和7台工业燃煤锅炉改燃并网治理任务。督查指导全区18家混凝土搅拌站及料堆存放单位落实喷淋苫盖防尘措施,完成23家加油站油气回收治理任务,对全区30家危险废物重点源企业进行规范化管理，实施动态更新监控。为全区125家企业办理危险废物转移手续，完成6家国控重点监控企业自动监控设施安装联网和验收工作。结合整治违法排污企业保障群众健康环保专项行动，先后开展冬季大气污染防治、危废企业专项检查、建设项目专项检查等11次专项行动。全年出动检查1800人次，检查企业 1200 家次，处理群众信访 711 件。

（田 阳）

职工权益保护 2013 年，津南区总工会采取多种手段，深化职工维权。推进工资集体协商工作，扩大行业工资集体协商覆盖面。发挥全区工资协商指导员职能，在要约行动基础上指导帮助企业工会与企业进行工资集体协商，独立签订工资协议 1021 家，区域签订工资协议 192 份，涵盖企业 2916 家，签订行业工资协议 8 份，涵盖企业 61 家，签订率 99.7%。深入推进劳动关系和谐企业创建活动，累计命名和谐企业 740 家，独立建会企业和谐企业率 100%，超额完成市总工会下达任务。双桥河司法所获得 2013 年度全国工会职工法律援助维权服务示范单位荣誉称号。做好工会劳动保护工作，将安全生产落到实处。与区安监局、区直机关工会联合会共同举办“安康杯”安全生产知识竞赛，12 个分队和 609 家企业进行现场竞猜答题。联合相关部门开展多种形式的群众性劳动安全卫生监督检查活动，排除生产事故和职业危害隐患，配合区相关部门做好职工伤亡事故和严重职业危害事件的调查处理工作。

（李 爽）

大讨论活动 2013 年 6 月 20 日至 8 月 20 日，根据中共津南区委总体部署，津南区在全区干部群众中组织开展“解放思想，开拓创新，科学发展，建设新津南”大讨论活动。活动分为学习发动、查找差距、整改提高三个阶段。在学习动员阶段，全区开展学习讨论活动 907 次，开展演讲征文、形势宣讲、知识竞赛、图片展等活动 124 次。在查找差距阶段，全区召开座谈会 688 次，发放《征求意见表》11473 份，征求意见 2915 条，查找差距和不足 499 个。29 位区级领导和 119 名正处级干部利用两周时间，深入全区村和社区调研走访，走访群众 2750 名，征求意见 546 条，解决问题 42 个。在整改提高阶段，全区各单位制定整改措施 661 条，解决问题 462 个，建立长效机制 329 个。通过开展大讨论活动，全区广大党员干部推进地区发展的思想观念进一步端正、精神状态进一步提升、工作作风进一步改善，以开拓创新的精神打造津南经济升级版，以干事创业的精神建设美丽津南。

（田 阳）

2013 年 9 月 6 日，津南区“解放思想，开拓创新，科学发展，建设新津南”大讨论活动总结会

（摄影：刘建军）

科技创新载体建设 2013 年，津南区与市科委合作，在天津恒生科技园设立天津市高新技术科技成果转化中心津南分中心。通过组建成果库、融资需求数据库、项目需求库，搜集中科院、国家 863 计划及天津工业大学等高校等有产业化前景的科研成果，为科技型中小企业搭建技术合作的桥梁，加强与中央驻津科研院所沟通，密切与全国重点科研院所和知名院校的联系，推动产学研和科技成果转化工作，加速津南区高新技术成果的转化。年内，分中心组织津南区教育经济合作项目签约仪式暨科技政策宣讲会，5 项科技招商引智项目，9 项校企产学研合作项目，5 项相关部门、镇与高校合作项目，5 个科技特派员合作项目进行签约。常态化开展各种对接培训活动，为 40 余家无抵押无担保企业实现融资需求，累计融资 10.8 亿元。组织企业参加天津市“恒生科技园杯”创新创业大赛，天津市塑料研究所有限公司、天津市双马香精香料新技术有限公司、天津金禹天环保科技有限公司获得奖项，津南区科委获得组织奖。

（田 阳）

法制宣传教育 2013 年，津南区组织开展“深化‘法律六进’推进法治津南建设”法制宣传教育主题活动。制定《关于进一步加强领导干部学法用法工作的实施意见》，举办“新风尚大学堂”领导干部法律知识讲座；宣传贯彻《旅游法》报告会；津南区老年维权法律知识讲座，邀请律师为全区 5 个镇 70 余位老人进行普法教育。深入全区中小学校开展“我自护、我快乐、我成长，2013 年津南区开学第一课”活动。开展“三八”妇女维权周、禁毒法制宣传、法制宣传月等活动，法制宣传月期间，举办法制培训讲座 16 期，发放法制

2013 年 8 月 7 日，副市长王宏江（右二）带队检查津南区“六五”普法中期工作

（摄影：宁培玉）

宣传材料 1 万余份、设立展牌 50 余块、标语 100 余幅，受教育群众 2 万余人次。开展普法中期督查，下发《关于做好“六五”普法中期检查督导工作的通知》，成立分管区领导任组长，区人大、区政协、区治区办成员单位领导为成员的检查组，对全区“六五”普法中期工作开展情况进行检查督导。8 月，副市长王宏江带队对津南区“六五”普法工作开展情况进行中期检查督导并给予高度评价。

（田　阳）

“中国梦·我的梦”系列活动　根据《中共天津市津南区委关于印发〈关于深入开展“中国梦”宣传教育的实施意见〉的通知》，津南区开展“中国梦·我的梦”诗歌朗诵演讲比赛。活动分基层选拔报名和区级比赛两个阶段，得到各镇、各单位广大干部职工、村（居）民的积极响应。经层层选拔，评出一等奖 3 人、二等奖 6 人、三等奖 9 人、优秀奖 18 人。6 名获奖选手参加市级演讲比赛，1 人获得市级三等奖，3 人获得市级优秀奖。开展“中国梦·我的梦”主题征文活动。收到全区各行各业党员干部群众投送的稿件 372 篇，涉及诗歌、散文、记叙文等不同文体。经过动员、推荐、梳理和评比四个环节，评出一等奖 5 个，二等奖 10 个，三等奖 30 个。辛庄镇、咸水沽镇、葛沽镇、小站镇、区教育局、区综合执法局、津南开发区管委会和区国税局获优秀组织奖。区教育系统开展“最美教师”“魅力校长”评选，“新津南、新教育、新学校”主题书法、绘画、摄影创作大赛等“中国梦·我的教育梦”主题教育系列活动，传播放大立德树人的正能量，营造同心共筑“中国梦”的浓厚社会氛围。

（田　阳）

2013 年 6 月 1 日，津南区咸水沽第七小学“红领巾相约中国梦”展演

（摄影：李　中）

天山海世界·米立方开业　2013 年 7 月 26 日，全球最大的室内恒温健身乐园“天山海世界·米立方”在津南区小站镇正式开门迎客。该项目由“小站稻米”获得设计灵感，总投资 10 亿元。“天山海世界·米立方”作为市政府 20 个重点服务项目之一，按照国家 5A 级标准打造，拥有国际顶级水上休闲游乐项目，集惊险、刺激、动感、娱乐、休闲于一体。室内净高 30 多米，室内温度全年保持 30℃，拥有先进的净水设施，24 小时循环过滤。场馆内设有多种惊险刺激的水上滑道、24 种不同类型的海浪、500 米长的探险漂流，以及温泉 SPA、人工沙滩、儿童梦幻、玛雅城堡等多个娱乐主题区，既有适合年轻人的超刺激游乐项目，又有适合老年人和少年儿童的合家欢乐游乐项目，是合家游玩戏水的首选之地。“天山海世界·米立方”的建成开业，是津南经济生活的一件大事，为全区乃至全市旅游板块增添一大亮点。项目开幕后将在带动区域发展、完善城市功能、满足大众娱乐生活等方面，起到积极促进作用。

（田　阳）

生育关怀利益导向津南模式　2013 年，津南区落实独生子女父母年老奖励标准和独生子女伤残死亡家庭特别扶助标准动态调整机制，

2013 年 7 月 26 日，副市长任学锋（右四）查看“天山海世界·米立方”运营情况

（摄影：刘文姝）

对独生子女父母年满 60 周岁以上人员，每人每月给予 100 元奖励，比现标准提高 20 元。将独生子女伤残死亡一次性特别扶助金提高到 4.6 万元。推动普惠政策与计生政策相融相接。在全区推广大韩庄模式，即在村级组织所有利益分配中，对独生子女家庭增加 40%奖励，并纳入村规民约和诚信计生合同。双港镇改革试点村先锋村“三改一化”方案对独生子女家庭父母每人在原有一人份股份的基础上各增加 10%份额，对退二孩指标的每人再奖励 5%股份份额。实施生育关怀项目 170 个，分别在独生子女父母奖、长效节育奖、成才奖、参军奖、合作医疗奖、困难家庭扶助等利益导向政策上提标扩面。区计生协联合区慈善协会开展重阳“慈善计生爱心行”慰问独生子女父母年老困难家庭和春节慰问独生子女伤残死亡家庭活动。成立 48 支志愿者队伍，开展“白衣天使”健康志愿服务、“幸福夕阳”“春雨润心”暨救助贫困母亲志愿服务，全区投入生育关怀基金 2283.4 万元，43214户 86541 人受益，形成具有津南特色的生育关怀利益导向模式。

（房媛媛）

安全生产监管 2013 年，津南区坚持“安全第一、预防为主、综合治理”工作方针，锁定“努力减少一般事故、坚决遏制较大以上事故，事故死亡人数不突破市下达的控制指标”的工作目标，以安全生产信息化建设和工业企业事故隐患自查自报为抓手，对全区生产、储存、使用液氨的生产经营单位进行为期 3 个月的安全生产大检查专项工作。查出隐患 217 条，下达相关执法文书 42 份，行政约谈 2 家企业，报请政府关闭重大隐患企业 1 家。加大餐饮场所燃气安全专项治理力度，成立检查组 52 个，出动检查人员 1800 余人次，检查使用燃气场所 2690 个，查出隐患 1595 项，隐患整改率 100%。下达执法文书 442 份，对 43 家使用单位进行处罚，处罚金额 9.5 万元；对 14 家使用单位进行查封。开展预防硫化氢气体中毒事故专项治理，检查督查其落实安全生产责任制、安全操作规程，组织从业人员进行预防硫化氢中毒安全知识教育培训情况。共计下达隐患整改通知书 20 份，发现隐患 120 项，全部整改完毕。全面启动全区规模企业安全生产标准化工作。组织各镇召开标准化推动会，宣贯、培训国家和地方对标准化工作的要求以及相关标准、工作程序等。举办培训 16 次，培训企业管理人员 200 多人。协调评审单位，在保证评审质量原则下，尽量减少企业负担，为企业尽量多的提供咨询服务，提高企业安全生产意识。

（田　阳）

企业转型与技术创新 2013 年，津南区推进产学研结合，引导企业加大科技投入，帮助企业创办技术中心，注重人才培养和引进，推动中小企业转型升级。明确实体工业企业转型升级责任目标，全年有 474 家实体工业企业转化为科技型中小企业。技术改造取得新成效。全区落实固定资产投资 300 万元以上工业企业技术改造项目 75 项，其中投资 1000 万元以上的 41 项。技术创新能力进一步提升。立林集团技术中心成为津南区首家通过认定的国家级企业技术中心；科易电子、芳华通讯、洪波电子、大桥道食品 4 家企业被认定为市级企业技术中心，累计认证 32 家；认定区级企业技术中心 10 家，累计认证 72 家。对全区内资规模工业企业经营管理人才、专业技术人才及高技能人才开展专题调研，完善现有三类人才库。全年新增三类人才 2351 人，其中管理人才 732 人、高技能人才 852 人、专业技术人才 767 人。帮助科密欧化学试剂、永恒电机等企业与天津大学、天津理工大学等高校、科研院所结合，新增产学研结合项目 65 项，开发填补市空白以上新产品 82 项。

（宋剑锴）

城镇建设 2013 年，津南区按照年初制定的工作思路，强力推进重点工程建设，共计完成四大项任务，14 个子项工程，总投资 14.67 亿元,当年投资11.98亿元。全区建筑行业和房地产业共完成税收35.48亿元,其中建筑业完成税收13.41亿元,房地产业完成税收22.07亿元。房屋建设总投资189.39亿元,比上年增加7亿元,在施面积1205.85万平方米,比上年减少107万平方米,竣工345.12万平方米,新开工337.14万平方米。投资2.74亿元承担5项工程,包括北环拓宽改造二期工程、天嘉湖路三期工程、微山南路大修工程、八米路改建工程、丰收路工程,2013年底全部竣工。投资0.84亿元完成天津大道绿化补植工程,新建上水泵站1座,铺设上水管道30.34公里。新投入运行污水处理厂2座,总投资1.35亿元,总污水处理能力7万吨/天,其中,双林污水处理厂工程总投资约1.1亿元、环兴污水处理厂升级改造工程总投资2500万元,均正式投入运行。

(张天娟)

侦破犯罪案件 2013年,公安津南分局先后开展夏季治安、命案侦破、打黑除恶、清网追逃、打击“两抢两盗”、禁毒人民战争等一系列专项行动。破获刑事案件1694起,打处犯罪嫌疑人976人。其中,破获刘东团伙聚众斗殴枪击致人死亡案件、陶胜平团伙飞车抢夺系列案件等“八类案件”279起;命案发5起破5起,另破积案2起、外省市命案5起,命案破案率100%;打掉恶势力犯罪团伙10个,破获各类刑事案件31起,判决团伙成员48人;破获侵财犯罪案件463起,打掉侵财犯罪团伙11个,破获侵财犯罪外省串案37串、外区串案3串,相继打掉邓小敏网恋诱骗抢劫等一系列侵财犯罪团伙。追回各类逃犯513人,其中命案逃犯2人、外省市逃犯157人、市级督捕逃犯4人、重点逃犯97人,消除了社会影响。破获涉拐案件12起,打处犯罪嫌疑人14人,解救妇女、儿童17人,采集来历不明儿童血样标本28份,提升了群众安全感。破获王叶霞销售假药案、徐慧英非法经营案两起案值巨大、影响严重、涉及陕豫鲁苏赣桂6省区13市的重大案件,并向公安部提请发起部督案件和集群战役,一举打掉犯罪团伙39个、抓获犯罪嫌疑人49人,收缴假烟5万盒、假药100余种、制假药设备17台,受到公安部表扬。年内,破获经济案件527起,移送起诉23人,挽回经济损失1000万余元,维护了津南区市场经济秩序。

(朱雪冬)

特色文化活动 2013年,津南区组织开展第九届文化艺术节活动。全年组织安排大型群众文化活动60余项,子项目300余场次,在活动形式、内容、规模、群众参与面和覆盖面及社会影响等方面,逐步形成津南群众文化活动的知名特色品牌。举办津南区“喜庆十八大,建设新津南”大型灯展和焰火晚会及“和谐津南”津南区第九届文化艺术节开幕式,组织开展津南区第五届“欢乐新春”民间花会展演;“和谐津南”文艺系列展演;戏曲比赛、广场舞比赛,综合团队展演、中老年歌手赛、青年歌手赛、少儿歌手赛、少儿舞蹈比赛、曲艺比赛、家庭才艺比赛、海鸥艺术团汇报演出、“和谐津南”群众文艺精品巡演等,年演出300余场,每场观众千余人次。组织承接天津市送文化下基层白派评剧《韩玉娘》专场演出;承接全国第三届京东大鼓艺术节精品巡回演出津南专场等。组织举办津南区“好书伴我成长”读书活动“我的梦,中国梦”中小学生诵读比赛;第七届“枫叶杯”全国青少年儿童书画大赛津南赛区比赛;“书香中国——阅读引领未来”主题图书展;“全国少年儿童阅读年数字阅读推广月”;优秀农民征文评选;首届“书香家庭”先进事迹评选申报等,吸引全区40余所中小学校5万余学生和广大群众及众多农民参加。年内,区图书馆获评天津市“好书伴我成长”读书活动优秀组织单位。组织举办“阅读修德,文化筑梦”全国读书漫画大奖赛优秀作品展,国内外百余名知名漫画家的105幅获奖作品参加展出。在“美丽中国青少年艺术交流展演”、第十三届“星星河”全国少儿美术书法摄影大赛、天津市2013年舞台舞蹈大赛、市2013年“南开杯”广场舞大赛、全国第三届京东大鼓艺术节“董湘昆杯”新作品大赛等活动中,津南区取得优异成绩。京东大鼓艺术家董湘昆先生亲传弟子、区文化馆馆长刘炳山,应邀完成天津电视台《鱼龙百戏》栏目“寻访传统艺术之旅——纪念董湘昆先生”专题录制工作。津南区文化艺术中心转换经营机制,与星辉国际影城合作经营,努力拓宽电影放映市场。争取财政资金投入80万元,添置2台数字放映机。农村电影“2131工程”深入农村、社区、企业、学校、部队放映电影400余场次,受到群众欢迎。

(何 然)

葛沽镇长乐老高跷 2013年12月,葛沽镇长乐老高跷被列为天津市非物质文化遗产,拥有600多年历史的葛沽高跷将得到规范性保护和传承。长乐老高跷属于天津市津南区葛沽镇一村。长乐老高跷出行时,前有大旗、座图和法鼓前场引路,法鼓以敲常行点、龙虎斗为主,并时常伴有即兴表演,如摸鱼、武镲等。其主体部分由12个角色组成,据考,其构成:一是梁山攻打祝家庄、二是攻打大名府时的十二位乔装改扮的好汉,有文、武、演、唱四大演绎特点，其高跷腿子上有以雕刻、刺绣、彩绘为一体的假脚装扮。在长乐老高跷的表演中，独树一帜的当属武棒。武棒有36套燕青棒和72套行者棒，讲究手眼身法步，由12位演员配合完成，如双飞燕、喜鹊登枝、浪子踢球、苏秦背剑等变幻莫测的棒法，令人目不暇接，拍手称奇。丰富的“棒法”和“老少音”(老少音的敲法可以使韵律丰富到极致。据考，天津周边地区凡具有“老少音”特点的高跷，均为沽上高跷所传)的伴奏锣鼓，均有别于天津城中的高跷会，形成津南地区的特色。如今，葛沽长乐老高跷已传承至第13代，拥有会员60余名，年龄最大的80岁，年龄最小的13岁，平均年龄为40岁。长乐老高跷经常参与民俗祭祀、庙会活动、花会展演、民间高跷艺术交流等活动，有效传播了“沽上高跷”的艺术魅力。津南区委、区政府十分重视民族民间文化的保护、继承和弘扬，葛沽镇党委、政府指导建立了葛沽花会协会长乐分会，并邀请民俗学家举办研讨会，为葛沽长乐老高跷进一步发扬光大奠定了良好基础。

（区地志办）

葛沽萝卜

（葛沽镇供稿）

【津南特产“葛沽萝卜”】 葛沽镇北临九河下梢的海河，水源充足，属大陆性季风气候，夏季闷热多雨，秋季凉爽干燥，日照时间长，土壤含多种矿物质及腐殖质，特别适合青萝卜的生长。“葛沽萝卜”的特点是：根细、叶蒂小、皮薄、皮光、里青、水分大、口甜，因此有“葛沽萝卜赛鸭梨”之说。霜降后收获埋入土坑，一为储存，二为使其辣味、艮性彻底去除，冬季至翌年春初出坑销售。埋藏后的萝卜嫩、脆，撞击后有裂纹，落地即碎。“葛沽萝卜”还有药用价值，能通气、消食，深受广大消费者欢迎。2009年，葛沽萝卜送到中南海，受到国家领导人好评。2013年，葛沽萝卜种植面积100公顷，亩产3000公斤。

（葛沽镇）

2013年12月，葛沽镇长乐老高跷被列为天津市非物质文化遗产

（葛沽镇供稿）

咸水沽镇

咸水沽镇位于津南区境北部，辛庄镇以东，双桥河镇以西，海河以南，大沽排污河以北。2013年，镇域面积55平方公里，耕地面积2128.4公顷。辖27个行政村、13个居委会。人口38941户103691人，其中农业人口44471人。

隋称豆子䲵，明始有咸水沽地名文字记载。1948年12月解放。1949年成立咸水沽市，同年撤销，称咸水沽镇。1958年归河西区美满人民公社。1959年系小站人民公社管理区。1961年成立咸水沽人民公社。1966年称永红镇。1969年撤镇建街。1983年复称咸水沽镇。1985年咸水沽乡并入。2001年南洋镇并入。

2013年，实现地区生产总值86.83亿元，比上年增长27.11%；三级财政收入10.01亿元，增长37.34%；固定资产投入47.47亿元；内资到位额74.44亿元；实际利用外资4360万美元；农民人均纯收入

20000元。

完成工业总产值48亿元,销售收入47.7亿元,工业增加值12.9亿元。现代服务业增加值61.3亿元,销售额85亿元。月坛商业大厦主体封顶,大龙商业综合体全面启动建设。一汽大众4S店5月份全面营业,怡乡春竹特色餐饮店开张纳客。完成镇属34个区级重点项目投资28.97亿元,新开工17.03万平方米,新增竣工面积84.34万平方米。

2013年5月25日,咸水沽镇举行5·25扶贫助学助残捐资表彰会

(摄影:赵子强)

完成刘家码头、李庄子、潘庄子3个新开片村拆迁工作,拆迁716户面积18.4万平方米;启动吴家稻地村拆迁预签约和周辛庄村整合公决工作;新开工还迁房93.48万平方米,年度在建面积285万平方米;新兴安置区、金丰里等小区共152万平方米还迁房全部进入配套施工及竣工验收阶段,完成金芳园15.6万平方米还迁选房工作。全面启动已整合村拆迁滞留户“清零”工作,共签约搬迁滞留户73户,清零率82%;做好市、区重点项目涉及户动迁工作,签约搬迁109户,消防站、人力社保局等6个项目地块实现清零。

投资800余万元完成光明北里、风明里居民小区综合改造提升完善配套功能。完成金石里、益华里美丽社区示范点建设。对镇域进行常态化动态巡查,查处制止“双违”行为17处,拆除违法建筑950平方米,清理违法占地1.17公顷。成立水岸华庭等3个小区业主委员会,实施网格化管理。建成咸水沽第七小学新校舍,修缮健全各类配套设施,镇属7所国办中小学教育教学设施实现高标准配备。提升医疗卫生水平,启动咸水沽镇卫生院建设,开展大肠筛查、老年人健康查体等特色医疗卫生服务,做好重点传染病防治宣传,为全镇97381人建立健康档案,建档率70.05%。

推进“万人创业、十万人就业”工作,推荐劳动力就业7000余人次,新增就业3467人;组织各类招聘会42场,提供就业岗位7367个次,推荐成功就业502人次;累计帮助创业者申请小额贴息贷款250万元,申报“二贴一保”政策补贴5家,补贴资金100余万元;举办各类培训班40个,培训1883人。全年发放低保、特困、五保金及各类补贴约1096万元;临时救助因病、因灾导致暂时困难家庭137户次,发放救助资金9.4万元;申请大病救助32人,发放救助款16万元。开展“5·25”扶贫助学助残献爱心活动,募集善款350万元,结对帮扶265户;开展各类救助活动15批次,救助2700人次。

(宋剑锴)

小站镇

小站镇位于津南区东南部,东与葛沽镇毗邻,西与八里台镇相连,南与滨海新区大港相交,北与北闸口镇和双桥河镇接壤。2013年,镇域面积56.72平方公里,耕地面积2398.8公顷,辖27个行政村和5个社区居委会,人口22269户59523人。有汉、回、蒙古、土家、苗、满、维

2013年5月1日,小站镇举办企业用工招聘会暨创业项目推介会

(摄影:刘文姝)

吾尔7个民族居住。

该镇因小站稻而兴旺，因小站练兵而闻名，是中国近代史上有重大影响的历史文化名镇，始建于清同治十二年(1873)，因清代铺设马新大道设驿站而得名。1948年12月解放，成立小站市。1949年8月，小站市改为小站镇。1958年8月，成立小站人民公社。1983年4月建镇(含乡)。1985年6月，小站乡与小站镇合并为小站镇。2006年被列为天津市首批示范镇。

2013年，实现地区生产总值39.2亿元，比上年增长26%；税收7.38亿元，增长25%；固定资产投资46.3亿元，增长23.97%；农民人均纯收入21800元，增长22%。

工业总产值71.2亿元，完成任务数的104%；销售收入67.3亿元，完成任务数的105%。内资工业企业固定资产投资额20.85亿元，完成任务的100.7%。国内引资到位额26.3亿元，完成任务的161.3%。实际利用外资额4204万美元，完成任务的106.2%；引进重点项目22个，投资总额35亿元。

加快现代农业发展。完成名洋湖农业园千亩高标准农田整理项目，修建蓄水坑塘28.67公顷，建成117个单栋、22个连栋温室大棚。九州泓农业园一期13.1万平方米温室大棚及园区配套设施全部完成，成功实施番茄无土栽培技术和绿色无公害蔬菜种植。二期14万平方米玻璃智能温室钢结构部分完工。

示范镇建设稳步推进。拆除住宅204户，非住宅23家。还迁楼施工面积54.47万平方米。年内竣工还迁1351户10万平方米。在建工程6处。新增供热面积39.2万平方米；7000吨污水处理厂投入使用。新修道路3.3公里，新铺设各类管线27.5公里；新增绿化面积10万平方米；安装各类道路标识牌171个，道路信号灯3处。

加强社会管理。投资650万元对福馨小区二期和旧楼区进行提升改造，外檐粉刷2.9万平方米，楼道粉刷1.2万平方米，安装对讲门47个，采光窗维修更换130个，楼顶防水1.2万平方米，破损路面整修2730平方米。全年接访913件，完成党的十八届三中全会期间维稳工作。

抓好民计民生工作。投资150万元为中小学安装电子围栏，投资400万元建小站三小棒球场、东大站小学塑胶操场。低保金发放851万元，下发慰问款、临时救助款等450万元，发放残疾人救助金100万元。"5·28"慈善捐款590万元，发放善款近500万元，全镇208户居民享受廉租房、经济适用房补贴待遇。城乡居民医疗保险参保35957人，参保率100%。投资200万元成立创业就业超市，举办四次大型企业用工招聘会及项目推介会，安置就业2700人，举办各类培训27期，培训1317人，新增创业343人。

持续稳定低生育水平，为育龄妇女建档9856份。规范管理，随时跟踪随访。为218对夫妇免费孕前优生检查，为44名高危孕妇建立信息库，为800余名流动人口查体。开展婴幼儿早期发展促进工作，东大站村投资4万余元建成"一中心五室"。《小站人口计生报》出版6期，开展咨询服务2次，发放宣传品5万余份，组织育龄妇女学习2次。

(何　然)

双港镇

双港镇位于津南区西北部，是中心城区拓展区和天津市政府规划建设的中心镇，是津南区北高端标志区建设的重点镇之一。东南与辛庄镇相邻，西临西青开发区，西北与市区接壤，北临海河与东丽区隔河相望。镇域南北最宽6.1公里，东西最长9.3公里。外环南路、梨双公路和连接中心城区与滨海新区的津沽公路、天津大道、津港高速公路贯穿镇域全境。2013年，镇域面积30.16平方公里，耕地面积304.27公顷。辖16个行政村和6个社区居委会（新增柳林、河畔星城社区），总人口52927人。

该镇历史悠久，以老海河与赤龙河形成的小港叉而得名双港，素

2013年5月，双港镇举办就业招聘会

(摄影：杨宝桂)

有“双港古寨，海门要津”之称。1983年6月撤社建乡，1992年12月撤乡建镇。

2013年，实现地区生产总值69.09亿元，固定资产投资46亿元，利用内资到位额66.34亿元，利用外资到位额4361万美元，实现税收10.13亿元，农民人均纯收入19368元。

全年引进联东U谷二期、信达成化妆品、天冠石油等12个实体项目。总投资超过257亿元。意向出让土地166.27公顷，协议引资额285.5亿元。出让已挂牌土地10宗，出让土地面积26.87公顷。投入7300万元，新建和改造园区发港路、慧文路等4条主干道路，新增道路2833米，新增绿化面积9000平方米。园区在建及待建项目39个，全镇第二产业吸引内资到位额65.03亿元，利用外资4059.8万美元，固定资产投入21.03亿元，增加值15.67亿元，实现税收8.03亿元。新引进注册企业151家、注册资金11.7亿元，累计注册企业1356家、注册资金121.79亿元。全年新租售楼宇378套，租售面积3.68万平方米，新增科技型中小企业135家，新增小巨人企业3家，组建产学研机构14家，开发市级以上新产品10项，申报专利329件。第三产业固定资产投入24.95亿元，实现生产总值46.62亿元。社会消费品零售总额173.58亿元，商品销售额150.99亿元。

启动新家园、柳林风景区、北马集、先锋、河畔星城等牵涉15个村的房屋拆迁“清零”工作。全年拆除各类住宅及非住宅1800余处约30万平方米。累计拆除各类住宅和非住宅14213处198.28万平方米。新开工和在建还迁住宅项目7个，建筑总面积92.73万平方米。全镇完成7203户群众还迁安置148万平方米。年内开工新建和竣工还迁住宅公建项目12个，公建面积6.15万平方米。

创岗安置就业3726人，新增就业2526人，新增创业305人。日常窗口求职登记1681人，推荐成功就业516人。组织举办岗前、定向、技能等各类培训班，培训转岗就业人员1369人次。与150家企业建立就业对接关系。全年接待就业咨询群众12800名。举办各类招聘会及项目展示会23次，参会企业106家，提供就业岗位1589个。推荐就业3000余人。全额垫付医疗费报销261人，报销金额147.61万元。发放就失业金2.7万元。全年发放各类救助款277万元。

全镇5所中小学及1所区办幼儿园共133个班级，在校师生5060人。中小学入学率、巩固率和毕业升学率均达100%。年内开工建设3所幼儿园，全年教育经费投入1104万元。

（何　然）

八里台镇

八里台镇位于津南区西部，东临北闸口镇，西界西青区，南连滨海新区大港，北接辛庄镇。2013年，镇域面积106.3平方公里，耕地面积2677.87公顷。辖15个行政村、1个居委会。人口16896户52459人，其中农业人口46506人。有汉、回、满、朝鲜等8个民族。

1953年隶属天津市津西郊区。1959年隶属小站人民公社，设八里台管理区。1961年增八里台公社建制。1984年更名八里台乡。1992年12月更名八里台镇。2001年10月双闸镇并入八里台镇。

2013年，完成地区生产总值47.25亿元，比上年增长25%；财政收入(税收)10.11亿元；全社会固定资产投入47.97亿元，增长26.1%；农民人均纯收入18812元，增长15%。全镇内资到位额70.01亿元，外资到位额6660万美元。引进千万元以上实体工业项目26个，其中亿元项目7个，引资规模24.4亿元。

完成翻建丰泽三大道等轧毁路面6300余平方米，新建西便道(丰三至丰四段)约2700平方米，铺设排水管道约670米，新建高便道1.3万余平方米。新建绿化约8万平方米，完成雨污分离施工40余家。

发展现代服务业。全年固定资产投资48.6亿元，增长27.91%；规模以上企业零售额9.7亿元，增长56.32%；销售额55.7亿元，增长50.87%；服务业税收3.19亿元。

推进示范镇建设。示范镇一期18万平方米用房8月份启动分房工作，年底有3000户入住新居。二期中义、潘家沣4号地(二标段)主体完成，砌筑完成90%；7号地外保温施工，内檐抹灰完成80%，开始外檐

2013年1月28日，八里台镇社区文化节开幕

（摄影：张　森）

涂料施工。示范镇三期(大孙庄)项目立项调整、预算调整及资金平衡、环境评估编制等工作完成。

加大救助力度。全年救助各类困难人群12000人,发放救助款382万元,3700个家庭得到救助。为375户五保、低保、特困家庭发放冬季取暖补贴26万元。举行大型公益募捐活动,募集善款280余万元。为全镇7767名60~80岁老人上意外保险18.9万元;为185名困难残疾人办理养老保险。

改善市容环境。投资300余万元新建标准密封垃圾池300余座,治理行政村废旧坑塘、沟渠15000余延米,新建旱厕7座,购买挖掘机1部,完成和顺地垃圾转运站设施改造。清除违章棚户13处,清理卫生死角100余处,全年垃圾无害化处理15000吨。

兴建文体中心1500平方米、4个1000平方米社区文艺活动小广场、1个4000平方米大型文体广场。组建大小文艺团队16支,组织大型综合性群众文化活动8次、累计1.5万人参加。举办社区群众《百姓讲堂》172期,受教育6000余人。举办文化产业研讨会3次。

开展美丽校园建设。八里台第二小学迁入新校舍,撤销巨葛庄校区。八里台第一中学迁入新校舍。以"好儿媳""五星家庭""文明楼门"等活动平台为基础,评出好儿媳、好丈夫、好儿女、文明标兵户60人(户),五星家庭272户,对社区文明之星、文明楼门、手工编织达人等进行表彰。在镇机关设立干部职工图书室,在汇鑫源酒店、鸿远电器有限公司等设立流动图书服务站,为9个村配送图书2000余册。

(何　然)

双桥河镇

双桥河镇位于津南区东部,东临葛沽镇,西接咸水沽镇,南连小站镇、北闸口镇,北依海河。2013年,镇域面积30.76平方公里,耕地面积1143.2公顷。辖16个行政村。人口10652户30010人,农业人口25428人。有汉、回、满、苗、朝鲜、蒙古、土家7个民族。

1950年属七区东泥沽乡。1958年属美满人民公社。1961年成立西泥沽人民公社。1971年公社驻地由西泥沽村迁至双桥河边。1983年更名双桥河乡。1997年12月撤乡建镇。

2013年,完成地区生产总值15.2亿元,比上年增长26.4%;完成税收2亿元;全社会固定资产投资27.2亿元,增长23.47%;吸引内资20亿元,增长16.3%;实际利用外资2850万美元;农民人均纯收入18000元,增长14.2%。

双桥河镇第一小学新校区

(摄影:段宗颉)

开展示范镇还迁工作,祥水馨苑社区友和园小区完成还迁27栋楼,为1485户村民发放2319套住房钥匙。镇域天津大道拆迁部分,南房子、王庄、西周庄和柴庄子村村民将搬入新居。截至年底,福和园26栋2343套房选房完毕。

开展"中国梦、青春梦"主题青年演讲活动。10名来自全镇各条战线的青年在经历初赛后进入复赛。举办双桥河镇风采女性暨星级家庭表彰大会,表彰10名风采女性、10名优秀女性、11个优秀妇女工作先进单位、12名优秀女干部、1个爱心集体和45个星级家庭。开展以"学党史、迎七一,共筑中国梦"为主题的宣讲活动18场,以"感恩共产党,舞动双桥梦"为主题的群众文艺展演活动11场,以"清风颂歌,和美双桥"为主题的红歌演唱活动5场。

开展聚和园社区现场招聘、创业就业及社会宣传活动,发布16个招聘单位就业信息50条,现场达成初步就业意向160人。双桥河镇创业就业超市(友和园店)正式开业。成立双桥河镇流动人口就业创业服务基地,累计采集流动人口信息3562人,进行招聘会现场对接4次,发放《农民进城务工指南》《政策读本》等宣传材料2300余份,为流动人口实现就业对接800余人。

春节期间,慰问优抚对象、残疾人、低保户、单亲困难母亲、困难党员、计生困难户600户,发放慰问金26.8万元。对驻镇部队及友好共建单位慰问,送去价值14万余元的慰问品。

开展市容专项整治工作。粉刷津沽路南侧建筑18000平方米;修补破损墙体800平方米。清理欣达西里、新达公寓、凤环里小区23栋楼;清理津沽路、汉港路涂鸦小广告130余处;清理津沽路、汉港路沿线堆物25处,违章窗贴70处,违章牌匾15处,清理津南大道、汉港路、津沽路各路口土方杂土、碎石75立方米;新建并恢复津沽路段欣达公寓前绿化带2000平方米。

开展“双评”和“下评上”活动,聘请政风行风监督员16名,开通实名有奖电话。镇政府与各村签订《非婚生育专项治理目标管理责任书》,签订晚婚晚育承诺书。镇村建立生育关怀项目文本和生育关怀基金,全年为空巢、独居老人免费投保30多份。

(宋剑锴)

葛沽镇

葛沽镇位于海河下游南侧。东临滨海新区塘沽,西南连小站镇,南界滨海新区大港,西北接双桥河镇。2013年,镇域面积44.1平方公里,耕地面积1754.87公顷。辖25个行政村、10个居委会(含4个村转居社区)。人口18941户54779人。有汉、回、蒙古、满、壮5个民族居住。

该镇为华北“八大古镇”之一,是津南区唯一坐落滨海新区的镇级单位。1948年12月解放,称葛沽市,属天津县。1949年10月更名葛沽镇。1952年4月更名葛沽乡。1958年9月属塘沽区,称河南人民公社。1962年10月属南郊区,成立葛沽人民公社。1983年8月建葛沽镇(含乡)。1985年6月乡镇合并。1989年政府迁至津沽公路南侧解放道南段办公。2010年7月迁至津沽公路南侧创意中心大楼。

2013年,完成地区生产总值177.5亿元,比上年增长23.6%;三级财政收入8.2亿元;城镇居民人均可支配收入18400元。完成工业增加值137亿元,增长25%。与大专院校、科研院所结成产学研联合体10个,开发填补市空白以上新产品项目12项,完成专利申报40项,认定科技型企业141家、科技小巨人企业5家。

大田作物种植843.6公顷,其中玉米637.2公顷,大豆37公顷,高粱149.4公顷,棉花20公顷,全年获粮种补贴107.73万元。蔬菜播种458公顷,产量3682万公斤,产值4582万元。水产养殖面积147.5公顷,总产1160吨。对外承包原耕地和复垦地478.4公顷。

2013年12月26日,时代记忆馆开馆

(摄影:蔡畅达)

完成西关、葛一、葛二3个村整合拆迁及重点项目区域拆迁工作,拆迁房屋35.91万平方米,动迁村民3190户。全年还迁居民2630户。葛沽示范镇二期项目开工建设,完成12.25万平方米(含地下人防工程5万平方米)地库建设,45栋住宅楼、2栋配套公建、小学及幼儿园主体完工。为杨惠庄、北园等村2051户居民开展还迁入住培训讲座,发放宣传手册近3000份。

实施“千人创业,万人就业”工程。全年举办7场大型招聘活动和4场创业项目展示会,举办岗前、创业、定向、技能等各类培训班31期,培训1855人。发放各类救助金1500余万元,大病救助150户,发放救助金108万元;资助贫困学生181名,发放助学款18万元;走访慰问弱势群体1579人次,发放慰问款物74万元;举办“5·27扶贫济困助学、助残慈善募捐大会”,募集善款340余万元(含“四日捐”)。

12月26日,以纪念毛泽东主席为主题的时代记忆馆开馆。在慈水园4个区域安装健身设施20套300件。挖掘整理葛沽将要失传的民间花会旱船和小车会。完成葛沽宝辇注册商标工作。完成宝辇出会和长乐高跷申报国家级非物质文化遗产工作。葛沽实验小学篮球操获得天津市中小学自编操评比一等奖。津南九幼创编的幼儿舞蹈《小小军》获第六届华北五省市舞蹈大赛二等奖、天津市舞蹈比赛一等奖。

(宋剑锴)

北闸口镇

北闸口镇位于津南区中部。东临双桥河镇,西界八里台镇,南连小站镇,北依大沽排污河。2013年,镇域面积36.5平方公里,耕地面积

1992.13 公顷。辖 19 个行政村、4 个社区居委会，3 个社区服务中心。人口 13527 户 35158 人。

镇内清光绪元年(1875)提督周盛传屯田练兵的营盘番号至今仍有沿用，如后营、正营、东右营、西右营、仁字营、老左营等。1961 年 4 月建北闸口人民公社，属河西区；1961 年 12 月属南郊区。1966 年改为东方红人民公社，机关迁至西右营。1968 年复称北闸口人民公社。1973 年机关迁回北闸口。1983 年改称北闸口乡。1997 年 12 月撤乡建镇。2009 年被批准为天津市第三批示范小城镇。

北闸口镇选派婴幼儿家庭参加区亲子活动专题培训

（摄影：窦伟杰）

2013 年，完成地区生产总值 31.5 亿元，比上年增长 25%；三级财政收入 5.6 亿元，增长 20%；固定资产投资 28.2 亿元，增长 23.51%；内资到位额 30.09 亿元；外资到位额 3871 万美元。实现工业总产值 97.28 亿元，增长 45%。第三产业增加值 6.23 亿元。

种植作物 1361.1 公顷，其中粮食作物 1067.3 公顷，包括玉米 546.9 公顷、高粱 238 公顷、水稻 141.2 公顷、大豆 51.2 公顷、其他作物 90 公顷；种植棉花 293.8 公顷。蔬菜种植 66.7 公顷。生猪出栏 4585 头，肉羊出栏 210 只，肉鸡出栏 10.6 万只；肉类总产 505 吨。绿萌农业园区投资 800 万元完成一期 6.67 公顷 50 个蔬菜大棚建设。完成种粮补贴面积 1067.29 公顷，546 户农户受益，补贴金额 141.15 万元；完成种棉补贴面积 293.8 公顷，补贴金额 6.61 万元。

御惠园全面竣工，完成村民还迁入住手续。10 个村均完成还迁入住新房，城镇居民居住条件大大提升。建立社区“三五五”管理模式(通过三项服务载体建设、五员联动管理服务、落实五项管理服务机制)。开展创建市级美丽社区活动，两个农民还迁区在全市物业小区考评验收中通过市级达标。对老镇区雨水管网进行改造疏通，保障雨季排水畅通。投入 260 万元完成区民心工程建新公寓旧楼提升改造工作。

注重干部队伍和教师队伍建设。累计培训教师 500 余人次，3 名教师获得市级师德标兵和三八红旗手等荣誉称号。北闸口第一小学自行设计开发校本教材《文明家园幸福生活》，研发配套乡土文化火柴系列。三、四年级师生参加“语文主题”学习研究。第三小学深入开展教学研究活动，确立“用艺术教育特色活动促进教育教学常规工作”的办学特色，丰富多彩的艺术教育活动取得一定成果，美术小组 12 名学生在第十八届全国中小学学生绘画书法作品比赛中，荣获儿童画国家级一、二、三等奖；5 名学生在第七届“枫叶杯”全国青少年书法绘画比赛中获国家级特等奖、一等奖；4 名学生在“花儿朵朵向太阳”全国第三届少年儿童艺术节暨全国中小学优秀艺术特长展演中获市级金、银、铜奖；20 多名学生在市、区级各类艺术比赛中获奖。

（宋剑锴）

辛庄镇

辛庄镇位于津南区西北部。东邻咸水沽镇，西与双港镇相连，南与八里台镇接壤，北隔海河与东丽区相望。2013 年，镇域面积 29.12 平方公里，耕地面积 1340.73 公顷。辖 20 个行政村，人口 11030 户 30722 人，其中农业人口 9761 户 26828 人。少数民族 6 个。

1961 年辛庄地区成立白塘口人民公社，下设 20 个行政村；1983 年改称白塘口乡；1985 年改称辛庄乡；1997 年撤乡建镇。至 2013 年底，19 个行政村拆迁整合，还有 1 个村(白塘口村)未拆迁。

2013 年，实现地区生产总值 33 亿元，比上年增长 25%；实现税收 6.03 亿元，增长 32.7%；固定资产投资 28.1 亿元，增长 25%；农村居民人均可支配收入 18151 元。

加快传统产业转型升级。投资 9000 万元，建成鑫谷一号路、鑫谷二号路等 5 条道路，建成雨污泵站 2 座。对 10 家企业进行治理，完成 30 余家非本地注册企业营业执照迁入工作。新增科技型中小企业 140 家，小巨人企业 4 家。新引进地产开发、商业综合体项目 5 个，总投资 67.68 亿元；引进注册企业 200 家。检查工业企业 372 家，查处各类安全隐患 2711 项。

2013年1月，邢庄子村村民领取新房钥匙

（摄影：陈　浩）

启动柴辛庄、上王庄、张家嘴村拆迁整合工作，拆迁848处17.36万平方米；完成续拆村滞留户拆迁81处。完成张满庄、生产圈、邢庄子村复垦工作，复垦10余公顷，清理河道1850米。全年新开工还迁楼42.81万平方米，竣工还迁楼24万平方米。示范镇一期工程鑫旺里小区63栋住宅楼全部还迁入住，路北还迁区（鑫喆、鑫庭、鑫昱花园）27栋还迁楼全部还迁；上小汀还迁区（仁嘉花园、义佳花园）37栋住宅楼全部还迁；上小汀商业街主楼完工，处于装修阶段。

落实民心工程。安置劳动力就业2200人，开展镇村两次职业介绍，举办招聘专场6次，205人成功创业。全镇社会救济对象465户1048人，发放低保金330万元，为1033名低保人员办理参保手续。全镇享受生活补助优抚对象234人，发放补助金94万元。5月27日，辛庄镇第十八届扶贫助残助学募捐大会得到捐款249万元，举行义卖活动，获善款7340元。出资89.97万元，救助1012户困难群众。

教育卫生水平不断提升。投资近亿元新建辛庄中学，占地5.2公顷，总建筑面积17759平方米。投入77万元奖励受表彰的学校和教师。建立健全居民电子健康档案31500份，加强对青少年、妇女、老年人、残疾人、农民工等重点人群的健康教育。

文体活动丰富多彩，举行辛庄镇第一届文化艺术节暨“庆元宵，欢歌唱辛庄”展演活动，《天津日报》《每日新报》《天津社会文化》等报刊进行报道。在津南区第五届“欢乐新春”民间花会展上，白塘口村秧歌队获金奖；7月16日在北京国际武术文化交流大会上，白塘口武术队获奖15项。

（何　然）

长青办事处

长青办事处位于津南区西北部。东起灰堆，西至城（市）区八里台，南与李七庄交界，北接小刘庄。户籍管理属河西区，土地、行政管理属津南区。2013年，辖黑牛城、东方红、万年红、挂甲寺、灰堆、向阳、星光、西楼8个管委会（亦称分公司）。组建长青集团等10余家直属企业，职工2200余人。办事处坐落黑牛城道南侧。

1983年12月撤销人民公社建制，建立长青农工商联合总公司。1992年12月设立长青办事处。

2013年，实现地区生产总值14.21亿元，财政收入5.92亿元，外资到位额3120万美元，引进内资9.25亿元，人均收入1.98万元。引进企业182家，累计注册资金3.7亿余元，其中100万~500万元企业43家，1000万元以上企业11家。直属企业全年营业收入近2560万元（不含青龙建筑安装公司营业收入），税收3.03亿元（包含青龙建筑安装公

2013年1月，长青办事处领导对低保户进行新春慰问

（摄影：赵　晋）

司税收 2.99 亿元)。

温泉宾馆再重组,引进瀚金佰集团有限公司对温泉宾馆全面改造,投入 1.6 亿元,增加建筑面积 9000 平方米,9 月试开业。大力开发房地产项目。主要项目有:长青科技研发中心项目,地下 2 层,地上 22 层的高端商务楼宇,以及谷星新里住宅小区项目,信恒广场项目,宝坻温莎郡项目。

新建会企业 44 家,签订集体合同及工资协议 371 家。完成 1420 家企业"税务代征"数据库录入工作。开展"五比一创"劳动竞赛活动,召开推动会、表彰会。举办第五届知识竞赛。完成区级 5 项先进评选表彰工作。继续对 8 家特困职工帮扶,帮扶金每家年均 3000 元。举办第三届职工摄影展。开展"半边天家园"活动,举办"三八健康杯"运动会,举办第一届手工作品展。

深入企业 10 次,检查企业 239 家。超额完成劳动保障书面审查工作,参加年检企业 288 户,完成年考核指标的 115.2%,合格率 100%。协助并妥善处理企业劳资纠纷 7 件,确保企业正常经营及职工合法利益。协调区人力社保局等单位妥善处理历史遗留问题 11 件次。接待历史遗留问题上访 25 人次,解决 11 件次。举办大型城乡居民养老保险政策宣传日活动。为黑牛城管委会符合条件的 26 人缴纳养老保险。

开展"迎新春助残助困""送温暖献真情"等多项系列活动,全年慰问、帮扶低保户及因病、因残致困人员 298 人次,发放轮椅、电扇、米、面、油等生活必需品,慰问金 10 余万元。春节及"八一"建军节期间,对双拥共建单位和机关退伍军人进行慰问。开展残疾人普查工作,提升分类救助效率,开展残疾三轮、四轮车使用情况调查,督促并协助 41 家企业完成残疾人保障金年检工作,维护残疾人合法权益。组织无偿献血知识和应急救护知识培训,40 人取得应急救护资格证,6 名机关干部进行造血干细胞血样采集。

(宋剑锴)

北 辰 区

概 述

北辰区位于天津市区北部,北运河畔。境域地理坐标为北纬 39°10′~39°21′, 东经 116°56′~117°24′。东与宁河县相邻,东南隔金钟河、新开河与东丽区相望,南与河北区、红桥区相连, 西南与西青区以子牙河为界,西、北均与武清区接壤。2013年,区域面积 478.48 平方公里,其中耕地面积 1.84 万公顷。辖天穆、北仓、双街、双口、青光、小淀、宜兴埠、大张庄、西堤头 9 个镇和果园新村、集贤里、普东、瑞景、佳荣里 5 个街道。有 126 个行政村和 108 个社区居委会。常住人口 78.2 万人,户籍人口 145679 户 379345 人。除汉族外,有回、蒙古、朝鲜、满、土家、壮、藏、维吾尔、苗、布依、侗等 38 个少数民族。区政府驻北辰道 389 号。

2013 年, 北辰区实现地区生产总值 755.1 亿元, 比上年增长 17.3%; 区级一般预算收入 53.8 亿元,增长 23%;农村居民人均可支配收入 17586 元,增长 13.4%;固定资产投资 662.9 亿元, 增长 23.5%;内资到位 388.9 亿元, 增长 23.3%;外资到位 9.2 亿美元,增长 10.2%。

项目开发建设成效显著。健全招商考核激励机制, 培养壮大招商队伍。与欧盟驻中国代表处、台湾商业总会等 26 个投资机构建立合作关系。利用国际印刷工业发展论坛、世界 500 强企业北辰行、国家级经济技术开发区新闻发布会等平台,加强宣传推介,拓展招商渠道。引进信威通信、远大住工等一批高端项目, 西门子机械传动研发中心首次走出德国本土落户北辰。成立驻京招商机构, 举办 5 场大型招商说明会,签约首都项目 50 个,投资额 258 亿元。全区引进 1000 万元以上项目 225 个,其中亿元以上项目 81 个,总投资额 555 亿元。79 个市级各批次重大项目全部开工,12 个亿元以上项目竣工投产。

优化产业结构。做强工业,新增规模以上企业 43 家, 累计达到 688 家,年产值超亿元企业达到 225 家,其中超百亿元企业 4 家。高端装备制造、生物医药、新能源新材料等支柱产业占工业总产值的 79%, 北辰区被评为国家新型工业化装备产业示范基地。做大服务业,新增限上企业 93 家,累计达到 807 家。鸿仓产业园纳入全市都市产业园区建设规划, 红星美凯龙商业综合体启动建设, 化工品交易市场填补区内生产要素专业市场空白。做精农业,提升改造设施农业 133 公顷, 建设放心菜基地 267 公顷, 落实扶持和补贴资金 6800 余万元。梦得集团优质乳生产项目获国家科技进步二等奖,君林水产养殖基地被评为全国休闲渔业示范基地。累计培育市级农业龙头企业 11 家、专业合作社 98 家,其中国家级示范社 1 家、市级 5 家,居环城四区之首; 民营经济快速发展,累计达到 1.3 万家,北辰区被评为全市民营经济发展工作先进单位。

园区开发建设全面提速。北辰开发区晋升为国家级经济技术开发区, 国家级新闻出版装备产业园正式获批。陆路港被确定为全市物流发展“一区三港”之一,陆交中心投入运营。三个市级示范园区引进亿元以上项目 47 个、总投资 488.6 亿元, 累计签约项目 226 个、总投资 932.6 亿元,其中在建项目 30 个,56 个项目竣工投产。完成高端装备产业园拓展区基础设施建设, 启动建设陆路港拓展区。制定出台《镇级工业区改造提升和转型升级实施方案》,编制完成宜兴埠、双街、北双、西堤头 4 个片区提升改造规划,建成双街总部产业园, 河北工大产业园开工建设。

科技和金融创新发展。制定科技型中小企业发展三年倍增计划，科技型中小企业和小巨人企业分别达到3388家和257家。21家企业进入全市小巨人领军企业行列，位居全市区县之首。建成市科委成果转化北辰分中心，辰寰星谷被认定为市级孵化器。新培育市级企业技术中心6家，8家企业的13个项目列入全市企业技术创新计划。累计创立市级名牌产品96个，驰、著名商标176件，均居全市区县首位。北辰区被评为全国科技进步先进区；出台《加快金融创新发展工作意见》，为示范镇建设融资授信153.4亿元。组建辰融投资控股有限公司，建成双街、天穆等4家支行和小微企业信贷中心，提高了政府融资能力。建设开发公司发行企业债券正式获批，实现北辰区金融债券发行零的突破。在全市率先成立科技企业融资超市，累计举办银政银企对接活动58次，帮助1260家企业落实贷款32.6亿元。

推进基础设施建设。完成志成道延长线拆迁22.8万平方米，协调推动地铁5号线、大北环铁路和外环调整线建设，龙门东道一期工程基本完成，205国道一期、津武路一期和姚江东路竣工通车。实施6处重点片区管网改造，建成5座泵站，城市排沥能力大幅提升。建成开发区消防特勤站。启动5座、新建4座变电站，电力建设的数量和规模均居全市之首。全面启动京津城际地区综合提升工程，完成地籍权属调查和地上物核量，提升改造方案正式获批。

城中村改造和示范镇建设取得新突破。全年完成拆迁66万平方米，总量位居全市第一。14个村还迁地块清零，其中三义、南仓等11个村整村清零。新开工安置房128.8万平方米，51.2万平方米主体竣工，丁赵一期2.5万平方米还迁入住；坚持一镇一策、多措并举，加快推进示范镇建设。西堤头镇纳入全市新增第四批示范镇，实现全区示范镇建设全覆盖。张湾一、二期20余公顷经营性土地挂牌出让，实现示范镇土地出让零的突破。

改善城乡环境面貌。落实《美丽北辰建设实施方案》，全力推进“四清一绿”专项行动。完成永青渠、中泓故道、郎园引河、机排河截污工程，铺设污水管道20.3公里，封堵排污口门109个。全面实行“河长制”，加强河道管理。双青、大双2座污水处理厂投入使用，65家企业实现污水并网。启动开发区、西堤头片区水源转换工程，北辰区被评为全国农村饮水安全工程示范区。完成25台燃煤锅炉改燃并网和江天重工除尘脱硫、振兴水泥脱硝改造。开展污染企业大排查、大清整活动，累计排查企业3830家，整治违法排污企业389家、关停61家，严厉打击偷排偷倒废酸违法行为。推进新一轮市容环境综合整治，完成6条道路治理提升，实施9条道路绿化美化，建成勤俭公园，新增和提升城市绿地59万平方米。推进郊野公园建设，建成津武路跨永定新河大桥和一批配套设施。北辰区被评为全国生态建设突出贡献先进集体。

提升教育条件和质量。建成教育信息化中心、秋怡小学、双街第二模范小学和3所幼儿园，建立全市首家教育云平台数据中心，率先实现宽带网络校校通。中考平均分高出全市59.7分，高考一、二本上线率达到31.1%和62.1%，分别高于全市平均水平7个和10个百分点，连续7年蝉联市中小学运动会冠军。

推进社会事业进程。完善医疗卫生体系，市第二儿童医院主体建成，市代谢病医院启动建设，区疾病预防控制中心投入使用，北辰区被评为全国农村中医药工作先进单位和卫生应急示范区。推进文化惠民工程，举办“北仓杯”环渤海青年歌手大赛，2个节目获全国第十六届“群星奖”，文化品牌活动长效机制被评为全国首批公共文化服务体系示范项目，编制完成文化产业发展规划。群众性体育活动广泛开展，承办华北地区传统武术大赛，参加全国和市级健身运动会，取得历史最好成绩，北辰区被评为全国群众体育工作先进单位。强化妇女儿童工作，北辰区被评为实施妇女儿童发展纲要国家级示范区和全国农村流动儿童关爱服务体系试点区。

（刘秋香）

北辰区区级领导名单

中共北辰区委领导名单

书　记:李宝锟(10 月调离)　张盛如(10 月调入)

副书记:高学忠　郭连生

常　委:李宝锟(10 月调离)　张盛如(10 月调入)　高学忠　郭连生　李连庆(12 月调离)　李大勇　王志平　朱　军　杨　焕(女)　李林河　刘子让　胡学明

北辰区人大常委会领导名单

主　任:穆瑞刚(回族)

副主任:崔金爽(女)　崔兆斌　刘宗浩　张子明　刘学安

北辰区政府领导名单

区　长:高学忠

副区长:李连庆　朱　军　陈文慧(女)　赵怡本　陈　健　吴丽祥(女)

区长助理(副区长级):王慧生

政协北辰区委员会领导名单

主　席:张金锁

副主席:姜渭湖　杨玉良　赵建华　骆守佶　李书秀　苗文秀(女)　赵军屹(女)　于　静(女)

(区委组织部提供)

政治建设　2013 年，北辰区贯彻落实党的十八大和市、区第十次党代会精神，按照“振奋精神、攻坚克难、稳中求进、重点突破”的总要求，坚持城市化率先发展战略，把推进转型升级、实施创新驱动、统筹城乡发展、改善民计民生作为全年工作的重中之重。圆满完成北辰区第十六届人民代表大会第三次会议。落实改善城乡人民生活 10 件实事。实施万名党员培训工程，学习十八大精神、新党章和市、区委的决策部署，提高党员的党性观念和宗旨意识。创办《北辰基层党建》专刊，拍摄 4 部党建专题片，《牵手同行》和《和谐之歌》分获市级二、三等奖。全国《共产党员》“最美支部书记”栏目和市《党的生活》栏目，专题报道双街村党委书记刘春海的先进事迹。区委组织部、区纪检委、区委研究室和区委党校联合开展教育实践活动专题调研。建立区领导联系农村和社区制度。开展主题廉政教育和廉政文化创建活动，通过讲廉政党课、观影、春联接力、征文、网评和迁建修

2013 年 6 月 28 日，北辰区举办纪念建党 92 周年暨“中国梦·我的梦”宣讲报告会

(摄影:孙辛保)

缮廉政勤政教育基地等形式，营造“以廉为荣，以贪为耻”的社会氛围。

（刘秀玲）

促发展惠民生上水平活动 北辰区自2009年启动“上水平”活动，已持续开展5年，累计调动1124名机关干部，组成93个服务组，选定550个重点项目、2098家企业，30项惠民工程，100个社区作为重点走访对象，形成领导带动、部门联动、企业互动的良好氛围，解决一批影响和制约企业发展、项目建设和涉及广大群众切身利益的问题。2013年，以“走访百家企业、服务百个项目、走进百家社区、帮扶困难家庭”为重点继续开展“促发展、惠民生、上水平”活动。从委局选派100名机关干部和200名镇街、园区干部，组成16个综合服务组和14个专项工作推动组，把104家重点企业、112个亿元重点项目、14个方面的专项重点工作、10项民心工程和100个社区作为重点，动员全区上下，深入企业、深入项目一线、深入村居与困难家庭，开展帮扶活动。至8月底，收集企业、项目和困难家庭反映的问题879个，其中871个得到解决，解决率99%。45个单位通过24小时开门服务活动接听企业、群众反映问题1736个，全部问题均得到解决。

（曹凤芝）

人民团体工作 2013年，北辰区净增建会企业367家。独立工资集体协议签订1632份，区域性协议签订105份，覆盖企业1495家；签订钢材、幼儿园2份行业性协议，覆盖企业41家，累计3168家企业签订工资集体协议。投入帮扶资金82万余元，帮扶困难职工950余人次。区总工会组织招聘会12场次，提供就业岗位2万余个，达成就业意向

2013年1月18日，北辰区妇联举办“送温暖献爱心”救助活动，为单亲困难母亲代表发放救助金

（摄影：李俊萍）

9000余人。召开共青团北辰区第十三次代表大会，圆满完成换届选举工作。新建企业和社会团组织150家，举办青年干部培训和团干部专场培训5期。开通团干部微博、微信，举办微电影征集、主题微论坛等活动3次。选树青年典型，评选青年文明号、青年岗位能手等先进典型129个。区妇联、工商联联合召开女企业家联谊暨“巾帼招商引资团”成立大会，为女企业家提供招商融资服务平台。为失地失业妇女提供自主创业的资金支持，发放妇女小额贴息贷款2000余万元，260余名妇女受益。举办“大爱点燃希望 真情回报母恩”慈善公益活动，开展“母亲健康大篷车”“送温暖、献爱心”救助活动等。北辰区被评为“实施中国妇女儿童发展纲要国家级示范区”。

（刘秀玲）

农业发展 2013年，北辰区实现农业增加值10亿元，农业固定资产投入2.56亿元，农村居民人均可支配收入达17586元。7个专业村“一村一品”达到国家级建设标准。新建农产品直营店12个，农产品加盟店6个，农产品专营区1个。新增合作社、联合社10家；市级合作社、示范合作社累计达到23家和5家，数量居全市环城四区之首；45家合作社注册品牌商标。农业龙头企业累计16家，其中市级龙头企业10家，国家级1家。完成农业综合开发、科技推广体系、产业化、标准化等项目立项21个，总投资6800万元。完成梦得奶牛科技园二期、双街示范区食用菌工厂化二期等10个农业重点项目建设。启动食用菌工厂化三期、都市渔业产业园等9个农业重点项目建设。双口镇徐堡大枣通过国家农业部地理标志认定；双街镇双街村被国家农业部认定为“2013年中国最有魅力休闲乡村”。

（王雪艳）

【地理产品——徐堡大枣】 双口镇“徐堡大枣”具有一百余年的栽培历史，随着时间的推移，已经达到一村一品的规模。徐堡村现有的154户农户中，从事大枣种植的农户达123户，占全村总农户的79.8%，大

2013 年 11 月 12 日，北辰区君林水产养殖有限公司休闲渔业示范基地被评为全国休闲渔业示范基地

（摄影：张　鹏）

枣种植面积 60 多公顷，占全村耕地面积的 81.8%，大枣种植是全村经济的主导产业和农民收入的主要来源。主栽品种包括马牙枣、圆铃枣、蓟州脆枣、赞皇大枣、人参枣和灵芝枣等。产量高、品质好、外形美观、脆甜可口。其果形饱满整齐，为椭圆或近圆，表面光滑亮泽，皮薄肉脆，无缺陷果实。营养丰富，含人体所需的多种维生素。其单果实重≥10g，VC≥200mg/100g，水分≥65%，可食率≥90%。2003 年，徐堡村成立了天津市徐堡枣种植专业合作社，为农民进行定期的、系统的和成套的服务。2006 年，该村合作社注册的“徐堡大枣”牌商标经国家工商总局批准，成为天津市以农民合作社注册的第一家集体商标，并经技术监督局审核批准，获得地理标志产品保护命名，同时还通过了无公害产品认证。2011 年，在农业部认定的全国首批 322 个一村一品示范村镇名单中，双口镇的“徐堡大枣”以其特色品质上榜。

（双口镇）

工业发展　2013 年，北辰区规模工业增加值实现 456.8 亿元，固定资产投入 280.5 亿元，分别比上年增长 22.3%和 16%。装备制造、生物医药、新能源新材料三大优势产业实现总产值 1468.3 亿元，增长 19.1%。220 家超亿元企业实现总产值 1624 亿元，增长 15.2%，占规模工业的 87.8%。工业开发 1000 万元以上新项目 262 个，其中亿元以上新项目 37 个。实施 1000 万元以上技改项目 114 个，其中亿元以上项目 3 个。在北京、广州召开北辰区发展环境说明会，参会企业 200 余家，涉及多个领域，签署投资协议 52 个，亿元以上项目 24 个，总投资额 300 亿元，最大项目投资额达100 亿元。

（王雪艳）

商业服务业发展　2013 年，北辰区服务业完成固定资产投资 379.2 亿元，实现增加值 247.3 亿元。社会消费品零售总额完成 191.9 亿元，销售额完成 1930.6 亿元，内资到位 191.5 亿元，合同外资完成 83100 万美元，外资到位 92317 万美元。全区市级服务业重大项目累计 49 个，总投资额 390 亿元。落实《加快发展楼宇经济实施意见》，兑现扶持资金 411 万元。建成美材智慧谷一期、忆天泽总部等楼宇项目 42.2 万平方米。全区运营楼宇达到 66.4 万平方米，入驻企业 1078 家，实现税收 7.9 亿元，增长 24.2%。开发区商务中心列入全市第三批重点支持的亿元楼宇。完成对外贸易经营权备案 361 家，累计备案 1734 家，设立境外企业 10 家，对外投资共计 1033 万美元，出口创汇总额位居全市农口区县之首。2 家固定早餐网点被列入天津市第一批早餐示范工程。天下一

2013 年 6 月，在广东省广州市举办北辰区发展环境说明会

（摄影：霍文涛）

喜大酒店、友鹏海鲜酒楼、裕德隆饭庄3家酒家酒店被评选为国家级“五钻级酒家”。

(王雪艳)

科技型中小企业 2013年,北辰区新增科技型中小企业1107家,新增小巨人企业41家。9家企业进入全市百家优秀小巨人行列,长荣股份综合指数排名第一。长荣、建科等21家企业进入“天津市科技小巨人重点培育企业”行列,位居全市区县之首。11个产品被列入天津市首批61个“杀手锏”产品。北辰高端装备制造产业集群被列入国家科技部火炬中心2013年度创新产业集群试点(培育)名单。列入“国家重点新产品计划战略性创新产品立项项目”1项,获得200万元资金扶持。搭建以开发区、示范园区和各镇孵化载体为支撑的科技型中小企业发展平台,建成9个镇9.25万平方米的承载空间,组建60人的公共服务队伍。申请专利4296件。新创市级名牌产品19个。有国家级企业技术中心9家,新增市级企业技术中心6家,累计达到60家,数量位居全市前列。青水源种养殖有限公司、奥林匹克花园社区分别被确定为全国农村科普示范基地、全国科普示范社区,获得奖补资金43万元。北辰区被科技部授予全国县(市)科技进步考核先进区称号。

(王雪艳)

驰著名商标 2013年,北辰区深入实施商标战略,建立商标工作联动新机制,区商务委、区科委、工商北辰分局加大对楼宇经济企业、科技型中小企业、“小巨人”企业注册商标服务工作力度。工商北辰分局组织研发的商标综合管理系统正式投入使用。至年底,北辰区拥有驰名商标19件,著名商标131件,总数居全市第一。

(王雪艳)

2013年3月8日,北辰区举办重点企业政策培训会

(区科委供稿)

文化工作 2013年,北辰区提升改造20个标准村(居)文化活动室,新建村(居)公共电子阅览室15个,为村级文化活动室配置乐器80件。提升改造文化馆小剧场,增加免费开放项目。6月至7月,举办“北运河之夏”第八届和谐文化大舞台“唱响中国梦 欢歌颂北辰”擂台赛。9月12日至14日,举行“北仓杯”第三届环渤海地区青年新歌手电视大赛,北仓镇获特殊贡献奖,区文广局获优秀组织奖。10月,区文化干部自编自导自演的音乐作品《运河颂》、戏剧作品小品《走出大山的人们》均获第十六届“群星奖”,广场舞《津门太平鼓》、小品《最后一次摆渡》获第十届中国艺术节优秀演出奖,区文化馆馆长被授予“群文之星”称号。11月初至12月中旬,在全市率先开展农家书屋评估定级工作。霍家嘴平音法鼓、北仓随驾狮子等8个非物质文化遗产项目被公布为市级第三批“非遗”项目。大张庄镇大诸庄药王庙被市政府公布为第四批文物保护单位。推进京杭大运河北辰段申报世界文化遗产工作,并顺利通过联合国教科文组织国际古迹遗址理事会专家现场考察评估。启用北辰文化市场数据库管理系统,加大对全区文化市场监管力度。开展清源、秋风、利剑等“扫黄打非”专项行动,报送的案卷获全国文化市场综合执法案卷评比活动二等奖。在全市文化市场综合执法技能“大练兵、大比武”活动中获第二名。国家级新闻出版技术装备产业园正式落户北辰,并被市委宣传部命名为首批天津市文化产业示范园。

(荣连欣)

史志编修 2013年,是北辰区第二轮修志的关键年。9月完成《北辰区志(1979~2009)》蓝本,全书共150万字,设35篇172章626节,另设总述、大事记、人物、专记、附录,选用随文图片396张,随文附70篇,制作示意图67幅,制表279个。11月28日至29日,《北辰区志(1979~2009)》蓝本评审会在万源龙顺庄园召开。中国地方志指导小组、方志出版社、天津市有关方志专家及各区县地志办主任或主笔参加会议,相继对《北辰区志(1979~2009)》蓝本进行评审。北辰区志办按照专家提出的建议,全面修改志稿,规范

2013 年北辰区新增驰名、著名商标情况表

类别	序号	企业名称	商　标	产品名称
驰名商标	1	天津双街钢管有限公司	双街	钢管
	2	天津市禹神建筑防水材料有限公司	禹神 YU SHEN 及图	非金属砖瓦、防水卷材
	3	天津泰丰小鸟电动车业有限公司	小鸟及图	自行车
著名商标	1	天津市冠通汽车部件制造有限公司	富华	机动车的前后桥
	2	天津市福业金属管路制品有限公司	福业(图形)	金属管道等
	3	天津中海恒运石油制品有限公司	道沃及图	发动机油、润滑油、乳化油、切削液
	4	范海旻	图形	工业粘合剂
	5	金士力佳友(天津)有限公司	帝蘭及图	化妆品、洗发液、洗面奶
	6	天津市津冠润滑脂有限公司	津冠及图	工业用脂、润滑脂
	7	天津市中央药业有限公司	希福尼	人用药
	8	天津市大地工贸有限公司	图形	钢管
	9	刘长安	清水源及图	新鲜蔬菜、植物种籽、食用鲜花
	10	红光皇友家具有限公司	图形	家具
	11	东方弘叶木业有限公司	东方弘业及图	家具
	12	天津始丰塑胶科技发展有限公司	始丰	非金属管道
	13	天津市天塑科技集团有限公司四维宝诺包装分公司	红叶及图	包装用塑料膜
	14	天津跑狼自行车有限公司	图形	自行车
	15	天津飞踏自行车有限公司	捷马仕	自行车
	16	天津市力华车料有限公司	图形	自行车辐条
	17	天津奕诚车业有限公司	兴工	链轮曲柄
	18	天津市华之阳特种线缆有限公司	天津华之阳	电线、电缆
	19	天津市华光线缆厂	敏达及图	电线、电缆
	20	天津华曼泵业集团有限公司	一字牌	单级水泵、多级水泵
	21	许远达	图形	机油滤清器、空气滤清器、柴油滤清器
	22	建科机械(天津)有限公司	图形	钢筋切断机
	23	天津市佳世通金属制品有限公司	TIAN MAO	未加工或半加工普通金属
	24	天津地天泰实业发展有限公司	地天泰及图	金属建筑材料
	25	天津银龙预应力材料股份有限公司	银龙及图	钢丝
	26	天津振兴伟业化工染料有限公司	三五及图	染料

北辰区的天津市第三批非物质文化遗产项目

项目名称	始建时间	传承人代表
霍家嘴平音法鼓	清咸丰年间	何桂敏
北仓随驾狮子	清乾隆三十二年(1767)	
赵堡太极拳	20世纪中期	王继中
王秦庄少林功力拳	清道光十二年(1832)	王大友
穆氏传统戏法	20世纪20年代末	王　武
宜兴埠诚音法鼓	清乾隆末年(1790)	李恩庆
永新廿四式通背拳	清咸丰四年(1854)	李金富
闫记酱制品制作技艺	清光绪二十三年(1885)	闫富生　闫振来

全书行文,补充缺漏资料,完善特色章节。完成年鉴编纂,出版发行《天津市北辰年鉴(2013)》,全书83万字,设16个篇目,集中反映年度新情况、新特点、新业绩、新成就,增强年鉴的资政性、实用性、资料性及可读性。4月底前完成《天津区县年鉴》"北辰部分"供稿任务。择要择特编撰概述、政治、经济、文化、社会五个方面文稿,文字控制在3万字以内。编撰地方志分志系列丛书,指导审校《北辰审判志》《北辰水利志》《天穆镇志》《大张庄镇志》《南仓村志》等部分志书,从人员队伍、篇目设计、装帧制作、特色亮点、行文规范等方面提出建议意见。年末出版《天穆镇志》,全书101万字,分28章153节,选配图片450幅,卷首设美丽天穆、彩页、序、概述和大事记,卷尾设附录和编修始末。启动编撰《双街镇志》《小淀镇志》。编辑地情资料丛书,相继出版丛书之一《档案中的北辰》、之二《北辰纪事》,并举行全区首发式。启动编辑丛书之三《北辰星迹》、之四《媒体看北辰》。完成《奋斗的历程——北辰区卷(四)》编印,该书收录重要文献26篇、报刊文摘90篇,择优收录老干部回忆录17篇,精选历史照片26幅。完成《中共天津2012年大事述要》"北辰区部分"文稿撰写。开展纪念北辰区独立建制60周年读史读志资政育人活动。8月,创办史志资政刊物《北辰史志》,系双月刊,以"可读、可鉴、可存"为办刊特色,至年底,已出版3期,发挥了存史、资政、育人功能。

(王雪艳)

社会保障 2013年,北辰区培训农村富余劳动力5800人,安置城镇新增劳动力1.9万人。组织市场交流141次。城镇职工养老保险参保达到12.6万人,医疗保险参保达到40万人,基本实现全覆盖。建成区残疾人教育培训中心和5个社区康复站,新建7个老年日间照料中心,残疾人和养老保障体系日趋健全。为大病、失火、刑释解教等637户困难家庭给予191.2万元临时救助,全年发放救助金5790.5万元,1.5万人受益。捐助资金80万元,棉被1万床(折款120万元),支援甘肃、承德。2月8日,成立"政协爱心基金"(14.66万元)和"瑞物助学基金"(5万元),发放助学金18.58万元。"津安创新优抚基金"为老复员

2013年北辰区史志部门出版发行书籍一览表

序号	书　名	上限	下限	出版单位	字数(万字)
1	《档案中的北辰》	事物发端	2012年	线装书局	195
2	《北辰纪事》	事物发端	2012年	线装书局	22
3	《天津市北辰年鉴》	2012年	2012年	线装书局	83
4	《天穆镇志》	事物发端	2009年	线装书局	101.2
5	《奋斗的历程》	1978年	1992年	内部资料	36

2013年5月14日，北辰区举行地情资料丛书首发式

（摄影：李啸宇）

军人发放生活补贴89万元。4月28日，开展“大爱无疆 心系雅安”慈善捐助活动，累计接收捐款85.56万元。投资400万元新建北辰区残疾人培训中心，将面向全区开展残疾人就业培训。

（祁莉莉）

社会事业 2013年，北辰区累计投入260余万元，对所帮扶的96个计生困难家庭和困难计生专干开展“节日问候、资助上学、协调就业、帮助致富”等活动。为3562对待孕夫妇进行优生健康检查。以“优生指导和家庭幸福”为主题，开展活动286场次。完善数据质量和入库率，实现跨区域流动人口个案信息管理、查询、交换和储存。启动北辰区“计划生育特殊家庭关爱行动”项目，来自高校、军营、医院、社区等不同行业的志愿者或志愿服务团队与全区208户失独家庭开展“一对一”或“多对一”牵手结对活动。区疾控中心综合楼工程如期竣工，5月30日正式投入使用。区妇女儿童保健中心11月29日启动工程奠基。天津市第二儿童医院工程实现4幢主楼主体全部封顶。启动家庭责任医师制度，建立70个家庭责任制医生服务团队，完成57159名老年人体检，老年人健康管理率84.8%。建立健康档案48529份，建档率67%。妇女儿童免费筛查服务惠民项目惠及77780人次。北辰区妇儿保健中心被评为全国农村妇女“两癌”免费检查工作先进集体。开展全民健身活动，北辰区成立武术、信鸽、台球、乒乓球、社会体育指导员等5个协会。体育健儿再创佳绩，在市级比赛中获得奖牌137枚。举办第二届“双街杯”华北地区传统武术大赛，并获得团体冠军。

（祁莉莉）

民心工程 2013年，北辰区用于民生方面支出41.3亿元，占全区可支配财力的76%。实施10大项、60个子项的民心工程，完成33个旧楼区改造，并通过市级验收。完成供热补建2.1万平方米，“一户一环”改造104万平方米。37个未设居委会的社区全部纳入居委会管理，实现社区居委会全覆盖。普及推广双街新邨、熙景园、佳荣里3个试点社区物业管理经验，北辰区“党支部、居委会、楼门长、服务队”的旧楼区物业管理模式在全市推广。在农口区县率先实施城乡公交一体化，收购全区17条客运班线和57部客运班车，新开和优化35条公交线路，线网覆盖全区95%以上的行政村，改善了群众出行条件。

（祁莉莉）

精神文明建设 2013年，北辰区评选出114名第九届“感动北辰文明人”，并组建巡回演讲报告团，深入到镇街、委局、社区、校园、企业，开展事迹巡讲活动34场，直接受教育听众6000余人。9月，在区主要干道以“德耀北辰”为主题，建立公益广告一条路，将近年涌现出的12名“感动北辰文明人”事迹刊登在公交候车亭宣传栏上，有力促进文明道德新风形成。中央文明网等媒体给予报道。举办“美丽天津、文明

2013年10月22日，北辰区举办全国道德模范与身边好人现场交流活动

（摄影：李富强）

北辰，学雷锋、在行动”全国道德模范与身边好人现场交流活动，为全市首家，新华网、中国文明网等9家媒体专题报道。开展道德讲堂建设，以“我听、我看、我讲、我议、我选、我行”为主要模式，开展唱道德歌曲、讲道德故事、学道德经典、发道德感言等活动，全区累计建立40多个“道德讲堂”。拓展“四下乡”活动品牌辐射力，与“常下乡”“常在乡”相结合，并把农民工和民营企业纳入“四下乡”服务范围，先后组织4场示范服务活动。以“同在一方热土、共建美好家园”为主题，开展文明村、文明社区、文明楼门、文明家庭、文明路、文明企业、文明窗口、文明商店(摊位)、文明团队、文明机关等“十项文明”系列创建活动。加强北辰文明网平台建设，为全市农口区县第一家文明网站，设置《文明播报》《聚焦文明北辰》等24个栏目，更新文字、图片信息1400条，被中央文明网、天津文明网及各地网站、报刊转载刊发780余条次。杨连弟烈士纪念馆重建开馆。北仓小学“运河乡情”展馆获批天津市第六批市级爱国主义教育基地。

(王亚楠)

果园新村街道

果园新村街道位于北辰区中部，京津路中部东侧。东傍京山铁路，西接京津路，南起丰产河，北至北辰道。2013年，街域面积3.75平方公里，辖10个社区居委会。户籍居民12595户32049人，是北辰区的政治、金融、文化、商贸及行政服务中心。

1969年2月北仓公社建新村街，1972年10月改为区政府派出机构，1982年5月改称果园新村街道。

2013年，协税、护税6066万元，财政收入2412万元。

完成东一、东二、旭日、霞光等6个社区旧楼区改造工程。提升老旧社区硬件设施，更换新铺朝阳里和果园里两个老旧社区花砖、缘石17816平方米。投资35000元，为8个社区门卫室更新办公设备。开展环境集中清理整治活动4次，清理垃圾和杂物等200余吨，清除非法小广告10万余条。完成果园东路二类公厕提升改造任务，9月1日正式启用。

全年接待群众来信来访97件，区转办、交办来信25件，接待信访群众150余人次，信访办结率100%。调解矛盾纠纷109起。投入7万元为新华里、丹凤里两个小区安装视频探头27个。进行专项检查8次，检查单位1400余家，清除隐患550处，查处违法食品案件18件，罚没款5.49万元。没收液化气钢瓶17个，销毁假冒名牌白酒420瓶。取缔8家非法经营店铺。

新村街幼儿园晋升为市一级园。开展第五届特奥运动会和送温暖活动，累计慰问困难群众500余户，送去慰问款物共计46万元。4个机关单位分别与10个社区的20个困难家庭签订帮扶协议。开展家政、叉车、起重机、建造师、保安等技能培训，培训1300余人次。免费为社区1650名妇女进行宫颈癌、乳腺癌筛查和生殖健康查体。组织164对新婚夫妻孕前优生检查，覆盖率95%。

代表天津市参加第二届全国老年人健身秧歌交流活动，取得两个项目最高奖项，参加天津市第四届“体彩杯”健身秧歌比赛获四个项目的一等奖。开展首届幸福新村文化节、文明祭扫活动等惠民活动。

完善、推行机关学习、管理、考核等35项规章制度。举办机关和社区两场“廉政文化书画展”，层层签订廉洁履职承诺书和家庭助廉倡议书。新建企业工会组织10个，社区工会10个。完成妇联换届选举和妇女安康保险投保工作。

(王浩轩)

集贤里街道

集贤里街道位于北辰区中部，东至高峰路，西至京津路，南至北辰道，北至延吉道。2013年，街域面积0.84平方公里，辖11个社区居委会。常住人口11556户27070人。

1982年9月建街，以黑龙江省集贤县命名。

2013年，新增注册企业32家，注册资金总额2762万元，其中百万元企业13家。财政收入完成1345.61万元，比上年增加335万元，增幅33.17%。

完成14个小区提升改造工程，7958户居民受益。楼顶防水138幢，楼道粉刷414栋，安装信报箱375个，修复楼道灯2400余盏，安装共用电表322块，安装防盗门414个，更换污水管道1723米，疏通污水管道9530米。出资14.5万元，为社区更换垃圾桶414个。拆除违章建筑及圈占360处；出资16万元，对各社区楼门栋小广告进行清除。出资11万余元，为15个社区制作治理非法小广告宣传栏。对街域内1500平方米人行道和500延米道路侧石更换维修。处理居民来信来访400余件，政民零距离和区长热线20余件，解决难题80余个。

举办招聘会，开发就业岗位1900余个，实现就业832人。为1396人办理养老、医疗保险，发放失业金38万元，报销医疗费19万元。为457名老年人发放生活补助19万元，为48户居民办理住房补贴，为28户居民办理限价房购买资格认定，为11户居民办理公租房租赁手续。发放最低生活保障金215.9万元。为困难残疾人发放取暖补贴和生活补助8.3万元。为31户家庭办理低保手续。为402户低保、特困户上调保障金，涉及金额26.2万元。“两节”期间，为困难户发放慰问金102.3万元。举办司炉、起重机等培训9期，培训1152人。为11个社区3200人次进行免费健康查体。

新建活动场所2处，组建文体队伍2支，打造品牌队伍“羽海”舞蹈队，并参加比赛活动。举办第二十届“万民同乐大联欢”花会展演、庆“五一”评戏专场演出、“舞动集贤·激情无限”排舞大赛、消夏纳凉歌舞晚会等活动。在天津市第四届“体彩杯”全民健身运动会比赛中，健身腰鼓比赛获金牌，实现四连冠。群众体育工作被评为全国先进。

对11个社区、4家医院、3所学校、2所幼儿园、245家个体工商户集中开展安全隐患排查，查出隐患178处，现场整改152处。强化食品药品监管，落实责任到人，保障公众食品药品安全。

（付俊生）

2013年4月24日，举行北辰区道德讲堂现场推动暨普东街“普德讲堂”开班仪式

（摄影：杜菲菲）

普东街道

普东街道坐落北辰区东南部，东起汀江路，西邻天穆镇，南起宜白路，与河北区接壤，北至淮河道。2004年4月成立。2013年，街域面积3.49平方公里，辖22个社区居委会，常住人口78034人，其中户籍人口4674户9904人。

2013年，完成税收总额6483万元，街道财政收入930万元。

建成2500平方米的秋怡菜市场、5000平方米的街中心幼儿园、2个社区食堂和3个一站式服务站。协调解决秋怡家园社区居委会办公用房180平方米，建成800平方米的配餐中心、500平方米的都市桃源服务用房。

组织拆违行动17次，拆除违章18处1100平方米、在建违章29处800平方米、社区车位地锁300具。消除脏乱点位6个，治理交易市场、早点摊位等重点区域3处。辽河南道完成改造并通车，补建排水设施400延米，铺设柏油路面10400平方米。富宜里北院、国宜北里、金宜里3个旧楼区提升改造工程一次性通过验收，清理杂物、渣土1216处。

举办春、秋季招聘会2期，创业培训班2期，保障知识讲堂3次，安置就业986人，成人教育培训5148人次。走访慰问困难家庭316户782人，发放慰问品800余件、现金29万元。复审低保117户208人，特困25户50人，停发低保3户8人，核减1户1人，核增66户114人。为40人办理住房保障和补贴手续。为雅安地震灾区捐款3.6万元，为41名残疾人和2名孤儿发放救助款物合计1.02万元，为2位单亲困难母亲发放救助金2000元。

推行三级管理、四层网络、五责到人、六类上门的“三四五六”计生工作模式，发展新会员802人，配备中心户长1293人，服务社区六类家庭1558户3570人次，代办计生事项657件，政策宣传6883人次，信息采集1083人，做好技术服务1641人。为1289名妇女和5185名老年人进行健康查体，大肠癌筛查1540人次，补种疫苗119人次，全民建档31746份。举办“百名专家进社区”“健康知识进社区送百姓”知识讲座11场。全民健身运动获团体、个人奖项12个。推进“一居一品”培育，制定《普东街文艺团体管理办法》，加强和规范队伍管理。

社区实施网格化管理，建立“街道—社区居委会—管理网格”三级管理模式，实现居民办事“小事不出网格、大事不出社区”。化解信访积案3件，接待来电、来访92件。检查企业、重点场所、幼儿园等1470家次，排查治理安全隐患239处。

（周建颖）

瑞景街道

瑞景街道位于北辰区西南部，与区内的天穆镇、北仓镇、青光镇及佳荣里街道相邻。东至辰兴路,西至外环辅道,南至龙泉道,北至北辰道。2005年9月成立佳荣里街道办事处,2007年更名瑞景街道办事处。2012年6月,瑞景街与佳荣里街正式分为两个街道。2013年,街域面积2.69平方公里。辖12个社区居委会,常住人口20633户53697人,户籍人口3297户6213人。

2013年,引进企业63家,注册资金10177万元,企业总数达282家,完成一般预算收入3744.59万元,街级财政收入1515.48万元,分别比上年增长49.76%和35.16%。

2013年6月7日,瑞景街道举办"我们的节日——瑞景文明人社区粽米香"端午节活动

(摄影:李 珅)

开展"四清一绿"清洁社区活动,治理瑞益园等重点社区违章,拆除已建违章114处、圈占268处,拆除新建违章78处,制止违章86起,恢复绿地3000平方米。组织机关、社区、驻街单位3000余人次,对脏乱点位及小广告进行清理,清除垃圾130余吨,保洁绿地10余万平方米,清理小广告10万余张。协调解决瑞益园、秋瑞家园等经济适用房社区电费欠缴、电梯年检维修及社区绿化美化等问题。

完善社会救助体系,对失独、低保、特困、残疾人家庭实行动态管理,累计发放慰问品、补助金6.3万元。召开大型招聘会、举办SYB创业培训班,为求职人员与企业搭建沟通平台,采集就业信息2091条,开发就业岗位2341个,安置就业772人。筹资30万元,完成宝翠花都、奥园、翡翠城等社区一站式服务硬件设施配套建设及部分居委会办公条件改善,自筹资金40余万元改造提升秋瑞园、紫瑞园、瑞益园等经济适用房社区。

举办"天津市第四届体彩杯柔力球大赛"、"我的祖国、我的梦"第二届群众歌咏大赛、"瑞景杯健身舞汇演"、"瑞景文明人"等文体活动64场次。启动计生"提(素质)、促(服务)、上(水平)"工程,为社区妇女提供优质服务,确保街道人口形势稳定。开展文明社区、文明楼门、文明瑞景人等特色评选活动。

发挥群防群治组织作用,化解矛盾纠纷200余起。翡翠城社区被授予市级平安社区称号。与辖区208家生产经营单位签订目标责任书,组织消防、食品、安全生产等专项检查15次,检查点位753处,消除整改安全隐患350余处。

(李 珅)

佳荣里街道

佳荣里街道位于北辰区西南部,与天穆镇、青光镇和瑞景街道及红桥区双环邨街道、咸阳北路街道相邻。东至辰昌路,西至外环辅道,南至光荣道,北至龙泉道。2013年,街域面积2.26平方公里,辖10个社区居委会。常住人口15439户42856人,户籍人口3496户14645人。

2013年,引进企业61家,注册资金1.4亿元;完善分税财政管理体制,成立街道税源管理办公室。

协助区市容园林委开展佳宁道6000平方米绿化带提升改造工作;集中清理社区内饲养的家禽500余只;开展综合治理非法小广告工作,对街域内非法小广告集中粉刷,面积20万平方米;全年拆除新旧违章52处1052平方米,拆除人民家园、栊翠里和瑞贤园社区地锁共计80余个;集中清理楼道、院内杂物400余车;协助栊翠里、瑞达里、瑞亨花园、佳园新里4~5号楼,引进物业单位,提供服务管理,实现物业管理全覆盖。

提升改造瑞贤园、瑞秀园和人民家园3个社区办公条件。成立由24人组成的佳荣里街应急救护队和应急献血队。成立佳荣里街社区社会组织联合会,有47个组织进行备案。为近百户中低收入家庭办理享受保障性住房政策相关手续,为近700名老年人办理老年证和免费乘车卡。为7名残疾人免费体检,为因病、因灾致贫的10户家庭办理一次性救助手续。佳荣里社区被评为全市首批美丽社区之一。

举办春季大型招聘会,邀请企业110余家,提供就业岗位2000多个,达成就业意向800余人,有120

多人走上新的工作岗位。

走访育龄妇女、慰问困难家庭、扶助计生特别家庭520人次，办理独生子女证162个，生育服务证308个，组织222对待孕夫妇参加免费孕前优生健康检查，为90个独生子女家庭上安康保险，为育龄妇女免费查体1次，发放宣传纪念品1.5万份、药具1万余盒。评选表彰“十星和谐家庭”15户，优秀志愿者4名。

开展文化、体育活动47场次，培训活动12次，参与3000多人次；开展健康教育知识讲座40期，健全老年太极队、广场舞团队、秧歌队、合唱队、评剧团等30支社区文体队伍，形成社区、学校、家庭三位一体的立体文化网络。

2013年1月23日，佳荣里街道举办“十星和谐家庭”表彰大会

(摄影·李玉香)

指导社区实施公共卫生、社会保障、社会救助、安全稳定等十大类百余项服务。全年社区刑事案件1起，比上年下降92.3%，治安案件2起，下降77.8%。

(赵学双)

天穆镇

天穆镇位于北辰区中南部，东枕京山铁路，西跨北运河，南与红桥区、河北区接壤，北与北仓镇相接。2013年，镇域面积25.16平方公里，耕地面积441公顷，辖15个村和19个社区居委会。常住人口40031户116084人，其中户籍人口53522人，农业户24821人，回族0.65万户1.77万人。

1953年建天穆、南仓、柳滩3个乡，后经几次变动，1961年5月，建天穆公社，1982年11月改为乡，1986年4月改为镇。域内有3座清真寺，是华北地区最大的回族聚居区之一。北运河、子牙河、丰产河流经镇域，京津塘高速、津霸、京津、西北半球快速等公路穿行。京山、京九(联络线)、南曹(联络线)等铁路贯穿。

2013年，实现地区生产总值80.62亿元，比上年增长22.3%；固定资产投入73.93亿元，增长5.7%；镇级财政收入3.85亿元，增长4.5%；农村居民人均可支配收入19408元，增长15%。

全年认定科技型中小企业105家，申请专利190项，新培育小巨人企业2家，申报科技项目10个，7个列入市级项目。引进1000万元以上新项目18个，其中亿元以上项目4个，实施1000万元以上技改项目7个，新引进注册企业312家，注册资金超过6亿元。

完成阎街、马庄、郭辛庄、吴嘴、勤俭、霍嘴、刘房子7个村840户拆迁任务，全镇累计拆迁2450户。46.1万平方米还迁安置房主体封顶，51万平方米在建。红星美凯龙地块开始建设，二建一期16公顷土地挂牌出让，启动京津城际地区综合提升改造工程，推进二建宿舍、天重外围、高峰路拆迁和佳庆道、光荣道核量评估工作。

新增低保133户，发放救助金1520万元，2950名特困人员受益。排查镇内458家用人单位，新增社险1069人。完成职业技能培训552人，新增就业2000余人。建成具有民族特色的东苑人口文化园，成立126万人口关爱基金，实施“家佳推进计划”和“暖心行动”。完成应急救护培训821人。镇中心幼儿园晋升为市一级园，顺义道幼儿园被命名为市级“阳光乐园”。完成《天穆镇志》编纂，并公开出版发行。原创小品《走出大山的人们》获全国第十届“群星奖”，“天穆杯”全国农村小品展演被评为全国首批公共文化服务体系示范项目。成功举办第三届古尔邦文化节、春节大展演、周末大舞台、广场舞等群众性文化体育活动。

全年接待群众来信来访220件，领导接待来访109件。依法取缔非法违法生产企业5家。完成725名安管人员安全管理资格证培训工作。

(彭万涛　杨　玥)

北仓镇

北仓镇位于北辰区中部，东临小淀镇，西接双口镇，南、西南与天

2013 年 10 月 18 日，天穆镇南仓新苑还迁房一角

（摄影：霍思宇）

穆镇、青光镇接壤，北靠永定新河。北运河流经域内，京津路、外环线、津保高速公路、津永公路过境。2013 年，镇域面积 32.2 平方公里，耕地面积 895 公顷，辖 13 个行政村、12 个社区居委会。户籍人口 14376 户 36613 人，其中农业人口 8097 户 22671 人。

1953 年 7 月设北仓、周庄、王秦庄 3 乡，后经几次调整变动。1961 年 5 月建(小)北仓公社。1983 年 4 月改为乡。1986 年 12 月改为镇。自元朝在北京定都以来，就成为皇粮漕运的集散地，因而得名“北仓”，是历史上的漕运要道、仓敖重地，建有天津市爱国主义教育基地——革命烈士陵园。

2013 年，实现地区生产总值 47.39 亿元，比上年增长 21.9%；镇级一般预算收入 2.4 亿元；农村居民人均可支配收入 18480 元，增长 15%；固定资产投资 71.56 亿元，增长 37%；内资到位 38 亿元，增长 33.8%；外资到位 3708 万美元，增长 10%。

新增规模以上企业 3 家，累计 36 家，年产值超亿元企业 10 家，其中超 10 亿元 2 家，指导 18 家企业实施技改升级，工业产值增长 18.7%；新增限上企业 20 家，累计 99 家，服务业增加值增长 28.5%，占全镇经济总量的 47.7%，比上年提高 2.5 个百分点；完善王秦庄设施农业开发建设，建成二代节能日光温室 68 栋，注册成立农业合作社 5 家，新注册农产品商标 3 件。

全镇有运营商务楼宇 6 座，其中亿元楼宇 1 座，单体楼宇 21 栋，总面积 19 万平方米，累计入驻单位 300 余家，年纳税 1.6 亿元。

三义村完成还房 580 套。丁赵村还迁 B 地块拆迁清零并实施桩基工程。A 地块鸿泰园小区还房，成为区首个原拆原建安置小区。桃花寺村 12 栋还迁房全部封顶。全年拆迁民宅 921 户，拆除公建 5 处，总面积 11 万平方米。

完成四十七中泵站、朝阳路四标段、屈店 220 千伏变电站电力出线等重点工程。建设引河北道、外环线拓圆、外环 500 米绿化带工程。开展卫生清整，清除脏乱点位 50 处，清除生活垃圾 2 万吨，渣土 4 万吨，搭建围挡 5000 延米，铺设排污管线 300 米，关闭入河排污口门 21 处，还填绿化土壤 8000 立方米，补植树木 1.33 公顷。拆除违法建设 35 宗 2 万平方米。

举办春秋两次人才招聘会，完成安置就业 1442 人，其中新增就业 906 人，安置农村富余劳动力 536 人。举办定向培训班 12 期，培训 513 人。新增参保 2000 人。慰问低保困难家庭 975 户，发放低保金、抚恤金、医疗救助金等 880 万元。

建成市、区级优质园所 4 个。开

2013 年 8 月 22 日，北仓镇在刘园村祥音法鼓会社举行非物质文化遗产专家学者献艺揭牌仪式

（摄影：杨　军）

展红十字博爱送万家活动。举办“北仓杯”第三届环渤海地区青年新歌手电视大赛、新春传统花会展演。成功举办北仓镇“阳光宝贝”摄影大赛,开展“家佳示范户”创评等活动。完成引河里等4个旧楼区综合提升改造工程,改造面积12.4万平方米,改造项目50个,拆除违章建筑252处,新建泽天下、富锦华庭社区居委会,建成富锦华庭老年日间照料中心。

(赵　晨)

双街镇

双街镇位于北辰区永定新河北、京津公路两侧,东与大张庄镇相连,西与双口镇毗邻,北与武清区接壤,京津公路黄金走廊与北运河贯穿全镇南北,形成“东工西农中商住”产业布局。2013年,镇域面积40.69平方公里,耕地面积1360公顷。辖15个村、4个居委会。户籍人口13734户39609人,其中农业人口6536户18648人。

1941年设双街大乡。1953年7月设双街、张湾、汉沟、常庄4个小乡,后经几次调整。1961年5月设双街公社,1983年7月改乡。1995年8月撤乡改镇。

2013年,实现地区生产总值63.1亿元,比上年增长21.6%;镇级财政收入2.43亿元,增长34%;全社会固定资产投入64.4亿元,增长23.2%;农村居民人均可支配收入18697元,增长15%;内资到位24.9亿元,增长28.2%;外资到位3240万美元,增长10.2%。

农业增加值完成18882万元,固定资产投入10000万元。蘑菇生产工厂化二期、三期工程顺利竣工。建设完成80公顷精品设施葡萄区。在建农业物联网与食品安全示范基地项目,总投资5000万元,占地面积80公顷,智能温室面积10000平方米。

引进1000万元以上项目16个,其中亿元以上项目1个,实施技改项目10个。规模以上企业发展到83家,实现产值219亿元。2家企业通过清洁生产审核,获市级名牌产品7个,驰、著名商标4件。注册企业108家,注册资金14.72亿元。

发展楼宇经济,建设总部园区3个,庞大汽贸园一汽大众等10个4S店营业,奔驰、奥迪等3个店在建,12栋欧式洋房开工建设。规模企业达31家,实现销售额148亿元,零售额10亿元,服务业增加值15.2亿元,增长31%。

张湾还迁项目区E地块还迁房及配套公建主体全部竣工;F地块还迁房及配套公建主体局部升至14层;完成K、L地块还迁房及配套公建勘察试桩工作。

投资405万元,对北运河河坡及沿线垃圾进行清理。硬化双江道庞大土路3000平方米,新建112高速路、京津公路至郎园和杨堤段工艺围挡4000延米,投放垃圾周转箱20个。在常庄、杨堤、胡园村进行环境卫生示范村、达标村建设。

镇政府、村委会、企业投入200万元支持教育事业。举办定向培训班、创业培训班18期,累计培训803人。实现就业1214人。为73户低保特困户调整补贴标准,为23户困难家庭解决部分生活补助。追回拖欠工资12.5万元。

(赵　坤)

双口镇

双口镇位于北辰区西部,南与西青区为邻,西、北与武清区接壤。津保高速公路、津霸公路、津永公路、京福公路、京九铁路津霸联络线、京沪高架铁路域内纵横交错。2013年,镇域面积72.4平方公里,耕地面积3896公顷,辖21个行政村。户籍人口8278户28778人,其中农业人口6596户19246人。

1941年3月建双口、河头大乡。1953年7月设双口、安光、丁庄、岔房子、河头5乡,1958年4月裁并为双口乡和河头乡后多次分合。1961年5月设双口公社,1963年从青光公社析建岔房子公社,1983年4月,双口、岔房子两公社改乡,1985年1月,岔房子乡改称上河头乡。1995年12月和1999年3月,2乡先后改镇,2001年10月上河头镇并入双口镇。为津西北果品基地、天津市最大镇级奶牛养殖基地,建有天津市爱国主义教育基地——安幸生烈士故居。

2013年,实现地区生产总值27.88亿元,比上年增长18.7%;镇级财政收入8000万元,增长33.1%;农民人均可支配收入15304元,增长15%;全社会固定资产投入30.76亿元,增长6.7%;内资到位23.4亿元,增长21.8%;外资到位1770万美元,增长7.3%。

引进禾汇科技、古伦金昌等1000万元以上工业、服务业项目32个,总投资16.2亿元,其中亿元以上项目2个。完成投资5亿元、建筑面积8万平方米的天津天马国际俱乐部项目主体工程。完成1000万元以上技改项目6个。启动总投资7亿元的河北工业大学科技园项目建设。认定科技型中小企业119家,8家企业享受“天使资金”扶持政策。

完成“丁平三村”绿色果蔬产业园规划,冬冠科技公司3个黄瓜新品种得到市级认证。梦得奶牛产业园存栏优质奶牛3500头,获国家科技进步二等奖。“徐堡大枣”获全国“地理标志认证”和“金农奖”称号。完成6个养殖场农业减排项目,实现生态化养殖。新发展农民专业合作社6家,累计35家。

整改违法用地87宗24公顷,

拆除违法建筑35宗11.33公顷。完成皇泰、京福2座变电站和双青污水处理厂区重点工程管线路征地拆迁工作。

发放养老金615万元，优抚金229.5万元,救助资金30.9万元。新办理残疾证87个,发放燃油补贴10万元。完成素质教育和创业培训810人,安置就业1024人。办理城乡居民养老保险1680人,报销医疗保险129万余元。新批低保96户220人,发放低保金277.4万元。办理丧葬补贴158人。

筛查大肠癌、麻诊16614人次,免费体检4183人次，建档37618人。创办“关爱计生人阳光俱乐部”,帮扶失独家庭18户。创建标准文化活动室2个，建立村级农家书屋16个,为6个村争取价值24万元健身器材,免费放映电影140场。

（王　斌）

青光镇

青光镇位于北辰区西部，东邻天穆镇,西与双口镇接壤,南隔子牙河与西青区相望,北与北仓镇相连。2013年,镇域面积41.61平方公里,耕地面积1718公顷,辖6个行政村和红光农场社区居委会，户籍人口9258户25563人，其中农业人口7756户21730人。

1941年3月设韩家墅乡。1953年7月设青光、韩家墅、杨家嘴、铁锅店4乡。1958年4月裁并为青光乡和韩家墅乡,后几经分合调整。1961年5月建青光公社,1983年4月由公社改乡,1995年11月撤乡建镇。

2013年，实现地区生产总值31.05亿元,比上年增长22.1%;社会固定资产投资39.18亿元，增长34.5%；镇级财政收入10150万元,增长27.7%；农民人均可支配收入18050元，增长15.9%；内资到位22.2亿元，增长26.9%；外资到位1902万美元,增长9.8%。

新注册企业112家，累计注册资金2.6亿元。年内引进投入1000万元以上项目23个,亿元以上项目1个。其中,农垦科技产业城项目一期1.5万平方米样板区建设完工,其中注册资金2000万元的顺祥汇通落户经营。二期5万平方米土建工程全面施工。总投资1.9亿元,建筑面积9.3万平方米的韩家墅海吉星农产品批发市场二期物流园项目竣工营业。完成1000万元以上技改项目6个。认定科技型企业97家,新增“小巨人”企业3家,为恒均建材、路煜科技等8家企业兑现“天使资金”奖励。完成菲斯特机械、红光皇友、跑狼自行车市级名牌产品及著名商标认定。

投入资金803.4万元,完成青光村设施农业示范园种植业基础设施提升工程。投资100余万元,清淤干渠4公里,清淤土方7万立方米。排查涵闸23处,维修4处。在外环线韩家墅段、104国道铁锅店段、青光段栽植树木61公顷44910余株。

完成李家房子村一期7万平方米还迁房配套工程,完成86户还迁居民选房、验房工作。启动刘家码头117公路以南20公顷地和青光物回市场拆迁复垦。

拆除违法建筑42020平方米,清理硬化地面10余万平方米,整理土地15.33公顷。投入资金643.5万元,清理垃圾4650吨、废弃物及堆物3000吨、坑塘沟渠漂浮物8400延米,回填土方8500立方米等。购置环卫运输车14辆、垃圾箱480个。启用红光和韩家墅2座垃圾转运站,日处理垃圾120吨。

全年发放低保金、优抚金、救助金300万元。完成城乡居民基本医疗保险参保19690人，医保累计报销金额91万元。安置农村劳动力就业880人。组织农民开展创业及技能培训515人。调处劳动争议48起,为89人追回工资21万元。

（屈会涛）

小淀镇

小淀镇位于北辰区东部，津围公路两侧。东隔永金引河与西堤头镇相望,西与北仓镇接壤,南傍宜兴埠镇,北临大张庄镇。2013年,镇域面积43.12平方公里，耕地面积1931公顷,辖5个行政村、2个社区居委会。常住人口5025户21188人,农业人口6260户16196人。

1941年3月设小淀乡,1953年7月建小淀乡、刘安庄乡,1958年4月刘安庄乡并入小淀乡。后几经调整,1961年11月建小淀公社,1983年5月改乡,1995年11月改镇。

2013年，实现地区生产总值36.75亿元；固定资产投入47.4亿元,比上年增长12.1%;农村居民人均可支配收入26494元，增长13.47%；内资到位30.6亿元，增长28.4%;外资到位2485万美元,增长4.3%；合同外资完成2708万美元,增长11.2%；出口创汇10660万元,增长0.7%。镇级财政收入15586.5万元。

完成安置区内涉及农园田农建100余户的清理、拆除、补偿工作,完成温家房子村南侧非住宅拆迁8.5万平方米和村南民宅拆迁4.8万平方米的打桩、验桩工作。

完成域内205国道拓宽改造工程和地铁5号线北辰道站、丹河道、职业大学站地上物清理工作及外环线东北部调整线涉及赵庄村地上物调查核量工作，志成道延长线项目工建拆迁全部完成，签订拆迁协议169户。投资20余万元对津宁快速路、津蓟高速公路两侧及外环线、外环辅道进行综合整治。植树31200

株,绿化面积 18 万平方米。

投入 1000 万元以上项目 32 个,其中亿元以上项目 1 个。在建亿元以上项目 6 个,总投资 15.77 亿元。完成 1000 万元以上技改项目 13 个;完成科技型中小企业认定 108 家,科技小巨人企业认定 4 家;认定著名商标企业 2 家、高新技术企业 1 家、名牌产品 3 个。为 5 家企业融资 5000 万元;协调工商北辰分局,指导协助鑫坤泰预应力钢绞线有限公司解决 6000 万元增资需求。

发放最低生活保障金 200 余万元、优抚金 70 余万元,城乡养老保险金 36 万余元、垫付全民基本医疗保险 50 余万元。建成老年日间照料服务中心 1 座,社区电子阅览室 1 处。

入户访视新生儿,访视率、筛查率均达 100%。完成域内 7~9 岁儿童预防龋齿窝沟封闭筛查工作,进行口腔检查 1277 人,实行窝沟封闭 262 人。为 2052 人进行大肠癌筛查,对 103 人进行肠镜检查。完成 1500 人宫颈癌和 1000 人乳腺癌筛查工作。

全年接待群众来信来访 282 件,办结 279 件;受理纠纷 125 件,调处成功 125 件;检查企业 397 家次,查出隐患 1126 处,整改 1108 处;调查走访 42 家有环保问题企业,取缔 3 家,勒令停产限期整改 39 家。

(徐克新)

宜兴埠镇

宜兴埠镇位于北辰区东南部,东靠小淀镇温家房子村,西与天穆镇相邻,南隔新开河与河北区、东丽区相邻,北与小淀镇接壤。2013 年,镇域面积 22.72 平方公里,耕地面积 578 公顷。辖 10 个街(村)、8 个社区居委会。户籍人口 10218 户 26270 人,其中农业人口 17266 人。

1937 年 7 月至 1952 年 10 月先后属天津市三区和天津县三区。1953 年 7 月建镇,1958 年 10 月并入兴淀公社为大队,1961 年 5 月建宜兴埠公社,1983 年 4 月改乡,1985 年 1 月改镇。是国务院原总理温家宝的故乡。

2013 年,实现地区生产总值 53.9 亿元,比上年增长 21.3%;镇级财政收入 1.8 亿元,增长 2.3%;固定资产投资 42.4 亿元,增长 16.0%;农民人均可支配收入 19177 元。

引进 1000 万元以上项目 37 个,其中亿元项目 2 个、工业项目 16 个、技改项目 9 个、三产项目 12 个。认定科技型中小企业 98 家,新增“小巨人”企业 6 家。洽谈美国沃尔玛超市和山姆店两个世界 500 强项目;实施总投资 100 亿元的亿安居中城国际城大型商业综合体项目,并分别与中城集团、台湾两岸交流协会、欧洲大型奥特莱斯运营商进行考察洽谈。一街兔儿岭超市改造项目、五街大型商业综合体项目、六街工业园建设项目等处在准备实施阶段。

完成城中村改造任务,拆除面积 24.4 万平方米。旧村改造拆除 6 处,面积 5900 平方米。组织大规模助拆行动 21 次,拆除建筑 1300 余间 6 万平方米。旧村改造 1B、5 号地、9 号地三个地块共 2500 套、总面积 17.7 万平方米 11 栋多层封顶;完成 5 栋教师楼内外装修,达到还迁条件;完成宜鹏园公建 1.5 万平方米施工建设。城中村改造二餐具一期 7.1 万平方米进入内外装修阶段。完成地铁 5 号线宜白道站 6000 平方米地上物拆除清理,志成道延长线拆迁及 30 万立方米垃圾山迁移及回填工作;旧村配套工程 35 千伏安变电站拆迁,拆除面积 1000 平方米。建成临时周转房 200 套,全部投入使用。完成三千路、宜白路等 11 条主干道近 15000 米排水管道及 817 座检查井的清理疏通。制止、拆除违章建筑 61 处 6200 余平方米。

全年接待群众来信来访 2100 件。其中房管拆迁类 1890 件、城建市容类 105 件、社会保障类 43 件、劳动争议类 41 件、其他问题 21 件。打击违法犯罪活动,全年刑事案件和治安案件分别下降 6.25% 和 8.99%。年内非公经济组织刑事和治安案件分别下降 75%和 61%。

推行城乡居民合作医疗,实现农村居民全覆盖,累计完成救助、报

2013 年 2 月 22 日,宜兴埠镇花会表演队与国际友人共庆元宵佳节

(摄影:徐寅凯)

销294人次,报销金额74.7万元。完成二次报销1846人次,报销金额261万余元。发放低保、特困、残疾及大病户救助款项830.5万元。为110户丧葬家庭发放补助25.2万元。举办两期大型招聘会,培训5100人次,安置转移富余劳动力740人。投入资金190万元,改善3所小学教学条件。完成2项市级"非遗"申报工作,群众性体育活动蓬勃发展。

(孟宪冬)

大张庄镇

大张庄镇位于北辰区东北部,东临西堤头镇,西接双街镇,南靠津榆公路,北与武清区梅厂镇接壤。2013年,镇域面积98.16平方公里,耕地面积4790公顷。辖31个行政村。户籍人口12330户32209人,其中农业人口27621人。

1953年设大张庄乡、李辛庄乡。1958年4月,李辛庄乡、大张庄乡合并为大张庄乡。1961年成立朱唐庄公社,1983年改制为乡。1992年5月,朱唐庄乡改称为大张庄乡。1997年改镇,时辖15个村。1962年1月,南王平公社归属北郊区,1983年该公社改乡,1997年12月改镇,时辖16个村。2001年10月,南王平镇并入大张庄镇。

2013年,实现地区生产总值53.88亿元,比上年增长20.77%;全社会固定资产投资32.84亿元,增长11.6%;镇级税收10687.2万元,增长18.84%;农村居民人均可支配收入15261元,增长15.03%;内资到位(市农委口径)18.01亿元,增长19.3%;外资到位1861万美元,增长6%。

引进1000万元以上工业项目27个,亿元以上项目2个,完成技改项目7个。津安创新楼宇新引进企业30家。年内新增规模以上企业3家,服务业新增限上企业4家,引进注册企业35家。新认定科技型中小企业99家、小巨人企业2家。培育市级技术中心1家,新创市级名牌产品1个,著名商标2件。

提升改造设施农业33.33公顷,完成深松土地413.33公顷,平整土地186.67公顷,秸秆还田733.33公顷。新培育农民专业合作社18家,完成大杨庄河道清淤工程和大诸庄、张四庄、北何庄、小诸庄节水工程建设。

推进一、二期还迁房大配套建设,25万平方米二期还迁房启动验收。完成18个未拆迁村测量工作。投入20万元对喜凤花园公共设施、道路更新改造。完成飞龙科技区、意达工业区、金锚厂区污水管网铺设,大双污水处理厂调试运营;津榆公路改造基本完工;地铁5号线车站开始施工;津武路一期竣工通车,二期工程在建;大北环铁路和外环调整线项目建设开始前期准备工作。

开展清洁村庄专项治理37次,清理垃圾1500余吨。投资300余万元的喜凤花园垃圾转运站投入使用。拆除违法建设、违章建筑91处。

发放低保优抚金、残疾救助金、临时救助金等各类资金补贴912万元,为拆迁村民发放补贴6696万元。投入30余万元修缮提升敬德园,迁坟759座,发放补贴74.54万元。开展爱心助学活动,筹集10万元帮扶50名困难学生。新建3500平方米的幼儿园竣工。组织培训20期,培训1000人次。举办招聘会4场次,累计安置富余劳动力就业1008人次。举办第十二届独生子女家庭运动会和第五届人口文化艺术节等活动。化解矛盾纠纷80余件。受理群众来信来访82件,检查企业、建筑工地485家次,查改隐患1400余处。

(桑孟莹)

西堤头镇

西堤头镇位于北辰区东部,东与宁河县接壤,西与大张庄镇、小淀镇为邻,南隔金钟河与东丽区相望,北接武清区上马台镇。2013年,镇域面积89.47平方公里,耕地面积2820公顷。辖10个村。户籍人口14998户36791人,其中农业人口13257户33487人。

1953年7月,境地建宁河县霍庄子乡、东堤头乡和津北郊区韩盛庄乡、芦新河乡,1957年8月霍庄子乡并入东堤头乡,后多次分合。1963年,芦新河公社更名为霍庄子公社,1983年4月两公社分别改乡。1985年东堤头乡改称西堤头乡。1995年12月西堤头乡改镇,1997年4月霍庄子乡改镇,2001年10月霍庄子镇并入西堤头镇。

2013年,实现地区生产总值54.24亿元,固定资产投资35.89亿元,镇级税收收入6000万元,内资到位21.4亿元,外资到位4600万美元,农村居民人均可支配收入17452元。

开发引进1000万元以上项目35个,总投资规模16.87亿元。实施1000万元以上工业技改项目9个,帮助企业申报著名商标4个,"杀手锏"项目2个,区级企业技术中心2家。新培育认定97家科技型中小企业,2家企业纳入"小巨人"行列。农业实施市级重点水利项目霍赵季排干清淤工程,对镇域内丰产河、华北河两座泵站提升改造。扶持、建成一批具有较大规模的专业养殖场,东赵庄村被评为国家级休闲渔业示范园区。落实夏粮、秋粮和小型机动渔船燃油等补贴政策。

开展环境卫生集中清理整治活动,对205国道、杨北公路、九园公路、津蓟高速、津宁快速沿线等主干道路30余处垃圾点位治理。建立完

2013 年 5 月 25 日，位于西堤头镇的天津市泉水湾度假庄园开业

（摄影：刘安东）

善 4 个村“户集、村收、镇运、区处理”农村垃圾清运系统。对津宁快速路两侧、永定新河南岸、郎园引河和机排河开展绿化美化工作。

举办定向培训和创业培训，累计培训 600 余人。安置就业 816 人，其中农村富余劳动力 709 人，新生劳动力 107 人。参加城乡居民医疗保险 25976 人，报销 258 人次，金额 102.48 万元。参加城乡居民养老保险 2591 人。全镇享受政府生活补助费的 60 岁以上老年人 3546 人，享受一次性补贴人员累计 2042 人，区、镇两级补贴金额累计 1021 万元。春节期间，协调资金 392 万余元，慰问困难群众 2794 人。创建“瑞物助学基金”，为 10 户困难家庭发放助学金 2.6 万元。对 38 户因大病、意外致贫困难家庭发放救济金 10.85 万元。

举办正月十五大联欢活动，和谐文化大舞台专场，2013 年人口文化艺术节演出。代表区参加天津市第四届“体彩杯”男、女拔河和兵乓球比赛。7 名机关干部参加造血干细胞捐献报名及血样采集活动。镇卫生院通过天津市示范化卫生院验收，并获全市首批 30 家示范预防接种门诊称号。

（王　静）

远郊区县

武 清 区

概 述

武清区位于天津市西北部，海河水系中下游，境域地理坐标为北纬 39°07′05″~39°42′40″，东经 116°46′43″~117°19′59″。东与宝坻区、宁河县毗邻，西与河北省廊坊市、霸州市接壤，南界北辰区、西青区，北与北京市通州区搭界、与河北省香河县隔青龙湾河相望。境域东西宽 41.78 公里，南北长 65.22 公里。2013 年，区域面积 1574 平方公里，耕地面积 8.56 万公顷。辖杨村、徐官屯、东蒲洼、黄庄、下朱庄 5 个街道，大碱厂、崔黄口、梅厂、上马台、大良、河北屯、下伍旗、南蔡村、泗村店、大孟庄、河西务、城关、大王古庄、东马圈、黄花店、石各庄、陈咀、王庆坨、汊沽港、曹子里、大黄堡、白古屯、高村、豆张庄 24 个镇(曹子里乡、大黄堡乡、白古屯乡、高村乡、豆张庄乡，2013 年 6 月改镇)，有 695 个村民委员会，43 个社区居民委员会。户籍总人口 871347 人，其中农业人口 663297 人，非农业人口208050 人。除汉族外，有回、满、壮、苗、藏、瑶等少数民族 18729 人，其中回族 9882 人。

2013 年，武清区完成地区生产总值 791.05 亿元，比上年增长 19.1%；三级财政收入 192 亿元，增长 25.2%，其中一般预算收入 73.1 亿元，增长 29.2%；全年固定资产投资 697.4 亿元，增长 30.2%；职工人均工资 5.65 万元，增长 11.5%；农村居民人均可支配收入 1.53 万元，增长 14.2%。综合实力保持全市区县发展前列。

开放引资实现新突破。全年引资 496 亿元，比上年增长 51%，90 余个超亿元项目落户区内。全面掀起对接首都热潮，新引进首都项目 700 余个，总投资 220 亿元。114 个市级大项目全面开工，93 个竣工投产。忠旺铝业完成投入 129 亿元，一期部分厂房主体竣工，二期启动建设。“两区四园”支撑开放发展的载体作用进一步增强。开发区高端制造业聚集区、保税物流园和创业总部基地加快建设，四期起步区建设招商成果显著，全年引资 200 亿元，税收超过 90 亿元。商务区开发加速推进，5 平方公里基础设施和景观工程基本完成，中兴通讯、太平洋电信等落地项目启动建设。示范工业园发展步伐加快，新增引资 180 亿元，税收增长 1 倍，专业化、特色化发展势头日益突显。

产业发展达到新水平。三次产业高端化、规模化、集约化发展水平进一步提升。新材料、新能源等战略性新兴产业成长壮大，天狮、红日药业等骨干企业健康发展，规模以上工业企业完成工业总产值 1505.4 亿元，增长 22.6%。新增产学研合作高校院所 19 家，累计达到 34 家。新引进哈尔滨工业大学机器人等科技项目 11 个。建成开发区博士后工作站，天津大学前沿技术研究院投入运营。科技型中小企业总量达到 4044 家，“小巨人”企业 217 家，皇冠幕墙装饰股份有限公司实现“新三板”上市。民营经济发展提速，新增市场主体 1.1 万家，新增注册资本 500 亿元，均比年初增长 30%以上。电子商务产业加快集聚，酒仙网、聚美优品等专业电商项目落户区内，行业龙头企业达到 15 家，阿里巴巴、当当网、唯品会等项目投入运营。电子商务产业园启动建设，楼宇经济加快发展，实现税收增长 50%。北运河休闲驿站投入运营，森林公园等新的节点开发启动实施；佛罗伦萨小镇等高端项目集聚客流、繁荣市场的龙头作用进一步增强，103 国道黄金走廊、前进道高端商贸带和城铁商圈加速形成。全年接待游客810万人，实现综合旅游收入30.2亿元。都市型农业发展形成新优势，完成1066.67公顷设施农业提升。新发展农业龙头企业、合作组织150家，累计达到640家，新增直供直销企业16家，累计达到23家。武清区成功纳入国家现代农业示范区农业改革与建设试点，启动全国农业农村信息化示范基地创建工程。

城乡建设迈出新步伐。新城重点轴带、片区开发纵深推进，30余个城市开发项目投资超过500亿元，全年开工竣工面积600万平方米，翠亨路下穿京山铁路涵洞、津武路等一批关键性基础工程如期竣工，现代城市新区功能形象全面提升。示范镇建设由点到面全线展开，梅上示范镇项目顺利推进，大王古庄、崔黄口、汊沽港、南蔡村纳入全市新一批示范镇试点。全年完成21个村街拆迁，7个小区、156万平方米还迁工程交付使用，2.7万名群众享受到城镇化发展带来的实惠。开展城市基础功能综合评估工作，完成10条干线道路新建改造工程；实施重点片区防汛提升工程，城乡防洪排涝能力明显增强；完成一批电力、燃气、供水工程，基础设施保障能力进一步提高。

环境面貌发生新变化。“美丽武清·一号工程”全面启动。实施12条154公里重点河道治理工程，高标准完成北运河郊野公园一期提升和二期建设，成为展示生态景观、带动区域发展的新亮点。推进城乡大绿工程，全年造林2000公顷，植树200万株，新增城市绿地30万平方米。获得2015年第三届中国绿化博览会承办权，筹备工作全面展开。深入开展市容环境综合整治，村庄垃圾、违法建设、扬尘污染等专项治理取得阶段性成果，新建文明生态村、清洁村庄84个，城乡环境面貌明显改观。

人民生活实现新改善。完成20项惠民工程，公共服务水平显著提升。教育教学设施进一步改善，杨村一中新校区投入使用，总投资20亿元的高中现代化达标工程全面启动。医疗卫生服务体系日趋完善，513所村卫生室、14个社区卫生服务站投入运行，武清区人民医院、武清区中医院晋升为三级医院。食品安全监管进一步加强。人口计生服务持续优化，出生人口性别比综合治理成效明显。

文体事业繁荣发展。成功举办第二届天津国际马拉松赛，全国快板书大赛、武清书画晋京展等活动取得良好社会反响。图书馆、博物馆主体工程竣工。社会慈善、妇女儿童等事业取得进步，建成妇女手工编织中心。全年新增就业2.7万人。城乡居民基本医疗参保率95%，基本养老参保14.1万人。出台养老服务体系建设意见，河西务养老示范社区、徐官屯第二养老院、居家养老服务中心投入运营。改造5个老旧社区，新增6个社区菜市场，实施一批社区村街电力提升工程。完成雍园、西苑公园改造，新建改造一批群众休闲健身设施。开展扶贫济困活动，加强弱势群体救助，落实低保五保、大病救助等保障政策，完成一批残疾人康复站新建和农村贫困对象房屋翻建工程。

社会和谐呈现新局面。基层管理创新加快推进，村民自治机制规范运行，创建5个示范社区，新建7个社区服务中心。开展结对帮扶活动，发挥了维护社会稳定、促进村街发展的积极作用。推进依法信访，集中处置热点难点问题，信访总量比上年下降20%。加强社会管理综合治理，严厉打击违法犯罪行为，群众安全感进一步增强。开展重点领域安全大检查，防止安全事故发生。建成应急指挥平台一期工程，提高突发事件处置能力。

（董凤巢　梁　倩）

武清区区级领导名单

中共武清区委领导名单

书　记：张　勇

副书记：罗福来　郭宝琴(女)　董桂文(挂职)

常　委：张　勇　罗福来　郭宝琴(女)　董桂文(挂职)　李建成　钟书明　刘志强　周惠军　周德友　李　明　王志强　王宏奎

武清区人大常委会领导名单

主　任：韩胜军

副主任：杨中东　李荣虎　郭久龄　薛　梅(女)　陈　平

武清区政府领导名单

区　长：罗福来

常务副区长：李建成

副区长：钟书明　李伯怀　尤天成　李丽君(女)　钟学军

区长助理：郭明华(副区长级)　邢德惠(副区长级)　赵　锋(挂职)　余元堂(挂职)

政协武清区委员会领导名单

主　席：李学鹏

副主席：王学芝(女)　王占海　谢呈悦　刘上栋　韩万景　李金元　毛兴宇

党组副书记：程焕金

(区委组织部提供)

习近平总书记视察武清农业

2013年5月14日上午，中共中央总书记、国家主席、中央军委主席习近平来到武清区南蔡村镇丁家酆村麦田，详细了解夏粮生产情况，并叮嘱村民要不误农时、把地种好，希望农技人员为农民提供更有针对性的服务，再创夏粮丰收。习近平在调研中强调，一个国家只有立足粮食基本自给，才能掌握粮食安全主动权，进而才能掌握经济社会发展这个大局，希望天津加快发展现代都市型农业，努力提高粮食自给能力，为确保国家粮食安全多作贡献。

(邵凤成　刘　飞)

2013年3月26日，武清区政府与中国卫星导航定位协会举行北斗战略新兴产业园合作协议签字仪式

(摄影：郑桂东)

解放思想大讨论活动　2013年6月初开始，武清区围绕贯彻落实习近平总书记关于“谱写新世纪社会主义现代化双城记”的重要要求，集中两个月时间，在区级领导班子、镇街委局领导班子和基层村街站所班子三个层面深入开展“解放思想大讨论”活动，并实行镇街(园区)、区直委局互派工作组，学先进、找差距、解难题、促发展，切实把思想解放的过程转化为率先发展的动力。通过此次活动，密切了党群干群关系，解决了一批制约发展的突出问题，全区上下进一步形成锐意进取、真抓实干、竞相发展的良好氛围。

(梁　倩　董凤巢)

两区四园建设　2013年，武清区“两区四园”(开发区、商务区，京滨工业园、京津科技谷产业园、汽车零部件产业园、地毯产业园)支撑开放发展的载体作用进一步增强。开发区建成和在建面积50平方公里，拥有企业1394家、从业人员13万人。形成电子信息、机械制造、生物医药、汽车及零部件、新材料、新能源六大主导产业。拥有世界五百强企业25家。2013年实现税收90亿元，比上年增长22%；地区生产总值285亿元，增长30%；工业总产值950亿元，增长29%；固定资产投资180亿元，增长38%；吸引注册资本203亿元；引进实体项目81个。商务区开发加速推进，5平方公里基础设施和景观工程基本完成，中兴通讯、太平洋电信等落地项目启动建设。年内，中国卫星导航定位协会与武清商务区签订战略协议，合作建立北斗新兴战略产业园。全年新增产学研合作高校院所19家，新引进哈尔滨工业大学机器人等科技项目11个，建成武清开发区博士后工作站，天津大学前沿科技研究院实现运营，科技型中小企业总量达到4044家、“小巨人”企业217家。地毯产业园以电子商务为发展主线，重点引进电子商务、信息软件、设计研发等新兴产业。年内，天津武清汽车产业园被科技部批准为“国家火炬武清汽车零部件特色产业基地”；天津京滨工业园京滨科技企业孵化器有限公司被认定为国家级科技企业孵化器；天津京滨工业园和天津京津科技谷被天津市认定为新型工业化示范基地。

（刘喜鹤　郭建忠）

惠民工程——武清城区公园一角

（摘自《武清资讯》）

招商引资　2013年，武清区完成引资496亿元，比上年增长51%。全区落地项目3641个，增长35.3%，其中实体项目226个，注册资本5000万元(外资500万美元)以上项目226个。新引进外资企业50家，合同外资额7.1亿美元，增长10%；到位外资额6.7亿美元，增长22%。全年在北京开展各类招商对接活动261场次，参会企业2312家，对接洽谈项目744个；“点对点”拜访企业2759家，对接项目1190个；签约项目573个，协议投资额410亿元。全年落户北京企业849家，总投资312亿元。累计聘请北京地区招商顾问171人。电子商务产业加快集聚，酒仙网、聚美优品等专业电商项目落户区内，行业龙头企业达到15家，阿里巴巴、当当网、唯品会等项目投入运营。

（柴　亮）

惠民工程　2013年，武清区新一批10个方面、20大项惠民工程圆满完成。14家社区卫生服务站投入运营，东蒲洼一期初中、上下园小学等一批学校投入使用，完成6个还迁小区、121万平方米还迁，建立为民办事全程代理工作村级代理室615个，新增投放早餐车20辆。完成区居家养老服务中心、居家养老社区服务站、区第二养老院等建设项目，新增养老床位1300张，以居家养老为基础、社区服务为依托、机构养老为支撑的养老服务体系初步形成。完成5个老旧社区改造，新增6个社区菜市场，实施一批社区村街电力提升工程。完成雍园、西苑公园改造，新建改造一批群众休闲健身设施，惠民工程惠及百姓。

（梁　倩　董凤巢）

2013年5月10日，武清开发区在北京举行外资企业投资环境说明会

（摘自《武清资讯》）

旅游产业快速发展　2013年，武清区接待游客810万人，实现综合旅游收入30.2亿元，比上年增长100%。大项目龙头带动作用明显，佛罗伦萨小镇全年接待游客449万人次，增长107%；实现综合旅游收入18亿元，增长64%。凯旋王国主题乐园全年接待游客97万人，实现旅游收入7477万元。创新旅游产业体制机制。成立天津北运河旅游开发有限公司，按照独立核算、自主经营、自负盈亏的运营管理模式，具体负责区内旅游资源的挖掘开发，为吸引社会资本参与到旅游资源开发建设搭建平台。与天津市旅游集团合作组建天津北运河景区管理有限公司，通过引入专业成熟的运营管理方式，加快推动景区步入规范化轨道。聘请国内知名旅游策划公司，编制《武清旅游业发展顶层设计》和《旅游营销策划方案》。确定北运河

旅游带综合开发系列工程，包括滨水休闲绿道、北运河百花园、中草药产业园、津北森林公园启动区和运河小镇等精品旅游项目5个，以及配套工程9项。旅游精品项目建设。北运河休闲旅游驿站投入运营，前期开放的有房车露营区、儿童游乐岛，北运河精品花园酒店完成内外装修，农耕体验园、特色餐饮区完成规划。项目很快打入京津冀旅游市场，成为城市居民近郊休闲旅游新热点。已运营龙头项目加快推动后续工程建设，佛罗伦萨小镇二期部分主体完成施工，启动二次结构施工；凯旋王国主题乐园二期完成前期规划，启动建设。

（李 森）

北运河休闲旅游驿站一角

（摘自《武清资讯》）

2013年4月12日，武清区政府与农行天津分行举行示范镇建设金融合作签约仪式

（摘自《武清资讯》）

农业工作 2013年，武清区实现农业总产值80亿元，农业增加值39亿元，比上年增长10%。武清区被农业部、财政部评定为全国21个国家现代农业改革与建设试点示范区之一，编制《天津市武清区国家现代农业示范区农业改革与建设试点方案》，成立武清区国家现代农业示范区建设领导小组及其办公室。被农业部评定为全国40个农业农村信息化示范基地之一，编制《武清区农业农村信息化发展规划》。实施市级文明生态村创建工程，建成文明生态村34个，启动“清洁村庄”工程，完成清洁村庄50个试点村建设。在4个镇实施3333.33公顷高标准农田建设项目，提高项目区生产能力。编制《武清区2013年农业主导产业资金扶持办法》，区财政投资2095万元，对农业龙头企业、农民合作社、农产品直供直销、农产品品牌建设等进行扶持。新认定区级农业龙头企业5家。对全区34家饲料生产企业和30家饲料经营门市部定期巡查，规范饲料行业生产经营行为。落实中央农资综合补贴政策和种粮直补政策，全年落实农资补贴和种粮直补面积9.02万公顷，兑现补贴资金1.08亿元，惠及粮食种植农户25.55万户次。

（李树春）

城镇建设 2013年，武清区全面提升武清新城功能形象，黄庄、下朱庄等重点片区开发和旧城改造向纵深推进，103国道黄金走廊基本建成，前进道高端商贸带、城铁商圈加速形成。示范镇建设取得重点突破。汊沽港、崔黄口拆迁建设全面展开，梅上示范镇扎实推进，全年完成21个村街拆迁，7个小区、156万平方米还迁工程如期竣工，2.7万人搬入新居。新农村建设取得新进展，新建文明生态村34个、清洁村庄50个。城乡基础功能设施不断完善，新建改造武宁路、崔廊路等10条主干道路和一批电力、燃气、供水工程，基础功能承载力进一步提升。落实“美丽天津·一号工程”总体安排，开展“四清一绿”专项行动，集中力量实施扬尘治理、河道改造、污染治理、绿化美化等重点工作，深入开展市容环境综合整治，完成北运河、龙凤河等12条、154公里重点河道治理工程，全区林木覆盖率31%，城市绿化率32%，整治污染源工业企业102家，全区水绿环境优势得到显著提升。年内，武清区获得2015年第三届中国绿化博览会承办权。

（李星辉）

杨村一中新校区

（摄影：杨 岭）

教育工作 2013年，武清区有学校410所。其中，幼儿园240所，小学110所，初级中学40所，高级中学13所，职业中专、卫生学校、电大、进修学校、特殊教育学校各1所，其它教育学校2所。有各类成人教育学校507所，其中区成教中心1所、乡镇成人文化技术学校29所、民办培训机构13所、村成人学校464所。有青少年活动中心、教研室、设备站、考试中心、中小学后勤管理服务中心、电教中心、学校卫生保健所各1处。有教职工1.13万人，专职教师9082人。具有高级职称2120人，中级职称6075人。年末在校学生14.2万人。全区有62所义务教育学校通过市级评估验收。年内，武清区通过教育部组织的义务教育发展基本均衡区县国家级验收。完成杨村一中新校区建设和杨村三中改造提升工程，杨村十中、杨村十一中、杨村十三小、杨村十四小4所新建小区配套中小学建成投入使用。2013年高考，全区本科二批以上上线4167人，比上年增加241人。有14人被清华大学、北京大学和香港院校录取。

（孙思超）

文化建设 2013年，武清区加强公共文化服务体系建设，实施面向基层、面向大众的文化惠民工程。图书馆新馆完成主体建设，进行内部装修。截至年底，采购图书3.5万种、17.8万册。做好博物馆布展工作，开展文物征集，掌握文物线索200余件。对已有文物进行鉴定，确定展出文物，对挑选出的文物进行整理、分类、拍照、修复、登记、入册，并搜集文物的背景资料。年内，完成曹子里、陈咀、大良、王庆坨、汊沽港、梅厂、石各庄7个镇文化广场改造提升工程。文化馆组织文化志愿者先后到石各庄、大黄堡、王庆坨等20多个镇、社区进行文化惠民演出，至年底，累计演出120场，观众总计6万人次。年内，由中国曲艺家协会与天津市文化广播影视局、武清区人民政府联合主办的首届“武清·李润杰杯”全国快板书大赛在武清区举办。大赛吸引全国20多个省市和解放军、武警部队报送的参赛曲目250多个。经过初赛、复赛、决赛，有55个节目分获职业组、非职业组及少儿组的一、二、三等奖。武清区举行首届“武清好人”颁奖晚会，设“助人为乐好人”“见义勇为好人”“诚实守信好人”“敬业奉献好人”“孝老爱亲好人”5个奖项，评出10名“武清好人标兵”和40名“武清好人”，弘扬了群众身边好人典型、传播了正能量。

（郭 瑾）

卫生工作 2013年，武清区有医疗卫生机构87个，其中卫生局所属机构40个。有三级医院2家、一级医院29家、专科医院1所。截至年底，区卫生系统固定资产总值6.6亿元；有卫生技术人员4320人，病床3571张。高标准完成14家城区社区服务站规划建设，并投入使用。强化村卫生室规范化管理，配齐基

2013年3月5日，武清区举行首届“武清好人”颁奖晚会

（摘自《武清资讯》）

本医疗和办公设备器材，调配整合乡医有序进室。完成下朱庄、东蒲洼等7家镇街医院、卫生院“国医堂”建设，总数达到26家，基本实现镇街医疗机构“国医堂”全覆盖。年内，武清区人民医院、武清区中医院晋升三级医院。疾病预防控制工作扎实有效。全年常规疫苗接种22.54万针次，接种率99.59%。开展预防接种门诊评审工作，新建成示范接种门诊3家。卫生改革稳步推进。加强基本药物网采和零差率销售监管，全年基层医疗机构采购基本药品4914.5万元；加快推进卫生信息化建设，初步建成区域卫生信息平台，建立健全武清区智能医疗“一卡通”管理系统，实现居民健康档案和诊疗信息区域共享；新审批民营医疗机构2家，促进卫生发展多元化。院前急救能力不断增强，新设置石各庄、大孟庄2个急救点，新增4辆国内最先进的救护车，强化人员培训，加强院前急救演练，院前急救能力和反应速度进一步提高。

（吴海杰）

杨村街道

杨村街道位于武清中心城区，是区委、区政府所在地。东隔津蓟铁路与梅厂镇搭界，西与东蒲洼街道毗连，南与下朱庄街道、黄庄街道为邻，北与徐官屯街道接壤。2013年，街域面积22.3平方公里。辖14个村民委员会、22个社区居委会。户籍人口112115人，其中农业人口26125人。除汉族外，另有少数民族7379人，其中回族6208人，七街村回族居民占90%。

2013年，实现地区生产总值36亿元，比上年增长24.1%；三级财政收入7.76亿元，增长28.5%；农民人均所得1.8万元，增长9.2%。

有工业企业265家，从业人员8517人。完成工业总产值25.96亿元，销售收入24.29亿元，利润8391万元。招商引资实现新突破，全年引进企业264家，有141家企业实现当年经营并纳税。成立科技型中小企业发展工作领导小组，年内发展科技型企业38家。

拆迁工作稳步推进，启动五街、六街片区和中医院西、教育局后及农机局宿舍、农行宿舍等低洼片区的拆迁工作。五街、六街片区签订协议、合同1199户，占工作总量的89.4%；4处低洼片区签订协议、合同596户，占工作总量的99%。年内完成八街、九街、商业局宿舍、外贸宿舍片区及育才路东一街、二街、三街、四街和非农业片区被拆迁居民的还迁工作，全街有3000余户居民喜迁新居。推进开发项目建设，建筑面积13万平方米的荔隆时代广场项目完成主体工程建设；建筑面积9000平方米的瑞天园项目竣工投入使用。

落实惠民工程。总建筑面积1.6万平方米的大桥道菜市场项目竣工，并完成商户还迁工作；投入1100万元，完成泉州路市场立面粉刷、匾额更换、门窗更换和便道的绿化、硬化等改造任务；投入1.2亿元，完成东升里、胜利路2个老旧居住小区的楼顶保温、防水、墙面粉刷和供暖改造工程。

加大教育投入，改善办学条件。投入5000万元，完成杨村二小新建和新建学校的设施设备建设工程；投资1600万元，建设武清区第五幼儿园；武清区第八幼儿园完成主体工程建设。开展文娱体育活动，年内各社区文艺团体演出30余场，组织居民开展文艺晚会、象棋比赛，免费对外开放社区图书室。参加城乡养老保险5000余人，为3000余名居民办理退休手续；参加城乡居民医疗保险2万人，参保率100%。全年为300余人办理医疗保险费报销手续，共计报销医疗费50万元；全街有800余名老年人享受城乡生活补助费，全年发放总金额7万元。加强计划生育宣传教育，稳定低生育水平，计划生育率99.5%。

（赵晓东）

徐官屯街道

徐官屯街道位于武清城区北部。东与曹子里镇、梅厂镇接壤，西部为武清开发区核心区和武清开发区物流园，南与杨村街道搭界，北隔龙凤新河与南蔡村镇、大碱厂镇为邻。2013年，街域面积19平方公里，耕地面积617.47公顷，辖11个村民委员会、3个社区居委会。户籍人口13293人，其中农业人口11036人。除汉族外，另有少数民族18人。

2013年，实现地区生产总值7.14亿元，三级财政收入1.97亿元，农民人均所得1.67万元。

粮占耕地295公顷，粮食总产3687吨。落实粮食直补及良种补贴81.5万元。发展设施农业，在褚庄村东、城区东外环线西侧建成北岚科技产业园，新建新刘庄设施农业基地，初步形成东外环设施农业产业带。有林地425.87公顷，果园3.33公顷，果品总产148吨。年末大牲畜存栏2863头，羊存栏329只，生猪饲养3486头，蛋鸡存栏4.05万只，年产蛋319吨。为减轻农民经营风险，对全街粮食种植、奶牛、生猪、设施大棚等缴纳政策性保险，参保率100%。

有工业企业135家，从业人员5860人。实现工业总产值17.33亿元，销售收入16.21亿元，利润总额5233万元。加大科技型、规模型、高附加值企业招商力度，拓展招商方式，开办招商网站，实行网上招商。全年招商引资4.64亿元。

完成杨六路东外环至杨崔公路2.6公里绿化土方和管线入地任务；完成武宁路征地拆迁和拓宽改造工程；翻修褚庄村至武宁路3公里乡村公路，解决褚庄、段庄2个村出行难问题。全街投入环境整治资金500万元，设保洁员90名，大型保洁车6辆，做到生活垃圾日产日清，保持环境整治常态化。

徐官屯第二小学通过市级现代化学校达标验收；提升教学质量，年内有11名学生考取区重点高中。组织开展群众性文化活动，惠民里、曹园和新丽社区拥有舞蹈健身队、秧歌队、戏曲票友会，群众文化生活丰富。该街居民全部参加城乡医疗保险。撤村建居居民全部纳入社会养老保险和社会养老保障。未实行撤村建居的年满60周岁老人，有268人纳入农村养老保险、702人享受养老补贴。完善独生子女家庭经济扶助和奖励政策，落实育龄妇女定期孕检和各项补救措施，计划生育率98.8%；年内，褚庄村被国家计划生育协会授予人口和计划生育基层群众自治示范村居称号。开展“阳光工程·爱心助学”活动，募集善款1.67万元。

(时春祥)

东蒲洼街道

东蒲洼街道位于武清城区西北部，是武清新城开发建设的中心地段。东与徐官屯街道、杨村街道接壤，西邻豆张庄镇以龙凤河故道为界，南隔京山铁路与黄庄街道为邻，北与南蔡村镇隔龙凤新河相望。2013年，街域面积48.31平方公里，耕地面积1409.4公顷，辖12个社区居委会。户籍人口27127人，其中农业人口865人。除汉族外，另有少数民族237人。

2013年，实现地区生产总值4459万元，比上年下降58.2%；三级财政收入1.77亿元，增长29.2%；农民人均所得1.7万元，增长8.4%。

全年完成招商引资5.26亿元，超额75.3%。新引进科技型企业23家，引进北京企业26家。

新建和悦花园社区、蒲瑞馨园蒲瑞和园、蒲瑞祥园3个撤村建居社区，并配套有中小学校、托老所、社区卫生院、商业门面、菜市场等生活设施；还迁社区全部建立集劳动就业、养老保险、医疗保险、社会保障、民事调解、户籍办理、民政计生、售水售电等18个便民服务窗口的社区服务中心。

加大环境整治力度。清理小区内违章建筑、私搭乱建45户1520平方米；清理社区内不规范小饭馆和小吃铺30户；防汛固堤出动10人次，动用车辆3部，挖掘土方360立方米。

落实劳动保障工作。办理城乡养老保险退休12人，累计领取退休费人员79人。办理社会保障卡767人，变更信息15人。城乡医保参保人员累计12474人，城乡医保医药费累计申报131人，累计申报金额80万元。为205人办理基本生活补助，发放金额1.21万元。为10人办理驾照培训费用补助，免费为123人进行技能培训，有110人取得相应职业资格证。落实计划生育政策，为1690户发放独生子女费10.2万元；为205名奖扶对象、31名特扶对象发放奖励扶助金33.14万元。街道计生服务站组织3800多名育龄妇女进行查体，发放避孕药具1200余份；计划生育率97.18%。在社区新建调解组织19个，新建综合信访服务站3个。全年接待群众来电来访940余人次，受理信访案件263件，办结241件。

(唐顺军)

黄庄街道

黄庄街道位于武清区南部，东邻下朱庄街道以北运河为界，西与陈咀镇、豆张庄镇为邻，南到北辰区界，北与东蒲洼街道、杨村街道接壤。京山铁路、京津城际铁路自西向东横跨街境北部。2013年，街域面积42平方公里，耕地面积2193.47公顷，辖10个村民委员会、1个社区居委会。户籍人口21512人，其中农业人口19726人。除汉族外，另有少数民族66人。

2013年，实现三级财政收入1.39亿元，比上年增长32%；农民人均所得1.63万元，增长12%。

农业以种植小麦、玉米为主，兼种棉花、油料作物、瓜菜等。粮占耕地967.33公顷，粮食总产7034吨。落实夏、秋粮直补面积1080公顷，补贴资金125.49万元；玉米良种直补面积806.67公顷，补贴资金21.31万元。有林地769.93公顷，果园8.33公顷，果品总产132吨。年末大牲畜存栏2306头，羊存栏795只，生猪饲养4848头，蛋鸡存栏2万只，年产蛋8吨。

有工业企业119家，从业人员1995人。实现工业总产值3.7亿元，销售收入3.64亿元，利润5256万元，工业增加值1.11亿元。年内引进企业21家，其中北京企业12家，注册资本4.46亿元。新增科技型企业23家，累计引进55家。培育“小巨人”企业1家。与50家企业签订安全生产目标责任书，对企业安全生产相关资料进行收集、登记，实行台账式管理。

加强社区规范化建设。泉昇佳苑还迁区有高层住宅楼66栋，居民4189户，入住率87%。完成社区组织体系建设，建立完善社区党组织、居委会、一站式服务大厅、物业公司等；成立残疾人康复室并配备康复器材；建立文化活动室和3处健身广场，相关器械配备齐全；协助天津燃气公司为小区试压通气，免去居民磁卡费9万余元；加强出租房管理，摸排出租房屋447户。

加强环境建设。投资400余万元，完成7.5公里村街主干、次干道路硬化建设，填补坑槽1500平方米，建设装饰、挡土墙3400米，埋设排水管道1300米，清运掩埋垃圾300余吨，新建垃圾池30座，改建公厕10所。

投资1.4亿元，新建中小学教学楼2.46万平方米；投资1000万元，完成马家口中心小学扩建工程。年内参加城乡居民基本养老保险203人；参加城乡居民医疗保险15330人；办理社会保障卡633张；办理退休手续153人，发放退休金2.7万人次，共计2248万元。全街有低保对象43户105人，全年发放低保金29.6万元；有五保供养对象24人，按照每人每年6540元的标准足额发放。为群众健康查体4113人次，妇科检查821例，对121名病例进行指导和诊治；落实计划生育家庭奖励扶助政策，有91人接受奖励，计划生育率98.6%。

（孟红星）

下朱庄街道

下朱庄街道位于武清区南部，为武清南大门。东邻梅厂镇，西与黄庄街道以北运河为界，南连北辰区，北与杨村街道接壤。街域面积29.74平方公里。2010年重新修订《街域总体规划和总体城市设计》，将原武清农场所属区域7.86平方公里纳入总体规划，实际规划面积37.6平方公里。原辖13个行政村，2009年始实施撤村建居，至2012年底，全街撤村建居工作全面完成。2013年，全街耕地面积821.4公顷。辖5个社区居委会，户籍人口19487人，其中农业人口588人。除汉族外，另有少数民族324人。

2013年，实现地区生产总值18.9亿元，比上年增长30%；三级财政收入6.88亿元，增长52%；农民人均所得1.8万元，增长20%。

有工业企业106家，从业人员5198人。完成工业总产值33.37亿元，销售收入32.58亿元，利润2.71亿元。加大招商引资力度，完成引资额16亿元。全年引进企业133家，以商招商企业15家；完成科技型中小企业认定55家，其中，新引进49家，提升改造老企业6家；认定“小巨人”企业5家。开展银企对接活动，帮助7家企业成功申请区级创新资金160万元，为8家企业申请市级周转资金80万元，解决企业融资难题。

推进重点项目建设。南湖景观改造工程是天和城项目的重要组成部分，项目总占地246.67公顷，其中水面面积183.67公顷、绿化景观面积63公顷；规划为城市故事(艺术)展示区、高端商务休闲区、生态湿地体验区、水街商业休闲区和家庭娱乐区5个功能区；年内投资3.1亿元，铺建5公里环湖路，乔木、花灌木等绿化63公顷，堆岛、筑堤、桥梁、码头、观景平台等工程竣工。产业类项目总建筑面积42万平方米，总投资9亿元。华北城入驻商户780家，市场营业额20.8亿元，注册有限公司228家，年缴税1.47亿元。

提升现代化城市形象。投资1.91亿元，完成环湖路北段及文汇路、信义道、乐仁道等8条市政道路建设，全长8.5公里；投资2000万元，完成嘉河道、环湖路等道路两侧14万平方米绿化提升工程。推进惠民工程。完成静湖东区广场提升改造工程；在静湖片区和越秀园片区新建、提升公厕5座；越秀园片区雨污水管道清淤疏通7000余米。

投资2.5亿元，完成天和城实验中学部分主体工程，天和城中学、小学主体封顶，台湾何嘉仁幼儿园投入使用。年内，静湖小学、越秀园小学通过市级现代化学校验收；静湖小学通过教育部教育均衡化发展验收。中考考入杨村一中11人，考入高中学校139人。新增社区文艺团队5支，总数32支。全年开办计算机、叉车、电气焊、家政等免费再就

龙凤河河道景观

（黄庄街道供稿）

下朱庄龙湾城

（摄影：边　文）

业技能培训20期，培训400人。在碧溪园社区居委会举办月嫂培训班，培训65人，全部取得天津市劳动鉴定部门颁发的资格证书。新建下朱庄街医院并投入使用，为社区居民进行免费体检。推进城乡居民医疗保险参保工作，参保率100%。稳定低生育水平，计划生育率98%，为1660人发放独生子女奖励扶助金180万元。

（高春燕）

大碱厂镇

大碱厂镇位于武清区中部，东与曹子里镇，西与南蔡村镇，南与徐官屯街道，北与崔黄口镇相毗邻。2013年，镇域面积35平方公里，耕地面积2081.93公顷，辖26个村民委员会。户籍人口20534人，其中农业人口18368人。除汉族外，另有少数民族128人。

因驻地大碱厂而得名。1939年，分属武清县第三、四、六区。1948年12月解放。1949年，属武清县第二、三区，同年10月，改称第六、第十三区。1950年8月，属第四、五、六区。1956年，属第四区。1957年2月，建大碱厂乡。1958年9月，属筐儿港公社。1961年6月，由筐儿港公社析置大碱厂公社。1983年，改称大碱厂乡。1999年1月，撤乡建镇。

2013年，实现地区生产总值7亿元，比上年增长25%；三级财政收入1.66亿元，增长34%；农民人均所得1.5万元，增长15%。

粮占耕地1756.67公顷，粮食总产2.21万吨。落实夏、秋粮直补面积1666.67公顷，补贴资金400万元。开发南辛庄村蔬菜大棚设施农业园，蔬菜品种齐全，新增树莓等稀有新品种，为发展乡村旅游和农家乐采摘奠定基础。镇域新增绿化面积200公顷，有林地772.6公顷，果园10.27公顷，果品总产1018吨。有规模型养殖小区34个，养殖大户170家，涉及奶牛、肉牛、生猪、肉鸡、蛋鸡等10余个种类。年末奶牛存栏3556头，年产鲜奶5000吨；生猪饲养1.48万头，出栏8500头；肉鸡出栏20万只，存栏4.1万只；蛋鸡存栏8.48万只，年产蛋1331吨。

有工业企业164家，从业人员4821人。完成工业总产值8.8亿元，销售收入9.06亿元，利润4494万元。固定资产投入1亿元。加大招商引资力度，年内引进企业139家，引进资金5亿元。新引进科技型中小企业35家；累计认定科技型中小企业113家，其中提升改造老企业37家、新引进76家。帮助7家企业享受各类扶持、奖励资金238.2万元。

提升南辛庄生态旅游村建设，建成旅游接待中心和南辛庄网站，提升改造特色农家院12家，全年接待游客食宿2万人次。投入200余万元，推进运河沿线“清洁村庄”试点村建设工程，启动镇区及部分村垃圾集中转运，环境保持长效保洁。投资700万元，完成镇净水厂改造提升及15个村供水管网改造工程；投资130万元，完成4.2公里乡村公路建设及外环交口公路改造。

镇党委、政府投资140万元，用于教学设备设施新增、维修、提升、改造及校园环境绿化美化，教学条件显著提升；镇第二小学通过创建现代化学校达标验收。年内出生人口135人，计划内二胎审批65人，奖扶42人，计划生育率97.7%。城乡居民基本医疗保险、养老保险规范运行，城乡居民医疗保险参保17453人，参保率95%；城乡居民养老保险参保累计2654人。年内为灾区筹集善款3.5万元。

（高秋芬）

崔黄口镇

崔黄口镇位于武清区东北部，东以青龙湾河为界与宝坻区大口屯镇相望，西与大良镇接壤，南以筐儿港北堤为界与大黄堡镇为邻，北与河北屯镇毗连。2013年，镇域面积90平方公里，耕地面积4811.87公顷，辖54个村民委员会。户籍人口52781人，其中农业人口46669人。除汉族外，另有少数民族524人。

因驻地崔黄口故名。1939年，属武清县第四区。1948年12月解放。1957年2月，撤区并乡，西北部的10个村属辛庄寺乡，其余35个村属崔黄口乡。1958年9月，属筐儿港公社。1961年5月，从原筐儿港公社划出47个自然村和1个崔黄口自然镇，建崔黄口公社。1983年6月，改称崔黄口乡。1988年9月，改称崔黄口镇。2001年10月，后巷乡并入。

2013年，实现地区生产总值18亿元，比上年增长30.4%；三级财政收入2.84亿元，增长81%；农民人均所得1.62万元，增长15%。

粮占耕地3424.73公顷,粮食总产4.41万吨。落实夏、秋粮直补面积6120.67公顷,补贴资金734.48万元。种植蔬菜1128.4公顷,总产7.91万吨。有林地2704.07公顷,果园140.93公顷,果品总产1630吨。年末大牲畜存栏1104头,羊存栏2389只,生猪饲养4.74万头,蛋鸡存栏18.73万只,年产蛋3223吨。水产品有鱼、虾、河蟹等,总产9639吨。

有工业企业425家,从业人员8893人。实现工业总产值20.71亿元,销售收入20.43亿元,利润3966万元。完成招商引资46亿元。年内,天津地毯产业园引进企业185家,投资总额135亿元,注册资本48亿元。完成科技型企业认定111家,提升改造2家;新增"小巨人"企业2家。年内引进京东商城、唯品会、酒仙网等知名电商企业7家。

推进城镇开发建设,启动并完成崔黄口示范镇总体规划和各类专项规划方案编制及上报审批工作。年内,后巷、黄洼2个村完成拆迁协议和购房合同签订工作。集中开展镇区违章建筑、占路经营、广告牌匾等专项整治工作,落实村街保洁长效机制,强化违法用地监察管理,全年拆除违法占地25户,建筑面积8244平方米,其中自拆3400平方米。完善镇域路网体系建设,完成6条乡村公路建设和北靳庄桥翻修工程。

投资1500万元,完成建筑面积4200平方米镇中心幼儿园建设,并投入使用。完善医疗卫生服务网络,40个村街卫生室投入使用。加强计划生育管理与服务,推进东赵庄、二街、北三、小宫城、北靳庄5个村街"创建幸福家庭"试点工程。计划生育率97.73%。参加城乡居民医疗保险35596人,参加城乡居民基本养老保险9125人,全年发放养老保险金3113万元。提高困难群体救助水平,发放保障和救助资金63万元。

(丰树苓)

梅厂镇

梅厂镇位于武清区东南部,东与上马台镇为邻,西与徐官屯街道、杨村街道、下朱庄街道接壤,南与北辰区毗连,北与曹子里镇搭界。2013年,镇域面积71.46平方公里,耕地面积4010.8公顷,辖46个村民委员会。户籍人口32663人,其中农业人口28752人。除汉族外,另有少数民族51人。

因驻地梅厂故名。1939年,属武清县第五区。1948年12月解放,属武清县第七区。1949年,改称第十五区。1950年8月,改称第七区。1952年1月,改称第三区。1957年2月,撤区建梅厂乡。1958年9月,建梅厂公社。1983年12月,改称梅厂乡。1991年2月,建梅厂镇。2001年10月,聂庄子乡并入。

2013年,实现地区生产总值25亿元,比上年增长25%;三级财政收入2.56亿元,增长33%;农民人均所得1.7万元,增长15%。

粮占耕地2206.93公顷,粮食总产3.29万吨。设施农业规模化发展。投资1000余万元,提升改造灰锅口核心示范区及棚室生产区基础设施和环境建设,完成核心区3400平方米入园主路硬化、绿化、景观新建及配套设施修缮等工程;改造周边村设施农业旧棚,提升杨北路北侧100公顷棚室建设,新增绿化景观1600平方米。有林地1267.07公顷,果园558.13公顷,果品总产3564吨。年末大牲畜存栏6045头,羊存栏4582只,生猪饲养4.28万头,蛋鸡存栏17.65万只,年产蛋2773吨。

有工业企业246家,从业人员7060人。实现工业总产值28.54亿元,销售收入26.66亿元,利润1.31亿元。招商引资6.69亿元。福源开发区发展势头迅猛,引进企业156家。其中,新引进科技型企业30家,提升改造科技型企业3家,培育科技小巨人企业6家。服务企业申报知识产权100余项。

城镇化建设进展顺利。完成梅厂示范镇还迁区及重点区域剩余户签字、拆迁工作;还迁区道路、公建、配套管网等基础设施及还迁区外4条规划道路全部竣工。投资1000余万元,实施16大类重点整治工程。与村街共同谋划的65项"共建共享"工程全部竣工投入使用;完成路网沿线鸭徐庄、双庙等12个村环境提升工程;2.7公里杨聂路大修、2.6公里乡村公路修建竣工并通车;落实卫生长效保洁机制,镇域环境显著提升。

投资434万元,提升改造镇初级中学操场。增资110万元,新建4个室外球场,并成功举办篮球赛、消夏晚会等文体活动。投入80余万元,落实奖扶、特扶、独生子女奖励政策。稳定低生育水平,计划生育率97.8%。投入80余万元,对参加基本医疗保险农户给予减半补贴,参保率100%。落实特殊困难群体帮扶机制,筹资600余万元及时救助五保、低保、优抚对象和困难家庭。

(孙雪莲)

上马台镇

上马台镇位于武清区东南部,东邻宝坻区和宁河县,西接梅厂镇,南至北辰区界,北隔龙凤新河与大黄堡镇为邻。2013年,镇域面积66平方公里,耕地面积2068.07公顷,辖18个村民委员会。户籍人口17656人,其中农业人口16133人。以汉族为主,另有蒙古、壮、朝鲜、满、黎、毛南等少数民族129人。

因驻地靠近上马台故名。1939

年，属武清县第五区。1948年12月解放。1949年，属武清县第十四区。1950年8月，属第七区。1952年1月，改称第三区。1958年9月，属梅厂公社。1961年，将上马台等15个村由梅厂公社析出，另建肖刘杜农场。1963年2月，15个村划入大黄堡公社。1974年3月，将上马台等15个村从大黄堡公社划出，与从梅厂公社划出的董庄、杨家河、大康庄、小康庄、小裕庄、魏家堡、王老庄7个村另建上马台公社。1983年，改称上马台乡。2001年10月，撤乡建镇。

2013年，实现地区生产总值22亿元，比上年增长25%；三级财政收入5.36亿元，增长23.7%；农民人均所得1.52万元，增长10%。

粮占耕地1675.4公顷，粮食总产2.09万吨。落实夏粮直补面积1000公顷，补贴资金123万元。有林地1239.53公顷。有水域面积800公顷，特色水产品养殖有彭泽鲫、黄金鲫和白鱼。年末大牲畜存栏120头，羊存栏4200只，生猪饲养1.09万头，蛋鸡存栏4000只，产蛋60吨。

有工业企业155家，从业人员1.31万人。完成工业总产值61.51亿元，销售收入59.94亿元，利润8.33亿元。镇工业区规划面积2.6平方公里，至年底，建成区面积2平方公里，企业占地133.34公顷，总建筑面积55万平方米。区内有内、外资企业55家，企业投资总额4.5亿美元。完成招商引资7.4亿元。新引进科技型中小企业28家，提升改造3家。

城镇建设稳步推进。完成道路里巷硬化3.2万平方米，清淤治理沟渠坑塘2万平方米，翻建公厕16个，拆除各类私搭乱建50余处。投资368万元，完成0.9公里王老庄段塘马路和0.53公里武宁路东薛庄段翻修工程；投资250万元，完成西安子村武宁路沿线道路硬化、王三庄村市场整治和东薛庄村南街改造，硬化面积2万余平方米，植树300株。落实卫生长效保洁机制，村街环境显著提升。

义务教育均衡发展达标，完成多媒体、微机等硬件整改，年内2所学校通过验收；投资20余万元，新建塑胶篮球场；实施中考奖励政策，中考考入杨村一中9人。镇文化站每周组织文化活动，年内投资1.9万元，用于购置专业演出音响。全镇7所村卫生室投入使用。免费进行孕前优生检查，完成率100%。领取独生子女父母奖扶金129人，有特扶对象12人。稳定低生育水平，计划生育率97.3%。

（吕洪祥　王丽颖）

上马台镇送文化下乡巡回演出

（摄影：王丽颖）

大良镇

大良镇位于武清区北部，东邻河北屯镇、崔黄口镇，西隔北运河与大孟庄镇相邻，南接南蔡村镇，北至下伍旗镇界。2013年，镇域面积81.2平方公里，耕地面积4933.4公顷，辖55个村民委员会。户籍人口41793人，其中农业人口37029人。除汉族外，另有少数民族480人。

因驻地大良故名。1939年，属武清县第三、四区。1948年12月解放。1949年，属第四、五区。1949年10月，第四区改称第十二区。1950年8月，属第五区。1952年1月，改称第六区。1957年2月，撤区并乡，属大良乡。1958年9月，属筐儿港公社。1958年12月，从筐儿港公社划出大良及26个村建大良公社，从香河县划入28个村。1961年，划出34个村建下伍旗公社，划出33个村建河北屯公社。1973年1月，从后巷公社划出10个村入大良公社。1983年，改称大良乡。1991年2月，撤乡建镇。2001年10月，原双树乡并入。

2013年，实现地区生产总值11亿元，比上年增长25%；三级财政收入9649万元；农民人均所得1.5万元，增长15%。

粮占耕地3690.2公顷，粮食总产5.82万吨。落实夏、秋粮直补面积8103.9公顷，补贴资金972.46万元。都市型农业稳步发展，新引进3家农业种植龙头企业，引入农业科技项目5项，引进农业新品种12个。“田水铺萝卜”种植实现规模化、产业化，沙质土壤和适宜气候形成其特殊品质，皮青心翠、口感脆甜，热销国内外市场，形成品牌效益；被农业部认定为“一村一品”专业村，并获得国家绿色食品认证。以中草药为主题的种植基地和休闲观光公园初具规模，栽植中草药品种20余个。有林地1553.13公顷，果园94.93公顷，果品总产1932吨。年末大牲畜存栏2462头，蛋鸡存栏9.77万只，年产蛋2840吨。

有工业企业208家，从业人员2263人。完成工业总产值6.4亿元，销售收入5.48亿元，利润5106万元。招商引资17.2亿元，引进企业64家。固定资产投资1亿元。完成服务业收入14.4亿元。新引进科技型中小企业29家，提升改造2家。帮助企业挖掘发明专利2项，实用新型专利47项。通过校企对接，信霖塑料制品和诚田丰金属制品公司分别申请20余项实用新型专利，成为区级专利试点企业，并分别获得奖励资金10万元。

投资3300万元，完成小王甫、付官屯、蒙辛庄、蒙村、南四百户、大十百户、九百户7个村文明生态村建设，并通过市级验收。投资200余万元，完成运河沿线重点道路、村庄及重要节点冬植绿化，植树4.5万株。加大路网建设，完成5.8公里乡村公路和5条5.7公里对接公路建设，运河开发二期修建柏油路11.5公里，解决村民出行难问题。

投资470余万元改善办学条件，新建大良镇初级中学400米标准塑胶跑道及塑胶跑道附属工程，已投入使用；更新电脑50台、课桌椅500套；大良镇小学、二百户小学更新多媒体设备5套；双树小学购置图书借阅设备。完成田水铺、南四百户、小王甫、富官屯、蒙辛庄、蒙村、双树、木秀园西区健身广场健身器材安装工作，丰富群众体育生活。稳定低生育水平，计划生育率98%。发放独生子女费10万余元，发放奖扶、特扶奖励费60万余元。新增城乡养老保险参保605人，累计3500人。有1859人领取养老保险待遇，发放金额682万元；符合领取老年人补贴4803人，累计发放37.82万元；医疗保险参保2.8万人，参保率80%，办理医疗报销300人，报销总金额30万元。发放社保卡1300张。救助弱势群体，累计发放各种福利、津贴500余万元，慰问贫困户、困难户580余户。发放残疾人托养费3.6万元；为残疾人申请轮椅14个；为全镇248名白内障患者免费检查，对21名重度白内障患者进行免费手术。

（葛莹莹）

河北屯镇

河北屯镇位于武清区东北部。东北部与宝坻区大口屯镇隔青龙湾河相望，东南部与崔黄口镇接壤，西与下伍旗镇搭界，南与大良镇毗连，北以青龙湾河为界与河北省香河县刘宋乡为邻。2013年，镇域面积47平方公里，耕地面积3158.67公顷，辖31个村民委员会。户籍人口31589人，其中农业人口29053人。除汉族外，有回、壮、满、瑶、蒙古等少数民族270人。

因驻地河北屯故名。1948年12月解放。东部属武清县第四区。1949年10月，改称第十二区。1950年8月，改称第五区。1952年1月，改称第六区。1957年1月，属大良乡。1958年9月，属筐儿港公社。1958年12月，属大良公社，由香河县划出自然镇河北屯、李大人庄等28个村并入大良公社。1961年6月，从大良公社析出32个村和1个自然镇河北屯，建河北屯公社。1983年7月，改称河北屯乡。2000年3月，撤乡建镇。

2013年，实现地区生产总值8.17亿元，比上年增长25%；三级财政收入6529万元，增长33.2%；农民人均所得1.46万元，增长17%。

粮占耕地2543.4公顷，粮食总产3.27万吨。投资2855万元，完成占地133.33公顷设施蔬菜基地建设，新建钢骨架大棚900栋、高标准节能温室10栋。建设1.33公顷蔬菜交易市场和400平方米蔬菜检测中心，初步形成蔬菜“种植—监测—销售”一体化发展模式。有林地860.4公顷。年末大牲畜存栏3017头，羊存栏3800只，生猪饲养1.62万头，蛋鸡存栏25.33万只，年产蛋850吨。

有工业企业124家，以地毯生产、皮革制品、服装为主，另有汽车配件加工、泡棉制品、铝制品、铸造标准件等，从业人员4532人。完成工业总产值8.42亿元，销售收入8.48亿元，利润2599万元，固定资产投资2.95亿元。完成税收6529万元。实现招商引资6.25亿元，新引进注册企业78家。认定科技型企业32家。

完成河北屯村市级文明生态村创建，新建休闲健身广场4处。投资1400万元，完成崔霍路河北屯段4.4公里拓宽改造工程，实施两侧地下排水管道铺设、辅路硬化、绿化、亮化等工程。投资300万元，购置垃圾清运车辆，聘用保洁员，做到环境卫生长效保洁。加强违章建筑治理，拆除违章建筑10处。

投资170万元，完成3所学校义务教育现代化提升工程，硬化校区1.2万平方米，购置电脑30台、多媒体设备26套。中考考取杨村一中5人，普通高中108人。为19所村级标准化卫生服务站配置设施，并投入使用。为各村农家书屋更新出版物和部分光盘198种。参加城镇医疗保险20544人，参保率98.6%，为99人报销医药费20.98万元；参加养老保险863人。落实计划生育奖扶政策，为20对自愿放弃二胎指标的夫妻上保险；为240个父母年满60周岁的独生子女家庭发放补助；组织育龄夫妇参加优生健康体检，体检率88.3%；计划生育率98.3%。

（杨杰希）

下伍旗镇

下伍旗镇位于武清区北部，东与河北屯镇交界，西傍北运河，南临大良镇，北依青龙湾河与河北省香河县接壤。2013年，镇域面积49.8平方公里，耕地面积3035.13公顷，辖34个村民委员会。户籍人口24718人，其中农业人口22384人。除汉族外，另有少数民族53人。镇西南部有一港北森林公园，是华北地区最大的原始次生林，占地500公顷。

因驻地下伍旗故名。1939年，分属第二、四区。1949年，属第五区。1950年8月，西部属第三区，东部属第五区。1952年1月，东部属第六区，西部属第七区。1957年1月，建下伍旗乡。1958年9月，属筐儿港公社。1958年12月，属大良公社，同期香河县刘皮庄等28个村划入武清县大良公社。1961年5月，从大良公社析出34个村包括下伍旗，建下伍旗公社。1983年7月，改称下伍旗乡。1997年3月，撤乡建镇。

2013年，实现地区生产总值11.25亿元，比上年增长25%；三级财政收入1.47亿元，增长14.2%；农民人均所得1.53万元，增长5.5%。

粮占耕地1969.53公顷，粮食总产2.49万吨。落实夏、秋粮直补面积3632.38公顷，补贴资金435.9万元。完成蔬菜物流中心二期1500平方米冷库建设，带动周边333.33公顷设施农业发展。完成蔬菜质量检测中心的2个检测站点建设，保障133.33公顷放心菜基地建设。有林地1160公顷，果园10.47公顷，果品总产89吨。年末大牲畜存栏5403头，羊存栏4500只，生猪饲养2.13万头，蛋鸡存栏7.3万只，年产蛋1200吨。

有工业企业176家，从业人员1411人。实现工业总产值2.67亿元，销售收入2.27亿元，利润2579万元，工业增加值5400万元。年内引进企业56家，注册资金4.31亿元。新引进科技型中小企业33家。

完成西王庄文明生态村提升工程和河各庄等4个生态村创建工程。全年硬化村内主干街道4.17万平方米，硬化里巷道路4.9万平方米，修建地下排水管道5900延米、种植风景树5200株；建健身广场5个，安装铁杆路灯250盏、太阳能灯16盏、太阳能热水器630台；新建垃圾处理点5个，配置垃圾运输箱18个、垃圾收集箱580个，购置垃圾转运车5辆、保洁三轮车35辆，清除垃圾1.75万立方米；新建小金庄等5条乡村公路，共计4.83公里。

加大教育投入，完成良庄至河各庄小学1.5公里、良庄至镇中学2.5公里道路建设。为农家书屋发放补充读物6800本。新建中医特色卫生服务国医堂和预防接种门诊，完成24所卫生室辅助设施配套工程。保持低生育水平，全年签订诚信计生合同书4430份，计划生育率97.5%。全镇参加城乡医疗保险16838人，全年发放60岁以上老年人生活补助34072人次265万元。对五保204人、低保178户、特困13户、社会临时救济66户进行救助，危房改造12户。开展“爱心助学·阳光捐款”活动，捐资5740元。

（周丽丽）

南蔡村镇

南蔡村镇位于武清区中部，东与大碱厂镇隔北运河相望，西隔龙凤新河与泗村店镇为界，南隔龙凤新河与徐官屯街道、东蒲洼街道为邻，北与大孟庄镇接壤。京塘高速公路、高速二线、京津公路、京福公路支线南北贯穿全境。2013年，镇域面积80平方公里，耕地面积5031.67公顷，辖48个村民委员会。户籍人口43957人，其中农业人口37442人。除汉族外，另有少数民族895人。

因驻地南蔡村故名。1939年，分属武清县第三、六区。1948年12月解放。1957年1月，撤区并乡，建南蔡村乡。1958年9月，建南蔡村“九五”人民公社。1961年6月1日，公社体制变更，以其东南部26个村建南蔡村公社。1983年，改称南蔡村乡。1995年4月，撤乡建镇。2001年10月，原北蔡村乡并入。

2013年，实现地区生产总值13.35亿元，比上年增长24.7%；三级财政收入1.6亿元，增长26%；农民人均所得1.59万元，增长8.16%。

粮占耕地3766.67公顷，粮食总产4.99万吨。无公害蔬菜种植200公顷。有林地2759.47公顷，果园60.6公顷，果品总产3429吨。全镇奶牛存栏5913头，年产鲜奶3.5吨；年末大牲畜存栏6227头；生猪饲养2.04万头；肉牛出栏68头；肉鸡出栏45.2万只；蛋鸡存栏12.94万只，年产蛋1966吨。

有自行车、工艺品、橡塑制品等各类企业356家，从业人员1.16万人。实现工业总产值28.59亿元，销售收入28.64亿元，利润1.3亿元。完成招商引资7.15亿元。新引进入区企业106家，引进注册企业83家。全镇通过科技型中小企业认定26家，其中提升改造企业5家。年内新引进科技型中小企业21家。

创建大王甫、西崔庄、蔡坊、杨凤庄、苏羊坊5个文明生态村及三里浅1个重点村，申报张辛庄文明生态村提升改造工程。投资150余万元,用于绿化工程建设,提升改造镇区和镇经济区透视墙外围及南蔡村村南、北水柜渠南侧、103国道郭官屯段，新植观赏树10余万株,绿化草坪8000平方米。完成71公顷郊野公园栽植工作。2个环卫保洁队坚持日巡查机制，做到卫生长效保洁。

投资6923万元,完成教育布局调整。调整后有中学2所，在校生1346人;小学7所,在校生3018人;专职教师376名。有镇文化站1所,民间花会39道。镇内有卫生院2所,村级卫生所21所,各类医务人员101人。稳定低生育水平,计划生育率98%。全镇居民参加养老保险29215人,参保率104%。向各村发放农民法律知识读本800余本，发放反邪教宣传资料2万余份。年内排查矛盾纠纷110件,调处108件,调处率100%,成功率98%。实施帮扶制度,设立帮扶基金90万元,解决困难村民、困难教师和困难学生的生产生活问题。

(赵庆敏)

泗村店镇

泗村店镇位于武清区西北部,东隔龙凤新河与南蔡村镇、大孟庄镇为邻，西与东马圈镇、城关镇接壤,南与豆张庄镇、东蒲洼街道以龙凤河为界，北与白古屯镇以廊良公路为界。2013年,镇域面积52.6平方公里，耕地面积3302.47公顷,辖12个村民委员会。户籍人口17855人,其中农业人口16043人。

因驻地泗村店故名。1939年,属武清县第一区。1948年12月解放,分属第九、十二区。1949年10月,改称第三、七区。1950年8月,属第七、九、十一区。1957年2月,建泗村店乡。1958年9月,人民公社化,属南蔡村“九五”人民公社。1961年6月,建泗村店公社。1983年,改称泗村店乡。1995年6月,撤乡建镇。

2013年,实现地区生产总值6.9亿元,比上年增长30%;三级财政收入1.32亿元,增长30%;农民人均所得1.47万元,增长10%。

粮占耕地2695.8公顷，粮食总产3.29万吨。有林地1220.47公顷,果园159.33公顷，果品总产1416吨。完成植树3.5万棵，绿化面积31.33公顷,累计有害生物防治2000公顷。年末大牲畜存栏319头,生猪饲养3.44万头，蛋鸡存栏1.54万只,年产蛋227吨。做好农田水利设施建设，完成龙河大堤整治和清淤改造任务,新建北干渠窑上闸1座,架设节水配电工程变压器10台。

有工业企业73家，从业人员4686人。实现工业总产值4.13亿元,销售收入3.78亿元,利润4709万元。全年引进企业128家,引资额5.8亿元。总投资4.8亿元的龙凤新城产业园起步区占地40公顷,基础配套设施建设全部完成,有18家企业入园,10家企业投产,新增就业岗位800余个。为园区4家企业解决融资3000余万元。

完成太子务村新农村二期建设、泗村店村村标建设及齐庄、旧县等5个村绿化任务。对各村街挡土墙、镶嵌瓷砖、彩砖、排水沟等基础设施修复;完成仓上、齐庄、后所3条乡村公路新修和翻修工作。落实环境长效保洁机制，全年累计出动1200余人次、车辆300余台次,清理镇区、村街主干道路两侧堆物堆料、柴草1000余处，清理清运垃圾500余立方米，建设垃圾中转箱平台67处。制止违法用地46起、整改26起、强拆违建6起,拆除违章建筑面积1520平方米。

投资300余万元，完成龙凤小学功能改造;湖西中心小学、镇中学通过区级现代化达标提升验收;全镇义务教育完成率99.5%。投资500万元,完成占地3347平方米的镇中心卫生院建设并投入使用；完成10所村卫生室建设并通过验收；为全镇60岁以上老年人免费体检;全镇15280名群众建立健康档案，建档率71.77%。利用各村LED电子屏、农家书屋和人口学校做好计生政策和服务项目宣传，受训2500余人次;建立出生缺陷一级干预模式,群众优生知识知晓率85%；全镇已婚育龄妇女健康体检率98%，计划生育率97.6%。全镇参加养老保险1452人,办理城乡居民养老退休762人,有1687人领取老年人补贴;参加医疗保险13918人。发放救济金8万余元;为困难家庭翻建、修缮房屋60间。

(王晓静　周士增)

大孟庄镇

大孟庄镇位于武清区西北部。东以北运河为界与大良镇为邻,西与白古屯镇、泗村店镇隔龙凤新河相望,南邻南蔡村镇,北与河西务镇接壤。2013年,镇域面积46.5平方公里,耕地面积3026.6公顷,辖21个村民委员会。户籍人口22599人,其中农业人口20193人。除汉族外,另有少数民族185人。

因驻地大孟庄故名。1939年,分属武清县第二、三区。1948年12月解放。1950年8月,分属第三、四区。1952年1月，属第七区。1957年1月,撤区建大孟庄乡。1958年9月,人民公社化,属南蔡村“九五”人民公社。1961年6月,公社体制变更,“九五”人民公社一分为三,析东南部建南蔡村公社，析西南部建泗村店公社，析北部1个自然镇大孟庄和22个自然村建大孟庄公社。1983年,改称大孟庄乡。1996年1月,撤乡建镇。

2013年,实现地区生产总值5.8亿元,比上年增长30%;三级财政收入7943万元,增长36%;农民人均所得1.57万元,增长10%。

粮占耕地2234.8公顷,粮食总产3万吨。落实夏、秋粮补贴资金576.7万元。蔬菜种植766.67公顷,温室大棚101.80公顷,蔬菜总产5356万公斤。有林地739.27公顷,果园241.67公顷,果品总产8016吨。年末大牲畜存栏2677头,奶牛存栏2339头,羊存栏4015头,生猪饲养2.43万头,蛋鸡存栏11.3万只,年产蛋1275吨。全镇建成蔬菜种植运销、畜禽养殖加工等各类合作社13家。

有工业企业30家,涉及皮件加工、建材、模具、食品、橡胶等行业,从业人员3259人。实现工业总产值11.59亿元,销售收入10.5亿元,利润7521万元。引进企业51家,引资额4.05亿元。认定科技型中小企业26家。其中,新引进企业24家,提升改造企业2家。

推进城市化建设。完成160余户还迁户的燃气、有线电视、宽带、电话入户工程。镇域103国道两侧铺设电缆管道1.4万米,架设路灯杆466根。清理整治不规范牌匾19处,清理整治店外经营27户,清理店铺门窗小广告513处,线杆及墙壁喷涂小广告287处,更换损毁井盖70个。21个村全部建立保洁队伍,并配备保洁车辆和固定垃圾处理点,落实环境常态化管理。

投资70万元,修缮、改造镇中学教学楼,更新计算机45台,更换桌凳500套,年内镇中学通过教育现代化达标验收。投资8万元,完成大押虎寨中心小学门前、操场改造。中考考入杨村一中8人,考入普通中学182人。计生服务站进村入户宣传计划生育政策,发放宣传材料2000余份。落实农村计划生育家庭奖励扶助制度、特别扶助制度、独生子女父母奖励费等政策,严格按程序发放生育服务证、办理二胎审批,综合节育率90.57%。为300余名55~80岁老年人上意外伤害保险。为老年人做白内障筛查,实施免费手术。全镇有低保143户、五保131户。开展“阳光工程·爱心助学”活动,为困难学生筹集善款2200元。

(杨复忠)

河西务镇

河西务镇位于武清区北部,东接下伍旗镇,西与高村镇、白古屯镇接壤,南邻大孟庄镇,北与河北省香河县相连,是京津两市地理中点,是天津市重点发展的中心城镇。2013年,镇域面积69.5平方公里,耕地面积4625.2公顷,辖51个村民委员会。户籍人口42382人,其中农业人口35855人。除汉族外,有回、满、蒙古、壮等少数民族3197人,其中回族2845人。

因驻地河西务故名。1939年,属武清县第二区。1948年12月解放,属第六区。1950年8月,属第三区。1952年1月,分属第七、八区。1957年,撤区并乡,东半部属河西务乡,西半部属东、西陈庄乡。1958年9月,属河西务公社。1961年6月,从河西务公社划出35个村另建大沙河公社和高村公社。1983年6月,改称河西务乡。1988年9月,撤乡建镇。2001年10月,原大沙河乡并入。

2013年,实现三级财政收入1.82亿元,比上年增长27.4%;农民人均所得1.61万元,增长7.3%。

粮占耕地2501.4公顷,粮食总产3.3万吨。无公害蔬菜占地2800公顷,其中温室、大棚等设施1733.34公顷,年产蔬菜5亿公斤。有农民专业合作社19个。有林地727.27公顷,果园3.2公顷,果品总产41吨。年末大牲畜存栏792头,羊存栏4630只,生猪饲养1.9万头,蛋鸡存栏6.74万只,年产蛋809吨。

大沙河蔬菜批发市场是国家农业部定点蔬菜批发市场、华北地区影响最大的蔬菜产地批发市场之一,统一注册的“驿泉”蔬菜品牌享誉周边。市场占地8公顷,有保鲜冷库3000平方米。主营蔬菜瓜果120余个品种,远销广东、上海、内蒙古、东北三省等20余个省市,年交易量4亿公斤,交易额3亿元。

有工业企业63家,从业人员3350人。实现工业总产值27.81亿元,销售收入25.46亿元,利润3.37亿元。招商引资18.2亿元。新引进科技型企业64家;改造提升科技型企业2家、“小巨人”企业2家。镇产业功能区累计吸引企业40家,从业人员3600人。

中国艺术家聚集区项目一期占地40.67公顷,建筑面积18万平方米,投资额9亿元。养老示范社区项目占地40.8公顷,包括民政部养老示范区和华夏颐园两部分,民政部养老示范区年底前投入运营。

东白庙、三里屯、苏庄3个生态村通过市、区两级验收。硬化村街主干道路4400米,硬化里巷4万平方米,安装路灯70盏,建健身广场2800米,建垃圾池、垃圾箱155个,植树2500株。加大103国道、京津高速路、高王路、崔大路和镇区环境整治力度,添置垃圾车3辆、垃圾中转箱93个、三轮车201辆,村街环境卫生管理纳入常态化。

投资50余万元,新建木厂村级幼儿园,建筑面积400平方米;投资15万元,新建河西务镇中门前排水管道80余米,硬化场地1500平方米。45个村卫生室投入使用,并实现规范化运转。稳定低生育水平,计划生育率98%。城镇居民基本医疗保险参保率98%。全镇低保、五保和困难户实现老有所养、病有所医。

(甄秀洁　王桂萍)

城关镇

城关镇位于武清区西北部,东邻白古屯镇、泗村店镇,西界河北省廊坊市安次区,南接东马圈镇,北与大王古庄镇毗连。京津塘高速公路和廊良公路贯穿镇域,京沪高速公路、京津塘高速二线与京沪高速联络线、京津城际铁路穿越境内。2013年,镇域面积56平方公里,耕地面积3686.87公顷,辖30个村民委员会。户籍人口26188人,其中农业人口22641人。除汉族外,另有少数民族181人。

因驻地武清城关故名。1939年,属武清县第一区。1948年12月解放,东南部的八里庄属第九区,西部的草茨、田古屯、东张营、西张营、后庄、小屯属第十区,武清城关和其他20个村属第一区。1949年5月,原属第十区的6个村划入。1952年1月,属第九区。1957年,建武清城关乡。1958年,建城关红旗人民公社。1961年6月,划出27个村和1个自然镇建城关公社。1983年7月,建城关乡。1988年9月,置镇。

2013年,实现地区生产总值4.8亿元,比上年增长26%;三级财政收入1.03亿元,增长25%;农民人均所得1.43万元,增长15%。

粮占耕地2246.6公顷,粮食总产3.01万吨。棉花播种269.33公顷,总产301吨。油料播种36.87公顷,总产111吨。有林地1023公顷,果园224.93公顷,果品总产5019吨。年末大牲畜存栏1615头,羊存栏1789只,生猪饲养3.42万头,蛋鸡存栏5.12万只,年产蛋333吨。

有工业企业195家,从业人员2876人。实现工业总产值10.7亿元,销售收入13.28亿元,利润1.51亿元。招商引资突破10亿元。采取聘请招商大使、实施VIP管理、组织招商恳谈推介会等形式,引进北京企业20家。依托京滨睿城商务楼宇招商中心,引进注册企业86家,泰吉达实业、吉隆国际融资等4家企业入驻。培育引进科技型中小企业36家。

加快住宅项目开发,城锦园二期完成招拍挂。投资1900万元,完成崔廊路城关段拓宽改造工程;投资100万元,翻修镇村公路5.37公里;投资130万元,完成城际铁路、京津塘一线绿化整改提升工程,植树5万株。投资350万元,配置大型垃圾清运车、中转箱、保洁车和垃圾篓等环卫器械,清除卫生死角46处,疏通排水沟渠1500余米,清除垃圾6000余吨,实现环境卫生长效保洁。

完成4所小学、1所中学教育现代化达标工程。投资50万元,改建中心幼儿园。投资40万元,建成卫生院预防接种门诊。23个村街卫生室完成修缮搬迁工作。计生服务站与卫生院联合下乡开展义诊咨询4次,发放宣传材料2200余份,累计义诊咨询590余人次。对已婚育龄妇女进行孕情环情监测服务,组织普查4次,累计普查8550余人次,计划生育率97.02%。为125户五保户发放五保经费、价格补贴等82万元,为128户低保户发放最低生活保障金、价格补贴等96万元,为2名孤儿办理每月1500元生活补助金。为16户癌症、白血病等大病患者解决医疗费6万元。为11户重度困难危房户翻建新房。

(刘体乾)

大王古庄镇

大王古庄镇位于武清区西北部,东与白古屯镇、高村镇接壤,西接河北省廊坊市安次区,南与城关镇搭界,北与北京市通州区为邻。2013年,镇域面积48.08平方公里,耕地面积2319.33公顷,辖17个村民委员会。户籍人口23182人,其中农业人口20927人。除汉族外,另有少数民族123人。

因驻地大王古庄故名。1939年,属武清县第一区。1948年12月解放,分属第一、六、十区。1949年10月,分别改称第一、二、四区。1950年8月,属第二区。1952年1月,分属第九、十区。1957年2月,撤区并乡,属大王古庄乡。1958年9月,人民公社化,属城关红旗人民公社。1961年6月,从城关红旗人民公社析出置大王古庄公社。1983年,改称大王古庄乡。2001年10月,撤乡建镇。

2013年,实现地区生产总值24.2亿元,比上年增长36.57%;农民人均所得1.6万元,增长9.6%。

粮占耕地1376.07公顷,粮食总产1.46万吨。落实夏、秋粮直补面积1908.86公顷,补贴资金229.1万元。种植棉花333.33公顷,蔬菜106.67公顷,天鹰椒159.13公顷。有林地1245公顷,果园112公顷,果品总产825吨。年末大牲畜存栏756头,羊存栏1600只,生猪饲养2.13万头,蛋鸡存栏2.55万只,年产蛋74吨。

有工业企业160家,从业人员500人。实现工业总产值5亿元,销售收入4.8亿元,利润4000万元。京滨工业园建设稳步提升,累计引进国内外企业700余家,投资总额500余亿元。阿里巴巴、当当网、凡客诚品、聚美优品、一汽大众等知名企业及中科院化学所、中国建筑研究总院等大院大所落户园区。年内引进项目300余个,注册资本金47.6亿元,新增科技型企业121家。

推进示范镇建设。城王路拓宽改造拆迁户顺利还迁,涉及49户,分房 113 套。泰丰花园管理逐步规范。成立泰丰花园物业服务有限公司,小区水、电、气、暖等配套设施全部到位,入住居民 37 户。实施水利工程建设,投资 30 万元,新打机井 6 眼,维修机井 11 眼,建地上泵点 8 座,更新潜水泵 20 台套,架设低压线路 2000 米,铺设地下塑料管道 800 米,铺设低压输水管道 12.9 公里。投资 600 万元,完成 6 座桥改造重建工作。

加大教育投入力度,学校现代化建设全部达标。开通首批 26 辆免费校车,解决北片各村学生上学远问题。完成各类技能培训 4000 人次,新增就业 1000 余人。提升京滨艺术团和村级文艺表演队水平,邀请文化大篷车下乡演出 2 场次。镇行政服务中心接待咨询 3200 余人次,代办各类事项 2937 件。落实计划生育奖励扶助政策,发放奖励扶助金 29.16 万元、特别扶助金 5.27 万元。育龄妇女综合避孕节育措施落实率 80%,免费技术服务率 100%,计划生育率 98%。

(高　玮)

大王古庄镇小王古庄村还迁小区——泰丰花园小区

(摄影:许会仿)

东马圈镇

东马圈镇位于武清区西部。东邻豆张庄镇,西邻河北省廊坊市区,南邻廊坊市落垡镇,北邻城关镇。京福公路、京山铁路贯穿全镇。2013 年,镇域面积 37.4 平方公里,耕地面积 2400.8 公顷,辖 13 个村民委员会。户籍人口 15966 人,其中农业人口 13906 人。除汉族外,另有少数民族 5 人。

因驻地东马圈故名。1939 年,属第一区。1948 年 12 月解放,东部和南部属第一区,西部和北部属第十区。1950 年 8 月,第十区改称第二区。1952 年 1 月,分属第九、十、十一区。1957 年,属东马圈乡。1958 年,人民公社化,属东马圈“火箭”人民公社。1961 年 6 月 1 日,“火箭”人民公社改称东马圈公社。1983 年,改称东马圈乡。1995 年 4 月,撤乡建镇。

2013 年,实现地区生产总值 3.5 亿元,与上年基本持平;三级财政收入 8413 万元,增长 23.5%;农民人均所得 1.48 万元,增长 10%。

粮占耕地 1256.73 公顷,粮食总产 1.44 万吨。落实夏、秋粮直补面积 1844.13 公顷,补贴资金 229.6 万元;良种直补 1593.15 公顷,补贴 26.53 万元。完成半城村蔬菜大棚及配套建设,新建棚室 143 个。首批完成土地流转 33.33 公顷。发放 H7N9 禽流感补助资金 11.3 万元。有林地 831.8 公顷,果园 54.2 公顷,果品总产 1335 吨。年末大牲畜存栏 2669 头,羊存栏 3127 只,生猪饲养 2.1 万头,蛋鸡存栏 1.4 万只,年产蛋 159 吨。

有工业企业 66 家,从业人员 1657 人。实现工业总产值 5.82 亿元,销售收入 5.82 亿元,利润 3202 万元。新招企业 60 家,其中北京企业 20 家。认定科技型企业 27 家,皇冠幕墙成为“小巨人领军企业”和全区首家“新三板”上市企业。

完成安标垡文明生态村建设。大修张标垡 1 公里乡村公路,小修镇域内乡村公路 2000 平方米。启动西马房“清洁村庄”建设,改造 1.8 公里村庄公路,新建健身广场 1000 平方米。完成广善村道路硬化、水电维修等基础设施建设。投入专项资金集中清理镇村环境卫生,按农业人口千分之五配备保洁员,每 500 人配备 1 个垃圾转运箱,按户数配备垃圾容器。

提升改造镇幼儿园;镇中学通过教育部均衡发展评估验收;教育教学质量提高,9 人考入杨村一中。组织春节文化活动,开展花会展演,组织 2 个村花会队伍参加凯旋王国庙会;东马圈镇被评为文明服务展示季活动先进单位。卫生院完成医疗设备升级,增设国医堂、儿童接种门诊,开展义务体检、巡诊活动。建设老年人日间照料中心 1 所、残疾人康复站 2 个。落实优抚政策及标准,发放各种补助 76 万余元。稳定低生育水平,计划生育率 98.2%。

(崔金秋)

黄花店镇

黄花店镇位于武清区西南部，东部和北部邻豆张庄镇，西接河北省廊坊市安次区，南界石各庄镇。境内有黄王公路穿过，连接104国道和津霸公路，交通便捷。2013年，镇域面积53平方公里，耕地面积3226.4公顷，辖22个村民委员会。户籍人口24589人，其中农业人口22530人。除汉族外，另有少数民族78人。

因驻地黄花店故名。1938年，属武清县第七区。1948年12月解放，属第五区。1949年3月，属第十一区。1949年10月，属第八区。1950年8月，属第九区。1952年1月，分属第十一、十二区。1957年2月，建黄花店乡。1958年9月，人民公社化，建黄花店“卫星”公社。1961年6月，南部6个村建石各庄公社，“卫星”公社改称黄花店公社。1983年，改称黄花店乡。1999年1月，撤乡建镇。

2013年，实现地区生产总值5.2亿元，比上年增长25%；三级财政收入8034万元，增长34%；农民人均所得1.57万元，增长12%。

粮占耕地1942.4公顷，粮食总产2.07万吨。落实夏、秋粮直补面积2950.14公顷，补贴资金354.01万元；良种直补面积2830.21公顷，补贴资金42.48万元。投资1800万元，用于改善温室大棚生产条件。在刘庄、包营2个村进行以色列草莓种植试验，取得初步成功。有林地1494.2公顷，果园50.13公顷，果品总产1361吨。投资3000万元的农康养殖场二期主体工程竣工并投入使用，成为全区最大的生猪养殖基地。年末大牲畜存栏3110头，羊存栏4340只，生猪饲养4.88万头，蛋鸡存栏13万只，年产蛋134吨。

有工业企业125家，从业人员2171人。完成工业总产值9.67亿元，销售收入9.24亿元，利润1.49亿元。引进北京企业21家；引进科技型企业23家，提升改造3家。创业总部基地1000平方米的办公用房，全部摆满项目，累计注册企业360家，实现税收7000万元。

投资2000余万元，完成镇域西部涉及6个村6.4公里的高压线路改造工程。完成三号路、马营与西田庄连接路、八里桥大堤路以及马营、刘庄、宴庄村内5公里道路的大修和硬化工程；翻建马营桥和杨营桥。实施八里桥工业小区给排水和消防配套工程。投资200余万元，完成来鱼路北侧绿化景观提升、东田庄至鱼市庄路段的路灯安装及镇区主干道路路灯改造工程；为各村街修建垃圾池50座。

投资33万元，对黄花店镇中学、黄花店镇小学、甄营小学软硬件更新补充。15所村级卫生室投入使用，实现规范化管理。年内，有2528人享受养老补贴，发放养老补贴230万元；有1791人享受养老保险，发放养老金700万元；享受医疗报销104人次，报销金额28.5万元；全镇16132人参加城乡居民基本医疗保险。有404户家庭享受五保、低保待遇，发放救助金430万元；完成12户安居工程的翻建、维修工程。稳定低生育水平，计划生育率98.5%。

（张文怡）

石各庄镇

石各庄镇位于武清区西南部，东邻陈咀镇，西接河北省廊坊市安次区，南界汊沽港镇，北靠黄花店镇。2013年，镇域面积45平方公里，耕地面积3209.67公顷，辖12个村民委员会。户籍人口22770人，其中农业人口20893人。除汉族外，另有少数民族115人。

因驻地石各庄故名。1939年，属武清县第七区。1948年12月解放。1949年3月，分属第十一、十五区。1949年10月，分属第八、九区。1950年8月，改称第九、十区。1957年，置石各庄乡。1958年9月，人民公社化，属黄花店“卫星”公社。1961年，由“卫星”公社析出6个村建石各庄公社。1983年，改称石各庄乡。1995年6月，撤乡建镇。

2013年，实现地区生产总值23亿元，比上年增长25%；三级财政收入1.96亿元，增长15%；农民人均所得1.56万元，增长13%。

粮占耕地2322.4公顷，粮食总产1.72万吨。落实夏、秋粮直补面积2698.34公顷，补贴资金323.8万元；良种直补面积2367.44公顷，补贴资金35.69万元。完成京沪高速公路两侧绿化带补植任务及除草工作，栽植杨树、金枝槐、杜林、竹柳各2000株，除草53.33公顷。有林地1146.87公顷，果园145.47公顷，果品总产3012吨。年末大牲畜存栏3264头，羊存栏1545只，生猪饲养4860头，蛋鸡存栏1万只，年产蛋74吨。

有工业企业57家，从业人员4495人。实现工业总产值24.28亿元，销售收入23.72亿元，利润4830万元。完成招商引资8.01亿元。引进企业45家，其中注册企业40家(包括亿元以上企业2家、科技型中小企业27家)、实体租赁企业5家，提升改造企业1家。

加强路网建设，大修西半环、东北环乡村公路8.6公里；梅石路拓宽整修工程完成绿化面积19.07公顷，栽植灌木、乔木2.6万株，安装路灯198盏。开展大规模环境整治活动，参与1000余人次，动用机械80余台次，清整垃圾1200余立方米。完成石东等5个村共15个垃圾台建设工作。

开展“清理整顿民办无证幼儿园”行动，规范整治民办幼儿园12所。定期开展戏曲表演、书画展等文体活动；更新改造文化公园，更换健身器材63套，更新雕塑，修建演出平台。全镇11个村卫生室投入使用，方便群众就医。参加城乡居民基本医疗保险1.56万人，收缴医疗保险费121.77万元，参保率100%；参加养老保险207人，为60岁以上老年人发放生活补贴176.12万元；发放社会保障卡830张。协调解决劳资纠纷6起，协调资金151万余元。落实独生子女奖励扶助、特别扶助资金37.75万元；计划生育率98.7%。

（王 艳）

陈咀镇

陈咀镇位于武清区西南部，东与黄庄街道接壤，西邻黄花店镇、汊沽港镇、石各庄镇，南至北辰区界，北界豆张庄镇。2013年，镇域面积61平方公里，耕地面积4259.67公顷，辖14个村民委员会。户籍人口31683人，其中农业人口29189人。除汉族外，另有少数民族115人。

因驻地陈咀故名。1948年12月解放。1949年3月，津武县撤销。1950年，分属第八、九、十区。1953年7月，属第十三区。1957年2月，建陈咀乡。1958年8月，人民公社化，陈咀、渔坝口属王庆坨公社，其余7个村属黄花店“卫星”公社。1961年6月，从王庆坨、黄花店公社析出9个村建陈咀公社。1983年，改称陈咀乡。2001年10月，撤乡建镇。

2013年，实现地区生产总值11亿元，比上年增长30%；三级财政收入1.35亿元，增长29%；农民人均所得1.48万元，增长10%。

粮占耕地2000.2公顷，粮食总产1.65万吨。投资1800万元，完成庞庄、艾蒲庄、东肖庄共933.33公顷农业综合开发工程，铺设水管道1.7万米，修建泵站22座、管涵桥79座；投资1250万元，完成8000米东排渠、7300米二支渠和5100米中泓故道清淤工程。有林地1333公顷，果园109.6公顷，果品总产1816吨。年末大牲畜存栏3618头，羊存栏3937只，生猪饲养1.3万头，蛋鸡存栏5万只，年产蛋142吨。

有工业企业86家，从业人员2810人。实现工业总产值21.3亿元，销售收入21.6亿元，利润3.39亿元。全年引进企业122家，其中北京项目22家、科技型中小企业36家，园区实现税收6600万元。置换引进高附加值注册企业5家，实现税收333.4万元。投资240万元，完成日处理能力2000吨的污水处理厂扩容，并投入使用。

镇村建设迈出新步伐。投资740万元，完成梅石路陈咀段3650米绿化、亮化和4400米提升改造工程，植树1.2万株，安装路灯200盏。新建、翻建渔一村等3个村乡村公路6400米，新建庞庄等5个村公路桥3座。全年投入210万元，对路网沿线、14个村街、坑塘沟渠进行环境综合整治。年内查处制止违章建房108起，拆除建房2处，查处盗挖集体土方39起。

全年教育、民政、卫生等惠民性支出235万元。完成艾蒲庄、庞庄小学达标创建工作，全镇中小学全部实现现代化达标；中考考入杨村一中9人。高标准建成镇文化健身公园和艾三村、庞庄村、渔四村健身广场；丰富农家书屋，新增图书3000余册。完成14个村级卫生室进站工作。全镇参加城乡居民基本医疗保险22976人，占应缴比例95%；基本养老保险参保3318人，占应缴比例20%。新建、翻建困难群众住房19户；渔一村日间照料中心和镇残疾人托养中心投入使用。稳定低生育水平，计划生育率98.3%。

（苗 硕）

王庆坨镇

王庆坨镇位于武清区西南部，东与北辰区、西青区接壤，西界河北省廊坊市安次区，南接河北省霸州市，北邻汊沽港镇。镇内有津保高速公路、京沪高速公路、高王公路、112国道、京九铁路穿过。2013年，镇域面积54平方公里，耕地面积3451.8公顷，辖22个村民委员会，户籍人口39865人，其中农业人口35814人。除汉族外，另有少数民族76人。

因驻地王庆坨故名。1939年，属武清县第八区。1948年12月解放。1949年3月，撤销津武县复属武清县第八区。1952年1月，改称第十三区。1953年7月，建王庆坨镇，仍属第十三区。1957年2月，建王庆坨乡。1958年9月，建王庆坨人民公社。1974年3月，划出北部15个村另建汊沽港公社。1983年，建王庆坨乡。1988年9月，改称王庆坨镇。

2013年，实现地区生产总值29.68亿元，比上年增长25%；三级财政收入1.14亿元，增长33%；农民人均所得1.78万元，增长12%。

粮占耕地2007.2公顷，粮食总产1.19万吨。投资3000万元、占地20公顷的九街设施农业园项目建成投入使用。投资3.2亿元，启动建设占地近200公顷的生态农业示范园项目。全年植树7.1万棵。有林地1769.07公顷，果园177.53公顷，果品总产2956吨。年末大牲畜存栏690头，奶牛存栏690头，羊存栏4428只，生猪存栏4918头，蛋鸡存栏4.62万只，年产蛋132吨。

有工业企业354家，从业人员1.51万人。完成工业总产值50.98亿元，销售收入52.75亿元，利润6.3

亿元。引进企业90家,引进科技型中小企业31家,提升改造企业6家,科技小巨人企业8家。郑家楼一次性餐具产业区吸引入区企业13家。自行车主导产业的支撑作用增强。组织各地自行车展会,成交额8.3亿元,比上年增长10.7%;产品合格率98%;全年完成自行车产量1200万辆,实现销售收入31.1亿元。

加强城镇建设。启动恒基商业广场、青苹果e族、金悦府、锦嘉花园建设工程。投资1000万元,翻修改造复兴庄路、小西环路和老开发区路;投资500万元,实施北环路、黄王公路、东环路亮化及便道硬化工程;投资30万元,更换京沪高速公路汊沽港至王庆坨互通出入口的10块指示牌;投资130万元,新置环卫保洁基础设施,做到环境卫生长效保洁。

提升改造一街小学、光明小学、六街小学、九街小学;组织镇教办、派出所、工商所、交通队、安监站等部门,对全镇11所学校的食堂、校园安全、校园周边环境进行联合检查。投资250万元,提升改造镇医院;专项拨款64.4万元,为各村街卫生室配备医疗器材;落实城乡居民医疗保险报销资金56.3万元;为1905人办理城乡居民基本养老保险手续,为其中365名参保人员办理退休保险。为低保、五保户发放资金40.5万元,惠及154户488人;投资45.8万元,翻修5户危旧房屋。稳定低生育水平,计划生育率98.2%。

(邢丽丽)

汊沽港镇

汊沽港镇地处武清区西南部,东与北辰区接界,西界河北省安次区,南与王庆坨镇相邻,北邻陈咀镇、石各庄镇。2013年,镇域面积58.56公顷,耕地面积3811.73公顷,辖18个村民委员会。户籍人口37976人,其中农业人口35170人。除汉族外,另有少数民族58人。

因驻地汊沽港故名。1939年,分属武清县第七、八区。1948年12月解放。1949年3月,南部属第八区,北部属第十五区。1949年10月,改称第九、十区。1950年8月,属第十区。1952年1月,改称第十三区。1957年2月,成立汊沽港乡。1958年9月,人民公社化,属王庆坨公社。1974年3月,从王庆坨公社析出,成立汊沽港公社。1983年,改称汊沽港乡。1997年8月19日,撤乡建镇。

2013年,实现地区生产总值20.3亿元,比上年增长30%;三级财政收入1.38亿元,增长25%;农民人均所得1.72万元,增长14%。

农作物播种面积968.4公顷,以小麦和玉米为主。其中,小麦播种4.8公顷,总产29吨;玉米播种2065.47公顷,总产1.39万吨。有林地1213.07公顷,其中防护林682.73公顷,新造林74公顷。有果园907.2公顷,主产苹果、桃、葡萄、梨、枣等,果品总产1.69万吨。年末大牲畜存栏339头;年产牛奶887.8吨;羊存栏7414只;生猪存栏3611头;肉鸡存栏5.3万只;蛋鸡存栏10.72万只,年产蛋1098吨。

有工业企业264家,从业人员8364人。完成工业总产值48.66亿元,销售收入48.03亿元,利润5.85亿元,工业增加值9亿元。拓展招商方式,引进注册企业70家,其中科技型中小企业45家;提升改造老企业7家,认定科技"小巨人"1家。为科技型企业申请专利和资金扶持,办理专利68项,协调解决资金6500余万元。

推进示范镇建设,完成五间房、曹场、二光3个村街的户代表表决、地上物踏查及房屋评估等工作。投资300万元,改造升级各村街环境和镇区主干道路,完成道路硬化8000平方米,绿化3600平方米。统一商户门面形象标识508处。加强企业污染治理,停产整顿26家。完成中弘故道清淤8.9公里,修建泵站及闸函各2座,建污水提升泵站1座,铺设污水管道1300米。

教育教学质量显著提高,镇中有22名学生被杨村一中录取。投资1200万元,完成建筑面积6000余平方米的文化场馆建设;投资100余万元,提升改造镇文化活动中心,修建露天舞台及宣传橱窗。推进"两险"工作,全年为3155名60岁以上老年人发放养老补贴289万元,医疗保险参保率100%。全年发放各类弱势群体救助金135万元。全镇已婚育龄妇女7618人,采取各种节育措施7264人,综合节育率95.3%。

(武文超)

曹子里镇

曹子里镇位于武清区东北部,东与大黄堡镇、上马台镇接壤,西与徐官屯街道毗邻,南与梅厂镇为邻,北与大碱厂镇搭界。2013年,镇域面积56平方公里,耕地面积3145.53公顷,辖33个村民委员会。户籍人口23135人,其中农业人口20134人。除汉族外,另有少数民族31人。

因驻地曹子里故名。1939年分属武清县第四、五、六区。1948年12月解放。1949年属武清县第三、十四区。同年10月改称第三区。1950年8月属第六、七区。1952年属第四区。1957年属拾棉庄乡。1958年9月,东部属大黄堡公社,西部属筐儿港公社,南部属梅厂公社。1958年12月属大黄堡公社。1961年自大黄堡公社析置拾棉庄公社。1982年更名曹子里公社。1983年改称曹子里乡。2013年6月,撤乡建镇。该镇是久负盛名的绢花之乡。

2013年,实现地区生产总值7.6亿元,比上年增长29%;三级财政收入1.02亿元,与上年持平;农民人均所得1.62万元,增长13%。

粮占耕地2483.07公顷,粮食总产3.24万吨。落实粮食直补面积3987.88公顷,补贴资金496.49万元;发放良种补贴75万元,引进小麦、玉米良种20种34.15万公斤。投资2000万元,实施北部11个村高标准农田建设。有林地1338.33公顷,果园4.33公顷,果品总产416吨。年末奶牛存栏3909头,月产鲜奶1075吨;羊存栏2480只;生猪存栏9880头;肉鸡存栏7.7万只;蛋鸡存栏8.09万只,年产蛋862吨。动物免疫率100%。

有工业企业78家,从业人员3144人。实现工业总产值10.02亿元,销售收入8.82亿元,利润3134万元。完成招商引资额6.4亿元。引进企业312家,其中科技型中小企业41家、提升改造老企业3家、培育“小巨人”企业1家;有储备项目45家。

加快城镇开发建设,文水园小区建成投入使用,福晟·钱隆城一期复工。市、区两级帮扶组落实帮扶资金41万元,安装路灯244盏,修建垃圾池31座、公厕1座,完善健身广场1个。投入650万元,完成中学、卫生院、花都市场商铺、敬老院等2万平方米公共设施供暖管网改造;建成200平方米邮政支局;完成工业区2公里污水管道改造。投入500余万元,翻建汉百户、前台等5个村,总长5.7公里的乡村公路;新建陆掘河、西掘河2座桥梁。开通曹子里至城际站的5路公交专线。

投资200余万元,对中小学校进行现代化达标和提升改造。扩建西掘河幼儿园,达到6个班的标准规模,辐射周边8个村街。村街卫生服务站全部投入使用。实施放心早点进学校、进社区工程,放心早餐车增至10辆。投资130余万元改造敬老院,新建住房及活动室14间,总面积700平方米。全镇城乡医疗保险参保率100%。落实老年人、低保、五保、特困、优抚等补贴共计350万元。发放独生子女父母奖励费6.75万元,计划生育率97.6%。

(魏 震)

大黄堡镇

大黄堡镇位于武清区东部,东与宝坻区尔王庄镇接壤,西与曹子里镇为邻,南与上马台镇隔龙凤新河相望,北与崔黄口镇毗连。境内几万亩芦苇荡野趣横生,是古代著名的“燕王湖”故地,津京走廊上著名的“渔苇之乡”。2013年,镇域面积102平方公里,耕地面积843.87公顷。辖28个村民委员会。户籍人口17825人,其中农业人口16650人。除汉族外,另有少数民族90人。

因驻地大黄堡故名。1939年,北部属武清县第二区,南部属第十四区。1949年10月,第二区改称第十三区。1949年12月解放。1950年8月,北部属第六区,南部属第三区。1957年1月,建大黄堡乡。1958年9月,称大黄堡公社。1983年5月,改称大黄堡乡。2013年6月,撤乡建镇。

2013年,实现地区生产总值16.25亿元,比上年增长25%;三级财政收入1.2亿元;农民人均所得1.65万元,增长11%。

该镇地产资源丰富,盛产芦苇,有苇田666.67公顷。有养殖水面3533.34公顷,年产鲢鱼、鲤鱼、草鱼、罗非鱼、武昌鱼、彭泽鲫、河蟹、南美白对虾等各种水产品5万吨,鱼类产品注册“大黄堡”商标。大黄堡湿地保护区有野生植物221种,鸟类199种,是中国北方地区原始地貌保存最好的芦苇湿地。

粮占耕地811.87公顷,粮食总产8931吨。落实夏、秋粮直补面积1296.43公顷,补贴金额155万元;良种直补1509.67公顷,补贴金额23万元。有无公害水产品养殖基地23个,其中千户庄紧锁、朱曹子玖玖和赵庄子向新是市级水产养殖示范园区。东汪庄村休闲渔业规划建设面积313.33公顷,建成垂钓池20公顷、钓鱼台40个。有林地5653.6公顷,果园12.33公顷,果品总产130吨。年末大牲畜存栏106头;生猪饲养2.43万头;蛋鸡存栏13.62万只,年产蛋1068吨;肉鸡存栏2.51万只;鹌鹑存栏12.7万只;毛兔存栏2000只。

工业形成化工、地毯纺织、塑料、金属制造、建材、纸制品6大主导产业,其中地毯产品久负盛名,远销世界多国。全镇有工业企业164家,其中地毯纺织企业135家;从业人员2643人。实现工业总产值7.34亿元,销售收入6.62亿元,利润2749万元。年内引进企业121家,注册金额4.4亿元。

投入283万元,建成四马营村市级文明生态村1个。硬化主干街道6000平方米,硬化胡同里巷2万平方米,安装路灯80盏。翻修赵庄村乡村公路1280米,小修乡村公路1500平方米。年内审批宅基地55所,其中翻建20所、新建35所。组织清脏治乱集体行动20余次,清运垃圾400余吨。

投入80余万元,对教学楼及附属用房维修,粉刷教学楼内外墙1135平方米,为代家庄小学、镇初级中学和朝阳里幼儿园各装备多媒体1套,购置图书3200册,补充各类幼儿园教具,对幼儿园绿化、美化;投入11万元,为朝阳里小学少年宫购置器材设备。全镇20个村完成村级文化活动广场建设,文化活动室和农家书屋建设实现全覆盖。17所村级卫生室完成建设投入使用；投资100余万元，迁址改造提升镇卫生院。城乡居民医疗保险参保率98.63%；参加养老保险2544人；有低保对象109户、五保户32户，全年发放最低生活保障金和五保金120万元。稳定低生育水平，计划生育率97%。

（陆婷婷）

白古屯镇

白古屯镇位于武清区西北部。东与河西务镇、大孟庄镇隔龙凤新河相望，西接城关镇、大王古庄镇，南与泗村店镇接壤，北与高村镇隔凤河西支为邻。2013年，镇域面积51.66平方公里，耕地面积3524.2公顷，辖21个村民委员会。户籍人口22232人，其中农业人口20513人。除汉族外，另有少数民族128人。

因驻地白古屯故名。1939年，属武清县第一区。1948年12月解放。1949年，分属第二、三区。1952年，改称第九、十区。1957年，属和平庄乡。1958年9月，人民公社化，属城关"红旗"人民公社。1961年6月，从"红旗"人民公社析出21个村建东马房公社，公社驻地东马房。1980年，驻地迁往白古屯。1982年，改称白古屯人民公社。1983年，改称白古屯乡。2013年6月，撤乡建镇。

2013年，实现地区生产总值4.83亿元，比上年增长15%；三级财政收入1.2亿元，增长29%；农民人均所得1.47万元，增长9.8%。

粮占耕地2558.67公顷，粮食总产3.96万吨。落实夏、秋粮补贴资金730余万元。引进小麦、玉米良种27万余公斤。有林地1142.27公顷，果园73.67公顷，果品总产499吨。肉鸽、奶牛、水产品等多个特色养殖品种发展规模壮大。年末大牲畜存栏517头，羊存栏4702只，生猪饲养2.13万头，蛋鸡存栏7.8万只，年产蛋481吨。

有工业企业58家，从业人员1260人。实现工业总产值1.81亿元，销售收入1.45亿元，利润1632万元。全年引进企业251家，引资额6.5亿元，实现税收1.2亿元。引进科技型中小企业31家。打造以豆制品加工为起步区的村级产业功能区，成立集豆制品生产技术开发、咨询，预包装食品、散装食品批发兼零售为一体的天津市凯耀食品有限公司。

投入630万元，累计建成市级文明生态村7个，硬化主干街道14公里，胡同里巷22万平方米，安装路灯150盏，建成白古屯和大赵庄2个村的健身广场，推进镇村综合文化站、农家书屋、农村文化活动室规划建设。组建环境整治专业队伍，做到环境卫生长效保洁。

完成韩村小学、白古屯小学2所教学楼内外装修及附属工程建设，并投入使用。儿童学前三年入园率、义务教育完成率均居全区先进水平。为农村文化活动室配备锣鼓、电子琴、二胡等乐器，更新21个村的农家书屋图书198种。农民医疗保险参保率99%，有119人次享受医疗保险报销，报销金额33万元。参加养老保险2479人，有1219人领取养老金；有2295人领取养老补助；办理丧葬补贴290人。稳定低生育水平，计划生育率97.8%。

（刘建舟）

高村镇

高村镇位于武清区西北部，东与河西务镇为邻，西与河北省廊坊市接壤，南界白古屯镇，北邻北京市区。京津塘高速二线在该镇留有进津第一"出入口"，并在台头村西建有开放式服务区。2013年，镇域面积41.5平方公里，耕地面积2558公顷，辖16个村民委员会。户籍人口19161人，其中农业人口16927人。除汉族外，另有少数民族198人。

因驻地高村故名。1939年，西南部属武清县第一区，余属第二区。1948年12月解放，属武清县第六区。1949年10月，改称第四区。1950年8月，改称第三区。1952年1月，改称第八区。1957年，建高村乡。1958年9月，人民公社化，属河西务人民公社。1961年6月，从河西务公社析出14个村建高村公社。1983年，改称高村乡。2013年6月，撤乡建镇。

2013年，实现地区生产总值7.8亿元，比上年增长30%；三级财政收入1.3亿元，增长100%；农民人均所得1.43万元。

粮占耕地1100公顷，粮食总产1.85万吨。落实夏、秋粮及良种补贴资金214.7万元。设施农业以北国之春农业示范园为平台，700栋节能温室全部实行公司化运营，园区内示范种植的葡萄、秋葵、无花果、草莓、雪莲、樱桃等林果品种全部成功，瓜菜品种的反季节种植效果明显。有林地1584.8公顷，果园73.4公顷，果品总产1118吨。年末大牲畜存栏2340头，生猪饲养2.83万头，蛋鸡存栏2.14万只，年产蛋374吨。

有工业企业14家，从业人员248人。实现工业总产值9380万元，销售收入8168万元，利润5678万元。年内引进企业36家，完成招商引资额4.61亿元。引进北京企业20家。

新市镇建设进展顺利，牛一、牛二、牛三、牛四4个村居民喜迁新居，居民入住率98%。加强创新社区管理，台头新苑、牛镇新苑2个社区分别设置便民服务中心、党员服务中心、综治信访服务中心、各类活动室、图书室、婚庆大厅、丧葬服务中心等，为社区居民提供便捷服务。投资600万元对镇域环境综合整治，生活垃圾集中处理率100%。完成牛镇新苑内部及外围总占地26公顷的公园绿化工程。

提高教育教学质量，完成新牛镇幼儿园整体搬迁工作。投资7.6万元建成200平方米国医堂，农家书屋完成验收，群众文化活动有序开展。全年发放养老保险、保障及退休金1200万元，发放老年人生活补贴140万元，发放低保、五保优抚及残疾家庭等补贴185万元。镇财政补贴86万元，为撤村建居村街居民全额免费上医保，其他村街居民减半收取参保费。稳定低生育水平，计划生育率98%。

（陈　晓）

豆张庄镇

豆张庄镇位于武清区西部，东与东蒲洼街道接壤，西与河北省廊坊市安次区搭界，南与黄花店镇、陈咀镇毗连，北隔龙河与东马圈镇、泗村店镇相望。2013年，镇域面积61平方公里，耕地面积3673.27公顷，辖18个村民委员会。户籍人口24714人，其中农业人口21734人。除汉族外，另有少数民族48人。

因驻地豆张庄故名。1939年，分属武清县第六、七区。1948年12月解放。1949年3月，津武县撤销，各村分属武清县第十一、十二、十三区。1957年，建豆张庄乡和东柳行乡。1958年9月，属东马圈“火箭”公社和杨村公社。1961年，从“火箭”公社和杨村公社划出18个村建豆张庄公社。1968年4月，改称“四一四”公社。1982年，恢复豆张庄公社名称。1983年7月，改称豆张庄乡。2013年6月，撤乡建镇。

2013年，实现地区生产总值9亿元，比上年增长38.5%；三级财政收入3.1亿元，增长28.86%；农民人均所得1.48万元，增长15%。

粮占耕地2673.6公顷，粮食总产3.18万吨。落实夏、秋粮直补面积3400公顷。完成涉及5个村、13个建设项目、总面积800公顷的现代农业粮食生产示范项目。由天津威豪投资集团投资5亿元，占地面积146.67公顷的豆张庄智慧农业生态园项目签约，该项目集研发、展示、实训为一体，是国内一流的现代化高水平农业科技创新基地。全镇有林地999.2公顷。年末大牲畜存栏2814头，羊存栏4572只，生猪饲养2.02万头，蛋鸡存栏1.35万只，年产蛋158吨。

有工业企业96家，从业人员3284人。完成工业总产值15.86亿元，销售收入13.9亿元，利润1.33亿元。完成招商引资5.75亿元。固定资产投资6.5亿元，比上年增长30%。年内引进企业71家。培育科技“小巨人”2家，提升改造企业2家，申报市级创新资金6家、区级5家，申报专利试点企业4家。

完成北场村市级文明生态村建设，修缮6个村乡村公路4.2公里。完成东辛庄、西辛庄、高场、龚家庄4个村清洁村庄建设。投资4300万元，粉刷墙壁4.83万平方米，栽种树苗4000株，建遮挡墙1430延米，新增绿化面积3000余平方米。加强违章建筑治理，制止违建31处，拆除4处。

投资500万元，新建高标准镇中学塑胶操场、篮球场、排球场、网球场及健身小区，重新铺设镇中学7000余平方米院区花砖；修建西柳行小学运动场；完成茨州小学校园绿化美化和学校门前公路铺设任务。稳定低生育水平，计划生育率98.2%。化解各类社会矛盾，受理信访案件80件，解决78件；受理纠纷28起，调解成功24起。

（马仕奎）

宝 坻 区

概 述

宝坻区位于天津市北部，地处京、津、唐三角地带的中心区。境域地理坐标为北纬39°21′~39°51′，东经117°12′~117°40′。东及东南与河北省玉田县、天津市宁河县相邻，西及西北与河北省香河县、三河市相连，南及西南与天津市武清区、宁河县接壤，北及东北与天津市蓟县、河北省玉田县隔河相望。西北距北京、南距天津市区、东距唐山高速公路车程均不超过一小时。

区境南北通长53.7公里，东西横距47.9公里，幅员面积1450平方公里。辖海滨、宝平、钰华、潮阳、朝霞、口东、周良、大白8个街道(2013年，马家店镇、高家庄镇、大白庄镇、周良庄镇、口东镇分别改为潮阳街道、朝霞街道、大白街道、周良街道、口东街道)，霍各庄、史各庄、牛道口、大口屯、马家店、新开口、郝各庄、大唐庄、王卜庄、林亭口、八门城、大钟庄、新安、牛家牌、尔王庄、黄庄16个镇，有765个村委会和30个居委会。2013年，全区人口68.56万人。出生人口6910人，出生率10.11‰；死亡人口4817人，死亡率7.05‰。自然增长率3.06‰，计划生育率98.26%。

2013年，全区实现地区生产总值476.06亿元，比上年增长16.3%。三次产业全面发展，第一产业完成增加值31.75亿元，增长5.2%；第二产业完成增加值259.71亿元，增长15.3%；第三产业完成增加值184.60亿元，增长20.1%。

财政收入持续大幅增长。区域财政收入95.18亿元，增长21.9%。其中，公共财政预算收入完成41.41亿元，增长25.1%。

工农业生产持续快速发展。完成工农业总产值1056.66亿元，增长22.8%。其中，工业总产值完成980.63亿元，农业总产值完成76.03亿元，分别增长23.5%和14.1%。

现代农业提质增效。全年改造提升设施农业666.67公顷，建成放心菜基地1333.34公顷，新增稻区立体种养666.67公顷，改造6个畜牧水产园区，建成优质小麦良种繁育基地。七色阳光生态农业园、东淀休闲农业示范园等项目加快建设，培育市级以上农业龙头企业19家，发展农民专业合作社485家，绿色食品物联网平台建成投入运营。实施农业综合开发、基本农田整理、扬水站和农业桥闸涵维修改造、自动气象站升级等工程，农业生产条件继续改善。

农、林、牧、渔业生产效益显著提升。完成农林牧渔业总产值76.03亿元，增长14.1%。其中，种植业产值42.07亿元，林业产值0.27亿元，牧业产值26.49亿元，渔业产值7.19亿元。完成农业增加值31.75亿元，增长5.2%。

全年粮食作物播种面积87733.77公顷，增长0.8%。粮食总产量46.62万吨，增长4.1%。经济作物播种面积6813.37公顷，蔬菜产量55.53万吨，果品产量2.06万吨。

巩固林业成果。全年造林266.67公顷，植树87.56万株，年末实有林地27926.81公顷，林木覆盖率27.3%。

畜牧业生产保持稳定。全年生猪饲养量109.14万头，增长0.1%，其中出栏74.01万头，增长0.6%；肉牛饲养6.60万头，下降7.7%；羊饲养量18.79万只，同比增长1.3%；禽蛋总产量5.23万吨，增长3.8%。

渔业生产稳步发展。水产品养殖面积3580.02公顷，水产品产量4.22万吨，增长1.8%，其中养殖产量4.01万吨。

农业现代化水平提高。全年农机总动力89.29万千瓦，机耕、机播、机收面积分别为8.15万公顷、9.96

万公顷和7.68万公顷，化肥施用量8.84万吨，农药使用量706吨。农村用电30617万千瓦时，其中农业生产用电量17824万千瓦时。有效灌溉面积66433.67公顷，当年实灌面积63500.32公顷，节水灌溉面积43880.22公顷。

工业经济增量升级。完成工业增加值227.26亿元，增长14.8%，完成工业总产值980.63亿元，实现利税总额100.02亿元。年内完成工业固定资产投资260.01亿元，增长27.9%，园区新增开发面积320公顷。年内新增科技型中小企业421家、"小巨人"企业36家，总数分别达到1559家和136家，8家企业成为市级小巨人领军企业，著名商标7个。

规模以上工业主要产品产量

项　　目	计量单位	本年完成	项　　目	计量单位	本年完成
大米	吨	5848.06	室内训练健身器材	台	188143.00
饲料	吨	510395.12	涂料	吨	23936.66
配合饲料	吨	499874.12	初级形态塑料	吨	6526.00
精制食用植物油	吨	16782.00	化学试剂	吨	36751.18
鲜、冷藏肉	吨	10180.00	合成洗涤剂	吨	6391.00
速冻食品	吨	36743.00	合成洗衣粉	吨	6391.00
速冻米面食品	吨	36743.00	化学纤维	吨	5579.00
方便面	吨	4319.70	合成纤维	吨	5579.00
乳制品	吨	29457.00	丙纶纤维	吨	5579.00
液体乳	吨	29457.00	塑料制品	吨	193999.46
灭菌乳	吨	29457.00	塑料薄膜	吨	13468.00
食品添加剂	吨	38466.00	泡沫塑料	吨	13983.48
软饮料	吨	91621.81	商品混凝土	立方米	1539097.60
果汁和蔬菜汁类饮料	吨	91621.81	水泥混凝土排水管	千米	438.07
缝纫线	吨	126.00	水泥混凝土压力管	千米	343.00
布	万米	455.25	铸铁件	吨	16525.61
棉布	万米	370.04	钢材	吨	3116.00
棉混纺布	万米	85.21	钢筋	吨	3116.00
化纤长丝机织物	万米	5148.00	用外购国产钢材再加工生产钢材	吨	3116.00
帐篷	万顶	10.52	用外购钢材再加工生产钢材	吨	3116.00
服装	万件	10624.77	铜材	吨	18762.69
梭织服装	万件	10624.77	铝材	吨	1037.00
羽绒服装	万件	1610.89	钢结构	吨	3467.00
西服套装	万件	448.69	钢绞线	吨	12452.00
衬衫	万件	330.52	不锈钢日用制品	吨	44341.00

续表

项　目	计量单位	本年完成	项　目	计量单位	本年完成
手提包(袋)、背包	万件	43.65	起重机	吨	1190.00
鞋	万双	536.79	起重机	台	79.00
皮革鞋靴	万双	536.79	电梯、自动扶梯及升降机	台	11035.00
人造板	立方米	86832.00	电梯	台	11035.00
纤维板	立方米	86832.00	阀门	吨	15128.00
家具	件	2841863.00	建筑工程用机械	台	366.00
木质家具	件	1706251.00	混凝土机械	台	366.00
金属家具	件	90904.00	拖拉机	台	3436.00
软体家具	件	1077708.00	大型拖拉机	台	185.00
机制纸及纸板(外购原纸加工除外)	吨	79562.98	中型拖拉机	台	2513.00
箱纸板	吨	34243.98	小型拖拉机	台	738.00
纸制品	吨	122533.40	机械化农业及园艺机具	台	1207.00
瓦楞纸箱	吨	82413.40	收获机械	台	1207.00
卫生用纸制品	吨	3405.00	谷物收获机械	台	220.00
单色印刷品	令	267821.00	光电子器件	万只	92179.51
西乐器	把	234017.00	发光二极管(LED管)	万只	92179.51
机制地毯、挂毯	平方米	17000.00	自来水生产量	万立方米	772.08

建筑业保持稳定增长。全年完成建筑业增加值32.46亿元，增长19.6%。

全社会固定资产投资快速增长。全社会固定资产投资完成530.12亿元，增长30.6%。房地产业发展步伐平缓。完成房地产业增加值25.32亿元，增长8.2%，投资总额19.80亿元，同比增长7.2%，施工面积259.55万平方米，同比增长28.9%，竣工面积54.67万平方米，同比下降21.4%，销售面积58.68万平方米，同比增长11.8%。

交通运输、仓储和邮政业较快发展。实现增加值18.85亿元，增长27.8%。公路客运量530.55万人次，客运周转量43505.32万人公里；公路货运量2484.05万吨，货运周转量248405.41万吨公里。

邮电业务高速发展。全年邮政业务总量2707万元，函件392万件，订销报刊期发数678万份，集邮业务29.76万枚。

现代服务业发展提速。年内实现服务业增加值184.60亿元，增长20.1%。其中，批发和零售业实现增加值70.58亿元，住宿和餐饮业实现增加值16.38亿元。全年实现社会消费品零售额147.50亿元，增长23.4%。

招商引资取得新成果。全年实际利用外资2.21亿美元，实际到位内资463.50亿元，分别增长15.1%和29.4%；新增楼宇和总部型企业1185家，总数达到4648家。借重首都资源取得积极成果，与北京中关村管委会、中关村发展集团签署战略合作协议，规划京津中关村科技新城，117个京企项目签约或在建，计划投资400亿元以上。

财政收支同步增长。年内完成区域财政收入95.18亿元，增长21.9%，其中公共财政预算收入完成41.41亿元，增长25.1%。财政支出88.20亿元，增长23.7%，财政收支基本平衡。

信贷规模进一步扩张。金融机构存款余额356.74亿元，其中储蓄存款234.05亿元，分别增长15.6%和9.3%，各项贷款余额176.23亿元，增长12.9%。

保险事业平稳发展。保费收入38027万元。其中财产保险费收入9210万元，人寿险保费收入28817

万元。理赔案件数 2.32 万件，支付各类赔款 6971 万元。

科技创新能力不断增强。实施各类科技项目 222 个，专利申请量 1620 件。组织科普宣传 51 次，科技培训 260 期，各种科技知识培训群众 2.3 万人次。全面实施科技“小巨人”培育计划，推动科技型中小企业规模扩大、成长提速，年内新增科技型中小企业 420 家、“小巨人” 企业 36 家。

教育教学质量不断提高。绿景幼儿园建成投入使用，对 2 所高中进行升级改造，黄庄职专示范性综合实践基地开工。办学条件进一步改善，各级各类教育均衡协调发展。全区各类学校 236 所，教学班 2413 个，在校生 8.41 万人，毕业生 2.34 万人。年末全区教职员工 8701 人，其中专任教师 7431 人。中高考成绩位居全市区县前列，高考本科一、二批上线 5658 人，上线率分别为 23.4%和 57.9%。

文化、广播电视事业平稳发展。年内举办多项文化演出及文化赛事活动，“两台一报”影响力扩大。新增有线电视村 26 个，区文化馆、图书馆免费向社会开放。全区拥有图书馆、室 800 个，藏书 174.72 万册。开展文艺演出 9210 场，观众 116.75 万人次。有线电视用户 14.06 万户，有线电视线路总长度达到 2690 公里。

卫生、体育事业健康发展。年内改造提升 5 所基层医院和卫生院，启动妇幼公共卫生医疗中心和区人民医院全科医生临床培养基地建设。年末拥有卫生机构 586 个，卫生机构床位 2053 张，卫生技术人员 2621人，诊疗人数 331.4 万人次，治愈率 81.3%。

年末拥有等级运动员 80 人，等级教练员 6 人。全年举办各类区级运动会 15 次，参赛人数 5000 人；全年参加市级及以上各种竞赛获奖牌 86 枚，其中金牌 24 枚。

城乡人民生活水平得到新提高。城乡居民收入稳步增长，城镇居民人均可支配收入达到 29489 元，农村居民人均可支配收入 14269 元。城镇职工基本养老保险参保覆盖人数、城乡居民养老保险参保人数分别达到 13.78 万人和 14.56 万人，城镇职工基本医疗保险参保人数、城乡居民医疗保险参保人数分别达到 6 万人和 52.4 万人。居民储蓄余额不断增加，截至年底，居民储蓄 234.05 亿元，人均储蓄 3.41 万元，分别比年初增长 9.3%和 10%。建成区养老服务中心，新建老年日间照料服务中心 12 个，为 107 户残疾人家庭进行无障碍改造，为 689 户农村困难户改造危房，为 29 户家庭办理廉租房补贴，提高了城乡低保、优抚对象抚恤、农村五保供养、特困救助标准。

（方广英　张　境）

宝坻区区级领导名单

中共宝坻区委领导名单

书　记：王宏江（任职至 3 月）　贾凤山（3 月任职）

副书记：贾凤山（任职至 3 月）　李森阳（3 月任职）　李国田

常　委：王宏江（任职至 3 月）　贾凤山　李森阳　李国田　陈高龙　边荣海　白　艳（女）　殷　奇　薛广庆　王宝雨　刘亚秀（女）

宝坻区人大常委会领导名单

主　任：李连元

副主任：张子堂

党组副书记（正局级非领导职务）：孟宪昆

副主任：王素艳（女）　吴红专　张志友　陈秀华（女）

宝坻区政府领导名单

区　长：贾凤山（任职至 3 月）　李森阳（3 月任职）

副区长：李森阳（任职至 3 月）　边荣海　艾玉昆　尹建国　陈　宇　芮永玲（女）

区长助理（副区长级）：冯　义

区长助理（副区级职级）：陈元吉　张建宇

政协宝坻区委员会领导名单

主　席:李维怀

顾　问:张振祥

副主席:张力华(女)

党组副书记:胡静江

副主席:张伯苓　白俊生　康德元　李　海　邹万志　杨文胜(女)　韩少波

(区委组织部提供)

经济建设成就　2013年,宝坻区开展“促发展、惠民生、上水平”活动,出台一系列政策措施。完成地区生产总值476.06亿元,比上年增长16.3%;区域财政收入95.18亿元,增长21.9%,其中公共财政预算收入41.41亿元,增长25.1%;全社会固定资产投资530.12亿元,增长30.6%;社会消费品零售额147.50亿元,增长23.4%;外贸出口4.94亿美元,增长3%;符合政策生育率98.26%;城镇登记失业率控制在3.6%以内;万元生产总值能耗、主要污染物排放量控制在市规定目标以内。年内,大项目、小巨人、楼宇经济全面发展,带动三次产业总量扩张、结构优化、质量提升。现有区级重大项目全部开工,86个建成投产;培育科技型中小企业420家、“小巨人”企业34家,总数分别达到1559家和136家,8家企业成为市级小巨人领军企业,培育著名商标7件;引进楼宇和总部型企业1185家,总数达到4648家。示范工业园区新增开发面积320.02公顷,吸纳项目、集聚产业能力增强。引进投资亿元以上产业项目82个,实际利用外资2.21亿美元、内资463.50亿元,同比分别增长15.1%和29.4%。与北京中关村管委会、中关村发展集团签署战略合作协议,规划了京津中关村科技新城;全年对接首都方面项目216个,其中签约和在建117个,计划总投资403.6亿元。

(方广英)

先进制造业加快成长　2013年,宝坻区新增工业固定资产投资260.01亿元,33个投资超亿元制造业项目开工。培育规模以上企业38家,总数达到415家。勇猛机械、翰林医药设备等项目建成投产,路通电动汽车、北玻节能玻璃等项目即将投产,天龙钨钼科技、芯灵微电子、中亚新材料等项目加快建设,中国医疗器械产业园、纳米银导电膜、英诺格林水处理、德邦节水灌溉等项目签约,以锂电池为代表的新能源新材料,以电梯和农机为代表的新型装备制造,以环保技术装备为代表的节能环保制品等战略新兴产业成长壮大。推动老企业技改升级,纺织服装、文体用品、家具等传统产业加快转型。

(张　境)

现代服务业健康发展　2013年,宝坻区规划京津新城现代服务业集聚区。电子商务与现代物流产业基地加快建设,中国电子商务协会专家委员会和研发中心正式落户,深圳网通电子商务公司、天津太极云商技术公司投入运营,天津微软信息科技学院进入招生阶段;阿迪达斯物流仓储项目营业,华北水暖城二期竣工,大觉禅寺主要殿堂主体完工,电子商务、现代物流、休闲旅游等产业发展势头良好。专业批发市场辐射力、影响力增强,农产品批发市场和粮食仓储物流交易中心被确定为农业部定点市场。汇丰商业广场即将竣工,佰豪酒店、天宝新都汇商业广场完成主体,新建改造2个城区便民市场、3个镇村集贸市场,扩建劝宝配送中心,新建一批社

高尔夫球场景观

(京津新城管委会供稿)

区便利店和乡村加盟店，商贸流通体系更加完善。

（方广英）

现代农业规模扩大 2013年，宝坻区完成设施农业提升666.67公顷，引进示范甜瓜、番茄等新品种60个，培育蔬菜种苗近2000万株，大面积示范推广蔬菜集约化育苗等实用技术10余项。全区设施农业总面积达到近6666.67公顷。新增水稻立体种养666.67公顷，改造6个畜牧水产园区，建立优质麦商品粮基地2000公顷，新品种繁育基地80公顷，回收商品麦1100万公斤，繁育种子42万公斤。七色阳光生态农业园、东淀休闲农业示范园等项目加快建设，培育市级以上农业龙头企业19家，发展农民专业合作社485家，绿色食品物联网平台建成投入运营。实施农业综合开发、基本农田整理、扬水站和农用桥闸涵维修改造、自动气象站升级等工程，农业生产条件继续改善。新建放心菜基地1333.33公顷，累计落实放心菜基地2477.33公顷，涉及19个企业和合作组织，实现规模化种植、标准化生产、制度化管理和信息化监管，放心菜基地安全生产技术水平明显提高。全区无公害基地总面积达到26733.33公顷，无公害产品达到69个，地理标志证明商标4个。

（张 境）

生态环境发生新变化 2013年，宝坻区从最基础的工作入手，围绕解决环境脏乱差问题，制定《宝坻区清洁家园行动实施意见》，提出“苦干三年、实现城乡干净环境美”的总体目标，开展“四清一绿”和清洁家园行动，实施干净村庄、干净园区、干净道路等十项创建工程，集中进行砂石料场、建筑搅拌站、再生棉、小塑料颗粒加工点等专项整治，城乡净化美化水平有新提高。加强扬尘污染治理和燃煤污染控制，扩大供热并网改造及改燃范围，建成宝坻经济开发区地源热泵供热站和两个住宅小区水源热泵供热站。综合治理河道4条，封堵和切改入河排污口81个，实施一批农村污水及垃圾处理工程。造林266.67公顷，共植树木87.56万株，郊野公园青龙湾段完工，全区林木覆盖率达到27.3%。创建清洁村庄33个、文明生态村15个。周良庄镇被环保部命名为国家级生态镇，八门城镇欢喜庄村入围全国“美丽乡村”创建试点。

（方广英）

潮白河景观

（区文广局供稿）

规划建设取得新进展 2013年，宝坻区明确提出“打造桥头堡、先行区，建设美丽宝坻”的总体构想，并召开区委四届五次全会作出正式《决定》；确立“两城四区”发展主框架，调整完善产业发展规划，指明当前和今后一个时期的用力方向。年内，成立区规划委，开展各级各类规划编制修订工作。宝坻新城完成4个城中村、9片宿舍区搬迁和3个城中村改造扫尾工作。京津新城实施一批公共服务设施项目和产业项目，产城融合水平提高。新成立5个街道办事处，分别是：朝霞街道办（原高家庄镇）、潮阳街道办（原马家店镇）、大白街道办（原大白庄镇）、周良街道办（原周良庄镇）和口东街道办（原口东镇）。调整小城镇建设思路。宝武、梅丰、唐廊公路（京津新城段）建成通车，拓宽改造宝芦、唐通公路，新建潮瑞大桥，大修乡村公路68.9公里，改造乡村公路危桥34座，新建改造市政道路7条，维修城区里巷道路3.9万平方米，增容改造变电站3座，实施通信基础网、3G网络及配套光缆环网等通信工程，基础设施对产业发展和民生改善的支撑能力增强。

（张 境）

就业和社会保障得到新改善 2013年，宝坻区实施新一轮10项民心工程，以就业增收、社会保障、社会事业发展为重点，全年新增就业1.9万人，其中安置就业困难人员753人，培训各类人员9275人，劳动合同签订25289份；建立就业联盟企业190家次，举办各类招聘会57场，进场单位2967家，提供就业岗位38516个，重点项目吸纳7000余人就业。全区有1902家企业开展工资集体协商。创建劳动关系和谐企业193家，和谐园区1家。城镇居民人均可支配收入29489元，农民人均可支配收入 14269 元，比上年分别增长 12.9%和 14.8%；城镇职工基本养老保险参保覆盖人数 13.78 万人，医疗保险缴费人数 6 万人、工伤保险人数 5.73 万人，失业保险缴费人数 3.5 万人，生育保险缴费人数 4.91 万人。城乡居民养老保险新增参保人数 1.1 万人，参保率位居全市第一。城乡居民基本养老、基本医疗保险参保分别达到 14.56 万人和 52.4 万人，城乡居民最低生活保障和农村“五保”供养制度有效落实；全区 2991 人次办理医疗费全额垫付报销手续，报销金额 645 万元。新增失业人员 285 人，累计为 2278 人发放失业保险金 168 万元，新增灵活就业保险补贴人员 431 人，发放灵活就业补贴资金 815.6 万元。

（方广英）

2013年 2 月 26 日“春风行动”活动现场

（区人力社保局供稿）

社会事业全面发展 2013 年，宝坻区绿景幼儿园建成并投入使用，对林亭口、大钟庄 2 所高中进行提升改造，黄庄职专示范性综合实践基地开工。改造提升 5 所基层医院和卫生院，启动妇幼公共卫生医疗中心和区人民医院全科医生临床培养基地建设。全区已建立居民健康档案电子档 512496 份，规范建档率65.7%，管理 60 岁以上老年人 107974 人，并实施健康查体。31 家基层医疗机构、3 家专科医院及 3 家二级以上医院均认真贯彻执行国家基本药物制度，31 家基层医疗机构 100%实行零差率销售。全年 9 家基层医院、卫生院建成国医堂并投入使用。群众文化活动、公共文化服务、文化遗产保护、文化市场和广播电视管理、文化产业和旅游业发展等项工作均取得明显成效。举办多项文化演出及文化赛事活动，“两台一报”影响力扩大，新增有线电视村 26 个。歇马台遗址考古发掘圆满完成，出土铜器、陶器等商、周、战国时代文物 500 余件。恢复重建的大觉禅寺总占地面积约 31.33 公顷，规划总建筑面积约 16 万平方米，总投资逾 8 亿元。

（张 境）

民生事业实现新进步 2013 年，宝坻区用于民生领域的投入比上年增长 34.1%。投资超过 20 亿元，实施一批道路交通、市政设施、公用配套等重点基础设施工程；建成区养老服务中心，新建老年日间照料中心 12 个，为 107 户残疾人家庭进行无障碍改造，为 689 户农村困难户改造危房，为 29 户家庭办理廉租房补贴，提高城乡低保、优抚对象抚恤、农村五保供养、特困救助标准。区红十字会、关工委、慈善协会、革命老区建设促进会、桑梓助学基金会、志愿服务协会等组织的作用充分发挥。宝坻区体育馆主体基本完工，新建城区健身公园 2 处，为 71 个村更新安装健身路径。深化人口和家庭公共服务，低生育水平保持稳定。举办第五届职业技能大赛和首届青年创业项目大赛。广泛开展精神文明创建活动，公民素质和社会文明程度提

宝坻区第五届职业技能大赛中的徒手心肺复苏术、包扎技术两项决赛活动

（区卫生局供稿）

高。国防教育、国防后备力量建设加强。完善社会治理机制,推行基层协商民主制度,健全社会治安防控体系,推进普法教育,加大信访问题排查解决力度,狠抓各领域安全监管,完善应急管理体制,平安宝坻、法治宝坻建设再上新水平,社会公众安全感、满意度继续保持全市第一。

(方广英)

宝坻经济开发区 截至2013年,宝坻经济开发区已开发面积10.9平方公里,工贸实体企业总数145家,产业工人9580人。园区在建项目27家,项目总投资123.35亿元,占地面积209.47公顷。筹建项目共10家,总投资38.2亿元,占地面积119.2公顷。自建项目2家:陆路港保税仓项目及特种设备检测中心项目。全年实现销售收入114.06亿元;完成各类税收2.62亿元;完成固定资产投入85亿元(其中:商贸物流城固定资产投资15亿元)。新引进亿元以上项目16个;内联引资到位额88.1亿元,协议引进外资7000万美元;新增规模企业26家;新增投产企业26家;新征土地140公顷;完成融资14.52亿元;完成基础设施建设投入1.06亿元;盘活闲置土地79.33公顷。申报认定科技型中小企业60家;新认定市级工程技术中心1家,新培育高新技术企业1家(安力斯),申报天津市著名商标2家(新实丰、骏发森达);组织20家企业申报专利300余项,组织申报科技小巨人项目15家,中小企业创新项目12家;完成循环经济试点园区、节能环保工业区科技园区、2013年天津市新型工业化产业示范基地的申报工作。完成新征140公顷道路和雨污管网的施工图设计及选址、立项、预算审核、建设规划等相关手续;基础设施投入0.5亿元,其中新增道路1600延米,新增雨污水管网2300米,完成2000米北玻25千伏高压专线配电项目,硬化亮化10000米。

(张　境)

九园工业园区 2013年,宝坻区九园工业园区完成税收2.62亿元,工业固定资产总投资100.2亿元,工业总产值128.77亿元,销售收入128.49亿元,实际利用内资额83亿元,利用外资800万美元,引进服务型注册型企业52家,注册型企业完成税收1.5亿元。全年接待来访客商200多批次;引进项目22个,包括柏诚科技项目、德洁天能源设备项目、宝达齿条项目、嘉顺制盖项目,宝通投资项目、万航金属项目、森德森木业项目、澳丽雅新型建材项目、洋通石材、始丰管业项目等,其中1亿元以上项目20个。截至年底,园区规模以上企业达到48家。园区拥有大型律师事务所、会计师事务所、大型中介机构等10个储备项目。

(方广英)

京津新城建设 2013年,宝坻区京津新城重点工程共四项,总投资12.2亿元,年内完成投资357万元。其中大白还迁小区,总建筑面积20万平方米,总投资10.3亿元,年内投资5亿元。土地完成报批,准备摘牌,地勘施工图纸完成;商业区二期拟建商业设施3.2万平方米,总投资1.3亿元。图纸已取得消防审批,施工图设计、预算已完成,土地已摘牌;地热井及管网总投资4000万元,已完成投资357万元。3186.39米深地热井竣工,出水温度74.5℃,视情况铺设管网;大杨庄污水处理厂计划投资2000万元,取得可行性研究报告,施工临时路完成。首钢唐泉广场、泰富橄榄树温泉洗浴广场、香江热带雨林温泉中心、帝景温泉度假村提升改造等温泉旅游项目正在加紧实施;大觉禅寺、解放军军事交通学院、今晚名门、首钢商业中心、明发城市综合体等文化商业项目建设稳步推进;华夏人寿保险后台基地、国家邮储银行后台基地等产业项目完成土地摘牌。

(方广英)

【宝坻庞家湾萝卜】 宝坻庞家湾村地处香河、武清、宝坻三县区交

萝卜大丰收

(区工商局商广科供稿)

界处，坐落于宝坻万亩防护林自然保护区旁，毗邻潮白河北岸，历史上因洪涝淤积，土地沙质化，土壤肥沃，富含适合萝卜生长的各种有机成分，因此该地区以种植歪把青萝卜(系传统的一直延种的品种)而闻名。据村里的老人介绍，该村自康熙年间开始种植萝卜至今，从未间断，庞家湾萝卜皮青肉绿、脆嫩多汁、清甜可口，且各个萝卜的根儿都是歪的，因而得名"歪把青"，这也是庞家湾萝卜的一大特点。几百年来，庞家湾萝卜深受消费者的青睐，同时在京、津、冀等地区有很高的知名度，在收获萝卜后，经过窖存，其风味变得更加独特，且甜脆可口，辣度适中，种植萝卜成为当地村民的主要经济来源。2013年，该村种植萝卜18.67公顷，产量达112万余公斤。

(区工商局)

【宝坻大钟西瓜】 据史料记载，宝坻大钟地区系退海形成的陆地，解放前因十年九涝，加之地势低洼常年积水，"大钟庄洼"之说由此而来。该地区因多年的洪水淤积，形成重壤质土(即黑粘质土)，土壤非常肥沃。20世纪50年代初，大钟庄公社大卦村及相邻几个村的农民，选择地势较高的田地试种西瓜，收成的西瓜个儿大、皮儿薄、汁儿多、口感极佳（经检测土壤里富含氮、硼、镁、锌、钾等多种微量元素，特别是钾含量高)，上市销售后深受当地及周边地区广大消费者青睐，该地区瓜农在走亲访友时，也把所种西瓜当作礼品相送，久而久之"宝坻大钟西瓜"也就出了名。自50年代初至今已有大钟庄镇大卦村等十几个自然村积极种植"大钟西瓜"。2013年，其种植面积达173.34公顷，产量1300余万公斤，销售价格也逐年攀升，成为该地区瓜农增收致富的主打特色农产品。造就宝坻大钟西瓜特有品质的地理条件是：该地区属暖温带大陆性季风气候，冷暖干湿差异明显，西瓜生长期内多雨高温，地面吸收辐射能多，在充分的光合作用下，有力于西瓜吸收土壤中的各种营养成分及微量元素。宝坻大钟西瓜的主要特点是，外皮光泽漂亮，瓜瓤呈浅红色，沙而不倒，脆而不硬，中心糖度达到17度左右，边瓤糖度也可达到15度，且富含人体所必须的碳水化合物和镁、锌、钾等多种微量元素。

(区工商局)

宝坻大钟西瓜

(区工商局商广科供稿)

海滨街道

海滨街道于2006年4月建立，街道办事处设在大吴路6号。辖区位于宝坻区西北部鲍丘河南岸。东与霍各庄镇接壤，南与宝平、钰华街道搭界，西、北部均与朝霞街道毗邻。2013年，街域面积16.41平方公里，耕地面积373.87公顷，辖12个居委会、20个行政村，人口13197户37484人，其中非农业人口29170人。绝大多数为汉族，还有回、满、蒙古、藏、朝鲜、苗、壮、高山、土家等少数民族。驻防营村为满族聚居村。

辖区内的城关古镇具有1000多年历史，至今城池痕迹明显可见，呈正方形，四周有环城公路，中有十字大街，交点处有建于辽代的石经幢，为全城最高点。五代时于此置榷盐院，金设为县，旧镇为今城区一部分。

辖区内商铺众多，环境优美。海滨商贸物流城初具规模，新建成的广济寺成为人们旅游观光、休闲、祭拜的景点。

2013年，实现工农业总产值10.3亿元，其中工业总产值9.91亿元、农业总产值0.39亿元；国内生产总值增加值18亿元。农民人均纯收入1.43万元。

粮食作物以小麦、玉米、大豆为主，种植面积261.2公顷。经济作物以蔬菜为主，种植面积95.33公顷。粮食总产883吨，蔬菜总产5559吨。生猪饲养5243头，羊存栏422只，家禽存栏1.68万只，禽蛋总产15吨。

有工业企业115家，营业收入9.81亿元，利润总额8575万元，应缴增值税3813万元，实缴税金4044万元。规模以上企业4家，现价产值3.43亿元，应缴增值税1314万元，实缴税金1546万元。

有中小学校13所，其中宝坻一中为市级重点中学。文化馆、图书馆、工人俱乐部分别坐落南街和北城路。城内普遍建有社区服务站。

全街计划生育率98.5%，一孩率84.9%，晚婚率51.6%，综合节育率99.1%。

（方广英）

宝平街道

宝平街道于2006年4月建立，街道办事处设在开元路1号。辖区位于宝坻区西北部，通唐公路以南，津围公路以西。东与钰华街道接壤，

象台均设在辖区内。还设有文化广场、体育广场、游泳馆、射击馆及乒乓球训练基地。有中小学及专业性学校12所。烈士陵园被市委、市政府命名为天津市爱国主义教育基地。

2013年，实现工农业总产值56.92亿元，其中工业总产值56.57亿元、农业总产值0.35亿元；国内生产总值增加值26.98亿元。农民人均纯收入1.43万元。

粮食作物以小麦、玉米、大豆为主，种植面积668.87公顷，粮食总产3385吨。

街道办给环卫工人过春节

（宝平街道供稿）

西与史各庄镇相连，南与潮阳街道隔河相望，北与海滨街道毗邻。2013年，街域面积18.22平方公里，耕地面积560.4公顷，辖12个居委会、13个行政村，人口18614户55485人，其中非农业人口46835人。绝大多数为汉族，另有回、蒙古、藏、苗、壮、朝鲜、满、土家等少数民族。大马庄、岳家园为回族聚居村，占村内居住人口20%以上。岳家园村建有穆斯林教堂一座。

区四大机关和大多数政府部门、群众团体及宾馆、广播电视大厦、科技中心、职工活动中心、青少年活动中心、老年公寓、宝坻人民医院、宝坻中医院、宝坻剧院、宝坻气

有工业企业419家，营业收入55.27亿元，利润总额3.68亿元，应缴增值税1.91亿元，实缴税金2.46亿元。规模以上企业13家，现价产值31.88亿元，应缴增值税5596万元，实缴税金1.1亿元。天津市津宝乐器有限公司为世界规模和产量最大的打击乐器制造企业。

投资245万元，完成开元路菜市场建设；投资260余万元，初步打造石佛营文明生态村；投资50万元对黑豆窝小学校舍功能提升；投资35万元修建黑豆窝村内乡村公路。完善敬老院基础设施，免费为育龄群众及新婚夫妇孕前优生查体。

全街计划生育率97.4%，一孩率86.2%，晚婚率59.3%，综合节育率92.9%。

（张 境）

钰华街道

钰华街道于2006年4月建立，街道办事处设在津围路东、窝头河南。辖区位于宝坻区西北部，潮白新河北岸。东与霍各庄镇接壤，西与宝平街道相连，南与潮阳街道隔河相望，北与海滨街道毗邻。2013年，街域面积16.31平方公里，耕地面积832.93公顷，辖3个居委会、30个行政村，人口8113户26732人，其中非农业人口11939人。绝大多数为汉族，还有回、满、藏、朝鲜、蒙古、苗、壮等少数民族人口在此散居。

界内有火车站和公路客运站，津围路与通唐路在境内交汇，交通方便，客货两运繁忙。鲍丘河、窝头河、引滦入津明渠纵横交错，给农业生产和人民生活提供便利。

2013年，实现工农业总产值22.48亿元，其中工业总产值21.95亿元、农业总产值0.53亿元；国内生产总值增加值20.42亿元。农民人均纯收入1.42万元。

粮食作物以小麦、玉米、大豆为主，种植面积403.2公顷，粮食总产1928吨。经济作物以蔬菜为主，种植面积4.33公顷，总产量7吨。生猪饲养1255头，羊存栏297只，家禽存栏4400只，禽蛋总产1吨。

有工业企业118家，营业收入21.76亿元，利润总额1.32亿元，应缴增值税6616万元，实缴税金7575万元。规模以上企业8家，现价产值8.75亿元，应缴增值税284万元，实缴税金2701万元。

社会事业全面发展。全年用于民生领域投资150万元，完成郝庄、前高、中高、后高道路硬化等项目工程。

裕和家园还迁小区

（钰华街道供稿）

全街计划生育率99%，一孩率72.2%，晚婚率55%，综合节育率105.2%。

（方广英）

潮阳街道

潮阳街道位于宝坻区南部，潮白新河右侧，街道办坐落马家店村。东与郝各庄镇毗邻，西与新开口镇相连，南与大口屯镇接壤，北倚潮白新河与城区相望。2013年，辖区面积50平方公里，耕地面积2781.33公顷。辖22个行政村，人口8128户27834人，其中非农业人口3919人。大部为汉族，还有少量壮、满、蒙古、侗、黎、瑶等少数民族人口在此散居。

辖区属区境高上地区，交通十分便利。津蓟铁路、津围公路穿境而过，乡村公路交织相连。

该街建国初属大口屯区，1958年属大口屯人民公社，1961年建马家店人民公社，1983年改称马家店乡，2001年改建为镇，2013年改马家店镇为潮阳街道。

2013年，实现工农业总产值78.24亿元，其中工业总产值76.18亿元、农业总产值2.06亿元；国内生产总值增加值27.6亿元。农民人均纯收入1.47万元。

粮食作物以小麦、玉米、豆类为主，播种面积3153.35公顷，总产1.83万吨。经济作物以棉花、蔬菜为主，棉花种植279.93公顷、总产125吨，蔬菜种植333.33公顷、总产1.46万吨，大白菜、“叶三黄瓜”是该街特产，产品除销往京津唐地区外，还出口日本。随着农业结构逐年调整，建有棉花生产加工、蔬菜生产加工、“三辣”（大葱、大蒜、天鹰椒）和精品农业生产、优质苗木生产、果品生产、肉牛繁育及青贮饲料生产加工六大生产基地。生猪饲养3.8万头，肉牛饲养4065头，羊存栏7088只，家禽存栏10.02万只，禽蛋总产385吨。有养殖水面30公顷，水产品产量170吨。

全街工业企业212家，营业收入75.63亿元，利润总额2亿元，应缴增值税2.56亿元，实缴税金2.85亿元。规模以上企业28家，现价产值60.73亿元，应缴增值税1.83亿元，实缴税金2.12亿元。以服装、旅游制品、印刷、化纤、机械加工为主导行业。天津金龙服装实业有限公司等为骨干企业。

街内各村均建成农家书屋，成立文艺演出队，16个村建成健身广场。投资20万元新建的艾各庄村社区卫生服务室即将投入使用。

有初级中学1所、中心小学2所，建有综合卫生院1所。全街计划生育率99.6%，一孩率79.1%，晚婚率32.7%，综合节育率95.7%。

（张　境）

朝霞街道

朝霞街道位于宝坻区北部，街道办坐落高家庄村。东与霍各庄镇接壤，西与史各庄、牛道口两镇相连，南与海滨街道毗邻，北隔泃河与蓟县相望。2013年，辖区面积48.40平方公里，耕地面积3288.55公顷。辖46个行政村，人口11646户40261人，其中非农业人口3935人。大部为汉族，还有少数回、满、藏、朝鲜、蒙古等少数民族人口在此散居。

街域地处鲍丘河与泃河之间，百里河由西向东曲流而过。宝平公路、宝三公路纵穿全境，通唐公路、双李公路、三赵公路、京沈高速公路东西跨越，乡村公路村村相连，交通十分便利。

该街原名高家庄镇，建国后属宝坻第一区，1958年属城关人民公社，1961年始建高家庄公社，1983年改建高家庄乡，2001年撤乡建镇，2013年撤镇建立街道办。

2013年，实现工农业总产值34.15亿元，比上年增长9.9%，其中工业总产值26.16亿元，农业总产值7.99亿元；国内生产总值增加值17.64亿元。农村居民人均可支配收入1.41万元。

粮食作物以小麦、玉米、高粱、豆类为主，播种面积3236.02公顷，总产1.64万吨。经济作物以棉花、蔬菜为主，棉花播种47.87公顷、总产195吨，蔬菜种植439.67公顷、总产

1.44 吨。生猪饲养 12.28 万头，肉牛饲养 4720 头，羊存栏 5880 只，家禽存栏 14.27 万只，禽蛋总产 9 吨。

有工业企业 165 家，营业收入 25.62 亿元，利润总额 1.58 亿元，应缴增值税 1.06 亿元，实缴税金 1.09 亿元。规模以上企业 8 家，现价产值 5.93 亿元，应缴增值税 1906 万元，实缴税金 2236 万元。服装生产成为主导行业。

有中心小学 2 所、初级中学 2 所，综合卫生院 2 所。全街计划生育率 97.9%，一孩率 65.1%，晚婚率 59.8%，综合节育率 100%。

（方广英）

大白街道

大白街道位于宝坻区东南部，街道办坐落大白庄村。东与黄庄镇隔潮白新河相望，西与尔王庄、牛家牌两镇接壤，南与大唐庄镇毗邻，北与周良街道相连。2013 年，街域面积 82 平方公里（不含国营里自沽农场），耕地面积 1870.01 公顷。辖 20 个行政村，人口 6035 户 16759 人，其中非农业人口 2545 人。大部为汉族，另有少量蒙古、回、藏、壮、土家等少数民族人口在此散居。

该街因驻地而得名。1953 年始建大白庄乡，1958 年建大白庄人民公社，1983 年改称大白庄乡，1996 年撤乡建镇，2013 年改建街道。

辖区内交通便捷，青龙湾左堤公路、宝白公路和津蓟高速公路呈“川”字形纵贯境内，九园公路横穿东西，乡村公路交织相连。该镇地处大洼地区，地势低平，海拔平均 2 米。西部有引滦入津明渠经过，中部有引青入潮东西横卧，东部有潮白新河，水资源丰富。

2013 年，实现工农业总产值 15.25 亿元，其中工业总产值 11.75 亿元、农业总产值 3.5 亿元；国内生产总值增加值 10.8 亿元。农民人均纯收入 1.41 万元。

粮食作物以小麦、玉米、水稻为主，种植面积 2444.61 公顷，总产 8945 吨。经济作物以棉花、蔬菜类为主，棉花种植 894.94 公顷、总产 973 吨，蔬菜种植 55.47 公顷、总产 3200 吨。生猪饲养 9805 头，肉牛饲养 342 头，羊存栏 1898 只。渔业、畜牧业发展迅速。水产品养殖面积 653.33 公顷，总产 9122 吨，产品销往北京、河北及东北等地。

全街工业企业 89 家，营业收入 11.69 亿元，利润总额 7080 万元，应缴增值税 5708 万元，实缴税金 6216 万元。规模以上企业 4 家，现价产值 6.43 亿元，应缴增值税 2378 万元，实缴税金 2885 万元。京津新城在该街占地 200 公顷，吸引投资百万元以上的 18 家企业入驻。

实施设施农业提升工程，工程总计投资 1800 万元，提升内容主要是增加温室大棚墙体保温功能、自动卷帘机、拓宽沟渠、配置滴管和防虫网等设施，改善种植户设施面积 134 公顷，辐射带动周边 66.67 公顷，并顺利通过上级部门验收。

年初，藕稻鱼一期工程全部完成，新建防渗渠道 35.42 公里，扬水点 7 座，修路 6.48 公里，新建井柱桥 4 座，安装 200 千伏安变压器 2 台，架设高低压线路 4.3 公里。

有高级中学 1 所、初级中学 1 所、中心小学 2 所，有综合卫生院 1 所。

全街计划生育率 100%，一孩率 74.8%，晚婚率 53.6%，综合节育率 92.6%。

（方广英）

藕稻鱼生产基地

（大白街道供稿）

周良街道

周良街道位于宝坻区中南部，街道办驻地周良庄村。东隔潮白新河与黄庄镇、口东街道相望，西与大口屯、牛家牌两镇相连，南与里自沽农场、大白街道接壤，北与郝各庄镇毗邻。2013 年，街域面积 50.5 平方公里（含珠江温泉城面积），耕地面积 1335.54 公顷。辖 26 个行政村，人口 3234 户 9818 人，其中非农业人口 608 人。大部为汉族，另有少量满、壮、蒙古等少数民族人口在此散居。

该街因驻地而得名。1958 年属黑狼口人民公社，1961 年始建周良庄公社，1983 年改称周良庄乡，2001 年撤乡建镇，2013 年改建街道。

辖区地理位置优越，津蓟高速公路由南向北纵贯全镇，并在街道驻地设有出入口。宝白公路横跨全境，乡村公路交织相连，交通十分便利。

2013年，实现工农业总产值11.28亿元，其中工业总产值10.03亿元、农业总产值1.25亿元；国内生产总值增加值12.39亿元。农民人均纯收入1.41万元。

辖区地势低洼，河渠密布，地上水资源和地下热水资源充沛。经过农业综合开发，域内土地地势平坦，土质肥沃。粮食作物以小麦、玉米、水稻为主，播种面积1512.01公顷，总产7532吨。经济作物以棉花、蔬菜为主，棉花种植204.601公顷、总产291吨，蔬菜种植41.33公顷、总产391万吨。生猪饲养2.59万头，肉牛饲养1690头，羊存栏377只，家禽存栏5.73万只，禽蛋总产515吨。有养殖水面200.01公顷，水产品产量1178吨。

有工业企业38家，营业收入9.89亿元，利润总额8162万元，应缴增值税3013万元，实缴税金4123万元。规模以上企业6家，现价产值7.18亿元，应缴增值税1944万元，实缴税金3054万元。天津振宇服装有限公司等成为骨干企业。

服务业发展势头良好，农家院旅游接待游客2000余人，张岗铺村被评为天津市特色旅游示范村。开展书画、评戏等民间文艺演出等群众性文化活动，宝坻区老年书画研究会周良分会挂牌成立，乡村少年宫项目全面启动，城镇功能进一步完善。

辖区建有北京科技大学天津学院、天津财经大学珠江学院。有初级中学1所、中心小学1所，有综合卫生院1所。域内有区招商引资建造的京津新城一座，占地7平方公里，形成达到国家4A级标准的温泉休闲度假区。

全街计划生育率100%，一孩率89%，晚婚率54.2%，综合节育率88.9%。

（张　境）

口东街道

口东街道位于宝坻区中心，街道办坐落口东村。东与王卜庄、林亭口两镇接壤，西与钰华街道毗邻，南倚潮白新河与郝各庄镇、周良街道隔河相望，北与方家庄镇相连。2013年，辖区面积71平方公里，耕地面积3167.62公顷。辖31个行政村，人口8819户28513人，其中非农业人口2525人。大部为汉族，还有蒙古、回、壮、满等少数民族人口在此散居。域内老庄子村为宗教村。

该街因政府驻地而得名。1958年属黑狼口人民公社，1961年始建口东人民公社，1983年改称口东乡，2001年撤乡建镇，2013年改建街道。

辖区交通便利，宝黑公路、林黑公路、津蓟高速公路纵贯全镇，乡村公路首尾相连。

2013年，实现工农业总产值29亿元，其中工业总产值25.55亿元、农业总产值3.45亿元；国内生产总值增加值24.31亿元。农民人均纯收入1.43万元。

粮食作物以小麦、玉米、豆类为主，播种面积4054.42公顷，总产1.92万吨。经济作物以棉花、蔬菜为主，棉花种植46.8公顷、总产195吨，蔬菜种植665.4公顷、总产6.58万吨。生猪饲养6.82万头，肉牛饲养1246头，羊存栏3368只，家禽存栏11.68万只，禽蛋总产3827吨。还有甲鱼、观赏鱼等特色养殖。有养殖水面37.33公顷，水产品产量537吨。

全街工业企业222家，营业收入25.08亿元，利润总额8113万元，应缴增值税8600万元，实缴税金9851万元。规模以上企业14家，现价产值17.92亿元，应缴增值税4976万元，实缴税金6223万元，其中固定资产百万元以上规模企业7家，形成服装、塑料制品、造纸、机床附件四大主导产业。天津凯兴服装股份有限公司等成为骨干企业。

截至2013年底，累计投资6.8亿元完成塑料园区起步区基础设施建设，完成“五横四纵”路网建设，达到“九通一平”标准，为项目入驻建起平台。全年累计接待、洽谈项目40余个。成功签约项目13个，涉及投资15.5亿元，涉及土地45.53公顷。至年底，起步区内项目全部排满，累计签约项目83家，协议投资总额77.26亿元，协议出让土地228.2公顷。其中，27家企业正式投产，10家企业在建，46家项目筹建。在谈储备项目15个(外埠项目9个)，计划总投资43.5亿元，拟用地160公顷。

特色农业取得较大发展。其中安排两个（田林和绿植梦）“菜篮子工程”提升工作。全年完成八台港、东庄、口东、西李、刘台、西河口、新寨村的无公害认证。

有初级中学1所，中心小学2所，综合卫生院2所，幼儿园4所。全街计划生育率98.5%，一孩率82.6%，晚婚率54.4%，综合节育率93.5%。

（方广英）

霍各庄镇

霍各庄镇位于宝坻区东北部，镇政府驻地东霍各庄村。东、南与方家庄镇接壤，西与海滨街道、朝霞街道相连，南与钰华街道毗邻，北隔蓟运河与蓟县相望。2013年，镇域面积36平方公里，耕地面积2419.88公顷。辖33个行政村，人口8074户27078人，其中非农业人口885人。大部为汉族，另有少数回、满、壮、蒙古等少数民族人口在此散居。

该镇因驻地而得名。1953年建霍各庄乡，1958年属城关人民公社，1961年改建霍各庄公社，1983年恢复霍各庄乡，2001年撤乡建镇。

南邻鲍丘河，北倚蓟运河，引滦入津明渠穿境而过。镇内各村均位于津围公路和津蓟铁路两侧，京沈高速公路东西横跨镇境，津蓟高速公路纵贯全镇，并设有出入口。九园公路以镇内九王庄村为始端，向南延伸。镇域水源充沛，交通便利。

2013年，实现工农业总产值25.85亿元，其中工业总产值23.31亿元、农业总产值2.54亿元；国内生产总值增加值13.25亿元。通过市级科技部门认定科技型中小企业7家。农民人均纯收入1.41万元。

平安家园小区

（霍各庄镇供稿）

镇域属区境高上地区，地势平坦，土质肥沃。粮食作物以小麦、玉米、高粱和豆类为主，播种面积2638.28公顷，总产1.38万吨。经济作物以棉花、蔬菜为主，棉花播种92.4公顷、总产104吨，建有以陈家口、白龙港百亩日光大棚为示范区的反季节蔬菜生产基地，蔬菜种植466.54公顷，总产2.6万吨。以优质生猪、肉牛、羊、蛋鸡、肉鸡为主的养殖业发展迅速，生猪饲养4.89万头，肉牛饲养1293头，羊存栏2719只，家禽存栏14.67万只，禽蛋总产479吨。有养殖水面17.33公顷，水产品产量261吨。

全镇工业企业110家，营业收入22.11亿元，利润总额1.18亿元，应缴增值税6001万元，实缴税金6493万元。规模以上企业11家，现价产值11.98亿元，应缴增值税1301万元，实缴税金1796万元。天亨洗涤剂用品有限公司等为骨干企业。

镇内王台村作为土地流转项目试点村，完成土地流转13.33公顷，实现收益18万元，收益金全部发放到农户手中。粮食补贴夏秋两季，累计补贴面积2532.2公顷，补贴资金3152589元，受益农户6392户；良种补贴累计面积2630.93公顷，补贴资金394645元，受益农户4479户。

有初级中学1所、中心小学5所，有综合卫生院1所、社区医疗服务站10多个、敬老院1个。

全镇计划生育率97.2%，一孩率75.9%，晚婚率47.1%，综合节育率91.4%。

（方广英）

史各庄镇

史各庄镇位于宝坻区西部，镇政府坐落杨辛庄村。东与朝霞街道、宝平街道接壤，西与河北省香河县毗邻，南与新开口镇隔潮白新河相望，北与牛道口镇相连。通唐公路穿境而过，乡村公路纵横相连，交通方便。2013年，镇域面积39平方公里，耕地面积1981.67公顷，辖26个行政村，人口8007户25568人，其中非农业人口2018人。大部为汉族，另有满、壮、回、蒙古等少数民族人口在此散居。

该镇因原政府驻地史各庄而得名。1958年属赵各庄人民公社，1961年建史各庄人民公社，1983年改称史各庄乡，1996年迁至现址，2001年撤乡建镇。

2013年，实现工农业总产值20.12亿元，其中工业总产值18.35亿元、农业总产值1.77亿元；国内生产总值增加值10.79亿元。农民人均纯收入1.37万元。5家企业通过宝坻区科技型中小企业认定。“燕泉春”白酒品牌被天津市商务委授予“津门老字号”称号。

粮食作物以小麦、玉米为主，播种面积3630.62公顷，总产1.9万吨。经济作物以棉花、蔬菜为主，棉花播种33.34公顷、总产1290吨，蔬菜播种204.67公顷、总产8775吨。生猪饲养1.6万头，肉牛饲养884头，羊存栏3029只，家禽存栏22.15万只，禽蛋总产2710吨。有养殖水面6.67公顷，水产品产量93吨。

全镇工业企业205家，营业收入17.99亿元，利润总额1.36亿元，应缴增值税7214万元，实缴税金8051万元。规模以上企业9家，现价产值6.96亿元，应缴增值税2623万元，实缴税金3460万元。以地毯业最为知名，大部分村都有地毯加工厂。其中，鑫海地毯有限公司成为华北地区规模最大的大型地毯企业。镇内建有占地18公顷的工业园区。

该镇朱杨庄萝卜种植专业合作社经营的水果萝卜，用无污染地下水浇灌，风味独特，占地53.33公顷，年产量2400吨。经国家农业部鉴定为无公害产品，在津、京、冀地区享有很高知名度。其中，朱家铺萝卜已有近百年历史。

探索农业发展新路子，初步形成“三大产业带”，即：以杨庄、刘庄为中心的萝卜种植产业辐射带，以“辛宇”为代表的设施蔬菜产业辐射带，以宝武路两侧为主的花卉苗木产业辐射带。组织开展土地流转调查摸底工作。全镇有意愿流转的村达到4个，其中窦家桥村完成土地流转协议签订工作。

有初级中学1所、中心小学2所，建有教学楼4栋，有综合卫生院1所。镇内建有“知青林”一片，位于窦家桥村北侧，占地6.7公顷。

全镇计划生育率97.4%，一孩率68.2%，晚婚率42.7%，综合节育率99.3%。

（张　境）

牛道口镇

牛道口镇位于宝坻区西北部边缘，镇政府驻地牛道口村。东与朝霞街道接壤，西与河北省香河县、三河市为邻，南与史各庄镇相连，北隔泃河与蓟县相望。2013年，镇域面积72平方公里，耕地面积4618.22公顷。辖23个行政村，人口14011户47933人，其中农业人口3974人。大部为汉族，还有少量回、满、蒙古等12个少数民族人口在此散居。镇内沟头村为全区最大、人口最多的村，有1378户5004人。

该镇因政府驻地而得名。1953年属焦山寺乡，1958年属赵各庄乡，1961年始建牛道口人民公社，1983年改称牛道口乡，2001年撤乡建镇。

镇域交通便利，京沈高速公路由西往东横跨全境，并设有出入口。宝平公路由南向北纵贯镇境，曹三公路、三赵公路境内交汇，乡村公路四通八达。

2013年，实现工农业总产值29.33亿元，其中工业总产值25.71亿元、农业总产值3.62亿元；国内生产总值增加值15.71亿元。固定资产投入3410万元。农民人均纯收入1.41万元。

镇域属区境高上地区，地处武河、泃河流域，土质肥沃，适宜多种作物生长。粮食作物以小麦、玉米为主，播种面积5248.97公顷，总产2.62万吨。经济作物以棉花、蔬菜、油料为主，棉花播种107.33公顷、总产161吨，蔬菜播种1179.21公顷、总产7.84万吨。生猪饲养5.32万头，肉牛饲养5912头，羊存栏1.24万只，家禽存栏32.48万只，禽蛋总产7249吨。有养殖水面13.33公顷，水产品产量195吨。

全镇工业企业239家，营业收入25.31亿元，利润总额1.75亿元，应缴增值税1.02亿元，实缴税金1.11亿元。规模以上企业18家，现价产值11.35亿元，应缴增值税7153万元，实缴税金8032万元。

镇功能区入驻企业9家，主要以机械、服装、塑料编制为主。截至2013年底，园区企业固定资产投资达到6.5亿元。功能区实现销售收入7.8亿元，税收1800万元，吸纳就业劳动力2200人，实现优质稳步增长。

年内，占地11.5万平方米的松江生态宝坻现代农业综合发展试验区全面投产，主要从事设施蔬菜的生产和育苗。全年栽植各种树木6.1万株，造林65.33公顷。育苗保存面积106.67公顷，造林成活率96%以上。全镇林木覆盖率达26.8%。投资6万元对美国白蛾等有害病虫害生物进行防控。

有初级中学2所、中心小学2所，综合卫生院2所。镇内建有全国林业英雄“马永顺纪念林”一片，占地5.7公顷。

全镇计划生育率95.4%，一孩率69.3%，晚婚率40.7%，综合节育率93.3%。

（方广英）

大口屯镇

大口屯镇位于宝坻区西南部，镇政府驻地大口屯村。东与郝各庄镇、周良街道接壤，西倚青龙湾河与武清区、河北省香河县毗邻，南与牛家牌镇相连，北与潮阳街道、新开口镇搭界。2013年，镇域面积88.2平方公里，耕地面积5332.4公顷。辖58个行政村，人口16418户50125人，其中非农业人口6421人。大部为汉族，其次为回族，另有少量蒙古、壮、朝鲜等少数民族人口在此散居。

大口屯明朝建镇，因地处“萧太后运粮河”（今锈针河）的大口处而

机关干部志愿者清洁家园行动

（大口屯镇供稿）

得名。1958 年建大口屯人民公社，1983 年改称大口屯乡，1987 年撤乡建镇。

镇域属区境高上地区，交通便利。津围公路、津蓟铁路纵贯全镇并设站，大新公路、大黑公路、青龙湾左堤公路从镇内向外延伸，乡村公路纵横交汇。

该镇是天津市政府首批命名的明星小康乡镇之一，也是天津市重点发展的小城镇之一。镇内基础设施完善，社会服务机构齐全，建有占地 10 公顷的住宅小区。

2013 年，实现工农业总产值 81.46 亿元，其中工业总产值 73 亿元、农业总产值 8.46 亿元；国内生产总值增加值 20.24 亿元。农民人均纯收入 1.41 万元。新创建科技型中小企业 15 家。

粮食作物以小麦、玉米为主，播种面积 8904.38 公顷，总产 3.63 万吨。经济作物以棉花、蔬菜为主，棉花种植 34.67 公顷、总产 94 吨，蔬菜种植 295.33 公顷、总产 1.27 万吨。生猪饲养 11.35 万头，肉牛饲养 1.3 万头，羊存栏 7133 只，家禽存栏 33.25 万只，禽蛋总产 5249 吨，奶类产量 792 吨。有养殖水面 108.67 公顷，水产品产量 1087 吨。

全镇工业企业 346 家，营业收入 70.99 亿元，利润总额 4.51 亿元，应缴增值税 2.95 亿元，实缴税金 3.25 亿元。规模以上企业 21 家，现价产值 34.77 亿元，应缴增值税 1.11 亿元，实缴税金 1.41 亿元。镇内建有占地 66.7 公顷的工业园区。

年内，创建市级生态文明村 2 个。投资 500 余万元用于新中学配套工程，重点中学升学率提高 30 个百分点，考入宝坻一中 102 人，位于全区前列。

镇内有国办高中 1 所、初级中学 1 所、中心小学 3 所。建有影剧院、敬老院、文化站等福利设施，还有综合卫生院 2 所。镇域西南部有占地 200 公顷的青北森林公园一处。园内设有多处养殖和服务场所，可供游人采实、野餐、垂钓等。

全镇计划生育率 98.5%，一孩率 68.5%，晚婚率 67.6%，综合节育率 90.7%。

（张　境）

新开口镇

新开口镇位于宝坻区西部边缘，镇政府驻地新开口村。东与潮阳街道接壤，西与河北省香河县毗邻，南与大口屯镇相连，北倚潮白新河与史各庄镇隔河相望。2013 年，镇域面积 41.8 平方公里，耕地面积 2380.21 公顷。辖 22 个行政村，人口 7527 户 25490 人，其中非农业人口 1996 人。大部为汉族，还有少量蒙古、回、藏等少数民族人口在此散居。

该镇因驻地而得名。1958 年属大口屯人民公社，1961 年始建新开口公社，1983 年改称新开口乡，2001 年改建为镇。

镇域交通便利，东部紧靠津围公路，大新公路纵贯全镇，乡村公路相通。镇域属区境高上地区，地势高而平坦，北部靠潮白新河，一号渠、龙尾屯渠并行自潮白新河一直往南纵贯全镇。

2013 年，全镇工农业总产值 33.92 亿元，其中工业总产值 31.78 亿元、农业总产值 2.14 亿元；国内生产总值增加值 14.53 亿元。农民人均纯收入 1.41 万元。

粮食作物以小麦、玉米为主，播种面积 4382.96 公顷，总产 2.38 万吨。经济作物以棉花、蔬菜、瓜类为主，棉花播种 9.73 公顷、总产 18 吨，蔬菜播种 675.07 公顷、总产 4.92 万吨，瓜类播种 7.87 公顷、总产 472 吨。生猪饲养 9022 头，肉牛饲养 3957 头，羊存栏 6120 只，家禽存栏 36.99 万只，禽蛋总产 311 吨。

全镇工业企业 156 家，营业收入 31.21 亿元，利润总额 2.73 亿元，应缴增值税 1.04 亿元，实缴税金 1.24 亿元。规模以上企业 17 家，现价产值 19.33 亿元，应缴增值税 4621 万元，实缴税金 6574 万元。形成面粉加工、服装、彩印、塑料、纺织五大主导产业。全年引进总部型、服务型企业 47 家。

完成民盛 10 公顷设施蔬菜项目、泽康设施蔬菜 73.33 公顷提升工程和 186.67 公顷放心菜工程，并通过上级验收。

有初级中学 1 所、中心小学 1 所，教学楼 4 栋，有综合卫生院 1 所。

全镇计划生育率 98.8%，一孩率 60.9%，晚婚率 57.3%，综合节育率 95.5%。

（方广英）

郝各庄镇

郝各庄镇位于宝坻区中部，镇政府坐落前郝各庄村。东与口东街道接壤，西与潮阳街道、大口屯镇毗邻，南与周良街道相连，北倚潮白新河与口东街道、钰华街道相望。2013 年，镇域面积 45 平方公里，耕地面积 2482.95 公顷。辖 21 个行政村。人口 6624 户 19547 人，其中非农业人口 1625 人。大部为汉族，另有少量满、壮等少数民族人口在此散居。

该镇因驻地而得名。1953 年建郝各庄乡，1958 年属黑狼口人民公社，1961 年建郝各庄公社，1983 年改称郝各庄乡，2001 年撤乡建镇。

镇域地处区境中心位置，津蓟高速公路、宝白公路、大黑公路及引滦入津明渠纵贯全镇，交通便利，水资源丰富。

2013 年，实现工农业总产值 19.24 亿元，其中工业总产值 15.15 亿元、农业总产值 4.09 亿元；国内生产总值增加值 8.73 亿元。农民人均纯收入 1.41 万元。

粮食作物以小麦、玉米、高粱及豆类为主，播种面积 1496.74 公顷，总产 7556 吨。经济作物以棉花、蔬菜为主，棉花播种 524.27 公顷、总产 586 吨，蔬菜播种 852.67 公顷、总产 1.97 万吨。实施以农业龙头企业带动种养业发展战略，建有以大五登村为中心的万亩棉花生产基地，以郝各庄为中心的“三辣”生产基地，以刘各庄为中心的无公害蔬菜生产基地，以岔沽、高台为中心的奶牛生产基地，形成产业集群。生猪饲养 2.9 万头，肉牛饲养 1615 头，羊存栏 1180 只，家禽存栏 16.23 万只，禽蛋总产 2063 吨。有养殖水面 42 公顷，水产品产量 897 吨。

有工业企业 119 家，营业收入 14.91 亿元，利润总额 1.14 亿元，应缴增值税 7275 万元，实缴税金 8061 万元。规模以上企业 8 家，现价产值 5.98 亿元，应缴增值税 2152 万元，实缴税金 2486 万元。形成建筑安装、机械加工、服装三大支柱产业。

投资 200 余万元完成东郝村道路大修工程；投资 20 万元完成前郝村主干道路两侧硬化美化工程；投资 300 万元新建生产桥 6 座，农业基础设施建设趋于完善。投资 20 万元新建官庄村老年日间照料中心，年内投入使用。

有初级中学 2 所、中心小学 2 所，建有教学楼 3 栋，有综合卫生院 1 所。

全镇计划生育率 98.9%，一孩率 76.5%，晚婚率 12.6%，综合节育率 93.1%。

（张　境）

大唐庄镇

大唐庄镇位于宝坻区南部边缘，镇政府驻地大唐庄村。东部、南部均与宁河县接壤，西部与尔王庄镇毗邻，北部与大白街道、黄庄镇相连。2013 年，镇域面积 59.9 平方公里，耕地面积 2172.61 公顷。辖 18 个行政村，人口 4396 户 13221 人，其中非农业人口 1131 人。大部分为汉族，另有少量满、壮、蒙古等少数民族人口在此散居。

大唐庄距 205 国道 2 公里，距津蓟高速公路 2.5 公里，距九园公路 2 公里，青龙湾左堤路贯穿全镇，乡村公路村村相通，交通便捷。

该镇以驻地而得名。1949 年属大白庄区，1961 年始建大唐庄人民公社，1983 年改称大唐庄乡，1996 年撤乡建镇。

2013 年，实现工农业总产值 17.91 亿元，其中工业总产值 15.15 亿元、农业总产值 2.76 亿元；国内生产总值增加值 8.19 亿元。农民人均纯收入 1.39 万元。

境内渠系配套，林网交错，有自然苇地 333.33 公顷。粮食作物以小麦、玉米、水稻为主，播种面积 851.4 公顷，总产 1.02 万吨。经济作物以棉花、蔬菜、瓜类为主，棉花种植 1461.07 公顷、总产 1719 吨，蔬菜种植 75.27 公顷、总产 9504 吨。生猪饲养 5.67 万头，肉牛饲养 3536 头，羊存栏 8959 只，家禽存栏 17.7 万只，禽蛋总产 3989 吨。有养殖水面 366.67 公顷，水产品产量 4425 吨。

全镇工业企业 107 家，营业收入 14.62 亿元，利润总额 7990 万元，应缴增值税 5111 万元，实缴税金 5219 万元。规模以上企业 7 家，现价产值 4.39 亿元，应缴增值税 924 万元，实缴税金 1033 万元。以大唐布业有限公司规模最大，固定资产超亿元。形成以服装、制造、橡胶制品、针织品为主的四大产业。

实施农业综合开发土地治理项目 666.67 公顷，涉及大唐庄、鲫鱼甸、小陶、东杜、大马、小马、北里、南李、董怀、董官、董麻、狼尔 12 个村，通过完善水利设施，疏通渠道进行农田改造，为农业生产提供保障。该项目完成沙石路 2.3 公里，植树 3000 株，建扬水点 14 个，管涵桥 3 个，衬砌渠道 9500 米，穿路涵 6 个，3 座板桥的前期施工，冬季将进行电力设施施工。完成大唐庄、东淀两个水利功能片建设和北涵洞、南涵洞、小陶支渠 3 座穿越潘青路闸涵工程施工。完成青龙湾河故道清淤和大唐庄污水处理厂工程建设。

有初级中学 1 所、中心小学 5 所，建有教学楼 6 幢。还有综合卫生院、文化站、敬老院等设施。

全镇计划生育率 99.1%，一孩率 67.6%，晚婚率 50.7%，综合节育率 94.9%。

（方广英）

王卜庄镇

王卜庄镇位于宝坻区中部，镇政府驻地王卜庄村。东与大钟庄镇接壤，西与口东街道相连，南与林亭口镇毗邻，北与方家庄、新安两镇搭界。2013 年，镇域面积 73 平方公里，耕地面积 4731.2 公顷。辖 49 个行政村，人口 11166 户 33052 人，其中非农业人口 3118 人。大部为汉族，另有少量蒙古、回、藏、苗、壮、维吾尔等少数民族人口在此散居。

该镇因驻地而得名。1953 年设王卜庄乡，1958 年成立王卜庄人民公社，1983 年改称王卜庄乡，1998 年撤乡建镇。

镇域属区境高上地区与大洼地区接合部。镇内九园公路、通唐公路纵横交汇，乡村公路交织相连，交通方便。箭杆河、窝头河、鲍丘河曲流过境，地上水资源充沛。

2013 年，实现工农业总产值 28.51 亿元，其中工业总产值 26.34 亿元、农业总产值 2.17 亿元；国内生产总值增加值11.58亿元。农民人均纯收入1.41万元。

粮食作物以小麦、玉米、豆类为主，播种面积4731.22公顷，总产3.72万吨。经济作物以蔬菜、棉花为主，蔬菜种植426.2公顷、总产3.11万吨。全镇形成“东经西养”格局，东部地区以“五叶齐”大葱、天鹰椒、大蒜为特色种植，面积2333公顷，有“三辣之乡”美誉；西部地区多以猪、牛、羊、鸡等群体养殖为主，生猪饲养7.78万头，肉牛饲养1890头，羊存栏1632只，家禽存栏6.7万只，禽蛋总产466吨，奶类总产8100吨。有养殖水面35.33公顷，水产品产量386吨。

全镇工业企业357家，营业收入25.64亿元，利润总额2.02亿元，应缴增值税7005万元，实缴税金7122万元。规模以上企业6家，现价产值2.52亿元，应缴增值税1131万元，实缴税金1248万元。主要从事服装、制造、建材、军工、餐饮运输等行业。天津健生制药有限公司等成为骨干企业。

工业园区成立王卜庄镇服务型总部型企业洽谈服务中心。通过招商洽谈，中铁物流、海纳天时等一批好项目落户该镇。全镇注册型企业130家，初步形成多业态、多支点的良性格局。

有国办高中1所、初级中学1所、中心小学3所，综合卫生院2所。民间艺术和体育活动较为活跃，有“象棋之乡”的美称。

全镇计划生育率98.3%，一孩率70.3%，晚婚率71.1%，综合节育率95.1%。

（张　境）

方家庄镇

方家庄镇位于宝坻区东北部，镇政府驻地方家庄村。东与新安镇接壤，西与霍各庄镇相连，南与王卜庄镇、口东街道毗邻，北隔蓟运河与蓟县相望。2013年，镇域面积45.6平方公里，耕地面积2233.21公顷。辖42个行政村，人口10521户29876人，其中非农业人口2791人。大部为汉族，另有少量蒙古、壮、满等少数民族人口在此散居。

该镇因驻地而得名。1958年属王卜庄人民公社，1961年建方家庄公社，1983年改称方家庄乡，1996年撤乡建镇。

镇内交通便利，京沈高速公路与津蓟高速公路域内纵横交汇，通唐公路、宝新公路横跨镇境，九园公路纵贯南北，乡村公路四通八达。该镇是中国北方著名的“沙发之乡”，被列入天津市名街名镇。

方家庄镇设施农业——大棚蔬菜

（方家庄镇供稿）

2013年，实现工农业总产值49.5亿元，其中工业总产值46.65亿元、农业总产值2.85亿元；国内生产总值增加值16.59亿元。农民人均纯收入1.41万元。年内，率先成立天津市首批亿元楼“方盛经济发展中心”。引进注册服务型企业70家，拥有注册服务型企业241家。

粮食作物以小麦、玉米为主，种植面积3260.88公顷，总产1.53万吨。经济作物以棉花、蔬菜为主，棉花种植8.67公顷、总产13吨，蔬菜种植196.67公顷、总产2.53万吨，瓜类种植14.33公顷、总产636吨。生猪饲养1.49万头，肉牛饲养1197头，羊存栏1471只，家禽存栏5.76万只，禽蛋总产658吨。有养殖水面6.67公顷，水产品产量87吨。

全镇工业企业444家，营业收入46.5亿元，利润总额7.1亿元，应缴增值税7926万元，实缴税金8900万元。规模以上企业26家，现价产值22.94亿元，应缴增值税4024万元，实缴税金4999万元。商业、交通、餐饮等服务业300多家，从业人员近万人。工业企业主要有木制品、沙发家具制品、金属制品、服装、鞋业、纸制品等。其中沙发、家具制造业有20多年历史，产品远销北方各大、中、小城市，部分产品打入韩国、澳大利亚、蒙古、俄罗斯等国外市场。

提升改造马营村、北苑庄村两大蔬菜大棚基地，并通过验收。成立现代食用菌产业基地园区管理委员会，规范化解决园区内招商、服务、卫生、绿化等相关工作，维护园区环境，保证企业正常运转。在老鸦台村南投资1000万元，占地1.67公顷，集农产品研发、冷藏、销售、运输为一体的“绿色农产品交易中心”主体工程、办公楼玻璃幕墙、门窗安装基本完工，进行附属设施建设，预计2014年初交付使用。

有初级中学2所、中心小学5所，有综合卫生院2所。建有文化站、敬老院、文体活动中心和灯光健身广场、篮球场等设施。

全镇计划生育率98.3%，一孩率76.4%，晚婚率23.4%，综合节育率91.7%。

（方广英）

林亭口镇

林亭口镇特色种植——大蒜

（林亭口镇供稿）

林亭口镇位于宝坻区东南部，镇政府坐落林亭口村。东与大钟庄镇接壤，西与口东街道毗邻，南与黄庄、八门城两镇相连，北与王卜庄镇搭界。2013年，镇域面积106.4平方公里，耕地面积5258.43公顷。辖55个行政村，人口10376户30490人，其中非农业人口2931人。大部为汉族，另有少量蒙古、朝鲜、苗、壮、布依等少数民族人口在此散居。

林亭口村历史悠久，明朝时即建有两公里长的龙形街。1949年成立林亭口区，1958年建林亭口人民公社，1960年先后划归汉沽区、宁河县管辖，1962年复归宝坻县，1983年改建林亭口乡，1987年设林亭口镇。

该镇交通十分便利，九园公路纵贯全镇，与宝芦公路、宝钟公路纵横交汇，乡村公路交织相连。

2013年，实现工农业总产值48.72亿元，其中工业总产值43.37亿元、农业总产值5.35亿元；国内生产总值增加值19.73亿元。农民人均纯收入1.41万元。引进服务型总部型企业55家，总数达153家。完成小靳庄村20公顷绿色大蒜示范基地建设。建成放心菜检测站。完成总投资1300万元、占地733.33公顷的农业综合开发工程。

粮食作物以小麦、玉米、水稻为主，种植面积7293.04公顷，总产3.97万吨。经济作物以棉花、蔬菜为主，棉花种植98.67公顷、总产262吨，蔬菜种植1555.81公顷、总产8.01万吨。养殖业形成猪、鸡、鸭、牛、羊大群体养殖格局。生猪饲养7455头，肉牛饲养455头，羊存栏2487只，家禽存栏38.87万只，禽蛋总产709吨。有养殖水面166.67公顷，水产品产量1277吨。

全镇工业企业160家，营业收入43.61亿元，利润总额2.66亿元，应缴增值税2.09亿元，实缴税金2.35亿元。规模以上企业16家，现价产值32.02亿元，应缴增值税1.52亿元，实缴税金1.78亿元。主要涉及服装制造、军工、建材、运输、餐饮等行业。天津通达集团等成为骨干企业。

城镇建设展现新面貌。适应产业集中、人口集聚的需要，全面启动小城镇建设工程，一期“龙亭轩”项目4.4万平方米11栋住宅楼主体封顶。小靳庄文明生态村与休闲农业观光村建设工程全面启动。

有中心小学4所、初级中学2所、国办高中1所，有综合医院1所，还建有电影院、敬老院等公共设施。林亭口自古就有民间花会、演评戏、唱皮影的历史，群众文化生活活跃。

全镇计划生育率99.3%，一孩率77.2%，晚婚率39.6%，综合节育率92.7%。

（张　境）

八门城镇

八门城镇位于宝坻区东南部，镇政府驻地八门城村。东与河北省玉田县隔蓟运河相望，西与林亭口、黄庄两镇相连，南与宁河县毗邻，北与大钟庄镇接壤。2013年，镇域面积110.5平方公里，耕地面积6845.37公顷。辖54个行政村，人口8486户27087人，其中非农业人口1863人。大部为汉族，还有少量满、壮、朝鲜等少数民族人口在此散居。

该镇因驻地而得名。1953年建八门城乡，1958年属林亭口人民公社，1960年划归汉沽市，1961年划归宁河县，1962年复归宝坻县，1983年改称八门城乡，1996年撤乡建镇。

镇内交通便捷，宝芦公路由西向东横穿全境，八袁公路由南往北

2013年5月12日，区委书记贾凤山（左二），区委副书记、区长李森阳（左一）到八门城农业示范园调研

（八门城镇供稿）

纵贯全镇，乡村公路交汇相连。地处大洼地区，低洼易涝，箭杆河在镇域东北部汇入蓟运河，蓟运河沿镇域东北侧蜿蜒南下。镇内河渠纵横，建有大型扬水站2座。

2013年，实现工农业总产值27.21亿元，其中工业总产值23.47亿元、农业总产值3.74亿元；国内生产总值增加值13.1亿元。农民人均纯收入1.41万元。

粮食作物以水稻、小麦、玉米、豆类为主，播种面积7838.69公顷，总产4.68万吨。经济作物以棉花、蔬菜为主，棉花种植97.33公顷，总产302吨，蔬菜种植20公顷，总产3999吨。生猪饲养17.07万头，肉牛饲养106头，羊存栏1000只，蛋鸡存栏13.14万只，禽蛋总产565吨。有养殖水面326.67公顷，水产品产量4567吨。

全镇工业企业158家，营业收入23.32亿元，利润总额1.81亿元，应缴增值税6709万元，实缴税金8773万元。规模以上企业7家，现价产值11.89亿元，应缴增值税2036万元，实缴税金4104万元。以服装、化工、纸业、五金为四大支柱产业。

截至2013年底，园区入驻企业20家，在建企业1家；在谈物流服务项目1家；待建企业1家；签约企业2家。新通过市级认定科技型中小企业11家，总数达43家，“小巨人”企业4家，总数达8家。新引进服务型和总部型企业74家，累计138家。

新增稻区立体种养666.67公顷。累计流转土地1585.07公顷，其中7个村的土地实现整体流转。建成一批以菱角沽村家庭农场、兴沃水产养殖合作社、金宝地水产养殖合作社等为龙头的农业示范基地。

现代生态农业示范园累计投资5912万元，建成稻米精深加工企业1家，占地6500平方米。年内立体种养面积达2000公顷，主要以稻蟹、稻鱼、稻蛙种养为主；全年镇水稻机插秧面积达2333.33公顷，机械化收割面积达4000公顷。

有初级中学1所、中心小学5所，有综合卫生院2所。还建有文化站、敬老院等文化福利设施。

全镇计划生育率97.6%，一孩率65%，晚婚率17.8%，综合节育率92%。

（方广英）

大钟庄镇

大钟庄镇位于宝坻区东部，镇政府驻地大钟庄村。东隔蓟运河与河北省玉田县相望，西与林亭口、王卜庄两镇毗邻，南与八门城镇接壤，北与新安镇相连。2013年，镇域面积100平方公里（不含国营大钟庄农场），耕地面积5862.83公顷。辖45个行政村，人口11225户34595人，其中非农业人口3480人。大部为汉族，尚有少量蒙古、回、苗、壮等少数民族人口在此散居。

该镇因政府驻地而得名。1958年建大钟庄人民公社，1960年划归汉沽市，1961年划归宁河县，1962年复归宝坻县。1983年改称大钟庄乡，1995年撤乡建镇。

镇域地理位置优越，交通方便。京沈高速公路从镇北部通过，通唐公路跨越东西，林钟公路纵贯南北，乡村公路构成四通八达的交通网络。镇域海拔较低，素有“大洼”之称。境内渠网密布，地上水资源充沛，地下水资源蕴藏丰富。

2013年，实现工农业总产值43.12亿元，其中工业总产值37.63亿元、农业总产值5.49亿元；国内生产总值增加值14.58亿元。农民人均纯收入1.41万元。

粮食作物以小麦、玉米、水稻为主，种植面积8960.38公顷，总产3.4万吨。经济作物以棉花、蔬菜、瓜类为主，棉花种植128.87公顷、总产187吨，蔬菜种植947.34公顷、总产4.97万吨，瓜类种植117公顷、总产6433吨。油料播种面积25.8公顷，总产182吨。生猪饲养8.74万头，肉牛饲养535头，羊存栏4422只，家禽存栏76.55万只，禽蛋总产1.55万吨，奶类产量1259吨。有养殖水面28公顷，水产品产量484吨。有甲鱼、肉狗、肉鸭、奶牛等20多个特色养殖户。

全镇工业企业 221 家，营业收入 36.85 亿元,利润总额 2.06 亿元,应缴增值税 1.88 亿元，实缴税金 2.17 亿元。规模以上企业 22 家,现价产值 17.45 亿元，应缴增值税 7675 万元,实缴税金 1.05 亿元。建有大钟、华旗、环球三大企业集团,产品有服装、旅游制品、食品饮料、皮革、塑料、化纤棉、木制家具及包装箱等十几个品种。其中,环球集团为亚洲最大的旅游帐篷生产厂家。

新引进注册公司 30 家,实体项目 2 家,盘活闲置项目 1 家。

打造“三辣基地”,以牛家庄“天津市相发农业种植专业合作社”为主，投资 65 万元种植绿色大葱 20 公顷，带动周围无公害大葱种植 733.33 公顷；投资 8 万元巩固发展以大卦村为中心的“津大钟”西瓜品牌基地;完成小苏村 13.33 公顷管灌节水工程和大中型灌区大钟镇东区 3333.33 公顷规划项目。推广机械化深松整地作业 586.67 公顷。

有国办高级中学 1 所、初级中学 2 所、中心小学 10 所,有综合卫生院 2 所。

全镇计划生育率 99.3%,一孩率 74.9%,晚婚率 43.6%,综合节育率 96.9%。

(张　境)

新安镇

新安镇位于宝坻区东北部,镇政府驻地新安村。东隔蓟运河与河北省玉田县相邻，西与方家庄镇接壤,南与王卜庄、大钟庄两镇相连,北与蓟县隔蓟运河相望。2013 年,镇域面积 57.6 平方公里，耕地面积 3729.89 公顷。辖 46 个行政村,人口 10519 户 31619 人,其中非农业人口 2755 人。大部为汉族，另有少量蒙古、回、满、维吾尔等少数民族人口在此散居。

该镇因驻地而得名。1953 年始建新安镇乡,1958 年改建新安镇人民公社,1960 年随大钟庄公社划入汉沽市,1961 年划入宁河县,1962 年复归宝坻县,1983 年改称新安镇乡,1995 年撤乡建镇。

镇域地处大钟庄洼北部，京沈高速公路由西向东横跨镇境，并设有出入口。宝新公路直达城区,新钟公路纵贯镇境,乡村公路互联相通,镇内交通便利。

2013 年，实现工农业总产值 53.01 亿元，其中工业总产值 49.99 亿元、农业总产值 3.02 亿元;国内生产总值增加值 15.26 亿元。农民人均纯收入 1.44 万元。

粮食作物以小麦、玉米、豆类为主，种植面积 4032.42 公顷，总产 1.62 万吨。经济作物以棉花、蔬菜为主,棉花种植 495.34 公顷、总产 851 吨，蔬菜种植 971.94 公顷、总产 4510 吨,瓜类种植 12.33 公顷、产量 859 吨。生猪饲养 2.53 万头,肉牛饲养 1.1 万头,羊存栏 1964 只,家禽存栏 11.95 万只,禽蛋产量 1436 吨,奶类产量 7488 吨。有养殖水面 5 公顷,水产品产量 45 吨。

全镇工业企业 417 家，营业收入 49.58 亿元,利润总额 3.35 亿元,应缴增值税 1.92 亿元，实缴税金 2.06 亿元。规模以上企业 14 家,现价产值 13.03 亿元，应缴增值税 5084 万元,实缴税金 6549 万元。以体育器械、塑料包装、服装纺缝、彩色制帽、食品饮料为五大支柱产业。以专门生产体育健身器材著称的天津奥林股份有限公司，在国际市场上占有一席之地。

新建规模以上工业项目 3 个，占地 7.33 公顷,总投入 2 亿元。新增注册型企业 31 家，累计 126 家,实现税收 1.1 亿元。

发展设施农业 20 公顷,全镇设施农业总面积达 196.67 公顷。投资 49 万元建成无公害农产品认证和检测中心。大赵设施农业被天津市人民政府命名为无公害基地；申报张兰村设施农业“三个一”工程 3.27 公顷。投资 65.4 万元新建梁庄子、工部生产桥 2 座;投资 82 万元修建王善庄防渗明渠 3200 米；投资 6.5 万元更新蓟运河王善庄段扬水点 1 座；投资 55 万元为全镇小麦、玉米上农业保险。投资 379.4 万元完成马庄、埝北文明生态村创建工作。

有国办农业职业中专 1 所、初级中学 2 所、中心小学 6 所,有综合

蓬勃发展的新安镇工业园区

(新安镇供稿)

卫生院 2 所。

全镇计划生育率 99.4%,一孩率 77.2%,晚婚率 55.3%,综合节育率 95.7%。

(方广英)

牛家牌镇

牛家牌镇位于宝坻区南部,镇政府驻地牛家牌村。东与大白街道接壤,西与武清区毗邻,南与尔王庄镇相连,北与大口屯镇、周良街道搭界。2013 年,镇域面积 61.1 平方公里,耕地面积 2685.15 公顷。辖 20 个行政村,人口 5753 户 17085 人,其中非农业人口 1314 人。大部为汉族,另有少量回、满、瑶、壮等少数民族人口在此散居。

该镇因政府驻地而得名。1958 年属黑狼口人民公社,1961 年始建牛家牌人民公社,1983 年改称牛家牌乡,2012 年改称牛家牌镇。

镇域地处里自沽洼边缘,锈针河、青龙湾河与左堤公路并行贯穿境内,津蓟高速公路从东部纵穿全境,乡村公路纵横相连,交通方便。

2013 年,实现工农业总产值 16.80 亿元,其中工业总产值 14.07 亿元、农业总产值 2.73 亿元;国内生产总值增加值 12.83 亿元。农民人均纯收入 1.42 万元。

粮食作物以小麦、玉米、水稻、高粱为主,播种面积 2750.28 公顷,总产 1.29 万吨。经济作物以棉花、蔬菜为主,棉花种植 386.94 公顷、总产 1509 吨,蔬菜播种 138.93 公顷、总产 1.05 万吨。生猪饲养 5.56 万头,肉牛饲养 897 头,羊存栏 1933 只,家禽存栏 31.64 万只,禽蛋产量 5229 吨。有养殖水面 682 公顷,水产品产量 7360 吨。

有工业企业 81 家,营业收入 13.96 亿元,利润总额 9117 万元,应缴增值税 5016 万元,实缴税金 5825 万元。规模以上企业 12 家,现价产值 10.24 亿元,应缴增值税 4176 万元,实缴税金 4984 万元。其中,大来服装有限公司等成为骨干企业,主导产业为服装、地毯和缝纫机零件。

林下经济日趋壮大,林下养殖效益明显,食用菌产业实现制棒、培植、储存、销售无缝对接,利润翻番。

有初级中学 1 所、中心小学 3 所、中心幼儿园 1 所,有综合卫生院 1 所。

全镇计划生育率 100%,一孩率 74.6%,晚婚率 27.9%,综合节育率 93.2%。

(张 境)

尔王庄镇

尔王庄镇位于宝坻区最南端,镇政府坐落尔王庄村。东与大唐庄镇相连,西与武清区搭界,南与宁河县接壤,北与牛家牌镇、大白街道毗邻。2013 年,镇域面积 68 平方公里,耕地面积 2877.41 公顷。辖 26 个行政村,人口 4501 户 12937 人,其中非农业人口 1101 人。大部为汉族,还有满、藏等少数民族人口在此散居。该乡幅员辽阔,地广人稀,为全区人口密度较小的镇之一。

该镇因政府驻地而得名。1958 年属大白庄人民公社,1961 年始建尔王庄人民公社,1983 年改称尔王庄乡,2011 年改称尔王庄镇。

镇内交通便利,九园公路、津蓟高速公路穿境而过,乡村公路村村相通。镇域属大洼地区,青龙湾河、北京排污河流经境内,水利资源充裕。

2013 年,实现工农业总产值 7.86 亿元,其中工业总产值 5.08 亿元、农业总产值 2.78 亿元;国内生产总值增加值 8.31 亿元。农民人均纯收入 1.41 万元。

粮食作物以小麦、玉米为主,播种面积 2050.01 公顷,总产 1.22 万吨。经济作物以棉花、蔬菜为主,棉花种植 993.34 公顷、总产 1705 吨,蔬菜播种 3.33 公顷、总产 1320 吨。生猪饲养 1.2 万头,牛饲养 64 头,羊存栏 2946 只,奶类产量 82 吨。引进并推广名优品种彭泽鲫,远销韩国等国家和地区,成为出口创汇新的增长点。经多年农业结构调整,初步形成“东菜、西粮、南经、北渔”的粮、经、牧、渔、菜共同发展格局。

有工业企业 48 家,营业收入 5.02 亿元,利润总额 3084 万元,应缴增值税 2454 万元,实缴税金 2986 万元。规模以上企业 1 家,现价产值 2.26 亿元,应缴增值税 1287 万元,实缴税金 1817 万元。

实施覆盖潘套、四棵树、程泗淀、李家河、黄金庄和景家庄 6 个村的万亩农业综合开发工程,建扬水站 18 座,安装变压器 11 台,架设输变电线路 12.7 公里,开挖疏浚渠道 22.7 公里,修建节水工程 7500 米,新建生产桥 5 座。整修田间道路 30 公里,清理沟渠 65 公里。

有初级中学 1 所、中心小学 3 所,建有教学楼 3 幢。还有综合卫生院、文化站、敬老院等设施。

全镇计划生育率 96.9%,一孩率 70.9%,晚婚率 33.3%,综合节育率 97.4%。

(方广英)

黄庄镇

黄庄镇位于宝坻区东南部边缘,镇政府驻地黄庄村。东与八门城镇接壤,西与大白街道隔潮白新河相望,南与宁河县毗邻,北与林亭口镇搭界。2013 年,镇域面积 112 平方公里,耕地面积 4051.42 公顷。辖 19 个行政村,人口 3897 户 11485 人,其中非农业人口 880 人。大部为汉族,还有少量回、满、蒙古、壮等少数民族人口在此散居。

该镇因驻地而得名。1953年建黄庄乡,1958年属林亭口人民公社,1960年划归汉沽市,后划归宁河县,1962年复归宝坻县,为黄庄人民公社,1983年改称黄庄乡,2012年改称黄庄镇。

镇域交通便利,九园公路由北向南纵贯全境,乡村公路纵横相连。

2013年,实现工农业总产值26.24亿元,其中工业总产值23.26亿元、农业总产值2.98亿元;国内生产总值增加值11.33亿元。农民人均纯收入1.41万元。

粮食作物以水稻、小麦、玉米为主,播种面积4431.42公顷,总产3.26万吨。经济作物以棉花为主,棉花种植280.27公顷、产量1051吨。生猪饲养2.56万头,牛饲养2960头,羊存栏2470只,家禽存栏40.25万只,禽蛋总产11吨,奶类产量1680吨。有养殖水面230公顷,水产品总产3664吨。

作为区农业大镇,黄庄镇在"一水双用,一地双收"上不断探索新的发展途径。加大水稻品种改良力度,不断提升水稻品质,有效提高水稻产出,成功注册"黄庄大米"地域商标,寻找一条"黄庄大米"统一生产、统一包装、统一销售、统一管理的新渠道,打造出黄庄稻米品牌。大力推广稻鳅、稻蟹立体种养,成立天津市宝坻区潮河泥鳅稻蟹生态养殖合作社,全年投入补贴资金20余万元,总面积扩大到533.33公顷,已发展9个村队,200多户进行66.67公顷泥鳅和133.33公顷稻蟹立体种养,人均可增加收入500元。

借助小辛码头紧邻潮白新河,自然环境优美、文化底蕴深厚等优势,开发千年古渡·小辛码头特色游,全新打造水稻文化园、水生植物园等景观。

全镇工业企业44家,营业收入22.54亿元,利润总额2.08亿元,应缴增值税3457万元,实缴税金4336万元。规模以上企业6家,现价产值18.37亿元,应缴增值税2522万元,实缴税金3402万元。形成乳制品、纸制品、棉油、饲料、机加工、服装六大产业。津河乳品有限公司等为骨干企业。

有国办职业中专学校1所、初级中学1所,有综合卫生院1所。

全镇计划生育率99.1%,一孩率63.5%,晚婚率31.3%,综合节育率95.7%。

(张　境)

蓟 县

概 述

蓟县位于天津市最北部，地处京津冀都市圈之腹心，东距秦皇岛港236公里，西距北京市区88公里、首都国际机场68公里，南距天津市区110公里，自古为战略要地，有“畿东锁钥”之称。随着津蓟、蓟平高速公路的通车，蓟县已经融入京津一小时经济圈，成为环渤海经济圈“京东发展门户”。

蓟县是天津市唯一的山区县，山青水美，风光秀丽，有京津“后花园”之美誉。山区、平原各占一半，地势北高南低，属暖温带半湿润大陆性季风型气候，四季分明。2013年，全县面积1590.22平方公里，耕地面积5.39万公顷。辖渔阳、洇溜、官庄、马伸桥、下营、邦均、别山、尤古庄、上仓、下仓、罗庄子、白涧、五百户、侯家营、桑梓、东施古、下窝头、杨津庄、出头岭、西龙虎峪、穿芳峪、东二营、许家台、礼明庄、东赵各庄25个镇，孙各庄满族乡1个乡和文昌街道，有949个行政村，总人口848146人，有汉、满、蒙古、回、壮等民族。

蓟县是天津市历史文化名城，有县级以上文物保护单位37处，国家重点文物保护单位2处，被联合国专家组评为“千年古县”。蓟县是华北地区重要的旅游度假休闲胜地，境内名胜古迹、旅游景点众多，有国家重点文物保护单位千年古刹独乐寺、千像寺石刻造像群，国家首批5A级旅游景区盘山，列入世界文化遗产的4A级景区黄崖关长城等。蓟县是“全国首批生态环境建设示范县”和“全国环保模范城区”，生态环境得天独厚，全县林木覆盖率达到42.6%，山区达到70%，是京津唐都市圈的“绿色屏障”。

2013年，蓟县坚定生态立县、工业强县、旅游兴县用力方向，扎实开展项目年招商年改革年活动，着力做好“实力美、形态美、内涵美”三篇文章，推动美丽蓟县建设取得显著成效。全县生产总值406.7亿元，比上年增长22%；县级财政收入53.2亿元，增长22.7%，其中一般预算收入27.4亿元，增长35%；全社会固定资产投资538亿元，增长25%；城镇居民人均可支配收入27700元，农村居民人均可支配收入14470元，分别增长14%和15%；万元生产总值能耗和主要污染物减排完成市下达任务。

着力转变发展方式，产业结构调整优化。坚持狠抓大项目好项目不放松，推动产业优化升级，经济运行稳中有增、结构调整稳中有进、转型升级稳中提质。工业强县步伐加快，信德总部搬迁入蓟，金鹏型材管材铝材、地球卫士一期二期三期、Low-E节能玻璃和系列磁性材料等龙头项目联动建设、集成开发，形成批次开工、批次投产、批次达产的良好局面，在总部引进、企业纳税、带动就业等方面取得新突破。制定出台规上企业扶持政策和名优产品奖励办法，新增规上工业企业20家，新认定市级名牌产品6个，工业增加值增长26.5%，高出全县生产总值增幅4.5个百分点。文化旅游融合发展，实景演出项目加快推进，国家画院创作基地投入使用，梨木台成为国家4A级景区，乡村旅游升级版建设全面启动，恒大音乐节、阿迪力高空表演等一批市场化旅游活动成功举办。全年接待游客1295万人次，实现综合收入63亿元。商贸流通繁荣活跃，商业街区加快改造，城乡市场规范提升，社会消费品零售额增长20%。农业调整不断深入，发展金银花、蓝莓等特色种植2266.67公顷，改造提升设施农业466.67公顷，新建放心菜基地866.67公顷，州河鲤、红花峪桑葚成为国家地理标志产品。新认定市级专业合作社36家、市级龙头企业12家，90%以上的农户进入产业化经营体系。建成一批农田水利和防汛排涝工程，推开种养殖政策性保险，农业防灾减灾能力继续增强。

着力拓展发展空间，载体功能加快提升。统筹推进蓟县新城、产业园区和基础设施建设，进一步优化空间发展布局，综合承载能力不断增强。新城建设取得新突破，安置区新开工63万平方米，累计达到226万平方米，45万平方米住宅交付使用；新城小学和幼儿园开始办学，社区管理体系初步确立，18个村8939人顺利入住；鱼馆街等配套商业设施加紧建设，市政主干路网如期竣工，新城一期整体框架基本形成。两个示范工业园相向拓展，新扩区4平方公里，总面积达14.5平方公里；健全多元化投融资机制，集中连片建设标准厂房、商务楼宇，载体总面积达33万平方米，承接一批前景好、见效快的中小企业。城乡路网不断优化，塘承、京秦高速抓紧施工，津围二线和仓桑路东延线启动建设，改造提升津围、京哈等主干路，打通迎宾路、269路，大修乡村公路256公里。农村饮水安全工程三年规划全面完成。热电联产投入运行，首期并网供热450万平方米，66个小区5万户居民受益。盘山消防站建成使用，城乡电网、市政管网等配套设施同步建设，载体功能得到新提升。

着力推进改革创新，发展活力全面增强。认真落实"改革年"各项任务，深化重要领域体制机制创新，全社会创新创业活力有效激发。县乡"分税制"改革深入实施，乡镇税源经济增势强劲，飞地开发、飞楼招商取得突破，涌现出一批资源共享的新亮点，65%的乡镇留成税收超千万元。全员招商体系不断完善，每季度开展重大项目集中签约活动，借重用好首都资源成效明显，全年集中签约重大项目82个，总投资885亿元，其中来自北京的项目45个，总投资524亿元。旅游综合配套改革继续深化，搭建整体营销、精细管理等企业化运营平台，旅游集团资产规模达10亿元，主营业务收入增速超过30%。科技型中小企业发展环境持续优化，制定出台八条措施，建立小巨人"一企一策"帮扶机制，百家企业牵手"两院四校"(天津农学院、天津市农科院，河北工业大学、天津工业大学、天津科技大学、天津理工大学)开展产学研合作，新增科技型中小企业310家，总数达961家；新培育小巨人企业6家，总数达32家。楼宇经济发展模式进一步创新，围绕增加库区村集体收入，坚持"政府搭台、企业集聚、税收反哺、定向扶持、城乡联动、百村受益"，打造出"百村楼"新亮点。全县新增楼宇企业550家，总数达1000家，楼宇税收实现4亿元。金融服务体系日趋完善，村级金融服务站实现全覆盖，村镇银行完成增资扩股和股份制改革，广成集团资产规模达300亿元，全县贷款余额225.8亿元，增长38.7%。

着力加强生态建设，城乡环境明显变化。牢固树立"绿水青山也是金山银山"理念，全力推进美丽蓟县建设，生态立县体系初步建立。于桥水库水源保护工程深入推进，秋植造林顺利完成，种植结构调整全面启动，养殖技术改造有序开展，文明生态村创建提升取得阶段性成果。制定矿山创面治理三年实施方案，搭建多元化投融资平台，天津石矿、东后子峪等矿区治理全面展开。环境综合整治成效明显，完成府君山广场改造，提升入城节点景观，实施环城路绿化和马营路环境提升等重点工程，新增城区绿地42万平方米。"美丽蓟县·一号工程"启动实施，开展清新空气、清水河道、清洁村庄和绿化美化行动，扬尘治理、燃煤控制、脱硝改造开局良好，农村中小河流、城区骨干河道和企业污染源加快治理，村庄卫生清整全面铺开；全县完成绿化造林2600公顷，是2012年的3倍，生态宜居特色更加鲜明。

着力实施民心工程，群众生活持续改善。年初承诺的20项民心工程全面兑现，人民群众享受到更多发展成果。深化城市交通专项整治，科学改造一批大型平交路口，新装隔离护栏12.5公里，建成府君山广场过街天桥，群众出行更加方便。对安裕等老旧小区实施供热、供水和

2013年8月21日，县委副书记、县长景悦代表蓟县人民政府与河北工业大学、天津工业大学、天津科技大学、天津理工大学、天津农学院、天津市农科院主要负责人，共同签署科技战略合作协议

（摄影：李鹏岳）

转供电改造，为农村困难群众改造危陋住房704户。实施集贸市场退路进场，整治提升无终园、武定街和鼓楼周边环境，占路经营、乱停乱放、商业噪音等热点问题得到有效治理。启动实施农民收入五年倍增计划，提高城镇职工最低工资标准，建立统一的事业单位绩效工资制度，城乡居民收入保持较快增长。多渠道扩大就业，新增就业1.26万人，城镇登记失业率控制在3.6%以内。基本养老和医疗保险覆盖更多人群，城乡低保、五保标准继续提高，老龄、残疾人工作得到加强，社会保障和救助体系进一步完善。新一轮义务教育学校现代化建设稳步推进，高中校标准化建设工程和学前教育提升计划启动实施，通过国家义务教育基本均衡县评估。“班班通”课题研究取得阶段性成果，七省市教育信息化合作交流会议在蓟县召开。县人民医院新址主体封顶，精神卫生防治中心基本竣工，公共卫生服务体系更加完善。夯实人口计生工作基础，低生育水平保持稳定。文化活动丰富多彩，全民健身路径实现镇村全覆盖，文物保护、史志档案等工作取得新进步。

（县政府办）

蓟县县级领导名单

中共蓟县县委领导名单

书　记：肖　松

副书记：景　悦　王庆利

常　委：肖　松　景　悦　王庆利　乔金生　王洪海　汪清生　王宝强　薛铁军（任职至12月）　王通海　金汇江（朝鲜族）　陈东杰（女）　张　平（12月始任）

蓟县人大常委会领导名单

主　任：庞晓光

副主任：倪景泉　靳德军　王永亮　卢　旺　王俊茹（女）

蓟县政府领导名单

县　长：景　悦

副县长：乔金生　汪清生　刘素侠（女）　马占亭　田建国　于　清

政协蓟县委员会领导名单

主　席：卢金生

副主席：郭春富　张　力　张从润　刘燕南　张桂婷（女，兼）　王　友（兼）　尹学芸（女，兼）　李春生（兼，满族）

（县委组织部提供）

政法综治工作　2013年，蓟县政法系统多项工作进入全市乃至全国前列。服务和保障经济社会。深入新城、园区和重点项目提供法律服务、化解矛盾纠纷、打击违法犯罪。妥善解决涉及新城建设的矛盾纠纷100余件。制定服务企业发展等20项服务措施。社会维稳工作组走访帮扶对象27个，受理答复问题41件，化解矛盾39件。开展服务群众联系社区工作，筛选10个联系社区单位，深入社区调研督导帮扶工作，10个联系社区单位实施社区硬件提升改造工程。维护社会稳定工作。全国“两会”和党的十八届三中全会期间，实现进京正常访和非正常访两个“零”指标，全市工作联查、市委巡视组巡视等重大活动和敏感时期，均没有出现不稳定事件。市委常委、市委政法委书记散襄军对蓟县维稳工作作出批示，给予充分肯定。开展“拉网式”矛盾纠纷排查和领导干部接访下访活动，实行“日报告、周例会、月研判”制度。各级调解组织受理矛盾纠纷4530件，化解4349件，化解率96%。在敏感节点和迎检、全国人大及市主要领导来蓟调研期间，制定维稳预案，强化排查化解稳控工作。受理涉法涉诉信访案件311件次，接待来访群众472人次，督办各政法单位信访案件55件。平安蓟县建设。出台《平安蓟县建设实施意见》。纵深推进平安建设，人民群众安全感得到普遍提升。散襄军对蓟县平安建设工作作出批示，给予充分肯定。严打各类违法犯罪，公安机关深入开展严打整治斗争，全年破获各类刑事案件1805起，破案率83.25%，现行命案侦破率100%。检察机关批捕各类刑事案件246件347人，起诉575件860人，立案查处贪污贿赂等职务犯罪案件11件16人，大要案率100%。审判机关受理案件14283件，审（执）结11968件，涉案标的额15.59亿元。加强路面交通违法行为专项整治，改造平交大行路口4处，安装隔离护栏12538米。强化消防安全监管，消除各类消防安全隐患。推进平安示范村、平安单位创建，创建县级平安单位576个、平安社区26个、平安村848个、平安家庭249653户、平安校园236个，创建市级平安示范单位5个，市级平安示范社区1个，市级平安示范村11个，过境铁路被授予“市级平安铁路示范段”称号。法治蓟县建设。深入开展法制宣传教育，推进执法规范化建设。散襄军对蓟县法治建设工作作出批示，给予充分肯定。组织“六五”普法讲师团深入基层进行法律知识巡回演讲130场次，发放宣传资料20余万份，受教育30万余人。搭建法制宣传平台，在县电视台开设《法治蓟州》栏目，建立全市首家中小学生法制教育基地，设置法制教育长廊、宣传展室以及模拟法庭，累计对1万名中小学生进行法制教育。

（穆永国）

组织工作　2014年，蓟县县委组织工作坚持围绕中心、服务大局，求真务实、改革创新，圆满完成各项目标任务，实现组织工作整体上水平。加强领导班子和干部队伍建设。坚持在干中培养选拔干部，注重在重点工程和基层一线了解考察干部，为县委选人用人提供真实可靠依据。先后调整乡镇局级领导班子77个、领导干部134人，65名在重点工程和基层一线表现突出的干部得到提拔重用，12名庸懒散干部交流调整、8名干部诫勉谈话。深化干部人事制度改革。全面推行领导干部工作记实登记制度，提高考核评价的科学性、准确性和实效性。强化干部实践锻炼，加大年轻干部培养选拔力度，先后优先选拔、竞争性选拔40岁以下优秀年轻干部27名，其中35岁以下12名。加大干部选拔任用工作监督检查力度，干部选拔任用工作群众满意度达100%。干部培训和人才工作。创新“行动学习法”，实施理论学习、“点对点”对口观摩、集中交流研讨相结合培训模式，先后组织140名处级领导干部和优秀青年干部赴浙江绍兴培训学习。与北京大学深度对接，签订干部培训和人才培养合作协议，开办京蓟大讲堂暨北京大学区域经济社会发展高级研修班，对400名乡镇局以上领导干部和后备干部进行全面系统培训，实现干部培训的高层次。基层组织建设。组织优秀村干部到先进地区进行提升式培训，集中对57个矛盾问题突出的村两委班子进行教育整顿。以规范村级工作制度落实为重点，对农村两委干部进行全员培训，村级班子按章理事、民主议事，推动发展、服务群众的能力本领不断增强。统筹推进各领域基层党建工作，县党员服务中心和2个社区、非公企业支部，被评为市级党建工作示范点。联村帮扶工作。抓住市级驻村帮扶有利契机，加强工作对接，强化培训指导，统筹抓好市县联村帮扶工作。全年市县帮扶单位落实帮扶项目640个，投入帮扶资金2886万元，为建设美丽乡村提供有力保障。安排全县804名处级以上领导干部每人结对帮扶两个困难家庭，累计投入帮扶资金159万元，实现转变作风、帮贫解困的工作目标。老干部工作。坚持“让县委放心、让老干部满意”的工作理念，全面落实老干部政治待遇、生活待遇，做到政治上尊重、思想上关心、生活上照顾、精神上关怀。注重发挥老干部的政治、经验和威望优势，在引资助教、建设红色教育基地等方面发挥重要作用，县关工委、老促会和1名个人受到全国表彰。

（王立民）

纪检监察工作　2013年，蓟县纪检监察系统坚定不移惩治腐败，强化执纪监督，党风廉政建设和反腐败工作取得新进展。学习贯彻党的十八大和习近平总书记系列重要讲话精神。举办纪检监察干部专题培训班，组织各单位“一把手”带头讲廉政党课。清理各类议事协调机构，将县纪委、县监察局所参加的37个协调机构调整为14个。调整机关内设机构，增加办案力量。落实中央八项规定，坚决纠正“四风”。把落实中央八项规定作为改进作风的突破口，县委书记肖松和其他县级领导带头执行，县委、县纪委下发通知，严明纪律，约谈全县147个单位“一把手”。抓住春节等重要节点，组织14个检查组和50名纠风志愿者明察暗访，受理违反八项规定问题33起。建立有关制度规定468项，开展正风肃纪专项工作，全县自行清退违规借、调、换、占公务用车53辆，24036名干部职工做到会员卡“零持有、零报告”，清理腾退超标办公用房2691平方米。推进行政效能改革，优化发展环境。全县 91 个单位清理确认各类行政职权 9059 项，绘制职权运行流程图 813 张。民主评议 62 个部门政风行风情况，组织 50 名纠风志愿者和监督员进行暗访。组织效能监督员不定期明察暗访，全县 26 个乡镇和 40 个部门开展效能立项。严格依纪依法，保持查办案件良好势头。实行县纪委常委督办信访制度，向重点乡镇派驻督导组。成立第二纪检监察室，调整党风政风监督室、执法和效能监督室等参与办案工作。严格执行案件线索受理、初核、立案、调查取证、移送审理、案件处理和执行等程序规定。全年受理检举控告类信访举报 680 件次，初核违纪线索 44 件，立案 37 件，结案 25 件，处分 35 人，挽回经济损失 255 万余元。为 12 名受到失实举报的党员干部澄清问题，保护干事创业的积极性。加强办案制度机制建设，把查办案件与加强警示教育、制度建设、强化监督相结合。加大预防工作力度，从源头上防治腐败。开展廉政短信提醒教育、示范教育、警示教育和岗位廉政教育，组织参观“党和国家第一代领导人勤政廉政图片展”，开展廉政教育周和“纪检监察干部的一天”活动，对提拔的副处级以上干部进行廉政谈话。开展廉政公益广告展播、廉政文化作品创作征集等活动，营造崇廉尚廉的浓厚氛围。加强反腐倡廉制度建设，形成用制度管权、管人、管事的机制。推进农村反腐倡廉建设。将农村反腐倡廉建设任务分解为 5 大项、19 项具体工作，逐一明确责任。加强对镇、村两级干部教育培训，先后举办专题培训班 29 期，深入重点乡镇巡讲 5 次，培训党员干部 3560 人次。把各乡镇落实农村反腐倡廉工作目标责任情况纳入党风廉政建设责任制考核。

（李长在）

宣传思想工作　2013 年，蓟县宣传思想工作抓好理论学习。围绕学习贯彻党的十八大和十八届三中全会精神，围绕习近平总书记系列讲话特别是在津考察时的重要讲话和市委、县委全会的重要部署，组织集中宣讲、形势报告等宣传教育活动。党的十八届三中全会闭幕后，组织成立宣讲团，举行 44 场专题报告会，各单位举办集中宣讲 100 多场次，县委党校宣讲团被市委宣传部评为市级优秀宣讲团。利用基层党校、村民学校、农家书屋和阅报栏、宣传橱窗等阵地宣传十八大精神。县委理论学习中心组集体学习 10 次。开展“学习贯彻党的十八大精神”理论征文活动并参加全市评选，两篇文章分获全市理论征文活动二、三等奖，县委宣传部荣获优秀组织工作奖。组织系列宣传教育活动。在县“两台一报”开辟“促惠上”“魅力新城”“共建美丽蓟县共享美好生活”“行政效能改革”等专栏，围绕“美丽蓟县·一号工程”启动实施，在县内媒体连续刊播相关新闻 40 余篇次。举办首届“感动蓟州”人物颁奖典礼，授予全国优秀法官石玉波“感动蓟州”人物特别奖，授予丁守成等 11 人“感动蓟州”人物奖。做好第三届天津市道德模范评选，助人为乐模范张殿义当选市级道德模范，见义勇为模范李云龙获市级道德模范提名奖。在市文明办组织的“天津好人”评选中，蓟县有 11 人荣登“天津好人榜”，在市文明办组织的“真情天津——2013 年度人物评选活动”中，蓟县教师刘庆利、环保志愿者王志强入围候选人行列。清明节期间，开展“纪念碑前话理想”等教育活动，受教育 10 万人次。以纪念建党 92 周年为契机，开展“中国梦·蓟州情”演讲比赛。深化思想道德教育和精神文明建设。开展第二届“文明服务示范店”评选，对 12 家商户命名表彰。开展万户“美丽农家”创建活动、社区“模范老人”评选表彰，开展道德领域突出问题专项教育。全县志愿服务分会达 54 个，志愿服务队 2596 支，志愿者 3.1 万人。29 个社区均成立“学雷锋”志愿服务站，开展服务活动 300 余次。“关爱环境、保护盘山”志愿服务活动列入第一批国家级百个重点志愿服务项目。在中小学组织“我的中国梦”“童歌向党”等歌咏比赛活动。组织青少年开展“网上祭英烈”“向国旗敬礼，做有道德的人”网上签名活动。新建国家级乡村学校少年宫 2 所、市级 2 所。拓展新闻外宣领域。全年接待媒体记者 600 余人次，中

2013年 3 月 11 日，“挂月杯”首届“感动蓟州”人物颁奖典礼

（摄影：李鹏岳）

央、市级主要媒体刊播蓟县稿件1100余篇，主流网站发布蓟县新闻近2000篇次，其中中央电视台“新闻联播”、新闻频道以及《人民日报》等中央媒体先后报道19次。《天津日报》等市级主流媒体刊播90余篇稿件。县新闻中心在天津卫视、天津电台刊播稿件846篇，居各区县之首，获得天津电视台2013年度突出贡献奖；新闻广播作品“用生命践行誓言的好法官——石玉波”荣获天津市新闻奖一等奖。

（马福兵）

蓟县志愿者在于桥水库栽植金银花，保护天津“大水缸”安全

（摄影：李鹏岳）

农业与农村工作　2013年，蓟县加强农业与农村工作。粮食喜获丰收，全县粮食作物播种面积72413公顷，粮食总产38.1万吨。设施农业建设。设施农业提升面积461.93公顷，新建放心菜基地893.33公顷。养殖业健康发展。全县生猪、肉牛、蛋鸡等主要养殖品种比上年略有增长。新建3个生猪标准化养殖园区，规模化养殖园区达27个。加大畜禽防疫和H7N9防控力度，没有出现疫情。水产中心实施蓝科水产养殖示范园区提升工程和州河鲤品种纯化及产业化发展建设项目，成功申报州河鲤地理标志产品。产业化经营水平提升。新发展农民合作社60家，总数达380家，新评定市级农民合作社36家，总数54家，其中，新评定市级示范社5家，总数达7家。新认定市级重点龙头企业12家，总数21家。库区种植业结构调整启动。全年库区种植业调整任务2066.67公顷，重点发展金银花、蓝莓、绿色优质蔬菜和优质核桃项目。栽植金银花693.33公顷，栽植核桃786.67公顷，落实蓝莓地块80公顷，落实绿色蔬菜地块200公顷。编制《于桥水库汇水流域农产品销售平台建设方案》。生态村建设。25个创建村硬化主干街道267公里，里巷道路203公里，安装铁杆路灯897盏，修建村民健身广场3.3万平方米。开展水源保护工程创建提升34个村。组织制定《美丽乡村建设实施方案》和《清洁村庄实施方案》。制定《于桥水库水源保护工程文明生态村建设项目资金管理办法》和《文明生态村建设后期管理意见》。涉农服务水平提高。农口各单位深入开展“三农”服务年活动，帮助基层解决实际问题57个。落实夏粮补贴、冬小麦良种补贴、农机补贴等惠农政策。开展农业实用技术培训，培训农民1.2万人次。组织农口技术推广机构开展技术服务，新增农业科技示范户690个。蓟县农产品质量安全检测中心挂牌启动。加大节假日农产品质量安全工作监管力度，增加检测密度。对26个畜禽养殖小区进行污染源治理，完成青甸洼蓄滞洪区防汛应急方案和工作方案、美丽蓟县农业经济产业提升专项方案，组织19家企业和合作社参加2013年天津现代农业博览会。

（卢卫红）

工业经济发展　2013年，蓟县工业推进项目建设，提升传统产业，工业经济实现平稳健康发展。主要经济指标稳步增长。全县工业产值305.43亿元，销售收入287.85亿元。

总投资30亿元的LOW-E节能玻璃项目生产线之一

（摄影：李鹏岳）

示范工业园区贡献突出。两个示范园区规模以上企业实现产值57.25亿元,贡献率51%。主导产业支撑作用明显。机械制造、新能源新材料、绿色食品与生物制药三大产业完成产值92.41亿元。结构调整初见成效。推动开发区老区、乡镇闲置厂房置换，腾出发展空间，吸引项目入驻。专用汽车产业园利用闲置土地5.93公顷，新建研发车间和标准厂房6.6万平方米；上仓工业园区、西龙虎峪镇、别山镇、尤古庄镇、下窝头镇盘活闲置老厂区土地8.67公顷,引进5个项目入驻。规模以上工业年纳税能力显著增强。规上工业实缴税金2.71亿元,其中,纳税100万元以上企业30家,纳税超千万元企业5家(地球卫士纳税12309.4万元、华能能源设备有限公司纳税1659.5万元、宏泰化工有限公司纳税1531.5万元、凯德瑞塑料异型材制造有限公司纳税1347.9万元、雀巢矿泉水纳税1309.3万元),大主导产业实缴税金2.11亿元。

(潘序东)

旅游工作 2013年，蓟县接待中外游客1295万人次,旅游直接收入12.63亿元,综合收入63.2亿元。实施项目带动。实施旅游策划规划项目16个。编制盘山风景名胜区总体规划、黄崖关长城风景名胜区总体规划、八仙山国家级自然保护区生态旅游规划、梨木台综合服务区修建性详规、蓟县休闲农业与乡村旅游发展规划，完成黄崖关等5个精品村规划设计。旅游系统完成固定资产投入10.2亿元，推进千万元以上项目16个。盘山大型实景演出完成剧本大纲、舞美设计及剧场基础工程,启动大盘山格局打造工程,编制盘山佛教名山规划，组建盘山佛教协会。长城景区实施创5A级景区设施升级和抢救性维修工程。八仙山完成野生动植物和森林防火监测中心主体工程。蓟州国际滑雪场增加CS射击等娱乐项目。圣光、唐华等高端度假酒店土建工程完工，渔阳宾馆等5家星级酒店接待条件明显改善。开展整体营销。举办23项旅游主题活动。第十届独乐寺庙会、第五届梨园情旅游文化节、中国旅游日天津地区启动仪式暨第十四届黄崖关长城国际马拉松旅游活动、第二十一届渔阳金秋旅游节等品牌节庆活动效应凸显,盘山庙会、阿迪力挑战黄崖关长城走钢丝等市场化运作活动影响广泛。参加中国国内旅游交易会、北京国际旅游博览会、中国旅游产业博览会等重点推介活动5次。在京津城际高铁、津蓟高速公路等处做户外广告，巩固京津一级客源市场,拓展辽宁、山东等二级客源市场。印发《蓟县旅游交通图》宣传资料25种30余万件。邀请新华社等媒体记者报道40多次，改版蓟县旅游官方网、旅游集团网，展示蓟县旅游新形象。乡村旅游实现突破。全年完成投资1.2亿元,深化郭家沟旅游示范村建设，建成金银花科技博览园,启动2013年旅游精品村规划建设工作。总投资3.62亿元的智利风情园完成智利世博馆开张纳客,投资2700万元的盘古蜜蜂园建成开放,投资5000万元的毛家峪滑雪场工程进展顺利。举办乡村旅游培训班，培训镇村旅游管理和从业人员820人。参加“美丽中国·魅力乡村”建设研讨会,新办农家院证照35户。加强行业管理。旅游文化集团坚持改革创新促发展，全年累计融资4.6亿元，资产总量11亿元。投入营销资金1500万元，集中开拓旅游市场。挂月酒厂成为首家工业旅游示范点,完成长城、独乐寺等7个A级景区和渔阳宾馆等6家星级酒店复核工作,启动旅行社A级评定工作。

(唐 斌)

2013年9月25日,中国·天津渔阳第二十一届金秋旅游节开幕式

(摄影:李鹏岳)

商务工作 2013年，蓟县商务工作取得较大成绩，社会消费品零售额完成144亿元，外贸直接出口实现1.25亿美元，新引进楼宇企业550家,总数达1000家,楼宇税收实现4亿元。楼宇经济平稳发展。金鼎大厦竣工开业，许家台商务中心具备企业入驻条件,环宇大厦、人防办大厦正在装修,开发区10幢独立楼宇开工。完成百村楼装修改造,53家企业入驻办公。商贸设施成效明显。驿麓天街、兴华步行街开业,京百利发超市改精品服装、新世联华二层改百货、银地商厦局部改服装超市,

业态档次、购物环境和服务水平全面提升。上东城、美域新城、凯旋城等新建商业设施完善规划。民心工程圆满完成。自筹资金10多万元配套市场设施,5个旅游购物市场和5个规范提升集贸市场投入使用。五十八间小区菜市场满铺开业。取缔全县63家废旧塑料加工点。加强行业管理。加强生猪屠宰企业监管,整顿治理市场经济秩序，完成国Ⅳ车用汽油置换。狠抓商贸领域安全生产工作,会同有关部门定期抽查、节假日联合检查。

（高　伟）

林业工作　2013年，蓟县林业局完成全年造林绿化任务。实施造林工程面积666.67公顷，栽植苗木80万株；京津风沙源治理二期工程封山育林2000公顷;提前启动“美丽蓟县·一号工程”，完成栽植3193.33公顷,其中金银花633.33公顷、核桃626.67公顷,22米高程线以下植树1933.33公顷。森林防火。2012~2013年度防火期全县发生火情火警4起，过火山场面积31公顷,依法采取刑事强制措施1人,成功处置盘山3月9日火灾，森林防火应急预案进一步完善。与上年度防火期相比,起火次数下降63%、过火山场面积下降32%。林业有害生物防治。开展3次除治美国白蛾行动，用药46吨，累计除治面积43333.33公顷。果品结构调整。完成果园提质增效示范200公顷，引进果树新品种6个，嫁接鲜食甜柿10万芽;推广应用葡萄避雨、悬挂诱虫灯等无公害技术,提升果品质量,举办培训班18期，培训果农5500人次,发放技术明白纸8200份,果农管理水平不断提升。

（付志鸿　杨越超）

财政工作　2013年，蓟县三级财政收入70.1亿元，县级财政收入53.9亿元,其中一般预算收入(市考核指标)27.7亿元，全县财政支出77.5亿元，其中一般预算支出49.2亿元,基本实现当年预算收支平衡。推进财政体制改革。实施新一轮县乡“分税制”改革,26个乡镇实现税收5.2亿元,一半以上乡镇税收分成超千万元。支持企业发展。深入开展“促惠上”活动,与市财政和园区、乡镇搞好对接,先后为31家企业提供融资担保1.2亿元。落实支持科技型中小企业财政政策，实施一阳磁性材料、挂月酿酒等17个技改项目和长虹工业等13个节能建设项目。提升公共服务保障能力。落实义务教育公用经费补助和“两免一补”政策,完善扶困助学机制,职业中专、部分国办高中和幼儿园6932名贫困学生直接受益。促进文化广播事业发展,安排资金3493万元支持黄崖关长城修缮、于庆成雕塑馆后期建设、大安宅汉代文化遗址保护、独乐寺安防设施改造等工程。健全公共卫生服务体系,安排资金3.6亿元落实48.2万城乡居民和15万中小学生基本医疗保险财政补助，落实基层医疗卫生机构绩效改革，推进城乡18项基本公共卫生服务。提高群众生活水平。实施积极的财政就业政策，安排公益性岗位补贴2362万元,为417户下岗职工、新城失地农民、大学毕业生和复转军人提供2865万元政府贷款贴息服务。完善社会保障体系,安排资金2.8亿元落实老年人生活补助、城乡居民基本养老保险补助政策，实施农村危陋住房改造706户。安排专项资金5.1亿元支持蓟县新城基础设施、京津风沙源治理二期、市政管网等项目建设。安排资金1583万元用于增设多相位交通信号控制系统，新装道路中心隔离护栏12.5公里，确保群众出行安全。落实强农惠农政策。安排资金4亿元支持农业基础设施、造林绿化、森林防火等。安排资金1.6亿元推进城乡公共服务均等化水平,落实文明生态村创建和“一事一议”财政奖补政策。争取市级分成税收1000万元,支持水库周边一线111个村集体经济发展。投入资金3.8亿元落实粮食直补、综合直补、良种补贴和农机补贴政策。争取市财政补助资金1.8亿元,支持于桥水库周边汇水流域22米高程线以上种植结构调整和22米高程线以下鱼池清除。强化财政预算管理。推进部门预算,细化预算编制,对全县52个一级预算单位公用经费全部实行集中支付,94家二级预算单位全部

鹤临蓟州

（摄影:王广山）

开通零余额账户。推进国库集中支付财政工资统发工作，统发单位 61 户，审核发放 7 亿元。严格财政支出管理，落实中央八项规定，压缩一般性支出，集中财力优先保障教育、文化、卫生、社会保障、农林水畜、新城及美丽蓟县建设。加强政府采购管理，组织政府采购 96 次，实际采购金额 7.6 亿元，节约资金 1 亿元。从严审查工程招标控标价项目 97 个，送审金额 30.2 亿元，核减 1.1 亿元。

（高向军　丁长权）

税收工作　2013 年，蓟县国税局以强化征管和优化服务为主线，完善制度，规范执法，各项工作成效显著。圆满完成税收任务。全年累计完成税收收入 116681 万元，税收总量再次突破 10 亿元大关；完成县级一般预算收入 25222 万元。征管基础工作。新征管流程和风控中心平稳上线运行，征管改革有序开展。集中优质资源管理重点税源企业，采取实地调查、比对审核、采集录入方法，维护系统基础数据。科学下达清欠指标，加大清欠力度，严格杜绝新欠。建立楼宇招商“评估准入”机制，对已落户企业专项清理。实行局所两级评估机制，提升评估质量和效率。完善局所员三级重点税源税收分析制度，定期开展专项核查。强化“营改增”政策变化的动态分析，对 31 户纳税人专项核查。从严管理增值税零负申报一般纳税人，对零、负申报企业实行动态管理。推进依法治税。开展执法检查，加强执法监控。成立核查领导小组，做实疑点信息核查工作。加强对出口单证审核，提高出口退免税审批质量。实行管查联动和管评联动，密切稽查、评估与管理的配合。做好专项检查和纳税评估，发挥税务稽查的打击威慑和纳税评估的堵漏增收作用。优化纳税服务。为纳税人提供“一窗式”“一站式”“一次性告知”和“同城通办”服务，县城办税厅设置 11 个“综合服务”窗口，设立办税服务咨询台，实行业务科室大厅坐班制度。对县城办税大厅进行搬迁改造，升级硬件和软件，提前介入招商引资。创新推出服务措施。深入企业走访调查，对落地实体项目实行一对一纳税服务责任制。成立纳税人学校，实现纳税服务与税法遵从对接，确定 50 家企业享受绿色通道办税服务。落实结构性减税政策，服务企业发展。设立 24 小时专线服务电话，全天候接听、受理涉税问题。

（杨银华）

教育工作　2013 年，蓟县教育局全面完成年度目标任务，促进全县各类教育健康持续发展。教育综合实力进一步增强。启动学前教育提升计划，在蓟县新城新建 2 所公办幼儿园，启动蓟县第二幼儿园新建项目。评选 33 名县级最美幼儿教师，1 名教师获天津市最美幼儿教师称号。启动镇乡中心园质量提升工程，侯家营镇中心园和礼明庄镇中心园被确定为市级试点园。选出 33 个县级“幼儿养成教育先进班集体”。4 月，全国人大常委会副委员长严隽琪就义务教育均衡发展工作到蓟县调研指导，对蓟县做法给予充分肯定。10 月通过国家教育部义务教育发展基本均衡县评估验收。推进教育信息化发展，12 月在蓟县召开“七省市区教育信息化合作交流会议”，副市长曹小红出席会议。实行高中教学管理特别工作台账办法。职业教育国家级示范校建设通过教育部中期验收。启动项目教学法，举办第三届“天信杯”技能大赛。开展 0~6 周岁聋儿听力语言康复工作。组织两期青年教师课堂教学展示活动。实施职业教育和成人教育示范县创建工作。全面深化素质教育。高中本科二批以上上线率达到 50.75%，一本上线率提高 5.32 个百分点，全市理科 700 分以上 12 名考生中，蓟县一中 2 名学生上榜。蓟县一中 8 名学生分别升入清华大学和北京大学。春季高考 520 分以上学生数占全市同分数段人数 43.31%。蓟县第二中学等 12 所学校被评为天津市中小学德育工作先进学校，蓟县第一小学等 30 所学校被评为市级日常行为规范示范学校，108 名师生在第七届“枫叶杯”全国青少年

2013年4月8日，全国人大常委会副委员长严隽琪(左二)就义务教育均衡发展工作到蓟县调研指导

（摄影：王义山）

儿童书法绘画艺术大赛中获奖，举办第二十二届校园文化艺术节，组织“家庭教育大讲堂”活动，举行第七届全国亿万学生阳光体育冬季长跑启动仪式，马伸桥镇中学受到教育部、国家体育总局表彰，评选县级阳光体育运动先进学校45所。在天津市中小学田径运动会上，取得7枚金牌、9枚银牌、8枚铜牌。教师业务水平全面提升。5名教师入选第三期“未来教育家奠基工程”，确定312名教师为县级骨干教师培养对象，推荐150名教师参加“千名农村校级骨干教师培养计划”、9名教师参加“国培计划—示范性集中培训项目”、90名教师参加“国培计划—骨干教师高端研修项目”。启动中小学教师第五周期继续教育，举办小学教师继续教育培训班621期，培训教师2894人，3223名中学教师参加网络培训。对各学段教师进行新课标、新教材培训40多次，受训教师3000多人。合理促进教师流动，新招聘113名大学毕业生补充到结构性缺编学校任教，10名无农村学校任教经历的教师到农村学校支教，39名选调进城教师到缺编镇乡支教，41名教师到蓟县新城小学、幼儿园任教，为城区缺编小学选调59名教师。

（王义山）

文化文物工作 2013年，蓟县文广局围绕文化大发展、大繁荣工作目标，各项工作取得明显进展。“三馆”(文化馆、图书馆、美术馆)开放成效显著。县文化馆免费开放美术创作室、非遗展室等设施，开设老年大学舞蹈培训班等，组织公益性演出60场次、大型公益展览4次。图书馆每周开放60小时以上，全年接待读者4万多人次。美术馆承办“迎新春”书法展等，参展作品600多件。三馆年接待群众近50000人次。文化活动蓬勃开展。举办2013年春节联欢会、独乐寺庙会等演出和“艺品藏拍”进蓟州活动。评剧院三团送戏下乡180多场。参加市级多项文艺比赛并获9个市级奖。县图书馆开展读书系列活动，开展“枫叶杯”全国青少年儿童绘画艺术大赛。开展送电影进部队、敬老院活动。新华书店开展图书进军营活动。举办摄影大赛、民乐大赛、广场舞大赛、戏曲大赛等，组织广场文艺活动和消夏纳凉晚会40场。文化设施条件不断改善。实施县图书馆设施改造提升工程、青少年宫基础设施改造工程，实施影剧院舞台及卫生间改造工程，启动文化建设示范镇(村)评选。文化遗产保护工作。启动第一次全国可移动文物普查工作，整理25处天津市级文物保护单位记录档案，完成《独乐寺保护规划》文本，组建蓟县文物消防队，实施独乐寺、白塔寺、鲁班庙环境综合整治，启动独乐寺壁画塑像保护工程，完成独乐寺展厅“蓟县历史陈列”布展，《蓟县文化志》《蓟县文物志》即将印刷。将北少林寺武术和独乐寺庙会列为国家级非物质文化遗产申报项目。利用“博物馆日”“文化遗产日”，加大文物保护宣传力度。

（张永刚）

文昌街道

文昌街道位于蓟县县城，东到凤凰山，西至吉华化工有限公司，南达蓟县火车站，北抵府君山。2013年，街域面积24平方公里，下设29个社区居委会、228个居民小区。总人口133258人，其中常住人口115258人、流动人口18000人。街道办事处位于文昌街28号。

2013年，强化社区居委会规范化建设。围绕社区组织建设、社区工作职责、社区工作制度、社区工作关系、社区设施建设和社区队伍建设6个方面，加强29个社区居委会规范化建设。协调天一绿海、胜利路两个社区居委会新办公地址。规划新建曲院风荷社区居委会。

社会事业和民计民生工作。加大低保、特困群体救助力度。新增低保特困救助对象34户70人，取消83户198人，调整低保特困95户。在29个居委会设立残疾人协会，抽调和培训30名普查员，入户对760名残疾人逐人建档分类，确定服务重点。发挥社区劳动服务中心和社区劳动保障工作站职能作用，登记下岗失业人员2315人，采集用工信息1477条，职业培训485人次，安排上岗485人。落实生殖健康查体服务，为社区及流动人口育龄妇女查体3000多人次，安排独生子女家庭下岗再就业35人。成立食品安全监管站和29个社区食品安全信息站。对城区无主管的156户食品经营单位进行安全隐患排查并逐户签订安全生产承诺书，对排查出的20家无照食品经营企业进行整改。

确保社区和谐稳定。将29个社区居委会划分为7个工作片，成立7个工作组，重点掌握社情民意，及时排查社会矛盾。妥善解决13个涉及居民切身利益问题，调解矛盾纠纷35件。在29个社区分别建立信访维稳和应急处置小组。对法轮功、涉军、安置帮教、社区矫正等139人落实包保责任制。街道办事处被评为2013年社会治安综合治理先进单位。

社区党组织建设。参与义务维修、文明新风、信息服务、民事调解等各类岗位的党员320名，开展卫生整治等义务奉献活动22次，向社区党支部提合理化建议36条。党员为社区居民办好事、实事、解决实际问题20多件。巩固非公党建创建成果，争创幸福时代花园“四就近”市级先进单位。幸福时代花园社区党支部被评为天津市先进社区党组织，引滦社区党支部被评为天津市社区党建示范点。

丰富居民业余生活。开展文明小区、和谐社区、和谐家庭创建活动。配合有关部门开展科技、文化、体育、卫生、环境、法律“六进”社区活动。重大节日开展各种演出、竞赛活动12场次。九九重阳节在府君山广场举办“红豆献爱心，真情暖夕阳”敬老活动。社区环境卫生整治，清理社区52个，粉刷墙面1700平方米。

（赵新宇）

渔阳镇

渔阳镇位于蓟县中心，是县委、县政府所在地。东与穿芳峪镇接壤，西接官庄镇，南临洇溜镇，北靠罗庄子镇。2013年，镇域面积65.76平方公里，耕地面积1017.07公顷，辖70个村，人口145627人，其中农业人口53411人。

1949年新中国成立后，属第一区。1956年撤区并乡成立城关乡。1958年建城关公社。1981年将东关等10个村划出，单独成立城关镇，其他村改为城关乡。1995年，城关乡和城关镇合并为城关镇。1986年，洪水庄乡桃花园、西井峪等6村划入城关镇。2001年撤乡并镇，逯庄子乡并入城关镇。2008年7月，改为渔阳镇。

2013年，完成地区生产总值85.27亿元，农民人均可支配收入15976元。

新城拆迁、重点工程。首批启动签字腾迁工作的7个村完成扫尾，下半年启动签字腾迁的9个村拆迁工作平稳推进，完成签字腾迁2530户。县级基础设施重点工程涉及15个村，133公顷地征地拆迁及道路、供热、管网和污水管网工程全部开工，储备地、矿山治理项目用地等征地签字腾迁工作接近尾声。

项目建设。投资4.8亿元的渔阳旅游文化中心项目，投资1.1亿元的金鼎商务大厦项目，投资1亿元的兴华食品街项目竣工交付使用；投资5亿元的海棠湾高档住宅开发项目开工建设；投资7亿元的荣宝斋项目用地经多方协调即将挂牌。

招商引资。围绕房地产项目做文章，引进唐山鑫鼎、天津南郡、天津保利等实力型企业，达成合作开发意向；引进内蒙古普盛、内蒙古明华、河北唐山鑫海洋、河北唐山特弘等大型煤炭运输、商贸物流企业，每家企业年纳税2000万元以上。兴华商务中心入驻楼宇企业168家，楼宇税收1.6亿元。累计投入帮扶资金100多万元，新发展科技型中小企业23家，总数达53家。

环境治理、水源保护。于桥水库环境治理工程涉及12个库区村文明生态村提升改造、173.33公顷蔬菜基地发展建设、54公顷植树造林、近7.5公里水库封网。累计投资3500万元，完成12个文明生态村主体工程，173.33公顷蔬菜基地基础设施建设全部完成，土地流转基本结束，16公顷核心示范区各项工作全部落实。

“两违”整治。累计拆除违章建筑53宗12.4万平方米，强化土地管理秩序，促进以新城建设为重点的征地拆迁工作，得到社会面认可。

安全稳定和民生工作。强化对生产安全、消防安全、学校安全、交通安全、食品安全的监督管理，采取防控措施，加大各类安全隐患检查治理力度。

民生和社会事业。围绕于桥水库环境治理、清洁村庄行动、农业蔬菜示范园区建设、水电路基础配套和市场建设等重点工作，倾斜财政资金，集中财力、物力。开展文化活动，提升教育水平，强化计划生育管理服务，实施民政优抚救济，落实各项惠民政策。

（董子忠）

洇溜镇

洇溜镇位于蓟县中部，州河西岸。东邻别山镇，西邻邦均镇，南邻东赵各庄镇，北邻城关镇。2013年，镇域面积28.28平方公里，耕地面积1511.73公顷，辖33个行政村，人口25729人，其中农业人口23427人。

1949年建国后先后属第三、第九区。1953年属第十区。1958年成立洇溜公社。1983年改为洇溜乡。1996年改为洇溜镇。

2013年，完成地区生产总值8.48亿元，农民人均可支配收入14940元。

重点项目建设。天津翔誉食品公司总投资3000万元，双燕涂料有限公司总投资1000万元，大运重卡销售及汽车维修项目全部运营。东昌精细化工公司投资900万元进行技术改造，迪明彩印公司投资2000万元扩建厂区，引进生产线。新引进的正通电力器材、润津钢结构、兴瑞达汽车加气站等项目的前期场地协议签订全部完成，完成投资700万元。5个在谈项目在积极运作。

新城建设和“两违”专项整治。新城建设富王庄村签字腾迁工作全部完成。五百户镇柳河套村新城建设包保工作取得清点评估阶段性成果，转入腾迁签字阶段。推进“两违”专项整治，建立完善长效机制，巩固专项整治工作成果。

招商引资。广挖信息资源，与24家企业建立关系。完善招商引资政策，利用洇洇蓟水楼宇招商，新引进企业15家。飞楼飞地招商工作进入实质运作阶段，在兴华百村楼宇新注册企业2家，开发区内的研发车间主体封顶。全镇科技型企业完成转型46家。

民生改善。完成幺河、漳河泗溜段清淤工程,完成33.33公顷设施园区提升工程,完成2.3万平方米库区移民安置道路工程和5公里贾店路大修工程,新建5个卫生服务站;完成9个村低压线路改造,推进15户农村危房改造工程建设。

美丽乡镇建设。编制美丽泗溜建设实施方案。组织开展清洁家园行动,配合有关部门,推进1家关闭取缔、7家停产治理企业污染治理工作。

(王晓玲)

官庄镇

官庄镇位于蓟县西北部，盘山脚下。东邻渔阳镇,西临许家台镇,南接邦均镇，北与北京市平谷区接壤。2013年,镇域面积84.22平方公里,耕地面积1681.8公顷,辖34个行政村,人口34087人,其中农业人口31405人。

1949年建国后属第三区。1953年属第九区。1958年属城关公社。1961年成立官庄公社。1983年改为官庄乡。1990年改为官庄镇。

2013年，完成地区生产总值13.92亿元，农民人均可支配收入15038元。

服务重点项目。北少林寺大殿主体竣工,盘山消防站、变电站、加气站等项目建成投入使用；完成西石矿东后峪矿山治理和旅游集团等重点项目233.33公顷土地征地拆迁任务。与双合盛食品有限公司合作,投资1800万元,在汽车产业园区开发建设4300平方米飞地楼宇1座。盘谷蜂蜜园项目投入运营，上海世博会智利国家馆移建完成并于“五一”前对外开放。

楼宇经济。注册资金2000万元的天津港滔源鑫壮阔贸易有限公司等8家企业入驻田盘胜景楼宇经济区,楼宇企业总数达21家,实现楼宇税收300万元，楼宇企业入驻总数和楼宇税收比上年翻一番,新发展科技型中小企业12家,总数32家。

旅游产业。坚持“旅游休闲胜地、健康养生天堂”发展定位,推进农旅、文旅、商旅融合。借助盘山景区优势,新开发京东大峡谷、九华峰等旅游景点。全镇旅游专业村发展到8个、农家院380户，从业人员5000人，实现旅游综合收入1.2亿元。开发旅游特色产品，玉石庄泥人、盘山磨盘柿、万佛寺素斋等特色消费项目影响力日渐深广。投资15万元改造盘山东路旅游环境。

民计民生。推进文明生态村建设。官庄、莲花院文明生态村提升工程有序推进,全镇投入400多万元,修水泥路10公里，安装路灯120盏，配置垃圾箱150个，铺设彩砖20000平方米,全镇建成文明生态村13个、社会管理示范村3个。

环境综合整治。投资100多万元对燕山西路沿线村庄、蓟官路沿线3万多平方米外墙立面粉刷,铺设地面彩砖5000平方米；以蓟官路、邦喜路、彩屯路、盘山东路为治理重点,全面整治镇村环境,以打击“两违”为重点,全面治理违章建筑和私搭乱建,对道路两侧绿化美化,镇村环境明显改观。

信访维稳工作。坚持信访稳定工作日碰头、周排查、季分析、月结案制度，对信访矛盾问题进行有效掌控和及时化解，确保社会整体和谐稳定。全镇信访量明显下降,莲花院、门庄子、邢家沟3个村被评为全县社会管理创新示范村。

(彭　敏)

马伸桥镇

马伸桥镇位于蓟县东北部,于桥水库北岸。东邻出头岭镇,西与穿芳峪镇接壤,南临于桥水库,北与孙各庄满族乡、河北省遵化市石门镇相连。2013年,镇域面积43平方公里,耕地面积1352.73公顷,辖42个行政村,人口37718人,其中农业人口33841人。

1949年建国后属第二区,1956年成立马伸桥乡,1958年成立马伸桥公社,1983年改为马伸桥乡,1994年改为马伸桥镇。2001年撤乡并镇,宋家营乡并入马伸桥镇。

2013年，完成地区生产总值11.30亿元，农民人均可支配收入13160元。

于桥水库水源保护。落实水源保护工程项目，完成蓝莓产业园区土地流转146.67公顷、金银花栽植133.33公顷、核桃栽植189.33公顷。生态养殖技术改造开工面积3.75万平方米。测绘鱼池总面积227公顷。完成生态村创建任务8个。

楼宇经济、重点项目。引进楼宇企业2家，发展科技型中小企业15家,加强技术创新,改善产品质量,拓宽销售市场,增加技术创新资金投入,形成以创新带动中小企业发展态势。

新城建设。包保的渔阳镇五里桥村有186户,拆迁任务数204宅,已拆迁200宅。该村确定标准宅基为128宅，已签字124宅,121份协议;签字人口543人。西山北头一村有259户,263宅,已清点260宅。已签订协议202份,217宅。完成腾迁20户,腾迁率7.7%。

服务市结对帮扶工作组。市派遣5个工作组对11个村进行帮扶。累计投资207万元，完成帮扶项目12个,为帮扶工作奠定基础。

环境整治。对水库周边、邦喜公路、马营公路沿线以及村内卫生实现规范化治理，垃圾处理实现村收集、镇转运、县处理的常态化模式,村容村貌大幅改善,全年投入清洁村庄费用120万元,清理转运垃圾1400吨。

(李晓雷)

下营镇

下营镇位于蓟县北部，距县城25公里。东邻孙各庄满族乡，西与北京市平谷区相邻，南与罗庄子镇相邻，北靠河北省兴隆县。2013年，镇域面积143.64平方公里，耕地面积734.26公顷，辖35个行政村，人口20512人，其中农业人口18587人。

1949年建国后属第八区。1958年成立下营公社，1983年改为下营乡，1990年改为下营镇，2001年撤乡并镇，小港乡并入下营镇。

2013年，完成地区生产总值5.16亿元，农民人均可支配收入13390元。

传统农业优化升级。引进郭家沟金银花项目80公顷，栽植金银花大树12万株，小苗115万株。完成船仓峪等4个村100公顷优质核桃、金银花间作基地建设，金银花栽植66.67公顷40万株，核桃栽植33.33公顷2.7万株；实施小型农田水利配套工程，新修防渗渠道2000米，水窖11座；推广石头营等6个村板栗劣改优6.85万株。

工业发展。瑞本盛红木家具、山楂深加工2家企业投产，清涟山水饮品试生产，3家企业总投资4700万元，完成8家科技型中小企业转型，全镇科技型中小企业达18家。

楼宇税收。发挥环秀湖生态总部基地优势，完善政策措施，开展招商活动，年度入驻企业36家，形成税收20家。

招商引资。与县发展改革委、规划局和广东利海集团配合，完成下营生态示范镇总体策划。深海宏运投资有限公司投资梨园接待中心项目达成意向。投资2000万元的凯文包装项目办理相关手续。北苑红木家具项目总投资1500万元，进行前期建设。

山乡春早

（摄影：李鹏岳）

旅游产业。郭家沟作为市级迎检项目得到市、县领导肯定。举办梨花节，协办长城马拉松比赛。抓好东山、寺沟、船仓峪、黄崖关4个村提升打造工作，开展金秋旅游优质服务月活动，全年接待92.5万人次，综合收入1.5亿元，分别增长16%和25%。

重点工程征地工作。完成津围北二线涉及的12个村13.8公里，46.67公顷山场土地及建筑清点工作；完成郭家沟项目13.39公顷征地清点放款和梨木台景区提升涉及的古强峪、船仓峪、道古峪3个村18.2公顷征地清点工作。完成红色教育基地11.13公顷征地清点工作。黄乜子村搬迁前期工作，完成村内14户房屋建筑清点和新村选址、征地工作，完成腾迁协议签订。

民计民生工作。实施刘庄子主街硬化7000米，里巷硬化3000米，绿化苗木2000株，安装太阳能路灯47盏。实施段庄、青山岭、中营3个村乡村公路建设，累计修路3公里。实施33户危房改造。投入8万元，改造3所小学办公条件。21个卫生室全部投入使用。做好下营大集提升改造，平整土地0.67公顷，新建透视围墙260米，栽植绿化苗木230株，实施市场硬化工程，设立100个停车位，建200米长售货亭。

环境建设。实施马营路提升改造工程，将其建成迎宾级景观路线，实施马营路、前甘涧路、桑树庵路共22.5公里管线入地。

（杨德伟）

邦均镇

邦均镇位于蓟县西部，东与洇溜镇接壤，东南接东赵各庄镇，东北接官庄镇，西接白涧镇，西南与桑梓镇相接，南临东二营镇，北靠许家台镇。2013年，镇域面积34.73平方公里，耕地面积1844.4公顷，辖43个行政村，人口33545人，其中农业人口29477人。

1949年建国后属第三区，1953年成立邦均乡，1958年成立邦均公社，1983年改为邦均乡，1990年改为邦均镇，2001年撤乡并镇，将李庄子乡并入邦均镇。

该镇自古商业繁荣，有“京东第一镇”之美誉，是华北地区最大的苗木花卉生产基地，重型汽车集散地。

2013年，实现地区生产总值23.04亿元，农民人均可支配收入15759元。

工业实力持续加强。投资1亿元的天津华能北方热力设备生产项目正式投产，投资1亿元的天津春风钨业有限公司项目有序推进，6000平方米钢结构生产车间封顶。在汽车产业园区以飞楼招商形式，投资3600万元开发的5号、6号、10号研发车间项目全部封顶。投资6亿元、占地20公顷的北京北广科技公司签约落户上仓工业园区，完成6000万元的公司注册。19家中小型企业完成科技转型，帮助7家中小型企业完成专利申请工作。

农业结构持续优化。投入129万元，新打机井25眼，铺设管道9000米。投资350万元，对苗木产业园区三条道路硬化，引进优化种植品种，全年苗木花卉交易额突破7亿元。投资120万元完成李庄子设施农业大棚提升工程。农民粮食直补资金、农作物种子补助资金全部发放到位。

人居环境有效改善。实施邦均北外环工程，修通自802库沿大秦铁路向西至官缮水库尾闾2公里的北外环路。实施京唐路拓宽改造工程，将4米宽乡村公路改造成6米宽干线公路，缓解中园四季苗木市场交通压力。将兵宝路南侧土路由4米宽改造成12米路基9米路面。将董各庄、前屯、西头百户、小菜庄、小崔庄5个村农民饮用水纳入邦均镇区集中供水，完成8000米管网铺设任务。对危房户摸底排查，完成45户五保、低保户危房改造工作。

社会事业全面进步。举办邦均镇庆新春第十二届农民花会大赛，完成体育健身器材村村安工程；24所村级卫生室建设全部验收达标；城乡居民医疗保险参保率100%；落实国家对60周岁以上老年人养老金发放工作。全镇为地震灾区捐款60多万元。邦均医院医务人员为5000多名60岁以上老年人进行健康检查。

安全稳定常抓不懈。狠抓校园安全管理，落实各村干部到学校门前值班值勤制度。开展专项治理，开展三次拉网式安全生产大检查活动。做好法律服务和人民调解工作，民间纠纷调解成功率98%以上。全年受理各类信访案件101件，接待来访336人次。

（李清华）

别山镇

别山镇位于蓟县县城东南部，东与五百户镇、河北省玉田县，西与洇溜镇、礼明庄镇，南与杨津庄镇接壤，北侧为于桥水库。2013年，镇域面积83平方公里，耕地面积3244.66公顷。辖64个行政村，人口48536人，其中农业人口43887人。

1949年建国后属第六区。1953年建别山乡。1958年属洇溜公社管辖。1960年，窦家楼等36个村划归河北省玉田县。1962年复归蓟县，成立别山公社。1983年改为别山乡。1994年改为别山镇。2001年撤乡并镇，翠屏山乡并入别山镇。

2013年，完成地区生产总值19.61亿元，农民人均可支配收入14780元。

重点工程建设。完成新城建设滨河东街签字腾迁工作，完成5个村821户还迁入住工作，启动新城建设A2区房屋、土地清点签字工作，房屋腾迁协议签订完成1065户，完成12宗19441平方米违法建设、69宗14.13公顷违法用地“两违整治”工作。塘承高速公路、京秦高速公路进场施工；电网改造工程和热电联产项目全部完成，第三次全国经济普查调查摸底工作有序开展。

提升农业产业。完成设施农业提升15.33公顷，发展土豆、大葱、桑葚等优势品牌，土豆种植800公顷，大葱种植666.67公顷，全年粮食产量19970吨，果品产量5512吨；启动7个村万亩高标准农田示范项目建设，打中井36眼；全镇生猪出栏29435头，牛出栏12758头，羊出栏13736只，鸡蛋产量1510吨。落实库区水源保护工程，完成库区22点以下封网工程4300米。

重点项目建设。以翠屏山澜商务中心楼宇经济为着力点，引进一批科技含量高、附加值高的大项目、好项目入驻，新增楼宇企业28家，在谈企业3家；新发展科技型中小企业25家，总数65家。投资1000万元以上重点项目64个，完成投资12.29亿元。

清洁村庄行动。投资100万余元进行以奖代补考核，出资42万元配备大型垃圾转运车1辆，移动垃圾箱5个，为各村保洁员配发小型垃圾车130辆。清理垃圾2543立方米、柴草堆1845立方米、建筑材料堆1158立方米、粪堆1127立方米，拆除违章建筑1300平方米。

镇村基础设施建设。完成别山特色商业街3600平方米商贸楼建设和翠屏山澜特色商业街8000平方米商贸楼打桩工程，完成4.87公顷的别山市场改扩建基础设施建设，投资25万元建设放心蔬菜监管站，投资61万元建设340平方米老年日间照料服务中心，投资1万余元改造敬老院供电设施。全年新修、维护乡村公路13.4公里。新修建农村自来水管道1.37万米，修建二级河道用桥2座，排干渠过路涵洞3座，修建灌区地上防渗渠道4800米，修建山区小水窖43座，修建库区迁建村、占地村水泥路20公里，配合县水务局完成二级河道清淤6300米。

改善人民生活。城乡居民基本医疗保险参保34360人，养老保险参保1539人，惠及全镇6464名60周岁以上老年人；落实残疾救助，低保、五保扩面，累计发放494万元；

投资16万元用于5个新型人口文化示范村建设。创建2个文明生态村、8个平安示范村，建设健身广场13个，发放健身器材13套。

（吴海宾）

尤古庄镇

尤古庄镇位于蓟县西南部，东与东施古镇、西与桑梓镇、南与侯家营镇、北与东二营镇接壤。2013年，镇域面积49.93平方公里，耕地面积3554.93公顷，辖44个行政村，人口26923人，其中农业人口24675人。

1949年建国后分属第三、第四区，1958年成立尤古庄公社，1983年改为尤古庄乡，1996年改为尤古庄镇。

2013年，完成地区生产总值14.86亿元，农民人均可支配收入14040元。

工业发展。引进自行车车架生产项目。总投资3500万元，占地2.33公顷，完成一期投资1500万元，占地0.73公顷，建生产及办公用房7000平方米，4条生产线投产。新建卫生用品项目。投资400万元，占地0.46公顷，建成生产线3条。新建食品加工项目。投资800万元，占地0.67公顷，建生产车间和办公用房1500平方米，建生产线2条，主要生产蘑菇、栗子罐头及果丹皮等。天津东盛油脂有限公司投资2000万元，新建生产车间及仓库等2000平方米，新上食用油灌装生产线2条。新建自行车把直加工项目。投资400万元，占地0.73公顷，建生产线2条，车间建完。完成科技型中小企业转型14家，总数达39家。

招商引资。引进上海斐讯云计算数据中心蓟县产业园项目，规划占地100公顷，总建筑面积约100万平方米。在汽车专用产业园内建商务楼宇1栋，正在施工。引进天津蓝苑园林绿化工程有限公司，建苗木基地56.67公顷。

农业发展和新农村建设。完成投资1500万元，涉及14个村、1000公顷的高标准农田改造项目，新打机井19眼，铺设地下管道1.2万米，新盖井房19座，新增变压器17台套，修补田间路2万多米。基本农田整理项目，投资2030万元，涉及16个村、933.33公顷。发放2012年农业灾害性天气受灾补助款67万元。成立农业办公室，内设综合服务大厅100平方米、农民培训教室70平方米、检测与设备室30平方米。生猪养殖场户发展到27户，生猪存栏2.1万头，肉牛存栏7000头；蛋鸡专业养殖场户28户。基本农田节水工程总投资1000万元，新打机井40眼，维修机井60眼，新盖井房70座，安装管道10万米。投资200万元，新修乡村公路5000米；投资100万元，硬化村内道路2500米。新建乡村公路6条10.4公里，重修毕庄桥、大龙卧桥，对现有桥梁和个别乡路进行补修。

“促惠上”活动。镇帮扶工作组深入各企业和各村开展工作，解决制约企业、项目发展难点问题和关系群众利益问题326件，促进镇域经济发展。

新城拆迁。经过镇拆迁工作组不懈努力，圆满完成所包保的渔阳镇三岗子村拆迁工作。

（马俊波）

上仓镇

上仓镇位于蓟县中南部，州河两岸。东至礼明庄镇，西至东施古镇，南至杨津庄镇，北至东赵各庄镇。2013年，镇域面积47平方公里，耕地面积2998.13公顷。辖41个行政村，人口37245人，其中农业人口32237人。

1949年建国后先后属第五、第六区。1956年合并为上仓乡。1958年成立上仓公社。1960年划归河北省玉田县。1962年复归蓟县，改为上仓公社。1983年改为上仓乡。1994年改为上仓镇。2001年东塔镇并入上仓镇。

2013年，完成地区生产总值21.18亿元，农民人均可支配收入14568元。

支持县级重点工程。配合上仓工业园区扩展区二期征地、汽车产业园金鹏铝业项目征地、津围路拓宽南段工程和京秦高速公路等县级重点项目建设，累计完成土地收储273.33公顷。

农业示范园区提升。投资500万元硬化园区内路面8000米，栽植绿化树木1万余株，打机井7眼，安装250千伏安变压器1台，购置蔬菜检测设备2套，农业示范园区综合服务水平提升。通过招商引资，加强与企业对接，引进县绿食品中心入驻园区，引进金银花项目，打造婚纱和写真摄影基地。

农业专业合作社发展。全镇有种植、养殖、杂粮、土地、农机等各类农业专业合作社20余家，农业生产后劲不断增强。

工业企业发展。天津彩港杂粮有限公司投资1350万元，进行厂房扩建和设备改造。东塔晟鑫制衣有限公司投资160万元，进行缝纫机更新和锅炉改造。

科技型中小企业转型。完成科技型中小企业转型9家，总数达36家。帮助企业申请专利14件。

招商引资。天津广信集成房屋有限公司建成投产，投资3000万元。总投资5.4亿元的西蓝集团LNG接收储运站项目完成相关手续，土地收储、地上附着物清点工作全部结束。3家企业在谈。

楼宇经济。新引进天津建丰投

资管理有限公司等9家楼宇企业入驻，全镇楼宇企业达55家，总注册资金近3亿元，实现楼宇税收300万元。上仓立体经济中心完成场地平整。

惠民工程。投资500万元完成5个村道路硬化，总长度20多公里。投资100多万元新修漳河桥1座，改善群众出行条件。以市派驻村工作组所包村、主干路两侧村和文明生态村为重点，累计投资150万元，清运陈年垃圾800立方米。配合县水务局抓好农民饮水安全工程。

（刘 利）

下仓镇

下仓镇位于蓟县南部、蓟运河北岸。东邻河北省玉田县，西与下窝头镇隔河相望，南临天津市宝坻区，北与杨津庄镇相邻。2013年，镇域面积85.29平方公里，耕地面积555.67公顷。辖67个行政村，人口47000人，其中农业人口42334人。

1949年建国后属第七区，1958年建下仓人民公社，1960年划归河北省玉田县，1962年复归蓟县，1983年改为下仓乡，1995年改为下仓镇，2001年蒙圈乡并入下仓镇。

2013年，完成地区生产总值15.98亿元，农民人均可支配收入14210元。

重点项目建设。以工业园区为依托，在园区内建设天津聚能仓储有限公司石油仓储库，完成3000平方米办公和生活用房、电力配套设施、消防排水设施建设，10个油库罐体安装工作完成，进行罐体内部设备安装工作。

工业项目和科技型中小企业。工业重点项目9个，全部完成年初计划投资。完成15家科技型中小企业创建。新引进注册楼宇企业5家，总注册资金350万元。累计入驻楼宇企业12家、个体企业1家。

农田水利和生态村创建。高标准基本农田整理项目，完成总投资2202万元，涉及13村，占地747.92公顷。完成刘总兵生态村创建工作，累计完成投资312.7万元。

路网工程和清洁村庄行动。投资600万元，大修乡村公路23公里，村与村之间路网建设逐渐完善。用工3418人次，清运废弃物10210吨。铺路填坑7632米，村村配置垃圾桶，配备保洁员。依法关停47家小塑料非法生产加工企业。

帮扶工作。15个村与市县单位结对。天津物产集团为前苏庄和李四蒲分别提供48万元帮扶资金，大修乡村公路2300米。

民生工作。285名居民参加农村居民养老保险，新增286人享受老年人生活费补助，办理社会保障卡512个，完成就业指标558人，协助下岗失业人员17人办理养老保险费减免，为112名残疾加低保人员办理城乡居民养老保险。医疗保险录入31344人，参保率91.75%。新增农村低保133人、农村特困3人、五保7人。为281名低保残疾人办理救助卡；为50名残疾人申请养老保险补贴。救助残疾学生10名，发放助学金6000元。为13名助养孤儿发放救助金1.56万元。为4名贫困白内障患者做复明手术，为8名听力残疾人配发助听器，为7名肢体残疾人发放轮椅、盲杖。投资146.4万元，完成33户低保和五保户危漏房屋翻建维修工作。

社会事业。投资3351.62万元新建一所九年制学校，建筑面积5354.28平方米，教学楼建设完工。新建和更新9个村级健身广场，参加花会表演骨干队员320多人，聘请专业老师对18个村健身广场舞队进行指导。选派3支花会队到独乐寺庙会展演，选派王良庄村民曹西普参加蓟县器乐大赛，获二胡组优秀奖。举办下仓镇残疾人趣味运动会。

（王建中）

罗庄子镇

罗庄子镇位于蓟县北部，东与穿芳峪镇相连，西连北京市平谷区金海湖镇，南接渔阳镇，北与下营镇接壤。2013年，镇域面积99平方公里，耕地面积565.86公顷。辖25个行政村，人口13430人，其中农业人口12294人。

1949年建国后属第八区。1956年属杨庄乡。1958年设3个管理区。1961合并到罗庄子公社。1983年改为罗庄子乡。2001年洪水庄乡并入罗庄子镇。

2013年，完成地区生产总值4.18亿元，农民人均可支配收入12450元。

推行土地换税收政策。引进4个结算中心、24家商贸公司、5家楼宇企业，开展“促惠上”活动，帮扶企业发展，完成宏泰化工6个炸药库主体工程和2个库基建设，新引进混装车和工业雷管两条生产线，通过北美风情小镇项目详规审批，做好欧美度假村、蓟州国际项目详规、环评、能评等手续。

服务新城建设。完成下闸村拆迁，超额完成上闸村腾迁任务。与相关部门对接，增派精干力量，率先投入新的包保村六百户村腾迁工作。

改善民计民生。投资80万元建成二十里铺村旅游服务区，投资600万元新发展133.33公顷纸皮核桃基地，建设3000米观光作业路。帮扶贫困户183户，发放救济款11.2万元；春节慰问老党员村干部79名，发放慰问金5.3万元。投资400万元改建泥河村大桥，打深水井3眼；投资140万元，对34户五保、低保户危房进行改造。杨庄村投资300万元,完成300米河道修缮、街道里巷硬化;和平村投资300万元,修建4.5公里乡村路,清理7宗违法用地,建立治违长期巡查机制。

确保安全稳定。安全生产和森林防火措施扎实有效,未发生任何安全责任事故,分别荣获县级森林防火先进单位,消防、食品安全工作先进单位称号。建立镇、村不稳定因素排查网络,实现全年无越级上访,县信访工作量化考核全县排名第一。人口计生目标管理考核获全县三等奖。杨家峪"敬老孝老好儿媳晒被子活动"在中央电视台播出,集体广场舞获县级三等奖。

村级组织阵地建设。组织党员干部培训,提高党员干部政治业务素质,代表全县接受市纪委"正风肃纪""推进农村基层反腐倡廉活动"检查,获得一致好评。

(王　磊)

白涧镇

白涧镇位于蓟县最西部,东邻邦均镇,东北邻官庄镇,西邻河北省三河市,南邻尤古庄镇。2013年,镇域面积43.31平方公里,耕地面积1084公顷。辖19个行政村,人口20588人,其中农业人口18539人。

1949年建国后属第三区。1956年撤区并乡合并为白涧乡。1958年属邦均公社。1961年3个管理区合并为白涧公社。1983年改为白涧乡。2001年改为白涧镇。

2013年,完成地区生产总值10.86亿元,农民人均可支配收入13641元。

招商引资工作。借重北京资源,拓宽招商渠道,全年招商引资(意向)3.6亿元,落地项目3个。北京天然香妆品研究所投资4000万元,在上仓产业园区建薰衣草精油和生物护发产品2个项目,已租赁厂房。北京玉龙集团投资2000万元,新建玉龙麦饭石有限公司投入使用。与北京大象联盟国际经贸中心和北京龙玺金源投资有限公司在镇北部山区开发旅游文化产业和商贸物流中心,2个项目均签订投资意向。

固定资产投入。长存挂车配件有限公司投资1800万元扩建项目,主厂房及办公楼建成投入使用。逸爽食品有限公司投资600万元,购置新设备扩大生产规模,完成调试投入使用。投资1500万元的万宜轮胎销售有限公司大型车辆4S店建设项目,征地工作完成。裕津页岩制品有限公司投资1500万元,购置两套新生产线,进行设备调试。完成8家企业科技转型。

农业产业结构调整。投资1800万元提高苗木花卉品质50公顷,苗木花卉品种向名、优、特发展。投资275万元在田吉素村栽植优质核桃33.33公顷,加快产品更新换代。投资230万元为7个村建水泥路2.9万平方米。

服务新城建设。完成五百户镇贺庄村102宅拆迁工作,完成京秦高速公路占地73.33公顷征地任务。

(卢　东)

五百户镇

五百户镇位于蓟县东南部,于桥水库南岸。东接西龙虎峪镇,西接别山镇,南至燕山山脉,北邻翠屏湖。2013年,镇域面积43.31平方公里,耕地面积1084公顷。辖42个行政村,人口27064人,其中农业人口24485人。

1949年建国后属第二区。1953年属十二区。1958年属马伸桥公社管辖。1960年魏庄子等27个村划归河北省玉田县。1962年复归蓟县,成立五百户公社。1983年改为五百户乡。2001年九百户乡并入五百户镇。

2013年,完成地区生产总值5.35亿元,农民人均可支配收入11650元。

新城工作。从3月16日启动清点的13个村已完成清点1943宅,占任务的77.9%;1月份完成签字腾迁工作的官撞、南胖2个村8月20日完成340套搬迁安置房抽签分房,村民平稳入住新城;从9月初开始启动签字腾迁的11个村1462宅,至10月20日全部完成。年底前完成第一批腾迁13个村的土地复垦工作。

"两违"专项整治。对42个村集中进行三次拉网式大排查,摸排确认两违整治任务58宗。

扩大税源。县政府下达税收任务为630万元,已完成424.9万元。加大县外税源征收力度,确保以翠湖公司为主渠道的税源不流失。建立专门队伍,积极开辟外埠税源,不断增加税收渠道。

水源保护工程。22点以下库区地植树任务共233.33公顷,涉及22个村,组织出动秸秆粉碎机8辆、专业挖掩机15辆,出动300多人,植树17万株;鱼池清理任务共40户182.06公顷,全部丈量完成,组织人员与鱼池户签订补偿协议,完成协议签订18户。

清洁村庄行动。加大宣传力度,在全镇形成全民参与、共同创建的良好氛围。发挥各村专职保洁员作用,增配清扫工具及环卫三轮车。实行生活垃圾统一清运,统一处理,全年清运垃圾9700多立方米。

改善民计民生。低保、五保实现应保尽保。各项库区扶持资金及时足额发放到位。科技推广、计划生育、土地管理等工作成绩显著。

保持社会稳定。重要节点严密监控,落实包保责任制,避免发生涉军访。做好代课教师思想工作。对上访老户加强教育和监控。坚持领导干部大接访、重点案件领导包案责任制。进行不稳定因素大排查，做好新城稳定工作。成立新城群众工作组，妥善解决在新城工作中出现的矛盾纠纷，全年没有发生因新城搬迁造成的集体访和进京上市访。

（王立栋）

侯家营镇

侯家营镇位于蓟县西南部，东与东施古镇相邻，东南与下窝头镇相邻，西与河北省三河市一河之隔，南临宝坻区，北与尤古庄镇相邻。2013年，镇域面积55.72平方公里，耕地面积3517.33公顷。辖43个行政村，人口26923人，其中农业人口24675人。

1949年建国后属第四区。1958年属尤古庄公社，设两个管理区。1961年两个管理区合并为侯家营公社。1983年改为侯家营乡。2001年撤乡并镇，三岔口乡并入侯家营镇。

2013年，完成地区生产总值15.80亿元，农民人均可支配收入14562元。

现代农业。投资3800万元实施华海世纪设施蔬菜项目，新增设施农业35.33公顷，新建二代节能日光温室116栋；投资4200万元实施高标准基本农田整理项目和高效节水灌溉工程，农田累计受益面积1600公顷，为18个村耕地配齐和提升水电路等基础设施，投资3000万元对3个蔬菜生产基地提升改造，投资1500万元新建放心菜基地133.33公顷，完成出口蔬菜生产基地备案613.33公顷。新发展农村专业合作社8家，总数达45家。

镇村工业。投入3700万元，完成嘉特制衣、鑫达包装等老企业技改扩建工程；投资4000万元，新建合蓬肉类三星级屠宰厂1家；全年发展科技型中小企业19家，引进楼宇企业15家，分别超出任务数6家和10家；从北京徽光普耀公司引进总投资2.08亿元的水质净化剂生产基地项目。全镇工业固定资产投资14.36亿元，工业总产值13.4亿元，销售收入11.8亿元，工业利润3.1亿元。

新农村建设。投资2160万元，完成6个村低压电网改造工程，大修乡村公路和硬化村内街道28.4公里，大修薄庄子等6座桥涵，投资355万元实施许有庄文明生态村提升工程和西孔庄文明生态村创建工作；投资706万元完成35座村级卫生室标准化建设和42户五保户、低保户危房改造工程；投资210万元，新建6个村文化健身广场，更新购置体育器材20套。从镇域、沿路、沿河等重点部位带动全镇各村整体推进，修建垃圾池500座，清整边沟20000米，清运垃圾5000立方米，马路大集拥堵现象明显改善。

（王巨月）

桑梓镇

桑梓镇位于蓟县西南部，东与尤古庄镇接壤，西与河北省三河市隔泃河相望，南与侯家营镇为邻，北与白涧镇相邻。2013年，镇域面积68.76平方公里，耕地面积4705.93公顷。辖44个行政村，人口40873人，其中农业人口37610人。

1949年建国后属第四区。1953年属十一区。1956年建桑梓乡。1958年属尤古庄公社管辖，设两个管理区。1961年合并为桑梓公社。1983年改为桑梓乡。2001年撤乡并镇，刘家顶乡并入该镇。

2013年，完成地区生产总值15.58亿元，农民人均可支配收入14060元。

重点项目。天津祥润成橡胶制品有限公司和桑梓镇电镀厂技改扩建项目达产，年销售收入突破5000万元。投资3亿元新建天津瑞麦格科技有限公司项目，投资700万元新建天津三德畜牧养殖专业合作社肉驴养殖项目。完成科技型中小企业转型和发展任务10家，引进楼宇企业4家。

招商引资。吸引北京博雅聚鑫磁业科技有限公司投资5.6亿元，吸引韩国N&P会社投资600万美元，确保楼宇项目天津瑞鑫磁业科技有限公司签约落地。

社会稳定。设立台账，明确包保对象，深入一线化解不稳定因素。对镇域企业和人员密集场所开展安全隐患排查。全面完成“两违”专项整治任务。

（张福泉）

东施古镇

东施古镇位于蓟县西南部，东与上仓镇、西与尤古庄镇、南与下窝头镇、北与东二营镇相邻。2013年，镇域面积20.2平方公里，耕地面积1276.66公顷。辖17个行政村，人口16827人，其中农业人口15439人。

1949年建国后先后属第四、第五区。1958年属上仓公社，设两个管理区。1961年合并为东施古公社。1983年改为东施古乡。2001年改为东施古镇。

2013年，完成地区生产总值6.97亿元，农民人均可支配收入14010元。

招商引资。成立招商引资工作领导小组，组建专业、社会两支招商队伍，在京津冀等地区发展招商联络员40多人。镇领导赴京津冀地区招商46人次，邀请外地客商洽谈28人次。镇域内已注册公司5家。引进楼宇企业6家。

重点项目。全镇科技型中小企

业达 16 家，投资 800 万元，进行镇化工厂三·五甲酯技术改造。投资 1340 万元启动高标准农田整理项目，包括新修田间道路、新打机井、铺设地下管道、安装变压器、架设高低压线等，涉及 10 个行政村，面积 800 公顷。投资 1360 万元的天津利源设施农业园区投入运营，占地 13.33 公顷，与荷兰瑞克斯旺公司建立合作关系，引进蔬菜新品种 20 个、新技术 9 项。投资 380 万元提升改造天津市东安蔬菜种植专业合作社。投资 33.3 万元改造提升镇农业服务中心。

新城包村。包保渔阳镇蔡庄子村，全村 73 户 80 宅，房屋清点工作接近尾声。

民计民生。投资 867.6 万元翻修、新修7 条乡村公路，全长 15.9 公里。其中，翻修 3 条，新修 4 条。投资 176 万元硬化 6 个村主干道路 5.5 公里。投资 248 万元完成保健庄文明生态村建设，硬化街道 3.4 公里，铺设地下管道 1.4 公里，治理坑塘 1 处 2500 平方米，新建村民健身广场 1300 平方米，新建村级办公场所 152 平方米，安装路灯 90 盏。完成涉及 9 宗地 2 公顷的“两违”整治和 36 户危房改造任务。6412 人参加医疗保险。

安全稳定。组织安全生产大检查 10 次，排查点位 78 个，治理各类安全生产隐患 86 处。开通 24 小时服务电话，受理企业和群众电话 216 个，协调化解各类民事纠纷 56 件，投资 200 万元进行镇化工厂消防改造，协调资金 12 万元完成东施古第二制砖厂变电设备改造工程。

信访工作。实行领导干部包案、包重点村，一般干部包户包人的信访责任制度。对于合理信访尽快给予解决，对于缠访闹访的，正面答复，耐心劝导，对重点人员实行 24 小时监控，未发生进京上市非正常访。

（梁振海）

下窝头镇

下窝头镇位于蓟县南部，州河西岸。东至州河与杨津庄镇相望，西与侯家营镇、东施古镇相连，南至沟河与宝坻区相望，北与上仓镇接壤。2013 年，镇域面积 44.5 平方公里，耕地面积 2937.73 公顷。辖 29 个行政村，人口 29244 人，其中农业人口 26485 人。

1949 年建国后属第五区。1958 年后属上仓公社，设 3 个管理区。1962 年，17 个村划归河北省玉田县。1963 年复归蓟县，将 3 个管理区合并为下窝头公社。1983 年改为下窝头乡。2001 年撤乡并镇，白塔子乡并入下窝头镇。

2013 年，完成地区生产总值 9.92 亿元，农民人均可支配收入 14030 元。

新城建设。深入五百户镇五龙村、夏庄子村开展清点和签字腾迁工作，完成两个村包保工作任务。

项目建设。深入开展园区招商。与北京金隅集团下属的水泥节能科技有限公司接洽特种建材项目。与北京国投尚科投资管理集团开展合作，准备在盘山文化产业园投资建设国投文化创意产业项目，牵头在市级工业园区创立中关村产业园项目，吸引中关村企业入驻。推进落地项目建设。总投资 5000 万元的博源机械项目，新建厂房和办公楼 3000 平方米，完成建筑主体。

楼宇经济。引进符合楼宇经济业态的注册企业，新注册企业 9 家，涵盖建筑工程、建材商贸、影视文化传媒等多种业态。

科技型中小企业转型。加大扶持力度，发展科技型中小企业 8 家，引领更多企业走科技发展道路。

民计民生。全面完成基本农田改造任务。投资 1280 万元，完成第三期中低产田改造 666.67 公顷，改造基本农田 2666.67 公顷，为农业增收提供保障。协调争取配套资金，协调县水务局投资 600 万元，实施青甸、台头两个村自来水管网入户工程，新打饮水井 4 眼，铺设管道 10 万米；协调县交通局投资 474 万元，实施赵庄、程子口等 5 个村主干路硬化工程，总里程 15.8 公里；协调市老促会为白塔子中心幼儿园捐助价值 50 多万元的儿童玩具设施 1 套。

（纪　杰）

杨津庄镇

杨津庄镇位于蓟县南部，东与河北省玉田县隔河相邻，西与下窝头镇隔河相邻，南与下仓镇相邻，北与上仓镇相邻。2013 年，镇域面积 71.03 平方公里，耕地面积 4570.46 公顷。辖 52 个行政村，人口 36925 人，其中农业人口 33671 人。

1949 年建国后，北部属第六区，南部属第七区。1953 年属第十区，建 4 个乡。1956 年合并为杨津庄乡。1958 年属下仓公社管辖，设 2 个管理区。1960 年杨津庄等 18 个村划归河北省玉田县。1962 年复归蓟县，改为杨津庄公社。1983 年改为杨津庄乡。2001 年撤乡并镇，大堼上乡并入杨津庄镇。

2013 年，完成地区生产总值 11.11 亿元，农民人均可支配收入 13800 元。

项目建设。引进内资 3350 万元，完成 3 个规模企业合作扩建项目，增加产值 3600 万元，税收 210 万元。引进投资 4000 万元的天津晟磊水溶胶制品有限公司项目，生产厂房在建。引进投资 3000 万元的天津挂月能源环保设备有限公司，占地 2 公顷，专门制造密闭容器、压力罐等科技含量较高的金属容器，正式投产。引进投资3000万元的天津伏特龙电力器材有限公司项目，占地0.67公顷。科技型企业发展和转型任务5家，全部完成向科技型企业转型，总数达23家。引进楼宇企业5家，引进注册企业9家，实现税收500万元。

特色农业。发展甲鱼养殖，面积133.33公顷。“蓟州牌”糯玉米种植333.33公顷。完成投资700万元的天津黑土地生态农业开发有限公司一期项目建设。

环境整治。以清脏治乱为重点，加大环境综合整治力度。清整津围公路两侧边沟5公里，清理乱堆乱放沙石料、煤站点位11个，建筑材料堆放7处约1800立方米，清理广告牌匾50家，违章摊位18个，拆除拆迁违法建筑24处670平方米，补栽树木2400棵，镇区内建筑立面粉刷9600平方米。清理村庄内垃圾点位530余处。投资120万元，完成12个文明生态村巩固提高，建立清洁管护队伍12支。

民心工程。投资1000万元，修建水泥路45公里。投资700万元，完成小漫河、杨津庄文明生态村建设，修建垃圾池50座，栽植花草1500平方米，植树700棵，安装路灯150盏，购置垃圾清运车7辆，抓好渔津庄等一批文明生态村提升创建工作。完成投资4000万元，涉及26个村1733.33公顷的农业综合开发项目工作。投资150万元完成38户危房改造任务。

服务县重点工程。完成新城建设所包五百户镇贾庄子村签字腾迁任务。完成津围路拓宽改造工程征地拆迁工作。完成涉及杨津庄镇上仓园区及仓桑线东延征地清点工作。

社会稳定工作。做好不稳定因素排查化解工作，落实定期排查、领导包案、责任追究等制度。发挥村级便民服务站作用，把问题解决在基层，把矛盾化解在萌芽状态。

（张景辉）

出头岭镇

出头岭镇位于蓟县东部，于桥水库东北侧。东邻河北省遵化市平安城镇，西与马伸桥镇隔淋河相望，南与西龙虎峪镇接壤，北与河北省遵化市石门镇相连。2013年，镇域面积58.2平方公里，耕地面积1846.8公顷。辖36个行政村，人口37492人，其中农业人口34533人。

1949年建国后属河北省遵化县第四区。1953年建2个乡。1956年成立出头岭乡。1958年后属遵化县五星公社，设出头岭管理区。1961年改为出头岭公社。1979年划归蓟县。1983年改为出头岭乡。2001年撤乡并镇，官场乡并入出头岭镇。

2013年，完成地区生产总值10.68亿元，农民人均可支配收入12420元。

水土保持工程。鱼池测量142户641.97公顷，签字完成137户622.45公顷。出鱼完成121户444.6公顷，验收并移交22户56.36公顷。

畜禽生态床养殖技术改造。完成猪舍改造23043平方米、鸡舍改造700平方米、鸭舍改造16360平方米，共计完成生态床改造40103平方米，占总任务的107.87%。

文明生态村建设。西梁各庄、李家仓、何家堡、南擂文明生态村提升工程，小赵各庄、大汪庄、出头岭文明生态村创建工作工程进展顺利，完成总任务的95%以上。

市派驻村工作组帮助出头岭镇拓展食用菌销路

（摄影：李鹏岳）

现代农业发展。镇东部1000公顷农业综合开发项目完成工程总量95%以上。库区绿色生态农业产业园示范项目落实地块33.33公顷，6.67公顷食用菌示范基地建成食用菌大棚30座，33.33公顷设施农业提升工程全部完工。节水灌溉工程新建50立方米水窖8座，铺设管道700米，打机井4眼。

科技型企业、楼宇经济。完成科技型中小企业转型22家，总数达56家。计划引进楼宇企业5家，已入驻2家，总数达6家。投资5000万元，完成出头岭镇商业街商贸楼宇及配套工程，建筑面积1.5万平方米。

“促惠上”活动。为7家科技型企业申请产学研财政扶持资金56万元，为10家科技型企业申请创办财政扶持资金50万元，为1家公司协调银行贷款500万元。

服务新城工作。开展五百户村清点工作、霍家店村腾迁工作,启动曹各庄腾迁工作,全村116户126宅,10月已签字腾迁116户126宅。

群众文体生活。启动镇文体活动中心建设。组织东李各庄村舞蹈队参加县广场舞大赛,获二等奖;组织景各庄等村舞蹈队参加县消夏纳凉晚会。举办出头岭镇首届广场舞大赛。充实农家书屋藏书量,为每个村新增图书200册。为36个村发放“五刊一报”,为8个村配备体育健身器材120套。

医疗服务优化。对建成后的30个村级卫生室配置医疗设备,推进18项公共卫生服务工作,免费为妇女“两病筛查”和60岁以上老年人查体8265人,低生育水平持续稳定。

镇村面貌改观。完成28个村“清洁村庄”建设,村容村貌焕然一新。完善环境治理长效机制,加强保洁队伍管理。移民后扶项目建设,投资420万元,对12个村修建水泥路5.3万平方米。投资110万元新修桥梁2座。促成市级帮扶困难村项目建设,修建水泥路6470平方米。

(王洪保)

西龙虎峪镇

西龙虎峪镇地处蓟县最东部,于桥水库东岸。东邻河北省遵化市,西接五百户镇,南临河北省玉田县,北临出头岭镇。2013年,镇域面积45平方公里,耕地面积1255.73公顷。辖16个行政村,人口27628人,其中农业人口25722人。

1949年建国后属河北省遵化县第四区。1953年建5个乡。1956年合并为2个乡。1958年属遵化县五星公社,设2个管理区。1961年合并为西龙虎峪公社。1979年划归蓟县。1983年改为西龙虎峪乡。2001年改为西龙虎峪镇。

2013年,完成地区生产总值7.91亿元,农民人均可支配收入12005元。

水源保护工程。高标准完成蔡老庄、蔡三庄和南汪家庄文明生态村提升工作,总投资510万元,修水泥路27912平方米,安装路灯125盏,栽植乔木2300棵、灌木3300平方米,建沼气池110座,修建三格化粪池160座,完成鱼池清点288公顷。

服务新城建设。完成贾庄子村94宅清点任务,清点率100%;完成柳河套村房屋清点165宅,清点率53%;完成魏各庄村156户人口界定、宅基地确认、评估及签字腾迁工作。

设施农业发展。建成燕各庄66.67公顷林下食用菌和龙北村166.67公顷优质食用菌、绿色蔬菜、甜瓜等2个设施农业园,扩大葡萄种植面积366.67公顷,改良优质核桃66.67公顷。农业园产值6367万元。投资36万元,发展优质稻田80公顷,试种稻田养蟹13.33公顷,发展金蝉养殖40公顷。依托鲁家峪村、西龙虎峪村资源优势,投资200万元,栽植核桃、栗子、李子、银白杏等果树93.33公顷,发展农家乐采摘。

招商引资。加快飞楼招商,19家企业入驻楼宇,年税收400万元。培育天津甘栗食品有限公司小巨人企业,完成投资7100万元,建成板栗、红薯、食用菌深加工等4条生产线。投资2000多万元,发展大型运输车辆50部,大型运输车辆总数600多部,从业人员2000人,带动加工、包装、仓储等业发展。引进酒用葡萄深加工企业,建酒堡庄园。

镇村环境整治。拆除违章建筑12处800多平方米,投资2100万元,修乡村公路5公里,硬化村内街道15公里;清理村内外垃圾14000立方米,清理道路边沟26公里,配置垃圾桶680个,各村安排保洁人员71名,栽植绿化树木2800株,安装路灯190盏。投资30万多元,建设垃圾填埋场5处。规范4个集市,实现退路进场。

民生和社会事业。投资118万元为10个村35户村民进行危房改造,投资7万元修缮敬老院,投资80万元建立南贾庄子村日间照料服务中心,投资1万元建小刘庄村殡葬志愿服务队,发放库区移民后期扶持资金320万元,发放退耕还林补助资金110万元,发放粮食直补款60多万元。栽植核桃苗3万余株,帮助310个农户增收致富。

(王志永)

穿芳峪镇

穿芳峪镇位于蓟县东北部。东至马伸桥镇,西至渔阳镇,南至于桥水库北岸,北至下营镇。2013年,镇域面积48.02平方公里,耕地面积524.87公顷。辖26个行政村,人口15940人,其中农业人口14725人。

1949年建国后属第二区。1953年设5个乡。1956年并入穿芳峪、马伸桥2个乡。1958年属马伸桥公社,下设2个管理区。1961年合并为穿芳峪公社。1983年改为穿芳峪乡。2011年改为穿芳峪镇。

2013年,完成地区生产总值7.37亿元,农民人均可支配收入13300元。

旅游服务业。投资6000万元建滑草场1个,投资1200万元完成毛家峪室内篝火演艺中心建设,投资1.2亿元完成穿芳峪镇盛兴旅游市场一期建设。旅游专业村9个,农家院旅游户150户,接待床位5660张,接待游客53万人次,实现旅游综合收入6600多万元。

新型工业。投资9000万元对联合包装、奥柏纤维、宇石户外装备、劲龙机械技术进行改造和设备更新，完成中小企业科技转型 12 家，占任务的 200%，增长 80%。

现代农业发展。种植业结构加快调整，在果香峪、穿芳峪、西李各庄、北台头村及邦喜公路、马平公路两侧栽植金银花、优质核桃 533.33 公顷。完成养殖生态床改造 14000 多平方米。东水场等 8 个村文明生态村建设全部完成。

“清洁家园”活动。在全镇开展讲究卫生、美化环境、清洁家园宣传教育，引导群众形成良好卫生习惯，悬挂 58 条横幅标语，张帖 400 多条小标语。镇政府与各村、企事业单位一把手签订工作责任状，各村制定卫生长效保洁制度和村规民约，配备保洁员。全年出动 4000 多人次、600 多车次，开展卫生大扫除，清扫、清运垃圾，治理脏乱差。

解决民计民生。推进公共卫生事业，开展强化免疫、妇幼保健、老年人查体，全镇 26 个村全部建成农家书屋和文化室。完善农村低保制度，做到应保尽保，新型农村合作医疗保险和农村养老保险覆盖面不断扩大，残疾人和老龄事业有较大发展。

解决信访矛盾。重视信访稳定工作，落实领导干部包案制度，开展矛盾纠纷大排查、大调解活动，强化社会治安综合治理工作，加强村级综治服务机构建设。信访维稳工作成绩突出，在全县综合考核中排名第三。

（侯海彬）

东二营镇

东二营镇位于蓟县西南部，102 国道南侧。东临东赵各庄镇，西接桑梓镇，南邻东施古镇和尤古庄镇，北与邦均镇接壤。2013 年，镇域面积 28.38 平方公里，耕地面积 2030.87 公顷。辖 31 个行政村，人口 18482 人，其中农业人口 16889 人。

1949 年建国后属第三区。1953 年建 3 个乡。1956 年合称东二营乡。1958 年属邦均公社，设 3 个管理区。1961 年 3 个管理区合并为东二营公社。1983 年改为东二营乡。2011 年改为东二营镇。

2013 年，完成地区生产总值 6.10 亿元，农民人均可支配收入 13640 元。

农业基础建设。投资 7600 万元，新发展及改造苗木花卉基地 420 公顷。投资 375 万元，完成 340 公顷农田节水灌溉工程，投资 295 万元，完成农田机耕路及林网标准化示范区建设。

工业经济发展。投资 1000 万元，新建双山轻质建筑材料厂和天津金诺日盛装饰装潢有限公司，投资 1100 万元，完成天津中岗银信木业公司主体工程。新增科技型中小企业 6 家。投资 300 万元，完成天津永德仁明商贸有限公司改造项目。

第三产业发展。引进现代经营理念，投资 350 万元，新建综合超市 1 家。

招商引资。加大飞楼招商力度，飞楼入驻企业 15 家。借助县级园区载体，进行飞地招商，与中商产业发展总公司就上仓智园项目达成合作框架协议。

镇村环境。投资 213 万元，完成大蔡庄文明生态村创建任务；投资 695 万元，硬化村级街道 5.8 万平方米；新打饮水深井 2 眼，铺设安全饮水管网 3 万米，翻修桥梁 1 座。

社会事业。农村居民医疗保险参保率 90%以上，老年人生活补贴和退休人员待遇稳步提高。推进义务教育均衡发展，农民文化生活丰富多彩，医改惠民力度不断加大。

（陈　连）

许家台镇

许家台镇位于蓟县西北部，东邻邦均镇，西、南邻白涧镇，北邻北京市平谷区。2013 年，镇域面积 42.05 平方公里，耕地面积 415.53 公顷。辖 15 个行政村，人口 12577 人，其中农业人口 10860 人。

1949 年建国后属第三区。1953 年属第九区，建许家台乡。1958 年属邦均公社，设 2 个管理区。1961 年 2 个管理区合并为许家台公社。1983 年改为许家台乡。2011 年改为许家台镇。

2013 年，完成地区生产总值 6.27 亿元，农民人均可支配收入 14085 元。

“促惠上”工作。镇帮扶工作组深入企业和人项目走访帮扶 30 多

2013年 5 月 21 日，国家画院创作基地投入使用

（摄影：闻　强）

次，解决项目审批、征地拆迁、施工进场、用工需求、项目融资、水电力改造、转型升级等问题 21 个，确保项目顺利推进和企业良性发展。

科技型中小企业和楼宇经济发展。引进及转型认定科技型中小企业 27 家，总数达 37 家。引进注册楼宇企业 8 家，总数 26 家，在谈 5 家，实现楼宇税收镇级分成收入 650 万元。加快商务楼宇载体建设，总建筑面积 14000 平方米的兴台商务中心主体工程完工。

重点项目进展。盘龙谷一期投资 5.7 亿元、总建筑面积 5.6 万平方米的商业街建成，多家商业实体入住，商业街配套项目盘龙谷假日酒店投入运营。盘龙谷国际演艺中心项目主体工程竣工。盘龙谷二期投资 2 亿元，占地 5.2 万平方米的国家画院创作基地投入使用。滨海体育公园对外营业，全年接待会员 10000 人，经营收入 800 万元。配套项目唐华酒店主体工程竣工。盘山书院外檐和内部装修、外部景观及基础设施建设完成。大学城二期学生公寓、专家公寓、多功能体育馆总投资 5300 万元，总建筑面积 12000 平方米，投入使用，多功能体育馆主体和外檐工程完工。

招商引资。引进天津长和生物技术有限公司组织细胞研究中心项目，总投资 3 亿元，一期投资 1 亿元，占地 3.33 公顷，6 月进场施工。借重首都资源，形成一批在谈项目。与北京中安商贸集团有限公司对接洽谈，初步达成合作意向。

民心工程。新农村一期西区 5.6 万平方米还迁楼建成投入使用，首批 337 户拆迁户有 226 户实现还迁安置；东区、北区还迁楼室内装修、地源热泵管网、区内道路和绿化工程完工；北区燃气管网完工。

社会事业。与镇域内大项目对接，协调用工岗位，拓宽失地农民就业渠道，累计安排失地农民就业 3500 人，农民岗位技能培训 1500 人次。社会保障体系进一步完善，推进农村社会基本养老保险扩面工作，新增参保 150 人。参加城乡居民基本医疗保险农民 8600 人，参合率 100%。加强人口与计划生育工作，开展平安村创建工作。

（王春辉）

礼明庄镇

礼明庄镇位于蓟县县城南侧，东、北与别山镇接壤，西与泗溜镇接壤，南与上仓镇接壤。镇政府距县城 10 公里。辖区内有蓟县经济开发区、蓟县绿色食品示范区。2013 年，镇域面积 38 平方公里，耕地面积 2217.47 公顷。辖 37 个行政村，人口 25576 人，其中农业人口 23208 人。

1949 年建国后，先后属第六区和第九区。1953 年属第十区，建 4 个乡。1956 年合并为两个乡。1958 年属泗溜公社。1960 年孟家楼等 32 个村划归河北省玉田县。1962 年复归蓟县。1971 年改称孟家楼公社。1983 年改为礼明庄乡。2011 年改为礼明庄镇。

2013 年，完成地区生产总值 7.57 亿元，农民人均可支配收入 13642 元。

抓好税源引进。成立专业招商队伍，拓展税源渠道，以北京宣正建筑投资有限公司天津分公司为首的 6 家楼宇企业入驻商贸楼宇，全年实现税收 1453.2 万元，在全县税收增幅单项排名中列第四位。

重点工程建设。镇区还迁楼一期主体工程 7 栋完工，总建筑面积 5.6 万平方米，可容纳 400 户村民，实现征地拆迁村民集中安置。礼明庄镇中小学教学楼建设主体工程封顶，配套工程建设基本结束，建筑面积 24213.75 平方米。

征地拆迁工作。完成东崔辛庄村整体拆迁和 226.67 公顷征地腾迁补偿工作，完成专业汽车产业园与上仓工业园区 143.73 公顷及仓桑路东延 7.47 公顷征地清点计价工作，完成东昌路南延占地 26.13 公顷重新清点计价腾迁补偿工作，漳河街西通工程、连接塘承高速公路与专业汽车产业园区附线工程 7.8 公顷具备进场施工条件，塘承高速公路二期路基工程完工，京秦高速公路腾迁补偿工作结束。

清洁村庄行动。清理违法用地 31 宗，清退土地 1.818 公顷，拆除违章建筑 3372.32 平方米。制定相关措施，形成镇村两级土地巡察协管机制，得到县国土局肯定，完成 17 个村清洁村庄整治任务。

群众生活改善。累计发放夏、秋粮补贴 265.38 万元，粮种补贴 248.6 万元，累计发放社会救济款、优抚款 754.32 万元，发放重度残疾人居家托养金 7.61 万元，救助残疾人最低生活保障和特困救助家庭生活 141 户，机关干部助残捐款 6000 元；参加城镇居民医疗保险 17350 人，老年人意外险保费 47030 元，累计投资 56.26 万元，新建困难群众住房 12 户，改造困难群众住房 5 户，新建和改造 18 个村级卫生所投入使用。5 个市派帮扶工作组累计争取资金 50.5 万元，为 5 个村安装太阳能路灯 34 盏、LED 路灯 278 盏，建标准垃圾池 22 座。

（吴依聪）

东赵各庄镇

东赵各庄镇位于蓟县中部，州河西岸。东与礼明庄镇毗邻，西与东二营镇接壤，南与上仓镇相连，北与泗溜镇衔接。2013 年，镇域面积 29.42 平方公里，耕地面积 1920.8 公顷。辖 31 个行政村，人口 22106 人，其中农业人口20220人。

1949年建国后属第九区。1953年属第十区,建4个乡。1956年合并为2个乡。1958年后设两个管理区。1960年划归河北省玉田县。1962年复归蓟县,两个管理区合并为东赵各庄公社。1983年改为东赵各庄乡。2011年改为东赵各庄镇。

2013年,完成地区生产总值6.78亿元,农民人均可支配收入13595元。

新城拆迁工作。担负新城建设五百户镇福兴庄、七百户两个村358宅清点签字和青池三村196宅评估签字工作。选派3名副职领导组成15人工作队伍,实行一线和后方统一调度、统一安排。

京秦高速建设。京秦高速公路穿越该镇6.8公里,征地近66.67公顷,涉及12个村1100余户。在清点评估、地上物补偿和征地款发放等环节上,征地工作有序推进。整个路段全面进场施工,没有发生一例因高速路占地造成的上访事件。

招商引资工作。引进天津中亿盛业汽车配件生产和LNG特种车改装项目,项目总投资5亿元,在汽车产业园区落户。引进拜尔斯道夫润滑油灌装生产项目,项目总投资2亿元,占地3.33公顷。

农业基础设施建设。成立3个合作社组织,投资220万元,新打机井50眼,架低压线1.2万米,变压器增容500千瓦,铺设地下管网5万米。投资80余万元,建设西苏庄设施农业示范基地,探索农产品直供销售渠道,增加农民收入。

安全稳定工作。每天安排一名副职以上领导在调处中心接待群众信访,未发生一例非正常上访,进京上市访保持零记录。加强安全生产工作,开展安全隐患防范知识普及教育活动,对各村、各企事业单位每周一次安全隐患排查,签订责任书,落实责任追究制度。

环境卫生改善。制定镇环境卫生管理办法,成立环境卫生管理所,启动美丽蓟县、清洁家园行动,投入配套专项资金40万元,配备专职卫生清扫队伍和垃圾清运车辆,各村建立长效管理机制,确保落实清洁家园目标。

（苏成武）

孙各庄满族乡

孙各庄满族乡位于蓟县东北部,东邻河北省遵化市,西、北与下营镇相邻,南与马伸桥镇接壤,是天津市唯一的满族乡。2013年,乡域面积26平方公里,耕地面积400.47公顷。辖13个行政村,人口7332人,其中农业人口6681人,满族人口占总人口的36.7%。

1949年建国后属第二区。1953年设4个乡。1956年建孙各庄乡。1958年属马伸桥公社。1961年建孙各庄公社。1983年改为孙各庄乡。1985年建立孙各庄满族乡。

2013年,完成地区生产总值2.63亿元,农民人均可支配收入12580元。

重点工作、重点项目。制定孙各庄满族乡总体规划和满族风情园博览区规划。招商引资成效明显,引进落地项目3个,洽谈项目3个,储备项目2个正在对外招商。投资200万元,完成商务中心场地平整、绿化、原建筑物改造提升,中心服务区功能基本完善,7家企业相继入驻,入驻企业累计15家。万亩核桃川示范项目新栽植优质核桃40公顷,嫁接优质核桃66.67公顷,硬化生态观光路3000米,核桃总产150余万公斤,总产值近6000万元;中华文明孝道园项目土地收储工作完成;5家科技型中小企业完成转型。

社会事业。以市派驻村工作组帮扶村为重点,加大农村基础设施建设投入,硬化村内街道6000米,绿化10000平方米,安装路灯150盏,新建健身广场、街心花园4处。乡文体中心和13个村农家书屋高效运转。各村卫生服务站正常运作,一系列惠农政策得到充分落实。

环境综合治理。设置垃圾箱池256处,全年清除垃圾6000余立方米,清埋排水沟渠8000余米,立面粉刷10000余平方米,树木刷白5000株,规范牌匾30处,拆除违章建筑35处,乡村环境面貌较大改观。

（孙宝军）

宁 河 县

概 述

宁河县位于天津市东北部，京津唐腹地。境域地理坐标为北纬39°09′06″~39°34′22″，东经117°18′54″~117°49′17″。南北宽49公里，东西长45公里。境域东接唐山市丰南区、丰润区；西连宝坻区、武清区、北辰区，西南傍永定新河，东南接滨海新区倚京山铁路；南至永定新河、潮白新河汇流地带，邻东丽区；北起还乡河、小新河汇流地带，邻河北省唐山市丰润区、玉田县。县城芦台镇距天津市区80公里。2013年，行政区域面积1296平方公里，耕地面积3.87万公顷。辖芦台、丰台、潘庄、七里海、岳龙、苗庄、板桥、造甲城、宁河、东棘坨、大北涧沽11个镇，俵口、廉庄子、北淮淀3个乡及清河农场、芦台经济开发区、潘庄农场，有282个自然村、30个街道居民委员会。全县户籍人口391924人。其中，农业人口89992户285163人，非农业人口46726户106761人。以汉族为主，另有回、满、蒙古、朝鲜、侗、瑶、仫佬等22个少数民族。

2013年，宁河县坚持以科学发展观为指导，努力践行党的群众路线，完成县十四届人大三次会议确定的工作目标。实现地区生产总值407.7亿元，比上年增长16.1%，三次产业比重调整为7:51.2:41.8。全社会固定资产投资477.56亿元，增长30.6%。财政总收入90.32亿元，净增30亿元，增长50.1%；其中地方一般预算收入28.2亿元，增长40.1%。农民人均可支配收入14904元，增长13.7%。第三次全国经济普查工作高效推进，为经济发展提供可靠依据。

现代农业加快发展。培育市级以上龙头企业28家，发展市级农民专业合作社40家；建成“放心菜”基地1133.33公顷；注册成立全市首个家庭农场，建成全市种猪行业首家“院士专家工作站”；亨达农业园、东详生态园档次提升，新裕阳光农业园、航天蔬菜示范园、绿野仙踪生态农场加快建设；以众民、富国为代表的观赏鱼产业，在华北地区打开市场。

先进制造业转型升级。全县规模以上工业企业达到255家，金属制品、机械制造、食品加工、新能源新材料、高档包装纸五大主导产业产值占到工业总产值的85%；8个市级重大工业项目陆续竣工投产，103家传统企业、19家重点企业完成技术升级和节能改造，天钢公司脱硫治理经验在全市推广。万元生产总值能耗下降4.5%，通过全市节能目标考核验收。宁河县被确定为全国唯一采暖散热器产业知名品牌创建示范区。

现代服务业逐步壮大。商贸设施和物流载体不断完善，芦台商业中心、凤凰商城、龙胤溪园商业区和家乐购物中心投入使用，天中福建材物流园二期加快建设。旅游业渐成规模，七里海郊野公园建成；七里海国家湿地公园创建为4A级景区，被评为“最美天津旅游景点”冠军。全县接待游客首超百万人次，旅游收入首破亿元大关。围绕重点工程项目建设，整合优势资源，支撑长远发展。统筹发展，载体支撑能力不断增强。

产业园区深度开发。年内注入园区开发建设资金6.5亿元。全国四大未来科技城之一的天津未来科技城，总体规划编制完成，规划展馆开工建设，5平方公里起步区道路、桥梁等工程开始筹建(计划10年左右时间，打造成为占地144.8平方公里的国际人才特区和高科技产业基地)。未来智慧城8.3平方公里起步区基础设施同步推进。县经济开发区、现代产业区、潘庄工业区新上项目22个，累计达371个。

路网建设不断提速。年内注入路网建设资金23亿元。唐廊高速公路工程量达到30%，提前一年完成前期工作。滨海西外环路基工程抓紧实施。蓟汕联络线清整路基。连接京津二线、津宁高速公路和天津外环线的宁河出口放线施工；唐津高速公路扩建工程一侧通车。宁塘公路一期完成路基施工（津榆公路至汉沽界），二期工程开始启动（梅丰公路至津榆公路）；津榆公路拓宽改造潘庄段基本完工。修建乡村公路60公里，累计达719公里，乡村路网实现全覆盖。

城镇建设全面铺开。年内注入城镇建设资金70亿元。全县城镇建设规模达41.83平方公里，提前8年实现规划目标。宁河新城建设进入提速期。“桥南”老城区实施朝阳楼、风光楼、晨光楼综合提升，完成新华道、沿河路、一中路拓宽改造和5条道路两侧立面整修；芦汉路拓宽改造全线贯通，光明路西延打通工程启动，蓟运河光明大桥基础工程部分完工。桥北新区整体开发进程加快，“桥南”十村和党庄、大赵等5个小区107万平方米还迁安置房工程量过半，宁基、恒大等商住开发项目进展顺利。公共交通加快发展，营运车辆94部，每日运送1.6万人次。潘庄示范镇一期第一标段32栋11.5万平方米还迁楼封顶，田辛、赵温村25栋18.7万平方米还迁楼部分封顶。小闫村生态居住社区初具规模。

招商引资深入开展。全年实际利用外资2.53亿美元、内联引资327亿元，分别增长20%和40.3%。成立驻京招商工作部，深入开展“点对点”招商推介，新上实体项目69个，其中投资超亿元项目20个，安博和普洛斯物流项目、双林汽车项目入驻宁河。连续增资扩产的三和果蔬项目成为宁河首家产值超5亿元的农业龙头企业，台湾冷链物流项目即将落地。

项目建设加快推进。纳入全市前九批的89个重大产业项目全部开工，投产70个，累计投资640亿元。玖龙纸业三期工程、百利展发、爱迪自动化等项目相继投产，大西洋焊条、博凯机电等项目加快实施。楼宇经济开始发力，三座市级“亿元楼”入驻企业278家，实现税收2.56亿元。新引进注册公司379家，累计1480家，实现税收3.9亿元。

科技创新步伐加快。组织实施市级以上科技项目45项，引进先进技术和设备75项。认定市级研发中心、生产力促进中心和科技企业孵化器7家，与36所高等院校、科研院所建立产学研合作关系。成立科技型企业融资服务中心，搭建银企直接融资平台。科技型中小企业967家，“小巨人”企业80家，新增专利305项，培育“杀手锏”产品3个，科技对经济增长的贡献率不断提高。

瓶颈制约有效破解。设立交通银行宁河支行，成立6家小额贷款公司，与天津银行等10家金融机构签署战略合作协议，金融与经济开始良性互动。宁投公司高效运营，达到保建设、促发展、缓解资金压力目的。宝信铸造公司在天交所挂牌上市，实现企业进军资本市场的“零”突破。全年运筹发展资金90亿元，流转土地1853.33公顷，收储整理土地200公顷，运营和支付工程款28亿元，城乡建设得到保障。精简合并审批事项22项，行政审批效率提速20%。

社会事业共建共享。新增就业8700多人，城镇登记失业率低于3.8%。城乡居民基本医疗保险参保率超过98%，基本养老保险实现政策性全覆盖。年内注入社会事业资金15亿元。教育优先优质发展，在全市率先通过国家义务教育发展基本均衡县评估，25所中小学校通过第二轮现代化达标创建，桥北新区第一小学和第一幼儿园建成，县特殊教育学校投入使用，芦台一中百年校庆成功举办。医药卫生体制改革扎实推进，县医院被确定为市三级综合性医院，中医院通过市二级甲等中医医院复审，15所乡镇卫生院“国医堂”投入使用。食品药品安全监管力度加大，人口计生工作不断加强。宁河县被评为全国无偿献血先进县。文体事业加快发展，宁河儿童乐园建成开放，芦台大剧院改造完成，天尊阁列入全国重点文物保护单位。

城乡面貌显著改观。启动实施“美丽宁河·一号工程”，大力开展“四清一绿”专项行动。年内注入财政资金2000万元。环境综合整治、空气质量监管、水环境治理深入开

宁河县特殊教育学校

（摄影：王士亮）

展,国Ⅳ标准汽油全面置换,城区机动车乱停乱放现象得到有效遏制,营运三轮车限行效果初显。各乡镇以美丽乡村建设为载体,广泛开展村庄环境卫生清整活动,百天之内,拆除违章建筑856处,安装村巷路灯1300盏,建设村内健身广场8个,建成水冲式公厕72座、村级污水处理站3座、户用沼气池418座,增设垃圾箱(桶)8533个,配置保洁人员1704名,栽植环村林122公顷。

(县地志办)

宁河县县级领导名单

中共宁河县委领导名单

书　记:李树起

副书记:张炳江　王东升

常　委:李树起　张炳江　王东升　崔　奕　刘宝迎　崔红梅(女)　李润得　韩学群　李明海(12月调出)　刘玉顺(12月始任)　张付川　焦守平

宁河县人大常委会领导名单

主　任:王志刚

副主任:刘克忠　韩绍昌　姜福元　康振河　赵锦秀(女,兼)

宁河县政府领导名单

县　长:张炳江

常务副县长:崔　奕

副县长:李润得　王　华　杨　霞(女)　张金明　李春海

县长助理:李军峰(副县长级)　张　颢(正处级)

政协宁河县委员会领导名单

主　席:刘建国

副主席:李振亮　李志军　李敬霞　赵仲春　田淑敏(女)　于东祥(兼)　崔玉君(女,兼)　武文术(兼)

(县委组织部提供)

招商引资推介会　3月26日,"魅力宁河·2013(北京)招商引资推介会"在北京国贸大酒店举行。国家和北京市有关部门、驻华贸易投资促进机构、驻京协会、商会的负责人,驻京企业家和天津市政府驻京办事处、市合作交流办、市商务委、市中小企业局、市科委的主要负责人出席推介会。县领导李树起、张炳江、王志刚、王东升、张付川、王华、杨霞、张金明、李春海、张颢出席推介会。县政府办等县有关部门及有关乡镇主要负责人参加。县长张炳

3月26日,魅力宁河·2013(北京)招商引资推介会在北京国贸大酒店举行

(摄影:王俊义)

江主持。会上，县委书记李树起致辞，副县长王华介绍重点招商项目，北京诚通嘉业集团董事长王嘉敏，首创集团总经理王灏，中共中央对外联络部巡视员、全球市长协会执行主席、南德投资集团主席朱烨，天津市合作交流办主任焦勇分别讲话。副县长王华代表宁河县人民政府与天津市人民政府驻北京办事处负责人签署合作协议；副县长杨霞、张金明、李春海，县长助理张颢代表宁河县人民政府与相关企业签订合作协议。推介会上，宁河推出26个重点项目，涵盖生态农业、新型工业、现代服务业、文化产业、总部经济等多个领域。会议吸引近百家企业参与，签署包含教育、金融、科技产业园，“中华魂”文化博览园，观光农业生态园及康宁佳食品加工在内的4个重点项目，总投资额700亿元。宁河招商引资会是继津京两地政府签署合作协议之后的一次迅速落实。首创集团与宁河县合作打造的“未来智慧城”项目，计划投资2500亿元，吸引就业人口近40万。

（县政府办）

2013年11月4日，宁河县召开“美丽宁河·一号工程”建设动员部署会议

（摄影：王春蕾）

美丽宁河·一号工程启动实施 2013年11月4日，宁河县政府召开动员会，组建“美丽宁河·一号工程”清新空气行动指挥部办公室。开展全县污染源情况调查工作，摸清全县各类污染源分布情况及存在问题。组织编制清新空气行动目标责任书和清水河道行动目标责任书，印发《宁河县清新空气行动方案》《宁河县重污染天气应急响应预案》《美丽天津一号工程目标责任书》。天津天钢特钢联合有限公司烧结机治理，天津旺达畜产品有限公司皮革鞣制工艺淘汰拆除，新生电镀厂、北洋电镀厂电镀废水零直排深度治理，60家养殖场治理等工作完成。县属14座加油站油气回收治理工作稳步推进。责令宁潘福利针织三厂停产。城镇空气除尘力度加大，洒水车每日工作。团县委开展“美丽宁河·一号工程”志愿服务活动，在全县282个村成立青少年志愿服务队，发放各种宣传资料15万份，清除垃圾260吨，清理非法张贴物2万多张。

（刘　鑫　刘广军）

绿色能源县建设 2013年5月，宁河县对获国家能源局批准的3个项目进行中期评估。沼气集中供气工程项目，地址在天津市龙湖湾养殖场，总投资432.7万元，申请中央补助资金100万元，地方补助资金100万元。建设厌氧发酵罐容积1000立方米的储气柜1个，有效容积591立方米。配套管网设施、35千瓦沼气发电机组1套。沼渣、沼液肥生产车间等相应室外配套工程完工。因该项目建设地点与宁河新城总体规划不符而停建。拟用玉祥牧业沼气集中供气工程替换该项目，完成替换项目申请工作。生物质成型燃料工程项目，由北京奥科瑞丰机电技术有限公司承接，总投资11780万元，申请中央补助资金2275万元，地方补助资金2130万元。建设年产12万吨生物质成型燃料示范工程，建设和改造2.5万台生物质节能炉具和85蒸吨生物质锅炉。在丰台镇小李村建设首个生产基地，占地1万平方米，购置粉碎机、压块机等生产设备，投入资金660余万元，年产能达2万吨。农村能源服务体系项目，法人为宁河县农业环保站。项目投资250万元，申请中央预算内专项补助资金125万元，地方配套资金125万元。项目要求整合组建21个乡（镇）级农村能源服务站，升级原有沼气服务网点；组建50个村级服务网点，负责区域内沼气及其他农村能源户用设施使用维护和垃圾处理。

（谢　林）

示范小城镇建设 2013年11月，宁河县北淮淀乡示范小城镇建设实施。规划占地625公顷，其中，安置区占地139公顷，出让区占地486公顷。新增建设用地450公顷，申请挂钩指标450公顷，拆旧复垦土地451.5公顷。投资88.47亿元，建设还迁楼116万平方米，配套公

潘庄农民还迁楼封顶

（摄影：王士亮）

建14.73万平方米。涉及北淮淀乡北淮淀村、南淮淀村、乐善村和造甲城镇大王台村、付台村5村8615户27891人。二期计划将东小、西小和冯台3个村迁入。潘庄示范小城镇项目施工，完成展示中心建设。一期一标段32栋还迁楼封顶，面积11万平方米；一期二、三标段44栋还迁楼，26栋桩基工程完成。二标段基础施工4栋，挖槽施工8栋。主体工程施工。

（谢　林）

七里海湿地建设　2013年，宁河县投资4.5亿元，完成七里海国家湿地公园二期工程，开挖行船水道，推浅滩、堆岛，整理地形，动土总量55万立方米。建成木栈道4000米、接待平台、铁索桥以及700米长、1~4米宽的两条植物带。浅水区以及12个小岛栽植花草，栽植黄花鸢尾、千屈菜、睡莲、野睡莲、荷花、慈菇等水生植物140万盆（株）；大麦熟、毛头姜、地被石竹、马兰、五彩石竹、芍药、牵牛花、万寿菊等陆生植物100万盆（株）。投资1.5亿元，完成8公里走廊修复提升工程，南岸路段乔灌木绿化施工，完成节点绿化、湿地走廊东侧800米绿化及淮淀扬水站对面100米绿化工程。铺设草皮4.5万平方米。完成水上剧场张拉膜重建工程。8公里景观带栽植杨树、槐树、泡桐、法国梧桐等树木6500多株，形成具有森林公园式的景观效果。投资200万元，完成东七里海水系治理工程，动土15万立方米，打通兴坨、俵口两水库之间两条渠道，总长2200米，两水库近万亩水面。投资390万元，东海环海路维修路面19898平方米。投资1.5亿元，动土20万立方米，改造扩建兴坨、俵口两水库中的鸟岛，形成大小鸟岛30个。新安装监控视频8个，便于观鸟。麋鹿园改造工程10公顷，饲养麋鹿16只。

（赵　亮）

麋鹿园

（摄影：任永利）

宁河现代产业区建设　2013年，宁河现代产业区累计签约项目41个，计划投资额500亿元，累计完成投资152亿元。基础设施累计投入14亿元。修建主干路、次干路、支路15条，总长约14.5公里。高标准绿化8万平方米。在企业密集区增加电力开闭站3处，铺设10千瓦电缆3000米。香港科美、龙辉EOD、博凯机电、福盛达自行车、中天宏观二期、双林汽车配件、大西洋焊材及普洛斯物流8个项目签约入区，总投资37.82亿元。实现“四位一体”产业布局：以英利光伏产业基地为代表的新能源项目产业；以海航中国集、中英金融交流中心为代表的商业项目产业；以新华科技产业园、嘉禾产业园、仁汇宁河湾项目等为代表的总部楼宇经济项目产业；以百利展发高端阀门制造、辉煌水暖、爱迪自动化等为代表的科技型中小企业。引进注册科技型中小企业20家。41个入区项目中，27个项目开工建设。其中，英利光伏产业基地、华康物流、润鑫物流、百利展发、众力装饰等7个项目运营。海航中国集项目养老公寓完工，社区洋房及别墅外

宁河现代产业区·宁河湾

（摄影：王士亮）

檐施工。园区内4家楼宇总部及科技载体类企业中，仁汇宁河湾项目一期完工；新华产业科技园招商中心使用，一期总部办公楼主体完工；嘉禾产业园项目一期单体建筑完成主体建设；中融时代EOD项目A区总部办公楼主体施工。注册成立宁河现代产业区投资服务中心，7月运营，完成企业工商注册手续25家，企业一般纳税人登记手续20家。

（李 强）

宁河经济开发区建设 2013年，宁河经济开发区管委会引进项目5个，协议投资总额8.3亿元，占地14.63公顷。引进注册公司7家，注册资金2060万元。恒广总部经济区成功引进1家建筑工程类总部企业，注册资本1亿元。累计投资2350.28万元，完成县重点工程三纬路排水管网与县污水处理厂对接工程；完成六经路口绿化垫土工程12万立方米；七里海大道（经济开发区段）摆放草花17万盆，栽树4400余棵。十二纬路等5条道路新增绿化面积8万平方米，安装太阳能路灯113盏，便道硬化1.35万平方米。新认定科技型企业6家，其中转型2家、新引进4家。累计认定科技型中小企业70家，其中转型53家、引进17家。累计培育小巨人企业19家。完成知识产权41件，科技型中小企业拥有专利191件。拥有商标32件，其中国际商标2件，涌现出“御马”等一批国字号品牌企业。玖龙、新华昌等企业被认定为县重点专利试点企业。为旭阳物流园、鑫顺龙等15个项目协调办理土地、规划和公司注册等相关手续。争取政策性补贴500多万元，为9家企业协调解决融资困难。帮助企业盘活闲置厂房4.2万平方米、闲置土地8.8公顷，盘活企业5家。

（闫 颖）

潘庄工业区建设 2013年，天津潘庄工业区引进项目11个，协议投资总额37.5亿元。星石公司投资11亿元，建设工业标准厂房项目；中银房地产公司投资8.16亿元，建设科技型中小企业产业园；冠东公司投资2亿元建设生产工程和矿山机械机密配件等项目；三和果蔬配套的万通制罐项目实现年内签约并建成投产。上述项目用地手续办结。完成项目用地招、拍、挂手续项目10个：星石、中银、三和（二期）、万通制罐、盛鑫亿阀门、恩来顺、陆港（第二块宗地）、兆达机械、鹏赢工贸、汇宾园林。其中，5个项目施工，三和果蔬二期和万通制罐建成投产；其他5个项目办理建设手续。挂牌项目5个：冠东金属、五泰金属、玉泰阀门、喜力运动器材、同康食品。开工建设项目11家：永利宇轩机电设备制造有限公司投资2.3亿元，完成车间主体和办公楼建设，设备正在安装；五泰金属制品有限公司投资1.7亿元，完成车间和办公楼建设，设备安装调试中；恩来顺食品科技发展有限公司投资1.5亿元，完成4个车间钢结构主体安装；万通包装有限公司投资1.5亿元，完成2.4万平方米车间和3900平方米宿舍楼建设，进入投产阶段；三和果蔬二期工程完成4.6万平方米建设，进入投产阶段；星石投资公司完成6栋标准厂房钢结构车间主体建设；天津聚联光固化材料有限公司完成车间建设；天津天骄电炉制造有限公司完成主体

天津永利宇轩机械设备有限公司

（摄影：闫宝磊）

车间和附属用房建设；亿唯金属、兆达机械和鹏赢工贸3个项目车间主体建设完成。

（杨　倩）

土地流转　2013年，宁河县诚惠农服务中心流转土地2333.33公顷，其中，流转大王台村土地2200公顷，永定新河绿化带133.33公顷。累计流转土地6666.67公顷，其中，招商引资项目15个，土地流转233.33公顷。潘庄生态林项目土地流转450公顷。承包清河农场土地2666.67公顷，并分包给七里海、北淮淀、造甲城3个乡镇的12个村，受益4万人，每年人均纯收入增加500元。"未来智慧城"项目启动，需占用7个村承包清河农场土地1085.2公顷，土地腾退工作正在进行。滨保高速公路、津宁高速公路、津蓟高速公路、塘承高速公路、海清公路及永定新河绿化108公里，土地流转面积513.33公顷，涉及潘庄、俵口、大北涧沽、七里海、造甲城、北淮淀、东棘坨7个乡镇26个村土地。大坨、兴坨高端现代农业园区项目土地流转700公顷，由天津市津东房地产开发投资集团有限公司投资建设。该公司在属地注册天津米兰农业科技发展有限公司，计划建成集生态、观光、旅游、高效农业于一体的高端现代农业示范园区。该项目完成园区规划、地质勘探、工程测量、边界确定等工作。围绕原砖厂取土坑，修复完成26.67公顷景观湖土方、绿化工程及园区边界沟围挡工程。"未来科技城"项目大王台土地流转2200公顷，配合县拓展办等相关部门，按照GPS卫星坐标定位、现场拍照和录像、实际测量和绘图的程序进行登记造册，对大王台村已流转土地的地上物详细核查，做好地上物评估、补偿工作。制定土地经营管理方案，确保承包方式合理、管理责任明确、退出机制完善。永定新河绿化带项目是天津市"一号工程"重点项目，完成永定新河绿化带土地流转面积106.67公顷，对地上物进行全面核查、评估和补偿。对需要使用的机井，经过技术部门逐一测试出水后进行合理补偿。

（冯全文）

海清公路绿化

（摄影：赵　岐）

高速公路建设　2013年，宁河县境内4条高速公路启动建设。由市高速集团投资建设，投资52亿元、占地333.33公顷的唐廊高速公路（天津段一期）工程，主线全长33.7公里，路基宽34.5米，联络线长5.5公里，动土550万立方米，完成征拆工作，开工建设28.98公里，占总长度的86%，设计土方量为553万立方米，累计备土107.4万立方米。由滨海新区投资6亿元建设的滨海新区西外环高速公路，宁河境内长4公里，宽34.5米，双向6车道，设计行车时速120公里，完成征拆工作。由市高速集团投资建设的蓟汕联络线，通过宁河现代产业园跨越津芦公路后与津宁高速公路互通，向西南方向延伸至津汕高速公路，宁河境内长4公里，需征地30公顷，动用土方50万立方米，预计总投资7亿元，完成前期工作。唐津高速公路扩建改造工程，市高速集团投资建设，自河北丰南主线站至荣乌高速公路，全长104.6公里，其中宁河境内长15.73公里，工程采用"两侧拼宽，局部分离"方式，将原有4车道断面扩建为6车道断面，需新增用地4.5公顷，土方300万立方米，工程投资8亿元，路基软基桩、桥梁灌注桩在施工中，计划2014年底竣工通车。

（王庆武）

小闫村建设　2013年，小闫村社会主义新农村建设项目，按照小闫村自然环境特点，打造集生态观光旅游、休闲、宜居的"生态旅游宜居村"，通过科学规划，建成一个具备生态农业示范、生态居住和旅游体验等多种功能的示范园区，实现生态效益、经济效益和社会效益的统一。项目按照"一轴三区"总体布局进行规划，"一轴"以生产—居住—旅游展示为主轴，"三区"为生产区、居住区、旅游区。项目总投资4.89亿元，其中一期投资6400万元，建成108栋新西兰风格的别墅（用于农民还迁别墅80栋）。生产区位于项目西北部，占地84公顷，主要分为蔬菜种植业、养殖业、生产配套设施；居住区位于项目东部，占地14.67公顷，分为居住空间、交流空间、辅助空间；旅游区位于项目南

小闫村农民还迁楼

（摄影：白　雪）

部，占地20公顷，分为综合区、旅游区、体验区。80栋农民返迁住宅楼竣工，市政配套道路、管网、景观基本完工，达到入住条件；南池塘景观建设工程竣工。28栋旅游服务住宅开工建设。

（王福林）

芦台一中百年校庆　2013年10月19日，宁河县芦台一中举行“百年回眸·世纪追梦”百年庆典活动。天津市副市长曹小红，市教委主任王璟，老教师郑秀桂，1964届校友王春河，1967届校友、国家一级画师刘宗汉，无人机设计师杨宝奎，作家柳萌，宁河县委、县人大常委会、县政府、县政协主要领导，县教育局领导班子成员和师范进修学校、宁河中专、县内高中校、中小学校长，兄弟区县教育局领导，企事业单位代表，新闻媒体代表等4000人参加活动。县长张炳江主持。曹小红和县委书记李树起向芦台一中赠送烫画“参天大树”，以寄育人厚望。副县长杨霞拟定庆典活动方案。庆典活动邀请天津市武警六支队国旗班升国旗，奏国歌。举办“桃李芬芳”文艺演出活动，芦台一中师生、校友表演，天津歌舞剧院演员伴舞，演出分“序幕”“菁菁校园”“桃李芬芳”“激情飞扬”四部分。作曲家石瑞生指挥大合唱。举行“桑梓情深”校友捐赠仪式及班主任奖励基金成立仪式；参观《今日宁河》项目展、《百年一中》校史展、知名校友书画展、校园风貌集邮展、各届校友联谊活动。发放《今日宁河》《七里海》《百年风雨路·勤慎朴洁风》《百年芦中》《校友文集》《百年芦中》《桃李春风》等光盘、书籍材料。举行“情系家乡·助力发展”论坛，“经济界校友论坛暨项目签约”活动成效明显，6家企业与县政府签约合作项目，总投资22亿元。

（任春玲）

副市长曹小红(右二)、县委书记李树起(左一)向芦台一中赠送烫画——“参天大树”

（摄影：王春蕾）

芦台镇

芦台镇位于宁河县东南部，是县政府所在地。东与河北省汉沽农场、唐山市丰南区相邻，西与大北涧沽镇、七里海镇相隔于蓟运河，南与滨海新区汉沽接壤，北与苗庄镇交界。2013年，镇域面积60.6平方公里，耕地面积1370.6公顷，辖37个农村队，10个转非街，23个街道社区居委会，人口38262户113506人。

该镇曾名将台、海口镇、芦台军。唐贞观十九年(645)，唐太宗东征高丽，相传在今芦台镇南部“筑土城驻中军”。五代时刘守光于海口镇设芦台军。元朝立芦台盐使司。明朝设芦台盐场。清通永镇总兵驻此。民国初年在此设芦台镇。1938年始为宁河县治。1948年为镇政府驻地。1949年9月宁河县人民政府迁至芦台。1961年设芦台公社。1984年设芦台镇。2001年9月，撤销董庄镇、桥北镇建制，并入芦台镇。

2013年，完成财政收入3.62亿元，比上年增长20.2%；地方一般预算收入1.52亿元，增长5.4%；内联引资9.94亿元，增长11.1%；农民人均纯收入16332元，增长11.4%。

农业投入1.39亿元。粮食播种面积249.93公顷，以玉米种植为主。

御马散热器科技工业园

（摄影：王士亮）

造林3.13公顷，植树17640株。粮食直补1804户73.9万元，其中种粮直补27.71万元、生资直补46.19万元，补助面积615.88公顷。生猪出栏7.84万头、存栏4.11万头。投资500万元，完成换新水产良种场种鱼饲料加工项目。投资600万元，建成35亿尾水产苗种繁育基地扩建项目，占地1500平方米。投资400万元，开发研究三角鲂引进培育与苗种产业化项目。天津鑫泽众生物技术有限公司活性地龙粉生产加工技术项目，合同立项。初步形成以运河湾观光农业，龙湖湾、农夫畜牧养殖业，换新渔场淡水鱼养殖业，贾立明蚯蚓养殖公司特色养殖业为代表的四大高效农业格局。

工业企业600家，其中年产值2000万元以上的40家。实现工业产值70.81亿元，营业收入69.39亿元，利税11.98亿元。新上企业17家。8家企业实施技改、扩建项目。发展科技型中小企业55家。引进注册企业18家。荣亨集团工业园建设投资6亿元，建厂房18栋，部分项目投产，办公楼及附属工程在建。御马散热器科技工业园项目投资5亿元，建成标准厂房3栋。新立成金属制品有限公司投资1.4亿元，扩建工程完工。天津市德馨利机械配件有限公司投资6000万元，机械制造项目建设完工。

新上三产企业36家，一批大中型三产企业建成投入使用。投资3000万元，天津特驰汽车贸易有限公司开业，桥北新区物流商贸区、凤凰商城、龙胤溪园商业聚集区运营。拥有一定规模的服务企业1820家。

配合桥北新区整体开发工程，清理项目区内建筑，拆除民房、养殖小区70户，拆除公建、企业8处，拆除商住楼1处。做好桥南10个村及薄后村迁村并点准备工作。大陈街沿街29户拆迁工作结束，芦汉路全线贯通。光明桥延长线春华里40户拆迁，金翠路打通，涉及20户，进行房屋建筑评估。完成205国道拓宽拆迁工作。实施“四清一绿”行动。出动5400余人次，清除垃圾3万吨，治理坑塘7处，新建垃圾点71处。环村林绿化7.33公顷，村主干道、庭院植树4704株。

全镇低保户1182户2404人，五保户106户，特困户52户118人，发放最低生活保障金、社会救助金1551.7万元，发放优抚款463.5万元。城乡居民医疗保险实现全覆盖。完成4所学校现代化达标创建工作。6个村更新体育器材，10个社区新安装体育路径。全年出生1102人，计划生育率94.19%。为计划生育家庭上意外伤害保险1259户。为育龄妇女体检5000多人。

（杨普红）

丰台镇

丰台镇位于宁河县北部，东邻岳龙镇，西接河北省玉田县，南连板桥镇，北与河北省丰润区接壤。2013年，镇域面积84平方公里，耕地面积4632.2公顷。辖28个村，人口10244户26107人，其中农业户8114户23044人。

1961年建丰台公社，1984年建丰台镇。2001年9月区划调整，撤销小李乡、后棘坨乡建制，并入丰台镇。

2013年，完成财政收入3019万元，比上年增长55.6%，其中地方收入1058万元，增长41.2%。实现工业总产值34.09亿元，增长27.2%。农民人均纯收入15536元，增长4.9%。

发展设施农业70公顷。其中，新扩建泰达园区16.67公顷，新裕园区53.33公顷。提升改造设施农业园区73.33公顷。累计开发设施农业面积570.67公顷，农业现代化水平提升。新奥集团阳光农业高科技产业园区，占地86.67公顷，一期工程投资3840万元，建蘑菇棚120栋，蔬菜棚36栋。投资8600万元，建设棚室基础设施。泰达高效生态农业示范园区，征地72.67公顷，总占地面积146.67公顷，建成普通温室300座、占地2.53公顷的连栋温室3座和休闲文化长廊。棚内种植绿色有机农作物，用水恒温，肥料采用自产有机肥。至盛园区与丰顺园区提升改造工程，修建园区水泥路1.2万平方米，新架变压器2座，打井4眼，添置卷帘机80台，铺设暗灌5000米、滴灌2.5万米。全年造林89.73公顷，植树8.6万株，苗木成活率95%，全镇绿化率32%。林下养殖业初具规模。天津市兰欢畜牧散养鸡项目，占地6.67公顷，养鸡1.5万只。达意源林下狐貂养殖基地，占地13.33公顷，年存栏狐貂1.8万只，年效益250万元。

工业企业307家。其中，规模企业21家，规模以下个体企业286家。天津合荣钛业有限公司入驻工业园区，先后投入3亿元，建成还原钛生产线，总建筑面积1.53万平方米，还原钛产量4.8万吨，年产值2亿元，利润1440万元。镇内5家中小企业提升改造，科技型中小企业累计30家。

丰台剪纸

（摄影：王士亮）

注册成立丰台镇元初文化传播有限公司。编辑出版文史书籍《天尊故里东丰台》，总结丰台镇“五种文化”（漕运文化、商贾文化、宗教文化、民俗文化、风水文化）。在天尊阁组建文化展室，集中展示木版年画、雕纸、剪纸、根雕、木雕等传统文化作品。邀请天津电视台、中央电视台等10余家媒体对天尊阁专题报道50余次。镇有木版年画、剪纸、根雕加工、生产、销售企业10家，从业者200余人，年收益500余万元。

硬化窑头村、北村、西淮沽村等5个村道路9000米。还乡河故道清淤7800米，涉及西村、南村、孙庄村、窑头村4个村。启动滨玉公路拓宽改造工程、梅丰公路西延线建设工程。开展“清洁村庄”行动，投资600多万元，出动6655人次，车辆2250台次，清理垃圾1.3万吨，建生态池填埋点29个，配置垃圾箱136个、封闭式垃圾池7座，治理坑塘7个，建户用沼气池40座。成立卫生管护队29支，管护人员120人。5个村卫生活动室对外开放。完成人口核查工作，开展0~3岁儿童“健康天使”项目，符合政策生育率94.3%。农村医疗保险参保15800人，参保率93%。养老保险参保950人。

（董　欣）

潘庄镇

潘庄镇位于宁河县西部，东与俵口乡、芦台经济开发区、东棘坨镇连接，西与北辰区搭界，南与造甲城镇相邻，北与宝坻区接壤。2013年，镇域面积114平方公里，耕地面积3626.47公顷，辖17个村，人口12651户32047人。

该镇古名监官庄，建于唐朝武德年间。北宋时因潘美之封地而得名。清雍正九年（1731）称集镇。1939年成镇。1957年建潘庄乡。1958年设东风公社潘庄管理区。1961年建潘庄公社。1984年复建潘庄镇。2001年10月撤销大贾乡，并入潘庄镇。

2013年，完成财政收入1.21亿元，比上年增长20.2%；地方收入6207万元，增长13.3%；内联引资13.73亿元，增长12.6%；农民人均纯收入16080元，增长8.3%。

粮食种植1650.8公顷，总产8723吨；棉花种植1574.47公顷，总产1532吨；蔬菜种植413公顷，总产62429吨。启动齐心园区提升改造工程和纪庄创意农业园项目。投入1960万元，完成齐心食用菌园区升级改造。智能温室项目，占地9.33公顷，新建花园广场、热带植物观赏园以及餐饮娱乐场所等设施。投资500万元，建设净化接种车间，配备冷机、净化风机等先进设备，实现食用菌液体接种，大幅降低生产成本。投入1200万元，纪庄村亨达设施园区建设农耕文化园，对广场、景观和公路两侧绿化，新建农家院30座。投入1570万元，一鸣养鸡场二期工程建成5栋高标准肉种鸡鸡舍，孵化场1座。总投资近5000万元，新增大龙湾、西塘坨、大贾、齐心4家水产养殖专业合作社，水面514公顷。养殖小区18个。年出栏肉鸡348万只，年末存栏99万只；生猪出栏54412头，存栏25031头；奶牛1500头。改造中低产田240公顷，改造扬水站2座。植树20万株。

工业企业184家，从业者5035人。工业产值52.16亿元，利税12.15亿元。工业固定资产投入24.49亿元，在建及建成项目3个，投资额超过18亿元。星石工业地产项目投资11亿元，占地33.33公顷，分三期建成30万平方米标准厂房，一期10万平方米标准厂房建成。宇轩机电、三和果蔬二期项目建成投产。工业园区入区项目累计53个，固定资产投入60亿元，年创产值16亿元。发展科技型中小企业53家，小巨人企业2家。

全镇三产经营户1520户，从业人员2295人，实现增加值4.5亿元。天中福国际建材物流园总投资14

亿元，一期工程投入5亿元，完成仓储、木材加工、办公用房建设。二期20万平方米标准厂房项目，投资4亿元，正在筹备。

潘庄小城镇建设工程，部分楼房封顶。完成205国道潘庄段1330米拓宽清障工作。潘庄桥至造甲城路口段共9000米通车。累计投入1200多万元，先后实施道路建设和配套设施工程。潘塘路拓宽改造，潘庄、大贾、白庙等村内道路路面硬化，铺设地下管网4170米，安装路灯81盏。投资20万元，修缮敬老院。投资154万元，打吃水井5眼，购置饮水净化设备1套，改善6000人饮水状况。投资160万元，改造潘庄镇中学、大贾中学。筹资25万元，新建和改扩建白庙、小南、大龙湾3个村级健身活动场所。养老保险参保699人，医疗保险参保26200人，参保率99.51%。符合政策生育率95%。投资500万元，大修潘塘路及潘庄村内路。投资650万元，开展卫生工作。

（陈国娣）

七里海镇

七里海镇位于宁河县西南部，2001年10月由南涧沽乡、任凤乡合并组建。东与芦台镇隔蓟运河相望，西与北淮淀乡、俵口乡搭界，南与滨海新区汉沽、北京清河农场相邻，北距205国道5公里。蓟运河、潮白河、津塘河、曾口河和杨虎子河流经镇域。津宁高速公路、塘承高速公路、滨保高速公路穿越镇区。地处天津古海岸与湿地国家级自然保护区核心区，盛产七里海河蟹。2013年，镇域面积59.5平方公里，耕地面积2576.8公顷，辖15个村，人口8177户27542人。

2013年，完成财政收入8072万元，比上年增长3.7%；地方财政收入3252万元，增长4.2%；工业总产值90.4亿元，增长7.75%；内联引资10.88亿元，增长28%；农民人均纯收入16576元，增长9.33%。

天津众民水产科技有限公司

（摄影：李建明）

农作物种植面积1783公顷。其中，水稻231.47公顷，棉花199.47公顷，玉米1162.47公顷，大豆73.47公顷，瓜果蔬菜106.67公顷。良种补贴4173户298.96万元，补贴面积2015.06公顷。粮食直补4173户298.96万元，补助面积2401.28公顷。生猪出栏55337头、存栏31170头，其中母猪补助151户2415头24.15万元。家禽出栏73.4万只、存栏26.4万只。农业投入3.40亿元。其中，农田投入2.13亿元，农机投入0.16亿元，畜牧水产投入1.11亿元。实施节水工程2项，受益面积166.67公顷；新建扬水站2座，新增灌溉面积1000公顷。完成滨保、津宁高速公路两侧50米绿化带土地流转、土方及绿化工程。春季植树16.68公顷，秋冬植树20.43公顷。众民工厂化热带鱼养殖园区总投资1.5亿元，规划占地28.53公顷，建成标准化繁育棚4.6万平方米，年产量4000吨。天津奥博七里生态农业科技园区项目，占地46.67公顷，总投资1.8亿元。投资8000万元，建成七里海河蟹种业基地休闲渔业观光园。投资3000万元，建成海城观光农业示范园。投资2400万元，建成占地20公顷，集垂钓、餐饮、休闲、采摘于一体的观光园区。

工业企业83家，年产值67.73亿元，其中规模以上企业12家。新建企业5家，固定资产投入4.1亿元。工业固定资产投入23亿元，其中新建项目21个。富德新康机械加工项目，总投资1.5亿元，年内投资5000万元。元利达金属制品有限公司新上冷轧带钢项目，为唐钢配套项目，投资2000万元购置设备，试生产，年产能力8万吨。普利德电气有限公司新上配电设备生产项目，投资5000万元，年产25000台套。鸿鼎源精密加工项目，新增投资2000万元。累计引进注册公司80家，在办2家，其中新引进47家，税收5000万元。80家企业被认定为科技型中小企业，转型企业39家，帮扶企业11家，申请专利15件。

符合享受农村老年人生活费补助发放条件2561人，每月发放补助金19.72万元。投资40万元，新建综合服务中心。整合社保、计生、民政、经管等审批资源，建成便民服务平台。

（赵　彬）

岳龙镇

岳龙镇位于宁河县东北部，天津市与河北省搭界之处。东临河北省丰南市，西与丰台镇相连，南邻板桥镇，北与河北省丰润县接壤。2013年，镇域面积67.4平方公里，耕地面积3148.87公顷。辖21个村，人口5510户15048人。

1961年建岳龙公社。1984年建岳龙乡。1995年3月建岳龙镇。

2013年，完成财政收入2836万元，比上年增长34.3%；其中地方收入1147万元，增长50.3%。内联引资4.45亿元，增长116.7%。农民人均纯收入16087元，增长4.3%。

该镇以农业种植为主，主要经济作物为露地蔬菜和棉花。全年，农作物播种4269.4公顷（含复种），其中，粮食作物732.73公顷，棉花300公顷，蔬菜3236.67公顷。农业投资20174万元，其中，农田水利基本建设投资8930万元，农机投资5350万元，畜牧水产投资6794万元。新建闸涵8座、泵点9座，架设线路3500千米，打井12眼，铺设暗灌5200千米。植树136公顷。投资942万元，实施小闫、姜甸、东港3个园区126.67公顷设施农业提升工程，完善园区水电路配套工程建设，通过市级验收。完成岳龙园区、姜甸园区放心菜基地申报工作。完成小闫村年出栏7000头养殖场改扩建工程，岳龙村猪场年出栏3000头。完成岳龙村肉鸡养殖小区建设，年出栏60万只。全镇生猪出栏24956头，肉鸡出栏88.2万只，年产淡水鱼525吨。

工业企业总产值39.64亿元，利税9.98亿元。实现增加值3.01亿元。工业固定资产投入11.58亿元，内联引资4.45亿元。重点引进震翔板带项目，投资5.7亿元。天运轻集料扩建项目，投资1000万元。唐亿汽车贸易有限公司，投资1亿元。天津津东工业园区建设进展顺利，占地30平方公里。投资5.7亿元的震翔板带一期工程和投资8000万元的炬坤钢铁扩建项目投产。宝明钢铁、高频焊管、水泥制品、汽砖制造等项目正在洽谈。企业职工岗前培训560人，累计878人。农民工转移培训1470人，累计3520人。

投资310万元，完成麻坨、曹道口两个文明生态村创建工作。小田村、姜甸村市级卫生村复验，姜甸村被评为全县唯一优秀村。投资225万元，硬化村庄道路7500米。唐廊高速公路开工。治理坑塘5处，铺设污水处理管道5000米，粉刷墙面6.8万平方米，栽种灌木3600株，环村种树5000余株。集中清整重点、难点河域，出动2800多人次，机械950台次，清理乱堆乱放1050多处，清运垃圾800多吨。新建垃圾池17座，购置垃圾箱2300多个。成立120人保洁队伍，购置垃圾清运车55台。城乡居民医疗保险参保率100.2%。

（王福林）

苗庄镇

苗庄镇位于宁河县东部，东隔还乡河与唐山市丰南区相望，西靠蓟运河与宁河镇、廉庄子乡相连，南与芦台镇搭界，北与板桥镇相邻。芦玉公路穿境而过。2013年，镇域面积61平方公里，耕地面积2654.13公顷，辖30个村，人口6262户17494人。

1961年建苗庄公社。1984年建苗庄乡。1998年11月撤乡建镇。

2013年，完成财政收入2906万元，比上年增长37.5%；其中地方收入1066万元，增长19.4%。内联引资3.58亿元，增长128%。农民人均纯收入15800元，增长26%。

农作物种植面积3251.73公顷，以棉花种植为主。良种补贴3409户56.9万元，补贴面积2734.87公顷。粮食直补2140户102.18万元，补助面积2307.73公顷。天祥现代高效设施渔业项目，投资3142万元，新打地热井1眼，购置复合垂直流净化系统及机械净化设施1套，硬化场区主干道1.15万平方米，项目受益380户，户均增产1000公斤，增收2.6万元。苗枣热带观赏鱼养殖基地项目，投资2000万元，建成现代化养殖棚5个，设养鱼池10座，现代化的孵化车间、育苗车间、暂养车间各1个。投资1.7亿元，孟旧村二代节能温室提升工程竣工。全年栽植片林113.33公顷、环村经济林植树2.5万株。实施农业综合开发工程，累计投资1.7亿元，改造中低产田362公顷，新建泵点闸涵6个，疏通农田排水沟渠231条。后捷、中捷和小沙窝3个村创建文明生态村。

引进一汽四环本合石化有限公司天津分公司等项目，实体公司达34家，产值4.5亿元，税收2421.3万元。引进注册公司6家，注册资本700万元。认定科技型中小企业9家，累计37家。科技小巨人企业3家。办理科技专利5件，8件专利在申。取得发展专项资金企业4家，取得科技周转金企业1家。

累计投入1700余万元。粉刷墙面9.7万平方米，硬化道路3.6万平方米，安装太阳能路灯10盏、普通路灯36盏，新建排水管网2万延米，治理坑塘3000平方米，购置垃圾箱654个，建垃圾点25个，建成村级活动场所和健身广场5050平方米、水冲厕所6座。建设滨玉路人工景观3处，种植绿化观赏树7万株，铺设花草12万盆，种植观赏树3800株。21所卫生服务站投入使用。城乡居民医疗保险参保15680人，参保率98%。城乡居民养老保险参保678人。

（张　杰）

板桥镇

板桥镇地处宁河县城东北部，东与唐山市丰南区相连，西隔蓟运河与宁河镇相望，南与苗庄镇接壤，北与丰台镇、岳龙镇为邻。2013 年，镇域面积 50 平方公里，耕地面积 1799.33 公顷。辖 19 个村，人口 3768 户 10255 人。

1961 年建板桥公社。1983 年设板桥乡。1998 年 10 月撤乡建镇。

2013 年，完成财政收入 4015 万元，比上年增长 28.7%；其中地方一般预算收入 1419 万元，增长 25.9%。固定资产投资 15.79 亿元，增长 172.2%。内联引资 5.75 亿元，增长 190%。农民人均纯收入 17441 元，增长 12.9%。

农作物播种面积 2188 公顷，以棉花、玉米、蔬菜种植为主。粮食直补 117 户 58.52 万元，其中，种粮直补 21.15 万元，生资直补 37.37 万元。补助面积 470 公顷。农业投入 1.79 亿元，动土 230 万立方米，平整土地 353.33 公顷，铺设暗灌 333.33 公顷。投资 1000 万元，易缘绿色有机蔬菜种植园区改造大棚重新投产。投资 200 万元，海晟园区新建高标准温室大棚 9 个。投资 470 万元，赵学设施农业园区提升改造。初步形成沿滨玉路、板张路“两线、两面”发展格局。以王石银河养猪场和老万养猪场为龙头，带动全镇 14 个养猪小区发展。投资 107 万元，盆罐村生猪养殖小区项目提升，与县原种猪场合作新建天津宁河原种猪场第一分场，占地 6.67 公顷。投资 3600 元，完成办公区和 38 栋猪舍基础设施建设。投资 860 余万元，引进国外优质种猪 230 头。全年生猪出栏 4.9 万头、存栏 2.2 万头。村庄绿化、绿色河道、环村林网、经济林建设植树 54 公顷，形成以杨树为主、果树为辅的林业种植格局。新打井 7 眼，维修机井 9 眼。投资 300 多万元，新建闸涵 8 个，维修闸涵 5 个、泵站 1 座。投资 1000 万元，8 个村主河道清淤工程完工。投资 1800 万元，5 个村 1000 公顷农业综合开发项目完成。投资 50 多万元，新上高压线路 1.8 千米，改造 1.5 千米。

工业企业 87 家，从业人员 1894 人。工业产值 22.29 亿元，营业收入 18.69 亿元，利税 3.68 亿元。新增企业 2 家。发展科技型中小企业 10 家。引进注册企业 12 家。天津市鸿瑞德机械有限公司投资 2000 万元，与北京电机厂合作引进鼓风机项目，生产样机通过 9000 质量体系认证，参加云南省烟草设备产品展示会，年创产值 2000 多万元。天津市通大包装制品商行与外商合作新上玻璃铁箱包装项目，总投资 2000 万元。引进注册公司 5 家。天津市宇宸保温工程有限公司投资 200 万元，新上一条保温材料生产线，申报加入天津市保温行业协会，年增产值 2000 万元。天津市洛基特工艺制品有限公司总投资 2000 万元，分两期扩建，打造集文化推广、旅游休闲、土陶研发于一体的产业园区。

唐廊高速公路穿越镇境 10.5 公里，涉及 8 个村，征地款发放和地上物补偿工作完成。三个标段桥梁桩完成，五、六标段路基灰土以上部分备土，线外工程启动。投资 150 余万元，实施还乡河、滨玉路和板张路沿线“一河两路十九村”环境综合整治工程。投资 50 余万元，修补板张路。创建示范型文明生态村 2 个，标准型文明生态村 15 个，市级卫生村 13 个，县级卫生村 19 个。完成 15 个村医疗卫生服务站一体化建设。城乡居民基本养老保险参保 1245 人。全年发放低保金 262 万元，五保金 45.44 万元，优待金 58.57 万元。全镇符合政策生育率 95.8%。

（李会娟）

造甲城镇

造甲城镇位于宁河县西南部，东与北淮淀乡接壤，西与北辰区搭界，南与东丽区为邻，北与潘庄镇相接。205 国道、津芦南线、津塘二线高速公路、津芦南线西支快速路穿境而过。2013 年，镇域面积 108 平方公里，耕地面积 2409.6 公顷。辖 8 个村，人口 10199 户 27564 人，其中农业户 8546 户 24610 人。

1983 年，造甲城人民公社更名造甲城乡。2000 年 12 月撤乡建镇，造甲城乡更名造甲城镇。

2013 年，完成财政收入 13139 万元，地方一般预算收入 8465 万元，内联引资 10.21 亿元，工业产值 53.01 亿元。农民人均纯收入 16119 元，比上年增长 9.36%。

农作物种植面积 2505.07 公顷，以棉花、玉米为主。良种补贴 3777 户 47 万元，补贴面积 2653.27 公顷。粮食直补 3777 户 317 万元，其中，种粮直补 114 万元，生资直补 203 万元。补助面积 2550.93 公顷。生猪出栏 23687 头，存栏 14494 头。家禽出栏 7.25 万只。动土 9 万立方米，清理河道 8500 米。投入 440 万元，新建闸涵 7 处，维修泵站 2 座。动土 2.6 万立方米，复修京唐运河造甲段沿线 1800 米。投资 90 万元，铺设管道 150 公里，造甲村东 93.33 公顷节水灌溉工程完工。投资 140 万元，提升改造造甲城镇鑫丰蔬菜园区，硬化路面 8000 平方米，新建泵站 2 座，新增低压线路 2200 米，安装滴灌 50 套、卷帘机 80 台。投资 47 万元，完善天津市康富迪生猪有限公司水电路基础设施配套工程。总投资 1000 万元，天津市喜岭蛋鸡养殖场二期扩建工程完工。

镇内企业 360 家，累计固定资产投入 20.05 亿元。规模企业 14 家，其中亿元企业13家。基础设施投入6亿元，新(扩)建项目5个，投入4亿元。实施技改项目3个。注册公司累计45家，新引进天津市鑫兆矿业有限公司、天津盛茂机械有限公司、天津玉赢物流有限公司等8家注册公司。帮扶科技型中小企业43家，兑现专项扶持资金30万元。新增科技型中小企业7家。帮助科技型中小企业协调贷款1000万元。投资20亿元，完成天津陆港现代物流项目一期基础设施建设。投资5亿元，完成天环生物制剂项目基础设施建设。投资500多万元，完成天骄工业园主体办公楼建设。投资5000万元，完成世纪天鑫光固化材料三期扩建技改项目建设。

投资1500万元，亮化、绿化、硬化、美化津芦南线造甲城段道路及周边环境，统一规范广告牌。造甲村投资50多万元，购置垃圾箱30个，专人负责清理路边垃圾。投资6万元，完成赵温村内400平方米道路维修；投资600万元，完成冯台村内6万平方米道路硬化工程。投入60万元，完成大王台村与南四台站排水渠工程，解决村内雨季积水问题。投资23万元，新建付台村南与东小干台、乐园小学连接石桥1座。造甲城村新建200平方米乒乓球场馆1座。8个村农家书屋增补图书。城乡居民医疗保险参保19987人，实现全覆盖。全镇人口出生率8.91‰，计划生育率93.92%，生殖健康检查率97%。

(甘　琳)

宁河镇

宁河镇位于宁河县北部，东邻苗庄镇、板桥镇，东北部与丰台镇、河北省玉田县潮洛窝乡相隔于蓟运河，西与东棘坨镇相连，南与廉庄子乡毗邻，北与宝坻区接壤。蓟运河、

宁河镇温氏集团种猪场

(摄影：庄晓新)

西关引河、卫星河流经镇域，有机井199眼，每眼机井年淡水开采量3000多万吨。镇内有二级公路1条(宝芦公路)，四级公路3条(任汉路、西关引河路、江艾路)，乡村公路26条。2013年，镇域面积83平方公里，耕地面积3812.2公顷。辖27个村，人口8985户22099人。

该镇曾名备粮屯、储粮城、军粮城、梁城。清雍正九年(1731)置县，县治署梁城。1956年建宁河乡。1958年设卫星公社宁河管理区。1959年改成宁河公社，时辖51个自然村。1984年设宁河镇。2001年9月，撤销大辛乡，并入宁河镇。

2013年，完成财政收入4976万元，比上年增长28.6%；其中地方收入1780万元，增长17.7%。工业总产值23.9亿元，增长13.8%。内联引资4.7亿元，增长42.42%。农民人均纯收入16492元，增长15.6%。

农作物播种面积3846.2公顷，以棉花、水稻、蔬菜为主。设施农业266.67公顷。稻田养蟹落实166.67公顷。总投资1920万元，端庄、大辛、小辛、洛波汀、后帮5个村万亩连片农业综合开发项目，建泵站3座、涵洞桥7座，打井7眼。总投资1.3亿元，温氏宁河猪场项目占地40公顷，一期工程完工，基础设施建设完成，建成猪舍30栋，投放母猪3000头，形成原种猪和商品猪16万头的生产能力，实现销售收入2亿元，带动农户500户。造林234公顷，植树19.67万株。粮食直补4138户273.84万元，其中，种粮直补102.69万元，生资直补171.15万元。补助面积2282公顷。

工业企业294家，从业者10924人。发展科技型中小企业10家。引进注册企业12家。天津福盛达运动器材有限公司落户宁河现代产业园区，投资2亿元，占地4公顷，完成项目选址和工商注册工作，土地挂牌。天津天鑫达针织制品有限公司占地6600平方米，员工100人，总资产1500万元，年销售额1500万元，利税160万元。年内，进口日本“松谷”牌全自动电脑手套编织机，年产200万双，产品远销美国、英国、意大利等十几个欧美国家。

总投资385万元，硬化小辛、张辛、洛波汀、谷庄、前帮5个村乡村公路和街道里巷道路，总长13公里。协调资金300余万元，完成农村危房改造90户。投资100万元，建成村级骨灰堂5个。大月河、林庄、杨泗、五村和岳庄植树25.6公顷。全镇符合政策生育率96.5%，已婚育龄妇女综合节育率94.5%，长效节育率80.12%。开展育龄妇女生殖健康普查服务体检1315人，查出患病者

421人。

年内，小辛村市级文明生态村通过验收。

(庄晓新)

东棘坨镇

东棘坨镇位于宁河县西北部，为农业大镇。东与宁河镇、廉庄子乡相连，南与唐山市芦台经济开发区相邻，西、北两面与宝坻区搭界。塘承高速公路穿境而过。2013年，镇域面积164.1平方公里，耕地面积6180.07公顷，辖42个村，人口9239户28021人，其中农业人口7774户25785人。

该镇1960年7月划归芦台农场。1961年6月划归宁河县，1962年3月建东棘坨公社。1983年6月建东棘坨乡。2001年9月，撤销赵本乡、东棘坨乡，合并设立东棘坨镇。

2013年，完成财政收入4124万元，比上年增长32.7%；地方一般预算收入1444万元，增长17.7%；固定资产投入12.38亿元，增长43%；内联引资3.2亿元，增长45%；农民人均纯收入17025元，增长17%。

农作物种植面积6400.07公顷。其中，水稻1066.67公顷，产量11250吨；棉花4093.4公顷，产量4874吨；玉米568.53公顷，产量3781吨；瓜果蔬菜444.13公顷，产量30842吨。良种补贴5830户172.51万元，补贴面积3115.87公顷。粮食直补5774户387.93万元，其中，种粮直补146.21万元，生资直补241.72万元。补助面积1799.13公顷。生猪出栏270019头，存栏127808头。牛存栏10150头，出栏2570头。家禽出栏238万只。农业总投入3.4亿元，用于农田建设、农机购买、畜牧水产等项目。造林209.67公顷，植树17万株。累计建成规模生猪集中养殖区20个，认定无公害生猪小区14个。完成绿野仙踪生态农场采摘区13.33公顷日光节能温室建设，秋葵、黑番茄等特色蔬菜销往京津唐等城市。发展林下经济，建成鸡舍7栋，养殖华北柴鸡5000只。投资2000万元，启动高科技农产品展示中心，向国家申报重点科技示范中心，工程在建。重点实施燕子洼万亩农业综合开发工程，一期投资1280万元，完成农田改造、泵点修建、打机井等工作；二期总投资2774万元，工程启动。

工业企业232家，年产值24.47亿元，其中规模以上企业7家。新注册企业20家，新增固定资产7.56亿元。内联引资3.2亿元。其中，新建项目3家，在谈项目3家。工业固定资产投入1.5亿元，认定科技型中小企业32家，帮扶3家中小企业转型升级。天津市宁拓金属制品有限公司投产。与中国高速传动设备集团有限公司签订合作意向，测风塔建设完毕。增资2500万元，泰元饲料等4家企业升级改造，达到科技型企业标准，已投产。

累计投入500万元，史家庄、八里、前大安、胡晋、马辛等5个村高标准活动场所重建，西刘、小芦等6个村新建。投资1000万元，于京、姜庄等5个村路面硬化14.5公里。投资160万元，毛毛匠桥重建通车，马辛生产桥重建。投资830万元，于京小学市级达标校和于京中心幼儿园建设完工使用。完成唐廊高速公路镇域征地工作，涉及8个村65.25公顷。中石油管道项目开工建设。中石化铺设地下管道沿西关引河，沿途经过大邓、小邓等10个村队共计13公里，发放征地补偿款，工程开工。开展结对帮扶工作，市级帮扶单位4个，县级帮扶单位20个，共结443对，累计出资41万元，用于清洁村庄行动、街道硬化及水利设施改造。市规划设计院前期投入50万元，用于张老仁规划村庄。二期投入20万元，绘制规划图，规划村庄发展布局。市机械设备成套局出资45万元，对新村村南耕地实施泵点建设。

(廉　明)

大北涧沽镇

大北涧沽镇位于宁河县中部，东与芦台镇隔蓟运河相望，南依七里海镇，西、北两面为唐山市芦台经济开发区所环抱。2013年，镇域面积25平方公里，耕地面积1324.33公顷。辖11个村，人口4151户13768人，其中农业人口3326户12544人。

1961年6月建大北涧沽公社。1984年改为大北涧沽乡。2001年9月撤乡建镇，改称大北涧沽镇。

2013年，完成财政收入1.33亿元，比上年增长32.3%。内联引资11.40亿元，增长52%。农业产值1.94亿元，增长37.9%。农民人均纯收入17323元，增长12.4%。

农作物播种面积1147.47公顷，粮食种植864.2公顷，以水稻、玉米为主，总产7033吨。经济作物播种206.67公顷。粮食直补2000户109万元。造林13.33公顷，植树1.2万株。年末蛋鸡存栏10.6万只。水产养殖面积231.33公顷。其中，鱼类养殖160公顷，产量2000吨；虾养殖66.67公顷，产量500吨。投资160万元，打井2眼，修井10眼。形成健威水产养殖及休闲观光等绿色生态农业、观光休闲农业的现代农业架构。投资300万元，完成马安村、中兴沽村2000米复堤工程，维修排水泵站19台套，新建官庄村、马安村泵点各1个。

新上工业企业15家(新建企业10家)。天津新姿制衣有限公司投资1.2亿元，天津市北敦金属制品有限公司投资4500万元，天津泽澳金属制品有限公司投资3500万元，以上

3家企业对闲置资产重组盘活。金七叶酿酒科技有限公司投资2000万元,新建企业。改扩建企业5家,投资额较大的有:久安集团与施耐德公司合作项目,投资5000万元;中得保温同北京豪特耐公司合作项目,投资4000万元;凯德公司与东石北美牧场科技有限公司合作项目,投资3000万元。为企业争取帮扶资金900万元。全镇累计项目投资22亿元。认定科技型中小企业60家,累计179家;认定小巨人企业11家。企业申请各项专利68件,累计申请专利230件。

三产投入16.2亿元。加强同多家金融单位合作,引进民生银行、建设银行和中国银行等多个金融项目,结合当地实际研究三家联保贷款、外欠款抵押贷款、按纳税额贷款等多项金融产品,扶持企业发展。

硬化道路78公里,安装照明灯1500盏。栽植树木8200株,计23.33公顷,全镇绿化率10%。宁塘快速路大北路段填土石碾压3200米,征地、清障和补偿款发放完成,道路两侧水利设施等配套工程进行中。205国道大北路段4200米征地、拆迁和清障工作进行中,拆迁量80%,工程铺开。成立12人的镇级专业保洁队和26人的村级专业保洁队。投入75万元,购置大型垃圾转运车2辆、机动三轮保洁车4辆、人力三轮保洁车71辆。全镇低保户217户446人,发放救助金221.5万元。城镇居民医疗保险参保率98%。投资2475万元,建设高标准教育园,面积3.2万平方米。镇内企业和个人为教育园捐款288.5万元。实施技防网建设,对园区、支路沿线和村内企业24小时全方位监控。

(李　冬)

俵口乡

俵口乡位于宁河县西南部,七里海核心区。东距县城芦台35公里,西与潘庄镇隔潮白河相望,南邻北淮淀乡,北靠芦台经济开发区。潮白河、曾口河流经该乡。2013年,乡域面积46平方公里,耕地面积1399.27公顷,辖8个村,人口6496户20375人,其中农业人口5478户18865人。革命烈士于方舟故居坐落该乡解放村。

1961年建俵口公社,1984年建俵口乡。

2013年,完成财政收入3212万元,比上年增长36.5%。内联引资2.23亿元,增长46.7%。农民人均纯收入16416元,增长16%。

兴家航天蔬菜种植示范基地

(摄影:王士亮)

农作物种植1436.47公顷,以玉米、棉花为主。投资6205万元,兴家航天蔬菜种植示范基地开工建设,占地44公顷,改造节能温室142座,新建连栋智能温室2万平方米。投资500万元,绿海蔬菜种植园区扩建项目完成,新建高标准二代节能温室30栋。投资50万元,新增洛坨大棚葡萄3.33公顷。投资600万元,完成津兴绿丰生态园区热带鱼养殖项目,新建占地养殖大棚10座。良种补贴3445户11.53万元。种粮补贴4050户143.72万元。组织美国白蛾、玉米粘虫防治工作,发放农药70箱。投资150万元,在俵口东扬水站新建泵站1座,安装立式机泵2台套。投资300万元,清淤主排干渠4500米,新建闸涵3座。完成青龙湾段堤防加固工作,动土10000立方米。投资15万元,打吃水井1眼。投资20万元,完成供水管网改造工程,在桃儿岭地区重新下设管道。栽植葡萄96.87公顷。植树造林30.07公顷。投资227.4万元,栽植环村林3.4公顷,植树7575株。投资7500万元,发展以果蔬种植产业园区为载体,集品鉴、采摘、观光、健康体验为一体的绿色旅游业。

推进企业技术改造、转型升级。在SMC玻璃钢配电柜、篮球板、乒乓球台板、保温管和机车弹簧等生产领域,推动企业自主研发和产学研合作。完成鑫奥鼎金属制品有限公司、鑫盛祥金属制品有限公司、酷博金属制品有限公司科技转型和科技型中小企业申报工作,科技型中小企业总数17家。

投资798万元,硬化道路57660平方米。投资200多万元,完成兴家坨少年宫建设工程。投资180余万元,完成兴家坨骨灰堂升级改造工程。投资35万元,修缮于方舟故居。一类疫苗接种率均为99.5%,麻疹接种率100%,麻疹接种及时率100%。

全年发放社会救助金 367 万元，优抚金 126 万元。排查信访隐患 28 件，接待 106 人次，化解矛盾纠纷 120 起。

（张徐蕾）

廉庄子乡

廉庄子乡位于宁河县中东部，东与苗庄镇隔蓟运河相望，西与东棘坨镇接壤，南与唐山市芦台经济开发区相邻，北与宁河镇相连。芦宝公路、卫星河公路贯穿境内。2013 年，乡域面积 45.72 平方公里，耕地面积 1746.33 公顷。辖 16 个村，人口 6062 户 17053 人。

廉庄乡中学

（摄影：王士亮）

1961 年建廉庄子公社。1984 年建廉庄子乡。

2013 年，完成财政收入 3416 万元，比上年增长 31.1%；地方收入 1101 万元，增长 11.5%。内联引资 3.4 亿元，增长 57.3%。农民人均纯收入 16312 元，增长 16.98%。

农作物种植 1746.33 公顷，以棉花、玉米、水稻为主。良种补贴 2973 户 42.7 万元，补贴面积 2227.68 公顷。粮食直补 2973 户 136.88 万元，其中，种粮直补 85.62 万元，生资直补 51.26 万元。补助面积 1902.67 公顷。植树 4.33 万株。生猪出栏 36804 头、存栏 19746 头。家禽出栏 3.6 万只、存栏 2.4 万只。新建泵站 6 座，汛期筑堤 3000 米，修建闸涵 4 座。暗灌 100 公顷。投资 1400 万元，建设银河湾热带鱼养殖基地，占地 40 公顷。其中，三期工程年产成鱼 1800 吨。投资 480 万元，建芦林蛋鸡养殖园区，年存栏 6 万只，产蛋 1000 万公斤，销售收入 1050 万元。承浩蓝孔雀特色养殖场投资 50 万元，配备人工孵化机，自繁自养孔雀 150 只，成活率 95%，年出售孔雀 230 只。金三角特色养殖场占地 1 公顷，饲养水貂 5000 只，创利润 100 万元。投资 400 万元，新建玉祥牧业有限公司生猪、牛、羊屠宰加工厂房，配备屠宰设备。投资 1500 万元，新建东详生态园区，占地 3.33 公顷。园区内设有特色珍禽驯养，农家院餐饮、休闲观光、垂钓。投资 500 万元，新建生猪养殖小区 2 个，年出栏 10000 头。杨拨联星科技园区设施农业种植西红柿、黄瓜，年利润 130 万元。

新建注册公司 40 个，引税 2740 万元。注册资金 100 万元以上企业 3 家，1000 万元以上 1 家。盘活建景昊升精密铸造有限公司和星通金属铸造有限公司 2 家企业。创办中小型企业 9 家，被县科委认定为县级科技型中小企业。杨拨联星制鞋有限公司生产的登山运动鞋系带器获国家专利权，产品销往新加坡、韩国等地。

投资 1986 万元，组织 4000 人次参加环境治理活动，集中整治 20 次，动用车辆 800 台次，清理垃圾 2100 吨。投资 130 万元，完成芦宝公路及卫星河公路沿线 8 个村庄公路两侧绿化美化工程。投资 1000 万元，创建于怀和任千户两个生态村，提升杨拨村生态村工程，硬化乡村公路 8 公里，安装路灯 150 盏，新建高标准公厕 12 座。投资 110 万元，提升高坨村、朝阳村街道两侧居民房前屋后硬化绿化水平。投资 300 万元，完成蓟运河沿线村路段清淤及绿化工程。自筹资金 553 万元，上级拨款 175 万元，翻新杨拨村街道和杨拨村至任千户村乡村公路。投资 60 万元，更换廉庄子乡中学教学设备，治理环境，年内通过市政府义务教学现代化验收。

办理医疗保险 13403 人，居民养老保险 921 人，养老退休 135 人，缴费 421.66 万元。全乡 80 岁以上老年人 258 人，发放补助金 161.55 万元。累计低保户 238 户 575 人。新增低保 47 户 109 人，发放资金 587.4 万元。发放五保金 71.86 万元。优抚对象 114 人，发放资金 162.65 万元。为 65 岁以上老年人 179 人免费办理乘车卡。调拨资金 56.8 万元，为 3 户低保、10 户五保改造危房 34 间。新出生 137 人，人口出生率 7.69‰。投资 50 万元，改扩建乡计划生育生殖健康服务中心。

（王聪华）

北淮淀乡

北淮淀乡位于宁河县西南部，东与七里海镇相接，西靠造甲城镇，南临清河农场，北连俵口乡。是天津古海岸与湿地国家级保护区七里海的重要组成部分，津芦公路横穿境内。2013年，乡域面积64平方公里，耕地面积1987.07公顷。辖3个村，人口6712户21045人，其中农业人口19657人。

1957年建北淮淀乡。1958年12月设红星公社北淮淀管理区。1961年7月建北淮淀公社。1984年建北淮淀乡。

2013年，完成财政收入3376万元，比上年增长46.6%；一般预算收入1157.8万元，增长33%。内联引资21750万元，增长23.6%。农民人均纯收入16440元，增长12%。

粮食作物播种738.33公顷，其中，玉米405公顷，大豆333.33公顷。种植棉花933.33公顷，产量983吨；种植优质玉米405公顷，产量2694吨。造林104.91公顷，植树88000株。良种补贴4097户23.3万元，补贴面积1526.18公顷。其中，玉米1469.8公顷，棉花56.38公顷。粮食直补4097户232.8万元。其中，种粮直补84.1万元，生资直补148.7万元；补助面积1870.4公顷。生猪出栏3.2万头，肉鸡出栏186万只，蛋类产量1110吨。投资240万元，新建闸涵8个。北淮淀村投资13万元，清淤河道4.5公里。投资16万元，打井1眼。南淮淀村投资6万元，维修泵站1个。乐善庄投资20万元，清淤河道3.5公里。投资120万元，改造扬水站1座。

工业固定资产投资76523万元。拥有企业164家，其中私营企业26家，从业人员1559人。认定科技型中小企业6家，帮扶6家。

土地流转586.67公顷，完成地上物清查工作。北淮淀村、南淮淀村与县土地整理中心签订土地征用协议，征地276.03公顷，征地款平稳发放。示范镇规划展馆建成开放。完成海清公路绿化工程。累计流转土地39.98公顷，完成土方110万立方米，修建闸涵3座，移植树木7000株，迁移坟茔489座。投资410万元，粉刷主干街道两侧墙面2万平方米。组建112人的专业保洁队伍，清运海清公路两侧沟渠、潮白新河、永定新河两岸垃圾，清除垃圾8405立方米。参加城乡居民医疗保险15200人。办理报销手续85人，报销金额57.9万元。参加城乡居民养老保险170人，累计参保1249人。符合条件享受老年人补助1860人，新增老年人待遇申领99人。审批低保42户53人，累计529户1183人。新增优抚2人，累计91人。新增60岁退伍老兵3人，累计71人。发放社会救济金511万元，优抚金101万元，残疾人抚养费10万元，丧葬补贴53.6万元。投入138万元，硬化主干道路2万平方米。乐善村投入60多万元，整修活动场所和村委会。投入12万元，开挖水渠1500米，解决潮白新河东侧民房渗水问题。规范村级合同21份，涉及承包金额1340万元。为乡、村集体鉴证承包租赁合同36件，涉及标的额1898万元。

（赵　涛）

静 海 县

概 述

静海县位于天津市西南部，地处北纬 38°34′59″~39°04′15″，东经 116°42′06″~117°15′15″。东西宽 47.25 公里，南北长 54.40 公里；地形南高北低，西仰东下，平中略有缓坡，地面纵坡约为万分之一；属暖温带半湿润大陆性季风型气候。东北隔独流减河与西青区相望，西与河北省文安县接壤，西南与大城县毗邻，西北与霸州市相连，南与滨海新区大港为邻，与河北省青县和黄骅市交界。2013 年，县域面积 1414.9 平方公里，耕地面积 93.68 万亩。辖静海、唐官屯、独流、王口、台头、子牙、陈官屯、中旺，大邱庄、蔡公庄、梁头、团泊、双塘、大丰堆、沿庄、西翟庄 16 个镇和良王庄、杨成庄 2 个乡。共 383 个行政村，36 个居民委员会。人口 582800 人，其中农业人口 459503 人。人口中汉族占主体，另有蒙古、回、藏、苗、彝、布依、朝鲜、满、白、瑶、土家、傣、黎、土、傈僳、达斡尔、锡伯、鄂温克等 18 个少数民族。

静海县历史悠久，东周时期即有先民。西汉初年，置东平舒县。宋大观年间（1107~1110），置靖海县。明洪武初年，改“靖”为“静”，称静海县。1948 年 12 月 20 日，静海县城解放，建立人民政权，隶属河北省天津地区。1973 年 8 月，改属天津市。

2013 年，国民经济平稳较快增长。全年在地口径实现生产总值(GDP)502.21 亿元，按可比价格计算，比上年增长 15.4%。其中，第一产业增加值21.02 亿元，增长 5.3%；第二产业增加值 340.51 亿元，增长 17.8%；第三产业增加值 140.68 亿元，增长 10.6%。第三产业增加值占生产总值的比重达到 28.0%。按常住人口计算的人均生产总值为 68763 元。

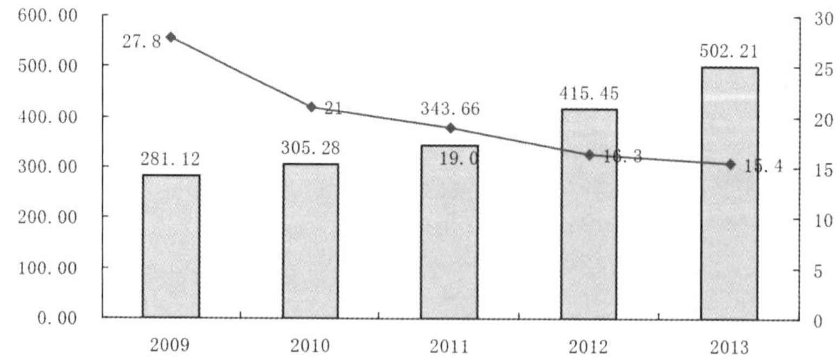

创新经济发展模式，发展环境更为有利。静海海关正式开关。子牙产业区“无水港、保税仓”成功试行“三个一”通关模式。市级亿元楼宇达到 5 座，实现税收 8.42 亿元。

民营经济活力增强，全年经工商登记新增集体企业 46 户，比上年增长 44%；新增私营企业 2280 户，增长 45%；新增个体工商户 3200 户，增长 27%。

三级财政收入首次突破百亿元大关，完成三级财政收入 106.6 亿元，比上年增长 25.4%，区县级一般预算收入完成 42.21 亿元，增长 25.6%。全年税收收入完成 55.23 亿元，增长 23.4%，税收增幅比上年提高 16.4 个百分点，税收增幅高于生产总值增幅 8%，经济发展效益进一步提升。

财政支出继续向民生领域倾斜。全年区县级一般预算支出 60.68

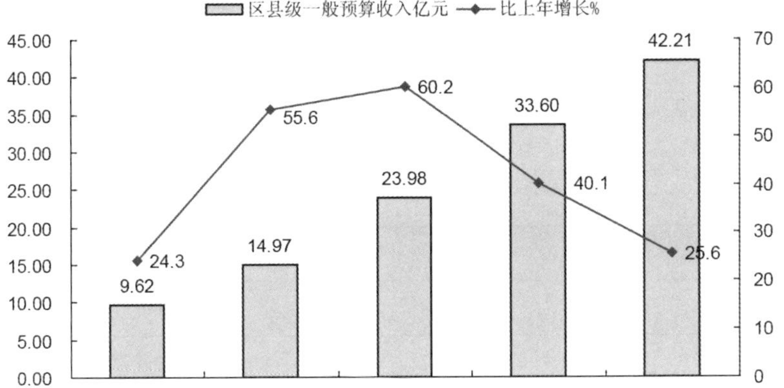

亿元,比上年增长23.4%。其中,医疗卫生支出增长26.8%,社会保障和就业支出增长43.4%,农林水事务支出增长13.5%,文化体育与传媒支出增长52.0%,教育支出增长1.6%。

固定资产投资较快增长。全社会固定资产投资突破500亿元,达到500.38亿元,比上年增长24.9%。从三次产业看,第一产业投资16.63亿元,下降10.2%;第二产业投资235.64亿元,增长14.3%;第三产业投资248.11亿元,增长41.1%,占全部投资的比重为49.6%。从主要投向看,经营性项目投资371.22亿元,增长15.3%,占全社会投资的比重为74.2%,其中房地产投资62.05亿元,增长17.9%;基础设施投资129.15亿元,增长64.8%,占全社会投资的比重为25.8%,其中水、电、气、路等投资105.98亿元,增长72.5%。

列入天津市100个各类重大项目进展顺利。计划总投资605.64亿元,至年末累计完成投资447.4亿元,当年完成投资85.96亿元。农业项目全部投产;工业项目71个,当年完成投资54.39亿元,全部投产和部分投产项目占工业项目的83.1%;服务业项目24个,当年完成投资30.76亿元,全部投产和部分投产项目占服务业项目的58.3%。

招商引资取得新成效。全县招商引资内外资项目共309个,其中,新引进项目206个,跨年度增资项目103个;实际到位资金256.79亿元,其中,内资到位243.43亿元,增长30.78%,外资到位20233万美元,增长10.66%。

从引进项目的投资规模看,全县新引进大项目(人民币5000万元以上、美元500万元以上)155个,其中,内资项目149个、外资项目6个。亿元以上项目33个,其中内资项目32个,外资项目1个。

打造园区主战场。县经济开发区大力实施"一三一"招商模式,全年签约项目28个,协议总投资536亿元,比上年增长245%。天津台商投资工业园正式挂牌,驻静台资企业累计达到60多家。自行车产业园被国家自行车协会命名为中国自行车(电动车)产业基地。"六园"基础设施建设加快推进,园区承载能力不断提升。基础设施累计投入18.9亿元,建成面积18.4平方公里,入驻企业307家,实现产值360亿元。在建项目32个,计划投资377.3亿元,累计投资59亿元。龙海高效农业带"一核三园"建设顺利推进,种植果树933.33公顷,组建合作社80家,流转土地2000公顷,完成37个国家级和市级农业重点项目建设,正逐渐成为静海农业产业的新亮点和农民增收的新基地。

工业生产稳定增长。年末有工业企业4215家,其中规模以上工业企业555家。全年工业增加值312.22亿元,按可比价格计算比上年增长17.7%,其中规模以上工业增加值完成297.36亿元,增长18.5%。全年规模以上工业总产值1585.64亿元,比上年增长21.7%。重点行业发挥较好支撑作用。规模以上工业企业中,黑色金属冶炼和压延加工业完成产值951.05亿元,比上年增长17.8%;金属制品业产值191.97亿元,增长23.0%;废弃资源综合利用业产值136.55亿元,增长27.8%;有色金属冶炼和压延加工业产值47.67亿元,增长19.7%。

主要工业产品保持稳定增长。

受市场因素影响,全年规模以上工业企业实现利润总额116.64亿元,比上年下降6.0%。规模以上工业企业亏损面为18.0%。

加快建设南北两个物流园区。北部翰吉斯农产品物流园一期主体

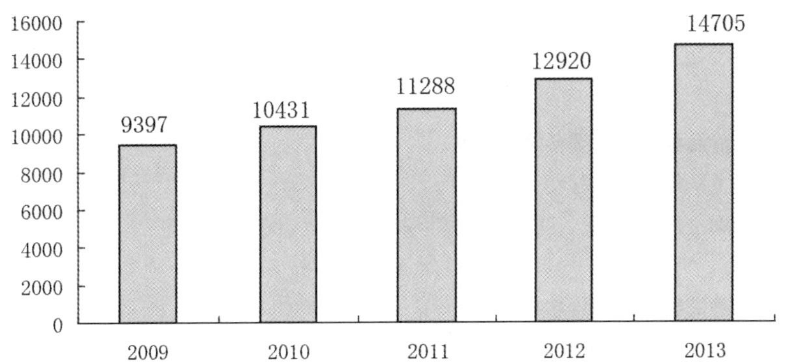

规模以上工业企业主要产品产量

产品名称	单位	全年实际产量	比上年增长%
饲料	万吨	16.37	19.3
乳制品	万吨	2.08	18.8
家具	万件	32.87	20.0
橡胶轮胎外胎	万条	1313.38	6.9
钢材	万吨	2471.87	19.4
铜材	万吨	6.80	33.9
金属紧固件	万吨	2.01	17.7
电动自行车	万辆	207.69	4.9
电力电缆	万米	50547.89	2.8
发电量	万千瓦时	22705.15	8.8

竣工，翰吉斯农产品物流园二期项目正在加紧建设。义乌国际商贸城一期主体竣工，京津国际农产品物流加工中心项目(一期)试运行。唐官屯物流园区(一期)已完成园区道路绿化及管网铺设，正在进行污水处理厂、供水管道及电力设施等基础工作，部分运行。中化国际石油(天津)有限公司唐官屯石油物流项目投产。

人民生活和社会保障。农村居民收入持续增长。全年农村居民人均可支配收入 14705 元，比上年增长 13.8%,其中工资性收入 9829 元，增长 15%，家庭经营收入 2817 元，增长 39%。单位从业人员年劳动报酬 51307 元,增长 13.9%。

社会保障力度加大。提高救助标准,扩大低保标准救助范围。城市居民最低生活保障人数 2396 人,比上年增加 163 人;农村最低生活保障人数 15157 人,增加 2905 人;农村五保供养 2611 户;临时救助 1192 户。

(袁守云)

静海县县级领导名单

中共静海县委领导名单

书　记:冀国强

副书记:曹殿卿

常　委:冀国强　曹殿卿　张希峰　张绵生　王洪茹(女)　刘　伟　安长海(回族)　畅志杰　李洪东　周跃程(7 月任职)

静海县人大常委会领导名单

主　任:高凤阁(女)

副主任:欧宝聚　张忠芬(女)　张　瑛　贺亦农　杨广才

静海县政府领导名单

县　长:曹殿卿

常务副县长：张希峰

副县长：陈颜忠　崔悦平　张金丽（女）　顾春瑞　于树民

政协静海县委员会领导名单

主　席：刘建国（回族）

副主席：姚金明　黄淑芳（女）　李润华　舒万成　桑少卿　吕　超　王桂花（女）　徐宗佩（回族）

（县委组织部提供）

农业工作　2013年，静海县加强农业工作。种植业生产平稳发展。农作物播种面积7.2万公顷，其中粮食作物5.6万公顷，总产量35.6万吨；经济作物1.6万公顷，总产量34.8万吨。引进蔬菜和中药材等新品种35个，推广实用新技术10项，推广面积6万公顷次以上。设施农业建设有序推进。落实设施农业地块459公顷，建成设施农业373公顷。林海农业示范园区新植树713公顷，完成高效农业节水示范工程233公顷，种植林下药材83公顷，接待旅游团12团次、游客350人。南海现代农业示范园区主要进行苗木栽植与改良更新，启动北海森林公园基础设施建设，完成苗木栽植68万余株；团泊现代农业示范园区完成三期工程项目建设，建成日光温室80栋；大邱庄现代农业示范园区新发展设施农业60公顷，建成蔬菜大棚260栋，并对农业园区的供水、排水、棚体外墙、路面硬化、绿化进行提升改造，新建生宝设施农业园区办公大楼和冷库。全县设施农业提升工程完成5个乡镇、7个基地、341公顷的基础设施配套提升及物化技术的引进示范推广。放心菜基地建设项目以际丰等6个合作社为主体，完成866.67公顷的建设任务。合作组织发展势头迅猛。全县累计发展合作社1008家，出资额40亿元，入社成员3万户，带动农民9.5万人，已创建市级示范社3家，申报市级合作社25家，提升规范合作社25家。为38家合作社协调解决贷款4700万元。农业重点项目进展顺利。农业综合开发完成1800公顷高标准农田建设任务，架设输变电线路23.3公里，安装变压器40台套，新修机耕路11.24公里，新打机井41眼，新建涵桥17座，新植树3万株。新发展国家级农业龙头企业1家，市级龙头企业4家，县级龙头企业3家。已组建土地流转合作社试点11个，流转土地5333公顷。完成15个文明生态村建设任务。农业民生工程成效明显。农村低收入农户增收工程完成13个农民专业合作社、600户低收入群体的增收任务，建温室大棚20公顷，开发林地6.7公顷，发展高效特色农业1034公顷。“农民素质提高工程”培训学员704人，农业实用技术培训11250人次，“农村劳动力培训阳光工程”培训850人。农业政策性保险的作用日益凸现。全县累计承保生猪39815头、奶牛7213头，小麦1137公顷，玉米2.96万公顷，棉花944公顷，温室大棚173公顷。加大农产品质量安全执法力度。全年检测蔬菜样品1900个，产地检疫畜禽750余万头（只），屠宰检疫生猪16万头。

（王敬模）

天津子牙循环经济产业园区

2013年，坚持把项目建设作为园区发展的生命线，强化招商引资和项目建设，不断增强园区发展实力。以再生资源、新能源、新材料及有色金属精深加工产业为突破口，吸引深圳格林美、中能集团等一批投资10亿元以上的大型产业项目签约落地，全年实现协议引资200亿元。年内累计竣工投产项目20个，总投资55亿元；在建、待建项目28个，总投资70亿元；储备在谈项目26个，总投资800亿元。1~9月，园区累计实现生产总值（GDP）17.75亿元，完成

静海县林海循环经济示范区一隅

（摄影：张全方）

固定资产投资 47.78 亿元,税收完成 2.03 亿元。全年,固定资产投资完成 57 亿元,增长 20%,占计划的 76%。其中,工业投入完成 48.5 亿元,增长 15.5%,占计划的 101%;生产总值(GDP)完成 25 亿元,增长 13.3%,占计划的 187%;税收完成 2.8 亿元,增长 11%,占计划的 67%;海关代扣增值税完成 15 亿元。年内,园区的建设发展继续得到各级领导和国家有关部委的重视。中共中央政治局常委、中央书记处书记刘云山,国务院副总理张德江先后莅临园区考察调研,对园区的建设发展给予高度评价和充分肯定。园区循环教育示范基地于 7 月 18 日经国家发展改革委、教育部、财政部和国家旅游局验收通过。中日韩三国循环经济示范基地申报工作正积极推动,示范基地实施方案已上报国家发改委、外交部和财政部。3 月 19 日,《香港商报》A4 版用整版篇幅以"'城市矿产'绿色子牙,激荡美丽中国"为题,介绍园区在大力发展循环经济、转变经济增长方式方面所取得的成果,扩大了园区区域竞争力和社会影响力。

(王敬模)

团泊新城建设 2013 年,团泊新城在建项目 48 个,完成投资 98 亿元,占任务的 106%,比上年增长 15%;完成税收 1.3 亿元,增长 30%;招商引资内资到位 42 亿元,占任务的 102%,增长 19%。基础设施建设和项目前期工作。年内,团泊新城委按照确定的目标任务,推进度,抓落实。完成中央大道二期、环湖路东南段、洪泽湖路等 17 条主支干路建设。完成环湖景观及部分湖内岛屿绿化工作。西区再生水厂、消防站、35 千伏变电站,东区污水处理厂全部完工。全年完成征地 1285 公顷,地上物评估、拆迁、清理等工作正在进行。东区启动国际青少年交流中心等项目的征地工作。团泊新城委坚持"一线工作法",推进项目建设进度,确保东亚运动会比赛场馆按时交付使用;重点工作如期完成。萨马兰奇纪念馆 4 月 21 日竣工开馆,11 月初完成 4A 级景区报批工作,至年底,接待 5000 余人次。天津体育中心射击馆、自行车馆、曲棍球场、棒垒球场、保龄球馆、壁球馆、国际网球中心及配套设施 9 月中旬竣工,全部投入东亚运动会项目比赛。天津中医药大学二期 7.6 万平方米公寓楼正在建设,10 栋楼完成主体封顶,一期19.5 万平方米完成 50%土方工程。天津体育学院一期 20 万平方米全面开工,其中,特训楼主体封顶,其余部分正在桩基施工。奥特莱斯商业广场正在装修,招商完成 70%,计划 2014 年初试营业,"五一" 正式开业。康宁津园养老综合体项目 9 月开工建设,一期主体工程正在施工。团泊示范镇竣工,完成 7 个村搬迁入住;团泊村完成选房工作,2014 年春节前可完成搬迁。西区管铺头村还迁房一期 24 万平方米年底竣工。董庄窠村、闫家塚村的整体安置工作启动,一期征地拆迁补偿款 2.5 亿元下发到村民手中。东、西区招商依云郡、百城瀚湖湾等 18 个房地产项目开工面积 350 万平方米,竣工 200 万平方米。光合谷文化产业园全部竣工,10 月 1 日开园。

(王敬模)

国土资源工作 2013 年,静海县加强国土资源工作。管控土地规划。通过土地利用规划引导产业集聚、布局集中、用地集约,有力支撑了"两城三区六园"发展格局。千方百计争取规划建设空间最大化。按照急用为先、突出重点的原则,将暂不使用的建设用地指标调配给着急落地的部位。年内,单向调整指标 6.06 平方公里。土地征收转用。农用地转用土地征收获批 84 个批次,总面积 10.37 平方公里,位居全市第二,保证了 153 个项目的用地需求。土地供应。全年,供应土地 148 宗 719 公顷,其中出让供应土地 101 宗 538 公顷,划拨供应土地 47 宗 181 公顷。在出让供应土地中,工业用地 63 宗 247 公顷,经营性用地 38 宗 291 公顷。土地出让面积在全市各区县(不包括滨海新区)中,经营性用地位居全市第一、工业用地位居第四。支持设施农业发展。2011~2013 年间,累计审核审批设施农业项目用地 58 宗,面积 56 公顷,其中养殖项目用地 51 宗,种植项目用地 7 宗。支持了设施农业发展。推进农地整理。全年,组织实施土地开发整理项目 4 个。其中,唐官屯镇薛家庄村和蔡公庄镇四党口中村土地开发整

团泊示范镇一隅

(团泊新城委供稿)

理项目竣工，整理面积186公顷，新增耕地105公顷；蔡公庄等三镇土地开发整理项目、静海镇王家楼村土地开发整理项目准备立项审批，整理面积548公顷，预计新增耕地266公顷。组织高标准基本农田整理项目建设。2012年和2013年，累计组织实施1.83万公顷高标准基本农田建设，修筑田间道路55条8.7万延米，新增耕地1133公顷。连续两年在全市各区县中第一个通过验收。

（王敬模）

城镇建设 2013年，静海县加快城镇建设步伐。道路建设。全年投资8470.04万元，对胜利大街北段、工农大街北段、东兴道北段、瑞和道、宇纬路、星华路以及商城南北向小路7条道路进行建设和改造，道路总里程5600余米，总面积9.19万平方米，便道总面积3.94万平方米，铺设雨水管道7580米、污水管道8000余米。其中，胜利大街北段、工农大街北段、东兴道北段3条道路打通县城与北外环的连接，畅通了中心城区与外界的交通联系，提高了基础设施载体功能；新修瑞和道，打通十里长街、地纬路、东方红路、宇纬路4条主干道路的交通连接，宇纬路打通春曦道、瑞和道、旭华道3条主干道路的交通连接。以上2条道路的竣工，缓解了旭华道、春曦道、东方红路、静王路等主干道的交通压力及县城交通拥堵问题。排水设施建设。为全面提升县城排水能力，消除城区长时间大面积积水现象，投资2895.3万元，进行一系列排水工程。实施范庄子雨水泵站进水管道、东窑排水出口泵站及清真寺排水出口清淤改造和移动泵站配套等3项排水工程，累计铺设排水管道1660米，做地下深井顶管作业700余米，建设各类检查井、收水井26座，建设收水池9座，提升了雨水排放能力。绿化建设。投资1509万元，对春曦道(长905米，道路绿化带两侧各宽15米，绿化面积27150平方米)、北盛路(长508米，道路绿化带两侧各宽12米，绿化面积12192平方米)实施道路绿化配套建设。老居民区基础设施改造。对东方红路以南、南运河以东、铁路以西的西城区区域进行改造。累计改造支路27条，总长5500米，铺设油面面积8360平方米，铺装面包砖26100平方米，铺设排水管道1700米，解决了235万平方米区域内街道里巷坑洼不平、群众出行和生活不便的问题。

（王敬模）

静海东城绿化鸟瞰

（摄影：郭步景）

民政工作 2013年，静海县加强民政工作。保障困难群众基本生活。通过调标，农村低保标准由每人每月320元提高到400元，城镇低保标准由每人每月520元调整为600元。通过扩面，全县享受救助的困难群众10994户2.3万人，占全县总人口的3.9%（全市平均为2.84%），累计发放各类救助资金6741万元。加强对医疗、慈善、临时救助等专项救助和重大节日走访慰问困难群众工作，发放春节慰问款物、春荒救助金、慈善救助款358万余元。为全县1.79万名困难群众核实并上报医疗参保信息。救助流浪乞讨人员483人，护送返乡21人，医疗救助53人。推进养老服务业发展。突出抓好县级养老服务中心项目建设。该中心投资6000万元，建筑面积1.2万平方米，设置床位300张。加强日间照料服务中心建设。新建、扩建6所老年日间照料服务中心。做好居家养老服务工作。投资93万余元，为518名符合条件的居家老人提供专业化养老服务。做好军休干部和退休老干部生活待遇政策落实，完成各项待遇调标工作。提高老年人优待水平。全年为年满65岁老年人发放敬老卡5509张，为33687名年满60岁老人办理老年优待证。落实优抚政策和安置稳定工作。做好优抚对象抚恤补助发放工作，确保按时足额兑现。全年为5254名优抚对象发放抚恤补助经费3365万元，发放取暖补贴、节日补贴、物价补贴701.99万元，发放春节慰问、临时救助、大病救助资金57.9万元，发放60岁以上农村籍退役士兵生活补贴和60岁以上烈士子女生活补贴115.6万元。完成151名退役士兵和转业士官的接收安置工作，对自主就业的农村退伍士兵和城镇退役士兵，发放一次性经济补助金572

万元，对69名退役士兵进行电工操作、计算机维修等专业技能培训。

（王敬模）

教育工作 2013年，静海县积极改善办学条件，狠抓教育教学管理，全面加快教育现代化建设，先后获得全国义务教育基本均衡县、全国中小学艺术教育工作先进单位和天津市职成教育示范县等4项国家级和12项市级荣誉称号。办学条件继续改善。高标准制定静海县学前教育、义务教育和《静海县教育设施布局规划构想》三项规划。总投资2.6亿元，全面改善城乡中小学幼儿园办学条件。县第四幼儿园、第六小学幼儿园建成投入使用，县第一幼儿园扩建、第五幼儿园新建主体竣工。新建、改扩建6所乡镇中心园，改造提升29所村办标准化幼儿园。高标准完成静海一中等4所高中校扩建及维修工程。大邱庄高中新建一期工程、唐官屯中学和独流中学扩建一期工程主体竣工。投资3100万元为全县中小学装备计算机、多媒体2119台套，学生课桌椅1.6万套，教学仪器11万件，图书40万册。大力实施中小学幼儿园“两提升三达标”工作。首批2所高中校、53所义务教育学校圆满通过市级现代化达标验收，165所村办标准化幼儿园全部通过县级验收。素质教育有效推进。建成静海县心理健康指导中心，7所学校被确定为市级心理健康教育示范中心建设单位。继续推进“主体—和谐—高效”教学模式研究，全力打造高效课堂，913名学生参加学科竞赛获国家级奖励。大力开展阳光体育运动，成功举办第四届中小学体育节，参加市中小学田径运动会，获区县组团体总分第四名。精心组织第26届学生艺术节和第八届学生合唱节，举办不同层次的汇报演出、书画展180余场次，34个集体节目获天津市文艺展演一、二、三等奖，2个集体节目参加全国中小学生艺术展演分获银奖和铜奖。静海县被教育部确定为全国农村艺术教育实验县。队伍素质明显增强。精心组织科级干部竞争上岗工作，选拔科级干部31名，选拔学校备案干部46名。出台加强干部作风建设“十项规定”并狠抓落实。成功举办校长、园长系列论坛，青年教师学术论坛和一线教师高端培训。在全国范围内新招录教师252人。强化教师全员培训，高标准启动第五周期继续教育，210名教师成为县级学科带头人，2名教师入选天津市“十大最美幼儿教师”。

（王敬模）

文化工作 2013年，静海县文化工作取得新成绩。公共文化设施建设又上新水平。县文化馆为群众提供免费文化艺术培训200余次；县图书馆免费开放4000平方米，接待读者9万多人次，网上解答咨询问题万余条，并通过全国第五次公共图书馆评估定级验收，继续保持国家县级一级馆荣誉；县书画院免费为书画爱好者提供全方位服务，辅导书画爱好者近千人。书画院文化志愿服务活动被文化部评为“文化志愿者基层服务年”示范项目；县评剧团获中宣部“服务农民服务基层文化先进集体”荣誉称号。基层文化设施建设不断加强。深入18个乡镇、50多个行政村开展乡镇文体活动中心、农家书屋、村文化活动室使用和管理情况的摸底调研，为农家书屋补充图书82345册，价值114.9万元。创建11个乡镇书画创作中心，完成13个乡镇、21个公共电子阅览室试点建设，并向社会提供服务。全县300多支基层文化队伍依托村文化活动室常年开展活动，内容涵盖民间花会、广场舞蹈、小剧团、小乐队、书画大院，丰富了农村业余文化生活。群众文化活动精彩纷呈。以“和谐静海、幸福家园”为主题，成功举办春节文艺晚会、文化基层行、正月里唱大戏、电影展映月、京评梆戏曲大赛、迎新春书画展、摄影抓拍大赛、正月游艺、民间花会展演、百名书法家迎春送福等十项春节文化活动，吸引群众10万人次。成功举办静海县第五届文化艺术节、“泰山酒”杯京评梆戏曲票友大

静海第一中学外貌

（静海一中供稿）

赛及颁奖汇报演出。组织开展送文化下乡活动。开展《土地法》宣传专场巡回演出200场，观众35万人次，下基层、送图书9000余册，送书画3000余件，送戏、送文艺节目下乡200余场，放映公益电影5000多场。静海今晚农村数字电影院线被中国文联评为优秀放映单位。书法绘画创作硕果累累。成功举办迎新春书画展和第六届东亚运动会文化展示活动的“天津静海·厦门思明优秀书法作品联展”，吸引各地观众万余人。组织参加天津市第十六届“群星奖”作品展，全县35件参展作品、29件入选并获奖。组织参加天津市“中国梦·家乡梦·我的梦”中老年书画大赛，10余件参赛书画作品全部获奖。

（王敬模）

体育工作 2013年，静海县协助国家和天津市体育部门完成两大国际赛事。完成第四届环中国国际公路自行车赛竞赛、组织、协调工作。由天津市体育局、静海县人民政府、中奥体育产业有限公司承办的第四届环中国国际公路自行车赛于9月30日在静海县团泊新城西区天津健康产业园区举行。此届赛事有来自18个国家和地区的22支代表队、132名选手参赛，其中16支国外代表队。静海县圆满完成场地布置、荣誉骑行的组织和现场表演队伍的安排等工作。赛事组委会为更好的让自行车这项全民健身运动有效推广与普及，特意在东亚运动会自行车比赛馆前开展自行车嘉年华和体育健身展示活动，让广大自行车爱好者体验骑行带来的乐趣，感受静海的体育文化氛围。完成第六届东亚运动会各项工作。10月6日至15日，第六届东亚运动会在天津举行，作为此届运动会主要比赛场地的团泊新城健康产业园，成功举办足球、网球、自行车等9项赛事，接待来自东亚9个国家和地区的1000多名运动员。从赛事开始筹备到结束，静海县投入大量人力、物力。为了把各项工作做细、做实，县体育局精心组织和策划。临近比赛时，局领导班子全体亲临现场，工作在东亚运动会第一线，并抽调精干人员，发扬“五加二，白加黑”的工作精神，倒排工期，建立台账。在力争全力做好竞赛工作的同时，积极参与安全保卫、体育展示、新闻宣传、后勤保障等工作。主管竞赛人员多次查看赛道，安全保障不放松；体育展示负责人积极组织排练；后勤保障组认真清点物资，保障比赛顺利进行，协调公安、电力、通讯、交通、环保、卫生、市容环卫等部门各自坚守岗位，办好每一件事，不留工作死角。

（王敬模）

静海在全国创区县拍摄电影先例 2013年，由中国科教电影电视协会和中央电视台电影频道担任出品、静海县科技影视制作中心承制、静海县退休干部刘仲元编导的科教电影《平原造林立体种养》获国家电影审查委员会通过并在国内外发行。是年，同由静海县科技影视制作中心承制、刘仲元编导的首部电影作品《生物武器灭白蛾》亦在国家电影管理局、中国科教电影电视协会主办的中国科教影视作品“科蕾奖”评选中荣获二等奖，并被中国科教电影电视协会推荐为“2014中国国际科教影视展评年会”“中国龙奖”入选作品。此片不仅开创静海县拍摄电影的先河，也在全国创造“区、县”拍摄电影的先例。静海县科技影视制作中心的前身，是县科委、县科协运用图片摄影、电影放映形式开展科普宣传工作的一个部门。随着电视技术的普及，1991年，负责科普宣传工作的刘仲元用简易的设备摄制完成第一部电视纪录片《发展中的东双塘奶牛协会》。此后，陆续摄制了反映静海县其他行业发展历史的纪录片多部。2000年，摄制完成科教片《西瓜嫁接》，后在全国科技音像创作展评会上获三等奖。2002~2013年间，由刘仲元编导，静海县科技影视制作中心摄制的教学片、科普片、人物传记片、工作项目汇报片、企业发展专题片、形象宣传片共200多部(集)，时长4000多分钟。其中教学片、科普片、科技人物传记片除在中央电视台、中国教育电视台播出外，还在中国《科普大篷车》电视栏目涉及的省、市、县三级1200多家地方电视台联合播出；为中央组织部、国家科技部、中国科协联合举办的全国党员干部远程教育摄制的农村适用技术科教片，已覆盖全国农村和城市社区各个接收终端。

（王敬模）

光合谷文化产业园 光合谷文化产业园(以下简称光合谷)位于天津市静海县团泊新城东区，距天津中心城区16公里，有多条高速公路和快速通道途径可直达。光合谷由天津市团泊湖投资发展有限公司于2009年投资13亿元建设，2013年10月1日开园。光合谷确立文化旅游、温泉酒店、生态湿地、有机种植为核心的四大体系，从食、住、行、娱四大需求纬度，打造以健康为主体的有机生活模式，被世人誉为“津南第一谷”。光合谷(天沐)温泉酒店。温泉酒店区建筑面积近5万平方米，酒店外观运用古典大气的汉唐风格塑造，高贵不落俗套、宏伟之余又平添一番古色古香。酒店有160余间客房，并配备温泉中心、中西餐厅、宴会厅、会议室、SPA水疗以及会员专区泊心堂。温泉中心的温泉中富含偏硅酸、溴、硒、铁、钠、碘、氟、锂等几十种对人体有益的矿物质，中心配置70余种温度不同、功效各异的温泉池。湿地公园。公园中有大乔木类的红叶杨、加拿大杨、金叶榆、国槐、银杏、柿树，小乔木类的梨花海棠、石榴、山楂、紫荆以及灌木类和地被类的植物1.7万株，灌木类和地被类植物初始覆盖面积近40万平方米。湿地中心区占地面积66万平方米，里面有多种珍禽异鸟繁衍生息。文化旅游。旅游区中，设有动物园、CS拓展训练基地、生态餐厅、儿童游乐场、休闲水吧、垂钓馆及8万平方米的青年文化广场。动物园中有金丝猴、大熊猫等多种珍稀动物。2013年，天津市仅有大熊猫3只，光合谷就占有2只。光合菜园。园中建立有机蔬菜生产基地、果园景观区、开心农场，与生态餐厅、动物园等形成区域动静相宜的互补。

（王敬模）

静海镇

静海镇位于静海县境中部偏北，为静海县人民政府驻地。东连大丰堆镇和杨成庄乡，西邻梁头镇，南靠双塘镇，北界独流镇和良王庄乡。2013年，镇域面积80.27平方公里，辖37个行政村，2个街道办事处，34个居民委员会。人口41602户115972人，其中非农业人口28973户78658人。人口密度为每平方公里1445人，是全县人口密度最高的镇。

该镇因驻地静海而得名。历史上，这里称涡口寨，亦称涡子口、涡子寨。西汉至东晋十六国时属东平舒县。南北朝时属平舒县。隋、唐二朝属鲁城县。五代十国时先后属宁州和永安县。北宋时先属乾宁县，大观二年（1108）首次在涡口寨置县治，时称靖海县。嗣后，县治一度去销复置。明朝洪武初年，改“靖”为“静”，称静海县。静海从此定名，沿用至今。

静海镇高家楼村梨园

（摄影：王　强）

1946年，这里置县城镇，属静海县第一区。1948年12月，设静海市，属河北省冀中行署八专署静海县。1949年12月，改名城厢区。1958年8月，改建红旗人民公社。1961年5月，改建城关公社。1965年3月，置静海镇。上述区、公社、镇的驻地均在静海。2001年8月调整区划，将城关乡、徐庄子乡和府君庙乡的西五里村、北五里村、魏家庄、付家村并入静海镇。

2013年，实现地区生产总值46.7亿元，财政收入3.9亿元，全社会固定资产投入52.4亿元。农民人均可支配收入14441元。

农业常用耕地2081.97公顷，平均每一农业人口占有0.05公顷。全年，粮食播种1556.78公顷，总产8540吨；棉花种植217.44公顷，总产227吨；蔬菜种植226.31公顷，总产10882吨。年内，“龙海果树带”仍在建设中，种植果木233.58公顷29万余株。全镇农、林、牧、渔业总产值15288万元。

园区重点项目建设。翰吉斯国际农产品物流园一期交易市场的16个交易大棚完工，香蕉厅开业运营，农产品检测中心、加工配套1号楼、冷链中心的1号和2号冷库配套项目主体建设完成；义乌北方（天津）国际商贸城，主体商贸城太阳能基础工程及防水工程完成，该项目拟开设的义乌精品馆、进口商品馆、温州商品馆等6个场馆分别草签合作协议；电动自行车交易市场项目，一期投资20亿元，建筑面积24万平方米，年底完成8万平方米；红星美凯龙装饰城项目，一期投资12亿元，建20万平方米市场区，完成桩基施工，其中6万平方米开始基础施工。

民计民生工作。投资1050万元对徐庄子中学和孙家场、北五里、花园、徐庄子等11所学校进行新建和改造提升。配合推动港清三线燃气工程、胜利路北延工程、工农大街改造工程、宇伟路建设工程、农村危房改造工程等9项重点工程。完成小河滩、小高庄、义渡口、前毕、后毕等7个村8.1公里乡村公路建设，小修挖补4100平方米。针对水污染，成立专职巡查队伍，对河道、沟渠、坑塘和污染企业逐一巡查和治理。对全镇城乡低保、五保、特困家庭实施动态管理，逐户建档立卡，定期核查，同时为低保、特困、五保、优抚对象办理医疗保险，为符合条件的残疾人办理养老保险补贴和低保救助等。年内,新办理城乡居民养老保险566人,对城乡居民医疗保险参保人员实行网上服务。全年,为村街社区免费放映电影400场次，发放图书80余箱，为12个村发放健身器材180件，为60岁以上老年人进行免费体检。

（王　卉）

独流镇

独流镇位于静海县最北部。东接良王庄乡,西靠台头镇,南与静海镇为邻，北依西青区辛口镇。2013年,镇域面积64.4平方公里,辖28个行政村街。人口13469户36587人，其中非农业人口2312户3839人。镇政府位于兴业大街西侧,南距县城10公里。

该镇因南运河、子牙河、大清河在此汇成一条河流而得名。宋代,曾在这里设独流东寨、独流北寨。明永乐年间移民至此,渐成集镇。该镇地处水陆交通要冲，地理位置非常重要。清咸丰年间,太平天国北伐军曾在这里和清军激战100天。光绪二十六年(1900)，义和团首领张德成曾在此设“天下第一坛”，是义和团运动的重要活动地区。清朝中期,在此设独流地练。1923年,置独流镇,属静海县第五区。1948年12月,设独流市。1949年12月,改设独流区。1950年8月，改设静海县第三区。1958年8月建东风公社。以上区、市、社、镇均驻地独流。1961年5月建独流公社。1965年3月复置独流镇。2001年8月调整区划,将北肖楼乡和府君庙乡的王家营、苟家营、刘家营、冯家村4村并入独流镇。

2013年，完成地区生产总值17.87亿元,财政收入1.1亿元,工业固定资产投入1.6亿元。农民人均可支配收入14806元。

全镇有耕地3834.18公顷,平均每一农业人口占有0.12公顷。全年,粮食播种3358.01公顷,产量17081吨；棉花播种25.34公顷，产量25吨；蔬菜种植2015.07公顷，产量123645吨。有果园335.37公顷,产水果1258吨。全年栽植树木279公顷，其中龙海果树产业带栽植186.76公顷。全镇农、林、牧业总产值38715万元。

有工业企业230家(规模企业6家),销售收入13.2亿元,利润总额2666万元。新上、技改项目共17个,固定资产投入1.6亿元,其中新上项目6个,投入资金7035万元。年内,引进项目5个,到位资金6700万元。

民计民生方面。新修李家湾子路、刘家营路等7条道路并大修中兴大街东段、新开路、二道街等6条公路。实施以“四清一绿”为主要内容的“美丽天津·一号工程”,对镇域内村庄、街道、河道、坑塘进行整治。投入资金680余万元，清除各类垃圾8195立方米，修建垃圾池126座,搬运柴草1530垛,拆除篱笆73处,拆除临建68处,规范牌匾广告183块，清除各类小广告419处,铺设排水管道36000延米。是年,镇内315户低保户、219户五保户、152户特困户和346户优抚对象得到救助。

（王　卉）

唐官屯镇

唐官屯镇位于静海县最南部。东邻蔡公庄镇，西界河北省青县流河镇,南靠青县马厂镇和陈缺屯乡,北连西翟庄镇和陈官屯镇。2013年,镇域面积113.1平方公里。辖43个行政村街，是全县行政村最多的乡镇。人口18109户47474人,其中非农业人口4164户6680人。镇政府位于大张屯村南部的京福公路北侧,北距县城26公里。

唐官屯得名始于明朝。明永乐年间,唐世义率移民来此垦官田,初称唐世义屯,后简称唐官屯。这里位于天津市和静海县的南端，是水陆交通的要冲,地理位置非常重要。清朝时，设唐官屯地练，属静海县南路。1923年置唐官屯镇,属静海县第三区。1946年6月“青(县)沧(州)战役”后,属冀中区。1947年,设唐官屯市,属静海县。1949年12月，改设唐官屯区。1950年8月,改为六区,驻地唐官屯。1957年8月,改设唐官屯乡。1958年8月,建钢龙人民公社。

唐官屯镇政府外貌

（唐官屯镇供稿）

1961年5月,改为唐官屯公社。1965年3月,改置唐官屯镇。上述公社和乡镇驻地均在唐官屯。2001年8月调整区划,将原大张屯乡和大郝庄乡并入该镇。此后,唐官屯镇驻地移至原大张屯乡驻地。

2013年,实现地区生产总值17.6亿元,财政收入1.4亿元,全社会固定资产投入16亿元。农民人均可支配收入14441元。

全镇有耕地5669.7公顷,平均每一农业人口占有0.14公顷。全年,粮食种植6127.93公顷,产量41106吨;棉花种植193.7公顷,产量209吨。有果园2679.87公顷,产水果1532吨。全年造林289.08公顷(其中龙海产业带种植苹果树170.8公顷),年末实有林地5402.7公顷。全镇饲养猪54378头、牛2557头、羊27230只、肉鸡240.15万只。全年,肉类总产6421吨,蛋类总产628吨,牛奶总产7150吨。全镇农、林、牧业总产值28360万元。

有规模以上工业企业15家,从业人员1397人。全年,实现总产值28.87亿元,营业收入27.84亿元,利润2360万元。唐官屯物流加工园区基础设施建设继续推进,三和众诚石油仓储项目、中化国际仓储项目、金塔钢结构项目、唐昊交易中心项目投产;三和三期铁路延长线项目、承跃新能源项目、格力电器仓储项目、正宇重工项目、盛唐国际建材物流城项目开工建设;铁路货场改扩建项目重新启动。

民计民生方面。创建郑庄子为生态村,创建赵官屯为美丽村庄;新建桥梁1座;大修乡村公路10.5公里。年内,投资132万元对部分学校加固维修;投资70万元对2所幼儿园翻建维修。全年新增低保114户、特困87户、五保24人,申请临时救济30万元,以实现应保尽保。

(王　卉)

王口镇

王口镇位于静海县西部,子牙河两岸。东邻梁头镇,西界河北省文安县滩里乡和德归乡,南连子牙镇,北至台头镇。2013年,镇域面积77.24平方公里。辖24个行政村街。人口11417户34201人,其中非农业人口1573户2692人。镇政府位于大瓦头村的静文(安)公路北侧,东距县城15公里。

该镇因镇内王口得名。元朝时称文定乡,属顺天府。清初改称王家口,1946年置王口保公所,1947年设王口市,均属大城县。1948年12月改属静海县。1949年12月设王口区,1950年8月设四区,驻地王口。1957年8月建王口乡,1958年8月建旭升公社,1961年改名王口公社,驻地均在王口。1983年7月置王口乡,1988年改置王口镇至今,驻地均在大瓦头。

2013年,实现地区生产总值11.9亿元,财政收入3921万元,全社会固定资产投入3.1亿元。农民人均可支配收入14578元。

全镇有耕地4670.67公顷,平均每一农业人口占有0.15公顷。全年,粮食播种2981.49公顷,产量19380吨;棉花播种619.78公顷,产量620吨。全年造林329.9公顷,年末实有林地4873.3公顷。有果园817.21公顷,产水果5951吨。年内,该镇中药材特色种植得到发展,范围辐射2个村,涉及白术、百合、板蓝根3个品种,种植面积26公顷。全年,肉类产量2966吨,蛋类产量113吨,牛奶产量13705吨。全镇农、林、牧业受到影响,总产值52315万元。

有规模企业10家,销售收入52073万元,利润总额1040万元。年内,通过科技型中小企业认证企业25家,发展科技小巨人企业2家。新上超千万元项目1个,续建项目2个,新上技改项目2个。

民计民生方面。投资471.9万元,改造乡村公路5条8公里;投资560万元,修建田间公路5条10.58公里。投资100余万元,对各村主要街道、里巷柴草、垃圾、厕所进行清整;投资200万元,对4个坑塘、12公里河道进行治理。年内,投资28万元的镇综合服务中心建成;月牙河综合市场得到提升改造;镇敬老院得到修缮。全年发放各类补贴700

王口镇林下经济饲养业

(王口镇供稿)

余万元，发放各类救助金 80 余万元。城乡居民医疗保险参合率100%。

（王　卉）

子牙镇

子牙镇位于静海县西南部。东邻梁头镇，西界河北省文安县德归乡和大城县旺村乡，南连沿庄镇，北接王口镇。2013 年，镇域面积 74.16 平方公里。辖 16 个行政村。人口 11496 户 36171 人，其中非农业人口 1766 户 3485 人。镇政府驻王二庄，东北距县城 19 公里。

该镇因原驻地东子牙得名。清朝设子牙地练，属静海县西路。1946 年置子牙大乡。1948 年 12 月属静海县第四区。1949 年建子牙区。1950 年 8 月改称五区，驻东子牙。1957 年 8 月置子牙乡。1958 年 8 月建卫星公社，驻地东子牙。1961 年 5 月改名子牙公社。1974 年公社驻地迁至王二庄。1983 年 7 月复置子牙乡。1989 年 6 月置子牙镇至今。

2013 年，实现地区生产总值 8.85 亿元，财政收入 9700 万元，固定资产投入 1.02 亿元。农民人均可支配收入 15001 元。

全镇耕地面积 2396.4 公顷，人均占有耕地 0.073 公顷。全年，粮食播种 1867.6 公顷，总产 12342 吨；棉花播种 53.36 公顷，总产 74 吨。有果园 417.88 公顷，产水果 1701 吨。年内造林 110.39 公顷，年末实有林地 4998.76 公顷。全年生猪饲养 20755 头，牛饲养 80 头，羊饲养 20106 只，肉鸡饲养 39500 只。肉类总产 1552 吨，禽蛋总产 400 吨。全镇农、林、牧业总产值 15576 万元。

工业依托子牙循环经济产业园区，延伸拆解链条，逐步形成以循环经济为主线，以精细深加工为导向，以最终产品为目标的大循环产业。全镇规模以上企业 7 家，从业人员 308 人，全年实现总产值 38223 万元，利润总额 156 万元。

民计民生方面。新修水泥路 12 公里，改善居民出行条件。对镇域内 7 条干、渠、河道和主干路摸底调查、综合整治，治理 48 个污染源点位，并协调相关部门开展 3 次专项治理行动。新增低保、五保、特困户 45 户 116 人，为 52 户困难家庭发放临时救助款；为 21 户现役军人家庭发放慰问金 25.2 万元；为 118 户独生子女家庭发放奖励资金 2.3 万元。全年为 339 位 65 岁以上老年人发放老年卡；为 2453 位 60 岁以上老年人办理老年优待证。

（王　卉）

沿庄镇

沿庄镇位于静海县西南部。东邻陈官屯镇，西界河北省大城县旺村乡，南界河北省青县流河镇和大城县南赵扶镇，北接子牙镇和梁头镇。2013 年，镇域面积 98.7 平方公里。辖 24 个行政村。人口 12563 户 35507 人，其中非农业人口 1546 户 2469 人。镇政府驻东滩头北侧，东北距县城 18 公里。

清朝和民国时期，镇域西部地区属大城县，东部地区属静海县。1948 年后属静海县十一区。1950 年属五区。1957 年 8 月建沿庄乡。1958 年 8 月设沿庄管理区，属卫星公社。1961 年 5 月属子牙公社。1974 年 3 月建沿庄公社。1983 年 7 月 17 日复置沿庄乡。2001 年 8 月改为沿庄镇。2001 年 8 月调整区划，东滩头乡并入沿庄镇。

2013 年，实现地区生产总值 9.27 亿元，财政收入 6379 万元，全社会固定资产投入 2.06 亿元。农民人均可支配收入 14644 元。

全镇有耕地 6359.64 公顷，平均每一农业人口占有 0.19 公顷。粮食作物主要有小麦、玉米、大豆。全年，粮食播种 4589.76 公顷，总产 28801 吨；棉花种植 1291.71 公顷，总产 1370 吨；蔬菜种植 397.67 公顷，总产 23466 吨。水果种植以枣、桃为主，年产果品 194 吨。有林地 6536.27 公顷，当年造林 525.4 公顷。养殖业较发达，新建生猪示范养殖小区 1 个，全镇有各类养殖小区 5 个。全年肉产量 4338 吨，蛋类产量 477 吨。全镇农、林、牧业总产值 25989 万元。

有工业企业 334 家，喉箍制造、餐具制造和有色金属加工三大主导产业占全镇经济总额的 80%。规模以上工业企业 9 家，全年销售收入 11.81 亿元。

民计民生方面。投入 143 万元，新修大修乡村公路 2.8 公里；投入 416 万元，用于发展教育事业。年内，为 40 户 129 人申请特困、低保待遇，为 10 人申办五保供养并办理医疗保险。至年底，全镇有 138 户 465 人享受特困待遇，243 户 826 人享受低保待遇，218 名孤寡老人和孤残人员享受五保待遇。

（王　卉）

台头镇

台头镇位于静海县西北隅。东连独流镇，西界河北省文安县滩里乡，南邻王口镇和梁头镇，北界河北省霸州市辛章镇。2013 年，镇域面积 56.6 平方公里。辖 18 个行政村。人口 8639 户 25365 人，其中非农业人口 751 户 1403 人。镇政府驻台头村，东南距县城 16 公里。

该镇因驻地台头得名。清朝和民国时期均属大城县。1948 年 12 月，建台（头）黄（岔）市，改属静海县。1949 年 12 月，设台黄区。1950 年 8 月，属静海县四区。1957 年 8

月,建台头乡。1958 年 8 月,置台头管理区,属旭升公社。1983 年 7 月,建台头乡。1989 年 6 月,置台头镇。2001 年 8 月,调整区划,将二堡乡并入台头镇。

2013 年,实现地区生产总值 7.7 亿元,财政收入 3719 万元,固定资产投入 1.3 亿元。农民人均可支配收入 13631 元。

全镇有耕地 3765.42 公顷,平均每一农业人口占有 0.16 公顷。全年,粮食播种 1770.6 公顷,产量 11504 吨;棉花种植 271.6 公顷,总产 285 吨。设施农业面积 300.15 公顷,以种植蔬菜、西瓜、甜瓜为主。蔬菜总产量 7600 吨,冷棚西瓜产量 5000 吨,平均亩效益万元以上。在大六分村进行 40 公顷中草药(黄芪、射干等)示范种植,年内林海示范区与河北安国药材基地就相关药材订立购销协议。

全镇专业合作社 29 家,其中民发西瓜种植专业合作社,通过与超市和大型农贸市场联系,设立台头西瓜销售专营点,并示范种植露地嫁接西瓜 13.34 公顷,每公顷效益比普通种植提高 14992.5 元。2013 年,全镇农、林、牧业总产值 31392 万元。

有工业企业 68 家,其中规模以上企业 4 家。规模以上企业年销售产值 16478 万元,营业收入 15494 万元,利润总额 507 万元。

民计民生方面。筹资 700 万元,新修及翻修镇内公路,总长 12 公里。年内,南二堡村、中二堡村、北二堡村 3 个国家级美丽乡村试点工程全面启动;五堡村集中供水工程完成。针对水污染情况,各村安排专人负责本村范围内企业、河道 24 小时巡查;对废酸污染水域,投白灰 300 吨进行治理;对涉酸企业,安排 1 名专职驻厂监督员进行监督。

文化方面。静海县作家协会台头分会成立;大六分村登杆盛会受邀参加东亚运动会开幕式表演。

(王　卉)

大邱庄镇

大邱庄镇位于静海县东南部。东接团泊镇,西连西翟庄镇,南至蔡公庄镇,北邻大丰堆镇。2013 年,镇域面积 119 平方公里,是全县面积最大的乡镇。辖 26 个行政村街。户籍人口 12906 户 41931 人,其中非农业人口 2143 户 4904 人。镇政府驻大邱庄,西北距县城 18 公里。

大邱庄于明朝永乐二年(1404)建村,因多为“邱”姓移民,故起名邱家庄,后改称大邱庄。该镇历史上一直隶属蔡公庄,直到 1993 年 11 月 18 日,撤村建镇。建镇之初,下辖万全、尧舜、津美、津海 4 街。2003 年 9 月 25 日,将原蔡公庄镇所辖的大屯、满井子、王虎庄 3 村划入。2006 年 1 月 1 日,原西翟庄镇所辖庞庄子村划入。2011 年 6 月 23 日,原团泊镇、蔡公庄镇、西翟庄镇、大丰堆镇所辖丁房子、邢家堼、东房子、五美城、三间房、刘房子、胡连庄、官坑、太平村、东尚码头、西尚码头、前尚码头、北尚码头、巨庄子、岳庄子、崔庄子、白公坨、李八庄村整建制划归大邱庄管辖。

2013年,实现地区生产总值 130 亿元,财政收入 11.1 亿元,固定资产投入 72.3 亿元。农民人均可支配收入 18503 元。

全镇有耕地 4852.49 公顷,平均每一农业人口占有 0.13 公顷。年内,投资 6500 万元,对生宝谷物、津美、德利泰设施农业园区新建蔬菜检验实验室 2 个,冷库 1 个,建立集采摘、休闲、餐饮、观光为一体的农家院,全年生产绿色无公害蔬菜 5.7 万吨,实现销售收入 3650 万元。全年粮食播种 3193.26 公顷,总产 15617 吨;棉花播种 1331.93 公顷,总产 1516 吨;蔬菜种植 322.09 公顷,总产 30139 吨。有林地 1742.93 公顷,当年造林 496.71 公顷。有果园 48.69 公顷,主产枣和苹果,总产 180 吨。全镇饲养生猪 96605 头、牛 1513 头、羊 5711 只、肉鸡 90.41 万只,全年肉类总产 6360 吨,蛋类总产 100 吨,牛奶总产 5850 吨。有淡水养殖面积 419 公顷,总产水产品 2444 吨。全镇农、林、牧、渔业总产值 33029 万元。

工业较发达。全镇规模以上工业企业 147 家,从业人员 24139 人。全年实现总产值 613.7 亿元,营业收入 738.75 亿元,利润 72.39 亿元。

示范小城镇建设被市政府批准为天津市第四批小城镇建设试点单位,涉及 26 个村街、12000 户、4 万人。至年底,安置房有 32 万平方米楼房封顶,内部和外檐装修完毕;大邱庄高级中学教学楼、实验楼、行政楼、食堂、宿舍楼主体结构封顶,进行内部装修;初中校桩基施工完成;小学、幼儿园、老年服务中心等安置区配套公共建筑方案设计完成。团泊大道跨港团河桥施工完成,新修路面 5.2 万平方米。

依托“扶贫助困、福慧教育、残疾人救助”3 个基金会,做公益事业,年内发放扶贫助困助残款 280 万元,帮扶村民 370 户;发放助学金 320 万元,资助 640 名大学生。

(王　卉)

团泊镇

团泊镇位于静海县东部。东依大港油田生活基地,西邻蔡公庄镇,南靠滨海新区小王庄镇,北隔独流减河与西青区王稳庄镇交界。2013 年,镇域面积 28.6 平方公里。辖 8 个行政村。人口 2715 户 9798 人,其中非农业人口 389 户 960 人。镇政府驻团泊村南侧,西距县城 20 公里。

该镇因驻地团泊得名。清朝属静海县东路大泊地练。1945年置团泊保公所。1948年12月属天津县马圈区。1949年划归静海县。1950年8月属静海县八区。1957年8月属赵连庄乡。1958年8月建团泊洼公社,驻地洋闸。1961年5月改建团泊公社。1983年7月置团泊乡。1999年12月改为团泊镇。2001年8月调整区划,将胡连庄乡并入团泊镇。2011年6月23日,丁房子、邢家堼、东房子、五美城、三间房、刘房子、胡连庄7村析出。

2013年,实现地区生产总值4.69亿元,财政收入8292万元,固定资产投入8120万元。农民人均可支配收入14816元。

全镇耕地面积305.15公顷,人均占有耕地0.03公顷。年内,农业示范园光合谷建成现代化日光温室大棚161栋,种植蔬菜55个大类100多个品种。全镇种植粮食313.76公顷,总产2209吨;种植棉花66.03公顷,总产70吨。有枣园17.74公顷,产枣56吨。全年,肉类产量711吨,蛋类产量1475吨。水产养殖业发达。有养殖水面1138.57公顷,总产水产品12576吨。农、林、牧、渔业受到影响,总产值19253万元。

工业主导产业是金属丝绳、金属制品和金属压延业。全镇规模以上企业13家,从业人员1882人,全年实现总产值16.6亿元,营业收入12.96亿元,利润总额1054万元。

民计民生方面。投资393万元,改善全镇中小学、幼儿园办学条件,团泊一幼投入使用;全县义务教育学校现代化建设现场会在团泊镇召开;成校开展集中培训活动,年内培训3000人次。医疗卫生事业健康发展,镇医院具备搬迁条件;城镇居民医疗保险参保率达100%。

(王 卉)

团泊镇的设施农业

(团泊新城委供稿)

大丰堆镇

大丰堆镇位于静海县中部偏东。东连团泊镇,西邻双塘镇,南接西翟庄镇,北至杨成庄乡。2013年,镇域面积55.7平方公里。辖16个行政村。人口5394户15615人,其中非农业人口859户1859人。乡政府驻大丰堆北侧,西北距县城9公里。

该镇因驻地大丰堆得名。清朝属静海县南路高家庄地练。1946年置大丰堆乡,属一区。1948年12月属砖垛区。1950年8月属二区。1956年属八区。1957年8月建大丰堆乡。1958年8月属红旗公社。1961年5月建大丰堆公社。1983年7月置大丰堆乡。2001年3月16日改为大丰堆镇。2011年6月23日,所辖崔庄子、李八庄、岳庄子、白公坨4村析出。

2013年,实现地区生产总值3.36亿元,财政收入6315万元,固定资产投入1.11亿元。农民人均可支配收入14715元。

全镇耕地面积1492.08公顷,平均每一农业人口占有0.11公顷。粮食作物主要有小麦、玉米、大豆。全年,粮食播种994.16公顷,总产4792吨;棉花种植525.6公顷,总产426吨。有果园133.3公顷,产水果327吨。新增造林面积105.85公顷,年末实有林地2165.21公顷。饲养生猪35680头、羊625只、肉鸡144.53万只,全年肉类总产4057吨,蛋类总产119吨。水产养殖业较发达。有淡水养殖面积200.1公顷,总产水产品2250吨。全镇农、林、牧、渔业总产值13149万元。

有规模以上企业14家,从业人员556人。全年,实现生产总值12.76亿元,营业收入13.71亿元,利润1258万元。

民计民生方面。大修公路四条6.8公里;挖补丰崔路南段1200平方米;修建前明、前树、后树、丰普村连接杨成庄基本农田保护区三条公路,总长5公里。修建桥涵6座、扬水站1座;新挖河道750米。年内,社会救济对象累计227户553人;突发性临时救助金额20500元;改造困难群体危房33处。投资90余万元对镇敬老院进行功能提升;镇流动人口服务中心建成使用。

(王 卉)

蔡公庄镇

蔡公庄镇位于静海县东南部。东邻团泊镇,西连西翟庄镇和唐官屯镇,南至中旺镇,北接大邱庄镇和团泊镇。2013年,镇域面积65.3平方公里。辖16个行政村。人口7662

户 21238 人，其中非农业人口 902 户 1571 人。镇政府驻蔡公庄，西北距县城 21 公里。

该镇因驻地蔡公庄得名。清朝属土河地练。1945 年置蔡公庄保公所，属静海县二区土河大乡。1948 年 12 月属天津县湾头区。1949 年划归静海县。1950 年 8 月设八区，驻蔡公庄。1957 年 8 月建蔡公庄乡。1958 年 8 月设蔡公庄管理区，属团泊洼公社。1983 年 7 月复置蔡公庄乡。1995 年 12 月 25 日，蔡公庄乡改为镇。2003 年 9 月 25 日，大屯、满井子、王虎庄 3 村析出。2011 年 6 月 23 日，官坑、太平村 2 村析出。

2013 年，实现地区生产总值 8.29 亿元，财政收入 1.18 亿元，固定资产投入 4.51 亿元。农民人均可支配收入 15330 元。

全镇耕地面积 2573.82 公顷，平均每一农业人口占有 0.13 公顷。2013 年，农业规模化水平提升，引进农业新品种 17 个，推广新技术 8 项，新增合作社 6 个。静东合作社种植黑色杂粮 392.9 公顷，年产值 1577 万元。全年，粮食种植 2331.5 公顷，总产 13627 吨；棉花种植 525.6 公顷，总产 426 吨；蔬菜种植 26.88 公顷，总产 1425 吨。有果园 317.69 公顷，水果以枣、苹果、梨和葡萄为主，果品总产量 2406 吨。新造林 115.72 公顷，年末实有林地 2740.57 公顷。饲养生猪 15420 头、牛 119 头、羊 3215 只，全年肉类总产量 2005 吨，蛋类产量 75 吨。全镇农、林、牧业总产值 12840 万元。

工业以黑色金属压延、金属制造、乐器制造为主。新增科技型中小企业 20 家，累计 60 家。有规模以上企业 18 家，从业人员 2757 人。全年实现总产值 30.37 亿元，营业收入 28.87 亿元，利润总额 3106 万元。

民计民生方面。新修乡村公路 6.9 公里、泥石路 6.8 公里。投资 650 万元对 30 家企业污水处理设备升级改造，投资 30 万元对镇域 6 条河道、5 个坑塘集中整治，依法取缔严重污染和售酸企业 10 家，停产整顿污水排放不达标企业 5 家。全年，申报低保、五保、特困家庭 51 户，发放低保和五保供养金 225.4 万元，发放特困救济款 13.5 万元，发放临时救济款 7.2 万元，并为 234 户残疾人发放生活必需品。

（王　卉）

西翟庄镇

西翟庄镇位于静海县东南部。东邻蔡公庄镇和大邱庄镇，西连陈官屯镇，南至唐官屯镇，北接大丰堆镇。2013 年，镇域面积 55.9 平方公里。辖 13 个行政村。人口 5570 户 14211 人，其中非农业人口 851 户 1300 人。镇政府驻西翟庄南侧，西北距县城 20 公里。

该镇因驻地西翟庄得名。清朝属静海县东路顺民屯地练。1946 年置西翟庄保公所，属二区土河大乡。1948 年 12 月属天津县湾头区。1949 年划归静海县。1950 年 8 月属八区。1957 年 8 月建西翟庄乡。1958 年 8 月设西翟庄管理区，属钢龙公社。1961 年 5 月建西翟庄公社。1983 年复置西翟庄乡。2001 年 8 月改为西翟庄镇。2006 年 1 月 1 日，所辖庞庄子村划归大邱庄。2011 年 6 月 23 日，所辖东尚码头、西尚码头、前尚码头、北尚码头、巨庄子 5 村划出。

2013 年，完成地区生产总值 6.25 亿元，财政收入 6468 万元，固定资产投入 1.01 亿元。农民人均可支配收入 14580 元。小枣协会申报的"静海金丝小枣"获国家农业部农产品地理标志认证，"西翟庄小枣"在国家商标局成功注册。

全镇有耕地 2065.77 公顷，平均每一农业人口占有 0.16 公顷。全年，粮食播种 2001.07 公顷，总产量 11553 吨；棉花种植 116.73 公顷，总产量 122 吨。中药材种植范围辐射全镇 6 个村，涉及菊花、射干、黄芪、薄荷、板蓝根等 10 余个品种，种植面积 187.2 公顷。养殖业发达。饲养生猪 8500 头、牛 2500 头、羊 2600 只、肉鸡 150 万只，全年肉类总产量 1896 吨。全镇农、林、牧业总产值 8424 万元。

完成工业总产值 33.7 亿元，其中规模以上企业 28.3 亿元。全年争取科技型中小企业政府周转金贴息项目 10 个，通过科技型中小企业认证企业 29 家，发展科技小巨人企业 2 家。

民计民生方面。大修改造崔唐支线等乡村公路 8 条 7.27 公里，修建田间公路 5.1 公里。年内，镇综合服务中心和农业发展服务中心建成，农产品交易市场在吕家沟启动建设；老年日间照料中心建成，镇敬老院得到修缮。全年发放各类救助金 280 万余元。

（王　卉）

双塘镇

双塘镇位于静海县中部。东靠大丰堆镇，西连梁头镇，南邻陈官屯镇，北接静海镇。2013 年，镇域面积 44.1 平方公里。辖 10 个行政村。人口 5293 户 14224 人，其中非农业人口 850 户 1442 人。镇政府驻东双塘村，北距县城 7 公里。

该镇因驻地双塘得名。清朝置东双塘地练，属静海县南路。1946 年置东双塘保公所，属静海县一区。1948 年 12 月属七区。1950 年 8 月改属一区。1957 年 8 月属八里庄乡。1958 年 8 月置东双塘管理区，属红旗公社。1961 年 5 月建东双塘公社。1983 年 7 月置东双塘乡。2000 年 12

月改为双塘镇。

2013年，完成地区生产总值14.96亿元,财政收入9279万元,固定资产投入17亿元。农民人均可支配收入14361元。

全镇有耕地2088.24公顷,平均每一农业人口占有0.16公顷。全年,粮食播种1895.28公顷,总产12412吨；棉花种植64.23公顷，总产70吨；蔬菜种植424.81公顷，总产23075吨。有果园316.83公顷,产水果540吨。新造林270.8公顷,年末实有林地2762.58公顷。畜牧养殖业发达。饲养生猪20135头、牛6810头、羊350只、肉鸡169.41万只,全年总产肉类3382吨、蛋类751吨、牛奶31620吨。全镇农、林、牧业总产值28667万元。

园区经济成为引领全镇经济发展的龙头。至年底,园区引进项目48个,其中22个项目建成投产;全年引进内资8亿元、外资1000万美元。至年底,全镇有38家企业被初定为天津市科技型中小企业，占企业总数的19.2%。

第三产业发展迅速。西双塘民俗风景区通过国家3A级景区验收，并获得全国休闲农业与乡村旅游五星级园区称号。国庆期间,西双塘村举行庙会活动，吸引各地商户140余家,“天下第一象”、东五台寺、中国农宅等景点,群众自编自演的“大唐王朝”古装剧演出,吸引各地观光游客10万人次,零售、餐饮、娱乐等各类服务业销售收入200余万元。

民计民生方面。投资153万元,小修京李路500平方米、高杨路800平方米、义塘路1500平方米,大修增福堂村内路2.33公里。新增低保19户、特困7户、五保4户;为21户困难群众申请临时救济。

(王　卉)

陈官屯镇

陈官屯镇位于静海县中南部。东邻西翟庄镇,西连沿庄镇,南至唐官屯镇,北接双塘镇。2013年,镇域面积92.5平方公里。辖24个行政村。人口11179户31686人,其中非农业人口1446户2205人。镇政府驻陈官屯村,北距县城12.5公里。

该镇因驻地陈官屯故名。清朝置陈官屯地练,属静海县南路。1949年12月置陈官屯区。1952年10月改称九区,1957年8月建陈官屯乡,均驻地陈官屯。1958年8月建陈官屯管理区，属钢龙公社。1961年5月建陈官屯公社。1983年7月复置陈官屯乡。1988年8月置陈官屯镇至今。

2013年，完成地区生产总值9.66亿元，财政收入3960万元,全社会固定资产投入1.55亿元。农民人均可支配收入14066元。

全镇有耕地4732.63公顷,平均每一农业人口占有0.16公顷。全年,粮食播种3660.23公顷,产量19007吨;棉花种植447.76公顷,产量490吨；蔬菜种植1743.74公顷，产量108704吨。年内,西钓台200.1公顷放心菜基地通过市级验收；陈官屯镇和西钓台村2个蔬菜基地检测室建成。全镇设施农业面积200.1公顷,植树433.55公顷40万株。全年,农、林、牧业总产值32398万元。

规模以上工业企业7家，从业人员780人。全年，实现营业收入63632万元,利润680万元。年内,新上项目4个,技改项目3个,工业固定资产投入5000万元,吸引内资实际到位5150万元。引进注册物流、商贸、建筑类企业38家,上缴税收840万元。

民计民生方面。建设乡村公路11.6公里;胡辛庄、二街文明生态村建设完成,东钓台、西钓台美丽乡村建设仍在进行；改造群众危陋房屋28处。年内,该镇与农科院对接,建立胡辛庄村天津市农业科技图书馆。全年，申请低保59户、五保9户、特困6户,筹集资金25万余元,救助困难家庭60多户。

(王　卉)

梁头镇

梁头镇位于静海县西部。东邻静海镇和双塘镇，西接王口镇和子牙镇,南至沿庄镇,北连独流镇和台头镇。2013年,镇域面积84.86平方公里。辖22个行政村。人口7887户21418人，其中非农业人口1234户2219人。人口密度为每平方公里252人，是全县人口密度最小的乡镇。镇政府驻梁头南侧，东距县城5.5公里。

该镇因驻地梁头得名。清朝置梁头地练。1946年置梁头保公所。1948年12月设静海县四区，驻梁头。1957年8月建梁头乡。1958年8月设梁头管理区，属红旗公社。1961年5月建梁头公社。1983年7月复置梁头乡。1997年3月10日改为梁头镇。

2013年，实现地区生产总值9.61亿元，财政收入5173万元,固定资产投入3.5亿元。农民人均可支配收入14034元。

全镇耕地面积5124.56公顷,平均每一农业人口占有0.27公顷,是全县人均耕地最多的乡镇。全年,粮食播种3422.91公顷，总产20545吨;棉花播种1334公顷,总产1410吨；蔬菜播种294.15公顷，总产16436吨；果用瓜种植78.71公顷,总产4481吨。有果园498.72公顷,产水果690吨。新造林445.62公顷,年末实有林地5963.91公顷。饲养生猪24230头、羊10934只、肉鸡49.53

万只,全年肉类产量 2027 吨,蛋类总产量 306 吨。全镇农、林、牧业总产值 23777 万元。

工业以有色金属压延、黑色金属压延、金属制造和针织为主导产业。全年,黑色、有色金属压延行业营业收入 21.18 亿元,金属制品行业营业收入 3.85 亿元,橡胶、化工、针织服装行业营业收入 7760 万元。新增科技型中小企业 15 家,累计 76 家。全镇规模以上企业 11 家,从业人员 1274 人。全年实现营业收入 10.71 亿元,利润总额 412 万元。

民计民生方面。新修西柳木、孟庄子等村乡村公路 7 条 7.5 公里,新修东河头、东柳木、肖民庄村田间泥石路 3 条 2.1 公里。完成梁台路下水工程 1600 米。罗塘集中供水厂投入使用,周边 5 个村实现集中供水。配合静文路拓宽改造、港清三线输气管道和大邀铺 110 千伏变电站架线等市、县重点工程建设工作。

(王　卉)

中旺镇

中旺镇位于静海县东南隅。东邻滨海新区小王庄镇,西界河北省青县陈缺屯乡,南至青县金牛镇和黄骅市齐家务乡,北隔马厂减河靠唐官屯镇和蔡公庄镇。2013 年,镇域面积 118.4 平方公里。辖 29 个行政村。人口 13222 户 35656 人,其中非农业人口 1794 户 2855 人。镇政府驻中旺,西北距县城 38.5 公里。

该镇因驻地中旺得名。清朝置中旺地练,属静海县东路。1945 年 5 月属津南县。1949 年 3 月划归静海县。1950 年 8 月设七区,驻中旺。1957 年 8 月建中旺乡。1958 年 8 月设中旺管理区,属团泊洼公社。1961 年 5 月改设中旺公社。1983 年 7 月置中旺乡。1988 年 3 月置中旺镇。2001 年 8 月调整区划,将大庄子乡并入中旺镇。

2013 年,完成地区生产总值 13.57 亿元,财政收入 6922 万元,固定资产投入 6.6 亿元。农民人均可支配收入 14557 元。

全镇耕地面积 5521.63 公顷,平均每一农业人口占有 0.17 公顷。主产粮食、水果。全年,粮食播种 6116.52 公顷,产量 34659 吨。水果以枣为主,有枣园 430.22 公顷,产枣 492 吨。林地面积 3938.37 公顷,当年造林 219.98 公顷。新引入金标谷物、绿水丰蔬菜和裕祥葡萄种植 3 个设施农业项目,总投资 4000 多万元。全镇各类农民专业合作社 21 个。全年饲养生猪 59463 头、牛 118 头、羊 7796 只、肉鸡 131.83 万只,肉类总产 4923 吨、蛋类总产 3102 吨。全镇农、林、牧业总产值 23524 万元。

天津滨港铸造工业区基础设施进一步完善,年内,园区内 50 万伏变电站开工建设。南区投入 894.5 万元,完成道路、桥梁、供排水、天然气、通讯和土地平整等工程。至年底,该区签约项目 11 个,其中建成投产 5 个、在建 1 个、待建 5 个。北区投入近 3000 万元,完成滨港大道和三号路修建,建成滨港一号桥,架设高压线路 1100 米,并就园区通讯、天然气、供水工程等签订投资意向,具备承接项目条件。至年底,园区办完用地手续项目 12 家,占地面积 36.39 公顷,协议投资额 5.9 亿元。

民计民生方面。投入资金 850 万元硬化乡村公路 14.8 公里、挖补道路 3175 平方米;投资 374.4 万元新修泥石路 13 公里,涉及赵齐庄、十槐村、大庄子、东小屯、曾家河、姚庄子、港里、王官庄 8 个行政村;自筹 40 余万元,对小曲河危桥和政府西侧公路大修;配合市、县交通部门,完成 205 国道拓宽工程。年内,改造危房 138 户,其中改建 111 户,修缮加固 27 户。全年发放粮食良种补贴 835.9 万元。

(王　卉)

良王庄乡

良王庄乡位于静海县东北部。东邻杨成庄乡,西连独流镇,南接静海镇,北隔独流减河与西青区辛口镇、张家窝镇交界。2013 年,乡域面积 53.3 平方公里。辖 18 个行政村。人口 7569 户 19631 人,其中非农业人口 1204 户 1957 人。乡政府驻良王庄南侧,西南距县城 12 公里。

该乡因驻地良王庄得名。清朝置良王庄地练,属静海县北路。1946 年置良王庄大乡。1948 年 12 月属静海县六区。1949 年 12 月设良王庄区。1950 年 8 月属三区。1957 年 8 月置良王庄乡。1958 年建良王庄管理区,属东风公社。1961 年 5 月建良王庄公社。1983 年 12 月复置良王庄乡。2001 年 8 月调整区划,将府君庙乡的王家院、李家院、府君庙、十一堡、普提洼、白杨树 6 个村并入良王庄乡。

2013 年,完成地区生产总值 8.35 亿元,财政收入 6438 万元,全社会固定资产投入 1.5 亿元。农民人均可支配收入 14455 元。

全乡耕地面积 2469.5 公顷,平均每一农业人口占有 0.14 公顷。主要粮食作物有小麦、玉米、大豆。全年,粮食播种 1562.38 公顷,总产 8535 吨;棉花种植 347.51 公顷,总产 363 吨。年内,际丰蔬菜专业合作社形成集休闲、娱乐、垂钓、采摘于一体的观光型都市农业雏形。全乡蔬菜种植 1115.62 公顷,总产 57491 吨,销售收入 7812 万元。饲养生猪 14896 头、牛 2460 头、羊 3505 只、肉鸡 40.46 万只,全年肉类产量 1143 吨、蛋类产量 952 吨、牛奶产量

13886吨。有淡水养殖面积162.75公顷，总产水产品1830吨。全乡农、林、牧、渔业总产值27502万元。

有规模以上工业企业6家，从业人员572人，全年实现总产值30342万元，营业收入32121万元，利润556万元。年内，招商引资项目4个（其中2家投产，2家试生产），协议引资1.24亿元，实际到位4420万元。

民计民生方面。投资800余万元，完成四小屯等5个村10.5公里乡村公路和主要街道硬化，翻建桥梁2座，整修路面2000平方米，修建田间路6278米；投资280余万元，大修铁路涵洞2个。至年底，独流减河南岸道路仍在修建；2000平方米的良王庄中心幼儿园建设完成。年内，乡敬老院得到维修改造，城乡居民最低生活保障制度得到落实，285户城乡居民达到应保尽保。

（王　卉）

杨成庄乡

杨成庄乡位于静海县东部。东邻团泊镇，西连静海镇和良王庄乡，南接大丰堆镇，北隔独流减河与西青区精武镇交界。2013年，乡域面积67.51平方公里。辖13个行政村。人口8611户26123人，其中非农业人口1285户2807人。乡政府驻杨成庄西侧，西距县城12公里。

该乡因驻地杨成庄得名。清朝属静海县东路双窑地练。1945年属一区砖垛大乡。1948年12月属天津县砖垛区。1949年划归静海县。1950年8月属二区。1957年8月属管铺头乡。1958年8月属团泊洼公社。1961年5月建管铺头公社。1983年7月置管铺头乡。1984年6月28日更名杨成庄乡。

2013年，实现地区生产总值9.87亿元，财政收入8441万元，固定资产投入1.65亿元。农民人均可支配收入14896元。

全乡耕地面积2315.82公顷，人均占有耕地0.1公顷。主要农作物有小麦、玉米、棉花。全年，粮食作物播种1772.42公顷，产量10420吨；棉花播种533.6公顷，总产544吨；蔬菜种植26.68公顷，总产2000吨。有果园276.27公顷，产水果462吨。新造林108.92公顷，年末实有林地1672.17公顷。年内，举办科学养殖培训班两期，培训120余人次，印发宣传材料1000余份，以提高畜牧业养殖水平。全年肉类总产4895吨，蛋类总产1459吨，牛奶总产7020吨。有淡水养殖面积162.48公顷，总产水产品3042吨。全乡农、林、牧、渔业总产值28647万元。

有规模以上工业企业11家，从业人员744人，全年实现总产值66717万元，营业收入66957万元，利润总额1695万元。

新城开发实施顺利，董庄窠村和闫家塚村整体开发工作启动。年内，起坟墓550座、拆迁养殖用房9处11189平方米，住宅340平方米，鱼池4公顷，树木4万株，清理农作物282.1公顷。

民计民生方面。年内，梅厂、前寨、杨成庄、董庄窠、闫家塚等村投资475万元修建村街公路9.5公里；投资300余万元新建砖垛小学；投资近500万元新建1600平方米的现代化中心幼儿园。投入12万元用于困难户救助，帮助特困户渡过难关。

（王　卉）

·天津区县年鉴·

滨海新区

滨海新区

概 述

天津市滨海新区地处华北平原北部,海河流域下游,天津市中心区的东部,渤海湾中心,天津港坐落其间。东临渤海,西与东丽区接壤,南与河北省黄骅市为邻, 北与天津市宁河县、河北省丰南县为邻,距北京市 140 公里。境域地理坐标为北纬 38°40′~39°00′, 东经 117°20′~118°00′,区境南北长,东西窄,呈弯弓状。地当东北亚地区中心地带, 是欧亚大陆桥的东起点,辐射中国“三北”(东北、华北、西北)地区。

2009 年 11 月,经国务院批准建立行政区。2013 年 9 月,滨海新区行政体制改革,撤销塘沽、汉沽、大港三个城区工委、管委会。12 月,优化整合功能区和街镇,将原来 12 个功能区整合为 7 个功能区。包括天津经济技术开发区、天津港保税区、天津滨海高新技术产业开发区、东疆保税港区、中新天津生态城、中心商务区、临港经济区 7 个经济功能区。按照“大街镇”模式,将原有 27 个街镇调整为 14 街 5 镇。包括塘沽街道、新北街道、杭州道街道、新河街道、大沽街道、北塘街道、胡家园街道、汉沽街道、寨上街道、大港街道、古林街道、海滨街道、茶淀街道、泰达街道、新城镇、杨家泊镇、中塘镇、太平镇、小王庄镇。对街镇充分授权扩权,推动管理重心、工作重心下移。2013 年, 区域面积 2270 平方公里, 海岸线长 153 公里, 海域面积 3000 平方公里。全区常住人口 278.72 万人。户籍人口 42.89 万户 116.30 万人,其中,农业人口 20.42 万人,非农业人口 95.88 万人; 男性人口 59.88 万人,女性人口 56.42 万人。

2013 年, 滨海新区实现生产总值 8020.4 亿元,比上年增长 17.5%。财政总收入 1862 亿元,其中,地方一般预算收入 878.9 亿元, 增长 20.1%。全社会固定资产投资完成 5036.73 亿元,增长 13.1%。实现社会消费品零售总额 1158 亿元, 增长 14%。农村居民人均可支配收入增长 13%。城市居民人均可支配收入增长 12%。万元生产总值能耗下降 4.1%。现代农业稳步发展, 农业增加值 10.1 亿元。建成 3 个市级农业科技园区, 新建 5 个农业标准化示范基地。新增设施农业 292.87 公顷,累计达 2466.67 公顷。建成放心菜基地 133.33 公顷,累计达 493.33 公顷。工业快速发展, 工业增加值完成 5137.6 亿元,增长 18.4%。规模以上工业总产值 16200 亿元,增长 13%。八大优势产业占全区工业比重达到 90%。其中,汽车及装备制造业总产值突破 5000 亿元,比上年增加 1000 亿元;石油化工总产值突破 3300 亿元,比上年增加 300 亿元;电子信息总产值 2600 亿元, 比上年增加 600 亿元; 粮油食品和轻工纺织总产值突破 1600 亿元,比上年增加 600 亿元;航空航天、新能源新材料、生物医药等战略性新兴产业加速成长,总产值突破 1500 亿元,比上年增加 400 亿元。百亿元以上产值规模工业企业集团达 21 家,其中 3 家超千亿元。服务业发展加快,第三产业增加值完成 2607.3 亿元,增长 16.7%。金融、租赁、服务外包等行业增势强劲,金融业增加值增长 24.4%,人民币存贷款余额分别超过 4300 亿元和 5800 亿元。旅游业蓬勃发展,全年旅游接待量 1750 万人次,实现旅游综合收入 115 亿元, 欢乐海魔方投入使用。

继续坚持项目集中园区、产业集群发展、资源集约利用、功能集成建设的思路, 统筹推进大项目建设和功能区开发, 形成建设与招商同步提高, 功能与产业融合发展的良好态势。建成长城汽车二期、阿尔斯通等 96 个重大工业项目,开工建设爱达变速箱、鑫正海工、新纶科技等

2013年9月15日，第四届中国(天津滨海)国际生态城市论坛暨博览会在滨海新区国际会议中心开幕

（区委统战部供稿）

107个工业项目。以10个服务业聚集区为载体，实施117个重大服务业项目，营运商务楼宇总数90座，98座商务楼正在建设之中，聚集各类总部企业245家。开发区西区完成整体开发，南港工业区项目用地达77平方公里，三星电子西区生产基地、中石化原油商储基地等项目竣工投产。天津港保税区卡特彼勒、阿尔斯通等28个项目竣工，科大讯飞、铁三院等20个项目开工，GE医疗器械、瑞普生物等58个项目加快建设。滨海高新区未来科技城基础设施稳步推进，24个重大项目在建，北大新一代信息技术研究院正式落户。东疆保税港区整体封关运作，国际邮轮母港码头二期工程竣工，累计建成6个10万吨级泊位和58万平方米标准厂房，注册各类企业超过1600家。中新天津生态城起步区8平方公里基本建成，国家动漫园、3D影视园等产业园区聚集各类企业超过1000家，首批公屋交付使用，学校、医院、图书馆等配套项目加快建设。中心商务区累计有7栋商务楼宇建成使用，滨海商业中心开工，金融类企业注册总数476家。临港经济区累计完成造陆120平方公里，普洛斯等20个项目竣工投产，普罗旺斯、仁泽物流等项目开工建设。滨海旅游区累计完成21平方公里土地吹填，5平方公里起步区初具规模，12个重点项目加快建设。

坚持以改革促开放，用好国际国内两个市场、两种资源，双向拓展对外开放的广度和深度。全年新引进外资项目300个，实际利用外资110亿美元，比上年增长12%。引进内资项目600多个，实际利用内资738.3亿元，增长26.2%。外贸进出口总额894亿美元，增长10%，其中出口318亿美元，增长3%。天津港贸易往来扩大到180多个国家和地区的500多个港口，货物吞吐量突破5亿吨，集装箱吞吐量达1300万标准箱，旅客吞吐量超过25万人次。天津口岸进出口总值2100亿美元。机场旅客吞吐量达1000万人次，货邮吞吐量20万吨。成功举办第四届滨海生态城市论坛及博览会、第二届中国国际直升机博览会等一批国际知名品牌展示会。

围绕国家创新型试点城区建设，进一步聚集科技创新资源和创新成果。实施创新平台筑巢工程，与国家科技部、教育部等部门建立紧密联系，与中国科学院、北京大学等高等院校、科研院所开展深度合作，新增国家级、省部级研发机构55家。研发机构总数达283家，其中国家级重点实验室13家、国家级工程中心18家、国家级企业技术中心19家。累计建成7个国家高新技术产业基地、10个行业技术中心、15个产业技术联盟。实施自主创新提升工程，在移动互联网、集成电路设计、北斗导航、大数据工程、大型成套装备、基因测序、生物制药、环保工程等前沿领域组织和引导科技攻关。全年实施50项重大科技成果产业化攻关，突破10项具有自主知识产权的核心技术，研发出100项具有影响力的产品和装备，新增具有国内领先水平的“杀手锏”产品20项。实施科技企业培育工程，坚持“自主培育”和“吸引聚集”两条腿走路，“一企一策”针对性帮扶，促进科技企业发展。新增科技型中小企业3500家，小巨人企业175家，总数分别达到1.6万家和800家。103家企业入选全市科技小巨人领军企业重点培育企业，占全市的一半。上市科技企业达26家。实施科技金融护航工程，不断完善政策支持体系，优化创新环境。依托国家863计划产业化伙伴城区促进中心和国家863计划交易平台，推动110项科技成果落地转化。创新科技金融发展模式，组建新区科技金融集团，为科技企业提供投资、担保、贷款等综合支持。全年申请专利15000件。2013年，新区6个项目获得国家科学技术奖；85个项目获市科学技术奖，占全市获奖总数的43.6%。科技对经济增长的贡献率达61%。

坚持以美丽新区建设为目标，进一步提升功能、打造亮点。全年投资750亿元，实施76个重大城市建设项目。临港10万吨、南港5万吨级航道基本完工,天津港30万吨级航道二期、滨海国际机场二期工程进展顺利。地铁9号线、津秦客运专线滨海段建成通车,京津城际延伸线、于家堡高铁站、海河隧道加快推进。新建扩建4条高速公路、3条城市快速路和27条主干道路,基本形成以“两港、两高、三快”为骨架的综合交通体系。进一步完善公用设施,北疆热电厂投产送热,南疆热电厂和华能临港燃气热电联产项目加快建设,核心区供热小锅炉拆炉并网工作稳步推进,累计改造老旧供热主干管网290公里。完成住宅小区供水庭院管网改造100公里,1.1万户。积极推进光纤入户工程,光纤入户达110万户。初步建成数字化城市管理信息系统,为提升城市管理网格化、智能化、精细化水平提供了有力保障。

建成港东新城、轻纺经济区、大港油田港西等3座污水处理厂,配套管网加快建设,全区污水处理能力达75万吨/日。完成黑猪河治理工程和10个低洼片区市政排涝设施改造。投资7.23亿元,实施59个工业节能项目,实现节能10.4万吨标煤。实施多水源联合调配,利用淡化海水、再生水等非常规水比重提高到12%。继续深入开展市容环境综合整治,整治道路16条、社区61个。建设独流减河、官港等郊野公园,开工绿化面积411万平方米,建成区绿化覆盖率达35%。完善公交线网布局,新开提升16条公交线路,新增节能环保公交车150辆。环境监测预警中心建设基本完工。

采取资源整合、合作共建、嫁接改造等方式,启动实施“十大民生”工程,加快补齐社会发展短板。新建、改扩建中小学和幼儿园10所,义务教育学校全部通过现代化达标验收,成为全市首批全国义务教育基本均衡发展区。积极引进优质教育资源,南开中学滨海生态城学校、天津实验中学滨海学校开工建设。创新职业教育模式,滨海中专被教育部确定为国家高水平示范性中等职业学校。推进外来务工人员素质提升工程,获批全国社区教育实验区。加快发展医疗卫生事业,空港国际医院和天津医科大学中新生态医院加快建设,第五中心医院二期工程和天津医科大学总医院滨海医院顺利推进,新区疾控中心、卫生监督所、急救中心、卫生信息中心等完成主体施工。第五中心医院通过“三甲”医院评审,泰达医院升为“三级”医院。全面完成国家免费孕前优生检查试点任务和妇女儿童健康行动计划。大力实施文化惠民工程,新建和提升5个街镇文体中心,106个居民书房和居民文化室,在全市率先实现农家书屋和村文化室全覆盖。新建未成年人快乐营地61个,一批文化馆、图书馆、博物馆实现免费开放。成功举办滨海新区第三届社区文化艺术节和滨海国际艺术节,全年组织滨海市民文化讲堂36场。圆满完成第六届东亚运动会协办任务。扎实推动文明城区创建,市民文明素质和社会文明程度明显提高。围绕建设全国创业先进城区,实施更加积极的就业政策,新增就业12万人,转移农村富余劳动力超过1万人,帮扶1700名困难人员就业,城镇登记失业率控制在3%以内。社会保障参保人数持续增长,职工和居民社会保险覆盖率居全市领先水平。城乡低保、重点优抚对象抚恤补助、特困补助、残疾人生活补助标准有较大提高。启动建设第一、第二、第三老年养护院和贻芳托老所。新建、续建街镇社区服务中心21个,提升改造120个老旧社区居委会办公及服务用房。新建一批社区商业中心、菜市场、人行天桥和停车设施。深入实施放心食品系列工程,食品安全保障体系日益完善。

深入开展“促发展、惠民生、上水平”活动,组织139个服务工作组、500多名干部深入基层和企业开展帮扶,走访企业和建设项目1403个,解决各类问题872个。政民零距离、区长信箱等收到群众诉求2.1万件,全部及时交办回复,被评为全市优秀办理单位。推进依法行政,严格按照法定权限和程序行使权力,健全完善重大事项集体决策、专家咨询、社会公示和听证制度,提高政府决策的科学化民主化法制化水平。进一步改进文风会风,优化服务流程,全面推广首问负责、限时办结、服务承诺、责任追究等工作制度,切实转变政府职能。加强应急指挥中

2013年5月23日,滨海新区第三届社区文化艺术节开幕式

(区委宣传部供稿)

心和应急救援队伍建设，完善公共应急管理体制和应急救助准备金制度，增强应急处置和防灾救灾能力。强化安全生产责任，加强食品、药品、危险化学品、特种设备的安全监管。深入开展“法律六进”活动。充分发挥大调解机制作用，妥善处置突发性事件、群体性事件和历史积案，化解各类矛盾纠纷。严格落实中央八项规定，深化拓展“筑堤行动”，开展工程建设领域突出问题专项治理，严格执行公务接待预算管理，完善因公出国出境管理制度，有效防控廉政风险。认真搞好第一批党的群众路线教育实践活动，大兴求真务实、干事创业、密切联系群众之风。

（蔺胜寒）

滨海新区区级领导名单
（11月换届前）

中共滨海新区区委领导名单

书　记：何立峰（任职至2月）　袁桐利（2月始任）

副书记：袁桐利（任职至2月）　宗国英　张继和（任职至9月）　吕福春

常　委：何立峰（任职至2月）　袁桐利　宗国英　张继和（任职至9月）　吕福春　何树山（4月免职）　刘子利（4月免职）　杨英涛（任职至9月）　霍庆生　李新建（任职至9月）　石凤妍（女）　张锐钢　李伟成（任职至9月）　赵玉石

滨海新区人大常委会领导名单

主　任：张家星

副主任：郝寿义　王殿起　曹纪华　张建军　丁巨波　李玉梅（女）

滨海新区政府领导名单

区　长：宗国英

副区长：刘子利（4月免职）　张锐钢　蔡云鹏（9月免职）　王　盛（4月免职）　郭景平（女）　阳世昊（4月免职）　郑伟铭

政协滨海新区委员会领导名单

主　席：张同庆

副主席：况清利　赖德斌　刘胜和　杨志刚（兼）　杨建英（女，兼）　邵芝祥（兼）　赵树月（兼）

滨海新区区级领导名单
（11月换届后）

中共滨海新区区委领导名单

书　记：袁桐利

副书记：宗国英　吕福春　于景森（蒙古族）　张传捷

常　委：袁桐利　宗国英　吕福春　于景森（蒙古族）　张传捷　霍庆生　石凤妍（女）　张锐钢　赵玉石　郑伟铭　张　亮　孙长顺　韩远达

滨海新区人大常委会领导名单

主　任：赵建国

副主任：刘明森　杨树久　姜立超　王凤双　张永珍（女）　李立根

滨海新区政府领导名单

区　长：宗国英

副区长：张锐钢　郭景平（女）　郑伟铭　孙　涛　金东虎（朝鲜族）　杨　兵　杜　翔

政协滨海新区委员会领导名单

主　席：杨英涛

副主席：吴庆云（女）　赵顺利　赵　忠　高相忠　杨志刚（兼）　杨建英（女，兼）　邵芝祥（兼）　赵树月（兼）

（区委组织部提供）

管理体制改革　2013年，滨海新区本着统一、协调、精简、高效、廉洁的原则，以转变政府职能为核心，按照大部制、扁平化、强基层的思路，深入推进行政管理体制改革，构建行政区统领、功能区支撑、街镇整合提升的管理体制架构。9月26日，市委、市政府召开深化滨海新区管理体制改革动员大会，新区行政管理体制新一轮改革全面启动。改革重点包括五个方面：一是撤销塘沽、汉沽、大港三个城区工委、管委会，减少管理层级，推进扁平化管理。二是优化整合功能区，将原来12个功能区整合为7个功能区。具体是：将轻纺经济区规划面积58平方公里、北塘经济区规划面积10平方公里划归天津经济技术开发区；将滨海旅游区规划面积100平方公里和中心渔港经济区规划面积18平方公里并入中新天津生态城管理范围；将塘沽海洋高新区规划面积45平方公里划归滨海高新区；将中心商务区规划范围拓展至新设立的塘沽街全域和新设立的大沽街部分区域。功能区整合后，各区域优化内部机构设置，理顺平台公司的管理体制，进一步优化要素配置，增强发展活力。三是整合提升街镇。按照“大街镇”模式，将原有27个街镇调整为19个街镇，对街镇充分授权扩权，推动管理重心、工作重心下移。具体是：撤销于家堡街、新港街、新村街，设立塘沽街；撤销汉沽街、大田镇，设立新的汉沽街；撤销迎宾街、胜利街，设立大港街。四是深化行政审批制度改革。以服务对象的办事需求为导向，对行政审批事项进行分类分析，初步将事项整合分类为法人主体设立类、经营服务类、企业投资项目类、政府投资项目类、社会服务类、城市管理类、公安司法类等7类，作为审批改革的基础。筹建新区行政审批局，拟将各部门的审批职能全部划出，集中到审批局行使。截至年末，审批局筹建基本完成前期准备工作。五是推进《滨海新区条例》修订工作，已经列入天津市人大常委会2014年度立法计划。

（蔺胜寒）

综合配套改革　2013年，滨海新区继续实施综合配套改革第二个三年计划，深入推进10个方面26个重点改革项目。深化金融改革创新，股权投资企业及其管理机构超过2200家，占到全国的2/3。累计建成股权、碳排放、金融资产等10个创新型交易市场，其中天津股权交易所挂牌企业达到354家。推进意愿结汇、离岸金融、融资租赁、商业保理等改革试点，融资租赁业务总量占到全国1/4，商业保理公司达到83家。深化涉外经济体制改革，实现7×24小时全天候通关服务，“多点报关、口岸放行”的监管模式日臻完善。积极推进港口和口岸功能向内陆腹地延伸，内陆无水港达到23个。国际航运中心核心功能区建设加快，船舶登记、航运税收、航运金融等改革试点稳步推进。推进土地管理、科技体制和国有企业改革，土地统一整备和集中交易制度日趋完善，科技创新支撑作用显著增强，经营性国有资产实现统一监管，民营经济发展环境进一步优化。深化医疗体制改革，继续实施医疗重组计划，推行大医院整合社区医疗服务中心，实施“一体化”管理。引进安琪妇产医院、新世纪儿童医院、捷希肿瘤医院等一批高端民营医疗服务机构，全市首家中外合作医疗机构普华医院和新加坡马光集团兴办的2所社区卫生服务站开诊运营。加强和创新社会管理，创新流动人口服务管理，为近2000名优秀外来建设者解决落户问题，累计达到7000名。积极构建和谐劳动关系，成为全国构建和谐劳动关系综合试验区。巩固提升“五位一体、三调联动”机制，妥善解决一批历史遗留问题和行政争议案件。

（蔺胜寒）

工业八大优势支柱产业 2013年，滨海新区八大优势产业工业总产值14250.6亿元，比上年增长10.6%，对工业增长的贡献率达88.3%，带动新区工业总产值增长9.6个百分点，是新区工业经济增长的主导力量。

航空航天产业。“三机一箭一星一站”的产业格局加速形成，呈现扩张趋势。航天神州特种飞行器二期、中航防务开工建设。中航直升机天津研发总装基地、天津海特飞机维修基地、航天长征复合板材及碳制品产业基地、航天瑞莱产业发展平台等项目竣工。产业规模达385亿元，比上年增长59.1%。

汽车及装备制造业。是新区总量最大的产业，轨道交通、造修船、工程机械、风力发电、港口机械、超高压输变电、核电、水电、石油石化等成套装备产业链进一步完善，鑫正港口机械及船舶起重设备建造基地、一汽丰田研发中心、华泰汽车总部及汽车生产基地一期等项目开工建设。新港船舶重工临港造修船基地、中国一重天津滨海制造基地、天津天管太钢焊管基地、长城汽车二期、博信零部件二期、卡特彼勒大型发动机及发电机组、博迈科临港海洋重工建造基地二期、森精机数控机床生产基地等项目竣工。已发展成为中国重要的轿车生产基地、全系列机车生产基地和国内重要的造修船基地。产业规模达到5084.6亿元，比上年增长8.7%，占新区工业总产值比重31.5%。

石油和化工业。依托四大国家石化企业，着力发展高端中下游企业，已形成一系列完整的石化产业体系。中石化LNG、渤化丙烯腈、中石化国家原油储备基地、壳牌润滑油成品油库、中沙苯乙烯回收、中石化精细润滑油脂等项目开工。渤化丙烷脱氢、天津碱厂丁辛醇二期、中沙环氧乙烷、林献石化润滑油等项目竣工。产业规模3327.6亿元，比上年下降6.8%。其中，石油开采业产值1367.9亿元，下降6.4%；化工业产值1959.7亿元，增长10.3%。

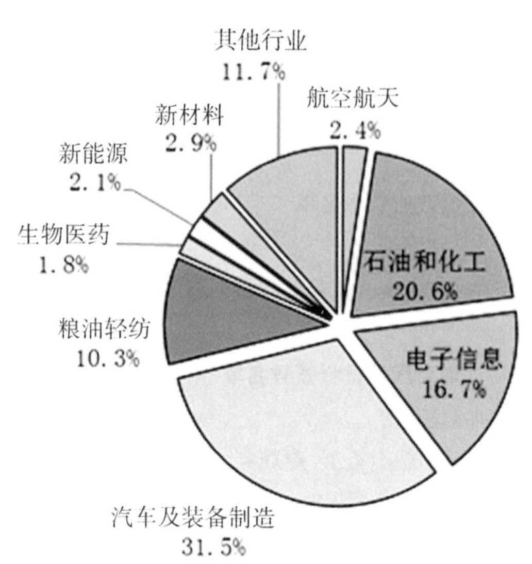

滨海新区2013年八大优势产业工业总产值占新区比重图

电子信息产业。重点发展云计算、云存储、云安全、大数据、集成电路等产业，形成以3G移动通信、高性能服务器、大容量存储器、宽带化纤传输、LED新型光源、3D显示等高端产品为代表的新一代信息技术产业体系。天地图全球数据服务基地、腾讯云计算基地、海能达数字集群研发中心等项目开工。鸿富锦生产基地、三星电子西区厂房、长飞鑫茂扩建等项目竣工。产业规模2688.2亿元，比上年增长25.1%。

粮油轻纺产业。随着中粮、京粮以及新加坡益海嘉里、印尼金光等一大批国内外知名的粮油加工企业在此投资设厂或者增资扩产，一个集粮油加工、储存、贸易、物流于一体的“大粮油”产业链正在新区不断形成和完善。艾地盟食品配料、利达粮油加工基地、普罗旺斯番茄制品、新纶特种纤维、美克家具制造自动化等项目开工。益海嘉里芝麻油、兰德绿色冰糖一期、活力源饮料等项目竣工。轻工纺织等传统产业通过优化升级和技术改造，焕发出新活力。海鸥手表成为国际知名品牌，拥有陀飞轮、三问、万年历三大核心技术，机芯年产量占全国的50%，将成为继瑞士机械表之后的第二大国际手表和精密加工产业基地。高新纺织工业园全面建成，形成集群化、集约化的纺织循环经济产业链，技术装备、生产工艺、产品质量均达世界先进水平。粮油轻纺产业规模达1668.6亿元，比上年增长4.8%；其中，轻纺业1143.2亿元，比上年下降1%。

新能源新材料产业。产品覆盖锂离子、镍氢、太阳能等绿色电池和电池材料、电池生产设备、风力发电设备。新能源领域，高灵能源全国总部及蓄能研发生产基地、中能锂电池等项目开工。力神iphone聚合物手机电池、沙井子风电三期、龙源风力发电二期、三安光电LED新品等项目竣工。产业规模达335.6亿元，比上年增长19.4%。新材料领域，禧天龙新材料研发及产业化基地、膜天膜海水淡化预处理膜等项目开工。华农纳米碳、PPG涂料水性漆等项目竣工。产业规模达470.3亿元，比上年增长7.2%。

生物医药产业。形成以“大品种、大平台、大健康、小巨人”为标志的产业创新发展模式。2013年,生物医药产业生产化学原料药6076.8吨,增长20.9%;中成药110.8吨,增长69.1%。军事医学科学院、中科院天津工业生物技术研究所、细胞产品国家工程研究中心等一批高水平研发机构相继落户,各类生物医药企业超过100家,占到全市的50%以上。在中药、基因药物、生物芯片、抗生素、氨基酸、酶制剂等产品领域具有明显优势。其中,以抗生素、激素、维生素B1和氨基酸为代表的"三素一酸"闻名国内外,胰岛素制剂产量全球最大。威高军盛医疗器械、中生北控中恩医药食品、瑞奇外科器械开工建设。天津生化制药肺炎球菌多糖疫苗、石药信汇头孢菌素等项目竣工。

节能环保产业。新区在新型膜材料、除尘和烟气脱硫等大气污染治理装备、海水综合利用等很多方面处于国内领先水平,已成为中国领先的绿色建筑、生态环保技术及产品引进和示范推广中心。除龙净环保、泰达环保等众多在国内节能环保领域处于领先水平的知名企业外,借助良好的产业发展环境,西门了电气传动、威立雅水务等一批国际知名企业也在此聚集。

(王　芳)

现代农业建设　2013年,滨海新区农业工作,围绕农业增效、农民增收、农村繁荣的目标要求,积极推进滨海都市型现代农业建设,着力加快工业化、信息化、城镇化和农业现代化"四化"同步发展,有力促进滨海新区农业农村发展再上新水平。坚持"基础设施配套、科学技术领先、产业特色明显、综合效益一流、生态环境优良"的标准,聚力推进9个市级农业科技园区建设,累计完成投资41.55亿元。坚持提升科技示范、产业引领、品牌创建、致富带动能力,全面促进农业持续增效、农民持续增收,着力推进7个区级农业产业园区建设,累计完成投资16.1亿元。大力发展绿色农业,全年完成造林391.8公顷,栽植乔灌木71.7万株;累计防控美国白蛾作业面积1.175万公顷,生物用药18.9吨,人工剪网防治面积1933.33公顷;组织举办以"保护鸟类,走进校园、走进社区,你我在行动"为主题的滨海新区"爱鸟周"活动,推动天津北三河湿地公园项目申报与建设,拓展农业生态功能。探索提升农业修复海洋生态系统能力,强化海洋伏季休渔,积极推进水生生物资源增殖放流活动,放流中国对虾苗10亿尾,投放毛蚶、青蛤、菲律宾蛤等优质苗种4550万粒、三疣梭子蟹2000万只、牙鲆鱼10万尾、半滑舌鳎6万尾,提升农业生态服务功能。推进汉沽大田镇小马杓沽村、大港太平镇崔庄村开展"美丽乡村"创建试点工作,组织天津滨城龙达集团等11家企业参加天津第二十届投资贸易洽谈会暨第九届PECC国际贸易投资博览会,举办葡萄节,筹备冬枣节,大力发展寓观光、休闲、民俗、文化、旅游、节庆等活动于一体的休闲产业,开发农业生活功能。按照美丽乡村建设标准,制定完善《滨海新区清洁村庄专项行动实施方案》,对全区所有村庄按照一类村、二类村、三类村3种类型分别进行整治,确定16个村作为新区村庄清洁工程试点村,立足于示范引领,以点带面,全面发动,率先打造一批试点村样板,推进村庄清洁工程全面展开。全区出动1.79万余人次,投入各式车辆4500余车次,完成垃圾处理近10万吨,清理卫生死角及违章建筑400余处,沟渠清理近20公里,治理坑塘30余个,清淤13万余立方米,立面整治及道路硬化13万平方米,动土方6万立方米,完成冬植绿化造林122.6公顷(其中试点村11.07公顷),植树22.95万株。建立健全农民增收长效机制,研究制定《新区农民收入倍增计划实施方案》。通过收购、流转农村集体土地,促进农村劳动力向二、三产业转移,打造拥有薪金、保障金、股金、租金的"四金"新型农民。加大农民培训力度,开展"送科技下乡活动",围绕种植业、林业、畜牧业、渔业、农机等行业,完成农业实用技术普及性培训7100人次。落实农机购置补贴政策,新购置农机具2666台(套),发放补贴资金1106.9万元,313户农民受益。完善小王庄镇盛博源蔬菜合作社、天津市滨海浩龙种植专业合作社等蔬菜直销试点,鼓励超市、机关、企业到蔬菜基地直接采购,实现"菜园子"直通"菜篮子",提升带动农户增收能力。

(王　芳)

总部经济和楼宇经济　2013年,滨海新区制定《滨海新区2013年总部企业引进目标分解计划》,将总部经济发展的具体目标落实到各城区、功能区。全年落户总部企业22家,其中开发区1家,保税区6家,高新区8家,临港经济区1家,中新生态城3家,东疆保税港区1家,塘沽海洋高新区2家。截至年底,滨海新区有总部企业254家,适合总部发展的区位优势和产业基础优势日渐显现,跨国企业总部加速聚集,总部项目高端化趋势明显,总部经济呈现良好发展态势。全年,滨海新区超1万平方米以上楼宇载体建设情况,已投入使用楼宇90个,增长21.62%;建筑面积786.9万平方米,增长17.1%;商务建筑面积457.2万平方米,增长5.35%;明确空置的商务面积有22.89万平方米,下降0.91%。在楼宇建筑和商务面积快速增长的情况下,空置面积实现下降良好局面。滨海新区有5家市级税收亿元楼宇项目，分别为塘沽泛华国际大厦、大港经济开发区科技大厦、开发区MSD-C区、保税区融和广场、高新区华科创业中心。楼宇主导业态上大多以总部经济、金融服务、物流、科技研发为主，在经营方式上以出售、出租混合经营为主。截至年末，滨海新区在建楼宇98个，比上年增长12.64%；总投资886.74亿元，增长0.77%；建筑面积1231.71万平方米，增长15.37%；其中商务面积751.89万平方米，增长12.91%。

（王　芳）

招商引资　2013年，滨海新区围绕年初制定的组织百次精品招商活动、引进千个优质项目、实现千亿元以上招商引资实际到位额的工作目标，以航空航天、电子信息、装备制造等高端制造业和金融服务、航运物流、研发转化等现代服务业为重点，面向欧美、港台和国内重点经济发达地区，强化总部招商、产业链招商、服务外包招商、高端商业招商。充分借重首都资源，深度捕捉项目信息，与国内外重点企业集团及机构建立紧密的战略合作关系，推动重点产业项目集聚落户。全年筹划精品招商活动136次，引进优质内外资项目1068个，实现招商引资实际到位额1457.49亿元。新增外资储备项目133个，投资总额85.58亿美元；内资储备项目221个，投资总额1624.23亿元，其中八大主导产业项目194个。强化各功能区新增内外资储备项目管理工作，不断完善在谈、签约项目动态管理机制。按照投资方式、投资规模、产业方向、投资来源地、经营情况等，对引资项目进行多维度分析，充实新区招商引资数据库。立足提高新区商务审批服务便利化水平，向各功能区进一步下移商务审批事项权限，简化审批环节，强化全方位“保姆式”服务，在招商引资、商务审批等各个环节实现服务标准化、专业化、常态化。围绕“提升开放环境，服务企业发展”主题，组织开展新区加快开放型经济发展服务月活动，走访服务企业648家，组织召开服务企业座谈会60余次，解决企业反映的难题1036个。协调推进新区各单位借重首都资源、开展对京招商活动，牵头制定《关于借重首都资源促进滨海新区开发开放的工作方案》，各功能区在京累计开展招商活动114次，走访在京企事业单位675家，对接洽谈项目1241个，聘请经济及招商顾问83人，促进与北京在科技、人才、项目等方面的全方位合作。

（王　芳）

环境保护　2013年，滨海新区安排水污染减排项目28个，大气污染减排项目31个，定期对各工程项目跟踪检查，加大监管力度，随时掌握进度。强化对区内火电机组及污水处理厂中控平台和在线监测系统的建设和管理，实现各类污染物稳定达标排放。加大对14家国控水重点源和14家国控污水处理厂及56家市控水重点污染源的监管，对企业排污实施24小时全天候监管，确保达标排放。采取泵站逐级提升方式，扩大营城污水处理厂生活污水收水范围，覆盖面积扩大到汉沽生活区、开发区现代产业园区及中新生态城。对区内水污染重点国控企业、市控企业、直排海口及一级河道、国控断面、入境断面和入海断面27个点位、水功能区断面和城考断面36个点位、区控监测断面8个点位等定期监测，强化近岸海域污染防治，确保陆源污水达标排放。开展重金属污染防治工作，对区内2007年污染源普查废气中重金属污染物排放基数进行核定。落实“美丽滨海·一号工程”清水河道工业污染源治理任务，计划实施工业源治理项目84个。其中4个2013年计划治理的工业企业全部完成。对区内企业危险废物的贮存、转移和处置情况开展专项检查。对辖区内废弃电器电子拆解企业拆解数量核查核算，并在全市率先聘用会计师事务所进行专业审计。1月，新区生产化学品环境情况调查工作启动，全年筛查涉及化学品生产企业326家，确定符合条件上报企业130家，涉及31个行业291种化学物质。2013年，滨海新区以开展绿色创建活动为抓手，加强宣传教育，利用新闻媒体、社区电子屏、板报、宣传栏等宣传阵地，以科技周、“6·5”世界环境日、“9·16”保护臭氧层日等节日为契机开展环保宣传活动。开展以创建绿色学校为主线的环境教育活动，年内全区有6个社区通过天津市环境教育工作领导小组的评估验收，获得天津市环境友好型社区命名表彰；创建区级绿色学校5所、区级绿色幼儿园2所、区级绿色社区2个、区级绿色家庭14户。福瑞社区、泰丰社区在全国第二届远洋社区环保公益奖评选活动中荣获一等奖。

（王　芳）

科技型中小企业发展　2013年，滨海新区经认定科技型中小企业累计达15232家、科技小巨人企业累计达762家。其中，年内新增科技型中小企业4179家、新增科技小巨人企业227家。新建8家科技企业孵育载体，累计达50家，其中国家级孵化器10家。以企业为主体建立国家、市级研发中心超过280家。103家企业入选全市科技小巨人领军企业重点培育企业，滨海新区小巨人企业盈利总额占全市四成以上，培育聚集曙光、搜狐视频等一批行业龙头企业。形成以“天河”超级计算机、展讯28纳米手机芯片等为代表的85项“杀手锏”产品。吸引北大(滨海)新一代信息技术研究院、浙大(滨海)产业技术研究院等重大创新平台以及中科微电子、华泰汽车、万贝科技等一批优秀企业落户。

(王莉莉)

2013年10月29日，“双百助教”工程期间，塘沽实验学校进行的小学语文专场

(新区教育局供稿)

教育事业发展 2013年，滨海新区拥有各级各类学校、幼儿园共312所，在校学生182267人，教职工18864人。其中，幼儿园128所(包括独立设置幼儿园99所和附设幼儿班29所)，在园幼儿23973人(包括独立设置幼儿园21824人和附设幼儿班2149人)，学前教师2934人；小学87所，在校学生76235人，教师5515人；中学85所(比上年增加2所，分别为滨海新区大港同盛学校，由小学改为九年一贯制，滨海新区大港第五中学由完全中学改为初级中学)，在校学生60989人，教师8621人；中等职业学校7所，在校学生8478人，教师975人；高职院校2所(教育部门举办)，在校学生12184人，教师745人；特殊教育学校3所，特殊教育学生408人，教师74人。教育教学成绩显著。中考平均分455.17分，中考总分及格率87.05%，中考最高成绩573分，位居全市第三名。在校生参加高考6316人(比上年减少318人)，其中600分以上445人（文史类81人，理工类364人)，占在校生参考人数7%；一本上线1908人(文史类454人，理工类1454人)，占参考人数30.2%。二本累计上线(含艺体生)4144人(文史类1335人，理工类2809人)，占参考人数65.6%。推进职业教育特色课程和骨干课程建设项目。塘沽一职专和滨海中专被教育部确定为国家级高水平示范性中等职业学校建设项目。组织参加天津市中等职业学校“文明风采”竞赛活动，新区375名学生获奖，其中58名学生获一等奖。

(王莉莉)

文化艺术活动 2013年4月，由天津市滨海新区文化广播电视局、天津美术家协会版画艺委会、中国台湾艺术大学有章艺术博物馆主办的天津滨海·台湾版画作品交流展正式启动。此次活动系滨海新区成立以来，首次就版画艺术与台湾进行的文化交流活动。征集中国台湾和滨海新区的版画作品287幅，入选展出50位台湾画家和50位滨海画家的100幅版画作品。8月29日至9月12日先后在滨海国际会展中心和滨海新区泰达图书馆举办展览。10月8日至18日在台湾艺术大学有章艺术博物馆再次举办展览。9月5日，天津市第九届滨海艺术节

2013年8月29日，第四届中国(天津滨海)国际文化创意展交会开幕

(区委宣传部供稿)

暨第三届滨海国际艺术节在塘沽大剧院拉开序幕。艺术节从9月开始持续到11月结束，在此期间新区群众可全程免费观赏参与所有文化活动。艺术节有“演出季”和“展览季”两大主题，有50余场精彩的文化活动。“演出季”有京剧、黄梅戏、儿童剧、话剧、音乐会、芭蕾舞等多种艺术形式，包括奥地利歌唱家阿吉姆胡适独唱音乐会，俄罗斯远东红旗歌舞团的歌舞专场，北京的先锋话剧、儿童音乐剧，安徽的黄梅戏，天津的芭蕾舞、歌剧等节目；“展览季”囊括“滨海风”七人书画作品展、国际袖珍版画特展、2013天津滨海·台湾版画作品交流展、俄罗斯版画名家作品联展、“翰墨滨海”中国书协理事书法精品展、清华大学美术学院丁雷峰师生作品展等系列展览。9月23日，第三届中国天津滨海新区国际作家写作营开营。写作营期间，作家们围绕“经济发展中的生态环境和文化元素”主题开展文学交流，深入滨海新区和天津市区采风，了解滨海新区的历史文化、发展规划、生态环保理念、市民生活、经济和高新技术发展特点，体验改革开放对新区文化与生态发展的影响，创作具有滨海新区元素的文学作品，以文学艺术的方式宣传滨海新区，提升滨海新区的影响力和美誉度。

（王莉莉）

社区卫生体制改革 2013年，滨海新区加强大医院对社区卫生服务中心的管理帮扶、培训指导，全面推广家庭责任医生签约制度，积极建设社区卫生服务中心大医院门诊部，满足居民群众就医需求。第五中心医院、塘沽中医医院、汉沽医院对解放路街、新港街、向阳街、汉沽街社区卫生服务中心的管理帮扶、技术支持、人员培训措施全部到位。选派16名专家到社区卫生服务中心全日制工作，选派专家在社区卫生服务中心出诊1050次，诊疗5900人次，带教查房300多次，开展讲座近30次。大医院接收社区卫生服务中心进修人员16人次，对社区卫生服务中心开展培训讲座和现场指导40多次，开展双向转诊80人次。建立238个家庭责任医生团队，与5955名六类重点人群签订家庭责任医生服务协议书，按照工作标准提供健康评估、健康随访、送医送药、预约诊疗、双向转诊等服务4.75万多人次，入户服务3800次。向阳街社区卫生服务中心被评为全国示范社区卫生服务中心。

（王莉莉）

全民健身 2013年，滨海新区按照“重普及、抓活动、促建设”工作思路，大力开展全民健身活动，着力加强群众体育组织建设，不断完善群众身边体育设施建设。将在50个社区和公园建设健身苑，满足群众就近开展体育健身活动的需求列入新区年度20项民心工程。新区教育局制定工作计划，并对原塘沽、汉沽、大港管委会以及开发区、高新区、中心商务区、空港经济区申报健身工程建设地点进行实地考察，完成建设选址和设计等工作。在市体育局支持下，全年建成“社区健身苑”168个，安装健身器材2184件，为9个蓝领公寓安装健身器材117件，为杨家泊镇、中塘镇文体中心配置48件套健身器材，建成室内健身房。塘沽击剑排球馆被国家体育总局命名为国家级全民健身中心。开展全民健身活动。先后举办“春节健身大拜年”“全民健身日”系列活动及乒乓球、羽毛球、门球、中国象棋、武术、广场舞、体育舞蹈等54项次群众体育竞赛活动，并举办太极拳、健身秧歌等4期健身方法培训班和13场次外来建设者体育健身竞赛活动，累计5万余人参与。参加天津市第四届“体彩杯”全民健身运动会长跑、自行车、足球、健身秧歌、柔力球、健美操、体育舞蹈、乒乓球、网球、羽毛球等43个项目比赛，获金牌（一等奖）130枚，并承办足球、广播体操、保龄球、华牌、国际象棋、门球和外来建设者组等项目比赛。参加全国农民象棋赛、全国健身气功交流大赛、全国竞技钓鱼锦标赛、全国象棋团体赛等多项全国赛事，获金牌13枚，银牌8枚，铜牌7枚。在天津电视台举办“晨光起舞”滨海新区群众体育健身活动专场。健全群众身边体育组织，指导、扶持社会体育组织和基层群众体育组织建设，成立武术、铁人三项、国际象棋、击剑等5个社会体育组织。发挥全民健身站点作用，开展争创“优秀健身活动站点”活动，投入资金30万元扶持30个健身指导站建设并奖励60名社会体育指导员。

（王莉莉）

行政区划调整 2013年，根据市委、市政府批复的《深化滨海新区管理体制改革总体方案》，将新区27个街镇整合为19个：塘沽街、大沽街、杭州道街、新北街、新河街、北塘街、胡家园街、泰达街、汉沽街、茶淀街、寨上街、大港街、海滨街、古林街、新城镇、杨家泊镇、中塘镇、小王庄镇、太平镇。将12个功能区整合为7个，分别是：天津经济技术开发区（南港工业区）、天津港保税区、东疆保税港区、滨海高新区、中心商务区、中新天津生态城、临港经济区。截至年底，全区辖218个居委会，144个村委会（包括2个撤村建居筹备组）。

（王莉莉）

街镇社区服务中心（站）建设 2013年，滨海新区街镇区划调整后，确定已建成和正在启动建设的社区服务中心18个。其中,新北街、北塘街、寨上街、迎宾街、古林街、汉沽街、河西街7个社区服务中心建成投入使用;太平镇、港西街、海滨街、新村街4个社区服务中心主体封顶。其余社区服务中心办理开工前相关手续。截至年底,确定新建的社区服务站80个。其中有58个社区服务站建成投入使用,22个社区服务站正在办理相关手续。在多次深入老旧社区详细摸底调研的基础上,制定《滨海新区老旧社区服务站提升改造实施办法》《滨海新区老旧社区服务站装修改造工程设计导则》,经第59次区政府常务会审议通过。确定提升改造老旧社区服务站120个,总改造面积53229平方米,总投资约8000万元。

(王莉莉)

滨海新区·塘沽

概　述

塘沽是天津市滨海新区三个城区之一，处滨海新区中心城区位置。地理坐标为北纬 38°44′~39°13′，东经 117°30′~117°46′，城区南北长 50 公里，东西宽 25 公里，海岸线长 92.16 公里。东濒渤海湾，西与东丽、津南两区接壤，南临大港，北抵汉沽。海河、潮白河、永定新河、蓟运河、独流减河 5 条河流流经城区并注入渤海湾。境域属暖温带半湿润大陆季风型气候，四季分明，平均气温 13.4℃，无霜期年均 234 天，降水量平均 590.60 毫米。2013 年，城区面积 790.24 平方公里。户籍人口 189995 户 515010 人，有 31 个民族，汉族占总人口的 97.37%。

塘沽，1949 年 3 月建区，初名塘大区。1952 年 2 月更名为塘沽区。2009 年 11 月撤区，改为城区融入天津市滨海新区。2009 年 12 月，成立天津市滨海新区塘沽管理委员会。2010 年 1 月，成立中共天津市滨海新区塘沽工作委员会。2013 年 9 月，滨海新区行政体制改革，撤销塘沽工委和管委会。

2013 年上半年，塘沽区域生产总值 328 亿元，比上年同期增长 17.5%；财政一般预算收入 40.09 亿元，同口径增长 18%；固定资产投资 710 亿元，增长 15%；工业总产值 179 亿元，增长 35%；外贸进出口 19.5 亿美元，增长 10%；社会消费品零售额 123 亿元，增长 13%。泛华国际大厦、时代大厦、津滨科技园和渤海建工大楼等一批楼宇，累计入驻企业 208 家，注册资金 5.59 亿元，实现税收 8038 万元，4 座楼宇均达到“千万元楼宇”目标。城区街道系统引进企业 529 家，注册资金 39.83 亿元，增长 21%。代征个体零散税源 2311 户，代征税款 875 万元。

（王　芳）

组织工作　2013 年，塘沽工委组织部在原工委及所属 84 个处级单位、1466 个基层党组织中，层层组织建立党的群众路线教育实践活动领导机构和工作机构，组建 156 个督导组。按照活动总体要求，认真制定工作方案，将各个环节任务逐项分解为 12 个步骤、40 项内容。结合系统行业工作实际和党员干部思想实际，采取召开动员会等多种形式，层层搞好思想发动，确保原塘沽所属单位教育实践活动全部按时启动。围绕“为民、务实、清廉”要求和“四风”方面存在的突出问题，组织各级党员领导干部深入基层、深入一线、深入群众，确定联系点 478 个，讲党课 182 次，完成调研报告 430 余篇，个别谈话 20889 人次，广泛征求意见 3883 条，梳理意见 645 条；组织各单位召开专题研讨会 297 次、征求意见座谈会 373 次，下发调查问卷 12653 份，设立征求意见箱 237 个，开辟网上专栏 82 个，查摆问题 2420 个，形成班子分析检查报告 77 份，群众评议总体满意和比较满意率达 100%。严格执行干部选任工作制度，选拔任用和交流调整处级干部 130 余名，安置团职以上军转干部 12 名，为胡家园产业园区管委会选派 4 名年富力强的处级干部，办理 10 名处级干部自愿申请免职享受有关待遇手续。制定实施《关于提前免去到龄退休处级干部现任职务有关问题的试行办法》。完成 3 名援青干部选派工作，接收安置 3 名中央三部委选派来塘挂职锻炼干部。着力在基层一线培养选拔干部，先后办理 8 人调任、调动相关手续，完成 9 名公务员招考任务。为拓宽选任干部视野，对原工委、管委会所属单位 2116 名科级干部进行调查摸底和情况汇总。

（张继文）

宣传工作　2013 年，塘沽工委宣传部坚持以工委和各处级中心组建设为载体，着重抓好党的十八大、十八届三中全会和习近平总书记一系列重要讲话精神的学习贯彻。坚持集体学习研讨和个人读书自学相结合，年初制定理论学习总体安排，每季度下发学习重点，加强督促检查，强化学习效果。举办“学习宣传贯彻党的十八大精神”巡回展和党的十八大精神“六进”活动，组织开展中国特色社会主义宣传教育和“中国梦”宣传教育活动，策划举办“中国梦·我的梦”主题征文大赛。深入开展基层党校“达标创优”和“万名书记讲党课”活动，培训党员 1.9 万人次。加强新闻宣传策划，精心组织开展专题性、战役性宣传报道。截至 9 月底，组织开展中央、市级媒体来塘新闻采风活动 5 次，在国家和市级媒体刊发新闻稿件 1462 篇，其中头版发稿 148 条、刊发专版 16 个；在天津电视台、天津人民广播电台共播出新闻消息和专题报道 117

条;在人民网、北方网等门户网站刊发消息415条。反映塘沽创新社会管理和发展都市型现代农业情况的《和谐春风沐新港——滨海新区新港街道创新社会管理纪实》《都市型农业现代化发展之路——天津滨海生态农业科技园建设发展的启示》2篇稿件,在《天津日报》《今晚报》和《人民文摘》杂志专版刊发,形成积极影响。

(张继文)

统战工作 2013年,塘沽工委统战部按照滨海新区区委统战部要求,经工委主要领导同意对民主党派领导班子成员进行补充调整,塘沽6个民主党派中,新调整3名主委、2名副主委。组织民主党派代表人士到贻成集团参观调研,实地考察了解塘沽经济发展现状;联系塘沽民主党派成员到塘沽各街道社区、养老院、河北盐山等地开展义诊活动,对社区居民进行免费健康咨询和医疗服务;开展图书捐赠活动等。成立塘沽非公有制经济组织工作委员会,完成推荐评选天津市非公有制经济先进党组织、优秀党员、优秀党务工作者和党建之友工作,对重点非公有制经济组织进行走访调研,以楼宇党建工作为亮点,本着抓覆盖、抓重点、抓典型、抓前瞻的工作目标,推动楼宇党建工作,以点带面,全面加强民营企业党建工作。经过调研走访,对商会中小会员企业融资难等问题,采取"抱团取暖、抱团融资"的工作思路,建立会员自主管理的融资服务管理平台——"会员融资服务合作社"。结合会员企业的具体情况,由多家银行给予相应的优惠政策和产品,采取"打包融资"方法,建立会员绿色融资通道,更快、更优惠、更便捷地解决中小会员企业融资难问题。与建设银行、光大银行、民生银行、浦发银行等建立良好合作关系,开通会员企业融资绿色通道,根据企业情况进行一对一帮扶,切实解决会员企业融资难问题,年内为会员企业解决融资近2亿元。

(张继文)

项目建设 2013年,塘沽安排亿元以上重点项目40项,总投资484亿元,在建项目26个,总投资282亿元。其中,建成鑫宇环保、铁建大厦等项目主体、滨海信息安全产业园运营中心等一批项目,北塘渔家乐示范项目投入运营;加快推进北方黄金珠宝基地、海洋科技园二期、红星美凯龙家居广场等一批项目;天津滨海国际酒饮交易中心等项目签约落地,洽谈合作中科微电子科技项目、信息科技产业研发服务基地等一批项目。完成胡家园产业园控制性详细规划,启动区域内拆迁摸底工作。完成西干渠改造、雨水泵站建设招标工作,华耐、寿光物流园、英财、新创、金卓等重点项目落户园区。天津滨海生态农业科技园区、都市农业主题公园项目,累计完成投资10.35亿元,正式开张纳客。北塘"渔家乐、农家乐"项目组团整体推进,渔家乐一期项目投入运营,二期建设工作全面启动。新增认定科技型中小企业229家,累计1461家,科技小巨人企业达41家;开展产学研合作,引进中科院顾国彪院士团队、吴德馨院士团队,建设蒸发冷却技术工程中心、滨海微电子技术研发中心等高端科技产业项目;大力扶持科技企业,完成41项"天使资金"项目结项验收,年增产值5.5亿元。开展科技成果鉴定,6家企业申报天津市科学技术奖励、11个单位申报新区科学技术奖励;建成20余万平方米的信息安全产业园运营中心。

(王　萌)

城市建设 2013年,塘沽完成塑月路一期工程,胡北路大修工程竣工通车,提升改造南黄路、迎新路、营口道、江苏路、福州道等52条道路,维修1.4万平方米行车道、1.2万平方米人行道。完成塘于路泵站和孟港排河泵站及配套、新河东干渠、黑潴河河道治理土建等工程。推进新港三号路、第五中心医院区域排水管网改造工作。启动塘沽老旧住宅小区供水管网改造工程。修复地区生态环境,建设北塘明渠改造、新河污水处理厂二期等工程,完成工农村泵站监测验收,北塘再生水厂投入运行。提升森林公园开发建设水平,发展集生产销售、旅游观光

塘沽森林公园园内景色

(塘沽环境保护和市容管理局供稿)

休闲为一体的都市型设施农业，打造城市“绿肺”；加大对污染排放企业监管力度，确保排放达标。改善城乡发展环境、生活环境，提升改造老旧小区42个，提升森林公园、河滨公园，新港地区、中心城区以及东江路、津塘公路、天津大道、轻轨沿线等道路沿线绿地，新建和提升绿地25万平方米，建成区绿化覆盖率达36.3%。提高城市长效管理水平，加强对海河外滩公园、解放路商业街、新洋市场步行街、河滨公园、森林公园等重点窗口地区的常态化、精细化、规范化管理，做到公用设施维护养管到位。完成金街周边道路单行改造工作，加强通行能力；加大对农村土地“双违”“夜间烧烤扰民”“渣土运输撒漏”等问题的整治力度。加大解决历史遗留问题力度，做好陈圈、善门口两个试点村收尾工作。初步解决红光家园、胡北家园小区和怡欣湖家园等历史遗留问题，妥善安置津塘公路两侧拆迁居民。以“局部征地、过渡安置”方式，完成头道沟建设区民宅、企业和农用设施拆迁。黄圈村整体拆迁工作全面启动，完成签约97%；南开村地上物调查工作全面展开。开展农村地区“两违”专项整治活动，清理违法建设、违规占地36宗。建设基础配套设施，西部新城中二路一期工程竣工，中水处理站一期工程投入试运行，102、104、105路等多条公交线路引入还迁区，西部新城九年一贯制学校进行内部装修；推进还迁住宅建设，E、F、G还迁地块约41万平方米还迁住宅具备开工条件，完成三号还迁区一期项目土地招拍挂工作；南部新城建设10.6平方公里土地整理授权得到落实，黄圈村整体拆迁工作进展顺利，还迁区控制性规划修编和住宅建筑平面设计工作基本完成。

（王　萌）

天津塘沽第一职业中专

（塘沽第一职业中专供稿）

社会事业　2013年，塘沽建设教育基础设施，新建扩建红楼幼儿园、塘沽四幼等4所幼儿园，推进水景花都小学、西部新城九年一贯制学校、塘沽十三中综合楼等11个项目建设。完成义务教育学校现代化达标准备工作。实施学前教育优质创建工程，首批7所幼儿园全部通过评审。塘沽一职专成为全国职业教育示范学校。发展社区教育，开展市民培训3.1万人次。建设医疗基础设施，滨海新区体检中心、VIP病房竣工，启动第五中心医院改扩建二期工程，完成杭州道社区卫生服务中心工程招标。深化与北京大学医学部、天津中医药大学合作共建，设立北大医学部教学基地，启动三级甲等中医院创建工作。推进向阳街社区卫生服务中心创建全国示范社区工作。做好家庭医生签约工作，为签约家庭提供各类健康服务2万余人次。做细做实公共卫生服务，建立居民健康档案47.7万份，建档率达66.44%。免费为2.9万名适龄妇女进行专科检查。文体事业繁荣发展，组织新年音乐会、春节晚会、元宵戏曲晚会等大型文化活动8场，举办第十八届海门艺术节开幕式，吸引游园群众10万余人。开展群众性文化活动，组织“沽口艺术节”“邻居节”等活动20余场。实施文化惠民工程，完成公益电影放映460场，文化馆、博物馆、图书馆继续免费开放。大沽炮台获评国家4A级景区，接待游客6万余人次。加强文物保护，塘沽火车站旧址、北洋水师大沽船坞旧址等被评为全国重点文物保护单位。深入开展全民健身活动，各体育场馆接待群众32万人次。注重体育后备人才培养，塘沽业余体校第三次获得国家高水平体育后备人才基地称号。

（王　萌）

改善民生　2013年，塘沽统筹推进高校毕业生、失业人员、农村富余劳动力就业，加快推进创业带动就业工作，落实技能人才培训计划，新增就业12000人，组织职业技能培训4916人，就业困难人员安置率达95%以上，登记失业率控制在3.4%以内。推进工资集体协商，企业从业人员人均劳动报酬明显增长。推动社会保险制度全覆盖，养老保险参保人数明显增加，医疗保险参保率90%以上。做好优抚对象抚恤、城乡低保、特困救助、农村五保供养、老年人生活补贴等工作。继续扩大廉租房和经济租赁房租房补贴覆盖范围。落实“强街强镇”战略，开工建设新村街、杭州道街社区服务中心。加快推进新河街、胡家园街社区服务中心以及8个社区服务站前期建设。实施“两委一站一会”社区治理新模式,提升社区共建工作水平。推广“准物业”管理试点,在20个小区实施准物业管理。提升便民服务水平,实施便利消费进街道、便民服务进社区的“双进工程”,推进社区蔬菜直销点设置工作,启动便民早餐工程,顺天福残疾人托养中心投入试运营。强化矛盾纠纷源头治理,矛盾纠纷化解率96%以上。深入开展平安社区创建活动,完善警防、技防、民防三张网建设,健全社会治安防控体系,加强对社会面控制,向阳街新市民服务中心投入运行。狠抓食品安全,落实监管责任,开展地沟油和非法添加剂等专项整治行动。交通、消防、生产安全管理进一步加强。

(王　萌)

富岭商业中心

(塘沽海洋高新区供稿)

海洋高新区建设　2013年,塘沽海洋高新区增加值完成102亿元,比上年增长27.5%;固定资产投资完成31.4亿元,增长19.2%;实现税收24亿元,增长20%;内联引资额10.2亿元,增长32%。重点项目滚动发展态势形成,黄金珠宝基地一期项目、中海油研发产业基地北区项目投入运营;富岭商业中心、锦恒大厦、海星广场等项目加快建设;中科院工程中心等一批高新技术和新兴产业项目签约落地。区域环境面貌显著提升,投入资金1.5亿元,进一步完善园区路网、管网等基础设施,新增绿化面积10.4万平方米。

(王　萌)

滨海新区·汉沽

概　述

汉沽是天津市滨海新区三个城区之一，处滨海新区北部。境域地理坐标为北纬 39°7′40″~39°19′56″、东经 117°7′40″~118°3′35″。城区东与河北省唐山市丰南区接壤，西南邻塘沽，南濒渤海湾，北连宁河县。蓟运河南北流经穿跨城区从北塘入海，境内全长 28 公里。2013 年，辖区面积 367 平方公里，耕地面积 3698.90 公顷。户籍总人口 6.74 万户 17.58 万人，其中农业人口 1.65 万户 4.61 万人。以汉族为主体，另有蒙古、回、苗、壮等 15 个少数民族，汉族占总人口的 99.2%。

汉沽，1949 年 3 月设置特别区。1954 年设汉沽市，属河北省。1958 年划归天津市，改称汉沽区。2009 年 11 月撤区，改为城区融入天津市滨海新区。同年 12 月，成立中共天津市滨海新区汉沽工作委员会。2010 年 1 月，成立天津市滨海新区汉沽管理委员会。2013 年 9 月，滨海新区行政管理体制改革，撤销汉沽工委和管委会。

2013 年，汉沽在地考核生产总值 130 亿元，比上年增长 19%。固定资产投资 120 亿元，增长 18.8%。财政收入 51.8 亿元，增长 20%。社会商品零售总额 56 亿元，增长 20%。城市和农村人均可支配收入分别达到 26976 元和 15006 元，分别增长 12% 和 13%。城乡社会发展、民计民生等指标任务按期完成，全域经济社会持续保持良好发展势头。

打造发展引擎，升级优势产业。推进经济转型和结构调整，营城工业园区、杨家泊镇工业园区在建重点项目投产。滨海物流加工区规划建设展开，起步区道路及基础设施稳步推进，园区管委会服务中心竣工入驻，南区和北区具备项目落地条件。加快科技创新，累计发展科技型中小企业 400 家、科技小巨人企业 13 家。科技孵化器 5 家。大田包装容器、锦利程包装等 7 家企业成为国家级高新技术企业，滨海新区高新技术企业 18 家。喜盈盈购物广场、一商友谊大厦等服务设施加快建设。购尔美商贸城、天成温泉酒店、正跃物流配送、日石润滑油产能扩建、雅士佳设备改造等项目完工。35 项 5000 万元以上产业项目，开工 26 项，竣工 6 项；25 项列入新区重点产业建设项目，开工 19 项，竣工 4 项；37 项列入全市区县重大建设项目全部开工，竣工 25 项。

加大招商选资，增强发展后劲。全面落实滨海新区率先建成小康社会的重大部署，制定汉沽地方生产总值、城乡居民收入实现翻番的分解计划，制定《汉沽驻外埠招商机构开展招商引资工作办法》，完善招商引资责任制和奖励办法，从领导招商、专业招商、全民招商 3 个层面完善招商格局。成立 8 个驻外招商局，派驻驻外招商队伍 100 余人，精心策划和组织大型招商活动。成立 5 个项目指挥部，规划启动茶淀农业休闲度假区、大神堂渔业风情度假区、蓟运河治理、杨家泊水产科技园、汉沽新城区 5 个重点区域的开发建设。借重首都资源，引进签约中航航空等 23 个项目，总投资 300 亿元。项目涉及影视制作、航空航天、医疗设备、旅游产业、水产养殖、新能源等领域。

2013 年，汉沽为民办实事项目有 10 大项 42 个子项。年内完成子项 34 项，占项目总数 82%。年内部分完成并结转子项 8 项，占项目总数 18%。完成项目包括：维修公有住房和廉租房、经济租赁房租房补贴发放工作，落实购置农机补贴政策、

4月 26 日，2013 滨海汉沽海鲜美食节开幕

（摄影：郑　颖）

家庭责任医生签约服务，奖励扶助农村部分计划生育家庭。汉沽大剧院和汉沽文化馆小剧场改造完工。生态文明村建设，桥沽、大田、付庄泵站工程完成。新建的汉沽街道、河西街道2个服务中心、10个社区社区服务站投入使用。五纬路等绿化工程，蓟运河加固工程、四纬路西延跨线桥和路网建设，供热、天然气工程等完工。津秦客运专线(汉沽段)竣工通车，滨海北站交付使用。东风南路与汉蔡路实现直通。津汉高速公路93%长度完工。加强城市管理维护，做好道路维修、路灯养护、排水管理及垃圾清运等。

实施强街强镇，创新社会管理。壮大街镇经济实力，各街镇成立招商小分队，强化招商工作。建成飞图大厦、弘玉大厦等楼宇经济载体。茶淀中心镇入住率达90%以上，大田示范小城镇开工建设。在滨海新区率先启动集体土地房屋确权登记。寨上街道社区服务中心荣获全国先进社区服务中心称号。“建中心、筑平台、树标杆”，成为“寨上做法”升级版的突出特点。以社区居民需求为导向，培育类型多样、功能丰富的社区社会组织样板，铁坨里社区成为全国首批“暖心工程社区服务站”。27个社区达到和谐社区(2010)标准。在新区首个实施星级“美丽社区”量化考评体系，滨海新区第一个五星级“美丽社区”在铁坨里居委会挂牌。全面落实安全生产责任制，对危险化学品、建筑施工等重点行业领域的隐患进行排查治理。健全突发事件应急管理机制，强化应急演练，区域应急水平进一步提高。

(刘建国)

科技创新 2013年，汉沽加快推动科技型中小企业发展，制定《汉沽进一步加快发展科技型中小企业和民营经济十条措施》，打造载体服务平台、资金服务平台、技术服务平台、招商服务平台、人才服务平台等“五个服务平台”，鼓励科技创业，开展科技招商，支持传统企业改造提升，做大科技型中小企业数量规模。通过市科委复核备案认定的科技型中小企业161家，新发展小巨人企业6家，累计23家。通过制定、执行各种专利奖励政策和帮扶工作，科技型中小企业专利意识得到明显增强，申请专利数量取得较大增长。企业申请专利1043件，其中，发明专利500件，实用新型专利533件，外观设计专利10件。完成5家国家级高企申报工作。推动科技载体建设，建成生产力促进中心9家、科技企业孵化器5家。组织企业参加新区与中科院技术成果对接会，汉沽新科源养殖有限公司与天津科技大学联手开发发菜养殖项目。强化科技企业认定工作，科技企业认定192家，完成汉沽科技公共服务平台申报工作，帮助杨家泊镇生产力促进中心、奥尔文科技企业孵化器进行市级示范认定。发挥生产力促进中心和“创新驿站”作用，密切产学研用合作。继续开展“创新驿站”重点科技项目推介活动，围绕国家863计划和中科院计划项目，向企业推介科技项目100项。

(简 勇)

农业建设 2013年，汉沽新增设施农业121.15公顷，新建工厂化养殖水体10万立方米。完成大田金湾、浩龙两家合作社设施提升工程和放心菜基地项目建设，提升工程面积42.67公顷，新建放心菜基地133.33公顷。扶持汉沽三利水产商贸有限公司开展水产品深加工，为其申报国家农发办项目。开展四季葡萄玫瑰飘香项目，示范点覆盖3个镇10个村，落实示范地块210.13公顷。大田示范小城镇建设举行开工奠基仪式。推进茶淀葡萄科技园区建设，葡萄科技园区旅游综合服务区、葡萄休闲观光区活动中心、葡萄主题温泉中心、研发与管理服务大楼工程正在建设。组织8家农民合作社和1家龙头企业取得无公害产品认证，认证面积226.67公顷。举办滨海汉沽葡萄文化旅游节产业发展对接会、草莓采摘迎新春活动和“葡萄王”评比活动。加快农业产业化，7家农业企业通过产业化经营市级重点龙头企业认证。民峰水产公

2013年2月21日，汉沽民兵组织投入设施农业建设

(摄影：郑 颖)

司和中新生态农业园区获得天津市优质农产品生产金农奖。9项科技项目纳入新区新品种新技术示范推广项目。设施葡萄高效配套技术推广项目获市科技成果奖。落实清洁村庄行动，以宝田、崔兴沽、东庄坨、桃园等村为试点样板进行推进，完成任务的80%。创建4个市级文明生态村，并通过天津市验收。开展各类科技培训33期，培训农民3000余人次，发放各类科技简报7000余份。

（简　勇）

城市环境　2013年，汉沽启动滨海北站周边总体规划、大神堂渔村规划修编和海洋循环经济区概念规划，完善老城区中心区域城市设计。编制小盐河遗址区域概念规划初步方案。推进五纬路、友谊街、三经路整修，改造沽祥里、三明里和五羊里社区环境。实施重要地段绿化提升改造，完成东风路牌匾整治和海鲜街专项整治。新建、提升城区绿化面积7.9万平方米。桥沽、大田、付庄泵站竣工投入使用。高铁滨海北站投入使用。完成蓟运河右堤北环桥南段堤防修复工程。住宅施工面积167.18万平方米，竣工37.24万平方米。葆芳苑限价商品房项目一期工程竣工，完成廉租房、经济租赁房租房补贴工作。维修公有住房面积3万平方米。新增供热面积33.5万平方米，老旧小区“一户一环”改造完成1517户。新增天然气用户6075户。加大违章滥建治理力度，拆除五纬路等片区违章建筑。狠抓二氧化硫、氮氧化物、化学需氧量、氨氮等主要污染物总量控制和污染防治，加强天化中水回用项目建设和工业污染源监督管理，更换节能路灯，促进节能减排。

（简　勇）

文化事业　2013年，汉沽实施特色文化传承人工程，挖掘、研究汉沽的盐渔文化特色。编辑出版《自豪汉沽》《雾抬寺史话》《滨海汉沽史话》。举办各种文化交流活动60余场次，举办滨海汉沽首届飞镲节、第五届社区艺术节。制作完成汉沽刻字、汉沽版画藏书票、汉沽飞镲、汉沽评剧专题宣传片，“汉沽刻字”成为天津市首件人文因素证明商标。汉沽飞镲、评剧分别进入滨海新区第一批、天津市非物质文化遗产代表性名录。汉沽飞镲先后亮相天津妈祖文化旅游节、北京中国国际旅游节、香港春节民俗文化大巡游，入选全国春节特色文化活动并获文化部颁发的“社火奖”。推进中国盐渔文化博物馆建设。启动复建小盐河、雾抬寺、盐母庙、鱼骨庙等文化古迹。出台《关于鼓励发展文化创意产业的奖励办法》等产业发展政策。汉沽艺术家张广金受聘担任世界教科文卫组织副主席，并担任世界教科文卫组织首席艺术家。汉沽文化馆小剧场改造工程完成。汉沽大剧院数字电影放映厅建成使用，实现全国院线联网。春飞镲、夏海鲜、秋葡萄、冬采摘四大汉沽特色文化节庆彰显特色。提升公共文化服务水平，《汉沽月刊》《自豪汉沽》覆盖8万家庭，免费发放入户，8人入选首届“滨海好人榜”，2人获天津市道德模范提名奖。

（简　勇）

社会事业　2013年，汉沽坚持注重经济发展与促进就业并举，先后与29个重大项目、重点工程建立全程跟踪对接服务机制。安置就业再就业8480人，安置大学生就业2067人，农村富余劳动力安置3543人，城镇登记失业率控制在3.0%以内，困难群体安置率达100%，保持零就业家庭动态为零。组织推动各类专业培训89个班次，培训各类人员3560人。举办高校毕业生招聘专场10次。制定并落实《鼓励全民创业的十条政策和鼓励支持大学生创业的十条帮扶措施》，扩大社会保险覆盖面，城镇职工养老、医疗、失业、工伤、生育保险参保人数稳步增长，城乡居民养老新增参保487人。城乡居民医疗保险参保达7.35万人，参保率99%。落实社会救助和低保政策，实施城乡困难群众分类救助、

2013年6月8日，滨海汉沽首届飞镲节活动现场

（摄影：郑　颖）

临时救助制度。加大对困难群体救助力度，发放低保金和特困救济金等各类资金3974万元。完善养老服务，筹建新区第二福利院，引入养老、卫生等吸附项目。设立增加90岁及以上老年人生活补贴，坚持每月向100岁以上老人发放长寿关爱金1万元，发扬敬老、养老、助老的良好社会风尚。加大对教育、卫生等各项社会事业投入，均衡配置、合理布局公共资源。汉沽三中主体封顶，汉沽实验幼儿园投入使用。实施奖励高考优秀学生办法，提高教学质量。群众性体育活动蓬勃发展，为汉沽街、河西街、寨上街、茶淀镇社区配建31套健身路径设施。深化医药卫生体制改革，打造重点特色专业学科，提高医院医疗服务水平和家庭医保水平。天津医大总医院滨海医院建设启动。实施大肠癌免费筛查2868人。医疗保健卡覆盖率进一步提高，发放76003张，覆盖率100%。推进人口计生工作改革创新，人口整体素质不断提高。

（简　勇）

智能社区建设　为落实《美丽天津建设纲要》，建设美丽社区，2013年，汉沽启动三维数字社区管理系统建设，寨上街道率先打造智慧社区。实施三维数字社区管理。以前办理居民申请低保等事项，由于对申请人家庭具体情况不了解，每一户都得入户核实。现在只需点击“三维数字社区”内网系统，申请人家庭成员、职业、收入等情况一目了然。在街道办理的一些事情，通过视频形式就可以获知需要提供的手续、证明等，足不出户就能办理。居民在家也能上网查看办理手续，可随时通过手机、网络等向社区反映问题，并对处理结果进行监督。安装社区信息机。推进便民服务终端建设，智慧信息机将办事处办事机构与社区链接，以图、文、视频等多媒体形式，展现到社区用户面前。居民对着“智慧信息机”屏幕，可向另一端的办事处工作人员进行视频在线咨询。通过手触式操作就能即时沟通，还能跟办事处值班领导直接对话，解答诉求问题。居民办事可自助服务查询，不出社区即可享受政府的信息服务。指导居民享受智能社区服务。为了让居民享受智能社区服务，一个新的便民服务项目——“IT服务”在寨上街道社区应运而生。由社区工作者义务担任的“IT服务员”，为中老年居民提供与日常生活相关的信息家电技术服务，让他们在信息化网络里寻找快乐。社区不少中老年人不熟悉电子用品的使用功能，经常找到社区工作站求助。为此，社区设专人提供多媒体电子消费品技术服务和应用指导。服务内容包括：社区服务站开通无线路由器，学习无线上网。平板电脑、智能手机使用指导。数字电视、数字收音机选台和功能使用辅导；手机收发彩信、短信、微信辅导；数码相机使用指导等，让中老年人享受信息化带来的乐趣。

（刘建国）

社会组织创新做法　2013年，寨上街道通过街道、社区、社会组织系列服务组合措施，着力培育、发展、扶持社会组织，充分发挥他们在社区互助、公益服务、民主自治等方面的积极作用，努力建设与之相适应的组织服务管理体制和培育发展机制。“建中心、筑平台、树标杆”，成为“寨上做法”升级版的突出特点。一是设立街道社会组织服务中心。制定《加快推进社区社会组织培育发展实施方案》《街道社会组织服务中心管理制度》，引导安排“暖心工程社区服务中心”“延安精神宣教中心”“社区阳光艺术团”“社工导师工作室”等品牌组织首批入驻社会组织孵化园。二是建立三维数字社区管理系统平台。启动建设智慧社区，搭建起街道、社区和社会组织三级联系服务载体。设立社会组织查询窗口、网上办事大厅，互动交流窗口，利用现代信息技术公开披露社会组织信息；在线受理社区社会组织各类诉求；开辟网上咨询投诉频道，方便社会组织开展宣传交流。社区服务站增设智慧信息机，居民通过网络参与社区的社会组织活动。三是树立铁坨里社区服务站作为优秀样板。依托社区服务站建立社区社会组织服务中心，推进社区服务站标准化建设。推广“一站七园”服务管理制度。优秀的社会组织聚集到一起办公，发挥资源整合和共享效益，在宣传、活动策划、志愿者招募等方面都很便利。

（刘建国）

街镇领导干部“挂牌办公”

2013年1月，汉沽工委在认真调研、广泛征求意见的基础上，制定《街镇处级党员领导干部到村（居）“挂牌办公”实施意见》，部署“挂牌办公”工作。各镇街精心组织，制定细化方案，认真实施倾听民声、调查研究、办理反馈和跟踪回访“四步工作法”。倾听民声。“挂牌办公”做到“三公开、一知晓、一备案”，即：在每月末的最后一周，通过镇街机关和村居的公开栏、电子显示屏、社区博客、《滨海时报》等多种途径，公示下个月“挂牌办公”的负责人、时间、地点，让群众提前知晓。坚持首接负责制，对群众反映的问题做到“一事一记”，健全“挂牌办公”纪实档案。调查研究。建立“挂牌办公”分析制度。针对群众反映的热点难点问题，细化梳理，分门别类，整理划分出涉及民计民生、基层组织建设等大项问题。有针对性地分析研究。对需要调研核实的问题，指派专人或成立专题调查组，采用问卷、座谈、走访、跟踪调查等形式，详细查找相关资料和政策依据，认真核实情况，形成专题报告，及时协调解决，确保事事有回音、件件有着落。办理反馈。实行“一周答复制”，对群众反映的问题一般分三种情况区别处置。对能够当场答复解决的，当场答复解决；不能当场答复解决的，镇街党委在调查研究的基础上，按问题难易程度，确定答复时限，作出书面答复。对镇街一级不能解决的，按程序逐级上报有关部门予以解决，并对来访人做好解释。对群众普遍关心的问题，在一定范围内公开反馈。跟踪回访。成立回访小组，在答复办理后的一个月内，由首接责任领导带队，上门回访，检查是否真正解决了问题，有无新情况、新矛盾，了解群众对解决问题的方式、处理结果是否满意，听取群众的意见和建议。对未达到群众满意程度的，启动督办程序，督促责任人进一步改进工作，充实答复办理内容，及时反馈。

（刘建国）

滨海新区·大港

概 述

大港地处天津市东南部，是天津市滨海新区三个城区之一。境域地理坐标为北纬38°33′~38°57′，东经117°08′~117°34′。东临渤海，西连静海县，南接河北省黄骅市，北靠塘沽、津南和西青区，具有独特的地理和区位优势。2013年，区域面积1113.83平方公里，约占滨海新区总面积的一半，耕地面积1.34万公顷，海岸线34公里。人口52.31万，民族24个。

大港自然资源丰富，北大港湿地自然保护区4.4万公顷，栖息鸟类近100万只，有白鹳和白天鹅等珍稀鸟类。北大港水库1.5万公顷，是华北地区最大的人工平原水库。域内储有丰富的石油、天然气、地热和荒地资源，盛产优质芦苇、海淡鱼类、海虾、海河蟹、冬枣等。津淄公路、津歧公路穿越境内，津晋、津汕等高速公路毗邻而过，黄万铁路贯通京沪和京哈两大铁路干线，万黄铁路连接黄朔铁路，与山西煤矿基地相连。区域经济以石油化工为主，是滨海新区石油化工基地。

大港，1979年11月建区。2009年11月撤区，并入天津市滨海新区。2009年12月，成立中共天津市滨海新区大港工作委员会。2010年1月，成立天津市滨海新区大港管理委员会。2013年9月，滨海新区行政管理体制改革，9月26日，大港工委、管委会撤销。

2013年，大港管委会坚持早谋划、早安排、早落实，明确目标，落实责任，促进全年任务圆满完成。完成地方生产总值328亿元，比上年增长17.5%；地方留成财政收入32.2亿元，增长20%；固定资产投资195亿元，增长12%；实际利用外资0.35亿美元，下降42.7%；实际利用内资80.12亿元，增长14.1%；外贸出口额8.9亿美元，增长10.1%。

（马士春）

流光溢彩石油城

（摄影：张建周）

新一轮滨海新区深化管理体制改革 2013年9月26日，新一轮滨海新区深化管理体制改革启动，撤销塘沽、汉沽、大港三区的工委和管委会，提出成立区委街镇工作委员会、区政府街镇工作委员会，并进一步深化行政审批制度改革、整合提升街镇、整合优化功能区和修订滨海新区条例。初步建立“新区的事在新区办”工作机制。2013年末，撤销迎宾街道、胜利街道，将迎宾街道、胜利街道所辖区域合并设立大港街道，辖区总人口21万人，设33个居委会。撤销海滨街、港西街，将海滨街、港西街两街道办事处所辖区域合并，设立新的海滨街，辖区人口17万人，设32个居委会、6个村委会。中塘镇、太平镇、小王庄镇行政区划暂时保持不变。

（于秀臣）

党的群众路线教育实践活动 2013年7月，大港工委开展党的群众路线教育实践活动。工委要求广大党员干部以高度的政治责任感和使命感，投入到实践活动中来。活动要求坚持正面教育为主，加强马克思主义群众观点和党的群众路线教育，加强党性党风党纪和道德品行教育，引导党员、干部坚定理想信念，增强公仆意识，讲党性、重品行、作表率。坚持批评和自我批评，开展积极健康的思想斗争，敢于揭短亮丑，改正缺点、修正错误，真正让党员、干部思想受到教育、作风得到改进、行为更加规范。坚持讲求实效，开门搞活动，请群众参与、让群众评判、受群众监督，努力在解决作风不实、不正和行为不廉上取得实效。坚持分类指导，针对机关、企事业单位和基层的不同情况，找准突出问题，有针对性地提出适合各自特色的目标要求和办法措施。坚持领导带头，上级带下级、主要领导带班子成员、领导干部带一般干部，一级抓一级、层层抓落实。党的群众路线教育实践活动要围绕中心、服务大局，转变经济发展方式，深化科技创新，抓项目建设，发展现代服务业和现代高效农业，提高发展的质量和效益。加快社会事业发展，实施20项民心工程，解决关系群众切身利益的现实问题。关注生态文明建设，推动绿色发展、循环发展、低碳发展，建设美丽大港。把开展"促发展、惠民生、上水平"活动、深化"强基创先"工程、推进基层服务型党组织建设，作为教育实践活动的重要载体和生动课堂。

（于秀臣）

二十项民心工程 2013年，大港二十项民心工程正式出台。实施120万平方米旧楼区改造工程，对荣华里、兴华里等8个居民小区进行市容综合整治。对世纪大道、胜利街、创业东路、喜荣街等实施综合整治，启动原大港垃圾处理场无味无害改造清理工程。建设港东新城综合农贸市场，实现光纤入户覆盖1.5万户，建设大港殡仪服务中心，建设小王庄消防站。改善农村生活条件，建设中塘镇、太平镇两个垃圾转运站，实施部分农村楼房化旧小区外部整修，实施太沙路照明设施迁建工程，开展东抛村、大安村、远景二村文明生态村创建工程。加强生态文明建设和文化阵地建设。完成大港公园提升改造，规划建设官港郊野公园，实施大港湿地公园四期工程，完成滨海大道绿化工程，建设油田中心公园，完成农村造林绿化163.33公顷。实施贝壳博物馆提升改造工程，完成大港体育馆内部提升改造工程。此外，还将完善道路交通网络，提升城市排水功能。提升改造城区排水设施。优化教育资源配置。完成太平镇中心幼儿园、太平镇窦庄子幼儿园、中塘镇中心幼儿园、中塘镇栖凤幼儿园、港西街中心幼儿园建设，完成港西新城小学、小王庄镇中心小学建设，完成中塘中学、大港第十中学建设，启动9所高中校现代化达标建设。强化医疗卫生水平。实施孕前优生免费健康检查，改扩建中塘镇社区卫生服务中心、大港社区卫生服务中心2个预防接种示范门诊。完成大港医院、中医院网络建设试点工作，启动基层医院和公共卫生联网工作。提升社会保障水平，扩大社会保险覆盖范围，综合参保率不低于96%，启动滨海新区大港老年福利院建设。救助关爱残疾人，创建全国残疾人"阳光家园"示范区，筹建大港残疾人康复中心。建设海滨街等6个社区综合服务中心，建设海滨街、古林街等16个街道社区服务站。促进群众广泛就业，新增就业2.1万人，城镇登记失业率控制在3%以内，组织创业培训100期，推介创业项目100个以上。开展专业技能培训，组织乡镇企业职工素质提升培训1万人次，开展农村实用技术人才培训4200人次，职业技能培训530人，农民中专学历教育180人，组织拖拉机和收割机驾驶员持证上岗培训100人，农机实用技术培训1000人。增强防控预警能力。新增4处电子卡口自动抓拍系统，新设9处数字高清视频监控点位，对51所学校幼儿园门前视频监控点位整合联网。同时，加强社会治安管理。建设流动人口服务管理中心。

（于秀臣）

大港公园

（摄影：于秀臣）

建设美丽滨海大港 2013年8月，大港工委、管委会开展建设美丽滨海大港工作。建设美丽滨海大港的发展目标是，到2016年大港地方生产总值超过610亿元，服务业比重达到46%，地区财政收入59亿元，其中财政一般预算收入44亿元，规模以上工业总产值693亿元，地方固定资产投资335亿元，社会消费品零售总额240亿元，全社会研发经费支出占地方生产总值比重达到3%，PM2.5平均浓度较2013年下降20%以上，完成天津市和滨海新区下达的主要污染物总量控制任务，城镇污水集中处理率达到95%，城镇生活垃圾无害化处理率达到98%。到2020年，大港地方生产总值达到1100亿元左右，服务业比重达到53%，全社会研发经费支出占地方生产总值比重达到3.5%，城镇污水集中处理率达到95%，城镇生态垃圾无害化处理率达到100%，全面建成宜居生态型地区。建设美丽滨海大港的主要任务是，加快科技创新步伐，促进产业转型升级，加强节能减排和发展循环经济，着力加强城乡生态环境建设，建设绿色宜居环境，高水平建设大港基础设施，进一步提升城市精细化管理水平，加快提升市民文明素质和生活质量。

（于秀臣）

大港医院古林社区分院

（古林街道供稿）

医疗环境逐步完善 2013年5月8日，古林街社区医疗服务中心即大港医院古林分院正式投入使用，这是大港地区第一个投入使用的街道社区医疗服务中心。医疗中心坐落在港东新城古林街社区服务中心内，作为社区服务功能的重要组成部分，按照新区综合型医院门诊部的要求设计建设，集内科、外科、儿科、中医科、检验科、B超室、治疗室、观察室以及药房于一体。作为大港医院分院，在医疗资源配置上，采取大港医院专家、医生轮班坐诊方式，一般门诊病例就近解决，需住院治疗的大病可以第一时间转到大港医院，方便了港东新城居民。为更好地做好医疗服务和保障工作，扩大医院的知名度，天津市滨海新区政府和油田公司正式批复大港油田总医院更名为天津海滨人民医院。大港油田总医院名称暂时继续保留。新医院建设面积将达6.7万平方米，拥有800张以上病床，具备医、教、研、防保、康复、急救“六位一体”的医疗功能，承担的服务人口将近40万。满足大港油区和南港工业区人们的医疗需求，总医院适时完成更名工作。

（于秀臣）

大港夏令救助系列活动 2013年，大港民政局拓宽资金渠道，采取提高救助标准、注重边缘户帮扶、开展社会救助、对敬老院设施重点修缮等4项措施，确保困难群众夏季生活。提高城乡低保、特困标准，第一时间惠及困难群众，为大港4736人次城乡困难群众发放救助资金474.6万元，发放价格联动补贴32.8万元。对城市最低生活保障对象中的“三无人员”及农村五保老人发放防暑降温物资。对60户因大病或意外造成生活困难的家庭，根据困难情况不同，分别给予数额不等的资金救助，共计发放资金34.3万元。对贫困学生、边缘户、“三无”人员也按照一定的标准实施救助。对部分孤儿、困难儿童，分别给予600元至1200元的“六一”专项救助。为14名孤儿发放结对资金4.2万元。中考、高考后，组织开展第十届“培育英才”专项助学活动，确保在大港地区不让一个孩子因家庭困难升不了学。重点关注有可能因天气对城乡居民造成的灾害，掌握困难群众居住、生活情况，时刻做好准备，确保发现灾情及时实施救助。对4所农村敬老院重点部位进行修缮，确

大港湿地

（摄影：洪 峰）

保老人安全度夏。

（于秀臣）

大港野生动物保护管理 2013年3月，大港开展对北大港水库和独流减河湿地区域内野生动物保护管理工作。农林部门组织专业巡护队伍实行24小时监护巡查制度，做好候鸟迁徙途经大港期间的安保工作；由城乡一体办下发紧急通知到各镇、街，确保所管辖的村民不在湿地内下网、投毒和捕杀鸟类等野生动物。工商、食药监等部门发出通告，严禁餐饮、市场等领域出现食用、出售鸟类等野生动物的行为，并采取定期检查与抽查相结合的方式，对其监管对象做好督导。水务部门与湿地内承包户签订爱鸟、护鸟协议，并要求其作出书面承诺，不做伤鸟、害鸟行为；一旦出现违规者，立即解除承包关系，并列入黑名单，永久不再签约。政法、公安部门实施严厉措施，坚决打击伤鸟、害鸟等违法行为，如发现伤害野生动物不法事件，即立案侦查，快查快办，一查到底；同时，协同运输部门，采用协同合作、立体式保护的方法，彻查辖区内各种过往车辆，严禁出现运输、携带鸟类等野生动物的违法事件。团委、宣传部等部门，要发挥好爱鸟协会作用，展开生动有益的爱鸟、护鸟宣传活动，并将过程中出现的好人好事树为典型，进行表彰和宣传。据大港野生动植物保护管理站实地监测得知，截至3月11日，北大港水库和独流减河湿地内，停留东方白鹳270只，天鹅1571只，白琵鹭30只，其他雁、鸭类1400只。

（于秀臣）

滨海新区·功能区

天津经济技术开发区（南港工业区）

概况 1984年12月6日，国务院批准兴办天津经济技术开发区，是为中国首批国家级经济技术开发区之一。其规划面积33平方公里，位于天津市东部，距市区45公里。区域东起东海路，西至京山铁路，南靠新港四号路，北接塘沽北塘。天津开发区英语表述 Tianjin Economic Technological Development Area，其缩写“TEDA”，中文译音为“泰达”。

1986年8月21日，中国改革开放总设计师邓小平视察天津开发区，指出“对外开放还是要放，不放就不活”，并欣然题词：“开发区大有希望”。天津开发区以其成功实践证实邓小平的科学预言，不断推动区域改革开放、经济社会发展。

1993年后，开发区分别在武清县、西青区和汉沽区辟建逸仙科学工业园、微电子工业区、汉沽现代产业区三个区外小区。2004年，辟建西区。2009年4月，天津市委、市政府决定组建南港工业区管委会(与天津开发区管委会“一套机构、两块牌子”)。该区已完成分区规划、总体发展规划编制，并获市政府批复；坚持“三资并重”，倾力招商，形成项目“储备一批、签约一批、开工一批”态势；推进现场施工，开发建设进展迅速。

天津开发区管委会落实国务院对国家级开发区“三个为主、两个致力于、一个促进”的要求(以提高吸引外资质量为主，以发展现代服务业为主，以优化出口结构为主，致力于发展高新技术产业，致力于发展高附加值服务业，促进国家开发区向多功能综合性产业发展)，根据形势发展和情况变化适时进行区域经济发展定位。2010年，提出：着力打造高端产业高地、自主创新高地和绿色发展高地，在天津市大发展和滨海新区加快开发开放中当先锋、打头阵、挑重担、做贡献。科学的区域经济定位，引领经济快速持续发展。

2013年，天津经济技术开发区(南港工业区)在天津市委、市政府和滨海新区的正确领导下，深入贯彻党的十八大和市委十届三次会议精神，继往开来、凝心聚力、真抓实干，全区经济继续保持平稳较快增长，各项社会事业全面进步，继续保持在滨海新区的主力军作用和在国家级开发区中的领头羊地位“两个不动摇”。全年，实现地区生产总值2502.27亿元，按可比价格计算，比上年增长17.5%。其中，第二产业增加值完成1946.31亿元，可比增长18.8%；第三产业增加值完成555.95亿元，可比增长12.1%。二、三产业结构由上年的78.2:21.8变化为77.8:22.2。全员劳动生产率44.26万元/人，可比增长8.3%。全区财政收入547.11亿元，增长11.6%，税收收入446.01亿元，增长13.5%。其中，增值税181.67亿元，消费税39.52亿元，营业税37.93亿元，企业所得税121.27亿元。全年地方财政收入214.85亿元。其中，公共财政预算收入195.74亿元。财政支出202.88亿元。其中，公共财政预算支出187.60亿元。

天津开发区主要经济指标在国家级开发区中继续保持第一。区域发展空间继续拓展，滨海新区颁布《关于整合滨海新区功能区的方案》，将轻纺经济区、北塘经济区划归天津开发区。编制完成《“美丽泰达”三年建设纲要》，“美丽泰达”建设相继展开。大力推动“促发展、惠民生、上水平”活动，强化管委会领导“一对一”帮扶企业制度，帮助企业解决审批、融资、市场、通关、住宿、用工等问题。南港工业区位列2013中国化工园区20强，荣膺“责任关怀年度典范奖”。

对外交流与合作不断扩大。广泛建立产业合作渠道，维护和拓展与国际组织、驻外使馆、行业协会、中介机构、跨国集团合作关系。有来自68个国家和地区的4811名港澳台胞和外籍人士在天津开发区工作和生活。强化驻外办事处功能，搭建高端国际合作平台。天津开发区已在美国、日本、欧洲、北京、上海、香港、台湾等地设立了办事处。

加大对外宣传和推介力度。2013年，继续围绕全区产业特色，举办了中国服务外包领军者年会、中国（天津）国际机械工业装备博览会、中国汽车产业发展(泰达)国际论坛、中国天津国际钟表珠宝交易会、天津港口物流国际交流会等一系列活动。加强区域推介，利用国内外重要媒体平台展示天津开发区发展成果，赢得了更多世界知名企业关注。

(开发区地志办)

工业生产继续保持较快增长

2013年，开发区工业增加值1929.35亿元，按可比价格计算，比上年增长18.9%。其中，规模以上工业增加值1924.72亿元，可比增长18.8%。全部工业总产值8069.25亿元，比上年增长13.0%。其中，规模以上工业总产值 8052.98 亿元，增长 13.0%。在规模以上工业中，外商及港澳台投资企业工业总产值 6218.38 亿元，增长 10.9%，内资企业工业总产值 1834.60 亿元，增长 21.0%。骨干企业贡献突出。全区有 289 家企业工业总产值超过 1 亿元，产值合计占全区工业总产值的比重为 98.6%。其中，86 家企业超过 10 亿元，产值合计占比为 90.5%；17 家企业超过 100 亿元，产值合计占比为 64.0%。三星集团、俊安集团、一汽丰田、中石油集团、顶新集团、长城汽车、奥的斯电梯、立中集团、伟创力、鸿海集团等大型企业发展规模不断壮大。支柱行业运行平稳。在规模以上工业企业中，电子、汽车、装备、食品、石化、新能源新材料、生物医药、航天等八大行业完成工业总产值 5920.29 亿元，比上年增长 9.7%，占全区规模以上工业总产值的比重为 73.5%。其中，电子行业 2114.66 亿元，增长 18.2%，占全区规模以上工业总产值的 26.3%；汽车产业 1246.70 亿元，增长 5.8%，占全区规模以上工业总产值的 15.5%；装备行业 765.14 亿元，增长 0.4%，占全区规模以上工业总产值的 9.5%；食品行业 617.22 亿元，下降 5.8%，占全区规模以上工业总产值的 7.7%，石化行业 611.32 亿元，增长 13.6%，占全区规模以上工业总产值的 7.6%；新能源新材料行业 372.14 亿元，增长 19.9%，占全区规模以上工业总产值的 4.6%；生物医药行业 183.30 亿元，增长 16.0%，占全区规模以上工业总产值的 2.3%。工业经济效益良好。全区规模以上工业企业主营业务收入完成 7924.47 亿元，比上年增长 13.4%。其中，外商及港澳台投资企业 6301.58 亿元，增长 12.2%。规模以上工业利润完成 520.33 亿元，比上年增长 13.4%。经济效益综合指数为 438.12，比上年增加 28.4 个百分点；总资产贡献率 18.9%，提高 0.4 个百分点；资本保值增值率 110.7%，提高 2 个百分点；成本费用利润率 7.1%，与上年基本持平；产销率 97.3%，下降 1.7 个百分点。工业全员劳动生产率 50.80 万元/人，按可比口径比上年增长 7.9%。

（开发区地志办）

投资促进与创新驱动成果丰硕 2013 年，开发区新批外资项目 126 个，增资项目 206 个，投资总额 77.86 亿美元，实际使用外资 54.95 亿美元，1000 万美元以上项目 90 家。全年新增内资企业 468 家，注册资本 31.4 亿元，1000 万元以上项目 74 个；内资企业增资项目 433 个，注册资本 258 亿元，增资额 1000 万元以上项目 159 个。广泛建立产业联系，搜集项目信息，挖掘优质客户资源，促进新项目好项目入区。借重首都雄厚资源，形成系统的科技成果转化渠道。强化服务平台建设，完善委领导“一对一”帮扶企业制度，成立工作小组 14 个，走访企业 188 家，解决问题 102 个；通过早餐会、政策解读会、新入区企业见面会等形式与企业沟通，为其解决问题；全年举办企业服务专题会百余次，参会企业上千家。全年新增科技型中小企业 850 家，新增科技小巨人企业 80 家，新增国家级高新技术企业 25 家，吸引优质项目 155 家，新增科技孵化载体面积 15 万平方米。服务外包产业园建成滨海新区“大数据产业示范基地”。在全市率先推出风险补偿资金池融资杠杆业务、研发设备融资租赁业务、“担保+信用”融资服务模式，全年累计协助 110 家科技企业获得融资逾 8 亿元。国家级示范工业园获批。全年新增专利申请逾 2000 件，专利授权逾 1300 件。膜天膜公司获国家技术发明二等奖，生物芯片公司获国家科技进步二等奖。三项专利入选“天津市最有价值发明专利”名单。四家企业分获天津市专利金奖、优秀奖。全年引进各类人才 2.38 万人，其中领军人才 14 人，高层次人才 1270 人。

（开发区地志办）

南港工业区建设 2013 年，南港工业区完成固定资产投资 119.27 亿元，比上年增长 1.8 倍。其中，基础设施投资 98.55 亿元，增长 3.0 倍。年内，新增造陆面积 7 平方公里，整

2013 年 5 月 28 日，由天津长芦盐业总公司和加拿大 Recochem 公司合资兴建的高端发动机冷却液项目正式在天津开发区南港工业区建成投产

（照片提供：吴　嫦）

备土地累计77平方公里。南港工业区基础设施建设取得新进展。南港铁路开工建设，红旗路立交桥竣工通车，完成35.7公里各类管网、14.23公里公共管廊建设，千米桥220千伏变电站、污水应急处理工程、大唐应急锅炉等公用基础设施建设稳步展开，渤西油气处理厂主体建成，仓储物流区雨水泵站、输配水中心等设施建成投运。南港港区完成单向5万吨级航道疏浚，启动10万吨级航道疏浚和导助航设施配备建设，完成化工码头主体工程和1~4号通用泊位配套工程建设。配合口岸开放，完成港务大楼主体工程。码头运营能力逐步提高，全年接卸船舶600艘次，年吞吐量300万吨。编制完成《南港工业区业主企业优先使用权码头建设经营暂行管理办法》《南港工业区港区公用设施维保体系管理指导意见》，形成完整的港口管理体系。积极推动南港综合保税区申报工作。服务机制更加完备。截至12月，南港累计签约项目40个，在建项目12个，投产项目9个。重大龙头项目取得积极进展。中俄炼化项目完成可研编制。澄星重油综合利用、天冠燃料乙醇等项目相继签约落地，正在开展前期工作。一批重大项目开工建设。中石化LNG、中石化国储库、壳牌润滑油、丹麦托普索等项目相继进场施工。还有一批项目建成投产。总库容320万立方米的中石化商储库开始储油，林献润滑油、博宏化工、美国环捷等项目相继投产。

（开发区地志办）

2013年7月22日，天津开发区金融创新项目集中签约仪式在投资服务中心举行

（摄影：张春明）

第三产业保持稳步增长 2013年，开发区第三产业增加值555.95亿元，比上年增长12.1%。其中，批发和零售业137.23亿元，增长6.8%；交通运输、仓储和邮政业23.74亿元，增长11.4%；住宿和餐饮业3.59亿元，下降16.3%；金融业153.17亿元，增长17.9%；房地产业9.25亿元，增长8.3%；其他服务业228.98亿元，增长12.6%。批发和零售业平稳较快增长。限额以上批发和零售业社会消费品零售总额159.48亿元，比上年增长14.5%；限额以上批发和零售业商品销售总额2212.72亿元，比上年增长14.3%。交通运输、仓储和邮政业快速增长。各种运输方式货运量4956.00万吨，比上年增长25.3%；货物周转量490.00亿吨公里，比上年增长55.1%。客运量8562.27万人次，比上年增长23.0%。其中，津滨轻轨4309.57万人次，增长39.9%；轨道电车140.50万人次，增长12.9%。接卸船舶600艘次，港口货物吞吐量213万吨，比上年增长19.1%。公共交通方便快捷。新辟公交线路6条，优化调整公交线路15条。至年末，全区有客货运输单位443家，客货营运车辆8828部。其中，货运车辆8047部；客运781辆。住宿和餐饮业稳定发展。限额以上住宿和餐饮业实现营业收入10.94亿元，比上年下降15.5%。其中，餐费收入6.35亿元，下降18.9%。全年宾馆实际住宿人数达到88.23万人次，比上年下降2.2%。其中，境外旅客13.96万人次。金融业保持快速健康增长。全年融资租赁企业实现主营业务收入135.77亿元，比上年增长36.3%。融资租赁合同余额1856.51亿元，比上年增长20.5%。全年新设基金企业2家，认缴出资额5.2亿元，实缴出资额1.12亿元。至年末，全区有银行机构41家，其中，外资银行6家，银行营业网点97个；融资租赁公司34家；财务公司3家；消费金融公司1家；小额贷款公司9家；各类保险机构17家；基金类企业401家，认缴出资额930.14亿元，实缴出资额541.54亿元；上市公司7家。其中，境外上市公司2家；专业交易市场10家。房地产市场保持稳定。全区房屋施工面积376.99万平方米，比上年增长1.4倍。其中，商品住宅177.99万平方米，增长1.4倍。房屋竣工面积103.12万平方米，比上年增长13.8倍。其中，商品住宅16.71万平方米，增长1.7倍。商品房销售面积52.83万平方米，比上年增长20.8%。其中，商品住宅43.18万平方米，增长10.8%。商品房销售额73.11亿元，比上年增长62.4%。其中，商品住宅57.59亿元，增长44.5%。会展业持续发展。全区举办展会111次，展览总面积41万平方米，累计吸引参观人数17.60万人。

（开发区地志办）

各项事业健康发展 2013年，开发区教育基础设施不断改善。国际学校改扩建二期、开发区一中改扩建和新保育院等建设工程进展顺利。全区中小学校完成联网，资源共享。教育国际化、信息化等教育现代化水平进一步提升。公办义务教育优质均衡化成果进一步巩固。一次性通过现代化学校建设综合评估验收。当年义务教育入学率100%，巩固率100%，高中入学率98%。流动人口子女占义务教育阶段学生总数的25.9%。至年末，全区有各级各类学校27所。其中，大学4所；民办学校11所。在校学生3.67万人。其中，大学生2.80万人；中小学生0.87万人。在校学生中，外籍学生400人。幼儿园10所，入学儿童971人。教职工3284人。其中，外籍教师145人。医疗卫生事业取得发展。年内泰达医院晋升三级医院。社区卫生服务中心下属各站完成医保联网，卫生服务网络逐步完善。实施60岁以上老年居民健康随访管理。西区医院、长城汽车生活区门诊部、微电子工业区门诊部相继开诊。至年末，全区有10家综合性医院、3家专科医院，19家社会力量办其他医疗机构、1家社区卫生服务院、13个社区卫生服务站、56家企业保健站。拥有各类卫生技术人员1570人。其中，高级职称卫生技术人员201人。病床1125张。全年诊疗99.30万人次。文化氛围逐步提升。启动全国文明城区创建工作，开展一系列提升群众文化素质活动。泰达经典音乐文化广场、泰达第一体育场文化广场等各类文化活动丰富。泰达图书馆档案馆全年档案借阅利用0.95万人次，接待读者用户85.02万人次，图书借阅量14.19万册次，提供文献检索1.30万次。至年末，泰达读书馆档案馆馆藏档案资料50.67万卷(件)，图书文献118.23万册，数据库50个。城市管理创新取得新成绩。持续深化社区治理“泰达模式”。福瑞社区、泰丰社区获环保部远洋社区环保公益奖；泰丰社区获全国科普示范社区称号。至年末，全区成立9个社区，9个社区居委会，建立23个社区志愿者服务站和110个社区志愿团体。年内组织志愿活动620次，志愿服务时间19.68万小时。全区有全民健身场所69个。社会救济、优抚安置、老龄、民族和宗教、计划生育等工作落到实处。

1月7日晚，“让梦想飞翔”泰达少儿艺术团2013年专场汇报演出在滨海国际会议中心举行

(摄影:张春明)

(开发区地志办)

“三小区”发展势头良好 2013年，天津开发区微电子工业区、逸仙科学工业园、现代产业区共完成规模以上工业总产值1608.94亿元，比上年增长26.4%。微电子工业区完成规模以上工业总产值1402.61亿元，增长29.6%；出口97.35亿美元，同比增长6.65%，占开发区44.43%；从业人员5万人。全年落实新项目8个，增加投资总额共计19773万美元，增加注册资本共计7280.6万美元。逸仙科学工业园完成规模以上工业总产值109.2亿元，增长1.0%；实现税收4.9亿元，同比增长8.1%；自营收入2082.6万元，同比增长14.7%；实现出口41295万美元，同

2013年10月10日，天津阿卡汽车配件有限公司在天津开发区逸仙科学工业园举行开业仪式

(摄影:张春明)

比增长-24.5%；从业人员达9483人，同比增长34.8%。全年完成招商引资项目11个，出让土地30000平方米。面对复杂的经济形势和日益加剧的竞争环境，利用科技项目招商和产业项目招商齐头并举的工作思路，累计接触各类科技项目224项。现代产业区完成规模以上工业总产值97.13亿元，比上年增长18.6%；完成出口额1.37亿美元，增长24.5%；区域从业人员达到6000余人；全年累计完成9个招商项目，新增投资额3.03亿美元、注册资本9521万美元。皇家乐宏、瀚景建材、阿尔发保健品3个新项目落户，土地出让面积25.2万平方米。雷可德、三环乐喜、利安隆等6个项目实现增资，其中雷可德3次增资，阿尔发保健品项目当年落户、增资。

（开发区地志办）

中国首个PET原级资源化循环利用产业化项目落户 2013年1月18日，中国运载火箭技术研究院北京航天万源科技公司与天津开发区（南港工业区）管委会PET原级资源循环利用产业化项目投资合作协议签字仪式在开发区投资服务中心举行。该项目由中国火箭研究院北京航天万源科技公司控股的航天资源循环科技有限公司负责开发、运营，总投资3.8亿元，预计至2016年末实现年收入7.11亿元，利润0.93亿元，至2021年末实现年收入24.1亿元，利润4.5亿元。该项目将使用过的果汁、可乐、矿泉水等聚酯瓶，经过粉碎、清洗、干燥、挤出、造粒、增黏等工艺工程，生产出再生瓶级聚酯切片，产品性能与原生瓶级聚酯切片相同，再生聚酯切片与原生聚酯切片按照一定配比加工制作食品级PET瓶，可多次循环利用。项目建成后，每年将循环利用5万吨PET瓶，相当于每年减少约30万吨石油消耗，减排二氧化碳约15万吨，节约折合标准煤约30万吨，环境价值突出。

（开发区地志办）

2013年1月18日，中国运载火箭技术研究院下属企业北京航天万源科技公司与天津开发区管委会PET原级资源化循环利用产业化项目投资合作协议签字仪式在投资服务中心举行

（摄影：张 亮）

天津港保税区

概况 天津港保税区是中国对外开放的重要区域，是天津滨海新区的核心组成部分，截至2013年有两个区域，即海港保税区、空港经济区，总面积73平方公里。

海港保税区于1991年5月12日经国务院批准设立，面积5平方公里，具有国际贸易、国际物流、临港加工和展示展销四大功能，是中国华北、西北唯一的，北方规模最大的保税区。保税区内设有保税物流园区，规划面积1.5平方公里，一期封关运作0.6平方公里。

空港经济区于2002年10月经市委、市政府批准设立，规划面积46平方公里，是融现代服务业、科技研发转化和先进制造业为一体的综合经济区。2009年5月，与东丽区达成协议，在空港经济区以南紧邻机场的位置合作开发航空城新区，面积22平方公里。至此，空港经济区总面积达68平方公里。在空港经济区，设有1平方公里的全国第一个空港保税区、2平方公里的综合保税区和1平方公里的空港国际物流区。

海港保税区已经形成以保税为特色，临港为依托，自由贸易为运作空间的功能产业基本框架，在服务中国北方经济发展中发挥了辐射和带动作用。一是发挥了联接两个市场的窗口和桥梁作用。截至2013年，保税区的3000多家贸易公司同世界上100多个国家和地区建立了贸易联系。美国3M、霍尼韦尔、泰科电子、美卓矿机，德国大众、奔驰、海德堡，法国家乐福，日本住友、丰田通商、松下、伊势丹，韩国三星、SK，中国台湾永立建机等知名国际贸易企业在保税区投资。二是发挥了作为国际货物进出绿色通道的作用。吸引新加坡叶水福，日本邮船汽车物流，荷兰铁行渣华，澳门振华物流，中远散货等200多家跨国物流企业，棉花、食用糖、汽车、橡胶、煤炭、稀有金属等大宗商品交易市场聚集。三是临港加工业形成聚集效应。美国卡特彼勒、雪佛龙、久益，韩国SK润滑油，中国台湾台达电子，香港嘉里粮油，黑龙江农垦集团九三油脂，龙威粮油、TPCO工业园在区内投资。区内的保税物流园区积极拓展国际采购、分拨和过境贸易业务，实现进口集装箱货物直提分拨功能及功能延伸，引进瑞士名门、日本川崎汽船、中国香港东方海外等一批具有全球经营网络的第三方物流企业。

空港经济区围绕空客A320总装线项目建设，美国古德里奇、PPG，中航直升机、西飞机翼总装、海特、航新、维斯通用航空等世界一流航空项目落户，航空产业迅速成为天津产业发展的一大亮点。积极搭建科技创新园、软件外包服务基地等科技发展平台，加快高科技项目的集聚和产业链条培育，瑞典沃尔沃IT，中国台湾威盛电子，美国CSC，中兴通讯、大唐电信、中科院工业生物研发转化基地、清华紫光、华旗资讯、金发科技、东软等领先项目，带动了通讯信息产业能级提升。装备制造业发展势头强劲，法国阿尔斯通，意大利扎努西，美国卡特彼勒、久益、豪士卡，英国联合利华，加拿大麦格纳、加铝，柳工机械、新疆特变电、鞍钢、天汽模等骨干企业相继开工或投产。

空港物流园位于滨海国际机场货运中心区。新加坡淡马锡丰树、台湾华宇航空货栈、空港货运等企业入区经营。

滨海新区综合保税区是国家批准的第二家综合保税区，重点发展航空研发、加工制造、维修改装、物流配送、商贸展示等功能，为空客项目顺利实施提供政策保障，形成具有国际先进水平的民航产业聚集区。

2013年，天津港保税区生产总值达到1225亿元，工业总产值完成1670亿元，固定资产投资310亿元，财政收入172.5亿元，其中区级一般预算收入64.7亿元，工商税收148.3亿元，进出口总额190亿美元，实际使用外资33亿美元，内联引资141亿元。注册企业1135家，比上年增长2.5倍。

（翟　怡）

招商引资　2013年，保税区高端项目不断聚集。按照“三多一聚”的部署，采取专业招商方式，围绕航空航天、装备制造、新一代信息技术、生物医药、大众消费品等领域开展产业招商，实现高点聚焦。按照“扩三提二”要求，围绕总部、金融、贸易及白领密集企业发展楼宇经济。产业集群逐步形成，产业能级不断提高，产业结构日趋优化。空客二期完成谈判，欧直、庞巴迪、罗克韦尔柯林斯模拟机、赫氏复合材料等民用航空项目签约；瑞典宜家、加拿大麦格纳、德国大众变速箱配套项目、美国博格华纳、瑞士席勒、法国斯塔高等先进制造业项目落户；阿尔斯通全球研发中心、约翰芬雷研究院、菜鸟科技、小米手机、中力防雷、思比科芯片、先声药业等科技项目形成新亮点；引入神州租车、大众汽车租赁、搜房网、盈科在线、亿利能源、俊安能源、智联易才、优胜教育等一批总部和现代服务业项目。

（翟　怡）

科技创新　2013年，保税区编制区域创新体系规划，制定《天津港保税区、空港经济区促进高新技术产业发展的规定》《鼓励与支持创新创业的扶持政策》，启动四个共享技术平台建设，为入驻企业提供公共研发服务。成立创新创业中心，全面启动首届创新创业大赛活动。培育和建设瑞普生物“兽用化学药品产业技术创新战略联盟”和中科院“工业酶产业技术创新战略联盟”两个国家产业联盟试点，及先声药业“创新药物百家汇”等创新载体平台。全年专利申请量突破1500件，创历年最高水平；新增科技型中小企业809家，新增科技小巨人企业29家；累计争取各类科研经费约6800万元；区内19家企业的28项成果获得省部级科技进步奖，3个项目获得科技进步一等奖。

（翟　怡）

功能开发　2013年，保税区进一步规范市场管理，市场集群交易额达3.5万亿元，税收突破7亿元。启动综合保税区航空维修检测试点区工作，推进中小企业信用体系试验区建设，开通空港、海港直提业务，开展国际物流跨境资金结算和意愿结汇业务，促进进口拆拼箱和转口贸易业务开展。借鉴上海自由贸易区政策，围绕金融创新、贸易升级、投资便利化等方面形成行动方案。成功举办第二届中国天津直升机博览会。吸引近300家国际和国内的直升机整机及配套企

保税区金融中心

（天津港保税区管委会供稿）

业参展，累计签售直升机超过100架，接待30多个国家和地区的观众近5万人。

（翟 怡）

财政金融 2013年，保税区进一步强化国资管理，加大资源整合力度，优化控股公司资产和股权，完成亚都万士隆厂房、天保酒店转让，全年累计回笼资金7.9亿元。进一步规范私募股权基金、小额贷款公司和担保公司发展，防范金融风险。担保中心积极创新贷款担保模式，加强与银行等金融机构合作，为中小企业搭建融资平台，完成贷款担保7200万元。积极争取各级扶持资金支持，获得支持资金超过5200万元。开展基本建设项目、国有企业、部门预算执行和经济责任等专项审计，在规范财政资金、促进国有企业改革等方面取得成效。加强对区域经济运行的监控和分析，"促发展、惠民生、上水平"和企业提升工作取得明显成效，解决一批企业发展中的困难，18家重点企业营业收入或产值同比增加，13家企业税收同比增加；开展第三次经济普查，联网直报上报率保持100%，经济运行质量和水平明显提高。

（翟 怡）

规划建设 2013年，保税区全面推进"八大亮点"和"一路两湖"建设。卡特彼勒柴油发电机、阿尔斯通水电研发中心、久益环球、利拉伐等45个项目竣工投产；麦格纳、联合利华二期、伊宁医疗等37个项目开工建设；GE医疗、瑞普生物等104个在建项目稳步推进。基础设施建设取得新进展。南通道建设基本完工，二期中部雨污水泵站、海港雨污水分流改造工程等项目投入使用，空港热电联产锅炉房、物流区35千伏变电站、消防支队二级指挥中心建设启动。土地整合、房产服务、物业管理等工作不断加强。土地空间利用取得新进展，全年整合土地18万平方米，盘活闲置厂库房7.1万平方米；房地登记程序、要件和时限进一步规范，累计办理房地登记8163件，同比增长15%，权属档案检查合格率100%；推进小区业主大会和业主委员会建设，物业管理水平进一步提升。

（翟 怡）

环境保护和循环经济 2013年，保税区启动美丽空港建设行动方案。实施清水河道工程，环河北路人工生态湿地建成投入使用，空港市政污水厂一期、扩展区污水处理厂一期改造和保税区雨污分流改造工程建成投入使用，开展西环河清淤，雨污水管道检测及维修工程，加大排污监测检查并对违规企业采取多种治理措施，完成年度污染减排任务，获得新区污染减排专项奖励资金695万元，区域水生态环境得到改善。实施清新空气工程，加强对区内企业气体排放物监测，完成51家次企业废气排放源监督性监测，在用燃煤锅炉全部安装烟气在线监测系统，区域环境空气质量达标率比全市平均水平高出6.5个百分点。完善生态化建设指标体系，制定《建筑绿色设计和控制导则》，全面推行绿色建筑，联合利华天津工业园一期工程等6个项目获得美国LEED认证或中国绿色建筑认证，区域绿色建筑面积达到123万平方米。节能项目推广取得新进展，推动天汽模公司4.5兆瓦光伏电站项目，以及伊宁、瑞普生物等约20万平方米的地热利用项目建设，引导企业完成较大节能改造项目30余项，节约标准煤约23478吨。环境管理体制不断完善，区域ISO14001环境管理体系连续六年通过第三方认证审核，累计41家企业通过ISO14001环境管理体系认证；重点工业企业清洁生产审核率100%。

（翟 怡）

保税区湖滨广场

（天津港保税区管委会供稿）

社会事业 2013年，保税区文化中心建设稳步推进，体育中心运营情况良好，湖滨艺术中心公益演出质量不断提升，文化体育嘉年华系列活动影响不断扩大，群众性文化活动丰富多彩。空港医院主体施工完成，生物治疗康复中心项目启动，养老项目正式确定。湖滨社区卫生服务中心、120急救中心运行情况良好，全年接诊患者4.7万余人。社区服务中心全面运营，受理业务近3万笔，为居民提供"一站式"便民服务。

（翟 怡）

保税区文化中心

（天津港保税区管委会供稿）

管理服务 2013年，保税区深入推进行政审批服务体制机制创新，全面提升行政审批服务质量效能。实现“应进必进”，110余项行政审批事项全部进厅办理，进厅服务事项由119项增至126项。企业设立联审高效便捷，平均办结时限1.75天，在全市和新区处于领先位置；40个重点招商项目通过“绿色通道”一天办结。投资项目联审持续提速，全程审批锁控在120天以内；审批时限进一步压缩，平均承诺办结时间缩短至4.1天；实际办结时间比承诺办结时间提速37.1%，在全市保持较好水平。成立代办中心，实现企业注册办理一次性告知，为189家招商项目和科技型中小企业注册提供代办服务，为270余家企业提供帮办领办企业注册服务。海关、检验检疫、国税、地税、外汇、社险、公安、消防、法庭、检察、交警等驻区单位进一步强化服务手段、创新服务内容，为区域发展保驾护航。

（翟　怡）

人才高地 2013年，保税区创新人才引进机制，举办海外留学人才对接洽谈会，协助企业引进高层次创新创业人才1000人，新建博士后工作站6个，推荐2人申报国家和市级“千人计划”。就业培训服务体系不断完善，与天津市7所高校开展“区校企”合作，举办17场各类招聘会，累计提供就业岗位8600余个；推出“圆梦计划”项目，吸引200名职工参加；开展优秀外来建设者评选表彰，区内82家企业的413名职工参加评选；组织各类职业技能培训，培训技能人才600余人次；开展航空、叉车、焊接等7项职工技能大赛，吸引区内200余家企业、近万名员工参与。

（翟　怡）

区域建设 2013年，保税区就业和社会保障工作稳步发展，新增就业2万余人，全区社会保险参保缴费人数达12.83万人。构建和谐劳动关系调处工作大格局。全方位、多层面开展调处工作，在区内148家规模企业中建立劳动争议调解委员会，在重点企业设立163名劳动关系观察员，对区内300余家重点用工单位进行劳动关系隐患排查，评选命名2012~2013年度和谐企业50家。仲裁调解联动机制进一步完善，全年调解劳动争议纠纷800余件，仲裁案件审结800余件，受理劳动保障监察举报投诉案件151件。消费者权益保障工作得到加强，全年处理投诉260余件。工会组织建设取得新突破，累计组建工会1000余家。心理咨询师队伍和职工心理疏导研究会不断完善，具有资质的心理咨询师队伍基本形成。安全稳定工作不断强化。狠抓安全主体责任落实，强化标准化管理，开展安全生产大检查，检查企业2600余家次，整改隐患4500项。应急体系建设不断完善，区内生产型企业应急预案实现全覆盖，应急处置能力进一步提高。加大信访工作力度，健全情报信息制度，加强不稳定因素排查，全年未发生重特大安全事故和突出的群体性事件，继续保持安全稳定的良好局面。

（翟　怡）

天津滨海高新技术产业开发区

概况 天津滨海高新技术产业开发区(以下简称滨海高新区)原称天津新技术产业园区，是1991年3月经国务院批准成立的首批国家级高新技术产业开发区之一，2009年3月5日，经国务院正式批复同意更名为天津滨海高新技术产业开发区。2009年，滨海高新区成为国家科技部首批创新型科技园区建设试点单位之一。

截至2013年，滨海高新区形成“一区六园”格局。“六园”，即华苑科技园、滨海科技园、南开科技园、武清科技园、北辰科技园和塘沽科技园。

华苑科技园是滨海高新区的直属辖区之一，也是滨海高新区的核心区之一，坐落天津市区西南部，规划面积11.58平方公里，是市区内唯一成片开发的区域，其中环内2平方公里、环外9.58平方公里。地处京津发展轴，距首都北京100公里，距天津滨海国际机场18公里，距天津港50公里，紧靠京沪、津保、京塘高速公路，毗邻京沪高速铁路，城市地铁3号线穿行其间。华苑科技园地理位置优越，生活条件便捷，创新资源丰富，高端人才集聚，是天津市第一个“无燃煤区”和“国家 ISO14000 环保示范区”。在电子信息、新能源、生物医药、先进制造业、现代服务业等领域形成具有较强创新能力的产业集群，一批具有自主知识产权的高新技术龙头企业迅速成长。

滨海科技园是滨海高新区的直属辖区之一，位于天津市中心城区的东北部，东至唐津高速公路，西至津汕高速公路，南临杨北公路、京津塘高速南线、津滨高速公路，北达京津塘高速公路北线、津汉快速路。地处天津市东丽湖、黄港湖结合处，距天津市中心城区 20 公里、距机场 9 公里、距港口 18 公里、距北京 150 公里。规划面积 32.5 平方公里，分为集中新建区 25 平方公里和 7.5 平方公里绿化带，生态环境得天独厚。2006 年，国家科技部与天津市政府决定共同开发建设滨海科技园，滨海科技园成为国务院批准的国内第一个“部市共建”国家高新区。已基本完成基础设施的主体框架建设，航天五院、航天十一院、中海油新能源产业基地等一批重大项目相继落户，渤龙湖总部经济区吸引、聚集高端产业和高端资源的优势日益显现。滨海科技园是科技自主创新的领航区、高端人才的聚集地，是一座生态宜居的科技城。

渤龙湖航拍

（摄影：张　磊）

南开科技园是滨海高新区的功能区之一，位于天津市南开区西南部。园内有南开大学、天津大学等一批高等学府和天津药物研究院、航天机电集团三院 8358 所等一批国家和市级科研院所，教育、科研、人才资源十分丰富。

武清科技园是滨海高新区功能区之一，地处京津之间，区位优势得天独厚。已形成电子信息、生物医药、新型建材、机械制造、汽车及零部件五大主导产业。

北辰科技园是滨海高新区功能区之一。分为南、北两大发展区域，南区地处天津市区京津塘高速公路宜兴埠出口处，北区地处京津公路引河桥北、九园公路两侧。已形成新能源、机电制造、生物制药、汽车配件、新材料、食品饮料、橡胶制品、现代物流八大支柱产业群体。

塘沽科技园是滨海高新区功能区之一。东至渤海海岸和蓟运河口线，西至河北路和新河干渠，南至天津经济技术开发区北塘高压电厂输电的高压走廊绿化带，北至北环线和永定新河。已形成海洋高新技术、新材料、现代机械制造、电子信息等优势产业。

2013 年，滨海高新区完成总收入 5674 亿元，比上年增长 23.3%；地区生产总值 1533 亿元，增长 27%，其中，核心区完成地区生产总值 836 亿元，增长 36%；注册口径规模以上工业总产值 1363 亿元，增长 35.6%；固定资产投资 370 亿元，增长 18.4%；财政收入 82 亿元，其中地方财政收入 44 亿元，增长 24.5%；内联引资 94 亿元，增长 30%；实际使用外资 9 亿美元，增长 19.1%；外贸出口 12 亿美元。

（赵林杉）

新兴产业　2013 年，滨海高新区在新能源、新一代信息技术等优势主导产业基础上，又集聚培育文化创意、航空航天、珠宝设计、科技金融、汽车等五大新兴产业，产业发

华翼蓝天

（摄影：张　磊）

展的“高、新”特征日益突出。文化创意产业以信息技术为支撑，聚集3D技术国际领先的卡梅隆—佩斯集团中国总部、动漫行业国内第一品牌神界漫画等400多家文化创意企业。航空航天产业在航天模拟器、卫星遥感、特种飞行器、航天环境等领域形成一批以华翼蓝天、航天环境、中科遥感、神舟飞行器为代表的骨干企业。珠宝设计产业聚集以百泰、梦金园为代表的黄金珠宝设计业，打造综合性黄金珠宝产业基地。科技金融产业聚集各类金融及相关非银行金融机构300余家，其中股权投资基金150多家，天使投资基金12家。汽车制造业方面引入中国汽车零部件产业基地、华泰汽车总部及汽车生产基地等重大实体项目。

(赵林杉)

科技金融大厦

(摄影:张　磊)

科技创新　2013年,滨海高新区获批国家知识产权示范园区、国家广告产业试点园区、软件和信息服务业国家新型工业化产业示范基地，争创国家自主创新示范区工作也取得阶段性成果。创新主体数量和质量进一步提升，全年引进科技型中小企业1125家,通过科技型中小企业认定的企业累计5121家,数量占全市的10.5%，占滨海新区的34%,是全市首个突破5000家科技型中小企业的区域。新增科技小巨人企业60家,“新三板”挂牌企业21家,天津市科技领军企业42家,国家高新技术企业63家,数量稳居全市各区县第一。区内企业获得滨海新区、天津市级以上各类科技计划项目立项达到500项，获得财政资金支持2.1亿元。高新区技术市场合同项目数突破1000项,技术市场成交额达10.07亿元，比上年增长16%。企业创新能力不断增强，曙光信息和神舟通用项目入围2014年国家核高基重大专项,天药股份成为全市首家通过美国食品和药品管理局(FDA)认证制剂生产企业，福丰达成为中国第一家通过美国电影协会(MPAA)视觉特效测评影视制作公司。搭建科技金融服务中心、科技金融大厦等平台，推出“天使贷”等30多项以科技型中小企业为帮助主体的特色融资业务，在有效破解企业融资难题上实现系统性突破。

(赵林杉)

项目引进和建设　2013年,滨海高新区引进一批央企、民企、外资的高水平大项目。华泰汽车、中汽零、天地图、惠普、恒天重卡、威高军科院、厦门华电等重大实体项目有力带动高端制造、信息技术、生物医药等支柱产业走向高端;奇虎360、蓝港在线、新浪天津、二十一世纪威克影视等文化创意、电子商务行业的龙头企业促进新兴产业的蓬勃发展;台湾工银融资租赁、国美电器保理、苏宁电器保理、安泰信公司融资租赁、常青集团融资租赁、万贝国际保险经纪等金融项目显著增强高新区产业、科技、金融融合的优势。全年,滨海高新区47个项目实现开工建设,竣工项目35个。华泰汽车项目、天津物产产业化基地项目及天地图全球数据信息服务项目、华信总部等项目实现全面开工建设。

(赵林杉)

环境优化提升　2013年，滨海高新区制定《美丽高新建设实施意见》,美丽高新建设全面启动。实施

渤龙湖市民广场

(摄影:张　磊)

绿化亮化美化工程和生态保护工程，提升绿化总面积120万平方米，初步形成良好城市景观，获评2013年中国自主创新园区生态文明奖。在基础设施方面，开工建设新一代智能110千伏变电站等一批道路、交通、市政设施重点项目。在配套环境方面，统筹建设、布局海泰义务教育学校、马光医院等一批教育、卫生、商业服务设施，滨海科技园渤龙湖市民广场开街运营，制定《华苑科技园配套环境提升方案》，重点建设12个商业配套项目。

（赵林杉）

天津未来科技城 天津未来科技城总体规划面积175.35平方公里，分南北两区，具有由空港、海港、高铁和多条高速公路组成的立体交通网络。重点发展新能源、生物医药、高端信息、航天航空、先进制造业等优势主导产业。截至2013年底，累计落户各类企业和项目360个，其中重大项目70个。航天神舟特种飞行器研发生产基地、明阳风电、盛实百草等18个项目竣工投产，航天五院超大型航天器研发总装测试中心、中国汽车零部件（天津）产业基地、天津滨海地理信息创新园暨天地图全球数据服务基地、华泰汽车、高灵能源蓄能研发产业基地、突破电气研发产业基地等37个项目正在加紧建设。天津市实施的未来科技城高端研发机构聚集区建设计划，力争用3~5年时间在风景优美的渤龙湖区聚集15~20家符合战略新兴产业定位、具有国际一流水平的高端研发机构，成为产业创新的重要引擎，并在全国产业创新中体现代表性、先导性和示范性。截至2013年底，天津未来科技城已引进航天五院探月工程交会对接全物理仿真实验室、军事医学科学院、北京大学新一代信息技术研究院、浙江大学工业研究院、天津药研院新药安评中心、中海油国家级海上石油天然气专业设备安全性能分析验证实验室等独立研发机构项目8个，两院院士10名，国家及天津市“千人计划”人才50多名，科技人才2000余名。2013年，作为落实京津冀协同发展、京津双城联动发展战略的重要载体，天津未来科技城全面加快建设。组建未来科技城开发建设公司。未来科技城北区144.85平方公里完成总体规划、专项规划与发展规划制定，总体规划已经市政府常务会议审议通过。发展规划确定“一基地三新城”的发展定位，即“产业链完整的高端制造业研发转化基地，链接全球创新要素资源的高端产业新城，彰显智慧活力的宜居乐业新城，凸显生态特色的文化旅游新城”，未来将重点培育和发展六大战略性新兴产业、生产性服务业和文化旅游业，探索一条引领未来产业发展的新模式，打造面向未来的产业园区。

（赵林杉）

渤龙湖住宅及商业配套项目

（摄影：张 磊）

京津合作示范区 2013年，天津在未来科技城北区中规划34.96平方公里的京津合作示范区，列入京津两市合作协议的重要内容，通过京津资源整合，承接北京科技研发和成果转化，努力探索一条引领未来产业发展的新模式，打造面向未来的产业园区。规划建设中的京津合作示范区，将统筹解决区域发展和疏解首都非核心功能，优先对接北京知名研发机构、大院大所和医疗机构；加强环境保护，实施产业化与城镇化融合发展战略。建立与北京首创集团的沟通渠道和定期会商机制，双方就区域发展目标、产业定位、政策平台、基础设施建设与成本分摊等方面达成初步共识。

（赵林杉）

党建工作 2013年，滨海高新区深入开展党的群众路线教育实践活动，先后制定完善相关制度17项，整改系统问题10个，并把高新区“作风建设年”活动作为高新区教育实践活动自选动作的重要载体，统筹推进，互相促进，干部队伍作风进一步转变。不断加强非公企业和机关党组织及工、青、妇等群众团体建设，增强基层组织和队伍的生机活力。全面提升干部队伍能力水平，实施科技城拓展区处级领导职位竞争上岗，组织英语培训、依法行政专题培训、头脑风暴会、服务月等一系列活动。扎实推进党风廉政建设，认真落实中央八项规定，认真纠正“四风”问题,构建廉政常态监控体系,保持了良好的党风政风形象。

(赵林杉)

临港经济区

概况 临港经济区,东临渤海,西为滨海新区规划中部新城,南接南港工业区和轻纺工业区,北与天津港隔大沽沙航道相望,位于海河、独流减河入海口之间滩涂浅海区,是通过围海造陆而形成的港口工业一体化的新兴经济区,规划总面积200平方公里,用海面积230平方公里。是滨海新区重要功能区,也是国家循环经济示范区和国家新型工业化产业示范基地,已形成装备制造、粮油食品、口岸物流三大支柱产业,将建设成为中国北方以装备制造为主导的生态型临港经济区。2013年,临港经济区实现生产总值175亿元,比上年增长28%;工业总产值800亿元,增长100%;固定资产投资260亿元;一般财政预算收入15.9亿元,增长25%;实际利用内资64.3亿元,增长31%;实际使用外资3.04亿美元,增长30.5%;外贸进出口总额9.7亿美元;新增招商引资协议额800余亿元;港口吞吐量2210万吨,增长22%。

(李武东)

围海造陆 2013年,临港经济区探索总结创新围海造陆、土地固化的新技术、新工艺。先后总结形成用半圆体、大型充砂袋建设围海大坝,用世界首例大圆桶结构保护油气管线,用皂化渣拌合、真排式深层抽真空法、二次真空预压固化土地等工艺造陆,取得6项国家专利,使得建设大坝、造陆固化成本分别比传统工艺低20%、10%以上。全年,新增固化土地7平方公里。建设外坝80公里,内坝130公里,围合海域140平方公里,吹填泥沙5.36亿立方米,造陆130平方公里,固化处理土地77平方公里,其中50平方公里达到“七通一平”。

(李武东)

基础配套 2013年,临港经济区道路建设24条,新增通车里程35.2公里。珠江道110千伏变电站、海防路110千伏变电站正式供电,中船东220千伏变电站竣工投入运行,南部区域起步区电缆沟一期工程全部完工,新增电力排管10公里、路灯照明灯杆900根。完成汉江道、湘江道等路段供水管网铺设,临时排水挖渠8公里、泵点架设8处,疏通雨污水管道约15公里。基本完成临港经济区北部区域生活配套服务区供热工程。维修桥梁6座,建成泵站3座。14万平方米蓝领公寓建成投入使用。

(李武东)

招商引资 2013年,普罗旺斯、联东U谷、北大荒商贸、利达面粉等55个项目签约,总投资额824亿元。益同创鑫、仁泽物流、鑫正海工等30个项目开工,总投资额233亿元。斯瑞特、千红石化、福迪、戴乐普、通用电气等40个项目投产运营,总投资额225亿元。其中,普罗旺斯、龙蟠、国民油井等6个项目当年签约、当年开工,北大荒国际贸易、益同商贸等8个项目当年签约、当年投产运营。全年,着力借助首都资源,引进喷涂机器人等10个高科技项目,正在形成科技新优势。引进联东U谷、锦联等大项目落户生活服务区,为尽快形成局部繁荣局面奠定基础。在加大招商引资力度同时,通过强化服务,保障天碱、大沽化、中粮油、博迈科等已投产企业正常运营及增资扩建,带动地区工业产值迅速增长。在发展壮大实体经济同时,大力发展第三产业,天津粮油商品交易所业务发展迅速,外贸进出口总额大幅增长。截至年末,招商引资项目累计达257个,总投资2800余亿元。其中投产项目124个,总投资1000余亿元;在建项目94个,总投资730余亿元。签约项目39个,总投资1070余亿元。另外,还有在谈、储备项目100余个,投资总额2000余亿元。落地项目中,有世界500强企业投资建设的项目12个。有中国500强企业投资建设的项目12个;百亿元以上项目7个。单项产品世界第一的有6家。

(李武东)

安全环保 2013年,临港经济区加强安全生产制度体系建设,发挥安委会的领导协调监督作用,落实企业主体责任,形成安全监管固化于制的局面。强化危化企业监管,推动安全生产标准化达标创建工作。10家企业通过标准化评审。推进重大危险源和应急预案备案工作,10家企业完成重大危险源备案。加大环保监督检查力度,实现重点企业各项污染物达标排放。落实污染物总量减排制度,实施环保审批总量前置,落实环保一票否决制。建立农民工工资预储账户制度,保障维护农民工合法权益。加强海上安全管控、陆上施工管理、社会治安防控及“治超”、防汛、防潮等专项工作,促进“和谐临港、平安临港”建设。全年新增绿化面积21.4万平方米,累计达560万平方米,63万平方米人工生态湿地公园于6月开园。

(李武东)

中心商务区

概况 中心商务区地处滨海新区核心地带，东至跃进路，西至河北路、兴业路，南至大沽排污河，北至新港四号路，规划面积37.5平方公里。2007年开始筹建，2010年12月正式挂牌成立，功能定位为环渤海地区的国际金融、国际贸易、总部经济、高端商业和现代服务业的聚集区，将建设成为滨海新区的商务商业和行政文化中心、中国的金融创新基地、世界一流的中心商务区，成为未来城市形象标志区和国际化生态宜居城区。规划建设进度为“两年开发启动、三年全面建设、五年初具规模、十年基本建成”，力争用15到20年全面实现规划设计要求和功能定位目标。整个区域规划布局为“一河两岸六区”，即以海河为轴线，沿河两岸开发为重点，规划建设于家堡金融区、响螺湾商务区、天碱及解放路地区、大沽地区、新港地区、蓝鲸岛及大沽炮台区等6片区域。2013年12月19日，滨海新区调整部分街镇行政区划，将调整后的塘沽街全域和大沽街部分区域纳入中心商务区开发建设范围，区域面积增至46平方公里。2013年，中心商务区完成生产总值96.2亿元，比上年增长26.9%；固定资产投资212.1亿元，增长15.4%；财政收入20.7亿元，增长25.6%；内联引资106.5亿元，增长21.7%；实际利用外资1.7亿美元，增长29.2%；外贸进出口完成4065.7万美元，增长87.1%。

（李武东）

蓝鲸岛绿化

（摄影：焦永普）

楼宇建设 2013年，中心商务区累计开工面积1060万平方米，其中商务楼宇807万平方米，住宅公建253万平方米，完成投资558.8亿元，竣工227万平方米，在建833万平方米。滨海国泰大厦、温州大厦等6栋楼宇及极地海洋世界商业街基本竣工，王相大厦、滨海国贸大厦等18栋楼宇进行内外檐装修及二次结构砌筑、机电设备安装，比克大厦、内蒙古奈伦大厦等6栋进行主体施工，中航技、富力大厦等9栋进行基础施工。于家堡华夏人寿、农商行、渤海银行等10栋楼宇进行内外檐装修，金融会议中心、力勤大厦等5栋楼宇进行主体施工。

（李武东）

基础设施建设 2013年，中心商务区累计完成道路43条，面积54.4万平方米，各类管线228.4公里，绿化景观175.7万平方米，完成投资58.7亿元。高铁盾构进度完成总量的75.2%，于家堡枢纽站站房钢结构安装完成，海河隧道主体完工。响螺湾市政道路管网工程基本完成，于家堡南北能源中心、共同沟、地下车行系统等项目按计划推进。天碱商业区实施雨污水管网、道路及绿化工程。安阳桥项目完成总量的60%，于新桥项目开工。新华路220千伏变电站正在办理立项、环评和土地等相关手续。彩带岛公园一期基本完成，二期工程在建设中。公建配套快速推进。着手耀华滨海学校、天津师大附属学校、天津师大附小、于家堡国际学校、妇儿医院等公建配套设施建设，加快推进选址、规划设计等前期工作。

（李武东）

招商引资 2013年，中心商务区累计注册企业2442家，注册资金1626.17亿元。其中，新增注册企业302家，注册资金55.67亿元。起草《滨海新区中心商务区招商引资和管理服务工作方案》《滨海新区中心商务区促进现代服务业发展暂行办法》及实施细则，分别由市、区政府下发实施。借重各行业协会、商会力量寻找招商资源，加强与会计师事务所及外商投资服务中心合作。分别在北京、上海、南京、沈阳等城市举办宣传推介活动8场，集中组织16家开发企业21个项目成功参展北京房交会，中国服务贸易委员会商业保理创新发展基地挂牌，中心商务区楼宇展示交易中心投入运营，向市国资委所属12家大型企业集团进行招商推介。于家堡商业联合会成立。促成中国金融租赁、邦银金融租赁、中矿联合产业基金、中汽零产业基金等一批大企业、好企业落户。在谈项目221家，其中包括中建集团、锦联集团等总部和区域总部企业，盛京银行、新华保险等知名金融机构以及银利商业保理、瑞茂通融资租赁等知名金融企业。

（李武东）

金融改革创新 2013年，《天津于家堡金融创新支持现代产业发展试点方案》上报国务院征求各部委意见。加快推进载体建设、政策扶持、管理服务和机构聚集，累计注册金融类企业479家，吸引到全市50%的交易所、33%的保理企业、12%的私募基金、8%的持牌机构入区注册。组建滨海新区金融服务中心，聚集一批传统银行、保理、租赁等实力企业，加强企业与金融机构之间的联络对接，优化提升金融服务水平。建成会计服务示范基地，筹建律师创新服务示范基地。借重首都资源，积极对接北京金融街、中关村、北京CBD等重点区域，深挖项目，促进落地。

（李武东）

中新天津生态城

概况 中新天津生态城是中国、新加坡两国政府间的重大合作项目，也是世界上第一个国家间合作开发的生态城市。2007年11月18日，两国政府签署协议，中新生态城项目落户天津。2008年9月28日，生态城开工奠基。总规划面积30平方公里，人口规模35万，10至15年基本建成。按照发展定位，生态城将建设成为综合性的生态环保、节能减排、绿色建筑、循环经济等技术创新和应用推广的平台，国家级生态环保培训推广中心，现代高科技生态型产业基地，参与国际生态环境建设的交流展示窗口，“资源节约型、环境友好型”的宜居示范新城，努力实现人与人、人与经济活动、人与环境和谐共存，能实行、能复制、能推广，为其他城市的可持续发展提供样板。中新两国领导人对生态城的建设高度重视。2013年5月14日，习近平总书记莅临视察生态城，对生态城建设取得的成绩表示肯定，希望生态城兼顾好先进性、高端化和能复制、可推广两个方面，在体现人与人、人与经济活动、人与环境和谐共存等方面作出有说服力的回答，为建设资源节约型、环境友好型社会提供示范。2013年11月20日，新加坡总理李显龙在新加坡会见中共中央政治局委员、天津市委书记孙春兰时表示，新加坡高度重视发展对华关系，愿进一步推动和扩大两国各领域务实合作，全力支持天津生态城等合作项目。2013年，中新天津生态城实现地区生产总值48.5亿元，比上年增长42%；固定资产投资180.4亿元；财政一般预算收入21.5亿元，增长29%；实际利用内资26.5亿元，增长32%；合同外资13467万美元，增长34%；实际利用外资22535万美元，增长46%；社会商品零售额4.1亿元。

（李武东）

绿色产业 2013年，中新天津生态城加快建设动漫园、影视园、科技园、产业园和信息园，为项目落户提供充足载体。累计注册企业超过1000家，注册资金700多亿元，提供4000余工作岗位，初步形成文化创意、信息技术、科技研发、节能环保、现代服务5个产业集群。成立生态城文化创意产业协会，搭建政企沟通平台。动漫大厦、创智大厦和天和·新乐汇等3座“亿元楼宇”总纳税超过10亿元。成立版权交易中心，为入区文化企业提供优质的版权服务。组织参与“非你莫属”和“圆梦津城”生态城专场活动、生态文明国际论坛，不断强化整体宣传推广。

（李武东）

城区建设 2013年，中新天津生态城公建、产业、住宅项目累计开工总面积609万平方米，累计竣工236万平方米。“一路三水”（市政道路，中水、雨水、污水）及各类能源管线共计完工67.8公里，在建6.7公里。交警中心、消防站竣工，公安大楼、环卫之家主体封顶，生态城医院进入主体施工，健身馆、信息大厦、生态规划馆稳步推进。初步建立以太阳能、风能和地热能为主的新能源利用体系，新增光伏设施约900千瓦，太阳能热水项目10余个，建设

天津市首座零碳建筑——公屋展示中心

（中新生态城供稿）

地源热泵应用项目20个,可再生能源项目累计装机容量达17.8兆瓦。严格落实绿色建筑标准,10个建设项目达到国家三星级绿色建筑标准。成功入选首批国家智慧城市试点。

(李武东)

环境治理 2013年,中新天津生态城完成绿化326万平方米,生态谷、永定洲、惠风溪、静湖湖岸景观等绿化项目相继完成。落实全市“四清一绿”部署,引进淡化海水和外部原水,实施“水清水动”工程,编制空气重污染日应急保障实施方案。开展垃圾分类入户宣传、免费发放垃圾袋、可回收垃圾换购等环保活动,推进区内垃圾分类收集和资源化利用。加快生态环境监测中心建设,实现水、气、声、气象4个领域在线监测全覆盖。完成污水厂在线监测信息与数字环境系统对接,建立污水厂长效监管机制。完成数字环境信息系统开发并通过专家验收。

(李武东)

体制机制创新 2013年,中新天津生态城国家绿色发展示范区获得国务院正式批复,涵盖出版、电影、金融、健康等产业和财税支持政策的实施方案报审稿形成,并经天津市政府报至国家发展改革委。完成《生态之路——中新天津生态城五年探索与实践》、《生态之城》画册、《中新天津生态城史话》等书籍画册的编撰印刷。制定出台《生态城科技产业发展促进办法》《生态城中小企业发展促进办法》《生态城商业发展促进办法》等政策文件。编制完成建设审批流程图及审批事项服务指南,达到“流程简洁高效,制度明确规范”的实际效果。

(李武东)

中新合作 2013年,中新天津生态城联合协调理事会第六次会议召开,总结五年来的建设成绩,确定未来五年的发展目标。召开三次中新双方工作会议,双方就园区开发、产业促进、科技合作等方面进行深入探讨与沟通。组织召开第四届中国(天津滨海)国际生态城市论坛暨博览会。与新加坡国家发展部签订《中新绿色建筑相关技术合作研发计划的谅解备忘录》,中新双方每年将各投入1000万元,支持绿色建筑及相关领域的技术研发。先后派遣18名社工赴新加坡学习社区管理和服务,组织17名骨干参加新加坡城市管理培训。新加坡华侨中学与生态城小外签署合作备忘录,双方将加强教师培训、学生交流、教师交流,探索构建“教育直通车”模式。

(李武东)

东疆保税港区

概况 东疆保税港区位于滨海新区最东端,天津港港区的东北部,2006年8月31日经国务院批复正式成立,规划面积10平方公里,分为码头作业区、物流加工区、港口综合配套服务区,具备集装箱码头装卸、集装箱物流加工、商务贸易、生活居住、休闲旅游五大功能。目标是建设成为北方国际航运中心和国际物流中心,滨海新区实施综合配套改革的先行先试区,中国新一轮开发开放的重要标志区。2013年,天津东疆保税港区实现增加值52.5亿元,比上年增长102%;税收完成20.2亿元,增长119%;外贸进出口119.5亿美元,增长124%;固定资产投资262.1亿元,增长42.3%;保税货值203.9亿美元,增长62%;商品销售额696.5亿元,增长337%;社会零售额10.7亿元,增长346%。

(李武东)

基础设施建设 2013年,东疆保税港区30平方公里已整体成陆,10平方公里保税港区实现整体封关运作。建成物流加工仓库79.9万平方米,在建建筑面积6.9万平方米。二期联检服务中心基本完工,高银红酒、浩物停车库、京海物流基地等项目主体竣工,2.9万平方米大洋冷库投入使用,3万平方米大洋广润冷库项目开工建设,1.8万平方米红酒恒温恒湿库改造完工。新港八号路以南主次干道及随路管线基本建成,启动新港九号路、澳洲北路、新疆路、伊犁路、北部市政配套核心区

东疆港沙滩

(摄影:焦永普)

域等地基加固工程。

（李武东）

招商引资 2013年，东疆保税港区实际利用外资2.25亿美元，比上年增长50%；内联引资到位25亿元，增长35%；新增注册企业超过600家，增长35%。首家航运经纪公司和船员服务公司在东疆设立，中煤能源集团、中海油、中国城建集团、中食信投等一批央企项目进驻。振华物流、中外运物流、中邮物流、华图供应链、泛亚供应链等知名物流企业在东疆布局，全市新注册的航运企业有90%在东疆落户。首家市场平台融资企业天津金拓商业保理公司落户，保理企业16家。宏泰保理、蓝辰保理、渤海保理、中茂国际、厚朴保理等超亿元商业保理项目入区经营。集保税仓储、展示、交易为一体的仓储式汽车、房车展销基地建成。通过政府授权、企业运营、综合监管的形式，在京津地区设立东疆进口商品直营中心3家。引进科技型中小企业55家、科技小巨人企业2家。

（李武东）

融资租赁 2013年，东疆保税港区飞机租赁154架、船舶13艘，累计完成飞机租赁281架、船舶49艘、飞机发动机9台，海上钻井平台2座，东疆租赁总资产超过1258亿元。宏泰国际租赁、大唐租赁、海华国际租赁、远东租赁、开元国际租赁、美锦租赁、国银、国融租赁、中水电租赁、中轩租赁等超亿元租赁项目落户。飞机船舶租赁模式不断丰富，海工设备、医疗设备租赁市场初步打开。租赁类企业559户，其中融资租赁类企业540户。外资融资租赁企业74户，内资融资租赁企业466户。

（李武东）

口岸监管 2013年，东疆保税港区继续落实《国务院关于天津北方国际航运中心核心功能区建设方案的批复》各项试点，不断深化租赁业创新，开展期货保税交割业务、跨境电子商务，推动海关现代化查验示范区建设，创新备案清单管理模式和关检“三个一”（“一次申报，一次查验，一次放行”）联合查验模式。国内首单跨境跨关区海关异地监管船舶出口租赁业务顺利完成，关检“三个一”通关模式首先在玖龙纸业原材料进口中投入运行，口岸监管能力不断提升。5月，东疆保税港区被全国口岸办评选为全国运营管理先进口岸。

（李武东）

滨海旅游区

概况 滨海旅游区于2009年5月成立，位于滨海新区北部生活片区，东至渤海-2.5米等深线，西至中央大道，南起永定新河北治导线，北至津汉快速路。总规划面积99平方公里。其中，陆域28平方公里，海域71平方公里。重点发展旅游装备制造业、总部经济、游艇总会、主题公园、商务会展等五大产业，建成以旅游服务业为主导，旅游产品与旅游装备制造为补充，面向东北亚的生态宜居国际旅游城。2013年，滨海旅游区实现生产总值19.5亿元，比上年增长27.5%；固定资产投资169.85亿元，增长13%；财政收入18.7亿元，增长27.9%；内联引资32.2亿元，增长49.1%；实际利用外资17701万美元，增长33.9%；外贸进出口3300万美元。全年游客接待量200万人次，增长50%；全年旅游收入2亿元，增长50%。

（李武东）

园区建设 2013年，滨海旅游区南部陆域5平方公里起步区开发初具规模，路网、管网载体功能基本完备，建成运营项目6个、在建项目5个，开工动建项目3个。北部中国旅游产业园3平方公里标志区建设加快推进，土地平整工作全部完成，建成道路14条，排水与能源管网工程加紧施工，建成标准厂房6栋，具备项目落地动建条件。签约落户和即将开工动建项目12个，总投资额110亿元。滨海旅游区海上开发全面启动，6平方公里起步区有5条道路开工建设，绿化和能源管网工程同步建设，在建项目3个、签约落户项目3个。旅游区在建项目面积超过

欢乐海魔方嬉水乐园

（滨海旅游区供稿）

120万平方米。欢乐海魔方一期嬉水乐园顺利开业，单日最高接待量突破2万人次。东方文化广场主体封顶，进行内外部装修。碧桂园滨海城已销售别墅和洋房10万平方米，二期高层住宅进行主体施工。天成国际温泉酒店主体封顶，渤海海洋监视监测基地一期综合服务区基本建成，妈祖文化园圣像广场景观护栏和地铺工程完成，妈祖经贸园阳光海岸项目内海景观和商业会所建成使用，51栋低密度住宅楼主体封顶并开盘销售，航母主题公园主广场、俄罗斯风情街和飞车特技表演项目主体竣工，第一启动器厂房、蓝领公寓等竣工入驻，白领公寓开始对外销售，国绿空间模块项目开工。

（李武东）

招商引资 2013年，滨海旅游区新增注册企业319家，比上年增长117%，注册资本金15.33亿元。签约落户中视传媒、中青旅、红酒及奢侈品展销中心等20个旅游大项目好项目。同时，与渤海生态游乐港、美国派拉蒙、奇境卡通主题公园等一批国内外知名涉旅企业达成投资意向。旅游区初步形成主题公园游、文化体育休闲游、旅游装备与科技制造、旅游产品展示交易、旅游地产、总部经济六大产业集群雏形。

（李武东）

环境建设 2013年，滨海旅游区加强区域环境建设，旅游区首个社区居委会筹备组和景区管理服务中心机构获批设立，首座消防站、首家幼儿园和首个加油加气站主体工程全部完工，建成首座公交场站，将新区游2路和117路两条公交线路接引入区，开通区内第一条“微循环”公交线路，建成连接区域南北的两条临时施工道路，极大优化了对外人流、物流通行环境。

（李武东）

滨旅控股公司 2013年，滨海旅游区投资公司固定资产投资78.62亿元，比上年增长14%；实现营业收入35.04亿元，增长33%；实现净利润3.38亿元，增长36%；总资产达141.90亿元，增长29%，实现各类融资74.27亿元。建立简洁有效的财务核算管理体系、建设管理体系、配套和养管服务体系、网络办公系统等，管理创新和服务区域发展的能力进一步增强。公司正逐步打造成为土地综合开发、基础设施建设的城市资源运营平台，聚集和吸引投资、推动相关产业发展的资源整合平台。

（李武东）

北塘经济区

概况 北塘经济区东至渤海海岸线，西至塘汉快速路，南至京津高速延长线，北至永定新河。北塘经济区将建成滨海新区国际会议中心、中小企业总部基地、国际旅游目的地、生态人文宜居小镇。2013年12月，按照市委、市政府关于滨海新区体制改革有关决定，北塘经济区正式划归天津经济技术开发区。

（李武东）

项目建设 2013年，北塘经济区组织各建设单位抓紧施工，进一步加快项目建设进度。区内的道路、绿化、水系、管网等基础设施全部建成，正式移交泰达市政公司进行养管。一期企业总部区全部建成投入使用，有新区土地中心、新区住房保障中心、泰达集团、泰达新都市公司、中部新城公司、万达信息北方总部、永旺永乐物业集团、宏城鑫泰集团、建设银行北塘支行等多家企业总部进驻办公，中国人民银行征信中心、滨海燃气集团、阳光红岩投资事业集团等总部项目将入住办公。二期融创公司和建投集团总部基地正在抓紧建设，进行主体施工。总部配套住宅泰达御海、联发滨海琴墅、融创君澜等项目交房入住。北塘古镇内重点项目基本建成，商业街运营实现常态化。北塘学校、社区服务中心、雨水泵站等配套项目建成投入使用，居民还迁房项目基本完工，正在做居民还迁前各项准备工作。白领公寓、文化体育中心、综合服务

北塘经济区绿化道路

（北塘经济区供稿）

楼、邻里中心、公交首末站等公共配套项目基本建成。小学、幼儿园、医院、大型商业综合体等项目正在抓紧推进，北塘经济区的城市形象初步显现。

（李武东）

招商引资 2013年，北塘经济区坚持现代服务业立区方针，以抓项目落地、聚总部人气，促区域繁荣为目标，围绕金融服务、影视文化、科技信息服务等主导产业，积极开展好各项工作，力求招商引资实现新突破。针对招商任务繁重的实际，通过借调、招聘等途径，充实招商人员队伍，并按照主导产业类别分组，明确职责分工，强化统筹协作。针对现有产业发展形势深入调研，编制完成《北塘经济区商业保理及融资租赁产业发展思路》《北塘经济区影视文化产业发展思路》《北塘经济区服务外包产业发展思路》《北塘经济区科技型中小企业产业发展思路》《北塘经济区电子商务企业发展思路》等相关产业发展调研报告，为招商引资工作提供理论支持。贯彻落实天津市“借重首都资源，发展天津经济”的要求，积极拓展招商渠道，制定《2013年北塘经济区招商考察计划》，先后赴北京、山西、湖北、内蒙古等多个省区市，全面展开招商考察和项目宣讲会，策划一系列招商推介活动，同时积极参与津洽会、华创会、UIC美国校友联谊会等活动，大力宣传北塘经济区，吸引大量客商前来考察投资。截至年底，北塘经济区有注册企业314家，注册资本金71.05亿元，注册资本亿元以上企业达到20家。

（李武东）

规划设计 2013年，北塘经济区创新工作思路和方法，抓好规划审批工作。委派专人到新区规国局项目处，协助办理北塘经济区项目规划审批工作，全年办理各类规划审批189件。发挥项目审批手续督办小组重要作用，及时协调解决建设项目审批过程中遇到的各种问题，为参建单位提供“保姆式”服务。高水平做好重点项目规划设计工作。严把规划质量关，不断提升规划水平。做好幼儿园、小学、养老院、消防站、轨道交通北塘枢纽站、三河郊野公园、炮台遗址公园、智慧城市等20余项重点项目规划设计。

（李武东）

土地出让 2013年，北塘经济区与新区规划与国土资源局、土地中心密切配合，推动土地出让工作，保证土地按期出让。北塘经济区可出让土地约483公顷，已完成84宗土地出让和划拨，合计272公顷，建筑面积共计322万平方米。土地出让金收入合同总额为102亿元。其中，2013年完成2宗土地出让工作，土地面积共计1万平方米，建筑面积共计6000平方米，缴纳土地款约3.1亿元。加紧推动二期地块土地出让准备工作，完成二期总部区、配套住宅区土地规划申报工作，开展生态住宅区及特色旅游区土地规划设计编制工作。完成土地合同、配套合同签订，催缴土地出让金、配套费等工作。按照新区地名办工作部署，加强区域地名管理工作，完善区域道路名称规划及项目标准地名命名，及时做好北塘路网更新工作。配合市国土局完成区域土地集约利用工作。

（李武东）

城市管理 2013年，北塘经济区始终把城市综合服务和管理作为一项重点工作来抓。建立城市综合执法队伍，研究制定城市管理制度，实现建设与管理的有机衔接。坚持“小政府、大社会”的整体管理理念，引入国际知名保洁服务企业，高起点、高标准做好区域卫生清扫、市政设施及绿化养管等工作。高度重视还迁居民就业问题，与北塘街道相互配合，做好还迁居民就业培训，积极与入住企业沟通协调，要求入住企业在招工时要优先录用当地居民，先后安排300余名当地居民实现就业，通过培训和就业，当地居民的生活水平和素质能力得到全面提升，实现由“渔民”到“市民”的转变。坚持落实区域安全生产主体责任，加强建筑工地安全生产监管和应急管理。积极主动做好信访维稳工作，及时协调化解建设项目中出现的劳动纠纷，加强农民工工资清欠工作，保证农民工工资按时足额发放，促进社会和谐稳定。

（李武东）

中心渔港经济区

概况 中心渔港经济区位于滨海新区北部，西接中央大道，南邻渤海湾，北至津汉高速路。规划总面积18平方公里，其中陆域面积10平方公里，围合海域8平方公里。根据总体规划，中心渔港依托丰富的腹地经济优势及渔港码头等资源优势，以服务环渤海三省两市为宗旨，以建设现代性、都市性、商业性为一体的中心渔港为目标，围绕“北方冷链物流与水产品加工集散中心”和“北方游艇产业中心”产业定位，带动休闲运动、海洋科技、工业园区、港口物流、商业会展、餐饮娱乐等综合开发，构建多元海洋生态主题经济区，创建特色休闲旅游文化品牌，打造渤海湾假日休闲旅游目的地。2013年，中心渔港经济区实现生产总值5亿元，固定资产投资68亿元，内联引资14.3亿元。建成鲤鱼门商业街、鲤鱼门海鲜街、鲤鱼门水产市场、鲤鱼门酒店、投资服务中心、万吨示范冷库、6个5000吨级码头、蓝白领公寓等项目,区域综合配套日趋完善。中澳皇家游艇城、天津市水产集团远洋渔业产业示范园、一洲鼎鲜冷链物流项目、北京鑫辉源发中渔项目、深圳洪涛装饰产业园等一批大项目落户中心,产业聚集日趋加快,行业影响力和竞争力大幅提升。

(李武东)

2013年4月21日,鲤鱼门水产品交易市场启动仪式

(中心渔港供稿)

基础设施建设 2013年,中心渔港建设道路70余公里,全部完成陆域一、二、三期主干道路建设,基本实现中心渔港区域路网建设全覆盖,同步铺设完成水、电、气、热及通信管网等配套设施,完成人行道铺设和路灯安装工程,为区域招商项目落地奠定坚实基础。建成东区雨水泵站和陆域绿轴西侧的雨污水提升泵站,保障区域排污防汛。建成519路公交首末站,区域交通出行环境日趋便利。建成燃气调压站并正式供气,建成35千伏变电站并完成电路路由,综合配套能力增强。完成35万平方米区域绿化任务,完成悦海道、海湾 道、游艇港路苗木种植任务,栽种乔木27723株、灌木56590株,种植草坪10.3万平方米,完成绿化组团58519平方米,区域生态文明建设初见雏形。建成鲤鱼门海鲜坊、鲤鱼门海鲜街、水产交易市场、鲤鱼门大酒店、示范冷库、蓝白领公寓和投资服务中心等一批项目,配套能力显著提升。

(李武东)

招商引资 2013年,中心渔港把招商引资作为工作核心,以招商促发展。全年新注册企业8家,新签约企业8家。随着中澳皇家游艇城、新加坡第一家企业集团、一洲鼎鲜冷链物流、水产集团远洋渔业产业园、洪涛装饰产业园、中渔食品工业园和鼎恒物流中心等一批好项目落户,已注册企业60余家,注册资本30多亿元,签约项目总投资额超过100亿元。截至年底,区域签约与注册的冷链物流与水产品加工企业超过30家,含远洋捕捞、冷藏及加工、水产贸易、冷链物流等企业,实现资源互补、人才互补和市场互补,促进企业分工与合作,推进冷链物流产业聚集发展。游艇方面已签订和注册企业10家,主要包括游艇俱乐部、游艇装饰、游艇地产、海上旅游等方面,游艇产业发展具备良好基础。

(李武东)

项目建设 2013年,中心渔港经济区建成库容量4万吨一洲鼎鲜一期项目,建成占地总面积14000平方米滨海鲤鱼门海鲜交易市场,建成总建筑面积7000平方米鲤鱼门海鲜美食街,建成示范冷库改扩建工程,形成功能互补、优势互促的良好局面,提升渔港项目承载能力。开工建设一洲鼎鲜二期项目,完成桩基施工,五洋项目基本建成,完成设备安装调试,具备试投产能力,骏和食品工业园项目一期主体封顶,中渔项目和龙骏成项目完成桩基施工。

(李武东)

港口资源开发 2013年,中心渔港立足港口发展需要,推进港口开发开放工作。为推动中心渔港港口科学规划,合理开发,编制完成《天津市中心渔港经济区港口总体规划》,并获新区政府批复,为港口开发开放提供依据。中心渔港综合性港口的申请获得区政府批复,港口建设取得阶段性进展。整理制作完整的内贸港开港工作流程图,明确开港时间表和路线图,基本完成开港手续报批工作,为实现口岸开放迈出实质性步伐。加快建设应急搜救体系,以平安港口建设为目标,建立应急联合机制,会同海事部门谋划海上应急搜救中心,从应急休系、物资储备、组织管理等方面做好相关准备工作。

(李武东)

轻纺经济区

概况 轻纺经济区坐落于滨海新区南部,东至临港经济区,西至大港城区,南至南港工业区,北至官港湖森林公园。总规划面积78平方公里,包括42平方公里工业区和36平方公里生活区。主要承接石化中

轻纺大厦
（轻纺经济区供稿）

上游资源，延伸拓展石化下游产业，是构筑新区“油头—化身—轻纺尾”完整石化产业链的重要一环，以合成树脂、合成纤维、合成橡胶三大石化合成材料为基础，打造轻工、轻纺、商贸物流三大板块，重点发展高端纺织、轻工建材、塑料制品、电子汽配等石化下游产业，着力打造中国北方重要的轻工轻纺产业基地和商品流通基地。2013 年 12 月，按照市委、市政府关于滨海新区体制改革有关决定，轻纺经济区正式划归天津经济技术开发区。2013 年，轻纺经济区完成固定资产投资 101.97 亿元，比上年增长 1.97%；地区生产总值 13.1 亿元，增长 38.4%；外贸进出口额 709.2 万美元，增长 2.55 倍；一般预算收入 9259.7 万元，增长 2.89%；销售额 35.58 亿元、社会消费品零售额 464 万元，均超额完成任务。

（李武东）

基础设施建设 2013 年，轻纺经济区新增建设用地 10.6 平方公里，建成 14 条道路、2 座雨水泵站、1 座污水泵站及道路沿线雨污水管线等工程。5 条道路及 8.2 万平方米绿化在建。累计建设用地 22.8 平方公里，建成道路 49 公里，全面完成 67 万平方米绿化及沿线雨污水管线、能源配套等工程。二期 7.5 万平方米蓝领公寓建成投入使用，启动三期 5 万平方米项目规划。累计建成蓝领公寓 10 万平方米，1500 余人入住，各公寓组团内，超市、药房、诊所、邮局、健身室、网吧、阅览室、公共浴室、酒店、食堂等配套齐全，有效满足企业职工日常生活需求。继民生银行后，工商银行支行入驻轻纺大厦，区域金融服务能力提升。滨海三号酒店运营态势良好，二期 1.15 万平方米工程启动建设。首座公交首末站投入使用，2 条公交线路开通运营。首座消防站开工动建，加油站、110 千伏变电站办理前期手续。

（李武东）

项目建设 2013 年，轻纺经济区加大服务企业力度，推动项目尽快开工、建设、投产，全年新增投产企业 11 家。累计开工面积近 150 万平方米，在建项目 27 个。一期 10 万平方米标准厂房全部租出，10 家企业入驻，二期 17 万平方米即将建成，5 家企业预订。累计投产企业 15 家，全年完成工业产值 4.76 亿元，比上年增长 58.67%。首家落户工业型企业华恒包装材料项目总投资 20 亿元，继首期两条生产线投产后，新增两条生产线，实现产值 1.78 亿元。继中矿海外营运基地项目建成运营后，中矿综合性测试与检测实验室投入使用，设备技术国际领先，实现产值 1.96 亿元。新纶科技天津产业园项目开工，完成 9.4 万平方米厂房建设。元顺进口汽车检测物流中心项目开工，有 10000 辆进口福特汽车业务。天津国际家纺城项目总投资 50 亿元，4 万平方米招商中心、旗舰店和部分商铺具备开业条件，并吸引 6 家品牌企业注册落户。

（李武东）

招商引资 2013 年，轻纺经济区多举措开展招商引资工作，取得明显实效。新签约落户项目 31 个，总投资 35 亿元，其中投资亿元及以上重点项目 15 个，外资项目 2 个。实际利用内资 16 亿元，比上年增长 38.41%；实际利用外资 2880 万美元，增长 4.72 倍。新增注册企业 56 家，注册资金 6.3 亿元。累计注册企业 234 家，注册资金 41.48 亿元，其中注册生产型企业 56 家，投资亿元以上重点项目 23 个，市重大工业项目 5 个，市重点服务业项目 3 个，认定科技型中小企业 32 家。随着一批项目签约落地、一批项目开工建设、一批项目建成投达产，截至年末，园区轻工、轻纺、商贸物流项目高度聚集并逐步成熟，五大重点发展产业目标初步实现，包括：以新纶科技复合特种纤维、裕丰碳纤维、友鹏无纺布为代表的高端纺织产业；以华恒塑料包装、靖翔高分子、华江食品包装为代表的塑料制品产业；以美浓精密印刷、津特光缆、正标津达线缆为代表的电子汽配产业；以洛科威防火保温材料、和能新型建材、发尔达石化保温材料生产基地为代表的新型建材产业；以天津国际家纺城、滨海厦翔国际物流中心、元顺进口汽车检测物流中心为代表的商贸物流产业。

（李武东）

滨海新区·街镇

新村街道

新村街道位于滨海新区核心区,东起河北路,西至新胡路与胡家园街道相接,南与新城镇相邻,北抵京山铁路。2013年,街域面积8.68平方公里,辖10个居委会,常住人口101690人。2009年11月滨海新区行政区成立。2010年1月10日,天津市塘沽区新村街道更名为天津市滨海新区新村街道。辖区有5255家行政企事业单位及个体私营企业。

2013年,引进内资企业368家,注册资金9.60亿元。完成地税纳税申报295户,征收税款142.24万元。

优化楼宇招商投资环境,前三季度完成全年经济目标。7月,街道办事处主任率招商团队赴北京泛华集团总部召开招商推介会,至9月底,为泛华楼宇引进企业25家。走访辖区主要楼宇和重点企业,帮助企业解决实际问题。与泛华国际大厦成立联合招商中心,建立健全招商机制,形成中介机构、楼宇、物业三位一体招商格局,推动招商引资工作全方位开展。

为低保户1035户发放慰问金和物品,合计24.42万元,为低保户377户563人发放低保金465.89万元;二次救助33.32万元,慈善救济困难群众61人,发放救济金5.43万元。举办大型公益招聘会4场,采集就业岗位1130个,安置就业703人。举办主题为"共建青苹果之家,让高雅艺术进校园"文艺汇演,让外来务工子女感到温暖。青苹果之家项目获得滨海新区未成年人思想道德健康教育创新奖。

协调塘沽管委会有关部门,加大各项基础设施改造和整治力度。对正义里等旧小区改造,安装门口减速路障,保证居民出行安全。完成上海道、营口道、大连道和福建路等道路修整工程。协调建交局修整顺化道,修补中心街路面,解决大梁子地区居民多年反映的实际问题,方便居民生活;投资24万元为宁波里、远洋里社区维修部分破损甬路、卡墙,为建新里、花园里等社区增添石桌、石凳;投资300余万元,新建扩建绿地1.29万平方米,新植各种苗木13.5万株,组织专业人员养护管理,改善居住环境。完善自治小区物业管理,招聘20名下岗失业人员,在崇安里等5个小区实行旧小区物业管理,统一配备服装,24小时人员在岗,小区治安稳定。推广永顺里45栋和谐邻里经验,创建100个"和谐楼门"。自筹资金20万元,对100个楼门进行楼道粉刷,张贴新村街和谐楼门标准及和谐楼门门牌。

年内,街道工委、办事处获国家级荣誉1项,市级荣誉6项,区级荣誉20项。

(刘　兴)

于家堡街道

于家堡街道位于滨海新区塘沽中南部,东至春阳路,南至海河,西至河北路,北至京山线和新港四号路。街道办事处成立于2010年11月16日,由原塘沽区解放路街道和三槐路街道合并而成。2013年,街域面积10.23平方公里,辖13个社区居委会、4个社区工作站,共计56个自然小区。常住人口80801人。

2013年,招商引资立项64家,立项额12.34亿元;认定企业30家,引资额7.23亿元。完善辖区纳税单位档案,累计征收税款443万元。走访科技型中小企业32家,认定15家。协助20家科技型中小企业完成年检。

对胜阳里小区围墙、路面、雨污水井等残破设施维修改造,疏通管道500米,路面整体铺装5000平方米,修补围墙30米,平整小区荒地600平方米。投资20万元,对永利花园、新华里2个自然小区实行准物业管理。投资4万元对史家庄、抗震里、永利花园等老旧小区护栏维修,更换破损、被盗污水井盖33个。联合中法供水公司对海图公寓、烟台道2个小区,15个楼门,501户自来水管网改造。

结合慈善助困和送温暖等形式,向困难群体发放各类低保、助困、慰问、补贴等780余万元。举办"生育传承希望、关爱相伴和谐"文艺演出,开展"母亲节暨幸福工程——救助贫困母亲活动日",为40户贫困母亲、失独家庭发放慰问金2.4万元,联合村社区流动人口服务室被新区评为先进流动人口服务室。在辖区主要社区建健身路径20套,创建科普示范社区1个,完成新城家园、福星里2个社区老年日间照料服务中心和街道残疾人阳光家园建设。

各社区60支文体队伍,全年演出近100场,参与1万余人次,其中馨苑舞蹈队、海河园柔力球队参加全国社区舞蹈大赛、中央电视台体育频道健身舞大赛,获第一名和状元榜最具推广奖。草场街拖把舞登上湖南卫视"奇舞飞扬"栏目,并获冠军。年内,街道分别在滨海新区第三届社区文化艺术节,第二届"十全十美,美在塘沽”快乐母亲广场舞大赛，以及第二届社区广场舞大赛获得先进组织单位荣誉。馨苑舞蹈队在天津市“体彩杯”第九套广播体操比赛中获第一名。街残联门球队在天津市残联门球比赛中获冠军。海河园柔力球队获得天津市第四届“体彩杯”全民健身运动柔力球比赛三等奖。紫云乒乓球队在滨海新区第三届乒乓球比赛中获女子团体第一名。祥和代表队在2013年全民健身系列活动太极拳比赛中获第一名。紫云园太极球队在塘沽第二届广场舞大赛中获第一名。响螺湾舞蹈队在红星美凯龙广场舞大赛中获第一名。

(刘　兴)

新北街道

新北街道位于滨海新区核心区北部。东起京山铁路,毗邻天津经济技术开发区；西至宁车沽路—威海路—新河干渠,与新河街道相邻;南至京津塘高速公路及其延长线,与杭州道街道、向阳街道相接;北至北环铁路,与北塘街道相连。2013年,街域面积16平方公里，辖11个社区居委会，常住居民38450户117375人。

2013年,认定企业100家,招商引资9.9亿元;认定科技型中小企业40家,楼宇1座。代征税款700余万元,新增纳税户102户。

街道领导班子成员包点定责，每半个月专题研究矛盾排查工作，加强重点人、重点部位管控。在社区、企业及工地设置综合管理工作信息员,互通重点人监控信息。街道司法、公安、计生、妇联、团委、工会、劳动保障等部门联合，为近800名外来育龄妇女免费查体，安置失业人员714人,完成任务的178%。维护辖区平安和谐。2012、2013连续两年在社会管理综合治理工作中取得好成绩，先后荣获滨海新区社会管理综合治理先进集体、塘沽社会管理综合治理优秀达标单位、滨海新区人民调解工作先进集体和“争当人民调解能手”组织奖,街道综治办被评为优秀达标科室，并代表新区接受市人大内务司法委员会组织的示范观摩。

加大安全社区创建工作力度。与辖区无上级主管生产经营单位、街道各科室负责人、各居委会签订2013年安全生产责任书和消防安全责任书,建立健全监管单位台账。组织参加滨海新区2013年安全生产知识竞赛。对643家辖区单位和30个居民小区，组织重大节假日期间安全生产、消防安全、隐患排查和专项治理活动12次。制定活动实施方案和宣传检查确认表、制作宣传展板和宣传横幅,印发《致辖区居民朋友的一封信》3000份，累计发放12种安全生产宣传资料逾万份，累计出动1500余人次,发现各种安全隐患问题383个,其中处置198个,要求限期整改18个。全年协助安监塘沽分局技术人员到辖区重点生产经营单位检查30多次,排查、整改各类安全隐患近百个。

社区卫生环境集中清整，累计清理垃圾、渣土、杂物和乱堆乱放物品600余车,清理乱堆乱放143处,拆除违章搭建120余间，配合有关部门对第九大街立交桥下新北路段300余间违章建筑集中清理拆除。为迎春里等小区种植榆叶梅等绿植2万余株。协调新区相关部门和塘沽中法供水有限公司，为迎春园等3个小区1640余户居民进行自来水管网改造,解决居民吃水难问题。组建新北街城管便民服务队，开展卫生环境巡视巡查工作，组织疏通和解决污水外溢问题,更换下水井盖,修复下水管线。新北街城管便民服务队项目被新区文明委评为2013年度滨海新区精神文明建设优秀项目。

(刘　兴)

新港街道

新港街道位于滨海新区核心区东部,东临渤海,西至春阳路,南至海河入海口中心线，北与天津经济技术开发区、天津港保税区接壤。2013年，街域面积7平方公里,辖10个社区。常住人口101858人。

2013年,引进企业193家,招商引资9.12亿元。零散税收90余万元,征收印花税48万余元。

推进“绿、美、亮、净、畅”建设工

2013年12月17日,新港街道北仑里社区居民用小品倡导“幸福友爱 邻里守望”的睦邻文化理念

(新港街道供稿)

程。对海防里和海宁里社区所辖9个旧小区进行环境综合整治。对近开里、临开里、濒开里3个小区进行二次改造维修。实施社区自来水管网改造工程。做好社区公共设施维护维修和社区绿化工作。开展创建一个“十佳社区”、两个“节水型社区”、两个“准物业管理示范”小区活动。拆除违法建设76间,清理圈占60余处,清运垃圾渣土杂物400余车,清除涂鸦广告20000余张。开展迎全国文明城区检查卫生清整工作,组织集中清整6次。解决私搭乱建、污水外溢、自来水断流等问题50余件。

畅通就业绿色通道,打造充分就业社区。开展新港街道单亲母亲专场招聘会,60余人达成初步就业意向。为50名原“五七工”人员办理养老保险,收取参保费1498870元。推动创业带动就业,开展创业测评工作,开办创业培训班,提高创业成功率。全年新增就业446人,举办公益性招聘会2场,开展创业培训30人,小额担保贷款4人,就业援助申请认定53人次,享受社保补贴53人次,领取失业金67人次,发放失业金39860元,办理天津市城乡老年人补助费681人次,发放老年人生活补助费56650元,办理城乡医疗保险1489人,报销医疗费601281.8元,办理社保卡2662人次,办理退休10人,办理就失业证72人。

完善便民服务举措,打造标准化服务窗口。完善“数字新港”工作,高效运行“一库四平台”系统。中心大厅全年受理各类事务24835件,办结率100%,未发生一件超期办结现象;文体队伍在功能室活动1215次,参加32284人次;接待参观来访59批1140人次。完善社区组织架构,率先实施“4721”社区治理模式。组建社区共建理事会,形成社会协同、多元共治的社区建设新格局。在社区广泛开展全程代理制服务,实现“入户受理、登门服务、全程代办、送证上门”,拉近社区干部和居民群众距离。

年内,街道获得天津市社区党建工作示范点、关工委工作先进集体、社区网络春晚最佳组织奖、科普工作先进集体、统计达标升级优秀单位等各类荣誉25项。

(刘　兴)

杭州道街道

杭州道街位于滨海新区中心城区,东起吉林路,西至车站北路,南倚京山铁路,北邻京津塘高速公路。辖区内有津滨轻轨、津塘公路、杭州道、广州道、福州道、中心北路等8条主干道路,著名商贸集市“洋货市场”坐落其中。2013年,街域面积3.8平方公里,辖15个居委会(安顺道居委会6月成立),常住人口128538人。

2013年,引进企业69家,引资到位额16.8亿元,引资企业税收入库近3亿元,位居新区街道系统之首。零散税收新增纳税户212户,实现零散税收1200余万元。自有经济收入120余万元。认定科技型中小企业48家。完成宏达公寓经济楼宇建设,至年底入驻企业16家。

对辖区520户875名低保人员逐一核实,确保应保尽保。协调顺天福集团、天津港盛港联盟装卸队等78家企事业单位与辖区362户困难家庭结成帮扶对子,对困难群众长期帮扶。全年走访慰问困难党员群众1589户,发放慰问金、慰问品合计240余万元。举办残疾人招聘会2场,为21名残疾人提供就业机会。为340名残疾人免费办理意外伤害保险,为140名残疾人办理城乡居民养老保险,为68名残疾人办理居家托养服务,为58名残疾学生办理助学金。为1.47万名老人办理老年人意外伤害保险。为374名老人发放老年证,全年发放居民副食补贴1128人10万余元。办理城镇居民医疗保险参保3650人,审核签发失业保险金1352人。建立完善小额贷款人员动态管理台账,办理小额贷款5人。办理社保卡2078人,发放社保卡1983张。为343人办理就失业证,接转失业人员档案及劳动关系327份。为42名过世老人发放丧葬补贴7.56万元。双拥工作,发放义务兵、军烈属优抚金68万余元。

探索老旧小区物业管理模式,在贵阳里安邦艺景小区、丽水园莱茵春天2个旧小区实行物业管理。以卫生城复审为契机,在全街开展环境卫生整治活动,集中对文安里等6个小区私搭乱盖、侵占绿地、乱堆乱放等问题清理,纠正违章圈占,拆除违章建筑,清理乱堆乱放,清运渣土垃圾,更换破损污水井盖、垃圾容器,修建树木、补栽花卉树苗。

发挥街道社区“第一道防线”作用,率先在15个社区建立司法工作室。新园里社区司法工作接受国家、天津市和新区检查验收,新华社、人民日报、中国政法报等多家媒体进行报道。开展矛盾纠纷排查工作,全年集中排查8次,处理矛盾纠纷263件,处置信访问题190件,制作各类调解书331份,矛盾纠纷调解率100%,调解成功率98%。落实社区矫正监管制度,全年接收社区矫正人员16名,矫正人员37名,18人完成社区矫正转入帮教安置。

(刘　兴)

新河街道

新河街道位于滨海新区核心区西北部,东至车站北路与杭州道街道和新北街道相邻,西至排灌渠、塘黄路与胡家园街道接壤,南以京山铁路为界与新村街道相连，北至杨北公路（港城大道）与北塘街道交界。2013 年，街域面积 45.6 平方公里，辖 9 个社区，南益社区、滨海壹号社区正在筹建。常住人口 74364 人，其中外来人口约占 54%。

2013 年，引进企业 99 家，引资 10.1 亿元。引进科技企业 42 家，认定经济楼宇 1 座、储备 2 座。

完善社会救助体系，落实各项救助政策。发放保障金、二次救助金 381 万元，补发供暖补助 2636 元，中央年终一次性救助款 57.4 万元，天津市年终一次性救济款 21.5 万元，滨海新区救济款 7.1 万元。申报临时救助金 7.4 万元，"三无"人员报销药费 9.7 万元，新增低保 27 户、变更 70 户、注销 33 户，为 26 位无丧葬补贴居民申报丧葬补贴 4.7 万元，办理廉租房补贴 9 户，经济租赁房补贴 2 户。加大扶贫帮困力度。开展"迎新春、送温暖、献爱心"扶贫助困系列活动，春节期间投入慰问金 34.9 万元，慰问困难家庭 1395 户。加强双拥优抚工作。为 19 名优抚对象发放"关爱功臣卡"、物价补贴、实物现金、采暖定额补贴 10240 元，为辖区重点优抚对象及军烈属发放优待慰问金 24.51 万元，为 2 名 60 岁以上烈士子女申请补助金 9036 元。为 65 名新生儿办理医疗保险手续，2306 人享受医疗保险待遇，为 38 人网上录入报销药费近 12 万元。为 1690 人办理社保卡，为 788 人次办理临时社保卡。

开展环境卫生综合整治活动。组织 15 次卫生大清整，清运积存垃圾、渣土、杂物，清理广告涂鸦。出动 4500 余人次，清运垃圾、杂物 650 余车次 1800 余吨，清理广告涂鸦 80000 余条。开展京山铁路周边及五车地周边环境专项治理活动，建立五车地周边地区环境卫生长效管理机制。出动 400 余人次，清运垃圾 85 车 290 余吨，清理铁路沿线杂草 2400 平方米，清理区域 3 万平方米。落实《新河庄拆迁地区长效管理方案》，历时 4 个月，联合有关部门对新河庄地区 55 万平方米区域上的违章搭建、乱圈乱占进行综合整治，出动 350 人次，拆除违章房 1150 间，解决圈占 16.9 万平方米，取缔废品收购站 54 家。开展涉农土地"拆违"工作。与有关单位联合，出动车辆 98 台次，人员 332 人次，对 4 宗占地 9.33 公顷的违法建筑实施拆除，按期完成上级下达任务。

全年，举办消夏晚会 9 场，组织群众文化活动 75 次，参加活动 5200 人，参加及组织文体培训 14 次 670 人，全街有文体队伍 26 支，文体骨干 86 人。

（刘　兴）

向阳街道

向阳街道位于滨海新区塘沽中部偏北，东至建材路—洞庭路，西至吉林路—河北路，南至京山铁路，北至京津塘高速公路延长线—泰达大街（四号热源厂南围墙）。辖区地理位置优越，投资环境良好，商业气息浓厚。2013 年，街域面积 8.06 平方公里，辖 11 个居委会，人口 100845 人，流动人口 36400 余人。

2013 年，招商引资协议额 9.88 亿元，已认定企业 185 家，到位资金 9.57 亿元。认定科技型企业 55 家。协税护税，累计代征 3787 户，代征税款 315.8 万元。发展楼宇经济，时代大厦入驻企业 95 家，上缴税收 4374 万元。扶持供销社交易大楼，开拓楼宇经济发展新模式。

动员社会力量开展集中清整活动。组织清整活动 45 次，参加 1 万余人。开展禽流感预防 H7N9 疫病宣传活动，消毒 200 处，发放宣传单 5000 张，清理私养家禽 106 只。开展灭蟑、灭蝇、灭鼠等专项治理，楼门栋消毒 950 处，污水井消杀 2850 个，树木打药 3 次 26000 株。探索老旧小区长效管理机制，引进社会化服务公司管理模式，在吉庆里社区创建"准物业"管理示范小区。组织有关部门强行拆除私装地锁 260 多个。维修漏雨房屋 150 户。宏达园小区 11 栋楼进行节能改造，更换楼道公用中空玻璃窗和雨水管，为 686 户起居室更换中空玻璃窗户。安装楼宇防盗门，为顶层住户做防水和

2013年6月21日，向阳街道开展综治集中宣传日活动

（向阳街道供稿）

保温。配合自来水管网改造工程,街道出资解决住户吃水问题8起。

落实惠民政策。慰问困难户397户，发放慰问款物折合55.76万元。为405户低保户发放最低生活保障金及二次救助金569万元,为42户发放临时救济款6.2万元，为11户劳教释放人员发放生活补贴1.1万元。为14户居民申请办理享受廉租房住房补贴,为12户居民办理经济租赁房补贴，为4户办理限价商品房购买，全年发放廉租房住房补贴57万元,经济租赁房补贴9万元。为548名无工作老年人发放副食补贴49812元,办理老年证667本,发放免费乘车卡513张。为560户困难残疾家庭发放救助金47.3万元,为残疾人解决困难28次，为41名残疾学生及父母残疾且享受低保的健全学生发放教育助学金3.23万元。劳动保障服务中心安置就业671人,社区职业介绍616人,其中安置“4050”人员再就业263人,举办免费招聘专场4场，失业人员免费创业培训30人,办理发放失业金1027人次。办理就失业证115张、社会保障卡2615张。城乡居民医疗保险缴费2771人，医疗保险报销66人次87.54万元;新生儿缴纳医疗保险198人。办理失业人员灵活就业补贴159人。办理社区养老保险24人。办理“五七工”“家属工”养老保险112人。

年内，街道荣获国家级奖项4项、市级奖项19项、新区级奖项8项。

（刘　兴）

大沽街道

大沽街道位于滨海新区海河南岸,东临渤海,西与新城镇毗邻,南与大港接壤,北依海河。辖区内有响螺湾商务区、临港经济区、天津港南疆港区、轻纺经济区等经济功能区和聚集区。海晶集团制盐场、渤海石油等大型国有企业坐落于此。2013年,街域面积近400平方公里,设9个社区。常住人口59585人。

2013年8月5日,大沽街道开展“幸福敲门”活动

（大沽街道供稿）

2013年,引进企业112家,引资注册资金7.15亿元。完成零散税收220万元。认定科技型中小企业18家。

在9个社区成立社区共建理事会,实现“一会”建设全覆盖。通过民情信箱、社区热线等方式,拓展居民参与平台,畅通民意诉求渠道。加强社区居委会建设,制定《2013年大沽街道社区居委会量化考核方案》和《2013年大沽街道社区居委会暂行管理办法》,加强对社区日常工作检查指导,圆满完成年度考核工作。举办10期业务知识培训班,提升社区工作者素质。推进1个精品示范社区、2个特色社区创建工作。

做好老年人、残疾人、低保等工作。“两节”期间举办春暖慈善活动,动员社会力量捐款捐物，为辖区1839户低保、特困、孤老、病残、贫困学生等困难家庭提供实物和现金救助59万余元。举办“情系雅安”捐款、红十字造血干细胞捐献活动。全年发放各类救助款1566万余元,受益15132人次。开展“真情奉献,温馨助扶”计生帮扶家庭系列活动,与失独家庭签订“亲情牵手”帮扶协议书,为失独家庭提供爱心帮扶卡,每月坚持对失独家庭走访慰问。为1000户流动人口家庭育龄妇女建立“新市民家庭健康档案”，为350余名流动育龄妇女免费查体。依托社区人口学校创办“幸福零距离”人口计生知识课堂。

举办“中国梦·沽口情”首届沽口文化艺术节系列活动，各社区举办主题文化活动28场,丰富百姓文化生活。开展大沽龙灯、潮音寺庙会等非物质文化遗产的宣传、展示、保护工作,组织“大沽龙灯”申报国家非物质文化遗产工作。打造沽口文化品牌。挖掘整理“潮音法鼓”“盐场飞镲”等发展史、传承谱系、表演技巧等，新建新桥里、河南里文化广场。举办丰富多彩的文体活动。组织社区居民参加系列文化活动，在塘沽“十全十美”美舞大赛中分获二等奖、优秀表演奖和优秀组织奖;在塘沽第九套广播体操、太极拳比赛中分获二等奖、三等奖;参加第十八届海门艺术节展演、展览活动,得到主办单位高度评价;组织大沽龙灯、落子队参加非物质文化遗产日及海河骑行队出发仪式展演;原创作品《争做文明有礼天津人》应邀参加天津“滨海好人榜”评选颁奖现场直播演出。承办塘沽第九届邻居节暨“小试身手”包粽子大赛，并在总决赛中分获个人二等奖、三等奖。

（刘　兴）

北塘街道

北塘街道位于滨海新区塘沽北部。东接渤海湾和天津经济技术开发区，西到黄港度假村，南邻海洋高新区，北抵中新天津生态城，地处永定河、蓟运河、潮白河三水汇流处。2013年，辖区面积117平方公里，辖3个社区居委会、4个行政村，人口20183人。辖区以水产品养殖、海上捕捞、旅游观光和农业生产为主要产业。

2013年，结合各类专项治理活动，在辖区利用自制宣传画册、展板、标语、警示牌等媒介广泛宣传普及安全知识，增强全民安全意识。利用安全社区建设协调会、安全生产工作会议及安全生产工作例会进行宣传。全年发放各类宣传材料18000余份，张贴警示牌500处块，制作横幅30余条，在全社会唱响“安全发展”主旋律。

街道成立宁车沽村民异地安置工作领导小组及办公室，抽调机关处级干部和中层骨干包村，配合拆迁公司做好前期准备和房屋、户籍、人口情况核对、入户摸底调查工作。从11月16日开始核对基本数据，11月19日开始入户房屋固化确认，至年底，确认2007户6553人，工作平稳有序开展。

全年，办理就失业证135人，办理下岗失业人员登记143人，每月按时代发保险金。为辖区群众办理各项保险业务，办理城乡居民基本养老保险入保818人，办理城乡居民基本医疗保险投保7011人。多渠道采集就业信息，为辖区群众搭建就业平台，举办2场大型招聘活动。经过日常职介及定向集中招聘推荐，安置就业204人。

加大慈善救助力度。春节期间，街慈善协会对辖区450户因重大疾病造成家庭困难的低保边缘户实施救助，发放助困款22.5万元。落实征收社会抚养费工作，上半年征收社会抚养费12万元。

落实天津市计划生育家庭特别扶助、独生子女意外死亡家庭救助、农村退二孩指标家庭奖励等。加大宣传服务力度。利用人口学校开展人口理论学习3期。完善村人口学校工作，各村利用人口学校进行宣传培训，满足群众需求；利用各种纪念日，开展计生宣传教育活动14次，利用《决定》发表纪念日、流动人口专项宣传、科技周、母亲节、协会成立33周年纪念日、世界人口日、公开信发表纪念日等，开展计生政策、法律法规、生殖健康、关爱女孩等内容的宣传教育活动。

（刘　兴）

胡家园街道

胡家园街道位于滨海新区塘沽西部，东临新河街道，西与东丽区接壤，南接海河，北抵黄港水库南大堤。京津塘高速公路、唐津高速公路、津滨高速公路、京山铁路、津滨轻轨、津塘公路贯穿全境。2013年，街域面积75.2平方公里，耕地面积2128.4公顷。辖19个行政村、1个社区筹备组、6个社区居委会。总人口89660人，户籍人口55380人，其中农业人口35849人、非农业人口19531人，外来人口34280人。

2013年，引进企业70家，招商引资2.6亿元。社会总收入41.31万元，村集体收入2441万元。农民人均纯收入17157元，比上年增长6.53%。粮食播种面积894.7公顷。

撤销试点村组织架构，成立试点村善后工作处理组，梳理解决遗留问题。街村干部做好未拆迁户解劝工作，两个试点村和受“三煤气”污染拆迁的7个村有40户签约。协调有关部门，头道沟还迁区完成地下管网、道路等基础工程，还迁房启动建设。7个村过渡安置费按时发放到位。试点村已死亡人员退保工作顺利完成。

加大查处违法占地力度。强化目标责任，按时完成17宗土地“双违”治理任务。组建双违治理巡查大队，对违法占地、违法建筑进行常态化整治，确保整治效果。结合街村实际，加强各方协调，推进西外环、唐津高速公路拓宽、南水北调、滨海高

2013年9月13日，胡家园街道社区居民观看先进事迹展牌

（胡家园街道供稿）

新技术产业园区等重点工程建设中的土地征收、地上物固化、补偿签约等工作，西外环等重点工程全线进场施工。满足汛期防汛需要，街道提前安排，精心部署，加强对所属泵站、河道等防汛排水设施的全面检修、清理、维护，确保安全度汛。

按照滨海新区创建全国文明城区工作总体部署及美丽天津建设要求，街道把创建工作和市容环境综合整治紧密结合，集中对胡北村周边、侯家洼地区、京山铁路南北两侧的卫生清理整顿，出动挖掘机 89 台次、运输车辆 1600 次，清运垃圾 2.06 万立方米，清理沟渠 2000 米，粉刷墙壁 4200 平方米，清除小广告 3000 张。对部分村饮水管网、厕所、道路等年久失修问题，街道领导班子本着轻重缓急、分步解决原则，压缩“三公”经费 100 多万元，对经济困难村给予重点帮扶，生产生活设施和环境卫生状况得到明显改善。在综合整治同时，注重标本兼治，开展形式多样的环境保护宣传活动，创造保护环境的良好氛围。

（刘 兴）

渤海石油街道

渤海石油街道位于滨海新区塘沽东部，濒临天津港和临港工业区，东起新港船闸，西至振兴楼，南倚津沽复线，北靠闸北路及军粮城地区。2013 年，街域面积 14.85 平方公里，设 6 个社区居委会，管辖 3 大社区。人口 37367 人，辖区居民基本为海洋石油渤海公司员工及家属。

2013 年，对社区困难家庭开展系列“百户救助”活动，提高救助的针对性、有效性，从困难群体生活环境、生活质量入手，对 102 户困难家庭实施房屋维修及物品救助。为社区困难学生创造良好家庭学习环境，解决困难残疾人生活起居上的各种不便，架起传递爱心桥梁。

推进社区文化建设。坚持文化先行，培育社会主义核心价值体系。在社区举办趣味运动会、居民手工艺作品展等“邻居节”系列活动以及学雷锋志愿服务活动，居民们用欢笑、才艺、爱心感受渤海社区文化魅力。为居民创造强身健体的环境和条件，在花园增加活动器材，3 个社区文化活动室初步建成。利用小区橱窗开展社会文明新风、中华传统美德文化、《公民道德建设实施纲要》等公益文化宣传，培育知荣辱、讲正气、做奉献、促和谐的社区良好风尚，居民道德素质不断提升。

出台《渤海矿区和谐稳定管理工作体系》，梳理分类社区所有不稳定因素，制定相应标准流程，及时、深入、全面、准确地了解和掌握社情民意。通过每月定期分析，超前掌控苗头矛盾，有针对性地做好消除和控制工作。经过一年运行、完善稳定体系，社区稳定工作有了基础保障。全年未发生群体访、越级上访等不稳定事件。

完成东沽小区高层住宅楼外墙保温及外墙粉刷工程、小区住宅楼维修、公共设施维修、楼外排污管网改造、六区刷卡系统改造和东沽、滨海社区绿化改造。将“放心主食”“平价蔬菜”引入社区超市，方便居民购买。东沽、滨海两个农贸市场实行农副产品物价现场监控，坚持每周对各类农副产品实行指导性挂牌价格，维护公平竞争，保障老百姓权益。打响便民服务品牌，按规定对市场内出售的水果蔬菜进行检验，让老百姓买到放心菜，赢得社区居民赞誉。

（刘 兴）

寨上街道

寨上街道位于滨海新区汉沽东南部，东临河北省丰南市涧河村，西枕蓟运河与北塘镇相接，南濒渤海，北至汉沽城区的府北路、红霞路、大丰路、汉南路，拥有 29 公里海岸线。2013 年，街域面积 144.69 平方公里，其中滩涂和围海造田面积 77.25 平方公里。辖 10 个社区、2 个村委会。人口 32343 户 8.01 万人。

2013 年，完成地区生产总值 2.08 亿元，社会总产值 10.81 亿元，税收 1890 万元，固定资产投入 7000 万元，招商引资到位资金 2.2 亿元，农民人均纯收入 16333 元。协税护税 589 万元，代征税款 250 万元。认定中小型科技企业 25 家。引进重点

2013年7月19日，暖心工程社区服务站授牌仪式在寨上街道举行

（摄影：郑 颖）

招商项目4个。设施渔业单位的循环水建设项目申报4个,竣工验收1个;海珍品养殖基地建设项目初级审验1个。功达集团商务楼和弘钰商务大厦进行招商谈判,带动楼宇经济发展。

城乡居民医疗保险参保7545人,参保率99.98%。组织举办劳动就业招聘会13场。安置新增就业人员1018人。十类就业困难家庭认证228人,实现零就业家庭动态为零。审核办理居民廉租房补贴、经济租赁房补贴88户;发放救助资金690万元;办理丧葬补贴67户。发放敬老卡450张。开展居家养老服务336人,发放百岁寿星补贴和90岁以上老年人补贴共8万余元;发放副食补贴近6万元。

全年计划生育率96.03%。发挥暖心工程社区服务中心(站)为老服务机制,为辖区企业、社会团体及个人搭建起共同参与平台。举办"温情暖心,美丽寨上"敬老爱老服务月活动,开展"敬老助老、暖心服务"慰问活动,联合社区卫生服务站在社区巡回开展健康讲座及免费健康查体活动。举办街第六届残疾人康复趣味运动会,残疾人第一届文化艺术节。对22户居家托养残疾人启动居家托养服务。建立双残家庭人员档案。签订残疾人联络员及社区残疾人专干用工协议15份。对社区康复站进行安全自查和整改。

加强市容市貌整治,完成新村里、牌坊街等老城区街道里巷综合改造;配合市容、环卫、绿化等部门对大神堂村容、码头清理改造,集中整治建设路,打造精品海鲜一条街。

全年接待群众来信来访206人次,受理信访案件126件,办结118件,办信率93.6%;提供法律援助(咨询)200人次,调解矛盾纠纷500余起,调解率95%以上。

全面防潮防汛,对29公里海挡责任段全面检查,保障海挡大堤安全。开展生产安全月和"119"消防日活动。强化流动人口暂住证服务业务。深入开展党的群众路线教育实践活动和"强基创先"工程,抓好基层党组织和党员队伍建设,开展系列实践活动,完善党建工作制度。寨上街党员服务中心获天津市党员服务中心示范点荣誉称号。以街道处级领导在社区挂牌办公和党员包家庭行动为载体,密切党群、干群关系。

举办"激情颂滨海,共筑中国梦"社区文化艺术节和第27届科技周活动。社区放映电影近200场。推进社区服务站建设,新村里社区服务站竣工验收,华阳里社区服务站完成主体框架建设,东风里社区服务站完成建设,坨南里、朝阳花园社区服务站正在选址。

(张兴艳)

汉沽街道

汉沽街道位于滨海新区汉沽城区东北部,东至大丰路,西至蓟运河,南邻府北街、友谊路,北抵大田镇。2013年,辖区面积6.06平方公里,辖9个社区居委会,居民28975户66292人。

2013年,引进招商项目17个,注册资金8550万元。协税145万元,代征税收140.6万元。

组织开展社会管理综合治理宣传月、综治宣传日、安全生产宣传日、"119"消防宣传日等活动;开展系列维稳活动;开展创建"平安社区""安全社区"工作。加强流动人口服务管理,开展为流动人口"办实事、送温暖"活动。全年受理信访案件32件。

完成后坨里社区环境整治。维修甬路13301平方米,铺设花砖便道6814平方米。改造汉源里、沽祥里楼上水管线4500米。为中阳里、东滨里两社区安装暖气428户。恢复辖区井篦、井盖40个。

发放低保金、特困金近740万元,发放副食补贴5万余元。为9户困难家庭申请临时救济金2万余元。新申请廉租房租房补贴27户,发放经济租赁房补贴16户,审批限价商品房6户。全年采集就业信息370余条。就业安置447人。为51名下岗失业人员进行小额贷款培训。参加城乡居民医疗保险1486人。参加城乡居民基本养老保险80人,领取老年人生活补助19人。

深化计划生育优质服务,利用各种纪念日开展计划生育法律法规宣传教育活动。利用社区"爱心驿站"做好流动人口计划生育管理与服务工作。做好免费孕前优生健康检查工作。计划生育各项指标达标。开展"红十字博爱送万家"活动,春节期间慰问弱势群体1000户。

开展"全民健身大拜年"系列活动,举办健身趣味运动会。开展科技周活动,活动期间各社区出板报等20期。举办滨海新区第三届艺术节汉沽街专场等文艺演出。放映公益电影27场次。

组织开展食品安全活动周活动。举办汉沽街第三届"邻里节"。重阳节期间慰问孤老30余户。评选出全国"孝亲敬老之星"1人,第八届全国五好文明家庭1户,市级"平安家庭"示范户7户,区级"平安家庭"示范户9户,区级文明家庭7户。

开展党的群众路线教育实践活动。成立党员志愿服务队40支,开展志愿帮扶活动1521次,全街结成党组织、党员帮扶对子276对,为党员、群众办好事、实事330件,900余名党员参加志愿服务活动。开展党员"责任区"和"责任岗"活动,全街设立近十类岗位,500余名党员参与活动。开展"强基创先"考核验收工作。全街1个社区党委、8个社区党总支全部达标,61个党支部评出一类党支部10个、二类党支部51个。汉沽街社区服务中心和滨河家园社区服务站竣工投入使用。

(张兴艳)

河西街道

河西街道位于滨海新区汉沽城区西部,东、南邻蓟运河与汉沽街道、寨上街道相望,西与茶淀镇比邻,北接京山铁路。2013年,辖区面积4.75平方公里。辖8个社区,常住人口27303户66269人。

2013年,招商引资到位资金1.59亿元。注册科技型中小企业15家。完成滨海新区汉沽河西街生产力促进中心和天津市汉泰科技孵化器有限公司两个企业注册工作。

做好维稳工作。接待群众来访5405人次;解答居民各类咨询2434件;解决求助问题1128件;调解纠纷1361件。"两会"期间实行日报告制度,及时整改事故隐患和薄弱环节10余处,制定突发群体性事件应急预案、劝访工作应急预案,部署应急人员力量和应急处置各项准备。推广社区防范"6+1"保护伞工程,6家商户和1个居民代表小组共建一支义务治安防范巡逻队,负责小区夜间、案件高发时段商户及居民区治安巡逻工作。

完成河西二经路沿线居民住宅楼改造和墙体粉刷、空调移机工作。对三明里、五羊里、六安里3个社区的小马路整修,共计3600平方米。投放鼠药100公斤,有效控制病媒生物传染。对三明里、六安里、九龙里外溢市场专项治理,清除多个临时摊位,有序管理流动商贩,为居民创造良好生活环境。

完成低保、特困户调标工作,发放各类救助款799万元。申办廉租房租房补贴66户,申办经济租赁房租房补贴28户。申办老年人优待证221个,发放乘车卡475张。为64名90岁以上老年人办理健康关爱金,申办百岁老人万元关爱金1人。完成减灾示范社区申报和创建,三明里社区、七星里社区、留园里社区获得全国"综合减灾示范社区"荣誉称号。

2013年6月26日,河西街道举行纪念建党92周年庆祝大会

(摄影:郑 颖)

推进就业再就业工作,采集就业信息665条,创岗安置655人。城乡居民医疗保险参保3023人,医疗保险支付94人,申报41.16万元。办理社会保障卡1889人,办理灵活就业社保补贴125人。失业人员领取失业金1071人,发放失业金75.04万元,为66名自主创业人员申请小额贷款培训。

计划生育工作,探索治理计划外出生新举措,按社区网格进行分片拆分,分到每个社区干部责任区,将网格内育龄妇女情况摸清。全年综合节育率90%,避孕及时率100%。落实城市特别扶助对象奖励扶助制度,对128名特扶对象进行扶助,全年发放扶助金37.27万元。围绕"生育关怀"主题,以春节、母亲节为契机,慰问计划生育家庭6户,母亲节期间慰问困难母亲10名,为5名困难母亲免费上计划生育保险。

开展"五一专场"和"消夏专场"两次电影进社区活动。在滨海新区第三届社区文化艺术节闭幕式上,河西街4个团队被表彰为滨海新区优秀文艺团队。举办河西街博龙艺术展。为17户重病困难群众申请红十字救助,发放救助金1.85万元。开展"博爱助老"活动,慰问社区孤老户25户。对社区社会组织规范管理,214个社区社会组织备案。河西街道社会组织联合会被新区民政局评为先进社会组织。

全街党员2051名。组织召开"永远跟党走,唱响中国梦"纪念建党92周年庆祝大会,对2个先进党组织和61名优秀党员进行表彰。处级党员领导干部到社区挂牌办公接待群众97人,群众反映的42件问题全部答复解决。在天津市档案联查工作中,河西街被评为天津市机关档案一级单位。河西街社区服务中心和七星里社区服务站正式投入使用。三明里、五羊里、清园里社区服务站工程竣工。

(张兴艳)

胜利街道

胜利街道位于大港中部,东以迎宾街道为界,西至炼油厂青年点,南至南环路,北至世纪大道。2013年,街域面积约21平方公里。辖17

个居委会,人口 6.3 万人。

域内原主要居住着 1956 年到此开荒的胜利、前进、新立三村村民。1974 年初,中石化四公司为建天津化纤入驻此地,在胜利村北建起 8 幢楼。1976 年后,化纤厂又在四周先后建起 6 个居民区。1979 年 11 月大港区成立,有关行政、企业、事业单位相继建立,成为全区政治、经济、文化、交通中心。街道办事处 1981 年底筹建,1984 年 4 月经大港区政府批准成立。由天津石化公司组建,为厂办区管体制。1999 年 7 月移交地方管理,2000 年成立胜利街道工作委员会。2009 年 11 月滨海新区行政区成立,天津市大港区胜利街道更名为天津市滨海新区胜利街道。2013 年 12 月撤销胜利街道,把胜利街道和迎宾街道合并为大港街道。

2013年 10 月 30 日,胜利街道第五届金秋文化艺术节闭幕式

(胜利街道供稿)

2013 年,经济工作目标完成 1724 万元,地区留成税金 1425 万元,引进各类企业和项目 71 家,注册资金 1.28 亿元;引进科技型企业 30 家,网上注册科技型企业 21 家,通过市科委认证科技型企业 10 家,个体工商户新增 601 户,注册金额 2673.5 万元。

发放各种救助金 199 万余元,其中低保金 120.34 万元,临时救济金 9.73 万元,特殊困难人员大病医疗救助金 66570 元;秋季助困 185 户 370 桶油,冬季助困 163 户,其中棉被褥 28 件、电热毯 30 件、羽绒服 98 件、煤 7 户。发放 60 岁以上老年人居家养老补贴 3.12 万元;办理老年证 356 个;发放老年乘车卡 397 张,补办老年乘车卡 113 张。对享受居家托养服务的残疾人签订协议书 93 份,发放 1~6 月份居家托养服务代金券 88 人 6.54 万元;发放便民服务分站居家托养服务补贴 8800 元,发放残疾人证 15 本;春节期间,走访慰问贫困残疾人家庭 15 户,送去慰问金 1.06 万元;全国助残日期间,发放物资 201 件。

在全国文明城区和全国卫生城区创建中,组织机关干部、学校学生、共建部队官兵、社区十大员志愿者 2100 余人次,开展义务清整 650 余场次,清理垃圾 150 多车,清除卫生死角 39 处,补种绿地 600 平方米;开展以"世界环境日"为主题的知识问答、全民健康素养知识竞赛等系列活动。

编排创作文艺作品,开展进社区巡演等活动 30 余场,参与群众 2 万余人次。举办第五届金秋文化艺术节,成为深受居民群众喜爱的节日。举办"展妇女风采,劳动光荣,共筑美丽胜利梦"、"第二届广场排舞"大赛以及"放飞梦想,共建文明社区"广场书法绘画大赛与滨海艺术节胜利街专场,确保创建全国文明城区工作的群众支持率、知晓率和参与率达到 80%以上。

八一建军节,各社区为部队官兵送上精彩的文艺节目。组织召开退役军人"八一"座谈会,会后进行聚餐庆祝活动。为退伍军人发放慰问金 1900 元;发放优抚对象各项补贴 6 万余元以及文化衫、MP4、电热锅等慰问品。为部队送去慰问金 5.86 万元和生活用品。

(刘旭东)

迎宾街道

迎宾街道位于大港城区中心,东至津歧公路,西至胜利街道,南至南环路,北靠学府路。2000 年,由港北街道与板厂街道合并组成。2013 年,街域面积 23 平方公里。辖 28 个居委会,人口 15.33 万人。2009 年 11 月滨海新区行政区成立,天津市大港区迎宾街道更名为天津市滨海新区迎宾街道。2013 年 12 月撤销迎宾街道,把胜利街道和迎宾街道合并为大港街道。

2013 年,完成财政收入 2800 万元,招商引资 1.2 亿元,外贸出口额 700 万美元。企业注册 144 家,注册资金 3.4 亿元。注册科技型中小企业 32 家,累计 92 家,认定 15 家。

慰问困难家庭 543 户,发放现金 39.73 万元、米 2670 公斤、面 1315 公斤、食用油 620 公斤、毛毯 50 条、防寒服 60 件、棉被 60 床。慰问辖区孤儿 4 名,并为阳春里、振业里、开元里 3 个病患家庭发放救助金 1.2 万元。

扩大社会保险覆盖范围,办理社会保障卡 24293 张,为参保人员报销费用 14.07 万元。对辖区 924 名 60 岁以上老年人登记建档,按时足额发放老年人生活补助。

组织大型清整活动,清理小广

告50余万张、脏乱点位2800余个，清运积雪、垃圾、杂物1200余吨，清理辖区菜地11000余平方米，补植乔灌木83800株、宿根花草138777株。发动辖区单位植树补绿，栽植树木、花卉19092株。各社区发放灭“四害”宣传资料10000余份，张贴标语500余张，投放毒饵3500多公斤，投药覆盖率100%。预防禽流感，扑杀违规饲养家禽943只，拆除鸡舍230个。拆除违章广告牌匾20余处、私搭乱建30余处，拆除违章建筑300余平方米，处理居民举报60余起，治理占道摊点180余处。兴慧里创建为市级绿色社区，学府雅居创建为区级绿色社区。

先后举办新年联欢会、元宵节秧歌汇演、社区书画展、广播体操比赛、大港首届社区艺术节暨迎宾街社会组织联合会成立两周年系列活动，丰富群众文化生活。社区文化活动中心全天候对居民免费开放，天天有活动、周周有比赛、月月有展演，文化队伍日益壮大。举办科普活动7次，演讲比赛、知识讲座3场，发放科普书籍300本、科普资料2500余份。

组织居民参加“滨海好人”“大港第四届道德模范”等评选活动，孙东美家庭获“滨海新区书香家庭”称号，王淑荣获“滨海新区大港第四届道德模范”称号，于合云荣获“大港身边好人”称号。“社区百姓大舞台”获评滨海新区最受市民欢迎的精神文明建设项目，“心灵关怀计划”获评滨海新区精神文明建设优秀项目，“小候鸟”爱心义教站获评未成年人思想道德建设创建项目。

开展文明楼门创建工作，已建文明楼门125个。举办“弘扬雷锋精神”万人签名活动，在街道和社区分别建立道德讲堂，弘扬社会公德、家庭美德和职业道德。着力舆论宣传，营造舆论环境，累计发稿283篇，《天津日报》《滨海时报》《大港时讯》《滨海街道工作动态》等刊载稿件200余篇。

(刘丰刚)

海滨街道

海滨街道位于大港东南部，东至渤海边，西以排减河为界与港西街道为邻，南至防洪大堤，北至穿港路。2013年，街域面积118平方公里。辖26个居委会，常住人口47432户13.19万人。

2013年，招商引资1.28亿元，完善生产力促进中心建设并通过ISO9001质量管理体系和市示范生产力促进中心认证。网上注册科技型企业54家，复核备案31家，累计复核备案79家。

组建以社区居委会为主导的集物业、离退办、社区卫生站等功能于一体的社区服务综合办公室，实现社区人员与老年日间照料站、敬老院等信息资源共享，100多名老年人享受到社区机构养老，将民心工程落到实处。帮扶和解决居民困难650余件，做到应保尽保。举办招聘会，实现就业1350余人。

2013年9月12日，国家安全社区创建工作领导小组成员到海滨街道检查指导

(海滨街道供稿)

街道居民区原为大港油田职工家属基地，由大港油田自行管理，产生于1965年油田建设初期。2000年3月，因大港油田企业减负，油田居民区由地方政府接管，经天津市人民政府批准，建立大港区海滨街道办事处，隶属区政府街委会。2001年8月，大港区合乡并镇，海滨街道西部6个居委会划归港西街道。2005年，团泊基地划归海滨街道管辖，成立团泊洼居委会。2006年，成立心港假日居委会。2009年11月滨海新区行政区成立，天津市大港区海滨街道更名为天津市滨海新区海滨街道。2013年12月撤销海滨街道，将海滨街道、港西街道合并，设立新的海滨街道。

整合辖区内10大类38个艺术团体（文艺骨干400余人，活动成员4100多人），成立海滨街艺术团，到各社区巡演，营造和谐社会环境。再现版画艺术新魅力，在天津美术馆和大港大剧院举办油田版画专场展览。

整合综治、信访、公安、司法、安监和人武力量，加强对重点人、重点部位排查，把矛盾化解在萌芽状态。年内辖区没有发生集体访、群体访事件和重大安全责任事故，进区、进市、进京非访为零。在国家安全社区创建工作领导小组检查指导中获得专家肯定，为国家级安全社区创建工作打下基础。

落实美丽滨海“一号工程”,制定“美丽海滨”建设实施方案,开展“四清一绿”五项行动,取得阶段性成果;协调并配合油田对幸福路等主干道路进行市容环境综合整治,拆除各类违章建筑10万余平方米,规范牌匾550多块,整修改造商户门脸风斗门480多间,粉刷墙壁30万平方米,整修主干路和人行道约80公里,植树1万多株、补绿2万多平方米,打造海滨街靓丽的市容环境。

(周 伟)

古林街道

古林街道位于大港城区东部,东与塘沽相接,西与迎宾街道相连,南与河北省黄骅市接壤,北与津南区相邻。2013年,街域面积209平方公里,耕地面积69.9公顷,辖12个居委会、5个行政村,常住人口5.91万人,其中农业人口3439人,流动人口42000人。辖区内有企业法人单位594家。

该街成立于2000年3月,由原上古林乡、官港街和千米桥街合并而成。2009年11月滨海新区行政区成立,天津市大港区古林街道更名为天津市滨海新区古林街道。

2013年,实现地区生产总值21.91亿元,比上年增长21%;规模以上工业总产值23.44亿元,增长24%;固定资产投资15.5亿元,增长22.2%;留成税金1亿余元,增长23%;利用内资7.4亿元,增长20.7%;外贸出口额2.19亿美元,增长16%;农村居民人均纯收入18011元,增长13%。创建科技型中小企业31家。

新建卫华里社区服务站,改造世纪花园、福泽园社区服务站,润泽园社区服务站竣工使用,海韵园、福锦园社区等服务站抓紧筹建;新建古林里40000平方米住宅工程主体封顶,小区环境综合整治工程年底完工。

全年群众上访66批560人次、信件访28件,比上年分别下降73%和70%。配合相关部门,掀起“闪电”行动,清理传销分子1500名;开展“法律进社区”“法治大讲堂”等普法活动,推进安置帮教和司法调解工作,调解纠纷200余起,预防纠纷30余起。开展安全检查和达标创建工作,推行危化企业和劳动密集型企业安全生产大检查,全年未发生重特大安全生产事故。召开各类安全生产会议12次,签订安全目标责任书95份,检查危化企业305家、餐饮服务企业167家,排查安全隐患4512处,现场督察整改2100余处,下达整改通知书36份,基本杜绝安全事故。

2013年5月24日,古林街道在滨海新区率先成立街道道德讲堂

(古林街道供稿)

采集就业信息358条,安置就业2690人,完成企业劳动力用工检查和企业年检272家;认定十类就业困难人员97人,享受灵活就业保险补贴89人;累计办理社会保障卡16747张,办理城乡居民养老保险参保100人、医疗保险参保6800余人,报销医疗费80万元,发放失业金9.84万元;核发高龄老年人补贴969人127万元,老年人生活补贴2300人193万元;完成华北油田首批参保1200余人手续审批,完成六局一公司参加城镇企业职工保险200余人老年补贴退费,完成城镇企业职工保险扩面610人;审核发放一次性补贴、低保(特困)救助金162.58万元;为85名60岁以上低保老年人办理居家养老服务,为316名老年人办理老年证、免费乘车卡,为285户困难老年人家庭发放慰问实物;为24名困难家庭学生发放助学款3万元;为新增38名残疾人办理居家托养,实现全街残疾人居家托养全覆盖;为24名参战、参试退伍老兵发放抚恤、补助金215万元;为20名伤残军人、36名义务兵发放伤残抚恤金和家属优待金87.1万元。

为4360名妇女进行妇科检查,查出各种妇科疾病1021人,及时送诊382人;开展“独生子女贫困家庭暖人心”活动,受益家庭65户,发放慰问金2万余元;强化流动人口管理与服务,解决外来流动人口子女上学问题,给予35名流动人口学生亲情关爱。

(刘树稳)

港西街道

港西街道位于大港南端,东与大港油田和海滨街道为邻,西与太平镇相接,南与河北省黄骅市接壤,北靠大港水库。地处大港油田腹地。2013年,辖区面积74.92平方公里,辖6个行政村、6个社区居委会。人口3.4万人，其中农业人口近1万人。回族900多人，是大港少数民族集居区域。

全街乡镇企业275家，以石油化工、制钉、汽车改装与配件、造纸与纸制品、彩钢与仪表和仓储物流为主导行业。有耕地1133.3公顷，水库及滩涂1000公顷，市、区、街三级养殖小区16个。

该街前身为沙井子乡。2001年8月撤乡并镇，将邻近油田的6个居委会并入，成立港西街道。2009年11月滨海新区行政区成立，天津市大港区港西街道更名为天津市滨海新区港西街道。2013年12月撤销港西街道，并入海滨街道。

2013年，完成地区生产总值20.56亿元，比上年增长19.4%；规模工业总产值58.45亿元，增长18.3%；街级财政收入2960万元，增长21.8%；固定资产投资13.95亿元，增长17.6%；内资到位额7.62亿元，增长21%。

总投资5亿元的沙井子风电场三期工程完成风机建设33台，部分并网发电；天津奥凯激光科技有限公司、天津科莱博瑞科技有限公司等项目建成投产。至年底，全街注册科技型中小企业130家，认定116家，其中新认定30家，国家级高新技术企业达8家，市级科技小巨人企业6家，产学研基地4个。

港西农庄整体环境提升，绿化、景观、休闲设施等工程完工；温泉城内部假山、迷宫、泳池等工程基本竣工；智能温室种植巨人南瓜、太空西红柿、蛇瓜等10多个蔬菜品种，年底正式对外开放；跑马场、高尔夫练习场等在建项目加紧施工，基本形成四季有果可摘、有景可观、有处可玩的现代观光农业格局。

太沙路北延工程竣工通车；沙井子一、二、三村全长5公里共建路及远景三村中心路完成翻修。在“清洁村庄”行动中，加强村庄垃圾处理体系建设，摆放垃圾箱、建垃圾池、购进垃圾运输车，推进适合不同村庄特点的生活垃圾处理模式，建立垃圾收集运输处理体系，同时加强污水处理。开展重点污染及“三无”企业专项治理，关停拆除“三无”企业7家，停产治理3家，整改完毕5家，对被污染坑塘治理。

港西社区综合服务中心主体工程竣工。年内发放救助款80余万元，1000余人享受到有效救助。开发就业岗位1437个，安置就业2605人。加大不稳定因素排查力度，全年排查矛盾纠纷68起，接待来访52件次，矛盾得到有效化解。

（曹俊义）

港西街道四季田园太空蔬菜基地

（港西街道供稿）

泰达街道

泰达街道东至东海路，西至京山铁路，北至京津高速延长线，南至新港四号路。2013年，街域面积40平方公里，设9个社区。居民42580户84633人。

2013年，在社区系统开展党的群众路线实践教育活动，按阶段完成动员大会、民主生活会、帮扶结对子等工作；雅园、福瑞两个社区通过市级党建示范点和先进党组织验收；康翠社区被评为天津市“文明社区之星”；雅园社区、芳林社区被评为天津市“示范半边天家园”、华纳社区被评为天津市“优秀半边天家园”；举办“中国梦”征文比赛，唱响中国特色社会主义和中国梦的时代主旋律。文明城区创建工作，相继完成社区建设和未成年人思想道德建设等81项文字及图片资料整理上报、48个文明楼门创建和9个社区道德讲堂建立工作。累计开办社区道德讲堂34次，提高公民道德水平。

“格致生态”社区行动项目顺利结项，成立4个居民小组，先后开展11次讨论会及户外宣传活动，其中垃圾分类子项目有92户居民参与，占到试点小区入住户60%以上。分解厨余垃圾2580公斤，产生有机肥料537.5公斤，垃圾减量化达70%以上。安装雨水回收桶7组，至6月底前，收集雨水23立方米左右。生态种植子项目持续实施，联合物业开展2次种植活动，并受邀参加第四届中国(天津滨海)国际城市论坛暨博览会。

重点打造开发“智慧华纳”管理与服务系统，系统包含“老爸老妈”“社区这点事”“社区好帮手”“关爱残疾人”4个模块。全年，泰达城市网持续运营，网站频道达18个，会员26786人，更新区域新闻53280条，刊登优惠打折信息1958条,发布社区信息、公告和通知等34620条。开展论坛版块40个,发起主题117126个,回帖178032个。

建立无物业管理小区环境治理长效机制。细化制定开发区无物业小区基本保洁服务监管考核办法,组织网格社工每日巡查并上报保洁情况,有效解决无物业管理小区普遍存在的脏乱差等环境问题。推动居民小区垃圾桶底座固化池建设工作。40个小区、590个点位、675个垃圾桶底座固化池安装及验收工作全面完成,解决垃圾桶点位不合理及垃圾清运过程中的撒漏问题。组织完成全区环境清整活动。完成翠亭村等24个小区环境清整工作,清理生活垃圾、建筑垃圾、绿化垃圾等40余车百余吨。发动社区志愿者,组织社区环境集中清整活动81次,参与1537人次,清除小区垃圾死角364处。开展环境宣传工作。组织社工设计、印刷、张贴4期环境卫生宣传海报,并在区内开展以“全家动手共绘画·爱护环境我做起”为主题的亲子绘画社区环境卫生宣传活动。

开发区继续投入社会救助经费60万元,其中,救助困难居民、因病致困居民8人次,发放一次性救助款10300元。春节慰问52人次,发放救助款32000元。审核批准1户居民享受最低生活保障待遇,撤销2户居民最低生活保障待遇资格,至年底,有低保户16户,按月发放生活补贴169459.2元,审核批准16户居民享受低收入家庭物价联动补贴,按月发放补贴共计11880元。发放低保家庭在高校就读学生教育救助金18000元,发放低保户采暖补贴9750元,发放低收入家庭物价补贴3060元,发放困难家庭电费补贴1350元。至年底,开发区在册残疾人207人。助残日发放特别慰问金117000元,发放残疾人低保户特别补助13200元,并为区内残疾人全部更换二代残疾证。

(刘 兴)

新城镇

新城镇位于滨海新区核心区,海河南岸,与中心城区隔河相望。东临河南路,西与津南区葛沽镇毗邻,南连塘沽盐场,北靠海河。2013年,镇域面积31.01平方公里,集体土地2017公顷。其中,农用地1197公顷(含耕地642公顷),建设用地526公顷,未利用土地292公顷。辖5个行政村,1个社区居委会筹备组。总人口27638人,其中农业人口14754人、非农业人口5174人,常住外来人口7710人。

2013年,全镇总产值17.6亿元,增加值4.9亿元,出口交货值5058万美元,营业收入19亿元,利润总额1.2亿元,应交税金1.07亿元,财政收入2026万元,农民人均纯收入15533元。

整体规划有序推进。研究制定新城镇《加快产城融合、打造田园都市特色镇行动计划》,规划“东部科技,西部宜居,南部农业观光”的空间布局,提出五大任务举措,形成较为完善的促进经济发展政策体系。提升经济发展环境,制定新的招商引资政策。新增160余家企业纳入镇域税收范围,增加镇财政返税300多万元。实现引税企业14家,注册资金2063万元。中建新塘(天津)投资发展有限公司新增注册资金9亿元。完成科技型中小企业认定21家。

民计民生持续改善。办理参保9870人次,发放养老补贴2305人次。黄圈村410人办理城镇化失地养老保险。全年组织育龄妇女、60岁以上老年人以及30~65岁妇女等各类群体免费健康查体5453人次。累计为低保、特困、残疾、大病户、五保老人、复员军人和独生子女发放救助、补助款项617.3万元。慰问困难家庭、残疾人、重病户、孤残儿童、老人及优抚对象等特殊群体,涉及资金131.4万元。发放丧葬补助款71户12.78万元。为辖区中小学和幼儿园送去慰问金3.3万元。协调解决农村城市化拆迁居民子女入学问题。支持红十字会和慈善事业,组织捐款近15万元,为白血病学生郭永康捐款5万余元。筹资近100万元建成近800平方米的残疾人阳光家园,为全镇近800名残疾人提供康复训练、生活照料、职业技能培训、心理辅导等服务。

环境整治力度加大。累计投入资金450万元。新建、维修厕所88座;新建垃圾池673座;清理垃圾死角88处;成立5支专业保洁队伍;清理打捞沟渠4公里,清理垃圾2850吨;铺设地下排水管道2000米。

基础设施建设加强。累计投资1046万元。投资300余万元,对镇迎新路、南黄路大修,方便村民出行。投资215万元,对新城、邓善沽4条村级公路大修。投资110万元,对丽源小区上下水、围墙、地面、花砖全面整修,小区生活环境提升。投资18.5万元,对新东里部分楼房外墙皮脱落、顶层漏雨上下水维修。投资128万元,对万泉供热服务中心锅炉,新东里小区、丽源小区供热管网等维修改造。投资18万元清理沟渠12条。投资105万元,对辖区内泵站、堤埝、水库、沟渠等水利设施更新维修加固。投资16万元,为邓善沽村更新农用机井1眼。投资120万元,修扩建桥闸涵6座。投资15.5万元对机关食堂扩建改造,解决机关人员就餐难问题。

城市化建设取得进展。拆迁工作实现突破。黄圈村967宅,实现签约953宅,签约率98%,农用地签约补偿144户,签订补偿协议134户,签约率 93%，完成天津大道以北 120 座民墓迁移及农用地地上物调查固化工作。南开村全村 276 宅，实现签约 229 宅，签约率 83%，交房 227 宅。

（古文博）

大田镇

大田镇位于滨海新区西北部，东临河北省唐山市，南连汉沽城区，西接蓟运河，北靠宁河县芦台镇。京山铁路、唐津高速公路、112 国道、芦汉公路、津汉改线纵贯全境，蓟运河 11 公里流经区域。地热资源十分丰富，储量相当于 2270 万吨标准煤。2013 年，镇域面积 13.553 平方公里，耕地面积 531 公顷。辖 10 个行政村、1 个居委会。人口 3680 户 10020 人，其中农业人口 8457 人、非农业人口 1563 人。以汉族居民为主，另有壮、满、回、彝、蒙古、京等少数民族居民。

2013 年，实现地区生产总值 3.45 亿元，比上年增长 11.5%。其中一产 0.52 亿元，增长 8%；二产 1.81 亿元，增长 20.1%；三产 1.12 亿元，增长 1%。工农业总产值 11.97 亿元，增长 18.4%。其中工业 10.82 亿元，增长 19.6%；农业 1.15 亿元，增长 8%。固定资产投入 4.58 亿元；招商选资 6.30 亿元；税收收入 3203 万元；农民人均纯收入 15890 元。

启动大田示范小城镇建设，举行开工奠基仪式，实施还迁房桩基工程。示范镇相关基础设施配套工程逐步实施，项目区场地平整逐步进行，1 号公建 2500 平方米主体完工。设施农业大棚征地拆迁取得进展，地上物补偿部分到位。

搞好设施农业建设。截至年底，设施农业面积累计 180 公顷，无公害蔬菜种植 202 公顷。以生态、绿色、休闲、观光为特色，大力发展旅游观光设施农业。投资 1750 万元的金湾设施农业科技产业园提升项目工程基本完工，实现乡村旅游业发展和农业经济效益同步提升。以金湾设施农业园、万凤园、芦鑫园、懿轩园为代表的现代都市型旅游观光农业特色明显，实现一产、三产联动发展。借助市帮扶组资源，结合镇域农业规划，着力打造大马杓沽、小马杓沽特色观光旅游村。“津汉大田”蔬菜著名商标在《天津日报》公示；滨海盛丰蔬菜种植专业合作社和伟茹葡萄种植专业合作社获得市级合作社荣誉称号。

促进企业技术改造，提升工业质量效益。工业完成固定投资 4.3 亿元；生产力促进中心获得 ISO9000 体系认证；完成 30 家科技型中小企业和 1 家科技小巨人企业认定工作；完成开发项目 4 项，技改项目 6 项。加大招商引资力度，引进企业 39 家，实际到位资金 6.3 亿元，完成任务的 126%。

推进社会事业发展。签订雾抬寺特色文化复建项目协议。《雾抬寺史话》一书出版，扩大雾抬寺特色文化影响力。推进社会治安综合治理，为创建“美丽大田”和实现“依法治镇”营造良好的法治氛围和法治环境。

（董 坤）

小马杓沽村立体化种植草莓

（摄影：郑 颖）

茶淀镇

茶淀镇位于滨海新区北部，东靠蓟运河，西邻清河农场，南接中新生态城，北至宁河县七里海镇和芦台镇。2013 年，镇域面积 52.38 平方公里，耕地面积 1800 公顷，辖 17 个自然村，人口 8590 户 24562 人。京山铁路(设茶淀站)、津秦高铁(设滨海北站)、津汉公路、唐津高速公路，塘汉快速路、津宁高速公路、津汉高速公路(在建)穿越境内。

茶淀以盛产玫瑰香葡萄而闻名，被誉为“中国玫瑰香葡萄之乡”，葡萄种植面积 2 万亩，年产量 5 万吨。

2013 年，实现地区生产总值 11.49 亿元，比上年增长 11.4%；固定资产投入 7.58 亿元，增长 49.4%；招商引资 6.80 亿元；财政收入 2562 万元；农民人均纯收入 17818 元。

产业结构优化升级。依托茶淀葡萄品牌优势，发展农业项目，调整产业结构，打造休闲特色农业，重点打造部级淡水鱼休闲观光产业升级项目、大鲵繁育及人工驯养项目和中国一流信鸽驯养基地项目。重点改造大渔头度假村、丰利源休闲园等 10 个全国休闲农业与乡村旅游星级景点。规划建设占地 7 平方公里的茶淀农业休闲旅游度假区，着力发展葡萄休闲旅游产业，推进包括游客服务中心和自驾营地在内的起步区建设,提升度假区内天羽翔生态园、督军园中园等原有项目。搭建葡萄进超市平台,与天津津工、北京超市发、秦皇岛广缘等连锁超市合作,实现农户与超市直接对接。

加大招商选资力度。以茶淀生产力促进中心为平台,以利隆孵化器和茶淀工业园商贸楼为载体,加大科技招商力度,培育新的经济增长点。提高科技创新能力,茶淀镇生产力促进中心被认定为市级生产力促进中心。与国家纳米科学技术与工程研究院建立战略合作关系,重点助推葡萄产业科技升级,研发葡萄新产品,延伸葡萄产业链条。乡村生态环境逐步提升。实行美丽茶淀工程,开展市容环境综合整治,生态环境不断优化。示范镇管理水平日益成熟。创新管理模式,初步形成以网格化管理、网络化服务“双网组合”为特色的社会管理模式。依托茶淀新市民学校,开展学历培训和专业技能培训,全年培训1660人次,帮助农民走上就业岗位。

改善民计民生。关注低收入困难家庭生活状况。办理低保110户,发放资金300余万元。关注残疾人事业,成立茶淀镇残疾人职业技能培训与继续教育基地及扶贫实践基地。加强文化活动阵地建设,建成滨海新区首家镇级图书馆——茶淀馨苑农家书屋,藏书15000余册,供居民免费借阅。改善校园办学条件,添置教学桌椅和多媒体设备,各校成立家长学校,关注青少年心理健康。建立健全社会稳定机制。通过“棋盘工程”平安创建活动,形成全动员、全覆盖的综治格局。建立联系群众解决信访问题四项工作制度,全年未发生重大刑事案件,实现“两会”期间零上访。

(董　坤)

杨家泊镇

杨家泊镇位于滨海新区东北部,东临河北省丰南市,西接宁河县,南与寨上街道相邻,北与河北省汉沽农场接壤。2013年,镇域面积60.17平方公里,耕地面积1355.3公顷。辖13个自然村。人口5482户17151人,其中农业人口15872人。

2013年,实现地区生产总值10.46亿元,比上年增长13.5%。其中,第一产业增加值2.44亿元,增长8%;第二产业增加值2.40亿元,增长15.4%;第三产业增加值5.62亿元,增长15.2%。固定资产投资10.86亿元,增长74%。农民人均纯收入16775元,增长13%。

搞好镇域规划编制工作。完成18.6平方公里杨家泊水产聚集区总体规划;拓展2.12平方公里杨家泊工业集聚区用地规模,申请增加3平方公里建设用地指标,用于发展水产品深加工;初步编制完成“渔家乐”“农家乐”休闲旅游项目发展规划。

发展特色农业。全镇工厂化养殖企业53家,工厂化养殖面积累计55.2万平方米,分别占新区的55%和69%。海水养殖产品产值4.28亿元,占一产产值67%,成为国内连片应用循环水养殖设备和技术面积最大区域。在全市率先建立水产养殖疾病远程会诊系统,极大提升了水产养殖业软实力。海水工厂化养殖产业技术创新战略联盟被市科委批准为市级层面与级别的科技联盟,提高了知名度。强化企业管理,11家工厂化养殖企业申请并通过ISO9001质量标准管理体系认证。

加大招商引资力度。全年完成工业企业固定资产投入7.26亿元,9家企业进入项目用地审批手续,滨海嘉澍船用配套设备零件生产、锦江塑料集团、港航二期等项目有序推进,基本形成在谈项目、在审项目、在建项目与在储项目相结合的良性循环态势。推进东庄坨、桃园村“清洁村庄”行动,生态环境保护不断加强。

推进基础设施建设。开工建设东尹110千伏变电站,启动部分基本农田土地整理工程,完成部分村庄主干道路、里巷道路及地下排水管道建设项目。

发展社会事业。改善学校教育教学环境。提升中小学教学质量,22名在校初中生考入汉沽一中,在汉沽教育教学评估中,有2所学校被评为优秀校、先进校。

提升社会保障水平。城乡居民养老保险参保人数持续增加。发挥综治信访服务中心(站)作用,不断完善社会管理创新工作机制,丰富平安创建内容,抓好矛盾纠纷排查、信访稳控两项重点工作,预防和妥善处置群体性事件,及时化解各种社会矛盾。落实综治信访工作责任制,信访事项按期办结率100%。

(董　坤)

太平镇

太平镇位于大港南部,东接港西街道,西靠小王庄镇,南邻河北省黄骅市,北濒大港水库,东西宽16公里,南北长18公里。2013年,镇域面积174.7平方公里,耕地面积4900公顷。辖22个自然村、19个行政村,人口3.40万人,其中农业人口3.18万人。

该镇曾被誉为冬枣之乡、全国书画艺术之乡。还是全国综合改革试点镇、全国亿万农民健身活动先进乡镇。市政府正式批准中华民营经济园更名为天津经济开发区南部新兴产业区。

新中国成立前,该地属河北省黄骅县。1949年属黄骅县五、六区。

1953年属六、七区。1958年先后属东风公社和北大港公社。1961年5月成立太平村公社。1963年2月划归河北省天津市北大港区。1970年属南郊区。1979年11月归属大港区。1983年,太平村公社改建太平村乡。1987年3月,改建太平村镇。1998年9月,更名太平镇。2009年11月滨海新区行政区成立,天津市大港区太平镇更名为天津市滨海新区太平镇。

2013年,完成增加值31.49亿元,固定资产投资15.2亿元,规模工业总产值29.6亿元,财政收入5874万元。

天津开发区南部新兴产业园区,起步区6条道路及基础配套设施全面开工。远泰工业区组织开发机构成立,园区控制性详细规划、产业规划、市政配套规划基本编制完毕;园区主干道路远泰中路开工建设。

示范镇一期38万平方米农民还迁楼及小学、幼儿园,商业综合体等公建配套设施完工。社区及物业管理机构成立,8个村1.2万村民乔迁新居。示范镇二期一标段14.6万平方米还迁楼主体施工,多层已封顶,二、三、四标段即将开工。未纳入示范镇以解决大龄青年急需用房为主的楼房"填平补齐"正在进行,4个村开工建设,共计建筑面积约10万平方米。

皇家枣园投资200余万元的农耕竞技场项目设施建设基本完成。投资4300万元的东禹圣综合型生态农业项目,特禽养殖中心、智能温室、科研中心等设施基本竣工,具备接待条件。投资3000余万元的耐盐植物培育产业化基地项目,完成园区内源生物种保护试验区、滨海适应性苗木培育区、盐碱土壤改良试验区、冬枣种植建设区等几大功能区提升建设。投资1.9亿元的北京中地5000头进口良种奶牛养殖示范基地项目,完成一期场地加高平整、配电增容建设,后备牛区、饲料青储库场等附属设施建设全面完成,首批奶牛正式入场。龙润源农业科技生态园项目,投资600万元完成办公用房、道路、桥涵、绿化等设施建设,40公顷标准化池塘改造完成。设施农业建设,新建二代节能日光温室26.6公顷,在建40公顷。

窦庄子万亩良田综合开发全部完成,开挖沟渠55公里、埋设输水管道22公里、新修混凝土路2.6公里、道路绿化植树2.5万株。远景二泵站迁址新建工程竣工,确保汛期安全排涝。农村排沥设施提升改造工程完成公社河、用支四路等河道清淤22公里,新建、重建五星、友爱、大道口村闸涵9座,维修镇总站、西部、五星泵站3处。先后关停"三无"小企业、小作坊13家,实施"四清一绿"工程,美化、绿化、亮化村庄,改善群众居住条件,清理镇域垃圾,实施娘娘河清淤工程。

发放低保、五保及各类救济金210余万元,低保和各类困难群体实现应保尽保。新增就业2635人,完成技能培训803人,小额贷款培训168人。出资300余万元,改善民计民生。示范镇一期欣苑小学及幼儿园招生启用,示范镇二期中心幼儿园开工建设,窦庄子幼儿园即将建设。举办农民书画艺术展、戏曲展演、剪纸作品展等活动30余场。妥善处理群众来信来访,及时化解各类不稳定因素。加强企业安全、食品安全、药品安全监督检查力度,未出现重大安全事故。

(张　龙)

小王庄镇

小王庄镇位于大港西南部,东邻大港水库,西至205国道与静海县中旺镇接壤,南与河北省黄骅市接壤,北靠马厂减河。2013年,镇域面积105平方公里,耕地面积3758.9公顷。辖20个行政村,总人口2.30万人,农业人口2.04万人。

205国道穿镇而过,津汕高速公路、黄万铁路、钱顺公路横贯其间。经过发展建设,形成"三大基地、五大中心、六大经济功能区"的总体发展框架,成为大港西部崛起的农业重镇。

新中国成立前,该地属河北省静海县。建国后,属静海县抛庄区。1950年改为七区。1953年7月,区下设乡,小王庄地区设小王庄和西湾河2个乡。1958年,小王庄地区划归团泊洼公社管理区。1963年7月,划属河北省北大港区。1965年4月,成立小王庄公社。1970年1月,划属南郊区。1979年11月,划归大港区。1983年5月,小王庄公社改建小王庄乡。1986年8月,小王庄乡改建小王庄镇。2001年8月,徐庄子乡并入小王庄镇。2009年11月滨海新区行政区成立,天津市大港区小王庄镇更名为天津市滨海新区小王庄镇。

2013年,实现地区生产总值17.34亿元,比上年增长24%;规模以上工业产值8亿元,增长19.4%;实际利用内资5.49亿元,增长29.2%;固定资产投资19亿元;地方留成财政收入1162万元,增长23%;农民人均可支配收入16460元,增长13%。新增国家级高新技术企业1家,滨海新区高新技术企业3家,科技小巨人企业4家。协助企业申报并获得天津市创新基金、滨海新区小巨人科技项目支持42个。

投资50亿元的奥特莱斯城市综合体项目,96.5公顷地块全部摘牌;投资10.5亿元的神华风电综合体项目签约,投资4.5亿元的国电洁能风电项目完成选址。

示范镇建设,45.3万平方米还

迁房主体竣工,进行室内外装修,室内设施验收完成;完成4条小区主干道路基础施工,示范镇东扩300米土地整体审批手续得到批复,供暖、绿化等配套工程相继开工。

关停治理7座砖厂;更新改造刘岗庄小区等3个居民小区锅炉;完成20个村环境卫生大清整。重点绿化工程面积80公顷,栽植乔灌木10万株。

李官庄设施农业园区培育各类蔬菜种苗60万株,开通6辆蔬菜销售直通车与超市、部门对接,年销售蔬菜4万箱。蕈菌产业科技园区实现日产7.8吨白灵菇。建立沈清庄"滨港一号"冬枣繁育基地6.5公顷,实现万亩冬枣高水平管理。农田水利建设,硬化田间道路5.7公里,开挖疏浚沟渠34.5公里,新修闸涵25座,维修改造小王庄、陈寨庄等8座泵站。落实支农惠农政策,争取农机补贴资金购置大型农机具150台套,推广深耕松土作业666.67公顷。提高农业保险覆盖范围,刘岗庄设施农业和小辛庄冷棚风灾损失得到及时赔付。

新增就业2665人;658人参加城乡居民基本养老保险,1604人领取老年人生活补助和滨海新区高龄老年人生活补助,基本医疗保险参保达1.39万人。为低保、五保、特困、优抚对象发放最低生活保障金、春节生活补助等720余万元。完成徐庄子中学、田苑小学近1400平方米屋顶维修工程。新建北抛庄、南和顺2所小学。改造提升3个体育健身广场,注册成立滨海新区首家基层巡回演出"大篷车"文艺公司,新增各类文体队伍9支。南塘遗址被列入天津市第四批重点文物保护名单,欣园里社区获评滨海新区先进全民健身活动站点。

(刘洪先)

中塘镇

中塘镇位于大港北部,东至十米河与津南区小站镇毗邻,西连小王庄镇,南靠天津石油化工公司,北与静海县、西青区相交。丹拉高速公路、津港公路比邻而过,205国道、黄万铁路横贯其间。2013年,镇域面积89平方公里,耕地面积2756.15公顷。辖24个行政村,人口4.50万人,农业人口3.78万人。

新中国成立前,该地隶属河北省天津县小站市。1950年隶属河北省天津县第六区。1952年划归天津市管辖。1953年,隶属天津市南郊区,同年7月建中塘乡和大安乡。1956年,大安和中塘2个乡合并为中塘乡。1959年隶属河西区小站公社西小站管理区,同年11月西小站和小站、中塘划属南郊区。1979年11月,南郊区西小站公社以马厂减河为界,划为西小站和中塘2个公社,中塘公社划归大港区。1983年,中塘公社改称中塘乡。1994年撤乡建镇。2001年8月,赵连庄乡并入中塘镇。2009年11月滨海新区行政区成立,天津市大港区中塘镇更名为天津市滨海新区中塘镇。

该镇是国家星火技术密集区,全国乡镇企业示范区,首批全国小城镇综合改革示范镇。拥有世界第一的二、三酸生产基地,中国第一的汽车胶管生产基地。

2013年,实现地区总产值54.24亿元,比上年增长22%;镇级财政收入1.2亿元。

河东工业园新引进的27家企业全部投产。中塘工业区10万平方米标准厂房建成。新增驻区型企业18家,总投资30.7亿元。累计完成科技型中小企业认定203家。组织申报节能、中小企业发展等23个专项,获批知识产权激励、科技小巨人成长计划等项目72个。

聚力畜牧养殖专业合作社、百盛蛋鸡养殖专业合作社厂房及基础建设完成,设备进行安装调试;港泰鑫晁蛋鸡养殖场厂房在建,全镇蛋鸡存栏60万只。腾源肉羊养殖项目一期工程、新奥养殖场二期工程开工建设。开展土地流转试点工作,成立农民合作社探索实施土地流转试点。神驰牧业有限公司流转土地933.3公顷,农村土地逐步实现规模经营,农民人均纯收入增加2000元。633.3公顷农业综合开发项目开工;完成3个村节水工程;维修水毁工程10项。

示范镇建设20.79万平方米还

2013年8月20日,"中塘杯"天津市第四届中老年演唱比赛颁奖暨汇报演出

(中塘镇供稿)

迁楼全部封顶；在建 20.66 万平方米。垃圾转运站完成前期设计；日处理能力 9 万吨的污水处理厂一期工程开工；永兴大桥开工建设；205 国道两侧环境拆迁民房 62 户，门脸 15 户；正兴里农贸市场启用。完成 4 条主干道、4 个村庄等部位绿化工程，绿化面积 83.8 公顷，栽植各种乔灌木 8.5 万株，动用土方 25 万立方米，完成土地平整 80 公顷。

安置就业 2500 人；办理养老保险参保 1680 人；城乡医疗保险报销医疗费 127 万元；发放各类救助金 671 万元；11322 名 50 岁以上老年人参加意外保险。完成镇敬老院提升改造工程，托老所建设开工。1 所中学、2 所幼儿园在建。

连续承办四届天津市“中塘杯”中老年歌唱比赛；成功举办滨海新区第三届社区文化艺术节——中塘镇原野书画社作品展、“百灵艺术团”第二届迎春文艺晚会、“运动十二月，快乐 365 全民健身年”等活动。薛卫台国术馆作为中国天津滨海新区代表队在“首届新加坡国际武术锦标赛 2013”大赛中获 13 金 10 银 6 铜。

（郭庆振）

·天津区县年鉴·

人　　物

人物传

石玉波　(1975.3~2012.12.7)，男，汉族，1975年3月生，天津市蓟县人，中共党员，大学本科学历。生前任蓟县人民法院上仓法庭副庭长。1995年7月毕业于天津市司法学校，1995年6月入党，1995年10月参加工作，历任法警、书记员、助理审判员、副庭长。

参加工作以来，他热爱本职，扎根基层，在审判工作中切实发挥党员先锋模范作用。创新工作方法，化解矛盾纠纷。心系人民群众，在当地群众中树立了良好的形象。心系大局，用法律手段为辖区企业、群众解难题，办实事，服务经济发展。近年来，他年均审理的案件数是全院审判员平均结案数的3倍，所审理案件审理周期短，调解撤诉率高，无错案，无超审限，无集体上访，无矛盾激化，无违法违纪现象。2010年至2012年三年间，年均结案300余件，其中调解撤诉案件均在70%以上，做到公正、廉洁、高效。

工作期间，他多次被评为院级、市级先进工作者和优秀共产党员，曾荣获"全国法院办案标兵"、天津市政法系统"十大优秀法官"、天津市第六届"杰出青年卫士"称号，并两次荣立个人二等功。2012年12月7日，因突发脑梗塞倒在工作岗位上，经抢救无效去世，年仅37岁。2014年4月，最高人民法院追授其"全国模范法官"荣誉称号。

(摘自天津网)

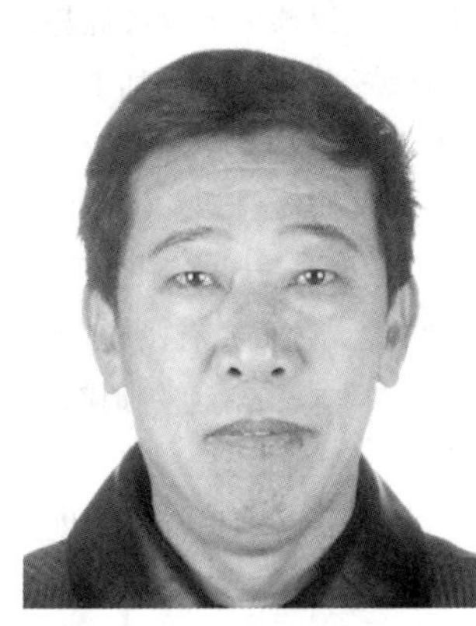

王东明　(1950.1~2013.7.26)，男，汉族，1950年1月生。1975年7月加入中国共产党。生前任宝坻区海滨街道吴辛庄村党支部书记。

担任村党支部书记36年来，他始终把群众利益放在第一位，全力以赴保民生、增民利、济民危、解民忧。率领两委一班人，带头建设高效设施农业，千方百计发展村办企业，把一个基础薄弱的困难村，建成集体资产累计达4800多万元的富裕村。他始终坚持"公"字当先，从不搞特殊化，做到办事公正、处事公平、要事公开，赢得了党员干部群众的信任和拥护。2011年被确诊患肺癌后，仍坚守岗位，忘我工作。在涉及群众切身利益的城中村改造搬迁工作中，在病情恶化、身体极度虚弱的情况下，他仍一门心思协助街道党工委做好惠及全村的搬迁工作，做到早谋划、早动员、早实施，提前做好村民思想工作，仅用六天时间，搬迁协议全部签订完毕，创造了城中村搬迁工作的"吴辛庄速度"。即使在弥留之际，他依然牵挂着搬迁的后续工作。2013年7月26日因治疗无效，不幸去世。

在他的带领下，吴辛庄村被评为全市明星小康村、文明生态村和平安村，吴辛庄村党支部连续多年被评为市、区级先进基层党组织，他本人多次获得市、区级荣誉称号。

(宝坻区委组织部)

安治伟　(1986~2012.8.5)，男，汉族，1986年生，河北省承德市隆化县人，革命烈士。生前在北辰区一家机电公司从事维修工作。

2012年8月5日下午2时30分左右，他与未婚妻途经北辰区庞嘴村的庞嘴大桥时，见有人轻生落水，顾不上脱衣服便迅速跳入河中救人，在其他群众的帮助下，将轻生者救上岸，因抢救及时，被救者得以生还。而他却因溺水时间过长，经抢救无效死亡。

2012年8月7日，天津市北辰区见义勇为协会和承德市文明委均授予其"见义勇为道德模范"荣誉称号，承德市文明委追授其"见义勇为道德模范"称号，8月10日，共青团天津市委追授安治伟"天津青年五四奖章"荣誉称号。北辰区委文明委下发《关于命名安治伟等7名同志为2012年度"感动北辰文明人"的决定》，提出向安治伟学习的号召。2013年经河北省人民政府批准同意评定为烈士。

(刘秋香)

人物简介

李辉忠，男，汉族，1950年12月生，中共党员，现任天津市桂发祥麻花饮食集团有限公司党委书记、董事长。

作为“津门三绝”之一“十八街麻花”的掌门人，他把“以德正身、以诚待人、以信做事”作为修身养德、诚信经营的行为准则，坚持把产品质量和企业信誉放在第一位。在他的带领下，桂发祥公司发扬诚实守信、本分经营的优良传统，积极推进标准化生产，严格原料采购、工艺流程和销售规范，把昔日前店后厂的“小作坊”做成了现代化特色食品生产的“大产业”。“做食品要算良心账。一根麻花不合格，对企业的影响没什么，但对消费者的伤害却是百分之百。”这是他经常挂在口头的一句话。在企业内设立的“道德讲堂”上，他告诫全体职工：“诚信是金字招牌，不讲诚信，企业不能长久，一时赚钱再多也如同废纸。”

在他的带领下，桂发祥公司荣获全国文明单位、中国商业3A级信用企业、全国“五一”劳动奖状等荣誉称号。他本人荣获全国劳动模范、全国第三届道德模范提名奖、天津市第二届道德模范等荣誉称号。2013年9月26日，当选全国诚实守信道德模范。

（张金生）

刘长锁，男，汉族，1959年生，天津市红桥区人，中共党员，大专文化，1979年参加公安工作，现任公安红桥分局丁字沽派出所民警，一级警督警衔。

30多年来，他一直担任社区民警，在立足本岗完成各项任务的同时，始终把帮扶社区孤寡老人和残疾群众作为自己分内的事，先后帮助照顾孤寡老人100余人、残疾家庭40余户、困难群众300余人。从1993年开始，他在社区成立“长锁基金”，每月从自己的工资里拿出钱存入基金，至今已有5万余元。这些钱用于救助困难群众、残疾人和失学儿童、为社区居民垫付住院费。他还用这笔基金给居民小区安装大门、建起治安警卫室。他工作的社区没有物业，他因地制宜在社区组建义务巡逻队，开展治安巡逻，提高居民群众安全感。

从警以来，他曾5次受到市公安局嘉奖，2次荣立个人三等功，1次荣立个人二等功，1次荣立个人一等功，先后被授予全国志愿助残阳光使者、全国政法系统优秀党员干警、天津市政法系统十大爱民助民模范、天津市优秀人民警察、全国公安机关爱民模范等荣誉称号。2012年5月18日，作为天津公安英模代表团成员之一参加全国公安系统英雄模范立功集体表彰大会，受到胡锦涛、温家宝、习近平等党和国家领导人接见。2013年7月，被市委办公厅、市政府办公厅授予人民满意的公务员称号；2013年10月，被公安部授予全国公安系统二级英雄模范称号；2013年11月，被市总工会授予第十三届全国职工职业道德建设先进个人荣誉称号。

（公安红桥分局）

穆祥友，男，回族，1946年生，天津市北辰区天穆镇天穆村人。1954年入天穆小学。1960年入南仓中学。1962年回乡务农。1970年加入中国共产党。1975年后历任村革委会副主任、副书记、村委会主任、农工商公司董事长、党总支书记。

他积极开拓思路，带领党员干部群众，充分发挥区位、民族两大政策优势，在经济发展中开拓新产业，打造富有民族特色的加工、制造、地产、服务、旅游等产业。先后投资2亿元在铁东都市产业园建成现代化的天穆分园，厂房面积达15.8万平方米，引进台湾新宝电器有限公司、禹宏防水有限公司等35家高新企业入驻。投资1500万元建成具有民族特色的“天穆骨科医院”，在华北地区和香港、东南亚等地都享有盛誉，年上缴集体500余万元。在全村实行了奖学金、合作医疗、丧葬补贴、为老年人过生日等村民福利制度。投入5000余万元，为全村3600名职工解决了养老保险问题。

在他的带领下,天穆村党总支多次被评为市、区先进党组织,连续2次被国务院授予全国民族团结进步先进集体称号。他本人连续当选三届市人大代表,三届市党代会代表,先后获得天津市优秀共产党员、劳动模范荣誉称号。4次当选全国民族团结进步模范个人。连任中国伊斯兰教协会第七、八届委员。1987年起连续当选第七、八、九、十、十一届全国人大代表。2013年被选为第十二届全国人大代表。

(刘秋香)

闫希军,男,汉族,1953年生,甘肃省镇原县人。1969年参军,历任解放军建字211部队卫生员,北京军区107医院、266医院、254医院药剂科主任。1979年毕业于陕西医学专科学校,后在南京农业大学攻读博士学位。曾任北京军区医药集团总经理。现任天士力集团总裁,兼天士力制药股份有限公司董事长。享受国务院特殊津贴专家。

1994年5月,他组织筹建天士力联合制药公司,主持研制的"复方丹参滴丸",1998年被列入国家"九五"重大科技成果推广项目,1999年被列入国家高新技术产业示范工程项目。同年,"复方丹参滴丸现代药学系列研究"获国家科技进步三等奖。1998年至1999年,在北辰科技园区兴建天士力医药集团,形成种植、科研、生产、贸易为一体的集团化运作,产品销售到俄罗斯、越南、阿联酋等许多国家。被评为全国医药系统劳动模范、全国卫生产业先进个人、全军优秀企业家。

1999~2000年度被评为天津市特等劳动模范和优秀企业家,获天津市"科技兴市"突出贡献奖。2001年度被评为天津市"十佳"优秀企业家。2001年5月被俄罗斯红十字会授予"红十字勋章",获联合国"和平使者"荣誉称号。2005年4月,被国务院授予全国劳动模范称号。2002年起连续当选天津市第十四、十五届人大代表。2008年当选第十一届全国人大代表,2013年当选第十二届全国人大代表。

(刘秋香)

2013年度区县全国"五一劳动奖章"获得者名录

褚新红	(女)	和平区岳阳道小学	副校长
孟 新	(女)	河东区第二幼儿园	园 长
徐文华		河北区环卫局一所	扫道工
谢长杰	(女)	津南区双桥河司法所	所 长
邢敬林		静海公路工程有限公司一分公司	经 理

统计资料

2013年天津在全国的地位

指　　标	单　位	天　津	占全国比重(%)
年末常住人口	万人	1472.21	1.1
社会从业人员	万人	847.46	1.1
全市生产总值	亿元	14370.16	2.5
第一产业	亿元	188.45	0.3
第二产业	亿元	7276.68	2.9
第三产业	亿元	6905.03	2.6
人均生产总值	元	99607	高57699
城市居民人均可支配收入	元	32658	高5703
公共财政收入	亿元	2079.07	3.0
公共财政支出	亿元	2549.21	2.1
金融机构本外币存款余额	亿元	23316.56	2.2
金融机构本外币贷款余额	亿元	20857.80	2.7
保费收入	亿元	276.80	1.6
主要工业产品产量			
天然原油	万吨	3044.53	14.5
发电量	亿千瓦小时	624.01	1.2
天然气	亿立方米	18.73	1.6
原　盐	万吨	154.76	2.4
化学纤维	万吨	12.09	0.3
纱	万吨	5.05	0.2
布	亿米	2.08	0.2
乙　烯	万吨	130.85	8.1
水　泥	万吨	971.50	0.4
生　铁	万吨	2214.20	3.1
粗　钢	万吨	2305.06	3.0
汽　车	万辆	55.68	2.5
自行车	万辆	2444.56	29.8
房间空气调节器	万台	218.19	1.7
移动电话机	万台	10580.98	7.3
集成电路	亿块	13.91	1.6

续表

指　　标	单 位	天 津	占全国比重(%)
全社会固定资产投资额	亿元	10121.21	2.3
沿海主要港口货物吞吐量	万吨	50063	6.9
社会消费品零售总额	亿元	4470.43	1.9
外贸出口总额	亿美元	490.25	2.2
实际直接利用外资额	亿美元	168.29	14.3
高等学校在校学生数	万人	48.99	2.0
研究与试验发展经费支出	亿元	428.09	3.6
专利申请授权量	件	24856	1.9
医　院	个	304	1.3
医院床位	万张	4.48	1.3
图书出版数	万册	5134	0.6
期刊出版数	万册	3965	1.2
报纸出版数	亿份	8.18	1.7

注:全市及区县生产总值为初步统计数据,后表同。

2013 年各区县主要经济指标汇总

区县	区县生产总值（亿元）	2013 比 2012 年增长（%）	规模以上工业总产值（亿元）	2013 比 2012 年增长（%）	区县级公共财政收入（亿元）	2013 比 2012 年增长（%）	区县级公共财政支出（亿元）	2013 比 2012 年增长（%）	全社会固定资产投资（亿元）	2013 比 2012 年增长（%）	社会消费品零售总额（亿元）	2013 比 2012 年增长（%）	外贸出口总额（亿美元）	2013 比 2012 年增长（%）	实际直接利用外资（万美元）	2013 比 2012 年增长（%）
和平区	687.42	10.3	13.05	7.3	61.14	26.8	59.45	25.9	128.84	13.6	391.27	11.8	15.99	3.0	62074	12.0
河北区	346.03	9.8	397.03	6.1	37.34	24.0	47.79	24.9	115.50	13.6	203.18	17.0	5.36	32.2	21411	15.9
河东区	284.51	9.2	31.01	–35.0	38.19	18.3	43.65	16.1	113.12	13.7	321.84	7.7	4.05	12.5	12018	14.8
河西区	665.18	9.8	269.26	4.5	56.94	26.7	48.56	15.6	128.84	31.9	453.77	25.8	13.96	17.8	22078	7.4
南开区	593.64	9.7	199.34	–0.7	47.65	25.1	44.73	10.5	115.50	20.9	574.17	7.6	7.07	0.2	4500	13.8
红桥区	157.00	11.1	23.00	11.9	18.39	23.8	30.91	18.2	90.11	44.9	152.84	11.2	0.67	112.3	2876	91.5
东丽区	759.85	15.8	1500.03	–0.3	78.61	20.5	84.61	35.6	655.07	28.7	168.89	13.3	25.24	0.2	74169	12.0
西青区	800.57	15.9	2118.58	10.6	75.52	20.6	78.22	30.4	690.58	26.3	190.47	15.9	22.04	0.4	94377	10.9
津南区	604.12	18.2	1138.35	26.7	69.82	21.3	54.70	26.3	625.91	26.4	193.26	30.6	14.59	9.9	52276	13.3
北辰区	755.11	17.3	1850.38	17.0	53.83	23.0	51.55	37.4	662.85	23.5	182.94	14.6	26.51	–5.4	92317	10.2
武清区	791.05	19.1	1505.40	21.0	73.14	29.2	98.10	27.6	680.14	32.0	224.88	56.3	24.45	5.7	65487	16.2
宝坻区	479.96	15.7	635.92	25.3	41.41	25.1	65.07	20.4	530.12	30.6	154.47	23.7	4.81	0.2	21034	12.3
滨海新区	8020.40	17.5	16165.02	13.2	563.27	22.3	650.53	22.6	5036.68	13.1	1192.06	15.0	311.45	0.1	1099985	12.0
蓟县	313.70	14.2	199.45	16.5	27.71	36.6	49.25	45.1	529.14	25.9	144.14	20.3	0.77	8.4	12782	11.1
宁河县	407.70	16.1	643.15	19.7	28.20	40.1	39.96	25.3	477.56	30.6	87.99	22.3	2.77	24.5	25278	20.0
静海县	502.21	15.4	1586.05	16.9	42.21	25.6	60.68	23.4	500.38	24.9	105.32	23.3	10.52	3.7	20233	10.7

注：1. 区县生产总值增速按可比价格计算。

2. 滨海新区数据中区县生产总值、规模以上工业总产值、全社会固定资产投资、社会消费品零售总额数据为注册口径，其他数据为在地口径。

3. 除滨海新区外其他区县数据为在地口径数据，后表同。

2013年各区县基本情况

和平区基本情况

指　　标	2012年	2013年
常住人口(万人)	34.12	36.42
户籍户数(万户)	13.44	13.67
户籍人口(万人)	39.75	40.28
男　性	19.11	19.36
女　性	20.64	20.92
城镇非私营单位从业人员(万人)	21.13	16.39
新增就业人员(人)	39735	40536
区县生产总值(亿元)	653.26	687.42
第二产业	57.52	36.03
第三产业	595.74	651.40
区县生产总值增速(%)	11.5	10.3
区级公共财政收入(亿元)	48.22	61.14
区级公共财政支出(亿元)	47.21	59.45
规模以上工业总产值(亿元)	57.08	13.05
全社会固定资产投资(亿元)	115.69	128.84
社会消费品零售总额(亿元)	352.87	391.27
外贸进出口总额(亿美元)	50.42	75.39
#出　口	16.23	15.99
实际直接利用外资(亿美元)	5.54	6.21
专利申请授权量(件)	441	477
小学校数(所)	22	21
小学在校学生数(万人)	2.36	2.49
普通中学校数(所)	21	18
普通中学在校学生数(万人)	2.37	2.28
幼儿园数(所)	22	21
在园儿童数(万人)	0.54	0.56
医院、卫生院(个)	23	23
医院、卫生院床位数(张)	6056	5628
每千人卫生机构床位数(张)	19.33	16.35
每千人执业(助理)医师数(人)	10.59	8.92
每千人注册护士数(人)	11.94	10.63

河北区基本情况

指　　标	2012 年	2013 年
常住人口(万人)	84.18	87.77
户籍户数(万户)	23.85	24.08
户籍人口(万人)	61.88	62.15
男　性	31.13	31.27
女　性	30.75	30.88
城镇非私营单位从业人员(万人)	10.14	10.69
新增就业人员(人)	39745	40538
区县生产总值(亿元)	320.50	346.03
第二产业	89.76	86.27
第三产业	230.74	259.76
区县生产总值增速(%)	10.7	9.8
区级公共财政收入(亿元)	30.11	37.34
区级公共财政支出(亿元)	38.27	47.79
规模以上工业总产值(亿元)	373.65	397.03
全社会固定资产投资(亿元)	101.69	115.50
社会消费品零售总额(亿元)	174.86	203.18
外贸进出口总额(亿美元)	7.39	7.91
#出　口	4.06	5.36
实际直接利用外资(亿美元)	1.85	2.14
专利申请授权量(件)	724	863
小学校数(所)	24	23
小学在校学生数(万人)	2.06	2.17
普通中学校数(所)	23	23
普通中学在校学生数(万人)	2.10	2.00
幼儿园数(所)	28	31
在园儿童数(万人)	0.89	0.95
医院、卫生院(个)	30	30
医院、卫生院床位数(张)	3601	3798
每千人卫生机构床位数(张)	4.81	4.90
每千人执业(助理)医师数(人)	2.66	2.70
每千人注册护士数(人)	2.72	2.78

河东区基本情况

指　　标	2012 年	2013 年
常住人口(万人)	92.90	96.68
户籍户数(万户)	27.31	28.76
户籍人口(万人)	70.96	73.98
男　性	35.70	37.22
女　性	35.26	36.76
城镇非私营单位从业人员(万人)	13.77	12.28
新增就业人员(人)	39745	40459
区县生产总值(亿元)	261.84	284.51
第二产业	33.80	30.23
第三产业	228.05	254.28
区县生产总值增速(%)	10.0	9.2
区级公共财政收入(亿元)	32.28	38.19
区级公共财政支出(亿元)	37.61	43.65
规模以上工业总产值(亿元)	81.59	31.01
全社会固定资产投资(亿元)	100.18	113.12
社会消费品零售总额(亿元)	299.70	321.84
外贸进出口总额(亿美元)	8.73	9.37
#出　口	3.60	4.05
实际直接利用外资(亿美元)	1.05	1.20
专利申请授权量(件)	820	1335
小学校数(所)	22	23
小学在校学生数(万人)	2.08	2.17
普通中学校数(所)	19	20
普通中学在校学生数(万人)	1.90	1.88
幼儿园数(所)	48	29
在园儿童数(万人)	0.92	0.84
医院、卫生院(个)	43	43
医院、卫生院床位数(张)	2259	2574
每千人卫生机构床位数(张)	3.71	3.89
每千人执业(助理)医师数(人)	2.24	2.24
每千人注册护士数(人)	1.90	1.87

河西区基本情况

指　　标	2012 年	2013 年
常住人口(万人)	94.47	98.29
户籍户数(万户)	28.19	28.61
户籍人口(万人)	79.78	80.94
男　性	39.20	39.75
女　性	40.58	41.19
城镇非私营单位从业人员(万人)	20.64	19.07
新增就业人员(人)	39735	40496
区县生产总值(亿元)	662.85	665.18
第二产业	141.96	70.03
第三产业	520.90	595.15
区县生产总值增速(%)	12.1	9.8
区级公共财政收入(亿元)	44.94	56.94
区级公共财政支出(亿元)	42.00	48.56
规模以上工业总产值(亿元)	532.17	269.26
全社会固定资产投资(亿元)	90.15	128.84
社会消费品零售总额(亿元)	391.28	453.77
外贸进出口总额(亿美元)	23.56	22.51
#出　口	13.19	13.96
实际直接利用外资(亿美元)	2.06	2.21
专利申请授权量(件)	668	893
小学校数(所)	33	33
小学在校学生数(万人)	3.10	3.26
普通中学校数(所)	26	25
普通中学在校学生数(万人)	2.57	2.61
幼儿园数(所)	39	38
在园儿童数(万人)	1.29	1.29
医院、卫生院(个)	38	42
医院、卫生院床位数(张)	7990	8495
每千人卫生机构床位数(张)	9.05	9.17
每千人执业(助理)医师数(人)	3.87	3.98
每千人注册护士数(人)	4.50	4.68

南开区基本情况

指　　标	2012 年	2013 年
常住人口(万人)	110.10	114.03
户籍户数(万户)	30.25	30.83
户籍人口(万人)	84.68	85.37
男　性	42.34	42.61
女　性	42.34	42.76
城镇非私营单位从业人员(万人)	22.04	22.98
新增就业人员(人)	39735	40495
区县生产总值(亿元)	529.73	593.64
第二产业	51.74	55.07
第三产业	477.99	538.57
区县生产总值增速(%)	9.8	9.7
区级公共财政收入(亿元)	38.09	47.65
区级公共财政支出(亿元)	40.49	44.73
规模以上工业总产值(亿元)	148.55	199.34
全社会固定资产投资(亿元)	95.53	115.50
社会消费品零售总额(亿元)	531.18	574.17
外贸进出口总额(亿美元)	10.54	11.08
#出　口	7.05	7.07
实际直接利用外资(亿美元)	0.40	0.45
专利申请授权量(件)	3160	3650
小学校数(所)	31	31
小学在校学生数(万人)	2.82	2.98
普通中学校数(所)	27	25
普通中学在校学生数(万人)	2.55	2.57
幼儿园数(所)	44	44
在园儿童数(万人)	1.20	1.27
医院、卫生院(个)	33	42
医院、卫生院床位数(张)	4969	6951
每千人卫生机构床位数(张)	5.27	6.77
每千人执业(助理)医师数(人)	2.87	3.46
每千人注册护士数(人)	2.85	3.40

红桥区基本情况

指　　标	2012 年	2013 年
常住人口(万人)	56.33	57.72
户籍户数(万户)	20.45	20.60
户籍人口(万人)	51.86	51.80
男　性	26.05	26.03
女　性	25.81	25.77
城镇非私营单位从业人员(万人)	3.60	3.92
新增就业人员(人)	33195	34390
区县生产总值(亿元)	140.26	157.00
第二产业	13.39	15.26
第三产业	126.87	141.74
区县生产总值增速(%)	10.5	11.1
区级公共财政收入(亿元)	14.86	18.39
区级公共财政支出(亿元)	26.14	30.91
规模以上工业总产值(亿元)	24.57	23.00
全社会固定资产投资(亿元)	62.19	90.11
社会消费品零售总额(亿元)	137.63	152.84
外贸进出口总额(亿美元)	0.76	1.14
#出　口	0.32	0.67
实际直接利用外资(亿美元)	0.15	0.29
专利申请授权量(件)	313	412
小学校数(所)	23	21
小学在校学生数(万人)	1.33	1.42
普通中学校数(所)	15	15
普通中学在校学生数(万人)	1.23	1.18
幼儿园数(所)	17	18
在园儿童数(万人)	0.61	0.63
医院、卫生院(个)	17	18
医院、卫生院床位数(张)	2738	2740
每千人卫生机构床位数(张)	5.84	5.57
每千人执业(助理)医师数(人)	3.08	3.18
每千人注册护士数(人)	2.97	3.12

东丽区基本情况

指　　　标	2012 年	2013 年
常住人口(万人)	66.03	68.96
户籍户数(万户)	13.48	13.61
户籍人口(万人)	35.26	35.60
男　性	17.68	17.82
女　性	17.58	17.77
城镇非私营单位从业人员(万人)	24.97	26.79
新增就业人员(人)	18606	19236
区县生产总值(亿元)	671.68	759.85
第一产业	4.08	4.43
第二产业	386.51	443.92
第三产业	281.09	311.50
区县生产总值增速(%)	10.2	15.8
区级公共财政收入(亿元)	65.23	78.61
区级公共财政支出(亿元)	62.38	84.61
粮食产量(万吨)	1.14	1.20
肉类总产量(万吨)	0.50	0.44
水产品产量(万吨)	0.95	0.80
蔬菜总产量(万吨)	12.20	11.73
规模以上工业总产值(亿元)	1538.35	1500.03
全社会固定资产投资(亿元)	508.80	655.07
社会消费品零售总额(亿元)	149.53	168.89
外贸进出口总额(亿美元)	44.23	46.86
#出　口	25.22	25.24
实际直接利用外资(亿美元)	6.62	7.42
专利申请授权量(件)	2056	2155
小学校数(所)	40	42
小学在校学生数(万人)	2.33	2.33
普通中学校数(所)	20	19
普通中学在校学生数(万人)	1.53	1.53
幼儿园数(所)	87	147
在园儿童数(万人)	0.88	1.17
医院、卫生院(个)	6	9
医院、卫生院床位数(张)	1114	1194
每千人卫生机构床位数(张)	1.84	1.91
每千人执业(助理)医师数(人)	1.11	1.07
每千人注册护士数(人)	0.88	0.94

西青区基本情况

指　　标	2012 年	2013 年
常住人口(万人)	76.12	78.11
户籍户数(万户)	13.18	13.42
户籍人口(万人)	37.07	37.36
男　性	18.08	18.31
女　性	18.99	19.05
城镇非私营单位从业人员(万人)	31.90	34.57
新增就业人员(人)	18608	19237
区县生产总值(亿元)	722.99	800.57
第一产业	10.80	11.81
第二产业	438.35	456.44
第三产业	273.84	332.32
区县生产总值增速(%)	18.7	15.9
区级公共财政收入(亿元)	62.60	75.52
区级公共财政支出(亿元)	59.99	78.22
粮食产量(万吨)	2.51	2.46
肉类总产量(万吨)	2.06	1.69
水产品产量(万吨)	4.19	3.53
蔬菜总产量(万吨)	58.01	60.75
规模以上工业总产值(亿元)	2044.00	2118.58
全社会固定资产投资(亿元)	530.81	690.58
社会消费品零售总额(亿元)	161.46	190.47
外贸进出口总额(亿美元)	52.82	60.45
#出　口	21.97	22.04
实际直接利用外资(亿美元)	8.51	9.44
专利申请授权量(件)	2284	2643
小学校数(所)	32	32
小学在校学生数(万人)	2.59	2.65
普通中学校数(所)	13	13
普通中学在校学生数(万人)	1.58	1.64
幼儿园数(所)	68	89
在园儿童数(万人)	1.02	1.20
医院、卫生院(个)	27	19
医院、卫生院床位数(张)	2026	2078
每千人卫生机构床位数(张)	2.70	2.92
每千人执业(助理)医师数(人)	0.85	0.86
每千人注册护士数(人)	0.53	0.54

津南区基本情况

指　　标	2012 年	2013 年
常住人口(万人)	66.55	68.41
户籍户数(万户)	14.80	14.97
户籍人口(万人)	42.01	42.35
男　性	20.93	21.09
女　性	21.08	21.27
城镇非私营单位从业人员(万人)	10.67	14.52
新增就业人员(人)	18606	19256
区县生产总值(亿元)	491.17	604.12
第一产业	5.04	5.55
第二产业	288.31	360.73
第三产业	197.81	237.85
区县生产总值增速(%)	18.3	18.2
区级公共财政收入(亿元)	57.54	69.82
区级公共财政支出(亿元)	43.31	54.70
粮食产量(万吨)	1.29	1.25
肉类总产量(万吨)	2.04	1.79
水产品产量(万吨)	2.01	2.01
蔬菜总产量(万吨)	6.47	5.16
规模以上工业总产值(亿元)	862.67	1138.35
全社会固定资产投资(亿元)	495.94	625.91
社会消费品零售总额(亿元)	152.79	193.26
外贸进出口总额(亿美元)	30.11	34.36
#出　口	13.29	14.59
实际直接利用外资(亿美元)	4.61	5.23
专利申请授权量(件)	906	1163
小学校数(所)	34	33
小学在校学生数(万人)	2.70	2.83
普通中学校数(所)	16	16
普通中学在校学生数(万人)	1.80	1.81
幼儿园数(所)	185	179
在园儿童数(万人)	1.44	1.37
医院、卫生院(个)	24	23
医院、卫生院床位数(张)	1949	1935
每千人卫生机构床位数(张)	3.01	2.87
每千人执业(助理)医师数(人)	2.02	1.63
每千人注册护士数(人)	1.61	1.25

北辰区基本情况

指　　标	2012 年	2013 年
常住人口(万人)	74.33	78.20
户籍户数(万户)	14.22	14.57
户籍人口(万人)	37.52	37.93
男　性	18.67	18.87
女　性	18.85	19.07
城镇非私营单位从业人员(万人)	14.56	15.80
新增就业人员(人)	17579	18205
区县生产总值(亿元)	666.43	755.11
第一产业	9.77	10.12
第二产业	432.04	497.65
第三产业	224.62	247.34
区县生产总值增速(%)	12.7	17.3
区级公共财政收入(亿元)	43.77	53.83
区级公共财政支出(亿元)	37.52	51.55
粮食产量(万吨)	3.50	3.59
肉类总产量(万吨)	2.35	2.23
水产品产量(万吨)	0.99	0.97
蔬菜总产量(万吨)	24.44	23.92
规模以上工业总产值(亿元)	1585.60	1850.38
全社会固定资产投资(亿元)	529.27	662.85
社会消费品零售总额(亿元)	160.84	182.94
外贸进出口总额(亿美元)	42.35	37.09
#出　口	28.55	26.51
实际直接利用外资(亿美元)	8.38	9.23
专利申请授权量(件)	1387	2259
小学校数(所)	37	37
小学在校学生数(万人)	2.87	2.91
普通中学校数(所)	20	20
普通中学在校学生数(万人)	1.49	1.56
幼儿园数(所)	101	118
在园儿童数(万人)	1.63	1.82
医院、卫生院(个)	6	6
医院、卫生院床位数(张)	1151	1294
每千人卫生机构床位数(张)	1.79	1.91
每千人执业(助理)医师数(人)	1.49	1.48
每千人注册护士数(人)	1.01	1.07

武清区基本情况

指　　标	2012 年	2013 年
常住人口(万人)	105.33	110.25
户籍户数(万户)	27.31	27.73
户籍人口(万人)	85.77	87.09
男　性	42.73	43.35
女　性	43.04	43.74
城镇非私营单位从业人员(万人)	21.61	24.22
新增就业人员(人)	20118	20775
区县生产总值(亿元)	633.19	791.05
第一产业	34.56	36.60
第二产业	384.35	484.38
第三产业	214.28	270.07
区县生产总值增速(%)	18.9	19.1
区级公共财政收入(亿元)	56.62	73.14
区级公共财政支出(亿元)	76.88	98.10
粮食产量(万吨)	46.84	46.83
肉类总产量(万吨)	5.00	4.79
水产品产量(万吨)	6.86	7.23
蔬菜总产量(万吨)	146.59	144.81
规模以上工业总产值(亿元)	1229.27	1505.40
全社会固定资产投资(亿元)	506.08	680.14
社会消费品零售总额(亿元)	142.66	224.88
外贸进出口总额(亿美元)	32.94	34.34
#出　口	23.13	24.45
实际直接利用外资(亿美元)	5.64	6.55
专利申请授权量(件)	1073	1722
小学校数(所)	107	110
小学在校学生数(万人)	5.98	6.05
普通中学校数(所)	50	53
普通中学在校学生数(万人)	4.82	5.11
幼儿园数(所)	178	240
在园儿童数(万人)	2.40	2.10
医院、卫生院(个)	42	41
医院、卫生院床位数(张)	3428	3483
每千人卫生机构床位数(张)	3.45	3.34
每千人执业(助理)医师数(人)	2.20	2.02
每千人注册护士数(人)	1.37	1.36

宝坻区基本情况

指　　标	2012 年	2013 年
常住人口(万人)	85.13	88.15
户籍户数(万户)	21.82	21.99
户籍人口(万人)	67.93	68.56
男　性	34.22	34.51
女　性	33.71	34.05
城镇非私营单位从业人员(万人)	7.03	7.88
新增就业人员(人)	15083	15692
区县生产总值(亿元)	414.41	479.96
第一产业	28.01	31.75
第二产业	196.25	224.35
第三产业	190.15	223.85
区县生产总值增速(%)	14.0	15.7
区级公共财政收入(亿元)	33.09	41.41
区级公共财政支出(亿元)	54.05	65.07
粮食产量(万吨)	48.62	46.12
肉类总产量(万吨)	8.07	7.80
水产品产量(万吨)	4.14	4.22
蔬菜总产量(万吨)	55.22	55.53
规模以上工业总产值(亿元)	496.93	635.92
全社会固定资产投资(亿元)	406.05	530.12
社会消费品零售总额(亿元)	129.87	154.47
外贸进出口总额(亿美元)	5.75	5.78
#出　口	4.80	4.81
实际直接利用外资(亿美元)	1.87	2.10
专利申请授权量(件)	555	524
小学校数(所)	69	69
小学在校学生数(万人)	3.40	3.60
普通中学校数(所)	40	40
普通中学在校学生数(万人)	3.62	3.38
幼儿园数(所)	104	102
在园儿童数(万人)	1.08	1.01
医院、卫生院(个)	37	38
医院、卫生院床位数(张)	1773	1937
每千人卫生机构床位数(张)	2.27	2.40
每千人执业(助理)医师数(人)	1.20	1.23
每千人注册护士数(人)	0.90	0.92

滨海新区基本情况

指　　标	2012 年	2013 年
常住人口(万人)	263.62	278.72
户籍人口(万人)	115.54	118.29
男　性	59.60	60.87
女　性	55.94	57.41
城镇非私营单位从业人员(万人)	68.89	73.35
新增就业人员(人)	10.55	10.82
*区县生产总值(亿元)	7205.17	8020.40
第一产业	9.36	10.07
第二产业	4857.76	5403.03
#工　业	4622.81	5137.61
第三产业	2338.05	2607.30
*第三产业增加值比重(%)	32.4	32.5
*区县生产总值增速(%)	20.1	17.5
区级公共财政收入(亿元)	508.75	563.27
区级公共财政支出(亿元)	530.80	650.53
粮食产量(万吨)	3.14	4.92
肉类总产量(万吨)	2.44	2.53
水产品产量(万吨)	5.31	9.08
蔬菜总产量(万吨)	8.89	9.03
*规模以上工业总产值(亿元)	14519.77	16165.02
*全社会固定资产投资(亿元)	4453.30	5036.68
*社会消费品零售总额(亿元)	1015.36	1192.06
外贸进出口总额(亿美元)	812.38	903.17
#出　口	308.64	311.45
实际直接利用外资(亿美元)	98.41	110.00
专利申请授权量(件)	6682	8589
小学校数(所)	86	87
小学在校学生数(万人)	7.29	7.62
普通中学校数(所)	83	85
普通中学在校学生数(万人)	5.99	6.10
幼儿园数(所)	97	97
在园儿童数(万人)	2.35	2.40
医院、卫生院(个)	59	65
医院、卫生院床位数(张)	5721	6583
每千人卫生机构床位数(张)	5.57	6.20
每千人执业(助理)医师数(人)	3.88	4.09
每千人注册护士数(人)	3.71	4.11

注:“*”为注册口径数据,其他为在地口径数据。

蓟县基本情况

指　　标	2012 年	2013 年
常住人口(万人)	88.42	89.81
户籍户数(万户)	26.40	26.67
户籍人口(万人)	84.18	84.81
男　性	42.90	43.21
女　性	41.28	41.60
城镇非私营单位从业人员(万人)	6.13	6.65
新增就业人员(人)	10559	11147
区县生产总值(亿元)	291.52	313.70
第一产业	26.50	28.71
第二产业	96.65	101.14
第三产业	168.36	183.84
区县生产总值增速(%)	14.1	14.2
县级公共财政收入(亿元)	20.28	27.71
县级公共财政支出(亿元)	33.94	49.25
粮食产量(万吨)	35.91	37.80
肉类总产量(万吨)	8.00	8.24
水产品产量(万吨)	2.87	2.87
蔬菜总产量(万吨)	44.04	43.81
规模以上工业总产值(亿元)	164.48	199.45
全社会固定资产投资(亿元)	420.42	529.14
社会消费品零售总额(亿元)	121.18	144.14
外贸进出口总额(亿美元)	0.74	0.83
#出　口	0,71	0.77
实际直接利用外资(亿美元)	1.15	1.28
专利申请授权量(件)	283	371
小学校数(所)	122	120
小学在校学生数(万人)	4.32	4.43
普通中学校数(所)	64	64
普通中学在校学生数(万人)	4.59	4.45
幼儿园数(所)	191	224
在园儿童数(万人)	2.77	2.81
医院、卫生院(个)	36	33
医院、卫生院床位数(张)	1553	1633
每千人卫生机构床位数(张)	1.84	1.88
每千人执业(助理)医师数(人)	1.74	1.70
每千人注册护士数(人)	0.95	1.00

宁河县基本情况

指　　标	2012 年	2013 年
常住人口(万人)	44.32	45.82
户籍户数(万户)	13.33	13.67
户籍人口(万人)	38.94	39.19
男　性	19.76	19.87
女　性	19.18	19.33
城镇非私营单位从业人员(万人)	5.40	6.28
新增就业人员(人)	8037	8596
区县生产总值(亿元)	280.14	407.70
第一产业	26.15	28.38
第二产业	162.56	208.68
第三产业	91.42	170.64
区县生产总值增速(%)	13.9	16.1
县级公共财政收入(亿元)	20.13	28.20
县级公共财政支出(亿元)	31.91	39.96
粮食产量(万吨)	10.68	10.67
肉类总产量(万吨)	10.32	10.38
水产品产量(万吨)	4.98	6.11
蔬菜总产量(万吨)	50.16	52.29
规模以上工业总产值(亿元)	532.21	643.15
全社会固定资产投资(亿元)	365.62	477.56
社会消费品零售总额(亿元)	71.68	87.99
外贸进出口总额(亿美元)	5.99	6.06
#出　口	2.22	2.77
实际直接利用外资(亿美元)	2.11	2.53
专利申请授权量(件)	199	310
小学校数(所)	59	55
小学在校学生数(万人)	2.46	2.58
普通中学校数(所)	30	30
普通中学在校学生数(万人)	1.92	1.83
幼儿园数(所)	36	88
在园儿童数(万人)	0.84	0.94
医院、卫生院(个)	22	22
医院、卫生院床位数(张)	1237	1247
每千人卫生机构床位数(张)	2.83	2.77
每千人执业(助理)医师数(人)	1.54	1.45
每千人注册护士数(人)	1.08	1.05

静海县基本情况

指　　标	2012 年	2013 年
常住人口(万人)	71.20	74.87
户籍户数(万户)	20.20	20.53
户籍人口(万人)	57.59	58.26
男　性	29.30	29.64
女　性	28.28	28.62
城镇非私营单位从业人员(万人)	6.59	7.05
新增就业人员(人)	8037	8597
区县生产总值(亿元)	415.45	502.21
第一产业	19.10	21.02
第二产业	283.28	340.51
第三产业	113.07	140.68
区县生产总值增速(%)	16.3	15.4
县级公共财政收入(亿元)	33.60	42.21
县级公共财政支出(亿元)	49.18	60.68
粮食产量(万吨)	17.96	19.95
肉类总产量(万吨)	6.40	6.06
水产品产量(万吨)	2.40	2.44
蔬菜总产量(万吨)	41.69	48.03
规模以上工业总产值(亿元)	1301.38	1586.05
全社会固定资产投资(亿元)	400.48	500.38
社会消费品零售总额(亿元)	76.52	105.32
外贸进出口总额(亿美元)	27.54	28.95
#出　口	10.15	10.52
实际直接利用外资(亿美元)	1.83	2.02
专利申请授权量(件)	563	524
小学校数(所)	99	98
小学在校学生数(万人)	5.40	5.58
普通中学校数(所)	50	50
普通中学在校学生数(万人)	3.57	3.51
幼儿园数(所)	212	233
在园儿童数(万人)	2.93	2.86
医院、卫生院(个)	22	28
医院、卫生院床位数(张)	1331	1492
每千人卫生机构床位数(张)	2.24	2.35
每千人执业(助理)医师数(人)	1.51	1.54
每千人注册护士数(人)	0.71	0.77

附　　录

重　要　文　件

天津市区县绩效考评工作实施方案

（2013 年 9 月 16 日）

一、考评范围

滨海新区，和平区、河东区、河西区、河北区、南开区、红桥区、东丽区、西青区、津南区、北辰区、武清区、宝坻区、蓟县、静海县、宁河县。

考评分为两个层面，滨海新区为一个层面，考核进步情况，只评分不排位；其他 15 个区县为一个层面，进行评分排位。

二、考评内容

贯彻落实中央和市委、市政府重大决策部署，落实重点工作任务，推进经济发展、社会发展、资源环境、人民生活、科技创新以及行政能力建设和党的建设等情况。

三、绩效考评

实行百分制考评。采取发展指标考核、工作指标考核、公众评议、过程评估、察访核验相结合的方式进行。

关于发展指标考核，主要考评以下 5 个方面。

1. 经济发展。包括地区生产总值及增长率、服务业增加值增长率及比重、民营经济发展综合指数、地方一般预算收入及增长率、生产安全指标控制比率。

2. 社会发展。包括社会管理综合治理指数、和谐劳动关系指数、九年义务教育巩固率、公共文化设施建设达标率、医改重点工作完成率。

3. 资源环境。包括万元 GDP 能耗降低率、主要污染物排放总量减排完成率、单位 GDP 建设用地占用及降低率、环境质量指数。

4. 人民生活。包括城镇居民人均可支配收入及增长率（中心六区和滨海新区）或农村居民人均可支配收入及增长率（九郊区县）、基本公共服务支出（卫生、教育、社保支出）占财政支出比例、新增就业人数目标完成率、社会保险参保人数计划完成率。

5. 科技创新。包括科技进步水平指数、科技“小巨人”企业主营业务收入占科技型中小企业主营业务收入比重。

每年 3 月上旬开始，由区县绩效考评组组织人员，对区县上一年度绩效考评指标完成情况进行统计汇总。各项指标的得分分别根据该项指标全市排位次序确定，第 1 位得满分，后位得分按该项分值的 2%依次递减。对同时包括数额和增长率两方面数据的指标，数额和增长率各占该项分值的 50%权重，并分别根据全市排位次序确定得分，之后两方面得分相加即为该项指标的得分。对未完成区县年初工作目标的，适当降低分值。

关于工作指标考核，主要考评以下 3 个方面。

1. 工作业绩。由区县绩效考评组根据市委、市政府下达的重点工作任务和重大建设项目，结合各区县年度重点工作任务，确定不少于 10 项重点任务指标。各项指标的分值，由区县绩效考评组根据任务重要程度和完成难易程度分别赋予具体分值。

2. 行政能力建设。包括民主决策、依法行政、高效行政、政务公开等 4 项。由考核部门负责从上述 4 个方面制定具体考核指标，并根据重要程度和完成难易程度分别赋予具体分值。

3. 党的建设。包括思想政治建设、干部队伍建设、党的基层组织建设、党的作风建设、反腐倡廉建设等 5 项。由考核部门负责从上述 5 个方面制定具体考核指标，并根据重要程度和完成难易程度分别赋予具体分值。

每年 2 月上旬开始，由区县绩效考评组组织人员，对照被考评区县上一年度工作业绩、行政能力建设和党的建设工作目标，对完成情况进行指标考评。按照时间要求和质量标准完成的得满分，未按时间要求完成的，在保证质量标准的前提下，按照完成率给予相应分数。

关于公众评议，由市统计局负责对各区县开展公众评议。评议主体为 100 家区县所属企业和 200 名(滨海新区 400 名)城乡居民。主要调查对区县经济建设、政治建设、文化建设、社会建设和生态文明建设 5 个方面的满意度。评议以问卷形式，采取计算机辅助电话调查方法进行。按照评议内容设计问卷，对每个测评题目均设置"非常满意、比较满意、一般、不太满意、不满意、不了解"六个选项，前五个选项依次赋予 5 分、4 分、3 分、2 分、1 分，回答"不了解"的，不计入汇总。在分别计算企业经营者和城乡居民调查问卷分数的基础上，根据企业问卷和居民问卷各占 50%权重的原则，计算得出公众评议总得分。

公众评议时间从每年 11 月开始，下一年 1 月完成数据汇总分析工作，形成各区县公众评议分数，1 月底将结果报市绩效办。

关于过程评估。考评组建立绩效进度台账，实行季抽查制度，每半年将各被考评区县绩效任务完成情况进行汇总通报，以加强对绩效任务落实的跟踪管理。注重过程评估中发现问题的动态监控和分析诊断，及时与被考评区县沟通反馈，督促纠偏调整、堵塞漏洞，确保绩效目标的完成。被考评区县也要建立绩效进度台账，实行月自查、季自评制度，并于每季度末将绩效目标完成情况上报考评组。

关于察访核验。由市绩效办牵头，有关部门配合，采取日常巡查和年终察访相结合的方式，进行不定期的监督检查，并对绩效指标实现情况及考核数据进行核实验证。市绩效办组织察访核验发现的问题，按照标准予以扣分，扣分实行累计，最多扣 5 分。鼓励各区县加强平时检查，建立日常巡查机制。对各区县自行组织检查，发现问题并予以相关人员绩效问责的，经市绩效办确认后，每人次可以抵扣察访核验扣分 0.5 分。

四、考评结果生成

市绩效办汇总被考评区县发展指标考核、工作指标考核、公众评议、察访核验等方面的数据，并按得分情况评定等次。

绩效考评得分=发展指标考核得分×50%+工作指标考核×20%+公众评议得分×30%-察访核验扣分；

考评结果分为优秀、良好、一般、较差四个等次。其中，考评得分在 80 分(含)以上的确定为良好以上等次，从中由高分到低分排序，按照 40%比例确定优秀等次；60 分(含)-80 分的为一般等次；60 分以下的为较差等次。

被考核单位出现下列情形的，降低一个考评等次：任现职的党政领导班子成员因违纪违法被有关部门立案调查的；因决策严重失误、工作失职和管理、监督不力，发生重大事故、事件、案件，造成重大损失或者恶劣影响的；滥用职权或者不作为、乱作为，引发群体性事件或者其他重大事件，造成恶劣影响的；在社会管理综合治理方面出现严重问题，被一票否决的。

五、考评结果的运用

市绩效办根据考评结果，提出结果运用意见，经市绩效管理工作领导小组审定后，报市委、市政府，批准后实施。以市委办公厅、市政府办公厅名义，将考评结果在适当范围内通报。按照有关规定，对考评结果为优秀、良好等次的区县，给予适当奖励；对评为较差或连续两年一般等次的区县，要对主要领导及领导班子进行问责；考评结果作为区县领导班子和领导干部考核、干部选拔任用、公务员年度考核的重要依据。考评工作结束后，市绩效办向各区县逐一反馈年度绩效考评情况。被考评区县对考评结果提出申诉的，市绩效办负责进行核实、处理。各被考评区县要对反馈的情况认真分析，查找薄弱环节，制定整改措施，持续改进和提升绩效。

六、组织领导和工作要求

区县绩效考评工作由市绩效管理工作领导小组负责，市绩效办会同区县绩效考评组具体实施。区县绩效考评组由市发改委牵头，市纪委、市委办公厅、市政府办公厅、市委组织部、市委政法委、市编办、市监察局、市财政局、市人力社保局(市公务员局)、市环境保护局、市统计局、市法制办、市审批办及各相关部门参加。市发改委、市统计局负责确定区县发展指标，并组织考评；市纪委、市委办公厅、市政府办公厅、市委组织部、市法制办、市审批办负责对区县工作业绩、行政能力建设和党的建设进行工作指标考核；市统计局负责组织开展公众评议；市绩效办牵头组织对各区县进行察访核验。领导小组成员单位和各有关部门积极配合，各司其职，各负其责，共同做好区县绩效考评工作。

各区县要切实加强绩效管理工作，科学制定年度绩效计划，细化分解指标内容，落实工作责任，搞好跟踪督查，推动全面落实，确保按时高效完成年度工作任务。要加强基础建设，详实提供相关材料和数据，为考评工作提供依据。要按照全市绩效管理工作的总体要求，深入开展内部绩效管理工作。要高度重视过程管理，正确对待考评结果，有针对性地加强和改进部门工作，确保绩效管理水平不断提高。

天津市委、市政府关于进一步加快民营经济发展的意见

（2013 年 12 月 6 日）

为深入贯彻党的十八大和十八届三中全会精神，认真落实市委十届三次全会部署，进一步加快民营经济发展，不断增强天津经济发展活力、竞争力和综合实力，推进美丽天津建设，现提出如下意见。

一、全面把握总体要求，努力实现发展目标

1. 明确指导思想。民营经济是社会主义市场经济的重要组成部分，是经济社会发展的重要基础。进一步加快民营经济发展，对于推动全市开发开放，调整经济结构、转变发展方式，扩大社会就业、增加税收和群众收入，实现富民强市、建设美丽天津，具有重要的现实作用和战略意义。加快民营经济发展，必须全面贯彻落实党的十八大和十八届三中全会精神，以邓小平理论、“三个代表”重要思想、科学发展观为指导，认真落实市委十届三次全会部署，坚持“两个毫不动摇”的原则，鼓励、支持、引导民营经济发展，深入落实中央关于鼓励、支持和引导民营经济发展的一系列政策措施，坚持权利平等、机会平等、规则平等，坚决废除对民营经济各种形式的不合理规定，消除各种隐性壁垒，创造更加公平的市场环境、政策环境和社会环境，充分激发民营经济活力和创造力，不断开创民营经济发展新局面。

2. 全面实现发展目标。到 2016 年，全市民营经济市场主体达到 60 万户以上，其中，民营企业达到 30 万户以上，年营业收入超 5 亿元的民营企业达到 300 户以上，民营经济产值占全市生产总值比重达到 48%以上，发展质量和效益进一步提高。

二、进一步解放思想，动员和支持全民创业

3. 牢固树立放胆放手放开发展理念。广泛开展宣传教育，增强改革创新意识和市场经济理念，克服小富即安观念，充分发挥市场在资源配置中的决定性作用，更好发挥政府作用，思想上放心放胆，政策上放宽放活，工作上放手放开，增强敢闯敢拼的市场竞争意识，不断激发全民创业创新活力，着力营造亲商富商安商的社会环境，形成民营经济“万木丛生”、发展成长为“参天大树”的生动局面。

4. 激发各类人员创业活力。树立宣传先进典型，营造全社会创业创新氛围。支持企事业单位工作人员、科技人员、留学回国人员、高校毕业生、农民、下岗失业人员、复转军人和残疾人自主创业；支持个体工商户创办小微企业。鼓励大学生在校创办微型企业，支持各类高校建立大学生创业指导站，创建高校微型企业孵化器，对优秀创业指导站和孵化器给予奖励。

5. 完善创业政策和服务体系。健全创业支持政策，加大创业扶持力度，符合条件的创业人员可按有关规定享受创业小额担保贷款等各项政策，对入驻小微企业创业基地和孵化器的新创办企业，给予一定租房补贴。健全市、区（县）、乡镇（街道、园区）三级创业服务体系，搭建创业培训平台，发挥协会、商会、中介机构的作用，为初创小微企业提供信息咨询、事务代理、业务培训、技术支持、财务融资、市场开拓等创业服务。采取区（县）政府购买服务的办法，利用中介机构免费为创业者、初办企业和申办个体工商户代办证照等有关手续。鼓励民间资本投资入股民营企业。

三、放宽民营企业发展的行业和领域，优化产业布局和经济结构

6. 优化产业结构和鼓励发展新兴产业。按照全市经济结构调整的要求，推进民营经济优化产业结构，调优第一产业，做强第二产业，扩大第三产业；坚持扩大投资和消费双轮驱动，坚持盘活存量和扩大增量并重，促进民营经济结构更趋合理。依托工业园区、农业产业园区、商贸服务街区、商务楼宇等各类载体，重点围绕航空航天、石油化工、装备制造、电子信息、生物制药、新能源新材料、

轻工纺织、国防科技等优势工业,以及观光农业和优质高效农业、总部经济、电子商务和物流业、文化创意产业等现代服务业,加大招商引资力度,引进民营企业大项目、好项目,促进产业集聚、集约和集群发展。

7. 全面放开竞争性行业和领域。实行统一的市场准入制度,按照“非禁即入”、“非禁即准”原则,进一步放开竞争性经营行业和投资领域,享受依法平等政策。鼓励支持民间资本以独资、参股、控股等多种方式进入可以实行市场化运作的能源、城市供水、城市燃气、污水处理等城市基础设施建设、市政公用事业和金融、航运、电信运营、公路桥梁等交通设施建设及育幼养老、教育、文化、体育、医疗卫生等行业和领域。建立民间资本投资开放项目库,形成向社会公开推介项目的长效机制。鼓励社会办医,优先支持举办非营利性医疗机构。民间资本兴办各级各类民办学校和民办医疗机构,与公办学校、公办医疗机构享有同等的招生权、公共服务价格等政策待遇。

8. 放宽市场准入条件。推进公司注册资本登记制度改革和工商注册制度便利化,降低准入门槛。放宽注册资本登记条件,除法律、法规另有规定外,取消最低注册资本限制,不再限制公司设立时股东(发起人)的首次出资比例和缴足出资的期限。推进公司注册资本由实缴登记制逐步改为认缴登记制,降低开办公司成本。按照国务院规定,实行先照后证,削减资质认定项目,取消不必要的前置审批。经营范围的核准除法律、法规限制外,一律放开。放宽市场主体住所(经营场所)登记条件,允许“一照多址”、“一址多照”。改革现行商事登记公示制度,构建统一的商事主体登记许可及信用信息公示平台,推行全程电子化登记管理和电子营业执照。自 2014 年 1 月 1 日起,在全市范围内停止收取个体民营企业协会会费。

9. 大力支持参与国有企业改革。推动民营企业与国有企业加强合作,实现共赢发展。鼓励发展混合所有制经济,支持民营企业通过资产收购、产权受让、参股控股、合资合作等多种方式,全面参与国有企业的改制重组,开展与央企、外地国企的合资合作。鼓励发展民营资本控股的混合所有制企业。及时发布国有企业改制重组招股招商信息,在国有企业利用产权交易市场实施产权转让和利用存量资产引进外部资本时,支持民营企业平等参与竞争。

10. 鼓励支持科技创新。支持民营企业自主创新和引进吸收再创新,实施创新驱动战略。本市已出台的关于促进科技型中小企业发展的政策,均适用于民营科技型企业。民营企业申报科技立项、科研成果鉴定和奖励,申请科技贷款、技术创新基金、高新技术企业认定、知识产权确权等,符合条件的可享受相关扶持政策。支持民营企业与高校、研发机构合作,推进科技协同创新,积极引进先进技术和设备,开发“专精特新”的产品(技术)。支持民营企业设立院士专家工作站、重点实验室、工程研究中心、工程实验室、企业技术中心、工程技术研究中心等国家和市级研发机构,经认定的,可享受相关资金奖励。每年认定和重点扶持一批民营企业创新产业化基地和中小企业公共(技术)服务示范平台。

四、积极实施大企业大集团大品牌和“走出去”战略,全面提升民营经济发展的质量和效益

11. 培育民营大企业大集团。实施民营大企业大集团成长计划,加大培育力度。支持本地有条件民营企业主动对接全国民营企业 500 强、行业龙头企业、上市企业和外商投资企业等,实行强强联合,形成核心竞争力强、规模效益高的大企业大集团。鼓励民营企业通过合资合作、兼并重组、并购收购、资本运作和挂牌上市等,扩大规模,提升效益和水平。建立重点企业数据库,实行“一企一策”,重点培育支持。对于营业收入首次达到 10 亿元、50 亿元、100 亿元的民营大企业大集团给予一定奖励。

12. 引导实施品牌战略。引导民营企业树立品牌意识,积极申请专利、注册商标,培育知名品牌,争创驰名商标。鼓励民营企业在境外注册商标和申报知识产权,帮助民营企业加强知识产权管理,保护自主品牌和老字号等传统品牌。对民营企业并购国外高端品牌的,按核定后并购金额给予一定额度的奖励。对评定为全国驰名商标的,给予一定资金奖励。支持民营企业强化质量、标准化和计量等基础管理,主导或参与国家标准、行业标准和地方标准制定修订工作。

13. 推动转型升级和提高质量效益。积极实施民营企业转型升级行动,改造提升一批,发展壮大一批,关停并转一批。支持民营企业通过自主科研开发、引进紧缺技术、关键零部件和先进装备等进行技术改造,不断提升技术水平。对符合条件的重点技改项目,给予资金支持。支持民营企业通过腾笼换鸟、科学管理、产品升级配套、延长产业链条、发展生产性服务业等,提高生产力水平。全面落实节能减排优惠政策,支持民营企业绿色发展,坚决淘汰高耗能和产能过剩产品。

14. 强化区域合作交流。开展部市合作和区域协作,积极借重利用首都资源,推动民营企业在京津冀和环渤海地区的经贸交流合作,在谱写新时期社会主义现代化的“双城记”中发挥作用。大力发展京津冀和环渤海地区区域性产权交易市场,构建物权、债权、股权等交易平台,完善产权交易平台在权益托管、撮合转让、电子竞价交易等方面的功能,为民营企业各类权益转让交割提供便利。

大力引进国际国内知名企业和区域性龙头企业，支持有条件民营企业积极承接国内民营500强企业的资金、先进技术、管理、人才和信息转移。

15.支持实施“走出去”战略和开拓国内外市场。搭建市场信息综合服务平台，为民营企业拓展市场提供服务。进一步扩大开放，鼓励民营企业“走出去”，加强与跨国公司和大企业集团合作，开展投资并购、企业重组，收购技术、品牌和贸易性实体，开拓国际市场。支持民营企业投资参与境外经贸合作区建设。支持国内外龙头企业在我市设立企业总部、研发中心、结算中心、采购物流中心，鼓励与民营企业对接合作，扩大销售渠道。依托渤海商品交易所，发展跨国电子商务，支持民营企业创新营销模式。

五、加大政策支持和落实力度，完善服务体系和优化投资、市场环境

16. 加大财税政策支持力度。市财政将中小企业发展专项资金增至1亿元，主要用于支持民营企业技术改造、创新转型等。对民营企业投资创建的小微企业创业基地，经认定后给予资金支持。对民营总部企业和新办的金融、咨询、物流等现代服务业民营企业，符合条件的可享受相关财税优惠政策。发挥“营改增”试点政策作用，降低企业税负，支持交通运输业和现代服务业民营企业发展。对民营企业在资产重组过程中，通过合并、分立、出售、置换等方式，将全部或部分实物资产以及与其相关联的债权、债务和劳动力一并转让给其他单位和个人的行为，不属于营业税征收范围，其中涉及的不动产、土地使用权转让，不征收营业税。加大政府采购政策支持，提高政府采购民营中小微企业产品和服务的比例。自2013年起，首次被评为中国企业500强的，给予一次性500万元奖励；首次被评为中国民营企业500强的，给予一次性200万元奖励。

17. 改善企业金融服务。营造良好金融环境，拓宽企业融资渠道。鼓励引导商业银行创新符合民营企业特点的金融产品和服务模式，提供利用动产、仓单、税单、保单、股权、知识产权、商标权等抵质押，以及应收账款、保理供应链融资和票据贴现等融资服务。鼓励民间资本参与组建中小型银行等金融机构。鼓励支持各类担保机构为民营企业融资提供担保，根据担保额度给予适当支持。支持符合条件的民营企业上市以及在新三板、天津股权交易所挂牌，落实上市挂牌企业奖励政策。支持民营企业发行企业债、中期票据、短期融资券、中小企业私募债。鼓励引导创业投资公司、私募股权基金投资民营企业。

18. 保障集约节约用地。支持民营企业平等进入土地市场，凡项目符合《划拨用地目录》的，均可通过划拨方式取得土地使用权，属于应当依法有偿使用土地的，可适当缩短出让年限或采取租赁方式供应。对民间资本投资战略性新兴产业的项目，在用地规划、指标上给予倾斜。优先安排小微企业创业基地用地。

19. 加强用工和人才服务。搭建劳动力供求对接平台，鼓励劳务协作基地、劳务合作职业院校以及各类人力资源服务机构为民营企业提供用工服务，对一次性向缺工企业输入务工人员和实习人员达到一定数量的，按有关规定给予奖励。支持民营企业引进“两院”院士、重点技术领域和行业学术技术带头人等高层次人才，对民营企业建立院士专家工作站、博士后工作站和技能大师工作室的，分别给予50万元、30万元、30万元的建站资助，资助金由市、区(县)财政各出50%。外地来津注册并经营纳税企业雇用的高级管理、营销、技术等重要岗位人才，可按户口政策办理居住证，并享受子女教育、社会保险、住房等公共服务待遇。

20. 加大企业家及各类人才教育培训力度。实施民营企业家培训工程，充分利用国内外各类优质教育资源，举办各种培训活动，培养具有“自强不息、诚信守法、争创一流”精神的企业家队伍。组织开展民营企业高级管理人员培训，培育壮大职业经理人队伍，提高经营管理人员整体素质。推动民营企业完善法人治理结构，从家族式管理向建立现代企业制度转变；加强精神文明建设，构建以社会主义核心价值观为统领的企业文化。引导民营企业家积极投身光彩事业活动，自觉履行社会责任。

21. 支持各类协会(商会)发挥作用。支持企业商会、个体民营企业协会、中小企业协会等各类协会(商会)依法规范，加强自我教育、自我约束、自我管理，搭建公共服务平台，在反映企业诉求、维护企业权益、开展企业培训和转型升级、加强信息交流、应对贸易纠纷、制定行业规范标准等方面发挥作用。对服务民营经济发展业绩突出的协会(商会)给予奖励。

22. 规范管理和优化服务。进一步转变政府职能，规范管理，优化服务，简化审批手续，公开办事流程，健全首办责任制，实行“一站式办理、一次性告知、一条龙服务”。加强资源整合，建立健全互联互通的民营经济公共服务网络平台。完善市场监管机制，将企业工商年检制度改为年度报告制度。坚持依法行政，杜绝检查的随意性，采取随机抽查和信用分类监管，防止多头检查和重复检查。进一步转作风、提效能，建立明查暗访制度，切实解决门难进、脸难看、事难办和乱摊派、乱收费、乱罚款的问题，严肃查处推诿扯皮、冷硬刁难、吃拿卡要等违纪违规行为。大力推进企业诚信体系建设，完善信用约束机制，褒扬诚信，惩戒失信，将有违规行为的市场主体列入“黑名录”，切实提高企业诚信守法经营水平。

六、加强组织领导,全力抓好实施和落实工作

23. 建立健全领导体制和工作机制。民营经济发展工作在市委、市政府领导下,成立市民营经济发展工作领导小组,由市委副书记任组长,市委常委、统战部部长,分管副市长,市政协副主席、工商联主席任副组长,市级有关部门主要负责同志为成员,负责指导全市民营经济发展工作,研究制定有关政策和措施,以及综合协调和督促检查。领导小组下设办公室,设在市中小企业局,由市中小企业局主要负责同志担任办公室主任,市委宣传部、市发展改革委、市财政局、市工商局、市中小企业局、市工商联负责同志担任办公室副主任,主要负责领导小组的日常工作,制定年度工作计划,开展对民营经济工作的调研分析,研究政策措施,综合协调,督促检查和落实领导小组部署的各项工作。各成员单位分工负责,密切协作。各区(县)党委、政府要成立民营经济发展相应组织领导机构,明确工作职责,落实领导和人员力量,坚持一把手负总责、分管领导全力抓、职能部门合力抓,形成齐抓共管的工作格局。

24. 健全投诉处理和司法保障机制。按照“投诉有门、办理有效、结果透明、督查到位”的要求,发挥市促进民营经济发展服务中心作用,完善投诉受理工作机制,及时受理调解损害民营企业利益问题。充分发挥司法机关的职能作用,依法保护民营经济的财产权、经营权、知识产权等各项合法权益。对于国家机关工作人员利用职务之便,侵害民营企业合法权益,以及因玩忽职守、滥用职权或徇私舞弊,给民营企业造成重大经济损失的各类犯罪案件,坚决予以查处。

25. 加强党的建设和宣传工作。积极推动民营经济组织党建工作,建设基层服务型党组织,创新方式方法。条件成熟的民营企业建立单独的党组织,民营经济较为集中的商务楼宇、商场、市场可探索建立区域性、行业性的基层联合党组织,努力实现全覆盖。加强对民营经济组织中党员的管理和服务,充分发挥党组织战斗堡垒作用和党员先锋模范作用。大力宣传鼓励支持民营经济发展的方针政策,积极宣传自主创业、依法经营、诚实守信、履行社会责任民营企业家的先进事迹,营造有利于民营经济持续健康发展的社会舆论氛围。认真开展创建文明民营企业和文明个体工商户活动,加强精神文明建设,树立先进典型,并按照有关规定给予表彰和奖励。

26. 加强统计和考核工作。按照国民经济指标体系,建立健全民营经济统计报表制度,及时发布民间投资动态、投资政策和投资信息。建立完善民营经济发展情况考核机制,并纳入各级政府和各部门领导班子年度绩效管理,对年度考核优秀的区(县)和市级部门、单位按照有关规定给予表彰和奖励。

27. 加大协调协作和督查落实力度。各区(县)党委、政府和市级有关部门要对照本意见,制定具体实施意见和考核办法,细化目标、任务、责任和措施,建立健全责任制度,层层分解任务,落实到岗到人。各部门要加强协调配合,形成工作合力。市民营经济发展工作领导小组要加大指导和协调督查力度,及时通报各地区、各部门工作进展、成效,协调解决存在的突出问题,确保支持民营经济的各项政策措施落到实处,全力促进民营经济持续健康快速发展,为建设美丽天津作出贡献。

为民服务热线

中 心 城 区

和平区

单 位	电 话
区政府办公室	23196611
区精神文明办公室	23196652
区台办	23196289
区综治办	23196276
区委党校	27301400
区委老干部局	23140555
区总工会	23196862
团区委	23196877
区妇联	23196015
区文联	27116497
区工商联	27300021
区侨联	27219379
区残联	23451329
区红十字会	27224908
区档案局	27112689
区新闻中心	23136913
区有线电视中心	23122066
区政协办公室	27116426
区法院	27835000
区检察院	23117718
区法制办	23196816
区民宗侨办	23196788
区市容园林委	23196882
区科委	23196222
区人口计生委	23196778
区合作交流办	23266900
区信访办	23196559
区繁华办	27123678
区人力资源和社会保障局	58117609
区教育局	27126835
区文化和旅游局	23337800
区卫生局	23195353
区体育局	23143996
区民政局	23451317
区老龄委	23451305
区环保局	23359327
区市政管理局	23116712
区综合执法局	27113415
区房管局	23399569
区质监局	87811050
区工商局	87811918
区行政审批管理办公室	27256208
区市民服务中心	23451340
区人才交流服务中心	27301306
公安和平分局	58929035
交通和平支队	23398244
消防和平支队	83522346
劝业场街道办事处	27110208
体育馆街道办事处	23392822
南市街道办事处	27221562
小白楼街道办事处	23306170
新兴街道办事处	23358620
南营门街道办事处	27810963

河北区

单 位	电 话
区个体劳协	24214364

区纪检办公室	26296146
区法院	26243688
区司法局	26292206
区检察院	26360381-8509
公安河北分局	26462567
交警河北支队	24030901
消防河北支队	26365813
区新闻中心	26263984
区国税局	24462938
区地税局	24467055
区供热办公室	26472352
区房管局	26293614
区环卫局	26236401
区环保局	26298001
区工商局	26321318
区卫生局	26278946
区商务委	26472317
燃气集团河北营业所	26026036
区市政局	26293188
区安监局	26296209
区质监局	26011936
区人力社保局	26242826
区档案局	26296352
区教育局	26288180
区民政局	24554034
区审计局	26296166
区文化旅游局	26296133
区消费者协会	26220315
区节水办公室	26242315
区市容园林委	26296611
区信访办公室	26296121
区建委	26242308
区司法专线	12348
区残联	26292133
规划河北分局	26355688
意式风情区管委会	24451446
区卫生监督所	26473043
自来水五站	26321256
排水三所	26022328
自来水河北营业所	24574501
供水服务部	23149999
供电局河北所	26435717
城东供电所	95598
路灯管理所	24406110
北站地区管理办公室	26452745
区综合执法局	26435403
大悲院管委会	26295763
新开河街道办事处	26636314
铁东路街道办事处	26727033
光复道街道办事处	24464604
江都路街道办事处	24550679
月牙河街道办事处	26154114
鸿顺里街道办事处	26236188
望海楼街道办事处	26246615
宁园街道办事处	26464064
王串场街道办事处	26472000
建昌道街道办事处	26154315

河东区

单　位	电话(专线电话/夜间值班电话)	
区建委		24387895/24130043
区市容园林委		58811870/58811835
区商务委		24313885/24133285
区科委		24311659/24312164
区发展改革委	12358	24160414/84330113
区信访办		24210375
区人防办		24223273/24304582
区法制办		24301733
区房管局		24307778/24307778
区审计局		24160423/24160423
区民政局	24121245	24316096/24382350
区司法局		24150148/24310295
区文化局		24125574/24126402
区环卫局		24328920/24328920
区卫生局		24125976/24310354
区教育局		24127718/24127718
区体育局		24148780/84120158
区市政局	24125723/24389836	24125945
区人力社保局		24312852/24318127
区财政局		24313930/24310347
工商河东分局	24137197	24150630/24138011
区环保局		24160439/24160439
区质监局		24385380/24385361
公安河东分局	24329682/24329680	24329679
区国税局		24314379/24311844
区地税局		24315502/24127234
区残联		24123049/84287215

规划河东分局	24020230/24020224
交警河东支队	24335600/24335600
区综合执法局	24342959 24340568/24342959
消防河东支队	58993588/58991866
区有线电视中心	96596/96596
区供热办	24316591 24322316/24316591 24322316
区拆迁办	24493768
河东煤气营业所	24388065/23006777
自来水河东公司	26432122/26432122
市电力局服务专线	95598/95598
城东供电局	84408228/84408228
排水四所	24320961/24320961
河东燃气管理所	24388065/24388065 24306777
大王庄街道办事处	24250196/24250196
上杭路街道办事处	24660012/24660012
东新街道办事处	24672110/24673081
富民路街道办事处	84330106/84330106
鲁山道街道办事处	24681487/24681487
大直沽街道办事处	24314320/24310577
常州道街道办事处	24342020/24342020
中山门街道办事处	84330119/84330119
向阳楼街道办事处	24340814/24340814
春华街道办事处	24414218/24414218
唐家口街道办事处	24490960/24493937
二号桥街道办事处	84371639/84371629

河西区

单 位	电 话
区市容园林委	28456811
执法大队市容环境投诉办理中心	88113008 88111008
区建委	23278036 23278801 23278025
区供热办公室	23278043 23278044
市广电网络总公司	96596
广电网络河西分公司	28331118 28330118
区房管局	28377778
区房屋抢修中心	28307778
区市政局	23392495
区市政局监理所	88252975
区市政道路管理所	28335837
区市政局排水管理所	83815582
区环保局	28013698
区环卫局	28385601
工商河西分局	28365172 28365190
区民政局	28337039
区经济发展局	23278805
区卫生局	23278725
区公共卫生监督所	28249988
区文化局	23278815
区文化局稽查队	23278809
区教育局	28302310
区技术监督局	88227100
燃气河西营业所	88293576
自来水第五营销分公司	23149999 28341958
排水五所	28354354
城南供电局	28246208 95598
市供热办	23284009
市津安热电公司	23285550
区城安热电公司	58835000
市热电公司	23024567
市热力公司	23010538
公安河西分局	23394890
交警河西支队	28115853
规划和国土资源处	23288237
市防汛办公室	23333708
区商贸旅游局	23278761
下瓦房街道办事处	23261040 23260779
大营门街道办事处	23240777 23240781
马场街道办事处	23350679 23350873
天塔街道办事处	23345973
友谊路街道办事处	28351683
东海街道办事处	28380169
尖山街道办事处	28333504
陈塘庄街道办事处	28199117
柳林街道办事处	28196526
挂甲寺街道办事处	28221143
桃园街道办事处	23278300 23278308
越秀路街道办事处	28273030 28273029
梅江街道办事处	88388767 88388763

南开区

单 位	值班电话
区政府热线	27361913
区法院	27350562
区新闻中心	87893445 27370541
公安南开分局	27355957
交管南开支队	27369994

消防南开支队		27629988-8000
工商南开分局	87726754	87726751
区规划分局		27652140
区食药监局		58260558
区质监局	27182300	27182308
区建委	27382828	27380680
区市容园林委	27380586	27451895
区商务委	27638411	27638200
区人力社保局	27381338	27386142
区教育局	27459970	27459979
区民政局	27693402	27693395
区卫生局		27429936
区房管局	27497778	27020156
区市政局	27453380	4006-222-118
区环卫局	27686523	27622441
区环保局	27366533	27034198
区文化局		27631800
区综合执法局	27561237	27561806
区招商合作办		27586676
区信访办	27585252	27585256
区供热办	27423717	27431116
区人防办		87286291
区物业办	27228591	27228580
区行政许可中心	27280086	27280003
南开科技园		87891011
区残联		27457062
区配套办	27473872	27474921
区节水办		27420299
城西供电		95598
区有线台		96596
南开网络		96596
区建设开发公司	27495561	27382831
服装街管委会	27355740	27355910
区防汛指挥部	27453380	27454537
区卫生防疫站	27617139	27618179
区消费者协会		27410315
鼓楼街道办事处	27272699	27273412
兴南街道办事处		27223408
广开街道办事处	27458001	27458010
长虹街道办事处	60220922	60221878
向阳路街道办事处	27632996	27632276
嘉陵道街道办事处	27612943	27686437
万兴街道办事处	27457171	27457162
学府街道办事处	27497590	23050667
水上公园街道办事处	23627844	23627868
王顶堤街道办事处	23366851	23364480
体育中心街道办事处		23919100
华苑街道办事处		23730051-101

红桥区

单 位	专线值班电话	
	昼	夜
区监察局	86516348	86516348
区司法局	27252298	27252298
区环保局	86516702	86516700
区质监局	27730155	27730155
工商红桥分局	26372357	26372357
公安红桥分局	27323400	27323400
区综合执法局	26568901	86516783
区档案局	86516357	86516363
区委老干部局	86516356	
区行政许可中心	86515355	86516097
区房产总公司	26033916	26033916
区开发公司	86516800	86516863
区残联	26560598	26546153
区规划分局	27729985	27729990
消防红桥支队	27710183	27710183
交警红桥支队	27716993	27716996
区法院	86516649	26578100
区检察院	26544481	26523174
广电网络红桥分公司	86516279	86516279
区旧楼办	27583808	27583808
潞河环境建设有限公司	27725093	27730792
区供热总公司	86513760-61	86513760-61
区站区办	27718618	27718618
区政府办	26371527	26371527
区红十字会	86516252	86516252
区房管局	27599005	27593116
区市政局	86570713	86570712
区教育局	26372001	26372001
区体育局	26521268	26521268
区文化旅游局	86515309	
区卫生局	86516270	86516271
区人力社保局	86516650	86516664
区民政局	86516216	
区安监局	86516172	
区财政局	86516600	86516639

区审计局	86516198	
区市容园林委	4006189896	86516775
区商务委	86516160	
区计生委	86516071	
区发展改革委	86516295	86516295
区人防办	27598020	27598020
区信访办	86510137	
区法制办	86516090	86516097
	86516092	
区合作交流办	86516066	
区民宗办	86516105	86516109
区委政法委	86516408	86516409
区建委	86516850	86516863

区科委	周一至周五	86516961	86516963
	周六至周日		86516963
双环邨街道办事处		26683800	26683833
咸阳北路街道办事处		86513831	86516246
丁字沽街道办事处		86516135	86516137
西沽街道办事处		86513560	86513580
西于庄街道办事处		86513600	86513600
三条石街道办事处		87738917	87738638
芥园街道办事处		27580466	27580447
邵公庄街道办事处		27326896	27320181
铃铛阁街道办事处		58529100	58529100
大胡同管委会办公室		27273035	27273035

环 城 四 区

东丽区

单 位	电 话
市政府热线	12345
市城建热线	12319
市自来水公司	23149999
市电力公司	95598
市燃气公司	23006777
工商质量监督	12315
公安东丽分局	24960407
东丽交通队	24998220
公路局东丽分局	24862022
消防东丽支队	24967900
工商东丽分局举报热线	84371168
东丽区信访办	84376594
东丽区路障队	84933916
东丽区邮电局市场部	84373099
东丽区宽带网络公司	24978899
东丽区政府热线	24390795
东丽区供电局	24950408
东丽区电话局	24390112
东丽区煤气站	24390801
东丽区供热站	24393734
市公安局	110
邮政客服	11185
急救中心	120
交通事故	122
火警	119
市交管局设施处	28332619
市电力公司路灯处	24340230
东丽区有线电视网络公司	24390717
张贵庄街道办事处	84371570
丰年村街道办事处	84931343
无瑕街道办事处	24360652
万新街道办事处	24375278
新立街道办事处	24993464
华明街道办事处	58552777
金钟街道办事处	26791434
军粮城街道办事处	84968504
金桥街道办事处	84893387
东丽湖街道办事处	24880668

西青区

单 位	电 话
区政府值班室	27392411
区新闻中心	27392459
公安西青分局值班室	27392592
区信访办	27940057
区物价举报中心	12358
区检察院举报中心	27932000

单位	电话
区法院诉讼服务中心	27949116转624
区食品药品监管局	27944591
区政府金融服务中心	27929911
区行政许可服务中心	27949836
区邮电局	27391102
西青通信分公司	23710611
公路局西青分局	27392479
西青供电局	23917456
杨柳青供电所	27945990
杨柳青火车站	27391171
杨柳青汽车站	27391381
杨柳青发电厂	84505467
杨柳青水厂	27392324
西青煤气站	27391560
西青医院(总机)	27391697
空军464医院(总机)	23380395
空军水上村医院	23341082
271医院(总机)	84665114
李七庄街道办事处	23384094
西营门街道办事处	27982005
杨柳青镇政府	27392205
张家窝镇政府	87983344
中北镇政府	27392844
辛口镇政府	27991933
大寺镇政府	23971295
王稳庄镇政府	23990146
精武镇政府	23982026

津南区

单位	电话
区政府值班室	28391894
区天然气站	28390819
区电力公司电力服务	95598
区自来水公司	88913333
区防汛办	28392232
区供热办	28514192
区地震办	28390728
区供电分公司	28390853
天津广播电视网络有限公司津南分公司办公室	28543228
天津广播电视网络有限公司津南分公司值班室	28521234
区教育局	88511000
区政府热线	88512345
区工商分局	28390920
区信访办	28398084
咸水沽医院	88912404
区疾病预防控制中心	28562233
公安津南分局	28511111
区中医医院	88913526
区妇幼保健院	28391237
航空、铁路售票	28515191
劳动保障咨询热线	12333
法律援助热线	12348
咸水沽镇政府	28390862　88915880
小站镇政府	88615089
双港镇政府	28581842
八里台镇政府	88521590
双桥河镇政府	88659373
葛沽镇政府	28690087
北闸口镇政府	88538495　88737038
辛庄镇政府	88532225
长青办事处	28224221

北辰区

单位	电话
区政府办	26819864
区人力社保局劳动保障监察科	26391044
区北辰人才	26830800
区行政许可服务中心	86814791
区民政局	26391153
区市容委	26392012
工商北辰分局	26913936
区房管局	26391171
区消费者协会	86810315
食药监北辰分局市场监督	26916773
区质监局	26392095
区国税局服务中心	26916709
区地税局税管科	58839366
区文广局执法大队	26396822
区教育局考试中心	26824737
区环境保护局	86819110
区国土资源局	26817329
区建设管理委员会	26390350
区农业经济委员会	26390184
区发展计划委员会	26391119

单位	电话
区商业委员会	26391107
区卫生局	26390197
果园新村街道办事处	26390724
集贤里街道办事处	26391421
普东街道办事处	26737145
瑞景街道办事处	26686792
佳荣里街道办事处	87236918
天穆镇政府	26630968
北仓镇政府	26390250
双街镇政府	26970950
双口镇政府	86835765
青光镇政府	26951957
小淀镇政府	26990461
宜兴埠镇政府	26301250
大张庄镇政府	86853725
西堤头镇政府	86849973

远 郊 区 县

武清区

单 位	电 话
区政府	82138800
区农委	82138860
区商务委	82138856
区发改委	82138827
区信访办	82111053
区档案局	29341066
区计生委	29342484
区行政审批办	82132233
区行政许可服务中心	82132233
武清开发区	82115688
商务区	22986800
京津科技谷	29498005
汽车零部件产业园	59678696
京滨工业园	59678011
地毯产业园	29575292
武清海关	84202618
区建委	29341748
区建委建筑工程质量监督站	29343783
区人防办	29341534
区市容园林委	59622006
区综合执法局	59622006
区房管局	29341968
区房管局产权市场管理科	29345107
区规划局	82100610
区国土局	82111566
区国土局地籍管理科	82115211
区交通局	82191929
区交通局公路运输管理所	82175840
区供电公司	82110918
区供电公司客户服务中心	29329791
区环保局	22173009
区邮电局	29320005
区农业局	29341331
区林业局	29581328
区林业局林政科	29582253
区水务局	29341721
区畜牧局	29341273
区农机局	29321874
区气象局	82163868
区审计局	29341893
区财政局	22173300
区国税局	82191300
区国税局征收大厅	82191370
区地税局	82120032
区地税局征收大厅	82120017
区统计局	29332847
区物价局	29341060
区质监局	29341346
区质监局质检所	29330842
区工商局	29341565
区工商局机关服务大厅	29347710
区粮食局	82107201
区烟草局	82111173
公安武清分局	82167101
公安武清分局服务办证大厅	82167187
区检察院	29341542
区法院	29341071
区司法局	82112083

区司法局公证处	82112941
区人力社保局	29342320
区人才市场	82122053
区劳动局劳动力市场	59618750
社保武清分中心	29334603
区民政局	29341871
区民政局婚姻登记科	29345598
区科委	59610216
区新闻中心	82117218
武清资讯	82130280
区卫生局	22106606
区食药监局	82129709
区文化广播电视局	29342567
区教育局	82171820
区体育局	29342215
区工经委	59623800
区安监局	82125008
区广电网络公司	29330107
区消防队	29342093
杨村街道办事处	82105801
徐官屯街道办事处	29446929
东蒲洼街道办事处	59621399
黄庄街道办事处	59610601
下朱庄街道办事处	59699109
大碱厂镇政府	82219023
崔黄口镇政府	29571185
梅厂镇政府	29534090
上马台镇政府	82289309
大良镇政府	29561038
河北屯镇政府	22275292
下伍旗镇政府	22289169
南蔡村镇政府	29411224
泗村店镇政府	29425634
大孟庄镇政府	22261168
河西务镇政府	29439339
城关镇政府	29461062
大王古庄镇政府	22192002
东马圈镇政府	29471652
黄花店镇政府	29481260
石各庄镇政府	22159180
陈咀镇政府	22146411
王庆坨镇政府	59619500
汊沽港镇政府	29491251
曹子里镇政府	29559019
大黄堡镇政府	82241011
白古屯镇政府	22185372
高村镇政府	22221502
豆张庄镇政府	22167576

宝坻区

单 位		电 话
区政府办公室	29242220	29241081
区城建委		29241440
区民政局		29241835
区交通局		29241641
区国税局		29241159
区地税局		29242644
区司法局		29241517
区档案局		29241986
区法院		29241195
区检察院		29262809
区审计局		29241493
区邮政局		29225038
区劳动局		29241428
区粮食局		29241381
区农业局		29241049
区畜牧水产局		29241837
区林业局		82622920
区水务局		29241095
区财政局		29241196
区统计局		29242875
区供电局		29237868
区电信公司		59210003
区环保局		29241587
区市容园林委		29241830
区房管局		82661347
区教委		29241233
区综合执法局		29266006
公安宝坻分局		29241551
区物价局		29241582
工商宝坻分局	29241894	29243129
区技术监督局		82628901
区新闻中心		29241916
区商委		29241237
海滨街道办事处		29241239
宝平街道办事处		29241813
钰华街道办事处		82656161

潮阳街道办事处	59219123
朝霞街道办事处	22536704
大白街道办事处	29660208
周良街道办事处	22499467
口东街道办事处	22568594
霍各庄镇政府	22517599
史各庄镇政府	22578343
牛道口镇政府	22558101
大口屯镇政府	29689411
新开口镇政府	29611041
郝各庄镇政府	29679010
大唐庄镇政府	29657908
王卜庄镇政府	82517853
方家庄镇政府	82447547
林亭口镇政府	82538463
八门城镇政府	82567111
大钟庄镇政府	82428606
新安镇政府	82469107
牛家牌镇政府	29635183
尔王庄镇政府	22469832
黄庄镇政府	82579107

蓟 县

单 位	电 话
县政府办公室	29142355
县发展改革委	29142419
县农工委	29142112
县商务委	29142419
县科委	29142419
县法制办	29141608
县信访办	29142419
县人力社保局	82862113
县民政局	29142206
县统计局	29141662
公安蓟县分局	82863044
县司法局	82862385
县人民法院	82853001
县人民检察院	82826001
县农业局	29142129
县林业局	29142189
县水务局	29142617
县财政局	29142212
县国税局	29142720
县地税局	29141203
工商蓟县分局	82862510
县审计局	29142945
蓟县开发区	29899599
县工业总公司	29142118
县交通局	29142737
县供电局	29142529
县环保局	82869001
县技术监督局	29142406
县文广局	29142045
县教育局	29142619
县卫生局	82829001
县体育局	82862115
县计生委	29141674
县档案局	29142734
县药检分局	29145622
县地矿局	29141819
县规划局	29146846
县房管局	29140364
县旅委	29142566
盘山管理局	29826000
长城管理局	22718106
八仙山管理局	22711044
县建委	29142691
县安监局	29142040
县市容委	29143475
农发银行	29120330
农业银行	29142595
建设银行	29142184
工商银行	29141875
中国银行	29143126
信用联社	29138643
蓟县海关	29145946
渔阳宾馆	29142814
挂月集团	29858164
县委党校	82861625
县人民武装部	29142921
县总工会	82828300
县残联	29141033
县老龄委	82869920
县工商联	29141857
县街道办	29142368
渔阳镇政府	29142109
洇溜镇政府	29899018

官庄镇政府	29821651
马伸桥镇政府	29738547
下营镇政府	29718054
邦均镇政府	29818284
别山镇政府	29779381
尤古庄镇政府	59163001
上仓镇政府	29858105
下仓镇政府	29878624
罗庄子镇政府	29728544
白涧镇政府	22879261
五百户镇政府	29792002
侯家营镇政府	22832017
桑梓镇政府	22843113
东施古镇政府	82743024
下窝头镇政府	82782009
杨津庄镇政府	29860008
出头岭镇政府	59160900
西龙虎峪镇政府	22750798
穿芳峪镇政府	22762019
东二营镇政府	22852007
许家台镇政府	22820258
礼明庄镇政府	82791505
东赵各庄镇政府	82731005
孙各庄满族乡政府	22741047

宁河县

单　位	电　话
县政府办公室	69591458
县行政许可服务中心	69598890
县政府信息公开查阅中心	69579003
县信访办公室	69591876
工商宁河分局	69591358
县交通局	69591971
县市容园林委	69592446
县环保局	69591471
县物价局	69591028
县人力社保局	69116289
社保宁河分中心经办服务管理科	69116207
宁河供电有限公司	95598
县广播电视局	69591347
市广电网络公司宁河分公司	69592341
县城建委	69591556
县民政局	69591418
县畜牧兽医局	69591426
县水务局	69591037
县卫生局	69591817
县新型农村合作医疗办公室	69119255
县规划局	69591555
县技术监督局	69591631
县法律服务专线	9148
县集中供热工程公司(维修队)	69599679
市燃气集团第三销售公司宁河分公司	69118777
天津华燊燃气有限公司	69569976
县供水站	69592270
县救护站	69110120
县消费者投诉热线	12315
县安驰物业管理中心	69591654
光明小区物业	69584630
幸福小区物业	69118810
华翠小区物业	69564083
中国移动天津有限公司宁河分公司	60729631
中国联通(集团)有限公司宁河分公司	69591292
北方电信有限公司宁河分公司	59310029
芦台镇政府	69591741
丰台镇政府	69489064
潘庄镇政府	69529106
七里海镇政府	69539117
岳龙镇政府	69251504
苗庄镇政府	69221000
板桥镇政府	69469254
造甲城镇政府	69519262
宁河镇政府	69419174
东棘坨镇政府	69379801
大北涧沽镇政府	69549033
俵口乡政府	69331001
廉庄子乡政府	69459704
北淮淀乡政府	69321754

静海县

单　位	电　话
12345 为民服务热线	588-12345
县政府办公室	68612176
县信访办公室	68612696
县防范办公室	68611373
县法律援助中心	28916885
县政府为民服务专线	68612060

县监察局举报中心	68613713
县政府纠风办公室	68611140
县打假办公室	28914042
公安静海分局	28942821
县检察院举报中心	28932000
县反贪局	28942381
县反渎职侵权局	28944110
县消费者协会	28940315
县劳动保障服务中心	28911072
县职业介绍服务中心	28910217
县人才交流中心	28949308
天津市仲裁委员会静海调解中心	28934427
县环保局	28942397
县建设工程质量监督站	28941152
县供电有限公司	28942193
县规划土地管理局	28945141
县开发区办公室	68609512
团泊风景区	68581011
静海镇政府	28942891
独流镇政府	68815045
唐官屯镇政府	68360001
王口镇政府	28836175
子牙镇政府	28859314
沿庄镇政府	68771000
台头镇政府	68139015
大邱庄镇政府	28899495
团泊镇政府	68504012
大丰堆镇政府	68663009
蔡公庄镇政府	68565825
西翟庄镇政府	68371140
双塘镇政府	68865002
陈官屯镇政府	68761000
梁头镇政府	68969045
中旺镇政府	68531094
良王庄乡政府	68120168
杨成庄乡政府	68651015

滨 海 新 区

区级机关、所属功能区及街镇

单 位	电 话
新区政府办公室	65309205
新区发展改革委	65305353
新区经信委	65305809
新区商务委	65305892
新区教育局	65305835
新区科委	65305966
新区公安局	65309750
新区监察局	65309891
新区民政局	65305660
新区司法局	65305515
新区财政局	65309559
新区人力社保局	65309506
新区规划和国土资源管理局	66223565
新区建设交通局	65305300
新区环保和市容管理局	65305002
新区综合执法局	25866012
新区农业局	65305549
新区卫生局	65305769
新区审计局	65305577
新区安监局	65305620
新区国资委	65305150
新区文化广播电视局	65309108
新区工商行政管理局	65305119
新区质量技术监督局	65305448
新区食品药品监督管理局	65305706
新区国税局	59867520
新区地税局	65370105
东疆保税港区管委会	25605011
中新天津生态城管委会	66328811
中心商务区管委会	66890734
临港经济区管委会	65266932
新区政府塘沽街道办事处	65770607
新区政府新北街道办事处	25226013
新区政府杭州道街道办事处	66317516 25862598
新区政府新河街道办事处	66313564
新区政府大沽街道办事处	65260861 66918062
新区政府胡家园街道办事处	25359797
新区政府北塘街道办事处	25253496

新区政府寨上街道办事处		67195478
新区政府汉沽街道办事处		25695668
新区政府大港街道办事处	63311018	25985467
新区政府海滨街道办事处	63957413	63199111
新区政府古林街道办事处		63213875
新区政府泰达街道办事处		25202308
新区新城镇政府		25330951
新区杨家泊镇政府		67257869
新区茶淀镇政府	25694691	25694085
新区太平镇政府		63157399
新区小王庄镇政府		63129101
新区中塘镇政府		63278000

塘 沽

单 位		电 话
城管为民服务中心		961001
卫生监督所		25892577
自来水公司		4006518822
电力公司		95598
煤气公司		66269301
供热管理处		66897043
公交公司		968866
环保市容市政局	66306028	66897480

汉 沽

单 位	电 话
供电	95598
供水	25695880
供气	25695122
供热	25686421
火警	67121510(119)
气象局	25695359
救护站	67127187(120)
防病站	25695440
食品卫生监督所	25695440
人防地震办	25695678

大 港

单 位		电 话
信访办		25991727
建交局大港分局		25991129
港益供热有限公司		25982454
房管局		25992817
供电公司		63215644
环保和市容市政管理局		63221696
行政许可服务中心		25988890
城管局		63224444
工商大港分局		63101960
物价举报电话		12358
广电局		63388158
中国联通大港分工司		63394444
邮政局		63220111
交警支队	63220820	63221951
消防支队		25991800
技术监督局	25991089	25985248
消费者协会		12315
教育局		25990665
卫生局		25991012
纪检委		63378590
规划大港分局		63214487
大港供水站		63109201
司法局		25990082
法律服务热线		12348
法院	63366011	63366000
检察院举报中心		63222000
民政局		63109908
劳动局		63222631
计生委		63227210
妇联		63221640
残联	63218820	63214484
大港报社		63230881
国税局	25990730	63399019
地税局		63222937
人事局		63385348
科技局		63221296
财政局		63236519
经发局		63393565
文化局		63222995
体育局		63385486
水务局	25991939	25990092
档案机要保密办		63220205
工会		63222280
团委		63101138

天津经济技术开发区

单　位		电　话
泰达呼叫服务中心		25201111
管委会夜间值班电话	25201470	25201471
管委会办公电话查询		25201114
投资服务中心总服务台		25203000
泰达帮助台		25201600
公安局报警电话		25327275
法律服务专线		25329148
开发区消费者协会		25320315
泰达电视台呼叫中心	25204666	25204338
泰达医院总机		65202000
城管投诉电话		25328437
环保热线		25202174
再就业热线		25202284
天津开发区美国办事处—纽约		001-917-2252607
天津开发区美国办事处—德克萨斯州(达拉斯)		001-214-6862578
天津开发区美国办事处—伊利诺伊州(芝加哥)		001-214-5383911
天津开发区欧州办事处电话	0049-221-932222	0049-173-1573211
天津开发区日本办事处电话		0081-3-34756848
天津开发区驻香港办事处		00852-21628852
天津开发区北京办事处		010-65101256
天津开发区上海办事处		021-68827776
天津开发区天津办事处		022-23201111
泰达投资控股有限公司服务监督电话	25201297	25202500

泰达投资控股有限公司公用事业企业热线

	24 小时	投诉(工作时间)	报　修
自来水公司	66200001	25202535	66200001
电力公司	25202526	25202526	13702186532(民用)
		62018890	25202526(工业)
燃气公司	25326936	25202505	13622105504(民用)
			25326936(工业)
热电公司	25320761	25202502	25295500
市政公司	66208494	25202519	
公交公司	25328864	25202512	
污水处理厂	66203579	66203579	

天津港保税区

名　称	电　话
服务热线	84906611

天津滨海高新技术产业开发区

名　称	电　话
为民服务热线	83726666

天津市部分医院一览表

天津市二级以上医院一览表

机 构 名 称	卫生机构类别	办公室电话	地 址	邮政编码
天津市第一中心医院	综合医院	23626191	天津市南开区复康路 24 号	300192
天津市人民医院	综合医院	87729568	天津市红桥区芥园道 190 号	300120
天津市第三中心医院	综合医院	24315660	天津市河东区津塘公路 83 号	300170
天津市天津医院(天和医院)	骨科医院	28332713	天津市河西区解放南路 406 号	300211
天津市儿童医院	儿童医院	23519248	天津市河西区马场道 225 号	300074
天津市中心妇产科医院	妇产(科)医院	58287026	天津市南开区南开三马路 156 号	300100
天津市第四中心医院	综合医院	26183057	天津市河北区中山路 3 号	300140
天津市胸科医院	胸科医院	23147116	天津市和平区西安道 93 号	300051
天津市中西医结合医院(南开医院)	中西医结合医院	27435001	天津市南开区三纬路 122 号	300100
天津市环湖医院	其他专科医院	60367606	天津市河西区气象台路 122 号	300060
天津市第四医院	综合医院	28340287	天津市河西区小海地微山路 4 号	300222
天津市海河医院	综合医院	58830026	天津市津南区津沽公路双港镇	300350
天津市第二人民医院(传染病医院)	传染病医院	27468102	天津市南开区苏堤路 75 号	300192
天津市安定医院	精神病医院	88188818	天津市河西区柳林路 13 号	300222
天津市口腔医院	口腔医院	27119191-3011	天津市和平区大沽北路 75 号	300041
天津市眼科医院	眼科医院	27230169	天津市和平区甘肃路 4 号	300020
天津市中医药研究院附属医院	中西医结合医院	27285158	天津市红桥区北马路 354 号	300120
天津市妇女儿童保健中心	妇幼保健所	58297988	天津市和平区贵州路 96 号	300070
天津医科大学总医院	综合医院	27813550	天津市和平区鞍山道 154 号	300052
天津医科大学第二医院	综合医院	88328552	天津市河西区平江道 23 号	300211
天津市肿瘤医院	肿瘤医院	23521569	天津市河西区体院北环湖西路	300060
天津医科大学口腔医院	口腔医院	23332100	天津市和平区气象台路 12 号	300070
天津医科大学眼科中心	眼科医院	58280717	天津市和平区同安道 64 号	300070
天津医科大学代谢病医院	其他专科医院	23333200	天津市和平区同安道 66 号	300070

续表

机　构　名　称	卫生机构类别	办公室电话	地　　址	邮政编码
天津中医药大学第一附属医院	中医(综合)医院	27432228	天津市南开区鞍山西道 314 号	300193
天津中医药大学第二附属医院	中医(综合)医院	60335388	天津市河北区真理道 816 号	300150
天津市第五中心医院	综合医院	25868189	天津市滨海新区塘沽浙江路 41 号	300450
泰达国际心血管病医院	心血管病医院	65208005	天津市开发区第三大街 61 号	300457
泰达医院	综合医院	65202114	天津市开发区第三大街 65 号	300457
天津市公安医院	综合医院	23142719	天津市和平区南京路 78 号	300042
中国医学科学院血液病医院	血液病医院	23909057	天津市和平区南京路 288 号	300020
武警后勤学院附属医院	综合医院	60578781	天津市河东区成林道 220 号	300162

天津市学校名录

2013 年普通高等学校名录

校　　名	地　　址	邮政编码	电话号码	校 长
南开大学	天津市南开区卫津路 94 号	300071	23508206	龚　克
天津大学	天津市南开区卫津路 92 号	300072	27403536	李家俊
天津科技大学	天津市河西区大沽南路 1038 号	300222	28340538	曹小红
天津工业大学	天津市西青区宾水西道 399 号	300387	83956000	杨庆新
中国民航大学	天津市东丽区津北公路 2898 号	300300	24092104	吴桐水
天津理工大学	天津市南开区红旗南路 263 号	300384	60215678	马建标
天津农学院	天津市西青区津静路 22 号	300384	23792065	邢克智
天津医科大学	天津市和平区气象台路 22 号	300070	83336888	尚永丰
天津中医药大学	天津市南开区玉泉路 88 号	300193	59596111	张伯礼
天津师范大学	天津市西青区宾水西道 393 号	300387	23766015	高玉葆
天津职业技术师范大学	天津市河西区大沽南路 1310 号	300222	88181500	孟庆国
天津外国语大学	天津市河西区马场道 117 号	300204	23282310	修　刚
天津商业大学	天津市北辰区京霸公路东口	300134	26651929	刘书瀚
天津财经大学	天津市河西区珠江道 25 号	300222	28341570	张嘉兴
天津体育学院	天津市河西区卫津南路 51 号	300381	23012708	姚家新
天津音乐学院	天津市河东区十一经路 57 号	300171	24310376	徐昌俊
天津美术学院	天津市河北区天纬路 4 号	300141	26241716	姜　陆
天津城市建设学院	天津市西青区津静路 26 号	300384	23085000	李忠献
天津天狮学院	天津市武清开发区源泉路 15 号	301700	82112575	朱世和
天津市职业大学	天津市北辰区洛河道 2 号	300410	60585269	董　刚
天津中德职业技术学院	天津海河教育园区雅深路 2 号	300350	28776969	张兴会
天津滨海职业学院	天津市滨海新区塘沽庐山道 1101 号	300451	25215008	马连华
天津工程职业技术学院	天津市滨海新区大港幸福路 51 号	300280	25924581	张西江
天津青年职业学院	天津市南开区水上公园路 43 号	300191	23627698	王胜利
天津渤海职业技术学院	天津市河西区九连山路 11 号	300221	88250579	韩　伟

续表

校 名	地 址	邮政编码	电话号码	校 长
天津电子信息职业技术学院	天津海河教育园区雅深路 4 号	300350	28773688	吴家礼
天津机电职业技术学院	天津市红桥区竹山路 7 号	300131	26651156	张维津
天津现代职业技术学院	天津海河教育园区雅观路 3 号	300350	28193132	李国桢
天津公安警官职业学院	天津市西青区精武镇	300382	58393600	尹利民
天津轻工职业技术学院	天津海河教育园区雅观路 1 号	300350	27391637	戴裕崴
天津商务职业学院	天津市河西区珠江道 86 号	300221	88381800	钱伟荣
天津国土资源和房屋职业学院	天津市滨海新区大港学苑路 600 号	300270	63303801	王 钊
天津医学高等专科学校	天津市河西区柳林路 14 号	300222	60276688	刘 斌
天津开发区职业技术学院	天津开发区第十三大街 9 号	300457	60662224	姜炳坤
天津艺术职业学院	天津市河东区娄山道 27 号	300181	58911907	张海涛
天津交通职业学院	天津市西青区西青道 269 号	300110	87912186	吴宗保
天津外国语大学滨海外事学院	天津市大港区学府路 60 号	300270	63353080	王玉泉
天津体育学院运动与文化艺术学院	天津市蓟县许家台镇盘山大道 68 号	301901	22828011	王 军
天津商业大学宝德学院	天津市西青区津静路 28 号	300384	23799800	邱冠雄
天津医科大学临床医学院	天津市滨海新区大港学苑路 167 号	300270	63305281	张文清
南开大学滨海学院	天津市滨海新区大港学府路 634 号	300270	63304888	张东升
天津冶金职业技术学院	天津市北辰区学海道 38 号	300400	26983719	张建国
天津石油职业技术学院	天津市静海县团泊洼天津石油职业技术学院	301607	29000406	李凤杰
天津城市职业学院	天津市河东区真理道 27 号	300250	26430105	李 彦
天津铁道职业技术学院	天津市河北区建昌道 21 号	300240	26181859	李群先
天津师范大学津沽学院	天津市西青区宾水西道 393 号	300387	23766088	范恩源
天津理工大学中环信息学院	天津市西青区杨柳青柳口路 99 号	300380	60541800	李国强
北京科技大学天津学院	天津市宝坻区京津新城珠江北环东路 1 号	301830	22410800	郭景文
天津工艺美术职业学院	天津市河北区红星路革新道 10 号	300250	26786331	孙敬忠
天津城市建设管理职业技术学院	天津市北辰区光荣道 2688 号	300134	58319048	金建平
天津生物工程职业技术学院	天津开发区西区南大街 175 号	300462	66339115	刘晓松
天津海运职业学院	天津海河教育园区雅深路 8 号	300350	28779600	马魁君
天津大学仁爱学院	天津市团泊新城博学苑	301636	68579996	武 星
天津财经大学珠江学院	天津市宝坻区周良庄镇温泉城北环东路 2 号	301811	22410851	高正平
天津广播影视职业学院	天津市西青区东姜井凯苑路 148 号	300112	27529970-8203	柴盛崑
天津市工会管理干部学院	天津市西青区西青道 274 号	300380	58321509	刘永强

2013 年成人高等学校名录

校 名	地 址	邮政编码	电话号码	校 长
天津市广播电视大学	天津市南开区迎水道 1 号	300191	23679931	冯雪飞
天津市和平区新华职工大学	天津市和平区河北路 211 号	300040	23396190	徐 钢
天津市河西区职工大学	天津市河西区徽州道 31 号	300203	23262956	肖昭海
天津市河东区职工大学	天津市河东区大桥道 34 号	300170	24122186	张家俊
天津市红桥区职工大学	天津市红桥区丁字沽三号路 45 号	300131	86513059	李克山
天津市南开区职工大学	天津市南开区五马路 94 号	300100	27373310	贺兰芳
天津市建筑工程职工大学	天津市河西区气象台 93 号	300074	23341906	李 涛
天津市职工经济技术大学	天津市河北区民生路 56 号	300010	58321509	李恒强
天津市渤海化工职工学院	天津市滨海新区塘沽东大街 206 号	300450	25850248	程 刚
天津市管理干部学院	天津市南开区育梁道 4 号	300191	23679103	祝宝钟
天津物资管理干部学院	天津市河东区	300204	23145908	
天津市政法管理干部学院	天津市南开区水上公园路 45 号	300191	23368935	杨明光
天津市工会管理干部学院	天津市西青区西青道 274 号	300380	58321509	刘永强
天津市房地产局职工大学	天津市大港区	300270	63303860	王 钊

2013 年中等职业学校名录

校 名	地 址	邮政编码	电话号码	校 长
天津市雍阳中等专业学校	天津市武清区大孟庄镇京津公路 14 号	301711	22261042	孙学刚
天津市武清区卫生学校	天津市武清区杨村镇雍阳西道 88 号	301700	29342134	云希荣
天津市武清区职业中等专业学校	天津市武清区黄庄街	301700	29445951	刘宝玉
天津市中医学校	天津市中医学校	301600	28941701	王宝富
天津市静海县成人职业教育中心	天津市静海县地纬路 2 号	301600	68692341	李洪明
天津市宁河县中等专业学校	天津市宁河县芦台镇金华路 100 号	301500	69592983	运文江
天津市立信职业中等专业学校	天津市南开区保山道淦江路 4 号	300190	87636012	张 彦
天津市南开职业中等专业学校	天津市南开区黄河道 458 号	300111	27692510	姚铁松
天津市慧翔职业中等专业学校	天津市南开区渭水道 8 号	300110	27641350	张丽芝
天津市中国旅行社旅游职业学校	天津市南开区迎水道 7 号	300191	23680954	周学伟
天津市新华中等职业学校	天津市南开区复康路立交桥西育才路 2 号	300381	23592377	王 斌

续表 1

校　　名	地　　址	邮政编码	电话号码	校　长
天津市礼仪职业中等专业学校	天津市南开区雅安道延安南路 1 号	300113	27032858	冯兆军
天津市北辰区中等职业技术学校	天津市北辰区富锦道 5 号	300400	26390772	李志刚
天津市涉外工业中等职业学校	天津市西青区杨柳青津同公路	300380	27911178	王新鸣
天津市宝坻区职业教育与成人教育中心	天津市宝坻区进京路 28 号	301800	82621469	李卫东
天津市西青中等专业学校	天津市西青区杨柳青柳霞路 29 号	300380	27390275	刘志强
天津市民族中等职业技术学校	天津市民族中等职业技术学校	300400	26345327	时儒山
天津市旅游育才职业技术学校	天津市和平区哈密道 121 号	300020	27303961	郭兆杰
天津市北洋职业中等学校	天津市红桥区光荣道 18 号	300131	26370089	李克山
天津市红星职业中等专业学校	天津市红桥区丁字沽三号路 45 号	300131	86513122	李克山
天津市中山志成职业中等专业学校	天津市河北区张兴庄大道 57 号	300402	86320612	魏　毅
天津市翔宇科技贸易中等职业学校	天津市翔宇科技贸易中等职业学校	300221	88242034	刘建华
修曼(天津)同文涉外职业学校	天津市河北区张兴庄大道 57 号	300204	88384377	燕　青
天津市南洋工业学校	天津市南洋工业学校	300350	28392677	王崇明
天津市中华职业中等专业学校	天津市和平区贵州路 92 号	300021	27303961	王家栋
天津铁厂中等专业学校	河北涉县天津天铁集团	056404	0310-3973515	黄金侠
天津市园林学校	天津市河东区津塘路 101 号	300181	84262746	张秀军
天津市劳动保护学校	天津市河东区卫国道南沙柳路东程泉道 2 号	300162	24379649	王玉涛
天津市第一商业学校	天津市河东区津塘路 129 号	300180	84940451	郭　葳
天津市市政工程学校	天津市河东区红星路 107 号	300171	24385574	李桂生
天津音乐学院附属中等音乐学校	天津市河东区七纬路 110 号	300171	24160002	吴秀云
天津市纺织工业学校	天津市河西区琼州道 36 号	300202	23265593	马志刚
天津市体育运动学校	天津市河西区体院北体北道 5 号	300060	23930530	杨志成
天津市仪表无线电工业学校	天津海河教育园雅深路 6 号	300350	88711528	刘　江
天津市建筑工程学校	天津市河西区郁江道 61 号	300221	60267600	杨　庚
天津市美术中等专业学校	天津市南开区长江道 60 号	300102	27373692	张国华
天津市幼儿师范学校	天津市南开区双峰道 38 号	300073	27387602	郭亦勤
天津市城市建设管理学校	天津市西青区侯台村东	300381	58627939	王金鹏
天津市第一轻工业学校	天津市红桥区勤俭道 24 号	300131	26370131	吉永发
天津市第二体育运动学校	天津市西青区津涞道 102 号	300382	23982709	王　伟
天津市劳动经济学校	天津市西青区杨柳青十四街平安道一号	300380	87972179	魏贺平
天津市交通学校	天津市西青区西青道 154 号	300112	27326774	苏　敬
天津市经济贸易学校	天津市西青区卫津南路 239 号	300381	23380960	郝立成

续表 2

校　　名	地　　　址	邮政编码	电话号码	校　长
天津市药科中等专业学校	天津市北辰区津霸公路千里堤西刘房子	300400	66339006	刘晓松
天津市滨海中等专业学校	天津市滨海中等专业学校	300270	63109253	唐慧忠
天津市滨海新区塘沽第一职业中等专业学校	天津市滨海新区塘沽塘汉路 389 号	300451	25218756	贾启来
天津市滨海新区塘沽中等专业学校	天津市滨海新区塘沽胡家园三爱里 145 号	300454	25350293	贾启来
天津港口管理中等专业学校	天津市塘沽区新港三号路 688 号	300456	25707109	冯启发
天津市统计职业中等专业学校	天津市河西区珠江道西横街 27 号	300222	28158626	张叔君
天津市电子计算机职业中等专业学校	天津市河西区利民道 48 号	300201	28332896	肖昭海
天津市盲人按摩职业学校	天津市河西区梅江道 2 号	300221	88254496	王琳琳
天津市残疾人职业学校	天津市红桥区芥园道 13 号	300121	27727628	钟建鹏
天津市国际商务学校	天津市河西区贺江道 3 号	300221	88382500	李富森
天津旅游外事职业学校	天津市河西区隆昌路 94 号	300201	28322417	穆建成
天津市滨海新区汉沽中等专业学校	天津市滨海新区汉沽新开北路 66 号	300480	25692329	李学东
天津市滨海新区汉沽职业中等专业学校	天津市滨海新区汉沽河西二纬路 32 号	300480	25668926	李学东
天津市机电工业学校	天津海河教育园区雅观路 17 号	300350	26650245	宋春林
天津泰达足球职业学校	天津经济技术开发区第十三大街 9 号	300457	60662877	姜炳坤
观瓔戏曲学校	天津市河东区万新村 12 区河东体校内	300162	24711359	张　克
天津市物资贸易学校	天津市西青区侯台村东育才路 2 号	300384	23792300	朱为刚
天津市东丽区职业教育中心学校	天津市东丽区津汉公路空港三号桥东 500 米	300300	84892879	李正海
天津市华苑职业学校	天津市大港区学苑路 694 号	300270	63315617	许国友
天津市信息工程学校	天津市蓟县武定西街 89 号	301900	29172945	赵金良
天津市轻工中等职业学校	天津市河东区大桥道 62 号	300170	24160786	戴裕崴
天津市立达职业中等专业学校	天津市河东区八纬北路 3 号	300170	24155265	李　军
天津市财经职业中等专业学校	天津市河东区华龙道 77 号	300011	24331743	窦增明
天津市工贸学校	天津市红桥区本溪路 2 号	300131	60208716	刘金栋
天津师范大学附设中职班	天津市西青区宾水西道 393 号	300387	23766015	高玉葆
天津渤海职业技术学院附设中职班	天津市河西区九连山路 11 号	300221	88250579	韩　伟
天津轻工职业技术学院附设中职班	天津海河教育园区雅观路 1 号	300350	27391637	戴裕崴
天津商务职业学院附设中职班	天津市河西区珠江道 86 号	300221	88381800	钱伟荣
天津艺术职业学院附设中职班	天津市河东区娄山道 27 号	300181	58911907	张海涛
天津冶金职业技术学院附设中职班	天津市北辰区学海道 38 号	300400	26983719	张建国
天津城市职业学院附设中职班	天津市河东区真理道 27 号	300250	26430105	李　彦

续表 3

校名	地址	邮政编码	电话号码	校长
天津铁道职业技术学院附设中职班	天津市河北区建昌道 21 号	300240	26181859	李群先
天津工艺美术职业学院附设中职班	天津市河北区红星路革新道 10 号	300250	26786331	孙敬忠
天津市聋人学校附设中职班	天津市河北区嵩山里 25 号	300250?	24575538	李 强

2013 年成人中专名录

校名	地址	邮政编码	电话号码	校长
天津市武清区教师进修学校	天津市武清区运河西街道九街村委会	301700	29341939	毛兴宇
天津市宁河县成人中等专业学校	天津市宁河县芦台镇金华路 100 号	301500	69592983	运文江
天津市南开区职工中等专业学校	天津市南开区五马路 94 号	300100	27373310	贺兰芳
天津市宝坻区教师进修学校	天津市宝坻区城关镇东街 12 号	301800	29262939	王延海
天津市宝坻区职工卫生学校	天津市宝坻区津围路 7 号	301800	29241142	李建东
天津市西青区成人中等专业学校	天津市西青区西青道 329 号	300380	27913068	宋福銘
天津市北辰区教师进修学校	天津市北辰区京津公路富锦道 1 号	300400	26390905	谢 瑞
天津市红桥区职工中等专业学校	天津市红桥区丁字沽三号路 45 号	300131	86513066	李克山
天津市和平区职工中等专业学校	天津市和平区职工中等专业学校	300070	27814736	董继超
天津求实科工贸成人中等专业学校	天津市河东区津塘路二号桥雪莲南路 71 号	300300	24391721	魏兆斌
天津市农业广播电视学校	天津市河西区友谊路西园道 5 号	300061	28358432	刘训江
天津市航运职工中等专业学校	天津市河西区灰堆柳林路 18 号	300270	28341438	娄志勇
天津市机电工业总公司 干部中等专业学校	天津市红桥区竹山路 7 号	300131	26651156	张维津
天津市津南区成人中等专业学校	天津市津南区咸水沽津沽路 700 号	300350	28392677	王崇明
天津市北辰区成人中等专业学校	天津市北辰区富锦道 1 号	300400	26830171	穆自强
天津市滨海新区 汉沽成人中等专业学校	天津市滨海新区汉沽成人中等专业学校	300480	25667851	白毅军
天津市滨海新区汉沽职工卫生学校	天津市滨海新区汉沽河西三经路南	300480	25694462	鲁 云
中交天津航道局有限公司 职工中等专业学校	天津市塘沽区中心路一号	300450	66880276	韦 冬
天津远洋职工中等专业学校	天津市塘沽区津塘路 1498 号	300451	66300663	李建国
天津市滨海新区 塘沽职工中等专业学校	天津市滨海新区塘沽东大街 28 号	300450	25894318	贾启来
天津市蓟县成人中等专业学校	天津市蓟县武定西街 89 号	301900	29172900	赵金良
天津市河东区职工中等专业学校	天津市河东区大桥道 34 号	300171	24122186	王发田

2013 年各区县初、高中学校名录

和平区

校 名	地 址	邮政编码	电话号码	校 长
第一中学	和平区西安道 117 号	300051	23391126	李 新
耀华中学	和平区南京路 106 号	300040	23394521	任奕奕
第二十中学	和平区湖北路 59 号	300050	23391920	张永泉
第二南开中学	和平区荣安大街 167 号	300021	27314272	庞 威
第十一中学	和平区河北路 211 号	300040	27111351	朱路明
汇文中学	和平区甘肃路 42 号	300020	27222377	杨文利
第十九中学	和平区河北路 30 号	300020	27302030	孙 苗
第二十一中学	和平区贵州路 92 号	300070	27818136	李 军
第五十五中学	和平区鞍山道 131 号	300070	27830123	王 杰
第六十一中学	和平区建设路 87 号	300040	23392252	韩 杰
第九十中学	和平区成都道 144 号	300070	23351756	陈荣荣
和平艺术中学	和平区河沿路 25 号	300070	27833905	赵晶波
建华中学	和平区西藏路 2 号	300021	23126281	王 钊
天津益中学校	和平区西安道 117 号余门	300051	23118688	杨仲禹
耀华嘉诚国际中学	和平区山西路 294 号	300040	23143362	曲丽敏
双菱中学	和平区湖北路 2 号	300040	23143501	赵淑珍
兴南中学	和平区山西路 36 号	300021	27302901	潘天佑

河北区

校 名	地 址	邮政编码	电话号码	校 长
第二中学	河北区昆纬路 109 号	300140	26235867	陈文昌
第十四中学	河北区水产前街 45 号	300241	26433698	高 虎
木斋中学	河北区建国道民权路 1 号	300010	24457787	王彦祺
第三十中学	河北区曙光路 6 号	300402	26310308	李成智
第三十五中学	河北区志成道治安胡同 10 号	300230	26284103	陈树华
第四十八中学	河北区王串场一号路 42 号	300150	26431870	姚茂春
第五十七中学	河北区昆纬路 38 号	300141	26236299	张 娟

续表

校　名	地　址	邮政编码	电话号码	校 长
第七十七中学	河北区革新道 9 号	300250	26320975	刘玉林
第七十八中学	河北区增产道 23 号	300150	26438046	刘宏义
第九十三中学	河北区真理道 22 号	300250	24349230	冯继红
红光中学	河北区建昌道 24 号	300241	26784018	石 勇
扶轮中学	河北区吕纬路 93 号	300142	26184109	康 臣
美术中学	河北区元纬路 50 号	300141	60518150	刘 鹤
新开中学	河北区日纬路 44 号	300142	60518482	李燕翔
汇森中学	河北区昆纬路 46 号	300140	26235868	高 虎
路华中学	河北区沧江道 2 号	300251	26752207	纵瑞彬
求真中学	河北区真理道六号路 7 号	300151	26451300	贺 莹
天士力中学	河北区水产前街 45 号	300241	26433698	魏 薇
美院美高	河北区月纬路 54 号	300142	26222023	王宝响

河东区

校　名	地　址	邮政编码	电话号码	校 长
二号桥中学	河东区福东北里 29 号	300300	81272293	张会清
第六中学(体校)	河东区万新村 16 区	300162	60571800	张庆森
福东中学	河东区一号桥耐火路 10 号	300180	24390346	陈云清
第四十五中学	河东区中山门广宁路 15 号	300181	84265335	王金义
华英中学(民办)	河东区中山门龙潭路 5 号	300181	84265335	梁宇宏
第九十八中学	河东区中山门龙潭路 19 号	300170	84232001	张 骏
第八十二中学	河东区八纬北路 3 号	300170	24315052	崔学舫
第五十四中学	河东区六纬路 135 号	300171	24314106	陈 琦
田庄中学	河东区六纬路 84 号	300170	24134667	赵芙蓉
第一〇二中学	河东区向阳楼晨阳道	300161	24556161	王贺海
第二十八中学	河东区新大王庄街 14 号	300011	24321707	邵长云
第七中学	河东区成林路 30 号	300160	24316337	王 娟
育才中学(民办)	河东区新开路 351 号	300160	24316337	王希才
香山道中学	河东区成林道香山一条	300162	24373015	卫秋然
盘山道中学	河东区万新村 19 区	300162	24720242	任 静
第八中学	河东区卫国道丽苑小区秀丽路 55 号	300252	24696797	李 旭

续表

校 名	地 址	邮政编码	电话号码	校 长
第三十二中学	河东区东站后广场金纬立交桥旁	300011	60534133	边世强
立达职专	河东区八纬北路3号	300170	24155065	
财经职专	河东区华龙道77号	300011	24416537	窦增明

河西区

校 名	地 址	邮政编码	电话号码	校 长
新华中学	河西区马场道99号	300204	23247780	于 异
华宁中学	河西区琼州道111号	300203	23286475	张之鑫
实验中学	河西区平山道1号	300074	23358689	张 红
津沽实验	河西区平山道卫星里111号	300074	23383164	余顺扬
海河中学	河西区南京路5号	300202	58688015	钱丽梅
津海中学	河西区徽州道2号	300202	58688015	钱丽梅
第四十二中学	河西区大沽南路837号	300200	28331240	孔祥连
第四十一中学	河西区马场道195号	300204	23286309	徐长群
精治中学	河西区马场道195号	300204	23280406	陈天顺
第四中学	河西区隆昌路11号	300211	28323157	王洪花
北师大天津附中	河西区大沽南路1010号	300222	28190262	杨伟云
微山路中学	河西区双水道14号	300222	28344550-1550	吴健生
环湖中学	河西区体院北环湖中道4号	300060	23514902	田占杰
滨湖中学	河西区体院北环湖北道1号	300060	23358843	刘 春
枫林路中学	河西区珠江道枫林路2号	300222	28341244	杜惠荣
双水道中学	河西区双水道31号	300222	28340573	张 勇
佟楼中学	河西区围堤道145号	300074	28374182	王昌平
梅江中学	河西区紫金山路与韩江道交口	300221	88363455	邢爱武
卓群中学	河西区白云路37号	300201	28307858	王小红
卓群高中	河西区白云路37号	300201	28307858	
培杰中学	河西区泰山路26号	300211	28307652	任津华
自立中学	河西区琼州道111号	300203	23288278	金文义
实验华冠学校(含瑞江中学)	河西区梅江道69号	300221	88381187	赵子声
电子计算机职专	河西区利民道48号	300201	28332896	肖昭海
电子计算机职专(东校区)	河西区珠江道西横街27号	300222	28158626	张淑君

南开区

校 名	地 址	邮政编码	电话号码	校 长
第五十中学	南开区广开四马路158号	300102	27371502	郭光盛
第二十九中学	南开区黄河道临汾路10号	300110	27565894	刘 红
第一一二中学	南开区迎风道西头	300191	23360080	司乃祥
南开区体育学校	南开区三潭路165号	300192	27380460	张 雯
津津中学	南开区三潭路165号	300192	60264312	李国真
育贤中学	南开区南丰路178号	300193	27417471	李 波
静文高级中学	南开区复康路210号	300384	23793962	李佩城
华泽高级中学	南开区雅安道延安南路一号	300113	27032878	马桂生
南开光明中学	南开区保山道横江里7号	300190	83614426	李 颖
南开外国语高级中学	南开区旧津保路2号	300110	27363476	李春梅
南开艺术中学	南开区云阳道6号	300113	27367052	李忠益
第一〇九中学	南开区湖镜道1号	300192	27380626	肖 伟
崇化中学	南开区鼓楼西侧北城街	300120	27274528	马淑苓
第二十五中学	南开区灵隐道14号	300193	27459901	滕春英
育红中学	南开区南开三纬路110号	300100	27433672	苏长质
第九中学	南开区凌宾路奥城53号	300381	83774901	吕国强
第四十三中学	南开区黄河道452号	300110	27365504	谷梦琴
南开中学	南开区四马路22号	300100	27483391	马跃美
第六十三中学	南开区天托南横江里平房7号	300190	83614426	李 颖
天津中学	南开区华苑中孚路41号	300384	23725549	国赫孚
第六十六中学	南开区云阳道6号	300113	27367052	李忠益
南开大学附属中学	南开区三潭路165号	300192	60264312	邢维静
津英中学	南开区黄河道494号	300112	27518993	张慧颖
南开区外国语中学	南开区旧津保路2号	300110	27363476	李春梅
南开翔宇学校	南开区二纬路109号	300221	58785086	康岫岩
南开区实验学校	南开区华苑小区锦环道	300384	23719375	谢永芬
天津市引滦学校	河北省唐山市迁西县洒河乡桃园村	64309	0315-5893099	赵之雍
南开区育智学校	南开区红旗路宜宾道3号	300131	23694109	尹立新

红桥区

校 名	地 址	邮政编码	电话号码	校 长
铃铛阁外国语中学	红桥区复兴路西侧	300121	27566902	郭文颖
民族中学	红桥区西青道 87 号	300122	27322498	尹淑霞
西青道中学	红桥区西青道 171 号	300122	27724746	刘 扬
第五十一中学	红桥区邵公庄大街 17 号	300122	27326392	刘 凯
泰达实验中学	红桥区赵家场大街 8 号	300122	87739720	刘学勤
第五中学	红桥区红桥北大街 58 号	300132	86513077	杨海荣
怡和中学	红桥区光荣道 35 号	300132	86513085	张光宇
第八十九中学	红桥区洪湖东路 1 号	300130	86521720	姜海涛
第八十中学	红桥区光荣道 39 号	300130	26371337	张宝华
佳春中学	红桥区千里堤佳春里 18 号	300134	86513110	马树新
第三中学	红桥区丁字沽一号路向东道 1 号	300131	26532554	刘玉明
方舟实验中学	红桥区咸阳北路凤城路 2 号	300131	26370248	王泽宽
体育学校	红桥区洪湖东路 1 号	300130	27329943	孙宗浩
复兴中学	红桥区春合路 1 号	300121	87726028	刘 浩
瑞景中学	北辰区环瑞北路 2 号	300134	86681012	杨建华
红星职专	红桥区丁字沽三号路 45 号	300131	86513108	李克山
北洋职专	红桥区丁字沽三号路 45 号	300131	86513108	李克山

东丽区

校 名	地 址	邮政编码	电话号码	校 长
天津市第一百中学	东丽区津塘二线紫英路 2 号	300300	84933639	吴世民
四合庄中学	东丽区津塘公路五号桥	300300	24997770	王玉起
军粮城中学	东丽区军粮城街道刘台村	300301	84968249	李正午
钢管公司中学	东丽区无瑕街道缝春道 2 号	300301	24802331	张桂玲
滨海实验学校	东丽区无瑕街道无瑕花园北	300301	24363716	杨占峰
东丽中学	东丽区张贵庄街道招远路南	300300	24979088	刘敬勇
鉴开中学	东丽区津塘二线北外环线外 1000 米	300300	24959582	李耀桐
程林中学	东丽区万新街道北程林村北	300300	24710496	刘淑霞

续表

校　名	地　址	邮政编码	电话号码	校　长
南孙庄中学	东丽区金钟街道南孙庄村	300240	84814555	杨东发
东丽区民族中学	东丽区么六桥回族乡一职专西津北公路南	300300	84892612	苑树桐
小东庄中学	东丽区新立街道小东庄村	300300	24991684	张世友
军粮城二中	东丽区军粮城街道气象街 7 排 1 号	300301	84968286	闫桂英
大毕庄中学	东丽区金钟路工业园区	300251	26764344	王玉璋
华明中学	东丽区华明街道华明家园	300300	24890878	霍建刚

西青区

校　名	地　址	邮政编码	电话号码	校　长
杨柳青一中	西青区杨柳青镇崇文道 88 号	300380	27391727	▲韦　芳
杨柳青二中	西青区杨柳青柳口路 51 号	300380	27391603	任广杰
杨柳青三中	西青区杨柳青镇新华道 175 号	300380	27391606	▲李　昕
杨柳青四中	西青区杨柳青镇新华道 42 号	300380	27394428	韦　敏
成人中专	西青区杨柳青镇三经路	300380	27390215	宋福铭
中北中学	西青区中北镇政府西	300112	27937996	门玉辉
张家窝中学	西青区张家窝村东	300382	87981244	祝　涛
当城中学	西青区辛口镇当城村东	300380	87990856	冯克文
第九十五中学	西青区李七庄街梨园头村	300381	23960014	▲董爱军
大寺中学	西青区大寺镇大仕庄村东	300385	23972687	岳庆一
王稳庄中学	西青区王稳庄镇王稳庄村	300383	23990841	▲韩建新
付村中学	西青区精武镇付村津涞公路旁	300382	23985737	▲魏绍荣
进修学校	西青区杨柳青镇柳口路 5 号	300112	27919292	孙爱华
西青中等专业学校	西青区杨柳青镇柳霞路 79 号	300380	27390275	刘志强

注:▲为主持工作

津南区

校　名	地　址	邮政编码	电话号码	校　长
咸水沽一中	津南区咸水沽津歧路全红桥旁	300350	28558261	许浩然
咸水沽二中	津南区咸水沽镇津沽路东	300350	28399226	李洪来
咸水沽三中	津南区咸水沽镇津沽路南	300350	28539838	周桂成

续表

校　　名	地　　　址	邮政编码	电话号码	校　长
双港中学	津南区双港镇双港村西	300350	28582456	刘士民
辛庄中学	津南区辛庄镇	300350	88531473	辛宪祥
南洋中学	津南区咸水沽镇津歧路西	300350	88714321	杨金钟
双桥中学	津南区双桥河镇西	300350	28391416	韩志艺
葛沽一中	津南区葛沽镇西	300352	28690002	石文慧
葛沽三中	津南区葛沽镇刘庄村	300352	28690774	王贤瑞
八里台一中	津南区八里台镇中兴大街 17 号	300350	88523316	崔洪顺
北闸口中学	津南区北闸口镇北闸口村	300353	88538766	李永和
小站一中	津南区小站镇	300353	28618681	陈志森
小站实验中学	津南区小站镇北湖村	300353	88615079	邵长春
八里台二中	津南区八里台镇双闸村	300353	88529462	刘泽广
天华中学	津南区咸水沽镇二八公路西侧	300350	88911228	宫玉水
南华中学	津南区咸水沽镇南环路	300350	28510141	刘书琪
培智学校	津南区咸水沽镇红旗路	300350	28392442	刘玉兰
南洋职业技术学校	津南区咸水沽镇津沽路 700 号	300350	28392677	王崇明

北辰区

校　　名	地　　　址	邮政编码	电话号码	校　长
第四十七中学	北辰区京津公路富锦道南	300400	26918802	刘学安
第九十六中学	北辰区宜兴埠镇三千路	300400	26300788	张学伟
南仓中学	北辰区天穆镇南仓村东(南仓村东)	300400	26340148	狄建成
朱唐庄中学	北辰区朱唐庄中学	300402	26990064	李永辉
青光中学	北辰区青光镇政府西	300401	26951982	杜玉宽
华辰学校	北辰区京津公路 517 号	300400	26391036	苗　芊
实验中学	北辰区果园北道 21 号	300400	86817859	王金成
北辰职专	北辰区富锦道 47 中北侧	300400	26390772	李志刚
民族职专	北辰区京津公路天穆村北	300400	26345327	时儒山
集贤里中学	北辰区虎林路 11 号	300400	26392701	刘庆河
北仓二中	北辰区北医道	300400	26391332	尚志伟
双口中学	北辰区双口镇双口中学	300401	86837409	范桂兰

续表

校　　名	地　　址	邮政编码	电话号码	校　长
第九十二中学	北辰区双街镇万源星城内顺风路	300400	26979681	胥　刚
河头学校	北辰区双口镇上河头村	300401	26950041	苗中营
小淀中学	北辰区小淀镇北	300402	26990333	李　东
大张庄中学	北辰区大张庄镇大张庄村	300402	86852308	陈树义
普育学校	北辰区宜兴埠北下坡	300402	26312208	梁　峰
堤头中学	北辰区西堤头东堤头村	300402	86849337	刘福颖
霍庄中学	北辰区西堤头霍庄村	300402	86823655	周立东

武清区

校　　名	地　　址	邮政编码	电话号码	校　长
杨村第一中学	武清区杨村镇泉州路	301700	82171242	赵学斌
杨村第三中学	武清区杨村镇建设南路 4 号	301700	29342310	孙永生
杨村第四中学	武清区杨村镇建国南路 57 号	301700	29326911	耿兆奎
梅厂中学	武清区梅厂镇梅三村	301701	29534022	刘天智
崔黄口中学	武清区崔黄口镇卫生院旁	301702	29573685	赵玉良
大良中学	武清区大良镇大良村	301703	29567066	王立新
河西务中学	武清区河西务镇	301714	29439040	赵克良
南蔡村中学	武清区南蔡村镇	301709	29411627	顾维宪
城关中学	武清区城关镇南门外	301712	29461099	郝凤奇
黄花店中学	武清区黄花店镇	301708	29481067	陈玉明
王庆坨中学	武清区王庆坨镇西	301713	29518796	陈广宽
杨村第二中学	武清区杨村镇塔园路 36 号	301700	29581243	李　江
杨村第五中学	武清区杨村镇泉兴路西侧	301700	59616720	苏文发
杨村第六中学	武清区杨村街光明道与泉兴路交口	301700	82162517	张宝生
杨村第七中学	武清区杨村镇雍阳西道亨通花园北	301700	82191672	王贵营
杨村第八中学	武清区杨村镇新湾花园西侧	301700	82171029	周建国
杨村第九中学	武清区杨村镇泉达路东侧	301700	82171148	张立谦
雍阳中学	武清区杨村镇大桥道	301700	22101841	王长明
徐官屯乡初级中学	武清区徐官屯乡初级中学	301700	29337626	耿悦礼
黄庄乡初级中学	武清区黄庄街黄庄村	301700	29362366	张学成

续表

校　　名	地　　址	邮政编码	电话号码	校　长
下朱庄街初级中学	武清区下朱庄街道办事处西 200 米	301700	29337044	房秀茹
曹子里乡初级中学	武清区曹子里乡杨碱厂北	301727	29559527	韩宝田
梅厂镇初级中学	武清区梅厂镇梅三村	301701	29535351	云洪祥
大黄堡乡初级中学	武清区大黄堡乡大黄堡村	301731	82241097	刘长春
上马台乡初级中学	武清区上马台镇东薛庄村南	301701	82289906	祖德林
大碱厂镇初级中学	武清区大碱厂镇幸福道 24 号	301706	82219174	郭永强
崔黄口镇崔黄口初级中学	武清区崔黄口镇四街北	301702	29571354	龚　印
崔黄口镇后巷初级中学	武清区崔黄口镇后巷村东	301702	82205299	张秀权
大良镇初级中学	武清区大良镇大良村	301703	29561328	闫井先
下伍旗镇初级中学	武清区下伍旗镇田辛庄村东	301705	22289174	刘振德
河北屯镇初级中学	武清区河北屯镇河北屯村	301704	22275074	黄振民
南蔡村镇南蔡村初级中学	武清区南蔡村镇定福庄村西	301709	29411844	李洪泽
南蔡村镇北蔡村初级中学	武清区南蔡村镇北蔡村	301709	22251430	宋俊芳
大孟庄镇幼庄初级中学	武清区大孟庄镇前幼庄村	301711	22262761	周文亮
泗村店镇初级中学	武清区泗村店镇政府西	301709	29425981	王　龙
河西务镇初级中学	武清区河西务镇河西务村	301714	29430539	张立海
河西务镇大沙河初级中学	武清区河西务镇大沙河村	301714	22235070	张志明
高村乡高村初级中学	武清区高村乡高村	301714	22221626	田金刚
城关镇中学	武清区城关镇南门外	301712	29461049	贺名礼
白古屯乡初级中学	武清区白古屯乡政府东 100 米	301712	22186483	孙　明
大王古庄镇初级中学	武清区大王古庄镇大王古庄村	301712	22193955	魏秀领
东马圈镇初级中学	武清区东马圈镇东马圈村	301717	29471615	王凤林
豆张庄乡豆张庄初级中学	武清区豆张庄乡政府北	301707	22167714	周桂新
豆张庄乡南双庙初级中学	武清区豆张庄乡南双庙村西	301707	22167697	宋志伟
黄花店镇初级中学	武清区黄花店镇南	301708	29480222	陈　明
石各庄镇初级中学	武清区石各庄镇石东村	301718	22159210	于成文
陈咀镇初级中学	武清区陈咀村东	301741	22146207	刘冠军
王庆坨镇初级中学	武清区王庆坨镇六街	301713	29518807	孙开明
汉沽港镇初级中学	武清区汉沽港镇六道口村东	301721	29491422	王　龙

宝坻区

校　　名	地　　　址	邮政编码	电话号码	校　长
第一中学	宝坻区北城路东段1号	301800	29228633	梁建新
第四中学	宝坻区进京路30号	301800	82621714	陈国旺
李家深高级中学	宝坻区牛道口镇李家深村	301821	22588125	李　发
大口屯高级中学	宝坻区大口屯镇镇东	301801	29685535	赵宝亮
大白庄高级中学	宝坻区大白庄镇大白庄村	301802	29660252	秦瑞山
林亭口高级中学	宝坻区林亭口镇北	301804	82538309	顾伯儒
大钟庄高级中学	宝坻区大钟庄镇大钟庄村	301806	82428725	王　树
王卜庄高级中学	宝坻区王卜庄镇王卜庄村西	301800	82590706	杨仕仲
育英中学	宝坻区南关大街20号	301800	29262638	赵春玉
艺术中学	宝坻区小火神庙胡同19号	301800	29262963	刘洪洋
博爱学校	宝坻区宝平街道刘辛庄宿舍北	301800	82623046	张庆武
第二中学	宝坻区海滨街道苏北路5号	301800	29241568	肖绍成
第三中学	宝坻区建设路46号	301800	29262353	王月明
第五中学	宝坻区宝平街道进京路31号	301800	82622966	刘洪新
第六中学	宝坻区宝平街道开元路东	301800	82692912	张敬军
霍各庄镇初级中学	宝坻区霍各庄镇政府东	301800	22518634	高连芳
史各庄镇中学	宝坻区史各庄镇史各庄村东	301800	22578454	张振亚
牛道口镇第一初级中学	宝坻区牛道口镇牛道口村	301800	22558164	刘连庆
高家庄镇高家庄初级中学	宝坻区高家庄镇乔辛庄西	301800	22538820	陈志杰
高家庄镇三岔口初级中学	宝坻区高家庄镇三岔口村南	301800	22548493	王　宇
大口屯镇初级中学	宝坻区大口屯镇镇西	301801	29689474	陈　静
马家店镇马家店中学	宝坻区马家店镇马家店村	301800	29649245	王希杰
新开口镇初级中学	宝坻区新开口镇新开口村西	301815	29611091	杨万良
牛家牌镇初级中学	宝坻区牛家牌乡工业区东	301809	29635034	汪志文
郝各庄镇初级中学	宝坻区郝各庄镇前郝村	301800	29679047	刘玉普
大白庄镇中学	宝坻区大白庄镇大白庄村	301802	29660291	李金伟
大唐庄镇初级中学	宝坻区大唐庄镇大唐庄村	301802	29657037	李维庆
尔王庄乡初级中学	宝坻区尔王庄乡尔王庄村	301802	22469474	张富春
周良庄镇周良庄初级中学	宝坻区周良庄镇周良庄村	301800	22499457	李国华
林亭口镇林亭口初级中学	宝坻区林亭口镇大侯庄西	301804	82538359	苏玉国

续表

校　　名	地　　　址	邮政编码	电话号码	校　长
林亭口镇糙甸初级中学	宝坻区林亭口镇糙甸村西	301804	82554682	赵俊富
八门城镇八门城中学	宝坻区八门城镇八门城四村	301823	82567117	赵庆同
黄庄镇初级中学	宝坻区黄庄乡黄庄村北	301803	82579347	杨印昌
黄庄镇黄庄小学	宝坻区黄庄乡黄庄村	301803	82579444	王成友
王卜庄镇何仉庄初级中学	宝坻区王卜庄镇南申庄西	301805	82458164	陈俊奇
方家庄镇方家庄初级中学	宝坻区方家庄镇方后村	301827	82447140	田庆恒
方家庄镇杨家口初级中学	宝坻区方家庄镇杨家口村	301805	22597259	杨树清
口东镇初级中学	宝坻区口东镇口东政府北 50 米	301800	22568685	王立河
大钟庄镇初级中学	宝坻区大钟庄镇工业小区	301806	82428774	岳树政
新安镇初级中学	宝坻区新安镇正大街 1 号	301825	82469117	杜泽民
宝坻中等专业学校	宝坻区进京路 28 号	301800	82621469	李卫东
宝坻一职	宝坻区黄庄乡黄庄村南	301803	82579112	张汝光

蓟　县

校　　名	地　　　址	邮政编码	电话号码	校　长
渔阳镇中学	蓟县渔阳镇下闸路	301900	29169229	张素芹
渔阳镇仓上屯中学	蓟县渔阳镇仓上屯村	301900	82862636	王继业
洇溜镇初级中学	蓟县洇溜镇敦庄子村东	301909	29129974	张占山
盘山初级中学	蓟县官庄镇人民政府东	301915	29820119	肖建明
官庄镇南营初级中学	蓟县官庄镇居官屯村西	301915	29825056	王志齐
马伸桥镇初级中学	蓟县马伸桥镇大街北 200 米	301909	29739180	张　如
马伸桥镇宋家营初级中学	蓟县马伸桥镇宋家营村村北	301909	22777188	王铁铮
穿芳峪镇初级中学	蓟县穿芳峪镇政府南 0.5 公里路西	2019019	22762649	许学超
孙各庄满族乡初级中学	蓟县孙各庄满族乡夏家林村南	301909	22741044	罗　劲
别山镇科科初级中学	蓟县别山镇科科村	301900	82726137	王志东
别山镇杨家楼初级中学	蓟县别山镇后楼村	301907	29773497	张永波
别山镇别山初级中学	蓟县别山镇别山村	301907	29779036	陈旭东
别山镇下里庄初级中学	蓟县别山镇下里庄村	301907	29779007	李会红
五百户镇华严寺初级中学	蓟县五百户镇东四百户村东	301908	29791360	潘国忠
五百户镇九百户初级中学	蓟县五百户镇九百户村	301908	29783103	唐汉宇
上仓镇东塔初级中学	蓟县上仓镇程家庄西	301906	29859341	王少连

续表

校　　名	地　　址	邮政编码	电话号码	校　长
下窝头镇中学	蓟县下窝头镇侯井刘村南	301906	82782569	杜汉永
下窝头镇白塔子中学	蓟县下窝头镇白塔子村北	301906	22808345	王东兴
东施古镇初级中学	蓟县东施古镇孟辛庄村南	301906	82743052	孟凡成
下仓镇初级中学	蓟县下仓镇桥头庄	301905	29876799	蒙占武
下仓镇蒙馆初级中学	蓟县下仓镇南赵庄村	301905	82776046	贾洪超
下仓镇大杨家村庄初级中学	蓟县下仓镇大杨家庄北	301905	29870189	白继忠
下仓镇大仇庄初级中学	蓟县下仓镇大仇庄村	301905	82757186	王　宾
杨津庄镇初级中学	蓟县杨津庄镇杨津庄村	301906	29860698	焦连仲
杨津庄镇大埑上初级中学	蓟县杨津庄镇大周庄村	301906	22792978	王守余
尤古庄镇初级中学	蓟县尤古庄镇邓各庄村北	301902	29837126	滕化权
尤古庄镇西塔庄初级中学	蓟县尤古庄镇梁贾庄村南	301902	29837158	王宝占
侯家营镇初级中学	蓟县侯家营镇于庄户村	301904	22832626	绳建丰
侯家营镇三岔口初级中学	蓟县侯家营镇三岔口村北	301904	29841004	付士杰
桑梓镇初级中学	蓟县桑梓镇赵家坨村北	301903	22843103	周尚义
桑梓镇刘家顶初级中学	蓟县桑梓镇刘家顶村	301901	22861052	张桂芳
桑梓镇西芦庄初级中学	蓟县桑梓镇西芦庄村	301903	22843044	潘俊祥
邦均镇第一初级中学	蓟县邦均镇孙后庄村西	301901	22880022	张建峰
邦均镇第二初级中学	蓟县邦均镇京哈公路 17 号	301901	29818611	张海青
许家台镇初级中学	蓟县许家台镇许家台村东	301901	22820660	吴文宽
下营镇初级中学	蓟县下营镇下营村	301913	29718112	杨学民
罗庄子镇初级中学	蓟县罗庄子镇史家井	301913	29728631	耿学芳
罗庄子镇洪水庄初级中学	蓟县罗庄子镇洪水庄村	301900	22728297	郝德春
出头岭镇初级中学	蓟县出头岭镇三屯村	301911	29757297	吴志波
出头岭镇景兴春蕾初级中学	蓟县出头岭镇王官屯村	301911	29757637	孙汉峰
第一中学	蓟县迎宾大街 1 号	301900	82713016	刘兆来
第二中学	蓟县人民西大街 221 号	301900	82822305	高云波
天津市信息工程学校	蓟县城关武定西街 89 号	301900	29172945	赵金良
天津市蓟县第四中学	蓟县兴华大街 59 号	301900	29036179	李金钟
渔阳中学	蓟县城关镇迎宾路 1 号	301900	82713158	张宝满
实验中学	蓟县渔阳镇光明路	301900	29196060	吴印福
蓟州中学	蓟县渔阳南路 74 号	301900	29012341	刘建钧

续表

校　　名	地　　　址	邮政编码	电话号码	校　长
燕山中学	蓟县县城西环路7号	301900	29172605	何　志
马伸桥中学	蓟县马伸桥镇北	301909	29739132	陈　忠
杨家楼中学	蓟县别山镇后楼村北	301907	29779532	刘树武
上仓中学	蓟县上仓镇南闵庄	301906	29858232-8029	孙永功
下仓中学	蓟县下仓镇北	301905	29879516	刘巨广
康各庄中学	蓟县尤古庄镇北1公里宝平路东	301902	29837908	田　林
邦均中学	蓟县邦均镇大转盘南400米	301901	29818301	李　武
下营中学	蓟县下营镇	301913	29710116	张建文
擂鼓台中学	蓟县出头岭镇北擂鼓台村北	301911	59168966	孟庆国

宁河县

校　　名	地　　　址	邮政编码	电话号码	校　长
芦台第三中学	宁河县芦台镇震新路2号	301500	69561049	杨高山
芦台第五中学	宁河县芦台镇金翠路2号	301500	69560490	阚文广
宁河镇中学	宁河县宁河镇张辛村	301504	69417002	吕国良
宁河镇大辛中学	宁河县宁河镇江洼口村	301507	69261084	田长学
潘庄镇大贾庄中学	宁河县潘庄镇大贾村	301508	69310442	刘德连
潘庄镇中学	宁河县潘庄镇潘庄村	301508	69529152	运乃利
丰台镇小李庄中学	宁河县丰台镇小李村	301503	69231374	李春阳
丰台镇后棘坨中学	宁河县丰台镇后棘坨村	301503	69499868	赵立国
大北涧沽镇中学	宁河县大北涧沽镇大北村	301500	69549171	李学辉
东棘坨镇中学	宁河县东棘坨镇西棘坨村	301508	69379875	王志生
芦台镇小薄中学	宁河县芦台镇小薄村	301500	69111272	张国明
七里海镇中学	宁河县七里海镇大坨村	301509	69531163	王宝海
七里海镇南涧沽中学	宁河县七里海镇张尔沽村	301509	69361603	孙仕文
造甲城中学	宁河县造甲城镇造甲城村	301510	69519249	李学彬
芦台镇赵庄中学	宁河县芦台镇205国道与宝芦公路交口南侧	301500	69192701	杨术波
苗庄中学	宁河县苗庄镇苗庄村	301504	69221042	黄建和
岳龙镇中学	宁河县岳龙镇村南	301502	69251624	董建军
北淮淀乡北淮淀中学	宁河县北淮淀乡北淮淀村东	301509	69321042	郑永明
东棘坨镇赵本中学	宁河县东棘坨镇李城村西北	301505	69439034	钱连省

续表

校　名	地　　址	邮政编码	电话号码	校　长
板桥镇板桥中学	宁河县板桥镇盆罐村南	301507	69469047	高志全
廉庄乡中学	宁河县廉庄乡孟庄村南	301500	69459857	张汝波
俵口中学	宁河县俵口乡洛里坨村	301506	69331144	魏　星
芦台第一中学	宁河县芦台镇一中路 1 号	301500	69561221	董丽敏
永兴中学	宁河县芦台镇一中路 1 号	301500	69561221	李天才
芦台第四中学	宁河县芦台镇震新路 45 号	301500	69110732	陈月桂
丰台中学	宁河县丰台镇东村	301503	69489144	刘福军
潘庄中学	宁河县潘庄镇潘庄村	301508	69529151	陈再清
任凤高中	宁河县七里海镇任凤村	301509	69539034	赵凤来
芦台第二中学	宁河县芦台镇震新路 30 号	301500	69564329	杨炳柱

静海县

校　名	地　　址	邮政编码	电话号码	校　长
王口中学	静海县王口镇大瓦头村	301603	28836079	王明升
独流中学	静海县独流镇新开路	301602	68815298	李子海
唐官屯中学	静海县静海县唐官屯镇	301608	28878835	李祥民
中旺中学	静海县静海县中旺镇	301614	68531015	张文达
第一中学	静海县静海县地纬路东段	301600	8600800	张福宾
第四中学	静海县静海镇胜利大街南街 112 号	301600	28944988	尚凯军
第六中学	静海县静海镇口子门村新兴路增 1 号	301600	68981998	陈克洪
陈官屯中学	静海县陈官屯镇一街南头	301604	68762997	姜玉彬
光明中学	静海县静海镇静文路 37 号	301600	68600686	汪少盾
蔡公庄中学	静海县静海县蔡公庄镇蔡公庄村南	301606	68565171	姚家新
瀛海学校	静海县静海镇南纬一路西	301600	28941071	胡子孚
实验中学	静海县静海镇建设路 5 号	301600	28919318	王建龙
第二中学	静海县静海镇胜利街 5 号	301600	28948409	李绍玉
第五中学	静海县静海镇地纬路中段	301600	68690503	周明生
第七中学	静海县静海镇胜利南路 89 号	301600	28941045	卢凤臣
体育运动学校	静海县东方石油基地学校院内	301608	28912094	孙春来
双塘镇中学	静海县双塘镇西双塘村	301600	68865025	赵家贵
大丰堆镇中学	静海县大丰堆镇大丰堆村	301609	68663158	张振禄

续表

校　　名	地　　址	邮政编码	电话号码	校　长
梁头镇中学	静海县梁头镇梁头村	301600	68969071	高春霞
良王庄乡良王庄中学	静海县良王庄乡良王庄村	301601	68120007	张启志
良王庄乡府君庙中学	静海县良王庄乡府君庙村	301600	68975052	赵志朋
王口镇中学	静海县王口镇王口村	301603	28836193	刘世伟
台头镇中学	静海县台头镇义和村	301613	68131989	李树海
子牙镇中学	静海县子牙镇王二庄村	301605	68856882	韩玉柱
沿庄镇中学	静海县沿庄镇东禅房村	301605	68775351	董继春
沿庄镇东滩头中学	静海县沿庄镇东滩头村	301605	68771109	张　辉
陈官屯镇王官屯中学	静海县陈官屯镇王官屯村	301604	68751037	刘万洪
陈官屯镇中学	静海县陈官屯镇小钓台村	301604	68761034	刘俊新
团泊镇中学	静海县团泊镇宫家堡村	301636	68504126	陈润树
西翟庄镇中学	静海县西翟庄镇西翟庄村	301611	68371043	商恩桥
蔡公庄镇镇中学	静海县蔡公庄镇蔡公庄村	301606	68565135	周德振
大邱庄镇胡连庄中学	静海县大邱庄镇胡连庄村	301606	68557247	宋振利
大邱庄镇中学	静海县大邱庄镇	301606	28899522	任　超
杨成庄乡杨成庄中学	静海县杨成庄乡杨成庄村	301617	68651100	牛炳宝
中旺镇中学	静海县中旺镇中旺村	301614	68534866	孙锦泉
中旺镇大庄子中学	静海县中旺镇大庄子村	301614	68521635	张树华
静海镇徐庄子中学	静海县静海镇徐庄子村	301600	68686084	马君刚
唐官屯镇中学	静海县唐官屯镇	301608	28877791	孙精华
唐官屯镇大张屯中学	静海县唐官屯镇大张屯村	301608	68361849	李国胜
唐官屯镇大郝庄中学	静海县唐官屯镇大郝庄村	301608	68353013	李树成
独流镇中学	静海县独流镇兴业大街	301602	68815123	刘文玉
独流镇北肖楼中学	静海县独流镇增光渠东侧	301602	68815160	顾来源
静海汇才中学	静海县静海镇静文路 37 号	301600	28942603	王　骥
模范学校	静海县静海镇地纬路东段	301600	68603088	陈向党
东方石油基地学校	静海县唐官屯基地管理处	301608	68306666	姚增安
台头镇三堡学校	静海县台头镇三堡村	301602	68168074	张作群
子牙镇王庄子学校	静海县子牙镇王庄子村	301605	68951004	曹广彦
大邱庄镇尚码头学校	静海县大邱庄镇前尚码头村	301611	68599075	翟洪霞
大邱庄镇尧舜实验学校	静海县大邱庄镇尧舜度假村	301606	68583993	舒树江
大邱庄镇大屯学校	静海县大邱庄镇大屯村	301606	28895379	苏焕胜
建华学校	静海县静海镇静文路城西 33 号	301600	28912039	张作林

滨海新区

校　名	地　址	邮政编码	电话号码	校　长
滨海新区塘沽一中	滨海新区塘沽烟台道3号	300450	25863957	于学光
滨海新区塘沽育华中学	滨海新区塘沽河北路5号	300456	66700255	
滨海新区塘沽紫云中学	滨海新区塘沽新港三号路3351号	300450	25861758	何建民
滨海新区塘沽二中	滨海新区塘沽上海道浙江路74号	300450	25861758	
滨海新区塘沽十三中	滨海新区塘沽广州道开源里21号	300451	66368422	段　红
滨海新区塘沽滨海中学	滨海新区塘沽杭州道吉林路2号	300450	25716881	张云忠
滨海新区塘沽三中				
滨海新区塘沽体校				
滨海新区塘沽一职专	滨海新区塘沽塘汉路389号	300451	66308624	贾启来
滨海新区塘沽中专	滨海新区塘沽胡家园三爱里145号	300454	66580138	
滨海新区塘沽五中	滨海新区塘沽营口道31号	300450	25894058	贾立新
滨海新区塘沽六中	滨海新区塘沽东大街北头	300450	25893649	甄凤祥
滨海新区塘沽九中	滨海新区塘沽大梁子振教路12号	300455	66611151	林桂虎
滨海新区塘沽十一中	滨海新区塘沽向阳北街1号	300450	25892263	刘昌芹
滨海新区塘沽十四中	滨海新区塘沽广州道51号	300451	25816878	侯树梅
滨海新区塘沽十五中	滨海新区塘沽广州道江西路2号	300451	25349187	潘怀林
滨海新区塘沽新港中学	滨海新区塘沽新港二号路3号	300456	25792129	慕婉莉
滨海新区塘沽新城中学	滨海新区塘沽新城镇新城中学	300455	25330921	王长洪
滨海新区塘沽河头中学	滨海新区塘沽胡家园街河头中学	300454	25359039	李晓光
滨海新区塘沽中心庄中学	滨海新区塘沽中心庄村西	300454	25365038	张　兵
滨海新区塘沽实验学校（工农村校区）	滨海新区塘沽河北路47号	300451	25212870	张兴泰
滨海新区塘沽实验学校（营口道校区）	滨海新区塘沽营口道1421号	300450	25861865	
滨海新区塘沽实验学校（远洋城校区）	滨海新区塘沽远洋城居住区内	300454	66591038	
滨海新区塘沽宁车沽学校(中学部)	滨海新区塘沽宁车沽东村	300453	25231007	王　健
滨海新区塘沽北塘学校(中学部)	滨海新区北塘文化宫大街28号	300453	25253464	李世伟
滨海新区塘沽新湖学校(中学部)	滨海新区塘沽胡家园普利达开发小区五翠路	300454	66592021	郭如良
滨海新区塘沽盐场中学	滨海新区塘沽河南路34号	300455	66680256	韩凤轩
滨海新区塘沽渤油石油一中	滨海新区塘沽渤海石油家属院内	300452	25808386	郑宝国

续表

校 名	地 址	邮政编码	电话号码	校 长
滨海新区塘沽渤油石油二中	滨海新区塘沽渤海石油家属院内	300452	66916684	肖宗熙
滨海新区汉沽一中	滨海新区汉沽文化东街 9 号	300480	67193142	白正三
滨海新区汉沽二中	滨海新区汉沽东风路友谊路南	300480	67113547	张洪延
滨海新区汉沽三中	滨海新区汉沽河西二经路	300480	25661724	张 建
滨海新区汉沽五中	滨海新区汉沽新村街	300480	67192727	王克生
滨海新区汉沽六中	滨海新区汉沽河西二连里	300480	25695605	周胜镇
滨海新区汉沽八中	滨海新区汉沽文化街 80 号	300480	67194475	王 伟
滨海新区汉沽九中	滨海新区汉沽太平东街	300480	67114398	张建文
滨海新区茶淀中学	滨海新区汉沽茶淀镇茶西村	300480	25696346	郭志勇
滨海新区桃园中学	滨海新区汉沽杨家泊镇杨家泊村北	300480	67257653	许福禄
滨海新区高庄中学	滨海新区汉沽杨家泊镇高庄村	300480	67261256	张立军
滨海新区大田中学	滨海新区汉沽大田镇大田村南	300480	67227208	刘宗利
滨海新区后沽中学	滨海新区汉沽茶淀镇后沽村南	300480	67273255	孙玉森
滨海新区汉沽中专	滨海新区汉沽新开北路 66 号	300480	25662166	李学东
滨海新区汉沽启智学校	滨海新区汉沽新村街 23 号	300480	67113608	王金峰
滨海新区大港第一中学	大港区世纪大道东 288 号	300270	25993012	李凤清
滨海新区大港实验中学	滨海新区大港世纪大道 191 号	300270	63386609	宋玉林
滨海新区大港第三中学	滨海新区大港迎宾街 130 号	300270	63388046	李庆忠
滨海新区大港第八中学	滨海新区大港迎新街 77 号	300270	63389201	张 森
太平村中学	滨海新区大港太平镇	300282	63142100	刘承宏
大港第二中学	大港区育秀街和世纪大道交口	300270	63212822	孟宝彦
滨海新区大港第五中学	滨海新区大港学府路	300270	63309825	刘炳昭
滨海新区大港第六中学	滨海新区大港旭日路与凯旋街交汇处	300270	63100303	何世利
滨海新区大港第七中学	滨海新区大港喜荣街与石化路交口	300270	62087438	张明术
滨海新区大港第九中学	滨海新区大港迎宾街开元里	300270	59719204	刘志奇
滨海新区大港滨湖学校	滨海新区大港古林街官港滨湖学校	300274	63285086	周允山
滨海新区大港第四中学	滨海新区大港中塘镇中港路 14 号	300277	63270860	刘文熙
滨海新区大港栖凤中学	滨海新区大港中塘镇栖凤北里	300273	63132822	王文阁
小王庄中学	滨海新区大港小王庄镇 205 国道西侧	300273	63129586	胡秀安
徐庄子中学	滨海新区大港小王庄镇徐庄子村	300275	63169041	高颖贤
刘岗庄中学	滨海新区大港小王庄镇刘岗庄村	300025	63166037	刘月军
太平村第二中学	滨海新区大港太平镇北环路	300282	63148107	刘培义

续表

校　　名	地　　址	邮政编码	电话号码	校　长
窦庄子中学	滨海新区大港太平镇窦庄子村东环路	300282	63189128	窦书森
苏家园学校	滨海新区大港太平镇苏家园村西	300282	63155203	刘冬清
远景学校	滨海新区大港港西街远景一村东	300282	63199901	王金峰
沙井子学校	滨海新区大港港西街沙井子二村	300283	63192506	赵议文
滨海新区大港窦庄子联校	滨海新区大港太平镇窦庄子村东环路东侧	300282	63189384	窦连信
滨海新区大港特殊教育学校	滨海新区大港振兴路东 3 号	300270	63107882	房义兰
滨海中等专业学校	滨海新区大港霞光路 42 号	300270	63219214	唐慧忠
滨海新区大港油田实验中学	滨海新区大港油田二号院	300280	25969889	朱宝树
滨海新区大港油田第一中学	滨海新区大港油田二号院	300280	25921168	张庆军
滨海新区大港油田第二中学	滨海新区大港油田钻井	300280	25972824	张泽庭
滨海新区大港油田第三中学	滨海新区大港油田测井公司	300280	25962691	王志良
滨海新区大港油田第四中学	滨海新区大港油田二号院西苑小区	300280	25912470	赵增强
滨海新区大港海滨学校	滨海新区大港油田南苑康宁小区	300280	63953816	靳玉成
滨海新区大港海滨第二学校	滨海新区大港油田井下公司	300283	25932479	李冠森
滨海新区大港海滨第三学校	滨海新区大港油田二道沟	300280	25976064	张燕山
滨海新区大港海滨第四学校	滨海新区大港油田港东运输或油建公司	300272	25936369	张景利
滨海新区大港海滨第六学校	滨海新区大港油田总机厂	300280	25925513	张汝新
滨海新区大港港狮学校	河北省沧县东关	061035	25942028	李艳梅
滨海新区大港团泊洼学校	天津市团泊洼	301607	29000348	刘长安
天津开发区第一中学	开发区第三大街翔实路 21 号	300457	66219721	王延瑞
天津开发区第二中学	开发区第四大街 121 号	300457	66223399	杨之凯
天津开发区国际学校	开发区晓园街 9 号	300457	25290136	杨　骞
天津泰达实验学校	开发区发达街 99 号	300457	66629182	武　斌
天津港保税区空港学校	空港经济区东六道 39 号	300381	84906302	杨仲禹
天津外国语大学附属 滨海外国语学校	中新天津生态城南部片区和韵路	300467	66196636	陈法春

·天津区县年鉴·

索　　引

索　引

说　明

1.本索引采用条目主题分析索引方法,主题词词首按汉语拼音音序排列。

2.主题词后是题材所在区县的限定词,数字表示该题材所在页码,a、b、c 分别表示在左、中、右栏。

3.本年鉴的特载、特辑、专文、天津概况、人物、统计资料、附录部分不作索引。

A

B

C

D

E

F

G

T

W

X

Y

Z